AN STOR-DATA
BRIATHRACHAIS
GAIDHLIG

AN STOR-DATA BRIATHRACHAIS GAIDHLIG

The Gaelic Terminology Database

Leabhar 1
Volume 1

CLO OSTAIG

Air fhoillseachadh le Clò Ostaig
An Teanga, Slèite, An t-Eilean Sgitheanach IV44 8RQ

LAGE 1–897873–02–6

Dealbhaichte le Cànan Eta., An t-Eilean Sgitheanach
Clò-bhuailte le Highland Printers, Inbhir Nis

Published by Clò Ostaig
Teangue, Sleat, Isle of Skye, Scotland IV44 8RQ

ISBN 1–897873–02–6

Designed & Typeset by Canan Ltd, Isle of Skye
Printed by Highland Printers, Inverness

ROI-RADH

'S ann le toileachas a tha mi a' sgrìobhadh an roi-ràdh seo a-nise seach gu bheil an Stòr-Dàta Briathrachais Gàidhlig aig ìre fhoillseachaidh. Chaidh còrr is sia bliadhna dh'obair a chur a-steach do chruthachadh an Stòir agus a thoirt do ìre clò-bhualaidh ged a nochd earrann dheth, *Ainmean àite*, mar-thà, anns an Dùbhlachd 1991. Leis an sin, chan eil ainmean àite - no ainmean dhaoine a bharrachd - a' nochdadh sa chruinneachadh seo.

Ann a bhith trusadh a' bhriathrachais chaidh iomadh tùs a rannsachadh agus iomadh uair-a-thìde a chur seachad a' ceartachadh agus a' deasachadh a chum an Stòr a thoirt chun a' chruth anns a bheil e a-nise air fhoillseachadh. Feumar a thuigsinn nach e faclair àbhaisteach a tha seo ach liosta briathrachais air a ghleidheadh air coimpiutair a ghabhas faotainn ga ionnsaigh agus feum a dhèanamh dheth gu sgiobalta tre innealraidh an lath' an-diugh agus a ghabhas cur ris agus a leudachadh ri tìde. Bha Buidheann-Stiùiridh na Pròiseict mothachail gun robh feum air a' bhriathrachas a nochdadh ann an cruth leabhair cuideachd a chum's gum biodh e so-ruighinn do na h-uile a dh'iarradh feum a dhèanamh dheth.

Ri linn 's gu bheil an stuth a th' air fhoillseachadh an-seo air a tharraing à stòr-dàta 's chan e air a chur ri chèile mar fhaclair coileanta bhathar dhen bheachd gum biodh e iomchaidh iris a h-aon a-mach à sreath de dh'irisean a ghabhail air an leabhar seo bhon tigeadh faclairean air cuspairean sònraichte, craoladh, mar eiseimpleir.

Chaidh a h-uile h-oidheirp a dhèanamh beàrnan follaiseach a lìonadh ach bidh stuth nach eil a' nochdadh san leabhar seo ri fhaotainn ann am foillseachaidhean eile san t-sreath (g'e b' e an cruth anns am bi iad).

Tha na faclan Gàidhlig as cumanta a' nochdadh mu choinneamh nam faclan Beurla san t-sreath, air thoiseach air na faclan Gàidhlig eile. Far nach eil òrdan nam faclan follaiseach tha iad a' nochdadh mar as trice a rèir na h-aibidile.

Tha na giorrachaidhean air faclan gràmarail a' nochdadh dìreach anns a' Bheurla far as fheàrr an aithnichear iad is tha na nòsan litreachaidh gu ìre mhòr a' dol a rèir nam molaidhean aig Bòrd Deuchainn na h-Alba a nochd ann an aithisg ann an 1981 (Gaelic Orthographic Conventions).

Mar sin, 's e ar dùil 's ar dòchas gum bi e na chuideachadh do chloinn-sgoile agus do dh'inbhich, araon fileantaich is luchd-ionnsachaidh, aig àm nuair a tha feum air a leithid agus a' Ghàidhlig air inbhe fhaotainn ann am beatha ar dùthcha nach robh aice bho chionn iomadach bliadhna.

Fearchar MacGill-Fhinnein   Stiùiriche 1987 - 1992   *An Giblean 1993*

INTRODUCTION

It is with great pleasure that I write this preface to the published version of the Gaelic Terminology Database. More than six years' work has gone into creating the database and into bringing it to the publication stage although a section of material from it has already appeared, the place names collection *Ainmean àite*, in December 1991. Place names, accordingly, do not form part of this vocabulary and personal names are also omitted.

In collating the material, research was carried out over a wide area, and long hours were spent correcting and editing to bring the database into the published form in which it now appears. It should be understood that it is not a dictionary in the ordinary sense but a vocabulary list stored on computer in an easily accessible and expandable form. The Project Steering Committee felt that the material should also appear in hard-copy format for more general ease of access.

Because the material here published has been extracted from a database and not assembled as a comprehensive dictionary it was thought appropriate to describe it as the first of a series, including volumes thematically organised eg. broadcasting terms.

Every attempt has been made to rectify obvious omissions of material which if not included in this volume will, however, appear in subsequent publications (in whatever format).

Preference is given to the most common Gaelic equivalents of English headwords which generally appear before all others in sequence. Where the order is unclear equivalents generally appear in alphabetical order.

The abbreviations for grammatical conventions employed appear in English only, for reasons of familiarity, and the orthographic conventions are, by and large, in accordance with the recommendations of the Scottish Examination Board in report dated 1981 (Gaelic Orthographic Conventions).

It is hoped that the publication proves useful to school-children and to adults, fluent speakers and learners alike, at a time when the Gaelic language attains an almost unprecedented status in Scottish public life.

Farquhar M. MacLennan   Director 1987 - 1992   *April 1993*

BUIDHEACHAS

A bharrachd air buill na buidheann-stiùiridh a chuir rian air adhartas agus smachd air ionmhas aig gach ìre bho rannsachadh tre chruthachadh gu deasachadh agus foillseachadh, fo cheannas Thormoid MhicGilliosa, Stiùiriche, Sabhal Mòr Ostaig is air an robh na buidhnean a leanas air an riochdachadh: ACAIR Eta., (Agnes Rennie) Comhairle nan Eilean (Dolina NicLeòid), Comhairle Roinn na Gaidhealtachd (Dolina NicLeòid), Comhairle Roinn Srath Chluaidh (Dolina NicLeòid), Comunn na Gàidhlig, (An t-Ollamh Dòmhnall Iain MacLeòid, Anna Latharna NicGill-Iosa, Mairead NicIomhair agus Ailean Caimbeul), Corporras Craolaidh Bhreatainn, (Ailean Caimbeul), Iomairt na Gaidhealtachd (Mairead NicIomhair agus Iain Seathach), Oilthigh Ghlaschu (An t-Ollamh Dòmhnall MacAmhlaigh), Oilthigh Obar Dheathain (An t-Ollamh Dòmhnall MacAmhlaigh), Roinn Foghlaim na h-Alba (Dàibhidh G. Caimbeul, Murchadh MacLeòid agus Donnchadh MacGuaire, an triùir aca aig ìre neach-coimhid) agus Sabhal Mòr Ostaig (An t-Ollamh Cailean MacLeòid agus Tormod MacGilliosa), feumar taing gu sònraichte a thoirt gu: na buidhnean deasachaidh aig Comhairle nan Eilean air an stiùireadh le Alexina Ghreumach (aig an robh mar sgioba Dolina NicLeòid, Rachel Gordon, Janet NicNèill, Norma NicLeòid, Cairistiona NicDhòmhnaill, Ruairidh Moireach agus Aonghas MacLeòid) agus Dòmhnall Iain MacIomhair (aig an robh mar sgioba Alexina Ghreumach, Catrìona Dunn, Marabel NicIlleathain agus Anna NicSuain).

Tha taing cuideachd a'dol gu na leanas airon taic theicneolach: Calum Hunter agus Coinneach MacMhathain aig Comhairle nan Eilean, Morag Dhòmhnallach, Seumas Westland, Kevin Donnelly agus Dòmhnall Iain Lamont aig Sabhal Mòr Ostaig agus Margo Dick aig CANAN a dhealbhaich an leabhar. Thug Cairistona Primrose agus Donalla NicAoidh aig Sabhal Mòr Ostaig taic-rùnaireachd far an d'fhuaras cuideachd taic a-thaobh obair-cheartachaidh, bho Ailean Boyd agus Gavin Mac a'Phearsain. Thug Iseabail Nic Leòid, tè-deasachaidh, Faclair Nàiseanta na h-Alba, comhairle oirnn a-thaobh cumadh na h-obrach anns an fharsaingeachd.

'S e an luchd-obrach a th' air a bhith an sàs anns a'phròiseact bhon a thòisich i: Anna NicSuain (1986, tè-rannsachaidh), Peadar Morgan (1987-1989, Iar-Stiùiriche) Fearchar MacGill-Fhinnein (1987- 1992, Stiùiriche) agus Rody Gorman (1989-1991, Iar-stiùiriche; 1992- Stiùiriche).

ACKNOWLEDGEMENTS

In addition to the members of the Project Steering Group who, under the chairmanship of Mr. Norman Gillies, Director, Sabhal Mòr Ostaig, have supported the work through its various stages, and on which the following bodies have been represented : ACAIR Ltd. (Agnes Rennie), British Broadcasting Corporation (Allan Campbell), Comhairle nan Eilean (The Western Isles Islands Council) (Dolina MacLeod), Comunn na Gàidhlig (Doctor Donald John MacLeod, Anne Lorne Gillies, Margaret MacIver and Allan Campbell), Highland Regional Council (Dolina MacLeod), Highlands and Islands Enterprise (Margaret MacIver and John Shaw), Sabhal Mòr Ostaig (Doctor Colin MacLeod and Norman Gillies), Scottish Education Department (David Campbell, Murdo MacLeod and Duncan MacQuarrie, all with Observer Status), Strathclyde Regional Council (Dolina MacLeod), University of Aberdeen (Professor Donald MacAuley) and University of Glasgow (Professor Donald MacAuley), supported the work through its various stages, special thanks are due to: the editorial committees established at Comhairle nan Eilean under the leadership of Mrs. Alexina Graham (whose support team comprised Dolina MacLeod, Rachel Gordon, Janet MacNeil, Norma MacLeod, Christine MacDonald, Roddy Murray and Angus MacLeod) and Mr. Donald John MacIver (whose support team comprised Alexina Graham, Catherine Dunn, Marabel MacLean, and Annie MacSween).

Thanks are also due to the following for technical support: Malcolm Hunter and Kenny Matheson at Comhairle nan Eilean: Marion MacDonald, James Westland, Kevin Donnelly and Donald John Lamont at Sabhal Mòr Ostaig and Margo Dick at CANAN who designed the publication. Christine Primrose and Donella MacKay gave secretarial support at Sabhal Mòr Ostaig, which, through Alan Boyd and Gavin Parsons, also assisted with editorial work. Iseabail MacLeod, Editor, Scottish National Dictionary, advised about the project generally.

The staff involved in the project since its inception are: Annie MacSween (1986, Researcher), Peter Morgan (1987 - 1989, Assistant Director), Farquhar M. MacLennan (1987 - 1992, Director) and Rody Gorman (1989 - 1992, Assistant Director; 1992 - Director).

Tha an Stòr-Dàta Briathrachais Gàidhlig air taic-airgid fhaighinn bho na leanas:

Bòrd Deuchainn na h-Alba

Buidheann Dealan-Uisge na h-Alba

Ciste Rannsachaidh an Ridire Iain MhicDhòmhnaill

Coimisean na h-Eòrpa

Comhairle Earra Ghaidheil is Bhòid

Comhairle Foghlaim Dreuchdail na h-Alba

Comhairle nan Ealain ann an Alba

Comhairle nan Eilean

Comhairle Roinn na Gaidhealtachd

Comhairle Roinn Srath Chluaidh

Comhairle Sgìre an Eilein Sgitheanaich is Loch Aillse

Comhairle Sgìre Chataibh

Comhairle Sgìre Gwynedd

Comhairle Sgìre Rois is Chrombaidh

Comunn na Gàidhlig

Corporras Craolaidh Bhreatainn

Iomairt na Gaidhealtachd

Roinn Foghlaim na h-Alba

Telebhisean Ghrampian

Telebhisean na h-Alba

Telecom Bhreatainn

Urras Chalouste Gulbenkian

Urras Nàiseanta na h-Alba

Urras NicCaoig

The Gaelic Terminolgy Database Project has received financial support from the following:

Argyll & Bute District Council

British Broadcasting Corporation

British Telecom

Calouste Gulbenkian Foundation

Comhairle nan Eilean
(The Western Isles Islands Council)

Comunn na Gàidhlig

European Comission

Grampian Television

Gwynedd County Council

Highlands & Islands Enterprise

Highland Regional Council

McCaig Trust

The National Trust for Scotland

Ross & Cromarty District Council

Scottish Arts Council

Scottish Education Department

Scottish Examination Board

Scottish Hydro-Electric

Scottish Television

SCOTVEC

Sir John MacDonald Study Fund

Skye & Lochalsh District Council

Strathclyde Regional Council

Sutherland District Council

GIORRACHAIDHEAN/
ABBREVIATIONS

abbrev.	abbreviation
adj.	adjective
adv.	adverb
conj.	conjunction
fem.	feminine
fem./masc.	feminine/masculine
interj.	interjection
masc.	masculine
num.	numeral
phr.	phrase
pl.	plural
pr.n.	proper name/noun
pref.	prefix
prep.	preposition
vb.	verb

A

a fortiori *adj.* nas treasa

a priori *adj.* bho roimhe

a.m. *adj.* sa mhadainn

a.m. *abbrev.* m.

Aaron's rod *n.* cuigeal-Mhoire *masc.*

ab initio *adj.* bho thùs

aback *adj.* air ais

abactor *n.* neach-reic *masc.*, creachadair *masc.*

abacus *n.* clàr-cunntais *masc.*, abacas *masc.*, cèis-chunntais *fem.*, clach-mhullaich *fem.*

Abaddon *n.* sgriosadair *masc.*

abaft *adj.* anns an deireadh

abandon *vb.* trèig, fàg, cuir cùl ri, cuidhtich, cuir air cùl, dìobair, liubhair

abandoned *adj.* trèigte, air fhàgail, air a d(h)lò

abandoning *n.* trèigsinn *masc.*, fàgail *fem.*

abandonment *n.* trèigsinneachd *fem.*, cùl-chur *masc.*, liubhairt *masc.*

abase *vb.* ìslich, leag

abasement *n.* ìsleachadh *masc.*, leagail sìos *masc.*, tàir *fem.*

abash *vb.* athaich, nàraich

abashed (astounded) *adj.* fo iongnadh

abashed (struck with shame) *adj.* air nàrachadh

abashment *n.* breisleachadh *masc.*, nàireachadh *masc.*, maslachadh *masc.*

abate *vb.* lùghdaich, beagaich, aotromaich, maith, tlàthaich, traogh

abatement *n.* lùghdachadh *masc.*, beagachadh *masc.*, aotromachadh *masc.*, leigeadh fodha *masc.*, meachainn *fem.*, saorsa *fem.*, sìd *fem.*

abattoir *n.* taigh-spaididh *masc.*

abb *n.* cura *masc.*, eigeach *fem.*, inneach *masc.*, snàth-cura *masc.*, snàth-dlùthaidh *masc.*

abba *n.* athair *masc.*

abbacy *n.* abaideachd *fem.*, dreuchd-aba *fem.*, ùghdarras-aba *masc.*

abbess *n.* ban-aba *fem.*

abbey *n.* abaid *fem.*, taigh chailleacha-dubha *masc.*, taigh-mhanach *masc.*

abbot *n.* aba *masc.*, abaid *masc.*, uachdaran nam bràthar *masc.*, luaimh *masc.*, uachdaran-aba *masc.*

abbreviate *vb.* giorraich

abbreviation *n.* giorrachadh *masc.*, giorradan *masc.*

abbrogated *adj.* neo-ghnàithte

abdicate *vb.* leig dheth, thoir thairis, thoir suas, trèig

abdication *n.* leigeil dheth *masc.*, toirt suas *fem.*, toirt thairis *fem.*

abdomen *n.* balg *masc.*, broinn *fem.*, com *masc.*, àit' a' mhionaich *masc.*, ìochdar a' chuirp *masc.*, lag a' mhionaich *masc.*, maothain *masc.*

abdominous *adj.* balgach, bronnach

abduct *vb.* thoir air falbh, thoir am bruid, goid, bruid

abduction *n.* toirt air falbh *masc.*, toirt am bruid *masc.*, goid *fem.*

abed *adj.* air leabaidh, anns an leabaidh, na laighe

abeisance *n.* ùmhlachd *fem.*, urram *fem./masc.*

aberrance *n.* mearachd *fem.*, iomrall *masc.*, seachran *masc.*

aberrant *adj.* mearachdach, iomrallach, seachranach

aberration *n.* mearachdadh *masc.*, iomrall *masc.*, seachran *masc.*, allaban *masc.*

abet *vb.* cuidich, brosnaich, misnich

abetting *n.* cuideachadh *masc.*, brosnachadh *masc.*, misneachadh *masc.*

abettor *n.* neach-cuideachaidh *masc.*, neach-brosnachaidh *masc.*, neach-misneachaidh *masc.*, neach-comhairle *masc.*, pàirtiche *masc.*

abeyance *n.* dàil *fem.*, stad *masc.*

abhor *vb.* gràinich, fuathaich, sgreataich, aognaich, dubh-ghràinich, sgreamhaich

abhorrence *n.* dèisinn *fem.*, dubh-ghràin *fem.*, dubh-ghràinealachd *fem.*, fuath *masc.*, gràin *fem.*, sgreamh *masc.*, sgreat

abhorrent *adj.* gràineil, sgreataidh, sgreamhail

abhorring *n.* gràineachadh *masc.*, fuathachadh *masc.*

abide *vb.* fuirich, stad, feith, buanaich, còmhnaich, fan, fosaich, fritheil, mair

abiding *n.* fuireach *masc.*, feitheamh *masc.*, còmhnaidh *fem.*, fantainn *fem.*, frithealadh *masc.*, stadachd *fem.*, tàmh *masc.*

abiding *adj.* leantainneach

ability *n.* comas *masc.*, cumhachd *masc.*, buadh *fem.*, abaltachd *fem.*, murrachas *masc.*, sgil *masc.*

abject *adj.* truagh, dìblidh, bochd, liùgach, meallta, neo-spioradail, neo-urramach, slibhisteach, stìgeach, suarach, tàireil, truaillidh

abjection *n.* suarachas *masc.*, dìblidheachd *fem.*, bochdainn *fem.*, tràillealachd *fem.*, tromachas-inntinn *masc.*

abjectness *n.* suarachas *masc.*, dìblidheachd *fem.*, bochdainn *fem.*, aisearranachd *fem.*, ìsleachadh *masc.*

abjuration *n.* leigeil às (fo mhionnaibh) *fem.*, toirt seachad *fem.*, cùl-mhionnachadh *masc.*, àicheadh *masc.*, èitheach *masc.*

abjure *vb.* leig às, thoir seachad àicheidh, cuir cùl (ri beachd), cùl-mhionnaich

ablacate *vb.* cuir far na cìche

ablach (insignificant/contemptible person) *n.* ablach *masc.*

ablation *n.* toirt air falbh (le lannsa) *fem.*, bleith *fem.*

ablative *adj.* dìobhalach, uaitheantach

able *adj.* comasach, cumhachdach, teòma, abalta, cuanta, lùthmhor, murrach, neartmhor, ruainidh, ruanaidh, sgileil, tacail

able-bodied *adj.* fallain, corp-làidir, foghainteach, calma, làidir, sodarnach, tapaidh, treun

ablocation *n.* leigeil a-mach air mhàl *fem.*

ablution *n.* failceadh *masc.*, fairceadh *masc.*, glanadh *masc.*, ionnlad *masc.*, saoradh o chiont *masc.*

ablutionary *adj.* nìghteach

abnegate *vb.* diùlt, àicheidh, seachain, ob

abnegation *n.* diùltadh *masc.*, àicheadh *masc.*, seachnadh *masc.*, cùlachadh *masc.*, obadh *masc.*

abnormal *adj.* ainneamh, às a' chumantas, meangach, mi-ghnàthach, neo-àbhaisteach, neo-choimhlionta

abnormality *n.* mì-ghnàthas *masc.*, meang *fem.*

aboard *adj.* air bhòrd (luinge), air luing

abode *n.* àite-fuirich *masc.*, àite-còmhnaidh *masc.*, dachaigh *fem.*, ionad-còmhnaidh *masc.*, àros *masc.*, sosadh *masc.*, stad *masc.*, taigh *masc.*, tàmh *masc.*, tuineach *masc.*, tuineadh *masc.*

abolish *vb.* cuir às (do), sgrios (a-mach), cuir air cùl, neonithich, rainn-mhill, randanaich, thoir thairis

abolished *adj.* mu làr

abolition *n.* cur às *masc.*, sgriosadh *masc.*, sgaoileadh *masc.*, atharrachadh *masc.*, dìthicheadh *masc.*

abominable *adj.* gràineil, fuathmhor, sgreataidh, aognachail, neo-ghlan, sgreamhail

abominableness *n.* gràinealachd *fem.*, fuathmhorachd *fem.*, sgreataidheachd *fem.*, aognachd *fem.*, broghaich *fem.*, neo-ghlaine *fem.*, trusdaireachd *fem.*

abominate *vb.* gràinich, fuathaich, oilltich

abomination *n.* cùis-ghràin *fem.*, gràinealachd *fem.*, dubh-ghràin *fem.*, fuathantachd *fem.*, mòr-ghràin *fem.*, sgreat *masc.*

aboriginal *n.* dùthchasach *masc.*

aborigine *n.* prìomh neach-àiteachaidh *masc.*, tùsanach *masc.*

aborigines *n.* prìomh luchd-àiteachaidh *masc.*, prìomh-mhuinntir *fem.*, tùs-mhuinntir *fem.*, luchd-gnè-àite *masc.*

abort *vb.* caisg, tilg

abortion *n.* breith anabaich *fem.*, casg leatrom *masc.*, torrachas anabaich *masc.*, asaid às-bheireach *fem.*, an-torras *masc.*, faoin-bhreith *fem.*

abortive *adj.* an-abaich, an-torrach, caisgte, dìomhain, neo-inbheach, neonitheach, neo-tharbhach, neo-thìmeil

abortiveness *n.* an-abaidheachd *fem.*, neo-inbheachd *fem.*

abound *vb.* fàs lìonmhor, sìolaich, fàs sìolmhor

about *pref.* iom-

about *prep.* mu, timcheall, mu thimcheall, mu thuaiream, mun cuairt

above *adj.* gu h-àrd, shuas

above *prep.* fa, os, os ceann, os cionn

above all *adj.* gu h-àraidh, gu sònraichte

above-board *adj.* follaiseach, onorach

above-mentioned *adj.* roi-luaidhte

abrade *vb.* sgiol, sgrìob (as), suath air falbh

abrasive *adj.* sgrìobach

abreast *adj.* gualann ri gualainn, ri taobh a chèile, uchd ri uchd

abridge *vb.* giorraich, lùghdaich, sùmhlaich, cuingich

abridged *adj.* giorraichte, lùghdaichte, sùmhlaichte

abridgement *n.* giorrachadh *masc.*, lùghdachadh *masc.*, sùmhlachadh *masc.*, cuingeachadh *masc.*

abroad *adj.* thall thairis, thar lear, an tìr chèin, an tìr thall, as an tìr

abroad *prep.* mu sgaoil, thairis

abrogate *vb.* ais-ghoir, cuir às, caochail, cuir air cùl, cuir mu làimh, cuir mu làr, mì-chleachd, mì-laghaich, neo-chleachd, rainn-mhill, randanaich

abrogating *n.* trasgradh *masc.*

abrogation *n.* mì-laghachadh *masc.*, neo-chleachdainn *fem.*, trasgaid *fem.*, trasgairt *fem.*

abrupt *adj.* cas, aithghearr, grad, cabhagach, corrach, gun uidheamachadh, obaig, sgaiteach

abruptness *n.* caise *fem.*, cabhag *fem.*, obag *fem.*

abscess *n.* niosgaid *fem.*, at *iongrachadh *masc.*, ba* *masc.*, othar *masc.*

abscind *vb.* geàrr air

abscission *n.* gearrad gearradh dheth *

abscond *vb.* teich, teich air falbh, teich air fògradh, sgud

absconder *n.* neach fon choill *masc.*, fògarach *masc.*, fuagarach *masc.*, neach-cùirn *masc.*

absence *n.* neo-làthaireachd *fem.*, di-làthair(n)eachd *fem.*, neo-fhrithealadh *fem.*

absent *adj.* às an làthair, dì-làthaireach, mì-dhearcach, neo-làthair(each)

absent *vb.* cùldaich

absent-minded *adj.* smaoin-sheachranach

absent-mindedness *n.* neo-aire *fem.*

absentee *n.* neo-làthaireach *masc.*

absinth(e) *n.* burmaid *masc.*, lus nam biast *masc.*

absinthiated *adj.* searbhaichte

absolute *adj.* iomlan, làn, coileanta, ceannasach, comasach, cumhachdach, gun chumha, neo-cheangailte, neo-cheannsaichte

absolute address *n.* ionad mionaideach *masc.*

absolute discharge *n.* saoradh iomlan *masc.*

absolute majority *n.* mòr-chuid ghlan *fem.*, mòrchuid iomlan *fem.*

absoluteness *n.* dligheachas *masc.*, iomlanachd *fem.*, neo-cheangaltas *masc.*

absolution *n.* saoradh *masc.*, fuasgladh *masc.*, absaloid *fem.*, easbaloid *fem.*, mathanas *masc.*

absolve *vb.* fuasgail, math, saor

absolvitor *n.* saoradh *masc.*

absonant *adj.* baoth, mì-chèillidh

absonous *adj.* searbh-ghuthach

absorb *vb.* sùgh, deoghail, sluig (sìos), deòthail, dìthich, sùigh

⸱rbent *n.* acfhainn-tiormachaidh *fem.*, ⸱heas-sùghaidh *masc.*, sùghadh

absorbent *adj.* sùghach, òlar, sùigheach, sùighteach

absorption *n.* sùghadh (a-staigh) *masc.*, slugadh *masc.*, sùghachd *fem.*, tiormachadh *masc.*

abstain *vb.* seachain, seun, fàg

abstemious *adj.* stuama, measarra, geanta, geimnidh, neo-ghlutail, neo-phòiteil, sochmadh, sochmhor

abstemiousness *n.* measarrachd *fem.*, stuaim *fem.*

abstergent *n.* stuth-glanaidh *masc.*

abstergent *adj.* siabail

abstertion *n.* srabadh *masc.*

abstinence *n.* stuamachd *fem.*, measarrachd *fem.*, seachnadh *masc.*, treadhanas *masc.*, treanas *masc.*

abstinent *adj.* cuimseach, measarra, stuama

abstract *n.* sùmhlachadh *masc.*, giorrachadh *masc.*

abstract *adj.* beachdail, eascruthach, sgartach, sgartach

abstract *vb.* tarraing à, thoir à, tog à, lùghdaich, glan

abstracted *adj.* lùghdaichte, cùngaichte

abstraction *n.* cùis-bheachd *masc.*, brìgh-tharraing *fem.*

abstruse *adj.* doilleir, deacair, falachaidh

abstruseness *n.* doilleireachd *fem.*, deacaireachd *fem.*, doimhneachd *fem.*, doirbheachd *fem.*, domhainteachd *fem.*

absurd *adj.* gòrach, amaideach, baoth, gun tonnaisg, mì-dhaicheil, mì-dhoigheil, mì-reusanta, neo-dhàicheil, ùmanta

absurdity *n.* gòraiche *masc.*, amaideas *masc.*, baoghaltas *masc.*, amaideachd *fem.*, faoinealachd *fem.*, mì-dhealbh *masc.*, mì-dhòigh *fem.*, neo-dhàichealachd *fem.*, neo-thuigse *fem.*

abundance *n.* pailteas *masc.*,
lìonmhorachd *fem.*, sàith *masc.*,
iomadaidheachd *fem.*, iomarcaidh
fem., laomadh *masc.*, sàsachd *fem.*,
somaltachd *fem.*, stòras *masc.*

abundant *adj.* iomadach, laomsgair, lìonta,
pailt

abuse *n.* càineadh *masc.*, ana-cainnt *fem.*,
mì-ghnàthachadh *masc.*, coiripeachd
fem., eas-onoir *fem.*, mì-bhuil *masc.*,
mì-bhuileachadh *masc.*, mì-ghlèidh
fem., mì-iomairt *fem.*, millteachd *fem.*,
smàdadh *masc.*, spailleadh *masc.*, trod
masc.

abuse *vb.* càin, dèan ana-cainnt, cuir sìos
air, gabh brath, màb, meall, mì-
bhuilich, mì-chàirich, mì-fheum,
mì-ghnàthaich, sgainnirich,
sglàmhrainn, sgràill, spreòd, struidh

abuser *n.* màbair *masc.*, milltear *masc.*,
neach-càinidh *masc.*, struidhear *masc.*

abusing *n.* màbadh *masc.*

abusive *adj.* ana-cainnteach, mì-
ghnàthach, millteach, sglàmhrach,
smàdail, struidheil

abutment *n.* còmhdhail *fem.*, cùl-taic
masc.

abuttal *n.* crìoch-fearainn *fem.*

abyss *n.* àibheis *fem.*, dubhaigeann *masc.*,
sloc gun ìochdar *masc.*, glòm *masc.*

academic *adj.* acadaimigeach,
geòireanach, sgoilearach

academical *adj.* foghlainneach,
sgoilearach, sgoileil, sgoileisdeach

academician *n.* foghlainne *masc.*,
sgoileisdeach *masc.*

academy *n.* àrd-sgoil *fem.*, acadamaidh
masc., sgoil àrd *fem.*, mòr-sgoil *fem.*,
mùr-ollamh *masc.*, taigh-mùnaidh
masc., taigh-oilein *masc.*

accede *vb.* aontaich, còrd, strìochd

accelerate *vb.* luathaich, greas,
cabhagaich, luathailtich

acceleration *n.* luathachadh *masc.*,
greasad *masc.*, cabhag *fem.*, deifir
fem., greasad *masc.*, luathaireachd
fem., siùbhlachadh *masc.*

accelerator *n.* inneal-luathachaidh *masc.*,
cruinnichear *masc.*

accent (mark) *n.* sgiobag *fem.*, sràc *masc.*

accent (modulation of voice) *n.* blas-
cainnte *masc.*, fonn *masc.*, fuaim
fem./masc., guth-ghleus *masc.*, suaim
fem.

accent (music) *vb.* aicinn

accentuation *n.* punc-labhairt *masc.*

accept *vb.* gabh (ri)

acceptability *n.* freagarrachd *fem.*,
taitneachd *fem.*

acceptable *adj.* furasda gabhail ris, ciatach,
iomchaidh, so-ghràdhach, speisealta,
spèiseil, taitneach(ail)

acceptance *n.* gabhail ris *fem.*

accesorial *adj.* nùidheil

access *n.* slighe *fem.*, inntrigeadh *masc.*,
rathad *masc.*, cothrom *masc.*, fosgladh
masc.

access hole *n.* toll-ruigsinn *masc.*

access road *n.* rathad-a-steach *masc.*

access time *n.* ùine-ionnsaigh *fem.*

accessible *adj.* so-ruighinn, ruigheachdail,
ruigsinneach, càirdeil, fàilteach,
faoilidh, fosgarra, so-iarrta

accession *n.* meudachadh *masc.*, tighinn
an seilbh *fem.*

accessory *n.* neach-cuideachaidh *masc.*,
com-pàirtiche *masc.*, aontachair *masc.*,
co-chiontaiche *masc.*

accessory obligation *n.* ceangal
cuideachail *masc.*

accident *n.* tachartas *masc.*, tuiteamas
masc., tubaist *fem.*, amas *masc.*,
sgiorradh *masc.*, tapag *fem.*, turrag
fem.

accident-prone *adj.* cugallaidh, tiortach

accidental *adj.* tubaisteach, tuiteamach, lapanach, sgiorradail, tuisleach

accidental (music) *n.* seachran *masc.*

accidentally *adj.* le tachartas, le tuiteamas

acclaim *n.* caithream *fem./masc.*, iolach *fem.*

acclaim *vb.* dèan caithream

acclamation *n.* caithream-aoibhneis *masc.*, sàr-chliù *masc.*

acclamatory *adj.* ait, aoibhneach

acclivity *n.* aonach *masc.*, bruthach *fem./masc.*, uchdach *fem.*

acclivous *adj.* bruthachail, uchdachail

accoil *vb.* dòmhlaich, dùmhlaich

accommodable *adj.* goireasach

accommodate *vb.* dèan coingheall, rèitich, thoir aoigheachd do

accommodating *adj.* còmhdhalach, còmhstach, soireiteach

accommodation (adjustment) *n.* rèite *fem.*, ullachadh *masc.*, còrdadh *masc.*, rèidhealachd *fem.*, socrachadh *masc.*

accommodation (lodgings) *n.* àite-fuirich *masc.*, rùm *masc.*

accomodating *adj.* lachasach

accompaniment *n.* coimhideachd *fem.*, com-pàirt *fem.*

accompanist *n.* commpàirteach *masc.*, compàirtiche *masc.*

accompany *vb.* co-cheumnaich, compàirtich, cuideachdaich, dèan compàirteach do, rach an cuideachd, thoir coimhideachd

accomplice *n.* neach-comainn *masc.*, pàirtiche *masc.*, cluainire *masc.*

accomplish *vb.* thoir gu buil, thoir gu crìch, coilean, crìochnaich

accomplished *adj.* coileanta, deas, gleusda

accomplishment *n.* coilionadh *masc.*, crìochnachadh *masc.*, iomlanachd *fem.*, sgèimhealachd *fem.*

accomplishment (skilled acquirement) *n.* tàin *fem.*

accord *n.* aonta *masc.*, co-chòrdadh *masc.*, rèite *fem.*, deòin *fem.*, rùn *masc.*

accord *vb.* aontaich, ceadaich, còrd, rèitich

accordance *n.* càirdeas *masc.*, còrdadh *masc.*

according *prep.* a rèir, a-thaobh

accost *vb.* cuir fàilte (air), fàiltich, labhair (ri)

accostable *adj.* so-bhruidhneach, suairc

accosted *adj.* taobh ri taobh

accoucheur *n.* tuismeachan *masc.*

accoucheuse *n.* bean-ghlùine *fem.*

account *n.* cunntas *masc.*, ionnran *masc.*, mion-dearbhadh *masc.*, sùchd *masc.*

account day *n.* latha-cunntais *masc.*

account-book *n.* leabhar-cunntais *masc.*, leabhar-fhiach *masc.*

accountability *n.* cunntachalachd *fem.*

accountable *adj.* cunntachail, freagarrach

accountancy *n.* cunntasachd *fem.*

accountant *n.* àireamhair *masc.*, cunntair *masc.*, ionranach *masc.*, neach-cunntais *masc.*

Accountant of Court *pr.n.* Neach-cunntais na Cùirte

accounting *n.* cunntasachd *fem.*

accoutre *vb.* beartaich, deasaich, sgeadaich, uidheamaich

accoutrement *n.* cluthadh *masc.*

accoutrements *n.* acfhain *fem.*, àirneis *fem.*, culaidh *fem.*, uidheam *fem.*

accredit *vb.* dèan taobh ri, thoir creideas, thoir teist, thoir ùghdarras, thoir urram (do)

accrescent *adj.* fàsmhor

accrete *vb.* cruinnich ri chèile, dèan cnap

accretion *n.* cinneachdach *masc.*

accretive *adj.* cinneadail, co-chinntinneach, co-fhàsail

accroach *vb.* cromagaich

accrue *vb.* tàrmaich, fàs, cinnich, buannaich, tairbhich, thig gu ìre

accrued *adj.* ri ìocadh

accruement *n.* buannachd *fem.*, leasachadh *masc.*, meudachadh *masc.*, riadh *masc.*

accumulate *vb.* cruinnich, cuir mu seach, trus, càrn, cnapaich, cnuasaich, co-chàrn, cruach, soraich, tionail

accumulation *n.* co-chruinneachadh *masc.*, càrnadh *masc.*, trusadh *masc.*, tional *masc.*, tòrradh *masc.*

accumulative *adj.* cruinneachail

accumulator *n.* cruinneachair *masc.*, cruinniche *masc.*

accuracy *n.* cruinneas *masc.*, grinneachd *fem.*, puncalachd *fem.*, cinnteachd *fem.*, sicireachd *fem.*, snasmhorachd *fem.*, soilleireachd *fem.*

accurate *adj.* cruinn, grinn, neo-mhearachdach, amaiseach, ceart, fìor cheart, neo-chearbach, neo-dhìbireach, neo-iomrall, neo-uireasbhaidheach, pongail, puncail, purpail, sicir, snasail, snasmhor

accurse *vb.* dìt, mallaich

accursed *adj.* mallaichte

accusable *adj.* dìteach

accusation *n.* casaid *fem.*, cùis-dhìtidh *fem.*, iomchoire *masc.*, spreige *fem.*, spreigeadh *masc.*

accusative *adj.* coireannach, cuspaireach

accuse *vb.* dèan casaid, fàg air, cuir às leth, casaidich air, spreig, tagair, tilg air

accused *n.* neach fo chasaid *masc.*

accused *adj.* fo chasaid

accuser *n.* coiriche *masc.*, dìtear *masc.*, neach-casaid *masc.*

accustom *vb.* gnàthaich

accustomed *adj.* gnàthach, àbhaisteach, cleachdte, a rèir cleachdaidh

acute *adj.* geur

ace (one in dice, cards, dominoes, etc.) *n.* an t-aon *masc.*

acerb *adj.* geur, goirt, searbh

acerbate *vb.* dèan searbh, geuraich, goirtich

acerbity *n.* blas geur *masc.*, blas goirt *masc.*, blas searbh *masc.*

acervation *n.* càrnadh *masc.*, cnapadh *masc.*, sorachadh *masc.*, torradh *masc.*

acescent *adj.* goirteach, searbh

acetabulum *n.* cuach *fem./masc.*

acetosity *n.* gairgead *masc.*, geurachd *fem.*, goirteachd *fem.*, searbhas *masc.*

acetous *adj.* garg, goirt, searbh

ache *n.* goirteas *masc.*, pian *fem./masc.*, cràdh *masc.*, cnead *fem./masc.*

achieve *vb.* coilean, thoir gu buil, buinig, coisinn, crìochnaich

achievement *n.* euchd *fem.*, gaisge *fem.*, tapadh *masc.*, toirt gu buil *fem.*

aching *n.* acaid *fem.*

aching *adj.* cronach

acid *n.* geurag *fem.*, searbhag *fem.*, sgreadag *fem.*, uisge searbh *masc.*

acid *adj.* searbh, spairtidh

acid rain *n.* uisge-searbhaig *masc.*

acidified *adj.* searbhaichte

acidify *vb.* dèan searbh, searbhaich

acidity *n.* binnteachd *fem.*, losgadh-bràghad *masc.*, searbhachd *fem.*

acidness *n.* searbhachd *fem.*

acidulate *vb.* dèan searbh, searbh, searbhaich

acidulated *adj.* searbhta

acidulous *adj.* goirt, searbh

acknowledge *vb.* aidich, gabh (ri)

acknowledgement *n.* aideachadh *masc.*, buidheachas *masc.*, fios-freagairt *masc.*

acme *n.* àirde *fem.*, bàrr *masc.*, mullach *masc.*, seusar *masc.*, spiric *fem.*

acne *n.* bach-lobhra *fem.*, cnàimhseag *fem.*

acne bacteria *n.* grìdean *masc.*

acorn *n.* bachar *masc.*, cnò-bhachair *fem.*, cnò-daraich *fem.*, cnò-dharaich *fem.*, dearc-dharaich *fem.*

acorn worm *n.* daolag-dearcain *fem.*

acoustic *adj.* fuaimneach, fuaimearra

acoustic coupler *n.* ceanglaiche fuaimneach *masc.*

acoustic delay line *n.* loidhne-dàlach fhuaimneach *fem.*

acoustics *n.* fuaimearrachd *fem.*

acquaint *vb.* cuir eòlas (air cùis), innis, thoir fios

acquaintance *n.* eòlach *masc.*, neach-eòlais *masc.*, eòlas *masc.*, aithne *fem.*, eòlas *masc.*, muinntireach *masc.*

acquainted *adj.* eòlach, fiosrach

acquest *n.* buannachd *fem.*, tairbhe *fem.*

acquiesce *vb.* aontaich, gèill

acquiescence *n.* aontachadh *masc.*, gèilleadh *masc.*, nùidheadh *masc.*

acquirable *adj.* so-fhaotainn

acquire *vb.* faigh, buannaich, coisinn, buidhinn, cnòdaich, sealbhaich, tàir

acquired *adj.* buannaichte, coisinnte

Acquired Immuno-Deficiency Syndrome *n.* Annlochd Inneamh Dìon-Slàinte *fem.*, galar na seirg *masc.*

acquirement *n.* cosnadh *masc.*

acquisition *n.* cosnadh *masc.*, buannachd *fem.*, seilbh *fem.*, tairbhe *fem.*

acquit *vb.* fuasgail, saor, saoraich

acquitment *n.* fuasgladh *masc.*, saoradh *masc.*

acquittal *n.* glanadh o choire *masc.*, saorachadh *masc.*, saoradh *masc.*

acquittance *n.* saorachd *fem.*, saor-dhàil *fem.*, sgrìobhadh-fuasglaidh *masc.*

acquitting *n.* saoradh *masc.*

acre *n.* acair (-fearainn) *fem.*

acrid *adj.* garg, searbh, teith

acrimonious *adj.* garg, searbh, sgairteach, teith

acrimony *n.* caiseanachd *fem.*, gargalachd *fem.*, geuralachd *fem.*, sgaitichead *fem.*

acritude *n.* blas geur *masc.*, blas searbh *masc.*, blas teth *masc.*

acrobat *n.* lùth-chleasaiche *masc.*, teud-chleasaiche *masc.*, urlatach *masc.*

acrobatics *n.* lùth-chleasachd *fem.*

acronym *n.* geàrr-ainm *masc.*

acrospire *n.* boinne-bàn *fem.*, gucag *fem.*

across *adj.* o thaobh gu taobh

across *prep.* tarsainn, thairis, thar, trasd

acrostic *n.* cros-dhàn *masc.*, tarsnachan *masc.*

acrylic *adj.* acriolaic

act *n.* achd *fem.*, euchd *fem.*, gnìomh *masc.*, stàtainn *fem.*, tùrn *masc.*

act *vb.* aobharaich, caraich, cleasaich, cuir air ghluasad, dèan, gluais, gnìomhaich, thoir gu buil

act (section of play) *n.* earrann *fem.*

act and warrant *phr.* reachd is barantas

Act of Adjournent *n.* Reachd-Dàlach *masc.*

Act of Parliament *pr.n.* Achd-Pàrlamaid

Act of Sederunt *n.* Reachd-Suidhe *masc.*

acting *n.* cleasaidheachd *fem.*

action *n.* gnìomh *masc.*, buaidh-oibreachaidh *fem.*, spìonadh *masc.*, tùrn *masc.*

action (lawsuit) *n.* cùis-lagha *fem.*, gluasad laghail *masc.*, tagradh *masc.*, teannadh ri lagh *masc.*

action group *n.* buidheann-ghnìomha *fem./masc.*

Action Research for the Child *pr.n.* Gnìomh-rannsachadh do Chloinn

actionable *adj.* peanasail

activation *n.* cur-thuige *masc.*

activation energy *n.* neart-tòiseachaidh *masc.*

active *adj.* deas, èasgaidh, gnìomhach, beothail, sùrdail, teòma, tapaidh, ealamh, fuasgailte, bearraideach, beitidh, clis, cliste, collarach, comasach, dèanadach, gnìomhaireach, greannmhor, innealta, luaimneach, ruaimneach, seòcail, sgafanta, sgafarra, sgailceanta, sgairteach, sgairteil, sgiobalta, sgiolta, sgipidh, sgiùchail, sgrìdeil, smiorail, snagarra, speirideil, spracail, spraiceil, spreagail, spreigeach, spreigeil, sùrdail

activity *n.* gnìomhachd *fem.*, obair *fem.*, beothalachd *fem.*, cur-seachad *masc.*, gnìomh *masc.*, gnìomhachas *masc.*, lùth-chleas *masc.*, lùths *masc.*, sgairt *fem.*, sgairtealachd *fem.*, sgiobaltachd *fem.*, sgiuch *fem.*, spìd *masc.*, spracalachd *fem.*, spreadhadh *masc.*, spreigealachd *fem.*, sùrdalachd *fem.*

actor *n.* cleasaiche *masc.*, actair *masc.*, cluicheadair *masc.*

actress *n.* bana-chleasaiche *fem.*, ban-actair *fem.*

actual *adj.* dearbh, fìor, cinnteach, achdaidh, riochdail

actuate *vb.* brosnaich, gluais, neartaich

aculeate(d) *adj.* biorach, dealgach, bioragach, gathach

acumen *n.* binnean *masc.*, rinn *fem.*

acuminated *adj.* binneanach

acumination *n.* binnean *masc.*, rinn *fem.*

acupuncture *n.* leigheas deilgneach, an *masc.*

acupunture *n.* agupuntair *masc.*

acute *adj.* geur, biorach, bras, dealasach, guineach, sicir, smiorail

acute (of disease, coming to crisis) *adj.* dian

acute accent *n.* sràc bhrisg *fem.*, sràc gheur *fem.*

acute angle *n.* ceàrn caol *masc.*, geur-oisinn *fem.*, leth-uileann *masc.*

acuteness *n.* geurad *masc.*, geurachd *fem.*, seaghachas *masc.*, sicireachd *fem.*

ad hoc *adj.* ris a' ghnothach fhèin, ris an rùn fhèin

ad valorem *adj.* a rèir luach

adage *n.* seanfhacal *masc.*, gnàth-fhacal *masc.*, ràdh *masc.*, ràite *fem.*, seann-ràdh *masc.*

Adam's apple *n.* meall-an-sgòrnain *masc.*, ubhall-an-sgòrnain *masc.*

adamantine *adj.* leuganta, stàilinneach

adapt *vb.* ceartaich

adapt (fit) *vb.* cuimsich

adapt (to) *vb.* dèan freagarrach (ri), fàs suas (ri)

adaptability *n.* freagarrachd *fem.*

adaptable *adj.* freagarrach, so-ghluaiste

adaptation *n.* ath-chòireachadh *masc.*, ceartachadh *masc.*, freagarrachadh *masc.*

adaptation pond *n.* lochan-freagarrachaidh *masc.*

adapted *adj.* cuimseach, cumte

add *vb.* cuir ri, meudaich, leasaich

adder (snake) *n.* beithir *fem.*, asp *masc.*, easg *masc.*, fuileasan *masc.*, iol-bhèist *masc.*, nathair(-nimhe) *fem.*, rìghinn *fem.*

adder (computer device) *n.* suimeachair *masc.*

adder's-grass *n.* lus na nathrach *masc.*

adder's-tongue *n.* beasan *masc.*, gath na nathrach *masc.*, lus na nathrach *masc.*, teanga na nathrach *fem.*

adder's-wort *n.* fliogh na nathrach *masc.*

addicted *adj.* beò-ghlacta, fo bhuaidh, trom

addiction *n.* liubhairt *masc.*

adding machine *n.* inneal-meudachaidh *masc.*

addition *n.* codachadh *masc.*, cur-ris *masc.*, leasachadh *masc.*, meudachadh *masc.*, tuilleadh *masc.*

additional *adj.* barrachdail

additional *pref.* leas-

addle *adj.* breun, grod, seasg

addle *vb.* buair, cuir troimh chèile, lobh

addle-headed *adj.* gog-cheannach

addled *adj.* blanndaidh, diuchaidh

address *n.* seòladh *masc.*

address (speak to) *vb.* bruidhinn (ri), labhair (ri), tarraing suas ri

address (apply oneself to) *vb.* gabh os làimh, rach an sàs

address (computing) *n.* ionad *masc.*

address (deportment) *n.* modhalachd *fem.*

address (speech) *n.* oraid *fem.*

address bus *n.* slighe-stiùiridh *fem.*

address decoder *n.* mìniche-seòlaidh *masc.*

address generation *n.* cruthachadh-seòlaidh *masc.*

address modification *n.* atharrachadh-stiùiridh *masc.*

address space *n.* beàrn-seòlaidh *masc.*

addressing mode *n.* modh-seòlaidh *masc.*

adduce *vb.* tagair, thoir air aghaidh, thoir mar dhearbhadh

adept *n.* abaltaiche *masc.*, làmh eòlach *fem.*

adept *adj.* oileanta, teòma, eòlanach, innleachdach

adequacy *n.* freagarrachd *fem.*, leòr *fem.*

adequate *adj.* gu leòr, freagarrach, iomchaidh, murrach, urrainneach

adequateness *n.* freagarrachd *fem.*, leòr *fem.*, murrachas *masc.*

adhere *vb.* fan dìleas (do), co-ghramaich, sàs

adhere (to) *vb.* lean (ri)

adherence *n.* dìlseachd *fem.*, dlùth-leanachd *fem.*, dlùth-leanailteachd *fem.*, leantalachd *fem.*, leantalas *masc.*, sticeadh *masc.*

adherent *adj.* leanailteach, leantalach

adhesion *n.* leanailteachd *fem.*

adhesive *n.* tàthair *masc.*

adhesive *adj.* leantainneach, leanailteach, sticeach, bìtheanach, bìtheanta, co-ghramach, sticeanta, stiocanta

adhesive tape *n.* stiall leantainneach *fem.*

adhibit *vb.* cuir gu feum, fritheil, gnàthaich

adhibition *n.* stà *masc.*

adieu *interj.* soraidh (leat), slàn (leat), beannachd (leat)

adipose *n.* blonaig *fem.*, saill *fem.*

adipose *adj.* mealgach, reamhar

adit *n.* inntrigeadh *masc.*

adjacency *n.* taobhaidheachd *fem.*

adjacent *adj.* dlùth, faisg, fagas

adject *vb.* cuir ris, leasaich, meudaich

adjective *n.* buadhair *masc.*

adjoin *vb.* dlùthaich, tàth, teann

adjourn *vb.* cuir an dàil gu àm eile, cuir dàil ann

adjournment *n.* dàil *fem.*

adjudge *vb.* thoir binn, thoir breith

adjudication *n.* breithneachadh *masc.*, breitheanas *masc.*

adjudicator *n.* breitheamh *masc.*

adjunction *n.* iadhadh *masc.*

adjunctly *adj.* an ceangal

adjure *vb.* cuir air mionnan, cuir fo mhionnaibh

adjust *vb.* ceartaich, rèitich, suidhich, co-dhèan, gleus, puncail, riaghailtich, rianaich

adjustable *adj.* so-rèitichte

adjusted *adj.* sgioblaichte

adjuster *n.* ceartaiche *masc.*, ceartair *masc.*

adjusting *n.* ceartachadh *masc.*, rèiteachadh *masc.*, suidheachadh *masc.*, socrachadh *masc.*, innealadh *masc.*, sgioblachadh *masc.*

adjustment *n.* ceartachadh *masc.*, rèiteachadh *masc.*, suidheachadh *masc.*, co-cheartachadh *masc.*, co-dhèantachd *fem.*, rèite *fem.*, riaghailteachadh *masc.*, rian *masc.*

admeasurement *n.* ceart-thomhasadh *masc.*

admensuration *n.* tomhas *masc.*

adminicle *n.* cobhair *fem.*

administer *vb.* cuir an gnìomh, fritheil, riaghail

administer (dispense sacraments) *vb.* dleasaich

administer (tender oath) *vb.* mionnaich, gabh mionnan

administration *n.* rianachd *fem.*, riaghladh *masc.*, clèireachd *fem.*, gnìomhachadh *masc.*, riaghailteachd *fem.*, riaghailtearachd *fem.*, riaghladaireachd *fem.*, rianachas *masc.*

administrative *adj.* clèireachail, clèireil

administrator *n.* rianadair *masc.*, neach-rianachd *masc.*, rianaire *masc.*, neach-comhairle *masc.*, neach-comhairle-dìleab *masc.*, neach-freasgairt *masc.*, riaghailtear *masc.*, riarainniche *masc.*

admirable *adj.* ionmholta, cliùiteach, ciatach, sualach

admiral *n.* àrd-mharaiche *masc.*, ceannard-cabhlaich *masc.*, ceann-mara *masc.*

admiration *n.* meas *masc.*, cliùthachadh *masc.*, iongnadh *masc.*

admire *vb.* bi uasal às, cliùthaich, gabh tlachd

admirer *n.* neach-gaoil *masc.*, neach-molaidh *masc.*, spèisear *masc.*, urramair *masc.*

admissible *adj.* airidh air creideas, ceadachail, ceadaichte

admission *n.* leigeadh a-stigh *masc.*

admission fee *n.* gearsom *masc.*, inntreas *masc.*

admit *vb.* aidich, leig a-steach

admittance *n.* cead *masc.*, inntrinn *fem.*, leigeil a-steach *fem.*

admix *vb.* measgaich

admixture *n.* cuthaigeadh *masc.*

admonish *vb.* caoin-chronaich, earailich, seun, thoir rabhadh

admonisher *n.* earalaiche *masc.*

admonition *n.* achasan *masc.*, caoin-chronachadh *masc.*, munadh *masc.*, rabhadh *masc.*

admonitory *adj.* rabhach, rabhachail, rabhail

ado *n.* othail *fem.*, saothair *fem.*, tuairgne *fem.*

adolescence *n.* òigeachd *fem.*

adolescent *n.* òigear *masc.*

adolescent *adj.* ogail, ùirghreannach

adopt *vb.* gabh ri comhairle, roghnaich

adopt (endorse/approve resolution) *vb.* gabh ri rùn

adopt (policy) *vb.* gabh os làimh

adopt (proposal) *vb.* gabh ri

adopt (take as one's own child) *vb.* gabh ri cloinn

adopted son *n.* uchd-mhac *masc.*

adopter *n.* uchd-mhacair *masc.*

adoption *n.* mac-thogail *fem.*, uchd-mhacachd *fem.*

Adoption Act 1976 *pr.n.* Achd na h-Uchd-mhacachd 1976

Adoption Agencies Regulations (Scotland) *pr.n.* Riaghailtean Bhuidhnean Uchd-mhacachd Alba

adorable *adj.* airidh air adhradh, ion-adhraidh, ion-mholaidh, measail

adoration *n.* adhradh *masc.*

adore *vb.* dèan adhradh

adorn *vb.* sgeadaich, sgèimhich, uidheamaich, maisich, àilnich, breàghaich, ornaich, sgèimh, snuadhaich

adorned *adj.* sgeadaichte, maisichte, sgèimhealach, snuadhaichte

adorning *n.* maiseachadh *masc.*

adornment *n.* rìomhadh *masc.*

adrift *adj.* leis an t-sruth, air iomadan, air siùdan

adroit *adj.* deas, ealamh, ealanta, teòma, làmhach, làmhchair

adroitness *n.* ealantachd *fem.*, gleusdachd *fem.*, innleachd *fem.*, tulchuis *fem.*

adscititious *adj.* co-lìontach, seasachail

adulate *vb.* dèan miodal, brosgail

adulation *n.* sodal *masc.*, brosgal *masc.*, miodal *masc.*, sliomacaireachd *fem.*, soileas *masc.*

adulator *n.* brosgalair *masc.*, sodalach *masc.*, sodalair *masc.*

adult *n.* inbheach *masc.*

adult *adj.* inbhidh

adult education *n.* foghlam inbhidh *masc.*

adult literacy *n.* litearachd inbhidh *fem.*

Adult Training Centre *pr.n.* Ionad Trèinidh Inbheach

adulterate *vb.* truaill, truaillich

adulterate(d) *adj.* truaillidh

adulterated *adj.* truaillte

adulteration *n.* crodhaich *fem.*, salachadh *masc.*, truailleachd *fem.*

adulterer *n.* adhaltraiche *masc.*, adhaltranach *masc.*

adulterine *n.* leanabh adhaltranach *masc.*, leanabh-dìolain *masc.*, urra adhaltranach *masc.*, urra-adhaltrais *masc.*

adulterous *adj.* adhaltrach, adhaltranach

adultery *n.* adhaltrachd *fem.*, adhaltranachd *fem.*, adhaltranas *masc.*

adumbrant *adj.* faileasach, sgàileach

adumbrate *vb.* samhlaich, thoir fideadh

adust *adj.* air sgreidheadh, air tiormachadh, iom-loisgte, loisgte, seargte

adustible *adj.* so-chrìonadh, so-sheargta

advance *n.* dol air adhart *masc.*, ceum air thoiseach *masc.*, àrdachadh *masc.*, ceum air aghaidh *masc.*, cinntinn *fem.*, dlùthachadh *masc.*, meudachadh *masc.*, soirbheachadh *masc.*, teannadh *masc.*

advance *vb.* rach air thoiseach, rach air adhart, àrdaich, cinn, dlùthaich, leasaich, luathaich, meudaich, rùisg, taisbean, tarraing, thoir air aghaidh, thoir am follais, tog suas

advanced *adj.* adhartach

advancement *n.* àrdachadh *masc.*, adhartachd *fem.*, inbhe *fem.*, soirbheachadh *masc.*

advantage *n.* tairbhe *fem.*, buannachd *fem.*, sochair *fem.*, làmh an uachdar *fem.*, leas *masc.*, math *masc.*, rath *masc.*, solaidh *masc.*, stà(th) *masc.*, tàbhachd *fem.*, tairbheartas *masc.*, tarbhachd *fem.*, toradh *masc.*

advantaged *adj.* leasaichte

advantageous *adj.* buannachdail, goireasach, sochaireach, stàthail, tàbhachdach

advantageousness *n.* stàthalachd *fem.*

Advent *pr.n.* Aidmheint

advent *n.* teachd *masc.*

adventitious *adj.* tuiteamach

adventure *n.* tachartas *masc.*, tuiteamas *masc.*, turas-dùraigidh *masc.*, cuairt-dànachd *fem.*, cunnart *masc.*, deuchainn *fem.*, feuchainn *fem.*, · ionnsaigh *fem.*, sgiorradh *masc.*, tubaist *fem.*, turrag *fem.*

adventure *vb.* feuch (ri), thoir deuchainn, thoir ionnsaigh

adventurer *n.* neach-dùraigidh *masc.*, neach-deuchainn *masc.*, baoghlair *masc.*, cruadalaiche *masc.*, neach-fuadain *masc.*, neach-misnich *masc.*, teagmhasaiche *masc.*

adventurous *adj.* dàna, deuchainneach, baogh(a)lach

adverb *n.* ceann-bhriathair *masc.*, ceann-fhacal *masc.*, co-ghnìomhair *masc.*, roi-bhriathar *masc.*

adverbial *adj.* ceann-bhriathrach, co-ghnìomhaireil, roi-bhriathrach

adversary *n.* eascaraid *masc.*, nàmhaid *masc.*, cuspairiche *fem.*

adverse *adj.* an aghaidh (a chèile), nàimhdeil, tarsainn, àmhgharach, ànrach, calldach, crosda, dìobhalach, mì-fhàbharach, mì-shealbhach, neo-aontachail

adverseness *n.* crosdachd *fem.*, nàimhdeas *masc.*, tarsainneachd *fem.*

adversity *n.* cruaidh-chàs *masc.*, teinn *fem.*, doilgheas *masc.*, àmhghar *masc.*, cruadal *masc.*, cruaidh-chàs *masc.*, dosgainn *fem.*, fàth-bròin *masc.*, teanntachd *fem.*, truaighe *fem.*

advert *vb.* beachdaich, dearc, thoir fainear

advertence *n.* aire *fem.*, beachd *masc.*

advertent *adj.* aireachail, beachdail

advertise *vb.* sanasaich, thoir fios follaiseach, bàrnaig, gairm, thoir rabhadh

advertisement *n.* sanas(-reic) *masc.*

advertiser *n.* neach-sanasachd *masc.*, neach-naidheachd *masc.*, neach-sanais *masc.*

advertising *n.* sanasachd *fem.*

advice *n.* comhairle *fem.*, seòladh *masc.*, stiùireadh *masc.*, earal *fem.*, iompadh *masc.*, sanas *masc.*

advisable *adj.* crìonna, glic, sicir

advise *vb.* cuir comhairle (ri), thoir comhairle (air), comhairlich, faithir, gabh comhairle, mol

adviser *n.* neach-comhairle *masc.*, comhairleach *masc.*, ceann-cèille *masc.*, comhairlear *masc.*

advising *n.* moladh *masc.*

advisory *adj.* comhairleachail

advocacy *n.* leisgeulachd *fem.*

advocate *n.* neach-tagraidh *masc.*, adhna *masc.*, aidhne *fem.*, deismear *masc.*, neach-tagair *masc.*, procadair *masc.*, tagaireach *masc.*, tagarair *masc.*

advocate *vb.* tagair, gabh taobh, dìon

advocating *n.* tagradh *masc.*

advolution *adj.* ruithleadh

adze *n.* tàl(a) *masc.*, ite *fem.*

aegis *n.* sgiath-chòmhraig *fem.*, sgiath-dìon *fem.*

aemulatio vicini *n.* eud ri coimhearsnach *masc.*

aerial *n.* iadhaire *masc.*

aerial *adj.* adharail, iarmailteach

aerie *n.* alach-seabhaig *masc.*

aerology *n.* eòlas-adhair *masc.*

aeromancy *n.* adhar-gheasachd *fem.*, adhar-iùl *fem.*, speuradaireachd *fem.*

aerometry *n.* adhar-thomhas *masc.*

aeronaut *n.* adhar-sheòladair *masc.*

aeroplane *n.* itealan *masc.*, plean *fem.*, soitheach-adhair *fem.*

aeroscopy *n.* adhar-amharc *masc.*, speuradaireach *fem.*, speur-choimhead *masc.*

aerostation *n.* adhar-sheòladaireachd *fem.*

aesthete *n.* neach-faireachdainn *masc.*

aesthetic *adj.* mothachail

aestival *adj.* samhrachail

aetites *n.* clach-iolaire *fem.*

afar *adj.* an cèin, fad às, fada air falbh, fada dheth

affability *n.* ceanaltas *masc.*, fosgarrachd *fem.*, suairceas *masc.*

affable *adj.* suairc(e), ceanalta, aoidheil, aobhach, aoibheach, còir, cùirteil, furbhailteach, miabhanair, sèimh, soirbh, soitheamh, suilbhear, sulchair, sùthar

affableness *n.* ceanaltas *masc.*, suairceachd *fem.*

affair *n.* aobhar *masc.*, cùis *fem.*, gnothach *masc.*, rud *masc.*

affect *vb.* buail (air), drùigh (air), gabh dèigh air, gluais inntinn, laigh, meath, meathaich, riochdaich, thoir air faireachdainn

affectation *n.* atharrais *fem.*, sgòd *masc.*, spadaireachd *fem.*

affected *adj.* pròiseil, sgleòthach, sgleòthail, sgòdach

affection *n.* gaol *masc.*, spèis *fem.*, càil *fem.*, carantas *masc.*, ceutadh *masc.*, dìlseachd *fem.*, galar *masc.*, gràdh *masc.*, rùn *masc.*, seirc *fem.*, tairiseachd *fem.*, tinneas *masc.*

affectionate *adj.* gaolach, teò-chridheach, gràdhach, caidreach, blàth-chridheach, carantach, macail, nàdarra, seirceil, tlùthail, truacanta

affective *adj.* tiomachail

affiance *n.* còrdadh-pòsaidh *masc.*, earbsa *fem.*

affiance *vb.* rèitich

affidavit *n.* buathar *masc.*, mionnan sgrìobhte *masc.*, teisteas sgrìobhte *masc.*

affiliation *n.* athaireachadh *masc.*, buntanas *masc.*

affined *adj.* càirdeach

affinity *n.* cleamhnas *masc.*, dàimh *fem.*

affirm *vb.* contagair, cuir an cèill, daingnich, dearbh

affirmable *adj.* daingneachail

affirmance *n.* daingneachadh *masc.*, dearbhachd *fem.*

affirmant *n.* neach-dearbhaidh *masc.*

affirmation *n.* contagairt *fem.*, cur an cèill *masc.*, daingneachadh *masc.*, dearbhadh *masc.*

affirmative *n.* aonta *masc.*

affirmative *adj.* aontach, dearbhte, danarra, dearbhach, dìorrasach

affirmatory *adj.* aideachail

affirmer *n.* dearbhadair *masc.*, neach-dearbhaidh *masc.*

affix *n.* earball-iasaid *masc.*, leasachan *masc.*

affix *vb.* tàth

affix (to) *vb.* snaidhm (thuig)

afflatus *n.* othag *fem.*

afflict *vb.* goirtich, sàraich, pian, claoidh, sgap, sgiùrs, teannaich, trioblaidich

afflicted *adj.* àmhgharach, uireasach

afflictedness *n.* àmhghar *masc.*, duilgheas *masc.*, tùirse *fem.*

afflicter *n.* cràdhair *masc.*, pianadair *masc.*

afflicting *adj.* cràiteach

affliction *n.* doilgheas *masc.*, sàrachadh *masc.*, àmhghar *masc.*, teinn *fem.*, bròn *masc.*, cruadhag *fem.*, dùileachd *fem.*, duileachd *fem.*, sgiùrs *masc.*

afflictive *adj.* àmhgharach, iargaineach, teanndach

affluence *n.* beartas *masc.*, saoibhreas *masc.*, tòic *fem.*

affluent *adj.* beartach, saoibhir

afflux *n.* sruthadh *masc.*

afford *vb.* ruig (air)

afforest *vb.* fiadharaich

afforestation *n.* coillteachadh *masc.*

affranchise *vb.* dèan saor, saoraich

affray *n.* caonnag *fem.*, sabaid *fem.*, carraid *fem.*, tuairgne *fem.*

affray *vb.* cuir eagal (air), fiamhaich, geiltich

affrication *n.* lìomhachadh *masc.*

affright *n.* giorag *fem.*

affright *vb.* cuir eagal (air), cuir briosgadh (air)

affront *n.* masladh *masc.*, maslachadh *masc.*, nàrachadh *masc.*, athais *fem.*, dod *masc.*, spìdeag *fem.*, tàir *fem.*, tàmailt *fem.*, tarcais *fem.*

affront *vb.* nàraich, maslaich, feargaich, màb, spoch

affronting *adj.* maslach, tàmailteach, tarcaiseach

affusion *n.* dòrtadh *masc.*

aflame *adj.* na t(h)eine

afloat *adj.* air bhog, air flod, air snàmh

afoot *adj.* air chois, air bhonn, air ghluasad

aforementioned *adj.* roi-ainmichte

aforesaid *adj.* roi-ainmichte

afraid *adj.* fo eagal, eagalach, air clisgeadh, òglaidh, oilltichte

afresh *adj.* as ùr

African elephant *n.* ailp *masc.*

afront *prep.* ri aghaidh

after *prep.* an deaghaidh, an dèidh, an dèis, as dèidh.

after all *adj.* an dèidh sin 's na dhèidh, an dèidh a h-uile càil, mu dheireadh thall

afterbirth *n.* ath-bhreith *fem.*, batharr *masc.*, iarnallach *fem.*, seile *fem.*, sreothan òig-aoin *masc.*, teàrnadh *masc.*

aftercare *n.* ath-fhrithealadh *masc.*

aftergame *n.* ath-chluich *fem.*

aftergrass *n.* iarspealadh *masc.*

afterleech *n.* ball-deiridh *masc.*, leud-deiridh *masc.*

aftermath *n.* iarbhail *fem.*, iarspealadh *masc.*, ùr-bharr *masc.*

afternoon *n.* feasgar *masc.*

afterpains *n.* ath-thinneas-cloinne *masc.*

aftertaste *n.* ath-bhlas *masc.*

afterthought *n.* ath-bheachd *masc.*, ath-smuain *fem.*, ùr-bharail *fem.*, ùr-bheachd *masc.*

against *prep.* an aghaidh, fa chomhair

against the grain *adj.* an aghaidh a' ranna, an aghaidh nàdair

agaric fly *n.* balgan nan cuileag *masc.*

agate *n.* agait *fem.*

age *n.* aois *fem.*, àrsadh *masc.*, sine *fem.*

age (period) *n.* linn *fem.*

Age Concern (Scotland) *pr.n.* Freasdal nan Aosda Alba, Sochair na h-Aoise Alba

aged *adj.* sean, aosda, aosmhor, seann

agency *n.* buidheann *fem./masc.*, gilleachas *masc.*, ionadachd *fem.*

agenda *n.* clàr-gnòthaich *masc.*, clàr-chùisean *masc.*, òrdugh-coinneimh *masc.*, clàr-obrach *masc.*

agent *n.* cumhachdair *masc.*, neach-ionaid *masc.*, tagairtear *masc.*, tagartair *masc.*, tagradair *masc.*

agent noun *n.* ainmear-obraiche *masc.*

agents *n.* luchd-ionaid *masc.*

agglomerate *vb.* cearslaich, cruinnich

agglomeration *n.* meall cruinn *masc.*, trusadh *masc.*

agglutinant *adj.* glaodhach, tàthach

agglutinate *vb.* glaodhaich, tàthaich

agglutination *n.* aonadh *masc.*, dlùthadh *masc.*, tàthadh *masc.*

aggrandise *vb.* àrdaich, tog suas an inbhe, meudaich an urram, fàs mòr, inbhich, mòrdhalaich

aggrandisement *n.* meudachadh *masc.*, àrdachadh *masc.*, mòrachadh *masc.*, inbheachd *fem.*, urramachadh *masc.*

aggravate *vb.* burbanaich

aggravating *n.* tromachadh *masc.*

aggravating *adj.* an-trom(ach)

aggregate *vb.* cruinnich, tòrr, treudaich, trus

Aggregate Monetary Demand *pr.n.* Lèir-iarrtas Airgid

aggress *vb.* brosnaich, buail an toiseach, tòisich an aimhreit

aggressive *adj.* ionnsaidheach

aggressor *n.* ionnsaidheach *masc.*

aggrievance *n.* eucoir *fem.*, sàrachadh *masc.*, brùiteachd *fem.*, cuideamachadh *masc.*, dochair *fem.*, dolaidh *fem.*

aggrieve *vb.* buair, dochainn, sàraich, doilgheasaich, eucoirich, muladaich

aggroup *vb.* coisirich

aghast *adj.* fo uamhann, sgàthach

agile *adj.* lùthmhor, fuasgailte, ealamh, clis, beothail, lùth-chleasach, obann, sgiobalta, sgiolcanta, smiorail, sùbailte, tapaidh

agileness *n.* sgiobaltachd *fem.*, cliseachd *fem.*, fuasgailteachd *fem.*, lùthmhorachd *fem.*

agility *n.* cliseachd *fem.*, luaths *masc.*, lùth *masc.*, lùthaireachd *fem.*, lùth-chleas *masc.*, sgailceantachd *fem.*, sgiobaltachd *fem.*

agitable *adj.* so-charachaidh, so-charaichte, so-ghluasad

agitate *vb.* gluais, cuir troimh chèile, caraich, buair, maistrich, ruaimill, ruaimlich

agitated *adj.* mear

agitating *n.* inneachadh *masc.*, maistreadh *masc.*

agitating *adj.* iomluasgach, ruaimleach

agitation *n.* gluasad *masc.*, luasgadh-inntinn *masc.*, carachadh *masc.*, buaireas *masc.*, cothachadh *masc.*, co-thulgadh *masc.*, docair *fem.*, inneachadh *masc.*, iomluasgadh *masc.*, mi-shuaimhneas *masc.*, obrachadh *masc.*

agitator *n.* neach-brosnachaidh *masc.*, neach-gluasaid *masc.*

agnail *n.* galar iongach, an *masc.*

agnate *adj.* càirdeach a-thaobh athar

agnation *n.* càirdeas *masc.*, cleamhnas *masc.*

agnus castus *n.* craobh na geamnachd *fem.*

agog *adj.* air bhraise, togarrach

agony *n.* dochartas *masc.*, dòrainn *fem.*, spàirn *masc.*

agony aunt *n.* coibhreag *fem.*, tè freagairt èiginn *fem.*

agraffe *n.* bràiste *masc.*

agrarian *adj.* fearannach, raointeach, talmhanach

agravate *vb.* an-tromaich

agree *vb.* aontaich, còrd, rèitich, rach (le), deònaich, suidhich, toilich

agreeable *adj.* taitneach, ciatach, freagarrach, cin(n)eanta, còrdaidh, còrdail, còrdalach, seiseach, soimeach, soimhneach, soiridh, toigh

agreeableness *n.* còrdalachd *fem.*, freagarrachd *fem.*, taitneachd *fem.*

agreed *adj.* aontaichte, suidhichte, còirdte, air aontachadh, co-shìnte (ri), leagte (ri)

agreement *n.* còrdadh *masc.*, rèite *fem.*, aonta *masc.*, aontachadh *masc.*, aontachd *fem.*, aontas *masc.*, cùmhnant *masc.*, cùnnradh *masc.*, rèiteachd *fem.*, toileachadh *masc.*

agricultural *adj.* àiteachail, treabhachail, tuathanachail

Agricultural Training Board *pr.n.* Bòrd Trèinidh an Aiteachais

agriculturalist *n.* treabhaiche *masc.*, tuathanach *masc.*

agriculture *n.* àiteachas *masc.*, sgoil-fhearainn *fem.*

agrimony *n.* airgead luachrach *masc.*, geurag bhileach *fem.*, meirean nam magh *masc.*, muir-droigheann *masc.*

aground *adj.* air grunnd

ague *n.* a' chrith *fem.*, crithearrachd *fem.*, crith-ghalar *masc.*, fiabhras critheanach, am *masc.*

ahead *adj.* air thoiseach

ahold *adj.* air fuaradh

aid *n.* cuideachadh *masc.*, còmhnadh *masc.*, cobhair *fem.*, furtachd *fem.*

aid *vb.* cuidich, còmhnaich, cobhair, congnaich, oircheasaich

aide-de-camp *n.* dìon-chòmhla *masc.*, sonn-mharcach *masc.*

aider *n.* neach-cuideachaidh *masc.*

aiding *adj.* cobharach

aigars *n.* eararadh *masc.*

Aignish Community Association *pr.n.* Comunn Coimhearsnachd Aiginis

aigrette *n.* clòimhteach-foghannain *fem.*, corra ghlas *fem.*, cuach-Phàdraig *fem.*, dos-itean *masc.*

ail *vb.* gearain

ailing *adj.* tinn, euslainteach

ailment *n.* tinneas *masc.*, galar *masc.*, dòrainn *fem.*, meuchd *fem.*, othar *masc.*

aim *n.* cuimse *fem.*, rùn *masc.*, amas *masc.*, ionnsaigh *fem.*, cuimis *masc.*, cuimseachd *fem.*, dùrachd *fem.*, seòl *masc.*

aim *vb.* cuimsich (ri), amais, beachdaich, cinntich, comharraich, cuspairich, innlich, stràc, thoir ionnsaigh, tomh

aimer *n.* cuimsiche *masc.*

aiming *n.* amas *masc.*, cuspaireachd *fem.*, innleadh *masc.*, stràcadh *masc.*

aimless *adj.* gun rùn, mì-chuimseach

air *vb.* blàthaich, teò

air (affected manner) *n.* spailp *fem.*

air (gaseous mixture) *n.* àile *masc.*, àidhear *masc.*, adhar *masc.*, gaoth *fem.*, iarmailt *fem.*

air (music) *n.* fonn *masc.*, sèis *fem.*, ceòlan *masc.*

air line *n.* buidheann-adhair *fem./masc.*

air mail *n.* post-adhair *masc.*

air-ambulance *n.* plèan-eiridinn *masc.*

air-bladder *n.* balgan-snàmh *masc.*

air-built *adj.* gun bhunachar

air-gun *n.* gunn-aeir *masc.*, gunna-sgailc *masc.*

air-pump *n.* inneal-sèididh *masc.*, pump-gaoithe *masc.*, teannair *masc.*

airborne *adj.* air a g(h)iùlan leis an adhar

aircraft-carrier *n.* long phlèanaichean *fem.*

airfield *n.* raon-adhair *masc.*

airhole *n.* toll-gaoithe *masc.*

airiness *n.* sgòd *masc.*

airing *n.* gabhail-gaoithe *fem.*, spaidseireachd *fem.*, sràideasachd *fem.*, sràidimeachd *fem.*

airling *n.* bànag-ghuaineiseach *fem.*

airport *n.* port-adhair *masc.*

airship *n.* long-adhair *fem.*

airt *n.* àird *fem.*

airtight *adj.* dìonach

airwave *n.* tonn-adhair *masc.*

airways *n.* buidheann-adhair *fem./masc.*

airy *adj.* clisgeàrtach, lurach, sgòdach

aisle *n.* oilean *masc.*, trannsa-eaglais *fem.*

ait (small island) *n.* innseag *fem.*

aitchbone *n.* cruachann *fem.*

aitnach *n.* aiteal *masc.*, aiteann *masc.*

aix-tree *n.* acastair *masc.*

ajar *adj.* air a leth-bhalla, leth-fhosgailte, sraointe fosgailte

akin *adj.* càirdeach, dlùth an dàimh

alabaster *n.* clach-èiteig *fem.*, oillbhastair *masc.*

alack *interj.* mo chreach!, mo lèireadh!, mo thruaighe!

alacrity *n.* sùrd *masc.*, sunnd *masc.*, beothalachd *fem.*, fonn *masc.*, misneachd *fem.*, sgiobaltachd *fem.*, smioralachd *fem.*, suigeart *masc.*, sùrdalachd *fem.*, toileachas *masc.*

alarm *n.* caismeachd *fem.*, rabhadh *masc.*, clisgeadh *masc.*, faraidhinn *masc.*, fuathas *masc.*, giorag *fem.*, maoim *fem.*, meaghal *masc.*, miapadh *masc.*, sanas *masc.*, sgeamhla(dh) *masc.*

alarm *vb.* sgèimhlich

alarm (instrument for sounding alarm) *n.* ball-mosglaidh *masc.*

alarm-clock *n.* glagan-rabhaidh *masc.*, uaireadair-dùsgaidh *masc.*

alarm-instrument *n.* dòrd *masc.*

alarm-post *n.* cnoc-faire *masc.*

alarming *adj.* eagalach, buaireasach, cunnartach, tuineach

alarmist *n.* neach-caismeachd *masc.*, sgaomaire *masc.*

alas *interj.* och!, mo thruaighe!, iod!, mo chreach!, mo dhuilichinn!, mo lèireadh!, mo sgal!, mo sgaradh!

alb *n.* clòca bàn sagairt *masc.*, lèine-aifrinn *fem.*

albinism *n.* ailbineachd *fem.*

albugineous *adj.* geal

album *n.* leabhar-chuimhneachan *masc.*, leabhar-dhealbh *masc.*

albumen *n.* gealagan *masc.*

alchemist *n.* oibriche-mhiotailt *masc.*, ubagaiche *masc.*

alcohol *n.* deoch làidir *fem.*, alcol *masc.*, garbh-ghucag *fem.*, spiorad dìbhe làidir *masc.*, uisge-baoghal *masc.*

Alcohol Resource Centre *pr.n.* Ionad Cuideachaidh Alcolach

alcoholic *adj.* alcolach

alcoholism *n.* tinneas-na-dibhe *masc.*, alcolachd *fem.*

alcove *n.* àite-leapa *masc.*, cùil-suidhe *fem.*, cùlaist *fem.*

Aldebaran *n.* Aibhseag *fem.*

alder *n.* feàrna *fem.*, droimlein *fem.*, drumanach *fem.*, ruaim *fem.*

alderman *n.* bùirdeiseach *masc.*, seanair *masc.*, seanair-baile *masc.*

ale *n.* beòir *fem.*, lionn *masc.*

ale-berry *n.* brochan-leanna *masc.*, leann teth *masc.*, lionnra *masc.*, lionradh *masc.*

ale-house *n.* taigh-òsda *masc.*

alegar *n.* lionn geur *masc.*, lionn goirt *masc.*

alembic *n.* poit dhubh *fem.*

alert *adj.* furachail, deas, beothail, clisgeanta, sgafanta, sgafarra, smiorail, snagarra

alertness *n.* beothalachd *fem.*, beachdachd *fem.*, ealamhachd *fem.*, sùrdalachd *fem.*

alexanders *n.* lus Alasdair *masc.*, lus nan gràn dubh *masc.*

alexipharmic *adj.* nimh-fhògrach

algae *n.* algaich *pl.*, barraig-uaine *fem.*, tachair *masc.*

algal *n.* algach *fem.*

algebra *n.* ailseabra *fem.*, cunntas aibidileach *masc.*

algid *adj.* fionnar, fuar

algidity *n.* reòthtachd *fem.*

alias *adj.* air dòigh eile

alible *adj.* àlachail

alien *n.* Gall *masc.*, coigreach *masc.*, coimheach *masc.*, allmharach *masc.*, deòradh *masc.*, eilthireach *masc.*, treaman *masc.*

alien *adj.* gallda, coimheach, coigreach, allmharach, neo-chàirdealach, neo-dhàimheach, neo-dhàimheil

alienate *vb.* eilthirich, fuadaich seilbh, gràinich, sgar càirdeas, tionndaidh air falbh

alienated *adj.* dealaichte

alienation *n.* dealachadh *masc.*, dìobradh *masc.*, fuadachd *fem.*

alientated *adj.* sgaraichte

alight *vb.* teirinn, tuirling

align *vb.* cuir a rèir a chèile, cuir ann an loidhne, gabh taobh

alignment *n.* co-thaobhadh *masc.*

alignment hole *n.* toll-rèiteachaidh *masc.*

alike *adj.* a-rèir a chèile, coltach, ionann

aliment *n.* beathachadh *masc.*, biadh *masc.*, lòn *masc.*, teachd-an-tìr *masc.*

alimental *adj.* beathachail, brìoghmhor, lònail, sùdhar, tachdmhor

alimentary *adj.* beathachail

alimentary canal *n.* buadhan *masc.*

alimentation *n.* beathachadh *masc.*

alimony *n.* dìol-mhaoin *fem.*, beathachadh *masc.*

aliquant *adj.* còrr-phàirteach

aliquot *adj.* slàn-phàirteach

alive *adj.* beò, beothail, sunndach, maireann

alkali *n.* càl-shalainn *masc.*, salann na groide *masc.*

all *adj.* uile

all but *adj.* ion (is)

All Fools' Day *pr.n.* Latha na Gogaireachd, Latha na Gòcaireachd, Latha na Feachaireachd

All Hallows' Day *pr.n.* An Fhèill Samhna, Là Samhna

all or tail *phr.* na h-uile no an deireadh

all over *prep.* troimh

All Saints' day *pr.n.* Là nan Uile Naoimhe

all the same *adj.* ionann

allay *vb.* caisg, ciùinich, bac, foisich, lughdaich, sàimhich, sìthich

allayment *n.* ìsleachadh *masc.*, lagachadh *masc.*

allegable *adj.* so-aithriseach, so-aithriseil

allegation *n.* cur às leth *masc.*, aithris *fem.*, casaid *fem.*, contagairt *fem.*, manadh *masc.*, tagairt *fem.*, tuairisgeul *masc.*

allege *vb.* cuir às leth, fàg air, abair, aithris, còmhdaich, contagair, tilg air

allegiance *n.* gèilleadh *masc.*, strìochdadh *masc.*, ùmhlachd *fem.*

allegorical *adj.* samhlachail, seach-labhrach

allegorise *vb.* samhlaich, seach-labhair

allegory *n.* samhla *masc.*, cosamhlachd *fem.*, co-shamhail *masc.*, samhlaithris *fem.*, seach-bhriathar *masc.*, seach-labhairt *fem.*, seach-labhradh *masc.*

allele *n.* aileal *masc.*

allelomorph *n.* ailealomorf *masc.*

alleviate *vb.* aotromaich, lùghdaich, maothaich, lagaich, faothaich

alleviation *n.* aotromachadh *masc.*, lùghdachadh *masc.*, lagachadh *masc.*, maothachadh *masc.*, faothachadh *masc.*

alley *n.* caol-shràid *fem.*, frith-shràid *fem.*, gabhag *fem.*

alliance *n.* càirdeas *masc.*, cleamhnas *masc.*, caidreabhas *masc.*, snaim *masc.*

allied *adj.* co-cheangailte, dàimheil

alligate *vb.* ceangail, snaim

alligation *n.* snaimeadh *masc.*

alligator *n.* ailigeutair *masc.*, crogall-mòr *masc.*

alligature *n.* ceanglachan *masc.*, lùbag *fem.*

alliteration *n.* sruth-fhacal *masc.*, uaim *fem.*

allocation *n.* cur *masc.*, roinn *fem.*, suidheachadh *masc.*

allodial *adj.* saor o chìs fearainn

allodium *n.* fearann saor o chìs *masc.*

allot *vb.* cuibhrinnich

allotment *n.* cuibhreann *masc.*, rinndeal *masc.*

allow *vb.* leig (le), ceadaich, deònaich, lùdhaig

allowable *adj.* ceadaichte, dligheach

allowance *n.* cuibhreann *masc.*, mathalachd *fem.*, saoirsne *fem.*

allowed *adj.* ceadaichte, lùdhaigte, saor

allowing *n.* ceadachadh *masc.*, lùthaigeadh *masc.*, lùdhaigeadh *masc.*, lùthaigeachdainn *fem.*

alloy *n.* dall-sgìomh *masc.*, disbheagadh *masc.*, laghdachadh *masc.*, truailleadh *masc.*

allude *vb.* thoir tarraing (air), thoir iomradh (air), ciallaich, sanasaich

allure *vb.* meall, tàlaidh, buair, baid, beulanaich, soithnich, tarraing

allurement *n.* lionn-tàlaidh *masc.*, mealladh *masc.*, tàladh *masc.*

allurer *n.* mealltair *masc.*, neach-tàlaidh *masc.*

alluring *adj.* cluaintearach, mealltach

allusion *n.* sanas *masc.*, tarraing *fem.*

allusive *adj.* sanasach

alluvion *n.* cobhartachd-srutha *fem.*, salachar-srutha *masc.*

ally *n.* caidreabhach *masc.*, caraid *masc.*, companach *masc.*

almanac *n.* almanac *fem.*, fèillire *masc.*, mìosachan *masc.*, uibhreachan-ùine *masc.*

almighty *adj.* uile-chumhachdach

almond *n.* almon *masc.*, àmon *masc.*, cnò Ghreugach *fem.*, cnò-almoin *fem.*

almoner *n.* neach-roinn dèirc *masc.*, dèircear *masc.*, deòir *masc.*

almonry *n.* àmraidh *fem.*

almost *adj.* gu ìre bhig, cha mhòr, ach beag, air bheag

alms *n.* dèirc *fem.*

almshouse *n.* taigh nam bochd *masc.*, taigh-dèirce *masc.*

alnage *n.* slat-thomhais *fem.*

aloes-wood *n.* fiodh cùbhraidh *masc.*

aloft *adj.* an àirde, shuas

alone *adj.* aonarach, aonaranach, na (h-)aonar, na (h-)ònrachd, air uaigneas, ònarach, singilte

along *prep.* air f(h)ad, còmhla ri, maille ri

alongside (nautical) *adj.* ri taobh na lamraig, ri taobh na luinge

aloof *adj.* fad às, uaibhreach, air falbh, air fuaradh, an cèin, à sealladh

alphabet *n.* aibidil *fem.*, abaisidh *fem.*, abachan *masc.*

alphabetical *n.* aibidealach *fem.*, aibirsidh *fem.*

alphanumeric code *n.* còd litir-àireamhail *masc.*

alpine *adj.* ailpeach

alpine bistort *n.* altanach *masc.*

alpine enchanter's nightshade *n.* fuinnseach *masc.*, lus na h-òighe *masc.*

alpine forget-me-not *n.* lus an t-suirghich *masc.*

alpine hare *n.* maigheach gheal *fem.*

alpine lady's mantle *n.* miann Moire *masc.*, trusgan *masc.*

alpine meadow rue *n.* rù ailpeach *masc.*, rùdh Ailpeach *masc.*

alpine mouse-ear chickweed *n.* cluas an luch *fem.*

alpine plain *n.* sliabh *masc.*

alpine poa *n.* feur carrach *masc.*

alpine saxifrage *n.* eigrim ailpeach *masc.*

alpine swift *n.* ainleag-mhonaidh *fem.*, gobhlan nan creag *masc.*, gobhlan-monaidh *masc.*

already *adj.* mar-thà, mu thràth, cheana

altar *n.* altair *fem.*, leac-ìobairt *fem.*

alter *vb.* atharraich, mùth, tionndaidh

alterable *adj.* caochlaidheach, mùthalach

alteration *n.* atharrachadh *masc.*, mùthadh *masc.*, tionndadh *masc.*, leasachadh *masc.*, mùth *masc.*, soise *fem.*

altercation *n.* connsachadh *masc.*, trod *masc.*, connspaid *fem.*, tuasaid *fem.*

altered *adj.* mùthte

altering *n.* mùthadh *masc.*

alternate *adj.* mu seach

alternate *vb.* atharraich

alternate-flowered water-milfoil *n.* snàithe bàite *masc.*

alternation *n.* sealaidheachd *fem.*

alternative *n.* atharrach *masc.*, roghainn *masc.*

alternative *adj.* eile

alternity *n.* iom-charachd *fem.*

altitude *n.* àirde *fem.*

alto *n.* alto *masc.*

altogether *adj.* gu lèir, uile gu lèir, gu buileach, gu h-iomlan, gu tur

alum *n.* almadh *masc.*, clach an datha *fem.*, clach-ailm *fem.*

aluminious *adj.* teannasach

aluminium *n.* alman *masc.*

alveolus *n.* còsag *fem.*

always *adj.* an còmhnaidh, daonnan, a ghnàth

amalgam *n.* co-leaghan *masc.*, cumasg *fem.*

amalgamate *vb.* co-leagh

Amalgamated Engineering Union *pr.n.* Aonadh Aonaichte nan Innleadair

amalgamation *n.* amladh *masc.*, co-aonadh *masc.*, co-leaghadh *masc.*

amanuensis *n.* clèireach *masc.*

amarant(h) *n.* lus a' ghràidh *masc.*

amass *vb.* càrn, cruach, trus, cruinnich, tòrr

amassment *n.* càrn *masc.*, cruach *fem.*, trusadh *masc.*, cruinneachadh *masc.*, meall *masc.*, torradh *masc.*

amateur *n.* fao(gh)laide *masc.*, sìor-ghnothachair *masc.*

amateur *adj.* neo-dhreuchdail

amaurosis *n.* tuaithleus *masc.*

amaze *vb.* cuir iongnadh (air)

amazement *n.* ioghnadh *masc.*, muirbhleachadh *masc.*

amazing *adj.* iongantach, uamhasach

amazon (warrioress) *n.* bana-churaidh *fem.*, ban-laoch *fem.*

amazonstone *n.* clach-amason *fem.*

ambassador *n.* rìgh-theachdaire *masc.*, teachdaire *masc.*, tosgair(e) *masc.*

ambassage *n.* teachdaireachd *fem.*, tosgaireachd *fem.*

amber *n.* òmar *masc.*, òmarach *fem.*

amber *adj.* buidhe-shoilleir

amber *vb.* òmaraich

ambergris *n.* òmar glas *masc.*

ambidexter *n.* gleus-fhear *masc.*

ambidexterity *n.* caraireachd *fem.*, co-dheas-làmhachd *fem.*, deas-làmhachd *fem.*, dùbailteachd *fem.*

ambidexterous *adj.* deas-làmhach, dòlamhach

ambidextrous *adj.* co-dheas, co-dheas-làmhach

ambient *adj.* cuairteach, iadhach, iom-chuairteach

ambiguity *n.* dà-sheaghachd *fem.*, dorch-chainnt *fem.*, teagamh *masc.*, teagmhachd *fem.*

ambiguous *adj.* dà-sheaghach, teagmhach

ambit *n.* cuairt *fem.*, tiomal *masc.*

ambition *n.* glòir-mhiann *masc.*, strì *fem.*, mòr-aigne *masc.*, àrd-aigne *masc.*, àrd-amas *masc.*, beò-iarraidh *masc.*, miann-soirbheachaidh *masc.*, mòr-aigeantachd *fem.*, sannt *masc.*, sanntachd *fem.*, sùil àrd *fem.*, uaill-mhiann *masc.*

ambitious *adj.* àrd-aigneach, dian-thograch, glòir-mhiannach, mòr-inntinneach

amble *n.* fàlaireachd *fem.*, spaidsearachd *fem.*

ambler *n.* spaidsear *masc.*, fàlaire *masc.*

ambrosia *n.* àis *masc.*, iubhar-slèibhe *masc.*

ambrosial *adj.* cùbhraidh, milis

ambry *n.* foinne-foladh *masc.*

ambulance *n.* carbad-eiridinn *masc.*

ambulate *vb.* spaidsearaich, sràidimich

ambulation *n.* gluasad *masc.*, siùbhladh *masc.*

ambulative *adj.* falbhach

ambulatory *adj.* cuartachail, luaineach, siùbhlach, tachartach

ambuscade *n.* feall-fhalach *masc.*, laigheachan *masc.*, ribe *masc.*

ambush *n.* feall-fhalach *masc.*, laigheachan *masc.*, oirchill *fem.*, plaide-laighe *fem.*

ambush *vb.* gabh fàth (air), leum air à sgairte-falaich, leum air gun fhios, loisg air à sgairte-falaich

ambusher *n.* neach feall-fhalach *masc.*

ameliorate *vb.* cuir am feabhas

amenable *adj.* fosgailte, freagarrach

amend *vb.* leasaich, atharraich, càirich, ceartaich

amended *adj.* atharraichte, leasaichte

amender *n.* dìolair *masc.*, leasachair *masc.*, leasaiche *masc.*

amendment *n.* atharrachadh *masc.*, leasachadh *masc.*

amenity *n.* goireas *masc.*

amercement *n.* peanas *masc.*, ùbhladh *masc.*

American robin *n.* smeòrach *fem.*

amethyst *n.* clach luachmhor *fem.*

amiable *adj.* ceanalta, gaolach, taitneach

amiableness *n.* taitneachd *fem.*

amicability *n.* caoinealachd *fem.*

amicable *adj.* suairc(e), càirdeil, coibhneil

amicableness *n.* suairceas *masc.*

amiss *adj.* air iomrall, gu h-olc

amitan *n.* amadan *masc.*

amity *n.* càirdeas *masc.*, coibhneas *masc.*, sìthealachd *fem.*

ammunition *n.* connadh-làmhaich *masc.*, uidheam-gunnaireachd *fem.*, àirneis-chogaidh *fem.*, connadh-gunna *masc.*, stòr *masc.*, stòr-cogaidh *masc.*

amnesty *n.* lèir-laghadh *masc.*, mathanas coitcheann *masc.*

amok *adj.* air chaothach

amorist *n.* leannan *masc.*, slataire *masc.*, suiridheach *masc.*

amorous *adj.* gaolach, leannanach, brìodalach, brionnach, gaolanach, slatail

amorphousness *n.* caomhalachd *fem.*

amount *n.* suim *fem.*

amour *n.* leannanachd dhìomhair *fem.*

amphibian *n.* dà-bheathach *masc.*, muir-thìreach *masc.*

amphibious *adj.* dà-bheathach, dà-bhitheach

amphibious bistort *n.* glùineach an uisge *fem.*, glùineach dhearg *fem.*

amphibiousness *n.* dà-bheathachas *masc.*

amphibology *n.* ioma-chiallachd *fem.*

amphibolous *adj.* iol-thilgte

amphitheatre *n.* lann-amharc *masc.*, taigh-cleasachd *masc.*, taigh-cluiche *masc.*

ample *adj.* pailt, mòr, tomadach, lìonmhar, farsaing, fialaidh, fiùghantach, fòghainteach, meudmhor

ampleness *n.* lànachd *fem.*, farsaingeachd *fem.*, pailteas *masc.*, tairbheartachd *fem.*

ampliate *vb.* meudaich, leudaich, lànaich

ampliation *n.* lànachadh *masc.*, leudachadh *masc.*, meudachadh *masc.*

amplificate *vb.* leudaich, meudaich, lànaich

amplification *n.* meudachadh *masc.*, spleadhaireachd *fem.*

amplifier *n.* meudaichear *masc.*

amplify *vb.* leudaich, meudaich, spleadhaich

amplitude *n.* lànachd *fem.*, leòrachd *fem.*, pailteachd *fem.*, pailteas *masc.*, tomalt *masc.*

ampoule *n.* meanbh-bhotal *masc.*

amputate *vb.* geàrr air falbh/dheth, sgar, snasaich, teasg

amputation *n.* gearradh (air falbh) *masc.*, teasgadh *masc.*, sgaradh *masc.*, snasadh *masc.*

amulet *n.* clach bhuadhach *fem.*, clach glùin a' choilich *fem.*, clach-bhuaidh *fem.*, orra *fem.*, paidirean giosagach *masc.*, seun *masc.*

amuse *vb.* toilich, thoir gàire (air), saobh

amusement *n.* caitheamh-aimsir *masc.*, feala-dhà *masc.*, greannmhorachd *fem.*, mithlean *masc.*, saobhadh *masc.*

amuser *n.* spòrsair *masc.*

amusing *adj.* èibhinn, greannmhor, neònach

anabaptist *n.* ana-baisteach *masc.*

anacathartic *adj.* sgeitheach

anachronism *n.* às-aimsireachd *fem.*, cron-seanchais *masc.*, iomrall-aimsire *masc.*

anachronistic *adj.* às-aimsireil

anaemia *n.* bochdanas-fala *masc.*, cion-fala *masc.*

anaesthesia *n.* cion-faireachdain *masc.*

anaesthetic *n.* pràmhan *masc.*

anaesthetist *n.* pràmhaiche *masc.*

anagram *n.* anagram *masc.*

analgesic *n.* pian-mhuchan *masc.*

analogial *adj.* samhlachail

analogy *n.* co-chòrdadh *masc.*, coltas *masc.*, samhlachas *masc.*

analyse *vb.* mion-sgrùdaich, mìnich, bris sìos, bun-rannsaich, snasaich, tur-rannsaich

analyser *n.* foislichear *masc.*, snasadair *masc.*

analysing *n.* snas *masc.*, snasadaireachd *fem.*

analysis *n.* mion-sgrùdadh *masc.*, anailis *fem.*, mìneachadh *masc.*, briseadh *masc.*, mion-dhealachadh *masc.*, sgrùdadh *masc.*, snas *masc.*, snasachadh *masc.*, snasadh *masc.*, snas-mhìneachadh *masc.*

analyst *n.* mion-sgrùdair *masc.*

analytical *adj.* bun-rannsachail, sgrùdaidh, sgrùdail

analytical verb *n.* gnìomhair sgaoilte *masc.*

anarchical *adj.* aimhreiteach

anarchist *n.* ceannairceach *masc.*, reubaltach *masc.*

anarchy *n.* ain-riaghailt *fem.*, mì-riaghailt *fem.*, buaireas *masc.*, ceannairc *fem.*, eas-òrdugh *masc.*, mìodhòigh *fem.*, mì-riaghladh *fem.*, mì-rìoghachd *fem.*, mì-stiùireadh *masc.*

anathema *n.* mallachadh *masc.*, naomh-mhallachadh *masc.*, naomh-mhallachd *fem.*

anathematise *vb.* mallaich, naomh-mhallaich

anatomical *adj.* bodhaigeach, anatomach, corp-shnasach, corp-shnasadaireach

anatomise *vb.* rèidh-shnasaich

anatomist *n.* corp-rannsachair *masc.*, corp-sgianadair *masc.*, corp-shnasaiche *masc.*

anatomy *n.* eòlas-bòdhaig *masc.*, corp-sgianadaireachd *fem.*, corp-shnasachd *fem.*, corp-shnasadh *masc.*

ancestor *n.* prìomh-athair *masc.*, sinnsear *masc.*

ancestral *adj.* sinnsireil

ancestry *n.* aithreachd *fem.*, sinnsireachd *fem.*

anchor *n.* acair *fem.*, cruaidh *fem.*, iarann cam *masc.*

anchor *vb.* acraich, laigh air acair, seas air acair, tilg acair

anchorage *n.* acarsaid *fem.*, marachadh *masc.*, seòlaid *fem.*

anchored *adj.* air cruaidh

anchorite *n.* fear-fàsaich *masc.*, manach dìobarach *masc.*

ancient *adj.* àrsaidh, aosda, aosmhor, primideach, sean, seann

anciently *adj.* o shean

ancillary *adj.* cuideachail

anecdotal *adj.* naidheachdail

anecdote *n.* naidheachd *fem.*

anemometer *n.* gaoth-mheidh *fem.*, gaoth-thomhaisear *masc.*, meidh-àile *fem.*, meidh-ghaoithe *fem.*

anemoscope *n.* ail-innisean *masc.*

anenzone *n.* lus na gaoithe *masc.*

aneroid *n.* inneal tomhais aimsir *masc.*

aneurism *n.* at-cuisle *masc.*

anfractuous *adj.* bristeach, cam, lùbach

angel *n.* aingeal *masc.*

angel-fish *n.* manach *masc.*

angelic *adj.* mar aingeal, aingealach, àingleach, ainglidh, ainglidheach, neamhail

angelica *n.* aingealag *fem.*, cuinneag-mhìghe *fem.*, galluran *masc.*, lus an lonaid *masc.*, lus nam buadha *masc.*

anger *n.* fearg *fem.*, corraich *fem.*, mìothlachd *fem.*, braoisg *masc.*, caiseannachd *fem.*, diombach *masc.*, lionn-ruadh *masc.*, lionn-ruadhaidh *masc.*, ròisire *fem.*, tuaireapadh *masc.*

anger *vb.* brosnaich gu fearg

angina *n.* greim a' chridhe *masc.*

angina pectoris *n.* cràdh mòr a' chlèibh *masc.*

angle *n.* uilinn *fem.*, oisinn *fem.*, ceàrn *masc.*, coinne *fem.*, cùil *fem.*, gobhal *masc.*, lùib *fem.*

angle *vb.* iasgaich (le slat)

angle beam (music) *n.* crann tarsainn *masc.*

angle of trajectory *n.* uilinn a' thilgidh *fem.*

angled *adj.* biorach, oisinneach

angler *n.* iasgair-slaite *masc.*

angler (Lophius Piscatorious) *n.* carran-gainmhich *masc.*, clabastair-cìocharain *masc.*, cat-mara *masc.*, greusaiche *masc.*, mac-làmhaich *masc.*

anglicism *n.* beurlachd *fem.*

angling *n.* breacach *masc.*, iasgach-slaite *masc.*, siabail *fem.*

angnail *n.* galar iongach, an *masc.*

angry *adj.* feargach, corrach, cas, aingeach, brothach, cainneanach, garg, tnùthail

anguish *n.* dòrainn *fem.*, àmhghar *masc.*, cràdh *masc.*, docran *masc.*, gradan *masc.*, dòrainneachd *fem.*

angular *adj.* uilinneach, oisinneach, ceàrnach, cromagach, cùileach

angularity *n.* uilneachd *fem.*, oisinneachd *fem.*, ceàrnachd *fem.*

angulated *adj.* uilnichte, ceàrnaichte

anhelation *n.* sèitrich *fem.*, plosgartaich *fem.*, cothan *masc.*, cothanachd *fem.*, osmagail *fem.*, plapadh *masc.*, sèidean *masc.*

anhydrite *n.* anhìdrit *fem.*

aniline *n.* ainilin *masc.*

anility *n.* cailleachalachd *fem.*, seana-bheanachd *fem.*

animable *adj.* anamanach

animadversion *n.* cronachadh *masc.*, rannsachadh *masc.*

animadvert *vb.* cronaich, rannsaich, tearrachdaich, thoir achmhasan

animadverter *n.* rannsaiche *masc.*, tearrachdair *masc.*

animal *n.* ainmhidh *masc.*, beathach *masc.*, brùid *fem.*, spiorad *masc.*

animal liberationalist *n.* neach-saoraidh ainmhidhean *masc.*

animal magnetism *n.* tarraingeachd bheathachail *fem.*

animal spirits *n.* meanmna *masc.*, spiorad *masc.*

animal-worship *n.* aoradh-ainmhidhean *masc.*

animal-worshipper *n.* neach-aoraidh-ainmhidhean *masc.*

animalcule *n.* fionag *fem.*, giolcam-daobhram *masc.*, meanbh-bheathach *masc.*

animate *vb.* beothaich, anamanaich, neartaich, spreòdaich, suilbhirich

animated *adj.* anamadach, anamadail, anamanta, anamanta, togarrach

animation *n.* beothantachd *fem.*, togarrachd *fem.*

animative *adj.* beothantach

animator *n.* beothadair *masc.*, beathachair *masc.*

animosity *n.* gamhlas *masc.*, falachd *fem.*, lasadh *masc.*, neimhneachd *fem.*, nimh *masc.*

anise *n.* ainis *fem.*

anker *n.* buideal *masc.*, leth-bharaille *masc.*

ankle *n.* adhbrann *masc.*, caol na coise *masc.*, muthairne *masc.*, aoinean *masc.*, innean *masc.*, luighean *masc.*, muircean *masc.*, muircinn *fem.*, seirean *masc.*, ubhal na coise *masc.*

ankle-bone *n.* cuilean *masc.*, ruitean *masc.*

ankle-joint *n.* adhbrann *masc.*

annal *n.* croinic *fem.*

annalist *n.* eachdraiche *masc.*, seanachaidh *masc.*, sgeulaiche *masc.*

annals *n.* eachdraidh bhliadhnail *fem.*

anneal *vb.* faghairtich

annex *vb.* cuir ris

annex (building) *n.* ath-thaigh *masc.*, leas-thaigh *masc.*

annex (document) *n.* leas-phàipear *masc.*

annexed (appended) *adj.* an cois

annihilate *vb.* dìthich, cuir às (do), sgrios, neòin(ith)ich, dì-làraich, neòini(th)ich

annihilation *n.* lèirsgrios *masc.*, sgrios *masc.*

anniversary *n.* cuimhneachan bliadhnail *masc.*, cuirm bhliadhnail *fem.*, fèill bhliadhnail *fem.*, fèill-bhliadhna *fem.*

annotate *vb.* sgrìobh notaichean

annotation *n.* mìneachadh *masc.*

annotator *n.* neach-mìneachaidh *masc.*

announce *vb.* cuir an cèill, foillsich, gairm, leig ris, nochd

announcer *n.* bollsgaire *masc.*, neach-seannsaidh *masc.*

annoy *vb.* cuir dragh air, buair, cuir càmpar air, draghaich

annoyance *n.* dragh *masc.*, buaireas *masc.*, trioblaid *fem.*, athainn *fem./masc.*, bleideachadh *masc.*, braoisg *fem.*, buaireadh *masc.*, cacan *masc.*

annoying *adj.* draghail, buaireanta, leibideach, mialainteach, reachdach, ùtraiseach

annual *adj.* bliadhnail

annual (publication) *n.* bliadhnachan *masc.*

Annual General Meeting *n.* Coinneamh Bhliadhnail *fem.*

annual leave *n.* cead bliadhnail *masc.*

annuitant *n.* bliadhnaiche *masc.*

annuity *n.* suim bhliadhnail *fem.*, bliadhna-chàin *fem.*, bliadhnachas *masc.*

annul *vb.* cuir às (do), dubh a-mach, neoin(ith)ich, neo-dhèan

annular *adj.* fàineach

annulment *n.* neònitheachadh *masc.*

annunciate *vb.* aithris, innis

anode *n.* anod *masc.*

anodyne *adj.* furtachail, faothachail, athaiseil, fuartanach, lasachail

anoint *vb.* ung, suath le ola, coisrig, slìob, slìog

anointing *n.* ungadh *masc.*, coisrigeadh *masc.*, suathadh le ola *masc.*

anointing-oil *n.* oladh-ungaidh *fem.*

anomalous *adj.* neo-riaghailteach

anomalousness *n.* neo-choitcheannachd *fem.*

anon *adj.* a dh'aithghearr

anomaly *n.* neo-riaghailteachd *fem.*

anonymous *adj.* neo-ainmichte, gun ainm, gun urra(inn), gun urra, neo-ainmeach

anorak *n.* anarag *fem.*

anorthite *n.* anortit *fem.*

ansated *adj.* cluasach, làmhach, cleasach, meadarach, miodarach, speucach

answer *n.* freagairt *fem.*

answer *vb.* freagair, freagraich

ant *n.* seangan *masc.*, moirb *fem.*, seaghan *masc.*, seanag *masc.*, sneaghan *masc.*, snioghan *masc.*

ant-eater *n.* mathan sheangan *masc.*

ant-hill *n.* tom-sheangan *masc.*, dùn-sheangan *masc.*, bùth-sheangan *fem./masc.*, cathair-shneadhan *fem.*, cruach-sheangan *fem.*

antacid *adj.* neo-gheur, neo-ghoirt, neo-shlannach

antagonise *vb.* agallaidh

antagonist *n.* cèile-còmhraig *masc.*, nàmhaid *masc.*

Antares *pr.n.* Sgleòdhag

antecedence *n.* tùs-imeachd *fem.*, urram-toisich *masc.*

antecedent *n.* roimhear *masc.*, roi-theachdaire *masc.*

antechamber *n.* seòmar-beòil *masc.*, fosgalan *masc.*, mach-sheòmar *masc.*, seòmar-aghaidh *masc.*, seòmar-taobh *masc.*, seòmar-toisich *masc.*

antedate *adj.* roi-sgrìobh

antedate *vb.* roi-làimhich

antediluvian *adj.* ron tuil, prìomh-aimsireach, roi-dhìlinneach, roi-thuilteach

antelope *n.* gobhar fhiadhaich *fem.*

antepast *n.* roi-bheathachadh *masc.*, roi-ghabhail *masc.*

antestomach *n.* leth-dìtheach *fem.*

anthem *n.* laoidh *masc.*, laoidh-naomha *fem.*, naomh-òran *masc.*, salm *fem.*

anther *n.* antair *masc.*

anthology *n.* taghadh *masc.*, cruinneachadh *masc.*, rann-leabhar *masc.*

anthology (poetry) *n.* duanaire *masc.*

anthophyllite *n.* antofilit *fem.*

anthraquinone *n.* antrachinon *masc.*

anthrax *n.* sgreab *fem.*

anthropology *n.* corpeòlas *masc.*

anti *prep.* an aghaidh

anti- *pref.* ana-

antibiotic *adj.* antibiotaic

antic *n.* amhailt *fem.*, traoghaid *fem.*

antic *adj.* burdail, neònach

Antichrist *n.* ana-Crìosd *masc.*

anticipate *n.* roi-bhlas *masc.*

anticipate *vb.* sùilich, roi-aithnich, roi-ghabh, roi-ghlac

anticipation *n.* sùileachadh *masc.*, roi-bheachdachadh *masc.*, roi-aithneachadh *masc.*, roi-bharail *fem.*, roi-bheachd *masc.*, roi-bhlasdachd *fem.*, roi-eolas *masc.*, roi-fhiosrachadh *masc.*, roi-ghabhail *masc.*, roi-mhealltainn *masc.*

anticlimax *n.* dubh-leagail *fem.*

anticlockwise *adj.* tuathal

antidotal *adj.* cosgach

antidote *n.* urchasg *masc.*, ìocshlaint *fem.*, cosg-leigheas *masc.*, culaidh-leighis *fem.*, leigheas air puinnsean *masc.*

antifebrile *n.* fiabhras-chosgach *masc.*

antigorite *n.* antigorit *fem.*

antimonarchial *adj.* neo-aon-fhlaitheachail

antimonarchicalness *n.* neo-aon-fhlaitheachd *fem.*

antimony *n.* antamon *masc.*, leth-mhèinn *masc.*

antinephritic *adj.* airn-sgrùdach

antinomy *n.* lagh-aicheadh *masc.*

antiparalytic *adj.* crith-chosg

antipathetic *adj.* gràin-chàileach

antipathy *n.* deisdeanachd *fem.*, fuath *masc.*, gràin *fem.*, gràin-chàileachd *fem.*, sgeamh *masc.*, sgreamh *masc.*

antipestilential *adj.* plaigh-choisgeach

antiphrasis *n.* car-bhriathar *masc.*

antiphrastic *adj.* car-bhriathrach

antiquarian *n.* àrsadair *masc.*, seanachaidh *masc.*, seanaiche *masc.*

antiquarianism *n.* àrsachd *fem.*, àrsaidheachd *fem.*, àrsaireachd *fem.*

antiquary *n.* àrsadair *masc.*, àrsair *masc.*, àrsaidhear *masc.*, ollamh-àrsaidheachd *masc.*, seanntaiche *masc.*

antiquate *vb.* cuir à cleachdadh, cuir à fasan, àrsaich

antique *n.* ball-seanndachd *masc.*

antique *adj.* seann-saoghlach, aosda, sean-ghnàthach, àrsaidh, seann, seann-aimsireil, seanntaidh, sean-sgeulach

antiquity *n.* àrsachd *fem.*, seanachd *fem.*, aosdachd *fem.*, àrsadh *masc.*, àrsaidheachd *fem.*, saigheas *masc.*

antiscorbutical *adj.* claimh-leighiseach

antiseptic *n.* fàsachadh *masc.*, lobhar-leigheas *masc.*, sùgh-fàsachaidh *masc.*

antiseptic *adj.* meath-leighiseach

antispasmodic *adj.* iodh-chosgach, iodh-leighiseach, lorc-chosgach

antithesis *n.* ana-tràchdas *masc.*, cothromachas *masc.*, crosg-chainnt *fem.*, frith-choimeas *masc.*, trasdachd *fem.*, trasd-bhriathar *masc.*, trasd-chainnt *fem.*

antitype *n.* brìgh-shamhla *masc.*

antler *n.* cabar *masc.*, cuibhne *fem.*

antlered *adj.* cràiceanach, cròcach

antlers *n.* cabair *masc.*

antonym *n.* anfhacal *masc.*, frith-fhacal *masc.*

anus *n.* tò(i)n *fem.*, toll-tòine *masc.*, noig *fem.*, raitse *masc.*

anvil *n.* innean *masc.*, teallach *masc.*

anxiety *n.* iomagain *fem.*, imcheist *fem.*, smuairean *masc.*, caimir-inntinn *masc.*, fadachd *fem.*, imnidh *fem.*, iomluasg *masc.*, iomnadh *masc.*, trioblaid *fem.*

anxious *adj.* iomagaineach, trioblaideach, iomluasgach, mi-fhoisneach

any (of) *n.* gin *fem.*

anyone *n.* neach sam bith *masc.*

aorta *n.* cuisle-chinn *fem.*

aortic arch artery *n.* lùb mhòr na cuisle-cinn *fem.*

apart *adj.* air leth, o chèile, o chàch

apart from *adj.* a-mach air, saor bho

apartheid *n.* sgaradh *masc.*

apartment *n.* seòmar *masc.*, àitreabh *masc.*, àros *masc.*

apathy *n.* cion-ùidhe *masc.*, cion-mothachaidh *masc.*, neo-mhothachadh *masc.*, neo-thaise *fem./masc.*

ape *n.* apa *masc.*, apag *fem.*

ape *vb.* dèan atharrais, dèan fochaid, magair

aperient *n.* cungaidh-fuasglaidh *fem.*, purgaid *fem.*

aperient *adj.* sgùrach

aperture *n.* fosgladh *masc.*, sgoltadh *masc.*, toll *masc.*, beàrn *fem.*, beul *masc.*, cab *masc.*, sgaradh *masc.*, sgeòb *masc.*, sgeòp *masc.*

apery *n.* atharrais *fem.*, spadaireachd *fem.*

apex *n.* binnean *masc.*, bàrr *masc.*, mullach *masc.*, bidean *masc.*, binneag *fem.*, binnein *masc.*, rinn *fem.*

aphasia *n.* cion-còmhraidh *masc.*

aphid *n.* cuileag ghlas *fem.*

aphonia *n.* cion-gutha *masc.*, tùchadh *masc.*

aphorism *n.* gnàth-fhacal *masc.*, sean-fhacal *masc.*, fìrinn shuidhichte *fem.*, ràite *fem.*

apiary *n.* lann-bheach *fem.*, taigh-sheillein *masc.*

apish *adj.* pròiseil

apish (imitative) *adj.* magail

apishness *n.* amadanachas *masc.*

aplustre *n.* long-shuaicheantas *masc.*

apnoea *n.* cion-analach *masc.*, mùchadh *masc.*

apocalypse *n.* taisbeanadh *masc.*

apocalyptical *adj.* taisbeanach

apocryphal *adj.* dubharach, teagmhach

apocryphalness *n.* neo-chinntealas *masc.*

apologise *vb.* dèan/thoir leisgeul, aidich coire, iarr mathanas

apologue *n.* modh-sgeil *masc.*, sgeulachd *fem.*

apology *n.* leisgeul *masc.*

apophegmatical *adj.* glic-bhriathrach

apophthegm *n.* rogh-ràdh *masc.*

apoplectic *adj.* spad-thinn, spad-thinneasach

apoplexy *n.* spad-thinneas *masc.*, tinneas tuiteamach, an *masc.*, balbh-thinneas *masc.*, buille-tinneis *masc.*

apostacy *n.* àicheadh-chreidimh *masc.*, naomh-thrèigsinn *fem.*, naomh-thuisleachadh *masc.*

apostate *n.* naomh-thrèigeach *masc.*, naomh-thrèigiche *masc.*, naomh-thuisleachair *masc.*, taodhair(e) *masc.*

apostate *adj.* claonach, mealltach

apostatise *vb.* claon o chreideamh, cùl-sleamhnaich, naomh-thrèig, saobh

apostle *n.* abstol *masc.*

apostleship *adj.* abstolachd

apostolical *adj.* abstolach

apostrophe *n.* ascair *masc.*, cromag *fem.*, gairmeachas *masc.*

apothecary *n.* drugaist *masc.*, lusragan *masc.*, ollamh *masc.*

apotheosis *n.* diadhachadh *masc.*

appal *vb.* cuir uabhas (air), cuir fo eagal

appalling *adj.* sgreataidh

apparatus *n.* uidheam *fem.*, acainn *fem.*, asaing *fem.*, àsainn *fem.*, goireas *masc.*, inneal *masc.*, innsreadh *masc.*, trealaich *fem.*

apparel *n.* aodach *masc.*, trusgan *masc.*, earradh *masc.*, cluthadh *masc.*

apparent *adj.* nochd(aidh), so-fhaicsinn(each), soilleir

apparition *n.* taibhse *fem.*, sealladh *masc.*, tanasg *masc.*, manadh *masc.*, olc *masc.*, sìbhreach *masc.*, tabharnadh *masc.*, taillse *masc.*, tamhasg *masc.*, uamhas *masc.*

appeal *n.* ath-agairt *fem.*, ath-thagairt *fem.*, agartas *masc.*, ath-èisdeachd *fem.*, ath-thagradh *masc.*, cùis-thogail *fem.*, snadh-ghairm *fem.*, tagradh (an aghaidh binn) *masc.*

appeal *vb.* agair, ath-thagair, cuir impidh, tarraing, tog cùis

Appeal Board *pr.n.* Bòrd Tagraidh

Appeal Committee (School Placing) *pr.n.* Comataidh Tagraidh (Rogha Sgoile)

Appeal Fund *pr.n.* Ciste Cobhair

Appeals Sub-committee *pr.n.* Fo-chomataidh Thagraidhean

appear *vb.* nochd, thig am follais, thig am fradharc

appearance *n.* coltas *masc.*, cruth *masc.*, dreach *masc.*, nochdadh *masc.*, riochd *masc.*, snuadh *masc.*, tuar *masc.*

appeasable *adj.* ciùineachail, rèiteachail, sìochainteil

appease *vb.* rèitich, sìthich, ciùinich, socraich

appeaseableness *n.* ciosantachd *fem.*

appeased *adj.* rèidh

appeasement *n.* rèite *fem.*, sìothachadh *masc.*, sìothchaint *fem.*

appeaser *n.* ciùineachair *masc.*, rèiteachair *masc.*, rèitear *masc.*

appellant *n.* cùis-thogair *masc.*, tagaireach *masc.*

appellation *n.* snadh-ghairm *fem.*

appellative *n.* tiodal *masc.*

appellative *adj.* ainmeachail

append *vb.* cuir ri

appendage *n.* sgòdan *masc.*, clibean *masc.*, cluigean *masc.*, crochadas *masc.*, siùp *masc.*

appendicitis *n.* greim-mionaich, an *masc.*

appendix *n.* leasachadh *masc.*, aipeandaig *masc.*, eàrr-ràdh *masc.*, fo-sgrìobhadh *masc.*, ic *fem.*, pàipear-taice *masc.*, sgrìobhadh-leudachaidh *masc.*

appertinent *adj.* dligheach

appetibility *n.* so-iarrtas *masc.*

appetible *adj.* so-iarrtach

appetise *vb.* geuraich càil, thoir càil

appetiser *n.* roi-bhlasadh *masc.*

appetite *n.* càil *masc.*, càil-bidhe *masc.*, miann *fem./masc.*, goile *fem.*, sannt *masc.*, stamag *fem.*

applaud *vb.* bas-bhuail, buail basan, basgair, basgaird, bas-mhol, cliùthaich

applauder *n.* bas-mholadair *masc.*, moladair *masc.*

applauding *n.* bualadh bhasan *masc.*, moladh *masc.*

applause *n.* àrd-mholadh *masc.*, bas-bhualadh *masc.*, basardaich *masc.*, basgairdeachas *masc.*, basgairdeadh *masc.*, basgaire *fem.*, basgaireachd *fem.*, bas-luaidh *masc.*, caithream *fem./masc.*, moladh *masc.*

apple *n.* ubhal *masc.*

apple of eye *n.* dearc-na-sùla *fem.*, mogul-nan-sùl *masc.*, ubhal-na-sùla *masc.*

appliance *n.* goireas *masc.*

applicable *adj.* freagarrach, iomchaidh, so-shamhlachaidh

applicant *n.* tagraiche *masc.*, neach-tagraidh *masc.*, iarrtair *masc.*

application *n.* co-chur *masc.*, iarrtas *masc.*

application(s) package *n.* pasgan chleachdaidhean *masc.*, pasgan fheumannan *masc.*

application(s) program *n.* prògram chleachdaidhean *masc.*

application-form *n.* bileag-iarrtais *fem.*, bileag-tagraidh *fem.*, foirm-iarrtais *masc.*, pàipear-iarrtais *masc.*

applicative *adj.* dìcheallach, freagarrach

applied *prep.* an gnìomh, an sàs

applied (turned to use) *adj.* gnìomhaichte

apply *vb.* builich, co-chuir, cuir ri

apply (for) *vb.* cuir (a-staigh) airson

apply (put to use) *vb.* cuir gu feum, thoir feum à, dèan feum dhe

appoggiatura *n.* car-ciùil *masc.*

appoint *vb.* suidhich, ainmich, òrdaich, reachdaich, socraich, sònraich

appointed *adj.* suidhichte, ainmichte, òrdaichte, sònraichte

appointing *n.* suidheachadh *masc.*, ainmeachadh *masc.*, òrdachadh *masc.*, socrachadh *masc.*, sònrachadh *masc.*

appointment *n.* suidheachadh *masc.*, ainmeachadh *masc.*, dreuchd *fem.*, òrdachadh *masc.*, rian *masc.*

appointment (meeting) *n.* coinneamh *fem.*, còdhail *fem.*

appointment card *n.* cairt-ama *fem.*

Appointments Panel *pr.n.* Pannal-Suidheachaidh

apportion *vb.* dèan roinn (air), dèan riaghailt (air), riaghailtich

apportionment *n.* roinn *fem.*

apposite *adj.* iomchaidh

apposition *n.* còrdadh *masc.*

appraisal *n.* beachd *masc.*, meas *masc.*

appraise *vb.* cuir luach (air), meas, thoir beachd (air)

appraisement *n.* meas *masc.*

appraiser *n.* fear-meas *masc.*, luachadair *masc.*, measadair *masc.*, neach-meas *masc.*

appreciate *vb.* cuir luach (air), tuig luach nì

appreciation *n.* bàidhmheas *masc.*, barail chothromach *fem.*

apprehend *vb.* thoir fa-near, glac, cuir an greim, cuir an làimh, cuir an sàs, measraich, sàr

apprehensible *adj.* measrachail, so-ghlacaidh, so-thuigsinn

apprehension *n.* eagal *masc.*, faiteachas *masc.*, amhras *masc.*, dearcadh *masc.*, measrachadh *masc.*, measrachadh *masc.*, sgàth *masc.*

apprehensive *adj.* eagalach, amhrasach

apprehensiveness *n.* mothaileachd *fem.*, tiomalachd *fem.*

apprentice *n.* foghlainteach *masc.*, foghlamaiche-ciùird *masc.*, tàilleabhach *masc.*

apprentice *vb.* foghlainnich

apprenticeship *n.* foghlainneachd *fem.*

apprise *vb.* cuir an cèill, innis, thoir brath, thoir fios

approach *n.* dlùthachadh *masc.*, dòigh-dèiligidh *fem.*, modh-gabhail *masc.*, teannadh *masc.*

approach *vb.* dlùthaich, rach dlùth (air), stuaidh, taobh, tarraing, teann

approach (way of dealing with) *n.* dòigh *fem.*

approachable *adj.* so-ruigheachd, so-ruigsinn

approaching *n.* dlùthachadh *masc.*, tighinn *masc.*, stuadhadh *masc.*, taobhadh *masc.*

approbation *n.* deagh-bharail *masc.*, dearbhadh *masc.*, moladh *masc.*, miadh *masc.*, riar *masc.*, taitneas *masc.*

appropriable *adj.* so-sheilbhichte

appropriate *adj.* freagarrach, iomchaidh, cubhaidh, dòigheil

appropriate *vb.* gabh seilbh air, cuir air leth

appropriation *n.* cur gu feum àraidh *masc.*, seilbheachadh *masc.*

approval *n.* aonta *masc.*, aontachadh *masc.*, aontas *masc.*

approve *vb.* aontaich (ri), gabh (ri), nòsaich

approved *adj.* deuchainnichte

approver *n.* moladair *masc.*

approximate *adj.* ach gann, faigseach, faigsinneach, tuairmseach

approximate *vb.* stuaidh, teann

approximate (to) *adj.* dlùth air, faisg air

approximately *adj.* a-muigh is a-stigh air, an ìre mhath, gu ìre mhath, mu thuairmeas

approximately *prep.* mu thuaiream

approximation *n.* dlùthachadh *masc.*, tuairmeas *masc.*, tuairmse *fem.*

appurtenance *n.* buineachadh *masc.*, buineachas *masc.*, buintineachd *fem.*

appurtenance *adj.* dleasail

appurtenant *adj.* buintineach

apricot *n.* apracot *masc.*

April *pr.n.* Giblean, an

April Fools' Day *pr.n.* Latha na Gocaireachd, Latha Ruith na Cuthaig

apron *n.* aparan *masc.*, criosan *masc.*, dìon-bhrèid *masc.*, lùireach *fem.*, sgùird *fem.*, sgùirdean *masc.*, tuil-aodach *masc.*

apropos *adj.* iom-fhuasglach

apropos *prep.* a-thaobh

apt *adj.* deas, ealamh, ion-fhreagarrach

aptitude *n.* sgil *masc.*, buailteachd *fem.*, deasachd *fem.*, doìghealachd *fem.*, aomadh *masc.*, claonachd *fem.*, claonadh *masc.*, ullamhachd *fem.*

aptness *n.* freagarrachd *fem.*, innealtachd *fem.*

aquaculture *n.* tuathanachas-uisge *masc.*

aquaehaustus *n.* deoch-uisge *masc.*

aquamarine *n.* clach-mhara *fem.*

aquarium *n.* uisgeadan *masc.*

Aquarius *n.* Fear Giùlan Uisge *masc.*

aquatic *adj.* uisgeach

aqueduct *n.* amar-uisge *masc.*, feadan *masc.*, uisgrian *masc.*

aquifer *n.* creag-uisge *fem.*

aquiline *adj.* crom-shrònach

arabic *n.* arabach *masc.*

arable *adj.* àitich, àranta, gnàthta, ion-àitichte, so-àiteachaidh, so-threabhach, so-threabhaidh, treabhachail

arbiter *n.* neach-rèiteachaidh-cùise *masc.*, breitheamh masc, eadar-mheadhanair *masc.*, neach-eadraiginn *masc.*, neach-rèitich *masc.*, ràidh *fem.*, rèiteachair *masc.*

arbitrable *adj.* rèiteachail, so-bhreith

arbitrary *adj.* neo-riaghailteach

arbitrate *vb.* thoir breith-rèiteachaidh

arbitration *n.* eadar-bhreith *fem.*, breith-rèite *fem.*, breith-rèite *fem.*, ràidh(e) *fem.*, rèiteachadh *masc.*, sònrachadh *masc.*, suidheachadh *masc.*

Arbitration Court *n.* cùirt-eadraiginn *fem.*

arbitrator *n.* neach-eadraiginn *masc.*, neach-rèiteachaidh *masc.*

arboreous *adj.* craobhail, craobhannach

arborist *n.* craobhadair *masc.*

arbour *n.* preasarnach *fem.*, sgàil-bhothan *masc.*, sgàileag *fem.*

arbutus *n.* caithne *fem.*

arcade *n.* sràid fo dhìon *fem.*

arch *n.* stuagh *fem*, airse *fem.*, bogha *masc.*, ceann-stuaidh *masc.*, croman-cruinn *masc.*, cuairteag *fem.*, lùb *fem.*, roinn-cuairt *fem.*, strach *masc.*, stragh *masc.*

arch *adj.* iol-bheusach

arch *vb.* boghaich, cearclaich

archaeological *adj.* àirseachail

archaeologist *n.* àrceolaiche *masc.*

archaeology *n.* àrceolas *masc.*, àrsaireachd *fem.*

archaic *adj.* àrsaidh

archaism *n.* àrsaidheachd *fem.*

archangel *n.* àrd-aingeal *masc.*

archangelic *adj.* àrd-aingealach

archbishop *n.* àrd-easbaig *masc.*, prìomh-easbaig *masc.*

archbishopric *n.* àrd-easbaigeachd *fem.*, prìomh-easbaigeachd *fem.*

archdeacon *n.* àrd-fhrithealachair *masc.*, àrd-fhrithealaiche *masc.*

archdeaconry *n.* àrd-fhrithealachadh *masc.*

archdruid *n.* prìomh-dhraoidh *masc.*

archduchess *n.* àrd-bhan-diùc *fem.*, mòr-bhan-diùc *fem.*, prìomh-bhan-diùc *fem.*

archduke *n.* prìomh-dhiùc *masc.*

arched *adj.* crom, cuairtichte

archepiscopal *adj.* àrd-easbaigeach

archer *n.* boghadair *masc.*, cuspairiche *masc.*, neach-bogha *masc.*, neach-saighid *masc.*, neach-shaighead *masc.*, saigheadair *masc.*

archery *n.* boghadaireachd *fem.*, cuspaireachd *fem.*

archetypal *adj.* prìomh-choslach, prìomh-shamhlach(ail)

archetype *n.* prìomh-shamhla *masc.* ciad-thoiseach *masc.*, ciad-thùs *masc.*, prìomh-choltas *masc.*,

archipelago *n.* innis-mhuir *fem.*

architect *n.* ailteir *masc.*, ailtire *masc.*, dealbhadair thogalach *masc.*, prìomh-chlachair *masc.*

architecture *n.* ailtearachd *fem.*, ailteireachd *fem.*, àitreabhachd *fem.*, prìomh-chlachaireachd *masc.*

archival file *n.* faidhle-stòraidh *masc.*

archive *n.* tasglann *fem.*

archived file *n.* faidhle-tasgaidh *masc.*

arctic charr *n.* dearganach *masc.*, tàrr *masc.*, tàrr deargnaich *masc.*, tàrragheal *masc.*

arctic hare *n.* maigheach gheal *fem.*

arctic skua *n.* caclach *masc.*, fasgadair *masc.*, iasgair-dìomhain *masc.*

arctic tern *n.* steàrnal *masc.*, steàrnan *masc.*

Arcuturus *pr.n.* Am Buachaille

ardent *adj.* dian, bras, garg, lasarra, lasganta

ardour *n.* blàthas *masc.*, braise *fem.*, cith *masc.*, lasantachd *fem.*

arduous *adj.* dian, deacair, àrd, cas, duilich, spàirneil

arduousness *n.* dèire *fem*, àrdaigheachd *fem.*, duilichead *masc.*, duilicheadas *masc.*, streapachas *masc.*

area *n.* àrainn *fem.*, cùirt *fem.*, earrann *fem.*, farsaingeachd *fem.*, raon *masc.*, roinn *fem.*, lann *fem.*

arenose *adj.* gainmheil, lann *fem*

argillaceous *adj.* criadhach

argue *vb.* connsaich, dearbh, dèan a-mach, argamaidich, coitich, connspaid, reusanaich, tagair

arguing *n.* collaid *fem.*

argument *n.* argamaid *fem.*, connsachadh *masc.*, deasbaireachd *fem.*, iom-reusan *masc.*

argumentation *n.* deasbaireachd *fem.*

argumentative *adj.* argamaideach, bargaideach, deasbaireach, tagrach

argute *adj.* carach, geur, seòlta, sgreadach

aria *n.* àiria *fem.*

arid *adj.* loisgte, neo-shùghmhor, tartmhor

aridity *n.* tartmhorachd *fem.*, tiormachd *fem.*

Aries *n.* Reithe *masc.*

arise *vb.* dìrich (an àird), èirich (suas), mosgail, tog ceann

arising (from) *adj.* air losd, ag èirigh à

arista *n.* calg *masc.*

aristocracy *n.* flaitheachd *fem.*, iar-fhlaitheachd *fem.*, uaillrianachd *fem.* na h-uaislean *pl.*

aristocrat n. iar-fhlaithiche masc.

aristocratic adj. uasal, iar-fhlaitheach, mòr ann an inbhe, seòighn

arithmetic n. cunntas masc., àireamhachd fem., eòlas-àireamh masc., rìomhaireachd fem.

arithmetic logic unit n. aonad àireamhach reusanach masc., aonad loidig-chunntais masc.

arithmetical adj. àireamhachail, uibhireach

arithmetician n. àireamhach masc., àireamhair masc., cunntair masc., rìomhair masc.

ark n. àirc fem., cobhan masc.

arles n. airleis fem.

arm n. gàirdean masc.

arm vb. armaich, cathaich, coraigich

arm (inlet) n. loch masc., muir-ghobhal masc.

armada n. feachd-mara fem.

armband n. bann-gàirdein masc.

armchair n. suidheachan mòr masc., cathair mhòr fem., cathair-uilne fem., seidhir dà-làimh fem., seidhir mòrmasc..

armed adj. armach, armail, fo armaibh, armaichte

armful n. achlasan masc., làdach masc., paclach masc., ultach masc., làn-achlais masc.

armiger n. armair masc.

armillary adj. làmh-fhàileach

armistice n. fosadh masc.

armlet n. meanbh-ghàirdean masc.

armorial adj. armanach, suaicheantach

armorial bearings n. àrdarc masc.

armour n. armachd fem., caithbheart fem., cruaidh fem., culaidh fem., màille(ach) fem., speilp fem.

armour-bearer n. arm-ghille masc., gall-òglach masc.

armoured adj. armach, màilleach

armourer n. airm-cheard masc., armadair masc., armaiche masc.

armoury n. armachadh masc., armlann masc., arm-thaigh masc., arm-thaisg fem., arm-thasgaidh fem., domairm fem., taigh-airm masc., taisg-airm fem.

armpit n. achlais fem., asgall masc., bac na h-achlaise masc., lag na h-achlaise masc.

arms n. arm masc., armachd fem., inneal-cogaidh masc., loinn fem.

armwrestling n. ruigheachas masc.

army n. arm masc., armailt masc., feachd fem.

aroma n. boladh masc.

aromatic compound n. co-thàth aròmatach masc.

aromatise vb. boltraich, cùbhraich, dèan cùbhraidh, spìosraich, cùbhraidhich

around prep. mu thimcheall, mu thuaiream, timcheall

arouse vb. dùisg (suas), mosgail

arraign vb. deasaich (cùis), cuir an òrdugh, cuir air seòl, casaidich, coirich, dìt

arraignment n. casaideachadh masc., coireachadh masc., dìteachadh masc.

arrange vb. rèitich, còirich, cuir an uidheam, co-chuir, cuir air dòigh, cuir seòl air, eagaraich, òrdaich, rainnsich, rangaich, riaghailtich, rianaich, seòrsaich, socraich, suidhich,

arranged adj. rèidh

arrangement n. rèiteachadh masc., eagar masc., deisealachd fem., òrdachadh masc., òrdugh masc., rangachadh masc., rian masc., seòltachd fem., sreathachadh masc., suidheachadh masc., suidheachadh masc., ullachadh masc.

arranger *n.* rianadair *masc.*

arranging *n.* rèiteachadh, òrdachadh *masc.*, socrachadh *masc.*, suidheachadh *masc.*

arrant *adj.* tur

arras *n.* brat-roinn *masc.*, obair-ghrèis *fem.*

array *n.* èideadh *masc.*, òrdugh *masc.*, riaghailt *fem.*

array *vb.* cuir an òrdugh, sgeadaich, tarraing suas

array (computing) *n.* rian *masc.*

arrayed *adj.* crioslaichte

arrear *n.* cùl-fhiach *fem.*

arrears *n.* dì-dhìol *masc.*, fiachan *masc.*, riaraiste *masc.*

arrest *vb.* cuir an làimh, cuir an greim, cuir an sàs, cuir sàradh, glac, rèisg, cuir an glais

arrest (seizure by warrant) *n.* rèisgeadh *masc.*

arrestee *n.* neach glacte *masc.*

arrestment *n.* casg *masc.*, glacadh *masc.*, punndadh *masc.*, reasd *masc.*, sàradh *masc.*

arrival *n.* ruigheachd *fem.*, ruighinn *fem.*, ruigsinn *fem.*, tighinn *masc.*

arrive *vb.* ruig, thoir a-mach

arrogance *n.* dànadas *masc.*, ladarnas *masc.*, uaill *fem.*, àrdan *masc.*, rèimheachd *fem.*, rucas *masc.*, sodal *masc.*, spairisteachd *fem.*, tàstal *masc.*

arrogant *adj.* dàna, ladarna, uailleach, àrdanach, àrd-inntinneach, rèimheach, rucasach, spairisteach, sraonaiseach, stràiceil, tòstalach, uaibhreach

arrogation *n.* ràitealachd *fem.*

arrow *n.* gath *masc.*, guin *masc.*, saighead *fem.*

arrow-grass *n.* bàrr a' mhilltich *masc.*, mil(l)teach *masc.*

arse *n.* tòin *fem.*, màs *masc*

arrow-head *n.* gàinne *fem.*

arrow-head (Sagittaria sagittifolia) *n.* lus na saighde *masc.*

arsenic *n.* arsnaig *fem.*

arsine *n.* arsin *masc.*

arsmart *n.* lus an fhògair *masc.*

art *n.* ealain *fem.*, iùl *masc.*, loinneas *fem.*, luim *masc.*

art and part *phr.* dealbh is dèanamh

artery *n.* cuisle mhòr *fem.*, cusail *fem.*, mòr-chuisle *fem.*

artful *adj.* innleachdach, seòlta, carach, ceabhcach, cuilbheartach, ealanta, sligheach, slighearra, starach

arthritis *n.* altas *masc.*, alt-eucail *fem.*, alt-ghalar *masc.*, tinneas-nan-alt *masc.*, alt-thinneas *masc.*

Arthritis Care *pr.n.* Cùram Tinneas nan Alt

artichoke *n.* bliosan *masc.*, farrasgag *fem.*.

article *vb.* cumhnantaich

article (agreement) *vb.* reachd-cheangail

article (clause) *n.* cumhnant *masc.*

article (composition) *n.* aiste *fem.*, artaigil *masc.*

article (distinct point in agreement) *n.* punc *masc.*

article (grammar) *n.* alt *masc.*, puncar *masc.*

article (joint) *vb.* ceangail

article (single clause/term) *n.* leth-fhacal *masc.*, lide *masc.*

Articles of Association *pr.n.* Artaigealan Caidreibh

articular *adj.* alpach, altanach

articulate *adj.* pongail, puncail, ràinnte, soilleir

articulate *vb.* abair gu soilleir, altaich, cuir an altan, cuir fuaim glan air facal, punc-labhair, rèitich

articulated *adj.* altach, altail

articulateness *n.* puncalachd *fem.*

articulation *n.* abairt *fem.*, alt-labhairt *masc.*, altmharachd *fem.*, lide *masc.*, punc-labhairt *masc.*

artifice *n.* car *masc.*, cuilbheart *fem.*

artificer *n.* cuilbheartair *masc.*, ealdhantair *masc.*

artificial *adj.* breugach, bàth, cumte, innealta, ioralta, tilgte

artificial intelligence *n.* reusanachadh-coimpiutaireachd *masc.*, tuigse innleachdach *fem.*

artificial respiration *n.* sèideadh-èiginn *fem.*

artillery *n.* làmhachas *masc.*

artisan *n.* neach-ealain *masc.*

artist *n.* neach-ealain *masc.*, dealbhadair *masc.*, dealbhaiche *masc.*, ealantair *masc.*, ealdhadair *masc.*, neach-deilbhe *masc.*, neach-tarraing *masc.*, snaidheadair *masc.*

artistic *adj.* ealanta, innealta

artistry *n.* ealantas *masc.*

artless *adj.* cearbach, libeasta, mi-theòma, neo-ealanta, neo-innleachdach, neo-sheòlta, simplidh

Arts Council *pr.n.* Comhairle nan Ealan

Arts Faculty *pr.n.* Dàimh nan Ealan

as *adj.* samhail

as far as *prep.* gu ruig

as much *n.* uiread *masc.*

as opposed to *adj.* an àite

as quickly as possible *adj.* cho luath 's as urrainn

as soon as possible *adj.* cho luath 's a ghabhas

as well as *adj.* a bharrachd air, a thuilleadh air, còmhla ri, cho math ri, cuide ri, maille ri

asafoetida *n.* bith-bhreun *masc.*, bith-bhreunach *masc.*, breun-bhith *fem.*

asarabacca *n.* asair *masc.*

asbestine *adj.* neo-sheargach

asbestive *adj.* neo-loisgeach

asbestos *n.* neo-loisgear *masc.*

ascend *vb.* dìrich, sreap, coinneanaich, èirich, gabh suas, tog

ascendable *adj.* dìreanntail

ascendancy *n.* uachdranachd *fem.*

ascendant *n.* ceannartachd *fem.*, làmh an uachdair *fem.*, sinnsear *masc.*

ascendant *adj.* uachdrach

ascending *n.* togail *fem.*

ascending *adj.* asgaineach

ascension *n.* dìreadh *masc.*, èirigheachd *fem.*

Ascension Thursday *pr.n.* Diardaoin Freasdail

Ascension-day *pr.n.* Deasghabhail

ascent *n.* dìreadh *masc*, dol suas *masc*, bruthach *fem./masc.*, rathad-dìridh *masc.*, slighe dhol suas *fem.*, uchdach *fem.*

ascerbic *adj.* gachannach

ascertain *vb.* lorg/ faigh fios, dèan cinnteach, dearbh, eagnaich, faigh a-mach

ascertainment *n.* cinnteachadh *masc.*, soilleireachadh *masc.*

ascetic *n.* aonaran *masc.*, crabhaiche *masc.*, neach-fàsaich *masc.*

ascetic *adj.* cruaidh-chràbhach, iom-chràbhach

ascribable *adj.* adhbharach

ascribe *vb.* adhbharaich, cuir às leth

ascription *n.* cur às leth *masc.*

aservation *n.* saobhadh *masc.*

ash *n.* uinnseann *masc.*

Ash Wednesday *pr.n.* Diciadain na Luaithre

ash-bucket *n.* bacaid *fem.*

ash-pan *n.* bacaid *fem.*

ashamed *adj.* fo nàire, nàraichte

ashen *adj.* bàn-ghlas, luaithreach

ashes *n.* luaithre *fem.*, luath *fem.*

ashet *n.* aiseid *fem.*

ashlar *n.* clach shreathail *fem.*

ashore *adj.* air tìr, air talamh, air tràigh

ashtray *n.* bacaid *fem.*

ashy *adj.* glas

aside *adj.* às an rathad, às an t-slighe, à lethtaobh

asinine *adj.* asalach

ask *vb.* faighnich, feòraich, iarr, farraid, fidrich, sir

ask (newt/eft) *n.* asgan *masc.*, arc-luachrach-uisge *fem.*

askance *adj.* cam, siar, claon,

askew *adj.* cam, claon, air fiaradh, staon,

asking *n.* faighneachd *fem.*, feòrachd *fem.*, iarraidh *masc.*, sireadh *masc.*, tòrachd *fem.*

aslant *adj.* air a shiobhadh

asleep *adj.* an cadal, an suain

aslope *adj.* fiar, le leathad, leth-bhruthach, leth-fhad, trasd

asp *n.* arcan-luachrach *masc.*, asp *masc.*, dearc-luachrach *fem.*, nathair-nimhe *fem.*

asparagus *n.* asparag *fem.*, creamh-mac-fèidh *masc.*, creamh-na-muice-fiadhaich *masc.*

aspect *n.* sealladh *masc.*, snas *masc.*, snuadh *masc.*, tuar *masc.*

aspect (direction of facing) *n.* taobh *masc.*

aspect (facial expression) *n.* fiamh *masc.*

aspect (grammar) *n.* aogas *masc.*

aspectable *adj.* faicsinneach, so-fhaicsinneach, so-lèirseanta

aspen *n.* critheann *masc.*, eabhadh *masc.*, teanga na mnà *fem.*

asper *adj.* geur

asperate *vb.* dèan garbh, dèan geur

asperation *n.* cnuachdachadh *masc.*

aspergill *n.* speirbheis *fem./masc.*

aspergillum *n.* dìsread *masc.*

asperity *n.* gairbhe *fem.*, geurachd *fem.*, neo-chòmhnardachd *fem.*, searbhasachd *fem.*, sgaiteachd *fem.*, sgòr *fem.*

asperse *vb.* maslaich

aspersion *n.* spultadh *masc.*, stradadh *masc.*, toibheum *masc.*

asphalt *n.* pìc-chlach *fem.*, pìc-thalmhainn *fem.*

asphaltic *adj.* bigear

asphyxia *n.* cion-analach *masc.*

aspic *n.* nathair-nimhe *fem.*

aspirate *n.* anail *fem.*

aspirate *adj.* somalta

aspirate *vb.* analaich, bàth, sèidich

aspiration *n.* dèidh *fem.*, analachadh *masc.*, àrd-mhiann *masc.*, bàthadh *masc.*, bàthadh-litreach *masc.*, bogachadh *masc.*, iarrtas *masc.*, mòr-dhèidh *fem.*, mòr-mhiann *masc.*

aspire *vb.* iarr, miannaich

aspirin *n.* aspairin *masc.*

aspiring *adj.* mòr-mheanmnach

ass *n.* asal *fem.*

assail *vb.* connsaich, thoir ionnsaigh air

assailable *adj.* buaidheanntach, so-bhuailteach

assailant *n.* nàmhaid *masc.*, neach-casaidh *masc.*, neach-ionnsaigh *masc.*

assassin *n.* mortair *masc.*, murtair *masc.*, duine oircneach *masc.*, foill-mhortair *masc.*, marbhadair *masc.*, marbhaiche *masc.*

assassinate *vb.* moirt, muirt, dèan mort/murt, cuir às do, marbh (le foill)

assassination *n.* foill-mharbhadh *masc.*, foill-mhortadh *masc.*

assault *n.* buille *fem.*, ionnsaigh *fem.*, ròiseal *masc.*, ruathar *masc.*, sìtheadh *masc.*

assault *vb.* thoir ionnsaigh

assay *n.* deuchainn *fem.*

assay *vb.* tòisich

assemblage *n.* cruinneachadh *masc.*

assemble *vb.* co-chruinnich, coithionail, cruinnich, tionail

assembled *adj.* cruinn

assembler *n.* neach-cruinneachaidh *masc.*

assembling *n.* cruinneachadh *masc.*

assembly *n.* mòrdhail *masc*, mòr-chruinneachadh *masc*, co-chruinneachadh *masc.*, coithional *masc.*, comhdhail *fem.*, cruinneachadh *masc.*, cuallas *masc.*, eireachd *fem.*, eireachdas *masc.*, oireachdas *masc.*, targadh *masc.*, tional *masc.*.

assembly hall *n.* talla-cruinneachaidh *fem.*, talla-tionail *fem.*

assembly language *n.* cànan-cruinneachaidh *masc.*, cànan-tionail *masc.*

assembly line *n.* sreath-ghnìomhachais *fem.*, sreath-togail *fem.*

assembly room *n.* seòmar-cruinneachaidh *masc.*

assent *n.* aonta *masc.*, aontachadh *masc*, toileachadh *masc.*

assent *vb.* aontaich, toilich

assentation *n.* claon-aontachd *fem.*, slìomchaireachd *fem.*

assert *vb.* tagair, agair

asserting *adj.* tagradh, còmhadach

assertion *n.* tagradh *masc*, agairt *fem.*,

assertive *adj.* cinnteanach, dian-bharalach, tagrach

assess *vb.* meas, dearbh, leag cìs, tog cìs

assessing *n.* dearbhadh *masc.*, meas *masc.*

assessment *n.* luach-mheas *masc.*, meas *masc.*, measadh *masc.*

assessment centre *n.* ionad-measa *masc.*

assessor *n.* cìs-leagair *masc.*, fear-meas *masc.*, maor-cìse *masc.*, measadair *masc.*

assets *n.* maoin *fem.*, somhaoin *fem.*

assever(ate) *vb.* mionnaich

asseverate *vb.* dian-bhriathraich

asseveration *n.* mionnan *masc.*

assiduity *n.* buan-dhùrachd *fem.*, dìcheall *masc.*, dlùth-oidhirp *fem.*

assiduous *adj.* ath-shaothrachail, buan-dhùrachdach, dìcheallach, dripeil, leanmhainneach

assign *vb.* cuir air leth, sònraich, leig, òrdaich, suidhich, thoir còir seachad

assign (specify) *vb.* sònraich

assignable *adj.* sònrachail

assignation *n.* cur air leth *masc.*, sònrachadh *masc.*, iomruineadh *masc.*, iris *fem.*, toirt seachad còrach *fem.*, toirt thairis *fem.*

assignee *n.* neach-gabhail *masc.*

assigner *n.* ainmeachair *masc.*, sònrachair *masc.*

assignment *n.* cur air leth *masc.*, liubhairt *masc.*, sonrachadh *masc.*

assignor *n.* neach-toirt-thairis *masc.*

assimilate *vb.* co-choslaich, dèan coltach, ionannaich

assist *vb.* cobhair, cuidich, cuidich, fòir

assistance *n.* cobhair *fem.*, còmhnadh *masc.*, fòir *fem*, cuideachadh *masc.*, fuasgladh *masc.*

assistant *n.* co-chuidiche *masc.*, cuidiche *masc.*, cungantair *masc.*, neach-cuideachaidh *masc.*, neach-cuideachaidh *masc.*

assistant *adj.* cobhrachail

assistant- *pref.* leas-

assize *n.* mòd *masc.*

assizer (officer with oversight weights & measures) *n.* tomhas-riaghlair *masc.*

assizes *n.* cùirt-dlighe *fem.*

associable *adj.* so-cheangladh, so-chompanta

associate *n.* companach *masc.*, neach com-pàirt *masc.*, pàirtiche *masc.*

associate *vb.* comannaich

associate (with) *vb.* theirig am pàirt le, theirig an comhlachas le

associated *adj.* co-cheumnach, comannaichte

associating *n.* samhlachadh *masc*

association *n.* comann *masc.*, co-chuideachd *fem.*, caidreabh *masc.*,bannalas *masc.*, buidheann *fem./masc.*, co-cheumnachd *fem.*, comhlachas *masc.*.

Association of Agriculture *pr.n.* Comann an Aiteachais

associative law *n.* lagh nan ceanglaichean *masc.*

assoil *vb.* cuir mu sgaoil, fuasgail

assoilzie *vb.* fuasgail

assonance *n.* amas *masc.*, co-fhuaimneachd *fem.*

assort *vb.* cuir an òrdugh, rèitich

assortment *n.* measgachadh *masc.*

assuage *vb.* caisg, lùghdaich, ciùinich, fraoth, sìochaich, socraich, traogh

assuagement *n.* lùghdachadh *masc*, faothachadh *masc.*, lasachadh *masc.*, sìochaint *fem.*, socair *fem.*

assuaging *n.* diocladh *masc.*

assuasive *adj.* ciùineach

assume *vb.* tog

assuming *adj.* ladarna, uaibhreach

assumption *n.* barail *fem.*, gabhail *fem.*, glacadh *masc.*

assurance *n.* cinntealas *masc.*, dànadas *masc.*, dearbhachd *fem.*, ladarnachd *fem.*, làn-dòchas *masc.*, làn-fhios *fem.*, muinighin *fem.*, neo-theagmhaidheachd *fem.*, peasanachd *fem.*, smioralachd *fem.*, urras *masc.*

assure *vb.* dearbh, dèan cinnteach, cuir à teagamh

assured *adj.* cinnteach, dearbhte, neo-theagamhach

assuredly *adj.* gun teagamh

assuredness *n.* neo-theagamhachd *fem.*

assurer *n.* cinnteadair *masc.*

astable *adj.* eadar-bhunaiteach

astatine *n.* astatin *masc.*

asterisk *n.* rèiltean *masc.*, reul *fem.*, reulag *fem.*, reultag *fem.*

astern *adj.* air deireadh

asthma *n.* a' chuing (chlèibh) *fem.*, cothan *masc.*, cuimh *fem.*, cuing-analach *fem.*, geàrr-anail *fem.*, glacach-bràghad *fem.*, lag-analach *masc.*, luathas-analach *masc.*, mùchadh, am *masc.*, sac *masc.*, tinneas ospagach *masc.*

asthmatic *adj.* cneadach, cothanach, cuingeach, geàrr-analach

asthmatical *adj.* crìon-sgàmhanach, sèidrich

astonish *vb.* cuir (mòr-)iongnadh (air)

astonishing *adj.* smuainteanach, uamhasach

astonishment *n.* mòr-iongnadh *masc.*, iongantas *masc.*, sganraidh *fem.*, sgeun *masc.*, toineal *masc.*

astound *vb.* uamhannaich

astraddle *adj.* sgomhal-sgarach

astral *adj.* reulagach, reul(t)ach, reultanach

astray *adj.* air seachran, air iomrall, air allaban, air fuadan,air seabhaid, ceàrr, glidheach, iollaisg

astrict *vb.* ceangail

astriction *n.* ceangal *masc.*, teannachadh *masc.*

astrictive *adj.* teanndach

astride *adj.* casa-gobhlach, casa-gobhlach, sgomhal-sgarach

astringent *adj.* ceangailteach, teannaidh

astrolabe *n.* rèiltean *masc.*, reultag *fem.*, slat-rèil *fem.*, slat-reul *fem.*

astrologer *n.* speuradair *masc*, caileadair *masc.*, neuladair *masc.*, reuladair *masc.*, reul-dhraoidh *masc.*, reultair *masc.*, reult-chosgair *masc.*.

astrological *adj.* reul-dhraoidheach, reuleolach

astrology *n.* caileadaireachd *fem.*, reuladaireachd *fem.*, reul-dhraoidheachd *fem.*, reuleolas *masc.*, reultaireachd *fem.*, speuradaireachd *fem.*, speuraireachd *fem.*

astronaut *n.* neach-adhair *masc.*, speuradair *masc.*, speurair *masc.*

astronomer *n.* luamair *masc.*, reuladair *masc.*, reultair *masc.*, reult-chosgair *masc.*, speuradair *masc.*, sruthan *masc.*

astronomical *adj.* reuleolach

astronomical unit *n.* aonad reul-eolais *masc.*

astronomy *n.* neuladaireachd *fem.*, reuladaireachd *fem.*, reul-eòlas *masc.*, sgoil nan reult *fem.*, sgoil-reul *fem.*, sgoil-speur *fem.*, speuradaireachd *fem.*, speur-eòlas *masc.*

astrotheology *n.* reul-dhiadhaireachd *fem.*

astute *adj.* rathail

asunder *adj.* às a chèile, stabhach

asylum (institution) *n.* taigh caothaich *masc.*

asylum (place of refuge) *n.* ceal-chobhair *fem.*, comraich *fem.*, dùis-chill *fem.*, ionad-teàrmainn *masc.*, naomh-dhìon *masc.*

asymmetry *n.* dìth-riaghailt *fem*, neo-chumadh *masc.*

asynchronous *adj.* far na h-ùine

asynchronous transmission *n.* sgaoileadh easmharaon *masc.*

at anchor *adj.* air acair, air chruaidh, faist

at any rate *adj.* co-dhiù, ic-iarn-nac,

at close quarters *adj.* teann-ri-teann

at discretion of *adj.* an urra ri

at ease *adj.* an seasgaireachd, socair

at fault *adj.* ciontach, coireach

at full speed *adj.* an ruith

at home *adj.* a-staigh, aig an dachaigh, aig an taigh, aig baile

at large *adj.* air muradh, mu sgaoil

at last *adj.* fa dheireadh, fa dheòigh, mu dheireadh thall

at least *adj.* co-dhiù, air a' char as lugha

at leisure *adj.* air athais

at length *adj.* mu dheireadh

at liberty *adj.* mu sgaoil, neo-cheangailte, saor

at loggerheads *adj.* an ugannan a chèile, riabhach

at long last *adj.* fa dheireadh 's fa dheòidh, mu dheireadh thall

at random *adj.* air thuairmeas

at rest *adj.* mu thàmh, samhach, socalach

at variance *adj.* riabhach, thar-a-chèile

atacamite *n.* atacamit *fem.*

ataraxy *n.* sìothaimh *fem./masc.*

atheism *n.* ain-diadhachd *fem.*, ana-creideamh *masc.*, dia-àicheadh *masc.*, neo-dhiadhaidheachd *fem.*

atheist *n.* ain-diadhach *masc.*, ana-creidmheach *masc.*, dia-àicheanaiche *masc.*, neach-àicheidh *masc.*

atheistical *adj.* dia-àicheanach, neo-chreidmheach

athlete *n.* lùth-chleasaiche *masc.*

athlete's foot *n.* loibheachas-coise *masc.*

athletic *adj.* , lùthmhor, foinneamh

athletics *n.* lùth-chleasachd *fem.*

Atholl brose *n.* ròmag *fem.*

athwart *adj.* tarsainn, trasd, tuaitheal, tuathal

Atlantic salmon (male) *n.* bradan *masc.*

Atlantic salmon (female) *n.* glasag *fem.*

atlas *n.* atlas *masc.*

atmosphere *n.* àile *masc.*

atmospheric *adj.* àileach, speurach

atmospheric pressure *n.* cudthrom an àile *masc.*

atom *n.* dadam *masc.*,, smùirnean *masc,* braoinean *masc.*, cuilmean *masc.*, dadmann *masc.*, dùradan *masc.*, fuilbhean *masc.*, mionn *fem.masc.*, seam *masc.*.

atomical *adj.* fuilbheanach *fem.*

atomical *adj.* dadamach, smùirneanach, dadmannach

atomist *n.* dadmannach *masc.*

atonality *n.* eutonalachd *fem.*

atone *vb.* pàigh, thoir dìol, thoir èirig

atonement *n.* èirig *fem.*, ìobairt-rèite *fem.*, rèite *fem.*

atrocious *adj.* aingidh, mallaichte, uabhasach, eagalach

atrocity *n.* aingidheachd *fem.*, uabhas *fem.*

atrophy *n.* seargadh *masc.*

attaché-case *n.* cèiseag-làimhe *fem.*

attached *adj.* an cois, an lùib

attachment *n.* dàimh *fem.*, spèis *fem.*, tairiseachd *fem.*, tlachd *fem.*

attack *n.* ionnsaigh *masc./fem.*, asgall *masc.*, maoim *fem.*, siorradh *masc.*, soighidh *fem.*, tàmadh *masc.*, toiteal *masc.*

attack *vb.* thoir ionnsaigh

attacker *n.* conspannaiche *masc.*, neach-ionnsaigh *masc.*, ruatharaiche *masc.*

attain *vb.* coisinn, ruig

attainable *adj.* ruigsinneach, so-choisneidh, so-fhaghail, so-fhaotainn, so-ruigheachd, so-ruigsinn

attainder *n.* dìteadh-lagha *masc.*

attainment *n.* buannachd *fem.*, ruigsinn *fem.*

attaint *vb.* maslaich, truaill

attemperate *vb.* co-chuimsich

attempt *n.* ionnsaidh *masc.*, oidhirp *fem.*, sic *fem.*, troth *masc.*

attempt *vb.* dèan oidhirp, dean strì, oidhirpich, thoir oidhirp

attempter *n.* oidhirpiche *masc.*

attend *vb.* fritheil, thoir an aire, cluinn, fan, feith, freasdail, fuirich

attendance *n.* frithealadh *masc.*

attendant *n.* gocaman *masc.*, neach-àirde *masc.*, neach-coimheadachd *masc.*, neach-coimhideachd *masc.*, neach-frithealaidh *masc.*, steòc *masc.*

attendant *adj.* an cois, feitheamhach, leanadail

attending *n.* leidigeadh *masc.*

attention *n.* aire *fem.*, beachd *masc.*, faicill *fem.*, fea(i)rt *fem.*, frithealadh *masc,* furachas *masc.*, nàistinn *fem.*, omhaill *fem.*, sùil-bheachd *masc.*, suim *fem.*, toghaidh *fem.*, toighe *fem.*, umhail *fem.*

attentive *adj.* furachail, cùramach, faicilleach,, aireach, aireachail, fuirearach, mosgalach, nàistinneach, rudach, seaghach, suimeil

attentiveness *n.* suimealachd *fem.*

attenuate *vb.* caoilich, lùghdaich, sreangaich, tanaich

attenuation *n.* caoile *fem.*, tanachadh *masc.*, tanachd *fem.*

attest *vb.* teistich, thoir fianais, tog fianais

attestation *n.* dearbhadh *masc.*, teisteanas *masc.*, teisteas *masc.*

attestor *n.* neach-toirt-fianais *masc.*

attic *n.* seòmar-mullaich *masc.*

attire *n.* eudach *masc.*

attire *vb.* cuir an uidheam, sgeadaich

attired (heraldry) *adj.* adharcach

attitude *n.* seasamh *masc,* beachd *masc.*, seasamh *masc.*, seirm *fem.*, spraic *fem.*

attorney n. àrd-neach gnothaich masc., neach-ionaid masc., neach-lagha masc.

Attorney-General pr.n. Ard-Neach-tagraidh

attract vb. tarraing, tàlaidh, meall, sùg

attractant n. tàladair masc.

attracter n. sùghadair masc.

attracting n. tarraing fem.

attracting vb. tàladh

attraction n. sùgadh masc.

attractive adj. tarraingeach, tàlaidheach, càilear, sgibidh, sùgach, sùighteach, dreachmhor

attractiveness n. mealltachd fem.

attribute n. feart masc., sàirbhrìgh fem.

attribute vb. cuir às leth

attribution n. moladh masc.

attributive adj. buaidh-aithriseach, com-pàirteachail

attune vb. cuir am fonn, gleus

attuned adj. an cith, air ghleus

au pair n. daltag fem..

au pair adj. air mhuinntireas

auburn n. rua-bhuidhe masc.

auburn adj. buidhe-dhonn, buidhe-ruadh, cabhach-ruadh, dubh-dhonn, dubh-ruadh, òr-bhuidhe

auction n. reic fhollaiseach fem., rop masc.

auctioneer n. cantailiche masc., reiceadair masc., reicear masc., ropair masc.

audacious adj. beadaidh, dalm, dàna, ladarna, urranta

audaciousness n. dànachd fem.

audacity n. dànadas masc., ladarnas masc., spreigealachd fem., urrantachd fem.

audible adj. cluinntineach, labhar, osgarra, so-chlaistinneach, so-chloiste, so-chluinntinn

audibleness n. cluinntineachd fem., osgarrachd fem., so-chloistinn fem.

audience n. cluas-aire fem.

audience (assembly) n. luchd-amais masc., luchd-èisdeachd masc.

audio-visual adj. lèir-chlaisteach, lèir-chlaistinneach

audiometrician n. machlan claistinneach masc.

audiotyping n. clò-sgrìobhadh claistinneach masc.

audit n. sgrùdadh masc..

audit vb. sgrùd

auditor n. neach-sgrùdaidh masc.

Auditor of the Court n. Neach-sgrùdaidh na Cùirte masc.

auditory adj. claisneach, claistinneach

auger n. broga masc., burral masc., moireal masc., snìomhair(e) masc.

aught n. dad masc.

augment vb. meudaich

augmentation n. cinneachadh masc., cinneachdainn masc., moradh masc., piseach masc.

augmentative adj. meudachail

augur n. eun-druidh masc., fiosaiche masc., neach-faisneachd masc., neach-fiosachd masc., taghaire masc.

augurer n. eun-druidh masc.

augury n. tuar masc, eun-druidheachd fem., sanas masc., seonadh masc., spraic fem., taghaireachd fem.

August pr.n. Lùnasdal, an

august adj. suaimhneach

augustness n. flathalachd fem., osgarrachd fem.

aulic adj. cùirteil

aumry n. amraidh masc.

aunt n. piuthar athar/màthar fem.

aurelia n. spìontag fem.

auricle n. cluas-cridhe fem., leabag fem.

auricula n. lus-na-banrìgh masc., sobhrag chluasach fem.

auriferous *adj.* òrach

aurigation *n.* carbadachd *fem.*

aurist *n.* leighiche-chluas *masc.*

aurora *n.* uair-òir *fem.*

aurora borealis *pr.n.* fir-chlis

auscultation *n.* èisdeachd *fem.*

auspice *n.* eun-fhiosachd *fem.*, tarraghail *fem./masc.*

auspicious *adj.* fàbharach, rathail, àghmhor, sealltanach, cneasda, faosgnach, gealltanach, manadail, saibhreach, sealbhach, seunta

austere *adj.* teann, cruaidh, gàbhail, smachdail, teannasach, tuaiteal

austerity *n.* teanntachd *fem.*, cruadal *masc.*

austral *adj.* deiseal

authentic *adj.* fìor, cinnteach, dearbhte, ùghdarail

authenticate *vb.* dèan cinnteach, dearbh

authenticity *n.* fìrinn *fem.*, dearbhachd *fem.*, cinnteachd *fem.*, barantachd *fem.*

author *n.* ùghdar *masc.*, urrainn *fem.*

authorisation *n.* ùghdarras *masc.*, barantas *masc.*, cead *masc.*

authorise *vb.* barantaich, ceadaich, socraich, sònraich, ùghdaraich

authorising *n.* ùghdarachadh *masc.*

authoritarian *adj.* aintighearnail

authoritarianism *n.* uachdranachd *fem.*, ùghdarrasachd *fem.*

authoritative *adj.* ùghdarrasail, ceannsgalach, maighstireil, prionnsail, reachdach, reachdmhor, rèimeil, spraiceil, spreigeil, ùghdarrach

authority *n.* ùghdarras *masc.*, barrantas *masc.*, ceannsal *masc.*, comas *masc.*, cumhachd *masc.*, reachd *masc.*, rèim *fem.*, rèimealachd *fem.*, smachd *masc.*, tomalt *masc.*, urra *fem.*, urradh *masc.*

auto-suggestion *n.* fèin-èigneachadh *masc.*

autobiography *n.* fèin-eachdraidh *fem.*

autocratic *adj.* aintighearnail

autograph *n.* lorg-làimhe *masc.*

automatic *adj.* fèin-ghluasadach, fèin-sheòlaidh

automaton *n.* beairt fèin-ghluasaid *fem.*, mearagan *masc.*

autonomous *adj.* fèin-riaghlach, fèin-riaghlaidh

autonomy *n.* fèin-riaghladh *masc.*

autopsy *n.* dearbhadh-sùl *masc.*

autosome *n.* autosom *fem.*

autumn *n.* foghar *masc.*

autumn crocus *n.* crò-chorcar *masc.*

Autumn dulse *n.* duileasg dubh *masc.*

autumnal *adj.* fogharail

auxiliary *n.* cuideachair *masc.*, cuidiche *masc.*, seirseanach *masc.*, neach-cuideachaidh *masc*, taicear *masc.*

auxiliary *adj.* taiceil, cobharach, coghnadach, coghnaidheach, comarach, cuideachaidh, cuideachail, gaoideach

avail *n.* brìgh *fem.*, stà *masc.*, tairbhe *fem.*

avail *vb.* buannaich, coisinn, dèan feum/foghainn, gabh cothrom

available *adj.* ri fhaighinn, ri fhaotainn

availment *n.* tairbhealachd *fem.*

avalanche *n.* leum-shneachd *masc.*, maoim-sneachda *fem.*

avarice *n.* sannt *masc.*, ainghean *masc.*, spìocaicheachd *fem.*, tnùth *masc.*

avaricious *adj.* sanntach, aingheanach, spìocach

avariciousness *n.* sanntalachd *fem.*

avast! *interj.* sguir!, socair!, stad!, cum agad!

avaunt! *interj.* air falbh!, as mo shealladh!, thugaibh!

ave Maria *n.* fàilte Muire *fem.*

avenge *vb.* dìol, peanaistich

avenger n. dìoghaltair masc.,

avenue n. craobh-shlighe masc., lonach masc., rathad masc.

aver vb. cuir an cèill

average n. meadhan masc., cuibheasachd fem.

average adj. gnàthach, meadhanach, coitidh, cuibheasach, cuidheasach

averment n. dearbhadh le fianais masc., abartas masc., ràdh masc.

averse adj. fuathach, gràinichte

averseness n. fuathalachd fem.

aversion n. fuath masc., gràin fem.

avert vb. tionndaidh gu taobh

aviary n. craidhleag fem., eunadan masc., eun-lann masc.

aviation n. adhair-sheòladh masc.

avidity n. gionachd fem., glamaireachd fem.

avizandum n. comhairle fem.

avocet n. ceàrra-ghob masc., gob-ceàrr masc.

avoid vb. seachainn, cuidhtich, cuir cùl (ri), ob, seun, siach, sor

avoidable adj. ion-sheachnach, seachnach, so-sheachanta

avoider n. seachnair masc.

avoiding adj. seachnach

avolation n. fuadach masc., iteachadh masc., itealaich fem., teicheadh masc.

avouchment n. aideachadh masc., fianais fem., teisteas masc.

avowable adj. so-aideachaidh, so-nochdaidh

avowal n. aideachadh fosgailte masc.

avulsio n. spìonadh masc.

avulsion n. reubadh masc., spìonadh masc.

awake adj. na d(h)ùsgadh

awake vb. dùisg, mosgail

awakened adj. dùisgte

award n. duais fem., dìoladh masc.,

award (grant) vb. leig, thoir seachad

aware adj. mothachail, fiosrach, furachair

awareness n. mothachadh masc, fiosrachadh masc.

away adj. air falbh, air siubhal

awe n. eagal masc., urram masc., giorrag fem., smachd masc.

awe vb. sgàthaich

awful adj. eagalach, uabhasach,uamhraidh, dìolaidh, gàbhaidh, sgramhail, sgràthail

awfulness n. eagalachd fem., uabhasachd fem.

awkward adj. cearbach, slaodach, slaopach, clobhdach, liobasda, aindeas, buathanta, ciotalach, clibisteach, cliontach, clùdach, grogach, leògach, lethlàmhach, sgòdach, slìobach, spàgach, tuathail, tuathlach, uipearach

awl n. minidh-bhròg masc., broga masc.

awlwort n. ruideag fem.

awn n. calg masc., crotal masc.

awning n. brat-dìona masc., brat-dubhar masc., sgàileag fem.

awry adj. càm, claon, stao(i)n, straonach

axe n. tuagh fem., làmhadh fem., làmhag fem.

axilla n. asgail fem., lag na h-achlais masc.

axillar adj. asgailleach

axiom n. fìrinn-shoilleir fem., dearbhann fem., fìrinn shuidhichte fem., soilleirse fem.

axis n. aisil fem., mul masc.

axle n. aiseal fem, iarann-siubhail masc.

axle-tree n. acastair masc., aisil fem., crann-aisil masc., mul masc.

azure adj. gorm, gorm-bàn, liath-ghorm, speur-ghorm

azurite n. asurit fem.

B

baa *n.* mèilich *fem.*

Baal *n.* dia-brèige *masc.*, dia coimheach *masc.*, iodhal *masc.*

babble *n.* glag *masc.*, gobaireachd *fem.*, gobais *fem.*, luath-bheulachd *fem.*, luath-chainnt *fem.*

babbler *n.* glagaire *masc.*, bla(bh)dair *masc.*, abartair *masc.*, beul-gun-fhàitheam *masc.*, plabair *masc.*

babbling *n.* glagaireachd *fem.*, bla(bh)daireachd *fem.*, bioladh *masc.*, glogaireachd *fem.*, plabaireachd *fem.*, pliaram *masc.*

babbling *adj.* glagach, luath-chainnteach, luath-bhileach, luath-bheulach, pliaramach

babe *n.* naoidhean *masc.*, leanabh *masc.*, leanaban *masc.*, leanabh-cìche *masc.*, pàisde *masc.*

baby (female) *n.* bìodag *fem.*

baby (male) *n.* bòidean *masc.*

baby-sitter *n.* freiceadan-cloinne *masc.*, neach-faire *masc.*

babyish *adj.* pàisdeil, pàisdeanach

Babylonian willow *n.* seileach an t-sruth *masc.*

baccate *adj.* caoireanach, cuirneanach

bacchanalian *n.* misgear *masc.*

bacchanalian *adj.* misgeach, misgeil, bachail

bachelor *n.* fleasgach *masc.*, seanaghille *masc.*, seasgach *masc.*, seasganach *masc.*

bachelorship *n.* seanaghilleachd *fem.*, gilleadas *masc.*

back *n.* druim *masc.*, cùl *masc.*, cùlaibh *masc.*, muin *fem.*

back *vb.* theirig air ais, seas (taobh neach), cuir airgead air (each), cuidich, neartaich, rach an urras

back door *n.* doras-cùil *masc.*

back-bone *n.* cnàimh an droma *masc.*, saith *masc.*, cleit *fem.*

back-stroke *n.* cùlag *fem.*

back-to-front *adj.* cùlaibh air beulaibh

back-tooth *n.* fiacail-cùil *fem.*, cùlag *fem.*, tosg *masc.*

back-up *n.* cùl-ghlèidheadh *masc.*

backband *n.* bann-droma *masc.*, druman *masc.*, dromach *fem.*, droman *masc.*

backbite *vb.* cùl-chàin, tog tuaileas

backbiter *n.* cùl-chainntear *masc.*, neach-tuaileis *masc.*, tuaileasag *fem.*, neach-anacainnt *masc.*

backbiting *n.* cùl-chàineadh *masc.*, cùl-ithe *fem.*, cùl-chainnt *fem.*, tuaileasachd *fem.*, cùlradh *masc.*

backbiting *adj.* tuaileasach, gabhannach

backgammon *n.* taibhleas *masc.*, tàileasg *masc.*

background *n.* cùl-ionad *masc.*

backhand *n.* cùlag *fem.*

backing *n.* cùl-taic *masc.*, cùlanach *masc.*

backing store *n.* taic-stòr *masc.*

backlog *n.* càrn-obrach *masc.*

backpiece *n.* cùl-armachd *fem.*

backroom *n.* seòmar-cùil *masc.*

backsey *n.* leasradh-uachdair *fem.*

backside *n.* tòn *fem.*, màs *masc.*, leth-deiridh *masc.*

backslide *vb.* cùl-sleamhnaich

backslider *n.* cùl-sleamhnaiche *masc.*, naomh-thrèigeach *masc.*

backsliding *n.* cùl-shleamhnachadh *masc.*, slèisneadh *masc.*

backsliding *adj.* cùl-sleamhnach

backstairs *n.* cùl-staidhre *masc.*, staidhir-chùil *masc.*, frith-staidhir *fem.*

backsword *n.* claidheamh-cùil *masc.*

backward *adj.* deireannach, moineiseach, màirnealach, liugach, an coinneamh a c(h)ùil, an comhair a' chùil, mall, tuathal

backwardness *n.* monaiseachd *fem.*, moineiseachd *fem.*, deireannachd *fem.*, màirneal *masc.*

backwash *n.* cùlanach *masc.*

backwash (receding wave) *n.* tonn-tillidh *masc.*

backwater *n.* aban *masc.*

bacon *n.* feòil-mhuice *fem.*, hama *fem.*, muicfheòil *fem.*

bacteria *n.* lobhagan *fem.*

bacterial *adj.* bacteriach

bacterium *n.* lobhag *fem.*

bad *adj.* dona, olc, doirbhidh, droch, sotlaidh

bad debt *n.* droch-fhiach *masc.*

bad language *n.* droch-chainnt *fem.*, ana-ghlòir *fem.*, sgalldaireachd *fem.*

bad luck *n.* mì-fhortan *masc.*, bochdainn *fem.*, mì-àdh *masc.*, mì-bhuaidh *fem.*

bad manners *n.* mì-mhodh *masc.*

bad-mannered *adj.* don-ionnsaichte

bad-tempered *adj.* cuinntearach, eangarra

badge *n.* bràiste *fem.*, suaicheantas *masc.*, baidse *fem./masc.*, loinn *fem.*

badger *n.* broc *masc.*, tùitean *masc.*, srianach *masc.*, strianach *masc.*, truitean *masc.*

badger-legged *adj.* stabhach

badness *n.* olcas *masc.*, donadas *masc.*

baffle *vb.* cuir an teagamh, dèan a' chùis air, faigh làmh an uachdar air, fairtlich air, mill, thoir an car à

baffler *n.* spriollag *fem.*

bag *n.* màileid *fem.*, poca *masc.*, baga *masc.*, màla *fem.*, pocan *masc.*

bag *vb.* pocaich

baggage *n.* àirneis *fem.*, treallaichean *fem.*, cairbhist *masc.*, lòdra(i)ch *fem.*, pacraidhe *fem.*, sacraidh *fem.*, treathlaich-feachd *fem.*, truidhleach *masc.*

bagged *adj.* pocach

baggy *adj.* bronnach, taganach

bagnio *n.* taigh-failcidh *masc.*, taigh-siùrsachd *masc.*

bagpipe *n.* pìob mhòr *fem.*, pìob-mhàla *fem.*, pìob-shionnaich *fem.*

bagpiper *n.* pìobair *masc.*

baikie *n.* bacan *masc.*

bail *n.* urras *masc.*, dìonachadh *masc.*, pàighneachas *masc.*

bail *vb.* thoir urras (air), fuasgail air urras, pàighnich, taom, urrasaich

bailiff *n.* bàillidh *masc.*, maor *masc.*

bailiwick *n.* bàillidhneachd *fem.*, stiùbhardachd *fem.*

baillie *n.* bàillidh *masc.*

bait *n.* biadhadh *masc.*, maghar *masc.*, baoit *fem.*, bidheag *fem.*, bior-iasg *masc.*, bithean *masc.*, maoirne *masc.*, soladh *masc.*, sonn *masc.*

bait *vb.* biadh, cuir biadhadh/maghar air, sàraich

baize *n.* pluc-aodach *masc.*, garbh-chlò fosgailte *masc.*

bake *vb.* fuin, bruich ann an àmhainn, deasaich

bakeboard *n.* clàr-fuine *masc.*

baked *adj.* bacalta

bakehouse n. taigh-fuine masc.

baker n. bèicear masc., fuineadair masc., sòrnair masc., bac(a)stair masc., buileannach masc., buileannaiche masc.

baking n. bèicearachd fem., fuine masc., bacastaireachd fem., sornaireachd fem.

baking-powder n. pùdar-fuine masc.

bakingboard n. bòrd-fuine masc., sgàl masc.

balance n. cothrom masc., cothromachadh masc., meidh-chothrom fem., tomhas masc., crann-cothromachaidh masc.

balance vb. cothromaich, tomhais, cuir air mheidh, meidhich

balance (finance) n. suim-chothromachaidh fem., còrr masc., fuidheall masc.

balance of payments n. cothromachadh-malairt masc.

balance-scale n. sgèile-tomhais fem., slige-thomhais fem.

balance-sheet n. clàr-airgid masc.

balanced adj. cothromach, socrach

balancer n. cothromaiche masc., tomhasair masc.

balcony n. for-uinneag fem., foraradh masc., bacan masc.

bald adj. maol, sgailceach, le sgall, sgallach

bald eagle n. iolair(e) mhaol fem.

bald patch n. sgall masc., maise-mhullaich fem.

bald-head n. maoilean masc., sgailcear masc., sgallachan masc., maolcheann masc., sgailcire masc., sgall masc.

balderdash n. spùt masc., goileam masc., treamsgal masc.

baldness n. sgallachd fem., a' mhaise-mhullaich fem., maoile fem., sgailc fem., sgall masc., suarrachd fem.

baldpate n. sgallachan masc.

bale n. bèile masc., bathar truiste masc., ceanglachan masc., sac masc., trusag fem.

bale (misery) n. truaighe fem.

bale vb. taom

baleful adj. truagh, brònach, dòrainneach, millteach

baler n. taoman masc.

balk n. sail fem., sparr masc., bailc fem., cnàimh-crìche masc., sgonn masc., suithe fem./masc.

balk vb. dìobair, trèig

balk (frustration) n. amladh masc., dìobradh-dòchais masc.

balk (unploughed ridge) n. bonnchart masc., iomaire fem., druim masc.

ball n. ball masc., bala masc., cnag fem., cnapag fem., cneutag fem., mirle fem., peallaid fem., pulag fem.

ball (dance) n. fèis-dannsa fem.

ball (spherical clew of yarn, etc.) n. ceirsle fem., ceirtle fem., cnocan masc., creagag fem., tonasg masc.

ball-bearing n. gràn masc.

ballad n. duanag fem., luinneag fem., bailead masc., òran masc.

balladeer n. baileadaiche masc., balantaiche masc., òranaiche masc.,

ballan wrasse n. muc-creige fem., creagag fem., muc ruadh fem.

ballast n. balaiste fem., cudthrom-socrachaidh masc.

ballast vb. balaistich, còmhnardaich, socraich

ballistic missile n. arm-tilgidh masc.

balloon n. balùn masc., cnacair-neòil masc.

balloon (aircraft) n. bàta-speur masc., curach-àile masc.

balloon (ornamental ball on pillar, etc.) n. peilear-mullaich masc., punnag fem., mollag fem.

ballot *n.* bhòtadh *masc.*, baileat *masc.*, ball-roghnachaidh *masc.*, ball-taghaidh *masc.*, crannchar *masc.*, tilgeadh chrann *masc.*

ballot *vb.* bhòt, crannchair

ballot-paper *n.* pàipear-bhòtaidh *masc.*, pàipear-crannchair *masc.*

balm *n.* ìocshlaint *fem.*, acainn-leighis *fem.*, bailm *fem.*, balma *masc.*

balm *vb.* foisich

balm-cricket *n.* buail a' chnag *masc.*

balminess *n.* cùbhraidheachd *fem.*, tlusalachd *fem.*, tlàths *masc.*

balmy *adj.* cùbhraidh, tlusail, tlàth, ciùin, leaghasach

balsa (corkwood) *n.* fiodh-balsa *masc.*

balsam *n.* ola-leighis *fem.*, bailm *fem.*, ballan *masc.*, ìocshlaint *fem.*

balsamic *adj.* ìocshlainteach, olach, furtachail

baluster *n.* post beag *masc.*, rongas *masc.*, stùc *fem.*

balustrade *n.* sreath-phost *masc.*, stùc-shread

bamboo *n.* cuilc Innseanach *fem.*, cuilc Fhrangach *fem.*

bamboozle *vb.* meall, tuairgnich

ban *n.* toirmeasg *masc.*, casg *masc.*, bacadh *masc.*, gairm fhollaiseach *fem.*, mallachadh *masc.*

ban *vb.* toirmisg, caisg, bac

banana *n.* banana *masc.*

band *n.* bann(a) *masc.*, rang *fem./masc.*, crios *masc.*, streachlan *masc.*

band (body of musicians) *n.* còmhlan-ciùil *masc.*, cuanal *masc.*

band (persons bound together for common purpose) *n.* buidheann *fem./masc.*, treud *masc.*, dream *masc.*, lodhainn *fem.*

band-box *n.* bòsdan *masc.*

bandage *n.* bann *masc.*, stìom-cheangail *fem.*, stiall *fem.*, ceangal *masc.*, cuaran *masc.*, stail *fem.*

bandaging *n.* staileadh *masc.*

bandit *n.* mèirleach *masc.*

bandog *n.* banndag *fem.*

bandolier *n.* crios-pheilear *masc.*

bandy *n.* creabhaichean *masc.*, rong *fem.*, rongas *masc.*

bandy *vb.* iomain air ais 's air adhart, tilg a-null 's a-nall

bandy-leg *n.* cas cham *fem.*, liùg *fem.*, pliadh *fem.*, cromachas *fem.*

bandy-legged *adj.* cama-chasach, liùgach, pliathach, brabhdach, lùgach

bane *n.* aimhleas *masc.*, nimh *masc.*, creach *fem.*, sgrios *masc.*

baneful *adj.* aimhleasach, nimheil

bang *n.* clap *masc.*, brag *masc.*, slacadaich *fem.*, cnuacaid *fem.*, gleog *masc.*, splad *masc.*, steur *fem./masc.*

bang *vb.* cnapaich, cnùacaich, dùin le clap, slac, slacaich, straoidhil, thoir brag air

banish *vb.* fuadaich, fògair, dìobair, deòraich

banishing *n.* fuadachadh *masc.*, fògradh *masc.*, dìobradh *masc.*, ruagadh *masc.*, ionarbhadh *masc.*

banishment *n.* fuadachd *fem.*, fògradh *masc.*, deòrachd *fem.*, fògairt *masc.*, longas *masc.*, ruaig *fem.*

bank (financial) *n.* banca *masc.*, taigh-malairt *masc.*, taigh-rèidh *masc.*

bank (river) *n.* bruach *fem.*

bank (peat) *n.* poll-mònach *masc.*

bank account *n.* cunntas-banca *masc.*

bank loan *n.* iasad-banca *masc.*

Bank of Scotland *pr.n.* Banca na h-Alba

bank vole *n.* famhalan-bruaiche *masc.*

bank-rate *n.* riadh-banca *masc.*

banked *adj.* bruachach

banker *n.* bancair *masc.*

banker's order *n.* òrdugh-banca *masc.*

banking *n.* bancaireachd *fem.*

Banking, Insurance and Finance Union *pr.n.* Aonadh Obair Arachais, Banca is Ionmhais

bankrupt *n.* neach briste *masc.*, daibhear *masc.*

bankrupt *adj.* briste, daibhir

bankruptcy *n.* bris(t)eadh-creideis *masc.*, daibhreas *masc.*

banned *adj.* toirmisgte, fo thoirmeasg

banner *n.* bratach *fem.*, sròl *masc.*, suaicheantas *masc.*, meirghe *fem.*

bannered *adj.* bratachail

banneret *n.* ridire-làraich *masc.*

bannock *n.* bonnach *masc.*, breacag *fem.*, moilean-Moire *masc.*

banns *n.* gairm-pòsaidh *fem.*

banquet *n.* fèisd *fem.*, fleadh *masc.*, cuirm *fem.*, bangaid *fem.*

banqueting *n.* fèisdeireachd *fem.*, fleadhachas *masc.*

banshee *n.* bean-shìdh *fem.*

banter *n.* fochaid *fem.*, sgeig *fem.*

banterer *n.* sgeigeire *masc.*

bantling *n.* isean *masc.*, leanaban *masc.*, leanabh *masc.*, peasan *masc.*

banyel *n.* bannal *masc.*, beinneal *masc.*

baptism *n.* baisteadh *masc.*

baptismal *adj.* baisteach, baistidh

baptismal font *n.* amar-baistidh *masc.*, tobar-baistidh *masc.*

baptist *n.* baisteach *masc.*, neach-baistidh *masc.*

baptist *adj.* baisteachail

baptizer *n.* baisteir *masc.*

bar *n.* grabadh *masc.*, lunn *masc.*, speac *masc.*, stachaill *masc.*, stad *masc.*, stairsneach *fem.*

bar (spike) *n.* spèic *fem.*

bar (bank/shoal at mouth of river/harbour) *n.* òs *masc.*

bar (block of solid substance, as soap etc.) *n.* gadag *fem.*

bar (bolt) *n.* crann-dorais *masc.*, crann-druididh *masc.*, cnot *masc.*

bar (music) *n.* car *masc.*

bar (obstruction) *n.* bac *masc.*, am(a)ladh *masc.*

bar (unit of atmospheric pressure) *n.* bàr *masc.*

bar *vb.* bac, cum a-muigh, dùin le crann, grab, riobhagaich, thoir calg, thoir corran

bar code *n.* còd-loidhne *masc.*

bar graph *n.* graf bann *masc.*

bar-gate *n.* cabhann *masc.*, cabharnach *fem.*, clisneach *masc.*

bar-tailed godwit *n.* cearra-ghob *masc.*, roid-ghuilbneach *masc.*

barb *n.* gath *masc.*, frioghan *masc.*, corran *masc.*, feusag *fem.*, friobhag *fem.*, riofag *fem.*

barb *vb.* beàrr, lomair, riobhagaich

barbarian *n.* duine borb *masc.*, allmharach *masc.*, amhasg *masc.*

barbaric *adj.* borb, allabharrach

barbarism *n.* brùidealachd *fem.*, buirbe *fem.*, buirbeachd *fem.*

barbarity *n.* allabharrachd *fem.*, allmharrachd *fem.*, buirbe *fem.*, buirbeachd *fem.*

barbarous *adj.* borb, fiadhaich, garg, mì-chneasda, brùideil, allmhara

barbated *adj.* riobhagach

barbecue *n.* branndair *masc.*

barbed *adj.* gathach, biorach, beartaichte, calgach, corranach, dubhanach, riobhagach, stòrach

barbel *n.* breac-feusagach *masc.*, gàilleach *masc.*

barber *n.* borbair *masc.*, bearradair *masc.*, lomadair *masc.*

barberry *n.* preas nan geur-dhearc *masc.*, bàrbrag *fem.*, bragaire *masc.*, gràinnseag *fem.*, preas deilgneach *masc.*

bard *n.* bàrd *masc.*, filidh *masc.*

bare *adj.* lom, rùisgte, lomarra, lomnochd, luimeanach, maol, nochd, nochdaidh

bareback *adj.* gun diollaid

barebone *n.* ràsdal *masc.*, sgroingean *masc.*

barefaced *adj.* ladarna, bathaiseach

barefooted *adj.* casrùisgte, casan ris, cas-lom, lom-chasach

bareheaded *adj.* ceannrùisgte

barelegged *adj.* casrùisgte, caslom

bareness *n.* lomnochd *masc.*, luime *fem.*

barful *adj.* amailteach

bargain *n.* bargan *masc.*, cùmhnant *masc.*

bargain *vb.* barganaich, cùmhnantaich, taglainnich

bargainer *n.* barganaiche *masc.*, cùmhnantaiche *masc.*

barge *n.* iùbhrach *fem.*, bàta *masc.*

baring *n.* rùsgadh *masc.*

barite *n.* bairit *fem.*

baritone *n.* baraton *masc.*

barium *n.* bairium *masc.*

bark (of nets) *n.* cairt *fem.*

bark (boat) *n.* bàrc *fem.*

bark (covering of tree) *n.* cairt *fem.*, caitein *masc.*, rùsg *masc.*, sgrath *fem.*

bark (cry of dog) *n.* comhart *masc.*, tabhann *masc.*

bark (as dog) *vb.* dèan comhart, tabhainn, boghdaich

barking *n.* comhartaich *fem.*, tabhann *masc.*, blobhdail *fem.*, conairt *fem.*, donnalaich *fem.*, sgalbhail *fem.*, tarrandaich *fem.*

barley *n.* eòrna *masc.*

barley-broth *n.* cnotainn *fem./masc.*, crocad *masc.*

barline *n.* strìoch *fem.*

barm *n.* beirm *fem.*

barmy (fermenting) *adj.* beirmeach

barn *n.* sabhal *masc.*, sgiobal *masc.*

barn *vb.* cuir dhan t-sabhal, sabhail, saibhlich

barn owl *n.* comhachag (bhàn) *fem.*, sgreuchag-oidhche *fem.*

barnacle *n.* bàirneach *fem.*, sgreagag *fem.*, giùran *masc.*, bàrnagh *fem.*, coidhean *masc.*

barnacle-goose *n.* cathan *masc.*, giùran *masc.*, leadan *masc.*

barometer *n.* gloine-shìde *fem.*, inneal tomhas na sìde *masc.*, meidh-àile *fem.*

baron *n.* baran *masc.*, ridire *masc.*

baroness *n.* bana-bharan *fem.*

baronet *n.* ridire beag *masc.*, tighearna *masc.*

baronical *adj.* baranach

barony *n.* baranachd *fem.*, fearann-ridire *masc.*

baroque *adj.* baroc

barque *n.* bàrc *fem.*

barrack *n.* taigh-feachd *masc.*, taigh-faire *masc.*, gearasdan *masc.*, lann-bhuidhne *fem.*

barrator *n.* siostair *masc.*, taglainniche *masc.*

barrel *n.* baraille *masc.*, tocsaid *fem.*

barren *adj.* seasg, neo-thorach, aimrid, diosg, tioram

barrenness *n.* seasgachd *fem.*, ainnis *fem.*, diosgadh *masc.*, luime *fem.*, neo-thoraiche *masc.*

barricade *n.* balla-bacaidh *masc.*, gàradh-bacaidh *masc.*, bac *masc.*, daingneachd *fem.*

barricade *vb.* glais suas, crann, dùin

barricado *n.* dìdean *fem.*

barrier *n.* bacadh *masc.*, cnap-starra *masc.*, comharra(dh)-crìche *masc.*, croiseid *fem.*, druideadh *masc.*, gàradh-crìche *masc.*, stachaill *masc.*, stairsneach *fem.*

barrister *n.* neach-tagraidh *masc.*, tagarair *masc.*

barrow *n.* bara(-cuibhle) *masc.*

barrow (tumulus) *n.* càrn-cuimhne *masc.*, barpa *masc.*, cnocan *masc.*

barter *n.* malairt *fem.*, iomlaid *fem.*

barter *vb.* dèan malairt, dèan iomlaid, dèan suaip, iomlaidich, malairt(ich)

barterer *n.* màlair *masc.*, malairteach *masc.*

bartering *n.* dèanamh malairt *masc.*, suaip *fem.*

bartisan *n.* barrabhalla *masc.*

bartram *n.* lus-a'-bhalla *masc.*

base *n.* bun *masc.*, bonn *masc.*, bunachar *masc.*, campa *masc.*, dil *fem.*, gearasdan *masc.*, stèibheach *masc.*

base *adj.* ìosal/ìseal, gun fhiù, tàireil

base (military) *n.* campa *masc.*, gearasdan *masc.*

base (music) *adj.* borbhanach

base-mindedness *n.* neo-fhiughalachd *fem.*

baseball *n.* ball-stèidhe *masc.*

baseband *n.* bun-bhann *masc.*

baseness *n.* neo-fhiachalachd *fem.*, suarachas *masc.*, tàirealachd *fem.*, truailleachd *fem.*

bashful *adj.* sochaireach, diùid, athach, màlda, nàireach, nàrach, saidealta, sgàthach, sochairidh, stuama

bashfulness *n.* diùideachd *fem.*, sochair *fem.*, àilleanachd *fem.*, faiteachas *masc.*, nàire *fem.*, saidealtas *masc.*, sochairidh *fem.*, stuaim *fem.*

basic *adj.* bunaiteach, bunasach

Basic English *n.* Beurla Bhunaiteach *fem.*

basic process *n.* dòigh bhunaiteach *fem.*

basically *adj.* gu beagnaich, gu bunaiteach

basicity *n.* bunaiteachd *fem.*

basil *n.* lus an rìgh *masc.*

basilica *n.* eaglais mhòr *fem.*

basin *n.* mias *fem.*, soitheach-ionnlaid *fem.*, basaidh *masc.*, boisean *masc.*, lagan *masc.*

basis *n.* stèidh *fem.*, bun *masc.*, bunait *masc.*, bunstèidh *fem.*, bonn *masc.*, bunas *masc.*, stèibheach *masc.*, stèidh-dhaingnich *fem.*

bask *vb.* blian, grianaich

basket *n.* basgaid *fem.*, ciosan *masc.*, craidhleag *fem.*, malt *masc.*, pasgart *masc.*, sgùlan *masc.*

basket-hilt *n.* ceann aisneach *masc.*

basket-maker *n.* cliabhair *masc.*, croidhlear *masc.*

basketball *n.* ball-basgaid *masc.*

basking shark *n.* cearban *masc.*

bass (low part in music) *n.* bas-ascanas *masc.*, beus *masc.*, borbhanach *masc.*, crònan *masc.*, ìochdar-chanais *masc.*

bass clef *n.* beus-iuchair *masc.*

bass trombone *n.* beus-trom *masc.*, trombon dùrd *masc.*

bass viol *n.* beus-fhiodhall *fem.*

bassie *n.* basaidh *masc.*

bassoon *n.* basun *masc.*, dòrdan *masc.*, torm-fheadan *masc.*

bastard *n.* neach-dìolain *masc.*, bastard *masc.*, gàrlach *masc.*

bastard *adj.* dìolain

bastard cypress *n.* brobh *masc.*

bastard pimpernel *n.* lus na caillich *masc.*

bastard-wing *n.* sgiath-mhealltach *fem.*, sgiath-mhealltachd *fem.*

baste *vb.* leagh ìm air, gabh air le bata

bastinade *vb.* gabh air le bata, singil, slachd le bata

bastinading *n.* straoidhleadh *masc.*

bat (club) *n.* slacan *masc.*, speil *fem.*

bat (mammal) *n.* ialtag *fem.*, dialtag (anmoch) *fem.*, feasgar-luch *fem.*, mealtag *fem.*, sgiathan-maghain *masc.*

bat *vb.* slàirig

batch *n.* baidse *masc.*

batch file *n.* faidhle-dòrlaich *masc.*

batch processing *n.* gnìomhadh-dòrlaich *masc.*, obair dhòrlach *fem.*

batchelor *n.* baidsealair *masc.*

bate *n.* caonnag *fem.*

bate *vb.* leag sìos, lùghdaich

bateless *adj.* neo-cheannsachaidh, neo-lughdachaidh

bath *n.* amar *masc.*, ionnaltair *fem.*

bathe *vb.* ionnlaid, nigh, failc, fairig, snàmh

bathhouse *n.* taigh-ionnlaide *masc.*, taigh-failcidh *masc.*

bathing *n.* ionnlaideachd *fem.*, nighe *fem.*, litheadh *masc.*, liuthail *fem.*

bathos *n.* faoineachd *fem.*, sgleò-bhàrdachd *fem.*, sglog-bhàrdachd *fem.*

bathroom *n.* seòmar-ionnlaid *masc.*, rùm-ionnlaid *masc.*, seòmar-failcidh *masc.*

baths *n.* taigh-ionnlaide *masc.*, taigh-falcaidh *masc.*

bathtub *n.* ballan-ionnlaide *masc.*, ballan-failcidh *masc.*

batlet *n.* simid *masc.*

baton *n.* bata *masc.*, batan *masc.*, stràicean *masc.*, cuaille *masc.*, làmhchrann *masc.*, struill *masc.*, struillean *masc.*

battalion *n.* cath *masc.*

batten *n.* maide *masc.*, stiall-fiodha *fem.*, fiodh-làir *masc.*

batten *vb.* dèan reamhar, fàs reamhar

batter *n.* taois *fem.*, coimeasgadh *masc.*, patraigeadh *masc.*, soghainn *fem./masc.*

batter *vb.* buail sìos, leag sìos, leadair, cnab, pronn, slachd, tilg sìos

battered *adj.* leadairte

battering *n.* leadraigeadh *masc.*, cnabadh *masc.*

battering-ram *n.* reithe-cogaidh *masc.*, reithe-slachdaidh *masc.*, reithe-raobhta *masc.*, reithe-sèisdidh *masc.*, slacran *masc.*

battery *n.* bataraidh *masc.*, slacarsaich *fem.*

battle *n.* batail *masc.*, blàr *masc.*, cath *masc.*, còmhrag *fem.*

battle *vb.* strì

battle-axe *n.* tuagh-airm *fem.*, tuagh-chatha *fem.*, oll-thuath *fem.*

battle-cry *n.* cuir catha *fem./masc.*

battlefield *n.* àrach *fem.*, àr-fhaich *fem.*, àr-mhagh *masc.*, blàr *masc.*, cath-làrach *fem.*

battlement *n.* caisealachd *fem.*, barrabhalla *masc.*, bàrr-deubhaidh *masc.*, conbhalladh *masc.*, leth-bhalla *masc.*

bauchle *n.* bachall *masc.*, logais *masc.*

baulk *n.* bailc *fem.*

bavin *n.* crìonach *fem.*

bawdy *adj.* drabasta

bawl *vb.* sgread, glaodh

bawling *n.* sgread *masc.*, glaodhach *masc.*, sgreadail *fem.*

baxter *n.* bac(a)stair *masc.*

bay *n.* bàgh *masc.*, òb *masc.*, camas *masc.*, cughann *masc.*, tòb *masc.*

bay (reddish brown) *adj.* buidhe-ruadh, donn-ruadh

bay (horse) *n.* each ball-dhearg *masc.*, each buidhe-ruadh *masc.*, each donn-dhearg *masc.*

bay (laurel tree) *n.* bile milis *masc.*, labhras *masc.*

bay (of dogs) *vb.* tabhainn

bay laurel *n.* casgair *masc.*

bay leaf *n.* duilleag-labhrais *fem.*

bayard *n.* steòc *masc.*

baying (of dogs) *n.* tabhanaich *fem.*, gallanach *masc.*

bayonet *n.* beigleid *fem.*, beigneid *fem.*

bazaar *n.* àite-margaidh *masc.*

BBC Highland *pr.n.* Rèidio na Gaidhealtachd, Rèidio nan Gaidheal

beach *n.* oirthir *fem.*, tràigh *fem.*

beachcombing *n.* cuartachadh-cladaich *masc.*

beacon *n.* leus-mara *masc.*, teine-rabhaidh *masc.*solas-rabhaidh *masc.*, beura *masc.*, maolan *masc.*, rabhachan *masc.*, rabhadair *masc.*, braidseal *masc.*

bead *n.* grìogag *fem.*, cneap *masc.*

beadle *n.* maor-eaglais *masc.*, beadal(l) *masc.*, beideal(l) *masc.*, clèireach *masc.*

beagle *n.* cù-lorgaidh *masc.*, cù-luirg *masc.*, tobhlair *masc.*, tòlair *masc.*

beak *n.* gob *masc.*, smut *masc.*, soc *masc.*, driùcan *masc.*, sgeileas *masc.*

beaked *adj.* gobach, smutach, socach

beaked whale *n.* muc bhiorach *fem.*

beaker *n.* bìocar *masc.*, bìceir *masc.*, soitheach gobach *masc.*

beam *n.* sail *fem.*, spàrr *fem.*, suithe *fem./masc.*, beann *fem.*, crann *masc.*, post *masc.*, sonn *masc.*

beam (gleam) *n.* beum-solais *masc.*

beam (pole of carriage) *n.* bann *masc.*, sglaigean *masc.*

beamed *adj.* sailtheach

beaming *adj.* boillsgeach

bean *n.* pònair *fem.*

bean goose *n.* muir-ghèadh *masc.*

beans *n.* pònair *fem.*

bear *n.* mathan *masc.*, beithir *fem.*, brach *masc.*, mangan *masc.*, ursa *masc.*

bear *vb.* giùlain, iomchair

bear in mind *vb.* cuimhnich, cum an cuimhne

bear with *vb.* cuir suas le

bear witness *vb.* thoir fianais

bear's-foot *n.* meacan-slèibhe *masc.*

bear-berry *n.* braoileag (nan con) *fem.*, cnàimhseag *fem.*, goirt-dhearc *fem.*, gràinnseag *fem.*, lus na gèire boireannach *masc.*

beard *n.* feusag *fem.*, streafon *masc.*

beard (awn/spike) *n.* calg *masc.*, cochall *masc.*, cogall *masc.*, sian *masc.*

bearded *adj.* feusagach, ròmach

bearer *n.* neach-giùlain *masc.*, giùlanair *masc.*, neach-iomchair *masc.*

bearing *n.* gabhail *fem.*, stall *masc.*

bearing (direction) *n.* cùrsa *masc.*

bearing in mind *adj.* a' gabhail a-steach/a-staigh

beast *n.* beathach *masc.*, biast *fem.*, ainmhidh *masc.*, bèist *fem.*, bruìd *masc.*

beastings *n.* bainne-nòis *masc.*, bainne-nùis *masc.*, ciadbhainne *masc.*

beastly *adj.* bèisteil, bruìdeil

beat *n.* beum *masc.*, buille *fem.*

beat *vb.* thoir buille, caimhlich, cnap, eabraich, puinneanaich, rùsg, slacainn, slionc, stiall, sùist, faigh buaidh air, dèan a' chùis air

beat about the bush *vb.* cuir dàil sa chùis

beater *n.* maide-slathaig *masc.*

beatific *adj.* beannaichte

beatification n. beannachadh masc.

beating n. bobhdaig fem., coileachadh masc., grèidheadh masc., luman masc., puinneanachadh masc., slacadh masc., slacainn fem., slacaireachd fem., slacairt fem., slacarsaich fem., slacraich fem.

beating down n. sgabaisteachadh masc.

beating time n. bualadh na tìme masc., caismeachd fem.

beatitude n. beannachd fem.

Beaton Institute, the pr.n. Taigh Cuimhneachan nan Gàidheal

beau n. leannan masc., lasdaire masc., rìomhach masc., spailp masc., spailpean masc., spailpire masc., spairisteach masc., spalpaire masc.

beauish adj. spaideil, sgeilmearra, sgeilmeil, sgòdach, spailpeanach, spailpeil, spairisteach

beauteous adj. àlainn, bòidheach, grinn, maiseach, sgiamhach

beauteousness n. maisealachd fem.

beautiful adj. àlainn, sgiamhach, maiseach, bòidheach, rìomhach, grinn, oirnealta, sgèimheach, lurach

beautifulness n. dreachmhorachd fem.

beautify vb. maisich, grinnich, sgèimh, sgèimhich, sgiamhaich

beautifying n. maiseachadh masc.

beauty n. bòidhchead fem., maise fem., sgèimh fem., grinneas masc., àillte fem., brèaghad masc., loinn fem., snuadh masc., tlachd fem.

beauty salon n. bùth-maiseachaidh fem./masc.

beauty spot n. ball-seirce masc., ball-maise masc., ball-sgèimhe masc.

beaver n. dobhar-chù masc., beathadach masc., biobhair masc., cù odhar masc., leas-leathann masc., los-leathann masc.

beaver (covering for lower part of face) n. lèabag-chlogaide fem.

beaver hat n. ad mholach fem.

becalm vb. stòldaich, fiathaich, foisich, ciùinich, foisich, sàmhaich, sìthich, socraich

becalming n. stòldachadh masc.

because prep. airson, ri linn, seach, a chionn, air sàilleabh/tàilleabh, oir, do bhrìgh, ri linn

beck (brook) n. allt(an) masc., sruth(an) masc.

beck (curtsy) n. bèic fem.

beck (gesture of salutation) n. smèideadh masc.

beckon n. smèideadh masc.

beckon vb. smèid, smèid (air)

become vb. cinn, fàs

become (suit) vb. freagair

becoming adj. freagarrach, iomchaidh, taitneach, ciatach, dligheach, òr-loinneach, speisealta, tlachdmhor, cumhaidh

bed n. cùba masc., leaba(idh) fem.

Bed and Breakfast pr.n. Leabaidh is Bracaist, Cuid-Oidhche, Leabaidh is Lite

bedabble vb. froisich, spult

bedash vb. beubanaich, eabraich

bedaub vb. sleasd, sleasdaich, sleastair

bedchamber n. seòmar-leapa masc., seòmar-cadail masc., cùba-chùil fem.

bedclothes n. aodach-leapach masc., aodach-oidhche masc.

bedcover n. còmhdach-leapa masc., brat-leapach masc.

bedding n. aodach-leapa masc., beadainn fem., uidheam-leapa fem.

bedding (litter for cattle) n. easradh masc.

bedeck vb. snuadhaich, sgèimhich, snasaich

bedecked adj. snuadhaichte, snasaichte sgèimichte

bedehouse *n.* taigh-oiriceis *masc.*

bedew *vb.* dealtaich, dealtraich, driùchdaich

bedfellow *n.* coileabach *masc.*, leabachan *masc.*, leth-leabaiche *masc.*

bedizen *vb.* sgeilmich

bedlam *n.* taigh-cuthaich *masc.*

bedpost *n.* stoc-leabach *masc.*, cas-leapa *fem.*, cuaille-leabaidh *masc.*

bedraggle *vb.* luidir, lobanaich, gànraich

bedraggled *adj.* luidreach, lobanach, tràbalach, tràibeanach

bedragglement *n.* luidreadh *masc.*, meapaineadh *masc.*

bedridden *adj.* air gabhail ri leabaidh, tinn

bedroom *n.* seòmar-cadail *masc.*, seòmar-laighe *masc.*, seòmar-leapa *masc.*

bedside locker *n.* preasa-leapa *masc.*

bedside table *n.* bòrd-leapa *masc.*

bedstead *n.* fiodh-leapa *masc.*, stoc-leapa *masc.*

bedstock *n.* stoc-leapa *masc.*

bedtick *n.* toichd *fem.*

bedung *vb.* breunaich

bee *n.* seillean *masc.*, beach *masc.*, tilleag *fem.*

beech *n.* beithe na measa *fem.*, faidhbhile *fem.*, feagha *fem.*

beechmast *n.* bàchar *masc.*

beef *n.* mairtfheòil *fem.*, feòil-mhairt *fem.*, daimh-fheòil *fem.*, sgabag *fem.*

beef (ox, esp. one fatted) *n.* mart biadhta *masc.*

beefeater *n.* saighdear-faire *masc.*

beehive *n.* beachlann *fem.*, taigh sheillean *masc.*, beachair *masc.*, beach *masc.*, beachaid *fem.*, sgeap *fem.*

beehive chair *n.* sonnag *fem.*, sùthag *fem.*

beer *n.* leann *masc.*, lionn *masc.*, beòir *fem.*

beeran *n.* bioran-deamhainn *masc.*

beeswax *n.* cèir-sheillein *fem.*

beet *n.* biotais *masc.*, biatas *masc.*

beetle *n.* daolag *fem.*, cuileag dhubh *fem.*, beannachdan *masc.*, ceàrdabhan *masc.*, ceàrdalan *masc.*, dairb *fem.*, daol *fem.*, priompallan *masc.*, proimsheillean *masc.*, sguidsear *masc.*, simid *masc.*, slacan *masc.*, sumaire *masc.*, sumaire *masc.*, tuairnean *masc.*, tuarg *masc.*

beetle (utensil for beating clothes) *n.* fairche *masc.*, cnàimh-nighidh *masc.*

beetle-browed *adj.* àrd-mhailgheach, mailgheach

beetroot *n.* biotais *masc.*, biatas *masc.*

befall *vb.* tachair, thig gu crìoch, tuit

befit *vb.* thig (do), freagair, dèan iomchaidh

befitting *adj.* ion

before *prep.* ro(imh), air beulaibh, an làthair, mu choinneamh, os cionn

beforehand *adj.* ro(imh) làimh

befoul *vb.* salaich, truaill, deisinnich

befriend *vb.* dèan càirdeas

befring *vb.* fraoidhneasaich

beg *vb.* guidh, sir, iarr, falbh air dèirc, grìos

beget *vb.* gin, sìolaich, tàrmaich, toraich

beggar *n.* dèirceach *masc.*, diol-dèirce *masc.*, baigeir *masc.*, bochdrach *masc.*, pòcair *masc.*, sgleibire *masc.*

beggarliness *n.* dèircealachd *fem.*

beggarly *adj.* bochd, dìblidh, baigeireach, dearralach, truagh

beggarman *n.* bodach-baigeir *masc.*

beggary *n.* baigeireachd *fem.*

begging *n.* sireadh *masc.*

begging *adj.* faoigheach

begin *vb.* tòisich, teann, inntrig, inntrinn, leig air, sìn, siuthad, teann ri, tionnsgain

beginner n. foghlamaiche masc., tòiseachair masc., tùsair masc.

beginning n. toiseach masc., tòiseachadh masc., tùs masc., inntreadh masc., inntrigeadh masc., prìomh-ghleus masc., prìomh-thùs masc., tòsan masc.

begird vb. crioslaich, cuartaich, iadh

begone! interj. dèan às!, air falbh thu!, gabh do rathad!, thoir às!, tarraing!, truis a-mach!

begotten adj. air a g(h)ineamhainn, ginte

begrime vb. eabaraich

beguile vb. meall, breug, car, cuairtich, painntrich, teum

beguiled adj. meallta

beguiler n. mealltair masc.

beguiling n. mealladh masc., teumadh masc.

behave vb. giùlain, gluais

behaviour n. giùlan masc., gluasad masc., modh masc., beus masc., cleachdadh masc., dol-a-mach masc., gnàthachadh masc., iomchar masc.

behavioural sequence n. ruith iomchar fem.

behead vb. thoir an ceann dheth, dì-cheann(aich)

beheaded adj. dì-cheannaichte

behind adj. air dheireadh, air chùl, an dèidh

behold vb. amhairc, dearc, faic, feuch, seall, thoir fainear

behold! interj. feuch!

beholden prep. an comain, fo fhiachaibh

beholdenness n. comaineachd fem.

beige adj. bèis

being n. bith fem., creubh masc., creutair masc., beatha fem., neach masc., tì masc.

belabour vb. slachd, buail, leadair, puinneanaich, singil

belabouring n. slachdadh masc., bualadh masc., puinneanachadh masc.

belch n. brùchd masc., rùchd masc., raoic fem., rot masc.

belch vb. brùchd, raoic, rùchd, taom a-mach, tog gaoth

belching n. brùchdail fem., brùchdadh masc., rùchdail fem., raoic fem., rot masc.

belching adj. brùchdach, rùchdach, raoiceach, roiceach

beleaguer vb. iomdhruid, seisdich

belfry n. taigh-cluig masc., clag-thaigh masc., claglann fem., clagas masc., clag-ionad masc., claigeach masc., tùr-cluig masc.

belie vb. breug(n)aich, aithris breugan, thoir a' bhreug do, tuaileasaich

believer n. creidmheach masc.

belittle vb. cuir an suarachas

belittling n. clamhadh masc.

bell n. clag masc.

bell (bubble formed in liquid) n. builgean masc., puileaman masc., sùileag fem.

bell crank n. slat-chluig fem.

bell-founder n. clagadair masc.

bell-heather n. dlùth-fhraoch masc., fraoch a' bhadain masc., fraoch an dearrsain masc., fraoch Frangach masc., fraoch spreadanach masc., fraoch-sgriachain masc.

bell-shape n. cumadh-cluig masc.

bell-wether n. boc-cluigeineach masc., snaodaire masc.

belladonna n. lus na h-oidhche masc.

belle n. reul fem.

bellflower n. bàrr cluigeanach masc.

bellhop n. gille-cluig masc.

belligerent adj. cogail, cogach, coganta, bagarach air cogadh, buaireanta

bellow n. beuc masc., bùirean masc., ràn masc., raoic fem., roiceadh masc.

bellow *vb.* beuc, bùir, geum, ràn, raoic

bellowing *n.* beucaich *fem.*, bùirich *fem.*, geumraich *fem.*, crònan *masc.*

bellowing *adj.* beucach, bùireanach, geumnach, raoiceach, roiceach

bellows *n.* balg-sèididh *masc.*, balgan-sèididh *masc.*, sionnach *masc.*

belly *n.* brù *fem.*, broinn *fem.*, mionach *masc.*, balg *masc.*, blian *masc.*, machlag *fem.*, mealag *fem.*, troraid *fem.*

belly-band *n.* bronnach *fem.*, crios *masc.*, cruban *masc.*, giort *fem.*, tarrach *fem./masc.*, beileaban *masc.*

belly-worm *n.* mial-goile *fem.*, boiteag *fem.*, baoiteag *fem.*, martlan *masc.*

bellyful *n.* sàith *fem.*, seid *fem.*, seileid *fem.*, sgaift *fem.*

belong *vb.* buin

belong (to) *vb.* buin (do)

beloved *adj.* ionmhainn, gràdhach, gràdhaichte, lurach, rùnach

below *adj.* gu h-ìosal, gu h-ìseal

below *prep.* fo

below deck *adj.* fo rùm

belt *n.* crios *masc.*, bann *masc.*, faltan *masc.*, speilp *fem.*, stìom *fem.*

belt *vb.* crios, crioslaich

Beltane *n.* Bealltainn *fem.*

belted *adj.* criosach

bemoan *vb.* caoidh, gearain, dèan cumha

ben (inner apartment of house) *n.* cùil *fem.*, cùlaist *fem.*

ben (mountain peak) *n.* beinn *fem.*

bench *n.* being(e) *fem.*, seis(e) *fem.*, suidheachan *masc.*, seid *fem.*, fuirm *masc.*, bòrd-obrach *masc.*

bencher *n.* breitheamh *masc.*

benchmark *n.* deuchainn-luathais *fem.*

bend *n.* lùb *fem.*, cromadh *masc.*, bogha *masc.*, fiaradh *masc.*, aomadh *masc.*, camadh *masc.*, claonadh *masc.*, cruime *fem.*

bend *vb.* lùb, crom, bogh, aom, cam, camaich, ceannsaich, cùb, fiar, fiaraich, liùg, stàn, staonaich, stiùir

bend (heraldry) *n.* bann-tarsaing *masc.*

bending *n.* lùbadh *masc.*, cromadh *masc.*, crùbadh *masc.*, stadhadh *masc.*, staonachadh *masc.*, tolgadh *masc.*

bending *adj.* lùbach, crom, lùthmhor, staoin

beneath *prep.* fo

benediction *n.* beannachadh *masc.*, beannachd *fem.*

benefaction *n.* tabhartas *masc.*, tiodhlac *masc.*, deagh-ghnìomh *masc.*

benefactor *n.* taibheartach *masc.*, neach-fuasglaidh *masc.*, tabhartair *masc.*

benefactress *n.* ban-oirchisiche *fem.*

benefice *n.* stìpinn *fem.*

beneficence *n.* mathas *masc.*, oircheas *masc.*

beneficent *adj.* toirbheartach, deagh-ghnìomhach, còir, fiùghantach, seirceil

beneficial *adj.* tarbhach, feumail, luachmhor, sochaireach, tàbhachdach

beneficiary *n.* dìleabach *masc.*

beneficient *adj.* so-ghnìomhach

benefit *n.* buannachd *fem.*, sochair *fem.*, leas *masc.*, codach *fem.*, math *masc.*, stàth *masc.*, tàbhachd *fem.*, tairbhe *fem.*, tairbheartas *masc.*, tiodhlac *masc.*

benefit *vb.* buannaich

benevolence *n.* coibhneas *masc.*, deagh-ghean *masc.*, mathas *masc.*, fiùghantachd *fem.*, seirc *fem.*

benevolent *adj.* coibhneil, caoimhneasach, carthannach, daonnachdail, deagh-chridheach, fiùghantach, mathasach, oircheasach, seirceil

benevolent fund *n.* ionmhas carthannach *masc.*

benifice *n.* beathachadh *masc.*

benight *vb.* dorchaich, duibhrich, cuartaich le dorchadas

benign *adj.* coibhneil, fial, fiùghantach, mathasach, seirceil, suilbhir, tròcaireach

benignity *n.* caomhalachd *fem.*, mathasachd *fem.*, tròcaireachd *fem.*

benison *n.* beannachadh *masc.*, beannachd *fem.*

bent *n.* camadh *masc.*, claonadh *masc.*, cromadh *masc.*, fiaradh *masc.*, lùbadh *masc.*, togradh *masc.*, toil *fem.*

bent *adj.* lùbte, fiar, crom, cuarsgach, cùbach, staon

bent (inclination) *n.* nàdar *masc.*

bent (intent) *n.* rùn *masc.*

bent (intent) *adj.* titheach

bent-grass *n.* muran *masc.*, freothainn *fem.*, mealbhan *masc.*

benumb *vb.* meilich, làth, raignich, einglich, làbanaich, lapaich, meataich, tromsanaich

benumbed *adj.* rag, lapach, callaidh, spadanta

benumbing *n.* làthadh *masc.*, stocadh *masc.*

benumbing *adj.* fùnntainneach, mairealach

benumbment *n.* punntainn *fem.*

benweed *n.* boltan buidhe *masc.*, foclan buidhe *masc.*

bequest *n.* dìleab *fem.*, tiomnadh *masc.*

bequeath *vb.* tiomnaich, dìleabaich, fàg mar dhìleab

bequeathing *n.* tiomnadh *masc.*

berate *vb.* bùitich

berberry *n.* gràinnseag *fem.*

bere *n.* eòrna mhòr *fem.*

bereave *vb.* creach, rùisg, dìthich, thoir air falbh

bereavement *n.* sgrìob *fem.*

berkelium *n.* beirceilium *masc.*

berry *n.* dearc(ag) *fem.*, sùgh *masc.*, sùbh *masc.*

beryl *n.* beiril *fem.*

beryllium *n.* beirillium *masc.*

bescreen *vb.* sgàthaich, tearmaid, tèarmainn

beseech *vb.* guidh, pròis

beseeching *n.* guidhe *fem.*, achannaich *fem.*, iarrtas *masc.*

beset *vb.* cuartaich, iadh mu thimcheall, buail (air), fàth, feith

besides *prep.* a bhàrr air, a bharrachd, a thuilleadh

besiege *vb.* cuartaich, teannaich, cuir sèisd, ioma-dhruid, iomdhruid, sèisd, teann-dhruid

besieged *adj.* cuairtichte, teann

besieger *n.* sèisdear *masc.*

besieging *n.* sèisdeadh *masc.*, cuairteachadh *masc.*, feachdadh *masc.*, teannachadh *masc.*

besmattering *n.* spliachd *fem.*

besmear *vb.* liac, eabair, lath, luidir, luidrich, salaich, ung

besmirch *vb.* mì-dhreachaich

besom *n.* sguab-ùrlair *fem.*, badag *fem.*, moibeal *masc.*, sguabach *fem.*, sguabag *fem.*

besot *vb.* amadanaich

besottedness *n.* amadanachd *fem.*, drungaireachd *fem.*

bespangle *vb.* dealraich, lainnirich, loinnrich

bespangled *adj.* dealrach, lainnireach, loinnreach, rionnagach

bespatter *vb.* salaich, tilg poll air, spàirt, spolt

bespeak *vb.* cuir an cèill do, òrdaich

bespewing *n.* orlachadh *masc.*

bespice *vb.* boltraich

besprinkle *vb.* crath uisge, sriodagaich, uisgich

best (choice part) *n.* brod *masc.*, roghainn *masc.*, taghadh *masc.*

best man *n.* fleasgach *masc.*, fear-comhailteachd *masc.*

bestial *adj.* ainmhidheach, bèisteil, brùideil, feòlmhor

besting *n.* cothachadh *masc.*

bestir *vb.* èirich, gluais, caraich, mosgail, brosnaich, trusalaich

bestir yourself! *interj.* èirich!, cuir car dhiot!, cuir spìd ort!, greas ort!

bestow *vb.* thoir seachad, builich, bàirig, tiomain

bestowal *n.* tabhairt *fem.*

bestower *n.* tabhartair *masc.*

bestowing *n.* toirt *fem.*, buileachadh *masc.*, bàirigeadh *masc.*

bestraddling *adj.* gobhlach

bestraught *adj.* air bàinidh, air mheirean

bestride *vb.* marcaich, rach casa-gobhlach

bestud *vb.* seudaich

bet *n.* geall *masc.*

bet *vb.* cuir geall, cuir an geall, thoir an geall

betake *vb.* falbh, imich, theirig, tog ort

Betelgeuse *pr.n.* Spor Dhearg

bethink *vb.* smuainich, cuimhnich, smuaintich

bethump *vb.* pat

betimes *adj.* gu moch

betoken *vb.* ciallaich, comharraich, cuir an cèill roimh làimh, fàisnich, samhlaich

betony *n.* glasair-coille *masc.*, lus a' bhodaich *masc.*, lusan ceann oir a' sgadain *masc.*, lus-Beathaig *masc.*

betray *vb.* brath, dèan brath air, dèan feall, trèig

betrayal *n.* brath *masc.*

betrayer *n.* brathadair *masc.*, neach-brath *masc.*, neach-brathaidh *masc.*, taisgealach *masc.*

betroth *vb.* dèan ceangal-pòsaidh, rèitich, suidhich

betrothal *n.* ceangal-pòsaidh *masc.*, còrdadh *masc.*, rèiteach *masc.*

betrothing *n.* leabhrachadh *masc.*, suidheachadh *masc.*

betrothment *n.* gealladh-pòsaidh *masc.*, rèiteachadh-pòsaidh *masc.*

betterment *n.* deaghad *masc.*

betting shop *n.* buth gheall *fem./masc.*

Betting, Gaming and Lotteries Act 1963 *pr.n.* Achd Gealladh, Iomairt is Crannchur 1963

between *prep.* eadar

bevel *n.* oir air shiobhadh *fem.*, oisinn *fem.*

bevel *vb.* oisinnich

bevel-wheel *n.* roth oisinneach *masc.*

bevy *n.* còmhlan *masc.*, bannal *masc.*, total eun *masc.*

bewail *vb.* caoidh, guil, dèan bròn, dèan caoidh, dèan tuireadh

bewailing *n.* tuireadh *masc.*

beware *vb.* thoir an aire

Bewick's swan *n.* eala bheag *fem.*

bewilder *vb.* cuir iomrall, cuir air bhoil, cuir am breislich, iomrallaich, seachranaich

bewilderment *n.* brà-cheò *masc.*, breathalachadh *masc.*, tuaicheal *masc.*

bewitch *vb.* cuir fo gheasaibh, buitsich, cuir buidseachd, cuir druigheachd air

bewitched *adj.* seunta

beyond *adj.* air an taobh thall, thall, seach, thairis (air), thar

beyond control *adj.* do-làimhseachaidh

beyond doubt *adj.* dearbh-chinnteach

bi-coloured *adj.* dà-dhathach

bias *n.* claon-bhàigh *fem.*, claonadh *masc.*, aomadh *masc.*, buailteachd *fem.*, claonadh-toil *masc.*, claon-bhreith *fem.*, còrr-chlaonadh *masc.*, deonbhaidh *fem.*, fàgail *fem.*, iompaidh *fem.*, nùidheadh *masc.*, staonachadh *masc.*

biased *adj.* claonbhàigheil, claonbhreitheach, taobhach

biaxial *adj.* dà-chrannach

bib *n.* brèid-uchd *fem.*, uchdan-leinibh *masc.*, leacadan *masc.*, smig-bhrat *masc.*, smiogaideach *masc.*

bibber *n.* misgear *masc.*, pòitear *masc.*

bible *n.* bìoball *masc.*

biblical *adj.* sgriobtarail, bìoballach

bibliography *n.* liosta leabhraichean *fem.*, trusadh-leabhraichean *masc.*

bibulous *adj.* òlar

bice *n.* dath buidhe/uaine *masc.*

bicipitous *adj.* dà-cheannach

bicker *n.* biceir *masc.*

bicker *vb.* sgeimhlich, sgeilmsich

bickering *n.* sgeimhleadh *masc.*, brionglaid *fem.*, geadadh *masc.*, ràsan *masc.*

bickering *adj.* biodanach

bicorporal *adj.* dà-chorpach

biculturalism *n.* dà-chulturas *masc.*

bicycle *n.* baidhsagal *masc.*, rotha(i)r *masc.*, rothadair *masc.*

bicycle pump *n.* teannaire *masc.*

bid *n.* tairgse *fem.*, bòd *masc.*

bid *vb.* thoir tairgse, tairg, iarr, òrdaich, tairg luach, thoir cuireadh

bidden *adj.* air a c(h)uireadh, cuirte, òrdaichte

bidder *n.* neach-tairgse *masc.*, tairgsear *masc.*

bidding *n.* tairgse *fem.*, bòdadh *masc.*, earail *fem.*, òrdugh *masc.*

bide *vb.* fuirich, gabh còmhnaidh, còmhnaich, feith ri fàth, tàmh

bidental *adj.* dà-fhiaclach

biding *n.* fuireachd *fem.*, ionad-còmhnaidh *masc.*, dachaigh *fem.*, fàrdach *masc.*, àros *masc.*, tàmhachd *fem.*

bier *n.* eileatrom *fem.*, giùlan *masc.*, iomrachan *masc.*, bara *masc.*, caisil-chrò *fem.*, carbad-adhlacaidh *masc.*, creòthlainn *fem.*, cròchar *masc.*, crò-leaba *fem.*, eislinn *fem.*, faradh *masc.*, geòlach *masc.*, lunn *masc.*

bier *adj.* snaoth

bifoliated *adj.* dà-dhuilleach

biformed *adj.* dà-chruthach, dà-dhealbhta

biformity *n.* dà-chumachd *fem.*

bifurcate *adj.* sgoilte

bifurcation *n.* sgiabadh *masc.*

big *adj.* àrdanach, dòmhail, làn, mòr, tomadach, torrach

bigamy *n.* dà-chèileachas *masc.*

big dipper *n.* cromadair mòr *masc.*

big toe *n.* òrdag mhòr *fem.*

bigot *n.* dalm-bheachdaire *masc.*, dall-chreidmhiche *masc.*, neach cumhang *masc.*, tnùthair *masc.*

bigotry *n.* tnùth *masc.*

bike (nest) *n.* cobag *fem.*

bilateral *adj.* dà-thaobhach

bilberry *n.* crainnseagan *masc.*, dearcag dhubh *fem.*, lus nan dearcag *masc.*

bilbo(e) *n.* claidhean *masc.*, ceap-chas *masc.*

bile *n.* domblas *masc.*, leannachadh *masc.*, sùgh searbh *masc.*

bilge (part of ship's bottom) *n.* cliathach *fem.*

bilge-keel *n.* bulg *masc.*, leud-iochdair *masc.*, maide-builg *masc.*, sgiath *fem.*, slat-bhuilg *fem.*

bilge-water *n.* taoim *fem.*, lùim *fem.*, luitig *fem.*, lunna *fem.*

biliary *adj.* domblasach

bilingual *adj.* dà-chànanach, dà-theangach

Bilingual Curriculum Development Unit *pr.n.* Aonad Leasachaidh Foghlam Dà-chànanach

Bilingual Development Officer *pr.n.*
Oifigear Leasachaidh Dà-chànanais

bilious *adj.* domblasach

biliousness *n.* domblas *masc.*

bilk *vb.* thoir an car às, meall

bill (account etc.) *n.* cunntas *masc.*,
sgrìobhadh-geallaidh *masc.*,
sgrìobhainn *fem.*, bann-iomlaid *masc.*

bill (battle-axe) *n.* sgian-sgathaidh *fem.*

bill (beak) *n.* gob *masc.*, smut *masc.*

bill (parliament) *n.* bile *fem.*

bill (join bills) *vb.* cuir gob ri gob

bill of exchange *n.* bann-iomlaid *masc.*,
bile-malairt *masc.*

bill of sale *n.* cunntas-reic *masc.*

billed *adj.* gobach, smutach

billet *n.* bileid *fem.*

billet (log of wood) *n.* sgoiltean *masc.*

billet-doux *n.* litir-leannanachd *fem.*

billiards *n.* bòrd-chluich *masc.*

billow *n.* tonn *masc.*, stuadh *fem.*,
sùmainn *fem.*, bàirlinn *fem.*, bàrc *fem.*,
boc(h)-thonn *fem.*, steud(adh) *masc.*,
sùmaid *fem.*, sumain *fem.*

billow *vb.* bàrcaich, sumanaich

billowy *adj.* bàirlinneach, sùghmhor,
tonnach

bin *n.* bine *fem.*, ciste *fem.*, bòtaidh *masc.*

binary *adj.* dà-fhillte, dùbailte

binary digit *n.* digiot dà-fhillte *masc.*

binary notation *n.* puingeachadh dà-
fhillte *masc.*

bind *vb.* ceangail, cuibhrich, naisg, bac,
bann, còrd, craplaich, crioslaich, cuir
an cuing, cuir fo fhiachaibh, cuir fo
mhionnaibh, cum a-steach, snaim,
teannaich

binder *n.* ceangla(da)ir *masc.*, nasgair
masc., ceanglaiche *masc.*, neach-
ceangail *masc.*, teannachair *masc.*

binding *n.* ceangal *masc.*, nasgadh *masc.*,
cuibhreachadh *masc.*, bangadh *masc.*,
comhal *masc.*, crìoch cheangaltach
fem., teannachadh *masc.*

binding *adj.* ceangaltach, nasgach

bindweed *n.* casragainn *fem./masc.*, iadh-
lus *masc.*

binge *n.* turnais *fem.*

bink *n.* being *fem.*

binocular *adj.* dà-shùileach

biochemical *adj.* bith-cheimigeach

biochemist *n.* bith-cheimigear *masc.*

biographer *n.* beath-eachdraiche *masc.*,
beò-eachdraiche *masc.*

biography *n.* beath-eachdraidh *fem.*,
eachdraidh-beatha *fem.*

biological *adj.* bith-eòlasach

biology *n.* bith-eòlas *masc.*

bioluminescent *adj.* sionn

biotite *n.* biotit *fem.*

bipartition *n.* roinn dà leth *masc.*

birch *n.* slat-chaoil *fem.*

birch (whip) *n.* cuip-bheithe *fem.*

birch polypore *n.* cailleach-spuinge *fem.*

birch species *n.* beithe *fem.*, fothadh
masc.

bird *n.* eun *masc.*, isean *masc.*

bird of passage *n.* eun-foirthir *masc.*, eun-
siubhail *masc.*

bird of prey *n.* eun-cobhartaich *masc.*,
eunan-àir *masc.*, fang *fem.*, sgreuchan
craosach *masc.*, trodhan *masc.*

bird's eye primrose *n.* sòbhrag an t-
slèibhe *fem.*

bird's-foot trefoil *n.* blàthan-buidhe-nam-
bò *masc.*, cnuadhan a' chait *masc.*

bird-cherry *n.* donn-rùsg *masc.*, fiodhag
fem., glocan *masc.*

bird-lime *n.* bìth *fem.*, bìth-eòin *fem.*,
glaodh *masc.*

birdbath *n.* amar-eòin *masc.*

birdcage *n.* eunadan *masc.*

birdman *n.* fear-eòin *masc.*

birdseed *n.* eun-bhiadh *masc.*, sgallagach *masc.*

birdsfoot fenugreek *n.* crùbh-eòin *masc.*, deanntag Ghreugach *fem.*, fineal Greugach *masc.*

birdsfoot trefoil *n.* adharc an diabhail *fem.*, barra-mhìslein *masc.*, eala-bhìdh *fem.*, peasair a' mhadaidh-ruaidh *fem.*

birlin(g) *n.* birlinn *fem.*

birse *n.* gruaigean *masc.*, muirirean *masc.*

birth *n.* breith *fem.*

birth certificate *n.* teisteanas-breith *masc.*, dearbhadh-breith *masc.*

birth-pangs *n.* iodhan *masc.*, iodhnadh *masc.*

birthday *n.* co-là-breith *masc.*, là-breith *masc.*, co-ainm là breith *masc.*, breith-là *masc.*, ceann-bliadhna *masc.*

birthday party *n.* tuislean *masc.*

birthmark *n.* miann *fem./masc.*

birthplace *n.* àite-breith *masc.*

birthwort *n.* cularan *masc.*

biscuit *n.* briosgaid *fem.*

bisect *vb.* dèan dà leth, dèan dà leth air, geàrr sa mheadhan

bisexual *adj.* dà-chomasach, dà-mhiannach

bishop *n.* easbaig *masc.*

bishop *vb.* easbaigich

bishop's weed *n.* lus an easbaig *masc.*

bishopric *n.* easbaigeachd *fem.*

bishopweed *n.* lus an easbaig *masc.*

bistable *adj.* dà-bhunaiteach, dà-sheasmhach

bistort *n.* biolar *masc.*

bistoury *n.* roinn-bhearrag *fem.*

bistre *adj.* biostra

bit *n.* bìdeag *fem.*, biod *masc.*, criomag *fem.*, crioman *masc.*, lide *masc.*, mìr *masc.*, sgonn *masc.*

bit *vb.* srianaich

bit (binary digit) *n.* bìdeag *fem.*

bit (part of bridle) *n.* bealbhach *masc.*, cab *masc.*, cabastair-srèine *masc.*, camagan-srèine *masc.*, earadhain *fem.*, mìreannach *masc.*

bit (particle) *n.* blasad *masc.*

bit by bit *adj.* bìdeag is bìdeag

bitch *n.* galla *fem.*, saigh *fem.*, cù boireann *masc.*, bids *fem.*, baobh *fem.*, raitche *fem.*, samhan *masc.*, siùrsach *fem.*, soigh *fem.*

bite *n.* bìdeadh *masc.*, caob *masc.*, greim *masc.*, làn-beòil *masc.*, gearradh *masc.*, sgrog *masc.*, spitheag *fem.*, spoch *masc.*

bite *vb.* bìd, thoir greim às, caob, cìob, sgob, speach, teum

biter *n.* sgobair *masc.*

biting *n.* bìdeadh *masc.*, beumadh *masc.*, teumadh *masc.*

biting *adj.* bìdeach, sgaiteach

biting (cold) *n.* feannadh *masc.*

bitless *adj.* neo-shrianach

bits-and-pieces *n.* treallaich *fem.*

bitter *adj.* searbh, nimheil, cràiteach, garg, guineach, sgaiteach

bitter vetch *n.* cairt-leamhna *fem.*, carraicean *masc.*

bittern *n.* bùbaire *masc.*, corra mhòr *fem.*, corra-ghràin *fem.*, preachan *masc.*, steàrnall *masc.*

bitterness *n.* searbhachd *fem.*, nimh *masc.*, crosdachd *fem.*, gamhlas *masc.*, searbhadas *masc.*, searbhasachd *fem.*

bittock *n.* bìdeag *fem.*

bitumen *n.* bìgh-thalmhainn *masc.*, bìth *fem.*, bìth-thalmhainn *fem.*

bitumenous *adj.* bìtheach

bivalve *n.* dà-mhogallach *masc.*

bivouac *vb.* campaich

bizarre *adj.* suaitheanta

blab *vb.* sgonn-labhair

blabberer *n.* blobaran *masc.*

blabbering *adj.* blubach

blabbing *n.* sgonn-labhairt *fem.*

black *adj.* dubh, muladach, neulach, nuarranta, tùrsach

black and white wagtail *n.* achailleag *fem.*

black art *n.* sgoil dhubh *fem.*, dubh-chleasachd *fem.*

black bearberry *n.* gràinnseag dhubh *fem.*

black bindweed *n.* glùineach dhubh *fem.*

black box (unit of electronic circuitry) *n.* bogsa dubh *masc.*

black burst *n.* dubh-rèitear *masc.*

black disease *n.* grùthan dubh *masc.*

black eye *n.* sùil dhubh *fem.*, sùil bhuidhe *fem.*

black fly *n.* mial-phònair *fem.*

black frost *n.* dubh-reothadh *masc.*

black goby *n.* buidhleis *fem.*

black guillemot *n.* calltag *fem.*, cràigeach *masc.*, gearradh glas *masc.*, gearra-glas *masc.*, graileagan *masc.*

black heathberry *n.* fiantag *fem.*

black hellebore *n.* meacan-slèibhe *masc.*

black hole *n.* toll dubh *masc.*

black horehound *n.* gràbhan dubh *masc.*

black murrain *n.* èarnach-dhubh *fem.*

black redstart *n.* ceann-deargan-dubh *masc.*, ceann-dubh *masc.*

black spaul *n.* earnadh *masc.*, sgiorr *fem./masc.*, sgirtean *masc.*

black spleenwort *n.* raineach uaine, an *fem.*, ùir-thalmhainn *fem.*

black spot *n.* ball dubh *masc.*

black stork *n.* corra dhubh *fem.*

black tern *n.* steàrnan dubh *masc.*

black twitch *n.* fiteag na machrach *fem.*

Black Watch, the *pr.n.* Freiceadan Dubh, am

black-backed gull *n.* farspach *fem.*, farspag *fem.*

black-beetle *n.* daol dhubh *fem.*, bunnan *masc.*

black-cat (pekan) *n.* cat dubh *masc.*

black-faced *adj.* dubh-cheannach

black-faced sheep *n.* caora dhubh-cheannach *fem.*

black-footed *adj.* dubh-chasach

black-headed gull *n.* faoileann dhubh-cheannach *fem.*, ceann-dubhan *masc.*, faoileag a' chinn dhuibh *fem.*, stairleag *fem.*

black-pudding *n.* marag dhubh *fem.*, putag-fala *fem.*

black-quarter *n.* ceathramh gorm *masc.*

black-tailed crane *n.* corronta *fem.*

black-tailed godwit *n.* cearra-ghob *masc.*

black-throated diver *n.* broilleach bothan *masc.*, learga *fem.*, learga choilearach *fem.*, learga dhubh *fem.*

black-winged stilt *n.* fad-chasach *masc.*, luirgneach *masc.*

black/dark-haired *adj.* dubh-chiabhach

blackamoor *n.* duine dubh *masc.*, mùrach dubh *masc.*

blackbird *n.* lon dubh *masc.*, druid dhubh *fem.*, pùdan dubh *masc.*

blackboard *n.* bòrd-dubh *masc.*, clàr-dubh *masc.*

blackcap *n.* ceann-dubh *masc.*

blackcock *n.* coilleach dubh *masc.*

blackcurrant *n.* dearc dhubh *fem.*, raosar dubh *masc.*

blacken *vb.* dèan dubh

blackgrouse (female) *n.* liathchearc *fem.*

blackgrouse (male) *n.* coileach dubh *masc.*

blackguard *n.* bleigeard *masc.*, blaigeard *masc.*, slaightear *masc.*, trusdar *masc.*

blackhead *n.* biast-ghorm *fem.*, brìdeag *fem.*, cnàimhseag *fem.*, guirean dubh *masc.*, plucan dubh *masc.*

black-legged *adj.* dubh-chasach

blackmail *n.* cìs-mheachainn *fem.*, dubh-chìs *fem.*, staoig-rathaid *fem.*

blackness *n.* dorchachd *fem.*, dubh *masc.*, duibhead *masc.*

blackout (loss of consciousness) *n.* dalladh-inntinn *masc.*

blackout (physiology) *n.* call-mothachaidh *masc.*

blackthorn *n.* droigheann dubh *masc.*, droighneag dhonn *fem.*, preas nan àirneag *masc.*, sgitheach dubh *masc.*

bladder *n.* aotroman *masc.*, lamhannan *masc.*, làmhnan *masc.*, spliùchan *masc.*

bladder-wrack *n.* propach *masc.*

bladderskite *n.* babhsgaire *masc.*, bladag *fem.*

bladdoch *n.* blàthach *fem.*

blade (cutting part) *n.* lann *fem.*, iarann *masc.*, caibe *masc.*, luinn *masc.*

blade (flat part of oar) *n.* ite *fem.*

blade (paddle-like part of propellor) *n.* ite *fem.*

blade (part of leaf) *n.* bileag *fem.*, bile *fem.*

bladed *adj.* bileach

blaeberry *n.* b(r)aoileag *fem.*, caor-fhithich *fem.*, caor-mhiag *fem.*, dearcag-thalmhainn *fem.*, dearcan-fithich *masc.*, dearc-fhraoich *fem.*, lus nan dearcag *masc.*

blain *n.* guirean *masc.*, neasgaid *fem.*

blame *n.* cron *masc.*, cionta *masc.*, lochd *masc.*

blame *vb.* coirich, cronaich, faigh cron do, lochdaich, spreig

blameable *adj.* ciontach, coireach

blameableness *n.* ciontachd *fem.*, coireachd *fem.*

blameless *adj.* eu-coireach, neo-choireach, neo-lochdach

blamelessness *n.* neo-choireachd *fem.*

blameworthy *adj.* ion-choireach, ri choireachadh

blaming *adj.* spreigeil

blanch *vb.* fàs bàn, blian, dearmaid, gabh eagal, gealaich, rùisg, sgrath

blancmange *n.* brochan-cruithneachd *masc.*

bland *adj.* caoin, caomh, ciùin, fòill, mìn, sèimh, tlàth

blandish *vb.* sèimhich

blandishment *n.* beul bòidheach *masc.*, beul brèagha *masc.*, brosgal *masc.*, cainnt thlàth *fem.*

blank *adj.* bàn, falamh, liathach, neo-ranntach

blank *vb.* neonithich

blank verse *n.* dubh-rann *masc.*, dubh-rannaigheachd *fem.*

blanket *n.* plaide *fem.*, plangaid *fem.*

blanket *vb.* plangaidich

blanket-pin *n.* prìne-reamhar *masc.*

Blarney Stone *pr.n.* Clach an t-Sodail, Leac na Fanaid

blaspheme *vb.* dèan toibheum, blas-bheumnaich, dia-mhaslaich, grìos, lugh, naomh-mhallaich, speur

blasphemer *n.* neach-toibheumach *masc.*, dia-mhaslachair *masc.*, grìosadair *masc.*, lughadair *masc.*, speuradair *masc.*

blaspheming *n.* toibheumachadh *masc.*

blasphemous *adj.* toibheumach, lùghadarach, ana-cainnteach, dia-bheumach, dia-mhaslach

blasphemy *n.* toibheum *masc.*, lùghadh *masc.*, ana-cainnt *fem.*, baoth-bhriathar *masc.*, dia-aitheas *masc.*, dia-bheum *masc.*, dia-mhaslachadh *masc.*, eacnach *masc.*, grìosadaireachd *fem.*, lughadaireachd *fem.*, lughadh *masc.*, naomh-aithris *fem.*, naomh-mhallachadh *masc.*, naomh-mhallachd *fem.*, speuradh *masc.*

blast *n.* clannadh *masc.*, feiteach *masc.*, gaoithreag *fem.*, onfhadh *masc.*, osag *fem.*, osna *fem.*, sèideadh *masc.*, sidheadh *masc.*, sunn *masc.*

blast *vb.* mill, seac, searg, sgealb

blast (sound of wind instrument) *n.* punnan *masc.*, sgal *masc.*

blast (wind) *n.* piorradh *masc.*, sian *masc.*

blast (wither) *vb.* searg

blasting *n.* seargadh *masc.*

blate *adj.* diùid, nàrach, saidealta

blather *vb.* blaothanaich

blaw (blossom) *n.* blàth *masc.*

blaze *n.* teine-lasrach *masc.*, blàradh *masc.*, caoir *fem.*, laom *masc.*, lasair *fem.*, lasan *masc.*, loinnreach *masc.*, priob-losgadh *masc.*

blaze *vb.* las, cuir am farsaingeachd, dealraich

blazer *n.* bollsair *masc.*

blazing *n.* splangadh *masc.*

blazing *adj.* lasrach, boillsgeach, caoireach, laomach, ruithean

blazon *n.* àrdarc *masc.*, soillseachadh *masc.*, taisbeanadh *masc.*

blazon *vb.* cuir a-mach, dèan follaiseach, gairm suas, sgaoil cliù, sgeadaich, sgèimhich

bleach *n.* todhar *masc.*, tuaragan *masc.*

bleach *vb.* bànaich, dèan geal, gealaich, todhair

bleach-field *n.* blàr-gealachaidh *masc.*

bleacher *n.* gealachail *masc.*, gealadair *masc.*

bleaching *n.* todhar *masc.*

bleaching green *n.* maoch *masc.*, sgaoilteach *fem.*

bleaching-green *n.* todhar *masc.*

bleak *adj.* lom, fuar, gruamach, fuaraidh, luimeanach, maol, nochd, nochdaidh

bleakness *n.* dìthreabhachd *fem.*, luime *fem.*

blear *adj.* mùsgach

blear *vb.* sreamhaich

blear-eye *n.* fliuch-shùil *fem.*, meath-shùil *fem.*, riasp-shùil *fem.*

blear-eyed *adj.* deur-shùileach, fliuch-shùileach, brach-shùileach, crith-shùileach, sil-shùileach, sramach

blearedness *n.* fliuch-shùileachd *fem.*

bleariness *n.* musgachd *fem.*

bleary-eye *n.* prab-shùil *fem.*, reasg-shùil *fem.*, sreamh-shùil *fem.*

bleary-eyed *adj.* prab-shùileach, prabach, reasg-shùileach, sreamach, sreamh-shùileach

bleat *n.* meigead *masc.*, meulaich *fem.*

bleat *vb.* mèilich

bleating *n.* meannanaich *fem.*, meigeallaich *fem.*, mèilich *fem.*

bleed *vb.* sil fuil, tarraing fuil

bleed (intransitive) *vb.* caill fuil

bleed (transitive) *vb.* leig fuil

blemish *n.* gaoid *fem.*, smal *masc.*, sgòd *masc.*, sgainneal *masc.*, aineamh *masc.*, ball dubh *masc.*, ciorram *masc.*, eang *fem.*, fòtas *masc.*, gaiseadh *masc.*, meang *fem.*, neul *masc.*, sgainnir *fem.*, spot *masc.*, stic *fem.*, toibheum *masc.*

blemish *vb.* cuir gaoid ann, cuir smal air, salaich, spotaich, truaill

blemished *adj.* gaoideach, smalach, sgòdach

blench *n.* clisgeadh *masc.*

blench *vb.* clisg, aognaich, bac, crup, cum air ais, siap air falbh

blend *n.* coimeasgadh *masc.*

blend *vb.* coimeasgaich, cuthaig

blended whisky *n.* uisge-beatha pòsda / coimeasgaichte *masc.*

blending *n.* coimeasgachadh *masc.*

blending *adj.* coimeasgach

blepharitis *n.* iongrachadh nam fabhran *masc.*

bless *vb.* beannaich, rathaich, seun, sochairich

blessed *adj.* beannaichte, seunta

Blessed Virgin, the *pr.n.* Naomh-Oigh, an

blessing *n.* beannachd *fem.*, beannachadh *masc.*, soraidh *fem.*

bletherer *n.* bleadaire *masc.*

blethering *n.* blabhdaireachd *fem.*

blight *n.* gaiseadh *masc.*, crìonadh *masc.*, liatas *masc.*, seargadh *masc.*

blighting *adj.* siobhaide

blind *adj.* dall, gun fhradharc

blind *vb.* càm, dall

blind (partially) *adj.* caoch

blind (totally) *adj.* dall

blind (undiscerning) *adj.* aineolach, dorch-thuigseach

blind (window screen) *n.* sgàil-uinneig *masc.*, crochbhrat *masc.*

blind person *n.* dall *masc.*

Blind Persons Acts 1920 and 1938 *pr.n.* Achdan nan Dall 1920 is 1938

blind-drunk *adj.* dallanach

blinder *n.* gogalach *masc.*

blinders *n.* clàr shùl *masc.*

blindfold *vb.* còmhdaich sùilean, cuir sgàil air sùilean, sùl-sgàilich

blindfolding *n.* puicneadh *masc.*

blindman's-buff *n.* bodachan an doille bhodaich *masc.*, caochag *fem.*, dallan-dà *masc.*, dallaran-na-h-àtha *masc.*, puicean *masc.*

blindness *n.* cion-lèirsinn *masc.*, doille *fem.*

blindworm *n.* sleathag *fem.*

blink *n.* priobadh *masc.*, boillsgeadh *masc.*, plathadh *masc.*, sealladh grad *masc.*

blink *vb.* caog, priob

blinkard *n.* priobaiche *masc.*

bliss *n.* sonas *masc.*, sonas nam flath *masc.*

blister *n.* builgean *masc.*, balg(an) *masc.*, ballag *fem.*, bòcadh *masc.*, fuileamain *masc.*, leus *masc.*, spuaic *fem.*

blister *vb.* builg, balgaich, bòc, leusaich, spuaic, thoir bòcadh-craicinn air, thoir leus/balg air, tog balg-uisge air craiceann

blistered *adj.* builgeanach, buillceasach, leusach, spuaiceach

blistering *adj.* leusach

blithe *adj.* ait, aoibhinn, sunntach

blithesome *adj.* flathail

blizzard *n.* cur is cathadh *masc.*

bloat *vb.* at, bòc, sèid suas

bloatedness *n.* at *masc.*, atadh *masc.*, bòcadh *masc.*, sèideadh *masc.*, buirbeachd *fem.*

block *n.* ploc *masc.*, cnap *masc.*, sgonn *masc.*, ceap *masc.*, bloc *masc.*, ealag *fem.*, fulag *fem.*, smotan *masc.*

block *vb.* caisg, cuir bacadh, toirmisg, dùin a-steach, iomchuairtich

block (computing) *n.* pacaid *fem.*

block (group of records/words) *n.* earrann *fem.*

block (piece of wood used as support) *n.* cnapan *masc.*

block (pulley) *n.* ulag *fem.*

block diagram *n.* dealbh-bogsa *masc.*

block graph *n.* graf bloc *masc.*

blockade *vb.* iomchuairtich

blockhead *n.* bumaileir *masc.*, ùmaidh *masc.*, àmhlar *masc.*, baghastair *masc.*, baothaire *masc.*, blaghastair *masc.*, buamasdair *masc.*, clogadan *masc.*, dùad *masc.*, ploc *masc.*, sgonn *masc.*, spollachdair *masc.*, spollan *masc.*, stallacaire *masc.*, tamhasg *masc.*

blocking *n.* dùnadh *masc.*, snaidheadh *masc.*

blood *n.* fuil *fem.*

blood clot *n.* binndeachadh-fala *masc.*

blood donor *n.* tiodhlagaiche-fala *masc.*

blood pressure *n.* bruthadh-fala *masc.*

blood transfusion *n.* leasachadh-fala *masc.*

blood-group *n.* seòrsa-fala *masc.*

blood-pudding *n.* driseachan *masc.*

blood-red *adj.* cruan, flann

blood-relationship *n.* càirdeas-fala *masc.*

blood-vessel *n.* caochan-fala *masc.*, fuil-fheadan *masc.*

bloodhound *n.* cù dubh *masc.*, madadh-fala *masc.*

bloodiness *n.* fuilteachas *masc.*

bloodletter *n.* cuiseadair *masc.*, fuileadair *masc.*

bloodletting *n.* croilige *fem.*

bloodroot *n.* leamhnach *fem.*

bloodshed *n.* dòrtadh-fala *masc.*, fuileachas *masc.*

bloodshot *adj.* dearg-shùileach

bloodstone *n.* clach-fhala *fem.*

bloodsucker *n.* fasgadair *masc.*

bloodthirsty *adj.* fuileachdach

bloody *adj.* fuill(t)each, dìoghaltach

bloody cranesbill *n.* creachlach dearg *masc.*

bloody flux *n.* flann-bhuinneach *fem.*, siubhal-fala *masc.*, tairbhein *masc.*, tinneas-cuim, an *masc.*

bloom *n.* blàth *masc.*, maise *fem.*, snodhach *masc.*

bloom *vb.* snuadhaich

blooming *adj.* rudhach, sgèimheach

blossom *n.* blàth *masc.*

blossoming *n.* bòrcadh *masc.*

blot *n.* dubhadh *masc.*, ball dubh *masc.*, smal *masc.*

blot *vb.* dubh (a-mach), cuir ball dubh air, duaichnich, dubhaich

blotch *n.* pucaid *fem.*, builgean *masc.*, guirean *masc.*, leus *masc.*, sgall *masc.*, sgraob *masc.*, sgreab *fem.*

blotched *adj.* pucaideach

blotted *adj.* dubhte

blotting-paper *n.* pàipear-sùghaidh *masc.*, pàipear glas *masc.*, pàipear-tiormachaidh *masc.*

blouse *n.* blobhs *masc.*

blow *n.* buille *fem.*, bualadh *masc.*, beum *masc.*, darant *masc.*, gleadhar *masc.*, gleog *masc.*, pleadhart *masc.*, sèidean *masc.*, sglabhart *masc.*, slachdadh *masc.*, smaile *fem.*, speach *masc.*, spoch *masc.*, stràc *masc.*, tuinnse *fem.*

blow *vb.* sèid, smùid, smùidrich

blow (knock) *n.* donnag *fem.*

blow-out (escape from oilwell) *n.* spreadhadh tobar-ola *masc.*

blowfly *n.* creathag *fem.*

blowing *n.* sèideadh *masc.*, sèidean *masc.*, sèidich *fem.*, sèidrich *fem.*

blowing *adj.* sèideach

blowing one's top *n.* cur nam both dheth *masc.*

blown *adj.* sèidte

blown up *adj.* sèidte

blowpipe *n.* pìob-shèididh *fem.*, gaothaire *masc.*, sèidean *masc.*

blowy *adj.* stoirmeil

blowze *n.* caile phluiceach dhearg *fem.*

blowzy *adj.* grannda, piullagach, ruiteach

blub-cheek *n.* pluic *fem.*

blub-cheeked *adj.* pluiceach, spad-phluiceach

blubber *n.* saill (muice-mara) *fem.*, sult *masc.*, reamhrachd *fem.*, aithnean *masc.*

blubber *vb.* caoin, guil, còin

blubber-lip *n.* bèilleachd *fem.*, bèilleachas *masc.*, blob *masc.*, blobachd *fem.*, borras *masc.*, mèill *fem.*, mèilleag *fem.*, sliop *fem.*, spreill *fem.*

blubber-lipped *adj.* bèilleach, blobach, borrach, borrasach, mèilleach, mèilleagach, sliopach, spreilleach

blubberer *n.* plubaire *masc.*

blubbering *n.* sliopaireach *fem.*

blubbering *adj.* osnach

bludgeon *n.* bata *masc.*, cuaille *masc.*, slacan *masc.*, ploc *masc.*, rong *fem.*, rongais *fem.*, rongas *masc.*

blue *adj.* gorm, liath

blue hare *n.* geàrr-gheal *fem.*

blue heath *n.* fraoch a' Mheinnearaich *masc.*

blue jay *n.* eun liath *masc.*

blue mould *n.* liathtas *masc.*

blue shark *n.* boc glas *masc.*, tarbh-dallaig *masc.*

blue tit *n.* cailleachag cheann-ghorm *masc.*, cailleach-ghorm *fem.*, snoileun *masc.*

blue whale *n.* muc-mhara mhòr *fem.*

blue-edged *adj.* gorm-bhileach

blue-eyed limpet-shell *n.* copan-Moire *masc.*, coparran-Moire *masc.*

blue-skied *adj.* speur-ghlan, speur-ghorm

bluebell *n.* bròg na cuthaige *fem.*, currac-cubhaige *masc.*, flùran cluigeanach, am *masc.*, fuath-mhuc *fem.*

bluebottle *n.* cuileag mhòr *fem.*, cuileag nan cnaimheagan *fem.*, gille-guirmein *masc.*, gorman *masc.*

bluebottle (cornflower) *n.* currac na cuthaig *masc.*

blueness *n.* guirme(ad) *fem.*

bluethroat *n.* ceileiriche *masc.*, òranaiche *masc.*

bluff *adj.* atmhor, bòcach, carach, cas, corrach, glagach, gruamach, maol, seòlta

bluff *vb.* thoir a char às, meall

blunder *n.* iomrall *masc.*, mearachd *fem.*, miapadh *masc.*, millteanas *masc.*, tuisleadh *masc.*

blunder *vb.* tuit an iomrall, rach am mearachd, tuislich

blunderbuss *n.* gunna craosach *masc.*, gunna-glaice *masc.*

blunt *adj.* maol, aimhgheur, gun fhadhairt, mì-gheur, neo-lìomhta

blunt *vb.* maol(aich), cìosnaich, lagaich, mì-gheuraich, thoir air falbh am faobhar

bluntness *n.* maoilead *masc.*, cion-faobhair *masc.*

bluntness (disrespect) *n.* cion-modh *masc.*

blur *n.* ball salach *masc.*, sal *masc.*, smal *masc.*

blur *vb.* dèan doilleir

blush *n.* rudhadh(-gruaidhe) *masc.*, athadh *masc.*, deirge *fem.*, lasadh *masc.*, rudha *masc.*, ruice *fem.*, ruiteag *fem.*

blush *vb.* ath

blushing *adj.* rudhach, ruiteach, ruiteagach

bluster *n.* àimhreit *fem.*, beuc *masc.*, beucadh *masc.*, bòsd *masc.*, collaid *fem.*, gleadhraich *masc.*, ràiteachas *masc.*, spaglainn *fem.*, tuairgneadh *masc.*, uabhar *masc.*

bluster *vb.* bagair, beuc, stoirmich

blusterer *n.* glagaire *masc.*, neach-spaglainn *masc.*

blustering *n.* gleadhraich *masc.*, sèidrich *fem.*, stairirich *fem.*

blustering *adj.* amarlaideach, osnach, sèideach

blusterous *adj.* gleadhrach, spaglainneach

blythesome *adj.* fial

bo(a)rt *n.* bort *masc.*

bo(c)kie *n.* bòc(hd)an *masc.*

bo-peep *n.* dìdeagaich *fem.*, falach-fead *masc.*

boar *n.* torc *masc.*, cullach *masc.*

board *n.* bòrd *masc.*, clàr *masc.*, dèile *fem.*, tabhal *masc.*

board *vb.* rach air bòrd, clàraich, cuir air bhòrd

boarded *adj.* air bhòrd

boarder *n.* bòrdair *masc.*, cairtealaiche *masc.*, coimbire *masc.*

boarding *n.* còmhnaidh *masc.*, daltachd *fem.*

boarding *adj.* stòrach

boarding-house *n.* taigh-aoigheachd *masc.*

boarding-school *n.* sgoil-bhùird *fem.*

boarish *adj.* brùideil

boast *n.* bòsd *masc.*, spad-fhacal *masc.*, spaglainn *fem.*, sunn-ghaoth *fem.*, uaill *fem.*

boast *vb.* dèan bòsd, dèan spaglainn, dèan uaill

boaster *n.* bòsdair *masc.*, glagaire *masc.*, neach-ràiteachais *masc.*, spailleichdear *masc.*

boastful *adj.* bòsdail, babhsgannta, labhar

boastfulness *n.* bòsdalachd *fem.*

boasting *n.* bòstadh *masc.*, ballart *masc.*, bàrasglaich *fem.*, bàrraisg *masc.*, bòilich *fem.*, moinig *fem.*, ràite *fem.*, ròiseal *masc.*, sgeilm *fem.*, spailleichd *fem.*, spleadh *masc.*

boasting *adj.* bòsdail, rabhdach, ràiteach, ròisealach, spad-fhaclach, spailpeil

boat *n.* bàta *masc.*, eathar *masc.*, sgoth *fem.*, iùbhrach *fem.*, eithear *masc.*

boat-builder *n.* saor bhàtaichean *masc.*, saor dubh *masc.*

boat-hook *n.* bota(i)g *fem.*, cromag *fem.*, geadha *masc.*

boathouse *n.* taigh-bàta *masc.*

boatman *n.* neach-bàta *masc.*

boatwright *n.* coitear *masc.*

bob *vb.* bog, luaisg

bobbin *n.* baban *masc.*, boban *masc.*, eiteachan *masc.*, iteachan *masc.*, piùirn(e) *masc.*, piùrna *masc.*

bobbing *n.* bogada(na)ich *fem.*

bobolink *n.* amadan-Bealltainn *masc.*

bobtail *n.* geàrr-earball *masc.*, cut *masc.*

bobtailed *adj.* cutach, stu(bh)ach

bodach *n.* bodach *masc.*

bode *n.* bod *masc.*

bode *vb.* cuir air mhanadh

bodement *n.* manadh *masc.*, comharradh *masc.*, taragachd *fem.*, taragradh *masc.*, tuar *masc.*

bodice *n.* aodach-cuim *masc.*, cliabhan-ceangail *masc.*

bodkin *n.* bior *masc.*, binnear *masc.*, boideachan *masc.*, brodaiche *masc.*, dealg *fem.*, liagh-dhealg *fem.*, milneach *masc.*, putag *fem.*

bodrag *n.* bodrag *fem.*

body *n.* corp *masc.*, bodhaig *fem.*, colann *fem.*, creubh *masc.*

body (person) *n.* neach *masc.*, creutair *masc.*, duine *masc.*

body (group) *n.* buidheann *fem./masc.*, còmhlan *masc.*, cuideachd *fem.*

bodyguard *n.* lèine-chrios *masc.*, lèine-chneis *masc.*

bog *n.* boglach *fem.*, fèith *fem.*, bot *masc.*, brodan *masc.*, curach *fem.*, làb *masc.*, lodan *masc.*, molachan *masc.*, poll *masc.*, preach *fem.*, sùil-chritheach *fem.*, sùil-chruthaich *fem.*

bog stitchwort *n.* flige *fem.*

bog whortleberry *n.* dearc-roide *fem.*

bog(e)y-man *pr.n.* Bodach a' Chipein

bog-asphodel *n.* bliochan *masc.*, lus-a'-chrodain *masc.*

bog-cotton *n.* canach (an t-slèibhe) *masc.*

bog-cotton plant *n.* riasg *masc.*

bog-mint *n.* cairteal *masc.*, misimean dearg *masc.*

bog-moss *n.* fionnlach *masc.*

bog-myrtle *n.* còinneach dhearg *masc.*, mòinteach liath *fem.*, rideag *fem.*, roid *fem.*

bog-rush *n.* seimhean *masc.*

bog-violet *n.* mòthan *masc.*

bogbean *n.* luibh nan trì bheann *fem.*, lus nan laogh *masc.*, mìlsean-monaidh *masc.*, trì-bhileach *fem.*

bogbeans *n.* pònair-chapall *fem.*

bogbine *n.* bun a' bhachrain *masc.*

boggle *vb.* bi an teagamh, clisg, leum

boggler *n.* cladhaire *masc.*, gealtaire *masc.*

boggy *adj.* bog, cathrach, rumachail

bogpine *n.* giùthas-blàir *masc.*

boil *n.* neasgaid *fem.*, bucaid *fem.*, lionnachadh *masc.*, màm *masc.*, niosgaid *fem.*

boil (liquid) *vb.* goil

boil (food) *vb.* bruich

boiled *adj.* bruich

boiled sweet *n.* peabaran *masc.*

boiler *n.* goileadair *masc.*, coire *masc.*

boiler suit *n.* deise-ghoileadair *fem.*

boilerhouse *n.* taigh-goileadair *masc.*

boiling-point *n.* ìre-ghoilidh *fem.*, puing-ghoil *fem.*

boisterous *adj.* stoirmeil, iorghaileach, borb, doirbh, fuathasach, gailbheach, sèideach, toireannach

bolboes *n.* ceap *masc.*

bold *adj.* dàna, ladarna, fearail, dalm(a), dalpa, danarra, gaisgeil, oscarach, sgairteil, spreagail, spreigeil, treubhach, urranta

bold (forward) *adj.* rasanta

bold (of type) *adj.* trom

bolden *vb.* cuir misneach ann, misnich

boldness *n.* dànachd *fem.*, ladarnachd *fem.*, meanmna *masc.*, spailp *masc.*, tapachd *fem.*, urrantachd *fem.*

boletus *n.* boineid-an-losgainn *fem.*

bolide *n.* soise *fem.*

boll *n.* cuinnlein-deise *masc.*, lurga-deise *fem.*

boll (measure) *n.* bolla *masc.*

bollard *n.* post-ceangail *masc.*

bolster *n.* cluasag *fem.*, bobhstair *masc.*, adhartan *masc.*, sorchan *masc.*

bolster *vb.* cum taic ri, misnich, adhartaich, cluasagaich, taic

bolt (bar) *n.* crann *masc.*, babht *masc.*, bolt(a) *masc.*, claidhean *masc.*, spàrran *masc.*, spìc-sgriubha *fem.*, stapall *masc.*

bolt *vb.* crann, crannaich, cum ri chèile, daingnich le crann, falbh air sgeun, glais

bolt (take flight) *vb.* tàr às, teich

bolt-ring *n.* failbheag *fem.*

bolt-rope *n.* aoir *masc.*, ball-fàitheam *masc.*

bolter *n.* criathar *masc.*, lìon-glacaidh *masc.*

boltsprit *n.* crann-spreòid *masc.*, crann-uisge *masc.*

bolus *n.* cungaidh-leighis *fem.*

bomb *n.* bom(a) *masc.*, slige *fem.*, toirm-shlige *fem.*

bomb-disposal squad *n.* buidheann dì-laghadh bhomaichean *fem./masc.*, sgioba cuiteachadh bhomaichean *fem./masc.*, sgioba dèiligeadh bhomaichean *fem./masc.*

bombard *n.* gunna mòr *masc.*, soitheach-dibhe *fem.*

bombasin *n.* sròl dubh *masc.*

bombast *n.* àrd-ghlòir *masc.*, earraghlòir *fem.*, baoth-ghlòir *fem.*, bòilich *fem.*, bòlaich *fem.*, spaglainn *fem.*, tomradh *masc.*

bombastic *adj.* àrd-ghlòireach, earraghlòireach, spaglainneach

bombshell *n.* slige bhloighdeach *fem.*, toirm-shlige *fem.*

bombulation n. fuaim fem./masc., gleadhraich fem.

bombyx n. durrag shìoda fem.

bon mot n. facal-àbhachd masc.

bonasus n. damh fiadhaich masc.

bond adj. ceangailte, fo bhruid, tràilleil

bond n. ceangal masc., bann(-còrdaidh) masc., gealladh masc., cuibhreach masc., cuing fem., nasgadh masc., urras masc.

bondage n. braighdeanas masc., daorsa(inn) fem., cuibhreachadh masc., cuing-cheangal masc., sglàbhachd fem., sglàbhaidheachd fem., slaibhreas masc., tràilleachd fem.

bonded warehouse n. taigh-bathair bannaichte masc.

bondmaid n. ban-tràill fem.

bondman n. tràill masc.

bondsman n. tràill masc., sglàbhadh masc.

bonduc n. àirne-Mhoire fem.

bone n. cnàimh masc.

bone vb. cnàimhich, thoir na cnàmhan as

bone of contention n. spannach-angaill fem., spannach-iorgaill fem.

bonelace n. obair-lìn fem.

bonfire n. tein'-aighear masc., tein'-èibhinn masc., braidseal masc., craoslach masc., oll-dreag fem., samhnag fem., teine-bhioran masc., turlach masc.

bonham n. banbh masc.

bonhomie n. suilbhireachd fem.

bonnet n. currac fem., bonaid fem., sgrog masc., sgruigean masc.

bonneted adj. curraiceach, bonaideach

bonus n. duais-airgid fem., bònas masc., duais-chorra fem.

bony adj. cnàimheach, siogaideach

booby n. buimilear masc., ùmaidh masc.

booby-trap n. ribe-falaich fem.

booby-trapped adj. le ribe-falaich

book n. leabhar masc.

Book of Proverbs, the pr.n. Leabhar nan Gnàth-fhacal, Seann-Raite

Book of Revelation pr.n. Leabhar an Taisbeanaidh

bookbinder n. leabhar-cheangla(da)ir masc., neach còmhdach leabhraichrean masc.

bookbinding n. leabhar-cheangladh masc.

bookcase n. lann-leabhraichean fem., preasa-leabhraichean masc., preas-leabhraichean masc.

bookie n. neach gabhail-gheall masc.

booking n. leabhrachadh masc.

booking-clerk n. clèireach-tiocaide masc.

booking-office n. oifig-tiocaide fem.

bookish adj. leabhrach

bookkeeper n. neach cumail leabhraichean masc.

bookkeeping n. leabhar-chunntas masc., clàr-chunntas masc.

booklet n. leabhran masc.

bookmaker n. geallaiche masc., geallaire masc.

bookseller n. leabhar-reicea(dai)r masc., ceannaiche leabhraichean masc., leabhraiche masc.

bookselling n. leabhar-reiceadaireachd fem.

bookworm n. reudan masc.

boom (pole) n. slat-sgòid fem., bann masc., bonn masc., crann-sgòide masc., slat-bhuinn fem.

boomerang n. corran itealach masc.

boon n. tiodhlac masc., araichd fem., tabhartas masc.

boon adj. ait, aobhach, cridheil, sunntach

boor n. amhasg masc., burraidh masc., peasan masc., sgonnaire masc., tuataidh masc.

boorish *adj.* amhasgail, stuacach

boorishness *n.* amhasgachd *fem.*, duairceas *masc.*

boot (advantage/profit) *n.* cosnadh *masc.*, tairbhe *fem.*

boot (booty) *n.* creach *fem.*, faobh *masc.*

boot (shoe) *n.* bròg *fem.*

boot (wellington) *n.* bòta(i)nn *masc.*, bòtaire *masc.*

booted *adj.* bòtainneach, bòtannach, brògach

booth *n.* bothag *fem.*, bothan *masc.*, bùth (bheag) *fem.*, maindreach *masc.*, mainnir *fem.*, mainnreach *masc.*, pùball *masc.*, sgabhal *masc.*, sgàthlann *fem.*

boothose *n.* mogan *masc.*

booting *n.* beartachadh *masc.*

bootless *adj.* neo-thairbheach, neo-spòrsail, faoin

bootmaker *n.* bòtair *masc.*

boottree *n.* ceap bhròg *masc.*

booty *n.* cobhartach *masc.*, creach *fem.*, faobh *masc.*, reubainn *fem.*, sglaim *fem.*, sguich *fem.*, slad *masc.*, slaid *fem.*, spùilleadh *masc.*, spùinn *fem.*, spùinneadh *masc.*

booze *n.* daorach *fem.*

booze *vb.* òl, rach air mhisg, dèan pòit

boozy *adj.* froganach, misgeach, soganach

borachino *n.* misgear *masc.*, searrag-leathair *fem.*

borage *n.* bar(r)aisd *fem.*, barraisd *masc.*

boral *n.* boireal *masc.*

borane *n.* boran *masc.*

borax *n.* bòracs *masc.*, salann-tàth(aidh) *masc.*

border *n.* crìoch *fem.*, oirthir *fem.*, bruach *fem.*, iomall *masc.*, iomag *fem.*, oir *fem.*, sgiortadh *masc.*, sgort *masc.*

border *vb.* sgiortaich

bordered *adj.* sgortach

bordering *n.* sgiortachadh *masc.*

bordering *adj.* oirthireach

borderline *adj.* oireach

bore *n.* inneal-tollaidh *masc.*, sgleamacair *masc.*, toll *masc.*

bore *vb.* dèan toll, cladhaich, fosgail le tolladh, poll, tochail, toll

bore (annoy with tediousness) *vb.* leamhaich, bleadraig, peacaich

borehole *n.* tobar(-ola) *fem.*

borer *n.* tora *masc.*, toll(a)dair *masc.*, moireag *fem.*, snìomhair *masc.*, tarachair *masc.*

boring *n.* poilleadh *masc.*, tolladh *masc.*

boring *adj.* ràsanach

born *adj.* air a b(h)reith

borne *adj.* air a g(h)iùlan

borough *n.* baile mòr *masc.*, baile-margaidh *masc.*

borrow *vb.* faigh air iasad, gabh air iasad, gabh an coingheall, gabh iasad

borrower *n.* neach gabhail iasaid *masc.*, neach-iasaid *masc.*, iasadaiche *masc.*

borrowing *n.* iasadachd *fem.*

boscage *n.* coille *fem.*, coillteach *fem.*, doire *fem./masc.*

bosky *adj.* coillteach, preasach, stobanach

bosom *n.* uchd *masc.*, broilleach *masc.*

bosom *vb.* achlaisich, dlùthaich ri broilleach

boss *n.* bachaid *fem.*, baillean *masc.*, balg *masc.*, ball(a) *masc.*, bucaid *fem.*, cnap *masc.*, cop *masc.*, copan *masc.*, lann *fem.*

boss (leader) *n.* ceannard *masc.*, ceann *masc.*, grèidhear *masc.*

bossed *adj.* bacaideach, bucaideach

bosvel *n.* cearban *masc.*

botanic *adj.* luibheanach

botanical *adj.* luibheach

botanist *n.* luibh-eòlaiche *masc.*, luibheadair *masc.*, luibheanach *masc.*, lusadair *masc.*, lusragan *masc.*

botany *n.* luibh-eòlas *masc.*, luibheanachd *fem.*, lusadaireachd *fem.*, luseolas *masc.*, sgoil-lusan *fem.*

botch *n.* guirean *masc.*, leus *masc.*, plucan *masc.*

botch *vb.* dèan obair gun snas, breòcaich, clùd, gròig, mì-shnasaich, prab, sèam, uaip

botcher *n.* mì-shnasaire *masc.*, greòig *masc.*, prabaire *masc.*, tosgair *masc.*

botchy *adj.* mì-shnasail, mì-dhreachail, neo-chearmanta

both *adj.* an dà chuid, le chèile, nan dithis

bother *vb.* sàraich, bodraig, cuir dragh, sgìthich

bothie *n.* bothag *fem.*, bothan *masc.*

bothy *n.* bothag *fem.*, bothan *masc.*, mar(r)ag *fem.*, sgàlan *masc.*, sgitheal *masc.*

bottle *n.* botal *masc.*, buideal *masc.*, searrag *fem.*, proisdeal *masc.*, soir *masc.*

bottle *vb.* botalaich, searragaich

bottle-green *adj.* uaine-botail

bottle-neck *n.* sgruigean *masc.*

bottle-nosed dolphin *n.* buthag *fem.*, muc bhiorach *fem.*

bottom *n.* tò(i)n *fem.*, màs *masc.*, aigeal *masc.*, bonn *masc.*, bun *masc.*, bunachar *masc.*, grinneal *masc.*, grunnd *masc.*, ìochdar *masc.*

bottom note *n.* nota-buinn *masc.*

bough *n.* geug *fem.*, meang(l)an *masc.*, faillean *masc.*, fiùran *masc.*, meur *fem.*, òganach *masc.*

bought *adj.* ceannaichte

bouk *n.* bodhaig *fem.*

boulder *n.* bonnsag *fem.*, bùireag *fem.*, bulbhag *fem.*, bulbhag-chloiche *fem.*, ulbhag *fem.*, ulpag *fem.*

bounce *n.* sgeing *fem.*

bounce *vb.* sùrdagaich

bouncer *n.* bonnsair *masc.*, fear-spaglainn *masc.*

bouncing *n.* sgeinneadh *masc.*

bouncing *adj.* moighre, sgeingeach

bound *n.* sìnteag *fem.*, cruinnleum *masc.*, leum *masc.*, sith-fhad *masc.*, stannart *masc.*

bound *vb.* bac, cuir crìoch ri, dùin a-steach, geàrr sùrdag, leum, pill, sùrdagaich, thoir leum

boundaries *n.* rinndeal *masc.*

boundary *n.* crìoch *fem.*, comharradh-crìche *masc.*, uimeachd *fem.*

boundary-dyke *n.* gàradh-crìche *masc.*

boundary-mark *n.* bailc *fem.*

bounding *n.* leumnaich *masc.*

bounding *adj.* leumnach, sìnteagach, sith-fhad

boundlessness *n.* neo-chrìochnachd *fem.*

bounds *n.* àrainn *fem.*

boundstone *n.* clach-chleasachd *fem.*, clach-chluich *fem.*

bounteous *adj.* fialaidh, fiùghantach, mathasach, pàirteach, tabhairteach, tabhartach

bountiful *adj.* fialaidh, fiùghantach, mathasach, pàirteach, tabhartach

bounty *n.* toirbheartas *masc.*, maitheas *masc.*, fialaidheachd *fem.*, mathas *masc.*, bunndaist *fem.*, fialachd *fem.*, fiùthantas *masc.*, òlachas *masc.*, pàirteachd *fem.*, tairbheartas *masc.*

bourach *n.* buarach *masc.*

bourgeois *adj.* bùirdeasach

bourn *n.* crìoch *fem.*, iomall *masc.*, oir *fem.*

bourse *n.* borsadh *masc.*

bourtree *n.* druman *masc.*

bout *n.* burradh *masc.*, deannal *masc.*

boutade *n.* magaid *fem.*

boutefeu *n.* spriollag *fem.*

bow (bending) *n.* ùmhlachd *fem.*, bogha *masc.*, cromadh *masc.*, lùbadh *masc.*, sleuchdadh *masc.*, strìochd *masc.*

bow (bend) *vb.* dèan ùmhlachd, lùb, crom, liùg, sleuchd, strìochd

bow (for shooting arrows) *n.* bogha-saighde *masc.*

bow (forepart of ship) *n.* toiseach *masc.*, gualainn-luinge *fem.*

bow (rod by which strings of violin are sounded) *n.* bogha *masc.*, slatag *fem.*

bow-leg *n.* brabhd *fem.*

bow-legged *adj.* camachasach, brabhdach, brabhd-chasach, cam-luirgneach, gobhlach

bow-thwart *n.* tobhta-bhràghad *fem.*

bowed *adj.* sleuchdach

bowels *n.* innidh *fem.*, meanach *masc.*, mionach *masc.*

bower *n.* badan *masc.*, bothan-samhraidh *masc.*, cluain *fem.*, grianan *masc.*, sgàil *fem.*, sgàileadan *masc.*, sgàil-ionad *masc.*

bower (card) *n.* cart-chluiche *masc.*

bowing *adj.* lùbach

bowl (ball) *n.* ball cruinn *masc.*

bowl (vessel) *n.* bobhla *masc.*, cuach *fem.*

bowl *vb.* cluich le buill, ruith car mu char

bowline *n.* pogh-lìn *masc.*, sròn-teud *fem./masc.*

bowling *n.* bobhlaireachd *fem.*

bowling-green *n.* rèidhlean *masc.*, rèidhlean bhall *masc.*

bowls (game) *n.* triuireanan *pl.*

bowman *n.* boghadair *masc.*, àireach *masc.*, fear-saighid *masc.*

bowsprit *n.* crann-spreòid *masc.*, bior-snaois *masc.*, crann-dall *masc.*, crann-uisge *masc.*

bowsprit shroud *n.* beart a' chroinn-spreòid *fem.*

bowster *n.* bobhstair *masc.*

bowstring *n.* taifeid *fem.*

bowyer *n.* boghadair *masc.*

box *n.* bogsa *masc.*, bucas *masc.*, ciste *fem.*, cobhan *masc.*, crasgadh *masc.*, crilein *masc.*, sgliog *fem.*

box *vb.* bocsaich, bocsaig, dèan sabaid, thoir sgailleag do

box (blow on ear) *n.* deisealan *masc.*, pailleart *masc.*, pais *fem.*

box (blow) *n.* buille *fem.*, cnap *masc.*, dòrn *masc.*, gleadhar *masc.*

box (buxus sempervirens) *n.* aigh bàn *masc.*

box (in theatre) *n.* suidheag *fem.*

box (smart blow) *n.* smiot *masc.*

boxcart *n.* cùb *fem.*

boxen *adj.* bocsach, bogsach

boxer *n.* bocsair *masc.*, dòrnadair *masc.*, dòrnaiche *masc.*, fear-sabaid *masc.*

boxing *n.* bogsadh *masc.*, dòrnachadh *masc.*, dòrnaireachd *fem.*, lunndraigeadh *masc.*, sgoil-dòrn *fem.*

boxing-glove *n.* dòrnan *masc.*

boxing-match *n.* caonnag *fem.*

boy *n.* balach *masc.*, gille *masc.*, brogach *masc.*, giollan *masc.*, proitseach *masc.*

boyfriend *n.* carbhaidh *fem.*, clic *masc.*, suirgheach *masc.*

boyhood *n.* balachas *masc.*, pàisdeachas *masc.*

boyish *adj.* balachail, cluicheanta

boyishness *n.* leanabaidheachd *fem.*, faoineachd *fem.*

brabble *n.* connsachadh *masc.*, iorghaill *fem.*

brace *n.* crios *masc.*, armachd *fem.*, ceangal *masc.*, daingneachadh *masc.*, stiom-oire *fem.*, teannachadh *masc.*, teannadan *masc.*, teannadan *masc.*, uidheam-cogaidh *masc.*

brace (instrument for turning tools) *n.* boireal *masc.*

brace (mark connecting words etc.) *n.* bann *masc.*, cuing *fem.*

brace (pair) *n.* caigeann *fem.*, càraid *fem.*, paidhir *fem.*

brace (piece of wire fitted over teeth) *n.* taic-fhiaclan *fem.*

brace (strap) *n.* iall-theannaidh *fem.*

brace *vb.* crioslaich, altaich, daingnich, teannaich

brace-stick *n.* coileir *masc.*, cuairt bheag *fem.*, cuairt-thoisich *fem.*, tarsann *masc.*

bracelet *n.* làmhfhail *fem.*, bann-làimhe *masc.*, bracaille *fem.*, dòrn-nasg *masc.*, usgar-làimhe *masc.*

bracer *n.* bann-teannachaidh *masc.*, deoch-bheothachaidh *fem.*, teannadan *masc.*

braces *n.* iris *fem.*

brach *n.* galla-thòlair *fem.*, saidh *fem.*

brachial *adj.* gàirdeanach

brachium *n.* gàirdean *masc.*

brack *n.* bealach *masc.*, beàrn *fem.*, briseadh *masc.*

bracken *n.* raineach *fem.*, fraineach *fem.*,

bracket *n.* camag *fem.*, bracaid *fem.*, ealchainn *fem.*, sgeilp *fem.*, sorchan *masc.*, steill *fem.*

brackish *adj.* air bhlas an t-sàile

brackishness *n.* neo-ùraireachd *fem.*

brae *n.* bruthach *fem./masc.*, cadha *masc.*, leathad *masc.*, bràighe *masc.*, uchdach *fem.*

brag *n.* bòsd *masc.*, uaill *fem.*, spaglainn *fem.*

brag *vb.* dèan bòsd, dèan uaill, dèan spaglainn

braggadocio *n.* bàrraisg *masc.*, gaothaire *masc.*, spad-fhaclair *masc.*, spaga-da-glid *masc.*

braggart *n.* slaightear *masc.*

braid *n.* figheachan *masc.*, dosan-banntraich *masc.*, dual *masc.*

braid *vb.* figh, dualaich, preas

braided *adj.* dualach, pleatach

brain *n.* eanchainn *fem.*

brain *vb.* cuir an eanchainn à, spairt

brain drain *n.* sìoladh sgilean *masc.*

brain stem *n.* gas *masc.*

brainless *adj.* baoth, faoin

brainpan *n.* claban *masc.*, claigeann *masc.*, copan a' chinn *masc.*, plub *masc.*

brainsick *adj.* amaideach, tuainealach

braird *n.* fochann *masc.*, sgath *masc.*

brake *n.* amar-fuine *masc.*, breic *fem.*, droighneach *fem.*, raineach *fem.*, seicil *fem./masc.*, slacan-lìn *masc.*

brake (contrivance for retarding by friction) *n.* casgan *masc.*, slacan *masc.*

brake (thicket) *n.* braclach *fem.*

braky *adj.* bioranach, dealagach, driseach

bramble *n.* ansgairt *fem.*, crindreas *masc.*, crìon-dris *fem.*, dreas *masc.*, dris *fem.*, dris nan smeur dubha *fem.*, grian-mhuine *fem.*, smeur dhubh *fem.*, smeurag *fem.*, sprios *masc.*

bramble-bush *n.* dris *fem.*

brambling *n.* breacan caorainn *masc.*, bricean-caorainn *masc.*, lùth-eun *masc.*

brambly *adj.* driseach

bran *n.* bran *masc.*, càth *fem.*, garbhan *masc.*, còrlach *masc.*

branch *n.* geug *fem.*, sliochd *masc.*, meur *fem.*, earrann *fem.*, gallan *masc.*, meanglan *masc.*, òganach *masc.*, ràmh *masc.*

branch *vb.* craobh, meuraich, sgaoil a-
mach

branched *adj.* cròcach, barrach

brancher *n.* isean-seabhaig *masc.*, isean-
speireig *masc.*

branching *adj.* crasgach

branchy *adj.* cabrach, cròcach, dosach,
geugach, meanganach

brand *n.* aithinne *masc.*, seòrsa *masc.*,
bioran-teine *masc.*, brannd *masc.*,
maide-connaidh *masc.*, tàir-
chomharradh *masc.*

brand *vb.* fàg lorg, comharraich le iarann
dearg, maslaich

brand-iron *n.* iarann-loisgte *masc.*,
branndair *masc.*

branding *n.* cruaidh-losgadh *masc.*

branding-iron *n.* iarann-loisgte *masc.*,
branndair *masc.*

brandish *vb.* bagair, beartaich,
coinnealaich, conalaich, crath, luaisg,
tog suas

brandishing *n.* crathadh *masc.*, fleadhadh
masc., paradh *masc.*

brandishing *adj.* conalach

brandling *n.* baoiteag-dhrùchda *fem.*,
boiteag-dhrùchda *fem.*

brandreth *n.* branndair *masc.*

brandy *n.* branndaidh *fem.*

brangle *n.* brionglaid *fem.*, connsachadh
masc.

branks *n.* brang *masc.*, brangas *masc.*

branny *adj.* càthach, garbhanach

brash *n.* brais *fem.*

brashloch *n.* breisleach *masc.*

brasier *n.* soitheach beòlach *fem.*

brass *adj.* umha, pràiseach

brass *n.* umha *masc.*, pràis *fem.*

brassica *n.* praiseach *fem.*

brassy *adj.* dàna, ladarna, pràiseach,
umhach

brat *n.* peasan *masc.*, droch isean *masc.*,
garrach *masc.*

brat (garment) *n.* brat *masc.*

bravado *n.* brabhdadh *masc.*,
brabhdaireachd *fem.*, mùigheadh
masc.

brave *adj.* gaisgeil, calma, collarach,
curanta, dàna, feachdanta, fearail,
mìleanta, misneachail, niata, sgafanta,
sgafarra, snasail, snasmhor, snasta,
treun

brave *vb.* dùlanaich

bravery *n.* gaisge(achd) *fem.*, misneachd
fem., curantachd *fem.*, fearalas *masc.*,
meanmna *masc.*, mìleantachd *fem.*,
misneach *masc.*, mòr-bhuaidh *fem.*,
niatachd *fem.*, ruireachas *masc.*,
treubhantas *masc.*, treunachas *masc.*

braw *adj.* breàgha

brawl *n.* sabaid *fem.*, tuasaid *fem.*,
comhstrì *fem.*, stairirich *fem.*, strangal
masc.

brawl *vb.* dèan còmhstrì, dèan cànran,
dèan gleadhrach, dèan stairirich, trod

brawler *n.* sabaidiche *masc.*, sgalldair
masc.

brawling *adj.* sabaideach

brawn *n.* feòil a' chalpa *fem.*

brawniness *n.* neart *masc.*, lùth *masc.*,
spionnadh *masc.*, craiceann cruaidh
masc., cruas *masc.*

brawny *adj.* fèitheach, làidir, tomaltach,
calpach, cruaidh-ghreimeach, gramail

braxy *n.* bragsaidh *fem.*

bray *n.* sitir *fem.*, beuc *masc.*, langan
masc., ràn *masc.*, raoichd *fem.*, sgreuch
masc.

bray *vb.* sitrich, brùth, pronn

bray (grind) *vb.* pronn

brayed *adj.* pronn

brayer *n.* sitriche *masc.*, bruthadair *masc.*,
pronnadair *masc.*, sgreadaire *masc.*

braze *vb.* tàth le umha, tàth le pràis

brazen *adj.* umhach, ladarna, pràiseach

brazen-face *n.* bathais gun nàire *fem.*

brazenness *n.* ladarnas *masc.*

brazenness *adj.* air dhreach umha

brazier *n.* praisiche *masc.*, uimeach *masc.*, umhadair *masc.*

brazor *n.* garbhanach *masc.*

breach *n.* bris(t)eadh *masc.*, bealach *masc.*, beàrn *fem.*, càthadh *masc.*, cnac *fem.*, fosgladh *masc.*, sgàineadh *masc.*

breach *vb.* dèan bris(t)eadh, dèan beàrn

breach of contract *n.* bristeadh-cùnnraidh *masc.*

breach of peace *n.* trìlleach *masc.*

bread *n.* aran *masc.*

bread sauce *n.* sabhs-arain *masc.*

bread-basket *n.* ciosan *masc.*, ciosan-arain *masc.*

bread-board *n.* bòrd-arain *masc.*

bread-board (for experimental electronic circuits) *n.* bòrd-deuchainn *masc.*

breadcrumb *n.* criomag-arain *fem.*, pronnag-arain *fem.*

breadroom *n.* aranlann *masc.*

breadth *n.* leud *masc.*, farsaingeachd *fem.*, lèithne *fem.*

break *n.* bristeadh *masc.*, sgaradh *masc.*, allsachd *fem.*, tràth saor *masc.*

break *vb.* bris, sgar, cnac, cnàmh, sgoilt, spealg, spealt, spuaic

break (interval) *n.* pleidhe *masc.*

breakdown lorry *n.* làraidh-tobhaidh *fem.*

breaker *n.* bàrc *fem.*, sgeir-thonn *fem.*

breakfast *n.* bracaist *masc.*, biadh-maidne *masc.*, lòn-maidne *masc.*

breaking *n.* bris(t)eadh *masc.*, sgaradh *masc.*

breaking *adj.* sgoltach

breakwater *n.* doirlinn-fasgaidh *masc.*

bream *n.* briantadh *masc.*, carbhanach *masc.*

breast *n.* uchd *masc.*, broilleach *masc.*, cìoch *fem.*, cliabh *masc.*, maothan *masc.*, muineal *masc.*

breast-band *n.* gad-broillich *masc.*, uchdach *fem.*, uchd-chrios *masc.*

breast-beam *n.* garman-uchd *masc.*

breast-hook *n.* coileir *masc.*, cuairt bheag *fem.*, cuairt-thoisich *fem.*, tarsann *masc.*

breast-knot *n.* uchd-rìomhadh *masc.*

breastbone *n.* cliathan *masc.*, cnàimh a' chlèibh *masc.*

breastplate *n.* lùireach *fem.*, obair-uchd *fem.*, uchdach *fem.*

breaststrip *n.* caisean-uchd *masc.*

breastwork *n.* obair-uchd *fem.*

breath *n.* anail *fem.*, deò *fem./masc.*

breath (opinion) *n.* breith *fem.*

breathalyse *vb.* dearbh-anail

breathalyser *n.* analadair *masc.*, poca-analach *masc.*

breathe *vb.* analaich, leig anail, sèid, tarraing anail

breathe in *vb.* tarraing anail

breathe out *vb.* leig anail

breathe upon/into *vb.* sèid

breathing *n.* analachadh *masc.*, sèideadh *masc.*, tarraing-analach *fem.*

breathless *adj.* gun anail, gun deò, plosgartach, sàraichte, sèideagach, sgìth

breathlessness *n.* giorrad-analach *masc.*, giorr-analach *fem.*, ruith-analach *masc.*

brecham *n.* bràighdeach *fem.*

breech *n.* tòn *fem.*, màs *masc.*, deireadh *masc.*, eàrr *masc.*, tulachainn *fem.*

breech *vb.* deiseagaich

breeches *n.* triubhais *masc.*, briogais *fem.*

breeching *n.* beart-dheiridh *masc.*, briogais *fem.*

breeching (part of harness) *n.* beart-dheiridh *fem.*

breed *n.* seòrsa *masc.*, gnè *fem.*, sìol *masc.*, àlach *masc.*, linn *fem.*, sìlidh *masc.*, sìolach *masc.*, sìolradh *masc.*, sliochd *masc.*, briod *masc.*

breed *vb.* gin, tàrmaich, àlaich, àraich, sìolaich, sìolraich, tog, tog suas, briod

breeder *n.* sìoltaiche *masc.*

breeder (nuclear engineering) *n.* tionnsgainear *masc.*

breeding *n.* oilean *masc.*, ionnsachadh *masc.*, modh *masc.*, beus *fem.*, eòlas *masc.*, foghlam *masc.*, togail suas *fem.*

breeze *n.* oiteag *fem.*, tlàth-ghaoth *fem.*, osag *fem.*, soirbheas *masc.*, brìosan *masc.*, osna *fem.*, sgairt *fem.*

breeze (fly) *n.* creithleag *fem.*, cuileag ghathach *fem.*

breezy *adj.* oiteagach, osagach, soirbheasach, sgairteil

brent goose *n.* gèadh got *masc.*, guirnean *masc.*

breve *n.* prìomh nòta *masc.*

breve (grammar) *n.* briosg *masc.*

breviary *n.* portas *masc.*

brevity *n.* giorrad *masc.*

brew *vb.* dèan grùdaireachd, tarraing, tog

brewer *n.* grùdair(e) *masc.*, lionnaire *masc.*

brewery *n.* taigh-grùide *masc.*, taigh-togalach *masc.*

brewing *n.* grùdaireachd *fem.*, togail *fem.*

bribe *n.* brìb *fem.*, cuilcheannag *fem.*, duais bhrath *fem.*, pùic *fem.*, pùicean *masc.*

bribe *vb.* brìb, ceannaich le duais, pùic

briber *n.* brìbire *masc.*, pùicear *masc.*

bribery *n.* brìbearachd *fem.*, pùicearachd *fem.*, truthaireachd *fem.*

bribing *adj.* brìbearach, pùiceach

brick *n.* breice *fem.*, clach-chreadha *fem.*, criadh-loisgte *fem.*

brick-kiln *n.* àth-chriadh *masc.*, àth-chrè *masc.*, uamh-chreadha *fem.*

brickdust *n.* criadh-dhuslach *masc.*

brickie *n.* breigire *masc.*

bricklayer *n.* breigire *masc.*, criadh-chlachair *masc.*

brickmaker *n.* criadh-loisgear *masc.*

bricky *n.* breigire *masc.*

bridal *adj.* pòsaidh, pòsach

bride *n.* bean na bainnse *fem.*, bean nuadh-phòsda *fem.*, bean òg *fem.*

bridecake *n.* bonnach-bainnse *masc.*

bridegroom *n.* fear-bainnse *masc.*, fear nuadh-pòsda *masc.*

bridesmaid *n.* maighdean-phòsaidh *fem.*, bean chomhailteach *fem.*, bean-choimheadachd *fem.*, bean-chomhailteachd *fem.*, gruagach *fem.*, maighdean bean na bainnse *fem.*, nighean-chomhailteach *fem.*

bridesman *n.* fleasgach fear na bainnse *masc.*

bridewell *n.* gainntir *fem.*, prìosan *masc.*

bridge *n.* drochaid *fem.*

bridge *vb.* drochaidich

bridge (game) *n.* bridse *fem./masc.*

bridge of nose *n.* bràigh na sròine *fem.*

bridle *n.* srian *fem.*, cabsdair *masc.*, ceannsal *masc.*, earadhain *fem.*, sparraig *fem.*, srònachan *masc.*

bridle *vb.* srianaich, cum srian air, ceannsaich, sparragaich, srian, stiùir, treòraich

bridle-bit *n.* àill-bheul *masc.*, àill-bhil *fem.*, beile *masc.*, beulanach *fem.*, beul-bhac *masc.*, cabstar *masc.*, mantag *fem.*, meilleag *fem.*, mìreanach *masc.*, sparrag *fem.*

bridle-rein *n.* airghean *masc.*, arannach-srèine *masc.*, iall-srèine *fem.*

bridled *adj.* srianach, sriante

bridleneb *n.* srianach *masc.*

brief *adj.* goirid, geàrr, dlùthaichte

brief-case *n.* criolan *masc.*

briefing *n.* coinneamh-ullachaidh *fem.*

brier *n.* dris *fem.*, preas *masc.*

briery *adj.* deilgneach, driseach

brig *n.* soitheach dà chroinn *masc.*

brigade *n.* bràgad *masc.*, buidheann-airm *fem./masc.*, foireann *masc.*

brigand *n.* creachadair *masc.*, meàirleach *masc.*, spùilleadair *masc.*, spùinneadair *masc.*

brigandine *n.* long-chreachaidh *fem.*, lùireach mhàilleach *fem.*

bright (clear) *adj.* soilleir, boillsgeach, dealrach, deàrsach, lainnireach, loinnreach, sorcha, suilleach, glan

bright (intelligent) *adj.* geur, tuigseach, toinisgeil

brighten *vb.* soillsich, soilleirich, deàrsaich, loinnrich

brightness *n.* gilead *masc.*, ruitheanas *masc.*, soilleireachd *fem.*

brilliance *n.* dearsalachd *fem.*

brilliancy *n.* lainnearachd *fem.*

brilliant *adj.* boillsgeach, deàrsach, drillseanach, lainnearach, lainnireach, soillseach

brilliantine *n.* slìobachan *masc.*

brim *n.* oir *fem.*, bile *fem.*, bruach *masc.*, eàrrach *fem.*, iomall *masc.*

brim (upper edge of vessel) *n.* cial *fem.*

brimful *n.* dèarr-làn *masc.*

brimfulness *n.* dèarr-lànachd *fem.*

brimmer *n.* cuach làn *fem.*

brimstone *n.* pronnasg *masc.*, grunnstal *masc.*, pronnastan *masc.*

brindle *n.* srianachd *fem.*, strianachas *masc.*

brindled *adj.* stiallach, srianach, breanndalach, grìseann, gris-fhionn, riabhach, strianagach, strìoch, strìochach, striteach

brine *n.* sàl *masc.*, uisge saillte *masc.*, meara(i)l *masc.*

bring into disrepute *vb.* mì-chliùitich

bring to an end *vb.* co-dhùin, thoir gu crìch

bring to the notice of *vb.* thoir fa chomhair

bring together *vb.* thoir cuideachd

bring up (rear) *vb.* àraich, tog

brinish *adj.* saillte, air bhlas an t-sàile, sàileanta, salainneach

brink *n.* oir *fem.*, bruach *masc.*, bile *fem.*, fò *masc.*

briny *adj.* saillte

brisk *adj.* beothail, sunntach, sgairteil, brisg, clis, cridheil, gleuste, sgeanail, smeacharra, smiorail, tapaidh

brisket *n.* mìr-uchd *masc.*, brisgean *masc.*, broilleach *masc.*, caisean-uchd *masc.*, carran-uchd *masc.*

briskness *n.* beothalachd *fem.*, sunndachd *fem.*, smioralachd *fem.*, briosgalachd *fem.*, cliseachd *fem.*, meanmnachd *fem.*

bristle *n.* calg *masc.*, frioghan *masc.*

bristle *vb.* cuir calg air, coc, frion, tog friodhan air

bristly *adj.* calgach, cas, colgach

bristly ox-tongue *n.* boglas *masc.*

British *adj.* Breatannach

British Aerospace *pr.n.* Buidheann Speur Bhreatainn

British Aircraft Corporation *pr.n.* Co-chuideachd Phlèanaichean Bhreatainn

British Airports Authority *pr.n.* Ughdarras Phuirt-adhair Bhreatainn,

British Airways *pr.n.* Buidheann Adhair Bhreatainn

British Broadcasting Corporation *pr.n.* Corparras Craolaidh Bhreatainn

British Diabetic Association *pr.n.*
Comann Ruith-fhualach Bhreatainn

British High Commissioner *pr.n.* Ard-
riochdaire a' Chrùin Bhreatannaich

British Polio Fellowship *pr.n.* Caidreabh
Pholio Bhreatainn

British Ports Association *pr.n.* Comann
Chalachan Bhreatainn

British Red Cross Society *pr.n.*
Buidheann Bhreatannach na Croise
Deirge

British Sailors Society *pr.n.* Comann nan
Seòladair Bhreatainn

British Standard Code of Practice *pr.n.*
Gnath-chleachdainnean a' Mheasaidh
Bhreatannaich

British Standard Specification *pr.n.*
Dearbhadh a' Mheasaidh
Bhreatannaich

British Standards Institution *pr.n.*
Bunadhas a' Mheasaidh
Bhreatannaich

British Summer Time *n.* Uair
Shamhraidh Bhreatainn *fem.*

British Telecom *pr.n.* Telecom
Bhreatainn

British Youth Council (Scotland) *pr.n.*
Comhairle Oigridh Bhreatainn (Alba)

Briton *n.* Breatannach *masc.*

brittle *adj.* brisg, bristeach, so-bhriste,
breòite, brisgeanach, oillteil, osgarach,
pronn

brittle bladder-fern *n.* frith-raineach *fem.*

brittleness *n.* brisgealachd *fem.*

brize *n.* creithleag *fem.*, speach *fem.*

broach *vb.* tog, leig ruith le, cuir an cèill,
cuir bior ann, leig, toll

broacher *n.* bior-ròslaidh *masc.*, fosgaldair
masc.

broaching *n.* leigeadh *masc.*, sàradh *masc.*

broad *adj.* farsaing, leathann

broad daylight *n.* àin an là *fem.*

Broad Scots *n.* Beurla Ghallda *fem.*,
Beurla Leathann *fem.*

broad-beans *n.* pònair leathann *fem.*

broad-breeched *adj.* tònach

broad-brimmed *adj.* mòr-bhileach

broad-chested *adj.* stuadhmhor

broad-footed *adj.* spàgach

broad-leaved *adj.* mòr-dhuilleagach

broad-leaved campanula *n.* lus an
sgòrnain *masc.*

broad-leaved dock *n.* copag leathann *fem.*

broad-leaved willow-herb *n.* an seileachan
masc.

broad-shouldered *adj.* slinneanach

broad-skirted *adj.* ceòsnach

broadband *n.* bann farsaing *masc.*

broadcaster *n.* craoladair *masc.*

broadcasting *n.* craoladh *masc.*

broadcloth *n.* clò Sasannach *masc.*

broaden *vb.* leudaich, leithnich

broadly *adj.* anns an fharsaingeachd

broadness *n.* farsaingeachd *fem.*, leud
masc.

broadside *n.* braidseal *masc.*, dallanach
fem., lòd *masc.*

broadsword *n.* claidheamh leathann
masc., claidheamh mòr *masc.*

brocade *n.* sìoda grèiste *masc.*

brocaded *adj.* striteach

brocage *n.* buannachd *fem.*, ceannachd
fem.

broch (halo) *n.* broth *masc.*

brochan *n.* brochan *masc.*

brochure *n.* leabhran *masc.*

brock *n.* broc *masc.*

brockit *adj.* breac, brocach

brodding *n.* brodadh *masc.*, bruideadh
masc.

brogue (accent) n. blas *masc.*

brogue (shoe) n. bròg-èille *fem.*, cuaran *masc.*

broil n. brùill *masc.*, caonnag *fem.*, sabaid *fem.*, streapaid *fem.*, tuairgneadh *masc.*

broil vb. bruich air na h-eibhlean, ròsd

broken adj. briste, suaithte

broken (of language) adj. brocach

broker n. neach-gnothaich *masc.*, neach-iomlaid *masc.*, reiceadair *masc.*

brominate vb. bromaich

bromine n. bròm *masc.*

bronchial adj. sgòrnanach

bronchial congestion n. siochadh *masc.*

bronchitis n. at-sgòrnain *masc.*, dòmhladas-broillich *masc.*, galar-clèibh, an *masc.*, glacaiche-clèibh *masc.*, sluganachd *fem.*

bronchus n. pìob *fem.*

bronze n. umha *masc.*

bronze vb. donn

Bronze Age pr.n. Linn an Umha

bronze-green n. uaine-donn *masc.*

brooch n. bràiste *fem.*, cùirnean *masc.*

brooch vb. bràistich

brood n. àl *masc.*, sìol *masc.*, sliochd *masc.*, linn *fem.*, bròd *masc.*, gineal *masc.*, sìolach *masc.*, linnich *fem.*

brood vb. àlaich, guir, àraich

brooding n. bruadar *masc.*

brooding-hen n. cearc-ghuir *fem.*

broody adj. guir

brook n. alltan *masc.*, sruthan *masc.*, caochan *masc.*, sruthlag *fem.*

brook vb. fulaing, giùlain

brook lamprey n. creathall an uillt *masc.*

brookite n. brogait *masc.*

brooklime n. lochal *masc.*, lothail *masc.*

broom n. sguab *fem.*, moibeal *masc.*

broom (sarothamnus scoparius) n. bealaidh *masc.*, cuilc-shlèibhe *fem.*

broom (shrub) n. mealagach *masc.*

broom-rape n. muchag *fem.*

broomstick n. sguab *fem.*

broomy adj. bealaidheach

broonie n. brùinidh *masc.*

brose n. bruthaist *fem.*, bruthaiste *fem.*, cumasg *fem.*, pròs *masc.*

brosier n. bachall-easpaig *masc.*

broth n. brot *masc.*, eanraich *fem.*

brothel n. taigh-siùrsachd *masc.*

brother n. bràthair *masc.*

brother-in-law n. bràthair-cèile *masc.*, cliamhainn *masc.*

brotherhood n. bràithreachas *masc.*, bràithrealachd *fem.*, co-bhràithreachas *masc.*

brotherly adj. bràithreil

brought forward adj. air a tharraing air adhart

brow n. mala *fem.*, bathais *fem.*, maol *masc.*, cnuachd *fem.*

brow (edge of hill) n. mala *fem.*, maoilean *masc.*, sgoirm *fem.*

brow (forehead) n. clàr an aodainn *masc.*

browbeat vb. co-èignich, cuir fo sproc, eagalaich, nàirich, nàraich, sàraich

browbeating n. co-èigneachadh *masc.*, dì-mhisneachadh *masc.*

brown adj. donn, ruadh

brown bear n. mathan *masc.*

brown bent-grass n. freothainn *fem.*

brown bread n. aran donn *masc.*, aran ruadh *masc.*

brown hare n. geàrr *masc.*, maigheach *fem.*, geàrr-fhiadh *fem.*, moigheach *fem.*

brown rat n. rodan *masc.*, radan *masc.*, gall-luch *masc.*, luch Fhrangach *fem.*

brown seaweed n. feamainn dubh *fem.*

brown study n. smuairean *masc.*

brown trout n. breac *masc.*, cab dubh *masc.*

brown-eyed *adj.* donn-shùileach

brown-hair *n.* donn-chleachda *masc.*

brown-haired *adj.* donn-chleachdach

brownie *n.* brùinidh *masc.*, brùnaidh *masc.*, gruagach *fem.*, màilleachan *masc.*, tamhasg *masc.*, ùruisg *masc.*

brownness *n.* doinne *fem.*, duinne *fem.*

browse *vb.* criom, ionaltair, spiol, thoir ruith air

browsing *adj.* spiolach

browsing *n.* criomadh *masc.*

bruise *n.* pronnadh *masc.*, bruthadh *masc.*, pat *masc.*, leòn *masc.*, smuaic *fem.*, spuaic *fem.*, tolg *masc.*, tulg *masc.*

bruise *vb.* pronn, brùth, brùill, leòn, mìn-phronn, puinneanaich, slac, slacainn

bruised *adj.* brùite, sgabaisteach

bruiser *n.* pronnadh *masc.*, puinneanach *masc.*, slacair *masc.*, spadaice *masc.*, stràcair *masc.*

bruising *n.* pronnadh *masc.*, brùsaigeadh *masc.*, slacadh *masc.*, slacainn *fem.*, slacairt *fem.*

bruising *adj.* spuaiceach

bruit *n.* aithris *fem.*

bruit *vb.* cuir an cèill, innis

brumal *adj.* geamhrachail

brunette *adj.* donn

brunette *n.* tè dhonn *fem.*

brunt *n.* ceann trom, an *masc.*, strì *fem.*, teas *masc.*

brush *n.* sguab *fem.*, bruis *fem.*, sguabach *fem.*, sguabag *fem.*

brush *vb.* sguab, slìob

brushing *n.* sguabadh *masc.*

brushite *n.* bruisid *fem.*

brushwood *n.* barrach *masc.*, crannlach *fem./masc.*, creabhach *masc.*, creitheach *masc.*, crìonach *fem.*, crìonlach *fem.*, dlùth-bharrach *masc.*, preasarnach *fem.*, rasan *masc.*, spruan *masc.*, spruanach *masc.*

brusque *adj.* borb, goirid

brutal *adj.* brùideil, garg

brutality *n.* brùidealachd *fem.*, bèistealachd *fem.*, eachalachd *fem.*

brute *n.* ainmhidh *masc.*, beathach *masc.*, brùid *masc.*

brutish *adj.* brùideil, borb, allmhara, feòlmhor, fiadhaich, garg

bubble *n.* builgean *masc.*, puilmean *masc.*, gucag *fem.*, bloing *fem.*, cluig *masc.*, cluigean *masc.*, cop *masc.*, glogag *fem.*, splangaid *masc.*, staonag *fem.*, sùilean *masc.*, suilleag *fem.*

bubble *vb.* builg(nich), meall, thoir an car à, tormanaich

bubbler *n.* cealgair *masc.*, mealltair *masc.*

bubbling *n.* burgadh *masc.*

bubbling *adj.* balganta

bubbly *adj.* builgeanach, ronnach, splangaideach, spliugach, staonagach

bubonocele *n.* maimseach *masc.*

buck *n.* boc *masc.*, damh-fèidh *masc.*, fear spaideil *masc.*, lasgaire *masc.*

buck-beans *n.* pònair chapall *fem.*

buck-snail *n.* gobhar-bhreac *fem.*

bucket *n.* bucaid *fem.*, cuinneag *fem.*, peile *masc.*, ballan *masc.*, cur-ghalan *masc.*, dabhan *masc.*, soitheach-uisge *fem.*

buckie *n.* cnomhagan *masc.*, conphocan *masc.*, gobhar-bhreac *fem.*

buckle *n.* bucall *masc.*, claspa *masc.*, cuach *fem./masc.*, cuachag *fem.*, cuairteag *fem.*

buckler *n.* sgiath-dhìon *fem.*

buckler fern *n.* raineach nan radan *fem.*

buckram *n.* aodach-lìn *masc.*, bucram *masc.*

buckskin *n.* leathair-fèidh *masc.*

buckthorn *n.* ràmh-dhroigheann *masc.*

bucktooth *n.* stòr-fhiacail *fem.*, sgor-fhiacail *masc.*, sgòrr *fem.*

buckwheat *n.* cruithneachd buidhe *masc.*, lus nan cearc *masc.*

bucolic *n.* bò-choilleag *fem.*, bua-choilleag *fem.*, òran-buachailleachd *masc.*

bud *n.* gucag *fem.*, bachailleag *fem.*, coinnleag *fem.*, guc *masc.*, maothan *masc.*

bud *vb.* biodaich, bòrc, craobh

budding *n.* bòrcadh *masc.*, meangalachd *fem.*

budding *adj.* bòrcach

budge *vb.* caraich, gluais, glidnich, smioglaich

budge (lambskin fur) *n.* uairceag *fem.*

budgerigar *n.* buidsidh *masc.*

budget *n.* cunntas bliadhnail *masc.*, buidsead *fem.*

budget (sack) *n.* màileid *fem.*, màla *masc.*, balg *masc.*

buff (colour) *adj.* buidhe-bhàn

buff (leather) *n.* leathar-sginneir *masc.*

buff-breasted sandpiper *n.* luatharan odhar *masc.*

buffalo *n.* boirche *masc.*, braich *fem.*, buabhall *masc.*, damh fiadhaich *masc.*, mart allaidh *masc.*, seagh *masc.*, tarbh-allaidh *masc.*

buffer *n.* bufair *masc.*, eadarag trein *fem.*, stòradair *masc.*

buffet *n.* clàr-bidhe *masc.*

buffet *vb.* buail dòrn, pab

buffet (blow) *n.* pleadhart *masc.*, smaile *fem.*

buffet car *n.* caraids a' bhìdh *fem.*

buffeting *n.* slacarsaich *fem.*, slacraich *fem.*

buffeting *adj.* pleadhartach

buffoon *n.* glaoic *fem.*, baothaire *masc.*, bladhastair *masc.*, sgeigeach *masc.*, sgeigeire *masc.*

buffoonery *n.* glaoiceireachd *fem.*, baothaireachd *fem.*, blabhdaireachd *fem.*, saoibh-chleasachd *fem.*, sùgaireachd *fem.*

bug (medical) *n.* galar *masc.*

bug *n.* mial-fhiodha *fem.*, miol-fhiodha *fem.*

bug (insect) *n.* bògus *fem.*

bug (listening device) *n.* cabar-corra *masc.*

bug (malfunction) *n.* mearachd *fem.*

bugbear *n.* bòcan *masc.*, culaidh-eagail *fem.*

bugle *n.* dùdach *fem.*, adharc-fhaghaid *fem.*, meacan-dubh fiadhain *masc.*

bugle-horn *n.* buabhall-chòrn *fem.*

bugloss *n.* boglas *masc.*, lus teang' an daimh *masc.*

build *vb.* tog

builder *n.* neach-togail *masc.*, neach-togalach *masc.*, tog(a)laiche *masc.*

building *n.* togalach *masc.*, àitreabh *masc.*, togail *fem.*

Building Societies Association *pr.n.* Còmhlan nan Comann Togalaich

building society *n.* comann togalaich *masc.*, còmhlan thogalach *masc.*

built-up *adj.* togalaichte

bulb *n.* bolgan *masc.*, bun cruinn *masc.*, globa *masc.*, meacan *masc.*, meallan *masc.*, moilean *masc.*

bulbous *adj.* bolgach, bulbach, meacanach

bulbous buttercup *n.* tuile-thalmhainn *fem.*

bulge *n.* brù *fem.*, brùchd *masc.*

bulge *vb.* brùchd a-mach, bogha, bulgaich, ion-bholg

bulging *n.* balgach *masc.*

bulimia *n.* galar craosach, an *masc.*, lon-chraois *masc.*

bulk *n.* meudachd *fem.*, tomad *masc.*, bùchd *masc.*, dòmhlachd *fem.*, meud *masc.*, mòid *fem.*, somaltachd *fem.*, taisealadh *masc.*, toirt *fem.*, tomalt *masc.*, tromlach *masc.*

bulkhead *n.* talan *masc.*

bulkiness *n.* meudachd *fem.*, tomad *fem.*, dòmhlachd *fem.*, tarpachd *fem.*

bulky *adj.* mòr, tomadach, somalta, corpanta, dòmhail, dùmhail, làdail, lòdail, luchdmhor, toirteil

bull *n.* tarbh *masc.*

bull (edict) *n.* reachd *masc.*

bull (expression) *n.* mearachd-facail *masc.*

bull-baiting *n.* coinearb *fem./masc.*, gleachd chon is tharbh *fem.*

bull-calf *n.* sgonn *masc.*, tairbhean *masc.*

bullace *n.* bulastair *masc.*

bulldog *n.* tarbh-chù *masc.*, cù-feòladair *masc.*

bulldozer *n.* fuidire *masc.*

bullet *n.* peilear *masc.*, ruagaire *masc.*

bulletin *n.* cuairt-iomradh *masc.*, cuairt-litir *fem.*, naidheachd-cùirt *masc.*

bulletin board *n.* bòrd-sanais *masc.*

bullfinch *n.* buidhean-coille *masc.*, corcan-coille *masc.*, corran-coille *masc.*, deargan-coille *masc.*, gealbhonn-cuileinn *masc.*

bullhead *n.* greusaiche *masc.*

bullhuss *n.* bearach *fem.*, biorach *fem.*

bullock *n.* damh *masc.*

bully *n.* pulaidh *masc.*, maoidhear *masc.*, bagradair *masc.*, braodhaire *masc.*, brothair *masc.*, buannaidh *masc.*, ceatharnach dàna *masc.*, gealltaire bragail *masc.*, stalcair *masc.*

bully *vb.* maoidh

bullying *n.* maoidheadh *masc.*, munganachd *fem.*

bullying *adj.* ràbach

bulrush *n.* bog-mhuine *masc.*, cuilc *fem.*, gobhal-luachair *masc.*, luachair bhog *fem.*, sibhin *masc.*

bulwark *n.* bàbhan *masc.*, balla-bacaidh *masc.*, balla-dìdein *masc.*, caiseal *masc.*, muireachan *masc.*, mùr *masc.*, obair-dhìon *fem.*, ursainn-chatha *masc.*

bum *n.* màs *masc.*, tò(i)n *fem.*

bumbailiff *n.* maor dubh *masc.*

bumble-bee *n.* seillean mòr *masc.*

bumboat *n.* bàta lùiristeach *masc.*

bumkin *n.* slatag-sgòid *fem.*

bump *n.* meall *masc.*, bualadh *masc.*, slaic *fem.*, at *masc.*, cnap *masc.*, pluc *masc.*

bump (booming cry) *n.* crònan *masc.*

bumper *n.* sgailc *fem.*

bumper (drinking receptacle) *n.* gloine *fem.*

bumpkin *n.* gleòsgaire *masc.*, lùiriste *masc.*

bun *n.* buna *masc.*, bonnach *masc.*, aran milis *masc.*

bun (hair) *n.* ciutha *masc.*, cuailean *masc.*, baban *masc.*

bunch *n.* bagaid *fem.*, bad *masc.*, craobhag *fem.*, gagan *masc.*, maibean *masc.*, meall *masc.*, rathan *masc.*, snaim *masc.*, paisg *fem.*

bunch *vb.* cnapaich, pluc

bunchy *adj.* bagaideach, gaganach

bundle *n.* pasgan *masc.*, ultach *masc.*, braghairt *fem.*, ceanglachan *masc.*, paisgean *masc.*, rathan *masc.*, searrag *fem.*, trus *masc.*, trusadh *masc.*, trusgan *masc.*

bung *n.* tùc *masc.*, àrc *fem.*, àrcan *masc.*, glocan *masc.*, ploc *masc.*, pluc *masc.*, stoipeal *masc.*

bung *vb.* stop, plocaich, stoipealaich

bung-hole *n.* beul mòr *masc.*, toll a' phinne *masc.*, toll an tùc *masc.*

bungalow n. bungalo *masc.*, iosdan *masc.*, taigh gun staidhre *masc.*

bunged *adj.* stopte

bunging n. stopadh *masc.*

bungle n. cearbachd *fem.*, brèid *masc.*, clùd *masc.*, mì-shnasalachd *fem.*, tuafaireachd *fem.*

bungle *vb.* dèan gu cearbach, clùd, greòigich, gròig, riapail, uaip

bungler n. cearbaire *masc.*, greòig *masc.*, grògaire *masc.*, prabaire *masc.*, tuafair *masc.*

bungling n. uipearachd *fem.*

bunion n. aoinean *masc.*, faob *masc.*, uinnean *masc.*

bunkum n. gaoitheanachd *fem.*, ràbhart *fem.*

bunt n. poca-lìn *masc.*, poca-siùil *masc.*

bunter n. caile *fem.*

bunting n. gealag-bhuachair *fem.*, sròlach *masc.*

buoy n. puta *masc.*, bolla-stiùiridh *masc.*, àrca *masc.*, fleodrainn *fem.*, meallag *fem.*

buoy *vb.* cum an uachdair

buoyancy n. aotromachd *fem.*, fleodradh *masc.*, flodrachd *fem.*, plodaireachd *fem.*

buoyant *adj.* fleodrach, aotrom, snàmhach

bur(r) n. seircean suirghich *masc.*

bur-reed n. seisg-mheirg *fem.*, seisg-rìgh *fem.*

burbot n. carran-brèige *masc.*

burden n. eallach *masc.*, uallach *masc.*, cualag *fem.*, cudthrom *masc.*, làd *masc.*, làdach *masc.*, lòd *masc.*, osar *masc.*, punnan *masc.*, trom *masc.*

burden *vb.* uallaich, luchdaich, lodaich, sacaich, tromaich

burdening n. tromachadh *masc.*

burdensome *adj.* doilghiosach, cudthromach, muirichinneach

burdock n. cliadan *masc.*, leadan liosda *masc.*, meacan *masc.*, meacan dogha *masc.*, searcan *masc.*, seircean *masc.*, seircean mòr *masc.*, seircean suirich *masc.*

burdock burr n. ceòsan *masc.*

bureau n. biùro *fem./masc.*

bureaucracy n. biùrocrasaidh *masc.*

burette n. buraid *fem.*

burgeon *vb.* brùth, failleanaich, meanglanaich

burgess n. bùirdeasach *masc.*, bùirdeiseach *masc.*, saoranach *masc.*

burgh n. baile mòr *masc.*

burgher n. burgair *masc.*

burglar n. gadaiche-taighe *masc.*, mèirleach *masc.*

burglary n. gadachd-taighe *fem.*

burgomaster n. àrd-bhùirdeasach *masc.*, ceannbhurgair *masc.*

burial n. adhlacadh *masc.*, tiodhlacadh *masc.*, adhlac *fem.*, ollanachadh *masc.*, ollanachd *fem.*, rionnachd *fem.*, tiodhlaigeadh *masc.*, tòrradh *masc.*

burier n. adhlacair *masc.*, tòrradair *masc.*

burin n. iarann-gràbhalaidh *masc.*

burlesque n. sgeigeireachd *fem.*, fochaid *fem.*, magadh *masc.*

burlesque *adj.* ballsgach, magail, sgeigeil

burliness n. tomalt *masc.*

burly *adj.* tapaidh, dòmhail, corpanta, dinnte, stàirneach

burn n. allt *masc.*, losgadh *masc.*

burn *vb.* loisg

burner n. loisgeadair *masc.*

burnet saxifrage n. loisgean *masc.*

burnish n. lìomhaich *fem.*, loinnreachas *masc.*

burnish *vb.* lainnrich, lìomh, sgùr

burnisher n. lìomhadair *masc.*, inneal-lìomhaidh *masc.*, loinnreachair *masc.*, sgùradair *masc.*

burnishing n. òradh masc.

burnishing adj. sgùrach

burr n. clach-ghleusaidh fem., clach-muilne fem., clàdan masc., faillean na cluaise masc., searcan masc.

burr (seed-case) n. bramasag fem., ceòsan masc.

burrow vb. cladhaich (fo thalamh)

bursar n. òir-chisdear masc.

bursary n. bursaraidh masc., òir-chisdearachd fem., sgoilearachd fem.

bursary appeal n. tagradh-bursaraidh masc.

burst n. spreadhadh masc., sgàineadh masc., sgoltadh masc., brag masc., maoim fem.

burst vb. bris, sgàin, sgoilt, plaoisg, sgag, spreadh

burst asunder vb. sgoilt

burst forth vb. brùchd

burst main n. briseadh prìomh-phìob masc.

bursting n. spreadhadh masc., sgoltadh masc., sgiucha, sgoch masc.

bursting adj. sgoltach

burstwort n. lus an t-sicnich masc.

bury vb. adhlaic, tiodhlaic, cealaich, ollanaich, taisg, tòrr, uaghaich

burying-ground n. cladh masc., cill fem.

burying-place n. àit-adhlaic masc., reilig fem.

bus n. bus masc.

bus (computing) n. slighe fem.

bus service n. seirbheis bhusaichean fem.

bus shelter n. fasgadh bhusaichean masc.

bus terminal n. ionad bhusaichean masc.

bus-stop n. àite-stad nam bus masc.

bush n. dos masc., bad masc., preas masc., tolm masc., tom masc.

bush (tavern sign) n. steàrnal masc.

bush vetch n. peasair nam preas fem., peasair nan each fem.

bushel n. buiseal masc., buiseil masc., ceathramh masc., feòrlan masc., mioch fem./masc.

bushgrass n. cuilc-fheur fem., lachan-coille masc.

bushiness n. dosanachd fem.

bushy adj. preasach, dosach, badanach, caisreagach, dosrach, gasach, gasanach, orabhar

business n. gnothach masc., obair fem., malairt fem., dreuchd fem., gnìomhachas masc., gnothachas masc., rud masc., trog fem./masc.

business (errand) n. ceann-turais masc.

business card n. cairt-ghnìomhachais fem.

business cycle n. cuairt-ghnìomhachais fem.

business end n. ceann gnìomhach masc.

business-like adj. cùiseach, pongail, puncail, seirmeil, sgionnsgarach, speideil, spideil, sùrdail

businessman n. fear-gnothaich masc., fear-malairt masc.

businessperson n. neach-gnothaich masc.

businesswoman n. tè-ghnothaich fem., tè-mhalairt fem.

busk n. pleadhan-teannachaidh masc.

buskin n. cuaran masc., leth-bhòt fem.

buss n. busag fem.

bust n. broilleach masc., buinne fem.

bust (sculpture) n. ceann is guaillean masc.

bustard n. coileach Franngach masc.

bustle n. othail fem., drip fem., cabhag fem., càmparaid fem., collaid fem., iorghaill fem., odhail fem., ofhaich fem., ràpal masc., sgairt fem., straighlich fem., uainneart masc., ùbairt fem., ùpairneachd fem.

bustle vb. ùinich

bustling n. sgairteachd fem., sgairteadh masc., susdal masc.

bustling *adj.* sgairteil

busy *adj.* trang, dripeil, dèanadach, gnìomhach, mu theinn, rudach, saoithreach

busy at *adj.* an sàs ann an

busybody *n.* gobaire *masc.*, beadagan *masc.*, neach-tuaileis *masc.*, sgileam *masc.*, trusdromach *masc.*

but (outer room) *n.* ceàrn *masc.*, cuile *fem.*

butcher *n.* bùidsear *masc.*, brothair *masc.*, feòladair *masc.*

butcher *vb.* dèan bùidsearachd, casgair

butcher's-broom *n.* calg-bhealaidh *masc.*, calg-bhrudhainn *masc.*, lus nan cealg *masc.*

butchery *n.* taigh-feòladaireachd *masc.*, feòladaireachd *fem.*

butler *n.* buidealair *masc.*, bàrr-dhriopair *masc.*, buidileir *masc.*

butt (archery) *n.* targaid *fem.*, ionad-cuimse *masc.*

butt (of gun) *n.* stoc *masc.*

butt *n.* baraille *masc.*, tocsaid *fem.*, buideal mòr *masc.*, tunna *masc.*

butt (measure) *n.* butta *fem./masc.*

butt (object of ridicule) *n.* cùis-bhùirt *fem.*, culaidh-bhùirt *fem.*, culaidh-mhagaidh *fem.*, ball-bùirt(e) *masc.*, ball-àbhacais *masc.*

butt *vb.* purr, mulc

butter *n.* ìm *masc.*

butter *vb.* cuir ìm air, sgaoil ìm air

butter-fish *n.* claimheag chaothaich *fem.*, cloimhein-cluich *masc.*, cloitheag *fem.*, cloitheag chaothaich *fem.*, clomhag chaothaich *fem.*

butter-print *n.* moldair-ìme *masc.*

butter-roll *n.* measgan *masc.*, puingean *masc.*

butterbur *n.* gallan mòr *masc.*, pùball beannach *masc.*

buttercup *n.* buidheag an t-samhraidh *fem.*, cearban-feòir *masc.*

butterflower *n.* buidheag an t-samhraidh *fem.*

butterfly *n.* dealan-dè *masc.*, amadan-dè *masc.*, amadan-leithe *masc.*, anaman-dè *masc.*, cailleach-oidhche *fem.*, calaman-dè *masc.*, dealbhan-dè *masc.*, dearbadan-dè *masc.*, tarmachan-dè *masc.*, teillean-dè *masc.*, teine-dè *masc.*, tormagan-dè *masc.*

buttermilk *n.* bainne-maistridh *masc.*, bainne-muidhe *masc.*, blàthach *fem.*

butterscotch *n.* ìm-mhilsean *masc.*

butterwort *n.* badan-measgain *masc.*, bròg na cuthaige *fem.*, gallan mòr *masc.*, sli(o)m *fem./masc.*

buttery *n.* ioslann *fem.*, taigh-tasgaidh *masc.*

buttery *adj.* ìmeach

butting *n.* mulcadh *masc.*, purradh *masc.*, putadh *masc.*, tùirneileis *fem.*

buttock *n.* man(a)chan *masc.*, màs *masc.*, buisginn *fem./masc.*, ploc a' mhàis *masc.*, cìos *masc.*

button *n.* putan *masc.*, cnap *masc.*, cnapan-trusgaidh *masc.*, liagh-dhealg *fem.*

button *vb.* putanaich

button fish *n.* cailleachag *fem.*, conan-mara *masc.*

buttonhole *n.* toll-putain *masc.*, toll-cnaip *masc.*

buttress *n.* balla-taice *masc.*, taice *fem.*, conbhallas *masc.*, farbhalla *masc.*, stiocall *masc.*, tacsa *masc.*

buttress *vb.* taicich, goibhlich, taic

buxom *adj.* maiseach, tiugh

buy *vb.* ceannaich

buyer *n.* ceannaiche *masc.*, neach-ceannach *masc.*

buying *n.* ceannach *masc.*

buzz *n.* srann *fem.*, crònan *masc.*, cagar *masc.*, siùsan *masc.*

buzz *vb.* srann, dranndanaich, thoir sanas

buzzard *n.* clamhan *masc.*, àrmhaigh *masc.*, bumailear *masc.*, finnean *masc.*, finneun *masc.*, gilm *masc.*, preachan geàrr *masc.*, stannart *masc.*

buzzing *n.* srannan *masc.*, crònan *masc.*, siùsan *masc.*, srannail *fem.*

by *prep.* tro

by (near) *prep.* faisg air, ri thaobh

by day *adj.* a latha

by degrees *adj.* mean air mhean, uidh air 'n uidh, beag is beag, beagan is beagan, mion air mhion

by fits and starts *adj.* luaineach

by force *adj.* le làmhachas làidir

by means of *prep.* tro

by my sooth! *interj.* nàile!

by night *adj.* a dh' oidhche

by stages *adj.* mean air mhean

by the skin of one's teeth *adj.* lomach-air-èiginn

by turns *adj.* mu seach

by- *pref.* leth-

by-and-by *adj.* a dh'aithghearr, ri ùine

by-election *n.* fo-thaghadh *masc.*, frith-thaghadh *masc.*, taghadh air leth *masc.*

by-law *n.* fo-lagh *masc.*, frith-lagh *masc.*, lagh-baile *masc.*

by-name *n.* far-ainm *masc.*, frith-ainm *masc.*, aisinn *fem.*

by-pass *n.* seach-rathad *masc.*

by-path *n.* leth-rathad *masc.*

by-product *n.* far-stuth *masc.*

by-road *n.* frith-rathad *masc.*, leth-rathad *masc.*, rathad seachranach *masc.*

by-street *n.* frith-shràid *fem.*

by-walk *n.* frith-cheum *masc.*

by-way *n.* seach-rathad *masc.*, taobh-shlighe *fem.*

by-word *n.* for-fhacal *masc.*, frith-fhacal *masc.*, gnàth-fhacal *masc.*, leth-fhacal *masc.*, seanfhacal *masc.*

byke *n.* cobag *fem.*

bylaw *n.* riaghailt-chomainn *fem.*

bypass *n.* rathad-seachnaidh *masc.*, seachrathad *masc.*

byre *n.* bàtha(i)ch *fem.*

bystander *n.* neach-amhairc *masc.*

C

cab *n.* carbad *masc.*

cabal *n.* cluaintearachd *fem.*, coinneamh dhìomhair *fem.*

cabalistical *adj.* dìomhair

caballer *n.* cluaintear *masc.*

cabbage *n.* càl *masc.*, càl ceirsleach *masc.*, càl faobach *masc.*, càl geal *masc.*, stocan-càil *masc.*

cabbage-butterfly *n.* cruimh-chàil *fem.*

cabbage-heart *n.* ceirle-càil *fem.*

caber *n.* cabar *masc.*

cabin *n.* ceabain *masc.*, seòmar-luinge *masc.*, bothan *masc.*

cabin passage *n.* aiseag-ceabain *masc.*

cabinet (group) *n.* caibineat *masc.*, comhairle-phàrlamaid *fem.*, luchd-iompaidh *masc.*

cabinet (room) *n.* seòmar-comhairle *masc.*, seòmar-tasgaidh *masc.*

cabinetmaker *n.* saor-àirneis *masc.*, saor geal *masc.*

cable *n.* càball *masc.*, ball-acrach *masc.*, muir-theud *masc.*, sròn-teud *fem./masc.*, suag *fem.*

cable *vb.* càblaich

cabman *n.* rèidh-charbadair *masc.*

cache *n.* àite-falaich *masc.*, falachan *masc.*, falachasan *masc.*

cachectical *adj.* galarach

cachexy *n.* easlaint *fem.*

cack *n.* cac *masc.*

cackle *n.* gloc *masc.*, ràc *masc.*

cackle *vb.* gàc, gog

cackling *n.* cànran *masc.*, gàcail *fem.*, gàgail *masc.*

cacodemon *n.* deamhan *masc.*

cacophony *n.* searbh-ghlòir *fem.*, searbh-ràdh *masc.*, seirbhe-ciùil *fem.*

cad *n.* balgaire *masc.*, trustar *masc.*

cadaver *n.* clisneach *masc.*, closach *fem.*, cnàmharlach *masc.*

cadaverous *adj.* cairbheach, conablachail, eugnaidh, reangach, reangaichte, rongach, siogaideach

caddice *n.* caiteas *masc.*

caddie *n.* cadaidh *masc.*

caddis *n.* durrag-chonnlaich *fem.*

caddis-worm *n.* caiteas *masc.*, stiomag *fem.*

caddy (container) *n.* bòsdan *masc.*

cade *adj.* tairis, tlàth

cadence *n.* dùnadh *masc.*, fonn *masc.*, guth-leagadh *masc.*, ìsleachadh-gutha *masc.*

cadet *n.* foghlamaiche-airm *masc.*, òglach *masc.*

cadger *n.* ceannaiche-siubhail *masc.*

cafe *n.* cafaidh *masc.*

caffeine *n.* cafein *masc.*

cage *n.* cèidse *fem.*, eun-lann *fem.*, cliabhan *masc.*

cailleach *n.* cailleach *fem.*

cairban *n.* cearban *masc.*

cairie *n.* caora *fem.*

cairn *n.* càrn *masc.*

caisson disease (bends) *n.* galar dubh snàimh, an *masc.*

caitiff *n.* eagonach *masc.*, slaightire *masc.*

cajole *vb.* breug, brosgail, ciùinich, meall, plìotair, slìob, slìog, sodalaich

cajoler *n.* miodalaiche *masc.*, neach-sodail *masc.*, pliodair *masc.*, slìobair *masc.*, slìogaire *masc.*, sodalach *masc.*

cajoling *n.* masgal *masc.*

cajoling *adj.* brìodalach, sàimh-bhriathrach

cake *n.* cèic *fem.*, aran milis *masc.*, bairghean *masc.*, bannag *fem.*, boinneag *fem.*, breacag *fem.*, deàrnagan *masc.*, sraidheag *fem.*, sreabhan *masc.*, sudag *fem.*

calamitous *adj.* cruadalach, dosgach, dosgainneach, sgèileach, sgiorradail, truagh

calamity *n.* àmhghar *masc.*, calldachd *fem.*, deireas *masc.*, doilghios *masc.*, dosgaidh *fem.*, dosgainn *fem.*, sgèile *fem.*, sgrìob *fem.*, teinn *fem.*, trioblaid *fem.*, truaighe *fem.*, tubaist *fem.*, urchaid *fem.*

calamus *n.* cuille *fem.*

calcareous *adj.* cailceach

calcination *n.* losgadh gu luaithre *masc.*, luaithreachadh *masc.*, snaoiseanachd *fem.*, snaoiseanadh *masc.*

calcine *vb.* luaithrich, snaoisein

calcining *n.* fùirnseachadh *masc.*

calculate *vb.* cunnt, ionnrain, obraich a-mach, riomhair, tomhais

calculated *adj.* air obrachadh a-mach

calculation *n.* àireamhachadh *masc.*, riomhaireachd *fem.*

calculator *n.* àireamhair *masc.*, muileann-cunntais *fem./masc.*

calculous *adj.* clachach, moraghanach

calculus *n.* calculas *masc.*, riaghailt-àireimh *fem.*

caldron *n.* coire mòr *masc.*

Caledonian *adj.* Albannach

calefactory *adj.* teth

calefy *vb.* blàthaich, dèan teth, teòidh

calendar *n.* mìosachan *masc.*, caladair *masc.*

calendar month *n.* mìos làn *fem./masc.*, mìos shlàn *fem./masc.*

calender *n.* caladair *masc.*, crann-teanndaidh *masc.*, preas-liosraidh *masc.*

calender *vb.* liosraich

calenderer *n.* neach-liosrachaidh *masc.*

calf *n.* laogh *masc.*, boininn *fem.*

calf (part of leg) *n.* calpa *masc.*, bailc *fem.*, balagadan *masc.*, marachan *masc.*, meall a' chalpa *masc.*

calibre (bore) *n.* cailbhir *masc.*, cailibhear *masc.*, cuilbhear *masc.*

calico *n.* aodach-canaich *masc.*, cailleago *masc.*

calid *adj.* loisgeach, teth

caligation *n.* dorchadas *masc.*, gruamachd *fem.*

caliginous *adj.* dorcha, gruamach

caliver *n.* cuilbhear *masc.*

calk *vb.* calc, calcaich, dìonaich, dùin suas

calker *n.* calcadair *masc.*, neach-calcaidh *masc.*

call *n.* èigh *fem.*, gairm *fem.*, glaodh *masc.*, caismeachd *fem.*, cuireadh *masc.*

call *vb.* èigh, gairm, goir, tadhail

call (demand) *n.* miadh *masc.*

callet *n.* caile shuarach *fem.*

calligraphy *n.* ealdhain-sgrìobhaidh *fem.*

calling *n.* gairm *fem.*, tadhal *masc.*

calling (vocation) *n.* dreuchd *fem.*

callipers *n.* gobhal-roinn *masc.*

callosity *n.* calann *masc.*, spuaic *fem.*

callous *adj.* cruaidh, neo-aireachail, neo-mhothachail, neo-thròcaireach, teann

callousness *n.* neo-mhothachadh *masc.*

callow *adj.* lom, roisg, rùisgte

callus-fluid *n.* lionn-tàthaidh *masc.*

calm *n.* ciùine *fem.*, fèath *masc.*, sàmhchair *masc.*, fialtas *masc.*, sàmh *masc.*

calm *adj.* ciùin, fèathail, sèimh, fèitheach, fiathail, foistinneach, ìosal, màlda, mall, sàmhach, sèamh, sèimheach, sìothchail, soinneannach, soinneanta, soirbh, suaimhneach, tosdach

calm *vb.* sìthich, sèamhaich, sèimhich, sìochaich

calming *n.* sèimheachadh *masc.*

calming *adj.* sèimheach

calmness *n.* ciùine *fem.*, fèath nan eun *masc.*, sàmhchair *masc.*, sèimhe *fem.*, socradh *masc.*, suaimhneas *masc.*

calomel *n.* airgead beò *masc.*, burgaid *fem.*, cungaidh-fuasglaidh *fem.*

calorific *adj.* teth

caltrop *n.* deanndag-arbhair *fem.*, deanntag rògach *fem.*, deanntag-arbhair *fem.*

calumniate *vb.* cùl-chàin, aithris tuaileas, sgainnealaich

calumniation *n.* aoireachd *fem.*, tuaileas *masc.*

calumniator *n.* cùlchainntear *masc.*, neach-casaid *masc.*, tuaileasaiche *masc.*

calumnious *adj.* cùlchainnteach, sgainnealach, tuaileasach

calumny *n.* cùl-chàineadh *masc.*, breug *fem.*, cùl-bheum *masc.*, cùlchainnt *fem.*, inisg *fem.*, mì-theist *fem.*, sgainneal *masc.*, sgannal *masc.*, tuaileas *masc.*

calve *vb.* beir laogh, breith, rach an ceann laoigh

caman *n.* caman *masc.*

cambric *n.* anart caol *masc.*, pèarlainn *fem.*

camel *n.* càmhal *masc.*

camera *n.* camara *masc.*

camlet *n.* caimleid *fem.*, stuth *masc.*

camomile *n.* buidheag shearbh *fem.*, camamhail *masc.*, luibh-leighis *fem.*, lus nan cam-bile *masc.*

camp *n.* camp(a) *masc.*, feachd-chòmhnaidh *masc.*

campaign *n.* iomairt *fem.*

Campaign for Nuclear Disarmament *pr.n.* Iomairt an aghaidh Armachd Niùclach

campestral *adj.* machrach

camphor *n.* campar *masc.*

campsite *n.* làrach-campachaidh *fem.*

canaille *n.* fòtus *masc.*, gràisg *fem.*, pràbar *masc.*

canal *n.* canàl *masc.*, clais-uisge *masc.*, cainneal *fem.*, cladh-abhainn *fem.*, cladh-shruth *masc.*, cladh-uisge *masc.*, sruth-chlais *fem.*

canaliculated *adj.* sruthanach

cancel *vb.* cuir an neoni, dubh a-mach

cancellation *n.* dubhadh a-mach *masc.*

cancelled *adj.* dubhte, neo-bhrìghichte

cancer *n.* aillse *fem.*, buirbean *masc.*, buirbein *masc.*, cangairnich *fem.*, cnàmhainn *fem.*, craimhinn *masc.*

Cancer Relief *pr.n.* Cobhair na h-Aillse

Cancer Research Campaign *pr.n.* Iomairt Sgrùdadh Aillse

canceration *n.* buirbeanachadh *masc.*

cancerous *adj.* aillseach, buirbeanach, cnàmhainneach

cancrine *adj.* crùbagach, partanach

cancrinite *n.* caincrinit *fem.*

candid *adj.* fosgarra, neo-chealgach, neo-fhallsa, neo-mhealltach, saor-chridheach

candidate *n.* iarradair *masc.*, neach-iarraidh *masc.*, neach-tagairt *masc.*, neach-tagraidh *masc.*, tagraiche *masc.*

candidate (examinee) *n.* oileanach *masc.*

candidness *n.* saor-chridheachd *fem.*

candle *n.* coinneal *fem.*

Candlemas *pr.n.* Fèill Brìghde, La Fhèill Brìghde nan Coinnlean, Latha Fhèill Moire nan Coinnlean

candlestand *n.* cèirseach *masc.*

candlestick *n.* coinnlear *masc.*

candlewick *n.* stèapan *masc.*

candour *n.* deagh-ghnè *fem.*, fosgarrachd *fem.*, glaine-inntinn *fem.*, neo-chealgachd *fem.*, saor-chridheachd *fem.*, suairceas *masc.*

candy *n.* candaidh *masc.*

candy *vb.* grèidh le siùcar

candy floss *n.* canach-siùcair *masc.*, clòimh mhilis *fem.*

cane *n.* steabhag *fem.*, steafag *fem.*

cane *vb.* buail le bata, slac, slacainn

cane (stick) *n.* bata-cuilce *masc.*

canine *adj.* conail, madach, madrach

canister *n.* canastair *masc.*

canker *n.* cangairnich *masc.*, cnàmhainn *fem.*, cnuimh *fem.*, feursa *masc.*, meirg *fem.*

canker *vb.* caith, cangairnich, cnàmh, ith air falbh, mill, truaill

canker-worm *n.* cnàmh-chruimh *masc.*, meas-chruimh *masc.*

cankerous *adj.* cnàmhach

cannabis *n.* cainb-lus *masc.*

cannach *n.* canach *masc.*

cannel *n.* cainneal *masc.*

cannibal *n.* canabail *masc.*, duin'-itheach *masc.*

cannon *n.* gunna mòr *masc.*, canan *masc.*

cannonade *n.* làmhachas *masc.*

canny *adj.* cneasda

canoe *n.* curach Innseanach *fem.*, curachan *masc.*

canoeing *n.* curachanachd *fem.*

canon *n.* cananach *masc.*, clèir-lagh *masc.*, naomh-riaghailt *fem.*, reachd-eaglais *masc.*

canon law *n.* lagh na h-eaglais *fem./masc.*, naomh-reachd *masc.*

canonical *adj.* riaghailteach

canonise *vb.* naomhaich, naomh-dhèan

canonist *n.* cananach *masc.*

canopy *n.* ceannbhrat *masc.*, brat *masc.*, crom-chòmhdach *masc.*, lèir-fhalach *masc.*

canorous *adj.* fonnmhor

canorousness *n.* ribheideachd *fem.*

cant *n.* dubh-chainnt *fem.*, cainnt gun bhrìgh *fem.*, cealgaireachd *fem.*, gràisg-chòmhradh *masc.*, ràsanachd *fem.*

cantankerous *adj.* durabhaidh

cantata *n.* canntaireachd *fem.*, cantàta *masc.*, còisireachd *fem.*, òran-nan-car *masc.*

cantation *n.* òranachadh *masc.*

canteen *n.* ionad-bìdh *masc.*, biadh-lann *fem.*

canter (movement) *n.* trotan *masc.*, trotan-eich *masc.*

canter (person) *n.* cealgair *masc.*, mealltair *masc.*

Canterbury bells *n.* cìochan-na-mnà-sìthe *pl.*

cantharis *n.* cuileag Spàinnteach *fem.*

canthus *n.* oisean na sùla *masc.*

canticle *n.* cainnteag *fem.*, cantaig *fem.*, òran cràbhach *masc.*

cantle *n.* bloigh *fem.*, earrann *fem.*, mìr *masc.*

canto *n.* duanag *fem.*, earrann de dhuan *fem.*, mìr-fearainn *masc.*, taobh-dùthcha *masc.*

canton (heraldry) *n.* ceithir-cheàrnag *fem.*

cantred *n.* triochad ceud *fem./masc.*

canvas *n.* aodach-cainbe *masc.*, cainb *fem.*, canabhas *masc.*, linnseach *fem.*, tùilinn *fem.*

canvass *n.* tuillinn *fem.*

canvass *vb.* aslaich, iarr fàbhar, sir

canvass (persuade) *vb.* aslaich

canvasser *n.* neach-aslachaidh *masc.*, sireadair *masc.*

canzonet *n.* duanag *fem.*, òran beag *masc.*

cap *n.* bonaid *masc.*, currac *masc.*, ceap *masc.*, barran *masc.*, caipin *masc.*, cochall *masc.*, còmhdach-cinn *masc.*

cap *vb.* bonaidich, còmhdaich, cuir currac air

cap-à-pie *adj.* o churraic gu bròig, o mhullach gu bonn

capability *n.* comas *masc.*, murrachas *masc.*

capable *adj.* comasach, murrach, urrainn

capacious *adj.* farsaing, luchdmhor, mòr

capaciousness *n.* farsainneachd *fem.*

capacitance *n.* stòr-dealain *masc.*

capacitate *vb.* comasaich, dèan comasach, dèan iomchaidh, deasaich, ullaich

capacity *n.* comas *masc.*, comas na ghabhas *masc.*, leud *masc.*, toinisg *fem.*

caparison *n.* còmhdach rìmheach eich *masc.*, each-aodach *masc.*

cape (covering for shoulders) *n.* bann-bhràighe *masc.*, guailleachan *masc.*

cape (head/point) *n.* rubha *masc.*, maol *masc.*

caper *n.* amhailt *fem.*, capair *masc.*, leum *masc.*, sùrdag *fem.*

caper *vb.* geàrr sùrdagan, leum

caper (piece of bread) *n.* ceapaire *masc.*

capercaillie *n.* capall-coille *masc.*

capercailzie *n.* capall-coille *masc.*

capercalzie *n.* cabar-coille *masc.*

caperer *n.* leumnaiche *masc.*

capering *n.* capaireadh *masc.*, ruideas *fem.*

capers *n.* taisearachd *fem.*

capillary *n.* cuisleag chaol *fem.*

capillary *adj.* ròineagach, sreangach

capillary action *n.* gluasad-sùghaidh *masc.*

capital (chief town) *n.* prìomh-bhaile *masc.*

capital (head of column) *n.* ceann-cuilbh *masc.*

capital (involving death penalty) *adj.* mòr-chiontach

capital (stock) *n.* stoc *masc.*

capital (stock/money) *n.* calpa *masc.*

capital (stock/money) *adj.* calpach

capital cost *n.* cosgais chalpach *fem.*, cosgais-calpa *fem.*

capital expenditure *n.* caitheamh-calpa *masc.*

capital expenditure programme *n.* prògram cosgais calpa *masc.*

capital expenditure progress report *n.* aithisg adhartas cosgais calpa *fem.*

Capital Gains Tax *n.* Cìs Buannachd Calpa *fem.*

capital goods *n.* bathar calpach *masc.*

Capital Grants Scheme *n.* Sgeama Thabhartasan Calpa *masc.*

capital letter *n.* ceann-litir *fem.*, litir mhòr *fem.*

capital offence *n.* ceannchoire *fem.*

capital profit/surplus *n.* buannachd-calpa *fem.*

capital reserve *n.* taisg-calpa *fem.*

capital works *n.* oibrichean calpa *pl.*

capital-intensive enterprise *n.* obair làn-chalpach *fem.*

capitalism *n.* calpachas *masc.*, earrasachd *fem.*

capitalist *n.* calpaiche *masc.*

capitalist *adj.* calpach

capitulate *vb.* strìochd, teirm-ghèill

capon *n.* càban *masc.*, coileach (spothte) *masc.*

cappel *n.* capall *masc.*

caprice *n.* neònachas *masc.*, baogaid *fem.*, baotharlanachd *fem.*, mùiteachd *fem.*, seilleanachd *fem.*, sròineas *masc.*, teum *masc.*

capricious *adj.* neònach, mùiteach, neo-chunbhalach, seilleanach, teumnach, tramailteach, uaireach

capsize *vb.* cop, cuir thairis

capskum *n.* lus a' phìobaire dheirg *masc.*

capstan *n.* capastan *masc.*, ceapsan *masc.*, inneal-draghaidh *masc.*, inneal-tarraing *masc.*

capsular *adj.* cisteil, cochallach, plaosgach

capsule *n.* capsal *masc.*, ciste *fem.*, cochall *masc.*

captain *n.* caiptean *masc.*, caiptein *masc.*

captaincy *n.* caipteineachd *fem.*

captation *n.* miodal *masc.*

caption *n.* ceann-sgrìobhadh *masc.*, glacadh *masc.*

captious *adj.* beumach, connspaideach, corrach, dreaganta, frionasach, teabanta, tiolpach

captiousness *n.* dreagantachd *fem.*

captivating *adj.* sìogaidh

captivation *n.* cimeachd *fem.*

captive *n.* ciomach *masc.*, prìosanach *masc.*

captive *adj.* braighdeanach

captivity *n.* braighdeanas *masc.*, ciomachas *masc.*, bruid *fem.*, daorsa *fem.*, làimhdeachas *masc.*, prìosanachd *fem.*, tràilleachd *fem.*

captor *n.* glacadair *masc.*

capture *n.* glacadh *masc.*, cobhartach *masc.*, creach *fem.*, creachadh *masc.*

capture *vb.* glac, iom-ghabh, prìosanaich

car *n.* càr *masc.*, cobhan *masc.*

car ferry *n.* aiseag-charbad *fem.*

car-boot *n.* ciste-càir *fem.*

car-wash *n.* càr-fhras *masc.*

caracole *n.* siaradh *masc.*

caramel *n.* caramail *masc.*

carat *n.* tomhas-òir *masc.*

caravan *n.* bothan-siubhail *masc.*, carabhan *fem.*, carbad mòr *masc.*

caravan site (multi-caravan) *n.* raon charabhan *masc.*

caravan site (one caravan) *n.* làrach carabhain *fem.*

caraway *n.* carabhaidh *masc.*, lus dearg *masc.*

carbine *n.* cairbinn *fem.*, cearbainn *fem.*, olastair *masc.*

carbineer *n.* olastairiche *masc.*

carbohydrate *n.* gualuisg *masc.*

carbon *n.* gualan *masc.*

carbon copy *n.* lethbhreac gualain *masc.*

carbon dioxide *n.* gualan dà-ocsaid *masc.*

carbonic *adj.* fiodh-ghualach, gualanach

carbuncle *n.* guirean *masc.*, carbancal *masc.*, neasgaid *fem.*, niosgaid *fem.*, plucan dearg *masc.*

carcanet *n.* muinge *fem.*

carcase *n.* cairbh *fem.*, closach *fem.*, alachd *fem.*, conablach *masc.*, faobhadach *masc.*, marbhan *masc.*, spòldach *masc.*, spòltach *masc.*, spoltach *masc.*

carcass *n.* corp marbh *masc.*

carcinoma *n.* buirbein *masc.*

card *n.* cairt *fem.*

card (wool) *vb.* slam

card index *n.* clàr-amais chàirtean *masc.*

card-table *n.* clàr chàirtean *masc.*

cardamine *n.* biolair *fem.*

carder *n.* càrdair *masc.*

carder (wool) *n.* clàdaire *masc.*

cardigan *n.* càrdagan *masc.*, geansaidh fosgailte *masc.*, peitean *masc.*

cardinal *adj.* susbainteach

cardinal number *n.* cunntair àrdail *masc.*

carding (combing) *n.* càrdadh *masc.*

care *n.* cùram *masc.*, aire *fem.*, faiceall
fem., cluadain *masc.*, imnidh *fem.*,
iomagain *fem.*, nàistinn *fem.*, sùil *fem.*,
suim *fem.*, suimealachd *fem.*, toghaidh
fem., toighe *fem.*, uighealachd *fem.*,
umhail *fem.*

care *vb.* gabh cùram, gabh suim

care (attention) *n.* sgoinn *fem.*

care assistant *n.* neach-frithealaidh *masc.*

care of children (legal) *n.* cùram-cloinne
masc.

care of the elderly *n.* cùram sheann
daoine *masc.*

carecake *n.* carracag *fem.*

careen *vb.* càirich, calc, dìonaich

career *n.* cùrsa-beatha *masc.*, dreuchd
fem., rèim *fem.*, rèis *fem.*, rionluas
masc.

careers convention *n.* fèill-dhreuchdan
fem.

careers guidance staff *n.* luchd-
treòrachaidh dhreuchdan *masc.*

careers library *n.* leabharlann-dreuchda
fem.

Careers Office *pr.n.* Oifis Treòrachaidh
Dhreuchdan

careers office *n.* oifig/oifis dhreuchdan
fem.

careers teacher *n.* tidsear treòrachaidh
dhreuchdan *masc.*

carefree *adj.* somalta

careful *adj.* faiceallach, cùramach,
furachail, acarra, faireachail,
imnidheach, iomagaineach,
nàistinneach, sealltainneach, ùigheil

carefulness *n.* iomagaineachd *fem.*

careless *adj.* mì-chùramach, coma,
dearmadach, mì-dhùrachdach, mì-
fhurachail, neo-chuimhneachail,
neo-chùramach, neo-fhreasdalach,
neo-iomagaineach, neo-spèiseil, neo-
thoirteil, neo-umhailleach, so-mhuinte

carelessness *n.* mì-chùram *masc.*, mì-
shuim *masc.*, mì-fhaicill *fem.*,
dearmadachd *fem.*, mì-chruinnealas
masc., mì-chuimhne *fem.*, mì-dhiùgh
fem./masc., neo-air-chas *masc.*, neo-air-
thoirt *masc.*, neo-chuimhne *fem.*,
neo-chùram *masc.*, neo-shuime *fem.*,
neo-thoirtealachd *fem.*

caress *n.* tatadh *masc.*

caress *vb.* caidrich, cniadaich, criodaich,
gràdhaich, mùirnin, tàlaidh, tataich

caressing *n.* tàladh *masc.*

caressing *adj.* slìogach

caret *n.* easbhaidh *fem.*

caretaker *n.* neach-gleidhidh *masc.*

cargo *n.* luchd *masc.*, làd *masc.*, lòd *masc.*

caricature *n.* dealbh-magaidh *masc.*, mag-
dhealbh *masc.*

caries *n.* grodachd *fem.*

cariosity *n.* grodachd *fem.*

carious *adj.* grod, lobhta, malcte,
mosganach

carle *n.* bodach *masc.*, mùigean *masc.*

carline thistle *n.* fothannan soilleir *masc.*

carman *n.* cairtear *masc.*

carmine *adj.* cairmin, corcur, dearg

carn(e)ous *adj.* reamhar, sultmhor

carnage *n.* casgradh *masc.*, àr *masc.*,
beubanachd *fem.*, feòlach *masc.*,
marbhadh *masc.*, plod *masc.*,
plodraich *fem.*, slad *masc.*

carnal *adj.* corporra, feòlmhor, collaidh

carnality *n.* mì-gheanmnaidheachd *fem.*

carnation *n.* càrnaid *fem.*, feòil-dhath
masc.

carnival *n.* àrd-fhèill *fem.*, ròic-chuilm *fem.*, sollain *fem.*

carnivorous *adj.* feòil-itheach

carol *n.* aidheam *fem.*, caireal *masc.*, òran-gàirdeachais *masc.*

carol *vb.* ceileirich, seinn

carol-singer *n.* nuallair *masc.*

carotid artery *n.* cuisle mhòr na h-amhaich *fem.*

carousal *n.* fleadh *masc.*, craosal *masc.*, meadhail *fem.*, òlachan *masc.*

carouse *vb.* òl, pòit, ruidhtearaich

carouser *n.* ruitear *masc.*

carousing *n.* pòitearachd *fem.*

carp *n.* carbh *fem.*, carbhanach-uisge *masc.*, iasg leathann *masc.*

carp *vb.* coirich, spiol, spreig, tiolp

carpark *n.* pàirc-chàraichean *fem.*, càrlann *fem.*

carpel *n.* carpal *masc.*

carpenter *n.* saor *masc.*, saor dubh *masc.*

carpentry *n.* saorsainneachd *fem.*

carper *n.* cronachair *masc.*, cuirpear *masc.*, rinneadair *masc.*, spioladair *masc.*

carpet *n.* brat-ùrlair *masc.*, tapais *fem.*, làr-bhrat *masc.*, casbhrat *masc.*, stràille *masc.*, streafon *masc.*

carping *n.* ceapadh *masc.*

carping *adj.* coireachail, crimeagach, teabanta, tiolpach

carrag(h)een *n.* cairgean *masc.*, màthair an duileisg *fem.*

carressing *n.* miolcais *fem.*

carriage *n.* carbad *masc.*, cairbhist *masc.*, caraids *fem.*, gabhail *fem.*, inneal *masc.*, iomrachan *masc.*

carriageway *n.* slighe-carbaid *fem.*

carried forward (c/f) *adj.* air a chur air adhart, cuirte air adhart

carrier *n.* cairtear *masc.*, neach-giùlain *masc.*, osanaiche *masc.*

carrier wave *n.* tonn-giùlain *fem.*

carrion *n.* ablach *masc.*, blìonach *fem.*

carrion-crow *n.* feannag *fem.*, feannag dhubh *fem.*

carrot *n.* curran buidhe *masc.*, cearbachan *masc.*, meacan buidhe *masc.*, miùran *masc.*, miùran buidhe *masc.*

carroty *adj.* dearg, ruadh

carry *vb.* giùlain, iomchair, tog

carry (mathematics) *vb.* thoir leat

carry-on *n.* easaraich *fem.*

carrying *n.* giùlan *masc.*, togail *fem.*

cart *n.* cairt *fem.*

cart-horse *n.* each cartach *masc.*, each fèin *masc.*

cartage *n.* cairtearachd *fem.*

cartel *n.* cairteil *fem.*

carter *n.* cairtear *masc.*, ceannaire-cartach *masc.*

cartilage *n.* brisgean *masc.*, duileasg na sròine *masc.*, maothan *masc.*, maoth-chnàimh *masc.*, smaosdrach *masc.*

cartilaginous *adj.* maothanach

cartographic *adj.* cartografaigeach

cartoon *n.* dealbh èibhinn *masc.*, dealbh-àbhachdais *masc.*

cartouch *n.* bocsa-peileireach *masc.*

cartouche *n.* peilearlann *fem.*

cartridge *n.* roidhleag-urchrach *fem.*, spreadhadair *masc.*, urchair *fem.*

cartwright *n.* saor-chairtean *masc.*, roithlear *masc.*, saor-fheuna *masc.*

carucate *n.* seisreinn *fem.*

carve *vb.* snaidh, riaraich, rionaich

carved *adj.* snaidhte

carver *n.* snaidheadair *masc.*

carving *n.* gràbhaladh *masc.*, obair-shnaidhte *fem.*, snaidheadaireachd *fem.*, snaidheadh *masc.*, snasachadh *masc.*

cascade *n.* eas *masc.*, spùt *masc.*, spùtadh *masc.*, steallair *masc.*

case (receptacle) *n.* màileid *fem.*, cèis *fem.*

case (grammar) *n.* tuiseal *masc.*

case (legal) *n.* cùis *fem.*

case law *n.* lagh chùisean *fem./masc.*

case-knife *n.* sgian mhòr *fem.*

casement *n.* cliath *fem.*, far-uinneag *fem.*

casement-window *n.* uinneag-bhannach *fem.*

cash *n.* airgead ullamh *masc.*, airgead-làimhe *masc.*

cash crop *n.* bàrr-airgeid *masc.*

cash guidelines *n.* seòlaidhean airgid *pl.*

cash help *n.* taic-airgid *fem.*

cash transaction *n.* gnothach-airgid *masc.*

cash withdrawal *n.* togail airgid (ullaimh) *fem.*

cash-register *n.* cobhan-airgid *masc.*

cashier *n.* ionmhasair *masc.*, cistear *masc.*

casing *n.* sligeach *fem.*

cask *n.* buideal *masc.*, baraille *masc.*, dabhach *fem.*, barailte *masc.*

casket *n.* bocsachan *masc.*, seud-lann *masc.*

casque *n.* clogaid *masc.*

casserole *n.* casaroil *masc.*

cassette *n.* cèiseag *fem.*

Cassiopeia *pr.n.* A' Chathair

cassock *n.* casag *fem.*, còta-sagairt *masc.*

cast *n.* buille *fem.*, claonadh *masc.*, crathadh *masc.*, cumadh *masc.*, dealbh *masc.*, sgaoileadh *masc.*, sgapadh *masc.*, siaradh *masc.*, tilgeadh *masc.*

cast *adj.* tilgte

cast *vb.* caith, cuir air cùl, cuir sìos, leag, tilg, tilg air falbh

cast (shot) *n.* ròd *masc.*

cast lots *vb.* tilg croinn

cast yowe *n.* croga *masc.*

castaway *n.* dìobarach *masc.*

castigate *vb.* cronaich, smachdaich, grèidh, sgiùrs

castigation *n.* cronachadh *masc.*, peanas *masc.*, saothadh *masc.*

castigatory *adj.* saothach

casting *n.* siaradh *masc.*, tilgeil *fem.*

casting of lots *n.* crannchar *masc.*

casting-net *n.* sreang-lìon *fem.*

casting-vote *n.* guth neach na cathrach *masc.*

castle *n.* caisteal *masc.*, sonnach *masc.*

castor *n.* tuairneal *masc.*

castrametation *n.* campachadh *masc.*

castrate *vb.* spoth

castration *n.* spothadh *masc.*, ruigeachd *fem.*, spoth *masc.*

casual *adj.* tuiteamach

casuality *n.* adhbharachd *fem.*

casualty *n.* leòinteach *masc.*, tapag *fem.*, tubaist *fem.*, tuiteamas *masc.*

casuist *n.* aithne-chùisiche *masc.*, cùisire *masc.*

casuistical *adj.* aithne-chùiseach

casuistry *n.* aithne-chùiseachd *fem.*

cat *n.* cat *masc.*, purraghlas *masc.*, stidean *masc.*

cat's eye *n.* sùil a' chait *fem.*

cat's-foot *n.* cnàmh-lus *masc.*, luibh a' chait *fem.*

cat's-paw *n.* spliut *masc.*

cat's-tail *n.* bodan dubh *masc.*, cona *masc.*, cuigeal nam ban-sìthe *fem.*, cuigeal nan losgann *fem.*

cat-heather *n.* fraoch-frangach *masc.*

cat-o'-nine-tails *n.* slat sgiùrsaidh *fem.*

cataclysm *n.* dìle *fem.*

catalogue *n.* catalog *masc.*, clàr-bathair *masc.*, clàr-marsantachd *masc.*, ainm-chlàr *masc.*

catalyse *vb.* cruth-atharraich

catalysis *n.* catailis *fem.*

catalyst *n.* stuth-catailis *masc.*

catalytic function *n.* comas-saoraidh *masc.*

catamaran *n.* catamaran *masc.*

cataphract *n.* marcach armaichte *masc.*

cataplasm *n.* plàsd *masc.*, trait *fem.*, troidht *fem.*

catapult *n.* clach-bhogha *masc.*, longag *fem.*, lungag *fem.*, lungaid *fem.*, tailm *fem.*

cataract (condition of eye) *n.* lann-sùla *fem.*, leus *masc.*, meamhran-sùla *masc.*, neul-sùla *masc.*, sgleò-sùla *masc.*

cataract (water-spout) *n.* steall *fem.*, steallair *masc.*

cataract (waterfall) *n.* eas *masc.*

catarrh *n.* carrasan *masc.*, cnatan *masc.*, galar-lìnig *masc.*, ronn-ghalar *masc.*

catarrhal *adj.* staonagach

catastrophe *n.* lèir-sgrios *masc.*, tubaist *fem.*

catch *n.* glacadh *masc.*, beirsinn *fem.*, grèim *masc.*, ceapadh *masc.*, cothrom *masc.*, cromag *fem.*, gramaiche *masc.*, luinneag *fem.*, teum *masc.*

catch *vb.* beir, ceap, glac, greimich

catch (ditty) *n.* duanag *fem.*

catchment area *n.* ceàrnaidh-tionail *masc.*, raon-glacaidh *masc.*, sgìre-ghlacaidh *fem.*

catchpole *n.* basgach *masc.*

catchpoll *n.* maor *masc.*

catchword *adj.* aithinn

catechise *vb.* ceasnaich, rannsaich

catechising *adj.* sgrùdach

catechism *n.* leabhar-cheist *masc.*, caraist *fem.*, ceisteachan *masc.*, leabhar-ceasnachaidh *masc.*

catechist *n.* ceistear *masc.*, ceasnachair *masc.*, neach-ceasnachaidh *masc.*

catechumen *n.* ceisteanaiche *masc.*, foghlainne *masc.*, ùr-chrìosdaidh *masc.*

categorical *adj.* cinnteach

categorisation *n.* seòrsachadh *masc.*

category *n.* seòrsa *masc.*, gnè *fem.*

catenarian *adj.* ailbheagach, lùbagach

catenation *n.* dul *masc.*, slabhraidh *fem.*, tinne *fem.*

cater *vb.* solaraich, ullaich, ullaich biadh

cateran *n.* ceatharnach *masc.*

caterer *n.* neach-solair *masc.*, solaraiche *masc.*

cateress *n.* ban-solaraiche *fem.*

catering *n.* solarachd *fem.*

catering *adj.* solarach

catering officer *n.* oifigear-bìdh *masc.*

caterpillar *n.* burras *masc.*, bratag *fem.*, ailseag *fem.*, bralag *fem.*, burrach *masc.*, luibh-bhiast *fem.*, lus-chnuimh *fem.*, lus-chnuimh *fem.*, lus-chuach *fem.*, meatag mholach *fem.*

caterwaul *vb.* dean miagail mar chat, miag, pìochair, sgiamh, sgiamhail

caterwauling *n.* meigeall *masc.*, sgiamh *fem.*

cates *n.* biadh math *masc.*, mias bhlasda *fem.*

catfish *n.* cat-a-chreag *masc.*

catgut *n.* snòta *masc.*, teud-fidhill *fem.*, caolan *masc.*

cathartic *adj.* purgaideach

cathedral *n.* cathair-eaglais *fem.*, àrd-eaglais *fem.*, prìomh-eaglais *fem.*

catheter *n.* pìob-fhuail *fem.*, pìob-mùin *fem.*, taomadan *masc.*, taoman-fuail *masc.*

catheterisation *n.* cur taomadan ann an rud *masc.*

cathode ray tube *n.* pìob ghath-chatoideach *fem.*

catholic *adj.* co-choitcheann, coitcheann

catkin *n.* blàth-an-t-seilich *masc.*, cat-cinn *masc.*, clòimh-chat *masc.*, cluigean *masc.*

catling *n*. teudan *masc*.

catmint *n*. lus nan cat *masc*.

catoptrics *n*. ais-dhealradh *masc*.

cattle *n*. crodh *masc*., sprèidh *fem*., buar *masc*., stoc *masc*., feudail *fem*., lochraidh *fem*., sealbh *masc*., slabhraidh *fem*., speil *fem*., tàin *fem*.

cattle grid *n*. cliath chruidh *fem*.

cattle-hide worm *n*. feursann *fem*.

cattleman *n*. àireach *masc*.

Caucasian *adj*. Caucasach

caudillo *n*. ceannard *masc*.

caudle *n*. deoch-bhan-shiùbhla *fem*.

caul *n*. breide *masc*., currac-an-rìgh *fem*., sgamh-chridhe *masc*., sgannan-saille *masc*., sreafainn *masc*., sreothan *masc*.

cauldron *n*. coire mòr *masc*., boiteag *fem*., sgaball *masc*., sgàbhal *masc*.

cauliferous *adj*. cuiseagach, luirgneach

cauliflower *n*. càl dìtheanach *masc*., càl gruthach *masc*., càl-colaig *masc*., càl-gruidhean *masc*., colag *fem*.

caulk *n*. calcas *masc*.

caulk *vb*. calc, calcaich, dìonaich

caulker *n*. calcaire *masc*., neach-calcaidh *masc*.

causal *adj*. adhbharach, aobharach

cause *n*. adhbhar *masc*., ceann-fàth *masc*., cion-fàth *masc*., cùis *fem*., taileadh *masc*., taobh *masc*.

cause *vb*. tagair, thoir gu buil

causeless *adj*. gun adhbhar

causeway *n*. cabhsair *masc*., clachan *masc*., aillean *masc*., cruaidh-rathad *masc*.

causeway (raised way through water) *n*. cabhsair-mara *masc*.

caustic *n*. clach-loisgeach *fem*., lèigh-losgadh *masc*.

caustic *adj*. loisgeach, rùisgeach

causticity *n*. cnàimhteachd *fem*.

cauterise *vb*. lèigh-loisg

cautery *n*. cabhtair *masc*., lèigh-losgadh *masc*.

caution *n*. faiceall *fem*., aire *fem*., cùram *masc*., comhairle *fem*., diomhaltas *masc*., eara(i)l *fem*., earalas *masc*., faicill *fem*., gliocas *masc*., rabhadh *masc*., ràthan *masc*., roi-shealladh *masc*., sanas *masc*., sèamadh *masc*.

caution *vb*. cuir air fhaicill, earalaich, earalaich air, sèam, thoir rabhadh

cautionary *prep*. an urras

cautious *adj*. faiceallach, cùramach, aireach, earailteach, earalasach, faicilleach, roi-bheachdail, roi-shealllach, roi-smaoineachail, sealltach, smaoineachail, taitheach, toidheach

cautiousness *n*. earailteachd *fem*., faicilleachd *fem*.

cavalcade *n*. lòd *masc*., marc-shluagh *masc*., tasgar *masc*., triall *masc*.

cavalier *n*. marcach *masc*., ridire *masc*.

cavalier *adj*. gaisgeil, sgeilmearra, sgeilmeil, stràiceil, treun, uallach

cavalry *n*. eachraidh *masc*., marcshluagh *fem*.

cavalryman *n*. saighdear-eachraidh *masc*.

cave *n*. brugh *masc*., toll fo thalamh *masc*., uaimh *fem*.

cave-dweller *n*. uamhair *masc*.

caveat *n*. rabhadh *masc*., bacadh *masc*., sanas *masc*.

cavern *n*. uamh *fem*., còs *masc*., sloc *masc*.

cavernous *adj*. còsach, cuasach, glupach, uamhach

cavil *n*. deachdmhaireachd *fem*.

cavil *vb*. tiolp

caviller *n*. deachdmhair *masc*.

cavilling *n*. tiolpadh *masc*.

cavillous *n*. deachdmhaireachd *fem*.

cavity *n*. sloc *masc*., lag *masc*., toll *masc*., cuas *masc*., cuasan *masc*., fàslach *masc*., glac *fem*., surrag *fem*.

caw *vb.* ròc

cease *vb.* sguir, stad, cuir crìoch air, cuir stad air, leig dheth, caisg, trèig

cease-fire *n.* fosadh *masc.*

ceasefire *n.* fois-chogaidh *fem.*

ceaseless *adj.* gun sguir, gun stad, buan

ceasing *adj.* stadach

cedar of Lebanon *n.* craobh-sheudair *fem.*

cedar-tree *n.* seudair *masc.*

cede *vb.* gèill, thoir suas

ceil *vb.* còmhdaich thairis, lìnig

ceilidh *n.* cèilidh *fem.*

ceilidh house *n.* taigh-cèilidh *masc.*

ceiling *n.* mullach an rùm *masc.*, mullach-seòmair *masc.*, lìnig-taighe *fem.*, mullach-a-steach *masc.*, siomal *masc.*

celature *n.* eòlas-gràbhalaidh *masc.*

celebrate *vb.* cum, mol

celebrated *adj.* iomraiteach

celebration *n.* cuimhneachan urramach *masc.*, cumail-fèill *fem.*, moladh *masc.*

celebrity (condition of being celebrated) *n.* greadhnachas *masc.*

celebrity (fame) *n.* ainmealachd *fem.*, iomraiteachd *fem.*

celebrity (person) *n.* neach iomraiteach *masc.*

celerity *n.* ealamhachd *fem.*, luaithead *masc.*, luathas *masc.*

celery *n.* seilearaidh *masc.*, soilire *masc.*

celery-leaved crowfoot *n.* torachas-biadhain *masc.*

celestial *adj.* nèamhaidh, speurach

celibacy *n.* gilleadas *masc.*, seasganachd *fem.*

cell *n.* cill *fem.*, balgan *masc.*, cealla *fem.*, còs *masc.*, frog *masc.*

cell (biology) *n.* cealla *fem.*

cell division *n.* cealla-roinn *fem.*

cellar *n.* àmraidh *fem.*, cùil *fem.*, cuilidh *fem.*, seilear *masc.*, speansa *masc.*

cellared *adj.* seilearach

cello *n.* beus-fhidheall *fem.*

cellular *adj.* ceallach, cìlleach, seilearach, seòmrach

Celtic Studies *pr.n.* Eòlas Ceilteach

cement *n.* samant *masc.*, lionn-tàth *masc.*, lionn-tàthaidh *masc.*, tàth *masc.*

cement *vb.* cuir ri chèile, lionn-tàth, tàth

cementing *n.* tàthadh *masc.*

cemetery *n.* cladh *masc.*, ionad-adhlacaidh *masc.*, bàghan *masc.*

cenatory *adj.* suipeireach

cenotaph *n.* carragh-cuimhne *fem.*, fàs-chàrn *masc.*

cense *vb.* ung le tùis

censer *n.* sionnsar *masc.*, soitheach-tùis *fem.*, tùisear *masc.*

censor *n.* caisgire *masc.*, cron-sgrùdair *masc.*, neach-cronachaidh *masc.*

censor *vb.* caisg, cron-sgrùd

censorious *adj.* achmhasanach, cànranach, coireachail, cronachail, tearrachdail

censorship *n.* caisgireachd *fem.*

censurable *adj.* ciontach, coireach

censure *n.* achmhasan *masc.*, coire *fem.*, cronachadh *masc.*, spìd *masc.*

censure *vb.* coirich, cronaich, iomchoirich, lochdaich, spreòid, thoir barail, thoir breith

censuring *adj.* spìdeil, spreigeil

censurious *adj.* iomchoireach

census *n.* cunntas-sluaigh *masc.*, sluagh-chunntas *masc.*, àireamh-cheann *fem.*, lèir-chunntas *masc.*

cent *n.* plang ruadh *masc.*

centaury *n.* ceum-Chrìosda *masc.*

centimetre *n.* ciadameatair *masc.*

centimetre cube *n.* ciùb ciadameatair *masc.*

centimetre ruler *n.* ruilear ciadameatair *masc.*

centimetre squared paper *n.* pàipear ciadameatair ceàrnagach *masc.*

centimetre tape *n.* teip ciadameatair *fem.*

centipede *n.* ana-bhiorach *masc.*, beathach-nan-ceud-chas *masc.*, daman dè *masc.*, daolag cheud-cas *fem.*, fiolan fada *masc.*, fiolan nan ceud chas *masc.*, gille nan corc *masc.*, iol-chasach *masc.*, mial-chòsach *masc.*

central *adj.* anns a' mheadhan, meadhanach

Central Arbitration Committee *pr.n.* Prìomh Chomataidh Eadar-bhreith

central government *n.* àrd-riaghaltas *masc.*

central processing unit *n.* prìomh ghnìomh-inneal *masc.*

Central Services Manager *pr.n.* Manaidsear Seirbheisean Coitcheann

central support group *n.* buidheann taice nàiseanta *fem./masc.*

centralised *adj.* buillsgeanach

centralised system *n.* siostam meadhanach *masc.*

centre *n.* meadhan *masc.*, teis-meadhan *masc.*, cridhe *masc.*, buillsgean *masc.*, iomaltar *masc.*, làr *masc.*, luighean *masc.*

centre *vb.* cuir sa mheadhan, meadhanaich

centre (building) *n.* ionad *masc.*

Centre for Educational Sociology *n.* Ionad airson Eòlas Comainn Foghlaim *masc.*, Ionad Eòlas-comainn Foghlaim *masc.*

centre of gravity *n.* bar(r)a *masc.*

centred on *adj.* air socrachadh air

centrifugal *adj.* meadhan-sheachnach

centriole *n.* meadhanag *fem.*

centripetal *adj.* meadhan-aomach, meadhan-aomachdail

centromere *n.* prìomh theannachadh *masc.*

centurion *n.* ceannard-ceud *masc.*, ceann-cheud *masc.*

century *n.* linn *fem.*

cephalic *adj.* ceaphalach

cerate *n.* oladh-cèireach *fem.*

cere *vb.* cèir, cèirich

cere-cloth *n.* cèir-aodach *masc.*

cereal *n.* gràn *masc.*

cerebrum *n.* eanchainn *fem.*

cerecloth *n.* aodach-mairbh *masc.*

cerement *n.* cèir-bhrat *masc.*, lèine-lighe *fem.*

ceremonial *n.* deas-ghnàth *masc.*, modh *masc.*, riaghailt *fem.*, rian *masc.*, seòl *masc.*

ceremonial *adj.* deas-ghnàthach, modhail, modhanach

ceremonious *adj.* cùirteasach, dòigheil, nòsach, nòsail, òrdail

ceremony *n.* deas-ghnàth *masc.*, cleachdadh *masc.*, cùirteas *fem.*, cùirteasachd *fem.*, dòigh *fem.*, fàilteachas *masc.*, modh *masc.*, modhalachd *fem.*, riaghailt-chràbhaidh *fem.*

cerris *n.* searbh-dharach *masc.*

certain *adj.* cinnteach

certainly *adj.* gu dearbh, gu h-achdaidh

certainty *n.* cinnt *fem.*, cinnteachd *fem.*, dearbhachd *fem.*, dearbhadh *masc.*, seall-fhios *masc.*

certificate *n.* teisteanas *masc.*, barantas *masc.*

certificate course *n.* cùrsa-teisteanais *masc.*

Certificate of Sixth Year Studies *n.* Teisteanas na Siathamh Bliadhna *masc.*

certification *n.* teisteanachadh *masc.*

certify *vb.* dearbh, dèan dearbhta, deimhnich, thoir teisteanas

certitude *n.* cinnteachd *fem.*, dearbhadh *masc.*

cerulean *adj.* gorm-ghlas

ceruleous *adj.* liath-ghorm

cerumen *n.* cèir-cluaise *fem.*, sàl-cluaise *masc.*

ceruse *n.* dath geal *masc.*, luaidhe gheal *fem.*

cervical cancer *n.* aillse muineal na machlaig *fem.*

cervical vertebrae *n.* cnàmhan na h-amhaich *pl.*

cess *n.* càin *fem.*, cìs *fem.*, màl *masc.*

cessation *n.* sgur *masc.*, stad *masc.*, clos *masc.*, tàmh *masc.*, abhsadh *masc.*, seasamh *masc.*, sguirb *fem.*, sìd *fem.*, socair *fem.*, sos *masc.*

cession *n.* gèilleadh *masc.*, strìochdadh *masc.*

cesspit *n.* breunaid *fem.*

cestus *n.* crios a' ghràidh *masc.*

chafe *n.* blàths *masc.*, boile *fem.*, fearg *fem.*, teas *masc.*

chafe *vb.* blàthaich, casaich, feann, feargaich, leusaich, rùisg, suath, teasaich, teòth

chafed *adj.* rùisgte

chafer *n.* daolag bhuidhe *fem.*

chaff *n.* moll *masc.*, càth *fem.*, càileach *masc.*, dus *masc.*, monasg *fem.*, sgalpan *masc.*

chaffer *vb.* malairtich, taglainnich

chaffinch *n.* breacan-baintighearna *masc.*, breacan-beithe *masc.*, buidheag-luachrach *fem.*

chaffy *adj.* mollach, càthach, aotrom

chafing *n.* rùsgadh *masc.*, teòdhadh *masc.*

chafing-dish *n.* crùbag-ghuail *fem.*, teòthachan *masc.*

chagrin *n.* farran *masc.*, frionas *masc.*, miabhadh *masc.*, tàmailt *fem.*

chagrin *vb.* dèan frionasach, sàraich

chain *n.* slabhraidh *fem.*, ceangal *masc.*, cuibhreach *masc.*, geimheal *masc.*, nasg *masc.*

chain *vb.* ceangail ri chèile, cuibhrich, cuibhrich, cuir air slabhraidh, geamhlaich, geimhlich

chain-shot *n.* urchair-slabhraidh *fem.*

chaining *n.* nasgadh *masc.*

chains *n.* slaibhreas *masc.*

chainwork *n.* obair-shlabhraidh *fem.*

chair *n.* cathair *fem.*, seidhir *fem.*, suidheachan *masc.*

chairlift *n.* beairt-dhìridh *fem.*

chairman (one who carries sedan/draws Bath chair) *n.* fear-iomchair *masc.*

chairperson *n.* neach-cathrach *masc.*

chaise *n.* carbad-dà-eich *masc.*, seidhir *fem.*

chalcographer *n.* umha-ghràbhair *masc.*

chalder *n.* salldair *masc.*, salltair *masc.*

chalice *n.* bachladh *masc.*, cailis *fem.*, copan calpach *masc.*, copan-comanachaidh *masc.*

chalk *n.* cailc *fem.*

chalk *vb.* cailc, comharraich le cailc

chalky *adj.* cailceach, cailceil

challenge *n.* beum-sgeithe *masc.*, dùbhlan *masc.*, dùlan *masc.*, fiadhachadh *masc.*, gairm-chatha *fem.*, tairgse-còmhraig *fem.*

challenge *vb.* cuir an aghaidh, dùbhlanaich, dùlanaich, thoir dùbhlan, thoir fuidse (do)

challenging *n.* bualadh bhròg *masc.*, dùbhlanachd *fem.*

challenging *adj.* dùbhlanach

chalybeate *adj.* iarnaidh, stàilinneach

chamade *n.* caismeachd-ghèillidh *fem.*

chamber *n.* seòmar *masc.*

chamber music *n.* ceòl-caidreimh *masc.*

chamber of commerce *n.* comann luchd-malairt *masc.*

chambering n. sèimheanachd fem.

chamberlain n. seumarlan masc., fearionaid masc., seamarlan masc., seòmradair masc., siamarlan masc.

chambermaid n. maighdeann-sheòmair fem.

chamberpot n. poit-mhùin fem., poitsheòmair fem., amar-fuail masc., amar-mùin masc., briollan masc., gogan-mùin masc., poit-fhuail fem., sgaothan masc., soitheach-fuail fem.

chamblet vb. stridich

chameleon n. leòghann-làir masc., leòmhann-làir masc.

chamois n. gobhar-allaidh fem., somar masc.

champ vb. cagainn, criom, gearr, teum

champaign n. machair fem./masc., magh masc., srath masc.

champion n. gaisgeach masc., curaidh masc., ceatharnach masc., cugar masc., flath masc., laoch masc., mìlidh masc., òlach masc., ruire masc., ruireach masc., sonn masc.

champion (winner) n. buadhaiche masc., buadhaire masc.

chance n. cothrom masc., teans masc.,almsadh masc., manadh masc., sèamhas masc., spirlinn fem./masc.

chancellor n. seannsalair masc.

Chancellor of the Exchequer pr.n. Ceannard an Ionmhais

chancellorship n. seannsalaireachd fem.

chandelier n. coinnleir meurach masc.

chandler n. loicheadair masc.

change n. atharrachadh masc., caochladh masc., mùthadh masc., iomlaid fem., (airgead) pronn masc., sealaidheachd fem., soise fem.

change vb. atharraich, iomlaidich, mùth, tionndaidh

change (money) n. iomlaid fem., mùth masc.

change-house n. taigh-seinnse masc.

changeable adj. caochlaideach, atharrachail, iomadhathach, iomdhreachmhor, iomlaideach, loinnreach, luaineach, mùighteach, mùiteach, neo-bhunaiteach, neochunbhalach, sgaogach, so-chaochlaideach

changed adj. mùighte

changeling n. amhlair masc., sgaogan masc., sianaiche masc., tàcharan masc., tacharra masc.

changing n. cèileachadh masc., mùthadh masc.

changing room n. seòmar-èididh masc., seòmar-sgeadachaidh masc., seòmarullachaidh masc.

channel (bed of stream) n. clais fem., amar masc., cladhan masc., leabaidhlinne fem.

channel (hardware) n. innleachd-amair fem.

channel of communication n. loidhne cho-luadair fem.

channel of distribution n. loidhne sgaoilidh fem.

channelled adj. amarach

channelled wrack n. cìreanach fem., feamainn-chìrean fem.

chant vb. seinn, tog fonn (air)

chanter n. siunnsar masc., feadan masc., canntair masc., cuislean masc., duanaire masc., rothair masc., rothlair masc., seannsair masc.

chanter (pipe) n. rothar masc.

chanticleer n. coileach masc.

chanting n. canntaireachd fem., duanaireachd fem.

chaos n. mì-riaghailt fem., dubhchoimeasg, an masc., neoni fem., siadhan masc.

chap n. fosgladh masc., peasg fem., sgàineadh masc.

chap *vb.* sgag

chap (fissure in skin) *n.* gàg *fem.*

chap (fissure in skin) *vb.* peasg

chaparajo *n.* osan-marcachd *masc.*

chape *n.* bucail *masc.*, teanga *fem.*

chapel *n.* caibeal *masc.*, cill *fem.*, eaglais bheag *fem.*, seapail *masc.*, seipeil *masc.*, seòmar-aoraidh *masc.*

chaplain *n.* ministear *masc.*, sagart *masc.*

chaplet *n.* coron *masc.*

chapman *n.* ceannaiche-siubhail *masc.*

chapped *adj.* gàgach, peasgach, peasgte, pronnte

chapping *n.* aidhear *masc.*

chapter *n.* caibideal *masc.*, ceann-puist *masc.*

chaptrel *n.* ceann-mullaich carraigh *masc.*

char *n.* tarragan *masc.*

char *vb.* loisg

character *n.* cliù *masc.*, coltas *masc.*, comharradh *masc.*, pearsa *fem./masc.*, samhla *masc.*, sochladh *masc.*, teist *fem.*

character (abstract) *n.* dualchas *masc.*

character (person) *n.* caractar *masc.*

character (symbol in data processing system) *n.* samhail *masc.*

character (type) *n.* litir *fem.*

character recognition (computing) *n.* samhail-aithneachadh *masc.*

characterisation *n.* carac(h)trachd *fem.*

characterise *vb.* comharraich

characteristic *n.* beus *fem.*, comharradh *masc.*, feart *masc.*

characteristic *adj.* samhlachail

charcoal *n.* gual-fhiodha *masc.*, gual loisgte *masc.*

charge *n.* àithne *fem.*, casaid *fem.*, cìs *fem.*, coire *fem.*, cosgais *fem.*, dreuchd *fem.*, gleidheadh *masc.*, ìmpidh *fem.*, prìs *fem.*, urchair *fem.*

charge *vb.* earb, faigh cron, thoir comas, thoir ionnsaigh

charge (accumulation of electricity) *n.* dealanachd *fem.*

charge (accuse) *vb.* cuir as leth, fàg air, tilg air

charge (assigned task) *n.* uallach *masc.*

charge (care) *n.* cùram *masc.*

charge (cost) *n.* cosgais *fem.*

charge coupled device *n.* inneal-dealanachd cheangailte *masc.*

chargeableness *n.* struidhealachd *fem.*

charger (horse) *n.* steud *fem.*, steudach *masc.*, marc *masc.*

chariot *n.* carbad *masc.*, cobhan *masc.*

charioteer *n.* carbadair *masc.*, corbair *masc.*

charisma *n.* druidheachd-dùchais *fem.*

charitable *adj.* coibhneil, dèirceach, carthannach, dèirceachail, maithteach, oirbheartach, oircheasach, oircheasach, ruainidh, ruanaidh, seirceil, tabhairteach

charitable funds *n.* maoin-seirce *fem.*

charitable status *n.* stèidh charthanta *fem.*

charity *n.* carthannachd *fem.*, dèirc *fem.*, almsadh *masc.*, carthannas *masc.*, coibhneas *masc.*, dèirceachd *fem.*, gràdh *masc.*, seirc *fem.*, tabhartachd *fem.*

charity (non-profit making foundation) *n.* buidheann-charthannachd *fem.*

charlatan *n.* cleasaiche *masc.*, lèigh-bhrèige *masc.*, mealltair *masc.*, siunnal *masc.*, sodalach *masc.*

charlock *n.* carran buidhe *masc.*, cas na tunnaig *fem.*, marag bhuidhe *fem.*, sgailgeag *fem.*, sgeallag *fem.*

charm *n.* seun *masc.*, buidseachd *fem.*, caomhalachd *fem.*, drùidheachd *fem.*, geasachd *fem.*, maise *fem.*, orra *fem.*, seudag *fem.*, seuntas *masc.*, tlachd *fem.*

charm *vb.* cuir seun air, gairm le drùidheachd, saobh, seun

charm (enchantment) *n.* seun *masc.*, ròsachd *fem.*, rosad *masc.*

charm (spell) *n.* siantachan *masc.*, trioblag *fem.*, ubag *fem.*

charm (stone) *n.* clach-bhuadhach *fem.*, clach-bhuaidh *fem.*

charman *n.* baitsear *masc.*

charmed *adj.* seunta, sìtheil

charmer *n.* seunadair *masc.*, geasadair *masc.*, drùidh *masc.*

charming *adj.* grinn, taitneach

charmingness *n.* ion-ghràidheachd *fem.*

charnel-house *n.* seòmar-adhlacaidh *masc.*, taigh-adhlacaidh *masc.*, ulainn *fem.*

charr *n.* tarr deargnaich *masc.*, tarragan *masc.*

chart *n.* cairt *fem.*

charter *n.* bann sgrìobhte *masc.*, còir sgrìobhte *fem.*, cùmhnant sgrìobhte *masc.*, daingneachd sgrìobhte *fem.*, sgrìobhadh *masc.*

charter *vb.* fasdaich

chartered *adj.* cùmhnantaichte, cùmhnantaichte

charthouse *n.* cairtlann *fem.*

chartulary *n.* cairteal *masc.*

chary *adj.* faicilleach, glic, sicir

chase *n.* tòir *fem.*, tòrachd *fem.*, ruaig *fem.*, faghaid *fem.*, ruith *fem.*, sealg *fem.*, carbhaigeadh *masc.*, iarraidh *masc.*, seilg *fem.*

chase *vb.* sgiùrs, ruith as dèidh, fuadaich, ruaig, ruith, lean, sealg, sìn air, tòirich

chaser *n.* ruagaire *masc.*

chasing *n.* clumhachdadh *masc.*, clùthachadh *masc.*, sgiùrsadh *masc.*

chasm *n.* an-sgàineadh *masc.*, glòm *masc.*, sgaradh *masc.*

chaste *n.* ionraic *fem.*

chaste *adj.* geamnaidh, geanta, glan, maighdeanach, teisteil

chasteness *n.* geamnachd *fem.*

chastise *vb.* smachdaich, peanasaich, cronaich, claoidh, cùr

chastisement *n.* peanas *masc.*, smachdachadh *masc.*, cùrrag *fem.*, pruinnean *masc.*

chastiser *n.* peanasaiche *masc.*

chastity *n.* geamnachd *fem.*, geamnaidheachd *fem.*

chat *n.* cracaireachd *fem.*, gobaireachd *fem.*

chat *vb.* dèan geòlam, dèan gobaireachd

chatoyant *adj.* cat-shùileach

chattel *n.* àirneis *fem.*, maoin *fem.*

chattels *n.* lumaraidh *fem.*, taighlich *fem.*, trosgan *masc.*, trusgan *masc.*

chatter *n.* cabaireachd *fem.*, geòlam *masc.*, sgeilm *fem.*, sgeilmriche *masc.*, sgoilmrich *fem.*

chatter *vb.* sgoilmrich

chatterbox *n.* glibheid *masc.*

chattering *n.* cabaireachd *fem.*, cabairnich *fem.*, glagan *masc.*, sgeilmeileachd *fem.*, snagardaich *fem.*, truidreach *masc.*

chawdron *n.* mionach-beathaich *masc.*

cheap *adj.* saor

cheapen *vb.* lùghdaich, saor(aich)

cheapening *n.* saorachadh *masc.*

cheapness *n.* saoiread *masc.*, saorachd *fem.*

cheat *n.* mealltair *masc.*, car *masc.*, cluipear *masc.*, ribear *masc.*

cheat *vb.* cluip, feall, foill, meall, thoir an car à, thoir car mu thom à

cheated *adj.* meallta

check *n.* spailleadh *masc.*

check *vb.* bac, caisg, cronaich, cuir fo smachd, dèan cinnteach, grab, sgrùd

check (muzzle) n. muiseal masc.

check (reprove) vb. sgoinn

check (verify) vb. dèan cinnteach, thoir sùil air

check-out n. àite-pàighidh masc.

check-up vb. ath-sgrùd

checked (colour) adj. sgaireach

cheek n. lethcheann masc., gruaidh fem., bus masc., leac fem., leacainn fem., leigeas masc., lic masc., mèill fem., smuiseal masc.

cheek (impudence) n. cridhe masc.

cheek-tooth n. cùlag fem., fiacaill-cùil fem.

cheeky adj. bragail

cheep n. migead masc., srannadh masc.

cheer n. toileachas masc.

cheer vb. meanmnaich, misnich

cheerer n. brosnachair masc.

cheerful adj. greadhnach, sòlasach, aoibhinn, meadhrach, ait, cuilmeanach, cuilmeanach, frogail, geanail, meachair, sìgeanta, sodanach, soinneannach, soinneanta, subhach, sùgach, suilbhir, suilbhir, sulchair, togarrach, uallach

cheerfulness n. sùbhachas masc., mùirn fem., cridhealas masc., gean masc., suigeart masc., suilbhireachd fem., sunnd masc., sùrdalachd fem.

cheerless adj. dubhach, gun tuar, trom

cheery adj. ait, aoibhneach, ceòlar, toilichte

cheese n. càis(e) masc., mulachag fem., ceapag fem.

cheese-board n. bòrd-càis(e) masc.

cheese-mite n. fìneag fem., meanbh-chruimh fem.

cheese-monger n. ceannaiche-càise masc.

cheese-press n. cliabhan masc., fàisgean masc., fiaghan masc., fiodhan masc.

cheese-vat n. ballan-binndeachaidh masc., miosgan masc.

cheesecake n. càis-chèic fem.

cheesemongery n. càisearachd fem.

chef n. còcaire masc.

chelonian n. sligeanach masc.

chemical n. ceimic fem., stuth-ceimigeach masc.

chemical adj. ceimigeach

chemical disposal n. cuidhteachadh cheimigean masc.

chemical reaction n. tachartas ceimigeach masc.

chemise n. lèine fem.

chemist n. ceimigear masc., ceimeadair masc.

chemistry n. ceimigeachd fem., ceimig fem., duileolachd fem., duileolas masc.

chemosynthesis n. co-chur ceimigeach masc.

cheque n. seic fem.

chequer vb. breac, breacaich, breacnaich, stiallaich

chequer-work n. lìon-obair fem., obair-lìn fem., obair-lìonain fem.

chequered adj. ball-bhreac, bomannach, breac, iolarach

cherish vb. àraich, caidir, eiridnich

cherished adj. caidir

cherishment n. caidreabhachadh masc.

cheroot n. ceòthan masc.

cherry n. siris(t) fem.

cherub n. aingeal masc., leanabh tlachdmhor masc.

cheslip n. cailleach-chasach fem., corra-chòsag fem.

chess n. feòirne masc., tàileasg masc.

chessboard n. clàr-tàileisg masc., clàr-feòirne masc.

chessman n. fear-tàilisg masc.

chest n. ciste fem., braoisg fem.

chest (part of body) n. broilleach masc., cliabh masc.

chest slot *n.* beul a' mhaothain *masc.*

chest-register *n.* rèim ìosal *fem.*

chestnut *n.* castan *masc.*, cnò gheanmnaidh *fem.*, geanmchnò *fem.*

chevalier *n.* curaidh *masc.*, ridire *masc.*, ridire-gaisge *masc.*

Cheviot (sheep) *n.* caora Shasannach *fem.*, caora mhaol *fem.*

chevron (heraldry) *n.* saidh *fem.*

chew *vb.* cagainn, cnàmh, cnuais, cnuasaich, ith

chew the cud *vb.* ath-chagainn, cnàmh a' chìr

chewing *n.* cagnadh *masc.*, cnuasachd *fem.*, itheadh *masc.*

chewing the cud *n.* creimeadh-chìre *masc.*

chewing-gum *n.* cagannach *masc.*, glaodh-cagnaidh *masc.*

chicane *n.* innleachd *fem.*, staraidheachd *fem.*

chicaner *n.* brionglaidiche *masc.*

chicanery *n.* brionglaideachd *fem.*

chick *n.* isean *masc.*, eireag *fem.*, bigean *masc.*

chicken *n.* cearc *fem.*, isean *masc.*

chicken-heart (faint heart) *n.* lag-chridhe *fem.*

chicken-hearted *adj.* gealtach, meata, siomlaidh

chicken-pox *n.* piocas, am *masc.*, a' bhreac-òtraich *fem.*, a' bhreac-shìth *fem.*

chickweed *n.* fliodh *masc.*, fliodh Moire *masc.*

chicory *n.* caisearbhan *masc.*, lus an t-siùcair *masc.*

chide *vb.* coirich, cronaich, iomchoirich, spreig, troid

chief *n.* àrd-cheannard *masc.*, ceannard *masc.*, snaoth *masc.*, tighearna *masc.*, tòisiche *masc.*, triath *masc.*, uachdaran *masc.*

chief *adj.* prìomhach

chief *pref.* prìomh-

chief (heraldry) *n.* bràigh *masc.*

Chief Administrative Dental Officer *pr.n.* Prìomh Oifigear Clèireachd Deudachd

Chief Administrative Medical Officer *pr.n.* Prìomh Oifigear Clèireachd Leighis

Chief Administrative Nursing Officer *pr.n.* Prìomh Oifigear Clèireachd Eiridinneachd

Chief Clerk *pr.n.* Prìomh Chlàrc

chief clerk *n.* prìomh-chlèireach *masc.*

chief counsellor *n.* àrd-chomhairleach *masc.*, àrd-chomhairliche *masc.*

Chief Executive *pr.n.* Ceannard

Chief Officer *pr.n.* Prìomh Oifigear, Stiùiriche

chief secretary *n.* prìomh-chlèireach *masc.*

chief-justice *pr.n.* àrd-bhreitheamh

chief-of-staff *n.* àrd-cheann *masc.*

chieftain *n.* ceannard *masc.*, ceann-cinnidh *masc.*, ceann-feadhna *masc.*, ceann-fine *masc.*, taoiseach *masc.*, triath *masc.*

chieftainship *n.* ceannas-cinnidh *masc.*, ceannas-feadhna *masc.*, ceannas-fine *masc.*

chiffchaff *n.* caifean *masc.*

chilblain *n.* at-fhuachd *masc.*, cusp *fem.*, cuspach *fem.*, fuachd-at *masc.*, greim-fuachd *masc.*, meallan crìon(a) *masc.*, meallan-tachais *masc.*, meilcheart *fem.*, meille-chartan *fem.*

child *n.* leanabh *masc.*, pàisde *masc.*

child benefit *n.* sochair-chloinne *fem.*

child benefit book *n.* leabhar-sochair-chloinne *masc.*

child care *n.* altramas-cloinne *masc.*

child guidance service *n.* seirbheis-treòrachaidh cloinne *fem.*

child pornography *n.* drabasdachd ri cloinn *fem.*

child-bearing *n.* nionadh *masc.*

child-bed *n.* laighe-siùbhladh *masc.*

child-birth *n.* aisead *fem.*

child-like *adj.* naoidheanta

child-minding *n.* banaltrachadh *masc.*

childbed *n.* liasaid *fem./masc.*

childbirth *n.* aiseid *fem.*, tinneas-cloinne *masc.*

Childermas Day *pr.n.* La Sheachnaidh na Bliadhna

childhood *n.* leanabachd *fem.*, leanabas *masc.*

childish *adj.* leanabail, leanabach, leanabaidh, leanabanta, naoidheanta, pàisdeanach, pàisdeil

childishness *n.* leanabachd *fem.*, pàisdealachd *fem.*

childless *adj.* aimrid, gun sliochd

children *n.* clann *fem.*

Children Act *pr.n.* Achd na Cloinne

Children and Young Persons (Scotland) Act 1938 *pr.n.* Achd na Cloinne is nan Daoine Oga (Alba) 1938

Children's Panel *pr.n.* Pannal na Cloinne

chiliarch *n.* ceannard-mìle *masc.*

chill *adj.* fuar, fuaraidh, fionnar, deighreachail

chill *vb.* fuaraich

chilled *adj.* eighreachail

chilliness *n.* aognaidheachd *fem.*, crith-fhuachd *fem.*, girg *fem./masc.*

chilly *adj.* fuar, amh, disearr

chime *vb.* clag

chime (bell) *n.* co-fhoghar *masc.*

chimera *n.* breisleach *masc.*

chimera (wild fancy) *n.* baoth-dhòchas *masc.*

chimerical *adj.* breisleachail

chiming *adj.* co-fhogharach

chimney *n.* similear *masc.*, simileir *masc.*, luidheir *masc.*, mùchan *masc.*, toiteachan *masc.*

chimney-piece *n.* breas *masc.*

chimney-sweep *n.* sguabair-luidheir *masc.*, gille-mùchain *masc.*, sùith-bhalach *masc.*

chimney-top *n.* binneag *fem.*

chimpanzee *n.* siompansaidhe *masc.*

chin *n.* smiogaid *masc.*, smeachan *masc.*, smeagailt *fem.*, smig *fem.*, smigead *masc.*, soc *masc.*

china *n.* oir-chriadh *fem.*

chincough *n.* triuthach *fem.*

chine *n.* cliathag *fem.*, cnàimh an droma *masc.*

chink *n.* brucag *fem.*, gàg *fem.*, sgagadh *masc.*, sgàineadh *masc.*, sgoltadh *masc.*

chink *vb.* faoisg

chinked *adj.* sgagach

chinky *adj.* gàgach, sgàinte

chinned *adj.* smeachach, smeachanach, smigeach

chip *n.* mìr *masc.*, sgealb *fem.*, slis *fem.*, sliseag *fem.*, slisneag *fem.*, snaidh *fem.*, spealgadh *masc.*, spealtan *masc.*

chip *vb.* spealg, slis, pronn, sgàin, sgoilt, sliseagaich, snaidh

chip (integrated circuit) *n.* sgealb *fem.*

chirographer *n.* neach-sgrìobhaidh *masc.*

chiromancer *n.* deàrnadair *masc.*, làmh-dhraoidh *masc.*

chiromancy *n.* deàrnadaireachd *fem.*, làmh-dhraoidheachd *fem.*

chiropractic *n.* stampadh *masc.*

chiropractice *n.* dearnadaireachd *fem.*

chirp *n.* bìdeil *fem.*, ceileirean *masc.*

chirp *vb.* bìog, bìd, ceilear, ceileir, ceileirich, dèan dùrdan

chirping *n.* bìogail *fem.*, ceileireachd *fem.*, giubhladh *masc.*, truidreach *masc.*

chirping *adj.* ceilearach

chisel *n.* sgeilb *fem.*, gilb *fem.*, sgeilm *fem.*

chit *n.* ball-brice *masc.*, isean *masc.*, pàisde *masc.*

chitchat *n.* briot *masc.*, geòlam *masc.*, gobaireachd *fem.*, gusgal *masc.*

chivalrous *adj.* laochail, laochmhor

chivalry *n.* modhalachd *fem.*, niadhachd *fem.*, ridireachd *fem.*, tàlan *masc.*, treubhantas *masc.*, treunas *masc.*

chives *n.* craobh gharbh *fem.*, feuran *masc.*, folt-chìop *fem.*, saidse *fem.*

chlorosis *n.* tinneas uaine, an *masc.*

chocolate *n.* seoclaid *fem.*, teoclaid *fem.*

choice *n.* roghainn *masc.*, taghadh *masc.*

choir *n.* còisir *fem.*, còisir-chiùil *fem.*, cuanal *masc.*, ionad-ciùil *masc.*

choke *vb.* tachd, casg anail

choker *n.* tachdadair *masc.*

choking *n.* tachdadh *masc.*

choler *n.* fearg *fem.*, frionas *masc.*, leanntan *masc.*, roisire *fem.*, ruadh-laith *fem.*

choler (anger) *n.* lionn-ruadh *masc.*

cholera *n.* a' bhuinneach-mhòr *fem.*, galar-àraidh, an *masc.*

choleric *adj.* cas, feargach, lasanta, ruadh-laitheach

choose *vb.* tagh, roghnaich, sònraich

chooser *n.* taghadair *masc.*

choosing *n.* taghadh *masc.*, roghainn *masc.*, sònrachadh *masc.*

choosing *adj.* taghach

chop *n.* sgeanach *masc.*, toitean *masc.*

chop *vb.* gearr le buille, sgud

chop (meat) *n.* staoig *fem.*, sgath *masc.*

choppin *n.* seipinn *masc.*

chopping-block *n.* alachag *fem.*, ineach *masc.*

chopping-knife *n.* sgian-chollag *fem.*, sgian-phronnaidh *fem.*

choppy *adj.* cairrceach, cuspaideach, gàgach, mulcach

choppy (of sea) *adj.* tomanach

choral *adj.* co-cheòlach, còisireach

chord *n.* còrda *fem.*, teud *masc.*

chordate *n.* còrdach *masc.*

chore *n.* obair neo-inntinneach *fem.*

chorea *n.* galar breabach, an *masc.*

chorister *n.* co-cheòlraiche *masc.*, neach-còisir *masc.*, salmadair *masc.*, salmair *masc.*

chortle *n.* mothal *masc.*

chorus *n.* sèist *masc.*, co-cheòl *masc.*, luinneag *fem.*

chorus (party of singers) *n.* còisir *fem.*, còisridh *fem.*

chough *n.* cathag dhearg-chasach *fem.*, cathag nan casan dearg *fem.*, cnàmh-fhitheach *masc.*

chouse *vb.* meall, thoir an car as

choux pastry *n.* peastraidh aotrom *masc.*

Christ *n.* Crìosd *masc.*

christen *vb.* baist

Christendom *n.* Crìosdachd *fem.*

christening *n.* baisteadh *masc.*

Christian *n.* Crìosdaidh *masc.*

Christian *adj.* Crìosdail

Christian Aid *pr.n.* Còmhnadh Crìosdail, Cuideachadh Crìosdail

christian name *n.* ainm-baistidh *masc.*

Christian Union *pr.n.* An Comann Crìosdail, Aonadh Crìosdaidh

Christianity *n.* Crìosdaidheachd *fem.*

Christmas *n.* Nollaig *fem.*

Christmas *pr.n.* Nollaig Mhòr

Christmas cake *n.* bannag *fem.*

Christmas Day *pr.n.* Là Nollaig

Christmas Eve *pr.n.* Oidhche Nollaig, Oidhche nam Bannag

Christmas Eve (day) *pr.n.* Là nam Bannag

Christmas present *n.* sainnseal *masc.*, tiodhlaic Nollaig *fem.*

chromatic *adj.* cromatach, dathach, lethtonach

chromatic semitone *n.* lethtona cromatach *masc.*

chromatid *n.* cromataid *masc.*

chrome (dye fixing agent) *n.* cròm *masc.*

chrome-yellow *adj.* cròm-bhuidhe

chromium *n.* cròm *masc.*

chromosomal *adj.* cromosomach

chromosome *n.* cromosom *masc.*

chronic *adj.* leantach, leantalach

Chronically Sick and Disabled Persons Act 1970 *pr.n.* Achd nam Fìor-euslainteach is nam Bacach 1970

chronicle *n.* eachdraidh *fem.*, asgair *fem.*, croinic *fem.*, leabhar thràth-eachdraidh *masc.*, oiris *fem.*, seanachas *masc.*

chronicler *n.* eachdraiche *masc.*, seanachaidh *masc.*, beòlaiche *masc.*, cuimhneachair *masc.*, cuimhniche *masc.*

chronological *adj.* eachdraidheach, cronlaghail

chronology *n.* am-àireamh *masc.*, ùineadaireachd *fem.*

chronometer *n.* uaireadair *masc.*

chrysalis *n.* cochall *masc.*

chrysanthemum *n.* bile buidhe *masc.*

chub *n.* carrachan *masc.*, greusaich(e) *masc.*, pluicean *masc.*

chubby *adj.* moigeanach, sotsach

chubby-cheeked *adj.* pluiceach

chuck (call of hen) *n.* gloc *masc.*, gràchdan *masc.*

chuck! (call to hens) *interj.* diug!

chuckie-stanes *n.* iomairt-fhaochag *fem.*

chuckle *n.* gàire os ìosal *fem.*, gogail *fem.*

chuff *n.* burraidh *masc.*, ùmaidh *masc.*

chum *n.* companach *masc.*

chump *n.* fairgean *masc.*, slacan *masc.*

chunk *n.* cnap *masc.*, modaidh *masc.*, sgroc *masc.*, taip *fem.*

church *n.* eaglais *fem.*

church collection *n.* obhraig *fem.*

Church of Scotland Counselling Service *pr.n.* Seirbheis Co-chomhairle Eaglais na h-Alba

church-officer *n.* maor-eaglais *masc.*, clèireach *masc.*

churchyard *n.* cladh *masc.*, cill *fem.*, bàghan *masc.*, clachan *masc.*, raghan *masc.*

churl *n.* burraidh *masc.*, doichleach *masc.*, duine mosach *masc.*, mùigean *masc.*, rasdach *masc.*, sgrubair *masc.*

churlish *adj.* mùgach, iargalta, durghaidh, gnù, mì-fhialaidh, mì-fhuranach, neo-aoidheil, rasdach, starralach, stuacach

churlishness *n.* iargaltas *masc.*, crosdachd *fem.*, gruamachd *fem.*, mì-shuairceas *masc.*, mosaiche *masc.*, neo-aoidhealachd *fem.*

churme *n.* borbhan *masc.*, fuaim *fem./masc.*, toirm *fem.*

churn *n.* ballan *masc.*, biota *fem.*, crannachan *masc.*, crannachan *masc.*, crannag *fem.*, cuinneag *fem.*, eireannach *masc.*, maistir *fem.*, mastradh *masc.*, muidhe *masc.*, stonnta *masc.*

churn *vb.* miosair, maistrich, measair, thoir muidhe

churn-staff *n.* loinid *fem.*, lunn *masc.*

churning *n.* miosradh *masc.*, maistreadh *masc.*, crathadh *masc.*, sluaisreadh *masc.*, toirt-muidhe *fem.*

churrworm *n.* slat-thomhais *fem.*

chute *n.* fanan *masc.*

chyle *n.* leann-meirbhidh *masc.*, lionn-goile *masc.*, lionn-meirbhidh *masc.*

cicada n. buail a' chnag masc., greollan masc.

cicatrice n. creuchd-lorg fem., eàrradh masc., làrach fem.

cicatrise vb. leighis, slànaich

cicatrix n. ailt fem.

cicisbeo n. gille-baintighearn masc.

cicurate vb. càllaich, ceannsaich

cider n. lionn-ubhal masc., seideir fem., sùgh-ubhall masc., ubhal-bhrìgh fem., uisge nan ubhall masc.

cigar n. siogàr masc.

cigarette n. toitean masc.

ciliate n. fabhranach masc.

ciliated adj. fabhranach

cilicious adj. gaoisideach, molach

cilium n. fabhran masc.

cinder n. èibhleag fem., guaillean masc., cnàmhag fem., smàl masc.

cinderella n. sgumrag fem.

cinema n. taigh-dhealbh masc., taigh nan dealbhan masc.

cingle n. crios-tarra masc.

cinnabar n. basgart masc., cinneabar masc.

cinnamon n. caineal masc.

cinnamon stone n. clach-chaineil fem.

cinquefoil n. còig-bhileach masc., duillean-còig masc.

cinquefoliated adj. còig-bhileach

cipher n. rùnach masc., sgrìobhadh dìomhair masc.

circle n. cearcall masc., cuarsgag fem., buail fem., crò masc., cruinne fem./masc., cuairt fem., ràth masc., ringeal masc., riomball masc., roithleachan masc., roithleagan masc., soithleag fem.

circle vb. siorcallaich

circled adj. siorcallach, siorcallaichte

circlet n. buaileag fem., cuairteag fem.

circuit n. cuairt fem., co-thimcheall masc., crìochan masc., cuairteachadh masc., cuartalan masc., iadhadh masc., tairmcheall masc., timcheall masc., uimeachd fem.

circuit (path of electric current) n. cuairt-dhealanachd fem.

circuit switching n. cuairt-suidseadh fem.

circuitous adj. cuairteach, riomballach

circuitry n. cuairteachd fem.

circular n. cuairtlitir fem.

circular adj. cearslach, cruinn, cuairteagach, cuarsgach, siorcallach, timcheallach

circularity n. cruinne fem./masc., cruinnead masc.

circulate vb. cuir mun cuairt, cuir timcheall

circulation n. cuartachadh masc., cuairt-imeachd fem., cuairteachadh masc., dol mun cuairt masc., saor-chuairt fem.

circulatory adj. cuairt-ruitheach, iomruitheach

circulatory disease n. galar chuislean masc., galar sruth na fala masc., tinneas cuisleach masc.

circumambient adj. cuairteach, mu thimcheall

circumambulate vb. còisich mun cuairt

circumcise vb. timcheall-gheàrr

circumference n. buaileag fem., cearcall masc., cearcall-thomhas masc., criosan masc., cruinne fem./masc., cuairt fem., iadhadh masc., timcheall masc., uim'-astar masc., umastar masc.

circumflex n. cuairt-lùb masc.

circumfluence n. iom-shruth masc.

circumfluent adj. ioma-lionach

circumfuse vb. dòirt mun cuairt

circumfusion n. ioma-dhòrtadh masc.

circumfusive *adj.* ioma-dhòrtach

circumgyrate *vb.* cuibhlich, paisg gu cruinn

circumjacent *adj.* dlùth, fagas

circumligation *n.* ceangal mun cuairt *masc.*

circumlocution *n.* cuairt-chainnt *fem.*, cuairt-labhairt *fem.*, cuairt *fem.*, cuairteachadh *masc.*, cuairt-ràdh *masc.*, ioma-labhairt *fem.*, iom-fhacal *masc.*, tiom-chainnt *fem.*

circumlocutory *adj.* cuairt-chainnteach

circummured *adj.* ioma-bhallach

circumnavigable *adj.* cuairteach

circumnavigate *vb.* cuairt-sheòl, iom-sheòl, seòl mun cuairt

circumnavigator *n.* cruinne-sheòladair *masc.*, iom-sheòladair *masc.*

circumplication *adj.* ioma-fhilleadh

circumposition *n.* cuairt-shuidheachadh *masc.*

circumrotary *adj.* cuairt-shiùbhlach

circumrotation *n.* cuibhleadh mun cuairt *masc.*

circumscribe *vb.* cughainnich

circumspect *adj.* faiceallach, aireach, aireachail, aireil, cùl-radharcach, earailteach, iomchaidh, sealltach, suainte

circumspection *n.* faicill *fem.*, aire *fem.*, crìonnachd *fem.*, cùl-radharc *masc.*, cùram *masc.*, furachas *masc.*, nàistinn *fem.*

circumstance *n.* càs *masc.*, cor *masc.*, cùis *fem.*, gnothach *masc.*, rud *masc.*, staid *fem.*

circumstances *n.* suidheachadh *masc.*

circumstantial *adj.* mionaideach, pongail

circumvallate *vb.* daingnich, ioma-chladhaich

circumvallation *n.* daingneachadh *masc.*, ioma-chladhadh *masc.*

circumvent *vb.* thoir a char às, meall

circumvention *n.* car mu chnoc *masc.*, cealg *fem.*, foill *fem.*

circumvolution *n.* iomaroladh *masc.*, iom-itealaiche *masc.*

circumvolve *vb.* cuir car, cuir mun cuairt, cuir timcheall, ioma-ròl

circus *n.* siorcas *masc.*, cùirt *fem.*, preaban *masc.*

cirrhosis of liver *n.* caitheamh a' ghrùthain *masc.*

cirro-cumulated *adj.* sgeadach

cirro-cumulus *n.* breac a' mhuilinn *masc.*, breac a' mhuiltein *masc.*, breacan-rionnaich (air an adhar) *masc.*, neul sgeadach *masc.*

cirrocumulous *adj.* sgeadach

cirrus *n.* ceairidh *fem.*

cistern *n.* tanca *fem.*, amar *masc.*, linne *fem.*, sisteal *masc.*, tobar *masc.*

citadel *n.* caisteal *masc.*, daingneach *fem.*, dùn *masc.*, tòrr-chathair *fem.*

citation *n.* sumanadh *masc.*

cite *vb.* gairm, sumain, tarraing gu cùirt, thoir ùghdar mar fhianais

citizen *n.* cathairiche *masc.*, neach-dùthcha *masc.*, saoranach *masc.*

citizen's advice *n.* comhairleachadh a' phobaill *masc.*

Citizen's Advice Bureau *pr.n.* Biùrò Comhairleachadh a' Phobaill

citrine *adj.* buidhe-dhonn

city *n.* baile mòr *masc.*, cathair *fem.*

civic *adj.* bailteach, catharra

civic centre *n.* aitreabh pobaill *fem.*

Civic Government (Scotland) Act 1982 *pr.n.* Achd an Riaghaltais Shìobhalta (Alba) 1982

civil *adj.* sìobhalta, catharra, ciùin, comannach, comunnach, cuideachdail, dòigheil, modhail, riaghailteach, rianail, suairc, suthar

Civil and Public Servants Association *pr.n.* Comann Sheirbheiseach Poblach is Stàite

Civil Aviation Authority *pr.n.* Ughdarras nam Pleanaichean is nam Port-adhair, Ughdarras Siubhal an Adhair

civil case *n.* cùis shìobhalta *fem.*

civil disobedience *n.* eas-umhlachd chatharra *fem.*

civil law *n.* lagh na rìoghachd *masc.*, lagh sìobhalta *masc.*

civil servant *n.* seirbheiseach-stàite *masc.*

civil service *n.* seirbheis a' Chrùin *fem.*, seirbheis na stàite *fem.*

civil war *n.* cogadh catharra *masc.*, cogadh sìobhalta *masc.*

civilian *n.* sìobhaltach *masc.*

civilian *adj.* sìobhaltach

civilisation *n.* sìobhaltas *masc.*

civilise *vb.* cuir fo rian

civilised *adj.* sìobhalaichte

civility *n.* modhalachd *fem.*, sìobhaltachd *fem.*, grinneas *masc.*, suaircead *masc.*, suairceas *masc.*

civilization *n.* saoidheachd *fem.*

clabber *n.* clàbar *masc.*

clack *n.* glagaireachd *fem.*

clack *vb.* dèan glagan

clad *adj.* aodaichte, còmhdaichte, sgeadaichte

claddach *n.* cladach *masc.*

claim *n.* agartas *masc.*, agradh *masc.*, còir *fem.*, tagartas *masc.*, tagradh *masc.*

claim *vb.* agair, tagair, còraich, dleas, iarr

claim form *n.* foirm-tagraidh *masc.*

claimable *adj.* agarach

claimant *n.* agarach *masc.*, neach-tagar *masc.*, tagarair *masc.*, tagradair *masc.*

claimer *n.* tagarach *masc.*

claiming *adj.* tagartach, tagrach

clam *n.* bainteag *fem.*, creachann *masc.*, eisirean *masc.*, slige-chreachainn *fem.*

clamber *vb.* dìrich suas, streap

clammy *adj.* glaodhach, leantach, monognach, riamach, righinn, sliamach

clamorous *n.* utagach *masc.*

clamorous *adj.* collaideach, gleadhrach, labhar, labhrach, ladarna, sgairteach

clamour *n.* stàirn *fem.*

clamour *vb.* gaoir, gàraich

clamp *n.* clabhdan *masc.*, cnòd *masc.*, cnot *masc.*, glamradh *masc.*, laghainn *masc.*

clamp (stack) *n.* dùn *masc.*

clan *n.* fine *fem.*, cinneadh *masc.*, clann *fem.*, meur *fem.*, treubh *fem.*

clandestine *adj.* falachaidh, cleitheach, sèapach, uaigneach

clang *n.* gliong *masc.*, gleadhraich *masc.*, gliogar *masc.*

clanging *n.* gliogadaich *fem.*

clangorous *adj.* gleadhrach

clangour *n.* gleadhartaich *fem.*, gleadhraich *masc.*, gliongarsaich *fem.*, gliongraich *fem.*, toirmrich *fem.*

clangous *adj.* glangach, gliongach

clank *n.* gleadhraich *masc.*, trost *masc.*

clannish *adj.* cinneadach, cinneadail, sloinneach

clanship *n.* cinneadas *masc.*

clansperson *n.* neach-cinnidh *masc.*

clap *n.* bragh *masc.*, buille *fem.*, faram *masc.*

clap *vb.* bas-bhuail, buail ri chèile, clap, clapaig

clap (disease) *n.* a' chlap *fem.*

clapper *n.* claban-muileann *masc.*

clapper (tongue of bell) *n.* teanga-cluig *fem.*

clapperclaw *vb.* càin, sgrob, troid

clapping *n.* basgar *masc.*, bualadh nam bas *masc.*, clapaigeadh *masc.*, làmh-chomhart *masc.*

claret n. fìon dearg masc.

clarification n. soilleireachadh masc.

clarify vb. dèan soilleir, glan, sìolaidh, soilleirich

clarinet n. clàirneid fem.

clarionet n. feadan masc., gall-fheadan masc.

clarsach n. clàrsach fem.

clash n. straplaich fem./masc.

clash vb. sgread, spealt

clashing adj. sgreadach

clasp n. camag fem., claspa masc., clìc fem., cromag fem., cromag-dùnaidh fem., liagh-dhealg fem.

clasp vb. cromagaich, teannaich

clasp-knife n. sgian-lùthaidh fem.

clasping n. teannachadh masc.

class n. clas masc., buidheann fem./masc., roinn fem.

class management n. rian clas masc.

classic adj. clasaigeach

classification n. rangachadh masc., seòrsachadh masc.

classify vb. seòrsaich

classroom n. seòmar-teagaisg masc.

clatter n. gleadhraich masc., pri-taoil fem., straighlich fem., sturaraich-stararaich fem.

clatter vb. dèan glagadaich

clattering n. glaigeilis fem.

claudication n. clàmhdaiche masc., cramhdaiche masc.

clause n. clàs(a) masc., cuibhreann masc., cumha fem./masc., pong masc.

claustrophobia n. fuath-dùinteachd masc.

clausure n. druideadh masc., dùnadh masc.

clavichord n. clabhchòrd masc.

clavicle n. cnàimh-an-uga masc., cnàimh-coileir masc., cromag-ghuaille fem., dealgan masc., uga masc.

claw n. ionga fem., spuir fem., crobh masc., cròg fem., crubh masc., dubhan masc., ladhar fem., màg fem., pliut masc., spàg fem., speir fem., spòg fem., spor masc., spruidhean masc., spruithean masc.

claw vb. tachais, reub, sgrìob, sgrob, suath

claw-hammer n. òrd-ladhrach masc.

clawed adj. iongnach, speireach

clawing n. sglamhradh masc., tachas masc.

clay n. criadh fem., crèadh masc., crè fem.

clay-pit n. poll-crèadha masc.

clayey adj. criadhach

claymore n. claidheamh mòr masc.

clean adj. glan, neo-shalach, sgeanail, speisealta

clean vb. glan, ionnlaid, sgùr

cleaner n. glanadair masc.

cleaning n. glanadh masc., sguabadh masc.

cleanliness n. glainead masc.

cleanly adj. eireachdail, grinn, spèiseil

cleanness n. glaine fem., glaineachd fem.

cleanse vb. cart, glan, iom-ghlan, ionnlaid, nigh, sgiord, sgiùr, sgùr, sruthail

cleanser n. glanadair masc., nigheadair masc., sgùradair masc.

cleansing n. glanadaireachd fem., glantaireachd fem., ionnlaideachd fem., ruinneadh masc., sruthladh masc.

cleansing adj. sgùrach

cleansing department n. roinn a' ghlanaidh fem.

clear adj. soilleir, deàlrach, deàrsach, glan, lainnreach, loinnreach, rèidh, soillseach, sorcha, suilleach

clear vb. dèan lainnreach, glan, rèitich, sgùr, soilleirich, soillsich, sorchaich

clear away vb. rèitich, sgioblaich

clear off! interj. thoir do chasan leat!

clear sight n. beò-fhradharc masc., rosg-fhradharc masc.

clear up *vb.* soilleirich

clear-sighted *adj.* beò-fhradharcach, rosgach, rosgail, rosg-fhradharcach, rosglach

clearance (certificate) *n.* barantas-seòlaidh *masc.*

clearing bank *n.* banca-rèitich *masc.*

clearing out (cleansing) *n.* cartadh *masc.*

clearness *n.* soilleireachd *fem.*

cleat *n.* clàdan *masc.*, greimiche *masc.*, uracag *fem.*

cleavage *n.* sgoltadh *masc.*

cleave *vb.* beum, sgoilt, spealg, spealt

cleave to *vb.* lean (ri)

cleaver *n.* corc *fem./masc.*, làmhag *fem.*, sgian mhòr *fem.*, sgian-sgoltaidh *fem.*, sgoltair *masc.*, spealgair *masc.*

cleavers *n.* lus garbh *masc.*

cleaving *n.* spealgadh *masc.*

cleaving *adj.* sgoltach

clef *n.* iuchair *fem.*, uchdach *fem.*

cleft *n.* clais *fem.*, sgagaid *fem.*, sgàineadh *masc.*, sgoiltean *masc.*, sgoltadh *masc.*, sgor *masc.*, torc *masc.*

cleft *adj.* roinnte, sgoilte

cleg *n.* creibhire *masc.*, creithleag-nan-each *fem.*, greimeadair *masc.*

clemency *n.* aircheas *masc.*, aircis *fem.*, bàigh *fem.*, iochd *masc.*, iochdmhorachd *fem.*, oineach *masc.*, oircheas *masc.*, truas *masc.*

clement *adj.* airceil, bàigheil, caoin, ciùin, iochdmhor, mìn, sèimh, tròcaireach

clench *vb.* cruadhaich, dearbh, snàim, teannaich, teann-dhruid, teann-ghlac

clergy *n.* clèir *fem.*

clergyman *n.* clèireach *masc.*

cleric *n.* pearsa-eaglais *masc.*

clerical *adj.* clèireachail

clerical staff *n.* luchd-obrach clèireil *masc.*

clerk *n.* clàrc *masc.*, clèireach *masc.*

clerk-typist *n.* clò-sgrìobhaiche clèireil *masc.*

clerkship *n.* clèirsinneachd *fem.*

clever *adj.* clis, deas, eirmseach, gleusda, innidh, luath-làmhach, sgiobalta, sgionachail, sgiuchail, sùrdail, tapaidh

cleverness *n.* sgiuch *fem.*, sùrd *masc.*

clew *n.* fideadh *masc.*, sgòd-thoisich *masc.*

clew (ball of thread) *n.* criopag *fem.*, meurag *fem.*, tònag *masc.*

clew (corner of sail) *n.* sgòd-toisich *masc.*

clew (corner of sail) *vb.* paisg seòl

clew-piece *n.* sgòd-deiridh *masc.*

click-beetle *n.* buail-a'-chnag *fem./masc.*, buail-an-t-òrd *fem./masc.*, gobhachan *masc.*

client *n.* ceannaiche *masc.*, neach-dèilige *masc.*

client (one who employs lawyer) *n.* cùisire *masc.*

cliff *n.* creag *fem.*, sgalla *masc.*, bearradh *masc.*, sgeir *fem.*, sgùr *masc.*, stùc *fem.*

cliffy *adj.* creagach, sgorach, stùcach

climate *n.* àileadh *masc.*, reathream *masc.*, sìde *fem.*

climax *n.* àirde *fem.*, asgnadh *masc.*, bàrr-cheum *masc.*, dìreadh *masc.*

climb *vb.* dìrich, streap

climber (person) *n.* neach-streapaidh *masc.*, streapadair *masc.*, streapaiche *masc.*

climber (plant) *n.* lus streapach *masc.*

climbing *n.* dìreadh *masc.*, speileadaireachd *fem.*, streap *masc.*

climbing-frame *n.* framadh-dìridh *masc.*

clinch *vb.* daingnich, teannaich, dùin, dìon

clincher *n.* greimiche *masc.*

clinching (fastening/rivetting nails) *n.* barradh *masc.*

cling *vb.* lean

clingfilm *n.* film claonach *masc.*

clingfilm wrap *n.* fuirleach *fem.*

clinic *n.* clionaig *fem.*

clinical teaching *n.* teagasg cois na leapa *masc.*

clink *vb.* thoir gliong

clinker-work *n.* sùdh *masc.*

clinking *n.* clinnceadh *masc.*, gliogadaich *fem.*, snagan *masc.*

clinking *adj.* snaganach

clip *n.* cromag *fem.*, glamradh beag *masc.*

clip *vb.* beàrr, geàrr, giorraich, lom, lomair, rùisg, rùsg

clip (colt) *n.* cliobag *fem.*

cliphook *n.* cromag chumail *fem.*

clipper *n.* bearradair *masc.*, gearradair *masc.*, mongair *masc.*

clipping *n.* bearradh *masc.*, gearradh *masc.*, lomadh *masc.*

clique *n.* fiùchd *masc.*

clitoris *n.* brillean *masc.*

cloak *n.* brat-falaich *masc.*, cleòc *masc.*, fallainn *fem.*, sgàile *masc.*

cloak *vb.* ceil, cleith, cleòc, còmhdaich, falaich

cloakroom *n.* seòmar-culaidh *masc.*

clocharet *n.* clacharan *masc.*

clocher (wheezing cough) *n.* clochar *masc.*

clock *n.* uaireadair *masc.*, cleoc *masc.*, gleoc *masc.*, gliogan *masc.*

clock (beetle) *n.* daolag *fem.*

clockflower *n.* gathan-gobhainn *masc.*

clockmaker *n.* uaireadairiche *masc.*

clockwise *adj.* deiseal

clockwork *n.* obair-uaireadair *fem.*

clod *n.* ploc *masc.*, fò(i)d *masc.*, sgrath *fem.*, caob *masc.*, clod *masc.*, fòid *fem.*, meall *masc.*, pealtag *fem.*, plod *masc.*, pluid *fem.*, spairt *fem.*, ùmaidh *masc.*

cloddy *adj.* clodach, làthachach, plocach

clodhopper *n.* crampach *masc.*

clodpate *n.* ùmaidh *masc.*

clodpole *n.* ùmaidh *masc.*

clog *n.* amaladh *masc.*, brionglaid *fem.*, bròg-fhiodha *fem.*, clogais *fem.*, cudthrom *masc.*, eallach *masc.*, slacan *masc.*

clog *vb.* amail, brionglaidich, luchdaich, sacaich, tromaich, uallaich

cloggy *adj.* amaileach, brionglaideach

cloister *n.* cill-mhanach *fem.*, dìon-bhothan *masc.*, manachd *fem.*

clootie dumpling *n.* bonnach-praise *masc.*

close *adj.* faisg, teann, dlùth, ceilte, crò, cumhang, neulach, teannta

close *vb.* dùin

close (narrow passage off street) *n.* clobhsa *masc.*

close (stifling) *adj.* teithidh

close position (music) *n.* dlùth-chor *masc.*

close up *vb.* stop

closed *adj.* dùinte

closely packed *adj.* teann

closeness *n.* dlùths *masc.*, fagasgachd *fem.*, teanntachd *fem.*, cuingeachd *fem.*, cuingead *fem.*, dìomhaireachd *fem.*, dlùitheachd *fem.*, dùinteachd *fem.*, uaigneachd *fem.*

closet *n.* clòsaid *fem.*, cùlaist *fem.*, cùil *fem.*, seòmar uaigneach *masc.*

closet *vb.* ceil, dùin, glais

closing date *n.* ceann-latha *masc.*

clossach *n.* closach *fem.*

closure *n.* dùnadh *masc.*, ceann *masc.*, crìoch *fem.*, crìochnachadh *masc.*, deireadh *masc.*

clot *n.* cleideag *fem.*, righinneachd *fem.*, sgrath *fem.*

clot *vb.* ceig, peall, reamhraich, righnich, slamaich

clot-bur(r) *n.* bramasag *fem.*

cloth *n.* aodach *masc.*, cearb *fem.*

cloth (clout) *n.* brèid *masc.*

clothe *vb.* còmhdaich, sgeadaich, èid, aodaich, cluthaich

clothed *adj.* sgeadaichte, èideach

clothes *n.* aodach *masc.*

clothes'-brush *n.* sguaban-aodaich *masc.*, sguab-aodaich *masc.*

clothes-hanger *n.* croch-aodaich *masc.*

clothes-line *n.* crathaidh *fem./masc.*

clothes-moth *n.* fòrlan *masc.*, leòmainn *fem.*

clothes-peg *n.* cnag-anairt *fem.*, cnag-aodaich *masc.*

clothes-press *n.* muileann-liosraidh *fem./masc.*

clothes-press operator *n.* liosadair *masc.*

clothier *n.* ceannaiche-earraidh *masc.*, clòthadair *masc.*

clothiery *n.* clòthadaireachd *fem.*

clothing *n.* aodach *masc.*, èideadh *masc.*, còmhdach *masc.*, earradh *masc.*, eistreadh *masc.*, sgeadachadh *masc.*

clothing allowance *n.* cuibhreann-aodaich *masc.*

clotting *n.* binndeachadh *masc.*, binnteachadh *masc.*, pealladh *masc.*, reothadh *masc.*

clotty *adj.* slamanach

cloud *n.* sgòth *fem.*, neul *masc.*, baideal *masc.*, dubhar *masc.*, duibh-leus *masc.*, sgriosalach *masc.*

cloud *vb.* neulaich

cloud-capt *adj.* ceathaichte, neulach, sgòthach

cloudberry *n.* foidhreag *fem.*, oighreag *fem.*

cloudberry plant *n.* lus nan oighreag *masc.*, muin-na-mnà-mìne *fem.*

cloudiness *n.* dùibhreachd *fem.*, mùig *masc.*

cloudless *adj.* feathach, neo-neulach, speur-ghlan

cloudy *adj.* sgòthach, neulach, dubharrach, duibh-leusach, mùgach, neulmhor, neultach

cloudy (liquid) *adj.* anabasach

clough *n.* gleann cumhang *masc.*

clout *n.* sglais *fem.*, breab *fem.*, brèid *masc.*, clùd *masc.*, luideag *fem.*, peallag *fem.*, pìseag *fem.*, ribe *masc.*, sodag *fem.*, tuthag *fem.*

clout *vb.* breabanaich

cloven *adj.* sgoilte

cloven hoof *n.* ionga *fem.*

cloven-footed *adj.* speireach

clover *n.* clòbhar *masc.*, seamrag *fem.*, bileag-chapaill *fem.*, saimir *fem.*

clover seed *n.* diomarag *fem.*

clover species *n.* luibh nan trì bheann *fem.*, seamrag *fem.*

cloves *n.* clomhais *fem.*, clo-mheas *masc.*

clown *n.* amadan-àbhachd *masc.*, ball-bùird *masc.*, drobhc *masc.*, lùiriste *masc.*, sguill *masc.*, tuaisdear *masc.*, tuasdar *masc.*

clownish *adj.* liobasta, luideach, lùiristeach, tuaisdeach

cloy *vb.* cuir gràin air, lìon, sàsaich, storr

cloyless *adj.* ion-thaitneach

cloyment *n.* gràin-bìdh *fem.*, sàsachd *fem.*, sèid *fem.*

club *n.* caman *masc.*, buidheann *fem./masc.*, club *masc.*, comann *masc.*, cuaille *masc.*, rònadh *masc.*, rongas *masc.*, ronnadh *masc.*, sonn *masc.*, steabhag *fem.*, struill *masc.*

club *vb.* buail le cuaille

club (in playing cards) *n.* crasg *fem.*, dubh-bhileach *masc.*

club-foot *n.* bailc *fem.*, spàg *fem.*

club-footed *adj.* pluideach, sgabhrach, spàgach

club-footedness *n.* sgabhraiche *fem.*

club-law *n.* làmhachas làidir *masc.*

club-moss *n.* garbhag an t-slèibhe *fem.*, lus a' bhalgair *masc.*

clubs (in playing cards) *n.* struth *masc.*

cluck *vb.* dèan gogail, gog

clue *n.* boillsgeadh *masc.*, sabhaidh *masc.*, spùd *masc.*

clump *n.* bad *masc.*

clumps *n.* glogair *masc.*, slaodair *masc.*, ùmpaidh *masc.*

clumsiness *n.* cearbaiche *masc.*, luidealachd *fem.*, neo-chearmantachd *fem.*, neo-ghreanntachd *fem.*, slaodaireachd *fem.*

clumsy *adj.* cearbach, clobhdach, amsgaidh, bùrach, clampach, cliobach, cliontach, cloidseach, clùdach, clùdach, glogach, làdail, liobasda, liobasta, mì-chumachdail, mì-innealta, neo-sgiobalta, sgugach, slibist, slìobach, sliobasta

cluster *n.* bagaid *fem.*, cluigean *masc.*, co-chruinne *masc.*, dos *masc.*, gagan *masc.*, grunnan *masc.*, maibean *masc.*, meallan *masc.*, mogal *masc.*, sgùd *masc.*, trapan *masc.*

clustered *adj.* bagaideach

clutch *n.* glacadh *masc.*, greimeachadh *masc.*, speir *fem.*, sprùidhean *masc.*, spùll *fem.*

clutch *vb.* glac, glais, greimich, teannaich

clutch (connecting device) *n.* dubhan *masc.*

clutter *n.* gàraich *fem.*, gleadhraich *masc.*, stairirich *fem.*, straighlich *fem.*

clyack *n.* cailleach-bhuana *fem.*, clàidheag *fem.*

clypach *adj.* cliobach

clype (awkward person) *n.* cliobach *masc.*

clyster *n.* clìostar *masc.*, cliostar *masc.*, sgiort-cuim *masc.*, steallair *masc.*

co-axial cable *n.* càball co-aisealach *masc.*

co-equal *adj.* co-ionnan

co-essential *adj.* aon-bhitheach

co-essentiality *n.* aon-bhith *fem.*

co-eternal *adj.* co-bhith-bhuan, co-shiorraidh, co-shuthainn

co-eternity *n.* co-bhith-bhuantachd *fem.*, co-shiorraidheachd *fem.*

co-eval *adj.* co-aosda

co-existence *n.* co-bhith *fem.*

co-existent *adj.* co-bhitheach, co-chinneasach, co-fhàsach

co-operate *vb.* co-obraich, co-oibrich, oibrich ann an co-bhuinn

co-operation *n.* co-obrachadh *masc.*, co-oibreachadh *masc.*

co-operative *n.* co-chomann *masc.*

co-operative *adj.* co-obrachail

co-operative society *n.* co-chomann *masc.*

co-operator *n.* co-obraiche *masc.*

co-opt *vb.* co-thagh

co-opted *adj.* co-thaghte

co-opted member *n.* ball co-thaghte *masc.*

co-ordinate *n.* co-rianadh *masc.*

co-ordinate *adj.* co-inbheach

co-ordinate *vb.* co-eagraich, co-òrdaich, co-òrdanaich, cuir air an aon cheum

co-ordinated *adj.* co-eagraichte

co-ordination *n.* co-inbheachd *fem.*, co-òrdachadh *masc.*, còrdadh *masc.*, còrdadh-gluasaid *masc.*

co-ordinator *n.* co-òrdanaiche *masc.*, neach-stiùiridh *masc.*

co-significative *adj.* aon-seaghach

co-sine *n.* co-uchdach *masc.*

co-substantial *adj.* aon-bhitheach

co-substantiality *n.* aon-bhith *fem.*

co-tangent *n.* co-bheanailteach *masc.*

co-tangent *adj.* co-bheanailteach

coacervate *vb.* cruinnich

coacervated *adj.* stacach

coach *n.* coidse *fem.*

coach *vb.* ionnsaich, teagaisg

coach-house *n.* taigh-carbaid *masc.*

coachbuilder *n.* saor-charbad *masc.*

coachman *n.* carbadair *masc.*, coidsear *masc.*

coadjutor *n.* co-chuidiche *masc.*, co-làmhaiche *masc.*, neach-cuidiche *masc.*

coagment *vb.* tàth ri chèile

coagulable *adj.* so-bhinntichte, so-reamhrachaidh, so-shamhlachaidh

coagulate *vb.* binndich, plumaich, reamhraich, reòdh, reòth, rìghnich, tiughaich

coagulating *n.* binndeachadh *masc.*

coagulation *n.* reamhrachadh *masc.*, reodhadh *masc.*, slamanachd *fem.*, tiughachadh *masc.*

coagulative *adj.* binndeach, reamhrach

coal *n.* gual *masc.*

coal-face *n.* aghaidh-guail *fem.*

coal-house *n.* taigh-guail *masc.*

coal-pit *n.* sloc-guail *masc.*, toll-guail *masc.*

coal-tit *n.* cailleachag-cheann-dubh *fem.*, smutag *fem.*

coalesce *vb.* aonaich, measgaich, tàthaich

coalescence *n.* aonadh *masc.*, tàthadh *masc.*

coalfield *n.* achadh-guail *masc.*

coalfish *n.* ucas *masc.*, colamaidh *masc.*, cudaig *fem.*, cudainn *fem.*, glaisean *masc.*, glasag *fem.*, glasag *fem.*, glasan *masc.*, piocach *masc.*, ucsa *masc.*

coalition *n.* co-bhann *fem.*, fliùchd *fem.*

coalition government *n.* riaghaltas co-bhuinn *masc.*

coalsecence *n.* slamadh *masc.*

coaming *n.* beul-dìon *masc.*, cìrean *masc.*, cìrean-tarsaing *masc.*

coarse *adj.* garbh, grogach, neo-ghrinn, sgugach

coarseness *n.* neo-fhìnealtachd *fem.*, ramachdas *masc.*, riaspaiche *masc.*

coast *n.* cladach *masc.*, còrsa *masc.*, oirthir *fem.*

coast *vb.* còrsaich

coaster *n.* còrsair *masc.*

coastguard (member of organisation) *n.* maor-cladaich *masc.*

coastguard (organisation) *n.* maoras-cladaich *masc.*, freiceadan na h-oirthir *masc.*

coat *n.* còta *masc.*

coat *vb.* còmhdaich

coat-hanger *n.* crochadair *masc.*

coatstand *n.* sorchan-aodaich *masc.*

coax *vb.* tàlaidh, sliomaich

coaxer *n.* sodalair *masc.*

coaxial cable (electronics) *n.* càball co-aiseil *masc.*

coaxing *n.* fuiteachadh *masc.*

cobble *n.* clach-mhuil *fem.*

cobble *vb.* brèidich, càirich, tuthagaich

cobbler *n.* greusaiche *masc.*, brògaire *masc.*, bròg-chlùdair *masc.*, crògadair *masc.*

cobbler fish *n.* greusaiche *masc.*

cobblestone *n.* clach-mhuil *fem.*

coble *n.* eathar beag *masc.*, naomhag *fem.*, tuairneag *fem.*

cobweb *n.* eige *fem.*, lìon damhain-allaidh *masc.*, ribe *masc.*

coccyx *n.* bun an earbaill *masc.*

cochineal *n.* càrnaid *fem.*, coisinìol *masc.*, ruaidhmre *masc.*

cock *n.* coileach *masc.*, diùbhlach *masc.*, fear-cuimhneachaidh Pheadair *masc.*, molan-feòir *masc.*

cock *vb.* coc, cuir air lagh, sgrog

cock (draw back, as cock of gun) *vb.* cuir air lagh

cock of barrel *n.* pìob-leigidh *fem.*

cock's-comb *n.* sprogaill *fem.*

cock-crow *n.* gairm choileach *fem.*

cockade *n.* cocàrd *masc.*, suaicheantas *masc.*

cockatrice *n.* nathair-nimhe *fem.*, rìgh-naithreach *masc.*, rìgh-nathair *fem.*, sùil-mhalair *masc.*, sùil-mhala-rìgh *masc.*

cockchafer *n.* daolag bhuidhe *fem.*, daolag ghorm *fem.*

cocked (set erect) *adj.* air lagh

cocker *vb.* crìodaich, saodanaich, tàlaidh

cockerel *n.* coileach-eireig *masc.*

cockernony *n.* crocaid *fem.*

cockfighting *n.* cogadh-choileach *masc.*, còmhrag-choileach *fem.*

cockle *n.* cailleachag *fem.*, coilleag *fem.*, creachag *fem.*, cùl-chabag *fem.*, sligechabon *fem.*, srabag *fem.*, srùbag *fem.*, srùbair *masc.*, srùban *masc.*, strùban *masc.*

cockled *adj.* srianach

cockloft *n.* faradh *masc.*, spiris *fem.*

Cockney *pr.n.* Lunnainneach

cockroach *n.* càrnan *masc.*, ceàrnan *masc.*

cockscomb *n.* lus nam maolan *masc.*

cocksure *adj.* làn-chinnteach

cocktail (concoction of liquors) *n.* geinealag *fem.*

cocky *adj.* cocannta

cocoa *n.* còco *masc.*

coconut *n.* cnò-bhainne *fem.*

cod *n.* trosg *masc.*, bodach-ruadh *masc.*, cailleach-thruisg *fem.*, pollach *masc.*

cod (bag) *n.* peileid *fem.*

cod (pod) *n.* mealgag *fem.*, spàlan *masc.*

Cod War, the *pr.n.* Cogadh nan Trosg

cod-fish *n.* trosg *masc.*

cod-fisher *n.* trosgair *masc.*

cod-liver *n.* àthaichean *masc.*

cod-liver oil *n.* eolan mor *masc.*, ola-nan-trosg *fem.*

coda *n.* còda *fem./masc.*

coddle *vb.* altraim, coigil, peataich

code *n.* còd *masc.*

code of conduct *n.* giùlan *masc.*, modh *masc.*, modh-giùlain *masc.*, rian *masc.*, seòl *masc.*

code of practice *n.* riaghailt-obrachaidh *fem.*

codfish *n.* feilteag *fem.*

codicil *n.* leasachadh-tiomnaidh *masc.*

codling *n.* bodach-ruadh *masc.*, bodach-beag *masc.*

codon *n.* còdon *fem./masc.*

coeducation *n.* co-fhoghlam *masc.*

coefficient *n.* co-oibriche *masc.*

coefficient of determination *n.* co-oibriche sònrachaidh *masc.*

coenuriasis *n.* tuaitheal *masc.*

coequality *n.* leth-bhreacas *masc.*

coerce *vb.* ceannsaich, cuir fo smachd

coercion *n.* èigneachadh *masc.*

coercive *adj.* ceannsalach, iomaineach, smachdail, tilleach

coeval *adj.* co-linnteach

coffee *n.* cofaidh *masc.*

coffee-table *n.* bòrd ìosal *masc.*

coffer *n.* ciste *fem.*, còbaraid *fem.*, cobhan *masc.*, cothar *fem.*, crasgadh *masc.*

coffin *n.* ciste *fem.*, ciste-laighe *fem.*, ciste-mhairbhe *fem.*

coffin-nail *n.* bior-thairng *fem.*

cog *n.* cogais *fem.*, fiacail *fem.*

cog *vb.* dèan miodal

cog-wheel *n.* roth fiaclach *masc.*

cogency *n.* murrachas *masc.*, reusanachadh soilleir *masc.*

cogent *adj.* làidir, spionnadail

cogged *adj.* cogaiseach

cogger *n.* brosgalaiche *masc.*

coggie *n.* suileag *fem.*

cogie *n.* cogan *masc.*, gogan *masc.*

cogitation *n.* beachdachadh *masc.*

cogitative *adj.* smaoineach

cognate *adj.* càirdeach, dàimheil

cognation *n.* càirdeas *masc.*, dàimh *fem.*

cogue *n.* cuman *masc.*

cohabit *vb.* co-àitich, co-chaidir

cohabitant *n.* co-chaidreamh *masc.*, co-thuiniche *masc.*

cohabitation *n.* co-chaidreachas *masc.*, co-thaigheas *masc.*, co-theachas *masc.*, mairiste *masc.*

cohabiting *n.* co-àiteachadh *masc.*

cohabiting *adj.* co-chaidreach, co-thaigheasach

cohere *vb.* co-ghramaich, co-lean

coherence *n.* co-leanailt *fem.*

coherent *adj.* ciallach, co-chrochach

cohesive *adj.* leantalach

coif *n.* brèid *masc.*

coiffure *n.* suanas *masc.*

coil *n.* cuibhle *fem.*

coil *vb.* ceirslich, ceirtlich, cruinnich, cuairsg, cuidhil, roth

coiled *adj.* cuairsgeach

coiling *n.* cuidhleadh *masc.*

coin *n.* bonn *masc.*

coin *vb.* cuinn, cùinnich

coinage *n.* cùinneadh *masc.*

coincide *vb.* coinnich, còmhdhalaich

coiner *n.* neach-cùinnidh *masc.*

coition *n.* cliathadh *masc.*, co-reatain *masc.*, luaidhe *fem.*, mairiste *masc.*

colander *n.* sìolachan *masc.*

colation *n.* sìolachadh *masc.*, sìoladh *masc.*

colcannon *n.* càl ceannan *masc.*

cold *n.* fuachd *fem.*, cnatan *masc.*, fionnaireachd *fem.*, slaighdean *masc.*

cold *adj.* fuar, tais

cold (indifferent) *adj.* neo-fhaoilidh

cold storage *n.* taigh-uaraich *masc.*

cold-chisel *n.* gilb-chruaidh *fem.*, sgathair *masc.*, torra *masc.*

coldness *n.* fuachd *fem.*, fuairead *masc.*, fuarachas *masc.*, fuarachd *fem.*

cole *n.* goileag *fem.*, mulan *masc.*, prabag *fem.*

colewort *n.* càl *masc.*, càl-bloinigein *masc.*, searraigh *fem.*

colic *n.* greim-mionaich, an *masc.*, abaideal *fem.*, tairbhean *masc.*

collapse *vb.* crùp, leig roimhe, rach ann an laige, tuit

collar *n.* bann-muineil *masc.*, muince *fem.*, muinead *masc.*, muinge *fem.*, nasgadh *masc.*

collar *vb.* beir air amhaich, glac air sgòrnan

collar-bone *n.* cnàimh-an-uga *masc.*, dealgan *masc.*, ugan *masc.*

collared dove *n.* calman fiadhaich *masc.*

collate *vb.* coimeas, cuir còmhla, cuir ri chèile

collateral *adj.* taobh ri taobh

collateral security *n.* cùlanach *masc.*

collation *n.* coimeas *masc.*, greim-bìdh *masc.*

collator *n.* co-mheasair *masc.*, neach-sgrùdaidh *masc.*

colleague *n.* co-oibriche *masc.*, companach *masc.*, coimpire *masc.*, co-làmhaiche *masc.*

collect *vb.* cruinnich, tru(i)s, cnòdaich, tionail

collected *adj.* cruinn

collected (having unscattered wits) *adj.* purpail

collection n. cruinneachadh masc., trusadh masc., tional masc.

collective adj. lòdach

collective bargaining n. co-chonnsachadh riochdaireach masc.

collective noun n. ainmear-trusaidh masc.

collectiveness n. purpalachd fem.

collector n. cruinniche masc., trusaiche masc.

college n. colaisde fem.

collegiate adj. colaisdeach

colliebuction n. collaid fem.

collier n. gualadair masc., guaillear masc.

collieshangie n. collaid fem.

colliquant adj. leaghach

colliquefication n. co-leaghadh masc.

colliquefy vb. co-leagh

collision n. fadhar masc., sgleog fem., taic fem., tuirnealas masc.

collision geometry n. geoimeatras co-bhualaidh masc.

collocate vb. socraich, suidhich

collocation n. socrachadh masc., suidheachadh masc.

colloid n. colloid fem.

collop n. colag fem., culag fem., staoig fem., toit fem., toitean masc.

colloquial adj. coitcheann, conaltrach, mithchainnteach

colloquialism n. mithchainnteachas masc.

collude vb. iomair a làmhan a cheile

collusion n. cealg-chòrdadh masc., cuilbheart fem.

collusive adj. cuilbheartach

colocynth n. searbh-ubhal masc.

colon (intestine) n. caolan fada masc., caolan mòr masc., snàile masc., snathainn fem./masc.

colon (writing) n. còilean masc., còlan masc., dà-phuing fem., sgoiltean masc., stad a trì masc.

colonel n. còrnaileir masc., coirneal masc.

colonisation n. tìreachas masc.

colonise vb. tìrich, eilthirich, planntaich

colonising n. tìreachadh masc., suidheachadh masc., tuineadh masc.

colony n. tìreachas masc., co-àiteachas masc., eilthir fem., luchd-imriche masc., nuadh-threabhachas masc., tìreachadh masc.

coloquintida n. searbh-ubhal masc.

colossal adj. aibheiseach, air leth mòr, comharraichte

colostrum n. bainne-nòis masc., ciadbhainne masc., nòs masc., nùs masc., unnsa masc.

colour n. dath masc., snas masc., snasda masc.

colour vb. dathaich, dreachaich, lì-dhealbh

colour decoder (image technology) n. dath-iompachair masc.

colour-blind adj. dath-dhall

colour-blindness n. dath-dhoille fem.

colour-vision n. dath-fhradharc masc.

coloured adj. dathte, dathach, dathail, lìdhte, lìtheach

colourful adj. dreachmhor

colourist n. dathadair masc.

colours (symbol of membership) n. bratach fem.

colt n. bromach masc., capall masc., loth fem., lothag fem., searrach masc.

coltsfoot n. cluas liath fem., copag an spuing fem., duilliur-spuinc masc., fathan masc., gallan-greannach masc., gormag liath fem.

columbary n. tigh chalaman masc.

columbine n. lus a' chalmain masc.

columbine (colour) adj. liath ghorm

column n. colbh masc., stac masc., seaghlan masc., spisniche masc., stuadh fem.

column (body of troops) *n.* fòirne *masc.*

columnal *adj.* seaghlanach

columnar *adj.* colbhach, colmhach

columned *adj.* stacach

comb *n.* cìr *fem.*, cìrean *masc.*, sprogaill *fem.*

comb *vb.* cìr

combat *n.* còmhrag *fem.*, còmhlann *fem.*, luath-làimh *fem.*

combat *vb.* còmhraig

combatant *n.* coimhliche *masc.*, làmh-chòmhraig *masc.*

combed seaweed *n.* feamainn-chìr *fem.*

combine *n.* co-chòmhlan *masc.*

combine harvester *n.* inneal mòr buain *masc.*, inneal-fogharaidh *masc.*

combined *pref.* co-

combing *n.* cìreadh *masc.*

combustible *adj.* loisgeach, loisgeachail, so-loisgeach, lasagach, lasrachail, lasrach, lasarra, leusach, teinnteach, teinntidh

combustion *n.* losgadh *masc.*

come *vb.* thig, tar, teann, trobhad

come alive *vb.* tòrr

come along! *interj.* thalla!

come back *vb.* till

come hither *vb.* teann a-nall

come into contact *vb.* co-bhuail

come to *vb.* thig thuige

come to nothing *vb.* rach gu neoni

come to pass *vb.* tachair, thig air chois

comedian *n.* dìbhearsanaiche *masc.*, cleasaiche *masc.*

comedy *n.* abh-chluich *masc.*, cleas-chluich *masc.*, cluich-àbhachd *masc.*, comadaidh *masc.*, greanna-chluich *masc.*

comeliness *n.* maise *fem.*, eireachdas *masc.*, loinn *fem.*, dreachalachd *fem.*, ceanaltachd *fem.*, ciatachd *fem.*, deagh-mhaise *fem.*

comely *adj.* eireachdail, dreachail, dreachmhor, ciatach, cruthail, eireachdail, greannmhor, sèimh, snuadhach, soineil, soitheamh, somalta, speisealta

comet *n.* reul chearbach *fem.*, reannag earballach *fem.*, reul seachrain *fem.*, reul sheachranach *fem.*, reult ainneamh *masc.*, reult-seachrain *fem.*, rionnag an earbaill *fem.*, rionnag (na) smùide *fem.*

comfit *n.* mìlsean *masc.*

comfort *n.* comhfhurtachd *fem.*, cothrom *masc.*, sàsadh *masc.*, sàsdachd *fem.*, seasdar *masc.*, seasgaireachd *fem.*, sìoch *fem.*, socair *fem.*, sochair *fem.*, socrachadh *masc.*, soimeachdas *masc.*, sòlas *masc.*, tacsa *masc.*, tlus *masc.*

comfort *vb.* comhfhurtaich, sòlasaich

comfortable *adj.* comhfhurtail, cobhaireach, cuannar, sàsda, seasga(i)r, socair, socrach, sòlasach, tìorail, tlùthail, soimeach

comforter *n.* comhfhurtair *masc.*

comforting *adj.* furtach, sòlasach

comfortless *adj.* neo-shubhach

comfrey *n.* lus nan cnàmh briste *masc.*, meacan dubh *masc.*

comic *n.* pàipear èibhinn *masc.*, pàipear-cloinne *masc.*

comic opera *n.* opra cleasanta *masc.*, opra èibhinn *masc.*

comic(al) *adj.* àbhachdach, ait, cleasanta, sùgach

comical *adj.* ait, rudanach, èibhinn

coming *n.* tighinn *masc.*, teannadh *masc.*, teachd *masc.*

coming to grips *adj.* an cràic a chèile

coming to pass *n.* tachairt *fem.*

comma *n.* cromag *fem.*, camag *fem.*, snagan *masc.*, stad a h-aon *masc.*

command *n.* òrdugh *masc.*, reachd *masc.*, àithne *fem.*, òrdachadh *masc.*, sgòd *masc.*, smachd *masc.*, uachdranachd *fem.*, ùghdarras *masc.*

command *vb.* òrdaich, àithn, smachdaich

commander *n.* iùl *masc.*

commander-in-chief *n.* ceannard *masc.*

commanding *n.* òrdachadh *masc.*

commanding *adj.* ceannardach, reachdmhor, spracail, spraiceil

commanding respect *adj.* prionnsail

commemoration *n.* cuimhneachadh *masc.*, cuimhneachan *masc.*

commence *vb.* tòisich, sìn, leig air

commencement *n.* tòiseachadh *masc.*, inntreadh *masc.*, inntrinn *fem.*, siuthadadh *masc.*, tionnsgnadh *masc.*, tòiseachd *fem.*

commencement date *n.* latha-tòiseachaidh *masc.*

commendable *n.* moltach *fem.*

commendable *adj.* inmheasda

commendation *n.* moladh *masc.*

commendatory *adj.* cliùiteach

commensurability *n.* co-thoimhseachd *fem.*

commensurable *adj.* co-fhreagarrach, co-thoimhseach

comment *n.* iomradh *masc.*, luaidh *masc.*, beachd *masc.*, aithris *fem.*

comment *vb.* aithris, dèan luaidh, labhair

commentary *n.* aithris fem., iomradh *masc.*, cunntas *masc.*, mìneachadh *masc.*

commentator *n.* iomradair *masc.*, neach-cunntais *masc.*, luaidhear *masc.*, neach-mìneachaidh *masc.*

commerce *n.* ceannachd *fem.*, co-cheannachd *fem.*, co-thorrachd *fem.*, malairt *fem.*

commercial *adj.* malairteach

commercialisation *n.* malairteachas *masc.*

commigrate *vb.* co-imrich

commigration *n.* co-imrich *fem.*

commination *n.* bagradh *masc.*, maoidheadh *masc.*

comminute *vb.* mìnich, pronn

comminution *n.* mìne *fem.*

commiseration *n.* bàigh *fem.*, co-chaoidh *fem.*, co-dhoilgheas *masc.*, co-mhothachadh *masc.*, truas *masc.*

commiserative *adj.* iochdmhor

commissariat *n.* comasdaireachd *fem.*

commissary *n.* comasdair *masc.*

commission *n.* coimisean *masc.*, ùghdarras *masc.*

commission *vb.* barantaich, ùghdarraich

commission (assignment of authority) *n.* barantas *masc.*

commission (warrant) *n.* barantadh *masc.*

Commission for Racial Equality *pr.n.* Coimisean nan Còraichean Aiteamach

Commission of the European Economic Community *pr.n.* Coimisean Co-phoball Eaconomach na h-Eòrpa

commissionaire *n.* gille-dorais *masc.*

commissioner *n.* coimiseanair *masc.*, cumhachdair *masc.*, neach-ùghdarrais *masc.*

Commissioner for Local Administration in Scotland *pr.n.* Cumhachdair airson Clèireachd Ionadail an Alba

commit *vb.* ciontaich, cuir an comas, cuir an gnìomh, cuir an làimh, leig fo chumhachd

commit suicide *vb.* cuir às dhut fhein, bi ri do bheatha fhèin, cuir làmh nad bheatha fhein, thoir ùthachd dhut fhein

commit to memory *vb.* meòmhraich

committed (earmarked) *adj.* roi-cheangailte

committed (law) *adj.* fo chùmhnant

committee *n.* comataidh *fem.*

commodious *adj.* rùmail, goireasach

commodiousness *n.* rùm *masc.*

commodity *n.* bathar *masc.*

commodity flow *n.* gluasad-bathair *masc.*

commodore *n.* ceannard-cabhlaich *masc.*

common *adj.* cumanta, coitcheann, gnàthach, cuidridh, cumaideach, gnàth, luarach

common agrimony *n.* geur-bhileach *fem.*, mìrean nam magh *masc.*, muir dhroighinn *masc.*

common auk *n.* alc *fem.*, falc *fem.*, falcag *fem.*

common bat *n.* ialtag-chluasach *fem.*

common bugle *n.* lus a' chùirn *masc.*

common butterwort *n.* badan-measgain *masc.*, lus an ime *masc.*, mòthan *masc.*

common centaury *n.* ceud-bhileach *fem.*, deagha dearg *masc.*, seanntraigh *masc.*

common cochlea *n.* lus an t-sagairt *masc.*

common crested lark *n.* fosgag-Mhoire *fem.*, uiseag-Mhoire *fem.*

common dodder *n.* clamhan lìn *masc.*, cluain dearg *masc.*, conach *masc.*

common dolphin *n.* deilf *fem.*, leumaire *masc.*

common eel *n.* easgann *fem.*, cairbeanail *fem.*, sìol mhòr *fem.*

common enchanter's nightshade *n.* fuinnseach *masc.*, lus na h-òighe *masc.*

common fieldmouse *n.* feòrlagan *masc.*, fiolagan *masc.*, luch-fheòir *fem.*

common fumitory *n.* dearg thalmhainn *fem.*, lus deathach thalmhainn *masc.*

common gender *n.* bainfhirinsge *fem.*

common goby *n.* buidhleis *fem.*

common grazing *n.* coitcheann *masc.*, cùl-cinn *masc.*, mòr-earrann *masc.*

common guillemot *n.* langach *masc.*

common gull *n.* faoileag *fem.*, faoileann *fem.*, iasgair dìomhain *masc.*

common hemlock *n.* curran cruaidh *masc.*

common hemp-nettle *n.* gath dubh *masc.*

common juniper *n.* iubhar-beinne *masc.*

common knapweed *n.* cnapan dubh *masc.*

common lime *n.* teile *fem.*

common mallow *n.* ucas fiadhain *masc.*

common maple *n.* craobh-mhailp *fem.*

Common Market *n.* Margadh Coitcheann *masc.*, Margaidh Choitcheann *fem.*

Common Market, the *n.* Co-mhargadh, an *masc.*

common melitot *n.* crùban-cait *masc.*

common noctule *n.* ialtag mhòr *fem.*

common noun *n.* ainmear gnàthach *masc.*, gnàth-ainm *masc.*

common oak *n.* darach *masc.*, furran *masc.*

common osier *n.* fìneamhain *fem.*, seileach-uisge *masc.*

common pink *n.* luibh-àraidh *fem.*

common porpoise *n.* bèist-ghorm *fem.*, cana *masc.*, cas-poite *fem.*, muc-steallain *fem.*, puthag *fem.*

common rush *n.* brodh-bràighe *masc.*

common Saint John's wort *n.* allas Mhoire *masc.*, caod *masc.*, eala bhuidhe *fem.*

common sandpiper *n.* bodhag *fem.*, bothag *fem.*, èarr-ghainmhich *fem.*, fidhleir-bòrd-an-locha *masc.*, gobada-lìridh *masc.*, luatharan *masc.*, trotag-tràghad *fem.*

common scoter *n.* lach bheag dhubh *fem.*, lacha-bheag-dhubh *fem.*, tunnag-dhubh *fem.*

common seal *n.* ròn *masc.*, seula coitcheann *masc.*

common self-heal *n.* ceannbhan beag *masc.*

common sense *n.* toinisg *fem.*

Common Services Agency *pr.n.* Buidheann nan Seirbheisean Coitcheann

common shrew *n.* dallag-fheòir *fem.*, dallag-fhraoich *fem.*, luch-fheòir *fem.*

common skate *n.* sgait *fem.*

common sorrel *n.* sealbhag *fem.*

common sow-thistle *n.* biadh-muice-coinein *masc.*

common speedwell *n.* lus-crè *masc.*, teanga-bà *fem.*

common spotted orchid *n.* sòbhrag bhallach *fem.*, urrach bhallach *fem.*

common tern *n.* falbhag *fem.*, steàrnal cumanta *masc.*, steàrnan *masc.*

common terrier *n.* bus-dubh *masc.*

common time *n.* tìde coitcheann *fem./masc.*, tìde cumanta *fem./masc.*

common tormentil *n.* braonan-fraoich *masc.*, cairt-làir *fem.*, cairt-leamhnach *fem.*, corrachan mhill a' choin *masc.*, leamhnach *fem.*

common vetch *n.* fiatghal *masc.*, peasair fhiadhain *fem.*, peasair-chapaill *fem.*

common violet *n.* dail-chuach *masc.*, fanaisge *fem.*, sail-chuach *fem.*

common vole *n.* famhalan-arcach *masc.*

commonalty *n.* màl-shluagh *masc.*, sluagh *masc.*

commoner *n.* coitcheannach *masc.*, cumantach *masc.*

commonwealth *n.* co-fhlaitheas *masc.*, poibleach *masc.*

Commonwealth Relations Office *pr.n.* Oifig Caidreabh a' Cho-fhlaitheis

commotion *n.* ùpraid *fem.*, co-ghluasad *masc.*, dol-a-mach *masc.*, iomluasgadh *masc.*

communal *adj.* coitcheann

commune *vb.* labhair

communicable *adj.* com-pàirteach, rùn-phàirteach

communicant *n.* comanaiche *masc.*, neach-aideachaidh *masc.*, neach-comanachaidh *masc.*, neach-comanaich *masc.*

communicants *n.* luchd-aideachaidh *masc.*

communicate *vb.* compàirtich, aithris, cuir an cèill, rann-phàirtich

communicate (sacrament) *vb.* comanaich

communicating *n.* rùn-phàirteachadh *masc.*

communicating *adj.* rann-phàirteach

communication *n.* conaltradh *masc.*, co-luadar *masc.*, fios *masc.*, muinntireas *fem.*, teachdaireachd *fem.*

communication channel *n.* amar-conaltraidh *masc.*

Communications Managers' Association *pr.n.* Comann Mhanaidsearan Eadar-theachdaireachd

communicative *adj.* beulchair, rùn-phàirteach

communicative competence *n.* comas co-phàirteachaidh *masc.*

communion *n.* co-chomann *masc.*, comanachadh *masc.*

communiqué *n.* cinntsgeul *masc.*, fios oifigeil *masc.*

communist *n.* comannach *masc.*, comaoineach *masc.*, co-mhaoineach *masc.*, comhaoineach *masc.*

community *n.* coimhearsnachd *fem.*, nàbachd *fem.*, co-chuideachd *fem.*, comann *masc.*, muinntireachd *fem.*

community centre *n.* ionad-coimhearsnachd *masc.*

Community Council *pr.n.* Comhairle Coimhearsnachd

Community Education Officer *pr.n.* Oifigear Foghlam Coimhearsnachd

Community Psychiatric Nurse *pr.n.* Nurs Leigheas-inntinn na Coimhearsnachd

community school *n.* sgoil-sgìre *fem.*

community service *n.* seirbheis-choimhearsnachd *fem.*

commutable *adj.* co-mhalairteach, co-chaochlaideach, co-iomlaideach, co-mhùiteach, iomlaideach, so-mhùthaidh

commutation *n.* co-chaochladh *masc.*, co-iomlaid *fem.*, co-mhùthadh *masc.*, iomlaid *fem.*

commutative aspect *n.* sealladh ioma-thaobhach *masc.*

commutative property *n.* comas co-iomlaideach *masc.*

commute (exchange) *vb.* co-iomlaidich, iomlaidich, mùth

commute (travel) *vb.* siubhail, triall

compact *n.* co-chòrdadh *masc.*, co-bhann *fem.*, cùmhnant *masc.*, cùnnradh *masc.*

compact *adj.* co-dhlùth, cruinn, cuaicheanach, dùmhail, teannta

compact disc *n.* meanbh-chlàr *masc.*, clàr cruinn *masc.*

compactness *n.* dlùthadas *masc.*

companion *n.* companach *masc.*, còmhdhalaiche *masc.*, dàimheach *masc.*

companionable *adj.* cèilidheach

companionship *n.* companas *masc.*

company *n.* cuideachd *fem.*, comann *masc.*, buidheann *fem./masc.*, còmhlan *masc.*, conaltradh *masc.*, cuallach *masc.*, cuanal *masc.*, meoghail *fem.*, sealbhan *masc.*

company (business) *n.* buidheann-g(h)nothaich *fem./masc.*, companaidh *fem.*

comparable *adj.* co-choimeasail, co-ionnan, ionamhail, ion-choimeas, ion-choimeasail, ionnsamhail, ion-shamhlaichte, so-shamhlachaidh

comparative *adj.* coimeasach, coimheartach, co-shamhlach, so-shamhlachail

comparative (degree of adjective) *n.* coimeas *masc.*

comparative advantage *n.* tairbhe choimeasach *fem.*

compare *vb.* coltaich, co-shamhlaich, dèan coimeas air, dèan coimeas eadar, ionannaich

compared adjective *n.* buadhair coimeasta *masc.*

comparing activities (education) *n.* obair-choimeis *fem.*

comparison *n.* coimeas *masc.*, coimeasachadh *masc.*, comhad *masc.*, fioghaire *masc.*, iomorran *masc.*, siunnailt *fem.*, sunnailt *fem.*

comparison of adjective *n.* coimeas buadhair *masc.*

comparison of adjective (comparative degree) *n.* an ìre choimeasach *fem.*

comparison of adjective (positive degree) *n.* a' bhun-ìre *fem.*

comparison of adjective (superlative degree) *n.* an ìre fheabhasach *fem.*

compartment *n.* earrann *fem.*

compass *n.* combaist(e) *masc.*, gobhal *masc.*, iùlag *fem.*

compass (music) *n.* raon *masc.*

compass-saw *n.* cuairt-shàbh *masc.*

compassion *n.* co-fhulangas *masc.*, co-mhothachadh *masc.*, co-thruacantas *masc.*, co-thruas *masc.*, truacantas *masc.*, truas *masc.*, aircis *fem.*, ath-thruas *masc.*, buigeachas *masc.*, iocalachd *fem.*, iochd *masc.*, iochdmhorachd *fem.*, tairiseachd *fem.*, tlus *masc.*, tlusalachd *fem.*

compassionate *adj.* truacanta, iochdmhor, ath-thruasach, co-mhothachail, co-thruacanta, iocail, oineach, tairis, tlusail, tròcaireach, truasail

compassionateness *n.* truacantas *masc.*

compatibility *n.* co-chòrdalachd *fem.*

compatible *adj.* co-chòrdail, co-fhreagarrach, cubhaidh

compatriot *n.* co-thìreach *masc.*, neach-dùthcha *masc.*

compatriot *adj.* co-dhùthchasach

compatriotism *n.* co-dhùthchas *masc.*

compeer *n.* coimbire *masc.*, coimeadh *masc.*, coimpir *masc.*, companach *masc.*, leithid *fem.*

compel *vb.* co-èignich, thoir air, cuir an ìre

compendious *adj.* geàrr-bhrìgheach, suimeil

compendoius *n.* brighear *masc.*

compensate *vb.* dìol, ìoc, dìobhailich

compensation *n.* cuidhteachadh *masc.*, èirig *fem.*, dìoladh *masc.*, dìobhaileachadh *masc.*

compensation award *n.* duais-chuidhteachaidh *fem.*

compensatory *adj.* èirgeach

compensatory amount *n.* suim-èirge *fem.*

cómpetency *n.* comas *masc.*, foghnachdainn *fem.*, iomchaidheachd *fem.*

competition *n.* co-fharpais *fem.*, co-dheuchainn *fem.*, comhaibeadh *masc.*, comhstrì *fem.*, ràidh *fem.*, ràiteachas *masc.*

competition policy *n.* polasaidh-comhstrì *masc.*

competitive *n.* farpaiseach *masc.*

competitive *adj.* farpaiseil, strìtheil

competitive basis *n.* bonn co-dheuchainn *masc.*

competitor *n.* co-fharpaiseach *masc.*, farpaiseach *masc.*, co-dheuchainnaiche *masc.*, coimhliche *masc.*, comhaitheach *masc.*, comhstrìtheach *masc.*

compilation *n.* co-chruinneachadh *masc.*, tionalachadh *masc.*

compile *vb.* cnuasaich, co-chruinnich, cuir ri chèile, tionail

compiler *n.* co-chruinniche *masc.*, neach-trusaidh *masc.*, trusaiche *masc.*, tionalaiche *masc.*

complacence *n.* fial *fem.*

complacency *n.* somaltachd *fem.*, neo-choimhicheas *masc.*, riarachadh *masc.*, soisinn *fem.*

complacent *adj.* somalta, air dòigh, so-chòmhraideach

complain *vb.* gearain, dèan casaid

complaint *n.* gearan *masc.*, casaid *fem.*, monmhar *masc.*, talachadh *masc.*

complaisance *n.* modhalachd *fem.*, suairceas *masc.*, sulas *masc.*

complaisant *adj.* faoilidh, modhail, so-chòmhradhach, sodanach, suilbhir

complement *n.* lìon *masc.*

complement (computing) *n.* cèile *masc.*

complementary *adj.* coilionach, coiliontach, co-phàirteach

complementary good *n.* bathar-leasachaidh *masc.*

complementing *n.* coilionadh *masc.*

complete *adj.* co-iomlan, iomlan, coileanta, crìochnaichte, glan, gu lèir

complete *vb.* crìochnaich, iomlanaich, thoir gu buil

completeness *n.* coileantachd *fem.*

completing *n.* crìochnachadh *masc.*

completion *n.* coilionadh *masc.*, iomlanachd *fem.*, lìonadh *masc.*, ullamhachd *fem.*

complex *adj.* ioma-fillteach, caiste, casta, ciogailteach, co-thoinnte, deacair, eadar-fhillte, eadar-thoinnte, iol-fhillte, iol-ghilleach, iomadh-fhillte, iom-fhillte

complex preposition *n.* roimhear iom-fhillte *masc.*

complexion *n.* dreach *masc.*, snuadh *masc.*, tuar *masc.*, neul *masc.*, fàl *masc.*

complexity *n.* camadh *masc.*, iom-fhillteachd *fem.*

compliance *n.* gèilleadh *masc.*, strìochdadh *masc.*

compliant *adj.* aontach, socharach, soirbh, soitheamh, strìochdta

complicate *vb.* co-fhill, dèan duilich

complicated *adj.* duilich, iol-fhillte, iol-ghleusach, ràbhanach

complicated fracture *n.* briseadh co-fhillte *masc.*

complication *n.* camadh *masc.*, casadh *masc.*, co-fhilleadh *masc.*, iol-fhilleadh *masc.*

compliment *n.* dùrachd *fem.*

complimentary *adj.* miodalach

compliments *n.* iomachagair *fem.*, iomacharag *fem.*, soraidh *fem.*

comply *vb.* gèill

component *n.* co-phàirt *fem.*

components *n.* iomasgladh *masc.*

comport *vb.* fuiling, giùlain

comportable *adj.* freagarrach

comportment *n.* beus *fem.*, giùlan *masc.*, gnàths *masc.*, iomchar *masc.*

compos mentis *adj.* coilionta, slàn, toinnte

compose *vb.* dèan suas, sgrìobh, co-chuir, co-dhèan, co-ghleus, cum, dèan sàmhach, sìthich, socraich

compose (calm) *vb.* sìochaich, sìolaidh

composed *adj.* socraichte, steòirneal, steòirneal, stòlda, stuidearra, suaimhneach

composer *n.* co-ghleusaiche *masc.*, cumadair *masc.*, neach-ciùil *masc.*, ùghdar *masc.*

composite *adj.* ceangailte, co-dhèanta, ealtach

composition *n.* aiste *fem.*, co-chur *masc.*, co-dhèanamh *masc.*, co-dhèantachd *fem.*, sgrìobhadh *masc.*, socrachadh *masc.*, suidheachadh *masc.*

composition (ingredients) *n.* co-mhisgeachd *fem.*

composition (piece of music) *n.* pìos-ciùil *masc.*, aiste-chiùil *fem.*, dèanamh-ciùil *masc.*

composition (writing) *n.* co-sgrìobhadh *masc.*

compositor *n.* clòdhadair *masc.*, neach-beartachaidh *masc.*

compost *n.* aolach *masc.*, leasachadh *masc.*, mathachadh *masc.*, todhar *masc.*

composure *n.* suaimhneas *masc.*, ciùineas *masc.*, sàmhchar *masc.*, sìthealachd *fem.*, stuidearrachd *fem.*, suidheachadh *masc.*

compotation *n.* co-òl *fem.*

compound *n.* coimeasgadh *masc.*, co-thàth *masc.*, facal fillte *masc.*

compound *adj.* coimeasgte, co-phàirteach, fillte, measgte

compound *vb.* coimeasg, cuir cuideachd

compound (enclosure) *n.* lann *fem.*

compound (make worse) *vb.* cuir ri

compound (mixture) *n.* coimeasg *masc.*

compound clause *n.* clàs fillte *masc.*

compound force *n.* co-neart *masc.*

compound fracture *n.* briseadh fosgailte *masc.*

compound preposition *n.* roimhear fillte *masc.*

compound sentence *n.* seantans fillte *masc.*

compound word *n.* facal fillte *masc.*

compoundable *adj.* so-choimeasgta

comprehend *vb.* measraich, tuig

comprehending *n.* tuigsinn *fem.*

comprehensible *adj.* so-mheasraichte, so-thuigseach

comprehension *n.* eòlas *masc.*, toinisg *fem.*, tuigse *fem.*

comprehensive *adj.* cuimseach, farsaing, ioma-ghlacaidh, làn

comprehensive school *n.* sgoil ioma-chuimseach *fem.*

compress *vb.* dlùthaich, teannaich, brùth, dinn, fàisg, peinntealaich, sgrog, stamh

compressed *adj.* peinntealta

compression *n.* teannachadh *masc.*

compression of the brain *n.* dlùth-theannadh na h-eanchainn *masc.*

compressure *n.* bruthadh *masc.*, dinneadh *masc.*

comprise *vb.* cum, gabh, glèidh

compromise *n.* co-rèiteachadh *masc.*, còrdadh *masc.*, eadar-chomain *fem.*

compulsion *n.* co-èiginn *fem.*, co-èigneachadh *masc.*, eiginneachd *fem.*

compulsive *adj.* do-dhiùltach

compulsory *adj.* èignichte

compulsory purchase *n.* ceannachd reachdach *fem.*

compunction *n.* co-bhrodadh *masc.*, co-ghuin *masc.*

compunctious *adj.* craidhteach

computable *n.* so-àireimh *fem.*

computation *n.* àireamh *fem.*, suim *fem.*

compute *vb.* cunnt, meas, tomhais

computer *n.* coimpiutair *masc.*

computer aided design *n.* dealbhadh la taic-choimpiutair *masc.*

computer aided learning *n.* ionnsachadh le taic-choimpiutair *masc.*

computer aided manafacturing *n.* dèanamh le taic-choimpiutair *masc.*

computer resource person *n.* neach-coimpiutaireachd *masc.*

computer system *n.* siostam-coimpiutair *masc.*

comrade *n.* companach *masc.*

concatenate *vb.* co-chuibhrich

concatenation *n.* co-chuibhreach *fem.*

concave *adj.* co-chòsach, cosach, crom, cuachach, cuasach, glacach, lagach, slagach, tulgach

concavity *n.* cromadh *masc.*, sòrn *masc.*

conceal *vb.* falaich, ceil, cealaich, cleòc, seun

concealable *adj.* so-fhalach

concealing *adj.* seunach

concealment *n.* falach *masc.*, cleith *fem./masc.*, ceal *masc.*, cealachd *fem.*, ceileadh *masc.*, ceiltinn *fem.*, ionad-falaich *masc.*, seuntas *masc.*

concede *vb.* gèill, aontaich, aidich, strìochd, co-cheadaich, fuiling, leig seachad, leig thairis, thoir gèill, thoir suas

conceit *n.* mòrchuis *fem.*, fearas-mhòr *masc.*, cuideal *masc.*, cuidealas *masc.*, dèideag *fem.*, leòm *fem.*, sgòd *masc.*, smaoineachd *fem.*, spaglainn *fem.*, spailp *masc.*, speilp *fem.*

conceited *adj.* mòrchuiseach, bòsdail, balganta, baralach, ceutach as/aisde fhèin, cuideil, leòmach, reimheach, sgòdach, sgoideasach, sgòideil, spaglainneach, spaideil, spailleichdeil, spailpeil, spairisteach, stàirneil, stràiceil, uallach

conceivable *adj.* so-shaoilsinn, so-smuainteachaidh

conceive *vb.* fàs torrach, gabh ri cloinn, torraich

conceive (imagine) *vb.* breithnich

conceive (receive/form in womb) *vb.* gabh sa bhrù, gin

concentration *n.* co-chruinneachadh *masc.*

concentrator *n.* co-chruinnichear *fem./masc.*

concentric *adj.* aon-mheadhanach, co-chearclach, co-chruinn, ion-chruinn

concept *n.* bun-bheachd *masc.*, bun-smuain *fem.*

conception *n.* gineamhainn *masc.*, measrachadh *masc.*, torraicheas *masc.*

conception (womb) *n.* brù-ghabhail *fem.*

concern *vb.* cuir uallach air, gabh gnothach

concern (trouble) *vb.* buair

concerning *prep.* a-thaobh, mu dhèidhinn, mu thimcheall, timcheall

concert *n.* cuirm-chiùil *fem.*, ceòlchuirm *fem.*, co-cheòl *masc.*, coinneamh-chiùil *fem.*, feisd-chiùil *fem.*

concession *n.* cead *masc.*, ceadachadh *masc.*, strìochdadh *masc.*, toirt thairis *fem.*

concessionary *adj.* lasaichte

conch *n.* cnomhagan *masc.*, faochag *fem.*, slige *fem.*, spairneag *fem.*

conchologist *n.* sligire *masc.*

conchology *n.* sligeadachd *fem.*, sligireachd *fem.*

conciliate *vb.* rèitich

conciliated *adj.* rèidh

conciliation *n.* rèiteachadh *masc.*

conciliator *n.* neach-rèiteachaidh *masc.*, rèiteachair *masc.*

conciliatory *adj.* sìth-aigneach

concillatory *adj.* soireiteach

concinnity *n.* freagarrachd *fem.*, maise-cainnt *fem.*

concise *adj.* pongail, geàrr, cuimir, cutach, goirid

concision *n.* sgudadh *masc.*

conclamation *n.* co-ghàir *fem.*

conclave *n.* mòr-dhàil *masc.*

conclude *vb.* co-dhùin, crìochnaich

concluding *n.* crìochnachadh *masc.*

conclusion *n.* co-dhùnadh *masc.*, deireadh *masc.*, sgur *masc.*

conclusive *adj.* co-dhùnach, crìochannach

concoct *vb.* dileidh, measgaich

concoction *n.* cungaidh mheasgaichte *fem.*, inmheachd *fem.*

concomitancy *n.* co-chuideachd *fem.*

concomitant *n.* companachadh *masc.*

concomitant *adj.* co-cheumnach

concord *n.* còrdadh *masc.*, aonachd *fem.*, rèite(achd) *fem.*

concordance *n.* co-fhuaim *masc.*

concordant *adj.* co-aontach

concordat *n.* co-chòrdadh *masc.*

concrete *n.* cruadhtan *masc.*

concrete (opposite of abstract) *adj.* nitheil

concretion *n.* co-chinneas *masc.*, co-fhàs *masc.*

concubinage *n.* coileabachas *masc.*, meirdreachas *masc.*

concubine *n.* coileabach *masc.*, comhstach *fem.*, leannan *masc.*, meirdreach *fem.*, teallachag *fem.*

concupiscent *adj.* collaidh

concur *vb.* aontaich, co-cheumnaich, comhruith, co-rùnaich

concurrance *n.* cobharalachadh *masc.*

concurrence *n.* co-aontachd *fem.*, co-cheumnachd *fem.*, làn-thoil *fem.*

concurrency *n.* co-ruith *fem.*

concurrent *adj.* co-aontach, co-cheumnach

concussion *n.* ciùrradh-eanchainn *masc.*, criothnachadh *masc.*, crith-eanchainn *fem.*

condemn *vb.* dìt, cronaich, mallaich, tilg

condemnation *n.* dìteadh *masc.*

condensation *n.* tiughachadh *masc.*

condensation reaction *n.* iom-oibreachadh co-dhlùthachaidh *masc.*

condense *vb.* dèan tiugh, sùmhlaich

condense (convey) *vb.* co-dhlùthaich

condenser *n.* co-dhlùthachair *masc.*

condenser (distilling) *n.* silteachan *masc.*

condensity *n.* dinnteachd *fem.*

condescend *vb.* ceadaich, irioslaich, ìslich, striochd

condescending *adj.* mì-uaibhreach, teàrnach

condescension n. ìsleachadh masc.,
irioslachadh masc., mì-uaill fem., neo-
choimhicheas masc.

condign adj. iomchaidh, toillteanach

condiment n. annlan masc., soighneadh
masc.

condition n. staid fem., cor masc.,
cùmhnant masc., cùnnradh masc.,
gleus masc., inbhe fem., suidheachadh
masc.

condition (stipulation) n. cumha
fem./masc.

conditional adj. cùmhnantach,
suidheachail, teaghmhach

conditional clause n. clàs cumhach masc.

conditional mood n. modh teagmhach
masc.

conditional tense n. tràth cumhach masc.

conditive adj. so-shàilleadh

condole n. co-chaoidh fem.

condole vb. co-chaoin, co-fhuiling, co-
ghuil

condolence n. co-chaoineadh masc., co-
dhoilgheas masc.

condom n. casgan masc.

condonation n. mathadh masc.

conduce vb. stiùir, treòraich

conducible adj. còmhnachail

conducive adj. cuideachail

conduct n. giùlan masc., dol-a-mach
masc., iomchar masc.

conduct vb. iomain, seòl, stiùir, treòraich

conduct (convey) vb. giùlain

conduct smear campaign against vb. cuir
mì-chliù air

conducting cell n. ceall-ghiùlain fem.

conducting tissues n. stuth-giùlain masc.

conductor n. neach-iùil masc., neach-
treòrachaidh masc., treòraiche masc.

conductor (music) n. stiùireadair masc.,
stiùiriche-ciùil masc.

conductor (person) n. marasglaiche masc.

conductor (thing that conducts) n. stuth-
giùlain masc.

conduit n. cladhan-uisge masc., feadan
masc., guitear masc., saibhear masc.,
sruth-chlais fem., sruthlag fem.

conduit (pipe) n. pìob-uisge fem.

condyle n. cnap masc.

cone n. bidean masc., biorraid fem.,
clogaid masc., còn masc.

coney n. coinean masc.

confabulation n. conaltradh masc.

confectioner n. milseanaiche masc.

confectionery n. milseanachd fem.

confederacy n. banntaireachd fem., co-
bhann fem., comann masc.

confederate n. còmhalaiche masc.

confederate vb. co-cheangail

confederation n. co-bhann fem., co-
chaidreachas masc., sìth-cheangladh
masc.

Confederation of British Industry pr.n.
Co-chaidreachas Gnìomhachais
Bhreatainn

**Confederation of Health Service
Employees** pr.n. Co-chaidreachas
Luchd-obrach Seirbheis na Slàinte

confederative adj. sìth-cheanglach

confer vb. co-labhair, cuir comhairle (ri)

confer (bestow) vb. bàirig

conference n. co-labhairt fem., co-
chruinneachadh masc., co-abairt fem.,
co-agalladh masc., co-chomhairle fem.,
comhdhail fem., mòr-choinneamh fem.

confess vb. aidich, cuir an cèill, faoisdich,
faoisidich

confessing adj. aideachail

confession n. aideachadh masc., èisdeachd
fem., aidmheil fem., agalladh masc.,
faoisid fem., faosaid fem., sacarbhaig
fem.

confessor n. neach-aideachaidh masc.,
aidmheilear masc., sagart-faoisid masc.

confidant *n.* neach-rùin *masc.*, lèine-chneis *masc.*, rùnach *masc.*, rùnaiche *masc.*

confide *vb.* cuir dòchas ann, cuir earbsa, earb, leig rùn (ri)

confidence *n.* creideas *masc.*, dànadas *masc.*, diùras *masc.*, earbsa *fem.*, moinig *fem.*, muinighin *fem.*, urralachd *fem.*

confidence limits *n.* crìochan-earbsa *pl.*

confident *adj.* cinnteach, dalma, dàna, danarra, dearbhte, dòchasach, ladarna, làn-bheachdail, mearcach, muinghinneach, rùnach

confidential *adj.* dìomhair, fo rùn

confidentiality *n.* dìomhaireachd *fem.*, fo-rùnachd *fem.*

configuration *n.* co-chum *masc.*, ìomhachd *fem.*, ìomhaigh *fem.*, rian-coimpiutair *masc.*

configure *vb.* co-dhealbh, cuir an cruth

confine *vb.* caimhil, cuir fo chrìochan, cum a-staigh, teannaich

confined *adj.* prìosanach, stainnte

confinement *n.* braighdeanas *masc.*, asaid *fem.*, braigheachd *masc.*, geambairn *fem.*

confines *n.* co-chrìoch *fem.*

confirm *vb.* daingnich, dearbh, co-dhaingnich, co-neartaich, neartaich

confirmation *n.* co-neartachadh *masc.*

confirmer *n.* co-dhaingniche *masc.*

confiscate *vb.* arbhartaich

conflagration *n.* mòr-lasadh *masc.*, buidealaich *fem.*, co-lasadh *masc.*, co-losgadh *masc.*, lasraich *fem.*, teine *masc.*, toitean *masc.*, toitreach *masc.*, turlach *masc.*

conflate *vb.* co-shèid

conflation *n.* co-shèideadh *masc.*

conflict *n.* còmhrag *fem.*, deannal *masc.*, gleac *masc.*, sabaid *fem.*, spàirn *fem.*, streupaid *fem.*, strì *fem.*

conflict *vb.* cathaich, dèan strì

confluence *n.* comar *masc.*, co-shruth *masc.*, co-shruthadh *masc.*, inbhir *masc.*, suaineamh *masc.*

confluent *adj.* comarach

conform *vb.* co-chum

conformable *adj.* co-choslach, co-chosmhail, so-chobhaiste, so-chosmhail

conformation *n.* co-chruth *masc.*, cruth *masc.*, dealbh *masc.*

conformity *n.* co-fhreagairt *fem.*, coltas *masc.*, samhlachas *masc.*

confound *vb.* breislich, cuir am breislich, cuir thar a chèile, mill, sgrios, tuairgnich

confounded *adj.* am breislich, gràineil

confront *vb.* aghaidhich, còmhlaich, cuir aghaidh ri aghaidh, seas mu choinneamh

confuse *vb.* cuir troimh chèile, aimhreitich, breislich, cuir am breislich, cuir thar a chèile, iomluaisg, pap, prab, riastair, tuairgnich

confused *adj.* troimh chèile, cumasgach, mabach, prabach, riaspach, roileasgach, ru-ra, siadhan, strangach, triullainn

confused *vb.* troimh-chèile

confused *prep.* am breislich

confusing *adj.* breisleachail, breithealach

confusion *n.* breisleach *masc.*, breislich *fem.*, abaid *masc.*, aimheal *masc.*, aimhreit *fem.*, aimlisg *fem.*, breathalachadh *masc.*, brionglaid *fem.*, bruasgadh *masc.*, buaireas *masc.*, caramasg *fem.*, cumasg *fem.*, griobhag *fem.*, iomas *masc.*, iomluasgadh *masc.*, iorghail *fem.*, mì-riaghailt *fem.*, mì-rian *masc.*, obag *fem.*, obaig *fem.*, raimigil *fem.*, riaspaiche *masc.*, stàirn *fem.*, strangadh *masc.*, streapag *fem.*, sùsdal *masc.*, trealabhaid *masc.*, tuaicheal *masc.*, tuaireap *masc.*, tuairgneadh *masc.*, ubraid *fem.*, othail *fem.*

confutation *n.* breugnachadh *masc.*

confute *vb.* breugnaich

congeal *vb.* reòdh, co-chuisnich, cuisnich, ragaich, teuchd

congealable *adj.* reothtachail

congealment *n.* reòdhadh *masc.*, eighneadh *masc.*

congenial *adj.* còrdail, soimeach

congenital *adj.* bhon bhroinn, on bhroinn

conger-eel *n.* as-chù *masc.*, calag *fem.*, càrnag *fem.*, carran cnuacach *masc.*, easgann-mhara *fem.*

congest *vb.* dlùthaich, dùmhlaich

congestible *adj.* so-chàrnaidh

congestion *n.* dùmhlachd *fem.*, mùchadh *masc.*

conglaciate *vb.* èidhrich

congratulant *adj.* co-ghàirdeachail

congratulate *vb.* co-altaich, co-fhàiltich, co-ghàirdich, co-thaingich, cuir meal an naidheachd air, dèan gàirdeachas (le)

congratulation *n.* co-fhàilteachd *fem.*, co-ghàirdeachas *masc.*, co-thaingeachadh *masc.*

congratulations! *interj.* meal do naidheachd!

congregate *vb.* co-chruinnich, coithionail, lèir-thionail, tionail

congregation *n.* coithional *masc.*, co-chruinneachadh *masc.*, eireachdas *masc.*, mòr-shluagh *masc.*

congress *n.* coinneamh *fem.*, còmhdhail *fem.*, mòr-dhàil *masc.*

congressive *adj.* coinneamhach

congressus venereus *n.* lànanas *masc.*

congruence *n.* co-chòrdachd *fem.*, co-fhreagairt *fem.*, còrdadh *masc.*, freagarrachd *fem.*

congruity *n.* co-fhreagairt *fem.*, freagarrachd *fem.*

conical *adj.* bideanach, biorraideach, ceannbhiorach, sgorach, spiriseach

conifer *n.* craobh-durcain *fem.*

conjectural *adj.* baralach

conjectural policy *n.* polasaidh tuaireamach *masc.*, polasaidh tuairmseach *masc.*

conjecture *n.* barail *fem.*, smaoineachd *fem.*, tuaiream *fem.*, tuairmeas *masc.*

conjecture *vb.* baralaich, miosraich

conjecturing *n.* baralachadh *masc.*

conjoin *vb.* aonaich, co-dhlùthaich

conjoined *adj.* co-cheumnach

conjoining *n.* amladh *masc.*

conjointly with *adj.* an co-bhonn ri

conjugal *adj.* pòsachail, mairisteach

conjugate *vb.* co-chuingich, co-naisg, sgeadaich

conjugate axis (of hyperbola) *n.* trasnan fada *masc.*

conjugated preposition *n.* roi-riochdair *masc.*

conjugation *n.* co-naisgeadh *masc.*, càraideachadh *masc.*, co-chuing *fem.*, naisgear *masc.*, sgeadachadh *masc.*

conjunction *n.* aonadh *masc.*, facal-aonaidh *masc.*, facal-comh-bhoinn *masc.*

conjunction (grammar) *n.* co-cheanglaiche *masc.*, naisgear *masc.*

conjunctive *adj.* naisgeil

conjuncture *n.* coinneachadh *masc.*

conjuration *n.* drùidheachd *fem.*, grìosadh *masc.*, mionnachadh *masc.*

conjure *n.* mionnaich *masc.*

conjure *vb.* grìos

conjurement *n.* aslachadh *masc.*

conjurer *n.* caisreabhaiche *masc.*, cleasaiche *masc.*, dubh-chleasaiche *masc.*, fiosaiche *masc.*, geasadair *masc.*, lùth-chleasaiche *masc.*, manaran *masc.*, seunadair *masc.*

conjuring *n.* caisreabhachd *fem.*

conjuring *adj.* seunach

connascence *n.* aonadh *masc.*, co-bhreith *fem.*

connate *adj.* nàdarrach

connect *vb.* ceangail, co-cheangail, co-naisg

connecting *adj.* ceangaltach

connection *n.* ceangal *masc.*

connection (relationship) *n.* ceangal *masc.*, càirdeas *masc.*, buintealas *masc.*, buntanas *masc.*

connection (electric) *n.* ceangal-dealain *masc.*

connector *n.* ceanglaiche *masc.*

conner (fish) *n.* bàirneach *fem.*

connex *vb.* snàidhm

connivance *n.* priobadh (mu olc) *masc.*

connive *vb.* caog, smèid

connoisseur *n.* aithneadair *masc.*, neach fiosrach *masc.*, tuigsear *masc.*

connubial *adj.* pòsachail

conoid *n.* birichean *masc.*

conquassated *adj.* co-chraithte

conquer *vb.* ceannsaich, cìosnaich, buadhaich, cothaich, iom-ghabh, umhlaich

conquerable *adj.* so-cheannsaichte, so-shàraichte

conquered *adj.* fo cheannsail

conquering *n.* cothachadh *masc.*

conquering *adj.* mòr-bhuadhach

conqueror *n.* ceannsalaiche *masc.*, buadhaiche *masc.*, buadhaire *masc.*

conquest *n.* buaidh *fem.*

consanguinity *n.* càirdeas *masc.*, cleamhnas *masc.*, co-fhlannas *masc.*, co-fhuil *fem.*, dàimh *fem.*

conscience *n.* co-fhios *fem.*, cogais *fem.*, coinnseas *masc.*, cuinnseas *fem.*

conscientious *adj.* cogaiseach, co-fhiosach

conscientious objection *n.* gearan cogais *masc.*

conscionable *adj.* ceart

conscious *adj.* mothachail, co-eòlach, co-fhiosrach, na (h)aithne

consciousness *n.* mothachadh *masc.*, co-eòlas *masc.*, co-fhios *fem.*, co-fhiosrachd *fem.*

consecrate *vb.* coisrig, naomhaich

consecrated *adj.* naomh

consecrated ground *n.* neimhead *masc.*

consecration *n.* coisrigeadh *masc.*, naomhachadh *masc.*

consecrative *adj.* coisrigeach

consecrator *n.* coisreagan *masc.*

consecutive *adj.* co-leanailteach, leantach

consensus *n.* co-aonta *masc.*

consent *n.* aonta *masc.*, cead *masc.*

consent *vb.* co-aontaich

consenting *adj.* co-aontach

consequence *n.* buil *fem.*, toradh *masc.*, blàth *masc.*, co-leanmhainn *fem.*, co-lorg *fem.*, iarbhail *fem.*, iarmart *masc.*, lorg *fem.*, tàilleabh *masc.*

consequent *adj.* co-leanailteach

consequential *adj.* cudthromach, ionmhainneach

conservable *adj.* ion-choimhead

conservation *n.* glèidhteachas *masc.*

conservationist *n.* neach-glèidhteachais *masc.*

conservatism *n.* tearmannachd *fem.*

conservative *adj.* caomhnach, glèidhteach

Conservative *n.* Tòraidh *masc.*

conservatory *n.* taigh bhlàthan *masc.*

conservatory (greenhouse) *n.* grianan-gloine *masc.*

conserve *n.* biadh blasda *masc.*, mìlsean *masc.*

consider *vb.* smaoinich, beachdaich, cnuasaich, meòmhraich, studaig, thoir sùil air, meas

considerable *adj.* fiùghail, suimeil, taisealach, toirteil

considerate *adj.* coibhneil, mothachail, smaoineachail, suimeil

considerateness *n.* suimealachd *fem.*

consideration *n.* lèir-smaoin *masc.*, suim *fem.*, umhail *fem.*

consideration (careful thought) *n.* beachdachadh *masc.*

consign *vb.* cuidhtich, cuir fo chùram

consignment order *n.* òrdugh-libhrigidh *masc.*

consistency *n.* co-chòrdalachd *fem.*, co-sheasamh *masc.*, co-sheasmhachd *fem.*

consistent *adj.* co-chòrdail, co-sheasmhach, rianail, seasmhach

consolation *n.* comhfhurtachd *fem.*, sòlas *masc.*, sòlasachadh *masc.*

consolator *n.* comhfhurtair *masc.*

consolatory *adj.* furtachail, sòlasach

console *vb.* comhfhurtaich, sòlasaich

console (unit of computer) *n.* bòrd-stiùiridh *masc.*

consolidate *vb.* co-dhaingnich, dlùthaich, neartaich

consolidated *adj.* cruinnichte

consolidated fund *n.* ciste chruinnichte *fem.*

consolidation *n.* cruadhachadh *masc.*

consonance *n.* co-fhoghar *masc.*, co-fhreagairt *fem.*, co-fhuaim *masc.*, co-ghlòir *fem.*, uaithne *fem./masc.*

consonant *n.* co-fhoghar *masc.*, co-ghuth *masc.*, consan *masc.*

consonant *adj.* co-fhogharach, co-fhuaimneach, co-ghlòireach, co-ghlòrach, co-ghuthach

consonant (grammar) *n.* connrag *fem.*

consonant (music) *adj.* co-shoineach

consonantness *n.* aon-fhuaimneachd *fem.*

consonous *adj.* aon-fhuaimneach, binn, leadarra

consort *n.* cèile *masc.*

consort *vb.* companaich

consortium *n.* co-bhanntachd *fem.*, cobhanntachd *fem.*

conspersion *n.* stradadh *masc.*

conspicuity *n.* so-fhaicsinneachd *fem.*, soilleireachd *fem.*

conspicuous *adj.* faicsinneach, follaiseach, so-aithneach, so-chomharraichte, so-fhaicsinn, so-fhaicsinneach, soilleir, sorcha

conspicuousness *n.* faicsinneachd *fem.*

conspiracy *n.* clìchd *masc.*, co-chagar *masc.*, co-cheannairc *fem.*, co-fheall *fem.*, cogradh *masc.*, co-mhionnachadh *masc.*, co-rùn *masc.*, droch-thionnsgnadh *masc.*, feall *masc.*, fiùchd *masc.*, guim *masc.*

conspirant *adj.* co-cheannairceach

conspirator *n.* cluaintear *masc.*, fealltair *masc.*, neach-foille *masc.*

conspire *vb.* co-mhionnaich, co-rùnaich, rach an co-bhonn, rach an co-bhuinn

constable *n.* constabal *masc.*, maor(-baile) *masc.*, sìth-choimeadaiche *masc.*, sìth-mhaor *masc.*

constancy *n.* bunailteachd *fem.*, co-sheasmhachd *fem.*, dìlseachd *fem.*, maireannachd *fem.*, neo-luaineachas *masc.*, seasmhachd *fem.*

constant *adj.* buan, bunailteach, co-sheasmhach, cunbhalach, daingeann, dìleas, do-ghluasadach, maireannach, mionaideach, neo-luaineach, seasmhach

constantly *adj.* gun tionnaradh

constellated *adj.* grioglannach

constellation *n.* barrabhailc *masc.*, co-reult *fem.*, co-sholas *masc.*, grigleachan *masc.*, grullagan *masc.*, reulbhad *fem.*, reul-bhuidheann *fem./masc.*, reul-ghrigleachan *masc.*, reul-ghriglean *masc.*, reul-ghrioglan *masc.*, reult-bhuidheann *fem./masc.*

consternation *n.* uabhas *masc.*, crith-eagal *masc.*, stàirn *fem.*

constipate *vb.* cruadhaich, teannaich

constipation *n.* ceangailteachd-cuim *fem.*, glasadh-cuim *masc.*, teannachadh *masc.*, teannachadh-cuim, an *masc.*, teannachd *fem.*, tinneas-cuirp *masc.*

constituency (parliamentary) *n.* roinn-phàrlamaid *fem.*, roinn-taghaidh *fem.*

constituent *n.* ball roinn-taghaidh *masc.*, neach-taghaidh *masc.*

constitute *vb.* co-shuidhich, cuir suas

constitution *n.* bonn-stèidh *masc.*, bunreachd *masc.*, bun-stèidh *fem.*, co-shuidheachadh *masc.*, nàdar *masc.*

constitution (bodily) *n.* càil *fem.*

constitution (mental/bodily) *n.* aorabh *masc.*

constitutional *adj.* reachdach, reachdail

constrain *vb.* cuir impidh air, iompaich

constraint *n.* crìoch *fem.*, èiginn *fem.*

constrict *vb.* tachd, teannaich

constriction *n.* teannachadh *masc.*

constringe *vb.* teannaich

constringent *adj.* teannachail

construct *vb.* co-dhealbh

constructing *n.* toirneadh *masc.*

construction *n.* togalach *masc.*, co-rèir *fem.*

construction (grammar) *n.* dol-mìre *masc.*, gleus-cainnte *masc.*

construction of phrase (music) *n.* co-reir mìre *fem.*, dol mìre *masc.*

construction of scale (music) *n.* foirgneadh gàmaig *masc.*

constructive *adj.* dòigheil

construe *vb.* mìnich, tuig

consubstantial *adj.* co-bhrìgheil, co-shusbainteach, co-stuthail, den aon bhrìgh

consubstantiality *n.* co-bhrìgheachd *fem.*, co-stuthachd *fem.*

consubstantiate *vb.* co-bhrìghich, co-stuthaich

consubstantiation *n.* co-bhrìgheachadh *masc.*, co-stuthachadh *masc.*

consuetude *n.* cleachdadh *masc.*, gnàths *masc.*

consul *n.* consal *masc.*, probhal *masc.*

consulate *n.* àros probhalach *masc.*, consalachd *fem.*, probhalachd *fem.*, taigh-consalachd *masc.*

consult *vb.* cuir comhairle ri

consult together *vb.* co-chomhairlich, rùn-phàirtich

consultant *n.* comhairliche *masc.*

consultation *n.* co-chomhairle *fem.*, co-luadar *masc.*

consultative committee *n.* àrd-chomataidh *fem./masc.*

consultative document *n.* pàipear sireadh bheachdan *masc.*, pàipear-comhairleachaidh *masc.*

consulting *n.* rùn-phàirteachadh *masc.*

consulting-room *n.* seòmar dìomhair *masc.*

consumable *adj.* so-chaitheamh, so-sgriosaidh

consumables *n.* stuth-caitheimh *masc.*

consume *vb.* caith, ith, loisg, snaidh

consumer *n.* caitheadair *masc.*, neach-caitheimh *masc.*, neach-ceannach(d) *masc.*

consumer adoption *n.* aontachadh luchd-caitheimh *masc.*

consumer council *n.* comhairle luchd-caitheimh *fem.*, comhairle luchd-cleachdaidh *fem.*

consumer protection *n.* dìon luchd-caitheimh *masc.*, dìon-ceannachd *masc.*

Consumer Protection & Environmental Health Com. *n.* Comataidh Dìon-ceannachd is Tìr-shlàinteachd *fem.*

Consumer Protection Department *pr.n.* Roinn Dìon Ceannachd

consumer studies *n.* eòlas-caitheimh *masc.*

consumers *n.* luchd-caitheimh *masc.*

consuming *n.* snaidheadh *masc.*

consummate *vb.* crìochnaich, foirfich, iomlanaich

consummation *n.* foirfeachadh *masc.*, iomlanachd *fem.*

consumption *n.* caitheamh *fem.*, eitig *fem.*, grìochan, an *masc.*, meath-thinneas *masc.*

consumption (pulmonary tuberculosis) *n.* aiceid-chuim *fem.*

consumption goods *n.* bathar-caitheimh *masc.*

consumptive *adj.* caithteach, struidheil

contact *n.* taic *fem.*

contact lens *n.* glainne-shuathaidh *fem.*, gloinne-suathaidh *fem.*, sùileag-shuathaidh *fem.*

contact process *n.* pròiseas-coinneachaidh *masc.*

contagion *n.* gabhaltachd *fem.*

contagious *adj.* gabhaltach, plàigheil

contagious ophthalmia *n.* doille ghabhaltach *fem.*

contagious pustular dermatitis *n.* iongar-craicinn *masc.*

contain *vb.* cum, glèidh

contaminate *vb.* salaich, truaill

contaminated *adj.* truaillidh

contamination *n.* truailleadh *masc.*

contemned *adj.* suarach

contemper *vb.* stòldaich

contemperate *vb.* ciùinich, maothaich

contemperation *n.* stòldachadh *masc.*

contemplate *vb.* beachd-smaointich, rùnaich

contemplation *n.* beachdachadh *masc.*, rùn *masc.*, smuain *fem.*

contemplative *adj.* beachd-smaointeach, meòmhrachail, meòmhrachail, smaoineachail, smuainteachail, stuidearra

contemporary *n.* co-aimsireach *masc.*, co-aoiseach *masc.*

contemporary *adj.* co-aimsireil, co-aoiseach, co-aosda

contempt *n.* suarachas *masc.*, mì-mheas *masc.*, tàir *fem.*, dìbrigh *fem.*, miothlachd *fem.*, neo-bhrìgh *fem.*, neo-mheas *masc.*, neo-phrìs *fem.*, neo-thoirt *fem.*, sgallais *fem.*, spìd *masc.*, spìdealachd *fem.*, tailceas *masc.*, tàirmeas *masc.*

contemptible *adj.* suarach, tàireil, dìbrigheil, doinidh, mì-mheasail, miodhair, mì-thlachdmhor, neo-mheasail, sgàirdeach, sgrogach, spìdeach

contemptibleness *n.* suaraichead *fem.*

contemptuous *adj.* dìbrigheil, dìmeasach, sàsda, spìdeil, tarcuiseach

contend *vb.* cathaich, coitich, dèan strì, strì, troid

contend (against) *vb.* cothaich (ri)

contender *n.* cothaiche *masc.*

contending *adj.* farpaiseach, sgainneartach, spàirneil

content *adj.* toilichte, sòlasach, sàsaichte, riaraichte

content *n.* cuspair *masc.*, stuth *masc.*, susbaint *fem.*

content *n.* na th'ann

content (satisfied) *adj.* saimhrigheach

contented *adj.* sìthte

contention *n.* connsachadh *masc.*, connspaid *fem.*, cothachadh *masc.*, strangalachd *fem.*, streup *fem.*, tearadh *masc.*, trod *masc.*, tuasaid *fem.*, ùspairn *fem.*

contention *vb.* strì

contentious *adj.* conasach, connspaideach, streupach, strìghmhor, strìtheil

contentiously *adj.* gu strangalach

contentiousness *n.* strangaireachd *fem.*

contentment *n.* toileachas-inntinn *masc.*, sòlas *masc.*, riarachadh-inntinn *masc.*, riarachd-inntinn *fem.*, saimhrigheachd *fem.*, sàsdachd *fem.*, toil-inntinn *fem.*

contents (list) *n.* clàr-innse *masc.*

contest *n.* strangalachd *fem.*, farpais *fem.*, collaid *fem.*, comhstrì *fem.*, ràiteachas *masc.*, sgainneart *fem.*, spàirn *fem.*, spàirneadh *masc.*, strì *fem.*

contest *vb.* strì

contest (dispute) *vb.* connspaidich

contestable *adj.* taglainneach

context *n.* co-theacs(a) *masc.*, co-ionad *masc.*, brìgh *fem.*, co-theagasg *masc.*, suidheachadh *masc.*, suidheachadh *masc.*

contexture *n.* togail *fem.*

contiguity *n.* fagasachd *fem.*

contiguous *adj.* dlùth ri cheile

continence *n.* measarrachd *fem.*, stuaim *fem.*

continent *n.* mòr-thìr *fem.*, tìr-mòr *masc.*

continent *adj.* beusach, geamnaidh, measarra, nàistinneach, stuama

contingence *n.* tuiteamas *masc.*

contingent *adj.* tachartach, tuiteamach

contingent *prep.* an crochadh ri, an earbsa ri

continual *adj.* daonnan, daonnanach, sìor, suthainn

continually *adj.* an cunbhalas, gun sgur

continuance *n.* leanailteachd *fem.*, leantalachd *fem.*, leantalas *masc.*, mairsinn *masc.*, mairsinneachd *fem.*

continuation *n.* buannachadh *masc.*

continue *vb.* lean, mair, seas

continuing *adj.* leantainneach

continuity *n.* dlùth-leanmhainneachd *fem.*, leanailteachd *fem.*, leantanas *masc.*

continuous *adj.* leantainneach

continuous assessment *n.* measadh leantainneach *masc.*

continuous assessment *adj.* meas-leantainneach

continuous data *n.* dàta leantainneach *masc.*

continuous stationery *n.* pàipear leantainneach *masc.*

contort *vb.* fiar, snìomh, toinn

contortion *n.* fiaradh *masc.*, toinneamh *masc.*

contour *n.* cumadh *masc.*

contraband *adj.* toirmisgte

contraception *n.* casg-gineamhainn *masc.*

contract *n.* cùmhnant *masc.*, cùnnradh *masc.*, co-bhann *fem.*, còrdadh *masc.*, rèite *fem.*

contract *vb.* co-chrùb, co-tharraing, crùb, crùp, preas, seac

contracted *adj.* crùibte

contractible *n.* so-ghiorraicheil *masc.*

contractible *adj.* so-chrùbaidh

contractile *adj.* seacach

contracting *n.* crùbadh *masc.*

contraction *n.* giorrachadh *masc.*, teannachadh *masc.*, crìonachd *fem.*, crùb *fem.*, crùbadh *masc.*

contractive *adj.* co-tharraingeach

contractor *n.* cùnnradair *masc.*, banntair *masc.*, neach-cùmhnantachaidh *masc.*, neach-cùnnraidh *masc.*

contractual *adj.* cùnnraidheach

contradict *vb.* cuir an aghaidh, breugaich, breugnaich, clàr air

contradiction *n.* breugnachadh *masc.*, comhaicheadh *masc.*, pilleadh-facail *masc.*

contraption *n.* tionnsgain *fem.*

contrariety *n.* codarsnachd *fem.*, neo-fhreagarrachd *fem.*, neo-làthaireachd *fem.*

contrariwise *adj.* crasgach, dìreach an aghaidh

contrary *adj.* bagart, contarach, neo-rianail

contrary *prep.* an aghaidh

contrary motion *n.* gluasad contrarra *masc.*

contrast *n.* iomsgaradh *masc.*

contrast *vb.* anacoslaich, cuir taobh ri taobh, dean iomsgaradh eadar

contribute *vb.* builich, cuir ri

contribution *n.* tabhartas *masc.*, co-roinn *fem.*, co-thabhartas *masc.*

contributive *adj.* co-chuideachail

contrite *adj.* aithreachail, co-bhrùite

contrition *n.* brùighteachd *fem.*, co-bhrùiteachd *fem.*, co-bhrùthadh *masc.*, easargain *fem.*

contrivable *adj.* so-dhealbhaidh, so-thionnsgalach

contrivance *n.* cuilbheart *fem.*, innleachd *fem.*, seòltachd *fem.*, sibht *fem./masc.*, sibhtealachd *fem.*, tiasgadal *masc.*

contrive *vb.* dealbh, faigh innleachd, tionnsgail, tionnsgain, tùr

contrived *adj.* innleachdach

contriver *n.* innleachdaiche *masc.*

control *n.* smachd *masc.*, ceannas *masc.*, los *masc.*, teannsgal *masc.*

control *vb.* ceannsaich, srian

control (lever to move ailerons and elevator) *n.* uidheam-smachd *masc.*

control (means of controling/testing) *n.* ball-coimeis *masc.*

control character *n.* samhail smachdail *masc.*

control panel *n.* panail-rèiteachaidh *masc.*, pannal-smachd *masc.*

control register *n.* cruinnichear smachdail *masc.*

control tower *n.* tùr-stiùiridh *masc.*

control unit *n.* aonad-smachd *masc.*, ionad smachdail *masc.*

control-centre *n.* ionad-stiùiridh *masc.*

controlled economy *n.* eaconomaidh riaghailteach *fem.*, treabhadas ceannsaichte *masc.*

controller *n.* rianadair *masc.*, neach-riaghlaidh *masc.*, riachaid *fem.*

controller (machine) *n.* riaghailtear *masc.*

controlling *n.* stamnadh *masc.*

controlling expenditure *n.* cumail smachd air cosgaisean *fem.*, stiùireadh chosgaisean *masc.*

controversial *adj.* connsachail, iom-reusanach, tagartach

controversy *n.* connspaid *fem.*, caramasg *fem.*, imreasan *masc.*, iom-reusan *masc.*

controvert *vb.* connsaich, àicheidh, cuir an teagamh, somh

controvertible *adj.* teagmhach

controvertist *n.* neach-connspaid *masc.*

contumacious *adj.* crosda

contumaciousness *n.* crosdachd *fem.*

contumacy *n.* eas-urramachd *fem.*

contumelious *adj.* sglàmhrach, tàireil, tarcuiseach

contumely *n.* tàir *fem.*, talcais *fem.*

contuse *vb.* brùth, pronn

contusion *n.* brùthadh *masc.*, leòn brùite *masc.*, pronnadh *masc.*

conundrum *n.* tòimhseachan *masc.*

conurbation *n.* co-bhailteachas *masc.*

convalescence *n.* ath-shlàinte *fem.*, feabhas *masc.*, feàirrdeachd *fem.*, frith-shlàinte *fem.*, slàine *fem.*

convalescent *adj.* ath-shlàinteach, slànach

convene *vb.* cruinnich, tionail

convener *n.* neach-gairm *masc.*, neach-cathrach *masc.*

convenience *n.* goireas *masc.*, iom-fhuasgladh *masc.*

convenient *adj.* goireasach, comhstach, iomchaidh, soiridh

convenor *n.* neach-cathrach *masc.*

convent *n.* manachainn *fem.*, manachdainn *fem.*, taigh-cràbhaidh *masc.*

conventicle *n.* coinneamh-fhalachaidh *fem.*

convention *n.* co-chruinneachadh *masc.*, àrd-reachdas *masc.*, eireachd *fem.*

Convention of Scottish Local Authorities *pr.n.* Co-chruinneachadh Ughdarrasan Ionadail na h-Alba

Convention on Human Rights *pr.n.* Cùmhnant mu Chòraichean Daonna

conventional *adj.* gnàthach, a-rèir gnàthas

converge *vb.* comhruith, co-shruth, thig gu chèile

convergent *adj.* co-aomach

conversable *adj.* còmhraiteach, conaltrach, seanachasach, so-chòmhradhach, so-chòmhraideach

conversant *adj.* fiosrach

conversation *n.* còmhradh *masc.*, conaltradh *masc.*, bruidheann *fem.*, co-abairt *fem.*, co-luadar *masc.*, co-sheanachas *masc.*, cracaireachd *fem.*, cracas *masc.*, labhairt *fem.*, seanachas *masc.*

conversational *adj.* agallach

conversationalist *n.* cracaire *masc.*

converse *n.* frith-bheachd *masc.*

converse *vb.* bruidhinn, co-labhair, dèan seanachas

conversely *adj.* air an làimh eile

conversion *n.* iompachadh *masc.*, atharrachadh *masc.*

convert *n.* iompachan *masc.*

convert *vb.* iompaich, somh(a), tionndaidh gu bhith, iomlaidich

converter *n.* iompachair *masc.*, iompaichear *masc.*

convertible *adj.* iompachail, so-chaochlaideach, so-iompach, so-iompachaidh, so-thionndach

convex *adj.* dronnach, dronn-chruinn, dronn-chuairteach, màmach, uchdagail

convexity *n.* cruinneachd *fem.*, dronnachd *fem.*, dronn-chruinnead *fem.*

convexo-concave *adj.* dronn-chuachach

conveyance (act/means of conveying) *n.* seòl-iomchair *masc.*

conveyance (writing) *n.* còir sgrìobhte *fem.*

conveyancing *n.* tar-bhuileachadh *masc.*, tar-thabhairt *fem.*

conveyer *n.* neach-giùlain *masc.*

conveyer-belt *n.* crios-siubhail *masc.*

convict *n.* ciomach *masc.*, daoranach *masc.*, ciontach *masc.*

convict *vb.* dìt

convict-ship *n.* traill-luingeas *fem.*

conviction *n.* làn-bharail *fem.*

conviction (law) *n.* dìteadh *masc.*

convince *vb.* somha

convinced *adj.* fiosrach

convincing *adj.* còmhdachail

convive *vb.* fleadhaich

convivial *adj.* cuirmeil, fleadhach

conviviality *n.* tabhairn *masc.*

convocation *n.* co-ghairm *fem.*, còmhdhail *fem.*, tional *masc.*

convoke *vb.* co-ghair, co-ghairm, coithionail

convolution *n.* co-shnìomh *masc.*, iom-shnìomh *masc.*

convolve *vb.* co-fhill, co-shnìomh, co-thoinn

convoy *n.* comhailteachd *fem.*, lèideachadh *masc.*, lèitig *fem.*

convoy *vb.* co-cheumnaich, lèidich, lèitig, thoir coimhideachd

convoy (guardship) *n*. long-dhìon(a) *fem*.

convoying *n*. comhaideachd *fem*.

convulse *vb*. dubh-chriothnaich, gairistinnich, spriod

convulsion *n*. brais *fem*., criothnachadh *masc*., droch chuairt *fem*., fèith-chrùbadh *masc*., meall *masc*., rumail *fem./masc*., tinneas ospagach, an *masc*.

convulsions *n*. arraing *masc*.

convulsive *adj*. buaireasach, creathnachail

cooing *n*. caoirean *masc*., curracadh *masc*., dùrdail *fem*., dùrdan *masc*., dùrraghail *fem*., tùchan *masc*.

cook *n*. còcaire *masc*.

cook *vb*. bruich, deasaich

cooker *n*. cucar *masc*.

cookery *n*. còcaireachd *fem*.

cool *adj*. fionnar, neo-dheothasach, neo-theth

cool *vb*. fionnaraich, fuaraich

cooler *n*. fuaraiche *masc*., soitheach-fuarachaidh *fem*.

coolness *n*. neo-chairdealachd *fem*., sèimhealachd *fem*.

coom *n*. dùdan *masc*.

coomb *n*. gleannan *masc*.

coop *vb*. dùin suas

cooper *n*. cùbair *masc*.

cooperate *vb*. co-oibrich

cooperation *n*. co-oibreachadh *masc*.

coot *n*. darcan *masc*., dubh-eun *masc*., eun-snàmhach *masc*., gobha-uisge *masc*., lach a' bhlàir *fem*., lacha-bhlàir *fem*.

coot (water-fowl) *n*. cearc-thopach *fem*.

coparcener *n*. co-oighre *masc*.

coparceny *n*. co-oighreachas *masc*., co-oighreachd *fem*.

cope *n*. currac-sagairt *fem*.

cope *vb*. rach air

coping *n*. barran *masc*., copadh *masc*.

coping (covering of masonry of wall) *n*. barran *masc*., sreath-mhullaich bhalla *fem*.

copious *adj*. lìonmhor, pailt

copiousness *n*. pailteas *masc*.

copper *n*. copar *masc*.

copper-beech *n*. faidhbhile dhubh *fem*.

copperas *n*. copar-dubhaidh *masc*.

coppersmith *n*. ceàrd-copair *masc*., ceàrd-umha *masc*.

coppice *n*. preasarlach *masc*.

copse *n*. frith-choille *fem*., rasan *masc*.

copula *n*. ceanglaiche *masc*., copail *fem*.

copulate *vb*. càraidich, dàir, measgnaich, cliath

copulating *adj*. dàireach

copulation *n*. càraideachadh *masc*., luaidhe *fem*., cuplachadh *masc*.

copulative *adj*. co-cheangalach

copy *n*. leth-bhreac *masc*., mac-samhail *masc*., amhladh *masc*., copaidh *fem./masc*., mac-leabhair *masc*., samhail *masc*., samplair *masc*.

copy *vb*. ath-sgrìobh

copyist *n*. eisimpleiriche *masc*.

copyright *n*. dlighe-sgrìobhaidh *fem*.

coquetry *n*. guaineas *masc*., miochuis *fem*., sgòd *masc*., sguaigeis *fem*.

coquette *n*. godag *fem*., gogaid *fem*., guanag *fem*., mi-chùiseach *masc*., uallachag *fem*.

coquetting *adj*. cuicheineach

coquettish *adj*. guanach, sgoideasach, sgòideil

cor anglaise *n*. gall-chòrn *masc*.

coracle *n*. curach *fem*., naomhag *fem*., coit *fem*.

coradiation *n*. co-dhealradh *masc*., co-dheàrrsadh *masc*.

coral *n*. corail *masc*., croimheal *masc*.

coral weed *n.* coireal *masc.*, linean *masc.*

coralline *adj.* croimhealach

corban *n.* tiodhlac choisrigte *fem.*

cord *n.* bann *masc.*, còrd *masc.*, sreang *fem.*, teud *masc.*

cord *vb.* sgeinnich

cordage *n.* còrdail *fem.*

cordial *n.* deoch-eiridinn *fem.*, stuth-chridhe *masc.*

cordial *adj.* càirdeal

cordiality *n.* carthannas *masc.*, so-chridheachd *fem.*

cordovan *n.* leathar-eich *masc.*

cordwainer *n.* ròpadair *masc.*, snìomhadair *masc.*, snìomhair *masc.*

cordwainery *n.* dualadaireachd *fem.*

core *n.* buillsgean *masc.*

core (central casing containing seeds) *n.* cuairsgean *masc.*

core store (computing) *n.* cridhe-stòr *masc.*

core subject *n.* prìomh chuspair *masc.*

core-work *n.* bun-obair *fem.*

coriander *n.* coireaman *masc.*, lus a' choire *masc.*

corium (true skin) *n.* cneas *masc.*, craiceann *masc.*

cork *n.* àrc *fem.*, àrcan *masc.*, cogais *fem.*, corcais *fem.*, corcas *masc.*, crocas *masc.*

cork oak *n.* crann-àircein *masc.*

cork-tree *n.* crann-àrcain *masc.*

corkscrew *n.* sgrobha *masc.*

cormorant *n.* sgarbh *masc.*, ball-air-baodhan *masc.*, ballaire *masc.*, collaire-bothain *masc.*, duibhean *masc.*, gairgeann *masc.*, geòcaire *masc.*, sgroidhseach *fem.*

corn (excrescent growth) *n.* calann *masc.*, cathlam *masc.*, farcan *masc.*, fluth *masc.*

corn (grain) *n.* coirce *masc.*, arbhar *masc.*

corn bunting *n.* gealag-bhuachair *fem.*

corn camomile *n.* coman-mionla *masc.*

corn chamomile *n.* mìn-lach *fem.*

corn mint *n.* meannt an arbhair *masc.*

corn nettle *n.* deuragach *masc.*

corn on the cob *n.* maois san dias *fem.*

corn-chandler *n.* sìol-reicear *masc.*

corn-maiden *n.* claidheag *fem.*

corn-marigold *n.* bile buidhe *masc.*, bileach choigreach *fem.*, bile-bhuidhe *fem.*, buidheag-shamhraidh *fem.*, dìthean-buidhe *masc.*, dìthean-òir *masc.*, liathan *masc.*, sùil bhuidhe *fem.*

corn-poppy *n.* bailbheag *fem.*, cathlach dearg *masc.*

corn-rick *n.* acair *fem.*, mulan *masc.*

corn-spurrey *n.* carran *masc.*, cluain-lìn *fem.*, corran-lìn *masc.*

corncockle *n.* lus loibheach *masc.*

corncrake *n.* traon(a) *masc.*, bramach-roid *masc.*, corra-ghoirtean *fem.*, dreòghann *masc.*, garra-gart *masc.*, greadaran-trèine *masc.*, rac an arbhair *masc.*, rac-an-fheòir *masc.*, trèan-ri-trèan *masc.*

cornea *n.* còirne *fem.*

cornel *n.* lus a' chraois *masc.*

cornel tree *n.* còirneal *masc.*

corner *n.* oisean *masc.*, oisinn *fem.*, cùil *fem.*, bruchag *fem.*, ceàrn *masc.*, cubhar *masc.*, cùrr *fem.*, lùib *fem.*, oiseann *masc.*, onial *masc.*, uileann *fem.*

corner-stone *n.* clach-oisinn *fem.*, ceàrnag *fem.*

cornered *adj.* oisinneach, ceàrnach

cornet *n.* coirneid *fem.*, dùdach *fem.*

corneter *n.* dùdaire *masc.*

cornfield *n.* goirtean *masc.*

cornflour *n.* min-arbhair *fem.*

cornice *n.* barrabhailc *masc.*, barra-bhile *masc.*, bàrr-mhais *fem.*

cornicle *n.* adharcag *fem.*, sgrogag *fem.*

cornigerous *adj.* cròcach

Cornish saffron cake *n.* bannag-chròich *fem.*

cornkiln *n.* damh-sùirne *masc.*

cornucopia *n.* adharc-shaibhreis *fem.*

corolla *n.* gucag *fem.*

corollary *n.* co-chnuasachd *fem.*

coronach *n.* corranach *fem.*

coronal *n.* cruinneacan *masc.*

coronal *adj.* coronach

coronation *n.* crùnadh *masc.*

coroner *n.* coronair *masc.*, crùnair *masc.*

coronet *n.* coron *masc.*, cruinneacan *masc.*, crùn beag *masc.*, rollag *fem.*

coronet (part of horse's pastern) *n.* luighean-tòisich *masc.*

corporal *n.* coirpileir *masc.*

corporal punishment *n.* peanas corporra *masc.*, peanas-cuirp *masc.*

corporate *adj.* corpaichte

corporate member *n.* ball corporra *masc.*

corporation *n.* comann *masc.*, aontachd *fem.*, co-chomannachd *fem.*, co-chuideachd *fem.*, comhairle baile mòr *fem.*, corporrachd *fem.*, corporras *masc.*, cuallach *masc.*

corporation (belly) *n.* badhan *masc.*, baltag *fem.*

corporatism *n.* corporrachd *fem.*

corporeal *adj.* corparra

corporeity *n.* neo-spioradachd *fem.*

corps *n.* buidheann-airm *fem./masc.*

corpse *n.* corp (marbh) *masc.*, closach *fem.*, marbhan *masc.*, cairbhinn *fem.*, cairis *fem.*

corpulence *n.* corpantachd *fem.*, reamhrachd *fem.*, sailleachd *fem.*, sultmhorachd *fem.*

corpulent *adj.* sultmhor, bagaideach, corpach, corpanta, cruadhmhor, dòmhail, mèith, sacanta, sailleach, sailleir, seideach, tiugh

corpuscle *n.* corpan *masc.*, dùradan na fala *masc.*

corpuscular *adj.* dadmannach, smùirneanach

correct *adj.* ceart

correct *vb.* ceartaich, cuir smachd air, cum smachd air, leasaich, smachdaich, cuir ceart

correction *n.* ceartachadh *masc.*, leasachadh *masc.*, peanas *masc.*, smachd *masc.*

correction (punishment) *n.* riadh *masc.*

corrective *adj.* ceartachail, ceartail, cronachail

correctness *n.* eagarachd *fem.*, puncalachd *fem.*

corrector *n.* ceartaiche *masc.*

correlation *n.* co-cheangal *masc.*

correlative *n.* co-dhàimhear *masc.*

correlative *adj.* co-dhàimheach

correspond *vb.* co-fhreagair, co-sgrìobh

correspondence *n.* co-fhreagairt *fem.*, co-fhreagartas *masc.*, muinntireachd *fem.*, muinntireas *fem.*

correspondent *n.* co-fhreagairtear *masc.*, co-fhreagraiche *masc.*, co-sgrìobhaiche *masc.*, neach-naidheachd *masc.*, sgrìobhaiche *masc.*

corresponding *adj.* co-fhreagarrach

corridor *n.* cadha *masc.*, trannsa *fem.*

corrie *n.* coire *masc.*

corrigible *adj.* leasachail

corroborant *adj.* co-neartachail

corroboration *n.* daingneachadh *masc.*

corroborative *adj.* cuidreach

corrodable *adj.* caithteachail

corrode *vb.* caith, cnàmh, ith, meirg

corroded *adj.* cnàimhte

corrodent *adj.* cnàimhteach

corrodibility *n.* so-chnàimhteachd *fem.*

corroding *n.* itheadh *masc.*

corroding *adj.* loisgeach

corrosability *n.* caithtealachd *fem.*

corrosion *n.* meirgeadh *masc.*

corrosive *n.* cnàmhach *fem.*

corrosive *adj.* cnàimhteach, cnàmhtach

corrosive poison *n.* puinnsean cnàimhteach *masc.*

corrosiveness *n.* cnàimhteachd *fem.*

corrugant *adj.* peurlach, preasach

corrugate *vb.* pearlaich, peurlaich, preas, ròcail, spriong, sream

corrugated *adj.* pearlach, sgreangail, sreamach

corrugated paper *n.* pàipear preasach *masc.*

corrugating *adj.* sreamach

corrugation *n.* peurladh *masc.*, preas *masc.*, preasadh *masc.*, spriong *masc.*

corrupt *adj.* coirbte, truaillidh

corrupt *vb.* breò, coirb, morcaich, morgaich

corrupted *adj.* truaillte

corrupter *n.* truailleadair *masc.*

corruptible *adj.* coirbidh, so-thruaillidh

corruption *n.* truailleadh *masc.*, coirbteachd *fem.*, faileadh *masc.*, fòtas *masc.*, morcaidheachd *fem.*, morcas *masc.*, tinnteagal *masc.*, troll *fem./masc.*

corruption (dishonesty) *n.* coirbteachd *fem.*

corruption (filth) *n.* salachar *masc.*

corsair *n.* còrsair *masc.*, long-spùinnidh *fem.*

corset *n.* cliabh *masc.*, corsaid *fem.*

cortical *adj.* cairtidh, sgrothach

corundum *n.* corund *masc.*

coruscant *adj.* dealrach, lainnreach

coruscation *n.* deàlradh *masc.*, deàrsadh *masc.*

corymbiated *adj.* bagaideach

cosmetic *n.* cungaidh-mhaise *fem.*

cosmetic *adj.* nàistinneach

cosmetics *n.* stuth-poinigidh *masc.*, stuth-snuadhachaidh *masc.*

cosmogony *n.* eòlas a' chruthachaidh *masc.*

cosmography *n.* bith-ghràbhadh *masc.*, domhan-sgrìobhadh *masc.*, iomradh air a' chruthachadh *masc.*

cosmonaut *n.* speuradair *masc.*

cosset *n.* peat-uain *masc.*

cost *n.* cosgais *fem.*

cost of living *n.* cosgais bith-beò *fem.*, cosgais tighinn-beò *fem.*

Cost of Living Index *pr.n.* Clàr-tomhais Bith-beò, Clàr-tomhais na Beòshlàinte

cost-benefit analysis *n.* meidheadh cosgais is buannachd *masc.*

costal *adj.* aisinneach

costing clerk *n.* clèireach-cunntais *masc.*

costive *adj.* ceangailte, tartmhor, tioram

costiveness *n.* tart *masc.*, tiormachd *fem.*

costly *adj.* daor, rìomhach, soghail

costmary *n.* costag *fem.*

costume *n.* culaidh choimheach *fem.*

cosy *adj.* clumhaidh, seasgair, slumhaidh, tìorail

cottage *n.* both(an) *masc.*, clachan *masc.*

cottage cheese *n.* gruth mìn *masc.*

cottager *n.* màlair *masc.*

cottar *n.* coitear *masc.*

cotter-pin *n.* sgiofair *masc.*

cotton *n.* cotan *masc.*

cotton *adj.* cotanach

cotton thread *n.* linnean *masc.*, snàthlan *masc.*

cotton-grass *n.* cainneachan *masc.*, canach *masc.*, ceann bàn a' mhonaidh *masc.*, sìoda-monaidh *masc.*

cotton-grass seed head *n.* caoin-cheann *masc.*, sgathag fhiadhain *fem.*

cotton-tree *n.* crann-canaich *masc.*

cotton-wool *n.* clòimh-chotain *fem.*, cotan *masc.*

couch *n.* cùiste *fem.*, laigheagan *masc.*, langasaid *fem.*, leabaidh *fem.*, peall *masc.*, seist *masc.*, suidhe *masc.*, uirigh *fem.*

couch *vb.* cuir a laighe, cuir air lagh, laigh

couch-grass *n.* bruim-fheur *masc.*, feur a' phuint *masc.*

couchant *adj.* sìnte

cough *n.* casad *masc.*, ròc *masc.*, slaighdean *masc.*

cough *vb.* casadaich, dèan casad

cough-medicine *n.* leigheas-chasad *masc.*

coughing *n.* casadaich *fem.*, ròcadaich *fem.*

coughing *adj.* casadach

coughing fit *n.* trothail *fem.*

coulter *n.* coltar *masc.*, sgoiltear *masc.*, soc *masc.*

coulterneb *n.* buthaid *fem.*, bùthgair *masc.*, fachach *masc.*

council *n.* comhairle *fem.*

council convener *n.* neach-gairm comhairle *masc.*

Council for Social Democracy *pr.n.* Comhairle an Deamocrasaidh Shòisealta

Council of Europe *pr.n.* Comhairle na h-Eòrpa

Council of Ministers *pr.n.* Comhairle nam Ministearan

Council of Social Service *pr.n.* Comhairle nan Seirbheisean Sòisealta

Council Officer *n.* Oifigear Comhairle *masc.*

council-chamber *n.* seòmar-comhairle *masc.*, rùn-airm *masc.*, rùn-sheòmar *masc.*

council-house *n.* taigh-comhairle *masc.*

councillor *n.* comhairliche *masc.*, comhairleach *masc.*, ball-comhairle *masc.*

counsel *n.* comhairle *fem.*, iompadh *masc.*, oideachasachd *fem.*, tagaireach *masc.*

counsel *vb.* comhairlich

counsellor *n.* saimhsealair *masc.*

count *vb.* cunnt, cunntais, dèan cunntas cheann, ionnrain

countable *adj.* so-chunntach

countenance *n.* gnùis *fem.*, aghaidh *fem.*, aogas *masc.*, ìomhaigh *fem.*, tuar *masc.*

counter *n.* bòrd-malairt *masc.*

counter *adj.* dìreach an aghaidh

counter (adder) *n.* riomhair *masc.*

counter (table) *n.* clàr-malairt *masc.*

counter wheel *n.* cuibhle-chunntaidh *fem.*

counter-charm *n.* cronachan *masc.*, eòlas a' chronachain *masc.*

counteract *vb.* amail, bac-amail, clòth, grab

counterbalance *n.* co-chuideam *masc.*

counterbalance *vb.* co-chothromaich

counterfeit *adj.* gnùis-mheallta, mealltach

counterfeit *vb.* slus

counterfeit money *n.* airgead meallta *masc.*

counterfeiting *adj.* gnùis-mheallach

countermand *n.* ais-òrdugh *masc.*

countermand *vb.* ais-òrdaich

countermark *vb.* ath-chomharraich

counterpane *n.* cùrainn *fem.*

counterpoint *n.* contrapuing *fem.*

counterpoise *n.* co-chothrom *masc.*

counterpoise *vb.* co-chothromaich

countersign *n.* facal-comharraidh *masc.*, facal-faicill *masc.*

counterweight *n.* leatrom *masc.*, leatromachd *fem.*

countess *n.* ban-iarla *fem.*

counting *n.* cunntadh *masc.*

counting-house *n.* oiche *masc.*

countless *adj.* gun àireamh

country *n.* dùthaich *fem.*, talamh *masc.*, tìr *fem.*

country dance *n.* iol-dannsa *masc.*

country people *n.* tuath *fem.*

country town *n.* baile-dùthcha *masc.*

country-person *n.* tìreach *masc.*

countryside *n.* dùthaich *fem.*, aghaidh na dùthcha *fem.*

Countryside Commission for Scotland *pr.n.* Ughdarras Dùthcha na h-Alba

countryside ranger *n.* maor-dùthcha *masc.*

county *n.* siorrachd *fem.*, siorramachd *fem.*

county convener *n.* neach-gairm siorrachd *masc.*

County Hospital *pr.n.* Ospadal a' Chonntaidh

coup *n.* cùb *fem.*

coup (stroke) *n.* buille obann *fem.*

coup d'oeil *n.* beum-sùl *masc.*

coup de grace *n.* bàs-bhuille *masc.*, buille-bhàis *fem.*

couple *n.* paidhir *fem.*

couple *vb.* co-cheangail, cuingirich, cuplaich, paidhir, saimhnich

couplet *n.* cuplan *masc.*, deise *fem.*, leth-cheathramh *masc.*, lethrann *fem.*

coupling *n.* cas-ceangail *fem.*, ceangal *masc.*, cuplachadh *masc.*, mairiste *masc.*

courage *n.* cridhe *masc.*, meanmna *masc.*, misneachd *fem.*, smior *masc.*, smioralas *masc.*, sonairte *fem.*, spailp *masc.*

courageous *adj.* misneachail, cruadalach, curaisdeach, curanta, niata, smiorail

courgette *n.* mearag bheag *fem.*

courier *n.* teachdaire *masc.*, gille-ruith *masc.*, gille-flipidh *masc.*, sonn *masc.*

course *n.* cùrsa *masc.*, iùl *masc.*, ruith *fem.*, seal *masc.*, tagar *masc.*, turas *masc.*

course *vb.* ruaig

course fees *n.* prìs-chùrsa *fem.*

course rationale *n.* feallsanachd-chùrsa *fem.*

courses (menses) *n.* mìos-shruth *masc.*

coursing *n.* cùrsadh *masc.*

court *n.* cùirt *fem.*, lios *fem.*, mòd *masc.*

court *vb.* dèan suirghe, brìodail

court assizes *n.* seisean *masc.*

Court of Judicature *n.* Reachd-airm *fem.*

court of justice *n.* cùirt-cheartais *fem.*, mòd *masc.*, reachd-mhòd *masc.*, seòmar-mòid *masc.*

Court of Session *pr.n.* Cùirt an t-Seisein

courteous *adj.* cùirteil, modhail, suairce, cùirteasach, furbhailteach, ionmhainn, seaghach, sìobhalta, sliosda, soirbh, ùiseil

courtesan *n.* siùrsach *fem.*

courtesy *n.* modhalachd *fem.*, cùirteas *fem.*, cùirteasachd *fem.*, sìobhaltachd *fem.*, ùisealachd *fem.*

courthouse *n.* taigh-cùirt *masc.*

courtier *n.* cùirtear *masc.*, cùirteir *masc.*

courting *n.* snòtaireachd *fem.*, suirghe *fem.*

courtly *adj.* suairc

courtroom *n.* seòmar-cùirte *masc.*, seòmar-mòid *masc.*

courtship *n.* suirghe *fem.*, leannanachd *fem.*

courtyard *n.* lios *fem.*

cousin *n.* ciosan *masc.*, co-ogha *masc.*

covenant *n.* cùmhnant *masc.*, cùnnradh *masc.*, co-cheangal *masc.*, muinntireas *fem.*, nasgadh *masc.*, rèiteachadh *masc.*, tiomnadh *masc.*

covenant *vb.* cùmhnantaich

covenanter *n.* banntair *masc.*, cùmhnantach *masc.*, cùnraiche *masc.*

Covenanter *n.* Cùmhnantach *masc.*

cover *n.* còmhdach *masc.*, brat *masc.*, ciùrainn *fem.*, cuibhrig *masc.*, mùdan *masc.*

cover *vb.* còmhdaich, cuir ceann air, cùrainnich, peall

covering *n.* còmhdach(adh) *masc.*, luman *masc.*, pasg *fem.*, pasgadh *masc.*, peall *masc.*, pealladh *masc.*, rodachd *fem.*, seuchd *masc.*, sgàth *masc.*, suanach *fem.*

coverlet *n.* brat-uachdair *masc.*, cuibhrig *masc.*, cùrainn *fem.*, peall *masc.*, rochall *masc.*

covert *n.* badan-dlùth *masc.*, ionad-falaich *masc.*

covert *adj.* dìomhair, falaichte

covertly *adj.* os ìosal

covet *vb.* sanntaich, miannaich, togair

coveting *n.* togradh *masc.*

covetous *adj.* sanntach, miannasach, an-togarrach, iarsalach, òir-mhiannach, saoghalta, soithmheannach, togarrach

covetousness *n.* sannt *masc.*, sanntachd *fem.*, togarrachd *fem.*

covey *n.* bannal *masc.*, ealt *fem.*, ealtainn *fem.*

cow *n.* bò *fem.*

cow *vb.* cuir eagal, cuir fo smachd

cow-dung *n.* buachar *masc.*

cow-parsley *n.* costag fhiadhain *fem.*

cow-parsnip *n.* giùran *masc.*, giuran *masc.*, meacan a' chruidh *masc.*, odharan *masc.*

cow-pox *n.* breac a' chruidh *fem.*, breac nam bò *fem.*

cow-stall *n.* bàidheal *masc.*, buabhall *masc.*, bualaidh *fem.*, buall *masc.*

coward *n.* gealtair *masc.*, buigileag *fem.*, cladhaire *masc.*, sgagaire *masc.*, sgaoimear *masc.*, sgaomaire *masc.*, siomlag *masc.*

cowardice *n.* gealtachd *fem.*, athadh *masc.*, cladhaireachd *fem.*, meath-chridhe *masc.*, miapadh *masc.*, mì-thapachd *fem.*, neo-dhuinealas *masc.*, sgagaireachd *fem.*, siomlachd *fem.*, taisead *masc.*

cowardliness *n.* eaglachd *fem.*

cowardly *adj.* gealtach, bog-chridheach, lag-chridheach, meata, miapaidh, mì-chalma, neo-dhuineil, neo-fhoghainteach, spìocach

cowbane *n.* fealladh bog *masc.*

cowberry *n.* bò-dhearc *fem.*, grainnseag *fem.*, lus nam braoileag *masc.*

cowboy *n.* gille-cruidh *masc.*, balach-cruidh *masc.*, cuallaiche *masc.*

cowcatcher *n.* glacadair-cruidh *masc.*

cower *n.* curraidh *masc.*

cower *vb.* dèan crùban

cowherd *n.* buachaille *masc.*, muthach *masc.*

cowl *n.* driubhlach *masc.*, toban *masc.*

cowl (hood) *n.* culladh *masc.*

cowl (monk's hood) *n.* currac-manaich *fem.*, abaid *masc.*

cowled *adj.* curraiceach

cowpox *n.* breac nam bò *fem.*

cowrie *n.* faoiteag *fem.*, maighdeag *fem.*

cowshed *n.* bàtha(i)ch *fem.*

cowslip *n.* bainne bò buidhe *masc.*, buidheachan bò bliochd *masc.*, mùisean *masc.*, seichearglan *masc.*

coxcomb *n.* bùban *masc.*, cìrean *masc.*, sgeamhanach *masc.*, spailleichdear *masc.*, uaillean *masc.*

coxcomical *adj.* bùbanach

coy *adj.* foisdineach, màlda, saidealt

coyness *n.* saidealtas *masc.*, stannart *masc.*, sùsdal *masc.*

coyote *n.* madadh-allaidh beag *masc.*

coypu *n.* coipu *masc.*

cozen *vb.* thoir a char às, meall

cozener *n.* cealgaire *masc.*, mealltair *masc.*

crab *n.* crùbag *fem.*, partan *masc.*, ruadhag *fem.*, rùdhag *masc.*

crab's-eye lichen *n.* crotal geal *masc.*

crab-apple *n.* cuirt *fem.*, fiadh-abhal *masc.*, gartag *fem.*, searbh-ubhal *masc.*, ubhal fiadhain *masc.*

crab-louse *n.* mial-iongnach *fem.*, tollag *fem.*

crab-tree *n.* fiadh-abhal *masc.*

crabbed *adj.* danarra, danarra, dranndanach, dreamach, frionasach

crabbedness *n.* danarrachd *fem.*

crack *n.* sgàineadh *masc.*, sgoltadh *masc.*, cnac *fem.*, riad *masc.*, sgagadh *masc.*, sgagaid *fem.*, spreadh *masc.*

crack *vb.* sgàin, sgoilt, cnac, pleasg, sgag, sgeilc, sleasg

crack (noise) *n.* blocadh *masc.*, pleasg *masc.*, sginneag *fem.*, sgonnag *fem.*

cracked *adj.* sgàinte, craicte, sgagach

cracking *adj.* sleasgach

crackle *vb.* dèan bragail, dèan cnacail

crackling *n.* brisgeanach *fem.*, cnàimhseag *fem.*, cnàmhag *fem.*, croinnseag *fem.*, sgeilceil *fem.*

crackling heath *n.* fraoch-sgriachain *masc.*

cracknel *n.* gràinnseag *fem.*

cradle *n.* creathal *fem.*, creathall *fem.*, luasgan *masc.*

craft *n.* làimh-chiùird *fem.*, meang *fem.*, staid *fem.*

craft centre *n.* ionad-ciùird *masc.*

craft union *n.* aonadh luchd-ciùird *masc.*

craftiness *n.* luibeanachd *fem.*, sìbhtealachd *fem.*

craftsperson *n.* neach-ciùird *masc.*

craftwork *n.* obair-ciùird *fem.*, ceàrdalachd *fem.*

crafty *adj.* seòlta, cuilcheann, cuilcheann, ràideil, seanach, sligheach, slighearra

craggy *adj.* cleiteach, stalla

cram *vb.* dinn, glaimsich, stailc, sticil

crambo *n.* crampadh *masc.*, meardrach *masc.*, meardradh *masc.*, rannachd *fem.*

crammed *adj.* dinnte, dùmhail

cramming *n.* dìtheadh *masc.*

cramp *n.* an t-orc *masc.*, cramb *fem.*, crambaid *fem.*, forc (am) *fem.*, glamaire-teannachaidh *masc.*, inneal-dlùthaidh *masc.*, iodh *fem.*, orc *masc.*

cramp *vb.* peinntealaich

cramp-fish *n.* orc-iasg *masc.*

cramp-iron *n.* cramb *fem.*

cramped *adj.* crùibte

cran *n.* crann *masc.*

cranberry *n.* braoileag *fem.*, muileag *fem.*, mullag dhearg *fem.*, cruiseag *fem.*

crane *n.* crann *masc.*, corra-mhonaidh *fem.*, cranna ghlas *fem.*, crannachan *masc.*, crann-togalach *masc.*, inneal-togail *masc.*

crane-fly *n.* fidhleir *masc.*, breabadair *masc.*, fidhleir nan casan fada *masc.*, gobhlachan *masc.*, martan *masc.*, snathad an duine mhairbh *fem.*

cranesbill species *n.* crobh-phriachain *fem.*, gob-cuirr *masc.*

craniologist *n.* claigeannaiche *fem./masc.*

craniology *n.* claigeannachd *fem.*

cranium *n.* ballag *fem.*, brìdeag *fem.*, claigeann *masc.*

crank *n.* crangaid *fem.*, deil *fem.*, fiaradh *masc.*

crank *adj.* corrach, guanach

crankle *vb.* cam, crùsgail, fiar, lùb

crannied *adj.* sgàinteach, tolltach

crannog *n.* crannag *fem.*

cranny *n.* cùil *fem.*, beàrn *fem.*, fruchag *fem.*, sgagadh *masc.*

cranreuch *n.* crann-reothadh *masc.*

crape *n.* sròl dubh *masc.*

crapitalatus vino *n.* ro-òlach *fem./masc.*

crapulence *n.* tinneas-poit *masc.*

crash *n.* bualadh *masc.*, ràc *masc.*, ràcan *masc.*, saidse *fem.*, spleadhadh *masc.*

crash *vb.* cnac, spleadh, stairirich, stàirn

crash course *n.* cursa dian *masc.*, grad-chùrsa *masc.*

crashing (noise) *n.* bruanadh *masc.*, bruansgal *masc.*, ràcadh *masc.*, ràcail *fem.*, stràc *masc.*

crashing (noise) *adj.* ràcanach, saidseach, sgreadach

crasis *n.* caileachd *fem.*

cratch *n.* prasach *fem.*

cravat *n.* crabhat *fem.*, amchadh *fem.*, amhcha *fem.*, bann-bhraghad *masc.*, giall-bhrat *masc.*, grabhat *masc.*, stoc *masc.*, suaineach-muineil *masc.*, suaineadh-muineil *masc.*

crave *vb.* miannaich *masc.*, creubh, iarr, tagair

crave (claim) *vb.* agair

craven *n.* gealtaire *masc.*

craving *n.* cìocras *masc.*, miann *fem./masc.*, miannachadh *masc.*, tagairt *fem.*

craving *adj.* tafach

craw *n.* giaban *masc.*, goile *fem.*, sgròban *masc.*

crawfish *n.* giomach Spàinteach *masc.*, giomach-cuain *masc.*, giomach-uisge *masc.*, sion *masc.*

crawl *vb.* crùb, snàig

crawler *n.* snàgan *masc.*

crawling *n.* smògran *masc.*, snàganaich *fem.*, snàgardaich *fem.*, snàigeadh *masc.*

crawling *adj.* lorcach, snàigeach

crawling *vb.* snàgadh

crayfish *n.* giomach Spàinteach *masc.*, giomach-cuain *masc.*, giomach-strann *masc.*, giomach-uisge *masc.*, gobhar mhòr *fem.*

crayon *n.* cailce *fem.*, creidhean *masc.*

craze *vb.* bris

craziness *n.* breòiteachd *fem.*

crazy *adj.* craicte, dodail, dodail, meuranta, mithear

creak *vb.* dìosg, dìosgain, sgread

creaking *n.* diasgan *masc.*, dìosgan *masc.*, dìosganaich *fem.*, sgread *masc.*

creaking *adj.* sgreadach

cream *n.* bàrr *masc.*, uachdar *masc.*, barrag *fem.*, ce(ath) *masc.*

cream-cheese *n.* càis-uachdrach *masc.*

creamed *n.* imeach *masc.*

creamy *adj.* barragach, uachdarach

crease *n.* filleadh *masc.*, pilleag *fem.*, preas *masc.*

creased *adj.* caisreagach

creasing *n.* cramasgadh *masc.*, lurcadh *masc.*

create *vb.* cruthaich

creation *n.* cruitheachd *fem.*, cruthachadh *masc.*

creative *adj.* cruthachail, tionnsgalach, ùrail

creative writing *n.* sgrìobhadh tionnsgalach *masc.*, ùr-sgrìobhadh *masc.*

creator n. cruithear masc., cruthadair masc.

creature n. creutair masc., dùilidh masc.

credent adj. creideach

credibility n. creideas masc., teistealachd fem.

credible adj. so-chreidsinn

credit n. creideas masc., dàil fem., iasad masc.

credit vb. cuir ri

credit card n. cairt-iasaid fem.

Credit Certificate n. Teisteanas Iremholta masc., Teisteanas Sàr-ìre masc.

credit squeeze n. teannachadh dalach masc.

creditor n. neach-fiach masc., creidear masc., creideasaiche fem./masc., iasadaiche masc., neach-tagraidh masc., tagaireach masc.

credulity n. so-chreidimh fem., baoghaltachd fem.

credulous adj. baoghalta, so-chreidmheach

creed n. creud fem., creideamh masc., crè fem.

creek n. lùib fem., òb masc., òban masc.

creel n. cliabh masc., craoithleag fem., prais fem., sgùlan masc.

creep vb. snàig, èalaidh, liùg, crùb, crùbain, dèan màgaran, falbh air mhàgan, màgair, magarain

creeper (bird) n. snàgair masc., streupach masc.

creeping n. snàgail fem., èalaidheachd fem., liùgaireachd fem., smàgaireachd fem., smàgarsaich fem., snàganaich fem., snàgardaich fem.

creeping adj. snàigeach, snàigeanach

creeping vb. liùgadh

creeping buttercup n. buidheag fem., cearban masc.

creeping cinquefoil n. còig-bhileach masc., meangach fem.

creeping thistle n. aigheannach masc., feachdan masc.

cremate vb. loisg

crematorium n. luaithreachan masc., àitelosgaidh nam marbh masc.

crêpe n. sròl masc.

crepitation n. cnagadaich fem.

crepitus n. cnàimh-chnagaid fem.

crepitus ventris n. braim masc.

crepuscule n. tuaileasachd fem.

crescent n. corran masc., easgan masc.

crescent (waxing moon) n. caol-ghealach fem.

cresset n. crann-tàra masc., gath-solais masc.

crest n. suaicheantas masc., cìrean masc., loinn fem., pùirleag fem., uaille fem.

crest (summit of wave) n. bile fem., cìreanach fem.

crested adj. cìreanach, dosach, cìreach, pùirleagach

crested dog's-tail n. goin-fheur masc.

crested duck n. lach-sgumanach fem.

crested lark n. topag fem., uiseag Moire fem., uiseag thopach fem.

crested tit n. cailleachag chìreach fem.

cretaceous adj. cailceach

crevice n. sgoltadh masc., sgàineadh masc., beàrn fem., cnac fem., cnagan masc., comhann fem./masc., còs masc., toll masc.

crew n. criù masc., pàbar masc., sgioba fem./masc.

crib n. prasach fem., crùban masc., praiseach fem.

crib vb. fangaich

cribbage n. cròthan masc.

cribble n. criathar masc.

crible n. criathar masc.

cribration n. criathradh masc.

crick n. gìosgan masc., staonard masc.

cricket (game) n. craigear masc., criogaid fem., iomain ghallda fem.

cricket (insect) n. buail-a-chnag fem./masc., cuileag-theallaich fem., furman masc., greollan masc., teine-chiarag fem., uirchir fem.

cricket-bat n. slacan-craigeir masc.

crier n. blosg-mhaor masc., bollsgair masc., èigheadair masc., gairmeadair masc., glaodhadair masc., sgairtear masc.

crier (official) n. bollsgair masc.

crime n. cionnt fem., droch-ghnìomh masc., eucoir fem., lochd masc.

criminal adj. lochdach

criminal law n. lagh na h-eucorach fem./masc.

criminatory adj. coireachail

crimp vb. cas, dualaich, preas

crimson n. cròdhearg masc., criomsan masc., corcar masc., crubhasg fem.

crimson adj. corcair, corcarach

crimson vb. corcair, corcaraich

crincum n. buatham masc.

cringe n. crùbadh masc.

cringe vb. crùb, crùbain, gìog, strìochd

cringer n. gìogair masc.

cringing adj. sliomach

cringle n. cainb a' mheurain fem., lùbach fem.

crinkle n. crupadh masc., preasadh masc., preasag fem.

crinkle vb. crùb, crùsgail

cripple n. crioplach masc., crùbach masc., bacach masc., ablach masc., cripleach masc., martair masc., martanach masc., stiocair masc.

cripple vb. criplich, martraich

crippled adj. bacach, crìoplachail, stiocach

crisis n. baoghal masc., càs masc., cruas masc., cunnart masc., gàbhadh masc., gabhadh masc., teannsgail masc.

crisis (turning-point) n. faothachadh masc.

crisp adj. cuachach, pronn, rocach, rocanach

crisp n. brisgeag fem., brisgean masc., criospag fem.

crisp vb. bachallaich, cuaichnich

crispation n. cuachadh masc., dualadh masc., preasadh masc., toinneamh masc.

crisping-iron n. iarann-casaidh masc.

crispness n. bachullachd fem., brisgead masc., cuachagachd fem., preasachd fem.

crispy adj. brisg, cràsgach

cristobalite n. criostobailt fem.

criterion n. slat-thomhais fem., tomhas masc., comharradh masc., crois-riaghlaidh fem., cuspair-deuchainn masc., dearbhadh masc., teist-thomhas masc.

critic n. sgrùdair masc., beachdadair masc., beachdair masc., breitheamh masc., breithniche masc., cronadair masc., neach-sgrùdaidh masc., snasadair masc., tiolpadair masc., measadair masc.

critical adj. beumach, beumach, eagnaidh, èiginneach, poncail, teann-bhreitheach

critical (relating to criticism) adj. sgrùdach

critical path (computing) n. slighe riatanach fem.

criticise vb. beachdaich, lèirmheas, snasaich

criticising n. clamhadh masc., riasladh masc.

criticising *adj.* riaslach, snastach

criticism *n.* breithneachadh *masc.*, mion-sgrùdadh *masc.*, beachdaireachd *fem.*, snasachd *fem.*

critique *n.* lèirmheas *masc.*

croak *vb.* cliogair, dèan ròcail, gròc, preach, ràc, ròcail, rùchd

croaker *n.* ràcaire *masc.*

croaking *n.* gorachail *fem.*, gràgallaich *fem.*, ròcail *fem.*, rùchail *fem.*

croaking *adj.* ràcanach, ràcanta

croaky *adj.* prò

crochet *n.* croiseidh *fem.*, croisidh *fem.*

crock *n.* crog *masc.*, crogan *masc.*

crockery *n.* criadhachd *fem.*

crocodile *n.* crocadal *masc.*, crogall *masc.*, lonach sligeach *masc.*

crocodile tears *n.* deuran choin a' rànaich *pl.*

crocoite *n.* crocoit *fem.*

crocus *adj.* cròch

croft *n.* croit / crait / cruit *fem.*, lot(a) *masc.*

crofter *n.* croitear *masc.*

Crofters Commission *pr.n.* Coimisean nan Croitearan, Ughdarras nan Croitearan

Crofting Act *pr.n.* Achd na Croitearachd

croishtarich *n.* crois-tàra *fem.*

cromlech *n.* cromleac *fem.*

crony *n.* caraid *masc.*

crook *n.* cromag *fem.*, bachall *masc.*, camadh *masc.*, camag *fem.*, cròcan *masc.*, crocan *masc.*, dubhan *masc.*

crook *vb.* aom, cam, crom, lùb

crooked *adj.* cam, cròcanach, crom, cuarsgach, fiar, liùgach, lùbach, lùgach, staoin, staon

crookedness *n.* fiarachd *fem.*, lùbachd *fem.*

croon *n.* crònan *masc.*

crooning *n.* ceòlagraich *fem.*

crop *n.* bàrr *masc.*

crop *vb.* beàrr, stòbh

crop (craw) *n.* seagh *masc.*, sgròban-eòin *masc.*, sprogaill *fem.*

crop-eared *adj.* smiotach

cropped *adj.* stòbhte

cropping *n.* stòbhadh *masc.*

crops *n.* bàrr *masc.*, pòr *masc.*

croslet *n.* suacan *masc.*

cross *n.* crois *fem.*, crasg *fem.*, snas-chopan *masc.*, trasd *masc.*

cross *adj.* crosda, doitheamh

cross *vb.* crois, cuir tarsainn, rach thairis, seun

cross (make sign of cross) *vb.* seun

cross-bowman *n.* crois-bhoghadair *masc.*, crois-bhoghair *masc.*

cross-country race *n.* rèis-bhlàir *fem.*, rèis-mhonaidh *fem.*

cross-country skiing *n.* sitheadh bhlàr a-muigh *masc.*

cross-current *n.* brothlainn *fem.*, iomshruth *masc.*, pòca breugach *masc.*

cross-elasticity *n.* eadar-shùbailteachd *fem.*

cross-examination *n.* cruaidh-sgrùdadh *masc.*, cruaidh-cheasnachadh *masc.*, mion-cheasnachadh *masc.*

cross-examine *vb.* cruaidh-cheasnaich, cruaidh-sgrùd, mion-cheasnaich

cross-eyed *adj.* cam-shùileach, claon, crasg-shùileach

cross-fertilization *n.* tar-thorrachadh *masc.*

cross-grained *adj.* cas, craindidh

cross-joint *n.* crois-alt *masc.*

cross-leaved heath *n.* fraoch an ruinnse *masc.*, fraoch Frangach *masc.*, fraoch-gucanach *masc.*, mion-fhraoch *masc.*

cross-legged *adj.* bac air bhac

cross-section *n.* tar-dhealbh *masc.*

crossband *n.* tairisean *masc.*

crossbar *n.* crann tarsainn *masc.*, dealan *masc.*

crossbeam *n.* spàrr *fem.*, trasdan *masc.*, trasnan *masc.*

crossbill *n.* cam-ghob *fem.*, deargan-giuthais *masc.*

crossbow *n.* bogha-saigheid *masc.*, crois-bhogha *fem.*

crossfire *n.* teine-thar *masc.*

crossing *n.* croiseag *fem.*, crosadh *masc.*

crossing-place *n.* àite-coise *masc.*

crosslet *n.* croiseag *fem.*

crossness *n.* reasgachd *fem.*, stoganachd *fem.*

crossroad *n.* crois-shlighe *fem.*

crossroads *n.* crois an rathaid *fem.*

crosstarrie *n.* crois-tàra *fem.*

crosstree *n.* crannag *fem.*

crossways *adj.* crasgach

crosswise *adj.* trasd

crotch *n.* gobhal *masc.*, bacan *masc.*, cromag *fem.*, dubhan *masc.*

crotchet *n.* dubh *masc.*

crotchet (grammar) *n.* cromag *fem.*

crotchet (music) *n.* brisg-phuing *masc.*

crottle *n.* crotal *masc.*

crouch *vb.* crom, crùb (ri làr), crùbain, cùb, dèan miodal, sèap, stiog

crouching *n.* gurraban *masc.*, sèapadh *masc.*

crouching *adj.* sèapach

croup (illness) *n.* crùpadh *masc.*, pìoch, am *masc.*, tùchadh, an *masc.*

croup (rump of horse) *n.* braman *masc.*, crub *fem.*

crow *n.* gairm-coilich *fem.*, starrag *fem.*

crow *vb.* goir

crow garlic *n.* garlag Moire *fem.*

crow's-nest *n.* crannag *fem.*

crowbar *n.* geimhleag *fem.*, geamhlag *fem.*, geimhlean *masc.*, liùdan *masc.*

crowberry *n.* breallan dubh *masc.*, caora-fithich *fem.*, dearc-fhìona *fem.*, fineag *fem.*, lus na feannaig *masc.*

crowd *n.* sluagh *masc.*, grunn *masc.*, treud *masc.*, dòmhalas *masc.*, laom *masc.*, sgròl *masc.*, sguain *fem.*, tòrr *masc.*

crowd *vb.* dòmhlaich, dùmhlaich, sgaothaich, teannaich

crowd (crwth) *n.* cruit *fem.*

crowded *adj.* dòmhail, dùmhail

crowdedness *n.* dòmhalachd *fem.*

crowder *n.* cruitear *masc.*

crowdie *n.* gruth *masc.*

crowding *n.* teannachadh *masc.*

crowfoot *n.* cearban *masc.*

crown *n.* crùn *masc.*, faochag *fem.*, mionn *fem./masc.*

crown *vb.* crùn, crìochnaich, sgeadaich

crown (five shillings) *n.* bonn-crùin *masc.*

crown (top of head) *n.* mullach *masc.*, caran *masc.*, mionn *fem.*, spuaic *fem.*

Crown Office *pr.n.* Oifis a' Chrùin

crozier *n.* bachall *masc.*, cromag an aithreachais *fem.*, trasdan *masc.*

cruciate *vb.* domhrainnich

crucible *n.* crùisle *masc.*, crùsbal *masc.*, poit-leaghaidh *fem.*, pràiseach *fem.*, soitheach-leaghaidh *fem.*, suacan *masc.*

crucificatory *adj.* ceusach

crucifier *n.* ceusadair *masc.*

crucifix *n.* crann-ceusaidh *masc.*, ceusadan *masc.*, crois-sheunaidh *fem.*

crucifixion *n.* ceusadh *masc.*

cruciform *adj.* air chumadh crois, crasgach

crucify *vb.* ceus, croch ri crann

crucifying *adj.* ceusach

crude *adj.* amh, borb, gràisgeil

crudeness *n.* buirbeachd *fem.*

crudite *n.* grèim *masc.*

crudity *n.* buirbeachd *fem.*

cruel *adj.* an-iochdmhor, neo-thruacanta, borb, cruadalach, cruadalach, eu-cneasda, eu-tròcaireach, garg, neo-bhàigheil, neo-iochdmhor, neo-thròcaireach

cruelty *n.* an-iochd *fem.*, mì-thròcair *fem.*, deimhneachd *fem.*, eu-cneasdachd *fem.*, eu-tròcair *fem.*, neo-bhàighealachd *fem.*

cruise *vb.* còrsaich, cuir cuairt-mara, seòl

cruiser *n.* còrsair *masc.*, long-thòireachd *fem.*

cruising *n.* luingearachd *fem.*

cruive *n.* caiseal *masc.*, crà *masc.*

crumb *n.* criomag *fem.*, mìr *masc.*, pioc *masc.*, pronnag *fem.*, spiolag *fem.*, spronnan *masc.*, sprùileag *fem.*, sprùille *fem.*, smodal *masc.*

crumble *vb.* bris, criomagaich, mìn-bhris

crumby *adj.* pronnagach

crummock *n.* cromag *fem.*

crumple *n.* crùsgladh *masc.*

crumple *vb.* crìon, crùsgail

crumpled *adj.* traiste

crunch *vb.* cnàcail, cruasb

crunching *n.* crinnseil *fem.*

crunchy *adj.* cnapach

crupper *n.* bod-chrann *masc.*, botrachan *masc.*, braman *masc.*, cruipean *masc.*, cuirpean *masc.*, eisleach *fem.*, eislean *masc.*, gurpan *masc.*, iris *fem.*, maide-seisd *masc.*, suigean *masc.*, tarrach *fem./masc.*, teàrrach *masc.*

crural *adj.* casach, luirgneach, sliasaideach

crusade *n.* cogadh-croise *masc.*

cruse *n.* crùisgean *masc.*

crush *n.* brùthadh *masc.*, mùchadh *masc.*

crush *vb.* bruais, bruan, brùill, brùth, ceannsaich, crap, preas, pronn, sginnich, sgiorlaich, teannaich

crush (crowd of persons) *n.* cruis *masc.*

crusher *n.* brùthadair *masc.*

crusie *n.* crùisgean *masc.*

crust *n.* sgramag *fem.*, sgrath *fem.*, sgreab *fem.*, sgreabhag *masc.*, sliogard *masc.*

crust *vb.* carraich, sligich

crustaceous *adj.* alt-shligeach, rùsgach

crustaceousness *n.* alt-shligeachd *fem.*

crusty *adj.* sligeach, sliogardach

crusty (surly) *adj.* dranndanach, stobach

crutch *n.* crasg *fem.*, croitse *fem.*, lorg *fem.*, maide-crois *masc.*, steafag *fem.*, trasdan *masc.*, trosdan *masc.*

crwth *n.* cruit *fem.*

cry *n.* èigh *fem.*, glaodh *masc.*, ràn *masc.*, sgread *masc.*, gaoir *fem.*, faghaid *fem.*, sgairt *fem.*

cry *vb.* èigh, goir, caoin, guil, sgread, thoir èighe

cry-baby *n.* baop *masc.*, buigileag *fem.*

crying *n.* gul *masc.*, caoineadh *masc.*, buireadh *masc.*, rànaich *fem.*

crypt *n.* reilig *fem.*

crystal *n.* criostal *masc.*

crystalization *n.* cruadhachadh *masc.*

crystalize *vb.* criostalaich

crystalline *adj.* criostalach

crystallising dish *n.* soitheach-criostalaidh *fem.*

cub *n.* cuilean *masc.*, peasan *masc.*

cube *n.* ciùb *masc.*, sè-thaobhach *masc.*, meallan-sia *masc.*, seichearnach *fem.*, sè-shlisneach *masc.*

cube *vb.* triplich

cube (hexahedron) *n.* meallan-sia *masc.*

cubed *adj.* ciùbaichte

cubic *adj.* ciùbach

cubit *n.* bann-làmh *masc.*, làmh-choille *fem.*, raidhmheas *masc.*, righe-mheas *masc.*

cubital *adj.* làmh-choilleach

cuboid *n.* ciùbaid *fem.*

cuckold *n.* beannachan *masc.*

cuckold *vb.* dèan adhaltras

cuckoldy *adj.* adhaltrach

cuckoo *n.* cuthag *fem.*, cuach *fem.*

cuckoo-flower *n.* biolar-ghriagain *masc.*, plùr na cuthaige *masc.*

cuckoo-pint *n.* clua(i)s-mhadaidh *fem.*

cuckoo-spit *n.* sgeitheadh smàigean *masc.*, smugaid na cubhaig *fem.*

cuckoo-titterer *n.* cabhachan *masc.*

cucumber *n.* cularan *masc.*

cud *n.* cìr *fem.*

cudbear *n.* corcar *masc.*

cuddle *vb.* crùb a-steach

cuddling *n.* taosdadh *masc.*

cuddy (fish) *n.* cudaige *masc.*, cudainn *masc.*

cuddy (stupid person) *n.* baothaire *masc.*

cudgel *n.* bata *masc.*, cuaille *masc.*, buailtear *masc.*, smistean *masc.*, sonn *masc.*, struill *masc.*, sumaire *masc.*

cudgel *vb.* bat, buail le bata, stear

cudgeller *n.* batair *masc.*

cudweed *n.* cadh-luibh *masc.*, liath-lus roid *masc.*

cue (hair) *n.* ciutha *masc.*, cuailean *masc.*, feaman *masc.*

cue (hint) *n.* sanas *masc.*

cuff *n.* bann-dùirn *masc.*, ceann-muinichill *masc.*

cuirass *n.* gòrsaid *fem.*, uchd-bheart *fem.*

cuirassier *n.* gall-oglach *masc.*

Culdee *n.* Cèile-dè *masc.*

culinary *adj.* cidsineach

cull *vb.* siotaich, tagh, tearbaidh

culler *n.* tionalaiche *masc.*

culmiferous *adj.* càmlachail

culpability *n.* coireachd *fem.*

culpable *adj.* ciontach, coireach, mearachdach

culpable homicide *n.* duin-mharbhadh coireach *masc.*, marbhadh le coire *masc.*

culprit *n.* ciontach *masc.*, coireach *masc.*

cultivate *vb.* àitich, àr, mathaich, thoir a-stigh, treabh

cultivated flax *n.* lìon *masc.*

cultivated sium *n.* crumag *fem.*

cultivator *n.* aradair *masc.*

cultural *adj.* cultarach, cultarail, dùthchasail

culture *n.* cultar *masc.*, dualchas *masc.*

culture (bacterial) *n.* torachd *fem.*

culver *n.* smùdan, an *masc.*

culverin *n.* gunna fada *masc.*

culvert *n.* saibhear *masc.*

cumber *vb.* coimrig, cuir moille, tromaich

cumbersome *adj.* doitheadach, doitheadach, draghail, eallachail, làdail, trom

cumbrance *n.* uallach *masc.*

cumbrous *adj.* doitheadach, doitheadach, draghail, sàrachail, trom

cumin *n.* cuimean *fem.*, lus MhicCuimein *masc.*

cumulative *adj.* tionalach

cunning *n.* caraireachd *fem.*, cealgaireachd *fem.*, cluaintearachd *fem.*, cuilbheart *fem.*, lùibeanachd *fem.*, sibhtealachd *fem.*

cunning *adj.* seòlta, innleachdach, sligheach, cuilcheann, cuilcheann, cùirdeil, cùirdeil, lùrdan, lùrdan, ràideil, slighearra, starach

cup *n.* copan *masc.*, cupa(n) *masc.*

cup-lichen *n.* crotal còinneach *masc.*

cupboard *n.* preas(a) beag *masc.*, àmraidh *fem.*, bòrd nan gogan *masc.*, tairleas *masc.*

cupping-glass *n.* ballan *masc.*

cupreous *adj.* coparach, coprach

cuprite *n.* cuiprit *fem.*

cur *n.* amhsan *masc.*, madagan *masc.*

curable *adj.* ion-leighis, so-leigheas, so-leigheis

curate *n.* curaid *masc.*, frith-mhinistear *masc.*, ministear-cuidich *masc.*

curative *adj.* slànachail

curator *n.* cùradair *masc.*, gleidheadair *masc.*, neach-cùraim *masc.*

curb *n.* bacadh *masc.*, camagan-srèine *masc.*, ceannsachadh *masc.*, muiseal *masc.*, srian *fem.*

curb *vb.* bac, ceannsaich, sparragaich, srian, staonaich

curbing *n.* stamnadh *masc.*, staonachadh *masc.*

curbing *adj.* srianach

curd *n.* gruth *masc.*, slaman *masc.*

curdle *n.* slamanaich *masc.*

curdle *vb.* binndich, ragaich, slamaich

curdled *adj.* briste, pingichte, pingichte, plamach, plamach, plumaichte

curdling *n.* binndeachadh *masc.*

cure *n.* leigheas *masc.*

cure *vb.* cneasaich, ìoc, leighis, saill, slànaich

cure (preserve as by drying, salting, etc.) *vb.* grèidh

cureless *adj.* do-shlànachaidh

curer (preserver) *n.* ciùrair *masc.*

curfew *n.* clag-smàlaidh *masc.*

curing *adj.* slànach

curiosity *n.* neònachas *masc.*, eagnaidheachd *fem.*, ioghnadh *masc.*, iongantas *masc.*, sgrùdadh *masc.*, suaicheantas *masc.*

curious *adj.* faighneach, eagnaidh, eagnaidh, iongantach, neonach

curium *n.* cuirium *masc.*

curl *n.* dual *masc.*, caisreag *fem.*, amlag *fem.*, bachal *masc.*, camag *fem.*, camalag *fem.*, cuaichean *masc.*, cuailean *masc.*, cuarsgag *fem.*, roc *fem.*

curl *vb.* bachlaich, caisich, amlagaich, caisreagaich, caisreaganaich, caiteinich, camlagaich, cuach, cuaichnich, fàinnich, snìomh

curled *adj.* bachlach, caisreagach, dualach, cuachach, cuarsgach, slamagach

curled dock *n.* copag chamagach *fem.*

curlew *n.* corra-liod *masc.*, crotach *masc.*, crotach-mara *masc.*, crotag *fem.*, guilbeirneach *fem.*, guilbneach *fem.*

curlew sandpiper *n.* luatharan-guilbneach *masc.*

curling *adj.* snìomhach, snìomhain, stìomach

curling (game) *n.* crolaidh *masc.*

curly *adj.* dualach, bachallach, amlagach, amlach, bachlach, bachlagach, casarlach, casarlach, clannach, rocach

curly-headed *adj.* cuaicheanach

curmudgeon *n.* eigear *masc.*, sglamhaiche *masc.*, sgraingear *masc.*, sgroingean *masc.*, spìocaire *masc.*

currach *n.* curach *fem.*

currant *n.* crabhsgag *fem.*, raosar *masc.*, spìontag *fem.*

currency *n.* ruith-airgead *masc.*, iomsgapadh *masc.*, ruitheachd *fem.*

currency conversion *n.* iomlaid ruith-airgid *fem.*

current *n.* sruth *masc.*, cuartach *masc.*

current *adj.* gnàthaichte, iomruitheach

current (flow of electricity) *n.* sruth-dealain *masc.*

current account *n.* cunntas làitheil *masc.*, cunntas-ruith *masc.*

current affairs *n.* cùisean an latha *pl.*

currently *adj.* an-dràsda

curricle *n.* carbad dà rotha *masc.*

curriculum *n.* clàr-oideachaidh *masc.*, curraicealam *masc.*

Curriculum Development Centre for Gaelic *pr.n.* Ionad Leasachaidh Foghlaim Gàidhlig

curriculum vitae *n.* cunntas-beatha *masc.*

currier *n.* bianadair *masc.*, bian-leasaiche *masc.*, seicheadair *masc.*, sudar *masc.*

currish *adj.* dranndach, durradha, durradha, mosach, sabaideach

curry *n.* coiridh *masc.*, biadh spìosrach *masc.*

curry *vb.* cìr (each), dèan miodal

curry (beat) *vb.* doilgheasaich

curry (rub down and dress) *vb.* doilgheasaich

curry-comb *n.* card-eich *masc.*, cìr-eich *fem.*, sgraban *masc.*, sgrìob *fem.*, sgrìobaire *masc.*, sgrìoban *masc.*

currying favour *n.* cùirteas *fem.*

curse *n.* mallachadh *masc.*, mallachd *fem.*, conntrachd *fem.*, droch-fhacal *masc.*, mionn *fem./masc.*

curse *vb.* mallaich, bòidich, mionnaich, smùid, smùidrich

cursed *adj.* mallaichte, dranndanach, dranndanach

cursing *n.* mallachadh *masc.*, mionnadh *masc.*, speuradh *masc.*

cursor *n.* cùrsair *masc.*, ruitheadair *masc.*

cursory *adj.* cabhagach

curt *adj.* glamhasach

curtail *vb.* giorraich, co-gheàrr, cutaich, sgud

curtailed *adj.* cutach

curtailment *n.* cutachadh *masc.*

curtain *n.* cùirtear *masc.*, cùirtean *masc.*, brat-sgàile *masc.*, crochbhrat *masc.*, sgàil *fem.*, sgàileach *masc.*

curtain *vb.* cuirteinnich

curtain lecture *n.* cnàmhadh a' chinn-adhairt *masc.*

curtseying *n.* beiceadaich *fem.*

curtsy *n.* beic *fem.*

curtsy *vb.* dèan beic

curtsying *n.* beiceadh *masc.*

curvation *n.* camadh *masc.*, cromadh *masc.*

curvature *n.* cruime *fem.*, lùb *fem.*

curve *n.* camadh *masc.*, cuarsgag *fem.*

curve *vb.* cam, crom, fiar, lùb

curved *adj.* crom, lùbte

curved *vb.* cam

curvet *n.* leum *masc.*, sùrdag *fem.*

curvet *vb.* leum

curvetting *adj.* beic-leumnach

cushion *n.* cuisean *masc.*, cluasag *fem.*, pillean *masc.*, sasag *fem.*, suidheachan *masc.*

cusp *n.* adharc na gealaich ùir *fem.*, bàrr-biorach *masc.*

cusp (prominence on tooth) *n.* bior *masc.*

cuspated *adj.* rinneach

cuspidate *vb.* bioraich, geuraich

custard *n.* ughagan *masc.*, breacan *masc.*, breachdan *masc.*, uigheagan *masc.*

custody *n.* grèim *masc.*

custom *n.* àbhaist *fem.*, cleachdadh *masc.*, gnàths *masc.*, nòs *masc.*, fasan *masc.*, beus *fem.*, cleachd *fem.*, cleachdainn *fem.*, cor *masc.*, cuspann *masc.*, deas-ghnàth *masc.*, gnàth *masc.*, rogh *masc.*

custom duty *n.* cìs-chusbainn *fem.*

custom-house *n.* taigh-cusbainn *masc.*

customariness *n.* gnàthachd *fem.*

customariness *adj.* àbhaisteachd

customary *adj.* àbhaisteach, cumanta, deas-ghnàthach, gnàthach, modhanach, nòsach, nòsail

customer *n.* neach-ceannachd *masc.*,
cuspair *masc.*, rocair *masc.*,
teachdaiche *masc.*, neach-ceannaich
masc.

customers *n.* luchd-ceannachd *masc.*,
luchd-ceannaich *masc.*

customs *n.* cusbainn *fem.*

cut *adj.* gearrte, stòbhte

cut *n.* gearradh *masc.*, beum *masc.*, òrd
masc., sgoch *masc.*, sgor *masc.*,
sgothadh *masc.*

cut *vb.* geàrr, sgor, sìor-bhuain, sneag,
sràc, stòbh

cut down *vb.* buain, snaidh, speal

cut off *vb.* sgath, sgèith

cut out (shape) *vb.* sgèith

cut short *vb.* co-gheàrr

cut-leaved crane's bill *n.* crobh-priochain
masc.

cut-purse *n.* peas-ghadaiche *masc.*

cutaneous *adj.* craicneach

cuthroat *n.* mortair *masc.*

cuticle *n.* cneas-fhilm *masc.*, craiceann
uachdrach *fem.*

cutlass *n.* claidheamh cutach *masc.*

cutler *n.* ceannaiche sginean *masc.*, gobha
geal *masc.*, sgianadair *masc.*

cutlet *n.* colag *fem.*, sgineach *masc.*, staoig
fem.

cutter *n.* gearradair *masc.*, sgothag *fem.*

cutter (boat) *n.* iùbhrach *fem.*, luath-bhàta
masc., luath-long *fem.*, sgoth luath *fem.*

cutter (person) *n.* neach-gearraidh *masc.*

cutting *n.* gearradh *masc.*, òrd *masc.*,
sliseag *fem.*, sracadh *masc.*, stòbhadh
masc.

cutting *adj.* sgaiteach, sgorach

cutting (cruel/hurtful) *adj.* beumach,
beumnach, lom

cutting down *n.* snasachd *fem.*, spealadh
masc.

cutting out (shaping) *n.* sgeitheadh *masc.*

cuttle *n.* draosdaire *masc.*, neach-tuaileis
masc.

cuttlefish *n.* cuiteal *masc.*, eodha
fem./masc., fadhbhag *fem.*, faobhag
fem., gibneach *masc.*, gubarnach *masc.*,
gubarnach meurach *masc.*, sùil-an-tòin
fem.

cutty pipe *n.* cutag *fem.*

cyanosis *n.* snuadh gorm *masc.*

cycle *n.* cuairt *fem.*, cuartachadh *masc.*,
rothair *masc.*

cycle (period of time) *n.* tiom-chuairt *fem.*

cycle-shed *n.* seada-bhaidhsagal *masc.*

cyclic *adj.* cuairteach

cycling *n.* baidhsagalachd *fem.*,
rothaidheachd *fem.*, rothaireachd *fem.*

cyclist *n.* rothaiche *masc.*

cycloid *n.* sliochdan *masc.*

cyclone *n.* toirmghaoth *fem.*

cyclopaedia *n.* cuairt-ealain *fem.*, cuairt-
eòlais *fem.*, cuairt-iùil *fem.*

cygnet *n.* eala dhonn *fem.*, isean-eala
masc.

cylinder *n.* rolair *masc.*, rothlair *masc.*,
siolandair *masc.*, sorcair *masc.*

cylindrical *adj.* cruinn-fhada, pìobanach,
sorcaireach, uile-chuairteach

cylindrical rule *n.* romhair *masc.*

cymar *n.* sgàilean *masc.*

cymbal *n.* ciombal *masc.*, crotal *masc.*,
gliongan *masc.*, tiompan *masc.*

cynic *n.* dranndanach *masc.*, sgaitear
masc.

cynical *adj.* dogail, dranndanach,
dranndanach, eisgeil, eisgeil, sgaiteach

cynicism *n.* gairge *masc.*

cypress *n.* craobh uaine ghiuthais *fem.*,
craobh-bhròin *fem.*

cyst *n.* balgan-bèisde *masc.*, balgan-
iongrach *masc.*

D

dab (flatfish) *n.* griosag *fem.*

dabble *vb.* groigich, luidir, taisich

dabbler *n.* uighpear *masc.*, greòigean *masc.*, faodharsach *masc.*, plodanaiche *masc.*, spultair *masc.*

dabchick *n.* gobhlan-uisge *masc.*

Dadaism *pr.n.* Dadachas

daddy-long-legs *n.* fidhleir *masc.*, breabadair *masc.*, Alasdair Mòr nam pollagan *masc.*, fidhleir nan casan fada *masc.*, gobhlachan *masc.*, martan *masc.*, snàthad an duine mhairbh *fem.*

dagger *n.* biodag *fem.*, cuinnsear *masc.*, duibheagan *masc.*

daggle *vb.* eabair, luidir

daggle-tail *adj.* luidirte

daily *adj.* lathail

dainties *n.* smealach *fem.*, sògh *masc.*

dainty *adj.* àilleasach, blasda, deithineach, sòghmhor

dairy *n.* àireachas *masc.*, ruidhe *fem./masc.*, taigh-bainne *masc.*

dairy produce *n.* ùrachd-na-bà *fem.*, marainn *fem.*

dairymaid *n.* banachag *fem.*, banarach *fem.*

dairyman *n.* aireach *masc.*

daisy *n.* neòinean (bàn) *masc.*, dìthean *masc.*

daisywheel printer *n.* clò-bhualadair neòineanach *masc.*

dale *n.* gleann *masc.*

dalliance *n.* sùgradh *masc.*, dìomhanas *masc.*, beadradh *masc.*, màirneal *masc.*

dallop *n.* fàilean *masc.*

dallying *n.* sgrubadh *masc.*, fàbhanadh *masc.*

dallying *adj.* sgrubail

dam (embankment) *n.* dam *masc.*, balla casg *masc.*, slob *masc.*

dam (mother) *n.* màthair *fem.*

damage *n.* milleadh *masc.*, ana-bhuil *fem.*, call *masc.*, damaiste *masc.*, dochair *fem.*, dochann *masc.*, eucoir *fem.*, olc *masc.*, puthar *masc.*, sgaid *masc.*, sotlaidh *fem.*

damage *vb.* mill, dochairich

damageable *adj.* so-dhochanta

damages *n.* luach-calla *masc.*

damn! *interj.* gonadh!

damnable *adj.* mallaichte, sgriosail

damnation *n.* dìteadh *masc.*, mallachadh *masc.*

damp *adj.* aitidh, dùngaidh, fliuch, tais

dampening *n.* taisleachadh *masc.*

dampness *n.* aitidheachd *masc.*, fuarachd *fem.*

damsel *n.* cruinneag *fem.*, mùrn *masc.*, nighean *fem.*

damson *n.* àirne *fem.*, àirneag dhubh *fem.*, daimsin *masc.*

dance *n.* dannsa *masc.*

dancer *n.* dannsair *masc.*, ringear *masc.*

dancing *n.* dannsaireachd *fem.*

dancing-master *n.* maighstir-dannsaidh *masc.*, oide-dannsaidh *masc.*

dancing-school *n.* sgoil-dhannsaidh *fem.*

dandelion *n.* beàrnan-Brìghde *masc.*, breunan-brothaich *masc.*, caisearbhan nam muc *masc.*, fiacail-leòmhainn *fem.*, lus nam mionnag *masc.*, pioban *masc.*

dander *vb.* mànrain

dandle *vb.* mùirnin, saobanaich, seòg, siùd, tàlaich

dandling *n.* siùdanachadh *masc.*, siùdanachd *fem.*

dandling *adj.* seògach

dandruff *n.* sgalpan *masc.*, ceannchàrr *masc.*, ceannghalar *masc.*, ceann-sgalpan *masc.*, cudam *masc.*, eanach *fem.*, sgailc-mhullaich *fem.*, sgealpaich *fem.*, sgreab *fem.*

dandy *n.* lasdaire *masc.*, rìomhach *masc.*, spadaire *masc.*, spailpean *masc.*, uailleagan *masc.*

danewort *n.* fliodh a' bhalla *masc.*, mulart *masc.*

danger *n.* cunnart *masc.*, cruadal *masc.*, cruadalachd *fem.*, cruaidh-chàs *masc.*, guais *fem.*, peirigill *fem.*

dangerous *adj.* cunnartach, cruadalach, gàbhaidh, peirigleach

dangle *vb.* cliob, udail

dangler *n.* slaomaire *masc.*

dangling *n.* clifeadh *masc.*, udal *masc.*

dank *adj.* aitidh, dùngaidh, tais, tungaidh

dapper *adj.* lurach, fiuchar, guamach

dapperling *n.* luspardan *masc.*

dapple *adj.* odhar-liath, breac

dappled *adj.* peighinneach, slioganach

dappling *n.* breacadh *masc.*

dare *vb.* dùraig, dùirig, làmh

daring *n.* neo-mheatachd *fem.*, urrantachd *fem.*

daring *adj.* ladarna, dalma, mòr-urranta, neo-athach, neo-mheata, urranta

dark *n.* dubhailteach *masc.*

dark *adj.* doilleir, dorcha, dubh, dubhlaidh, neo-shoilleir, odharaidh, ùdlaidh

Dark Ages *pr.n.* Linntean Dorcha

dark blue *adj.* dubh-ghorm

dark brown *adj.* dubh-dhonn

dark grey *adj.* ciar-dhubh, dubh-ghlas, dubh-liath

dark red *adj.* dubh-dhearg, dubh-ruadh

dark-haired *adj.* dubh

darken *vb.* dorch(n)aich, ciar(aich), doilleirich, dubhair, duibhrich, sgàil

darkened *adj.* doilleirichte, dorchaichte

darkish *adj.* rodaidh

darkishness *n.* dubhlaidheachd *fem.*

darkness *n.* dorchadas *masc.*, dubhar *masc.*, sgleò *masc.*, dubhailt *fem.*, duibhreas *masc.*, mùig *masc.*

darksome *adj.* dubharach

darling *n.* gaol *masc.*, gràdh *masc.*, luran *masc.*, mùrn *masc.*, rùinean *masc.*, seud *masc.*, ulaidh *fem.*

darn *vb.* càraich, cliath, cnòd, cnòdaich

darnel *n.* breòillean *masc.*, buidheag *fem.*, cuiseach *masc.*, dìthean *masc.*, feur-cuir *masc.*, roille *fem.*, ruintealas *masc.*, siobhach *masc.*, sturdan *masc.*

darning *n.* cliath *fem.*

dart *n.* gàinne *fem.*, gath *masc.*, sgiatan *masc.*, siorradh *masc.*

dart *vb.* sgiut, sìgh, sìth

darting *n.* spachail *fem.*

dash *n.* ionnsaidh *masc.*, spealt *fem.*

dash *vb.* sgrìoch, slac, sloisir, spann, starr, tilg le neart

dash (writing) *n.* sgrìob *fem.*

dash forward *vb.* sparr

dash it! *interj.* beag-buinich!

dashing *n.* slacadh *masc.*, stalcadh *masc.*, tunnadh *masc.*, sluaisreadh *masc.*, starradh *masc.*

dashing *adj.* sparrach

dastard *n.* gealtaire *masc.*, cladhaire *masc.*

dastardly *adj.* cladhaireach, eagalach, fiamhach, gealtach, spìocach

data *n.* dàta *masc.*

data collection *n.* tional-fiosrachaidh *masc.*

data dictionary *n.* catalog-dàta *fem.*

data logging *n.* cur-a-steach dàta *masc.*

data processing *n.* gnìomhadh-dàta *masc.*, obair-dàta *fem.*

Data Protection Act *pr.n.* Achd Tèarainteachd Dàta

data tablet *n.* clàr-dàta *masc.*

data-link *n.* ceangal-dàta *masc.*

database *n.* stòr-dàta *masc.*

database management system *n.* siostam rianachd stòr-dàta *masc.*

date (day) *n.* ceann-latha *masc.*, deat *masc.*, deit *fem.*

date (fruit of date-palm) *n.* daileag *fem.*

date of birth *n.* latha-breith *masc.*

date stamp *n.* seula-latha *masc.*

dative *adj.* tabhairteach, doirteach

dative case *n.* tuiseal tabhartach *masc.*

datum *n.* comas *masc.*

daub *n.* spairt *fem.*

daub *vb.* basdalaich, làbanaich, liacair, plàsd, sliachdair, sloisir, spairt, ung

dauber *n.* sgleamacair *masc.*, sgleogaire *masc.*

daubing *n.* colachd *fem.*, sleuchdradh *masc.*, slìomachd *fem.*, spairt *fem.*, tearradh *masc.*

daubing *adj.* spairteach

dauch *n.* dabhach *fem.*

daughter *n.* nighean *fem.*

daughter-in-law *n.* nighean-cèile *fem.*, bean-mhic *fem.*

daunt *n.* athadh *masc.*

daunt *vb.* fiamhaich, geiltich, meataich

dauntless *adj.* mòr-urranta, urranta

davach *n.* dabhach *fem.*

dawdler *n.* dràic *fem.*

dawdling *n.* clearachd *fem.*

dawn *n.* beul an là *masc.*, càinnealachadh *masc.*, camhanach *fem.*, glasadh-latha *masc.*, moch *masc.*, mochthrath *fem.*, sgarthanaich *fem.*, soilleireachadh *masc.*, soilleireachd *fem.*

dawn *vb.* maidnich

day *n.* latha *masc.*

day after tomorrow *adj.* an earar

day before yesterday *adj.* air a' mhoth 'n dè

day centre *n.* ionad-latha *masc.*

Day of the Holy Cross *pr.n.* Là na Crois Naoimhe

day-lily *n.* lail *fem.*

day-release *n.* cead-latha *masc.*

daybreak *n.* ciad-fhaire *masc.*, tighinn a' latha *masc.*

dazzle *vb.* cuir maille air lèirsinn

dazzling *adj.* boillsgeil, boillsgeach

deacon *n.* diacon *masc.*

dead *adj.* marbh, spad

dead calm *n.* plum *masc.*

dead men's fingers *n.* corragan-an-duine-mhairbh *pl.*

dead-centre *n.* teis-meadhan *masc.*

dead-clothes *n.* marbh-aodach *masc.*

dead-fall *n.* maide *masc.*

dead-nettle *n.* marbh-dheanntag *fem.*

deadliness *n.* bàsalachd *fem.*, bàsmhorachd *fem.*

deadlocked *adj.* neo-gheillear

deadly *adj.* bàsmhor, marbhtach, bàsail

deadly nightshade *n.* an deagha *masc.*, lus a' bhàis *masc.*, lus na h-oidhche *masc.*

deadly weapon *n.* bàs-arm *masc.*

deaf *adj.* bodhar, stacach

deaf-mute *n.* balbhan *masc.*

deaf-mute schooling *n.* sgoil-bhalbhan *fem.*

deaf-mutism *n.* balbh-bhuidhre *fem.*

deafen *vb.* bodhair, stac

deafening *adj.* bodharach

deal *n.* cùmhnant *masc.*, cùmhnant-ceannaich *masc.*

deal (favourable business transaction) *n.* eadar-iomlaid *fem.*

deal (with) *vb.* gabh gnothach (ri), dèilig (ri), bean (ri), coimhead (ri)

deal (wood) *n.* bòrd *masc.*, clàr *masc.*

deal, as cards *vb.* roinn

dealbate *vb.* cuir ri todhar

dealing *n.* marsantachd *fem.*, muinntireas *fem.*

dealings *n.* muinntireachd *fem.*

deambulation *n.* sràidimeachd *fem.*

dean *n.* deaghan *masc.*

Dean of Guild Court *pr.n.* Cùirt an Deadhain

deanery *n.* deaghanachd *fem.*

dear *n.* luaidh *masc.*, gràidhean *masc.*

dear *adj.* gràdhach, ionmhainn, prìseil, gaolach, caoimhneil, daor, toigh

dear me! *interj.* mo chreach!

dearth *n.* gainne *fem.*, daoiread *masc.*, daorsa *fem.*, daorsainn *fem.*

dearticulate *vb.* sgaoil às a chèile, thoir às a chèile

deasil *adj.* deiseil

death *n.* bàs *masc.*, eug *masc.*, aog *masc.*, siùbhladh *masc.*

death certificate *n.* urras-bàis *masc.*

death-agony *n.* oin *fem.*, preisein *masc.*, teugmhail *fem.*

death-bell *n.* clag a' bhàis *masc.*

death-blow *n.* buille-bàis *masc.*

death-song *n.* tuireadh *masc.*

death-throe *n.* greim-bàis *masc.*, lagaranaich *fem.*

death-watch *n.* bìog-ghairm *fem.*, èibh *fem.*

death-watch beetle *n.* farachan *masc.*

deathlike *adj.* aognaidh, eugach

debar *vb.* cum air ais

debark *vb.* cuir air tìr, rach air tìr

debasement *n.* irioslachadh *masc.*, maslachadh *masc.*

debatable *adj.* deasbadach, ion-chonspoideach

debate *n.* deasbad *masc.*, deasbaireachd *fem.*, , connsachadh *masc.*

debate *vb.* connsaich, rannsaich ceist, tagair

debateful *adj.* carraideach

debater *n.* neach-deasbaireachd *masc.*

debating *n.* deasbad *masc.*, tagairt *fem.*

debating society *n.* comann-deasbaid *masc.*

debauched *adj.* ain-srianta, neo-mheasarra

debauchee *n.* ain-sriantach *masc.*, bodair *masc.*, geòcaire *masc.*, misgear *masc.*, siùrsaiche *masc.*, slataire *masc.*, trusdar *masc.*

debauchery *n.* mì-gheanmnachd *fem.*, geòcaireachd *fem.*, neo-mheasarrachd *fem.*, pòitearachd *fem.*, raip *fem.*

debenture *n.* ciad-bhann malairt *masc.*, riadh *masc.*

debilitate *vb.* lagaich, fannaich, anfhannaich, dìblidhich

debilitated *adj.* lag, anfhann

debilitating *n.* meatachadh *masc.*

debilitation *n.* dìbleachadh *masc.*, dìblidheachd *fem.*

debility *n.* laige *fem.*, anfhainneachd *fem.*, anfhannachd *fem.*, dìbleachadh *masc.*, dìblidheachd *fem.*, èislean *masc.*, lapaiche *masc.*, mallachd *fem.*, neo-chomas *masc.*, spreòchanachd *fem.*

debonair *adj.* fìnealta, grinn, mèinneil

debris *n.* sprùilleach *masc.*

debt *n.* fiach *masc.*

debtor *n.* daibhear *masc.*, fèich(n)ear *masc.*, neach-fhiach *masc.*, neach-fhiachan *masc.*

debtors *n.* luchd-fiach *masc.*

debugging *n.* sgriosadh-mhearachdan *masc.*

debut *n.* tùs-ghabhail *masc.*

decade *n.* deichead *masc.*

decadence *n.* sgiolladh *masc.*

decagon *n.* deich-shlisneach *fem.*, deich-thaobhach *masc.*, deugan *masc.*

decalogue *n.* deich-bhrìgh *fem.*

decamp *vb.* dèan imrich, goid air falbh

decant *vb.* taom, deibh

decantation *n.* deibheadh *masc.*

decanter *n.* searrag-ghlainne *fem.*

decapitation *n.* dì-cheannachd *fem.*, dì-cheannadh *masc.*

decay *n.* seargadh *masc.*, crìonadh *masc.*, caitheamh às *masc.*, meath *masc.*

decay *vb.* searg, crìon(aich), cnàmh, crann, meath(aich), mùth, seac, siar

decayed *adj.* seargta, crìon, lobhte, crìonaidh, seac

decaying *n.* crìonadh *masc.*, seargadh *masc.*, seacadh *masc.*, siaradh *masc.*, siasnadh *masc.*, teireachdainn *masc.*

decaying *adj.* meathach

deceit *n.* cealgaireachd *fem.*, foill *fem.*, mealladh *masc.*, cealg *fem.*, cuilbheart *fem.*, cuip *fem.*, feall *masc.*, gò *masc.*, ìogan *masc.*, meang *fem.*

deceitful *n.* clìceach *fem.*

deceitful *adj.* cealgach, meallta(ch), breugach, cùirdeil, foilleil, ìoganach, lùbach, sligheach, slighearra, slìom(ach), starach

deceivable *adj.* inmheallta

deceive *vb.* meall, thoir an car à, cealg, cuir am mearachd

deceived *adj.* meallta

deceiver *n.* cealgair(e) *masc.*, mealltair *masc.*

December *pr.n.* Dùbhlachd, an, Dùdlachd, an

decency *n.* beusachd *fem.*, sgoinn *fem.*, eireachdas *masc.*, loinn *fem.*, oirmhid *fem.*, snas *masc.*, soinealachd *fem.*, soisinn *fem.*

decent *adj.* dòigheil, beusail, iomchaidh, cubhaidh, òrdail, sgiamhail, snasail, snasmhor, toirteil

decentness *n.* cumhaideachd *fem.*

deception *n.* cealg *fem.*, foill *fem.*, mealladh *masc.*, breugnachadh *masc.*, cluipearachd *fem.*

deceptive *adj.* cealgach, meallta(ch), carach, foilleil, so-mheallte

decide *n.* rèitich *masc.*

decide *vb.* thig gu co-dhùnadh mu

decidence *n.* seacadh *masc.*, seargadh *masc.*

decidiose *adj.* somaltach

deciduous *adj.* neo-chunbhalach, seargach

deciduousness *n.* tuiteamachd *fem.*

decilitre *n.* deciliotair *masc.*

decimal *n.* deicheamh *masc.*

decimal *adj.* deicheach, deicheil

decimal form *n.* riochd deicheach *masc.*

decimal fraction *n.* bloigh dheicheach *fem.*

decimal notation *n.* comharrachadh deicheach *masc.*

decimal place *n.* ionad deicheach *masc.*

decimate *vb.* deicheamhaich

decimation *n.* deicheamhachd *fem.*

decipher *vb.* dèan soilleir, mìnich, comharraich

decision *n.* co-dhùnadh *masc.*, binn *fem.*, breith *fem.*

decision box *n.* bogsa-breith *masc.*

decision tree *n.* craobh cho-dhùnaidh *fem.*

decision-making *n.* breithneachadh *masc.*

decisive *adj.* stèidheil, dearbhach

deck *n.* lobhta *masc.*

deck *vb.* maisich, sgiamhaich

deck (ship) *n.* bòrd-luinge *masc.*, clàr *masc.*, leibheann *fem.*

deckchair *n.* seithear-pasgaidh *masc.*, cathair-pasgaidh *fem.*

declaim *n.* òraidich *masc.*

declaim *vb.* tagair

declaimer *n.* òraidiche *masc.*, òraideach *masc.*

declamation *n.* briathrachas *masc.*, cliarachd *fem.*, ròlaist *masc.*

declaration *n.* foillseachadh *masc.*, cur an cèill *masc.*, còmhdach *masc.*, mionn *fem./masc*, reuladh *masc.*

Declaration of Arbroath *pr.n.* Glaodhach Obar Bhrothaig, Taisbeanadh Obar Bhrothaig

declarative *adj.* foillseachail

declare *vb.* innis, nochd, cuir an cèill, taisbean

declension *n.* cromadh *masc.*, teàrnadh *masc.*, ìsleachadh *masc.*, tuisealadh *masc.*

declination *n.* cromadh *masc.*, fiaradh *masc.*, camadh *masc.*

decline *n.* dol air ais *masc.*, dol sìos *masc.*

decline *vb.* rach sìos, aom, rach a thaobh, rach am mudha, searg

decline (grammar) *vb.* tuisealaich

declivitous *adj.* leathadach

declivity *n.* leathad *masc.*, aomadh *masc.*, leth-bhruthach *masc.*, slios *masc.*, tuirling *fem.*

decoct *vb.* bruich, goil, meirbh

decoction *n.* bruicheadh *masc.*, sailm *fem.*, sùgh-bruich *masc.*

decode *vb.* mìnich còd

decoder *n.* iompaichear-mach *masc.*

decollate *vb.* cuir an ceann dheth

decompose *vb.* grod

decomposition *n.* bristeadh sìos *masc.*

decompression *n.* dì-bhruthadh *masc.*

decompression chamber *n.* seòmar-lasachaidh *masc.*

decorate *vb.* sgeadaich, maisich, naisnich

decorating *n.* sgeadachadh *masc.*, maiseachadh *masc.*

decoration *n.* sgeadachadh *masc.*, deiseachadh *masc.*, maiseachadh *masc.*, naisneachadh *masc.*, sgeadas *masc.*

decorator *n.* sgiamhachair *masc.*

decorous *adj.* ciatach, cubhaidh

decorticate *vb.* plaoisg, rùisg

decorum *n.* loinn *fem.*, eireachdas *masc.*, ceutadh *masc.*, stuaim *fem.*, toirt *fem.*

decoy *n.* bàith *fem.*, beul-snaoisein *masc.*, culaidh-thàlaidh *fem.*, goisneachan *masc.*

decoy-duck *n.* tunnag-fhiodha *fem.*, tunnag-thàlaidh *fem.*

decrease *n.* lùghdachadh *masc.*, dol sìos *masc.*, dìobhail *masc.*

decrease *vb.* lùghdaich

decree *n.* òrdugh *masc.*, òrdachadh *masc.*, reachd *masc.*

decree *vb.* òrdaich, reachdaich, dèan reachd, socraich

decreeing *n.* òrdachadh *masc.*, reachdaireachd *fem.*

decrement *n.* dìobhail *masc.*

decrepit *adj.* breòite

decrepitude *n.* breòiteachd *fem.*

decretal *n.* leabhar-lagha *masc.*

decretal *adj.* reachdach

decretory *adj.* crìochanntach, laghail, reachdach

decry *vb.* càin, cronaich, coirich

decumbant *adj.* liùgach

decursion *n.* ruith le bruthach *fem.*

dedentition *n.* tilgeadh nam fiacal *masc.*

dedicated (object) *adj.* coisrigte

dedication *n.* coisrigeadh *masc.*, tabhartas *masc.*

deducement *n.* saoilsinneas *masc.*

deducible *adj.* saoilsinneach

deduction *n.* beagachadh *masc.*, lùghdachadh *masc.*

deed *n.* gnìomh *masc.*, dèanadas *masc.*, euchd *fem.*

deed (document) *n.* bann-ciùirde *masc.*, gnìomhas *masc.*, reachd-dhaingneachaidh *masc.*

deem *vb.* saoil, meas

deep *adj.* domhainn, cnuacach, eagnaidh, tùrail

deep (ocean) *n.* dubh-aigeann *masc.*

deep freeze unit *n.* cruaidh-reodhadair *masc.*, uidheam dian-reodhaidh *fem.*

deep, as bass voice *adj.* prò

deep-freeze *n.* reòdhadair *masc.*

deepen *vb.* doimhnich

deer *n.* fiadh *masc.*, cabrach-crocach *masc.*, ruadh *fem.*

deer forest *n.* frìth *fem.*

deer-grass *n.* lus-fèidh *masc.*, cruach-luachair *fem.*

deer-stalker *n.* stalcair *masc.*

deer-stalking *n.* stalcaireachd *fem.*

deerstalking *n.* sealg nam fiadh *masc.*

deface *vb.* mill, dubh a-mach

defalcate *vb.* mill, dìobhalaich, snaidh

defalcating *adj.* snaidheach

defalcation *n.* meirle-airgid *fem.*

defalcator *n.* snaidheadair *masc.*

defamation *n.* mì-chliù *masc.*, inisg *fem.*, innisg *fem.*, sgànraidh *fem.*, tuaileas *masc.*

defame *vb.* mì-chliùitich, tuaileas

defatigate *vb.* claoidh, sgìthich

default *n.* dearmad *masc.*

defaulter *n.* ciontach *masc.*, coireach *masc.*, fàillinneach *masc.*

defeasance *n.* briseadh-cùmhnant *masc.*

defeat *n.* call *fem.*, bineadh *masc.*, mì-bhuaidh *fem.*, ruaig *fem.*

defeat *vb.* cuir ruaig

defecate *vb.* cac

defect *n.* easbhaidh *fem.*, dìth *masc.*, cearb *fem.*, èis *fem.*, aineamh *masc.*, cron *masc.*, gaiseadh *masc.*, gaoid *fem.*, giamh *masc.*, lapan *masc.*, sgòd *masc.*, stic *fem.*

defection *n.* fàillneachadh *masc.*, teisteadh *masc.*

defective *adj.* uireasbhach, ciorramach, neo-iomlan, sgòdach

defective verb *n.* gnìomhair neo-iomlan *masc.*

defectiveness *n.* giamhachd *fem.*

defence *n.* dìon *masc.*, tèarmann *masc.*, seasdar *masc.*, slan *masc.*

defence (legal) *n.* adhnaireachd *fem.*, leisgeul *masc.*, leisgeulachadh *masc.*

defence mechanism *n.* uidheam-dìon *fem.*

defence policy *n.* seòl-dìon *masc.*

defenceless *adj.* lag, gun dìon, fann

defend *vb.* anacail, dìon, dìonaich, tèarmainn, teasraig

defendant *n.* neach-dìona *masc.*, neach-tagraidh *masc.*, tèarmannair *masc.*

defendant-at-law *n.* urra *fem.*, urradh *masc.*

defender *n.* dìonadair *masc.*, neach-dìon *masc.*, neach-tagraidh *masc.*, tèarmannair *masc.*

defensible *adj.* ion-chosanta, so-dhìonta

defensive *adj.* dìonadach

defer *vb.* cuir air dàil, maillich

deference *n.* meas *masc.*, urram *masc.*, ùmhlachd *fem.*

deferring *n.* mailleachadh *masc.*

defiance *n.* dùbhlan *masc.*, dùbhlanachd *fem.*

deficiency *n.* dìth *masc.*, uireasbhaidh *fem.*, fàilligeadh *masc.*, cearb *fem.*, inneadh *masc.*, iùnais *fem.*, mainneas *fem.*

deficient *adj.* easbhaidheach, fàilligeach

deficit *n.* call *masc.*, easbhaidh *fem.*

defier *n.* dùbhlanaiche *masc.*

defile *n.* aisir *fem.*, bealach *masc.*, càthadh *masc.*, cumhang *masc.*, cunglach *masc.*, glac *fem.*, tairbhealach *masc.*

defile *vb.* truaill, salaich, gàinrich, coiripich

defiled *adj.* truaillidh, truaillte

defilement *n.* truailleadh *masc.*, salachadh *masc.*, sailchead *masc.*, truailleachd *fem.*

defiler *n.* truailleadair *masc.*

definite *adj.* cinnteach

definition *n.* mìneachadh *masc.*, brìgh-àrd *fem.*, comharrachadh *masc.*, tuairisgeul *masc.*

definitive *adj.* deimhinnte

deflagrable *adj.* loisgeach

deflation *n.* sìoladh *masc.*, traoghadh *masc.*

deflection *n.* claonadh *masc.*, lùbadh *masc.*

deflexure *n.* cromadh *masc.*

deflower *vb.* truaill, èignich, mì-dhreachaich, truaillich

deflowerment *n.* truailleadh *masc.*

defluous *adj.* silteach, sruthach

defluxion *n.* seileachd *fem.*

deforce *vb.* cum à seilbh

deforest *vb.* dì-fhrìthich

deforestation *n.* dìth-choillteachaidh *fem.*

deform *vb.* cuir à cumadh, duaichnich, mì-dhealbh, mì-dhealbhaich, mì-dhreachach

deformed *adj.* neo-loinneil, mì-mhaiseach, ainriochdail, doithearra, mì-dhealbhte, mì-mhaiseil, neo-loisgeantach

deforming *n.* duaichneachadh *masc.*

deformity *n.* mì-mhaise *fem.*, mì-dhealbhachadh *masc.*, duaichneachd *fem.*, meang *fem.*, mì-dhreach *masc.*, neo-chumaireachd *fem.*

defraud *vb.* meall

defrauder *n.* cealgaire *masc.*, mealltair *masc.*, slaidear *masc.*

defray *vb.* pàigh, dìol, ìoc

deft *adj.* ealamh, gleusda

defumigating *n.* smùraigeadh *masc.*

defunct *adj.* marbh

defy *vb.* dubhlanaich

defying *adj.* dubhlanach

degeneracy *n.* an-dùchas *masc.*, eis-chinnealachadh *masc.*

degenerate *n.* an-dualchas *masc.*

degenerate *adj.* an-dualach, an-dùchasach, mi-dhualach, mì-dhualchasach, suarach, truagh

degeneration *n.* dol am measad *masc.*

deglution *n.* slugadh *masc.*

degradation *n.* maslachadh *masc.*, ìsleachadh *masc.*, truailleadh *masc.*, irioslachadh *masc.*, tàmailt *fem.*

degrade *vb.* maslaich, ìslich, truaill, irioslaich, beagaich, eas-urramaich, mì-urramaich

degrading *adj.* maslach, tàmailteach

degree *n.* ceum *masc.*, meud *masc.*, òrdan *masc.*, uidh *fem.*

degree (extent) *n.* tathachd *fem.*

degree (point) *n.* puing *fem.*

degree (portion) *n.* minis *fem.*

dehorned *adj.* cnucach

dehort *vb.* comhairlich

dehortation *n.* comhairleachadh *masc.*

dehydration synthesis *n.* co-chur sgreubhaidh *masc.*

deicide *n.* neach-marbhaidh dè *masc.*

deification *n.* diadhachadh *masc.*

deify *vb.* dèan dia dhe, diadhaich, naomh-dhèan, nèamhaich

deign *vb.* ceadaich, deònaich

deity *n.* diadhachd *fem.*

deject *vb.* tromaich

dejected *adj.* neo-shunndach, trom, neo-fhonnmhor, smalanach, smuaireanach, sprochdail, suaile

dejectedness *n.* neo-fhonnmhorachd *fem.*

dejection *n.* mulad *masc.*, tùirse *fem.*, truime-inntinn *fem.*, lionn-dubh *masc.*, pràmhachd *fem.*, pràmhan *masc.*, smuairean *masc.*, smuaireanachd *fem.*, smuilc *fem.*, sprochd *masc.*, sprochdalachd *fem.*

dejecture *n.* inneir *fem.*, òtrach *masc.*, salachar *masc.*

delactation *n.* cur on chìoch *masc.*

delate *vb.* casaidich, giùlain, iomchair

delation *n.* dìteadh *masc.*

delay *n.* dàil *fem.*, maille *fem.*, èis *fem.*, fadal *masc.*, màidhean *masc.*, mainneas *fem.*, màirne *masc.*, màirneal *masc.*, oiris *fem.*, rìghneadhas *masc.*, seamsan *masc.*, seamsanaich *fem.*, sòradh *masc.*, stadachd *fem.*, stadadh *masc.*, stràille *masc.*, stream(b)al *masc.*, stroill *fem.*

delay *vb.* cuir dàil (ann), cuir maille (ann), maillich, rìghnich, cuir air ath là, màirnealaich, sgrub, sòr

delaying *n.* stadachd *fem.*, sgrubadh *masc.*, sòradh *masc.*, stadadh *masc.*

delaying *adj.* seamsanach

delectable *adj.* sòlasach, taitneach

delectation *n.* sòlas *masc.*, tlachd *fem.*

delegate *n.* riochdaire *masc.*, teachdaire *masc.*, cumhachdair *masc.*, neach-ionaid *masc.*

delegate *vb.* thoir ùghdarras do, cuir air theachdaireachd, earb (ri), thoir daranas do

delegated *adj.* ùghdaraichte

delegation *n.* buidheann-riochdachaidh *fem./masc.*, luchd-tagraidh *masc.*

delegation (deputation) *n.* teachdaireachd *fem.*

delete *vb.* dubh às, dubh a-mach, cuir à dhìth, cuir às da

deleterious *adj.* cronail, sgriosail

delf *n.* obair-chreadha *fem.*

deliberate *vb.* rùn-phàirtich

deliberation *n.* meòrachadh *masc.*, faicilleachd *fem.*

deliberative *adj.* meòrachail

delicacy *n.* mìlseachd *fem.*, grinneas *masc.*, cneasnaidheachd *fem.*, cugann *masc.*, finealtachd *fem.*, màldachd *fem.*, mìneachd *fem.*, sèimhealachd *fem.*, suairceas *masc.*

delicate *adj.* finealta, sèimh, meata, cneasnaidh, creubhaidh, meachair, meirbh, meuradanach, meuranta, tlàth

delicateness *n.* meatachd *fem.*, mìneachd *fem.*, tioma *fem.*

delicious *adj.* blasda, taitneach

deligation *n.* ceangal suas *masc.*, trusadh *masc.*

delight *n.* aighear *masc.*, sòlas *masc.*, tlachd *fem.*, aoibhneas *masc.*, aiteas *masc.*, mire *fem.*, ruithean *masc.*, sàimhe *fem.*, sogan *masc.*, sogan *masc.*, soighneas *masc.*, sunndan *masc.*, taitneas *masc.*, tlachd *masc.*, toil *fem.*

delight *adj.* othail

delight *vb.* faigh tlachd (ann), gabh tlachd, taitinn, toilich

delightful *adj.* sòlasach, taitneach, ciatach, sigeanta

delighting *n.* taitneadh *masc.*

delimitor *n.* crìochnair *masc.*

delineate *vb.* co-dhealbh, dealbh, dreach, lìnich, strìoch, tarraing

delineating *n.* lìneachadh *masc.*

delinquency *n.* coire *fem.*, cron *masc.*, lochd *masc.*

delinquent *adj.* ciontach, coireach

deliquate *vb.* leagh

deliriant *adj.* breisleachail, breilleiseach

delirious *adj.* bruailleanach, mearanach

deliriousness *n.* àrdachadh *masc.*

delirium *n.* breisleach *masc.*, bruaillean *masc.*, aotromas *masc.*, boile *fem.*, bòilich *fem.*, breilleis *fem.*, mearan *masc.*

delirium tremens *n.* tinneas na dibhe *masc.*

deliver *vb.* thoir seachad, libhrig, asaidich, cuir (dhiot), liubhair, saor, tag, teasraig, tuislich

deliver (birth) *vb.* asaid

deliver (liberate) *vb.* anacail

deliverance *n.* saoradh *masc.*, teàrnadh *masc.*, saorsa *fem.*, teanacas *masc.*

deliverer *n.* neach-saoraidh *masc.*, fuasgaldair *masc.*

delivering *n.* saoradh *masc.*

delivery *n.* libhrigeadh *masc.*, liubhairt *masc.*, teàrnadh *masc.*

delivery (childbirth) *n.* aisead *fem.*

delivery (utterance) *n.* uchdach *fem.*

dell *n.* gleannan *masc.*, lagan *masc.*, lag *masc.*, coire *masc.*, glacag *fem.*, sloc *masc.*, slogag *fem.*

delude *vb.* meall, car

deluge *n.* tuil *fem.*, dìle bhàite *fem.*, dòrtadh *masc.*, ana-bhàthadh *masc.*, bùirseach *fem.*, dùnaidh *masc.*, lighe *fem.*, mòr-thuil *masc.*, tuil ruadh *masc.*

deluge *vb.* cuir fodha, cuir fo thuil, bàth, cuir air snàmh, snàmh, tuilich

Deluge, the *pr.n.* An Dìle Ruadh, An Tuil Ruadh

deluging *n.* snàmh *masc.*

deluging *adj.* dìleach, dìleannach

delusion *n.* mealladh-inntinn *masc.*

delusive *adj.* meallta(ch), carach

delve *n.* dìg *fem.*, sloc *masc.*, toll *masc.*

delve *vb.* cladhaich, ruamhair, bùirich, àitich, dearg, pioc, treabh

delver *n.* inneal-cladhaich *masc.*, inneal-ruamhair *masc.*, ruamharaiche *masc.*

delving *n.* cladhach *masc.*, ruamhar *masc.*

delving *adj.* ruamharach

demagogue *n.* ceannard-gràisge *masc.*

demand *n.* iarrtas *masc.*, tagradh *masc.*, fèill *fem.*

demand *vb.* iarr

demand change through price (downwards) *n.* ìsleachadh *masc.*

demand change through price (upwards) *n.* àrdachadh *masc.*

demand conditions change (upwards) *n.* meudachadh *masc.*

demand notice *n.* bileag-iarrtais *fem.*

demandant *n.* neach-tagraidh *masc.*

demander *n.* tagradair *masc.*

demanding *n.* iarrtas *masc.*, sireadh *masc.*, fèill *fem.*

demean *vb.* dìblich, ìslich

demeanour *n.* giùlan *masc.*, modh *masc.*, iomchar *masc.*

dementia *n.* seargadh-inntinn *masc.*

demerit *n.* neo-thoillteannas *masc.*

demigod *n.* flath-threun *masc.*

demise *n.* bàs *masc.*, caochladh *masc.*, eug *masc.*

demise *vb.* fàg dìleab, tiomain

demisemiquaver *n.* letheach-lethchaman *masc.*

demission n. fàgail masc., ìsleachadh masc., toirt thairis dreuchd fem.

demobolise vb. sgaoil (feachd)

democracy n. deamocrasaidh masc., sluagh-fhlaitheas masc.

demolish vb. leag

demolition n. leagadh gu talamh masc., leagadh gu làr masc.

demon n. deamhan masc.

demoniac adj. deamhnaidh

demonology n. deamhan-eolas masc.

demonstrate vb. seall, taisbean

demonstration n. taisbeanadh masc., sealltanas masc., fianais-dùbhlain fem.

demonstrative adj. dearbhach

demonstrative (grammar) adj. dearbh

demonstrative adjective n. buadhair-comharrachaidh masc., buadhair-sònrachaidh masc.

demonstrative pronoun n. riochdair-comharrachaidh masc., riochdair-sònrachaidh masc.

demountable adj. sealach

demulcent n. ìocshlaint fem.

demulcent adj. maoth, solta

demur n. gearan masc., teagamh masc., sòradh masc., teabadaich fem.

demur vb. gearain, cuir teagamh (ann), dàilich, màirnealaich

demure adj. stuama

demurrage n. dìoladh moille luinge masc.

den n. garaidh masc., uaimh fem., sloc masc., broclach fem., broclaidh fem., broclann fem., saobhaidh fem.

denary notation n. puingeachadh deicheil masc.

denial n. àicheadh masc., seun masc., seunachd fem., seunadh masc., seuntas masc.

denigrate vb. ìslich, duaichnich

denizen n. saoranach masc.

denominate vb. ainmich

denomination n. ainmeachadh masc.

denominative adj. ainmeanach, ainmeannach

denominator n. ainmeanaiche masc., seòrsaiche masc.

denotation n. comharrachadh masc.

denote vb. comharraich

denounce vb. cuir sìos air

dense adj. dùmhail, tiugh

denseness n. tiughad masc., dlùthas masc., daingneachd masc.

density n. tiughad masc., dlùths masc., daingneachd masc.

dent n. bearradh masc., lag masc., slag fem., tulg masc.

dent vb. sneag, tolg

dental adj. fiaclach

dental clinic n. clionaig-fhiacail fem.

dental inspection n. sgrùdadh-fhiacail masc.

dental surgery n. ionad-fiaclaire masc.

dental treatment n. leigheas-fhiacail masc.

denting n. tulgadh masc.

dentist n. fear nam fiaclan masc., fiaclair(e) masc., deudaiche masc., bodach nam fiaclan masc., deudair masc., lèigh-fhiacal masc.

dentistry n. fiaclaireachd fem.

dentition n. fiaclachadh masc.

dentrifice n. fùdar-fhiacal masc.

denudation n. lomnochdadh masc.

denude vb. lomnaich, rùisg, dìobhalaich, lomair, lomnochdaich

denuded adj. lom

deny vb. àich, cuir às àicheadh, rach às àicheadh, seun

deobstruct vb. rèitich, glan

deochandorus n. deoch-an-dorais fem.

deodand *n.* naomh-dhèirc *fem.*

deoxyribonucleic acid *n.* searbhag dhiocsairiobo-niùclasaich *fem.*

depart *vb.* falbh/folbh, imich, siubhail, trèig, tog ort

departing *n.* falbh/folbh *masc.*, triall *masc.*

departing *adj.* siùbhlach

department *n.* roinn *fem.*

Department of Agriculture *pr.n.* Roinn an Aiteachais

Department of Agriculture and Fisheries for Scotland *pr.n.* Roinn an Aiteachais is an Iasgaich airson Alba

Department of Education *pr.n.* Roinn an Fhoghlaim, Roinn an Oideachais

Department of Employment *pr.n.* Roinn a' Chosnaidh, Roinn an Fhasdaidh, Roinn na h-Obrach

Department of Health *pr.n.* Roinn na Slàinte

Department of Health and Social Security *pr.n.* Roinn na Slàinte is na Tèarainteachd Sòisealta

Department of Industry *pr.n.* Roinn a' Ghnìomhachais

departmental inventory *n.* cunntas roinneil *masc.*

departure *n.* imeachd *fem.*, iom-thùs *masc.*, siùbhladh *masc.*

depend *vb.* bi am freasdal (air), croch, cuir muinighinn (ann)

dependant (on) *adj.* an crochadh (air), an urra (ri), an eisimeil (air), an inneadh (air)

dependant (on) *prep.* a-rèir

dependant form *n.* riochd eisimeileach *masc.*

dependant variable *n.* caochlaideach eisimeileach *masc.*

dependence *n.* muinighin *fem.*, tac *fem.*, eismealachd *fem.*, eisimeil *fem.*, spleadh *masc.*, taiceadh *masc.*, urrachd *fem.*

dependent *adj.* eisimealach, air ùdal, eisimeileach

dependent clause *n.* roinn eisimeileach *fem.*

dependent verb *n.* gnìomhair eisimeileach *masc.*

depending *n.* tacsa *fem.*, taiceadh *masc.*

depending on *adj.* an crochadh ri, an urra ri

depict *vb.* tarraing deilbh-mìnich, tuairsglich

depilous *adj.* maol, gun fhalt, lom

depleted *adj.* falamh, gortach

depletion *n.* falmhachadh *masc.*

deplorable *adj.* uabhasach, brònach, mairg, muladach

deplore *vb.* caoidh

deplumation *n.* spìonadh itean *masc.*

depone *vb.* mionnaich, thoir fianais

depopulate *vb.* dì-dhaoinich, dìobair, fàsaich

depopulation *n.* fàsachadh *masc.*, dì-dhaoineachadh *masc.*

deportation *n.* fògradh *masc.*, fuadach(adh) *masc.*

deportment *n.* gluasad *masc.*

depose *vb.* cuir às, cuir à dreuchd, cuir à inbhe, ìslich

deposit *n.* tasgaidh *fem.*, airgead-èarlais *masc.*, airleas *masc.*, èarlas *masc.*, geall *masc.*, nasg *masc.*, urras *masc.*

deposit *vb.* taisg, cuir air riadh, naisg

deposit (investment) *n.* tasgadh *masc.*

deposit account *n.* cunntas taisgte *masc.*, cunntas air riadh *masc.*, cunntas-rèidh *masc.*

depositing *n.* nasgadh *masc.*

deposition *n.* cur à dreuchd *masc.*, mionnan *masc.*

depository *n.* taigh-tasgaidh *masc.*, tasgaidh *fem.*

depot (military) n. armlann *masc.*

depravation n. dìobradh *masc.*, truailleadh *masc.*

deprave vb. truaill, salaich, mill, arraid

depravedness n. truailleachd *fem.*, aingidheachd *fem.*

depravity n. truailleachd *fem.*, aingidheachd *fem.*

deprecation n. aslachadh *masc.*, guidhe *fem.*

depreciate vb. rach an lùghad, cuir an dìmeas, donaich

depreciation n. ìsleachadh *masc.*

depredate vb. creach, goid

depredation n. creach *fem.*, spùinneadh *masc.*, spiuthaireachd *fem.*, raoimeadh *masc.*, slaideadh *masc.*, spochadh *masc.*

depredator n. spùinneadair *masc.*, spiuthair *masc.*

depress vb. brùth sìos, cuir fo sproc

depressed adj. airtnealach, gruamach

depressed fracture n. tolg *masc.*, tulg *masc.*

depression n. trom-inntinn *fem.*, dubhachas *masc.*, ìsleachadh *masc.*, airtneal *masc.*, dinneadh *masc.*, dubh-leannachd *fem.*, fràmh *masc.*, sprochd *masc.*

deprivation n. creachadh *masc.*, calldachd *fem.*

deprive vb. thoir uaithe

deprive vb. thoir bho

depth n. doimhneachd *fem.*, doimhne *fem.*

depurate adj. glan, gun druaip

depuration n. glanadh *masc.*, sìoladh *masc.*

deputation n. buidheann-tagraidh *fem./masc.*, cuireadh *masc.*, ionadachd *fem.*, ladh *masc.*

depute n. neach-ionaid *masc.*

depute vb. cuir teachdaire, sonraich

depute pref. iar-

depute director n. iar-stiùiriche *masc.*, leas-stiùiriche *masc.*

depute- pref. iar-

deputised adj. iochdaranta

deputy adj. ionadach

deputy leader n. fo-cheannard *masc.*

deracinate vb. thoir as a riamhaichean

deracinated vb. spìon le riamhaichean

derange vb. cuir à òrdugh, cuir air àimhreidh

deranged adj. às a c(h)iall, air chuthach

derangement n. bristeadh-cèille *masc.*

deray n. tumarraid *fem./masc.*

derelict adj. air thoirt thairis

dereliction n. dìobradh *masc.*, trèigsinn *masc.*

deride vb. mag, fanaidich, cnàid, fochaidich, sgallaisich, sgeig

derider n. magaire *masc.*, sgeigeach *masc.*, neach-fanaid *masc.*

deriding n. magadh *masc.*, fanaid *fem.*, fochaid *fem.*

deriding adj. fanaideach, sgeigeach

derision n. fanaid *fem.*, magadh *masc.*, fochaid *fem.*, ballachd *fem.*, cnàid *fem.*, cnàideil *fem.*, masanaich *fem.*, meanbh-ghàir *masc.*, sgallais *fem.*, sgeig *fem.*, sgeigearachd *fem.*

derisive adj. bearaideach, sgeigeil

derivation n. bun *masc.*, freumh *masc.*, freumhachadh *masc.*, bunachadh *masc.*

derivative n. sruth-fhacal *masc.*

derivative adj. sìolach

derive vb. bunaich, freumhaich, sruth, sruth-chlaon, tàrmaich

derived demand n. iarrtas ginte *masc.*

derm n. craiceann *masc.*

dermatologist *n.* lighiche-craicinn *masc.*

dermatology *n.* eòlas-craicinn *masc.*

dernier *adj.* deireannach

derogate *vb.* suaraich, lagaich, lùghdaich, dèan beaganas

derogation *n.* lùghdachadh *masc.*, cur an suarachas *masc.*

derogatory *adj.* suarach, tarchuiseach

derrick *n.* crann *masc.*

descant *n.* ròlaist *masc.*

descant *vb.* dèan òran

descant (discourse at length) *vb.* cuir (dhìot)

descend *vb.* crom, teirinn, tuirling

descendants *n.* sliochd *masc.*, sìol *masc.*

descending *n.* teàrnadh *masc.*

descending *adj.* teàrnach, tuirlinneach

descent *n.* leathad *masc.*, dol sìos *masc.*, cromadh *masc.*, aomadh *masc.*, ìsleachadh *masc.*, teàrnadh *masc.*, tuirling *fem.*

describe *vb.* thoir dealbh air, cuir an cèill, thoir cunntas air, cuir air bonnaibh, thoir tuairisgeul

description *n.* dealbh-chunntas *masc.*, samhlachas *masc.*, iomradh *masc.*, tuairisgeul *masc.*

descriptive *adj.* dealbhach, tuairisgeulach

descry *vb.* faic fad as, faigh a-mach

desecrate *vb.* mì-choisrig

desert *n.* toillteanas *masc.*, fearann-fàs *masc.*, fàsach *masc.*

desert *vb.* trèig, teich, dìobair

desert-rose *n.* ròs-an-fhàsaich *masc.*

deserter *n.* neach-teichidh *masc.*, trèigsinneach *masc.*, sèapair(e) *masc.*

desertification *n.* fàsachadh *masc.*

desertion *n.* trèigsinn *masc.*, feallachd *fem.*, teicheadh *masc.*

deserve *vb.* coisinn, bi airidh, toill

deserving *adj.* airidh, toillteanach, ionmholta, saoidh, toillteach

deshabille *n.* leth-aodach *masc.*

desiccation *n.* tiormachadh *masc.*, tìoradh *masc.*

desiccator *n.* soitheach-thiormachaidh *fem.*, mias-thìoraidh *fem.*, soitheach-thìoraidh *fem.*, soitheach-thioramalaich *fem.*

design *n.* dealbh *masc.*, dealbhadh *masc.*, crìoch *fem.*, rùn *masc.*, tionnsgnadh *masc.*

design *vb.* dealbhaich, deilbh, rùnaich, tionnsgainn

designate *vb.* sònraich

designation *n.* sloinneadh *masc.*, sònrachadh *masc.*

designer *n.* dealbhaiche *masc.*, neach-dealbhaidh *masc.*, neach-deilbh *masc.*, dreachadair *masc.*, innleachdaiche *masc.*

designing *n.* dealbhachadh *masc.*, innleachdadh *masc.*, rùnachadh *masc.*

designing *adj.* cealgach, carach, seòlta, sligheach

designment *n.* dealbhachadh *masc.*

desirability *n.* ion-mhiannachd *fem.*

desirable *adj.* ion-mhiannaichte, miadhail, ion-duile, so-mhiannach

desire *n.* miann *fem./masc.*, iarraidh *masc.*, sannt *masc.*, iarrtas *masc.*, toil *fem.*, àilgheas *masc.*, aisgeadh *masc.*, annsachd *fem.*, càil *masc.*, dèidh *fem.*, deòthas *masc.*, miadh *masc.*, riar *masc.*, rùn *masc.*, togar *masc.*, togradh *masc.*

desire *vb.* miannaich, sanntaich, dùraig, iarr, rùnaich, lùig, sìor-ghuidhe, soithnich, togair, toilich

desiring *n.* miannachadh *masc.*, togairt *fem.*

desirous *adj.* miannach, toileach, iarrtach, miannmhor, soithneach, togarrach

desist *vb.* sguir, stad, leig do

desistance *n.* sgur *masc.*, stad *masc.*, fosadh *masc.*

desisting n. sgur masc., stad masc.

desistive adj. crìochnach

desk n. deasc masc., bòrd-sgrìobhaidh masc.

desktop publisher n. deasc-chlò masc.

desktop publishing n. foillseachadh-deasg masc.

desolate adj. aon(a)ranach, aonarach, fàs, fàsail, nochd, nochdaidh, uaigneach

desolate vb. fàsaich

desolation n. fàsalachd fem., aonarachd fem., fàsachadh masc., lomadh masc.

despair n. eu-dòchas masc.

despair vb. thoir thairis dùil, thoir suas dòchas, thoir dùil dheth, thoir sùil far

despairing adj. eu-dòchasach

despatch n. teachdaireachd fem., cabhag fem., deifir fem., ealamhachd fem., luaths masc.

despatch vb. cuir air falbh

desperate adj. èiginneach

desperateness n. èiginn fem.

despicable adj. suarach, tàireil, mosach, dìmeasach, mairg, spìdeil, tarcuiseach

despise vb. cuir suarach, dean tàir (air), mì-mheas, dean tarcuis (air), cuir an neo-phrìs, cuir an neo-shuime, cuir an siop

despised adj. suarach

despite n. tàir fem., gamhlas masc., diomb masc., spìd masc.

despiteful adj. gamhlasach

despoil vb. creach, spùinn, reub, faobhaich, slad, spoch

despoiler n. milleadh-maitheis masc.

despond vb. caill dòchas

despondency n. mì-dhòchas masc., eu-dòchas masc., droch-mhisneachd fem., eu-dòchasachd fem., truime-inntinn fem.

despondent adj. muladach, dubhach, droch-mhisneachail, lionn-dubhach, meathach

despot n. aintighearna masc., an-uachdaran masc., smaigire masc.

despotic adj. aintighearnail, smaigeil

despotism n. aintighearnas masc., an-uachdaranachd fem., smachdalachd fem., smaig fem.

dessert apple n. ubhal milis masc.

destinate vb. cuir air leth, sònraich

destination n. ceann-uidhe masc., ceann-siubhail masc.

destine vb. òrdaich, sònraich

destiny n. dàn masc., crannchar masc., cinneamhainn fem., toiche fem.

destitute n. dìol-dèirce masc., daibhear masc.

destitute adj. falamh, bochd, ainniseach, ain-sheasgair, daibhir, daoibhir

destroy vb. sgrios, mill, sgath, trasgair

destroyer n. milltear masc., sgriosadair masc., argair masc., milleadair masc.

destroying n. milleadh masc., dìthicheadh masc., togladh masc.

destroying adj. millteach, sgrathail

destruction n. milleadh masc., sgrios masc., sgriosadh masc., sgath masc., millteachd fem., amaladh masc., arbhadh masc., dìobhail masc., dìthicheadh masc., fàsachadh masc., oirghean masc., sgathadh masc., trasgar masc.

destructive adj. millteach, sgriosail, arbhach, armhach, baobhaidh, baobhail, beumach, beumnach, ciùrraidh, sgrathail, sgriosach

desuetude n. mì-fheumalachd fem., cleachdadh masc.

desultory adj. luaineach, bristeach

detach vb. dealaich, cuir air leth

detached adj. dealaichte, sgaraichte

detached house *n.* taigh dealaichte *masc.*

detachment *n.* cuideachd-airm *fem.*

detail *n.* mion-fhiosrachadh *masc.*, tuairisgeul *masc.*

detail *vb.* thoir mion-chunntas air

detailed *adj.* mionaideach

details *n.* mion-chunntas *masc.*

detain *vb.* cum air ais, cum a-staigh, bac, cuir grabadh (air)

detect *vb.* faigh a-mach, leig ris

detection *n.* faotainn a-mach *masc.*, lorg *fem.*

detention *n.* cumail air ais *masc.*, bacadh *masc.*, grabadh *masc.*, amladh *masc.*, cumail an làimh *fem.*, gleidheadh *masc.*, màirneal *masc.*, stadachd *fem.*

detention order *n.* òrdan-ceapaidh *masc.*

detention room *n.* seòmar-sàis *masc.*

deter *vb.* bac

deterge *vb.* glan, nigh, siab

detergent *n.* glanadair *masc.*

detergent *adj.* glanail, siabach

deteriorate *vb.* rach bhuaithe, rach an donadas, donaich, mùth

deteriorating *n.* dol bhuaithe *masc.*

deterioration *n.* dol am miosad *masc.*, meisde *fem.*, misdeachd *fem.*

determinate *adj.* cinnteach, suidhichte

determination *n.* rùn *masc.*, rùn suidhichte *masc.*, sònrachadh *masc.*, tomhas *masc.*

determine *vb.* rèitich, socraich, sònraich

determine (decide) *vb.* cuir roimh, socraich, thig gu co-dhùnadh

determine (find out) *vb.* faigh a-mach

determine (plan) *vb.* suidhich

determining *n.* rùnachadh *masc.*

deterrent *n.* bacadh *masc.*

detersion *n.* glanadh *masc.*, ruinneadh *masc.*, siabadh *masc.*

detest *vb.* oilltich (ri), gràinich, fuathaich, dubh-ghràinich, ùrlaich

detestable *adj.* gràineil, fuathach

detestation *n.* oillt *fem.*, fuath *masc.*, sgreamh *masc.*, mòr-ghràin *fem.*

detonate *vb.* tàirneanaich, toireannaich

detract *vb.* tuaileasaich

detraction *n.* cùl-chàineadh *masc.*, tuaileas *masc.*

detractive *adj.* cùl-chàineach

detractory *adj.* tarcuiseach

detriment *n.* call *masc.*, dìobhail *masc.*, dolaidh *fem.*

detrimental *adj.* dìobhalach

detritus *n.* fuighleach *masc.*

detrude *vb.* fùc sìos

detruncate *vb.* beàrr, geàrr, sgud

detrusion *n.* fùcadh sìos *masc.*

devaluation *n.* beagachadh-luach *masc.*, lùghdachadh-luach *masc.*, dì-luachadh *masc.*

devastate *vb.* sgrios (às), fàsaich, creach, mill

devastation *n.* lèir-sgrios *masc.*, fàsachadh *masc.*, creach *fem.*, ionradh *masc.*, sgannairt *fem.*

develop *vb.* fàs, leasaich, thoir air adhart

developing *adj.* fo leasachadh

development *n.* leasachadh *masc.*, adhartas *masc.*, fàsmhorachd *fem.*, cinneachdainn *masc.*, leathnachadh *masc.*

development area *n.* àrainn-leasachaidh *fem.*

development plan *n.* plana-leasachaidh *masc.*

Development Services Committee *pr.n.* Comataidh nan Seirbheisean Leasachaidh

devest *vb.* faobhaich, thoir air falbh

deviate *vb.* rach a-thaobh, claon

deviation *n.* claonadh air falbh *masc.*, seachran *masc.*, iomrall *masc.*, allaban *masc.*, faontradh *masc.*, saobhadh *masc.*, siorradh *masc.*

device *n.* innleachd *fem.*, cleas *masc.*, car *masc.*, dealbh *masc.*, tionnsgal *masc.*, tionnsgnadh *masc.*

devil *n.* deamhan *masc.*, diabhal *masc.*, donas *masc.*, mac-mallachd *masc.*

Devil, the *pr.n.* Abharsair; Braman, am; Crochadair, an; Dòmhnall Dubh; Donas, an; Droch Fhear, an; Droch Spiorad, an; Fear Mòr, am; Riabhach Mòr, an; Sàtan, an

devil's-bit *n.* ùrach-mhullaich *fem.*

devil's-bit scabious *n.* greim an diabhail *masc.*, odharach bhallach *fem.*, odharach mhullach *fem.*, ura bhallach *fem.*, urach mhullaich *fem.*

devil-fish *n.* iasg-an-donais *masc.*

devilish *adj.* deamhnaidh, diabhlaidh, deabhlaidh

devilishness *n.* diabhlaidheachd *fem.*

devious *adj.* carach, cuairteach

devise *vb.* innlich, beachdaich, smaoinich, tionnsgail, tionnsgain, tùr

devised *adj.* suidhichte, socraichte

deviser *n.* innleachdaiche *masc.*, neach-cumaidh *masc.*

devising *n.* beachdachadh *masc.*, tionnsgnadh *masc.*

devoid *adj.* falamh, fàs

devoir *n.* dleasdanas *masc.*, aire *fem.*

devolve *vb.* cuir mar dhleasdanas air, cuir car mu char

devote *vb.* coisrig, thoir seachad

devotedness *n.* coisrigeachd *fem.*

devotee *n.* cràbhaiche *masc.*

devotion *n.* aoradh *masc.*, dùrachd *fem.*, diadhachd *fem.*, cràbhachd *fem.*

devotional *adj.* aorachail

devour *vb.* ith, sluig, geòcaich, cuir às do, glam, glut, mill, sgrios

devout *adj.* diadhaidh, aorach, cràbhach, cràbhaidh

dew *n.* dealt *masc.*, driùchd *masc.*, cruinneach *fem.*

dew-claw *n.* spor *masc.*

dew-drop *n.* cùirnean *masc.*

dewberry *n.* sùbh-craobh *masc.*

dewberry plant *n.* preas nan gorm-dhearc *masc.*

dewdrop *n.* braon *masc.*

dewlap *n.* sprogan *masc.*, sgròban *masc.*, caisean *masc.*, caisean-uchd *masc.*, clibean *masc.*, cliobain *masc.*, gearradh-uchd *masc.*, spàrsan *masc.*, sporan *masc.*, sprogaill *fem.*, sprog(an) *masc.*

dewy *adj.* dealtach, driùchdach, drileach

dexter *adj.* deiseil

dexterity *n.* ùr-làimheachd *fem.*, ealamhachd *fem.*, sgil *masc.*, deisealachd *fem.*, làmhachas *masc.*, làmhchaireachd *fem.*, liut *fem.*, loinneas *fem.*, seirm *fem.*, seòltachd *fem.*, teòmachd *fem.*, teòmachd *fem.*

dexterous *adj.* sgileil, deiseil, apar, bas-luath, cliste, làmhach, làmhchair, luth-chleasach, neo-chlì, seòlta, solamh, teòma

dextral *adj.* deas, deiseil

diabetes *n.* ruith-fhual, an *fem.*, tinneas an t-siùcair *masc.*, fual-ruithe *fem.*, galar dibhe-ruithe *masc.*, galar-fuail, an *masc.*, ruith-fhualach, an *fem.*

diabolical *adj.* diabhlaidh

diacodium *n.* sùgh a' chadalain *masc.*

diacoustics *n.* claisteolas *masc.*

diadem *n.* mionn *fem./masc.*

diaeresis *n.* dà-lid *fem.*, sìolrain *fem.*

diagnose *vb.* dèan a-mach, breithnich

diagnosis *n.* breithneachadh *masc.*, rannsachadh air galair *masc.*

diagnostic assessment *n.* measadh breithneachail *masc.*, measadh leasachail *masc.*

diagnostic routine *n.* cùrsa breithneachail *masc.*

diagonal *n.* trasdan *masc.*

diagonal *adj.* trasdanach, air fhiaradh, crosgach, trasda

diagonal(ly) *adj.* air a tharsainn

diagonally *adj.* trasd

diagram *n.* dealbh *masc.*, diagram *masc.*, samhla-mìneachaidh *masc.*

diagrammatic *adj.* samhlach

dial *n.* aghaidh-uaireadair *fem.*, uaireadair-grèine *masc.*

dialect *n.* dual-chainnt *fem.*, teanga ionadail *fem.*

dialectic *adj.* dual-chainnteach

dialectical *adj.* dual-chainnteach

dialogue *n.* còmhradh *masc.*, co-abairt *fem.*, co-chainnt *fem.*, co-labhairt *fem.*, co-labhradh *masc.*, seagh *masc.*

diameter *n.* trasd-thomhas *masc.*, crann-tarsainn *masc.*, croislin *fem.*, tarsannan *masc.*, tarsnan *masc.*, trasdair *masc.*

diametrical *adj.* croislineach

diamond *n.* daoimean *masc.*

diamond cut diamond *phr.* car an aghaidh cuir

diaper *n.* tubhailt *fem.*, badan *masc.*, anart-grèiste *masc.*

diaper *vb.* stiallaich

diaphoretic *adj.* fallasach

diaphragm *n.* sgairt *fem.*, duilleag *fem.*, fionn-staoig *masc.*

diarrhoea *n.* spùt *masc.*, a' bhuineach *fem.*, amhsgaoileadh *masc.*, cac-shiubhal *masc.*, dubhthuil, an *fem.*, galar buinneach, an *masc.*, geànraich *fem.*, geanraich *fem.*, plucas *masc.*, ruith gu cladach *masc.*, ruith-cheum, an *fem.*, sgàird, an *fem.*, sgaoileadh-cuirp *masc.*, sgiodar *masc.*, steall *fem.*, tinneas-cuim, an *masc.*, tualag *fem.*

diary *n.* leabhar-latha *masc.*

diastole *n.* buille-cridhe *fem.*, leudachadh a' chridhe *masc.*

diatom *n.* dà-dhadam *masc.*

diatomaceous *adj.* dà-dhadamach

diatonic *adj.* diatonach

diatonic semitone *n.* lethtona diatonach *masc.*

diatribe *n.* langanachd *fem.*, ràsanachd *fem.*

dibble *n.* sliobhag *fem.*, sleaghag *fem.*, pleadhag *fem.*, bleaghan *masc.*, pleadhan *masc.*, putag *fem.*, putaire *masc.*

dibbler *n.* pleadhair *masc.*

dice *n.* dìsinn *masc.*, dìsne *masc.*

dice-box *n.* dìsnean *masc.*

dice-player *n.* dìsnear *masc.*

dick(e)y (false shirt-front) *n.* lèine-bheag *fem.*

dictate (command) *n.* òrdan *masc.*, riar *masc.*

dictate (command) *vb.* òrdaich, cuir roimh

dictate (say/read for another to write) *vb.* deachd(aich)

dictation (speaking/reading for another to write) *n.* deachdadh *masc.*

dictation machine *n.* beairt-deachdaidh *fem.*, inneal-deachdaidh *masc.*

dictator *n.* ceannsalaiche *masc.*, deachdair *masc.*

dictatorial *adj.* ceannsalach, deachdaireach

dictatorship *n.* ceannsalachd *fem.*, deachdaireachd *fem.*

diction *n.* modh-labhairt *masc.*, labhradh *masc.*

dictionary *n.* faclair *masc.*, briathradair *masc.*

didactic *adj.* oideachail, teagaisgeach, seòlach

diddling *n.* port-a-beul *masc.*

die *n.* molltair *masc.*

die *vb.* bàsaich, caochail, eug, crìoch, crìochnaich, maisil, muthail, siubhail, teasd, teirig, trèig

die (dice) *n.* dìsinn *masc.*, fear-feòirne *masc.*

diesel *n.* diosail *masc.*

diet *n.* daithead *fem.*, biadh *masc.*, tràth *masc.*, beathan *masc.*, caolachadh *masc.*, diot *fem.*, longadh *masc.*, riaghailt-bhìdh *fem.*, suidhe-bìdh *masc.*

diet (meeting) *n.* mòr-thional *masc.*

dietetics *n.* dòighean-beathachaidh *pl.*

difference *n.* eadar-dhealachadh *masc.*, diofar *masc.*, caochladh *masc.*, diubha(i)r *masc.*, diùbhras *masc.*, modh *masc.*, mùth *masc.*, mùthadh *masc.*

difference of opinion *n.* atharrachadh beachd *masc.*, caochladh bheachd *masc.*

different *adj.* eadar-dhealaichte, diofaraichte, air leth, diofrach, eugsamhail

differential *adj.* diofarail, diùbhrasach

differentiate *vb.* dèan sgaradh eadar, diofaraich

differentiated *adj.* diofaraichte

differentiation *n.* eadar-dhealachadh *masc.*

differing *adj.* neo-ionann

difficult *adj.* doirbh, cruaidh, duilich, trom, curraidh, deaca(i)r, mì-fhurasda, neo-fhurasda, snaimeach, spàirneil, sparragach

difficulty *n.* duilgheadas *masc.*, cruaidh-chàs *masc.*, cruadal *masc.*, staing *fem.*, èiginn *fem.*, cruas *masc.*, cùradh *masc.*, docaireachd *fem.*, dorradas *masc.*, dorranachd *fem.*, sàr *masc.*, searbhag *fem.*, snaim *masc.*, spàirn *fem.*, spàirnealachd *fem.*, sparrag *fem.*, teagamh *masc.*, teannachadh *masc.*, teanntachd *fem.*

diffidence *n.* mì-mhisneach(d) *fem.*, athais *fem.*, doicheall *masc.*, leth-oir *fem.*

diffident *adj.* diùid, nàrach, socharach, athaiseach, doicheallach, moineiseach, spuacach

diffluent *adj.* silteach

diffuse *adj.* sgaoilte(ach), sgapach, leudach, sgaipte

diffuse *vb.* sgaoil, taom, craobh-sgaoil, dèan sìth, dèan còrdadh

diffusion *n.* lionsgaradh *masc.*, sgaoileadh *masc.*, sràbhadh *masc.*

dig *vb.* cladhaich, tionndaidh, bùirich, dùisg, tochail, rùraich

digest *vb.* cnàmh, cnuasaich, faigh tuigse air, cuir an òrdugh, dìleigh, eagaraich, meirbh

digestible *adj.* so-chnàmh, meirbheach, so-chnàmhaidh, so-chnàmhta, so-mheirbhidh

digesting *n.* dìleadh *masc.*, dìleagadh *masc.*

digestion *n.* cnàmh, an *masc.*, meirbheadh *masc.*

digestive *n.* cnàmhach *fem.*

digestive system *n.* rian-cnàmhaidh *masc.*, seòl a' chnàmhaidh *masc.*

digger *n.* cladhaichear *masc.*, bùiriche *masc.*

digging n. cladhach masc., ruamhar masc., fonagart masc., piocadh masc., staingeachadh masc., tochailt fem., tochladh masc., treachladh masc.

digging adj. ruamharach

digit (numeral) n. figear masc.

digital adj. òrdagach

digital display n. sealladh figearail masc.

digital root n. freumh figearail masc.

digital time n. uair fhigearail fem.

dignified adj. urramaichte, stuama, sgeimineach, spalparra

dignify vb. urramaich, àrdaich, uaislich, mòraich

dignity n. inbhe fem., urram masc., mòralachd fem., àirde fem., inbheachd fem., mòraireachd fem., onoir fem., òrdan masc.

digress vb. cuir cuairt, rach air seachran, claon, slis-cheumnaich, theirig thar sgeula

digression n. seacharan-seanachais masc., sraonadh masc., taobh-cheum masc.

dilacerate vb. reub, stròic, riasail

dilapidate vb. fàsaich

dilapidation n. tuiteam sìos masc., tuiteam às a chèile masc.

dilate vb. leudaich, sgaoil

dilatoriness n. fad-tharraing fem., maille fem.

dilatory adj. màirnealach, moineiseach, màidheanach, màinneach, mall, màsanach, mobhsgaideach, moilleach, neo-ghrad, riamannach, righinn, slèigeil, sleugach, teadalach, teugbhalach

dilemma n. imcheist fem., aincheist masc., ana-ceist fem., iom-chomhairle fem.

dilemma (argument) n. deasbad masc., argamaid-ribidh fem.

diligence n. dìcheall masc., dioll masc., sùrdalachd fem.

diligent adj. dìcheallach, oidhirpeach, dèanadach, imnidheach, sùrdail

dill n. dìle fem.

dilute vb. lagaich, measgaich, tanaich

diluted adj. measgaichte, sreangach

dilution n. tanachadh masc.

diluvian adj. dìleach, tuilteach

dim adj. doilleir, mùgach, dorcha

dim vb. dorch(n)aich, duibhrich, doilleirich

dimension n. meudachd fem., meud masc., seòl-tomhais masc., tomad masc., tomalt masc., tomhas masc.

diminish vb. lùghdaich, beagaich

diminished adj. lùghdaichte

diminishing n. lùghdachadh masc., sùmhlachadh masc.

diminutive n. meanbhan masc.

diminutive adj. beag bìodach, meanbh, cutach, crìon, arrachdach, arrachdail, brònach, crùbta, pocanta, sgràideach, sgràideagach, sìgeanta, spriosanach

dimness n. dubhar masc., doilleireachd fem., dubharachd fem., ròsblachd fem., sgeò masc., smal masc.

dimple n. gruaidh-lagan masc., lagan-maise masc., copan masc., lagan meath-ghàir masc., lag-maise masc., pollag-seirce fem.

dimpled adj. copanach

din n. gleadhraich masc., fuaim fem./masc., starram masc., clambraid fem., gleadhartaich fem., slapraich fem., straplaich fem., stùrn-stàrn fem./masc., toirm fem., torghan masc.

dine vb. gabh dìnneir, ith, gabh biadh, proinnich

dinghy n. còbla fem., geòla fem., plodan masc., sgollag fem.

dingy adj. duanaidh, grògach, lachdainn

dining area n. àite-bìdh(e) masc., ionad-bìdh(e) masc.

dining-room *n.* seòmar-bìdh(e) *masc.*, proinnlann *masc.*, seòmar-aoigheachd *masc.*, seòmar-biadhtachd *masc.*

dining-room assistant *n.* fritheiliche-bidhe *masc.*

dinmont tup *n.* sia-ràitheach *masc.*

dinner *n.* dinneir *fem.*, diathad *fem.*, dinnear *fem.*, proinn *masc.*

dinosaur *n.* dineosor *masc.*

dint *n.* spionnadh *masc.*, stràc *masc.*, buille *fem.*, neart *masc.*

dint *vb.* dèan lag (ann), spuacaich

dinting *n.* tolgadh *masc.*

diocese *n.* sgìreachd-easpaig *fem.*

dioxide *n.* dà-ocsaid *fem.*

dip *vb.* bog, dup, dinn, tùm

dip (creamy mixture) *n.* bogadh *masc.*

diphthong *n.* dà-ghuth *masc.*, dà-fhoghair *masc.*, dà-ghuthach *masc.*, dà-phunc *masc.*

diphthongal *adj.* dà-ghuthach, dà-phuncach

diploma *n.* teisteanas *masc.*, deimhneas *masc.*

diplomacy *n.* dioplomasaidh *masc.*, cèin-shocrachadh *masc.*

diplomat *n.* neach-rèite *masc.*

dipper *n.* gobhachan-uisge *masc.*, gobha dubh an uisge *masc.*, gobha-uisge *masc.*

dipping *n.* tumadh *masc.*, bogadh *masc.*, dupadh *masc.*

dipsomaniac *n.* poitear *masc.*, diosganach *masc.*

dipsomaniac *adj.* pòiteach

dipthong *n.* dà-fhoghair *masc.*

dirdum *n.* dùrdanaich *fem.*

dirdy-lochrag *n.* dearc-luachrach *fem.*

dire *adj.* uabhasach, eagalach

direct *adj.* dìreach

direct *vb.* stiùir, cuimsich, treòraich, riaghail, seòl, steòrn, thoir seòl (do)

direct addressing *n.* seòladh dìreach *masc.*

direct labour *n.* luchd-fasdaidh *masc.*

direct object *n.* cuspair dìreach *masc.*

directing *n.* stiùireadh *masc.*, steòrnadh *masc.*

directing *adj.* seòlach

direction *n.* cùrsa *masc.*, iùl *masc.*, seòladh *masc.*, treòrachadh *masc.*, comhair *fem.*, iomarachd *fem.*, taobh *masc.*

directional *adj.* treòrachaidh, àirdeach

directive *n.* òrdugh *masc.*, àithne *fem.*

directly *adj.* dìreach

directness *n.* dìrichead *masc.*

director *n.* neach-stiùiridh *masc.*, stiùiriche *masc.*, neach-seòlaidh *masc.*, rianadair *masc.*, stiùireadair *masc.*

Director of Administration *pr.n.* Stiùiriche-Clèireachd

Director of Administration and Legal Services *pr.n.* Stiùiriche Clèireachd is Lagh

Director of Architectural Services *pr.n.* Stiùiriche-Ailtearachd

Director of Consumer Protection and Enviromental Health *pr.n.* Stiùiriche Dìon Ceannachd is Arainneachd

Director of Education *pr.n.* Stiùiriche-Foghlaim

Director of Engineering Services *pr.n.* Stiùiriche-Innealachd

Director of Finance *pr.n.* Stiùiriche-Ionmhais

Director of Planning and Development *pr.n.* Stiùiriche Dealbhachd is Leasachaidh

Director of Social Work *pr.n.* Stiùiriche-Sòisealachd

Director-General *pr.n.* Ard-Neach-Stiùiridh, Ard-Stiùiriche

Directorate-General *pr.n.* Ard-Luchd-Stiùiridh, Ard-Stiùireachas

directory *n.* leabhar-seòlaidh *masc.*, eòlaire *masc.*

dirge *n.* marbh-rann *masc.*, tuireadh *masc.*, cumha *fem./masc.*, crònan *masc.*, marbh fhonn *masc.*, corranach *fem.*, marbhnadh *masc.*, sèis *fem.*

dirk *n.* biodag *fem.*, cuinnsear *masc.*, sgian-achlais *fem.*

dirk grass *n.* riasg *masc.*, bruth-chorcan *masc.*

dirl *n.* deighreach *fem./masc.*

dirling *n.* deighreach *fem./masc.*

dirt *n.* salachar *masc.*, sailchead *masc.*, poll *masc.*, clàbar *masc.*, làb *masc.*, òtrach *masc.*, sglòid *fem.*, slàib *fem.*, slaoit *fem.*, smoigleadh *masc.*, treib *fem.*

dirtiness *n.* salachar *masc.*, truthdaireachd *fem.*

dirty *adj.* salach, slàibeach, smodach, smodanach, smoigleach, sorbach

dirty *vb.* salaich, truaill, deisinnich

dirtying *n.* salachadh *masc.*, gàrachadh *masc.*

disability *n.* ciorram *masc.*, eu-comas *masc.*, laige *fem.*, neo-chomasachd *fem.*

disability allowance *n.* cuibhreann-ciorraim *masc.*

Disabled Drivers Association *pr.n.* Comann nan Draibhearan Ciorramach

disabled person *n.* ciorramach *masc.*

Disablement Income Group (Scotland) *pr.n.* Buidheann Teachd-a-steach nan Ciorramach Alba

disabuse *vb.* cuir ceart

disaccommodation *n.* neo-dheisealachd *fem.*

disadvantage *n.* anacothrom *masc.*, ana-cothrom *fem.*, calldachd *fem.*, mì-chothrom *masc.*, mì-leas *masc.*, mì-thairbhe *fem.*, neo-chothrom *masc.*

disadvantaged *adj.* fo anacothrom

disadvantageous *adj.* caillteach, neo-chothromach

disaffected *adj.* diùmbach, mì-chaidreach

disaffection *n.* diùmbadh *masc.*, neo-ghean *masc.*, cion-seirce *masc.*, mì-sheirc *fem.*

disagree *vb.* easaontaich, rach a-mach (air), rach an aghaidh, cuir a-mach (air), mì-chord, mì-thaitinn, mì-thaitnich, neo-thaitinn

disagreeable *adj.* mì-thlachdmhor, gràineil, searbh, doitheamh, fuathmhor, neo-thaitneach

disagreeing *n.* eas-aontachd *fem.*, neo-aontachadh *masc.*

disagreement *n.* easaontachd *fem.*

disallow *vb.* diùlt, toirmisg, bac

disanimate *vb.* meataich

disappear *vb.* rach a sealladh, teich

disappoint *vb.* bris dùil, leig sìos, cuir à gabhail, meall, mearalaich, ros, steinn

disappointing *adj.* leamh, leibideach

disappointment *n.* bris(t)eadh-dùil *masc.*, mealladh-dùil *masc.*, mealla-dòchais *masc.*, dùil-bhriseadh *masc.*, mearalachd *fem.*, mearal(adh) *masc.*, rosad(h) *masc.*, steinneadh *masc.*

disapprobation *n.* cronachadh *masc.*, achmhasan *masc.*, coireachadh *masc.*, mì-chiatadh *masc.*

disapprove *vb.* rach an aghaidh, coirich, neo-thaitinn

disarm *vb.* dì-armaich

disarrange *vb.* cuir a-mach à òrdugh, cuir feadh a chèile, eas-òrdaich

disarray *n.* àimhreit *fem.*

disarray *vb.* neo-èid, neo-sgeadaich

disaster *n.* tubaist *fem.*, calldachd *fem.*, sgiorradh *masc.*, bochdainn *fem.*, dunaidh *fem.*, mòr-thubaist *fem.*, truaighe *fem.*

disastrous *adj.* mì-fhortanach, mì-shealbhach, dubh, sgiorradail, sgiorrail

disavowal *n.* àicheadh *masc.*, diùltadh *masc.*

disband *vb.* leig fa sgaoil, sgaoil, spreadh

disbelief *n.* eas-creideamh *masc.*, dì-chreideamh *masc.*

disbelieve *vb.* mì-chreid, dì-chreid

disburden *vb.* aotromaich, neo-luchdaich

disburse *vb.* cosg, cuir a-mach airgead

disbursement *n.* cur-a-mach *masc.*

disc *n.* clàr *masc.*, lann *fem.*, roilean *masc.*

disc drive *n.* clàr-inneal *masc.*

disc pack *n.* pasg-chlàr *masc.*

discard *vb.* cuir air c(h)ùl

discern *vb.* thoir fainear, beachdaich, tuig, faic, dearc

discernible *adj.* soilleir

discerning *n.* tuigsinn *fem.*

discerning *adj.* tuigseach, lèirsinneach, beachdail

discernment *n.* tuigse *fem.*, eòlas *masc.*, sruith *fem.*, tùr *masc.*

discharge *n.* taomadh *masc.*, saoradh *masc.*, fuasgladh *masc.*, silteach *fem.*

discharge *vb.* leig mu sgaoil, leig (às), saor, cuir air falbh, caith urchair

discharging *adj.* silteach

disciple *n.* deisciobal *masc.*

discipleship *n.* deisciobalachd *fem.*

disciplinarian *n.* smachdaire *masc.*

disciplinary *adj.* smachdail

discipline *n.* smachd *masc.*, rian *masc.*, riaghladh *masc.*, ionnsachadh *masc.*, cìpeachadh *masc.*, munadh *masc.*, oideas *masc.*

discipline *vb.* smachdaich, teagaisg, cum smachd air, ceannsaich, cuir smachd air, oileanaich, foghlaim

disclaim *vb.* cuir cùl ri, àich

disclose *vb.* foillsich, leig ris, nochd, innis, rùisg

disclosed *adj.* nochdte, rùisgte

disclosing *n.* innseadh *masc.*, rùsgadh *masc.*

disclosure *n.* foillseachadh *masc.*, leigeadh ris *masc.*, nochdadh *masc.*, taisbeanadh *masc.*

discolour *vb.* mill dath

discoloured *adj.* iol-dathach

discomfit *vb.* ceannsaich, ruaig

discomfiture *n.* iom-fhuadan *masc.*

discomfort *n.* an-shocair *fem.*, mì-shocair *fem.*

discommode *vb.* cuir dragh air

discompose *vb.* cuir caisean (air neach)

discomposed *adj.* neo-shuidhichte

discomposure *n.* buaireas *masc.*

disconcert *vb.* dorranaich

disconcerting *vb.* cuir troimh chèile

disconformity *n.* ao-coltas *masc.*, neo-shamhlaidheachd *fem.*

discongruity *n.* neo-sheasmhaidheachd *fem.*

disconnect *vb.* dealaich o chèile, fuasgail

disconsolate *adj.* brònach, dubhach, dubh-bhrònach, tùrsach

discontent *n.* mì-thlachd *fem.*, mì-ghean *masc.*, mì-bhuidheachas *masc.*, miothlachd *fem.*, neo-thoileachas-inntinn *masc.*

discontented *adj.* mì-thoilichte, mì-riaraichte, mì-bhuidheach, mì-thoileach, neo-bhuidheach, neo-thoilichte, spliugach

discontentment *n.* mì-thoileachas *masc.*, mì-shuaimhneas *masc.*

discontinuance *n.* neo-mhairsinneachd *fem.*

discontinuation *n.* stad *masc.*, sgur *masc.*

discontinue *vb.* leig seachad, sguir, stad, neo-chleachd

discord *n.* mì-chòrdadh *masc.*, mì-ghean *masc.*, dì-chòrdadh *masc.*, eadar-chasaideachd *fem.*, eu-còrdadh *masc.*, miothlachd *fem.*

discordance *n.* mì-chòrdadh *masc.*, neo-fhonnmhorachd *fem.*, racaireachd *fem.*

discordant *adj.* neo-aontachail, eas-chridheach, neo-chòrdach, neo-fhonnmhor, ràsanach

discount *n.* lùghdachadh *masc.*, buta *masc.*, meachainn *fem.*

discount *vb.* leag prìs

discounted cash flow *n.* sruth-airgid lughdaichte *masc.*

discountenance *n.* fuaralachd *fem.*

discourage *vb.* dì-mhisnich, mì-mhisnich, sgàthaich, meath(aich), cuir air mì-mhisneach(d), meataich

discouragement *n.* dì-mhisneachadh *masc.*, mì-mhisneachd *fem.*

discourse *n.* labhairt *fem.*, òraid *fem.*, labhradh *masc.*, còmhradh *masc.*, conaltradh *masc.*, seagh *masc.*, seanachas *masc.*

discourteous *adj.* mì-mhodhail, dalma, ladarna

discover *vb.* faigh a-mach, faigh lorg (air), lorg a-mach, dèan aithnichte, leig fhaicinn, leig ris, nochd, rùisg

discovered *adj.* rùisgte

discoverer *n.* taisgealach *masc.*

discovering *n.* rùsgadh *masc.*

discovery *n.* faotainn a-mach *masc.*, taisgealadh *masc.*, teannradh *masc.*

discredit *n.* masladh *masc.*

discredit *vb.* cuir an teagamh

discreet *adj.* faicilleach, glic, cùramach, mèinneach, mothaichte, seaghach, sèamhaidh, suadh

discrepancy *n.* diofar *masc.*, eadar-dhealachadh *masc.*, diubhair *masc.*, diùbhras *masc.*, mùth *masc.*

discrete *adj.* air leth

discrete automatic *adj.* fèin-seòlach fa-leth

discrete data *n.* dàta do-bhloighdeachaidh *masc.*

discretion *n.* gliocas *masc.*, toinisg *fem.*, ciall *fem.*, saorsa *fem.*, seaghachas *masc.*, toil *fem.*

discriminate *vb.* dèan eadar-dhealachadh, dèan lethsprèidh air

discrimination *n.* leathachas *masc.*, lethbhreith *fem.*, lethsprèidh *fem.*

discriminatory *adj.* lethbhreitheach

discumbency *n.* còrr-shuidhe *fem.*

discuss *vb.* beachdaich, deasbad (air), deasbair (mu)

discussion *n.* beachdachadh *masc.*, deasbad *masc.*, còmhradh *masc.*, cnuasachadh *masc.*

disdain *n.* tàir *fem.*, mì-ghreann *masc.*, sgailleas *masc.*, tailceas *masc.*, tàirmeas *masc.*, tòiceil *fem.*

disdain *vb.* cuir suarach

disdainful *adj.* tàireil, sgailleasach, spòrsail, tarcuiseach

disease *n.* tinneas *masc.*, galar *masc.*, euslaint *fem.*, cuit *fem.*, meath-ghalar *masc.*, meuchd *fem./masc.*, sireamh *masc.*, toiceann *masc.*

diseased *adj.* tinn, galarach

diseconomy *n.* dì-chaomhnadh *masc.*

disembark *vb.* rach air tìr, cuir air tìr, tìrich

disembogue *vb.* brùchd, dòirt, sruth, steall, taom

disencumber *vb.* thoir faothachadh, thoir dheth uallach, dì-luchdaich

disengage *vb.* dealaich, fuasgail

disengaged *adj.* neo-cheangailte, neo-dhaingnichte

disentangle *vb.* rèitich, saor, fuasgail

disentangled *adj.* rèidh, saor

disentanglement *n.* rèite *fem.*, rèiteachd *fem.*

disentomb *vb.* thoir à uaigh

disfavour *n.* mì-fhabhar *masc.*, gràin *fem.*

disfiguration *n.* mì-dhreach *masc.*

disfigure *vb.* conablaich, duaichnich

disfigured *adj.* mì-dhreachail, mì-loinneil

disfigurement *n.* duaichneachd *fem.*

disfranchise *vb.* cuir à còir, dì-chòirich

disfranchisement *n.* dì-cheartachadh *masc.*, dì-chòireachadh *masc.*

disgorge *vb.* cuir a-mach, dìobhair, sgeith

disgrace *n.* masladh *masc.*, nàire *fem.*, cùis-mhaslaidh *fem.*, tàmailt *fem.*, mì-chliù *masc.*, ailis *fem.*, athais *fem.*, ceann sìos *masc.*, mì-onoir *masc.*, mìothlachd *fem.*, mì-urram *masc.*, tàir *fem.*

disgrace *vb.* maslaich, nàraich, mì-urramaich, màb

disgraceful *adj.* maslach, tàmailteach, nàireach, nàr, sgramhail

disguise *n.* riochd *masc.*, còmhdach meallta *masc.*, aimhriochd *masc.*, breug-riochd *masc.*

disguise *vb.* cuir às aithne, atharraich cruth, falaich

disguised *adj.* aimhriochdach

disguiser *n.* breug-riochdaire *masc.*

disgust *n.* sgreamh *fem.*, gràin *fem.*, blas a' chrogain *masc.*, gairisinn *fem.*, mì-ghean *masc.*, mì-ghreann *masc.*, mìothlachd *fem.*, neo-thoilealachd *fem.*, searbhadas *masc.*, searbhan *masc.*, sgàth *masc.*, sgeamh *masc.*, sgreamh *masc.*, sgreat *masc.*

disgust *vb.* sgreamhaich, gràinich, cuir mìothlachd air, fuathaich, searbhaich, sgreataich

disgusted *adj.* searbh

disgusting *adj.* sgreamhail, oillteil, gràineil, sgreataidh, daochail, dèistneach, gairbhseachail, sgreamhalach,

dish *n.* soitheach *fem.*, mias *fem.*, capan *masc.*

dish *vb.* riaraich

dish-cloth *n.* brèid-shoithichean *masc.*

dishabillé *n.* leth-uidheam *masc.*, neo-uidheam *fem.*

dishearten *vb.* meath, meathaich, mì-mhisnich

disheartening *adj.* mì-mhisneach(d)ail, meathach

disherison *vb.* cuir à oighreachd

dishevel *vb.* leag am falt, sgaoil

dishevelled *adj.* mì-sgiobalta, luideach, prabach, rocach

dishonest *adj.* eas-onorach, cealgach, bradach, mì-onorach, mì-ionraic, neo-onorach

dishonesty *n.* eas-onoir *masc.*, mì-onoir *masc.*

dishonour *n.* eas-onoir *fem.*, mì-chliù *masc.*, mì-urram *masc.*, mì-àgh *masc.*, mì-onoir *masc.*

dishonour *vb.* eas-urramaich, eas-onoraich, maslaich, mì-onoirich

dishonourable *adj.* eas-onorach, nàr

dishonoured *adj.* eas-onaraichte

disinclination *n.* mì-thoil *fem.*, neo-thoil *fem.*, neo-thoileachd *fem.*, neo-thoirt *fem.*

disinclined *adj.* mì-thoileach, neo-thoileach, neo-aontachail, neo-thogarrach

disingenuity *n.* mì-dhìrichead *masc.*, mì-ionracas *masc.*

disingenuous *adj.* carach, lùbach, neo-fhìreantach, fealltach

disingenuousness *n.* neo-fhìreantachd *fem.*

disinherit *vb.* arbhartaich, arfuntaich

disintegrate *vb.* sgar o chèile

disinter *vb.* ais-adhlaic

disinterested *adj.* neo-bhuntainneach, neo-fhèin-chuiseach, neo-fhèineil

disinterestedness *n.* mì-dhiùgh *fem./masc.*, neo-fhèinealachd *fem.*

disjoin *vb.* dealaich, sgar

disjoint *vb.* cuir às an alt

disjointed *adj.* às an alt, dealaichte, bruanta

disjunction *n.* dealachadh *masc.*, fuasgladh *masc.*, dàimh *fem.*

disk *n.* clàr *masc.*, peileastair *masc.*

dislike *n.* gràin *fem.*, neo-ghean *masc.*, mì-chiat *masc.*, mì-chiatadh *masc.*, mì-chion *fem.*, mì-sheirc *fem.*, searbhadas *masc.*

dislike *vb.* fuathaich

dislimb *vb.* dì-bhallaich

dislocate *vb.* cuir à àite, cuir às an alt, rach à sùil uilt, rach dhen alt

disloyal *adj.* mì-dhìleas, mì-dhleasnach, neo-dhìleas, neo-iochdranach

disloyalty *n.* mì-dhìlseachd *fem.*

dismal *adj.* dubhach, brònach, tiamhaidh, eagalach, eiteach, oglaidh, oillteil, seachanta

dismantle *vb.* thoir às a chèile, mì-sgeadaich

dismast *vb.* dì-chrannaich

dismay *n.* iongnadh *masc.*, eagal *masc.*, oillt *fem.*, uamhann *masc.*

dismay *vb.* gabh iongnadh, cuir eagal (air), clisg, mì-mhisnich

dismember *vb.* spìon às a chèile, thoir ball o bhall, geàrr na cheathrannan

dismiss *vb.* cuir à dreuchd, leig mu sgaoil, sgaoil, leig mu rèir, spreadh

dismissal *n.* cur à dreuchd *masc.*

dismount *vb.* thig dheth, teirinn

disobedience *n.* eas-ùmhlachd *fem.*, easaontas *masc.*, neo-dhleasdanas *masc.*, an-ùmhlachd *fem.*, eas-urramachadh *masc.*, neo-dhleasnas *masc.*

disobedient *adj.* eas-umhail, neo-dhleasdanachj, mì-umhail, neo-dhleasnach, neo-ìochdranach, neo-strìochdail

disobey *vb.* diùlt, eas-ùmhlaich

disoblige *vb.* cuir à sonas

disobliging *adj.* feicheanta, neo-choingheallach

disorder *n.* àimhreit *fem.*, mì-rian *masc.*, buaireas *masc.*, riasladh *masc.*, ainstil *fem.*, an-riaghailt *fem.*, mì-riaghailt *fem.*, riastradh *masc.*

disorder *vb.* àimhreitich, buair, iomluaisg, prab

disorder (disease) *n.* tinneas *masc.*, galar *masc.*

disordered *adj.* thar-a-chèile, an-riaghailteach, cumasgach, mì-loinneil, riaspach

disorderly *adj.* mì-dhòigheil, mì-òrdail, neo-rianail, neo-dhòigheil, prabach, riaspach, riastranach, ruiseanta, ruiseil

disorderly conduct *n.* mì-mhodh *masc.*, riastradh *masc.*

disorganized *adj.* mi-dhòigheil

disown *vb.* àicheidh

disparage *vb.* mì-mhol, mì-chliùitich, uirislich

disparagement *n.* mì-mholadh *masc.*, sgainneal *masc.*, tàir *fem.*, lughdaireachd *fem.*, spreige *fem.*

disparager *n.* sgannalaiche *masc.*, dì-moltair *masc.*

disparaging *adj.* tàmailteach

dispassion *n.* sèimhealachd *fem.*

dispassionate *adj.* ciùin, socrach, stòlda

dispel *vb.* fuadaich, sgap, sgaoil, fògair

dispensary *n.* ìoclann *fem.*, lèighlann *masc.*

dispensation *n.* riarachadh *masc.*, buileachadh *masc.*, freasdal *masc.*, sileadh *masc.*

dispensation (distribution) *n.* riarachas *masc.*

dispensation (permission) *n.* cead *masc.*

dispense *vb.* riaraich, dèan suas, dèan an àird, roinn

dispense with *vb.* dèan às aonais, thig às aonais

dispenser *n.* riaraiche *masc.*

disperse *vb.* sgaoil, sgap, cuir stùr ri, iom-ruaig, iomsgair, iom-sgaoil, sgainnir, sgiot

dispersed *adj.* sgaoilte, sgapte

disperser *n.* iom-sgaoiltear *masc.*, sgapadair *masc.*

dispersing *adj.* sgainnearach, sgainneartach, sgànrach

dispersion *n.* ruaig *fem.*, sgaoileadh *masc.*, sgapadh *masc.*, sgainneart *fem.*, sgainnir *fem.*, sganraidh *fem.*, sgapaireachd *fem.*

dispirit *vb.* claoidh, cuir air mì-mhisneach(d)

dispirited *adj.* neo-shunndach

dispiritedness *n.* mì-shunnd *masc.*, famhlas *masc.*

displace *vb.* às-àitich

displant *vb.* fuadaich

displantation *n.* fuadachadh *masc.*, fàsachadh *masc.*

display *n.* taisbeanadh *masc.*, foillseachadh *masc.*

display *vb.* taisbean, foillsich, leig ris

displease *vb.* mì-thaitinn, mì-thaitnich, mì-thoilich, neo-thaitinn, neo-thoilich

displeased *adj.* diombach, mì-thoilichte, diumbach, mì-bhuidheach, mì-thoileach, neo-thoilichte

displeasing *adj.* aimhealtach, neo-thaitneach

displeasure *n.* mì-ghean *masc.*, mì-thoileachas *masc.*, anntlachd *fem.*, diumba *masc.*, mialachd *fem.*, mì-chion *fem.*, miothlachd *fem.*, searbhadas *masc.*

displumed *adj.* neo-iteagach

disport *n.* fealla-dhà *fem.*, cluich *masc.*, mireag *fem.*

disporting *n.* cluiche *masc.*

disposable income *n.* teachd-a-steach so-chaitheimh *masc.*

disposal *n.* toirt seachad *fem.*, buileachadh *masc.*, riarachadh *masc.*, sgòd *masc.*

dispose *vb.* builich, socraich, suidhich

dispose (settle) *vb.* co-chuir

dispose of *vb.* cuir an dara taobh

disposed *adj.* sàmhach

disposition *n.* nàdar *masc.*, gnè *fem.*, aigne *fem.*, aomadh *masc.*, dualchas *masc.*, fàgail *fem.*, fonn *masc.*, mèinn *fem.*, mùinteachd *fem.*, rùn *masc.*, suidheachadh *masc.*

dispossess *vb.* cuir à seilbh, arbhartaich, arfuntaich

dispossession *n.* cur à seilbh *masc.*

dispraise *vb.* càin, dì-mol, mì-mhol

dispraiser *n.* dì-moltair *masc.*

disproof *n.* breugnachadh *masc.*, àicheadh *masc.*

disproportion *n.* neo-chothrom *masc.*, neo-chuimseachd *fem.*

disproportion *vb.* neo-chuimsich

disproportionate *adj.* mì-chuimseach, mì-mheadhanach, neo-chuimseach

disprove *vb.* dearbh na bhreug

disputable *adj.* teagmhach, tagarach

disputant *n.* deasbairiche *masc.*, tagradair *masc.*, connsachair *masc.*, connspaidiche *masc.*, connspair *masc.*, deasbaire *masc.*, tagarair *masc.*

disputation *n.* deasbaireachd *fem.*, connspaireachd *fem.*, connsachadh *masc.*, reusanachadh *masc.*

disputatious *adj.* connspaideach, connsachail

dispute *n.* connspaid *fem.*, iom-reusan *masc.*, tagartas *masc.*, conas *masc.*, connsachadh *masc.*, lios *fem.*, sràbhard *masc.*, ùbraid *fem.*

dispute *vb.* connspaid, cothaich, deasbairich, tagair, connsaich, tog argamaid, conas

disqualification *n.* neo-iomchaidheachd *fem.*, dì-choireachadh *masc.*, mì-mhurrachas *masc.*

disqualify *vb.* dì-chòirich

disquiet *n.* iomagain *fem.*

disquiet *vb.* cuir dragh (air), trioblaidich

disquieted *adj.* mì-shuaimhneach

disquietude *n.* mì-shocair *fem.*, mì-shuaimhneas *masc.*

disquisition *n.* rannsachadh *masc.*, sgrùdadh *masc.*

disregard *n.* beag diù *masc.*, tarcuis *fem.*, dìmeas *masc.*

disregard *vb.* dèan dìmeas (air), dèan tarchuis

disrepute *n.* dì-chliù *masc.*, mì-agh *masc.*

disrespect *n.* dìmeas *masc.*, eas-urram *masc.*, mìmhodh *masc.*, dìbrigh *fem.*, mì-mheas *masc.*, mìothlachd *fem.*, mì-urram *masc.*, neo-mheas *masc.*, neo-phrìs *fem.*

disrespected *adj.* mì-mheasail, neo-mheasail

disrespectful *adj.* dìmeasach, eas-urramach, neo-mheasail

disrobe *vb.* neo-sgeadaich

disruption *n.* bristeadh *masc.*, buaireadh *masc.*

Disruption, the *pr.n.* Briseadh na h-Eaglaise

dissatisfaction *n.* mì-ghean *masc.*, anntlachd *fem.*, mì-bhuidheachas *masc.*, neo-thoileachas-inntinn *masc.*

dissatisfied *adj.* mì-riaraichte, diombach, mì-bhuidheach, mì-thoileach, neo-thoilichte

dissatisfy *vb.* mì-thoilich, mì-thaitinn, mì-thaitnich, neo-thaitinn, neo-thoilich

dissatisfying *n.* neo-thoileachadh *masc.*

dissect *vb.* geàrr (suas), snasaich

dissecting *n.* gearradh (suas) *masc.*, snasadaireachd *fem.*

dissection *n.* lannsaireachd *fem.*, corp-sgianadaireachd *fem.*, corp-shnasachd *fem.*, corp-shnasadh *masc.*

dissector *n.* lannsair *masc.*, corp-rannsachair *masc.*, corp-sgianadair *masc.*, corp-shnasadair *masc.*, snasadair *masc.*

dissemble *vb.* ceil, meall, falaich, còmhdach, saobh

dissembler *n.* mealltaire *masc.*, cealgaire *masc.*, cùlaire *masc.*, siunnal *masc.*

dissembling *n.* mealladh *masc.*, saobhadh *masc.*

disseminator *n.* neach-sgaoilidh *masc.*, sgapaiche *masc.*, sgapadair *masc.*

dissension *n.* àimhreit *fem.*, mì-chòrd *masc.*, eu-còrdadh *masc.*, caochladh-barail *masc.*, connsachadh *masc.*, sgaindear *masc.*

dissent *n.* easaont *masc.*, easaontachd *fem.*, dealachadh *masc.*

dissent *vb.* eas-aontaich, mì-chòrd

dissentience *adj.* neo-aontachadh

dissentient *adj.* neo-aontachail, roinnte

dissenting *adj.* easaontach

dissertation *n.* tràchd *fem./masc.*, aithisg-rannsachaidh *fem.*, òraid *fem.*

dissever *vb.* sgar, geàrr

dissilience *n.* leumachas *masc.*

dissilient *adj.* leumnach, plaosganach

dissimilar *adj.* eu-coltach, neo-ionnan, eu-cosmhail, eu-cosmhalach, mì-choslach, neo-amhlaidh, neo-chosmhail

dissimilarity *n.* eu-coltas *masc.*, eu-cosmhalachd *fem.*, eu-cosmhalas *masc.*, neo-choslachd *fem.*

dissimulate *vb.* àich, còmhdach

dissimulating *adj.* saobhach

dissimulation *n.* cleith-inntinn *fem.*, cealgaireachd *fem.*, clòcaireachd *fem.*, saobh *masc.*

dissipate *vb.* sgap, sgaoil, caith, struidh

dissipating *n.* sgapadh *masc.*, sgaoileadh *masc.*, struidheadh *masc.*

dissociate *vb.* sgar

dissoluble *adj.* so-sgaoilte

dissolute *adj.* neo-cheannsaichte, mì-mheasarra, struidheil

dissoluteness *n.* stròdh *masc.*, struidhealachd *fem.*

dissolution *n.* dol às a chèile *masc.*, fuasgladh *masc.*, sgaoileadh *masc.*

dissolve *vb.* leagh, sgaoil (a-steach), cuir mu sgaoil

dissonance *n.* neo-fhonnmhorachd *fem.*, dì-shoineas *masc.*, neo-chòrdadh *masc.*, ràcaireachd *fem.*, seirbhe-ciùil *fem.*

dissonant *adj.* mì-fhonnmhar, ràcanach

dissuade *vb.* bac, cuir impidh (air)

dissuasive *adj.* earalach

dissyllabic *adj.* dà-shiolach

dissyllable *n.* dà-shioladh *masc.*, facal dà lide *masc.*

distaff *n.* maide-snìomh(aidh) *masc.*, cuigeal *fem.*, cuineag *fem.*

distance *n.* astar *masc.*, tamall *masc.*, pìos *masc.*, faid *fem.*

distant *adj.* cèin, iomallach, fad às

distaste *n.* gràin *fem.*, searbhachd *fem.*, blas a' chrogain *masc.*

distasteful *adj.* searbh

distemper *n.* galar *masc.*, tinneas *masc.*

distend *vb.* leudaich

distention *n.* leudachadh *masc.*

distil *vb.* ruith, sil, tarraing, tog

distil (intransitive) *vb.* braon

distillation *n.* sileadh *masc.*, driogachd *fem.*, grùdaireachd *fem.*

distilled *adj.* silte

distiller *n.* staileadair *masc.*, brachadair *masc.*, driogair *masc.*, grùdair(e) *masc.*, neach-togalach *masc.*

distillery *n.* taigh-stail *masc.*

distilling *n.* sileadh *masc.*, breis *fem.*, grùdaireachd *fem.*, tarraing *fem.*, togail *fem.*

distinct *adj.* mion, soilleir, osgarra, puncail

distinction *n.* eadar-dhealachadh *masc.*, sònrachadh *masc.*

distinctive *adj.* sònraichte

distinctness *n.* sònrachas *masc.*, puncalachd *fem.*

distinguish *vb.* dèan dealachadh eadar, comharraich, eadar-dhealaich

distinguish (make eminent/known) *vb.* dèan ainmeil, cliùthaich

distinguishable *adj.* sgarach

distinguished *adj.* ainmeil, urramach, onorach, barraichte, comharraichte

distinguisher *n.* sgaraiche *masc.*, diubharaiche *masc.*

distinguishing *n.* comharrachadh *masc.*

distort *vb.* atharraich, mì-dhealbhaich, fiar(aich), snìomh, spàg, toinn

distorted *adj.* atharraichte, aindealbhach, braoisgeach, spàgach

distortion *n.* fiaradh *masc.*, casadh *masc.*, geabhag *fem.*, spreilleasachadh *masc.*, sreamadh *masc.*, toinneamh *masc.*

distract *vb.* thoir aire bho, buair, cuir air bhreitheal

distracted *adj.* buairte, sàraichte, claoidhte, air a c(h)uthach, air bhoil(e)

distraction *n.* buaireadh *masc.*, cuthach *masc.*, saobh-smaoin *masc.*

distrain *vb.* cuir an grèim, gabh seilbh

distraining *n.* sàradh *masc.*

distress *n.* sàrachadh *masc.*, airc *fem.*, iomagain *fem.*, staing *fem.*, teinn *fem.*, cruadal *masc.*, cruas *masc.*, airceas *masc.*, cruadhag *fem.*, sàr *masc.*, teanntachd *fem.*, udal *masc.*

distress *vb.* trioblaidich, claoidh, sàraich, pian

distressed *adj.* trioblaideach, àmhgharach, airceasach, àmhgharach, piantach

distressful *adj.* searbh

distressing *adj.* cruaidh

distribute *vb.* cuir a-mach, riaraich, roinn, sgaoil, sgap, rann-phàirtich, riaghail, rianaich, roinn-phàirtich

distributed *adj.* roinnte, sgapte

distribution *n.* roinneadh *masc.*, sgaoileadh *masc.*, riarachas *masc.*, roinn *fem.*

distributive *adj.* roinneach

distributor *n.* neach-sgaoilidh *masc.*, rannaire *masc.*, rann-phàirtiche *masc.*

district *n.* sgìre *fem.*, ceàrn *masc.*, taobh-tìre *fem.*, dùthaich *fem.*

district council *n.* comhairle-sgìre(il) *fem.*

district court *n.* cùirt-sgìre *fem.*

district nurse *n.* banaltram-sgìreachd *fem.*

district valuer *n.* measaire sgìreil *masc.*

distrust *n.* mì-earbsa *masc.*, amharas *masc.*, an-earbsa *fem.*

distrustful *adj.* mì-earbsach, amharasach, an-earbsach

disturb *vb.* cuir dragh (air), cuir troimh chèile, buair, riastair

disturbance *n.* aimhreit *fem.*, buaireadh *masc.*, buaireas *masc.*, bruailleanachd *fem.*, cafubhail *masc.*, onagaid *fem.*, sìth-bhristeadh *masc.*, stoirigmeid *masc.*, tuairgneadh *masc.*

disturbed *adj.* an-fhoiseil, mì-shuaimhneach, neo-fhoisneach

disturber *n.* buaireadair *masc.*

disturbing *adj.* bruailleanach

disunion *n.* dealachadh *masc.*, neo-aontachadh *masc.*

disunite *vb.* dealaich, sgar

disunited *adj.* neo-aontachail

disunity *n.* tearbadh *masc.*

disuse *vb.* mì-chleachd

ditch *n.* clais *fem.*, dìg *fem.*, staing *fem.*, stang *masc.*

ditched *adj.* staingichte

ditcher *n.* dìgear *masc.*

ditching *n.* dìgeireachd *fem.*

dithyrambic *n.* duanag-òil *fem.*

dittany *n.* lus a' phìobaire *masc.*

ditto *adj.* ionann

ditty *n.* duanag *fem.*, luinneag *fem.*, duan *masc.*

diuretic *n.* fual-bhrosnach *masc.*, fual-bhrostal *masc.*

diuretic *adj.* uisgeach, fual-bhrosnaidh

diurnal *n.* leabhar-latha *masc.*

diurnal *adj.* lathail

divaricate *vb.* sgap, speuc

divaricated *adj.* sgapte, speucach, stabhach

divarication *n.* caochladh-baralach *masc.*

dive *vb.* dubh-shnàmh, daibh, mulc, plum, tum

diver *n.* daibhear *masc.*, eun dubh/glas an sgadain *masc.*, bunna-bhuachaill *masc.*, eun-daibhidh *masc.*, gobh'-uisge *masc.*, muir-bhuachaill *masc.*, tumair *masc.*

diverge *vb.* sgap, speuc

diverging *adj.* sgapach, speucach

diverse *adj.* air leth, eadar-mheasgte, iol-ghnèitheach, iom-dhòigheach

diversification *n.* caochladh *masc.*, iomadachd *fem.*, eugsamhlachd *fem.*, mùthadh *masc.*

diversify *vb.* eugsamhlaich, mùth

diversion *n.* àbhachdas *masc.*, cridhealas *masc.*, mireadh *masc.*, sùgradh *masc.*, spòrs *fem.*, àbhachd *fem.*, claonadh *masc.*, fearas-cuideachd *masc.*, mithlean *masc.*, dibhearsain *masc.*

diversity *n.* iomadachd *fem.*, eugsamhlachd *fem.*, iolar *masc.*, iomaidheachd *fem.*, saineas *masc.*

divert *vb.* tionndaidh air falbh, cum cluich (ri)

divertisement *n.* aighear *masc.*, cluiche *fem.*

divertissement *n.* dibhearsan *masc.*

divertive *adj.* àbhachdach

divest *vb.* rùisg, neo-sgeadaich, faobhaich

divide *vb.* roinn, riaraich, pàirtich, dealaich, tearb, codaich, earrannaich, rianaich, roinn-phàirtich, spann, still

divided *adj.* sgapte, roinnte

dividend *n.* duais-roinn *fem.*, dibhinne *fem.*, earrann *fem.*, roinn *fem.*

divider *n.* roinneadair *masc.*, earrannaiche *masc.*, rannaire *masc.*

dividing *n.* roinneadh *masc.*, sgaradh *masc.*, codachadh *masc.*, tearbadh *masc.*

dividual *adj.* pàirtichte, roinnte

divination *n.* geaslanachd *fem.*, fiosachd *fem.*, faiteachd *fem.*, roi-innseadh *masc.*, taghairm *fem.*

divine *n.* diadhaire *masc.*

divine *adj.* diadhaidh, naomh, nèamhaidh

divine *vb.* baralaich, smaoinich, targair

diviner *n.* fiosaiche *masc.*, fàisniche *masc.*

diving (of bird) *vb.* caradh fodha

divinity *n.* diadhachd *fem.*, diadhaireachd *fem.*

divisible *adj.* so-roinneadh, roinn-phàirteach, bloigheach, pàirteachail, so-roinnte, tearbach

divisibleness *n.* tearbachd *fem.*

division *n.* earrann *fem.*, roinn *fem.*, pàirt *masc.*, sgaradh *masc.*, tearbadh *masc.*, dealachadh *masc.*, omrann *fem.*, pàirteachadh *masc.*, roinneadh *masc.*, sgaindear *masc.*, sleithe *fem.*, sloidhe *fem.*

division (vote) *n.* dealachadh *masc.*

division of labour *n.* roinn obrach *fem.*

divisive *adj.* sgàineach

divisor *n.* roinneadair *masc.*, rannaire *masc.*, roinniche *masc.*

divorce *n.* sgaradh-pòsaidh *masc.*, dealachadh-pòsaidh *masc.*

divorce *vb.* dealaich

divot *n.* sgrath *fem.*, ceap *masc.*, plodan *masc.*, clod *masc.*, fàl *masc.*, fòid *fem.*, pluid *fem.*, toirp *fem.*

divulge *vb.* foillsich, dèan follaiseach, leig ris, taisbean, sgaoil, spreig

dizziness *n.* tuaineal *masc.*, tuainealaich *fem.*, luaran *masc.*, boile *fem.*, luairean *masc.*, preathal *masc.*, tuaicheal *masc.*

dizzy *adj.* aotrom, neulach

do *vb.* dean, cuir an gnìomh

do away with *vb.* cuir às do, sgrog

do in *vb.* spad

doable *adj.* so-dhèanta

docile *adj.* soitheamh, solta, sèimh, sìbhealta, callta, callta, neo-rag, so-ionnsachaidh, soirbh, so-mhuinte, so-theagaisgte, teagaisgteach

docility *n.* sèimheachd *fem.*, soltachd *fem.*

dock *n.* long-amar *masc.*

dock *vb.* cut, cutaich

dock (enclosure in court for accused) *n.* crothan *masc.*

dock (polygonaceous weed) *n.* copag *fem.*, gallan *masc.*

dock (shipping) *n.* nòs-luingeis *masc.*

docked *adj.* cutach

docken *n.* cuiseag ruadh *fem.*

dockyard *n.* long-lann *fem.*

doctor *n.* dotair *masc.*, lighiche *masc.*, ollamh *masc.*

doctor *vb.* lìghich

doctor (surgeon) *n.* lèigh *masc.*

doctor of divinity (DD) *n.* ollamh-diadhachd *masc.*

doctor of laws (LLD) *n.* ollamh-lagha *masc.*

doctor of medicine (MD) *n.* ollamh-leighis *masc.*

doctorate *n.* ollamhachd *fem.*

doctorship *n.* ollamhantas *masc.*

doctrinal *adj.* teagasgail

doctrine *n.* teagasg *masc.*, oileanachd *fem.*, ionnsachadh *masc.*, aircheadal *masc.*, oirceadal *masc.*

document *n.* pàipear *masc.*, sgrìobhainn *fem.*, bileag *fem.*

document reader (computing) *n.* leughadair-sgrìobhaidh *masc.*

documentary *n.* aithriseachd *fem.*

documentary *adj.* aithriseach

documentation *n.* mìneachadh *masc.*

dodecahedron *n.* meallan-dà-dheug *masc.*

dodge *vb.* thoir car mu chnoc

dodgem *n.* seachainear *masc.*

doe *n.* earb *fem.*, eilid *fem.*, agh *fem.*, maoisleach *fem.*

doer *n.* neach-gnothaich *masc.*, dèanadair *masc.*

doff *vb.* cuir dheth, sgrog

dog *n.* cù *masc.*, madadh *masc.*

dog *vb.* lean, lorgaich, srònaich

dog carmillion *n.* braonan nan con *masc.*

dog's mercury *n.* lus Ghlinne Bhracadail *masc.*

dog-boy *n.* conbhair *fem.*

dog-brier berry *n.* fàileag *fem.*, muc-failm *fem.*

dog-collar *n.* colair *masc.*, coingheall *masc.*

dog-food *n.* biadh-chon *masc.*, sos *masc.*

dog-head (hammer of gunlock) *n.* beul-snaip *masc.*, òrd *masc.*

dog-kennel *n.* taigh-chon *masc.*, fail-chon *fem.*

dog-lead *n.* taod-coin *masc.*

dog-lichen *n.* lus-ghionaich *masc.*, lus-ghonaich *masc.*

dog-louse *n.* mial-chon *fem.*

dog-rose *n.* ròs nan con *masc.*, coin-ròs *masc.*, earra-dhris *fem.*, preas nam mucag *masc.*, sgeach-mhadraidh *fem.*

dog-tooth (rainbow) *n.* fadadh-cruaidh *masc.*

dog-violet *n.* dail-chuach *masc.*, fanaigse *fem.*, sùil-chuachaig *fem.*

dogbrier *n.* fàileag *fem.*

dogdays *pr.n.* an t-Iuchar

doge *n.* uachdaran-baile *masc.*

dogfish *n.* dallag *fem.*, biorach *fem.*, cù-uisge *masc.*, gobag *fem.*

dogfish eggs *n.* sporan-feannaig *masc.*

dogged *adj.* durradha, rag, danaire, tailcearra

doggerel *n.* ròlaist *fem.*, rannghall *masc.*, ranntaireachd *fem.*, treallain *masc.*, triulainn *fem.*

dogging *adj.* dlùth-leanmhainneach

doggish *adj.* dreamach

dogma *n.* dearbh-bhriathar *masc.*, barail suidhichte *masc.*, gnàth-theagasg *masc.*

dogmatic *adj.* baraileach, ainneanta, dèarrasach

dogmatical *adj.* dearbh-bhriathrach, maighstireil

dogmatism *n.* danarrachd *fem.*, dearras *masc.*

dogskin *n.* craiceann-coin *masc.*

Dogstar *n.* reul(t) na madra *fem.*, reul(t) an Iuchair *fem.*

dogwood *n.* coin-bhile *fem.*

doing away with *n.* dèanamh air falbh le *masc.*, sgrogadh *masc.*

doing justice to *n.* cumail na còrach ri *fem.*

doldrum(s) *n.* dùldachd *fem.*

dole *n.* sìneas *masc.*

dole *vb.* riaraich, builich, roinn

doleful *adj.* brònach, dubhach, tùrsach, cianail, doilghiosach, tiamhaidh

doll *n.* doileag *fem.*, doile *fem.*, liùdhag *fem.*, baban *masc.*, innleag *fem.*, leanabh-liùdhaig *masc.*

doll's house *n.* taigh-doileig *masc.*, taigh-doile *masc.*, bothag *fem.*

dollar *n.* dolar *masc.*

dolmen *n.* cromleac *fem.*

dolorific *adj.* àmhgharach, doilghiosach, muladach

dolorous *adj.* àmhgharach, doilghiosach, brònach, muladach, tiamhaidh

dolour *n.* dòrainn *fem.*, bròn *masc.*, cràdh *masc.*, tùrsa *fem.*

dolphin *n.* leumadair-mara *masc.*, bèist-ghorm *fem.*, deilf *fem.*

dolt *n.* amadan *masc.*, bachall *masc.*, burraidh *masc.*, baghastair *masc.*, baolastair *masc.*, gurraiceach *masc.*, sgonn *masc.*, tàmhanach *masc.*, ùmaidh *masc.*

doltish *adj.* amaideach, gòrach, ùmanta, gurraiceil, pleòisgeach

domain *n.* raon *masc.*, oighreachd *fem.*, uachdaranchd *fem.*, flaitheachd *fem.*,

dome *n.* cuach-mhullach *fem.*, àitreabh *fem.*, àros *masc.*, cochall *masc.*

dome cupola *n.* pula-mhullach *masc.*

domestic *n.* seirbheiseach *masc.*, taigheasach *masc.*

domestic *adj.* dachaigheil, taigheach, teaghlachail, neo-choigreachail, taigheil

domestic (animal) *adj.* calla

domestic (country) *adj.* dùthchail

Domestic Coal Consumers Council *pr.n.* Comhairle Luchd-ceannach Gual an Taighe

domestic flight *n.* turas dùthchail *masc.*

domestic remedy *n.* cungaidh-cagailt *fem.*

domesticate *vb.* callaich, cataich

domesticated *adj.* callaichte

domesticating *n.* tàladh *masc.*

domicile *n.* dachaigh *fem.*, àros *masc.*, fardach *fem.*

dominance *n.* smachd *masc.*

dominant *adj.* smachdail

dominant (musical scale) *adj.* ceannsalach

dominate *vb.* thoir làmh an uachdar air, cum fo smachd, ceannsaich

dominated *adj.* fo bhuaidh

domination *n.* uachdranachd *fem.*, ceannsalachd *fem.*, cumhachd *masc.*

domineer *vb.* smachdaich, riaghail, sàraich

domineering *adj.* maighstireil, ceannsgalach

dominical *adj.* sàbaideach

dominion *n.* ùghdarras *masc.*, tighearnas *masc.*, làmh-an-uachda(i)r *fem.*, rèim *fem.*

donation *n.* tiodhlac *masc.*, tabhartas *masc.*, bronntas *masc.*, duais *fem.*, sochar *fem.*

donkey *n.* asal *fem.*, cudaidh *masc.*, seineach *masc.*

donor *n.* neach-tabhairt *masc.*, tabhartaiche *masc.*, tabhairtear *masc.*

doocot *n.* calmlann *masc.*

doom *vb.* dìt, àithn, rùnaich

doomsday *pr.n.* Latha Luain

Doomsday-book *pr.n.* leabhar dubh, an

door *n.* doras(t) *masc.*, daras *masc.*, còmhla *masc.*

door-bar *n.* cleit *fem.*, cloidhean *masc.*, droll *masc.*

door-bolt n. stapall-dorais masc., crann-dorais masc., sparran masc.

door-handle n. làmh-dorais fem.

door-hinge n. bann masc., bacan-dorais masc.

door-jamb n. ceabhal masc., ciobhal masc.

door-keeper n. dorsair masc.

door-keeping n. dorsaireachd fem.

door-latch n. stapal masc., cluaimhinn masc.

door-leaf n. còmhla masc.

doorknob n. cnag-fosglaidh an dorais masc.

doorpost n. ursa(i)nn masc.

doorstep n. àrd-bhuinn fem., fàd-bhuinn masc., fòid-buinn masc.

doorway n. doras masc.

dorbie n. dobair masc.

dorlach n. dòrlach masc.

dormant adj. cadaltach, tàmhach, falaichte

dormer-window n. uinneag-mullaich fem.

dormitory n. seòmar-cadail masc., suain-airm masc., suain-lann fem.

dormouse n. dallag-an-fheòir fem., feasgar-luch fem.

dorn n. dronnag fem.

dorsal vertebrae n. cnàmhan dronnagach pl.

dorsum n. uchdan masc.

dose n. tomhas masc., làn-broinne masc.

doss-house n. taigh-cadail masc.

dossier n. fiosrachadh masc.

dot n. dotag fem., puing fem.

dot vb. puing, puncaich

dot matrix printer n. clò-bhualadair pungach masc.

dotage n. breòlaid fem., leanabas masc.

dotage (age) n. leanabachd fem.

dotage (fondness) n. loicealachd fem.

dotard n. dèidh-bhodach masc.

doting adj. cùramach, breòlaideach, loiceil

dotted note n. nòta puingte masc.

dotterel n. amadan-mòintich masc., gurraiceach masc.

dotty adj. dotach

double adj. dùbailte, dà-fhillte

double vb. dùblaich

double bass n. prò-bheus masc.

double buffer (computing) n. eadar-chuimhne dhùbailte fem.

double chin n. sprogan masc., sprogaill fem.

double cream n. uachdar tiugh masc.

double scalp n. claban fillteach masc.

double-barrelled gun n. gunna-dùbailt masc.

double-chin n. splogan masc., sprog(an) masc.

double-dealer n. cealgair masc.

double-faced adj. dà-aodannach

double-glazed window n. uinneag dhùbailte fem.

double-length word (computing) n. facal dùbailte masc.

double-tongued adj. cealgach

doubled adj. dubailte

doublet n. siosacot masc., peiteag fem., duibleid fem.

doubling n. dùbladh masc.

doubt n. teagamh masc., mì-chinnt fem., amharas masc., eu-cinnt fem., ioma-chomhairle fem., iom-chomhairle fem., sgrubal masc.

doubt vb. cuir an teagamh, cuir teagamh ann, cuir an amharas

doubtful adj. teagmhach, amharasach, eu-cinnteach, neo-chinnteach

doubtfulness n. mì-chinnt masc.

dough n. taois fem.

doughty adj. smiorail, gaisgeil, curanta, calma

doughy *adj.* taoiseach, plamcaidh

dour *adj.* durghaidh, greannach, cùlachrach

dove *n.* calman *masc.*, dùradan *masc.*, fearan *masc.*, smùdan *masc.*

dove-cot *n.* taigh-chalman *masc.*

dove-house *n.* tùr nan calman *masc.*

dovecot *n.* calmlann *masc.*

dovetail *n.* amladh *masc.*, fiacail *fem.*, fiaclachadh *masc.*

dovetail *vb.* alp

dovetailed *adj.* eagaichte

dovetailing *n.* alpadh *masc.*, amladh *masc.*

dowager *n.* ban-dubhairiche *fem.*, bean-chomharbadh *fem.*

dowdy *n.* iobalag *fem.*, sgliùghaisg *fem.*, sgliughaisg *fem.*, sgliùrach *fem.*, sgumrag *fem.*

dowdy *adj.* sgleòideach, sgliùisgeach, slaopach

dowlas *n.* anart glas *masc.*, anart-a(s)gairt *masc.*, tùlainn *fem.*

down *n.* mìn-chlòimh *fem.*, clòimh ghargach *fem.*, clòimhneag *fem.*, rèidhleach *fem.*

down *adj.* sìos, a-nuas, a-bhàn, a-stàn

down (bank of sand) *n.* mùrach *masc.*

down (covering of feathers) *n.* clòimh *fem.*, clòimhteach *fem.*

down (covering of hair) *n.* canach *masc.*, canachan *masc.*

down time (computing) *n.* ùine dhìomhain *fem.*

down-grass *n.* muran *masc.*

down-haul *n.* abhsadh *masc.*

downbow *n.* bogha-sìos *masc.*

downcast *adj.* airtnealach, dubhach, trom, neo-aoibhneach, smuaireanach

downfall *n.* ìsleachadh *masc.*, tuiteam *masc.*, aomadh *masc.*

downhill *n.* leathad *masc.*, cromadh *masc.*

downhill *adj.* le bruthach, le leathad

download parameter *n.* paramatair-draghaidh *masc.*

downloading *n.* luchdachadh-a-nuas *masc.*

downpour *n.* dòrtadh-uisge *masc.*, deàrrsach *masc.*, dìl'-uisge *fem.*, buidealaich *fem.*, bùrnlam *masc.*, dòirteach *fem.*, sgàirseach *fem.*

downright *adj.* dìreach

downstairs *adj.* shìos an staidhre

downwards *adj.* sìos, a-bhàn

downy *adj.* clòimheach, cluthmhor, plòiteach, ploiteach

downy birch *n.* beithe charraigeach *fem.*, beithe dhubh-chasach *fem.*

dowry *n.* du(bh)airidh *fem.*, libheadan *masc.*, libhearn *masc.*, tionnsgradh *masc.*, tochradh *masc.*

doxy *n.* strìopach *fem.*

doze *n.* leth-chadal *masc.*, pràmh-chadal *masc.*

doze *vb.* dèan norrag

dozen *n.* dusan *masc.*

dozing *n.* dòsadh *masc.*, norradaich *fem.*

dozy *adj.* cadalach

drab *n.* siùrsach *fem.*, strapaid *fem.*, strìopach *fem.*

drab *adj.* mì-sgiobalta, odhar, sgamhanach

drabbish *adj.* neo-sgoinneil

draff *n.* dràbh *masc.*, treasg *masc.*, cnàmhag *fem.*, dràbhag *fem.*

draft *n.* dreach *masc.*, buidheann shaighdearan *fem./masc.*, sgèimh *fem.*

draft estimates *n.* dreach-thuairmsean *masc.*

draft financial plan *n.* dreach plana-ionmhais *masc.*

draft programme *n.* dreach-prògraim *masc.*

draft report *n.* dreach-aithisge *masc.*

draft resolution *vb.* cum rùn

drag *n.* tarraing *fem.*

drag *vb.* dragh, slaod

drag-net *n.* lìon-iadhaidh *masc.*, sguab-lìon *fem.*, sgrìoban *masc.*, breac-lìon *masc.*, dreag *fem.*

dragger *n.* draghair *masc.*

dragging *n.* draghadh *masc.*, draghaireachd *fem.*

dragging *adj.* slaodach, sgòdach

draggle *vb.* luidir

draggle-tail *n.* lobrachan *masc.*

draggler *n.* slàban *masc.*, sliaspaire *masc.*

draggling *n.* slàibearachd *fem.*

draggling *adj.* slàibeach

dragon *n.* dràgon *masc.*, nathair sgiathach *fem.*, arach *fem./masc.*, drèagan *masc.*, teintidh *masc.*

dragonfly *n.* damhan-nathrach *masc.*, tarbh(an)-nathrach *masc.*, ceann-nathrach *masc.*, tarbh-nathair-neimh *masc.*

dragoon *n.* marcaiche *masc.*, saighdear-eachraidh *masc.*

drain *n.* clais *fem.*, dìg *fem.*, trainnse *fem.*, cladhan *masc.*, dòirteal *masc.*, guitear *masc.*, siuch *masc.*, sùgha *masc.*

drain *vb.* sìolaidh, traogh, sùgh, sìothlaich, taosg

drain (intransitive) *vb.* sìol as

drainage *n.* drèanadh *masc.*

drainage-tube *n.* feadan-sìolaidh *masc.*

drained *adj.* stangach, traoighte

draining *n.* sùghadh *masc.*, traoghadh *masc.*, taomadh *masc.*, taosgadh *masc.*

drainpipe *n.* pìob-thraoghaidh *fem.*

drake *n.* racan *masc.*, ràc *masc.*, dràc *masc.*, lach *fem.*, ràcaire *masc.*, tulaman *masc.*

dram *n.* dram *masc.*, drudhag *fem.*, sgailc *fem.*

drama *n.* dràma *masc.*

dramatic *adj.* dràmadach

dramatis personae *n.* luchd-cluiche *masc.*

dramatist *n.* dràmadaiche *masc.*, bàrd-cleasachd *masc.*, bàrd-cluiche *masc.*, dràmaire *masc.*

draper *n.* ceannaiche-aodaich *masc.*

drapery *n.* obair-aodaich *fem.*, sgeadachd *fem.*

drat it! *interj.* gonadh air!, beag-buinich!

draught *n.* deoch *fem.*, steallag *fem.*, srùbadh *masc.*, tarraing *fem.*

draught (current of air) *n.* fialan *masc.*, gabhail-gaoithe *fem.*

draught (depth to which ship sinks in water) *n.* tarraing-uisge *fem.*

draught-excluder *n.* clàr-maide *masc.*

draught-hook *n.* cromag-tharraing *fem.*, cromag-ghuaille *fem.*, cromag-thoisich *fem.*, dubhan-guaille *masc.*, dubhan-toisich *masc.*

draughtboard *n.* clàr-tàileisg *masc.*, bòrd dubh *masc.*, clàr-feòirne *masc.*

draughts *n.* tàileasg *masc.*, damarod *masc.*, dàmais *fem.*, taibhleas beag *masc.*

draughtsperson *n.* dealbhaiche *masc.*, neach-tarraing *masc.*

draw *vb.* dèan dealbh, tarraing, tarraing dealbh, slaod, dealbhaich, draogh, sìn, spiol, spìon,

draw back *vb.* sìn air ais

draw in *vb.* slaod, srùb

draw lines *vb.* strìoch

draw near *vb.* dlùthaich

draw-well *n.* tobar-tharraing *masc.*

drawback *n.* slacan *masc.*

drawbridge *n.* drochaid-thogalach *fem.*

drawer *n.* drathair *masc.*, neach-tarraing *masc.*

drawers (clothing) *n.* drathais *fem.*

drawing n. dealbh *fem.*, tarraing *fem.*

drawing adj. tarraingeach

drawing-board n. clàr-tarraing *masc.*, clàr-dealbhaidh *masc.*

drawing-knife n. sgian-tharraing *fem.*

drawing-paper n. pàipear-dealbhaidh *masc.*

drawing-pin n. tacaid *fem.*, tacaid-bhalla *fem.*

drawing-room n. seòmar-cuideachd *masc.*, seomar-suidhe *masc.*

drawl n. ràsan *masc.*

drawl vb. labhair gu slaodach, sleug

drawler n. slaodaire *masc.*, slaopair *masc.*, sleugaire *masc.*

drawling adj. mall-bhriathrach

dray n. cairt-leanna *fem.*, càrr *fem.*

dread n. oillt *fem.*, uabhas *masc.*, sgàth *masc.*, uabhann *masc.*, eagal *masc.*, geilt *fem.*, giorag *fem.*, luasgan *masc.*, mùiseag *fem.*, oglaidheachd *fem.*, sgeun *masc.*, sgrath *fem.*

dreadful adj. oillteil, uabhasach, eagalach, cianail, doirbhidh, fuathasach, sgreamhail, sgreataidh, tuineach, uabharr

dreadfulness n. eagalachd *fem.*

dreadlocks n. moil *fem.*

dream n. aisling *fem.*, bruadar *masc.*, sealladh *masc.*

dream vb. bruadair

dreamer n. bruadaraiche *masc.*, aislingeach *masc.*, aislingiche *masc.*

dreamtime n. linn-bruadair *fem.*

dreariness n. dubhachas *masc.*

dreary adj. muladach, dorcha

dredge n. sgrìobaire *masc.*

dredge vb. sgrìob

dredger (boat) n. bàta-cartaidh *masc.*

dregs n. grunnasg *fem.*, dràbhag *fem.*, anabas *masc.*, deasgainn *fem.*, dreicis *masc.*, driogaid *fem.*, druaip *fem.*, drùbhag *fem.*, fuigheall *masc.*, grùid *fem.*, grunnd *masc.*, iargain *fem.*, moirt *fem.*, proghan *masc.*

drench vb. drùidh, fliuch, baodhaistich

drenched adj. drùidhte, bog fliuch, bog bàite, luidneach

dress n. aodach *masc.*, còmhdach *masc.*, dreas(a) *masc.*, earradh *masc.*, gùn *masc.*, rìomhadh *masc.*

dress vb. cuir uime, còmhdaich, sgeadaich, deasaich, dreas, èid, grèidh, rudanaich, sgiamhaich

dress (angling) n. stalcaireachd *fem.*

dress (clothes) n. sgeadachadh *masc.*

dress (clothing) n. culaidh *fem.*

dresser n. dreasa(i)r *masc.*, neach-sgeadachaidh *masc.*, beiseal *masc.*

dressing n. deiseachadh *masc.*, luman *masc.*

dressing (salad) n. annlan *masc.*

dressing (surgical) n. ioc-chòmhdach *fem.*

dressing-gown n. còta-leapa *masc.*

dressing-room n. seòmar-sgeadachaidh *masc.*, seòmar-èididh *masc.*

dressing-up box n. bocsa-spleògaigidh *masc.*

dressmaker n. banalaiche *masc.*

dressmaking n. banalachd *fem.*

dribble vb. boinnealaich, fras, sil, sriod

dribblet n. brìb *fem.*

dried adj. seac

dried up adj. tartach, tiachdaidh, searganach

drier n. tiormadair *masc.*

drift n. brìgh *fem.*, ciall *fem.*

drift vb. falbh le gaoith, cuir le gaoith, cuir na chuithe

drift (object aimed at) *n.* brìgh *fem.*

drift (snow) *n.* cathadh *masc.*

drift, as snow *vb.* cath, siab

drift-net *n.* sruth-lìon *masc.*

drift-snow *n.* sneachda sguabach *masc.*

driftwood *n.* sgoid *masc.*

drill *n.* tòra *masc.*, sniamhaire *masc.*, drile *fem.*, gimileid *fem.*, tolladair *masc.*

drill *vb.* druithlig, toll, teagasig arm

drill (borer) *n.* snìomhair(e) *masc.*

drill (row) *n.* sgrìob *fem.*, riadh *masc.*, riaghan *masc.*, riamh *masc.*, sreath *fem.*

driller *n.* tollair *masc.*

drilling (military) *n.* arm-oilean *masc.*, faicheachd *fem.*

drilling-platform *n.* clàr-tollaidh *masc.*

drink *n.* deoch *fem.*

drink *vb.* gabh deoch, òl, sruthail

drink-offering *n.* tabhartas-dìghe *masc.*

drinkable *adj.* ion-òlta, so-òilte

drinker *n.* misgear *masc.*, drungair *masc.*, pòitear *masc.*, poitear *masc.*, sumair *masc.*

drinking *n.* òl *masc.*, pòite *fem.*, pòitearachd *fem.*, sùghadh *masc.*

drinking-cup *n.* crithear *masc.*, miotair *fem.*, sitheal *masc.*

drinking-horn *n.* còrn *masc.*, sgrogag *fem.*

drinking-straw *n.* sop *masc.*, sràbh *masc.*

drip *n.* boinne *masc.*, sileadh *masc.*, snighe *masc.*

drip *vb.* sil, sruth, snigh

dripping *n.* sileadh *masc.*

dripping *adj.* dràbach, silteach

dripping-pan *n.* aghann-shilidh *fem.*

drive *vb.* ruaig, dràibh, fuadaich, purr, stailc

drive (cattle) *vb.* cuallaich

drive (e.g. nail/wedge) *vb.* cuir dhachaigh, spàrr

drive (livestock) *vb.* saodaich

drive (stroke in games) *n.* sgoilleag *fem.*

drive away *vb.* fuadaich, sgiùrs

drivel *n.* smodal *masc.*, ronn *fem.*, sgleog *fem.*, splangaid *masc.*

driveller *n.* spliugaire *masc.*, ronnaire *masc.*

drivelling *n.* seilt *fem.*

drivelling *adj.* spliugach, rapach, sgleogach

driven *adj.* fògairte, fuadaichte

driver *n.* dràibhear *masc.*, carbadair *masc.*, ceannaire *masc.*, neach-greasaidh *masc.*, neach-iomain *masc.*

driver (herd) *n.* iomanaiche *masc.*

driveway *n.* tulpaist *fem.*

driving *n.* dràibheadh *masc.*, iomain *fem.*, purradh *masc.*, stailceadh *masc.*, tiomain *masc.*

driving *adj.* sparrach, stailceach

driving (of cattle) *n.* saodachadh *masc.*

driving away *n.* sgiùrsadh *masc.*

driving examiner *n.* neach-sgrùdaidh draibhidh *masc.*

drizzle *n.* smùgraich *fem.*, ciùrach *masc.*, ceòthran *masc.*, smod(an) *masc.*, braon *masc.*, cibhear *masc.*, ciùran *masc.*, sadach *fem.*, smodan *masc.*, smucan *masc.*, spìonadh-uisge *masc.*

drizzle *vb.* braon

drizzling *n.* smùgraich *fem.*, spliugraich *fem.*, braonachd *fem.*, clùbhran *masc.*

drizzling *adj.* ceòbanach, smodach, smodanach

drizzly *adj.* ciùrach, bog, braonach, ceòthranach, ciùbhranach, ciùranach

droll *n.* neach àmhailt *masc.*, neach amhailt *masc.*

droll *adj.* neònach, iongantach, èibhinn

drollery *n.* iongantas *masc.*, àbhachd *fem.*, fearas-chuideachd *fem./masc.*, sgistearachd *fem.*, suarcas *masc.*, sùgaireachd *fem.*

dromedary *n*. dromadair *masc.*, droman *masc.*

drone *n*. torghan *masc.*, gothach *masc.*, leisgean *masc.*, lunndair *masc.*, torman *masc.*

drone (bass-pipe of bagpipe) *n*. dos *masc.*, seannsair *masc.*, sumair *masc.*

drone (sound) *n*. torman *masc.*

drone bee *n*. seillean dìomhain *masc.*, ainbheach *masc.*, proimsheillean *masc.*, seillean lunndach *masc.*

drone-reed *n*. gaothaiche *fem.*

droning *n*. torghan *masc.*

dronish *adj*. dìomhanach, lunndach, slaodach

droop *vb*. crom, searg, aom, caith air falbh, crìon

drooping *adj*. crom, luidneach

drooping saxifrage *n*. lus Bheinn Labhair *masc.*

drop (liquid) *n*. drudhag *fem.*, dileag *fem.*, deur *masc.*, boinne *masc.*, braon *masc.*, driog *masc.*, drùchdan *masc.*, sil *masc.*, sileadh *masc.*, silt *fem.*, spannadh *masc.*, spannal *masc.*, srad *fem.*, sriodag *fem.*

drop *vb*. leig às, tuit, leig seachad, fras, leig dheth, sil

drop (liquid) *vb*. sil, braon

drop-scene *n*. crochbhrat *masc.*

droplet *n*. boinneag *fem.*, cùirnean *masc.*

dropped *adj*. silte

dropper *n*. sileadair *masc.*

dropping *n*. sileadh *masc.*, seilt *fem.*, snithe *masc.*

dropping *adj*. silteach

dropping (liquid) *adj*. braonach

dropping-tub *n*. tubag-leigidh *fem.*, tubag-shilidh *fem.*

droppings *n*. buachar *masc.*, cac *masc.*

dropsy *n*. a' mheud-bhronn *fem.*, iurpais *fem.*

dropwort *n*. greaban *masc.*

dross *n*. smùr *masc.*, sprùilleach *fem.*, meanbhlach *fem.*, mìnean *masc.*, monasg *fem.*, sal *masc.*, salachar *masc.*, smolasg *masc.*, smùrach *masc.*, sprùille *fem.*

drossy *adj*. smùr(an)ach, smùirneach

drought *n*. tart *masc.*, tiormachd *fem.*, pathadh *masc.*, turadh *masc.*, crainntidheachd *fem.*, tartmhorachd *fem.*

droughty *adj*. tartmhor, tioram, pàiteach, ibhteach

drouk *vb*. drùidh

drove *n*. treud *masc.*, dròbh *masc.*, bualachd *fem.*, grèigh *fem.*, sealbhan *masc.*, sgann *fem.*, speil *fem.*

drover *n*. dròbhair *masc.*, treudaire *masc.*, iomainiche *masc.*, neach-iomain *masc.*

drown *vb*. bàth

drowse *n*. dùsal *masc.*

drowsiness *n*. cadaltachd *fem.*, trumadas *masc.*, pràmh *masc.*, stiopas *masc.*, tromsanaich *fem.*

drowsy *adj*. cadalach, tromsanach, tàmhach, drùbanta, pràmhach, righinn, suantach

drub *n*. buille *masc.*, dòrn *masc.*

drub *vb*. slaic, buail, slacainn, tuimhsich

drubbing *n*. loineadh *masc.*, sgoladh *masc.*, suisdealadh *masc.*

drudge *n*. drudsair *masc.*, tràill *masc.*, làbanach *masc.*, searadair *masc.*, treachlaiche *masc.*

drudgery *n*. druidseachd *fem.*, saothair *fem.*, làban *masc.*

drug *n*. droga *fem.*, cungaidh-leighis *fem.*

drug-addict *n*. tràill-dhrogaichean *masc.*, diasganach *masc.*

drug-user *n*. caitheadair-dhrogaichean *masc.*

drugget *n*. drògaid *masc.*

druid *n.* draoidh *masc.*

druidical *adj.* draoidheach

drum *n.* druma *fem.*

drum-stick *n.* bioran-druma *masc.*

drumly *adj.* rodaidh

drummer *n.* drumair *masc.*

drumming *n.* drumaireachd *fem.*

drumstick *n.* bioran-druma *masc.*

drunk *adj.* air deoch, air mhisg, air an daorach

drunkard *n.* drungair *masc.*, misgear *masc.*, bachair *masc.*, pòitear *masc.*, raoitear *masc.*, rugaire *masc.*, ruitear *masc.*

drunken *adj.* misgeach, òlar, pòiteach, raoiteach

drunkenness *n.* deoch *fem.*, òl *masc.*, daorach *fem.*, drongaireachd *fem.*, misg *fem.*, misgearachd *fem.*, misgeireachd *fem.*, pòitearachd *fem.*, poitearachd *fem.*, siurran *masc.*

dry *adj.* tioram, seasgair, pàiteach, ìotmhor, searg, sgreagach, tur

dry *vb.* tiormaich, sùgh, seac, searg, sgreag, triasg

dry land *n.* talamh tioram *masc.*, talamh tràite *masc.*

dry up *vb.* tiormaich, sùgh, sgreubh, teachd

dry wine *n.* fìon searbh *masc.*

dry-nurse *n.* banaltram thioram *fem.*, muime-altruim *fem.*

dry-rot *n.* mosgan *masc.*

dryad *n.* doire-òigh *fem.*

dryer *n.* coilleachan *masc.*

drying *n.* tiormachadh *masc.*, sùghadh *masc.*, turadh *masc.*, tìorradh *masc.*

drying *adj.* sgreubhach

dryness *n.* tiormachd *fem.*

dual *adj.* dùbailte(ach)

dual number *n.* àireamh dhùbailte *fem.*

dual-carriageway *n.* rathad roinnte *masc.*

dual-track road *n.* rathad dùbailte *masc.*

dub *n.* buille *masc.*, dòrn *masc.*, lùb *fem.*

dub *vb.* dèan ridire (de)

dubbing (image technology) *n.* dùblachadh *masc.*

dubious *adj.* teagmhach

dubitable *adj.* teagmhach, neo-amharasach

ducal *adj.* diùcail

ducat *n.* dùcait *fem.*

duchess *n.* ban-diùc *fem.*

duck *n.* tunnag *fem.*, lach(a) *fem.*

duck *vb.* crùb, rach fon uisge, mulc, tùm

duck-legged *adj.* spàgach

ducker *n.* diùcair *masc.*

ducking *n.* tumadh *masc.*

ducking-stool *n.* stòl dubh *masc.*

duckling *n.* isean-tunnaig *masc.*

duckweed *n.* ròs-lachan *masc.*, gràn-lachan *masc.*, mac-gun-athair *masc.*

duct *n.* pìob(-ghiùlain) *fem.*

ductile *adj.* sùbailte

ductility *n.* sùbailteachd *fem.*

dudgeon *n.* biodag *fem.*, cuinnsear *masc.*, gruaim *fem.*

due *n.* còir *fem.*

due *adj.* dligheach, iomchaidh, cubhaidh

duel *n.* còmhrag-dithis *fem.*

duellist *n.* comhlannach *masc.*

duet *n.* ceòl-dithis *masc.*, disead *masc.*

dug *n.* sine *fem.*

dugout *n.* talmhag *fem.*

duke *n.* diùc *masc.*

dulce *n.* duileasg *masc.*

dulcet *adj.* milis, binn, fonnmhor, taitneach, ciatach

dulcify *vb.* mìlsich

dull *adj.* tàmhach, dùr, neo-smiorail, maol, somalta, mall, mì-fhiughair(each), neo-gheur, neo-sgairteil, seotach, slìom, smuaireanach, spadanta

dull *vb.* dorch(n)aich, cuir tuairgneadh air

dullard *n.* burraidh *masc.*, ùmaidh *masc.*

dullness *n.* mì-shunnd *masc.*, neo-shunnd *masc.*, tamhachd *fem.*, neo-smioralachd *fem.*, mì-shurd *masc.*, tromsanaich *fem.*, truime *fem.*

dulse *n.* duileasg *masc.*, fithreach *masc.*

duly *adj.* gu riaghailteach

dumb *adj.* balbh, tosdach, sàmhach

dumb person *n.* balbhan *masc.*

dumb terminal *n.* ceann-obrach balbh *masc.*

dumbness *n.* balbhachd *fem.*, tosdachd *fem.*

dump *n.* sitig *fem.*, òtrach *masc.*, (f)lagais *fem.*

dump (computing) *vb.* cuir-an-darna-taobh

dump (economics) *vb.* dump

dumping *n.* dumpadh *masc.*, stòradh *masc.*

dumpling *n.* marag-flùir *fem.*, putagan *masc.*, turraisg *fem.*

dumps *n.* airtneal *masc.*, tromsanaich *fem.*, tuirtealachd *fem.*

dumpy *adj.* gnogach, saigeanta, saigeantach

dun *adj.* odhar, lachdainn, ciar, dorcha, duaichnidh, mudaidh

dun *vb.* odhraich

dunce *n.* tamhasg *masc.*, sgonn *masc.*, sgonnabhalach *masc.*, sgonnaire *masc.*, ùmaidh *masc.*

dunderheid *n.* maol-cheann *masc.*

dung *n.* inneir *fem.*, buachar *masc.*, todhar *masc.*, salachar *masc.*, òtrach *masc.*, mathachadh *masc.*, sgàinteach *fem.*

dung *vb.* todhair, aolaich, inneirich, leasaich, mathaich

dung-beetle *n.* bèisteag *fem.*, ceàrdaman *masc.*, ceàrd-dubhan *masc.*, ceàrnabhan *masc.*, òrdlan *masc.*

dung-fly *n.* cuileag na h-innearach *fem.*

dung-heap *n.* dùnan *masc.*

dung-hill *n.* sitig *fem.*, (f)lagais *fem.*, dùn-aolaich *masc.*

dungarees *n.* briogais-biob *fem.*

dungeon *n.* sloc *masc.*

dunghill *n.* sitig *fem.*, otrach *masc.*, (f)lagais-innearach *fem.*, dùn-innearach *masc.*, dùnan *masc.*, dùn-aolaich *masc.*, siteag *fem.*, torran *masc.*

dungy *adj.* breun

duniewassal *n.* duine uasal *masc.*

dunlin *n.* gille-feadaig *masc.*, grailleag *fem.*, pollairean *masc.*, pollaran *masc.*, tàrmachan na tuinne *masc.*, tàrmachan-tràghad *masc.*

dunnock *n.* gealbhonn nam preas *masc.*, gealbhonn-gàraidh *masc.*

dunter-goose *n.* lach *fem.*

duo *n.* dìsead *masc.*

duodenum *n.* beul a' chaolain *masc.*

dupe *n.* culaidh-mheallaidh *fem.*, clibean *masc.*, maoilean *masc.*

dupe *vb.* gabh brath air, thoir an car à, cuir an orra-sheamlachais air, seamlaich

duplet (rhythm) *n.* cuplan *masc.*, dèise *fem.*

duplex *adj.* dà-shlighe

duplicate *n.* leth-bhreac *masc.*, amhladh *masc.*

duplicate *vb.* dùblaich, ath-bhreac

duplicate *pref.* leth-

dura mater *n.* cochall na h-eanchainn *masc.*

durability *n.* maireannachd *fem.*, buaine(ad) *fem.*, buanas *masc.*, cruas *masc.*

durable *adj.* maireannach, buan, marsainneach, baranta, cunbhalach, mearsainneach, righinn, seasmhach

durableness *n.* maireannachd *fem.*, marsainn *fem./masc.*, buantas *masc.*

duration *n.* fad *masc.*, rè *fem.*, ùine *fem.*, buanas *masc.*, mairsinn *masc.*

during *adj.* rè

durmast oak *n.* geanmchnò *fem.*

dusk *n.* ciaradh *masc.*, beul na h-oidhche *masc.*, doilleireachd *fem.*, duibhre *fem.*, dùslaing *masc.*, eadarra-sholas *masc.*

dusky *adj.* ciar, dorcha, dubharach, doilleir

dust *n.* duslach *masc.*, smùr *masc.*, stùr *masc.*, dùdan *masc.*, crè *fem.*, dus *masc.*, luaithre *fem.*, luaithreadh *masc.*, moll *masc.*

dust *vb.* cuir stùr dheth, sad(aich), sguab, crath stùr air

dust-bath *n.* clomhradh *masc.*

dust-brush *n.* badan *masc.*, sadaich *fem.*

dustbin *n.* soitheach-sgudail *fem.*

duster *n.* dustair *masc.*, ribeir *masc.*

dustiness *n.* stùrachd *fem.*

dusting *n.* dustadh *masc.*

dustman *n.* fear-sgudail *masc.*, làbair *masc.*, làbanach *masc.*

dustpan *n.* soitheach-stùir *fem.*

dusty *adj.* dustach, duslachail, smùrach, smùirnea(na)ch, dusail, dustail, luaithreanta, smadanach, smalach, smodach, smùideanach

dutch rush *n.* a' bhiorag *fem.*, cuiridin *fem.*, liobhag *fem.*

Dutch-hoeing *n.* priogadh *masc.*

dutiful *adj.* dleasdanach, dleasail, dleasnach, odh-mheasach

duty *n.* dleas(da)nas *masc.*, dligheachas *masc.*, dlighe *fem.*

duty-free *adj.* saor o chìsean cusbainn

duty-free shop *n.* bùth saor o chìsean cusbainn *fem./masc.*

dwarf *n.* troich *masc.*, troichilean *masc.*, duinean *masc.*, arrachd *masc.*, croiteagan *masc.*, firean *masc.*, gigean *masc.*, lobarcan *masc.*, lobhaircean *masc.*, loircean *masc.*, lucharan *masc.*, luch-armann *masc.*, luspardan *masc.*, nuinean *masc.*, sgaipean *masc.*, sìochaire *masc.*

dwarf birch *n.* beithe bheag *fem.*

dwarf corn *n.* coilchionn *masc.*

dwarf cornel *n.* lus a' chraois *masc.*

dwarf elder *n.* màlabhar *masc.*, mulart *masc.*

dwarf mallow *n.* ucas Frangach *masc.*

dwarf spurge *n.* spuirse *fem.*

dwarfish *adj.* troicheanta, troicheil, arrachdach, arrachdail, sgaipeanach, sìochaireach, siolgach

dwarfishness *n.* troichealachd *fem.*

dwell *vb.* fuirich, fan, còmhnaich, gabh tàmh, àitich, maillich, tàrmaich, tuinich

dweller *n.* còmhnaiche *masc.*, tàmhaiche *masc.*, neach-còmhnaidh *masc.*, neach-àiteachaidh *masc.*, tuiniche *masc.*

dwelling *n.* àite-còmhnaidh *masc.*, ionad-còmhnaidh *masc.*, fardach *fem.*, còmhnaidh *fem.*, sosadh *masc.*, tuineach *masc.*, tuineadh *masc.*

dwelling-house *n.* taigh-còmhnaidh *masc.*, taigh-fuirich *masc.*

dwindle *vb.* crìon, lùghdaich, beagaich, caith air falbh, searg

dwining *n.* siasnadh *masc.*

dye *n.* dath *masc.*

dye *vb.* dath

dyeing-vat *n.* mugaid *fem.*

dyer *n.* dathadair *masc.*, lìthear *masc.*

dyer's rocket (reseda luteola) *n.* lus buidhe mòr *masc.*

dying *n.* bàsachadh *masc.*, caochladh *masc.*

dying *adj.* fon bhàs

dyke *n.* gàradh *masc.*

dyke-end *n.* bun a' ghàraidh *masc.*

dynamics *n.* dinimig *fem.*, ealain dhealanta *fem.*

dynamite *n.* dineamait *fem.*

dynasty *n.* uachd(a)ranachd *fem.*

dysentery *n.* a' bhuinneach *fem.*, an spùt *masc.*, an sgìord *fem.*, an sgàird *fem.*, buinnteachd *fem.*, galar gasda, an *masc.*, geàrrach *fem.*, ruith *fem.*, sgiorr *fem./masc.*, tinneas cuim, an *masc.*, tinneas geàrrach, an *masc.*

dyspepsia *n.* droch-ghoile *fem.*, mì-mheirbheadh *masc.*

dyspeptic *adj.* droch-ghoileach

dysury *n.* èiginn-fhuail *fem.*

dyvour *n.* daibhear *masc.*

E

e.g. *abbrev.* m.e.

eager *adj.* èasgaidh, an cith, dealasach, dealasach, deatamach, deònach, dian, faoilteach, miannach, miannach, scobanta, sgonasach, sùrdail, titheach, togarrach, togarrach

eagerness *n.* dèine *fem.*, miannachd *fem.*, togairt *fem.*, toilealachd *fem.*, tòth *fem./masc.*

eagerness *adj.* deintheasach

eagle *n.* iolair(e) *fem.*, iolair(e) bhuidhe *fem.*, acail *fem.*

eagle-eye *n.* iolair-shùil *fem.*

eagle-owl *n.* cailleach-oidhche mhòr *fem.*, comhachag mhòr *fem.*

eaglet *n.* isean-iolaire *masc.*

ear *n.* cluas *fem.*

ear *vb.* diasaich

ear (spike, as of corn) *n.* dias(ad) *fem.*, ith-dhias *fem.*, liasag *fem.*, spilgein *masc.*

ear-piercing *n.* tolladh-chluasan *masc.*, priceadh-chluasan *masc.*

earache *n.* greim-cluaise *masc.*, gath-cluaise *masc.*

eardrum *n.* faillean *masc.*

earl *n.* iarla *masc.*, morair *masc.*

earldom *n.* iarlachd *fem.*, moraireachd *fem.*

earliness *n.* luaths *masc.*, mochaireachd *fem.*

earlobe *n.* bun bog na cluaise *masc.*

early *adj.* tràth, moch, luath

early purple orchid *n.* clachan-ghadhair *masc.*, lus-an-talaidh *masc.*, moth ùrach *masc.*

earmark *n.* comharra(dh)-cluaise *masc.*, sùileag *fem.*, toll *masc.*, amaladh *masc.*

earn *vb.* coisinn, buannaich, comhaich

earnest *n.* eàrlas *masc.*, fealla-rìreadh *fem.*, fealla-trì *fem.*

earnest *adj.* dùrachdach, tairiseach, tìtheach

earnestness *n.* dealachan *masc.*

earning *n.* tuarasdal *masc.*, cosnadh *masc.*

earning living *n.* cosnadh beò-shlàint *masc.*, cosnadh bith-beò *masc.*

earnings *n.* cosnadh *masc.*

earphone *n.* fòn-cluaise *fem./masc.*

earpick *n.* glanadh-cluas *masc.*

earpicker *n.* dealg-chluais *fem.*

earring *n.* fàinne-cluaise *masc.*, cluas-fhàinne *masc.*, ailbheag-cluais *fem.*, aigeallan *masc.*, aigilean *masc.*, cluas-chrochag *fem.*, cluas-fhail *fem.*, failbheachan *masc.*, màilleag *fem.*

earth *n.* ùir *fem.*, talamh *fem.*, roimh *fem.*

earth *vb.* làraich

Earth (planet) *n.* cruinne-cè, an *masc.*

earth-board *n.* ùir-chlàr *masc.*

earth-nut *n.* cnò-thalmhainn *fem.*, braonan *masc.*, cutharlan *masc.*

earthed *adj.* tirte

earthly *adj.* talmhaidh

earthquake *n.* crith-thalmhainn *fem.*, crith-fuinn *fem.*, ioma-chrith *fem.*

earthworm *n.* boiteag *fem.*, daolag *fem.*, bèisteag *fem.*, frilisg *masc.*, friosg *fem.*, frithlisg *fem.*

earwax *n.* cèir-chluaise *fem.*, sàl-cluaise *masc.*

earwig *n.* gobhlag *fem.*, biast ghobhlach *fem.*, collag lìn *fem.*, corra-ghobhlach *fem.*, cuileag-lìn *fem.*, daolag-an-fheòir *fem.*, fiolan donn *masc.*, fiolan gobhlach *masc.*, gobhlachan *masc.*, marsanta-corc *masc.*

ease *n.* faothachadh *masc.*, fois *fem.*, lasachadh *masc.*, athais *fem.*, sàimhe *fem.*, seasgaireachd *fem.*, socair *fem.*, sochair *fem.*, socradh *masc.*, socras *masc.*, soisinn *fem.*, suaimhneas *masc.*, tàmh *masc.*

ease *vb.* faothaich, lasaich, athaisich

easel *n.* tacsa-bùird *masc.*, eachan-dealbhaidh *masc.*, sorchan *masc.*

easement *n.* faothachadh *masc.*, fuasgladh *masc.*, cobhair *fem.*, còmhnadh *masc.*, furtachd *fem.*

easiness *n.* furastachd *fem.*, soirbheachd *fem.*

east *n.* ear *fem.*, oirsceart *masc.*

Easter *pr.n.* A' Chàisg

Easter Day *pr.n.* Là Càisge

Easter Sunday *pr.n.* a' Chàisg Mhòr, Didòmhnaich na Càisge, Latha Guileagan

eastern *adj.* oirthireach

easy *adj.* furasta, soirbh, socair, farasta, socail, socalach, socrach, socrach, suaibhreach

easy-chair *n.* seithear mòr *masc.*, cathair mhòr *fem.*, sunnag *fem.*, suidheachan mòr *masc.*

easy-going *adj.* monaiseach, sgleogach, soimeach

eat *vb.* ith, caith

eatable *adj.* in-ichte

eatables *n.* stuth a ghabhas ithe *masc.*

eating *n.* ithe *masc.*, itheadh *masc.*, itheannaich *fem.*

eaves *n.* anainn *fem.*, bun-bac(a) *masc.*, bunnacha-bac *masc.*, cleit *fem.*, cleitean *masc.*, màthair-shùgan *masc.*, sgibheal *masc.*, stìm-tughaidh *fem.*

eavesdropper *n.* cluas-ri-claisdeachd *fem.*, neach-farcluaise *masc.*

eavesdropping *n.* fachlais *fem.*, farchluais *fem.*, far-cluais *fem.*

ebb *n.* tràghadh *masc.*

ebb *vb.* tràigh, traogh

ebbed *adj.* traoighte

ebbing *n.* traoghadh *masc.*

ebbtide *n.* sruth-tràghaidh *masc.*

ebony *n.* dubh-fhiodh *masc.*, eabon *masc.*

ebony *adj.* eabonach

ebriety *n.* misg *fem.*, misgearachd *fem.*

ebullion *n.* goil *masc.*

eccentric *adj.* neònach, annasach, ceòlar, ceòlmhor, frithillidh, mì-mheadhanach, seòighn

eccentricity *n.* neònachas *masc.*, mì-mheadhanachd *fem.*, neo-mheadhanachd *fem.*

ecclesiastic *n.* eaglaiseach *masc.*, eaglaisiche *masc.*, sruthan *masc.*

ecclesiastical *adj.* eaglaiseil

echo *n.* mac-talla *masc.*, ath-ghairm *fem.*, ath-sgal *masc.*, fuaim *fem./masc.*, mac-sgal *masc.*, taghairm *fem.*

echo *vb.* ath-ghairm, co-fhreagair

echo (computing) *n.* ath-aithris *fem.*

eclaircissement *n.* soilleireachadh *masc.*

eclat *n.* boisgeachd *fem.*, greadhnachas *masc.*

eclectic *n.* roghainneachadh *masc.*

eclipse *n.* dubhadh *masc.*, clipse *fem.*, dubhar *masc.*, dubhradh na gealaich *masc.*, nòin-dhorchadh *masc.*, smàl *masc.*

eclipse *vb.* duibhrich, sgàil

eclogue *n.* òran-buachaill *masc.*

ecology *n.* eigeòlas *masc.*

economic *adj.* eaconomach

Economic and Monetary Union *pr.n.* Aonadh Eaconomaidh is Airgid

Economic and Social Committee *pr.n.* Coimitidh Eaconomach is Shòisealta

economic cycle *n.* cuairt eaconomach *fem.*

economic growth *n.* cinneas eaconomach *masc.*

economic operation *n.* obair eaconomach *fem.*

economic system *n.* co-rian eaconomach *masc.*

economic trend *n.* aomadh eaconomach *masc.*, aomadh treabhadasach *masc.*

economical *adj.* caontach, glèidhteach, cùramach, baileach, caomhnach, deagh-bhuileach

economical (frugal) *adj.* caomhantach, caomhnach

economics *n.* eaconomachd *fem.*, corbeòshlàint *masc.*, eaconamas *masc.*

economise *vb.* caomhain, glèidh, geàrr sìos air

economy *n.* eaconomaidh *fem.*, treabhadas *masc.*, deagh-bhuileachadh *masc.*, deagh-bhuileachas *masc.*, geilleagar *masc.*

economy (thrift) *n.* cruinnealas *masc.*, sàbhaltas *masc.*

economy of scale *n.* caomhnadh le meud *masc.*

ecstasy *n.* àrd-aoibhneas *masc.*, subhachas *masc.*, mire *fem.*, tàimh-neul *masc.*, àrd-shodan *masc.*, meadhail *fem.*, meadhradh *masc.*, priob-luasgadh *masc.*

ecstatic *adj.* subhach, sòlasach, aoibhneach, mireanach, sòlasach

ectoderm *n.* eactodairm *masc.*

ectodermal *adj.* eactodairmeach

edacious *adj.* glutach, glàmach, lònach, geòcach, gionach

edacity *n.* glàmhaireachd *fem.*, craosaireachd *fem.*, geòcaireachd *fem.*

eddy *n.* saobh-shruth *masc.*, cuairt-shruth *fem.*, sruth *masc.*, ath-thionndadh *masc.*, caochan *masc.*, cuairt *fem.*, cuairteag *fem.*, cuairtean *masc.*, cuairtshlugan *masc.*, cuarsgag *fem.*, luib *fem.*, snaidhm *fem.*

eddy-tide *n.* saobh-shruth *masc.*, taobh-shruth *masc.*

eddy-wind *n.* gaoth an ath-thionndaidh *fem.*

eddying *adj.* crom, cuairteagach, saobh

eddywind *n.* ioma-ghaoth *fem.*

edentated *adj.* cabach

edge *n.* iomall *masc.*, oir *fem.*, co-chrìoch *fem.*, bile *fem./masc.*, sgort *masc.*, slios *masc.*

edge tool *n.* faobhar-gearraidh *masc.*

edged *adj.* bileach

edgeless *adj.* maol

edgeways *adj.* as a leth-oir

edgewise *adj.* air fhaobhar, air oir

edging *n.* fàitheam *masc.*, oir *fem.*, tolladh *masc.*

edible *adj.* in-ichte, so-ithe

edict *n.* reachd *masc.*, riaghladh *masc.*, rabhadh *masc.*, cairteal *masc.*

edification *n.* togail suas *fem.*, oileanachadh *masc.*, teagasg *masc.*, ionnsachadh *masc.*, foghlam *masc.*

edifice *n.* àitreabh *fem.*, àros *masc.*

edify *vb.* ionnsaich, teagaisg

edit *n.* cur-a-mach *masc.*

edit *vb.* deasaich

edit suite *n.* seòmar-deasachaidh *masc.*

edited *adj.* deasaichte

edition *n.* clò-bhualadh *masc.*, bualadh *masc.*, eagran *masc.*

editor *n.* deasaiche *masc.*, neach-deasachaidh *masc.*

educate *vb.* ionnsaich, teagaisg, foghlaim, tog, muin

educated *adj.* foghlamaichte, foghlaimte

education *n.* foghlam *masc.*, ionnsachadh *masc.*, sgoilearachd *fem.*, oideachas *masc.*, teagasg *masc.*, munadh *masc.*, sgoil *fem.*

Education (School Leaving Dates) Act 1976 *pr.n.* Achd an Fhoghlaim (Fàgail Sgoile) 1976

Education (Scotland) Acts 1939-80 *pr.n.* Achdan Foghlaim (Alba) 1939-80

education account *n.* cunntas-foghlaim *masc.*

Education Authority *pr.n.* Roinn Fhoghlaim

education authority *n.* ùghdarras-foghlaim *masc.*

Education Committee, the *pr.n.* Comataidh an Fhoghlaim

education office *n.* oifis-fhoghlaim *fem.*

educational *adj.* oideachail

Educational Institute of Scotland *pr.n.* Institiùd Oideachais na h-Alba, Cuallach Foghlaim na h-Alba, Institiùd Foghlaim na h-Alba

eek *vb.* sìn a-mach, cuir (ri), meudaich, riaghail

eel *n.* easgann *fem.*, clòimheag *fem.*, easgann-faragaidh *fem.*

eel-grass *n.* mileanach *masc.*

eelpout *n.* burbaigh *fem.*

eerie *adj.* uaigneach, aimhealtach, iargalta, uaigealta

effable *adj.* so-innsidh

efface *vb.* dubh a-mach

effect *n.* buaidh *fem.*, brìgh *fem.*, èifeachd *fem.*, blàth *masc.*, buil *fem.*, deireadh *masc.*, toradh *masc.*

effect *vb.* coilean, cuir an gnìomh, dèan, thoir gu crìch

effective *adj.* èifeachdach, buadhach, brìgheil, buaidheach, collarach, comasach, cothromach, obrachail, sgoinneil, tàbhachdach

effectiveness *n.* buaidh *fem.*, tàbhachd *fem.*

effects (possessions) *n.* cuid *fem.*

effectual *adj.* brìgheil, brìghmhor, èifeachdach, feartail, obrachail, tàbhachdach

effectuate *vb.* coimhlion

effeminacy *n.* neo-dhuinealas *masc.*, baindeachd *fem.*, buige *fem.*, meatachd *fem.*, taiseachadh *masc.*

effeminancy *n.* cailleachaileachd *fem.*, taisead *masc.*

effeminate *adj.* boireannta, mì-fhearail, baindidh, bog, maoth, meata, neo-chruadalach, neo-dhuineil, piteanta, seasgair

effeminate *vb.* bogaich, taisich

effeminateness *n.* neo-dhuinealas *masc.*

effervescence *n.* blàthachadh *masc.*, brachd *fem.*, builgeadh-beirme *masc.*, goil *fem.*

efficacious *adj.* comasach, èifeachdach, brìgheil, brìghmhor, buadhach, murrach

efficacy *n.* comas *masc.*, èifeachd *fem.*, buaidh *fem.*, cumhachd *masc.*, neart *masc.*, sgoinn *fem.*, susbaint *fem.*, tàbhachd *fem.*, urrainneachd *fem.*

efficiency *n.* comas *masc.*, sgoinn *fem.*

efficient *adj.* comasach, èifeachdach, buadhach, neo-chearbach, collarach, tàbhachdach, tarbhach

effigy *n.* cruth *masc.*, dealbh *masc.*, ìomhaigh *fem.*

efflorescence *n.* blàth *masc.*, snodhach *masc.*, teachd fo bhlàth *masc.*

efflorescent *adj.* blàthachail

effluence *n.* sruthadh *masc.*

effluvia *n.* tòchd *masc.*, tochd *masc.*, tòthadh *masc.*

effluvious *adj.* smùideach

effluxion *n.* sileadh *masc.*, sruthadh *masc.*

effort *n.* oidhirp *fem.*, saothair *fem.*, dìcheall *masc.*, strì *fem.*, spàirn *fem.*, ionnsaigh *fem.*

effrontery *n.* ladarnas *masc.*, bathaiseachd *fem.*, dalmachd *fem.*

effulgence *n.* deàrrsadh *masc.*, boillsgeadh *masc.*, lannaireachd *fem.*, soillseachd *fem.*, caoir-sholas *masc.*, soillse *fem.*

effulgent *adj.* deàrrsach, dealrach, boillsgeach, soillseach, drìlseach, lomhair

effumability *n.* deatachas *masc.*

effuse *vb.* dòirt, taom

effusion *n.* dòrtadh *masc.*, taomadh *masc.*, buileachadh *masc.*, taosgadh *masc.*, tuil-chòmhraidh *fem.*

effuvia *n.* sgamal *fem.*

egad! *interj.* crom-an-donais!

egg *n.* ugh *masc.*

egg-plant *n.* luibh-uigh *fem.*

egg-poacher *n.* slaopadair-uighe *masc.*

egg-white *n.* gealagan *masc.*

egg-yoke *n.* buidheagan *masc.*

eggshell *n.* slige *fem.*, gucag *fem.*, càdan *masc.*, càrnan-uighe *masc.*, plaosg-uighe *masc.*

eglantine *n.* preas-nan-ròs *masc.*

ego *n.* fèin, am *masc.*

egotism *n.* bòstadh *masc.*

egotist *n.* fèinear *masc.*, spailleichdear *masc.*

egregious *adj.* ainmeil, comharraichte, sònraichte

egress *n.* dol-a-mach *masc.*, imeachd *fem.*

eider *n.* colc *fem./masc.*, lach Aoisgeir *fem.*, lach Cholasaidh *fem.*, lach Lochlannach *fem.*, lach mhòr *fem.*, lacha Cholbhasach *fem.*, lacha Heisgeir *fem.*, lacha Lochlannach *fem.*, lacha mhòr *fem.*

eider (female) *n.* lacha dhonn *fem.*, lacha ruadh *fem.*

eider (male) *n.* ràc bàn a' chinn uaine *masc.*

eiderdown *n.* clùimhteachan *masc.*, tuilt *fem.*

eight *adj.* ochd

eighteen *adj.* ochd deug

eighth *adj.* ochdamh

eighth note (quaver) *n.* ochdamh cuid *fem.*

eighthly *adj.* gu h-ochdail

eightieth *n.* ochdmhad *fem./masc.*

eightsome reel *n.* ruidhle-ochdnar *masc.*

eighty *adj.* ochdad

eild ewe *n.* caora sheasg *fem.*

either *adj.* an dàrna cuid, a bharrachd, nas motha

ejaculate *vb.* cuir-a-mach, tilg

ejaculatory *adj.* cabhagach, ealamh

eject *vb.* caith a-mach, as-àitich, dìobair, fògair, tilg-a-mach

ejection *n.* cur a-mach *masc.*

ejectment *n.* bàirligeadh *masc.*, cur air falbh *masc.*

ejulation *n.* caoineadh *masc.*, cumha *fem./masc.*, langanaich *fem.*, tuireadh *masc.*, ulartaich *fem.*

eke *vb.* meudaich, leasaich, sgòdaich

elaborate *adj.* achranach, saoithreachail

elapse *vb.* rach seachad, rach thart, ruith air falbh

elastic *adj.* sùbailte, lùbach, sgailceanta, sgealparra, sgiolcanta

elasticity *n.* sùbailteachd *fem.*, sgailceantachd *fem.*, sgealparachd *fem.*, sgealparrachd *fem.*, spadhadh *masc.*

elate *adj.* aoibhneach, mearcasach

elate *vb.* dèan aoibhneach, dèan uaibhreach

elation *n.* àrdan *masc.*

elbow *n.* uilinn *fem.*, uileann *fem.*

elbow *vb.* uillnich, uilleagaich

elbow-pad *n.* cnap-uilne *masc.*

elbowing *n.* uilinneachd *fem.*

elder (church) *n.* èildear *masc.*, foirbheach *masc.*, foirfeach *masc.*

elder (eldest) *n.* sinnsear *masc.*

elder (tree) *n.* droman *masc.*, druman *masc.*, ruis *fem.*

elderberry *n.* caora-dhromain *fem.*

elecampane *n.* ailleann *fem.*, eallan *masc.*, meacan aillean *masc.*, meacan uileann *masc.*

elect *vb.* tagh

elected *adj.* taghte

electing *n.* taghadh *masc.*

election day *n.* latha-taghaidh *masc.*

election year *n.* bliadhna-taghaidh *fem.*

electioneering *n.* taghadaireachd *fem.*

elective *adj.* taghach

elector *n.* neach-taghaidh *masc.*, taghadair *masc.*

electoral division *n.* roinn-taghaidh *fem.*

Electoral Registration Officer *pr.n.* Clàr-chlèir an Taghaidh

electorate *n.* luchd-taghaidh *masc.*, rola-bhòtaidh *masc.*, taghadaireachd *fem.*, taghadraidh *fem.*, taghadroinn *fem.*

electric *adj.* dealain

electric guitar *n.* giotàr-dealain *masc.*

electric ray *n.* craimb-iasg *masc.*

electric storm *n.* beithir *fem.*

electrician *n.* dealanair *masc.*

electricity *n.* dealan *masc.*

Electricity (Scotland) Act 1979 *pr.n.* Achd an Dealain (Alba) 1979

Electricity Consultative Council *pr.n.* Comhairle Chomhairleachaidh an Dealain

electrification *n.* dealanachd *fem.*

electrify *vb.* dealanaich

electrocardiogram (ECG) *n.* dealbh-dealanaich-cridhe *masc.*

electromagnetic *adj.* dealan-tharraingeach, tarraingeach-dealain

electromagnetism *n.* tarraing-dhealain *masc.*

electron *n.* dùileag *fem.*, eleactron *masc.*

electronic *adj.* dealanach

electronic data interchange *n.* eadar-sgaoileadh dàta dealanach *masc.*, eadar-sgaoileadh dealanach de dàta *masc.*

electronic data processing *n.* gnìomhadh-dàta dealanach *masc.*

electronic music *n.* ceòl dealanach *masc.*

electronic whiteboard *n.* bòrd-dealain *masc.*

electrostatic printer *n.* clò-bhualadair eleactrstatach *masc.*

eleemosynary *adj.* dèirceach

elegance *n.* grinneas *masc.*, eireachdas *masc.*, snas *masc.*, sgèimh *fem.*, bòidhchead *fem.*, maisealachd *fem.*, ciatachd *fem.*, loinn *fem.*, maise *fem.*, oirnealtachd *fem.*, snasachadh *masc.*, snasachd *fem.*, snasmhorachd *fem.*

elegant *adj.* grinn, eireachdail, snasail, fìnealta, maiseach, àillidh, ciatach, cuimir, innealta, laoineach, loinnear, loinneil, oirnealta, rìomhach, sgèimheach, snasmhor, snasta, snuadhach

elegiac *adj.* cumhach, marbhrannach, marbhnach, tuireach

elegy *n.* cumha *fem./masc.*, marbhrann *masc.*, tuireadh *masc.*, comhad *masc.*, marbhnach *masc.*, torchraidh *fem.*, torghan *masc.*

element *n.* eileamaid *fem.*, pàirt *masc.*, prìomh-thùs *masc.*, bunabhas *masc.*, dùil *fem.*, dùil-thionnsgnaidh *fem.*, eilminte *fem.*, mìr *masc.*

elemental *adj.* bunabhasach, dùileach

elementary *adj.* bunasach

elephant *n.* ailbhean *masc.*, albhan-dubh *masc.*, boir *masc.*, fil *masc.*

elevate *vb.* àrdaich, tog an inbhe, dèan uaibhreach, uaillich

elevated *adj.* àrdaichte

elevation *n.* àrdachadh *masc.*, urramachadh *masc.*

elevation (representation of flat side of building) *n.* aghaidh chòmhnard *fem.*

elevator *n.* àrdaichear *masc.*

eleven *adj.* aon deug

elf *n.* sìthiche *masc.*, luspardan *masc.*, leipreachan *masc.*, màileachan *masc.*, sìobhrag *fem.*, sìochaire *masc.*, tàcharan *masc.*

elf-shot (prehistoric arrow-head) *n.* aitheadh *masc.*

elfish *adj.* baobhanta

Elgin Academy *pr.n.* Acadamaidh Eilginn

elicit *vb.* tarraing a-mach

eligibility *n.* airidheachd *fem.*

eligible *adj.* airidh air roghainn, ion-roghnaidh, so-roghnaidh

eligibleness *n.* roghainn *masc.*

eliminate *vb.* cuir a-mach, cuir as do

elimination *n.* tilgeadh air falbh *masc.*

elision *n.* bàthadh *masc.*, cutachadh *masc.*, dealachadh *masc.*, gearradh *masc.*, sgathadh dheth *masc.*

elixir *n.* bladh-shùgh *masc.*, brìgh *fem.*, ìocshlaint *fem.*

elk *n.* baodhannach *masc.*, boirche *masc.*, lon *masc.*, mìol *fem.*, os *masc.*, os-allaidh *masc.*

ell *n.* slat-thomhais Albannach *fem.*

ell (measure) *n.* slat thomhais *fem.*

ellipsis *n.* ubh-chearcall *masc.*

ellipsis (grammar) *n.* beàrn *fem.*

elliptical *adj.* air chumadh uighe, beàrnach an cainnt, ughach

elm *n.* leamhan *masc.*

elocution *n.* deagh-labhairt *fem.*, deas-chainnt *fem.*, ùr-labhradh *masc.*

elongate *vb.* tarraing a-mach, sìn a-mach, sìnich, fadaich

elongation *n.* fadachadh *masc.*, sìneadh a-mach *masc.*

elope *vb.* rach air fuadan, ruith air falbh, teich

elopement *n.* dol am fuadach *masc.*, ruith air falbh *fem.*, teicheadh *masc.*

eloquence *n.* deas-bhriathrachd *fem.*, deas-chainnt *fem.*, deas-labhairt *masc.*, fileantachd *fem.*, fileantas *masc.*, rèidh-labhart *masc.*, so-labhrachd *fem.*, uirigleadh *masc.*

eloquent *adj.* fileanta, briathrach, sgiolta, snas-bhriathrach, deagh-chainnteach, deagh-fhaclach, deagh-labhrach, deas-bhriathrach, deas-chainnteach, deas-fhaclach, deas-labhrach, labhar, rèidh-labhrach, so-labhrach, speileanta, uirigleach

elucidate *vb.* soilleirich, mìnich, soillsich

elucidation *n.* soilleireachadh *masc.*, mìneachadh *masc.*, soillseachadh *masc.*, soillse *fem.*

elude *vb.* faigh as le car, seachain, thoir car mu chnoc

elusion *n.* seachnadh *masc.*

elusive *adj.* cleasach, carach, neo-amaisgeil

elvish *adj.* baobhanta, siachaireil

elysian *adj.* pàrrasail

emaciate *vb.* fàs tana, searg

emaciated *adj.* caol, sgagach, stìorlanach

emaciation *n.* seargadh *masc.*, reangadh *masc.*

emanate *vb.* sruth

emanation *n.* sileadh *masc.*

emancipate *vb.* fuasgail

emancipation *n.* saoradh *masc.*

emasculate *vb.* spoth, meataich, caill

emasculation *n.* mì-fhearantas *masc.*

embalm *vb.* spìosraich, balmaich, grèidh, spìosaich,

embalmer *n.* spìosraiche *masc.*, spìosachan *masc.*, spìosrachan *masc.*

embalming *n.* spìosrachd *fem.*

embankment *n.* uchdan *masc.*

embar *vb.* dùin a-steach

embargo *n.* bacadh *masc.*, grabadh-seòlaidh *masc.*, seòl-bhacadh *masc.*

embark *vb.* cuir air bòrd, rach air bòrd, cuir air luing, gabh gnothach os làimh

embarkation *n.* bàrcachd *fem.*

embarrasment *n.* nàire *fem.*, diùididh *fem.*

embarrassed *adj.* air nàrachadh, dripeil, seotach

embarrassment *n.* cuimrig *fem.*

embassy *n.* tosgaireachd *fem.*

embassy (building) *n.* ambasaid *fem.*, taigh-tosgaire *masc.*

embassy (delegation) *n.* tosgaireachd *fem.*

embed *vb.* neadaich

embedded *adj.* an sàs, fodha

embellish *vb.* sgeadaich, maisich, brèaghaich, naisich, naisnich, sgèimhich, sgiamhaich

embellishment *n.* sgeadachadh *masc.*, brèaghachd *fem.*, rìomhadh *masc.*

ember *n.* èibhleag *fem.*, smòlach *masc.*

embers *n.* smàl *masc.*

embezzlement *n.* goid-fhalachaidh *fem.*

embitter *vb.* searbhaich, searbh

embittered *adj.* searbh, searbhta

emblazon *vb.* suaicheantaich

emblem *n.* suaicheantas *masc.*, ciall-dhealbh *masc.*, mac-samhail *masc.*, samhaltan *masc.*

emblematic *adj.* suaicheanta, samhlach

embolism *n.* tachdadh *masc.*

emboss *vb.* breac, carbh, carbhaich, cnapaich, copanaich, dualaich, gràbhal

embossed *adj.* breac, cnapach

embossment *n.* gràbhaladh *masc.*

embrace *n.* fàilteachadh *masc.*, cniadachadh *masc.*

embrace *vb.* teannaich, caidrich, cniataich, co-fhàsg

embracing *n.* teannachadh *masc.*

embrasure *n.* barrabhall(a) *masc.*

embrocation *n.* acainn-shuathaidh *fem.*

embroider *vb.* blàthoibrich, broid

embroidered *adj.* fraoidhneiseach, oir-ghreusach

embroiderer *n.* grèiseadair *masc.*, oir-ghreusaiche *masc.*

embroiderer/ess *n.* druineach *fem./masc.*

embroidery *n.* obair-ghrèis *fem.*, grèiseadaireachd *fem.*, blàthobair *fem.*, broidneireachd *fem.*, co-dhualadh *masc.*, grèis *fem.*, greus *fem.*, oir-ghreus *masc.*, sraing *fem.*, uaim *fem.*

embroil *vb.* buair, cuir thar a chèile

embrown *vb.* ruadhaich

embrowning *n.* donnachadh *masc.*

embryo *n.* cruthachadh *masc.*, torraicheas anabaich *masc.*, omhnear *masc.*, stroban *masc.*, suth *masc.*

embryology *n.* sùtheolas *masc.*

emerald *n.* smàrag *fem.*

emerge *vb.* thig am follais, thig am fradharc, thig an uachdar

emergency *n.* èiginn *fem.*, cruaidh-chàs *masc.*, càs *masc.*, tubaist *fem.*

emergency exit *n.* doras-èiginn *masc.*

emergency powers *n.* ùghdarras-èiginn *masc.*

emergency situation *n.* suidheachadh-èiginn *masc.*

emery *n.* clach-smior *fem.*

emetic *n.* fisig *fem.*, purgaid *fem.*

emetic *adj.* sgeitheach

emication *n.* lainnir *fem.*

emigrant *n.* eilthireach *masc.*, cèin-thìreach *masc.*

emigrate *vb.* fàg an dùthaich

emigration *n.* imrich *fem.*, eilthireachd *fem.*

eminence *n.* urram *masc.*, àirde *fem.*, alp *fem.*, àrdan *masc.*, cnoc *masc.*, meas *masc.*, mullach *masc.*, ois-cheum *masc.*

eminent *adj.* iomraiteach, urramach, inbheach, mòr, ainmeil, àrd, comharraichte, inbhidh, measail

emissary *n.* neach-brathaidh *masc.*, spithear *masc.*, teachdaire dìomhair *masc.*

emission *n.* leigeadh a-mach *masc.*, leigeadh fa sgaoil *masc.*

emit *vb.* cuir (bh)o, leig a-mach, srad

emmet *n.* caora-chosag *fem.*, seangan *masc.*, sneaghan *masc.*

emollient *adj.* caomh, maothalach, tlàth, maoth, maothachail, maothail, tairis, tlusail

emolument *n.* buannachd *fem.*, sochair *fem.*, tairbhe *fem.*, buidhinn *fem.*

emotion *n.* gluasad-inntinn *masc.*, reachd *fem.*, tocadh *masc.*

empale *vb.* ceus, daingnich

emperor *n.* impire *masc.*, àrd-rìgh *masc.*, iompaire *masc.*

emphasis *n.* cuideam *masc.*, cudthrom *masc.*, oscarachd *fem.*, osgarrachd *fem.*

emphasise *vb.* cuir cuideam air, cuir cudthrom air

emphatic *adj.* làidir, brìoghmhor, neartmhor, neartail, osgarra

emphatical *adj.* oscarach

empirical *adj.* teagmhach, deuchainneach

emplastic *adj.* glaodhach, plàsdach, righinn, ronnach

employ *vb.* thoir obair do, fasdaich

employed (used as means/agent) *adj.* an gnìomh

employee *n.* neach-obrach *masc.*, oibriche *masc.*, seirbheiseach *masc.*

employee participation *n.* com-pàirt luchd-obrach *fem.*

employer *n.* fasdaiche *masc.*, fasdaidhear *masc.*, maighstir *masc.*

Employers' Association *pr.n.* Comann nam Fasdaichean

employment *n.* obair *fem.*, cosnadh *masc.*, fasdadh *masc.*, fasdachd *fem.*

Employment Act 1980-1982 *pr.n.* Achd na h-Obrach 1980-1982

employment agency *n.* ionad-cosnaidh *masc.*

Employment and Training Act 1973 *pr.n.* Achd Fasdadh is Trèineadh 1973

Employment Exchange *pr.n.* Aros Cosnaidh

employment law *n.* lagh-obrach *masc.*

employment protection *n.* dìon-obrach *masc.*

Employment Protection Act 1974 *pr.n.* Achd Dìon na h-Obrach 1974

emporium *n.* baile-margaidh *masc.*

empower *vb.* thoir comas, thoir ùghdarras

empress *n.* ban-iompaire *fem.*

emprise *n.* gabhail-os-làimh chunnartach *fem.*

emptied *adj.* air fhalamhachadh, traoighte

emptiness *n.* ainnis *fem.*, falamhachd *fem.*

empty *adj.* falamh

empty *vb.* falamhaich, traogh

emptying *n.* traoghadh *masc.*

empuzzle *vb.* cuir am breislich

empyreal *adj.* neamhaidh

empyrean *n.* neamh nan neamh *masc.*

empyreuma *n.* dathadh *masc.*

emulate *vb.* dean strì, strì

emulation *n.* farpais *fem.*, strì *fem.*, ràiteachas *masc.*, reachd *fem.*, spàirn *fem.*, spàirnealachd *fem.*

emulative *adj.* farpaiseach, strìghmhor

emulator *n.* tulchair *masc.*

emulator (computer device) *n.* strìtheadair *masc.*

emulous *adj.* spàirneach, spàirneil, strìobhail, strìtheil

enable *vb.* thoir an cothrom do, thoir comas do, dèan comasach

enabling act *n.* achd-comasachaidh *fem.*

enact *vb.* achdaich, reachdaich

enacted *adj.* reachdaichte

enaction *n.* reachdachd *fem.*, reachdaireachd *fem.*

enactive *adj.* reachdach

enalisaurus *n.* arc-mhara *fem.*

enallage *n.* ionadach *masc.*

enamel *n.* geiltrigeadh *masc.*, cruan *masc.*

enamel *vb.* dealtraich, geiltrig

enamelling *n.* geilreadh *masc.*

enamour *vb.* cuir an gaol, gràdhaich

encage *vb.* cròidh, cuir an cuing, croileagaich

encamp *vb.* campaich

enceinte *adj.* trom

enchafe *vb.* brosnaich, piobraich, feargaich, fraochaich

enchain *vb.* ceangail air slabhraidh

enchant *vb.* buitsich, cuir fo gheasaibh, ubagaich

enchanted *adj.* fo gheasaibh, seunta, seunmhor

enchanter *n.* drùidh *masc.*, geasadair *masc.*

enchantment *n.* drùidheachd *fem.*, geasachd *fem.*, manadh *masc.*, seuntas *masc.*, aoibhneas *masc.*, geas *fem.*, orra *fem.*, raidseachas *masc.*, raidseachd *fem.*, rosachd *fem.*, rosad *masc.*, seunachd *fem.*, sìobhraich *fem.*

enchantress *n.* ban-draoidh *fem.*

enchase *vb.* comhdaich le òr, maisich

encircle *vb.* cuartaich, cearcallaich, siorcallaich

encircled *adj.* cuartaichte, siorcallaichte

encirclement *n.* càin *fem.*

enclave *n.* iadhtag *fem.*

enclose *vb.* cuairtich, iadh, ioma-dhruid, iomdhruid, truinnsich

enclose (pen) *vb.* fangaich

enclose (with letter) *vb.* cuir an cois

enclosed *adj.* an seo a-staigh

enclosed (e.g. park) *adj.* pàirceach, pàircichte

enclosed (letter) *adj.* an cois

enclosing *n.* iomdhruideadh *masc.*

enclosure *n.* cuairteachadh *masc.*, cuidh *fem.*, lann *fem.*, pàirc *fem.*

encoder *n.* iompaichear-steach *masc.*

encomium *n.* cliù *masc.*, moladh *masc.*

encompass *vb.* caim, caimhil, caimich, comraig, cuairtich, cuimrich, iadh

encore *n.* ath-ghairm *fem.*

encore! *interj.* a-rithist!

encounter *n.* sealbhaidh *fem.*

encounter *vb.* coinnich (ri), tachair (ri/air)

encourage *vb.* misnich, brosnaich, thoir misneach, cuir air thapadh, cuir misneach ann

encouragement *n.* misneachadh *masc.*

encouraging *adj.* brosnachail

encumber *vb.* cudthromaich, uallaich, cuir trom air, cuir èis air, cumraich

encumbered *adj.* seotach

encumbrance *n.* cudthrom *masc.*, uallach *masc.*, cùmhrachadh *masc.*, seot *masc.*

encyclopedia *n.* leabhar mòr-eòlais *masc.*

end *n.* crìoch *fem.*, deireadh *masc.*, ceann *masc.*

end *vb.* crìochnaich

end date *n.* latha-crìochnachaidh *masc.*

end mark (computing) *n.* comharradh mu dheireadh *masc.*

end-of-term *n.* deireadh-teirme *masc.*

end-piece *n.* eàrradh *masc.*

end-point *n.* ceann-deiridh *masc.*

endanger *vb.* cuir an cunnart, cuir am baoghal

endangered *adj.* an cunnart

endear *vb.* dean gràdhach, tàlaidh, tarraing spèis

endearment *n.* gaol *masc.*, gràdh *masc.*, spèis *fem.*, gràdhmhorachd *fem.*

endeavour *n.* oidhirp *fem.*, orradh *masc.*

endeavour *vb.* oidhirpich, dèan strì, dìcheallaich

endeavouring *n.* strì *fem.*

endemic *adj.* dùthchasach

endive *n.* eanach-gàrraidh *fem.*, searbhan-muic *masc.*

endless *adj.* sìorraidh, neo-chrìochnach, maireannach, gun cheann, neo-chrìochnaichte

endlessness *n.* neo-chrìochnaidheachd *fem.*

endoderm *n.* endodairm *masc.*

endoplasmic *adj.* eandoplasmach

endorse *vb.* cuir aonta, cùl-sgrìobh, cuir làmh ri

endorsement *n.* cùl-sgrìobhadh *masc.*, aideachadh *masc.*

endow *vb.* bàirig, bronn, thoir tochradh, tochraich

endowment *n.* tochradh *masc.*

endowment (quality) *n.* buadh *fem.*

endue *vb.* tiodhlaic, builich, bàirig

endurance *n.* maireannachd *fem.*, cruadalachd *fem.*, foighidinn *fem.*, buantas *masc.*

endure *vb.* fulaing, mair, seas

enduring *adj.* maireann, seasmhach, fulangach, smiorail, fantalach, leanailteach, spàirneil

enema *n.* gliostar *masc.*

enemy *n.* nàmhaid *masc.*

energetic *adj.* cruaidh, innsgineach, oscarach, reachdmhor, sgairteil, spraiceil, spreigeil, sùnndach

energy *n.* lùths *masc.*, neart *masc.*, sùnnd *masc.*, clì *masc.*, oscarachd *fem.*, sgairt *fem.*, sgoinn *fem.*, spèird *fem.*, speirid *fem.*, spreigeadh *masc.*, spuirt *fem.*, teannachadh *masc.*, treòir *fem.*, uchdach *fem.*

energy (personal quality) *n.* cur leis *masc.*

enervate *vb.* lagaich, meataich

enervation *n.* neo-fhearantas *masc.*

enfeeble *vb.* lagaich, dì-neartaich

enfeoff *vb.* cuir an seilbh, gabh seilbh

enfetter *vb.* cuibhrich, geimhlich

enfilade *n.* ceann-sreath *masc.*

enforce *vb.* earalaich, spàrr, spreig, spreòd

enforcement *n.* co-èigneachadh *masc.*

enforcement of contract *n.* sparradh-cùnnraidh *masc.*

enforcing *adj.* sparrach, spreigeach

enfranchise *vb.* thoir còir-taghaidh (do)

enfranchisement *n.* diomhagad *masc.*, saoradh *masc.*

engage *vb.* fasdaich

engage (fasten) *vb.* ceangail

engage (occupy/busy oneself) *vb.* gabh an sàs ann, gabh os làimh

engage (pledge) *vb.* geall

engaged *adj.* air a d(h)leas

engagement *n.* gealladh-pòsaidh *masc.*, cùmhnant *masc.*

engagement (fight/battle) *n.* iomairt *fem.*, sgainneart *fem.*

engaging (attractive) *adj.* taitneach, smealach

engender *vb.* sìolaich

engine *n.* einnsean *masc.*, inneal *masc.*, angrais *masc.*, obair chèardail *fem.*

engineer *n.* innleadair *masc.*

engineering *n.* innleadaireachd *fem.*

Engineering Industry Training Board *pr.n.* Bòrd Trèinidh Gnìomhachais Innleadaireachd

engird *vb.* crioslaich

English (language) *n.* Beurla *fem.*

English stonecrop *n.* biadh an t-sionnaich *masc.*

engraft *vb.* alp

engrail *vb.* steallaich

engrave *vb.* breac, breacaich, gràbhail, rionaich

engraver *n.* breacair *masc.*, clach-shnaidheadair *masc.*, gràbhalaiche *masc.*, gràbhalair *masc.*, gràbhaltaiche *masc.*, rionaiche *masc.*, rionnalaiche *masc.*

engraving *n.* gràbhal *masc.*, grabhalachd *fem.*, gràbhaladh *masc.*, rionnachas *masc.*, rionnal *masc.*

engross *vb.* meudaich, tiughaich

engross (fatten) *vb.* dèan reamhar, dèan dùmhail, dèan tomadach

engrossment *n.* sglamhachadh *masc.*

engulph *vb.* sluig

enhance *vb.* tog an luach air, àrdaich, cuir barrachd meas air, meudaich

enigma *n.* toimhseachan *masc.*, dubh-cheist *fem.*, dubh-fhacal *masc.*, coimhearta *fem./masc.*

enigmatic *adj.* toimhseachanach

enigmatical *adj.* dorcha, dubh-fhaclach

enjoin *vb.* sèam

enjoy *vb.* còrd ri, gabh tlachd ann, meal, sealbhaich

enjoying *n.* mealtainn *masc.*, sealbhachadh *masc.*

enjoyment *n.* mealtainn *masc.*, sonas *masc.*, suaimhneas *masc.*, toileachadh-inntinn *fem.*

enkindle *vb.* brosnaich, fadaidh, beòthaich, las, dùisg

enlarge *vb.* leudaich, meudaich, cuir am farsaingeachd, sgaoil, mòraich

enlargement *n.* leudachadh *masc.*, meudachadh *masc.*

enlarging *n.* rùmachadh *masc.*

enlighten *vb.* soilleirich, soillsich, sorchaich

Enlightenment, the *pr.n.* Soillseachadh, an

enlist *vb.* rach don arm

enliven *vb.* beòthaich, misnich

enmity *n.* naimhdeas *masc.*, fuath *masc.*, eucairdeas *fem.*, gamhlas *masc.*, falachd *fem.*, farragradh *masc.*

ennoble *vb.* dèan urramach, uaislich, mòraich

ennoblement *n.* uaisleachadh *masc.*, togail an urram *fem.*

ennobling *n.* uaisleachadh *masc.*

ennui *n.* sgìos-inntinn *masc.*, cianalas *masc.*, fadal *masc.*

enormous *adj.* aibheiseach, spleadhrach

enough *n.* pailteas *masc.*, cuibheas *masc.*, teannadh *masc.*, gu leò(i)r *masc.*, cus *masc.*, sàth *masc.*

enquire *vb.* faighnich, feòraich, farraid

enquiring *n.* faighneachd *fem.*, iarraidh *masc.*

enquiry *n.* ceist *fem.*, farraid *fem.*

enquiry office *n.* oifig/oifis-fiosrachaidh *fem.*

enrage *vb.* cuir caoch air, cuir corraich air, feargaich, fraochaich enraged *adj.* feargach, fiadhaich, laiste

enrich *vb.* beartaich, dèan beartach, neartaich, rathaich, saoibhrich

enriching *adj.* saoibhreach

enrobe *vb.* sgeadaich, còmhdaich, eid

enrol *vb.* clàraich

enrolment *n.* clàrachadh *masc.*

ensemble *n.* ceòlchruinne *masc.*

ensiform *adj.* claidheamhail

ensign *n.* bratach *fem.*, suaicheantas *masc.*, sròl *masc.*, baideal *masc.*, loman *masc.*, luimneach *masc.*, neach-brataich *masc.*, onnchon *masc.*, sgruinge *fem.*

enslave *vb.* dèan na thràill, cuir fo dhaorsa

enslavement *n.* tràilleachd *fem.*

ensnare *vb.* glac, painntrich, rib

ensnared *adj.* an sàs

ensnarer *n.* painntireach *masc.*

ensnaring *n.* ribeadh *masc.*

ensue *vb.* lean

ensure *vb.* dèan cinnteach

entablature *n.* barrabhailc *masc.*

entame *vb.* càllaich, dèan soirbh

entangle *vb.* achrannaich, aimhreitich, amail, cnòdaich, cuibhrich, cuir an sàs, prab, riastair, rib, riblich

entangled *adj.* achrannach, aimhreiteach, co-cheangailte, mabach, ribleach

entanglement *n.* achran *masc.*, droigheann *masc.*, iomrall *masc.*, painntireachd *fem.*, ribleach *masc.*

entangling *n.* ribleachadh *masc.*

entente cordiale *n.* còrdadh càirdeil (eadar rìoghachdan) *masc.*

enter *vb.* thig a-steach/a-staigh, inntrig, inntrinn

enter (insert record) *vb.* cuir a-steach/a-staigh, put

entering *n.* dol a-steach/a-staigh *masc.*, inntreadh *masc.*

enterotoxaemia *n.* nimh-inne *fem.*

enterprise *n.* iomairt *fem.*

enterprise (business concern) *n.* gnothachas *masc.*

enterprise (initiative) *n.* culm *masc.*, oidhirpeachd *fem.*

enterprise (undertaking) *n.* gnothach *masc.*

enterprising *adj.* adhartach, culmar

entertain *vb.* fleadhaich, thoir aoigheachd do, thoir cuirm

entertain (treat hospitably) *vb.* seall coibhneas do, seisich

entertainer *n.* cuirmear *masc.*, fèisdear *masc.*

entertainment *n.* cuirm *fem.*, fearas-chuideachd *fem./masc.*, fèisdeas *masc.*

entertainment (hospitality at table) *n.* aoigheachd *fem.*, seiseachd *fem.*

entertainment (performance) *n.* còisridh *fem.*

entertaintment *n.* tabhairn *masc.*

enthusiasm *n.* cridhealachd *fem.*, blàths-inntinn *masc.*, dealasachd *fem.*, dèidhealachd *fem.*, eud *masc.*, eudmhorachd *fem.*, innir *fem./masc.*

enthusiast *n.* dealasach *masc.*

enthusiastic *adj.* blàth-aigneach, cridheil, dealasach, eudmhor

entice *vb.* meall, tàlaich, baid, breug, soithnich

enticed *adj.* meallta

enticement *n.* baoight *fem.*, culaidh-mheallaidh *fem.*, tàladh *masc.*

enticer *n.* mealltair *masc.*, neach-tàlaidh *masc.*

enticing *n.* tàladh *masc.*

enticing *adj.* meallta, tàirneach, togarrach

entire *adj.* uile, iomlan, slàn, coileanta, làn

entire *pref.* iom-

entirely *adj.* gu tur

entireness *n.* slàine *fem.*

entirety *n.* uileadh *masc.*

entitled (to) *adj.* airidh (air)

entitlement *n.* airidheachd *fem.*, còir *fem.*

entity *n.* bith *fem.*

entomb *vb.* ollanaich, tuamaich

entr'acte *n.* eadar-ghnìomh *masc.*

entrail *n.* iniatar *masc.*, innidh *fem.*

entrails *n.* greallach *fem.*, mionach *masc.*, rùchd *masc.*

entrance *n.* dol-a-steach *masc.*, doras *masc.*, inntreadh *masc.*, inntrigeadh *masc.*, inntrinn *fem.*

entrance *vb.* cuir am paisean

entrap *vb.* glac, cuir an sàs, caimir, rib

entreat *vb.* guidh, pròis

entreaty *n.* impidh *fem.*, achanaich *fem.*, aslachadh *masc.*, sèam *fem.*

entrenchments *n.* camp-thuaim *fem.*

entrepreneur *n.* neach-tionnsgain *masc.*

entrepreneurship *n.* tionnsgalachd *fem.*

entrust (to) *vb.* fàg an urra ri, leig an urra ri

entry *n.* innteart *fem.*, inteart *fem.*, trannsa *fem.*

entry fee *n.* cìs-clàraidh *fem.*

entwine *vb.* suain

entwined *adj.* fillte

entwining *n.* iomrall *masc.*, suaineadh *masc.*

enumerate *vb.* àireamh, cunnt

enumeration *n.* àireamh *fem.*, cunntas *masc.*

enumeration *vb.* rìomhadh

enunciate *vb.* cuir an cèill, foillsich, aithris, gairm, innis

enunciation *n.* cur an cèill *masc.*, aithris *fem.*, nochdadh *masc.*

enunciative *adj.* aithriseach, briathrach

envelop *vb.* cuartaich, còmhdaich, croisrich, paisg

envelope *n.* cèis *fem.*, còmhdach *masc.*, pasgadh *masc.*, cochall *masc.*, cuairsgean *masc.*, cuairsgein *masc.*, suainean *masc.*

envelope *vb.* suain

enveloped *adj.* cuairtichte, cuarsgach

envious *adj.* farmadach, eudmhor, iomhach, tnùthach, tnùthmhor

environ *vb.* co-iadh, cuairtich

environment *n.* àrainneachd *fem.*, coimhearsnachd *fem.*, tìr *fem.*, timcheallachd *fem.*

environmental *adj.* tìreil

environmental health *n.* slàinte na h-àrainn(eachd) *fem.*, tìr-shlàinteachd *fem.*

Environmental Services Committee *pr.n.* Comataidh Seirbheisean na h-Arainneachd

environmentalist *n.* neach-coimhearsnachd *masc.*

envy *n.* farmad *masc.*, eud *masc.*, aidhseachadh *masc.*, iomhadh *masc.*, slasdachd *fem.*

envy *vb.* aidhsich

envying *adj.* farmadach, slasdach

enwrap *vb.* iom-chòmhdaich, iom-fhill

enwreathe *vb.* coronaich

enzootic pneumonia *n.* teasach-sgàmhain *masc.*

enzyme *n.* beirmear *masc.*

epenthetic vowel *n.* fuaimreag-chòmhnaidh *fem.*

ephemeris (journal) *n.* leabhar-latha *masc.*

ephemerist (one who studies daily motions of planets) *n.* speuradair *masc.*

epic *n.* dàn mòr *masc.*, duan-eachdraidh *masc.*, treun dhàn *masc.*

epic poem *n.* duan mòr *masc.*

epicondyle *n.* fiacail *fem.*

epicure *n.* sòghair *masc.*, craosair *masc.*, glutaire *masc.*

epicurean *n.* sòghair *masc.*

epicurean *adj.* geòcach, glutach, ròiceil, sodalach

epicurism *n.* geòcaireachd *fem.*, sògh *masc.*, ròicealachd *fem.*

epicycle *n.* oisbheas *masc.*

epidemic *n.* gabhaltachd *fem.*, ruathair *masc.*

epidemical *adj.* gabhaltach

epidermis *n.* craiceann uachdrach, an *masc.*, far-chraiceann *masc.*, sgrothaiche *masc.*

epiglottis *n.* claban an sgòrnain *masc.*, detigheach *fem.*, sgòrn-chailbhe *fem.*

epigram *n.* eipeagram *masc.*, geàrr-dhuan *masc.*, geur-dhàn *masc.*, os-sgrìobhadh *masc.*

epigrammatic *adj.* eipeagramach

epigrammatist *n.* fear-facail *masc.*

epilepsy *n.* tinneas tuiteamach, an *masc.*, galar tuiteamach, an *masc.*, tuiteamas *masc.*, moircheas *masc.*, moireas *masc.*, moireasadh *masc.*, spad-thinneas *masc.*, tinneas a-muigh, an *masc.*, tinneas mòr, an *masc.*, tinneas-air-ais, an *masc.*, tinneas-Phòil *masc.*

epileptic *adj.* tuiteamach, cudamaiseach, moireasach

epilogue *n.* dùnadh *masc.*, crìoch-sgeòil *fem.*, crìoch-chluiche *fem.*

Epiphany *pr.n.* Là Fhèill nan Rìgh, Latha nan Trì Rìgh

epiphany *n.* ceann-achra *masc.*, fèill-nan-rìgh *fem.*, taisbeanadh *masc.*

epiphysis *n.* brisgean *masc.*

episcopacy *n.* easbaigeachd *fem.*

episcopal *adj.* easbaigeach

Episcopal Church, the *pr.n.* An Eaglais Easbaigeach

episode *n.* eadar-sgeul *masc.*

epispastic *adj.* rùsgail

epistle *n.* eipistil *fem.*, litir *fem.*

epitaph *n.* marbhrann *masc.*, leac-sgrìobhadh *masc.*, feart-mholadh *fem.*, marbhnach *masc.*, marbh-ràdh *masc.*

epithalamium *n.* dàn-bainnse *masc.*, òran-pòsaidh *masc.*

epithet *n.* buadhair *masc.*, facal-buaidh *masc.*, facal-buaidhe *masc.*

epitome (abridgement/summary) *n.* brìgh-sgeòil *fem.*, giorradan *masc.*

epoch *n.* ceann-aimsir *masc.*

epulary *adj.* cuirmeach, fleadhach

epulation *n.* cuirm *fem.*, fleadh *masc.*, mòr-fhleadh *fem.*

equable (of even temper) *adj.* socair, socrach (an inntinn)

equal *n.* leithid *fem.*, mac-samhladh *masc.*

equal *adj.* co-ionnan, co-chosmhail, co-choslach, comhad, ionamhail, ionann, ionnanach, socrach

equal *vb.* roinn, cothromaich

equal (match) *n.* co-neach *masc.*, seise *masc.*

equal fraction *n.* bloigh co-ionnan *fem.*

Equal Opportunities Commission *pr.n.* Coimisean Co-ionnanachd, Ughdarras a' Cho-chothroim

equal opportunity *n.* cothrom na Fèinne *masc.*

equal part *n.* pàirt co-ionnan *fem.*

equal pay *n.* pàigheadh co-ionnan *masc.*

Equal Pay Act *pr.n.* Achd Co-ionnanachd Pàighidh

equal temperament (music) *n.* co-rèiteachd *fem.*

equality *n.* co-ionnanas *masc.*, cothromachd *fem.*, ionannachd *fem.*, co-choslas *masc.*, comhadachd *fem.*

equally-spaced *adj.* le beàrnan co-ionnan

equals (mathematics) *n.* dèanamh *masc.*

equanimity *n.* aonta *fem.*, aon-inntinneachd *fem.*, socair-inntinn *fem.*

equanimous *adj.* aontaichte, sobhdanach

equator *n.* crios meadhan an t-saoghail *masc.*, Crios na Cruinne *masc.*

equestrian *n.* marcaiche *masc.*

equestrian *adj.* marcach

equestrianism *n.* marcachd *fem.*

equi-angular *adj.* co-oisneach, co-uileannach

equiformation *n.* co-chruth *masc.*

equiformity *n.* co-aogas *masc.*

equilateral *adj.* co-shlisneach

equilateral triangle *n.* triantan ionnan-thaobhach *masc.*, trì-chasach thaobh-ionnan *fem.*, trì-cheàrnach chothromach *fem.*

equilibrate *vb.* co-chothromaich

equilibrium *n.* co-chuideam *masc.*, co-sheasamh *masc.*, cothrom *masc.*

equilibrium *vb.* co-chuideam

equilibrium price *n.* prìs an co-chothrom *fem.*

equinoctial *adj.* co-fhad-thràthach

equinoctial line *n.* seas-ghrian *masc.*

equinox *n.* co-fhad-thràth *masc.*

equip *vb.* beairtich, uidheamaich

equipage *n.* tursgair *masc.*

equipment *n.* uidheam *fem.*, àirneis *fem.*, goireas *masc.*, acainn *fem.*, acfhainn *fem.*, beairt *fem.*, bearraid *fem.*, iomasglachadh *masc.*, uidheamachadh *masc.*

equipment technician *n.* teicneòlaiche-uidheim *masc.*

equipoise *n.* co-chothrom *masc.*, co-chuideam *masc.*, co-sheasamh *masc.*, cothrom *masc.*

equiponderant *adj.* co-chothromach

equiponderate *vb.* co-chothromaich, co-chuideamaich

equipped *adj.* acfhainneach, àsaingeach, uidheamaichte

equitable *adj.* cothromach

equitone *n.* co-fhuaim *masc.*

equity *n.* ceartas *masc.*, cothrom *masc.*

equivalence *n.* co-ionnanachd *fem.*, ionnanachd *fem.*

equivalent *n.* co-chothrom *masc.*, mac-samhladh *masc.*, samhail *masc.*

equivalent fractions *n.* bloighean co-ionnan *pl.*

equivocal *adj.* teagmhach, mì-chinnteach, neo-chinnteach, saobh-sheaghach

equivocate *vb.* strothaich

equivocating *adj.* siomaguadach

equivocation *n.* mì-chinnt *fem.*, saobh-sheagh *masc.*, tumhartaich *fem.*

era *n.* linn *fem.*, àm *masc.*, aimsir *fem.*, ceann-aimsir *masc.*

eradicate *vb.* cuir às, spìon, spion à bun

eradication *n.* sgrios *masc.*, spionadh à bun *masc.*

erasable storage (computing) *n.* stòradh-sgriosaidh *masc.*

erase *vb.* dubh a-mach, sgòr, sgrios, sgrab

erasement *n.* dubhadh às *masc.*, sgrios *masc.*

eraser *n.* sgrìobair *masc.*, sgriosan *masc.*

erasing *adj.* sgorach

erbium *n.* eirbium *masc.*

ere *prep.* sul mun

erect *adj.* dìreach, deas, slatach, slatarra, steòcach, uchdail

erect *vb.* tog, cuir air chois

erection *n.* togalach *masc.*, stèidheadh *masc.*

eremitical *adj.* aonaranach

ergonomics *n.* eargonomachd *fem.*

ermine *n.* radan Airmeinianach *masc.*

erode *vb.* cnàmh-chagainn, creim, ith a-steach

erosion *n.* cnàmh *masc.*, cnàmh-chagnadh *masc.*

erosion (removal of land surface) *n.* bleith-talmhainn *fem.*

err *vb.* rach air seachran, mearachdaich, saobh, seachrain

errand *n.* ceann-gnothaich *masc.*, ceann-turais *masc.*, teachdaireachd *fem.*

errant *adj.* iomrallach, seabhaideach, seachranach

errantry *n.* spleadhaireachd *fem.*

erratic *adj.* iomrallach, arraideach, iom-shiùbhlach, seabhaideach, seachranach

erratum *n.* sgrìobh-lochd *masc.*

erring *n.* peacachadh *masc.*

erring *adj.* seachranach

erroneous *adj.* iomrallach, mearachdach, saobh, saobhail, seachranach

error *n.* mearachd *fem.*, fabht *masc.*, iomrall *masc.*, saobhadh *masc.*, seabhaid *fem.*, seachran *masc.*, sgod *masc.*

erubescence *n.* ruthadh *masc.*, deirge *fem.*

eructation *n.* brùchd *masc.*

erudite *adj.* foghlamaichte

erudition *n.* foghlam *masc.*, ionnsachadh *masc.*, sgoilearachd *fem.*, lèigheann *masc.*, litir-fhoghlam *masc.*

eruption *n.* bristeadh-a-mach *masc.*, bòcadh *masc.*, maoim *fem.*, sgeinneadh *masc.*, tabhach *masc.*

eryngo *n.* critheann-cladaich *masc.*, cuileann-tràghad *masc.*

erysipelas *n.* ròs, an *masc.*, ruadh, an *fem.*, rua-glas *masc.*, teine-dè *masc.*

erythema *n.* rudhadh *masc.*, ruthadh *masc.*

escalator *n.* streapadan *masc.*

escalator clause *n.* clàsa-meudachaidh *fem.*

escape *n.* teicheadh *masc.*, dol às *masc.*

escaping *n.* teicheadh *masc.*, teàrnadh *masc.*

escharotic *adj.* rùisgeach

eschew *vb.* seachain

escort *n.* dìon *masc.*, freiceadan *masc.*

escutcheon *n.* sgiath-theaghlaich *fem.*, suaicheantas *masc.*, suaicheantas-brataich *masc.*

espalier *n.* spallair *masc.*

especially *adj.* diachadaich, gu h-àraidh

espionage *n.* beachdaireachd *fem.*, lorgaireachd *fem.*, sgudachd *fem.*

esplanade *n.* àilean *masc.*

espousal *n.* rèiteach *masc.*, rèiteachadh *masc.*

espousals *n.* ceangal-pòsaidh *masc.*, cordadh-pòsaidh *masc.*, rèiteach-pòsaidh *masc.*

esprit *n.* innsgin *fem./masc.*, spiorad *masc.*

esprit de corps *n.* leann-tàth *masc.*

esquire *n.* sguibhir *masc.*

essay *n.* aiste *fem.*, òraid *fem.*

essay *vb.* feuch, dèan oidhirp, thoir ionnsaigh, thoir deuchainn

essayist *n.* aistear *masc.*

essence *n.* brìgh *fem.*, bladh *masc.*, mullach *masc.*, spart *masc.*

essential *adj.* riatanach, deatamach

establish *vb.* stèidhich, cuir air bhonn, cuir suas, bonn-shuidhich, bunaich, bunaitich, neartaich, socraich

established *adj.* stèidhichte, seasmhach, neo-thuisleach, socrach, stucanach

Established Church *n.* Eaglais Stèidhichte *fem.*

established post *n.* dreuchd shuidhichte *fem.*

established principle *n.* prionnsabal stèidhichte *masc.*, bunachas stèidhte *masc.*

establisher *n.* sònrachair *masc.*

establishing *n.* stèidheachadh *masc.*, suidheachadh *masc.*, socrachadh *masc.*

establishment *n.* bun-stèidh *fem.*, stèidheachadh *fem.*

establishment (building) *n.* togalach *masc.*, àitreabh *masc.*

establishment (personnel) *n.* àireamh *fem.*

estate *n.* oighreachd *fem.*, fearann *masc.*, tighearnas *masc.*, staid *fem.*

estate agent *n.* ceannaiche-seilbhe *masc.*

esteem *n.* spèis *fem.*, meas *masc.*, miadh *masc.*, onoir *fem.*, prìs *fem.*, seagh *masc.*, soin *fem.*

esteem *vb.* cuir luach air, meas

esteemed *adj.* measail, miadhail, soineil, spèiseil

estimable *adj.* urramach, prìseil, luachmhor, ion-mheasail, miadhail, soineil

estimableness *n.* luachmhorachd *fem.*, miadhalachd *fem.*

estimate *n.* tuairmse *fem.*, beachd *masc.*, meas *masc.*, prìseachadh *masc.*

estimate *vb.* thoir tuairmse air, cuir luach air, dèan meas air, meas, thoir tuairmeas

estimate of expenditure *n.* tuairmeas-chosgais *fem.*

estimated *adj.* measte

estimates *n.* tuairmsean *pl.*

Estimates for Aids and Adoptions *pr.n.* Tuairmsean Chòmhnaidhean is Leasachaidhean

estimates of expenditure *n.* meas air cosgaisean *masc.*, tuairmsean-caiteachais *pl.*

estimates of income *n.* tuairmsean-teachd-a-steach *pl.*

estimating *n.* prìseachadh *masc.*

estrange (alienate) *vb.* dèan na choigreach

estrange (cut off) *vb.* cum air falbh, tarraing air falbh

estuary *n.* beul-aibhne *masc.*, gob-aibhne *masc.*

et cetera *phr.* agus mar sin air adhart

etching *n.* dealbh-sgrìobhaidh *masc.*, riachdan *masc.*, searbhagachd *fem.*

eternal *adj.* sìorraidh, bith-bhuan, maireannach, sìor-bheò, sìor-mhaireannach, sìth-bheò, sìth-bhuan, suthainn

eternally *adj.* gu suthain

eternise *vb.* sìorraich

eternity *n.* sìorraidheachd *fem.*, bith-bhuantachd *fem.*, buan-mhaireannachd *fem.*, sìth-bhuantachd *fem.*, suthainneachd *fem.*

ethane *n.* eatan *masc.*

ether *n.* adhar finealta *masc.*

ethereal *adj.* adharail, speurach, speuranta

ethical *adj.* modhanail, modhannach

ethics *n.* beuseòlas *masc.*, modhannan *pl.*

ethyl *n.* eitil *fem.*

ethyne *n.* eitin *masc.*

Eton jacket *n.* còta geàrr *masc.*

etymological *adj.* freumh-fhaclach, facal-fhreumhail, bunachasach

etymologist *n.* freumh-fhaclaiche *masc.*, sanasanaiche *masc.*

etymology *n.* freumh-fhaclachd *fem.*, facal-fhreumhachd *fem.*, bunachainnt *fem.*, bunachar *masc.*, bunachas *masc.*, freumhachd *fem.*, sanas *masc.*, seanasan *masc.*, sgoil-fhacal *fem.*, sgoil-fhreumhachd *fem.*

etymon *n.* freumh-fhacal *masc.*

Eucharist *n.* Bannag *fem.*

Eucharist *pr.n.* Corp Chrìosd, Suipeir an Tighearna

eukaryotic *adj.* fìor-chnòthach

eulogise *vb.* mol

eulogising *n.* moladh *masc.*

eulogy *n.* aiste-mholaidh *fem.*, brasailt *fem.*, dàn-molaidh *masc.*

eulogy (praise) *n.* moladh *masc.*, cliù *masc.*

eulogy (writing in praise) *n.* òraid-mholaidh *fem.*

eunuch *n.* caillteanach *masc.*, cullach *masc.*, òlach *masc.*, sput *masc.*

euphemism *n.* beul bòidheach *masc.*, caomhradh *masc.*

euphony *n.* binneas *masc.*, deagh-ghuth *masc.*

euphuism *n.* glòireamas *masc.*, glòramas *masc.*

European Commission *pr.n.* Coimisean na Roinn Eòrpa

European Common Market *pr.n.* Margadh Coitcheann na h-Eòrpa

European Community *pr.n.* Co-phoball Eòrpach

European Council *pr.n.* Comhairle Eòrpach

European Court of Human Rights *pr.n.* Cùirt Eòrpach Chòirichean an t-Sluaigh, Cùirt Eòrpach Chòirichean nan Daoine, Cùirt Eòrpach Chòraichean Daonna

European Court of Justice *pr.n.* Cùirt Bhreitheanais na h-Eòrpa, Cùirt Cheartais na h-Eòrpa

European Economic Commission *pr.n.* Coimisean Eaconomach na h-Eòrpa

European Economic Community *pr.n.* Margadh Coitcheann na h-Eòrpa

European eel *n.* easgann *fem.*, feasgann *fem.*

European Investment Bank *pr.n.* Banca Ocais na h-Eòrpa, Banca Tasgaidh na h-Eòrpa

European larch *n.* learag *fem.*

European mole *n.* facha *fem.*, fachach *fem.*, famh *fem.*, fath *fem.*

European Monetary System *pr.n.* Siostam Airgid na h-Eòrpa

European Parliament *pr.n.* Pàrlamaid na h-Eòrpa

European polecat *n.* feòcallan *masc.*

European Regional Development Fund *pr.n.* Maoin Leasachaidh Roinnean na h-Eòrpa, Urras Eòrpach airson Leasachadh Roinneil

European Union *pr.n.* Aonadh na h-Eòrpa

European wild cherry *n.* geanais *fem./masc.*

europium *n.* eoroipium *masc.*

euthanasia *n.* bàs le aonta *masc.*, bàs roghnaichte *masc.*, bàs soirbh *masc.*

evacuate *vb.* fàsaich, às-àitich

evacuate (move away from) *vb.* fàg, falbh (as)

evacuate (throw out contents of) *vb.* dèan falamh, falmhaich

evacuation *n.* falmhachadh *masc.*, glanadh *masc.*

evade *vb.* faigh às, seachain, seamsanaich, tàr as

evading *n.* seachnadh *masc.*, teàrnadh *masc.*

evaluate *vb.* tomhas, cothromaich, thoir beachd air

evaluation *n.* meas *masc.*

evaluation team *n.* buidheann-measaidh *fem./masc.*

evanescence *n.* caochlaideachd *fem.*, faileas *masc.*, neo-bhuanachd *fem.*

evanescent *adj.* diomain, neo-bhuan, seargach

evangelical *adj.* soisgeulach

evangelism *n.* soisgeulachd *fem.*

evangelist *n.* soisgeulaiche *masc.*

evaporate *vb.* sùigh, rach na cheò, rach na dheathach, cuir na cheò, cuir na smùid, deataich, sùgh

evaporation *n.* ceòthachd *fem.*, tiormachadh *masc.*, dèabhadh *masc.*, deatachadh *masc.*, dol na smùid *masc.*, sùchadh *masc.*

evasion n. leisgeul *masc.*, seachnadh *masc.*

evasive *adj.* leisgeulach, seamsanach, siomaguadach

even *adj.* còmhnard, cothromach, cunbhalach, comhad

even *vb.* cothromaich, socraich

even-handed *adj.* cothromach, dìreach, ceart

evening n. feasgar *masc.*, beul na h-oidhche *masc.*, àrd-fheasgar *masc.*

evening meeting n. coinneamh-fheasgair *fem.*

evensong n. aoradh-feasgair *masc.*, feasgaran *masc.*

event n. tachartas *masc.*

eventful *adj.* tachartach

eventide n. tràth-feasgair *masc.*

eventually *adj.* fa dheòidh, mu dheireadh thall, ri tìde, ri ùine

evergreen n. sìor-uaine *masc.*

evergreen *adj.* bith-bheò, sìor-bheò, sìor-uaine

everlasting *adj.* sìorraidh, buan-mhaireannach, maireannach, bith-bhuan, sìor-mhaireannach, neo-chrìochnach, sìor, sìor-bheò, suthainn

evict *vb.* cuir a-mach, fuadaich, cart a-mach, cuir à seilbh

eviction n. fuadach *masc.*, cur à seilbh *masc.*

eviction notice n. bàirlinn *fem.*, bàrnag *fem.*, bàrnaigeadh *masc.*

evidence n. fianais *fem.*, teisteanas *masc.*, còmhdach *masc.*

evident *adj.* follaiseach, soilleir, làn-shoilleir, nochdaidh, so-fhaicsinn

evil n. olc *masc.*, truaighe *fem.*, urchaid *fem.*

evil *adj.* olc

evil eye n. droch-shùil *fem.*, beum-sùl *masc.*

evincible *adj.* so-dhearbhta

evolution n. mean-fhàs *masc.*, fàs *masc.*, meanbh-chinneas *masc.*, rothlas *masc.*

evolutionary *adj.* mean-fhàsach

evolve *vb.* thoir gu bith

evulsion n. spìonadh à bun *masc.*

ewe n. othaisg *fem.*, caora-uain *fem.*, caora bheanan *fem.*, crog *masc.*

ewe hogg n. othaisg bhoireann *fem.*

ewe teg n. othaisg *fem.*

ewer n. padhal *masc.*, soitheach-uisge *fem.*

ex-officio *adj.* gun dreuchd

exacerbate *vb.* feargaich

exacerbation n. feargachadh *masc.*

exact *adj.* mionaideach, mion, breitheach, cunntasach, neo-chearbach, puncail

exact *vb.* tabhaich, tog

exactly *adj.* dìreach

exactness n. puncalachd *fem.*

exaggerate *vb.* aibhsich, cuir ri

exaggeration n. dol thar fìrinn *masc.*, ràsgeul *masc.*

exagitation n. tulgadh *masc.*

exalt *vb.* àrdaich, inbhich, cuir an àirde, cliùthaich, mòraich, uaislich

exalted *adj.* onorach, inbheach, inbhidh

exalting n. cliùthachadh *masc.*

exam n. deuchainn *fem.*

exam results n. toradh nan deuchainn *masc.*

examination n. sgrùdadh *masc.*, ceasnachadh *masc.*, ceisteachadh *masc.*

examination board n. bòrd dheuchainnean *masc.*

examination of accounting n. sgrùdadh chunntasan *masc.*

examine *vb.* dèan sgrùdadh air, sgrùd, ceistich, criathraich

examined *adj.* sgrùdaichte

examiner n. rannsachair *masc.*, sgrùdaiche *masc.*

examining *n.* sgrùdadh *masc.*, feuchainn *fem.*

examining *adj.* sgrùdach

example *n.* sampall *masc.*, ball-sampaill *masc.*, eisimpleir *masc.*, samplair *masc.*

exasperate *vb.* sàraich, feargaich, , farranaich

excavate *vb.* cladhaich, slocaich, co-chòsaich

excavation *n.* cladhach *masc.*, cosachadh *masc.*

exceed *vb.* rach thairis air, os-cheumnaich

exceeding *adj.* anabarrach

excel *vb.* thoir bàrr, os-cheumnaich

excellence *n.* mòralachd *fem.*, òirdheirceas *masc.*, sàradh *masc.*

excellency *n.* ro-òirdheirceas *masc.*

excellent *adj.* fìor-mhath, gasda, barrail, òrdha, so-roghnaidh, urramach

excelling *n.* os-cheumachadh *masc.*

except *vb.* fàg a-mach, saor

except *prep.* mach o, ach

exception *n.* mura-bhith *fem.*

exceptional *adj.* air leth, eadar-dhà-shian, neo-àbhaisteach

excess *n.* anabarr *masc.*, còrr *masc.*, còrralach *masc.*, craos *masc.*, iomadaidh *fem.*, neo-ghoireasachd *fem.*, neo-mheasarrachd *fem.*

excess (immoderation) *n.* ana-cuibheas *masc.*, ana-cuimse *fem.*

excessive *adj.* anabarrach, neo-chuimseach, neo-ghoireasach, neo-mheasarra

excessive (immoderate) *adj.* ana-cuimseach, ana-cuibheasach, ana-measarra

exchange *n.* iomlaid *fem.*, malairt *fem.*, taigh-malairt *masc.*, taigh-iomlaid *masc.*, mùthadh *masc.*

exchange *vb.* iomlaidich, malairt, malairtich, co-iomlaidich, suaip

exchange rate *n.* co-luach an nòt *masc.*, luach-iomlaid *masc.*, luach-mùthaidh *masc.*

exchanger *n.* malairteach *masc.*

exchanging *n.* iomlaid *fem.*, malairt *fem.*, suaipeadh *masc.*

excise *n.* cìs-bhathair *fem.*

exciseman *n.* gèidseir *masc.*, cìsear *masc.*, cìsire *masc.*, gàidsear *masc.*

excitable *adj.* udagach

excite *vb.* brosnaich, brod, spreòd, tog

excited *adj.* air bhioran, air bhàinidh

excitement *n.* adhbhar-dùsgaidh *masc.*, priobairneach *masc.*

exciting *n.* peabrachadh *masc.*, togail *fem.*

exciting *adj.* spreòdach

exclamation *n.* clisgeadh *masc.*, clisgreadh *masc.*

exclamation mark *n.* clisg-phuing *fem.*, stad-iongnaidh *masc.*, iongantas *masc.*

exclude *vb.* cum a-mach, bac, dùin a-mach

exclusion *n.* dùnadh a-mach *masc.*

excommunicate *vb.* ascaoin, ascaointich, iomsgair, naomh-mhallaich

excommunication *n.* càrn-eaglais *masc.*, iomasgaradh *masc.*, iom-sgaradh *masc.*, mallachd-eaglais *fem.*, naomh-mhallachadh *masc.*, naomh-mhallachd *fem.*

excoriate *vb.* rùisg, sgrath, sgroill

excoriating *adj.* rùslach, sgroilleach

excoriation *n.* feòlan *masc.*

excoriations *n.* rùsgadh air basaibh *masc.*

excrement *n.* cac *masc.*, salachar *masc.*

excrescence *n.* forfhàs *masc.*, fadhb *fem.*, faob *masc.*, fliodhan *masc.*, fuaidne *fem.*

excruciating *adj.* creadhnach, piantach

excrutiating *adj.* cràiteach, creadhnach

exculpation *n.* saoradh *masc.*, saothadh *masc.*

excursion n. cuairt *fem.*, turas *masc.*, sgrìob *fem.*, siorradh *masc.*, stràcan *masc.*

excusable *adj.* ion-leithsgeulach, leisgeulach

excusal n. leisgeul *masc.*

excusal slip n. bileag-leisgeil *fem.*

excuse n. mura-bhith *fem.*

excuse *vb.* gabh leisgeul, leisgeulaich

excuser n. leisgeulaiche *masc.*

execrate *vb.* mallaich

execute *vb.* cuir gu bàs, cuir an suim

execute (bring into action) *vb.* gnìomhaich

execute (perform) *vb.* coilion

execution (accomplishment) n. coilionadh *masc.*

execution (skill in performing) n. fileantachd *fem.*

executioner n. peanasaiche *masc.*, sealanach *masc.*

executive n. gnìomhaiche *masc.*

executive *adj.* gnìomharrach

executive (computer) n. stiùireadair *masc.*, stiùiriche *masc.*

executive (person) n. gnìomhaiche *masc.*

Executive Search Consultants *pr.n.* Luchd-lorgaidh Cheannardan Gnìomhachais

executives n. luchd-gnìomha *masc.*

executor n. tuitear *masc.*

executrix n. bana-chèileadair *fem.*, bana-churadair *fem.*

exemplar materials n. stuth-samhail *masc.*

exemplary *adj.* eisimpleireach

exemplification n. nochdadh *masc.*

exempt *adj.* rèidh, saor

exemption n. saoradh *masc.*, saorsa *fem.*

exercise n. cleachdadh *masc.*, cuisdean *masc.*, eacarsaich *fem.*, eagarsaidh *fem.*, gleus *masc.*

exercise-book n. leabhar-eagarsaidh *masc.*, leabhar-obrach *masc.*, leabhar-obrach *masc.*

exert *vb.* cuir chuige

exertion n. spàirn *fem.*, iomairt *fem.*, orradh *masc.*, spac *masc.*, spàirneadh *masc.*, spracalachd *fem.*, spraic *fem.*

exhalation n. sgamal *fem.*, toghlainn *fem.*, tollainn *fem.*

exhale *vb.* smùid, smùidich, smùidrich

exhaling *adj.* smùideach

exhaust *vb.* claoidh, teirig, traogh

exhaust (fatigue) n. claoidh *fem.*, claoidhteachd *fem.*

exhausted *adj.* claoidhte, traoighte, curaidh

exhaustible *adj.* so-thaomaidh, so-thaosga, so-thaosgaidh

exhausting n. traoghadh *masc.*

exhausting *adj.* claoidhteach, claoidheach

exhaustion n. claoidheachd *fem.*

exhibit n. ball-taisbeantais *masc.*

exhibition n. taisbeanadh *masc.*, fèill-thaisbeanaidh *fem.*, aitreabh-nochdaidh *fem.*, taisealbhadh *masc.*

exhilarate *vb.* sunndaich

exhilarating *adj.* mùirneach

exhilaration n. roisire *fem.*

exhort *vb.* earalaich, misnich, meanmnaich

exhortation n. earail *fem.*, impidh *fem.*, brosnachadh *masc.*, tafach *masc.*

exhorter n. earalaiche *masc.*, impidheach *masc.*

exhorting n. misneachadh *masc.*

exigent *adj.* riatanach, cungarach

exile n. fògarrach *masc.*, eilthireach *masc.*, deòiridh *masc.*, fògrach *masc.*, loinseach *masc.*

exiled *adj.* air fògradh

exist *vb.* bi beò, mair

existence *n.* bith *fem.*, bithealas *masc.*, rè *fem.*

existentialism *n.* bitheileas *masc.*

existing *adj.* maireann, beò

exit *n.* dol-a-mach *masc.*

exorable *adj.* so-aomaidh, so-aslachaidh, so-chiùineachaidh, so-ghuidhe, so-labharra

exorcise *vb.* cuir spiorad fo gheasaibh

exorcism *n.* cronachan *masc.*, driuchaidean *masc.*

exorcist *n.* neach cur-spioradan-fo-gheasaibh *masc.*

exotic *adj.* coimheach, allmhara(ch), deòranta

expand *vb.* leudaich, sgaoil

expansible *adj.* so-sgaoilidh

expansion *n.* leudachadh *masc.*

expatiate *vb.* leudaich

expectancy *n.* dùil *masc.*, dòchas *masc.*, fiughaireachd *fem.*

expectant *adj.* dòchasach, fiughaireach

expectation *n.* dùil *fem.*, dòchas *masc.*, sùil *fem.*, dùil-fheitheamh *masc.*, fiughair *fem.*, sùileachadh *masc.*

expected value *n.* luach sùilichte *masc.*

expectoration *n.* rèiteach-bràighe *masc.*

expedient *n.* saod *masc.*, seòl *masc.*

expedient *adj.* coltach, iomchaidh

expedition *n.* cuairt *fem.*, turas *masc.*, luaths *masc.*, sluaigheach *fem.*

expedition (speed) *n.* speirid *fem.*

expeditious *adj.* speirideil

expel *vb.* fògair

expenditure *n.* teachd-a-mach *masc.*, cosgais *fem.*, caiteachas *masc.*, caithinnich *fem.*

expense *n.* cosgais *fem.*

expensiveness *n.* daoiread *masc.*

experience *n.* eòlas *masc.*, fèin-fhiosrachadh *masc.*, blas *masc.*

experienced *adj.* eòlach, seanacheannach, seana-chrìonta

experiment *n.* deuchainn *fem.*, pròbhadh *masc.*, archuisg *fem.*

experimental *adj.* pròbhail

expert *n.* eòlaiche *masc.*, fiosraiche *masc.*, abaltaiche *masc.*, ealantach *masc.*, iollanaiche *masc.*, muircheartach *masc.*

expert *adj.* ealanta, teòma, fiosrach, gleusda, cleachdte, apar, cuireadach, cuireanta, eirmiseach, innidh, iollain, luath-làmhach, neo-chlì, saoitheil

expertise *n.* ealantas *masc.*, eirmiseachd *fem.*

expertness *n.* ealdhantachd *fem.*, teòmachd *fem.*, sgil *masc.*, innidheachd *fem.*

expiation *n.* rèite *fem.*, so-rèite *fem.*

explain *vb.* mìnich, soilleirich, breithnich, soillsich, steinn, suabharaich, thoir breithneachadh a

explain (to) *vb.* leig ris do

explanation *n.* mìneachadh *masc.*, soilleireachadh *masc.*, breithneachadh *masc.*, soillseachadh *masc.*

explanatory *adj.* mìneachail

explicable *adj.* so-mhìneachaidh

explication *n.* fuasgladh *masc.*

explode *vb.* spreadh, smùid, blosg, smùidrich

exploit *n.* euchd *fem.*, àrd-ghnìomh *masc.*, mòr-ghnìomh *masc.*

exploitation *n.* gabhail-brath *fem.*, pleoiteachadh *masc.*

exploits *n.* treunadas *fem.*, spleadh *masc.*

exploration *n.* taisgealadh *masc.*

exploration rig *n.* clàr-dearbhaidh *masc.*

explore *vb.* rannsaich, troimh-rannsaich, rùraich, troimh-sgrùd

explorer *n.* rannsachair *masc.*

explosion *n.* spreadhadh *masc.*, brag *masc.*, spreadh *masc.*, truimpleasg *masc.*

explosive *adj.* sgailceanta

export *n.* as-mhalairt *fem.*

export *vb.* cuir a-mach, cuir bathar a-mach

exportation *n.* cur a-mach *masc.*

exporter *n.* reiceadair-a-mach *masc.*

exports *n.* asbhathar *masc.*, bathar-a-mach *masc.*

expose *vb.* thoir am follais, leig ris, nochd, taisbean, foillsich, rùisg

exposed *adj.* am follais, faoilidh, nochte, rùisgte

exposed (to) *adj.* buailteach do

exposition *n.* cunntas *masc.*, lèireachadh *masc.*, mìneachadh *masc.*

expostulate *vb.* reusanaich

expostulation *n.* reusanachadh *masc.*

expound *vb.* mìnich

expounder *n.* mìniche *masc.*

express appointment *n.* suidheachadh daingnichte *masc.*

express rider *n.* luath-mharcair *masc.*

expressible *adj.* labhairteach, so-innsidh, so-labhairt

expression *n.* dòigh-labhairt *fem.*, labhairt *fem.*, modh-labhairt *masc.*

expressive *adj.* faireachail, spreigeach, spreigearra

expressway *n.* luath-rathad *masc.*

expulsion *n.* fògradh *masc.*, ionarbhadh *masc.*

extant *adj.* maireann, an làthair, air sgeul, air bhrath, brath-air-bhrath

extemporary *adj.* gun ullachadh

extend *vb.* cuir ri, leudaich, leasaich, cuir am farsaingeachd, sìn, leithnich, sgaoil, stadh

extend (to) *vb.* ruig air

extension *n.* leudachadh *masc.*

extensive *adj.* farsainn, ranntrach

extent *n.* ìre *fem.*, farsaingeachd *fem.*, meud *masc.*, rinndeal *masc.*

exterior *n.* taobh a-muigh *masc.*, leth-a-muigh *masc.*, leth-a-mach *masc.*

external *adj.* (air an taobh) a-muigh

external assessment *n.* às-mheasadh *masc.*

extinguish *vb.* cuir às, cuir a-mach, smàl, mùch, tùch

extinguished *adj.* fo smàl

extinguisher *n.* inneal-smàlaidh *masc.*, smàladair *masc.*, mùchadair *masc.*, sguab *fem.*, smàl-shoitheach *fem./masc.*, tùchair *masc.*

extinguishing *n.* smàladh *masc.*, mùchadh *masc.*

extirpate *vb.* dìobair, dìthich

extol *vb.* àrdaich, cliùthaich, mol, tog

extolling *n.* àrdachadh *masc.*, moladh *masc.*, cliùthachadh *masc.*

extortion *n.* ragaireachd *fem.*, an-riadh *masc.*, foireigneadh *masc.*, ocar *masc.*, sracadh *masc.*

extortioner *n.* ragaire *masc.*, an-riadhair *masc.*, neach-foireignidh *masc.*, sàrachair *masc.*, sgramain *masc.*, sracair *masc.*

extortive *adj.* ragaireach

extra-curricular *adj.* taobh muigh na sgoile

extract *n.* earrann *fem.*, criomag *fem.*

extract *vb.* thoir às, tagh às, tog às, as-tharraing, sùgh, sùigh, tarraing

extracting *n.* sùghadh *masc.*

extractive *adj.* tàirneach

extramural *adj.* seachtrach

extraordinary *adj.* iongantach, neo-ghnàthaichte, neo-ghnàthach, còrr

extravagance *n.* ana-caitheamh *masc.*, struidhealachd *fem.*, dosgaidheachd *fem.*, fiadhantachd *fem.*, giocaireachd *fem.*, mì-bhail *fem.*, mì-bhuileachadh *masc.*, riobaideachd *fem.*, sgaireap *fem.*, sgapaireachd *fem.*, stròdh *masc.*, struidhe *fem.*

extravagant *n.* luchd-struidhe *masc.*

extravagant *adj.* ana-caithteach, ròlaisteach, caitheach, dosgaidh, dosgaidheach, mì-bhaileach, riobaideach, sgaireapach, struidheil

extravaganza (musical production) *n.* saordhreach *masc.*, ròlaist *masc.*

extravasation *n.* brùthadh *masc.*

extreme *adj.* cusach

extreme unction *n.* ola-bàis *fem.*, ungadh deireannach *masc.*, ungadh-bàis *masc.*

extremity *n.* iomall *masc.*, ceann *masc.*, tàrr *masc.*

extrusion *n.* teagnadh *masc.*

exulcerate *vb.* othraich

exulcerated *adj.* steinlichte

exulcerating *n.* steinleachadh *masc.*

exulceration *n.* steinleachadh *masc.*

exultant *adj.* lùghaireach, caithreamach, luath-ghàireach

exultation *n.* lùghair *masc.*, guileag *fem.*

exuperable *adj.* so-cheannsachaidh

eye *n.* sùil *fem.*

eye (hole of needle) *n.* sùil-snàthaid *fem.*, crò-snàthaid *masc.*

eye contact *n.* glacadh-sùla *masc.*

eye socket *n.* gluc *masc.*, logag *fem.*

eye-opener *n.* fosgladh-sùla *masc.*, sùileachan *masc.*

eye-salve *n.* acfhainn-shùla *fem.*, sàbh-shùil *masc.*, sùil-leigheas *masc.*

eye-tooth *n.* fiacail-crìche *fem.*

eye-up *vb.* beachdaich

eyebolt *n.* crann-sùla *masc.*

eyebright *n.* lus-nan-leac *masc.*, rainn-an-uisge *masc.*

eyebrow *n.* braol *masc.*, fardalan *masc.*, mailm *fem.*, mala *fem.*, moilean *masc.*

eyed *adj.* sùileach

eyeglass *n.* speuchdlair *masc.*, spleuchdair *masc.*

eyelash *n.* rosg-sùil *masc.*

eyelet *n.* brucag *fem.*, lùbag *fem.*

eyelid *n.* sgàile-sùla *fem.*, cochall-nan-sùl *masc.*, fabhar *masc.*, fabhra *masc.*, frasg *masc.*, rosg *masc.*

eyesight *n.* fradharc *masc.*, lèirsinn *fem.*, sealladh *masc.*, sùil-radharc *masc.*

eyesore *n.* cùis-sgreamh *fem.*

F

fable *n.* fionnsgeul *masc.*, saoibhsgeul *masc.*, sgeul *masc.*, sgeulachd *fem.*, ùirsgeul *masc.*

fabricate *vb.* cuir ri chèile

fabulist *n.* sabhdaire *masc.*

fabulous *adj.* fionnsgeulach

facade *n.* aghaidh *fem.*, aodann *masc.*

face *n.* aghaidh *fem.*, aodann *masc.*, gnùis *fem.*

facet *n.* taobh *masc.*, gruaidheag *fem.*

facetious *adj.* abhailteach

facilitate *vb.* soirbhich, furasdaich

facility *n.* soirbheachd *fem.*, èasgaidheachd *fem.*, goireas *masc.*, iasalachd *fem.*, so-fhaithreachd *fem.*

facsimile *n.* samhla(dh) *masc.*

facsimile signature *n.* samhl-ainm *masc.*

faction *n.* buidheann *masc.*, còram *masc.*, luchd-tuairgnidh *masc.*, sgaradh *masc.*

factious *adj.* eas-òrdach

factor (agent) *n.* bàinneach *masc.*, bàillidh *masc.*, maor *masc.*, seumarlan *masc.*, siamarlan *masc.*

factor (abstract) *n.* factar *masc.*, bun-chùis *fem.*

factorship *n.* seumarlanachd *fem.*

factory *n.* factaraidh *fem.*, taigh-ceàirde *masc.*, taigh-gnìomhachais *masc.*, taigh-oibre *masc.*, taigh-tionnsgain *masc.*

factotum *n.* tìmpire *masc.*

faculties *n.* ciad-fàthan *pl.*

faculty (power to act) *n.* comas *masc.*, cumhachd *masc.*, buaidh *fem.*, ciadfadh *masc.*

faculty (sense) *n.* ciad-fàth *fem.*, comas *masc.*

fade *vb.* searg, crìon, meath, aognaich, crìonaich, meathaich, seac

fading *n.* seargadh *masc.*, crìonadh *masc.*, meath *masc.*, steinneadh *masc.*

fading *adj.* diom-buan, seacach, seargach

fading away *n.* siasnadh *masc.*

faeces *n.* drabhag *fem.*, drabhas *masc.*

fag *vb.* slad

faggot *n.* ceanglag *fem.*, cual *fem.*, cualag *fem.*, fagaid *masc.*, lasag *fem.*, paisg *fem.*

fagot *vb.* cualaich

fail *vb.* fàilig, dìobair, leig roimhe, fàillinnich, mùigh, teirig, tuit

fail safe *n.* inneal-sàbhalaidh *masc.*

failing *n.* fàillinn *fem.*, fàilligeadh *masc.*, fàillneachadh *masc.*, dìthicheadh *masc.*, meath *masc.*, starradh *masc.*

failing *adj.* teibideach

faint *n.* neul *masc.*, laigse *fem.*, luaran *masc.*

faint *adj.* fann, lag

faint *vb.* fannaich, rach am paiseanadh, rach an laigse, rach an neul

faint-hearted *adj.* bog-chridheach, dì-mhisneachail, lag-chridheach, meata, mì-mhisneachail, tais, tais-chridheach

faint-heartedness *n.* meath-chridhe *masc.*

fainting *n.* paiseanadh *masc.*, preathalaich *fem.*, tialadh *masc.*

faintness *n.* fannadh *masc.*

fair (beauty) *adj.* sgèimheach

fair (just) *adj.* ceart, cothromach

fair (colour) *adj.* bàn, fionn

fair *n.* faidhir *fem.*, fèill *fem.*

fair *vb.* sgèimhich

fair (great assembly) *n.* aonach *masc.*

fair copy *n.* ath-sgrìobhadh *masc.*

fair play *n.* cothrom na Fèinne *masc.*

fairing (present) *n.* faidhrean *masc.*

fairness (colour) *n.* bàine *fem.*

fairness (justness) *n.* ceartas *masc.*

fairy *n.* sìthiche *masc.*, bean-shìdh *fem.*, cruthlach *masc.*, sgobhrag *fem.*, siabhrach *fem.*, sìbhreach *masc.*, sìbhreag *fem.*, sìghideach *fem.*, sìth *fem.*, suire *fem.*

fairylike *adj.* sìthicheach, sìbhreachail, sìtheil

faithful *adj.* dìleas, tairiseach

faithful, the *n.* dìlsich, na *pl.*

faithfulness *n.* dìlseachd *fem.*, treibhdhireas *masc.*, tairiseachd *fem.*

faithless *adj.* mì-dhìleas, neo-dhìleas

faithlessness *n.* ain-dìlseachd *fem.*, mì-dhìlseachd *fem.*, neo-fhìreantachd *fem.*

falcon *n.* clamhan *masc.*, faolchon *masc.*, seabhag *fem.*

falconer *n.* seabhacair *masc.*, seabhagair *masc.*, sealgair *masc.*, seòcair *masc.*

falconry *n.* seabhagaireachd *fem.*

falderal *n.* gòlaid *fem.*

fall *n.* leagadh *masc.*, leagail *fem.*, spailleadh *masc.*, spleadhadh *masc.*, trost *masc.*

fall *vb.* tuit, splad

fall out (quarrel) *vb.* rach a-mach air a chèile

fall to *vb.* teann, tòisich

fall-back *n.* cùl-taic *masc.*

fall-out *n.* tuiteam a-mach *masc.*

fall-out (ecology) *n.* duslach *masc.*

fallaciousness *n.* fallsachd *fem.*

fallantry *n.* fialaidheachd *fem.*

fallibility *n.* cudamachd *fem.*

fallible *adj.* ion-mheallta

falling *n.* tuiteam *masc.*, spleadhadh *masc.*

falling sickness *n.* moircheas *masc.*

falling star *n.* beuradh-theine *fem.*, salachar-ronnaig *masc.*

falling-off *n.* dol air ais *masc.*

fallow *adj.* bàn, buidhe, buidhe-shoilleir

fallow deer *n.* daig *masc.*, dais *fem.*, dathas *masc.*, fiadh-bhreac *masc.*

fallow deer (female) *n.* earb *fem.*

false *adj.* brèige, breugach, ceàrr, eithich, fallsa, fuadain, meallta, mealltach, mearachdach, neo-fhìor

false (deceitful) *adj.* ìoganach

false teeth *n.* fiaclan-fuadain *pl.*

false-hearted *adj.* saobh-chràbhach

falsehood *n.* ruileag *fem.*

falsify *vb.* breugaich, breugnaich

falsity *n.* fallsachd *fem.*

falter *vb.* lagaich, tuislich, mùigh

faltering *adj.* lapach

fame *n.* cliù *fem.*, ainm *masc.*, onoir *fem.*, alladh *masc.*, iomradh *masc.*, sochladh *masc.*

famed *adj.* ainmeil, cliùiteach, iomraiteach, onorach, rathail

familiar *adj.* eòlach (air), càirdeil

familiarity *n.* eòlas *masc.*, ceanaltas *masc.*

family *n.* teaghlach *masc.*, cuideachd *fem.*, geug *fem.*, muinntir *fem.*, sìol-treubh *masc.*, stoc *masc.*, treubh *fem.*

family allowance *n.* cuibhreann-teaghlaich *masc.*

Family Allowances and National Insurance Act *pr.n.* Achd Cuibhreann Teaghlaich & Arachas Nàiseanta

Family Planning Association *pr.n.*
Comann Innleadh Teaghlaich

Family Planning Clinic *pr.n.* Clinic Seòl
Gineamhainn, Ionad Rian Gineil

family services *n.* seirbheisean-teaghlaich
pl.

family tree *n.* craobh-dhàimhe *fem.*,
craobh-ghinealaich *fem.*, craobh-
sheanchais *fem.*,
craobh-sloinntearachd *fem.*

family-crest *n.* cìrean *masc.*

famine *n.* gort *fem.*, daorsainn *fem.*

famous *adj.* ainmeil, iomraiteach,
luadhmhor, miadhail, òirdheirc,
oscarach, ruireach, ruireachail, sual,
sualach

fan *n.* gaotharan *masc.*, gaothran *masc.*,
sgàileag *fem.*, sgàileagan *masc.*,
sgiathan *masc.*, sgoignean *masc.*

fan *vb.* caignich

fan (instrument for winnowing) *n.* guit
fem.

fan heater *n.* gaotharan-teasachaidh
masc., gaothran teasachaidh *masc.*

fan-tailed pigeon *n.* calman gobhlach
masc.

fanciful *adj.* guanach, smaoineach

fancy *n.* guanachas *masc.*, mac-meanmna
masc., meanmna *masc.*, mìochuis *fem.*,
smaoin *fem.*, toibhre *fem.*

fancy dress *n.* culaidh choimheach *fem.*

fanfare *n.* sgàl-thrombaid *masc.*

fang *n.* stòr-fhiacail *fem.*, crùbh *masc.*,
nimh-fhiacail *fem.*, tosg *masc.*

fank *n.* fang *fem.*, manbh *fem.*

fantasy *n.* òrachd *fem.*, dealbhachd *fem.*,
faodharsachd *fem.*, gaotharlanachd
fem., sgeul-guaineis *masc.*

far away *adj.* fad' air falbh, fad às

far-off *adj.* an cèin, cian

farce (play) *n.* sgig-chluich *fem.*, baoth-
chluich *fem.*

farcy *n.* claimh-each *masc.*, galar each
masc.

fardel *n.* prunnan *masc.*, punnan *masc.*

fare *n.* faradh *masc.*, lach *fem.*, luach-
giùlain *masc.*

farewell *n.* beannachadh *masc.*,
beannachd *fem.*, cead *masc.*, soraidh
fem.

farm *n.* baile-fearainn *masc.*, fearann
masc., tac *fem.*, tuathanas *masc.*

Farm and Food Society *pr.n.* Buidheann
Tac agus Biadh, Comann Tuathanais
is Bidh

farm-buildings *n.* treabhair *masc.*

farm-hand *n.* gille-sabhail *masc.*, sgalag
fem.

farm-labourer *n.* gille-sabhail *masc.*,
sgalag *fem.*

farm-steading *n.* mànas *masc.*

farmer *n.* tuathanach *masc.*

farmhouse *n.* taigh-tuathanaich *masc.*

farmstead *n.* tuathanas *masc.*

farmyard *n.* clobhsa *masc.*

farrago *n.* bruthaiste *masc.*, brochlaid
masc.

farrier *n.* dotair-each *masc.*, each-lèigh
masc., gobha-chruidhean *masc.*

farrow *adj.* seasg-chorpach

fart *n.* braim *masc.*, tùd *masc.*

farthing *n.* fàirdean *masc.*, fàrdan *fem.*,
feòirling *fem.*

fascinating *adj.* taitneach

fascination *n.* geasachd *fem.*, sùl-radharc
masc.

fashion *n.* fasan *masc.*, cleachdadh *masc.*,
dòigh *fem.*, gnàth *masc.*, modh *masc.*,
rian *masc.*

fashionable *adj.* fasanta, modhail, nòsach,
nòsail, nòsmhor

fashioner *n.* cumadair *masc.*

fast (firm) *adj.* daingeann, teann

fast *n.* trasg *fem.*

fast (quick) *adj.* luath

fast *vb.* traisg

fast breeder reactor *n.* cruthadair niùclasach dian-ghinntinneach *masc.*

fast-day *n.* là-traisg *masc.*

fasten *vb.* ceangail, ceangail, naisg, teannaich

fastening *n.* ceangal *masc.*, teannachadh *masc.*, pinneachadh *masc.*

fastidious *n.* moineiseach *fem.*

fastidious *adj.* àilgheasach, àilleasach, arralach, moinigeil, orraiseach

fastidiousness *n.* moit *fem.*, tailceas *masc.*

fasting *n.* trasg *fem.*, trasgadh *masc.*

fat *n.* blonag *fem.*, crèis *fem.*, geir *fem.*, meathras *masc.*, reamhrachd *fem.*, saill *fem.*, sult *masc.*

fat *adj.* lìonta, mèath, reamhar, sailleach, sailleir, samh, sèideach, sturranta, sultach, sultmhor, tiugh

fat hen (chenopodium album) *n.* bloinigean *masc.*, praiseach fhiadhain *fem.*

fatal *adj.* marbhtach, bàsail, bàsmhor

fatal accident inquiry *n.* rannsachadh bàs tubaisteach *masc.*, rannsachadh tubaist bhàsmhor *masc.*

fate *n.* crannchar *masc.*, dàn *masc.*, manadh *masc.*, sùil-radharc *masc.*, toiche *fem.*

father *n.* athair *masc.*

Father Christmas *pr.n.* Bodach na Nollaig

father-in-law *n.* athair-cèile *masc.*

fatherless *adj.* gun athair, dìlleachdach

fathom *n.* aitheamh *masc.*

fathom *vb.* aitheamhaich, grunndaich, tomhais

fathomless *adj.* neo-thomhaiseach

fatiguable *adj.* so-sgìtheachaidh

fatigue *n.* airtneal *masc.*, analas *masc.*, claoidh *fem.*, claoidh(t)eachd *fem.*, ion-mhall *masc.*, seabhas *masc.*, seabhasachd *fem.*, sgìos *fem.*, sgìths *masc.*, trachladh *masc.*, treachladh *masc.*

fatigue *vb.* lagaich, sàraich, sgìthich

fatigued *adj.* air sgìtheachadh, curaidh, seabhasach, sgìth, suaithte

fatiguing *adj.* claoidh(t)each, trachlach, trom

fatling *n.* mèithealach *masc.*

fatness *n.* reamhrachd *fem.*, sultmhorachd *fem.*, raimhdeas *masc.*, sult *masc.*

fatted *adj.* saillmhor

fatted pig *n.* muc glasach *fem.*

fatten *vb.* reamhraich

fattening *adj.* reamhrach

fatty *adj.* miath

fatuity *n.* neo-thuigse *fem.*

faucet *n.* goc *masc.*, steallair *masc.*

fault *n.* aineamh *masc.*, balc *masc.*, ciont *masc.*, coire *fem.*, cron *masc.*, lochd *masc.*, meang *fem.*, mearachd *fem.*, sgainnir *fem.*, stic *fem./masc.*

faultiness *n.* giamhachd *fem.*

faultless *adj.* gun lochd, gun mheang, neo-chiontach, neo-choireach, neo-lochdach

faulty *adj.* easbhaidheach, aineamhach, mearachdach, sorbach

favour *n.* fàbhar *masc.*, bàidh *fem.*, còmhstadh *masc.*, sochair *fem.*

favour *vb.* bi fàbharach, còmhnaich, fàbhair, nochd fàbhar

favourable *adj.* fàbharach, soirbheasach

favourableness *n.* fàbharachd *fem.*

favourite *n.* aillein *masc.*, annsachd *fem.*, bàidheach *masc.*, cridhean *masc.*, prìomhach *masc.*

favourless *adj.* neo-spèiseach

fawn *n.* laogh allaidh *masc.*, laogh-eilid *masc.*, laogh-fèidh *masc.*, meann-earba *masc.*

fawn *vb.* brosdail, dèan miodal/sodal, sliomaich, sodalaich

fawner *n.* gìogair *masc.*, pliotair *masc.*

fawning *n.* seamadal *masc.*, slìomachd *fem.*, sodal *masc.*, sodan *masc.*

fawning *adj.* leògach, ri miodal, slìogach, sliosda, ùmhal

fax *n.* facs *masc.*

fealty *n.* tairiseachd *fem.*

fear *n.* eagal *masc.*, feagal *masc.*, fiamh *masc.*, athadh *masc.*, faiteas *masc.*, giamh *masc.*, giorag *fem.*, luasgan *masc.*, mùiseag *fem.*, oglaidheachd *fem.*

fearful *adj.* eagalach, fiamhail, sgàthach, sgreamhail, sgreataidh

fearless *adj.* neo-eagalach, neo-ghealtach, neo-mheata, neo-sgàthach, gun eagal, gun athadh

fearlessness *n.* neo-ghealtachd *fem.*

feasibility *n.* comasachd *fem.*

feasibility study *n.* sgrùdadh so-dhèanamh *masc.*

feasible *adj.* iasalach, ion-dhèanta, so-dhèanamh, so-dhèanta

feasible region (statistics) *n.* ceàrn-comais *masc.*

feast *n.* cuirm *fem.*, cuirm *fem.*, fèisd *fem.*, fleadh *masc.*, seòin *fem./masc.*, tàbhairn *masc.*, tuillean *masc.*

feat *n.* euchd *fem.*, cleas *masc.*, òr-bheart *fem.*

feather *n.* iteag *fem.*, ite *fem.*, cleiteag *fem.*

feather (blade of oar) *n.* liagh *fem.*

feather (sarking) *n.* amaladh *masc.*

feather-bed *n.* leabaidh-chlòimh *fem.*, leabaidh-itean *fem.*

feather-duster *n.* bruis-ite *fem.*

feathered *adj.* cluth, iteach

feathery *adj.* iteagach

feature *n.* comharradh *masc.*, tuar *masc.*, aogas *masc.*

febrifuge *n.* fiabhras-chosg *masc.*

February *pr.n.* Gearran, an

federal *adj.* feadarail, coitcheann, co-naisgte, cùmhnantach, cunnradhach

federation *n.* caidreachas *masc.*, co-nasgadh *masc.*

Federation of Crofters Unions *pr.n.* Co-nasgadh nan Aonaidhean Croitearachd

fee *n.* duais *fem.*, bunndaist *fem.*, cìs *fem.*, cosnadh *masc.*, prìs *fem.*, tuarasdal *masc.*, tuarasdal *masc.*

feeble *adj.* fann, lag, anfhann, lapach, meata, mì-chalma, mì-thaiceil, neo-neartmhor, seochlanach, similidh

feebleness *n.* anfhannachd *fem.*, dìblidheachd *fem.*, mì-thaicealachd *fem.*, neo-neart *masc.*

feed *n.* biadh *masc.*, lòn *masc.*, ionailt *fem.*

feed *vb.* beathaich, biadh, biadhtaich, ionaltair

feeder school *n.* sgoil-lìonaidh *fem.*

feeding *n.* fodradh *masc.*, ionaltradh *masc.*, itheannaich *fem.*

feel *vb.* fairich, mothaich

feeler *n.* iadhaire *masc.*, iarradaiche *masc.*

feeling *n.* faireachdainn *fem.*, mothachadh *masc.*

felicity *n.* sonas *masc.*, sòlas *masc.*

fell *vb.* leag, geàrr sìos, spad

feller *n.* spadaiche *masc.*, spadaire *masc.*

felling *adj.* spadach

felloe *n.* cuairsgean *masc.*, rioghthach *fem.*

fellow *n.* gille *masc.*, companach *masc.*, gioball *masc.*, leth-aon *masc.*, leth-bhreac *masc.*, mac-samhladh *masc.*

fellow- *pref.* co-

fellow-creature *n.* co-chreutair *masc.*

fellow-feeling *n.* co-bhàidh *fem.*

fellow-traveller *n.* co-astaraiche *masc.*

fellowship *n.* caidreabh *masc.*, caidreachas *masc.*, co-chomann *masc.*, comann *masc.*, companas *masc.*

felon (inflamed sore) *n.* iùras *masc.*

felonious *adj.* sgabaisteach

felony *n.* sgabaiste *masc.*

felt *n.* cùrainn *fem.*, peileag *fem.*, peilleag *fem.*, peillic *fem.*

felt (fabric) *n.* ad-olainn *fem.*

felt (tar) *n.* teàrr-anart *masc.*

felwort *n.* muilceann *masc.*

female *n.* boireannach *masc.*, tè *fem.*

female *adj.* boireann

feminine (grammar) *adj.* boireanta

feminine gender *n.* gnè bhoireann *fem.*

femur *n.* sliasaid *fem.*

fen *n.* bogalach *masc.*, càr *masc.*, càthar *masc.*, curach *fem.*, riasg *masc.*

fence *n.* feansa *fem.*, callaid *fem.*, rodachd *fem.*

fence (swordplay) *vb.* làimh-bhasb

fencer *n.* basbaire *masc.*, feannsair *masc.*, iom-chlaidheamhair *masc.*

fencer (swordplay) *n.* basbair *masc.*, claidheamhair *masc.*

fencibles *n.* dìon-fheachd *fem.*

fencing *n.* feannsaireachd *fem.*, feansadh *masc.*

fencing (swordplay) *n.* basbaireachd *fem.*, claidheamhaireachd *fem.*, làimh-bhasbaireachd *fem.*, sgoil-bhasbaireachd *fem.*

fender *n.* dìonadair *masc.*, teàrnadair *masc.*

fennel *n.* fineal *masc.*, lus an t-saoidh *masc.*

ferment *n.* beirm *fem.*, brachadh *masc.*

ferment *vb.* brach, gabh, goirtich, oibrich

fermentation *n.* atach *masc.*, ataireachd *fem.*, atmhoireachd *fem.*, brachadh *masc.*, co-ghluasad *masc.*, obrachadh *masc.*

fermentative *adj.* co-ghluasadach

fermented *adj.* toirnichte

fermium *n.* feirmium *masc.*

fern *n.* fraineach *fem.*, raineach *fem.*

ferocious *adj.* fraoich, garg, allanta

ferocity *n.* gairge *fem.*, buirbe *fem.*, dèineas *masc.*

ferret *n.* baineasg *fem.*, fearaid *fem.*, fearraid *fem.*, feiread *fem.*, feòcallan *masc.*, firead *fem.*, neas *fem.*, neas-abhag *masc.*, peireid *fem.*, siread *masc.*

ferret (narrow silk/cotton ribbon) *n.* stìom *fem.*

ferreter *n.* neasadair *masc.*

ferriage *n.* luach-aisig *masc.*

ferric *adj.* feirig

ferrule *n.* crambaid *fem.*, fiugh *masc.*, meuran *masc.*, uireall *masc.*

ferry *n.* aiseag *fem.*, bàt-aiseig *masc.*

ferry *vb.* aisig

ferry terminal *n.* ceann-uidhe-aiseig *masc.*, cidhe-aiseig *masc.*

ferry-boat *n.* bàt-aiseig *masc.*

ferry-house *n.* taigh-aiseig *masc.*

ferryman *n.* neach-aiseig *masc.*, portair *masc.*

fertile *adj.* saoibhreach, tor(r)ach, torrail

fertiliser *n.* leasachadh *masc.*, mathachadh *masc.*, stuth-mathachaidh *masc.*, todhar *masc.*

fertility *n.* torachas *masc.*, sliochdmhorachd *fem.*, torraicheas *masc.*, torraileachd *fem.*

fertilization *n.* torrachadh *masc.*

fertilized *adj.* torrach

fervour *n.* dèine *fem.*, dùrachd *fem.*, dìoghras *masc.*, braise *fem.*, sùrdalachd *fem.*

fester *vb.* at, deirgnich, lionnaich

festival *n.* fèill *fem.*, fèis *fem.*

festive *adj.* fleadhach, cuirmeach, macnasach, meadhrach, soganach, sùgach

festivities *n.* logamail *fem.*

festivity *n.* subhachas *masc.*, cuirmeachd *fem.*, greadhnachas *masc.*, greadhnas *masc.*, macnas *masc.*, meadhradh *masc.*

festoon *n.* triopall *masc.*

fetid *adj.* loibheach, toirnichte

fetlock *n.* luidhean *masc.*, luighean-deiridh *masc.*, ruitean *masc.*

fetter *n.* bann *masc.*, ceangal *masc.*, corrach *fem.*, cuibhreach *masc.*, gèibhinn *fem.*, geimheal *masc.*, langaid *fem.*, langar *masc.*, luaghlas *masc.*, ruchall *masc.*, spearrach *fem.*

fetter *vb.* ceangail, craplaich, cuibhrich, geimhlich, snaim

feu-duty *n.* cairbhist *fem./masc.*

feud *n.* falachd *fem.*

fever *n.* cuarsgach *masc.*, fiabhras *masc.*, teasach *masc.*

feverfew *n.* meadar buidhe *masc.*, meadh duach *masc.*

few *n.* beagan *masc.*

few *adj.* ainneamh, gann, tearc

fewness *n.* tearcachd *fem.*, gainnead *masc.*, tearcadh *masc.*

fiancée *n.* suirgheach *masc.*

fib *n.* breugag *fem.*, sabhdag *fem.*

fib *vb.* còmhdach

fibre *n.* freumhag *fem.*, reang *masc.*, snàthainnean *masc.*

fibrous *adj.* freumhagach, snàthainneanach

fibula *n.* cnàimh caol na lurgainn *masc.*

fickle *adj.* gogaideach, caochlaideach, ciogailteach, guanach, iol-chridheach, iomlaideach, leam-leat, luaineach, luasganach, mùiteach, neo-chinnteach

fickleness *n.* caochlaideachd *fem.*, luaineachd *fem.*

fiction *n.* faoinsgeul *fem.*, ficsean *masc.*, ruanachd *fem.*, saobh-sgeul *fem.*, sgeulachd *fem.*, spleadh *masc.*, spleadhnas *masc.*, uirsgeul *masc.*, uirsgeulachd *fem.*

fictional *adj.* ficseanail, uirsgeulach

fictitious *adj.* spleadhasach, spleadhnasach

fiddle *n.* fidheall *fem.*

fiddler *n.* fidhlear *masc.*

fiddler crab *n.* deiseag *fem.*, deisneag *fem.*

fidelity *n.* dìlseachd *fem.*, tairiseachd *fem.*

Fidelity Guarantee Insurances *pr.n.* Arachas Barantas Dìlseachd

fidget *vb.* meuraich

fidgeting *n.* eacarsaich *fem.*, iorpais *fem.*, ùtrais *fem.*, ùtraiseachd *fem.*

fidgeting *adj.* iomluasgach, ùtraiseach

fidgets *n.* ireapais *fem.*

fidgetting *vb.* spaidhleireachd

fidgety *adj.* frithillidh, luasganach, neo-fhoisneach

fie upon you! *interj.* mo nàire ort fhein!

field *n.* achadh *masc.*, dail *fem.*, faiche *fem.*, lian *masc.*, magh *masc.*, mìn *masc.*, pàirc *fem.*, raon *masc.*

field (heraldry) *n.* clàr-sgèithe *masc.*

field (primary) research *n.* bun-rannsachadh *masc.*

field forget-me-not *n.* cobharach *masc.*

field madder *n.* màdar na machrach *masc.*

field marshal *n.* feachd-mharasgal *masc.*, marasgal-cogaidh *masc.*

field milk-thistle *n.* bliochd-fochain *masc.*

field officer (civil) *n.* oifigear-làraich *masc.*

field officer (military) *n.* cath-mhìleadh *masc.*

field penny-cress *n.* praiseach-fèidh *fem.*

field poppy *n.* blàth nam bodach *masc.*, cathlach dearg *masc.*, ioth-ròs *masc.*, meilbheag *fem.*, paipin ruadh *masc.*

field scabious *n.* bodach gorm *masc.*, gille-guirmein *masc.*

field vole *n.* famhalan-feòir *masc.*, feurlagan *masc.*

field-clover *n.* silmeag *fem.*

fieldfare *n.* liath-truisg *masc.*, liath-throsg *masc.*, socan *masc.*, uiseag-sneachda *fem.*

fieldmouse *n.* fèarlagan *masc.*, luchag-fheòir *fem.*, luch-fheòir *fem.*

fieldwork *n.* dubh-chosnadh *masc.*, obair-làraich *fem.*

fieldworker *n.* neach-gnìomha *masc.*

fierce *adj.* fiadhaich, borb, dreaganta, garg, iargallach, oscarach

fierceness *n.* gairge *fem.*, borbas *masc.*

fiery *adj.* loisgeach, teinnteach, laomsgair, lasach, lasail, lasanta, mongach

fiery cross *n.* crann-tàra *masc.*

fife *n.* feadan *masc.*, fìdeag *fem.*

fifteen *adj.* còig deug

fifteen-spined stickleback *n.* stangar *masc.*, stangaram *masc.*

fiftieth *adj.* leth-cheudach, caogadamh

fifty *n.* leth-cheud *masc.*, caogad *fem.*

fig *n.* fìge *fem.*, figis *fem.*, fiodhag *fem.*, fìogais *fem.*

fig-tree *n.* crann-fìge *masc.*, fìogag *fem.*

fight *n.* còmhra(i)g *fem.*, ion-fhorran *masc.*, raillidh *fem.*, sabaid *fem.*

fight *vb.* cog, còmhra(i)g, cuir cath, cuir troid, sabaidich, troid

fighter *n.* sabaidiche *masc.*, còmhragair *masc.*

fighting *n.* buaireas *masc.*, sabaid *fem.*

figurable *adj.* so-dhealbhaidh, so-oibrichte

figurative *adj.* fìoghaireach, samhlachail

figure *n.* cumadh *masc.*, fìog(h)air *masc.*

figure (configuration) *n.* cruth *masc.*, cumadh *masc.*, laight *fem.*

figure (number) *n.* figear *masc.*, suim *fem.*

figure (shape) *n.* cumadan *masc.*

figure of speech *n.* cainnt-chruth *masc.*, ìomhaigh *fem.*, trop *fem.*

figured bass *n.* airbheus *masc.*

figwort *n.* donn-lus *masc.*, farach-dubh *masc.*, lus nan cnapan *masc.*, torranach *masc.*, torranan *masc.*

filaceous *adj.* toinnteanach

filament *n.* fileamaid *fem.*, fille *masc.*, streafon *masc.*, toinntean *masc.*

filamentous *adj.* fileamaideach, fillteach

filbert *n.* cnò shearbh *fem.*, faoisgeag *fem.*

filcher *n.* sliomair *masc.*, spiuthair *masc.*

filching *n.* sliomaireach *fem.*

file *n.* còmhlachadh *masc.*, faidhle *masc.*

file (instrument) *n.* eighe *fem.*, lìomhan *masc.*, toraisg *fem.*, rusp *masc.*, tuireasg *masc.*

file (line of soldiers) *n.* borradh *masc.*, raighe *fem.*

file specification (computer) *n.* cùl-bhreac *masc.*

filed *adj.* lìomharra

filer *n.* lìomhadair *masc.*

filial *adj.* macail, macanta

filibeg *n.* feileadh beag *masc.*

filing cabinet *n.* preasa-faidhligidh *masc.*

filings *n.* cogallach *masc.*, smùrach-eighe *masc.*

fill *n.* sàth *masc.*

fill *vb.* lìon

filler *n.* lìonachan *masc.*, lìonadair *masc.*, tunnadair *masc.*

fillet *n.* filead *fem.*, ribean *masc.*

fillet (architecture) *n.* cuairteag *fem.*

fillet (architecture) *vb.* cuairtich

fillet (band for hair) *n.* aoideag *fem.*, ceimhleag *fem.*, crannag *fem.*, oideag *fem.*, sreangan-gruaige *masc.*, stìom *fem.*

fillet (fish) *n.* sgor *masc.*

fillet (piece of meat) *n.* colp *masc.*

filleting *n.* pìleadh *masc.*, sgoltadh *masc.*

filling *n.* storbadh *masc.*

filling *adj.* lìontach, sàthach

filling station *n.* stèisean-peatrail *masc.*

fillip *n.* gailleag *fem.*, peallaid *fem.*, plab *masc.*, sgeafag *fem.*, smàlag *fem.*, smalan *masc.*, smeach *masc.*, smiotan *masc.*, smulag *fem.*, spadag *fem.*

filly *n.* cliobag *fem.*, làireach *fem.*, loth *fem.*

film *n.* film *masc.*, nasg *masc.*, sgleò *masc.*, sreabhainn *fem.*, streafon *masc.*

film (membrane) *n.* sgannan *masc.*, streamhan *masc.*

film (substance) *n.* sreathan *masc.*, sreothan *masc.*

film-maker *n.* filmeadair *masc.*

filmstrip *n.* filmstiall *fem.*

filmy *adj.* sgàileanach, sgannach, sgleòdhach, tainnteanach

filter *n.* sìol(t)achan *masc.*, criathrag *masc.*, sgagadh *masc.*, sgagair(e) *masc.*, sìolan *masc.*, sìothlag *fem.*

filter *vb.* criathair, criathraich, sgag, sìolaidh

filter funnel *n.* sìolachan *masc.*

filter plant *n.* taigh-sìolaidh *masc.*

filter-feeder *n.* biadhadair *masc.*, itheadair-sìolaidh *masc.*

filter-paper *n.* pàipear-sìolachain *masc.*, pàipear-sìolachain *masc.*

filtering *adj.* sgagach

filth *n.* gaorr *masc.*, òtrach *masc.*, raip *fem.*, rapaiche *masc.*, rapais *fem.*, sal *masc.*, salachadh *masc.*, salachar *masc.*, sgloid *fem.*, sgudal *masc.*, slaoit *fem.*, trudaireachd *fem.*

filth *adj.* slàib

filthiness *n.* graosdachd *fem.*, neo-ghlaine *fem.*, trusdaireachd *fem.*, trusdrachd *fem.*, truthdaireachd *fem.*

filthy *adj.* beallaidh, luideach, mosach, raipeach, rapach, salach, slaibeach, smodach

filtration *n.* sìolachadh *masc.*

fin *n.* ite *fem.*, iteag *fem.*

fin whale *n.* muc an sgadain *fem.*

final *adj.* deireannach

finale *n.* crìoch *fem.*, finid *fem.*

finalist *n.* crìochaiche *masc.*

finally *adj.* fa dheòidh, mu dheireadh thall

finance *n.* ionmhas *masc.*, airgead *masc.*, airgeadas *masc.*, maoineachas *masc.*

finance *vb.* cuir airgead mu choinneamh, maoinich

Finance Act 1965 *pr.n.* Achd an Ionmhais 1965

Finance Committee *pr.n.* Comataidh an Ionmhais

Finance Department *pr.n.* Roinn an Ionmhais

financial *adj.* ionmhasail

Financial Secretary to the Treasury *pr.n.* Prìomh Rùnaire an Ionmhais

financial year *n.* bliadhna-ionmhais *fem.*, bliadhna-airgeadais *fem.*

find *vb.* faigh, lorg, amais (air), tachair

finding *adj.* amaisgeil

fine *n.* càin *fem.*, ùbhladh *masc.*, unnlagh *masc.*

fine *adj.* grinn, ceutach, fìnealta, gasda, laghach, loinnear, mìn, rìomhach, ùrar

finery *n.* brèaghachd *fem.*, rìomhachas *masc.*, brèaghas *masc.*

finger *n.* àbhdan *masc.*, corrag *fem.*, corrag *fem.*, meòir *fem.*, meur *fem.*, meur *fem.*

finger *vb.* corragaich, cuir meur air, làimhsich, làmhaich, meuraich

finger ware *n.* bragair *masc.*

finger-end *n.* spriùtan *masc.*

fingering *n.* meuradh *masc.*, pronnadh *masc.*

fingerpost *n.* treòraichear *masc.*

fingerprint *n.* meur-lorg *fem.*, aileadh-meòir *masc.*, lorg-meòir *fem.*

fingerstall *n.* cuaran *masc.*

fingertip *n.* òdan *masc.*

finicky *adj.* àilleasach

fining-pot *n.* suacan-leaghaidh *masc.*

finish *vb.* crìochnaich, cuir crìoch air

finished *adj.* crìochnaichte, deiseil, ullamh

finisher *n.* crìochadair *masc.*, crìochnaiche *masc.*

finishing *n.* crìochnachadh *masc.*

finite *adj.* crìoch(n)ach, crìochnaidheach, finideach

finite verb *n.* crìochnach *masc.*, gnìomhair finideach *masc.*

finitude *n.* criothnachd *fem.*

finnicky *adj.* tarmasach

finnock *n.* fionnag *fem.*

finny *adj.* iteach, iteagach

fiorin *n.* fioran *masc.*

fir *n.* giuthas *masc.*

fir-clubmoss *n.* garbhag an t-slèibhe *fem.*

fir-cone *n.* cnèadag *fem.*

fire *n.* teine *masc.*, aingeal *masc.*, gealbhan *masc.*

fire *vb.* loisg, cuir na theine, cuir teine ri

fire (discharge of fire-arms) *n.* gradan *masc.*

fire (shoot) *vb.* loisg, leig

fire station *n.* stèisean-smàlaidh *masc.*

fire-alarm *n.* rabhadh-teine *masc.*, teine-chaithream *masc.*

fire-arm *n.* arm-teine *masc.*

fire-balloon *n.* long-adhair-teine *fem.*

fire-drill *n.* oideas-teine *masc.*

fire-engine *n.* carbad-smàlaidh *masc.*, einnsean-smàlaidh *masc.*

fire-escape *n.* teàrnadair-o-theine *masc.*

fire-grate *n.* teindear *masc.*, teindire *masc.*

fire-insurance *n.* urras-teine *masc.*

fireball *n.* ball-teine *masc.*, meall-teine *masc.*, tein'-adhair *masc.*

firebrand *n.* aithinne *masc.*, aithinne-teine *fem.*, leus-teine *masc.*

firefly *n.* cuileag-shionnachain *fem.*, lamprag *fem.*

fireman *n.* neach-smàlaidh *masc.*

fireplace *n.* cliath-theine *fem.*, teallach *masc.*, teinntean *masc.*

firewood *n.* connadh *masc.*, creubhach *masc.*, crìonach *fem.*, crìonlach *fem.*, cual *fem.*, fiodh-connaidh *masc.*, spruan *masc.*

firework *n.* cleas-teine *masc.*, obair-theine *fem.*, spreadhadair *masc.*, teine drithleannach *masc.*

fireworks *n.* cleasan-teine *pl.*, drillseanan *masc.*, teintean-ealain *masc.*

firing range *n.* faiche-targaid *fem.*

firing squad *n.* luchd-làmhaich *masc.*

firkin *n.* curasan *masc.*, feircin *masc.*, firigean *masc.*

firlot *n.* ceathramh *masc.*, feòrlan *masc.*

firm *adj.* bunanta, bunasach, co-neartmhor, cothromach, cruaidh, cunbhalach, daingeann, diongalta, neo-bhog, seasmhach, sicir, stalcanta, starbhanach, starcach, stèidheil, taiceil, teann, tortail

firm (business) *n.* companaidh-gnothachais *masc.*, gnothachas *masc.*

firm (solid) *adj.* brachdach

firmament *n.* adhar *masc.*, iarmailt *fem.*, iarmailt *fem.*, nèamh *masc.*, speur *masc.*

firmness *n.* daingneachd *fem.*, seasmhachd *fem.*, diongaltas *masc.*, neo-thuisleachd *fem.*, neo-thuiteamachd *fem.*, sic *fem.*, starcaiche *masc.*, stèidhealachd *fem.*, tàbhachd *fem.*

firmware (computing) *n.* bathar stèidhichte *masc.*

first *adj.* air thoiseach, an toiseach, ciad

first *pref.* prìomh-

first bass *n.* beus àrd *masc.*

first cousin (father's brother's son) *n.* mac-bràthair-athar *masc.*

first cousin (father's sister's son) *n.* mac-piuthar-athar *masc.*

first cousin (mother's brother's side) *n.* mac-bràthair-màthar *masc.*

first generation computer *n.* coimpiutair a' chiad ghinealaich *masc.*

first person singular *n.* a' chiad phearsa singilte *masc.*

first-aid *n.* ciad-fhuasgladh *masc.*

first-begottten *adj.* luath-ghinteach

first-born *n.* ciad-ghin *masc.*

first-class fare *n.* ciad-fharadh *masc.*, faradh daor *masc.*

first-floor *n.* ciad-làr *masc.*, ciad-lobhta *fem.*, lobhta *masc.*

first-footing *n.* a' cheud cheum *fem.*, ciad-chuairt *fem.*

firth *n.* caol *masc.*, caolas *masc.*, cneas-mara *masc.*, muirgeag *fem.*

fiscal *adj.* ionmhasail, fioscalach, maoineach

fish *n.* iasg *masc.*

fish *vb.* iasgaich

fish-hook *n.* dubhan-iasgaich *masc.*

fish-net *n.* lìon-iasgaich *masc.*, tàbh *masc.*

fish-oil *n.* àdha-geir *fem.*

fish-pond *n.* èisglinn *fem.*, iasg-loch *masc.*, poll-èisg *masc.*, poll-iasgaich *masc.*

fish-processing factory *n.* taigh-giullachd-èisg *masc.*

fish-spear *n.* muirgheadh *fem.*

fish-weir *n.* cairidh *fem.*

fishcake *n.* bonnach-èisg *masc.*

Fisheries Management Scheme *pr.n.* Sgeama Riaghlaidh na h-Iasgaireachd

fisherman *n.* iasgair *masc.*

fisherwoman *n.* ban-iasgair *fem.*

fishery *n.* achladh *masc.*, iasgach *masc.*

fishery cruiser *n.* bata-glèidhidh-an-iasgaich *masc.*

Fishery Economics Research Unit *pr.n.* Aonad Rannsachaidh Eaconomachd an Iasgaich

fishing *n.* iasgach *masc.*

fishing boat *n.* bàt-iasgaich *masc.*, eathar-iasgaich *masc.*

fishing fly *n.* maghar *masc.*

fishing-boat *n.* bàt-iasgaich *masc.*

fishing-ground *n.* grunnd-iasgaich *masc.*, iolladh *masc.*

fishing-line *n.* aoghaist *fem./masc.*, driamlach *fem./masc.*, meigh *fem.*, ruaim *fem.*, sgeinnidh *masc.*

fishing-rod *n.* slat-iasgaich *fem.*, driamlach *masc.*, drumlach *masc.*, iasg-shlat *fem.*

fishing-spear *n.* morghath *masc.*, tradh *fem.*

fishing-station *n.* poll-iasgaich *masc.*

fishmeal *n.* min-èisg *fem.*

fishwife *n.* cailleach-èisg *fem.*

fissible *adj.* so-sgoilte, so-sgoltaidh

fission *n.* briseadh *masc.*

fissure *n.* sgoltadh *masc.*, beàrn *fem.*, bristeadh *masc.*, cnac *fem.*, iùc *fem.*, reubadh *masc.*, sgagaid *fem.*, sgàineadh *masc.*, sgar *masc.*, sracadh *masc.*

fist *n.* crudhan *masc.*, dòrn *masc.*

fisticuffs *n.* rùdanachadh *masc.*

fistulous *adj.* ribheideach

fit *n.* taom *masc.*, teum *masc.*, tochd *masc.*

fit (suitable) *adj.* cubhaidh, iomchaidh, ion, ion-fhreagarrach, seaghach

fit *vb.* freagair, freagraich, sgèith, thig (do)

fit (convulsion) *n.* brais *fem.*, cuairt *fem.*, meall *masc.*, paisean *masc.*

fitfil *adj.* frithillidh

fitness *n.* innealtachd *fem.*

fitness *pref.* ion-

fits and starts *n.* buidheam *fem./masc.*

fittings (mathematics) *n.* co-fhreagairt *fem.*

five *adj.* còig

five-a-side football *n.* ball-coise chòignear *masc.*

five-leaved heath *n.* fraoch-badain *masc.*

fix *vb.* suidhich, dèan teann, ceangail, socraich

fixed *adj.* bunaiteach, daingeann, neo-charaidheach, seasmhach, socrach, stèidhichte, suidhichte, sunnara, teann

fixed abode *n.* àite-còmhnaidh seasmhach *masc.*

fixed assets *n.* maoin stèidhte *fem.*, maoin bhuan *fem.*, maoin shuidhichte *fem.*

fixed disc *n.* clàr stèidhte *masc.*

fixed length record *n.* raon faid-stèidhte *masc.*

fixed point arithmetic *n.* puing-àireamhachd shuidhichte *fem.*

fixedness *n.* neo-charaidheachd *fem.*

fixing *n.* ceangal *masc.*, socrachadh *masc.*, sparradh *masc.*, tairngeadh *masc.*

fixity of tenure *n.* dìonachd *fem.*

fixtures (furniture) *n.* tàmh-àirneis *fem.*

flabby *adj.* bog, plamach, boglainneach, fleòidhte, neo-ghramail, plamcaidh, slamanach, sultach

flaccid *adj.* maoth, so-lùbaidh, flagach, fleòidhte, neo-rag

flag *n.* bratach *fem.*, sròl *masc.*, suaicheantas *masc.*

flag (computing) *n.* bratach *fem.*, còd-cunnraidh *masc.*, còd-inbhe *masc.*

flag (lag) *vb.* fannaich, lagaich, lapaich, lasaich

flagellate *n.* flaigeallaiche *masc.*

flagellated (biology) *adj.* flaigeallach

flageolet *n.* gall-fheadan *masc.*, pìoban *masc.*

flagon *n.* plaichead *masc.*

flagpole *n.* bratchrann *masc.*

flagship *n.* bratlong *fem.*

flagstaff *n.* bratchrann *masc.*, crann-bratach *masc.*, gas *masc.*, slat-shuaicheantais *fem.*

flagstone *n.* leac *fem.*

flail *n.* sùist *fem.*, buailtean *masc.*, eaman *masc.*, maide-froisidh *masc.*, malaid *fem.*, roisean *masc.*

flake *n.* bleideag *fem.*, lòineag *fem.*, sgealb(ag) *fem.*, cleit(eag) *fem.*, sleantach *masc.*, spitheag *fem.*

flake *vb.* sgealb

flaky *adj.* cleiteach

flambeau *n.* mòr-choinneal *fem.*, trillsean *masc.*

flame *n.* las *masc.*, lasadh *masc.*, lasair *fem.*, ruithneadh *masc.*, sitse *fem./masc.*, teine *masc.*, toitean *masc.*, toitein *masc.*

flaming *adj.* caoireach, lasrach, loisgeach

flan *n.* flana *masc.*

flange *n.* slios *masc.*

flank *n.* slios *masc.*, blian *masc.*, taobh *masc.*

flannel *n.* cùrainn-chneas *fem.*, flanain *masc.*, flanainn *fem.*

flap *n.* cleitearnach *masc.*, clibeag *fem.*, lèabag *fem.*, spat *masc.*

flap *vb.* slap

flapped *adj.* lèabagach

flapping *n.* clapartaich *fem.*, plabartaich *fem.*, plabraich *fem.*, placadaich *fem.*, sgàireanaich *fem.*

flapping *adj.* spad

flare *n.* lasair-bhoillsg *masc.*, lasan *masc.*

flaring up *n.* lasan *masc.*

flash *n.* lasair *fem.*, boillsgeadh *masc.*, laom *masc.*, druilinn *fem.*, leus *masc.*, plaosgadh *masc.*, plathadh *masc.*, splang *fem.*

flash *vb.* deàlraich, boillsg, plath, plathach, soillsich

flash flood *n.* tuil bheum *fem.*

flashing *n.* splangadh *masc.*

flashing *adj.* boillsgeach, boillsgeil, caoireach, leusach, plathach

flashy *adj.* sgòdach

flask *n.* creachan *masc.*, flasg *fem.*, searrag *fem.*, searrag-phòcaid *fem.*

flasket *n.* sgeap *fem.*

flat (accomodation) *n.* lobhta *masc.*, flat *masc.*

flat *adj.* còmhnard, flat, leacach, pleatach, spad

flat (vapid) *adj.* marbh, maol

flat calm *n.* spad-fhèath *masc.*

flat-foot *n.* spàgaire *masc.*, sàil lom *fem.*, spad-chas *fem.*

flat-footed *adj.* blad-spàgach, prabhtach

flatfish *n.* fleogan *masc.*

flatness (music) *n.* buige *fem.*

flatten *vb.* leacanaich, leanaich, leathnaich, sglèap, spad

flattened *adj.* leacach, leudaichte

flattening *adj.* spadach

flatter *vb.* breug, brosgail, gìog, sèid, sliomaich, sodalaich

flatterer *n.* masgalaiche *masc.*, miodalaiche *masc.*, miodalair *masc.*, miodalan *masc.*, sliomair *masc.*, sodalach *masc.*

flattering *adj.* bialchar, clabail, gabhannach, giodalach, mìn-bhriathrach, miodalach, sàimh-bhriathrach, sèideach, sliosda, soileasach

flattery *n.* beul brèagha *masc.*, beul-ghràdh *masc.*, bòidheam *masc.*, brosgal *masc.*, buaidheam *fem.*, giodal *masc.*, gioganachd *fem.*, golum *masc.*, masgal *masc.*, miodal *masc.*, sliosdachd *fem.*, sodal *masc.*, sodal *masc.*, soileas *masc.*, soileas *masc.*, spleadh *masc.*

flatulence *n.* baothaireachd *fem.*, bramasag *fem.*, gaothaireachd *fem.*, soirbheas *masc.*

flatus *n.* sgiorrag *masc.*, sgonnag *fem.*

flatworm *n.* daolag rèidh *fem.*, durrag rèidh *fem.*

flauchter-spade *n.* caibe-làir *masc.*, caibe-sgrath *masc.*, làr-chaibe *masc.*

flaunch *n.* achlasan *masc.*

flautist *n.* cuisleannach *masc.*

flavour *n.* blas *masc.*, cùbhraidheachd *fem.*

flavour *vb.* blasaich

flaw *n.* meang *fem.*, diosg *masc.*, fabht *masc.*, gaoid *fem.*, sur *masc.*

flax *n.* lìon *masc.*, sgeinnidh *masc.*

flax-dresser *n.* seiclear *masc.*, sistealach *masc.*, sistealair *masc.*

flax-dressing *n.* seiclearachd *fem.*, sistealachd *fem.*

flax-seed *n.* ròs-lìn *masc.*

flaxcomb *n.* seicil *fem./masc.*, sisteal *masc.*

flay *vb.* feann, fionn

flea *n.* deargad *fem.*, deargann *fem.*

fleam *n.* tuagh-fhola *fem.*

fledgling *n.* clòmhrachan *masc.*, garrach *masc.*

flee *vb.* thoir na buinn às, tàrr às, teich

fleece *n.* rùsg *masc.*, lomar *masc.*, lomradh *masc.*, suanach *fem.*

fleece *vb.* lomair, rùisg

fleeced *adj.* rùisgte

fleecing *n.* deamhsadh *masc.*, rùsgadh *masc.*

fleecy *adj.* rùsgach, cloimheach, lomrach

fleet *n.* cabhlach *masc.*, loingeas *masc.*, muir-chabhlach *fem.*, muir-fheachd *fem.*, plod *masc.*

fleet *adj.* luath, siubhlach

fleeting *adj.* diombuan, falbhach, luaineach, neo-sheasmhach

flesh *n.* crè *fem.*, feòil *fem.*, searcall *masc.*

flesh maggot *n.* bèisteag *fem.*

flesh-hook *n.* adhal *masc.*, alachag *fem.*, tadhal *masc.*

flesh-mite *n.* cartan *masc.*, frìdeag *fem.*

flesh-pot *n.* poit-fheòla *fem.*

fleshy *adj.* feòlar, sultmhor, feòlmhor, reamhar

flex *vb.* snaoidh, fleisg

flexibility *n.* sùbailteachd *fem.*, lùghadh *masc.*, so-chlaonadh *masc.*

flexible *adj.* sùbailte, lùbach, righinn, slatach, slatail, slatanta, so-aomadh, so-chamadh, so-ghèillidh, so-lùbaidh, sùbailte

flier (part of machine) *n.* seicle *fem.*

flight *n.* iteach *masc.*, iteag *fem.*, iteal *masc.*, sgaoth *masc.*, sgineag *fem.*

flight (act of fleeing) *n.* ruaig *fem.*, teiche(adh) *masc.*, fògradh *masc.*, ruith *fem.*

flight (air journey) *n.* turas-adhair *masc.*

flighty *adj.* luaineach, seilleanach, sgaogach

flimsy *adj.* tana, lamaranta, neo-sgoinneil

flinch *vb.* clisich, ath, sèap

flinching *n.* sèapadh *masc.*

flinching *adj.* sèapach, siabach

fling *n.* tuinnseadh *masc.*

fling *vb.* tilg, caith, sgiot

flinging *n.* tilgeil *fem.*

flint *n.* art-theine *masc.*, breò-chlach *fem.*, clach-spor *fem.*, clach-theine *fem.*, spor *masc.*

flip-flop *n.* logais *masc.*

flippant *adj.* beadaidh, giolcannach, sgulanach, teabaiseach

flipper *n.* clabair *masc.*, pliut *masc.*

flirt *n.* gogaid *fem.*, leòdag *fem.*, mi-chùiseach *masc.*, spoithear *masc.*

flirt *vb.* beadraich, mir

flirtation *n.* miochuis *fem.*, miolchais *fem.*, sguaigeis *fem.*

flirting *n.* beadradh *masc.*, brionnal *masc.*, marsanaich *fem.*, mireadh *masc.*, sùgradh *masc.*

flirting *adj.* brionnalach

flit *vb.* imrich

flitting *n.* imrich *fem.*

flitting *adj.* siùbhlach

flixweed *n.* fineal-Moire *masc.*

float *n.* fleodragan *masc.*, puta *masc.*, snàmhachan *masc.*

float *vb.* flod, snàmh

float (raft) *n.* slaod *masc.*, slaodadh *masc.*

floating *n.* bogadh *masc.*, fleòdradh *masc.*, snàmhach *masc.*, udal *masc.*

floating *adj.* bog-luasgach

floating currency *n.* airgead neo-cheangailte *masc.*

flock *n.* bad *masc.*, baidean *masc.*, greigh *fem.*, mol *fem.*, prasgan *masc.*, sgot *masc.*, sgotan *masc.*, treud *masc.*

flock (cloth refuse) *n.* lòine *fem.*

flog *vb.* cuip, stiallaich

flogging *n.* cairbhist *masc.*

flood *n.* dìle *fem.*, dòirteach *fem.*, failc *fem.*, lighe *fem.*, lìonadh *masc.*, speid *fem.*, tuil *fem.*

flood *vb.* lochaich, tuilich

flood-plain *n.* raon-dìle *masc.*

flooded *adj.* ligheach

floodgate *n.* bòrd-uisge *masc.*, tuil-dhoras *masc.*

flooding *n.* tuileachadh *masc.*

floodtide *n.* làn-mara *masc.*

floor *n.* grunnd *masc.*, làr *masc.*, lobhta *masc.*, ùrlar *masc.*

floor *vb.* ùrlaraich

floorboard *n.* clàr-làir *masc.*, clàr-ùrlair *masc.*

floored *adj.* clàrach

floorhead *n.* ceann-làir *masc.*

flooring *n.* clàraidh *fem.*

floppy disc *n.* clàr sùbailte *masc.*

florid *adj.* ruiteach

floridness *n.* ruiteachd *fem.*

floriferous *adj.* ruiteach

florin *n.* caigeann-thasdan *masc.*

florist *n.* flùranaiche *masc.*, ceannaiche-fhlùran *masc.*, lusragan *masc.*

floss *n.* cèasg *fem.*

flote-grass *n.* feur-uisge *masc.*, mìlsean-uisge *masc.*

flotsam *n.* murrag *fem.*

flounce *n.* fabhra *masc.*

flounder *n.* garbhag *fem.*, lèabag *fem.*, lèabag ghlas *fem.*, leòbag *fem.*, liabag brathan *fem.*

flounder *vb.* luidir

floundering *n.* fathraigeadh *masc.*, plubraich *fem.*, rìghleadh *masc.*

floundering *adj.* eadar-dhà-lionn, plubrach

flour *n.* flùr *masc.*, min *fem.*

flourish *vb.* cinn

flow *vb.* lìon, ruith, sruth

flow chart *n.* clàr-ruith *masc.*

flower *n.* dìthean *masc.*, blàth *masc.*, flùr *masc.*, sìthean *masc.*, lus *masc.*

flower *vb.* dìtheannaich

flower-bed *n.* ceapach-dhìtheanan *fem.*, imir-dhìthean *masc.*

floweret *n.* flùran *masc.*

flowerpot *n.* pige-luibhe *masc.*, poit fhlùran *fem.*, poit lus *fem.*

flowers *n.* silteach *fem.*

flowery *adj.* dìtheanach

flowing *n.* ruith *fem.*, sruthadh *masc.*

flowing *adj.* ruitheach, ruithleach

flowing tide *n.* sruth-lìonaidh *masc.*

flu *n.* cnatan mòr, an *masc.*

fluctuate *vb.* atharraich, luaisg, tulg

fluctuating *adj.* iomlaideach, luaisgeach

fluctuation *n.* atharrachadh *masc.*, luasgadh *masc.*, tulgadh *masc.*

flue *n.* luidhear *masc.*, sòrn *masc.*

flue-stone *n.* leac-an-teallaich *fem.*, leac a' chealaich *fem.*

fluency *n.* deas-bhriathrachas *masc.*, fileantachd *fem.*, fileantas *masc.*, siùbhlachas *masc.*

fluent *adj.* fileanta, siùbhlach, deas-bhriathrach, deas-labhrach, ràiteach, ruitheach, ruithteach, so-dhòirte

fluff *n.* mot *masc.*, ròineag *fem.*, mothtan *masc.*

fluffy *adj.* mothtanach, silteach, sruthach

fluid *n.* lionn *masc.*

fluid *adj.* fliuch, uisgidh

fluke (barb of anchor) *n.* fiacail *fem.*, fliùc *fem.*, fliùt *fem.*, spàg *fem.*, spliuc *fem.*, spòg *fem.*

fluke (stroke of luck) *n.* turchairt *masc.*

fluke (disease) *n.* pluc *masc.*

fluke (worm) *n.* cnuimh *fem.*

flummery *n.* brochan-cruithneachd *masc.*, cabhraich *fem.*, deoch-rèith *masc.*, lagan *masc.*, slag *fem.* .

flunkey *n.* meaban *masc.*

fluorescent *adj.* sruth-shoillseach, fluoraicheil

fluoridate *vb.* fluoiridich

fluoridated *adj.* fluoiridichte

fluoridation *n.* fluoirideachas *masc.*

fluoride *n.* fluorid *fem.*

fluorine *n.* fluorain *masc.*

flurried *adj.* dribhleagach

flurry *n.* cabhag *fem.*, othail *fem.*, obagaich *fem.*, obaig *fem.*, pradhainn *fem.*

flush *vb.* fàs dearg, sruthlaich

flush *n.* lasadh *masc.*, rudhadh *masc.*

flushing *adj.* ruiteach

flute *n.* cuisle-chiùil *fem.*, cuislean *masc.*, cusail *fem.*, duiseal *masc.*

flute *vb.* claisich

fluted *adj.* claiseach, pìobach, pìobanach

flutter *n.* ob-obagail *fem.*

flutter *vb.* (dèan) itealaich, clòimheinich, plap, sgiathalaich

fluttering *n.* eun-bhualadh *masc.*, itealaich *fem.*, placadaich *fem.*, sgiathalachadh *masc.*, sgiathalachd *fem.*, sgiathalaich *fem.*

fluvial *adj.* abhainneach, aibhneach

flux *n.* sruthadh *masc.*, flusg *masc.*, galar gasda, an *masc.*, rotach *masc.*, ruith, an *masc.*, sgàird, an *fem.*, sgiùird *fem.*, spùt *masc.*, tòbairt *fem.*

fluxus sanguinis *n.* robar-fola *masc.*

fly *n.* cuileag *fem.*

fly *vb.* itealaich, falbh air iteig

fly-by-night *pr.n.* Ruairidh meadhan-oidhche

fly-fishing *n.* iasgach a' mhaghair *masc.*

flyboat *n.* luath-bhàta *masc.*, sgoth-long *fem.*

flycatcher *n.* bricean glas *masc.*

flying *n.* itealaich *fem.*, sgiathalaich *fem.*, iteach *masc.*, iteal *masc.*, seògadh *masc.*, tàirsinn as *fem.*

flying beetle *n.* tabh-ard *masc.*

flyover *n.* osrathad *masc.*

flywheel *n.* roth mòr *masc.*, roth na cuidhle *fem.*

foal *n.* loth *fem.*, searrach *masc.*

foam *n.* cop *masc.*, cobhar *masc.*, cobhragach *masc.*, cothannach *fem.*, rod *masc.*, sgeim *fem.*, sgop *masc.*, ùthan *masc.*

foam *vb.* cop, cuir cop dhe

foaming *adj.* fo chop

foamy *adj.* cobharach, cobhrach, copach, cuip-gheal

fob *n.* pùidse-uaireadair *fem.*

focus *n.* fòcas *masc.*, àite-coinnimh *masc.*, cridhe *masc.*, cruinn-ionad *masc.*, meadhan *masc.*

focus *vb.* amais (air), cruinn(sh)eall, faigh cruinn-shealladh

foe *n.* nàmhaid *masc.*, eascaraid *masc.*

fodder *n.* connlach *fem.*, dosdan *masc.*, fodar *masc.*, innlinn *fem.*

foetid *adj.* breun, òtrachail

foetus *n.* ginean *masc.*, toircheas *masc.*, torraicheas anabaich *masc.*

fog *n.* ceathach *masc.*, ceò *fem./masc.*, cruinneach *fem.*, sgeò *masc.*

fogginess *n.* ceòthagraich *fem.*, dubhanntachd *fem.*

foggy *adj.* ceòthach, ceathachail, ceòmhor, mùgach

foggy bee *n.* còinneachan *masc.*

foie gras *n.* grùthan-geòidh *masc.*

fold *n.* còrnadh *masc.*, fill *fem.*, lùib *fem.*, preas *masc.*, rocan *masc.*

fold *vb.* ciorb, còrn, crò, fill, paisg, preas

fold (enclosure) *n.* crò *masc.*, buaile *fem.*, cliath *fem.*, cotan *masc.*, cuidhe *fem.*, mainnir *fem.*, manbh *fem.*

fold (enclose) *vb.* fangaich

folded *adj.* rocanach

folder *n.* còrnaire *masc.*, pasgan *masc.*

folding *n.* èileadh *masc.*, pasgadh *masc.*

folding *adj.* cùrsach

folding bed *n.* leabaidh thogalach *fem.*

folding stool *n.* stòl-lùthaidh *masc.*

folding-door *n.* còmhla-lùthaidh *fem.*, doras lèabagach *masc.*, doras-lùdhaidh *masc.*, doras-lùdhainn *masc.*, dor-dhuille *masc.*

foliage *n.* duilleach *masc.*

folk *n.* muinntir *fem.*, poball *masc.*, sluagh *masc.*, tuath *fem.*

folk-music *n.* ceòl-dùthchais *masc.*

folk-song *n.* mith-òran *masc.*

folk-tale *n.* mith-sgeul *masc.*, ùirsgeul *masc.*

folklore *n.* beul-aithris *fem.*, beul-oideas *masc.*

follhardy *adj.* gòrach

follicle *n.* caomh *masc.*

follow *vb.* lean, thig an dèidh

follower *n.* leanmhainniche *masc.*, neach-leanmhainn *masc.*

followers *n.* luchd-leanmhainn *masc.*, treud *masc.*

following *adj.* leantail

folly *n.* gòraiche *masc.*, amaideas *masc.*, amaideachd *fem.*, mì-ghliocas *masc.*, neo-eagnaidheachd *fem.*, oinideachd *fem.*, saobh-chiall *fem.*

foment *vb.* blàitich, blàthaich, earabhruich, suath

fomentation *n.* fualait *fem.*, fuarlit *fem.*, sligeadh *masc.*

fomented *adj.* earabhruich

fomenting *n.* blàiteachadh *masc.*

fond *adj.* dèidheil, gaolach, measail, rucasach, spèiseil, miadhail

fondle *vb.* cniodaich, tataidh, ceireanaich, cionacraich, mùirnin, suathaich

fondling *n.* miolcais *fem.*, peatarnachd *fem.*

fondness *n.* dèidh *fem.*, mùirn *fem.*, rùn *masc.*, spèis *fem.*

font (vessel for baptismal water) *n.* amar-baistidh *masc.*, mias-bhaistidh *fem.*

food *n.* biadh *masc.*, lòn *masc.*

food bin *n.* caiteag *fem.*

food hygiene *n.* slàinteachas-bìdh *masc.*

food pollution control *n.* smachd truailleadh-bìdh *masc.*

fool *n.* amadan *masc.*, gloic *fem.*, baothailt *masc.*, drobhc *masc.*, laoist *fem./masc.*, òinid *fem.*, sgog *masc.*

foolery *n.* beadarrachd *fem.*, glaoidhealachd *fem.*

foolhardiness *n.* sgiorrtachd *fem.*

foolhardy *adj.* mear-dhàn, sgiorrach

foolish *adj.* gòrach, amaideach, cladhbach, dotach, gloidhceach, mairg, mì-chèillidh, neo-chiallach, neo-eagnaidh, neo-ghlic, neo-thoinisgeil, neo-thuigseach, òinideach, saoibh

foolishness *n.* gòrachd *fem.*, saobhadh *masc.*

foolscap *n.* fulscap *masc.*

foot *n.* cas *fem.*, eang *fem.*, luighean *masc.*, troigh *fem.*, trosdan *masc.*

foot (measure) *n.* troigh *fem.*

foot (stump) *n.* bun *masc.*

foot-and-mouth disease *n.* galar ronnach, an *masc.*

foot-messenger *n.* gille-steabhaig *masc.*

foot-soldier *n.* coisiche *masc.*, saighdear-coise *masc.*, troigheach *masc.*

foot-warmer *n.* bonnag *fem.*, cuaran *masc.*

football *n.* ball-coise *masc.*

footboard *n.* cleasachan *masc.*, lobhta *masc.*, seòl-cois *masc.*, siol-coise *masc.*, stòl-cois *masc.*

footboy *n.* stocadh *masc.*

footcloth *n.* sumag *fem.*

footing *n.* àite-seasaimh *masc.*, suidheachadh *masc.*, stèidh *fem.*

footgear *n.* caisbheart *fem.*

footman *n.* bonnainne *masc.*, bonnair *masc.*, gille-coise *masc.*, gille-ruith *masc.*, sàil-ghille *masc.*, troigheach *masc.*, ùidh-ghille *masc.*

footnote *n.* bonn-nòta *masc.*, bun-nòta *masc.*, eàrr-nòta *masc.*

footpath *n.* cas-cheum *masc.*, cas-shlighe *fem.*, frith-rathad *masc.*, ùdraid *fem.*

footprint *n.* lorg-coise *fem.*

footrest *n.* bonnachan *masc.*, cluaisean *masc.*, smeachan *masc.*

footrot *n.* galar ladhrach, an *masc.*

footrule *n.* tomhas-troigh *masc.*

footstalk *n.* bun-chuisleach *fem.*, duilleag-choise *fem.*

footstep *n.* ceum *masc.*

footstep (raised step) *n.* inneal-coise *masc.*

footwear *n.* caisbheart *fem.*

footstool *n.* cas-stòl *masc.*, pulag *fem.*, sorchan *masc.*, stòl-coise *masc.*, trosdan *masc.*

fop *n.* gaoithean *masc.*, lasdaire *masc.*, spadaire *masc.*, spailleichdear *masc.*, spailpean *masc.*, spailpire *masc.*, uaillean *masc.*

foppery *n.* gaoitheanachas *masc.*, sgòd *masc.*, spaide *fem.*, spailleichd *fem.*, spaillichdearachd *fem.*, speilp *fem.*, uailleanachd *fem.*

foppish *adj.* ballsganta, banndalach, sgòdach, sgoideasach, sgòideil, spaideil, spailleichdeil, spailpeanach, spailpeil, spairisteach, stàirneil

foppishness *n.* ballsgantachd *fem.*

for nothing (free of charge) *adj.* an asgaidh

forage *n.* innlinn *fem.*, solar *masc.*

forage *vb.* solair, lorg

forager *n.* solaraiche *masc.*

foramen magnum *n.* doras mòr *masc.*

forasmuch *prep.* a mheud

foray *n.* creach *fem.*, toiteal *masc.*

forbear *vb.* seun

forbearance *n.* foidhidinn *fem.*, fad-fhulangas *masc.*, seunachd *fem.*

forbearing *adj.* maithteach

forbid *vb.* crois, sèam

forbidden *adj.* air a chrosadh, toirmisgte

forbidding *n.* sèamadh *masc.*

forbidding *adj.* iargalta, gruamach

force *n.* clì *masc.*, co-èiginn *fem.*, deann *fem.*, èiginneas *masc.*, farrach *masc.*, fòrsa *masc.*, làmh làidir *masc.*, làmhachas làidir *masc.*, neart *masc.*, ruathar *masc.*, sginn *fem.*, sgoinn *fem.*, spàirn *fem.*, spèird *fem.*, spèiread *masc.*, spionnadh *masc.*, teannachadh *masc.*, treòir *fem.*

force *vb.* co-èignich, cuir mar fhiachaibh (air), dinn, thoir (air)

forceful *adj.* èifeachdach, danarra

forceps *n.* greimiche *masc.*, spioladair *masc.*, teanchair *masc.*

forcible *adj.* èifeachdach, neartmhor, cuidreach, spreigeach, spreigearra

forcing *n.* tabhach *masc.*

ford *n.* àth *masc.*, àthan *masc.*, beul-àtha *masc.*, fadhail *fem.*, pait *fem.*

forearm *n.* ruighe *fem./masc.*

forebode *vb.* roi-aithris, taragair

foreboding *n.* manadaireachd *fem.*

forecast *n.* roi(mh)-fheuchainn *masc.*, roi(mh)-shealladh *masc.*

forecast *vb.* roi(mh)-aithris

forecaster *n.* tuairmsear *masc.*

forecasting *n.* roi(mh)-aithris *fem.*

forecastle *n.* caisteal-toisich *masc.*, caisteal-toisich *masc.*, taigh-toisich *masc.*

forechoose *vb.* roi-thagh

forechosen *adj.* roi-thaghta

foredeck *n.* tilleadh-toisich *masc.*

forefinger *n.* sgealbag *fem.*, màthair na h-òrdaig *fem.*, colchag *fem.*, colgag *fem.*, collagag *fem.*, sgealbagaidh *fem.*, sgolabag *fem.*, sgolagag *fem.*

forefront *n.* toiseach *masc.*

foreground *n.* roi-ionad *masc.*

forehand *n.* beulag *fem.*

forehead *n.* bathais *fem.*, clàr an aodainn *masc.*, clàr-aodainn *masc.*, cnuachd *fem.*, maoilean *masc.*

foreign *adj.* cèin, cian, coigreach, coimheach, eilthireach, fuadain, gallda, thall thairis

Foreign Direct Investment *n.* Tasgadh Dìreach Cèin *masc.*

Foreign Secretary *pr.n.* Rùnaire Dhùthchannan Cèin

foreigner *n.* coigreach *masc.*, coimheach *masc.*, eilthireach *masc.*, Gall *masc.*, aineol *masc.*, farbhalach *masc.*

foreknow *vb.* roi-aithnich, roi-bheachdaich

foreknowing *n.* roi-bheachd *masc.*

foreknowing *adj.* roi-bheachdach

foreknowledge *n.* roi-aithne *fem.*, roi-bheachd *masc.*, roi-bheachdachadh *masc.*, roi-eòlas *masc.*

forelock *n.* ciabhag *fem.*, dosan *masc.*, logan *masc.*

foreman *n.* neach-amhairc *masc.*, maor-obrach *masc.*, forman *masc.*, neach-coimhid *masc.*

foremast *n.* crann-toisich *masc.*

forementioned *adj.* roi(mh)-ainmichte

foremost *adj.* air thoiseach

forenoon *n.* roi-eadradh *masc.*, roi-mheadhan-là *masc.*

forensic *n.* dlìgheolach *masc.*

forensic *adj.* mòdach

foreordain *vb.* roi-àithn, roi-òrdaich, sònraich

foreordained *adj.* sònraichte

forepart *n.* soc *masc.*, taobh-beòil *masc.*

foreplay *n.* mirean *masc.*, suiridhe nam pòg *fem.*

forequarter *n.* slinnean *masc.*

forerunner *n.* roi-ruithear *masc.*, roi-theachdair *masc.*

foresail *n.* seòl-toisich *masc.*

foresail-halyard *n.* tarraing-an-t-siùil-thoisich *fem.*

foresail-sheet *n.* sgòd-an-t-siùil-thoisich *masc.*

foresee *vb.* faic roimh làimh, roi-aithnich

foreseeing *adj.* roi-sheallach

foresheet *n.* sgòd-an-t-siùil-thoisich *masc.*

foreside *n.* beulaibh *masc.*

foresight *n.* breithneachadh *masc.*, roi-shealladh *masc.*, roi-shealltainn *masc.*, sùil-radharc *masc.*, sùl-radharc *masc.*

foresightful *adj.* roi-bheachdail

foreskin *n.* for-chraiceann *masc.*, oir-chneas *masc.*, roi-chraiceann *masc.*

foresole *n.* breaban-toisich *masc.*

forest *n.* coille *fem.*

forestaller *n.* roi-stallair *masc.*, sùil-mhargaidh *masc.*

forester *n.* forsair *masc.*, frìthire *masc.*, coillear *masc.*, peaphair *masc.*, peithire *masc.*, sealgair *masc.*

forestry *n.* forsaireachd *fem.*

foretaste *n.* roi-bhlasad *masc.*, roi-fheuchainn *masc.*

foretaste *vb.* roi-bhlais

foretell *vb.* fàisnich, roi-aithris, roi-innis, targair

foretelling *n.* geaslanachd *fem.*, manadaireachd *fem.*, roi-aisneis *fem.*, targradh *masc.*

forethought *n.* brath-gabhail *masc.*, roi-smaoin *fem.*, roi-smaoineachadh *masc.*

foretooth *n.* beulag *fem.*, clàrag *fem.*, clàr-fhiacail *masc.*, fiacail doras a' bheòil *fem.*, foir-fhiacail *masc.*

forever *adj.* gu bràth, gu sìorraidh, a chaoidh, gu dìleann, gu suthain

forevermore *adj.* gu suthain sìorraidh

foreword *n.* facal-tòiseachaidh *masc.*, roi-ràdh *masc.*

forfeit *n.* claban *masc.*, èirig *fem.*

forfeit *vb.* arbhartaich, arfuntaich, caill

Forfeited Estates *pr.n.* Fearann Arbhartaichte, Oighreachdan Arfuntaichte

forfeiture *n.* puntachadh *masc.*

forge *n.* ceàrdach *fem.*, teallach *masc.*

forge *vb.* feall-dheilbh, saobh-dheilbh

forged *adj.* feall-dheilbhte, saobh-dhealbhaichte, saobh-dheilbhte

forger *n.* feall-dealbhaiche *masc.*, saobh-dhealbhaiche *masc.*

forgery *n.* meall-sgrìobhadh *masc.*

forget *vb.* cuir air cùl, dìochuimhnich

forget-me-not *n.* cotharach *fem.*

forgetful *adj.* dìochuimhneach, neo-chuimhneachail

forgetfulness *n.* dìchuimhneachadh *fem.*, dìochuimhne *fem.*, mì-chuimhne *fem.*, neo-chuimhne *fem.*, pràmh-cheò *fem.*

forging *n.* fabhairt *fem.*

forgive *vb.* maith

forgiveness *n.* maitheanas *masc.*

forgiving *adj.* maithteach

forgotten *adj.* air dìochuimhne, mu làr

fork *n.* gobhal *masc.*, forc(a) *fem.*, greimire *masc.*, beannach *masc.*, gobhlag *fem.*, gobhlan *masc.*, gramaiche *masc.*, griomair *masc.*, sgor *masc.*

fork-tailed *adj.* eàrr-ghobhlach

forked *adj.* beannach, gobhlach

forked lightning *n.* dealanach gobhlanach *masc.*

forlorn *adj.* aonaranach, trèigte, truagh

form (seat) *n.* foirm *masc.*, furm *masc.*

form (shape) *n.* cruth *masc.*, cumadh *masc.*, dreach *masc.*, muadh *masc.*, rian *masc.*

form *vb.* cruthaich, cum, dealbh

form (specimen document) *n.* bileag *fem.*, foirm *masc.*

formal *adj.* foirmeil, dòigheil, riaghailteach, leacanta

formal (ceremonious) *adj.* sgoideasach, sgòideil

formality *n.* foirmeileachd *fem.*, nòsalachd *fem.*

formamide *n.* formaimid *fem.*

formamine *n.* formaimin *masc.*

format *n.* cruth *masc.*, cumadh *masc.*

formation *n.* cumadh *masc.*, tarraing suas *fem.*

former *n.* cumadair *masc.*

formic *adj.* foirmig

formication *n.* foirmigeachas *masc.*

formula *n.* foirm *masc.*, foirmle *fem.*, formala *masc.*, riaghailt-seòlaidh *fem.*

formulate *vb.* cum

fornication *n.* bodaireachd *fem.*, dìolanas *masc.*, drutaireachd *fem.*, leannanachd *fem.*, meirdreachas *masc.*, riastaidheachd *fem.*, riataidheachd *fem.*, strìopachas *masc.*

fornicator *n.* drùisear *masc.*, drùtar *masc.*, sgaldruth *masc.*

forsake *vb.* leig seachad, cuir cùl ri, cùlaich, dìobair, trèig

forsooth! *interj.* mo riar-sa!, nàile!

fort *n.* dùn *masc.*, lios *fem.*, mùr *masc.*, sonnadh *masc.*

forthcoming *prep.* ri teachd

fortifiable *adj.* so-dhìonaidh

fortification *n.* babhan *masc.*, sunn *masc.*

fortified *adj.* daingeann, daingnichte, làidir, praisbhallach

fortifier *n.* dìdeanair *masc.*

fortify *vb.* daingnich, dìdeanaich, mùr, neartaich

fortitude *n.* misneachd *fem.*

fortress *n.* daingneach *masc.*, dùn *masc.*, baideal *masc.*, ràth *masc.*, sonnach *masc.*, torr-chathair *fem.*

fortunate *adj.* fortanach, sona, sealbhach, nèarach, piseachail, rathail, rathmhor, sèamhasach, sèamhasor, sèamhsail, seunail, seunta

fortune *n.* fortan *masc.*, rath *masc.*, rathachas *masc.*, stòras *masc.*, toic *fem.*

fortune-teller *n.* fiosaiche *masc.*

forty winks *n.* cadal ceàrnach *masc.*, norrag *fem.*, tianail-cadail *masc.*

Forty-Five, the *pr.n.* Cogadh Theàrlaich

forward (in advance) *adj.* air adhart, air aghaidh

forward *vb.* adhartaich, cuir air adhart, luathailtich

forward (pert) *adj.* mì-labhrach

forward (presumptuous) *adj.* beadaidh, lonach, rasanta

forward-looking *adj.* roi-sheallach

forwardness *n.* togarrachd *fem.*

fossil *n.* fosail *fem.*, tochailt *fem.*

fossil fuel *n.* connadh-fosail *masc.*

fossilist *n.* tochailiche *masc.*

foster *vb.* altraim, altramaich, àraich

foster-brother *n.* bràthair-altraim *masc.*, comhalta *masc.*

foster-care *n.* daltachas *masc.*, daltachd *fem.*

foster-child *n.* altraman *masc.*

foster-daughter *n.* ban-dalta *fem.*

foster-father *n.* oid'-altraim *masc.*

foster-mother *n.* muime *fem.*

foster-sister *n.* bana-chomhalta *fem.*, comhalta *masc.*, piuthar-altraim *fem.*

foster-son *n.* dalta *masc.*, daltan *masc.*

fosterage *n.* comhaltas *masc.*, daltachas *masc.*

fosterer *n.* altrach *masc.*, altraiche *masc.*, analtra *masc.*

fostering *n.* altram *masc.*, daltachd *fem.*, macaladh *masc.*

fostering *adj.* altramach

fosterling *n.* dalta *masc.*

foul *adj.* salach, mosach, gràineil, breun, rodaidh

foul *vb.* garraich

foul-mouthed *adj.* droch-bheulach, raipeach, rapach

found *n.* bonn *masc.*

found *vb.* bonn-shuidhich, bunaich, bunaitich, stèidhich

foundation *n.* stèidh *fem.*, bunait *masc.*, bonn *masc.*, bun *masc.*, bunachar *masc.*, bunachas *masc.*, bunas *masc.*, bunntair *masc.*, clach-bhuinn *fem.*, prìomh-ghleus *masc.*, prìomh-thùs *masc.*, slaodrach *fem.*, sludrach *masc.*, stèidh-dhaingnich *fem.*

Foundation Certificate *n.* Teisteanas Bun-ìre *masc.*

founded *adj.* air a stèidheachadh, stèidhte

founder (person who establishes institution etc.) *n.* stèidheadair *masc.*

founder (place where founding is carried on) *n.* leaghadair *masc.*

foundering *n.* funntainn *fem.*

foundling *n.* faodail *fem.*, faotalaiche *masc.*

foundry n. fùirneis fem., leaghadair masc., leaghadaireachd fem., obair-iarainn fem.

fountain n. sùil-uisge fem., tobar fem.

fountain-head n. màthair-uisge fem.

fountain-pen n. sgrìobhan-tiobraid masc.

four adj. ceithir

four-leaved clover n. seamrag-nan-each fem.

fourteen adj. ceither deug

fowl n. sealg fem.

fowl vb. eunaich

fowler n. eòin-shealgair masc., eunadair masc., sealgair masc., stalcair masc.

fowling n. eòin-fhiadhachd fem., eòin-shealgaireachd fem., eunadaireachd fem., eunlaireachd fem., sealg fem., sealgaireachd fem., stalcadh masc.

fowling-piece n. cuilbhear masc., gunna caol masc., gunn'-eunaich masc.

fox n. sionnach masc., madadh ruadh masc., balgair (ruadh) masc., brocair masc., Donnchadh Ruadh masc., gille-màrtainn masc., radmainn masc.

fox vb. seannachaich

fox moth caterpillar n. bratag fem., burras masc.

fox-hunt n. ruaig fem.

fox-hunter n. sionnachair masc., brocair masc.

fox-tail grass n. fideag fem.

foxcub n. uilp masc.

foxglove n. lus nam ban-sìdh masc., meuran nam ban-sìdh masc., meuran an duine mhairbh masc., meuran nan cailleach marbh masc., meuran nan cailleachan marbha masc., meuran nan daoine còir masc., meuran nan daoine marbha masc., meuran sìth masc., meuran-a'-bhàis masc., sionn masc.

foxhole n. gara(i)dh masc.

foxhound n. tòlair masc.

fraction n. bloigh fem.

fraction board n. bòrd bhloighean masc.

fractional backing n. taic bhloigheach fem.

fracture n. briseadh dùinte masc.

fracture vb. bris

fragility n. brisgead masc.

fragment n. fuigheall masc., bìdeag fem., blaigheachas masc., bloigh fem., bloighd fem., bloighdeag fem., bruan masc., criomag fem., fracan masc., mìrean masc., òrd masc., òrdan masc., pigean masc., pìos masc., pìseag fem., pùrlag fem., spealg fem., spealtan masc., spronnan masc., sprùilleag fem., streafon masc.

fragmentary adj. sgaraichte, sgarte

fragmentation grenade n. spreadhan-spealgaidh masc.

fragmented adj. pronn

fragments n. bruanach masc., meanbhlach fem., smuaisrich fem., spreadh masc., sprùille fem., sprùilleach masc.

fragrance n. boltradh masc., deagh-bholadh masc., so-bholadh masc.

fragrant adj. cùbhraidh, àileanta, deagh-bholtrach, deagh-bholtraichte, fàileanach, fàileineach

fragrant orchid n. lus taghta masc.

frail adj. lag, anfhann, osgarrach

frailty n. breòiteachd fem., cudamachd fem., laigse fem.

frame n. cabhail fem., fraigh fem., framadh masc., frèam masc.

frame vb. cum

framework n. cleith fem./masc., frèam masc., suidheachadh masc.

franchise n. còir fem., còrachd fem.

francium n. fraingium masc.

frangibility n. so-bhristeachd fem.

frangible adj. so-bhrisidh, so-bhriste

frank adj. faoilidh, fosgailte, neo-choimheach

frank *vb.* franc

frankincense *n.* saor-thùis *fem.*, tùis *fem.*

frankinsence *n.* crann-tùise *masc.*

frantic *adj.* air bhoile, air chuthach, raigheil

fraternal *adj.* co-bhràthaireil

fraternity *n.* cuallach *fem./masc.*, ionadalachd *fem.*

fratricide *n.* bràthair-mhort *masc.*

fraud *n.* foill *fem.*, cluipearachd *fem.*, duailisg *fem.*, ìogan *masc.*, mealltachd *fem.*, mì-onoir *masc.*

fraudster *n.* mealltair *masc.*, sligheadair *masc.*

fraudulent *n.* clìceach *fem.*

fraudulent *adj.* foilleil, meallta, mealltach

fray *n.* caonnag *fem.*, còmhrag *fem.*, cumasg *fem.*, gàsaid *fem.*, iorghail *fem.*, raillidh *fem.*, rochall *masc.*, sabaid *fem.*, streupaid *fem.*, tuaireap *masc.*, tuasaid *fem.*

fray *vb.* suath

fraying *n.* sgeith *masc.*

fraying *adj.* sgaoilteach

freak *n.* starradh *masc.*, tramailt *fem.*

freak *adj.* mì-ghnàthach, mì-nàdarra

freckled *adj.* breac-bhallach, broicneach, brucach

freckles *n.* a' bhreac sheunain *fem.*, breac a' mheanaidh *fem.*, breacadh-seunain *masc.*, breac-mhìnidh *fem.*

free *adj.* saor, neo-cheangailte, neo-choimheach, saorsail

free *vb.* saor

free (at liberty) *adj.* saor

free (without price) *adj.* an asgaidh

free collective bargaining *n.* co-bharganachadh saor *masc.*, co-bharganachadh saor *masc.*

free composition *n.* saor-sgrìobhadh *masc.*

free enterprise *n.* saor-ghnothachas *masc.*

free from *adj.* cuidht' agus

free market *n.* saor-mhargadh *masc.*

free market economy *n.* eaconomaidh saor-mhargaidh *fem.*, treabhadas saor-mhargaidh *masc.*

free of charge *adj.* an asgaidh

Free Presbyterian Church *pr.n.* An Eaglais Shaor Chlèireach

free verse *n.* saor-rannaigheachd *fem.*

free-living *adj.* saor-bhitheach

free-will *n.* saor-chomas *masc.*, saor-thoil *fem.*

freebooter *n.* ceatharnach-coille *masc.*, creachadair *masc.*, tothair *masc.*

freebooting *n.* reubainn *fem.*

freed *adj.* saor

freedom *n.* neo-cheangaltas *masc.*, saorachd *fem.*, saoradh *masc.*, saorsa *fem.*

freehold *n.* fearann saor *masc.*

freehold *adj.* saor as a' ghrunnd

freeholder *n.* saor-sheilbheadair *masc.*

freeing *n.* saorachadh *masc.*, saoradh *masc.*

freelance *adj.* neo-cheangailte

freely *adj.* nasgaidh

freeman *n.* saorsanach *masc.*, saoirseach *masc.*, saoranach *masc.*

freemason *n.* saor-chlachair *masc.*

freestone *n.* clach shaor *fem.*, clach-ghaireil *fem.*, gaireal *masc.*, goineal *masc.*, goinneal *masc.*, oidheas *masc.*

freethinker *n.* saor-inntinniche *masc.*

freeway *n.* saor-rathad *masc.*

freeze *n.* reòthadh *masc.*

freeze *vb.* eighrich, reòth

freeze (put temporary stop to) *vb.* cuir caisg air

freezer *n.* reòdhadair *masc.*, bogsa fuar *masc.*

freezing *adj.* reòthtach

freight (lading) *n.* làd *masc.*, lòd *masc.*

freight (charge) *n.* cosgais fharaidhean *fem.*, faradh *masc.*

freightage *n.* lòd-luach *masc.*, luach-giùlain *masc.*

freighter *n.* luchdair *masc.*

French *adj.* Frangach

French (language) *n.* Fraingis *fem.*

French bean(s) *n.* pònair Fhrangach *fem.*, pònair gheal *fem.*

French Revolution *n.* Ar-a-mach Frangach *masc.*

French willow *n.* seileach Frangach *masc.*, sùil *fem.*, sùileag *fem.*

French-polisher *n.* neach-lìomhaidh *masc.*

French-pox *n.* a' bhalgach Fhrangach *fem.*

frenzy *n.* boile *fem.*, taoig *fem.*, taom *masc.*, taom-buile *masc.*

frequency *n.* tricead *masc.*, bitheantas *masc.*, minigeachd *fem.*, tricealachd *fem.*

frequency distribution *n.* sgaoileadh-triceid *masc.*

frequent *adj.* tric, minig

frequent *vb.* tathaich, tadhail, tuinich

frequenting *n.* tadhal *masc.*, tathaich *fem.*

frequenting *adj.* taithigheach

fresh *adj.* fionnar, ùr, ùrail

freshness (youthful bloom) *n.* ruiteachd *fem.*

freshwater *n.* fìor-uisge *masc.*

Freshwater Angling Club *pr.n.* Buidheann Shlat nan Loch

freshwater mussel *n.* slige-mhadaidh *fem.*

fret *vb.* frithirich

fretful *adj.* frionasach, corrail, friotach, frithillidh, piollach

fretfulness *n.* caisineachd *fem.*, frionas *masc.*

fretting *n.* cànran *masc.*

friability *n.* so-phronntachd *fem.*

friable *adj.* prann, pronn, so-phronnaidh

friar *n.* bràthair bochd *masc.*, manach *masc.*

fribbler *n.* faoinear *masc.*

friction *n.* suathadh *masc.*, eas-aontas *masc.*, cogall *masc.*, rubadh *masc.*

Friday *n.* Dihaoine *masc.*

fridge *n.* fionnaradair *masc.*

friend *n.* caraid *masc.*

friendly *adj.* càirdeil, dàimheil, bàidheil, faisg air, maoidheannach, neo-ascaoin

friendship *n.* càirdeas *masc.*, dàimh *masc.*

fright *n.* eagal *masc.*, clisgeadh *masc.*, babhscadh *masc.*, babhsgaire *masc.*, sgànradh *masc.*, sgàthag *fem.*, sgeamhladh *masc.*, tomhail *fem.*

frighten *vb.* cuir eagal air, cuir clisgeadh air, oilltich, sgànraich

frightened *adj.* sgèanach, fo eagal

frightening *adj.* eagallach

frightening *n.* clisgeadh *masc.*, sgràthachadh *masc.*

frightful *adj.* oillteil, tomhaileach

frightfulness *n.* uamharrachd *fem.*

frill *n.* streafon *masc.*

fringe *n.* fraoidhneas *masc.*, oir *masc.*, iomall *masc.*, iomallachd *fem.*, mab *masc.*, ribeag *fem.*, ribleach *masc.*, streafon *masc.*

fringe *vb.* riblich

fringe benefit *n.* buannachd chorra *fem.*, sochair a bharrachd *fem.*, sochair iomallach *fem.*

fringed *adj.* bileach, mabach

frisk *vb.* mir

frisking *n.* bogadaich *fem.*, mireag *fem.*, reigeis *masc.*, ruideis *fem.*, suigeart *masc.*

frisky *adj.* mear, mireagach, beòthanta, priob-luasgach, ruideasach, ruididh

fritter *n.* caraiceag *fem.*

fritter *vb.* spealg

frivolous *adj.* faoin, deabadach, faodharsach, neo-shusbainteach, peileasach

frizzle *vb.* cuaichnich, dèan drùis

frizzled *adj.* coirneanach, cuachach

frizzling *n.* ràsdal *masc.*

frock *n.* froca *masc.*, casag mhòr *fem.*, gùn *masc.*

frog *n.* losgann *fem./masc.*, cràigean *masc.*, gille-cràigein *masc.*, leumach *masc.*, leumachan *masc.*, muile-mhàg(ag) *fem.*, smàigean *masc.*

frog-fish *n.* carrachan *masc.*, clabastair-cìocharain *masc.*, greusaich(e) *masc.*

froghopper-spawn *n.* smugaid-na-cubhaig *fem.*

frogman *n.* frogaire *masc.*

frogspawn *n.* glothagach *masc.*, glothagach *masc.*, salachar-àilleig *masc.*, sgeith muile-mhàgag *masc.*

frolicsome *n.* iullagach *fem.*

frolicsome *adj.* roiligeach

from afar *adj.* an cèin

from dawn till dusk *adj.* o mhoch gu dubh

from time immemorial *adj.* o chian nan cian

from time to time *adj.* bho àm gu àm

front *n.* aghaidh *fem.*, aodann *masc.*, toiseach *masc.*, beulaibh *masc.*, taobh-beòil *masc.*, tùs *masc.*

front door *n.* doras mòr *masc.*, doras eararach *masc.*, doras-aghaidh *masc.*, doras-beòil *masc.*

front room *n.* rùm-beòil *masc.*, seòmar-aghaidh *masc.*, seòmar-beòil *masc.*

front-end processor *n.* gnìomh-inneal aig beul *masc.*

front-rank *n.* sreath-aghaidh *fem.*, sreath-bheòil *fem.*

frontier *n.* crìoch *fem.*, iomall *masc.*, oirthir *fem.*

frontispiece *n.* clàr-aghaidh *masc.*, aodannan *masc.*

frontlet *n.* crochaid *fem.*

frost *n.* reothadh *masc.*, teannachd *fem.*

frostbite *n.* smiorsnachadh *masc.*

frostbitten *adj.* eighrichte, reò-sheargte

frostiness *n.* eighreachd *fem.*

frosty *adj.* reòthtach

froth *n.* cop *masc.*, barrag *fem.*, cobhar *masc.*, cothan *masc.*, cothannach *fem.*, sgop *masc.*, speach *masc.*

froth *vb.* cop

frothy *adj.* copach, cobharach, barragach, cothanach, omhnach

frown *n.* gruaim *fem.*, sgraing *fem.*, mùig *masc.*, gnùig *fem.*, greann *fem.*, ròig *fem.*, spraic *fem.*, srang *masc.*

frowning *adj.* crum-shùileach, sgraingeil, spraiceil, stùiceach, stuirceach

fructose *n.* fructos *masc.*

frugal *adj.* glèidhteach, caomhntach, measarra, geiteanach, mì-dhealbhtach, neo-struidheil, sàbhailteach, taisgeach, teimhseil

frugality *n.* measarrachd *fem.*, sàbhalachd *masc.*

fruit *n.* meas *masc.*, toradh *masc.*

fruit-bowl *n.* bobhla-meas *masc.*

fruit-cake *n.* cèic-mheasan *fem.*

fruit-juice *n.* sùgh-measa *masc.*

fruit-tree *n.* craobh-mheas *fem.*, meas-chraobh *fem.*

fruitful *adj.* biadhchar, sìolach, toirteil, torrach

fruitfulness *n.* toradh *masc.*, toraileachd *fem.*, torraicheas *masc.*

fruity *adj.* measach

fruitless *adj.* mì-tharbhach, neo-bhuannachdail, neo-stàthach

frumpish *adj.* durabhaidh

frustration *n.* bacadh *masc.*

fry *vb.* frighig, prighig, sgreig

fry (fish just spawned) *n.* frith-iasg *masc.*, gealag *fem.*

fuck *vb.* rach air muin, faigh muin

frying-pan *n.* aghann *fem.*, aghann-ghrìosaich *masc.*, friochdan *masc.*, praidheapan *masc.*, roistean *masc.*, spreadhan *masc.*

fuel *n.* brathadair *masc.*, connadh *masc.*

fuel cell *n.* cealla-connaidh *fem.*, cochall-connaidh *masc.*

fugal *adj.* fiùgail

fugitive *n.* fear-fuadain *masc.*, fogarrach *masc.*, neach-fuadain *masc.*, ruagaire *masc.*, ruagalaiche *masc.*

fugue *n.* fiuga *masc.*, siubhal *masc.*

fulcrum *n.* bùthal *masc.*, taic *fem.*

fulfil *vb.* coilean, crìochnaich, ìoc, iomlanaich

fulfilled *adj.* coileanta, crìochnaichte

fulfilment *n.* iomlanachd *fem.*

full *adj.* làn, lìonta, iomlan, luchdmhor

full *vb.* fùc

full back *n.* cùl-tadhail *masc.*

full moon *n.* gealach làn *fem.*, làn-ghealach *fem.*, mullach-gealaich *masc.*

full stop *n.* stad-phuing *fem.*, làn-stad *masc.*, ceann-sgur *masc.*, làn-ghuin *fem.*, làn-phuing *fem.*, puing *fem.*, puing-stad *fem.*

full to brim *adj.* taosgach

full turn *n.* cuairt iomlan *fem.*

full-close (perfect cadence) *n.* làn-dhùnadh *masc.*

full-cost pricing *n.* prìseadh lèir-chosgais *masc.*

full-faced *adj.* plocanta

full-sails *n.* ro-sheòl *masc.*

full-time *adj.* làn-thìde, làn-thìm

full-time contract *n.* cunnradh làn-thìde *masc.*

full-time employment *n.* làn-chosnadh *masc.*

fuller *n.* fùcadair *masc.*, luadhadair *masc.*

fuller's earth *n.* crè-an-fhùcadair *fem.*, ruaimleadh *masc.*

fulling *n.* fùcadaireachd *fem.*

fulling *adj.* luadhach

fulling-mill *n.* muileann-chalcaidh *fem./masc.*, muileann-luadhaidh *fem./masc.*, muileann-luaidh *fem./masc.*

fulmar *n.* calman Hiortach *masc.*, eun crom *masc.*, fulmair *masc.*, mulcaire *masc.*

fulmination *n.* tàirneanachd *fem.*, truimpleasg *masc.*

fulness *n.* iomlanachd *fem.*, lìonad *masc.*

fumage *n.* cìs-teallaich *fem.*

fumble *n.* sporadh *masc.*

fumble *vb.* plamaic

fumbling *n.* sporghail *fem.*, ùinich *fem.*

fume *n.* deatach *fem.*, toghlainn *fem.*, toit *fem.*, toth *masc.*

fume *vb.* smùid, smùidrich

fume-cupboard *n.* preas-toite *masc.*

fumes *n.* smùid *fem.*

fume *vb.* smùidich

fumigate *vb.* boltraich, tùch

fumigation *n.* toiteadh *masc.*

fuming *adj.* smùideach

fumy *adj.* toiteach

fun *n.* dibhearsain *masc.*, fealla-dhà *fem.*, ioladh *masc.*, spòrs *fem.*, taisearachd *fem.*

function *n.* dreuchd *fem.*, feum *masc.*, feumalachd *fem.*

function (mathematics) *n.* foincsean *masc.*

function key *n.* iuchair-gnìomha *fem.*

functional *adj.* gnìomhach

functional component *n.* pàirt dhreuchdail *fem.*

fund n. ciste *fem.*, maoin *fem.*, stòr *masc.*

fundament n. tò(i)n *fem.*

fundamental *adj.* bunaiteach, bunachasach, bunasach

fundraising n. togail-airgid *fem.*

funds n. ionmhas *masc.*, maoin *fem.*

funeral n. tiodhlacadh *masc.*, adhlacadh *masc.*, tòrradh *masc.*, adhlac *fem.*, ollanachd *fem.*, tiodhlac *masc.*

funeral (procession) n. giùlan *masc.*

funeral pyre n. breò-chual *fem.*

fungal *adj.* fungach

fungous *adj.* pollach, spongach

fungus n. airc *fem.*, fungas *masc.*

funicle n. sgeinne *fem.*

funnel n. fuineall *masc.*, lànadair *masc.*, lìonachan *masc.*, lìonadair *masc.*, luidhear *masc.*, pìob-tharraing *fem.*, tunnadair *masc.*

funny *adj.* èibhinn, sùgach, ait, àbhachdach, àbhachdach

fur n. bian *masc.*, craiceann-fionnaidh *masc.*, fionnadh *masc.*

furan n. fùran *masc.*

furbish n. lìomh *fem.*

furbish *vb.* sgioblaich, lìomhaich

furfural n. furfural *masc.*

furious *adj.* air chuthach, air bhàinidh, ainsgeanta, gleadhach, siobhasach

furl *vb.* beum

furlong n. stàid(e) *fem.*

furlough n. fòrladh *masc.*

furnace n. fùirneis *fem.*, nais *fem.*, teallach *masc.*

furnish *vb.* uidheamaich, cuir àirneis ann, àirneisich, stòr

furnishing n. innealadh *masc.*, uidheamachadh *masc.*

furniture n. àirneis *fem.*, trosgan *masc.*, uidheam *fem.*, innsreadh *masc.*, sparraich *fem.*

furoyl n. furoil *fem.*

furrier n. bian-cheannaiche *masc.*, sginnear *masc.*

furrow n. clais *fem.*, sgrìob *fem.*, roc *masc.*, sgrìoch *masc.*, sreath *fem.*

furrow *vb.* claisich, sgrìob

furrow-board n. sgiath *fem.*, urchaill *fem.*

furrowed *adj.* claiseach, dromanach, druimneach, gnùgach, preasach, srian-chlaiseach

furry *adj.* molach, ròmach

furrowing *adj.* sgrìobach

furry caterpillar n. bratag *fem.*

further *adj.* a bharrachd

further *vb.* cuir ann

further education n. foghlam inbheach *masc.*, foghlam àrd-ìre *masc.*, foghlam adhartach *masc.*

furthermore *adj.* a bharrachd air sin, a thuilleadh air sin, a bhàrr air sin, cho math ri sin, thar sin

furtive *adj.* fàillidh, cùirdearach

furtively *adj.* gun fhiosda

fury (rage) n. cuthach *masc.*, bàinidh *fem.*, boile *fem.*, ainstil *fem.*, mire *fem.*, siobhas *masc.*

fury (deity) n. andras *masc.*, ban-diabhal *fem.*, ban-ifrinneach *fem.*

fuse *vb.* leagh, gabh leaghadh

fusee n. cairb *fem.*, fadadh slige bloighdich *masc.*, gunna-glaic *masc.*

fusible *adj.* so-leaghte

fusion n. leaghadh *masc.*

fuss n. ùpraid *fem.*, broillisg *fem.*, othail *fem.*, freimseadh *masc.*, obair *fem.*, obh-obagaich *fem.*, ofhaich *fem.*, stàirneil *fem.*, sùsdal *masc.*

fussy *adj.* àilgheasach, tàrmasach, uaibhreach

fustian n. anart-canaich *masc.*, tomradh *masc.*

fustian *adj.* sèideach

fustiness *n.* liatas *masc.*

fusty *adj.* malcaidh, dùngaidh, fuaraidh, ruadhain, tèithidh

futile *adj.* dìomhain, faoin, faodharsach, neo-thàbhach

futility *n.* dìomhanas *masc.*, faoineas *masc.*, faodharsachd *fem.*

future *n.* àm ri teachd *masc.*

future *adj.* teachdail

future tense *n.* tràth teachdail *masc.*

G

gabbie *adj.* cabach

gabble *n.* briotal *masc.*, glocaireachd *fem.*, gobaireachd *fem.*, saobh-chainnt *fem.*

gabble *vb.* cabairsich

gable *n.* stuadh *fem.*, tulchann *fem.*, ceann-taighe *masc.*

gabled *adj.* tulchainneach

gadder *n.* neach-cèilidh *masc.*

gadabout *n.* rèabhair *masc.*

gadding *n.* cèilidh *masc.*, clòthadh *masc.*

gadfly *n.* creithleag *fem.*, gleithir *masc.*, greighire *masc.*

gadget *n.* uidheam *fem.*

gadwall *n.* lach(a)-ghlas *fem.*

gadus *n.* ucas *masc.*

Gael *n.* Gaidheal *masc.*

gadwall *n.* lach(a)-ghlas *fem.*

Gaeldom *pr.n.* A' Ghaidhealtachd

Gaelic *n.* Gàidhlig *fem.*

Gaelic Society of Inverness *pr.n.* Comann Gàidhlig Inbhir Nis

gaff *n.* clìc *fem.*, clip *fem.*, cromag *fem.*, gath-dòrain *masc.*, iarann comhalach *masc.*, slat an t-siùil mhòir *fem.*, slat-ladhrach *fem.*, slat-shiùil *fem.*

gaff (spar) *n.* coise *masc.*, pìc *masc.*

gag *n.* glas-ghuib *masc.*, cabsdair *masc.*, glomhar *masc.*, mantag *fem.*

gag *vb.* cuir glas-ghuib air

gage *n.* geall *masc.*, eàrlas *masc.*

gage *vb.* cuir geall

gagged *adj.* manndaidh

gaiety *n.* cridhealas *masc.*, aiteas *masc.*, aoibhneas *masc.*, suilbhireachd *fem.*, aigeantas *masc.*, brèaghas *masc.*, mire *fem.*, sunnd *masc.*

gain *n.* buannachd *fem.*, buidhinn *fem.*, tarbhachd *fem.*

gain *vb.* buannaich, coisinn, buinig, sealbhaich, tarbhaich

gainful *adj.* buannachdail, tarbhach, buidhneach

gainless *adj.* neo-bhuanach, neo-bhuinnigeach

gainlessness *n.* neo-bhuinnigeachd *fem.*, neo-thairbhe *fem.*

gait (movement) *n.* ceum *masc.*, gluasad *masc.*, iomchar *masc.*, siubhal *masc.*, slighe *fem.*

gaiters *n.* spad-choisbheart *fem.*

gale *n.* gèile *masc.*, gaoth mhòr/làidir/sgairteil *fem.*, rotach-gaoithe *masc.*

gall *n.* domblas, an *masc.*, gamhlas *masc.*, dom *masc.*, dromlach suith *masc.*, roithlean *masc.*, searbhachd *fem.*, searbhadas *masc.*, sgiorbha *masc.*

gall *vb.* ciùrr, rùisg, claoidh, feargaich, cràidh, dorranaich

gall-bladder *n.* domblas-àighe *masc.*, dom *masc.*, domblas-sàth *masc.*

gallant *n.* lasgaire *masc.*, suiridheach *masc.*, cridhean *masc.*, cugar *masc.*, cùirtear *masc.*, pògair *masc.*

gallant *adj.* basdalach, flathail *fem.*, luranach, sgeadachail, snasta, suiridheachail, treubhach

gallantry *n.* buadhalachd *fem.*,
gallantachd *fem.*, uallachas *masc.*,
basdalachd *fem.*

gallery *n.* ealanlann *fem.*, gaileiridh *masc.*,
sràid-sheòmar *masc.*, lobhta *masc.*

galley *n.* bìrlinn *fem.*, long fhada *fem.*,
iùbhrach *fem.*, libhearn *masc.*,
ràmhach *masc.*, ràmhlong *fem.*

galley-proof *n.* dearbhadh mòir-dhuilleig
masc.

galligaskins *n.* briogais *fem.*, osain mhòra
masc., sumag *fem.*

galling *adj.* doimheadach, dorranach,
leamh, mì-thlachdmhor

gallium *n.* gaillium *masc.*

gallo(w)glass *n.* galloglach *masc.*

gallon *n.* galan *masc.*

gallop *n.* cruinnleum *masc.*

gallop *vb.* luath-mharcaich, galapainn

galloping *n.* galapainn *fem.*, sodradh
masc.

gallows *n.* crathaidh-chrochaidh *fem.*,
croich *fem.*

galore *adj.* gu leòir

gamble *vb.* dèan ceàrrachas, iomair air
gheall, cluich

gambler *n.* ceàrraiche *masc.*, neach-
cluiche *masc.*, dìsleanaiche *masc.*,
gealladair *masc.*, iomairtiche *masc.*

gambling *n.* cearrachas *masc.*, cearrachd
fem.

gambol *n.* mireag *fem.*, leumnaich *fem.*,
cleas àbhachdach *masc.*

gambol *vb.* dèan ruideas

gambolling *n.* ruideanachd *fem.*,
bocadaich *fem.*, bocail *fem.*, buiceil
fem.

game *n.* geam(a) *masc.*, cluich *masc.*

game (food) *n.* sitheann *fem.*

game (match) *n.* bàir *fem.*

gamekeeper *n.* geamair *masc.*, frìthear
masc., peithire *masc.*, sealgair *masc.*

gamester *n.* ceàrraiche *masc.*, cearrach
masc., sgiotaiche *masc.*

gamete *n.* gamait *fem.*

gametophyte *n.* luibh-briodaidh *fem.*

gaming-house *n.* dìs-lann *masc.*

gaming-machine *n.* uidheam-ceàrrachais
fem.

gammon *n.* gaman *masc.*, loirc *fem.*,
mucraidh *fem.*, spòg-dheiridh *fem.*

gamut *n.* gleus *masc.*

gander *n.* gànradh *masc.*, gandal *masc.*

gang *n.* buidheann *fem./masc.*, foireann
masc., dream *masc.*, bannal *masc.*, paca
masc., prasgan *masc.*, treud *masc.*

gangrene *n.* aillse *fem.*, cangairnich *masc.*,
cnàmhainn *fem.*, lobhadh *masc.*,
morgadh *masc.*

gangrenous *adj.* fo mhorgadh

gangway *n.* bealach *masc.*

gannet *n.* sùlair(e) *masc.*, amhsan *masc.*,
ansan *masc.*, eun bàn an sgadain
masc., mac-fraoir *masc.*

gannet (chick) *n.* guga *masc.*

ganoid *n.* slìom-shligneach *masc.*

gantry *n.* sorch *masc.*, sorchan-leigidh
masc., steillean *masc.*

gaol *n.* prìosan *masc.*, gainntir *fem.*, toll-
bùtha *masc.*

gaoler *n.* fasgair *masc.*

gap *n.* beàrn *fem.*, bealach *masc.*, clitheag
fem., speachadh *masc.*

gape *vb.* dèan mèananaich, spleuchd,
faoisgnich, geòb

gaper *n.* mùsgan *masc.*

garage *n.* garaids *fem.*, garaisde *fem.*

garage *vb.* cuir ann an garaids

garble *vb.* cuir às a riochd

garbage *n.* fuigheall *masc.*, greallach *fem.*,
sgudal *masc.*, treib *fem.*

garboard *n.* fliuch-bhòrd *masc.*, geàrr-
bhòrd *masc.*

garden *n.* gàradh *masc.*, garradh *masc.*, lios *fem.*, luibh-ghort *masc.*

garden broom *n.* sguab-gharraidh *fem.*

garden cress *n.* biolair-Fraing *masc.*

garden lettuce *n.* liatas *masc.*, luibh-an-ithe *fem.*

garden radish *n.* meacan-raidigh *masc.*

garden sage *n.* athair liath *masc.*

garden warbler *n.* ceileiriche-gàraidh *masc.*, ceileiriche-garraidh *masc.*

gardener *n.* gàirneilear *masc.*, gàradair *masc.*, liosadair *masc.*

gardening *n.* gàradaireachd *fem.*, gàirneilearachd *fem.*, liosadaireachd *fem.*

garefowl *n.* gearra-bhall *masc.*

garganey *n.* lach-crann *masc.*

gargle *n.* beul-phurgaid *fem.*, ceann-phurgaid *fem.*

gargle *vb.* sruthail, craos-ghlan, sgollais

garish *adj.* basdalach

garland *n.* blàth-fhleasg *fem.*, atan *masc.*, crùn *masc.*, lus-chrùin *masc.*

garlic *n.* creamh *masc.*, gairgean *masc.*, faran *masc.*

garlic mustard *n.* gairleach-callaid *masc.*

garment *n.* bad-aodaich *masc.*, ball-aodaich *masc.*, culaidh *fem.*, earradh *masc.*, sgioball *masc.*

garnet *n.* gàirneid *fem.*

garnish *vb.* maisich, sgeadaich, sgiamhaich, seudaich, sgèimhich

garret *n.* garaid *fem.*, seòmar-mullaich *masc.*

garrison *n.* gearasdan *masc.*, freiceadan *masc.*

garron *n.* gearran *masc.*

garrulity *n.* goileam *masc.*, gobaireachd *fem.*, brolasg *masc.*, sgeileas *masc.*, sgoileam *masc.*, sgoilmeis(eachd) *fem.*

garrulous *adj.* cabach, goileamach, brolasgach, bruidhneach, gnoiseanach, sgeileasach, sgoileamach

garter *n.* gartan *masc.*, crèibeilt *fem.*, glùinean *masc.*, cneabailt *fem.*, cneaball *masc.*, cneapailt *masc.*, cneapall *masc.*, cneibeilt *masc.*, streachlan *masc.*, strilinn *fem.*

garvie *n.* garbhag *fem.*

garvock *n.* garbhag *fem.*

gas *n.* gas *masc.*, tollainn *fem.*

gasconade *n.* spleadhaireachd *fem.*

gash *n.* gearradh *masc.*, lot domhainn *masc.*, beum *masc.*, peasg *fem.*, sgoch *masc.*, sgothadh *masc.*

gash *vb.* geàrr, peasg, sgor, spliut

gasp *n.* plosg *masc.*, ospag *fem.*, àinich *fem.*, sgrìd *fem.*

gasp *vb.* tarraing ospag, plosg

gasping *n.* plosgartaich *fem.*

gasping *adj.* plosgach

gastric *adj.* meirbheach

gastritis *n.* gastraiteas *masc.*

gastrin *n.* binid *fem.*

gastronomic *adj.* sòghal

gastronomy *n.* sòghalachd *fem.*

gastroenteritis *n.* galar-goile *masc.*

gastropod *n.* maorach cas-leathann *masc.*

gate *n.* geata *masc.*, cachaileith *fem.*

gateway *n.* bealach *masc.*, cabharnach *fem.*

gather *vb.* cruinnich, tionail, tog, trus, cnuasaich, truis

gather (suppurate) *vb.* tuinich

gathered *adj.* cruinn

gatherer *n.* cruinniche *masc.*, trusaiche *masc.*

gathering *n.* cruinneachadh *masc.*, tional *masc.*, togail *fem.*, trusadh *masc.*

gathering (suppurating) *n.* tàrmachadh *masc.*

gauche *adj.* cladhbach

gaude *n.* basdalachd *fem.*, brèaghachd *fem.*, rìomhachd *fem.*

gaudy *adj.* basdalach, spaideil, spairisteach

gauge *n.* tomhas *masc.*, stannart *masc.*

gauger *n.* gàidsear *masc.*, gèidseir *masc.*, ruinnsear *masc.*

gaunt *adj.* seang, tana, lom

gauntlet *n.* làmh-dhìon *fem.*, bracan *masc.*, dòrnag *fem.*

gauze *n.* uige *fem.*, sròl *masc.*, gòs *masc.*, lìon-leighis *masc.*

gavelkind *n.* beichneal *masc.*

gavelock *n.* liudan *masc.*

gawky *adj.* sgleòideach

gay *adj.* sunndach, sùgach, aighearrach, rìomhach, cridheil, beò, grinn, soinneannach, soinneanta

gaze *n.* spleuchd *masc.*, dùr-amharc *masc.*, sgeann *masc.*

gaze *vb.* dùr-amhairc, stalc

gazeful *adj.* dearcach

gazelle *n.* damh allaidh *masc.*, earran geal *masc.*, èarr-gheal *fem.*

gazer *n.* dearcadan *masc.*, sgeannair *masc.*, stalcair *masc.*

gazeteer *n.* clàr-àitean *masc.*

gazette *n.* litir-naidheachd *fem.*, gasaet *masc.*

gazing *n.* stalcadh *masc.*

gazing *adj.* sealltach, stalcach

gean *n.* geanais *fem./masc.*

gear (system of parts for transmitting motion) *n.* ac(fh)ainn-mheadhain *fem.*

gelatine *n.* deileatain *masc.*, glaodhanach *masc.*

geld *vb.* geàrr, spoth

gelded *n.* caillte *fem.*

gelder *n.* gearradair *masc.*, spothadair *masc.*

gelding *n.* gearran *masc.*

gem *n.* clach-lèig *fem.*, lur *masc.*, neamhnaid *fem.*

Gemini *n.* Leth-aonan, na *masc.*

gemmy *adj.* lurach

gender *n.* gnè *fem.*, insgne *fem.*

gene *n.* gine *fem.*

gene concept *n.* bunbheachd-gintinn *masc.*

gene constitution *n.* dèanamh gineach *masc.*

genealogical *adj.* sloinnteachail

genealogical table *n.* cliath-sheanchais *fem.*

genealogical tree *n.* craobh-ghinealaiche *fem.*, craobh-sheanchais *fem.*, craobh-thuinidh *fem.*

genealogist *n.* sloinntear *masc.*

genealogy *n.* sloinntearachd *fem.*, sinnsireachd *fem.*, lorg-slighe *masc.*

general *n.* seanalair *masc.*, ceann-feachd *masc.*, ceann-airm *masc.*, ceann-armailt *masc.*

general *adj.* coitcheann, cumanta

General Assembly *pr.n.* Ard-Sheanadh

General Assembly of the Church of Scotland *pr.n.* Ard Sheanadh Eaglais na h-Alba, Lèir-thional Eaglais na h-Alba

General Certificate *n.* Teisteanas Ire-choitcheann *masc.*

General Council *pr.n.* Comhairle Choitcheann

general election *n.* taghadh-pàrlamaid coitcheann *masc.*

General Grant for Scotland *pr.n.* Tabhartas Coitcheann na h-Alba

general practitioner *n.* dotair *masc.*

General Services Capital Provision *pr.n.* Ullachadh Calpa do Sheirbheisean Coitcheann

General Teaching Council of Scotland *pr.n.* Comhairle Teagaisg Choitcheann na h-Alba

generalisation *n.* coitcheannadh *masc.*

Generalised Tariff Preference Scheme *pr.n.* Sgeama Fabharas Taraif Coitcheann

generalissimo *n.* àrd-cheann-fheachd *masc.*, àrd-sheanalair *masc.*, rìgh-fheadhnach *masc.*

generality *n.* coitcheannas *masc.*, cumantas *masc.*

generate *vb.* gin, tàrmaich, sìolraich, thoir cinneas air

generation *n.* àl *masc.*, ginealach *masc.*, glùn *masc.*

generation gap *n.* sgaradh nan ginealach *masc.*

generative *adj.* sìolmhar, àlachail, cinneachail, ionalach, sìolach

generator *n.* gineadair *masc.*

generic goods *n.* bathar gnèitheach *masc.*

generic link *n.* buntainneas-seòrsa *masc.*

generic name *n.* ainm-ginidh *masc.*

generosity *n.* fialaidheachd *fem.*, fiùghantachd *fem.*, suairceas *masc.*

generous *adj.* fial, fialaidh, faoilidh, suairc, fiùghantach, tabhairteach

genesis *n.* gineachas *masc.*, toiseach *masc.*, sloinneadh *masc.*

genetic *adj.* coibhneil, dàimheil, cridheil, ginteil

genetics *n.* ginteachd *fem.*, gintinneachd *fem.*

genial *adj.* caoimhneil, tlùthail, coibhneil, dàimheil, cridheil

genic *adj.* gineach

genitalia *n.* buill-gineamhainn *masc.*, crobhall *masc.*

genitals *n.* gineadan *masc.*

genitive case *n.* tuiseal ginideach *masc.*, tuiseal seilbheach *masc.*

genius *n.* càileachd *fem.*, ealantachd *fem.*, tùr *masc.*

genre *n.* gnè *masc.*, nàdar *masc.*, seòrsa *masc.*

genteel *adj.* beurra, uasal

gentian *n.* coirce Lochlannach *masc.*, currac-an-easbaig *masc.*, lus-a'-chrùbain *masc.*

gentility *n.* uaisle *fem.*, caomhalachd *fem.*, uaisleachd *fem.*

gentle *adj.* ciùin, sèimh, soitheamh, caomh, màlda, acarach, caoin, macanta, maoth, socail, socair, soinneanta, soirbh, somalta, suaibhreach, suaimhneach, suairc, suthar, tlàth

gentleman *n.* duine uasal *masc.*, duine saor *masc.*

gentlemanliness *n.* uaisle *fem.*

gentleness *n.* ciùine *fem.*, sèimhe *fem.*, màldachd *fem.*, suairceas *masc.*, tlàths *masc.*, tlùs *masc.*

gentlewoman *n.* beanuasal *fem.*

gentry *n.* uaislean *pl.*, urracha mòra *pl.*

Gents (label) *pr.n.* Fir, Fireannaich

genuine *adj.* fìor, dha-rìribh, oireamhnach

genus *n.* càileachd *fem.*, seòrsa *masc.*

genus medusa *n.* muirtèachd *masc.*

geo *n.* geòdha *masc.*

geographer *n.* cruinne-ghràbhair *masc.*, cruinn-eòlaiche *masc.*, tìr-eolaiche *masc.*

geography *n.* cruinn'-eòlas *masc.*, tìr-eolas *masc.*, eòlas-cruinne *masc.*, eòlas-tìre *masc.*

geologist *n.* talamh-eòlaiche *masc.*

geology *n.* geòlas *masc.*, talamh-eòlas *masc.*, cè-eolas *masc.*, sgoil-chreige *fem.*

geomancy *n.* ceadhraoidheachd *fem.*

geometer *n.* cè-mheasach *masc.*

geometric *adj.* geoimeatrach

geometrical *adj.* cè-mheasach, cruinne-thomhasach

geometrician *n.* cè-mheasach *masc.*, cruinneadair *masc.*, cruinne-thomhasair *masc.*

geometrid moth *n.* leòmann geoimeitreach *masc.*

geometry *n.* geoimeatras *masc.*, cruinneadaireachd *fem.*, cè-mheas *masc.*

geosynchronous *adj.* geo-sioncronach

geraniol *n.* gearainiol *masc.*

geranium *n.* righeal-cùil *masc.*

germ *n.* bitheag *fem.*, meanbh-fhrìdeag *fem.*, ògan *masc.*, peac *fem.*

germander speedwell *n.* darag-thalmhainn *fem.*, nuallach *masc.*

germinate *vb.* ginidich, thoir fàs, thig fo bhlàth

germanium *n.* gearmainium *masc.*

germinating *n.* ginideachadh *masc.*

germination *n.* ginideachadh *masc.*

gestation *n.* torrachas *masc.*

gesture (movement of body) *n.* gluasad-bodhaig *masc.*

get *vb.* faigh, coisinn

get acquainted with *vb.* cuir aithne air

get advantage of *vb.* faigh làmh an uachdair

get away from me! *interj.* teann a-null!

get before wind *vb.* fuar

get into the habit of *vb.* fàs cleachdte ri

get lost! *interj.* thig a dh'Irt !

get out! *interj.* truis a-mach!

get rid of *vb.* faigh cuidhte 's, faigh cliar is, faigh rèidh 's, cuir ceal air

get the advantage of *vb.* faigh fàth air

get the better of *vb.* faigh làmh-an-uachda(i)r air, cothaich

gewgaw *n.* gleorachan *masc.*, gòlaid *fem.*

geyser *n.* fuaran teth *masc.*, steall *fem.*

ghastliness *n.* aogalachd *fem.*

ghastly *adj.* oillteil, aogaidh, aogail, smeileach

ghetto-blaster *n.* cluas-spreadhadair *masc.*

ghost *n.* taibhs(e) *fem.*, bòcan *masc.*, tannasg *masc.*, spiorad *masc.*

ghost train *n.* trèan nan taibhsean *fem.*

ghostly *adj.* taibhseil, tannasgach, spioradail

giant *n.* athach *masc.*, famhair *masc.*, fuamhair(e) *masc.*, samh *masc.*, samhanach *masc.*

gibberish *n.* goileam *masc.*, brolaich *fem.*, praingealais *fem.*, ràic *fem.*, ràite *fem.*

gibbet *n.* crann-ceusaidh *masc.*, croich *fem.*, riaghan *masc.*

gibcat *n.* cat-luathainn *masc.*

gibbous *adj.* croiteach, crotach

gibe *n.* fochaid *fem.*, sgeig *fem.*, magadh *masc.*, beur *masc.*, bùrdan *masc.*, meathadh *masc.*

giblets *n.* grùdhan-eòin *masc.*, adhan-eòin *masc.*

gid *n.* tuaitheal *masc.*

giddiness *n.* tuainealaich *fem.*, guanachd *fem.*, gogaideachd *fem.*, caochlaideachas *masc.*, diùdan *masc.*, luairnean *masc.*, luaisgean *masc.*, luasgan *masc.*, mear-chinn *masc.*, siurran *masc.*

giddy *adj.* tuainealach, guanach, faoin, gaoitheanach, buaireanta, corracheannach, iollagach, mear-cheannach, sgaogach, sgiabach

gier-eagle *n.* iolaire(e) fhionn *fem.*, iolair(e) Ghreugach *fem.*

gift *n.* gibht *masc.*, tiodhlac *masc.*, tabhartas *masc.*

gig *n.* gige *masc.*, carbad beag *masc.*, bàta caol *masc.*, cuartalan *masc.*, strannan *masc.*

gigantic *adj.* tomadach, fuamhaireil, athach

giggling n. praoisgeil fem., pipheanaich fem.

gigot n. ceathramh(-deiridh) masc., sliasaid fem., spòg-dheiridh fem.

gigue n. sioga masc.

gild vb. òr(aich), dealtraich, niamh

gilder n. òradair masc.

gilding n. òradh masc.

gill (measure) n. cairteal masc., cnagair masc., dileag fem., siola masc., siolag fem.

gill (organ for breathing in water) n. giùir fem., giuran masc., oc(h)ras masc.

gillie n. gille masc.

gillyflower n. pincean masc.

gilt adj. òrail

gimlet n. gimleid fem., tarachair masc.

gimmer n. dìonag fem., sia-ràitheach masc.

gimmy adj. snasmhor, grinn

gimmick n. innleachd fem.

gin (snare) n. ribe masc., geirnean masc., glacadan masc., painntear masc., tailm fem.

gin (spirit) n. sine fem., dinn fem., sùgh an aitil masc.

ginger n. dinnsear masc., geinsear masc.

ginger adj. ruadh

ginger beer n. leann ràcadail masc.

gingerbread n. aran milis masc., aran-cri(dhe) masc.

gingery adj. dinnsearach

gipsy n. rasaiche masc.

giraffe n. sioraf masc.

gird n. cearcall masc.

gird vb. trus, trusalaich

gird up one's loins vb. crioslaich

girder n. teannadair masc.

girdle n. crios(-leasraidh) masc., briosaid fem., crioslach masc., strioll fem., trus masc.

girdle (griddle) n. greideal masc.

girdled adj. briosaideach, criosach

girdler n. crioslaiche masc.

girdling n. crioslachadh masc.

girl n. nighean fem., caileag fem., nìghneag fem.

girlfriend n. bràmair masc., blos fem.

girning n. guirmeal masc.

girth n. giort fem., beart-bhronn masc., crùban masc., dòmhlad masc., strioll fem., teanndadh masc.

gist n. brìgh fem.

give vb. thoir, tabhair, tiodhlaic

give details vb. thoir iomradh

give effect to vb. cuir gu buil

give instructions vb. òrdaich

give notice of eviction vb. bàrnaig

give over vb. thoir thairis

give over (cease) vb. fob

give permission (to) vb. ceadaich (do)

give precedence vb. thoir toiseach

give someone hell vb. thoir faghar air

give thanks vb. thoir buidheachas

give up vb. liubhair, thoir seachad, thoir suas

give warning vb. thoir sèamadh do

giver n. tabhairteach masc., tabhairtear masc., tabhartair masc.

giving n. tabhairt fem., toirt fem.

giving adj. tabhairteach

giving birth to child adj. air a h-asaid

giving up n. toirt thairis fem.

gizzard n. sgròban masc., giaban masc., ciaban masc., siogan masc., sparsan masc., spursan masc.

glabrous rupture-wort n. lus an t-sicnich masc.

glacial adj. eigheadail

glaciation n. deighreachd fem., eighreachd fem.

glacier *n.* èigheanach-shiubhail *fem.*

glad *adj.* toilichte, aoibhinn, aoibhneach, rosglach, sithte, sodanach, sòlasach, ait

gladden *vb.* dèan aoibhneach

glade *n.* blàran-coille *masc.*

gladness *n.* toil-inntinn *fem.*, aoibhneas *masc.*, gàirdeachas *masc.*, subhachas *masc.*, suigeart *masc.*, toileachas *masc.*

glance *n.* grad-shealladh *masc.*, plathadh *masc.*, sealladh *masc.*, buille-shùl *masc.*, seallagan *masc.*, sùil *fem.*

glance *vb.* grad-amhairc, gabh plathadh dhe, plathaich

gland *n.* fàireag *fem.*

glanders *n.* gràineasadh *masc.*, fothach *masc.*, strainglean, an *masc.*

glandular *adj.* fàireagach

glans mentulae *n.* breall *masc.*

glare *n.* deàrrsadh *masc.*, dalladh *masc.*, sùil fheargach *fem.*, sgeann *masc.*

glass *n.* glainne *fem.*, gloine *fem.*

glass fibre *n.* snàithleach-glainne *masc.*

glass-blower *n.* gloineadair *masc.*

glass-blowing *n.* gloineadaireachd *fem.*

glasses (spectacles) *n.* gloineachan *pl.*, speuclairean *pl.*, speuclanan *pl.*

glasswork *n.* obair-ghloinne *fem.*

glaucous gull *n.* faoileag mhòr *fem.*, muir-mhaighstir *masc.*

glaze *vb.* còmhdaich le glainne/gloine, gloinich

glazier *n.* gloineadair *masc.*

glaziery *n.* gloineadaireachd *masc.*

gleam *n.* boillsgeadh *masc.*, pathadh *masc.*, aiteal *masc.*, drithleann *fem.*, foidhneal *masc.*, lannair *fem.*, loinnear *masc.*, loinnreach *masc.*

gleam *vb.* boillsg, lannraich, soillsich

gleaming *n.* boillsgeadh *masc.*

gleaming *adj.* boillsgeach, lannaireach, lannrach, lomhair

glean *vb.* dìoghlaim, trus, diasair, làmhaich

gleaner *n.* dìoghlamair *masc.*

gleaning *n.* dìoghlaim *masc.*, smodal *masc.*, iunnda(cha)s *masc.*, iunntachd *fem.*, làmhach *masc.*, seasgan *masc.*, tacar *masc.*,

glebe *n.* glìob *fem.*, fearann-ministeir *masc.*

glede *n.* clamhan-gòbhlach *masc.*, earfhitheach *masc.*

glen *n.* gleann *masc.*

glengarry *n.* bonaid bhiorach *fem.*

glib *adj.* cabanta, so-ruitheadh, udalanach

glide *vb.* gluais gu ciùin, sìgh, sleamhnaich

glider *n.* glaidhdear *masc.*

glimmer *n.* boillsgeadh *masc.*, aiteal *masc.*, leus beag *masc.*, fann-sholas *masc.*, plaosg *masc.*

glimmer *vb.* eadar-shoillsich

glimmering *n.* plaosgadh *masc.*, timheal *masc.*

glimmering *adj.* eadar-sholasach, plaosgach, trillseineach

glimpse *n.* aiteal *masc.*, boillsgeadh *masc.*, plathadh *masc.*, plaosg *masc.*, priobadh *masc.*, seal *masc.*, seallagan *masc.*

glint *n.* lainnir *fem.*, tuar *masc.*

glisten *vb.* deàllraich, boillsg, soillsich, sradaich

glitter *n.* lainnir *fem.*, deàrrsadh *masc.*, boillsgeadh *masc.*, basdal *masc.*, brionnachd *fem.*, brionnag *fem.*, ruitheanas *masc.*

glitter *vb.* deàrrs, boillsg, dèan lainnir/drithleann, lannraich, loinnrich, soillsich

glittering *adj.* boillsgeach, brionnach, lainnireach, lomhair

gloaming *n.* fionnaraigh *fem.*, glòmainn *fem.*, comhar-ra *masc.*

global *adj.* saoghalach, domhanta

global warming *n.* blàthachadh na cruinne *masc.*

globe *n.* cruinne *fem./masc.*, dùl *masc.*, mirle *fem.*

globe-flower *n.* leòlach *masc.*, leòlaicheann *masc.*

globular *adj.* cearslach, co-chruinn, cruinn, cuairteagach, guirneanach

globule *n.* cearsalag *fem.*

gloom *n.* duibhre *fem.*, gruaim *fem.*, smalan *masc.*, dubhar *masc.*, mìghean *masc.*, mùig *fem.*, airsneal *masc.*, culm *masc.*, doltramachd *fem.*, dubhailt *fem.*, mùgaich *fem.*, mùig *masc.*, neo-aoibhneas *masc.*, òglaidheachd *fem.*, pràmhan *masc.*, sgraing *fem.*, smàl *masc.*, sprochd *masc.*

gloominess *n.* duibhre *fem.*, doilleireachd *fem.*, mùgaich *fem.*, gruamachd *fem.*, duaichneachd *fem.*

glorification *n.* glòireachadh *masc.*

gloomy *adj.* amhaidh, aognaidh, ciar, culmach, duaichnidh, dubhlaidh, gnùgach, gnùgach, greannach, gulmach, mugach, neo-shoilleir, neo-shuilbhir, òglaidh, sgraingeil, uamhraidh, ùdlaidh, doilleir, gruamach, smalanach, dubharach, mùgach, dubhailteach

glorification *n.* glòireachadh *masc.*

glorify *vb.* glòirich, cliùthaich, nèamhaich

glorious *adj.* glòrmhor, òirdheirc, allail, naomha

glory *n.* glòir *fem.*, cliù *masc.*

glory *vb.* dèan uaill/bòsd

gloss *n.* lì *fem.*, mìneachadh *masc.*, lìomh *fem.*, snas *masc.*

gloss *vb.* niamh

glossary *n.* beag-fhaclair *masc.*, clàr-mìneachaidh *masc.*, sanasan *masc.*, ciallan *masc.*

glossator *n.* mìneadair *masc.*

glossy *adj.* lìomharra, mìn, faileasach, slìogach, slìogarra, slìom, slìomach

glottal stop *n.* glug Eigeach, an *masc.*

glove *n.* miotag *fem.*, làmhainn *fem.*, dòrnag *fem.*, làmhas *masc.*, manag *fem.*

glover *n.* làmhainnear *masc.*

glow *n.* gàir *fem.*, luisne *fem.*, blàthachadh *masc.*, teas *masc.*

glow *vb.* deàrrs, luisnich, las

glower *vb.* seall fo na mùgan

glow-worm *n.* cuileag-shnìomhain *fem.*, cnuimh gheal *fem.*, cuileag-shionnachain *fem.*, durrag shoilleir *fem.*, gealan-dè *masc.*, leus-chnuimh *fem.*

glower *vb.* seall fo na mùgan

glowering *adj.* gruamach

glucose *n.* glùcos *masc.*

glue *n.* glaodh *masc.*, slaman *masc.*, slamanachd-tàth *masc.*

glue *vb.* tàth

glueing *n.* glaodhadh *masc.*

glut *n.* cus *masc.*, glàmadh *masc.*, slugadh *masc.*, làn *masc.*, sàth *masc.*

glut *vb.* sàsaich, glàm, sglamh, glut

glutamic acid *n.* searbhag ghlutamach *fem.*

glutinous *adj.* glaodhach, bitheanach, bitheanta, sticeach, tiachdaidh

glutting *n.* glutadh *masc.*

glutton *n.* geòcair(e) *masc.*, craosair(e) *masc.*, glàimsear *masc.*, bagair *masc.*, dìomaltair *masc.*, gionair *masc.*, glamair *masc.*, glamasair *masc.*, glutair *masc.*, ruitear *masc.*, rùpal *masc.*, sglaimheach *masc.*, sglamhaid *masc.*, sglamhair *masc.*, slugaire *masc.*, sluigean *masc.*, sumair *masc.*, tarrachan *masc.*, tollaran *masc.*

gluttonous *adj.* geòcach, craosach, geòcaireach, gionach, ròiceil, sgaiteach, sluganach

gluttony *n.* geòcaireachd *fem.*, craos *masc.*, glamaireachd *fem.*, gionachd *fem.*, glutaireachd *fem.*, goileachd *fem.*, lon-chraois *masc.*, ròic *masc.*, ruite *fem.*, slugaireachd *fem.*, sluganachd *fem.*

glycerine *n.* glicerin *masc.*

glycerol *n.* glicearal *masc.*

glyster *n.* steallaire *masc.*

gnarled *adj.* meallach, plucach, cràiceach, neo-lom

gnarling *n.* groigeineachadh *masc.*

gnash *n.* sgread *masc.*

gnash *vb.* gìosg, bruais, diosg

gnashing *n.* gìosgail *fem.*, sgread *masc.*, dìosgan *masc.*, gìosgan *fem.*, cnàiseadh *masc.*, snagadaich *fem.*, snagardaich *fem.*

gnat *n.* cuileag dhubh *fem.*, meanbh-chuileag *fem.*

gnaw *vb.* creim, cagainn, cnàmh, ith, moibill, moiblich

gnawing *n.* creimeadh *masc.*, cagnadh *masc.*, cnàmhadh *masc.*, itheadh *masc.*

gnomon *n.* faileasaiche *masc.*

go *vb.* falbh/folbh, theirig, rach, thèid, imich, gabh, siubhail, tà(i)r, teann

go astray *vb.* seabhaid, seachrain

go away *vb.* dèan às, teich

go awry *vb.* straon

go back *vb.* till, rach air ais, pill

go bail *vb.* rach an urras

go on (talk at length) *vb.* cuir dheth

go on! *interj.* siuthad!

go to bed *vb.* rach a laighe

go to pigs and whistles *vb.* rach bho rath

go wrong *vb.* rach drol, rach trulainn

goad *n.* bior(-greasaidh) *masc.*, brod *masc.*, brodann *masc.*, lorg-iomain *fem.*, seòl-bhat *masc.*, slat-bhrodaidh *fem.*, slat-ghreasaid *fem.*, slat-iomain *fem.*, spor *masc.*

goad *vb.* brod, greas, stuig, spor, bruidich, spreòd

goading *adj.* brodach

goadsman *n.* ceannaire *masc.*

goal *n.* crìoch *fem.*, bàir *fem.*, tadhal *masc.*, coilleag *fem.*

goal (aim) *n.* ceann-crìche *masc.*

goal (score) *n.* leth-tadhal *masc.*

goalkeeper *n.* cùl-raonaidh *masc.*

goat *n.* gobhar *fem.*

goat-willow *n.* sùil *fem.*, sùileag *fem.*

goatherd *n.* buachaille ghobhar *masc.*

goatskin *n.* boiceann *masc.*

gobbet *n.* smat *masc.*

gobble *vb.* glam

goblet *n.* cuach *fem.*, aghann *masc.*, sgalan *masc.*

goblin *n.* bòcan *masc.*

godchild *n.* dalta *masc.*

goddaughter *n.* ban-dalta-baistidh *fem.*

goddess *n.* ban-dia *fem.*

godfather *n.* oide-baistidh *masc.*, goistidh *masc.*, athair-baistidh *masc.*

godliness *n.* diadhaidheachd *fem.*

godly *adj.* diadhaidh

godmother *n.* bana-ghoistidh *fem.*, màthair-bhaiste *fem.*, muime *fem.*

godsend *n.* araichd *fem.*, caluman-codhail *masc.*

godson *n.* daltan *masc.*

goggle *vb.* spleuchd

goggle-eyed *adj.* tar-fhradharcach

going *n.* dol *masc.*, falbh/folbh *masc.*, imeachd *fem.*, tarraing *fem.*, teannadh *masc.*

goitre *n.* ainglis *fem.*

gold *n.* òr *masc.*

gold *adj.* òrail

gold standard *n.* bun-thomhas òir *masc.*

gold-foil *n.* sgragall *masc.*

gold-leaf *n.* òr-dhuilleag *fem.*

gold-mine *n.* òr-mhèinn *fem.*

goldcrest *n.* crìonag bhuidhe *fem.*, dreathan a' chinn bhuidhe *masc.*

golden *adj.* òrach, òrail, òrdha

golden eagle *n.* fìor-eun *masc.*, fìrean *masc.*, iolair(e) bhuidhe *fem.*, iolair(e) dhubh *fem.*, iolair(e)-mhara *fem.*, iolair(e)-mhonaidh *fem.*

golden hair *n.* òr-bhàrr *masc.*

golden plover *n.* feadag bhuidhe *fem.*

golden samphire *n.* lus-Bàchair *masc.*

golden saxifrage *n.* lus nan laogh *masc.*

golden-eye *n.* lach bhreac *fem.*, lach-chinn-uaine *fem.*

golden-eye (female) *n.* lach-a'-chinn-ruaidh *fem.*

golden-eye (male) *n.* lach-a'-chinn-uaine *fem.*

goldenrod *n.* fuinseag-coille *fem.*

goldfinch *n.* buidheag *fem.*, deargan-fraoich *masc.*, lasair-choille *fem.*

goldfish *n.* iasg-òir *masc.*, òr-iasg *masc.*

goldilocks *n.* follasgain *fem.*, gruag-Moire *fem.*

goldsmith *n.* ceard-òir *masc.*, òircheard *masc.*, òr-cheard *masc.*

golf *n.* goilf *masc.*, golf *masc.*

golf-ball *n.* biodalan *masc.*

golf-club *n.* caman-goilf *masc.*, comann-goilf *masc.*

golf-course *n.* raon-goilf *masc.*, machair-ghoilf *fem.*

golfer *n.* goilfeire *masc.*

gonorrhea *n.* an clap silteach *masc.*, ball-ghalar *masc.*

good *n.* math *masc.*

good behaviour *n.* modhalachd *fem.*, beusachd *fem.*, beus ghrinn *masc.*

good fortune *n.* sonas *masc.*, rath *masc.*, sealbh *masc.*

Good Friday *pr.n.* Dihaoine na Ceusta

good luck *n.* rath *masc.*, sealbh *masc.*, meannrachd *fem.*, sèamhas *masc.*, seun *masc.*

good sense *n.* breithneachadh *masc.*, feart *fem.*

good-breeding *n.* modh *masc.*, ro-bheus *masc.*, so-bheus *masc.*

good-for-nothing *n.* babhdair *masc.*, dròlabhan *masc.*, ocaideach *masc.*

good-humour *n.* gean *masc.*, saod *masc.*, sogan *masc.*, sunnd *masc.*

good-humoured *adj.* sunndach

good-looking *adj.* brèagha, snuadhach, glan

good-nature *n.* soimeachd *fem.*, soimeachdas *masc.*

good-natured *adj.* nàdarra, soimeach, soimh, soineanta, soitheamh

good-tempered *adj.* deagh-nàdurra, math-nàdurra, mì-bhuaireasach, soinneanta

goodman *n.* fear an taighe *masc.*

goodness *n.* mathas *masc.*

goodness *interj.* a chiall!

goodness! *interj.* a h-iochdaist!, ghiall!, Mhoire!

goods *n.* bathar *masc.*, stuth *masc.*, cuid *fem.*, lumaraidh *fem.*, maoin *fem.*, stòr *masc.*, trosgan *masc.*

goods-train *n.* trèan-bathair *fem.*

goodwife *n.* bean an taighe *fem.*

goodwill *n.* gean math *masc.*, deagh-ghean *masc.*, deagh mhèin *fem.*, deagh-fuinn *fem.*, deagh-thoil *fem.*, dùrachd *fem.*, ràidh *fem.*

gooey *adj.* slaopach

goosander *n.* lach *fem.*, lach fhiacailleach *fem.*, sìolta bheag *fem.*, sìoltaich *masc.*, tunnag fhiacailleach *fem.*

goose *n.* gandal *masc.*, gèadh *masc.*

goose-grass *n.* garbh-lus *masc.*, luibh an ladhair *fem.*, luibh na cabhraich *fem.*, lus garbh *masc.*

gooseberry *n.* gròiseid *fem.*, cnàimhseag *fem.*, crabhsag *fem.*, creachlach dearg *masc.*, crobhrsag *fem.*, crobhsag *fem.*, spìontag *fem.*

gooseberry-bush *n.* sgeach-spionain *masc.*, spìonan *masc.*

gooseflesh *n.* grìs *fem.*, grìseach *masc.*

goosefoot plant *n.* càl liathghlas *masc.*, praiseach ghlas *fem.*, teanga mhìn *fem.*

gorbelly *n.* màileid *fem.*, pigean *masc.*

gore *n.* fuil *fem.*, gaorr *masc.*

gore *vb.* sàth, reub, bruan

gorge *n.* clais mhòr *fem.*, slugan *masc.*, craos *masc.*, bealach *masc.*

gorge *vb.* lìon craos, sàsaich, sgòrnanaich

gorgeous *adj.* greadhnach, rìomhach, spleadhnach

gorget *n.* èideadh-muineil *masc.*, gòrsaid *fem.*

gorgon *n.* glaisrig *fem.*

gorilla *n.* goiriola *masc.*

gormandise *vb.* geòcaich, glùt

gormandiser *n.* geòcach *masc.*, geòcair *masc.*

gormandising *n.* craos-shlugadh *masc.*, pòitearachd *fem.*

goshawk *n.* glas-sheabhag *fem.*, gos-sheabhag *fem.*

gosling *n.* isean-geòidh *masc.*

gospel *n.* soisgeul *masc.*

gossamer *n.* canach *masc.*, croisean Moire *masc.*, gaoir-theas *fem.*

gossip (idle talk) *n.* sgeòdal *masc.*, sguan *masc.*

gossip (one who tells tales) *n.* bruinnein *masc.*, sgimilear *masc.*, sràcair *masc.*

gossip (sponsor) *n.* neach-cèile *masc.*, goistidh *masc.*

gossiping *n.* gobaireachd *fem.*, sràcaireachd *fem.*

gossiping *adj.* gabhannach, piùthragach

gouge *n.* gilb-chruinn *fem.*

gourd *n.* luibh-sgàile *fem.*, meall-cruinne *masc.*, pailm-sgàth *masc.*

gourmand *n.* pòitear *masc.*

gout *n.* gùt *masc.*, tinneas-nan-alt *masc.*

gout-wort *n.* lus an easbaig *masc.*

goutweed *n.* lus an easbaig *masc.*

govern *vb.* riaghail, seòl, smachdaich, stiùir, riaghailtich, steòrn

govern (grammar) *vb.* cuir do, spreig

governable *adj.* dleasail, so-riaghlaidh, so-stiùraidh

governing *n.* steòrnadh *masc.*

government *n.* ceannsal *masc.*, crìoch-smachd *masc.*, riaghaltas *masc.*, stàta *masc.*

governor *n.* riaghladair *masc.*, rianadair *masc.*, tuitear *masc.*, uachdaran *masc.*

gown *n.* gùn *masc.*, lèineag *fem.*

gowned *adj.* earasaideach

grabble *vb.* snàig

grace *n.* gràs *masc.*

grace *vb.* rìomhaich

grace (elegance) *n.* maise *fem.*

grace (prayer) *n.* alltachadh *masc.*, beannachadh *masc.*

grace note *n.* nòta-altaidh *masc.*, nòta-maise *masc.*

graceful *adj.* àilleasach, gràsmhor, loinneil, sgèimheach, sgèimhealach

gracefulness *n.* gràsmhorachd *fem.*, maise *fem.*

graceless *adj.* mì-ghràsail, neo-ghràsmhor

gracing n. altadh-maise masc.

gracious adj. gràsmhor, oirbheartach

graciousness n. gràsmhorachd fem.

gradation n. òrdan masc., uidheachd fem.

gradatory adj. ceumnach

graddan n. gradan masc.

grade n. bann masc., ìre fem., rang fem./masc.

grade vb. ìrich, rangaich

grade related criteria n. tomhaisean ìre pl.

gradual adj. mall-cheumach, toicheumach

gradually adj. beag air bheag, beag is beag, ceum air cheum, mean air mhean, uidh air n-uidh

graduate n. neach-ceuma masc.

graduate vb. ceumnaich, thoir ceum, gabh ceum, meidhisich, ollamhaich

graduated adj. ollamhaichte

graduation n. ceumnachadh masc., ceumnachd fem.

graft n. nòdachadh masc., tairgeug masc.

graft (join) vb. nòdaich

graft (piece of plant) n. faillean masc., fiùran masc., slat bheag fem.

grain n. gràinne fem., gràinnean masc., sìlean masc., pòr masc., sicean masc., spiolagan masc.

graip n. gobhlag fem., gràpa masc.

gralloch n. greallach fem.

gram n. gram masc.

graminivorous adj. faicheil, feur-itheach

grammar n. gràmar masc.

grammatical adj. ceart-chainnteach

grampus n. caoch(an) masc., puthag fem., mada(dh)-cuain masc.

granary n. sìol-lann masc., giornalair masc., grainnseach fem., ionad-tasgaidh masc., sabhal masc., sabhaltrach masc., sgiobal masc.

grand adj. mòr, brèagha, urramach

grand mal n. tuiteamas mòr, an masc.

grand-aunt (grandfather's sister) n. piuthar-seanar fem.

grand-aunt (grandmother's sister) n. piuthar-seanamhar fem.

grandchild n. ogha masc.

granddaughter n. ban-ogha fem.

grandee n. mòr-fhlath masc., prìomh-dhuine masc.

grandeur n. mòrachd fem., greadhnachas masc., mòrchuis fem., mùirn fem.

grandfather n. seanair masc.

grandfather clock n. gleoc ard masc.

grandmother n. seanmhair fem.

grandson n. mac-mic masc.

grange n. grainnseach fem.

granite n. clach ghraineil fem., clach-ghràin fem., eibhir fem., goireal masc., leaclach fem.

granite adj. leacach

granny knot n. snaim-chaillich fem.

grant n. tiubhradh masc., tabhartas masc., grant masc., tiodhlac masc., tiubhradh masc.

grant vb. bàirig, builich, deònaich, thoir seachad, tiubhraich

grant (permit) vb. ceadaich

grant-in-aid n. tabhartas-airgid masc., tabhartas-cuideachaidh masc.

granting n. toirt fem.

granular adj. gràinneach

granulate vb. gràinich, mìn-phronn, meallanaich

granule n. gràinean masc., gràineag fem.

grape n. dearc-fhìona fem., fìon-dearc fem.

grapefruit n. seadag fem.

graph n. graf masc.

graph plotter n. dealbhadair ghrafaichean masc.

graphic display *n*. taisbeanadh graificeach *masc*.

graphical solution *n*. fuasgladh grafail *masc*.

graphics *n*. tàirgnean *pl*.

graphite *n*. graifit *fem*.

grapnel *n*. creagair *masc*., greim-acair *masc*.

grapple *n*. creigeir *masc*.

grappling-iron *n*. sgrab *masc*.

grasp *n*. glacadh *masc*., grèim *masc*.

grasp *vb*. glac, greimich, dèan grèim air, sàs, spiol, teannaich

grasping *n*. glacadh *masc*.

grass *n*. feur *masc*.

grass caterpillar *n*. bratag *fem*.

grass of Parnassus *n*. fionn-sgoth *masc*.

grass-cut *n*. gearradh-feòirnein *masc*.

grass-snake *n*. nathair gun phuinnsean *fem*.

grasshopper *n*. fionnan-feòir *masc*., brobhadan *masc*., dreòlan teasbhuidh *masc*., leumadair uaine *masc*., leumadair-feòir *masc*., srannachan *masc*., srannan *masc*.

grasshopper warbler *n*. ceileiriche *masc*.

grassland *n*. raon-feòir *masc*., talamh feurach *masc*.

grassum *n*. bunndaist *fem*., gearsum *masc*.

grate *n*. grèata *masc*., àite-teine *masc*., cliath-theine *fem*., creathall *fem*., gràt *masc*.

grate *vb*. sgrìob, thoir sgreuch air, suath

grateful *adj*. taingeil, buidheach

grater *n*. sgrìobair *masc*.

gratification *n*. toileachadh *masc*., duaiseachadh *masc*., toil-inntinn *fem*.

gratify *vb*. toilich, duaisich, taitinn

gratifying *adj*. sòlasach

grating *n*. snagardaich *fem*.

grating *adj*. rasgach, sgreadach

gratis *adj*. an asgaidh

gratitude *n*. taingealachd *fem*., buidheachas *masc*.

gratuity *n*. sìneadh *masc*., tiodhlac *masc*.

grave *n*. tom *masc*., uaigh *fem*.

grave *adj*. stòlda, suidhichte, stuirteil

grave accent *n*. sràc mhall *fem*., sràc throm *fem*.

grave-digger *n*. adhlacair *masc*.

gravel *n*. grinneal *masc*., crothaid *fem*., dil *fem*., grinneal *masc*., griothalach *fem*., mion-chlach *fem*., morgan *masc*., sgrioth *masc*.

gravel (calculi in kidneys/ureter/urinary bladder) *n*. galar-fuail *masc*.

gravel (calculi in kidneys/ureters/urinary bladder) *n*. galar-mùin *masc*.

gravel-pit *n*. grothlach *masc*.

gravel-stone *n*. clach-fhuail *fem*.

gravestone *n*. leac-uaghach *fem*., clach-chinn *fem*.

graveyard *n*. cladh *masc*.

gravitational force *n*. cumhachd-tarraing *masc*.

gravity (weightiness) *n*. cudthrom *masc*., truimead *masc*.

gravity (seriousness) *n*. stuirt *fem*., suidheachadh-inntinn *masc*., suidhealachd *fem*.

gravy *n*. sùgh (-feola) *masc*., brìgh *fem*., gràbhaidh *fem./masc*., lionradh *masc*., lunnd *masc*., sabhs *masc*.

grayling *n*. glasag *fem*.

graze (eat grass) *vb*. feuraich, cuir air feur, ionaltair, riach

graze (pass along surface of) *vb*. suath, bean

grazier *n*. aireach *masc*.

grazing *n*. feurach *masc*., ionailt *fem*., ionaltradh *masc*.

grazing clerk *n.* clèireach a' bhaile *masc.*, clèireach an fheuraich *masc.*

grease *n.* crèis *fem.*, saill *fem.*, geir *fem.*, bealadh *masc.*, ighe *fem.*, meathras *fem.*

grease *vb.* crèisich, smeur, sliomaich, buaic

greasiness *n.* lìth *fem.*, raimhdeas *masc.*

greasy *adj.* crèiseach, armaidh, blonagach, lìtheach, mèith, olach, siogach

great *adj.* mòr, àrd, lìonmhar, mòrail

great artery *n.* mòr-chuisle *fem.*

great auk *n.* gearra-bhall *masc.*

great bear *n.* ceata-cam *masc.*

great black-backed gull *n.* farspag *fem.*, arspag *fem.*, faoileann mhòr *fem.*, farspach *fem.*, sgliùrach *fem.*

great cormorant *n.* ballaire-ballach *masc.*

great crested grebe *n.* gobhachan mòr *masc.*, lachair *masc.*, lapairin *masc.*

great grey shrike *n.* buidseir *masc.*, feòladair glas *masc.*, pioghaid ghlas *fem.*

great mace weed *n.* cuigealach-mòine *fem.*

great martin *n.* gobhlan dubh *masc.*

great northern diver *n.* buna-bhuachaille *masc.*, muir-bhuachaille *masc.*

great shearwater *n.* sgriab *masc.*

great skua *n.* fasgadair mòr *masc.*, tuilleag *fem.*

great spotted woodpecker *n.* snagan-daraich *masc.*

great tit *n.* currac-baintighearna *masc.*

great toe *n.* òrdag *fem.*

great woodrush *n.* ineach *masc.*

great yellow loosestrife *n.* lus-nan-sibhreach *masc.*

great-grandchild *n.* iar-ogha *masc.*

great-grandfather *n.* sinn-seanair *masc.*

great-grandmother *n.* sinn-seanmhair *fem.*

great-great-grand-mother *n.* sinn-sinn-seanamhair *fem.*

great-great-grandchild *n.* dubh-ogha *masc.*

great-great-grandfather *n.* sinn-sinn-seanair *masc.*

great-great-great-grandchild *n.* glas-ogha *masc.*

great-great-great-great-grandchild *n.* fionn-ogha *masc.*

greatcoat *n.* còta mòr *masc.*, luinnseach *masc.*

greater broomrape *n.* muchag *fem.*, siorralach *masc.*

greater celadine *n.* aonsgoch *masc.*

greater celandine *n.* ceann ruadh *masc.*, lach ceann-ruadh *masc.*

greater common burdock *n.* meacan tobhach *masc.*

greater forkbeard *n.* tràille *fem.*

greater sand-eel *n.* gioban *masc.*, sìolag mhòr *fem.*

greater spotted woodpecker *n.* làir-fligh *fem.*, snagair-daraich *masc.*

greater woodrush *n.* learman *masc.*, luachair-choille *fem.*, seilisdeir nan gobhar *masc.*

greatness *n.* meud *masc.*, meudachd *fem.*, mòid *fem.*, mòralachd *fem.*

greaves *n.* assain *masc.*

grecian nose *n.* sròn dhìreach *fem.*

greed *n.* sannt *masc.*, gionaiche *masc.*, gionachd *fem.*, glutaireachd *fem.*, rùtas *masc.*

greediness *n.* sannt *masc.*, gionaiche *masc.*, sanntachd *fem.*

greedy *adj.* sanntach, gionach, biosgach, calbhor, geanach, lonach, miannasach, sgonasach

Greek (language) *n.* Greugais *fem.*

green (grassy plot) *n.* rèidhlean *masc.*, àilean *masc.*, faiche *fem.*, lunndan *masc.*

green *adj.* gorm, uaine

green algae *n.* barraig uaine *fem.*, feur-uisge *masc.*, griobharsgaich *fem.*, lianaraich *fem.*, linnearach *masc.*, lìonanach *masc.*, lochain *fem./masc.*

green hellebore *n.* eileabair *fem.*, fùdar-sròine *masc.*

green sandpiper *n.* luatharan uaine *masc.*

green seaweed *n.* feamainn bhuidhe *fem.*

green spleenwort *n.* ùr-thalmhainn *fem.*

green woodpecker *n.* lasair-choille *fem.*

greenfinch *n.* corcan glas *masc.*, glaisean-daraich *masc.*

greenfly *n.* àinle *fem.*, cuileag ghlas *fem.*

greenhouse *n.* taigh-glainne *masc.*, taigh-gloine *masc.*

greenish *adj.* uainealach

Greenland dove *n.* sgrabaire *masc.*

greenness *n.* guirme *fem.*

greenockite *n.* grianaigit *fem.*

greens *n.* glasraich *fem.*

greenshank *n.* deoch-bhiugh *fem.*

greet *vb.* fàiltich, beannaich, furanaich

greeting *n.* fàilte *fem.*, beannachadh *masc.*, beannachd *fem.*, furan *masc.*

gregarious *adj.* greigheach, treudach, ealtach

grenade *n.* grenèad *masc.*, spreadhair-làimhe *masc.*, spreadhan *masc.*

grey *n.* glas *masc.*

grey *adj.* glas, liath, ruaithne

grey *vb.* liath, liathaich

grey gurnet *n.* cnòdan ruadh *masc.*, gabharag *fem.*

grey heron *n.* corra-ghlas *fem.*, corra-ghrian *fem.*, corra-ghritheach *fem.*, gorra-chritheach *fem.*, Màiri-na-h-amhaich *fem.*

grey linnet *n.* riabhag *fem.*

grey mullet *n.* bradan sligeach *masc.*, breac sligneach *masc.*, cearbhanach *masc.*, iasg druim-fhionn *masc.*, muileid *fem.*

grey phalarope *n.* glasan *masc.*, liathag allt *fem.*

grey plover *n.* feadag ghlas *fem.*, greagag *fem.*

grey seagull *n.* cailleach bhreac *fem.*

grey seal *n.* aibeist *fem.*, ròn glas *masc.*, ròn liath *masc.*, ròn mòr *masc.*

grey squirrel *n.* feòrag ghlas *fem.*

grey wagtail *n.* breacan baintighearna *masc.*, breacan-an-uillt *masc.*, breacan-baintighearna *masc.*

grey-lag goose *n.* gèadh glas *masc.*

greyfinch *n.* glaisean-daraich *masc.*

greyhound *n.* mìolchu *masc.*, gadhar *masc.*, cù fada *masc.*, cù fionn *masc.*, cù gorm *masc.*, cù gortach *masc.*, cuileabhar *masc.*

greyish *adj.* bracach, breac-liath, bric-liath, brocach, liathach

greyness *n.* glaise *fem.*, glaiseachd *fem.*

grice *n.* uircean *masc.*

grid *n.* cliath *fem.*

griddle *n.* greideal *masc.*, bann-sorn *masc.*

gridiron *n.* branndair *masc.*, greideal *fem.*, griodalach *masc.*, ròistean *masc.*

grief *n.* mulad *masc.*, doilgheas *masc.*, bròn *masc.*, bris(t)eadh-cridhe *masc.*, diachair *fem.*, dòlas *masc.*, èislean *masc.*, iomagain *fem.*, leòn *masc.*, òr-chradh *masc.*, sgad *masc.*, sònas *masc.*

grieve *n.* ceann-iùil *masc.*, fear-iùil *masc.*, grèighear *masc.*, manaistear *masc.*

grieve *vb.* cràdh, caoidh, cuir doilgheas air neach, leòn

grievous *adj.* cràidhteach, doilgheasach, searbh, doirbh, sònasach

griffin *n.* leomhann-chraobh *masc.*

grig *n.* asgan *masc.*, easgann bheag *fem.*

grill *n.* grìosach *fem.*

grill *vb.* grìosaich

grill (grilled dish) *n.* grisgean *masc.*

grilse *n.* geàrr a' chuain *masc.*, bànag *fem.*, geadag *fem.*

grim *adj.* mùgach, gnù, gruamach, duaichnidh, grìmeach, grìomach, groigeasach

grimace *n.* gruaim *fem.*, mùig *masc.*, braoisg *fem.*, cealachd *fem.*, griompas *masc.*

grimace *vb.* cuir braoisg

grin *n.* braoisg *fem.*, drein *fem.*, braoisgeil *masc.*, craosadh *masc.*

grin *vb.* cuir braoisg, cuir drein, sream

grind *vb.* meil, bleith, prann/pronn, cnàis, lionrath

grinder (one who grinds) *n.* greineadair *masc.*, meiltear *masc.*, neach-bleith *masc.*

grinder (tooth) *n.* cùlag *fem.*

grinding *n.* dìosgan *masc.*, dìosganaich *fem.*

grindstone *n.* clach-gheurachaidh *fem.*, clach-bhleith *fem.*, clach-ghleusaidh *fem.*, clach-lìomhaidh *fem.*, clach-lìomhain *fem.*, clach-lionraidh *fem.*, clach-niaraidh *fem.*

grinning *n.* dreunasail *masc.*

grinning *adj.* sreamach

grip (grasp) *n.* grèim *masc.*

grip (gutter) *n.* carcair *masc.*

gripe *n.* trughaid *fem./masc.*

gripe (oppress) *vb.* ainneartaich

griper (oppressor) *n.* ainneartair *masc.*

gripes *n.* casadaich *fem.*

griping *adj.* abaidealach

gripping *n.* greimeachadh *masc.*

grist *n.* meildreach *masc.*, meiltir *fem.*, moltair *masc.*

gristle *n.* maothan *masc.*, brisgean *masc.*, brusgan *masc.*, cnàimhseag *fem.*, sgannan *masc.*, smaosdrach *masc.*

grit *n.* grian *masc.*, grinneal *masc.*, garbhan *masc.*, còrlach *masc.*, gròm *masc.*

grizzled *adj.* riabhach

grizzly bear *n.* mathan molach *masc.*

groan *n.* osna *fem.*, ròmhan *masc.*

groan *vb.* cnagadaich

groaning *n.* uchdanachadh *masc.*

groat *n.* còta bàn *masc.*, gròta *masc.*

grocer *n.* grosair(e) *masc.*, lòn-cheannaiche *masc.*

groceries *n.* annlan *masc.*, gròsaireachd *fem.*, lòn-cheannachd *fem.*

groom (bridegroom) *n.* fear-bainnse *masc.*

groom (person employed to take care of horses) *n.* gille-each *masc.*

groin *n.* loch-bhlèin *masc.*, blian *masc.*, camas *masc.*, manachan *masc.*, splang *masc.*

groove *n.* clais *fem.*, eag *fem.*

groove *vb.* gròb

grooved *adj.* claiseach

grooving *n.* gròbadh *masc.*

grope *n.* sporadh *masc.*

grope *vb.* fairich, rùraich, smeuraich, làmhrachdaich, làmhraich, rùdhraich, smàgaich, smùraich

groper *n.* smàgair *masc.*

groping *n.* faireachadh *masc.*, rùrach *masc.*, sporghail *fem.*, làmhrachdas *masc.*, smàgaireachd *fem.*, smàgarsaich *fem.*

gross (large-girthed) *adj.* dòmhail, reamhar, sturrail, tiugh, sturranta

gross (rough) *adj.* garbh

gross (whole) *adj.* slàn

gross domestic product *n.* bàrr-chinneas dùthchail *masc.*, làn-chinneas dùthchail *masc.*

gross national product *n.* bàrr-chinneas nàiseanta *masc.*, làn-chinneas nàiseanta *masc.*

gross production *n.* bàrr-chinneas *masc.*

gross profit *n.* lèir-bhuannachd *fem.*, mòr-bhuannachd *fem.*

grossness *n.* dùmhalas *masc.*

grotto *n.* sgàil-thaigh *masc.*

ground *n.* grunnd *masc.*, talamh *fem.*, làr *masc.*, fonn *masc.*

ground *adj.* prann/pronn

ground floor *n.* làr *masc.*, lobhta-làir *masc.*, ùrlar *masc.*

ground swell *n.* sàgaraid *fem.*

ground-elder *n.* lus an easbaig *masc.*

ground-ivy *n.* eidheann-thalmhainn *masc.*, iadh-shlat-thalmhainn *fem.*, nathair-lus *masc.*

ground-nut *n.* cno-fuinn *fem.*

ground-officer *n.* maor *masc.*, maor-rinndeil *masc.*

grounding *n.* stèidheachadh *masc.*

groundsel *n.* buaghallan (buidhe) *masc.*, bualan *masc.*, gallan greannchair *fem.*, grunnasg *fem.*, lus Phara lèith *masc.*, sàil-bhuinn *fem.*

group *n.* grunn(an) *masc.*, buidheann *fem./masc.*, còmhlan *masc.*, baidean *masc.*, cuantal *masc.*, dream *masc.*

group *vb.* cuir am buidhnean, roinn

group practice *n.* còmhlan dhotair *masc.*

group work *n.* obair-bhuidhne *fem.*

grouse *n.* cearc-fhraoich *fem.*

grove *n.* doir'-choille *fem.*, badan *masc.*

grovel *vb.* snàig, liùg, màgaranaich

groveller *n.* ruaracan *masc.*

grow *vb.* fàs, cinn(ich), meudaich

growing *n.* fàs *masc.*, cinntinn *fem.*, meudachadh *masc.*

growing *adj.* fàsmhor

growing point *n.* teothachd-fàis *fem.*

growing-pains *n.* greim-fàis *masc.*

grown-up *adj.* inbheach, trealbhaidh

grown-up *n.* inbheach *masc.*

growth *n.* cinneas *masc.*, fàs *masc.*

growth potential *n.* comas-fàis *masc.*

grub (insect larva) *n.* cnuimh *fem.*, brìdeach

grub-worm *n.* torair *masc.*, toranach *masc.*

grudge *n.* diomb *masc.*, doicheall *masc.*, miosgainn *fem.*

grudge *vb.* talaich, sòr

gruel *n.* brochan *masc.*, deoch bhàn *fem.*, stiùireag *fem.*, stiùrag *fem.*

gruff *adj.* garg, stuacach, mùgach, doirbh

gruffness *n.* cno *fem.*, durradhantachd *fem.*

grumble *vb.* gearain, talaich, cànranaich, dranndanaich

grumbling *n.* gearan *masc.*, duarmanaich *fem.*, borbhanaich *fem.*, càranach *masc.*, dorran *masc.*, dranndail *fem.*, dranndanachd *fem.*, dùrdail *fem.*, gurmal *masc.*, monmhar *masc.*, murthail *fem.*

grunt *n.* gnòsail *fem.*, rùchd *masc.*

grunt *vb.* dèan gnòsail, sgiamhailich, dèan rùchd

grunting *n.* omhail *fem.*, rùchdail *fem.*

gruppetto *n.* casadh *masc.*

guager *n.* gàidsear *masc.*

guano *n.* aolach *masc.*, guàna *masc.*

guarantee *n.* barantas *masc.*, dearbhachd *fem.*, gealladh *masc.*, urrainn *masc.*, urras *masc.*

guarantee *vb.* barantaich, rach an urras

guarantor *n.* neach-dearbhaidh *masc.*, neach-urrais *masc.*

guard (one who guards) *n.* freiceadan *masc.*, geàrd *masc.*, neach-coimhid *masc.*, forair *masc.*, dìonadair *masc.*

guard (watch) n. faire fem., dìon masc.

guard-ship n. long-dhìon(a) fem., long-dhìdein fem.

guardedness n. stuaim fem.

guardian n. neach-gleidhidh masc., neach-dìona masc., coimheadair masc., cùra masc., taoitear masc.

guardian (female) n. muime fem.

guardian (male) n. oide masc.

guardian angel n. càr-aingeal masc.

guardianship n. tuitearachd fem.

guardsman n. ceatharnach masc.

guddle vb. caimir

guddling n. ludradh masc., luidreadh masc., plodanachd fem.

gudeman n. fear an taighe masc.

gudgeon (fish) n. bronnag fem., gùda masc.

guelder-rose n. ceir-iocan masc.

guerdon n. leasachadh masc.

guess n. tomhas masc., meas masc., tuaiream fem., tuairmse fem.

guess vb. thoir tuairmeas, tomhais, tuairmsich

guessing n. tomhas masc.

guest n. aoigh masc., loisdineach masc., tathach masc.

guest-house n. taigh-aoigheachd masc., taigh-tathaich masc.

guffaw n. glag-gàire masc.

guggling n. plubraich fem.

guidance n. iùl masc., stiùradh masc., treòrachadh masc.

guidance staff n. luchd-treòrachaidh masc.

guidance teacher n. tìdsear-treòrachaidh masc.

guidance team n. sgioba-treòrachaidh fem./masc.

guide n. neach-iùil masc., neach-seòlaidh masc., neach-treòrachaidh masc., ceannaire masc., ceann-iùil masc., iùl masc., stiùir fem., treòraiche masc.

guide vb. treòraich, stiùir, seòl, marasglaich, steòrn

guide dog n. gille-cheann-doill masc.

guide sheet n. duilleag-iùil fem.

guide-book n. leabhar-iùil masc.

guideline n. seòladh masc., stiùireadh masc.

guiding n. stiùireadh masc., seòladh masc., steòrnadh masc., treòrachadh masc.

guild n. comann masc., buidheann fem./masc.

guile n. foill fem., cluain fem., caraireachd fem., gò masc., meang fem.

guillemot n. eun dubh an sgadain masc., eun a' chrùbain masc., falcag bhiorach fem., gearra-breac masc., làmhaidh masc., langach masc., langaid fem., longaid fem.

guilt n. ciont(a) masc., coire masc.

guilty adj. ciontach, coireach

guinea (coin) n. gini masc.

guinea-fowl n. cearc Innseanach fem., coileach Innseanach masc.

guinea-pig n. gearra-mhuc fem.

guise n. riochd masc.

guise (act as guiser) vb. rach air bhonnaig

guitar n. giotàr masc.

gulch vb. cnòd

gulf n. camas masc., bàgh masc., cuairteag fem., cuan-choire masc., glòm masc., linne fem., slogair masc., slugan masc., sumair masc.

Gulf War, the pr.n. Cogadh a' Chamais

gull n. faoileag fem., fairsbeag fem.

gullet n. goile fem., pìoban masc., rùchan masc., sealbhan masc., sgòrnan masc., slugaid fem., slugan masc.

gullibility *n.* socharachd *fem.*

gullible *adj.* socharach

gully *n.* gil *fem.*, sgor *masc.*

gulp *n.* slugadh *masc.*, glacadh *masc.*, sgonn *masc.*, srùbag *fem.*

gulp *vb.* sluig, glac, glùt, sruthail

gulping *n.* slugadh *masc.*, glacadh *masc.*, glùtadh *masc.*, srùbaireachd *fem.*, sgonnadh *masc.*, sruthladh *masc.*

gum (fleshy tissue) *n.* càireas *masc.*, mannas *masc.*, càirean *masc.*

gum (glue) *n.* bìth *fem.*, glaodh *masc.*

gumboil *n.* niosgaid-càireis *fem.*, cneadh-fhiacall *fem.*, leon-deudadh *masc.*, mucag-fhiacal *fem.*

gun *n.* gunna *masc.*

gun-lock *n.* ac(fh)ainn-gunna *fem.*

gunnel (fish) *n.* cloimhein-cluich *masc.*, cloitheag *fem.*, clomhag-chaothaich *fem.*

gunner *n.* gunnair *masc.*, làmhair *masc.*

gunnery *n.* gunnaireachd *fem.*

gunpowder *n.* fùdar-gunna *masc.*

gunwale *n.* beul mòr *masc.*, beul an rangais *masc.*, beul-stoc *masc.*, blad *masc.*, slat-bheòil *fem.*, stoc-luinge *masc.*, taobh-shlat *fem.*

gurgle *n.* glugan *masc.*, gurracag *fem.*, torghan *masc.*, torraghan *masc.*

gurgle *vb.* plubraich

gurgling *n.* glugalaich *fem.*, plubais *fem.*, plubraich *fem.*

gurgling *adj.* plubrach, sruthanach

gurnard *n.* cnòdan ruadh *masc.*, gabharag *fem.*

gurnet *n.* cnòdan ruadh *masc.*, gabharag *fem.*

gush *n.* steall(adh) *masc.*, spùt(adh) *masc.*, brùchd *masc.*

gush *vb.* craobh, spliut, spùt, steall, brùchd

gushing *n.* spùtadh *masc.*, brùchdadh *masc.*, sgeinneadh *masc.*, sginneadh *masc.*, spliutadh *masc.*, stealladh *masc.*

gusset *n.* angadh *masc.*

gusseted *adj.* eangach

gust *n.* oiteag *fem.*, cuairt-ghaoth *fem.*, samh *masc.*, cnap-gaoithe *fem.*, osag *fem.*, plathadh *masc.*

gusty *adj.* stoirmeil, gaothar, gailleabhach, plathach, sgreunach

gut *n.* caolan *masc.*, cut *masc.*, mionach *masc.*

gut *vb.* thoir am mionach à, cut, sgoilt, caolanaich

gutta-percha *n.* glaodh *masc.*

guttag *n.* cutag *fem.*

gutter (channel) *n.* guitear *masc.*, clais *fem.*, dàm *masc.*, feadan-uisge *masc.*, tochaill *fem.*

guttering *n.* placadaich *fem.*

gutting *n.* cutadh *masc.*

guttural *adj.* sg(l)oigeach, sgòrnanach, tùchanach

gutturalness *n.* tùchan *masc.*

guy-rope *n.* ball-stagha *masc.*

gwiniad *n.* pollag *fem.*, tulag *fem.*

gym shoe *n.* bròg-chleasachd *fem.*

gymnasium *n.* lann lùth-chleas *fem.*, talla-spòrsa *fem.*

gymnast *n.* lùth-chleasaiche *masc.*

gymnastics *n.* lùthaireachd *fem.*, lùth-chleasachd *fem.*

gynaecology *n.* lèigheolas bhan *masc.*

gypsum *n.* giopsam *masc.*

gypsy *n.* dubh-shiùbhlach *fem./masc.*

gyrate *vb.* cuir mu chuairt, cuir car

gyration *n.* cur mu chuairt *masc.*, car *masc.*

gypsywort *n.* feòran-curraidh *masc.*

gyrfalcon *n.* geàrr-sheabhag *fem.*, seabhag gheàrr *fem.*, seabhag mhòr (na seilge) *fem.*

H

haave (bag-shaped net) *n.* (t)àbh *masc.*

habergeon *n.* lùireach *fem.*

habilitate *vb.* toill

habit (custom) *n.* cleachdadh *masc.*, àbhaist *fem.*, cleachd *fem.*, cleachdainn *fem.*, gnàths *masc.*, nòs *masc.*

habit (garment) *n.* oisionair *masc.*

habitable *adj.* àrosach, ion-àiteachaidh, ion-àiteachail, ion-àitichte

habitableness *n.* àiteachaileachd *fem.*, àitreabhachd *fem.*

habitant *n.* àitear *masc.*

habitat *n.* àrainn *fem.*

habitation *n.* còmhnaidh *fem.*, aitreabh *fem.*, àros *masc.*, lios *fem.*

habitual *adj.* àbhaisteach, nòsail, sìor-ghnàthach

habitually *adj.* daonnan, am bitheantas

habituate *vb.* cruadalaich

habituated *adj.* cleachdte

habitude *n.* eòlanachd *fem.*, nòsachd *fem.*

hack *vb.* beàrn, mabail, seàrr, sgap, sgoch, sgor, staoigich

hacked *adj.* beàrnach

hacker *n.* sgriosair *masc.*

hacking *n.* mabladh *masc.*, sgriosadh *masc.*, sneagaireachd *fem.*

hacking *adj.* sgorach

hackle *n.* tuairgin *fem.*

hackler *n.* seiclear *masc.*

hackling *n.* seiclearachd *fem.*

hackney *n.* each rèidh *masc.*

hackney-coachman *n.* rèidh-charbadair *masc.*

haddie *n.* adag *fem.*

haddock *n.* adag *fem.*, codag *fem.*, iasg Pheadair rùnaich *masc.*

haematemesis *n.* cur a-mach na fala *masc.*, tilgeadh fuilteach *masc.*

haematuria *n.* fual-fala *masc.*

haemoglobin *n.* hemagloibin *masc.*

haemophiliac *n.* fuileachadh *masc.*, neach fuil-gun-chasg *masc.*

haemoptysis *n.* clochar fuilteach *masc.*

haemorrhage *n.* dòrtadh-fala *masc.*, geàrrach-fola *fem.*, sgaoileadh-fala *masc.*, taomadh-fala *masc.*, sileadh-fala *masc.*

haemorrhoid *n.* niosgaid-fala *fem.*, neasgaid-fhola *fem.*, neasgaid-ghobhail *fem.*, ruith-fola *masc.*

haemorrhoidal *adj.* triopaiseach

hafnium *n.* haifnium *masc.*

haft *n.* cas *fem.*, lorg *fem.*, lurgann *fem.*, saith *fem.*

hag *n.* baobh *fem.*, sgroidhseach *fem.*

haggard *adj.* riasgail

haggis *n.* taigeis *fem.*, prainnseag *fem.*

haggle *vb.* taglainnich

haggler *n.* plocair *masc.*

haggling *n.* plocaireachd *fem.*

hail (frozen rain) *n.* clach-mheallain *fem.*, clach-shneachd *masc.*

hail (goal) *n.* leth-bhàir *fem.*, leth-chluich *masc.*

hail (shower frozen rain) *vb.* meallainich

hail-storm *n.* sian mheallan *fem.*

hailstone *n.* clach-mheallain *fem.*, clach-Mhoire *fem.*, sneachda garbh *masc.*

hair *n.* falt *masc.*, gruag *fem.*, gaoisnean *masc.*, fuiltean *masc.*, ribe *masc.*, ribeag *fem.*, ròin *fem.*, ròineach *masc.*, ròineag *fem.*

hair of the dog *n.* leigheas na pòit *masc.*

hair sedge *n.* riasg mollach *masc.*

hair's-breadth *n.* leud-gaoiseid *masc.*, leud-ròine *masc.*

hair-ball *n.* ball-gaoiseid *masc.*

hair-band *n.* aoideag *fem.*, faltan *masc.*

hair-brush *n.* bruis-chinn *fem.*

hair-drier *n.* tiormachair-gruaig *masc.*

hair-dryer *n.* tiormachair-gruaig *masc.*, tiormadair-gruaige *masc.*

hair-eel *n.* easgann-fuilt *fem.*

hair-grass *n.* feur-fionnaidh *masc.*

hair-grip *n.* greim-gruaige *masc.*

hair-lace *n.* cochlach *masc.*, stìom *fem.*

hair-net *n.* lìon-fuilt *masc.*, lìon-cinn *masc.*

hair-shirt *n.* ròinn-lèine *fem.*

haircloth *n.* brat *masc.*, ròin *fem.*, ròin-aodach *masc.*, roinne-bhaidhe *fem.*

haircut *n.* bearradh *masc.*

hairdresser *n.* gruagaire *masc.*, bearradair *masc.*, bearraiche *masc.*

hairdressing *n.* gruagachas *masc.*, gruagaireachd *fem.*

hairpin *n.* dealg-fhuilt *fem.*, falt-dhealg *fem.*

hairy *adj.* gaoiseadach, gaoisdeach, fionnach, fionntach, giobach, greannach, molach, ribeach, riobagach, robach, ròineach, ròinnidh, ròmach, ròmagach

hairy caterpillar *n.* ròmach *masc.*

hairy tare *n.* peasair-an-arbhair *fem.*

haiver (castrated he-goat) *n.* eireannach *masc.*

hake *n.* airc *fem.*, colamoir *masc.*, falmair *masc.*, falmaire *masc.*

halberd *n.* ailebeart *masc.*, pìc-catha *fem.*, taileabart *masc.*

hale *adj.* ruaimneach, ruaimhseanta

hale and hearty *adj.* sunndach, broganta

half *n.* leth *masc.*

half (bag-shaped net) *n.* (t)àbh *masc.*

half adder (computing) *n.* leth-shuimear *masc.*

half-and-half *adj.* leth mar leth

half-baked *adj.* lamaranta

half-boil *vb.* leth-bhruich

half-boiled *adj.* lamaranta, leitheach bhruich, leth-bhruich

half-bottle *n.* leth-bhotal *masc.*, bodach *masc.*

half-brother *n.* lethbhràthair *masc.*

half-close (imperfect cadence) *n.* leth-dhùnadh *masc.*

half-crown (two shillings and sixpence) *n.* lethchrùn *masc.*

half-done *adj.* leth-dhèanta

half-duplex *adj.* leth-dhà-fhillte

half-hitch *n.* lùbag-cas-laoigh *fem.*, snaim calpa an dul *masc.*

half-note *n.* leth-làn *masc.*

half-seas-over *adj.* straoileach

half-sole *n.* leth-bhonn *masc.*

half-wit *n.* amadan *masc.*, glaoic *fem.*, amaistear *masc.*

half-year *n.* lethbhliadhna *fem.*

halflin *n.* leth-bhalach *masc.*

halfpenny *n.* bonn-a-sia *masc.*

halfway *adj.* letheach-slighe

halibut *n.* leabag leathann *fem.*, turbaid *fem.*, bradan leathann *masc.*, fleog *fem.*

hall *n.* talla *masc.*, trannsa *fem.*

hallan *n.* tallaid *fem.*

hallelujah *n.* òran-nèamhaidh *masc.*

halliard *n.* ball-tairgne *masc.*, ball-tarraing *masc.*, calpa-na-tairnge *masc.*

hallow *vb.* naomhaich

Halloween *n.* Samhainn *fem.*

Hallowtide *n.* Samhainn *fem.*

hallucination *n.* flò *fem.*, mearachadh *masc.*, mearal *masc.*, mearan *masc.*

halo *n.* buaile *fem.*, roth *masc.*, rè-chearcall *masc.*, riomball *masc.*, broth *masc.*

halogen *n.* halaigin *masc.*

halt (lame) *adj.* cuagach, crùbach, bacach, stacach

halt (limp) *n.* ceum *masc.*, stac-chrùbaich *masc.*

halt (limp) *vb.* stalc

halt! *interj.* deis-dè!

halter *n.* aghastar *masc.*, brangas *masc.*, ceannrach *masc.*, ceannraig *masc.*, sealan *masc.*, smeathag *fem.*, sròn-taod *masc.*, stacach *masc.*, taod *masc.*

halting *adj.* cliopach, teibideach

halyard *n.* tarraing *fem.*

ham *n.* bòdhan *masc.*, hama *fem.*, iosgaid *fem.*, spadag *fem.*, spàg *fem.*, speir *fem.*

hames *n.* bràid-chluaisean *pl.*, crann-bhràid *masc.*, siollachan *pl.*

hamlet *n.* clachan *masc.*, frith-bhaile *masc.*

hammer *n.* geannaire *masc.*, òrd *masc.*

hammerer *n.* òrdair *masc.*, straoidhlear *masc.*

hammering *n.* dogaireachd *fem.*

hammock *n.* amag *fem.*, hamag *fem.*, leabaidh chrochte *fem.*, spiris *fem.*

hamper *n.* cèis *fem.*, cisean *masc.*, cliabh *masc.*, cliabhan *masc.*, crannag *fem.*, maois *fem.*, sgùlan *masc.*

hamster *n.* hamstair *masc.*

hamstring *n.* fèith-lùthaidh *fem.*, fèith-na-h-iosgaid *fem.*, spearrach *fem.*, spearralach *fem.*

hamstring *vb.* crùbaich, spearraich, spearralaich, toch

hamstringing *n.* tochadh *masc.*

hand *n.* làmh *fem.*, cròg *fem.*, pliuthan *masc.*, crobh *masc.*, crudhan *masc.*

hand *vb.* sìn

hand in hand *adj.* làmh air làimh

hand to hand *adj.* teann ri teann

hand-ball *n.* ball-làimhe *masc.*

hand-barrow *n.* bara-làimhe *masc.*, cliath-làimhe *fem.*

hand-held terminal *n.* ceann-obrach làimhe *masc.*

hand-line *n.* dorbh *masc.*, dorgh *masc.*, dorgh *masc.*, sgrìoban *masc.*, sgrìoban-dorghaich *masc.*

hand-lining *n.* dorghach *masc.*

hand-mill *n.* muileann-làimhe *masc.*, làmh-mhuileann *masc.*, meile *fem.*

handbag *n.* baga-làimhe *masc.*

handbell *n.* clag-làimhe *masc.*

handbill *n.* sgap-litir *fem.*

handcuff *n.* bac-làmh *masc.*, bann-làmh *masc.*, bracan *masc.*, glas-làimh *fem.*, glas-làmh *fem.*, làmhghlas *fem.*, luaghlas *masc.*, ruitheach *fem.*

handcuff *vb.* làmhghlais

handful *n.* dòrlach *masc.*, làn-dùirn *masc.*, dornan *masc.*, deanntan *masc.*, cròglach *masc.*, baslach *masc.*, cnumhagan *masc.*, crobhagan *masc.*, crùgan *masc.*, grunnan *masc.*, màm *masc.*, smàglach *masc.*, spadal *masc.*, ullag *fem.*

handicap *n.* bacadh *masc.*, ciorram *masc.*

handicapped *adj.* ciorramach, anacothromach, fo anacothrom, leithsgodach, lethsgòdach

handicraft *n.* ceàrd *masc.*, ceàrdalachd *fem.*

handiwork *n.* làmh-dhèanadas *masc.*, main-obair *masc.*, obair-làimhe *fem.*

handkerchief *n.* nèapraige *masc.*, nèapaigear *fem.*, nèapaigin *fem.*, aodach-sròine *masc.*, làimh-fhoilead *masc.*, neapaicin *fem.*, sileadach *masc.*, smugadair *masc.*, smuig-aodach *masc.*, smuigeadach *masc.*, sròineadach *masc.*

handle *n.* cas *fem.*, làmh-ghreim *fem.*, làmhrachan *masc.*

handle *vb.* làimhsich, buin (do), bean (ri), làmhaich, meuraich, tràchd

handlebar *n.* crann-làmh *masc.*, slat *fem.*

handless *adj.* neo-làmhchair

handmade *adj.* làmh-dhèanta

handmaiden *n.* banoglach *fem.*

handmill *n.* muileann-làimhe *fem./masc.*

handsaw *n.* sàbh-làimh *masc.*, sàbh-sgrìob *masc.*, sgraibhseadh *masc.*, sgraid-shàbh *fem.*, tuireasg *fem.*

handsel *n.* sainnseal *masc.*, tuilcheanach *masc.*

Handsel Monday *pr.n.* Diluain Traoight, Luan nam Ban Math

handshake *n.* crathadh-làimhe *masc.*

handshake (computing) *n.* comharradh-a-bharrachd *masc.*

handshaking *n.* crathadh-làimhe *masc.*

handsome *adj.* eireachdail, brèagha, grinn, ceutach, dàicheil, dreachmhor, finealta, foinneil, gasda, glan, reachdmhor, riochdail, rìomhach, sgafanta, sgafarra, sgèimheach, sgèimhealach, so-dhealbhaidh, soineil

handsomeness *n.* dàichealachd *fem.*, deagh-mhaise *fem.*, eireachdas *masc.*

handspike *n.* làmh-speic *fem.*, maide-lunndaidh *masc.*

handsturn *n.* mac beag a' chuirein *masc.*

handwriting *n.* làmh-sgrìobhaidh *masc.*, làmh-sgrìobhadh *masc.*, lorg-làimhe *fem.*, sgrìobhadh *masc.*

handy *adj.* feumail, goireasach, acarra, dluigheil, so-chasta

hang *vb.* croch

hangdog *adj.* liùgach

hanger *n.* steing *fem.*

hanger-on *n.* iomadal *masc.*

hanging *n.* crochadh *masc.*

hanging lum *n.* similear-crochaidh *masc.*

hanging valley *n.* gleann crochte *masc.*

hangman *n.* crochadair *masc.*

hangover *n.* ceann goirt *masc.*, ceann-daoraich *masc.*, sùilean a' ghiomaich *fem.*

hank *n.* cuach *masc.*, iarna *fem.*, lùbag *fem.*, stinleag *fem.*

haphazard *n.* tuairmeas *masc.*

hapless *adj.* neo-sheannsar, neo-sheansail, neo-shona

happen *vb.* tachair, èirich

happening *n.* tachairt *fem.*

happiness *n.* sonas *masc.*, toileachas *masc.*, subhachas *masc.*, àgh *masc.*, àigh *masc.*, soraidh *fem.*

happy *adj.* sona, toilichte, subhach, àghach, àghmhor, àigh, àigheach, copach, còrdte, nèarach, seunail, sgearach, sgearail, sonasach

happy-go-lucky *adj.* iolagach

harangue *n.* òraid *fem.*, òraidich *masc.*, rabhanachd *fem.*, rabhd *masc.*, sgruit *masc.*, sruith *fem.*

haranguer *n.* òraidiche *masc.*, rabhacaire *masc.*

haranguing *adj.* rabhdach

harass *vb.* sàraich, cràidh, doitheadaich, dubh-sgìthich

harassed *adj.* sàraichte

harasser *n.* sàrachair *masc.*

harbinger *n.* tosgair *masc.*

harbour *n.* cala *masc.*, port *masc.*

harbour *vb.* ceil

harbour-dues *n.* càin-acarsaid *fem.*

hard *adj.* cruaidh, doirbh, duilich, readh, sgreagach, trom

hard disc *n.* clàr cruaidh *masc.*

hard shield-fern *n.* ibhig *fem.*

hard-copy *n.* lethbhreac sgrìobhte *masc.*, riochd clo-bhuailte *masc.*

hard-fern *n.* raineach chruaidh *fem.*

hard-fisted *adj.* teann-làmhach

hard-hearted *adj.* daobhaidh, dùr-chridheach, mì-thruacanta

hard-pressed *adj.* muirichinneach

hard-sectored *adj.* roinnte gu deimhinne

hard-wired logic *n.* loidig chruaidh-ueireach *fem.*

hard-working *adj.* dìcheallach, suisdealach

hardboard *n.* cruaidh-bhòrd *masc.*

harden *vb.* cruadalaich, cruadhaich

hardener *n.* cruadhachair *masc.*

hardihood *n.* cruadal *fem.*

hardship *n.* cruadal *fem.*, cruaidh-chàs *masc.*, teanntachd *fem.*, cruadalachd *fem.*, cruas *masc.*, crùthaig *fem.*, dochann *masc.*, sginn *fem./masc.*, teinn *fem.*

hardware *n.* bathar cruaidh *masc.*

hardy *adj.* calma, treun, sgairteil, cruadalach, cuanta, marsainneach, mearsainneach, neo-bhog, neo-eisimealach, neo-uisgidh, smiorail, stuthail

hare *n.* geàrr *masc.*, maigheach *fem.*, giorasach *masc.*, mial bhuidhe *fem.*, sgiarnag *fem.*

hare's-foot *n.* cas-maighich *fem.*, cas-maighiche *fem.*

hare-lip *n.* beàrn-mhìol *masc.*, milleadh-maighiche *masc.*

harebell *n.* currac-na-cuthaig *masc.*

haricot *n.* pònair *fem.*

harl *n.* sgreabhag *masc.*

harlequin *n.* amhailteach *masc.*, gealtan *masc.*

harm *n.* cron *masc.*, milleadh *masc.*, olc *masc.*, beud *masc.*, dolaidh *fem.*, puthar *masc.*, sotlaidh *fem.*, urchaid *fem.*

harm *vb.* mill, cronaich

harmful *adj.* cronail, millteach

harmless *adj.* neo-lochdach, neo-chronail, neo-chiontach, neo-bheudar, neo-urchaideach, soimeach

harmlessness *n.* neo-chiontachd *fem.*, neo-chiontas *masc.*, neo-thoirtealachd *fem.*

harmonic *n.* soin-fhìdeig *fem.*

harmonical *adj.* ceilearach

harmonious *adj.* co-fhuaimneach, co-sheirmeach, leadarra, oirfeideach, rèidh, rèidhbheartach

harmonious (unanimous) *adj.* aon-sgeulach

harmoniously *adj.* soirmeil

harmonisation (legislation) *n.* co-rèimeadh *masc.*

harmonise *vb.* ceòl-rèim

harmonise legislation *vb.* cuir reachdas an co-rèim

harmonised *adj.* co-chuimte

harmony *n.* co-fhuaimneachd *fem.*, co-sheirm *fem.*, co-fhuaim *masc.*, aine *fem.*, ceòl-rèimeadh *masc.*, co-cheòl *masc.*, oirfeideachd *fem.*, rèidhbheart *fem.*, rèite *fem.*, rèiteachadh *masc.*, co-sheinn *fem.*

harmotome *n.* harmotom *fem.*

harness *n.* acfhainn *fem.*, beairt *fem.*, uidheam *fem.*

harness *vb.* beairtich

harness of plough-horse *n.* cuibhreach *masc.*

harnessed *adj.* acfhainneach

harp *n.* clàrsach *fem.*, sitearn *fem.*, torman *masc.*, torman-ciùil *masc.*

harp-music *n.* clàrsaireachd *fem.*

harper *n.* clàrsair *masc.*

harpoon *n.* murghadh *masc.*

harpsichord *n.* cruitchorda *masc.*

harpy *n.* arpag *fem.*

harrier n. tòlair-mhaigheach masc.

Harris Tweed pr.n. Clò Hearach, Clò Mòr

harrow n. cliath fem., ràsdal masc.

harrow vb. cliath, ràc, ràsdail

harrow's teeth n. ìnean-na-clèithe fem.

harrower n. cliathadair masc.

harrowing n. cliathadh masc.

harrowing adj. ràsdalach

harry vb. sgiùrs

harsh adj. borb, garg, neo-bhàigheil, prò, searbh, spraiceil

harshness n. cruadalachd fem., neo-bhàighealachd fem., riasgaidheachd fem., searbhachd fem., searbhasachd fem.

hart's-tongue fern n. creamh na muice fiadhaich masc., teang-an-fhèidh fem.

harum-scarum n. pleodar masc., sialach masc.

harum-scarum adj. sialach

harvest n. arbhar masc., foghar masc.

harvest moon n. gealach an abachaidh fem., gealach bhuidhe nam broc fem., gealach-an-abachaidh fem.

harvest-home n. ceann masc., crothadh masc., deireadh-buana fem., fèisd-an-tarraigh masc., muidhe-buana masc., mult-crò masc.

hash n. sosmaid masc.

hash vb. mion-gheàrr, sgap

hash table n. clàr-stòraidh masc.

hash total n. àireamh iomlan masc.

hashed adj. sgabaisteach

hasher n. sgapadair masc.

hasp n. easbach masc., ìosp masc., steimhleag fem., stinleag fem.

hassock n. peallag fem., pillean masc., stòl masc.

haste n. cabhag fem., sgoinn fem., deann fem., caonntag fem., deannal masc., deifir fem., deithneas fem., greasad masc., luaithrean masc., lubhragan masc.

hasten vb. dèan cabhag, greas, luathaich, cuir ri, deifrich, luathailtich

hastiness n. caonntag fem., deifreachd fem., obainne fem., obannachd fem.

hasty adj. cabhagach, obann, bras, deifreach, deithneasach, ruiseanta, ruiseil

hat n. ad fem., sgrog masc., sgruigean masc.

hatch n. saidse fem.

hatch vb. àlaich, blàitich, guir, thoir a-nuas

hatchet n. làmhadh masc., làmhag fem., tuagh fem.

hate n. miosgainn fem.

hate vb. fuathaich

hateful adj. doinidh, fuathach, fuathmhor, gràineil

hatred n. fuath masc., diomb masc., gràin fem.

haugh n. dàil fem., innis fem., lèanan masc.

haughtiness n. meud-mhoir fem., pròis fem., stàirn fem., stàt masc.

haughty adj. pròiseil, uaibhreach, an-uallach, làsdail, làstanach, sgòdach, spairiseach, spòrsail, stacach, stràiceil

haul vb. slaod, cnab

hauling n. cnabadh masc.

haulm n. cnàmharlach masc.

haunch n. ceathramh masc., bac-na-cruachainn masc., sgiothlaich fem.

haunt vb. tadhail

haunted adj. sìochair, tathaichte

havagon n. siathan masc.

haven n. cala masc., acarsaid fem., seòlaid fem.

havering *n.* ràbhart *fem.*

havoc *n.* plodraich *fem.*, slad *masc.*

haw *n.* mucag *fem.*, sgeachag *fem.*

hawfinch *n.* gobach *fem./masc.*

hawing *n.* ròcail *fem.*, ròcanaich *fem.*

hawing *adj.* ròcanach

hawk *n.* clamhan *masc.*, faolchon *masc.*, seabhag *fem.*

hawk *vb.* sealg

hawk-moth *n.* seabhag-leòmann *masc.*

hawk-owl *n.* seabhag-oidhche *fem.*

hawker *n.* malcair *masc.*

hawking *n.* pacaireachd *fem.*, sealg *fem.*, sealgaireachd *fem.*

hawkweed *n.* cluas-an-luch *fem.*, lus-na-seabhaig *masc.*, srubhan-na-muice *masc.*

hawthorn *n.* droigheann *masc.*, sgitheach *masc.*, uath *masc.*

hay *n.* feur *masc.*, feur tioram *masc.*, connlach *fem.*, saidhe *masc.*

haycock *n.* goileag *fem.*, prabag *fem.*

haycutter *n.* spealadair *masc.*, saidheadair *masc.*

haycutting *n.* spealadh *masc.*, saidheadaireachd *fem.*

hayfork *n.* gobhlag-fheòir *fem.*, forc-feòir *fem.*

haymaker *n.* saidheadair *masc.*, saidhear *masc.*

haymaking *n.* cruinneachadh-feòir *masc.*, caoineachadh-feòir *masc.*

hayrick *n.* cruach-fheòir *fem.*

haystack *n.* cruach-fheòir *fem.*, dais *fem.*, coc *masc.*, toran *masc.*

hazardous *adj.* cunnartach, cruadalach, guasachdach

haze *n.* ceò *masc.*, smùid *fem.*, dubhanntachd *fem.*, sgeò *masc.*, smodan *masc.*

hazel *n.* calltainn *masc.*, cnomhan *masc.*, coll *masc.*

hazelnut *n.* cnò-challtainn *fem.*

hazy *adj.* ceothach, culmach, mùgach, smodanach

head *n.* ceann *masc.*, cnuachd *fem.*, sgrog *masc.*

head *vb.* tog aghaidh

head (ruler) *n.* àrd-cheann *masc.*

head money (poll tax) *n.* airgead-cinn *masc.*

head office *n.* prìomh-oifis *fem.*

head over heels *n.* car-a'-mhuiltein *masc.*

head over heels *adj.* an comhair a c(h)inn

head wind *n.* gaoth an ceann *fem.*

head-dress *n.* brèid *masc.*, ceann-bhàrr *masc.*, ceann-èideadh *masc.*, cnodach-cinn *masc.*

head-teacher *n.* ceann-sgoile *masc.*, maighstir-sgoile *masc.*

headache *n.* ceann goirt *masc.*, cràdh-cinn *masc.*

headband *n.* bann-cinn *masc.*, binndeal *masc.*, stail *fem.*, stìom *fem.*, stìomag *fem.*

headfirst *adj.* an comhair a c(h)inn

headgear *n.* aodach-cinn *masc.*, ceannbheirt *fem.*

heading *n.* tiotal *masc.*, ceann-sgrìobhaidh *masc.*

headland *n.* rubha *masc.*, ceann *masc.*, innis *fem.*, muinchinn *masc.*, oitir *fem.*, sròn *fem.*

headlight *n.* solas mòr *masc.*, solas-carbaid *masc.*

headline *n.* sreath-cinn *fem.*

headphone *n.* cluais-fhòn *masc.*

headpiece *n.* sgaball *masc.*

headpiece (helmet) *n.* clogaid *masc.*

headrig *n.* ceannag *fem.*

heads and thraws *adj.* cas mu sheach

heads or tails *phr.* ceann no clàrsaich

headshake *n.* crathadh-cinn *masc.*

headsquare *n.* beannag *fem.*, brèid *masc.*

headstall *n.* claigeannach-srèine *masc.*, muinghiall *fem.*

headstone *n.* clach-chinn *fem.*

headstrong *adj.* ceann-làidir

heal *vb.* leighis, slànaich, fàs slàn, cneasaich, ìoc

healed *adj.* slàn

healer *n.* slànaighear *masc.*

healing *adj.* boglainneach, ìocshlàinteach, slànach

healing *n.* slànachadh *masc.*

health *n.* eagailt *fem.*, slàinte *fem.*, soraidh *fem.*

Health Act *pr.n.* Achd na Slàinte

health centre *n.* ionad-slàinte *masc.*

Health Council *pr.n.* Comhairle na Slàinte

Health Education Centre *pr.n.* Ionad Foghlam na Slàinte

Health Officer *pr.n.* Oifigear na Slàinte

Health Visiting and Social Work Training Act 1962 *pr.n.* Achd Trèineadh Cuairt Shlàinte is Sòisealachd 1962

healthiness *n.* fallaineachd *fem.*, neo-eisleanachd *fem.*

healthy *adj.* fallain, slàn, neo-eisleanach, callathar, dairleanta, neo-mhealltach, neo-mheangail, spìdeil

heap *n.* tòrr *masc.*, cruach *fem.*, gropan *masc.*, brìg *fem.*, crucach *masc.*, cùirnean *masc.*, meall *masc.*, meallan *masc.*, tacar *masc.*, toitean *masc.*, tòrradh *masc.*

heap *vb.* cruach, tòrr, stacaich, soraich

heaping *n.* tòrradh *masc.*

hear *vb.* cluinn, fairich

hearer *n.* èisdear *fem.*

hearing-aid *n.* inneal-cluinntinn *masc.*, claisteachan *masc.*

hearsay *n.* fathann *masc.*, iomradh *masc.*, cluinntinn *fem.*, buaitheam *masc.*

hearse *n.* carbad-nam-marbh *fem.*, carbad-tiodhlaigidh *masc.*, crò-charbad *masc.*, eilitriom *masc.*

heart (playing-card) *n.* cridheach *masc.*

heart (vigour) *n.* spiorad *masc.*

heart attack *n.* clisgeadh-cridhe *masc.*

heart murmur *n.* monmhair-cridhe *masc.*

heart-failure *n.* dìobairt-cridhe *fem.*

heart-urchin *n.* cadalan-tràghad *masc.*

heartbeat *n.* buille-cridhe *fem.*

heartbreak *n.* bristeadh-cridhe *masc.*

heartburn *n.* losgadh-bràghad *masc.*, tinneas-bràghad *masc.*

heartburning *n.* doitheadas *masc.*

hearth *n.* leac-an-teinntein *fem.*, cagailt *fem.*, teallach *masc.*, arainn *fem.*, sòrn *masc.*, teinntean *masc.*

hearth-stone *n.* leac-an-teintein *fem.*, leac-an-teallaich *fem.*, clach-theinntein *fem.*, leac-theallaich *fem.*

hearty *adj.* cridheil, suilbhir, brogail, sgafanta, sgafarra

heat *n.* teas *masc.*, grìos *fem.*

heat *vb.* teasaich

heat exchange *n.* iomlaid-teas *fem.*

heat shield *n.* dìon-teas *masc.*

heat wave *n.* bròn-samhraidh *masc.*, teas-tonn *masc.*

heater *n.* inneal-teasachaidh *masc.*, teòdhadair *masc.*

heath *n.* monadh *masc.*, sliabh *masc.*

heath-bedstraw *n.* màdar-fraoich *masc.*

heath-berry *n.* dearcag fhiadhaich *fem.*, caora bhiodhagan *fem.*

heath-burning *n.* falaisg *fem.*

heath-clubrush *n.* cìob *fem.*

heath-cudweed *n.* cnàmh-lus *masc.*

heath-mite *n.* gartan *masc.*

heath-rush *n.* brù-chorcar *masc.*, tarraing-air-èiginn *fem.*

heath-speedwell *n.* lus-crè *masc.*

heathen *n.* cinneach *masc.*, ana-crìosdaidh *masc.*, pàganach *masc.*

heathenish *adj.* pàganta, cinneachail

heathenism *n.* ana-crìosdachd *fem.*, ana-crìosdaidheachd *fem.*

heather *n.* fraoch *masc.*

heather-bed *n.* leabaidh-fhraoich *fem.*

heather-brush *n.* fusgan *masc.*

heathland *n.* talamh-fraoich *masc.*

heathy *adj.* riasgail

heating *n.* teasachadh *masc.*

heave to *vb.* luigh chuige

heave-offering *n.* tabhartas togta *masc.*

Heaven *n.* nèamh *masc.*, Pàrras *masc.*

heavenly *adj.* nèamhaidh, speurach

heavens *n.* speur *masc.*

heaviness *n.* cudthrom *masc.*, truime *fem.*

heavy *adj.* trom, cuideamach, tumadach

heavy (dejected) *adj.* neo-shuigeartach

heavy goods vehicle testing station *n.* ionad deuchainn charbadan tromlaich *masc.*

heavy-laden *adj.* ladail, luchdach, luchdmhor

Hebridean Press Service *pr.n.* Seirbheis Naidheachd Innse Ghall

Hebridean Shooting Club *pr.n.* Club Gunna Innse Ghall

heck *n.* teiric *fem./masc.*

heckle *n.* seiceal *fem./masc.*, seicil *fem./masc.*

heckle *vb.* mathaich, athaich

heckled *adj.* seicilte

hectare *n.* heactair *masc.*

heddle *n.* màille *fem.*

heddle-bar *n.* smèideagan *masc.*

heddle-eye *n.* mogal *masc.*

hedge *n.* callaid *fem.*, craobharnach *masc.*

hedge-mustard *n.* meilise *fem.*

hedge-sparrow *n.* riabhag *fem.*

hedge-woundwort *n.* lus-nan-sgor *masc.*

hedgehog *n.* arcan sona *masc.*, gràineag *fem.*, gràinneag-fheòir *fem.*, rùtha *masc.*, uircean-gàraidh *masc.*

hedgerow *n.* callaid *fem.*

hedonist *n.* sàimhiche *masc.*, sòghair *masc.*

heed *n.* ùmhlachd *fem.*, feart *masc.*, omhaill *fem.*, ùighealachd *fem.*, ùmhail *fem.*

heed *vb.* thoir feairt (air), thoir toighe

heedful *adj.* umhail, seaghach, ùigheil

heedless *adj.* neo-spèiseil, eas-umhail, neo-iomagaineach, mì-fhreasdalach, neo-chuimhneachail, neo-sgoinnear, neo-ùmhailleach

heedlessness *n.* mì-shuim *masc.*, neo-aire *fem.*, eas-ùmhlachd *fem.*, mi-chuimhne *fem.*, neo-chuimhne *fem.*, neo-dhùrachd *fem.*

heel *n.* bonn *masc.*, bonn dubh *masc.*, sàil *fem.*

heel *vb.* sàil

heel (support) *n.* cnap-bròige *masc.*

heel (top/bottom/end of loaf/cheese) *n.* cùl *masc.*

heftiness *n.* garbhachd *fem.*

heifer *n.* agh *fem.*, adh *fem.*, aghan *masc.*, ainbhte *fem.*, ainmhidh *masc.*, anaite *fem.*, atharla *masc.*, bodag *fem.*, colpach *masc.*, dairt *fem.*, samhaisg *fem./masc.*, seasg-bhò *fem.*

height *n.* àirde *fem.*, binneag *fem.*, mòid *fem.*, seusar *masc.*

heighten *vb.* àrdaich

heir *n.* dìleabach *masc.*, tàinistear *masc.*

heir(ess) *n.* oighre *masc.*

heiress *n.* ban-oighre *fem.*

heirloom *n.* ball-sinnsearachd *masc.*

heirship n. oighreachd fem.

helical adj. snìomhach, snìomhain

helicopter n. heileacoptair fem./masc., itealan tothach masc.

heliotrope (flower) n. grian-luibh fem./masc.

helium n. heillium masc.

Hell pr.n. Ifrinn, Iutharna

hellebore n. eilibear fem.

helm n. stiùir fem., ailm fem., failm fem.

helmet n. biorraid fem., clogaid masc., màille fem., sgaball masc.

helmsman n. sgiobair masc., stiùradair masc.

help n. cuideachadh masc., còmhnadh masc., furtachd fem.

help vb. cuidich, cobhair, furtaich, taicich

helper n. neach-cuideachaidh masc., neach-cobhair masc., cobharthach masc., cuideachair masc., cuidiche masc., cungantair masc., furtachair masc., neach-còmhnaidh masc., neach-cuidich masc.

helpful adj. cuideachail, comhaireach

helping (portion) n. taom masc.

helping vowel n. fuaimreag-chòmhnaidh fem.

helter-skelter n. giorna-gùirne masc.

helter-skelter adj. neimheacha 'n iar, uathrais air tharais

helve vb. samhaich

hem n. faitheam masc., oir fem.

hem vb. faitheam, caimir, crò

hemidemisemiquaver n. leth-letheach-lethchaman masc.

hemiplegia n. slios-phairilis masc.

hemisphere n. leth-chruinne fem.

hemispherical adj. leth-chruinn

hemistich n. leth-rann masc.

hemlock n. boinne mear masc., còrnan-fàil masc., eiteodha fem., iteodha fem., minmhear masc., muinmheur masc.

hemming n. ròcanaich fem.

hemp n. cainb fem., còrcach fem., sgeinnidh masc.

hemp-agrimony n. cainb-uisge fem.

hemp-nettle n. feanntag-nimhinneach fem.

hempen rope n. ball-cainb masc., ròpa ruadh masc.

hen n. cearc fem.

hen-harrier n. clamhan-nan-cearc masc., brèid-air-tòin fem., clamhan-nan-luch masc., eun fionn masc., parra-ruadh-nan-cearc masc.

hen-house n. bothag chearc fem., taigh chearc masc.

hen-roost n. spiris fem., spàrd(an) masc., cearc-lobhta masc., faradh masc., iris fem.

hen-ware n. gruaigean masc.

henbane n. caothach-nan-cearc masc., deòthadh masc., gafan masc., gafann masc.

henbit n. deanntag chearc fem.

henpecked adj. fo smachd

hepatical adj. aitheanach

heptagon n. seachdan masc., seachd-cheàrnach masc., seachd-shlisneach fem., seachd-shlisneag fem.

heptagonal adj. seachd-shlisneach

herald n. dùdaire masc., teachdaire masc., maor-gairm masc., àrd-mhaor-rìgh masc., bal-seirc masc., sìth-mhaor masc., suaicheantaiche masc.

heraldic adj. suaicheanteach

herb n. beanntainn masc., luibh fem., lus masc.

herb-garden n. lios luibhean fem.

herb-Paris n. aon-dhearc fem.

herb-Robert n. cairbhil-a'-choin masc., earball-rìgh masc., lus-an-eallain masc., lus-an-ròis masc., rìgheal-cùil masc.

herbaceous *adj.* lusanach

herbaceous seablite *n.* griollag *fem.*, praiseach-na-mara *fem.*

herbage *n.* luibheanach *masc.*, luibheanachd *fem.*, lusrach *masc.*

herbal *adj.* luibheanach

herbalist *n.* luibheadair *masc.*, luibheanach *masc.*, lusadair *masc.*

herd *n.* treud *masc.*, seilbh *fem.*, cuallach *masc.*, cuanal *masc.*, muthach *masc.*, sealbhan *masc.*, sgann *fem.*, tàin *fem.*

herd *vb.* buachaillich, cuallaich, saodaich

herding *n.* buachailleachd *fem.*, ciostadh *masc.*

herdsman *n.* buachaille *masc.*, cìobair *masc.*, muthach *masc.*

here (on this side) *adj.* a-bhos

here and there *adj.* thall 's a-bhos

hereafter *adj.* bho seo a-mach

hereditary *adj.* dualach, cubhaidh, cubhaidh, dual, dùth, dùthail, oighreachail

heredity *n.* dualchas *masc.*, dùthchas *masc.*

heresy *n.* droch-chreideamh *masc.*, eiriceachd *fem.*, mì-chreideamh *masc.*, saobh-chreidimh *masc.*, saobh-chreidmheachd *fem.*

heretic *n.* droch-chreidmheach *masc.*, eiriceach *masc.*, èirigeach *masc.*, mi-chreidmheach *masc.*, neach saobh-chreidimh *masc.*, saobh-chreidiche *masc.*, saobh-chreidmheach *masc.*

heretic *adj.* droch-chreidmheach

heretical *adj.* eiriceach, eiriceil, saobh-chreidmheach

heretofore *adj.* roimhne seo, riamh a-nall

heriot *n.* carbhaist *fem.*

heritable *adj.* oighreachail

heritable property *n.* seilbh oighreachail *fem.*

heritable security *n.* barantas oighreachail *masc.*

heritage *n.* dìleab *fem.*, dualchas *masc.*, libhirt *masc.*, oighreachd *fem.*

hermetical *adj.* diamhaireach

hermit *n.* ònrachdan *masc.*, aonaran *masc.*, dìthreabhach *masc.*, doraman *masc.*, dorraman *masc.*, lusgair *masc.*

hermit-crab *n.* giomach-cnomhaig *masc.*, partan tuathal *masc.*

hermitage *n.* dìthreabh *fem.*, dorramanachd *fem.*

hernia *n.* màm-sic *masc.*

hero *n.* gaisgeach *masc.*, laoch *masc.*, curaidh *masc.*, connspann *masc.*, cugar *masc.*, diùlannach *masc.*, diùlnach *masc.*, geugaire *masc.*, mìlidh *masc.*, saoidh *masc.*, sàr *masc.*, seòd *masc.*, siantaidh *masc.*, sonn *masc.*, treun *masc.*

heroic *adj.* connspannach, curanta, euchdach, euchdail, gaisgeanta, gaisgeil, laochail, laochmhor, laochraidheach, mìleanta, mòr-bhuadhach, reimseach, tapaidh, treubhach

heroine *n.* bana-ghaisgeach *fem.*

heroism *n.* connspannachd *fem.*, diùlannas *masc.*, euchd *fem.*, laochalachd *fem.*, laochmhorachd *fem.*, laochraidheachd *fem.*, mìleantachd *fem.*, mòr-bhuaidh *fem.*, mòr-ghaisge *fem.*, tapachd *fem.*

heron *n.* bunnan (buidhe) *masc.*, corr *fem.*, corra bhàn *fem.*, corra ghlas *fem.*, corra ghritheach *fem.*, gorra chritheach *fem.*

herpes *n.* breac bhoiceannach *fem.*, breac òtrach *fem.*, deilginneach *fem.*, deir *fem.*, deir ruadh *fem.*, peigidh *fem.*, piocas *masc.*, ruaidhe *fem.*, teine-dè *masc.*

herring *n.* garbhag *fem.*, gobag *fem.*, sgadan *masc.*

herring-bone pattern *n.* fuaigheal chasa-feannag *masc.*

herring-gull *n.* faoileag-an-sgadain *fem.*, glas-fhaoileag *fem.*

hesitancy *n.* athadh *masc.*, tomhartaich *fem.*

hesitate *vb.* ath, bi san tomhartaich, sgog, sgrub, sòr

hesitating *n.* damacraich *fem.*, sgrubadh *masc.*, sòradh *masc.*, stadaich *fem.*, teabardaich *fem.*

hesitating *adj.* mì-adhartach, seamsanach, sgagach, sgrubail, stadach

hesitation *n.* iomallas *masc.*, mairneal *masc.*, mairnealachas *masc.*, seamsan *masc.*, seamsanaich *fem.*, sgogarsaich *fem.*, sgrub *masc.*, sòr *masc.*, sòradh *masc.*, stadachd *fem.*, teagamh *masc.*, tomhartaich *fem.*

hessonite *n.* clach-chaineil *fem.*

heteroclite *adj.* neo-riaghailteach

heterodox *adj.* saobh-chreidmheach

heterodoxy *n.* saobh-chreidimh *masc.*, saobh-chreidmheachd *fem.*

heterogeneous *adj.* dreamsgalach, iol-ghineach, iol-ghnèitheach

heterozygote *n.* eadar-chuing *fem.*

heterozygous *adj.* eadar-chuingeach

heuristic programme *n.* prògram-luirg *masc.*

hew *vb.* blàr, sgud, snaidh, sonn

hewer *n.* sgathaire *masc.*, snaidheadair *masc.*

hewing *n.* sgudadh *masc.*, snaidheadaireachd *fem.*, snaidheadh *masc.*

hewing *adj.* snaidheach

hexadecimal notation *n.* àireamhachd shia-deugach *fem.*

hexagon *n.* sè-shlisneach *masc.*, sè-shlisneag *fem.*, sè-thaobhach *masc.*, sia-cheàrnach *masc.*

hexagon-based prism *n.* priosam bonn sia-cheàrnach *masc.*

hexagonal *adj.* sè-shlisneach, sè-thaobhach

hexanedial *n.* heacsandial *masc.*

hexanediamine *n.* heacsandiamin *masc.*

hexose *n.* heacsos *masc.*

hiatus *n.* beàrn *fem.*

hibernation *n.* cadal-a'-gheamhraidh *masc.*

hiccough *n.* criudarnach *masc.*

hiccupping *n.* aileagail *fem.*

hiccups *n.* aileag, an *fem.*

hidden *adj.* falaichte, seunta

hidden charge *n.* cosgais neo-fhollaiseach *fem.*

hidden-place *n.* taigh-falaich *masc.*

hide *n.* seic(h)e *fem.*, bian *masc.*, craiceann *masc.*, boiceann *masc.*, peall *masc.*, sgairte-falaich *fem.*, suanach *fem.*

hide *vb.* rach am falach, falaich, cealaich

hide-and-seek *n.* falach-fead *masc.*, car-mu-chnoc *masc.*, falach-cuain *masc.*

hideout *n.* taigh-falaich *masc.*, cùil-thaigh *masc.*

hiding *n.* dol am falach *masc.*

hiding *adj.* am falach, air chomhach

hiding-place *n.* àite-falaich *masc.*, ceileadh *masc.*, sgein *masc.*

hierarchy of needs *n.* rangachadh fheuman *masc.*

hieroglyphic *n.* dealbh-sgrìobhadh *masc.*, samhaltan *masc.*

higgledy-piggledy *adj.* an lùib a chèile, bun os cionn, triomach air thearrach

high *adj.* àrd

high and dry *adj.* tràighte

high band *n.* àrd-bhann *masc.*

high birth *n.* uaisleachd *fem.*, uaisle *fem.*

High Commissioner *pr.n.* Ard-Choimiseanair, Ard-Riochdaire

High Court of Justice *pr.n.* Ard Chùirt a' Cheartais

high income account *n.* cunntas teachd-a-steach ard-ìre *masc.*

high jump *n.* leum àrd *masc.*

high level language *n.* cainnt leasaichte *fem.*

high priest *n.* àrd-shagart *masc.*

high resolution graphics *n.* graific fìor-shoilleir *masc.*

high school *n.* àrd-sgoil *fem.*

high seas *n.* àrd-chuan *masc.*, mòr-fhairge *masc.*

high spirits *n.* roisire *fem.*

high tide *n.* muir-làn *masc.*, làn-mara *masc.*, muir-bhrùchd *masc.*

high water *n.* làn àrd *masc.*, muir-làn *masc.*, làine-mara *fem.*

high-born *adj.* so-chinealta

high-mettled *adj.* stuthail

high-minded *adj.* mòr à fhèin, mòr-inntinneach, mòr-mheanmnach

high-mindedness *n.* fearas-mhòr *masc.*, mòr-aigeantachd *fem.*

high-pressure salesman *n.* sparraiche-reic *masc.*

high-spirited *adj.* mòr-mheanmnach, stuadhmhor, suilbhir

high-water mark *n.* beul-an-làin *masc.*, bàrr-an-làin *masc.*, tiùrr-na-mara *masc.*

Higher Certificate *n.* Teisteanas Ard-ìre *masc.*

Higher Grade *n.* Ard-ìre *fem.*

Higher Grade Certificate *n.* Teisteanas Ard-ìre *masc.*

Highland Fund, the *pr.n.* Comunn Sporan nan Gàidheal

Highland Games *pr.n.* Geamannan Gàidhealach

Highland Help Call System *pr.n.* Uidheam Guth-èiginn na Gàidhealtachd

Highland Mental Health *pr.n.* Slàinte Inntinn na Gàidhealtachd

Highland pony *n.* sealtaidh *masc.*

Highland Region *pr.n.* Roinn na Gàidhealtachd

Highland Scanner Appeal Fund *pr.n.* Ciste Cobhair Dearcair na Gàidhealtachd

Highlands *pr.n.* A' Ghàidhealtachd

Highlands and Islands Enterprise *pr.n.* Iomairt na Gaidhealtachd

Highlands and Islands Fire Board *pr.n.* Bòrd Smàlaidh na Gàidhealtachd is nan Eilean

highway *n.* rathad mòr *masc.*

Highway Code *n.* Riaghailt an Rathaid *fem.*

highway robbery *n.* goid-rathaid *fem.*, spùinneadh-rathaid *masc.*, millteachd-rathaid *fem.*, slad-mhort *masc.*

highwayman *n.* ladran *masc.*

hilarity *n.* àbhachd *fem.*, cridhealas *masc.*, dealachan *masc.*, sogan *masc.*, suilbhireachd *fem.*, sunnd *masc.*, sùrd *masc.*

hill *n.* cnoc *masc.*, beinn *fem.*, tulach *masc.*, aonach *masc.*, màm *masc.*, tòrr *masc.*

hill-pasture *n.* monadh *masc.*, beinn *fem.*

hillock *n.* cnocan *masc.*, cnoc *masc.*, mulan *masc.*, smalan *masc.*, srònag *fem.*, stuaic *fem.*, stuc *fem.*, tolm *masc.*, toman *masc.*, torran *masc.*, tulach *masc.*

hillside *n.* mullach *masc.*, aghaidh *fem.*

hilltop *n.* aonach *masc.*

hilly *adj.* cruachanach, mulanach

hilt *n.* cas *fem.*, ceann *masc.*, amhra *masc.*, dòrn *masc.*

hind *n.* agh *fem.*, adh *fem.*, eilid *fem.*, maoilseach *fem.*

hindberry *n.* sùghag *fem.*

hinder *vb.* cuir bac air, toirmisg, maillich, amalaich

hinderance *n.* bacadh *masc.*, maille *fem.*, toirmeasg *masc.*, bac *masc.*, bacal *masc.*, cùradh *masc.*, maillicheadh *masc.*, mainneas *fem.*, màirneal *masc.*, oiris *fem.*, stacan *masc.*, stad *masc.*, stadachd *fem.*

hindering *n.* mailleachadh *masc.*

hindleg *n.* luirg *fem.*, lurgainn *fem.*, lurgann *fem.*

hindpost *n.* post-deiridh *masc.*

hindquarter *n.* ceathramh *masc.*

hindquarters *n.* ceann-deiridh *masc.*

hindrance *n.* bacadh *masc.*, amailt *fem.*, cablaid *fem.*, èis *fem.*

hinge *n.* bann-an-dorais *masc.*, banntach *fem.*, clìc *fem.*, cuilcean *masc.*, cùl-cheangal *masc.*, lùdach *masc.*, lùdag *fem.*, lùdagan *masc.*, lùdan *masc.*, slaodrach *fem.*

hint *n.* iomradh *masc.*, foidheam *masc.*, oidheam *masc.*, sanas *masc.*

hinting *adj.* sanasach, sèamach

hip *n.* cruachann *fem.*, croman *masc.*, leth-mhàs *masc.*, losaid *fem.*, màs *masc.*

hip (fruit of dog-rose) *n.* mucag *fem.*, bocaidh-fhàileag *fem.*, muc-fàileag *fem.*, muc-failm *fem.*

hip-bone *n.* croman *masc.*, cruman *masc.*, ubhal-na-leise *masc.*

hip-joint *n.* sùil-an-leis *fem.*, sùil-na-leise *fem.*

hippopotamus *n.* capall-abhainn *masc.*, each-aibhne *masc.*

hire *n.* luach-saoithreach *masc.*, taileas *masc.*

hire *vb.* fasdaidh, leig air mhàl

hire (object) *vb.* gabh air mhàl

hire (person) *vb.* fasdaich

hire and fire *vb.* fasd is sgaoil

hire-purchase *n.* ceannach air dhàil *masc.*, ceannach-coingheill *masc.*, ceannach-iasaid *masc.*, màl-cheannachd *fem.*

hire-purchace agreement *n.* còrdadh ceannach-iasaid *masc.*

hire-purchase finance *n.* airgead-coingheill *masc.*, airgead-coinghill *masc.*, airgead-dàlach *masc.*, airgead-làmh-bhàn *masc.*

hire-purchase sale *n.* reic air an làimh-bhàin *fem.*, reic-coinghill *fem.*

hireling *n.* duaisiche *masc.*, tuarasdalaiche *masc.*

hiring *n.* fasdadh *masc.*

hiss *vb.* srannanaich

hissing *n.* sèidrich *fem.*, sèis *masc.*, sgeig-fhiacail *fem.*, siosarnaich *fem.*

hissing *vb.* piosagraich

histogram *n.* graf bhloc *masc.*

historian *n.* eachdraiche *masc.*, starrair *masc.*, tràchdair *masc.*

historic *adj.* eachdraidheil

historical *adj.* eachdraidheil

historiography *n.* eachdraidheachd *fem.*, sgoil-eachdraidh *fem.*

history *n.* eachdraidh *fem.*, tràchdaireachd *fem.*, tràchdalachd *fem.*

hit *vb.* buail, amais, cuimsich

hit (reach with blow) *vb.* sgraig

hitch (fasten) *vb.* uilneagaich

hitching (fastening) *n.* spalpadh *masc.*

hitting *adj.* amaisgeil

hive (colony) *n.* caornag *fem.*, cuirceag *fem.*, nead sheillean *masc.*

hives *n.* breac-shìth *fem.*, feallan *masc.*

hoar-frost *n.* liath-reothadh *masc.*, crith-reothadh *masc.*, leathan(n)ach *masc.*, liathnach *masc.*, reothadh-liath *masc.*

hoard *n.* stòr *masc.*, caomhnadh *masc.*, cillein *masc.*, cugann *masc.*, maoin *fem.*, spruchag *fem.*

hoard *vb.* stòr, caomhain, cuir seachad, seachadaich, seachaid, taisg, tòrr

hoarding *adj.* seachadach

hoariness *n.* liathadh *masc.*, glaise *fem.*, glaiseachd *fem.*

hoarse *adj.* garbh, rànach, rocach, ròcanach

hoarseness *n.* tùchadh *masc.*, piochan *masc.*, ròcaireachd *fem.*, ròcan *masc.*, ròcanachd *fem.*, rùchail *fem.*, rùchdail *fem.*, tùchan *masc.*

hobble *vb.* a' chuagail *fem.*, tònlagain

hobbledehoy *n.* aobharrach *masc.*, leth-bhalach *masc.*

hobbling *n.* cuagail *fem.*, giumhladaich *fem.*, stacadh *masc.*, stalcadh *masc.*

hobbling *adj.* cuagach, stacach, stalcach

hobby (bird) *n.* gormag *fem.*, obag *fem.*

hobgoblin *n.* bòcan *masc.*

hobnail *n.* tacaid *fem.*

hobnobbing *n.* cuicheanachd *fem.*

hock (joint on hindleg of quadruped) *n.* leas *masc.*, slinnean *masc.*, spòg *fem.*

hock (white Rhine wine) *n.* hoc *masc.*

hockey *n.* hocaidh *fem./masc.*

hod *n.* amar *masc.*

hoe *n.* tobha *masc.*, corran-gartghlanaidh *masc.*, croman *masc.*, sgrìoban *masc.*, tàl-fuinn *masc.*

hog *n.* torc *masc.*

hog's fennel *n.* fineal-sràide *masc.*

hogg *n.* othaisg *fem.*

hoggerel *n.* moiltean *masc.*

hogget *n.* dìonag *fem.*

Hogmanay *pr.n.* Oidhche-Challainn, Oidhche-nam-Bannag

hogshead *n.* togsaid *fem.*

hogwash *n.* ana-ghlais *fem.*, treasg *masc.*

hoist *vb.* tog

hoisting *n.* brèideadh *masc.*

hold *n.* grèim *masc.*

hold *vb.* cum, glèidh

hold (cavity) *n.* sloc *masc.*

hold back *vb.* cum air ais

hold forth *vb.* cum a-mach

hold off! *interj.* cum agad!

hold! *interj.* teann!

holder *n.* glèidheadair *masc.*

holdfast *n.* greimeachan *masc.*

holding account *n.* cunntas-glèidhidh *masc.*

holding company *n.* companaidh-ghlèidhidh *fem.*

holding-band *n.* dul *masc.*

hole *n.* còs *masc.*, cuasan *masc.*, fròg *fem.*, poll *masc.*, toll *masc.*

hole *vb.* toll

holed *adj.* tolltach, pollach

holiday *n.* saor-latha *masc.*, latha dheth *masc.*, là-fèille *masc.*

holiday resort *n.* ionad làithean-saora *masc.*

Holland auk *n.* mura-bhuachaille *masc.*

hollow *n.* lag *masc.*, lagan *masc.*, toll *masc.*, bac *masc.*, cuach *fem./masc.*, cuas *masc.*, fàsach *masc.*, faslach *masc.*, glac *fem.*, glacan *masc.*, seang *fem./masc.*, sloc *masc.*

hollow *adj.* falamh, copach, fàs

hollow *vb.* slocaich

hollowed *adj.* cùbach, pollach

holly *n.* cuileann *masc.*

holly-fern *n.* colg-raineach *fem.*, raineach-chuilinn *fem.*

hollyhock *n.* ròs mall *masc.*

holm-oak *n.* darach sìor-uaine *masc.*, tuilm *fem.*

holmium *n.* hoilmium *masc.*

holograph *n.* dearbh-sgrìobhadh *masc.*

holster *n.* dag-diollaid *masc.*, olastair *masc.*

holy *adj.* naomh

Holy Thursday *pr.n.* Diardaoin a' Bhrochain Mhòir

Holy Trinity *n.* Trianaid *fem.*, Trionaid *fem.*

holy water *n.* tonn-bhaistidh *fem.*, uisge coisrigte *masc.*, uisge-coisreachd *masc.*

homage *n.* ùmhlachd *fem.*, odh-mheas *masc.*, oigheam *masc.*, ùmhlachadh *masc.*

home *n.* dachaigh *fem.*

home (lodging) *n.* taigh-loidsidh *masc.*, loisdin *fem.*

Home and Health Department *pr.n.* Roinn Dachaigh is Slainte

home care service *n.* seirbheis-cùraim-dachaigh *fem.*

home economics *n.* banas-taighe *masc.*, eaconomaidh-dachaigh *fem.*

home help *n.* cuidiche-taighe *masc.*, sùil dhìleas *fem.*

home help service *n.* seirbheis-cuideachaidh-taighe *fem.*

home market *n.* margadh-dùthcha *masc.*

Home Secretary *pr.n.* Rùnaire na Dùthcha, Rùnaire na Rìoghachd

home-bred *adj.* neo-altmhor, neo-bhallsgail, neo-choigreach

home-farm *n.* mànas *masc.*

homeless *adj.* gun dachaigh

Homes Insulating Act 1978 *pr.n.* Achd Teas-dìonadh Thaighean 1978

homesickness *n.* cianalas *masc.*

homespun *n.* clò *masc.*

homewards *adj.* dhachaigh

homocentric *adj.* ion-chruinn

homogeneous *adj.* aon-ghnèitheach, co-ghnèitheach, co-ghnèitheil, ion-ghnèitheach

homograph *n.* co-litreachan *masc.*

homologate *vb.* aontaich

homologation *n.* aontachadh *masc.*

homologous *adj.* co-ghnèitheach, co-ionnan

homonym *n.* co-ainmear *masc.*

homophone *n.* co-fhuaimear *masc.*

homosexuality *n.* fearas-feise *masc.*

homozygous *adj.* ionnan-chuingeach

hone *n.* clach-fhaobhair *fem.*, clach-gheurachaidh *fem.*, clach-ghleusaidh *fem.*, clach-fhaobhrach *fem.*, olart *masc.*, slacan *masc.*

hone *vb.* faobhraich

honest *n.* ionraic *fem.*

honest *adj.* ceart, neo-mhealltach, onorach, treibhdhireach

honesty *n.* onoir *fem.*, treibhdhireas *masc.*

honey *n.* mil *fem.*, mil *fem.*, mil *fem.*

honey-buzzard *n.* bleidir *masc.*, clamhan riabhach *masc.*

honeycomb *n.* cèir-bheach *fem.*, cìr-mheala *fem.*, criathar-meala *masc.*, cuasag *fem.*, gogan-meala *masc.*, piobhar *masc.*

honeysuckle *n.* caora-mheanglain *fem.*, cas-fa-chrann *fem.*, dealbh-a'-chrainn *masc.*, deoghalag *fem.*, deolag *fem.*, deolagan *masc.*, deothlag *fem.*, fàileantan *masc.*, feineag *fem.*, fèithlean *masc.*, iadh-shlat *fem.*, iadhshlat *fem.*, leum-chrann *masc.*, lus-a'-chroinn *masc.*, lus-na-meala *masc.*, uillean *masc.*, uilleann *masc.*

honied *adj.* mealach

honk *n.* glog *masc.*

honorary *adj.* onorach, urramach

honour *n.* urram *masc.*, onoir *fem.*, cùirt *fem.*, miadh *masc.*

honour *vb.* onoraich

honourable *n.* urramach *masc.*

honourable *adj.* urramach, onorach, ionnraic, miadhail, òirdheirc

honouring *n.* onorachadh *masc.*

hood *n.* cochall *masc.*, curracag *fem.*, sgaball *masc.*, sùbag *fem.*, toban *masc.*

hood (cowl) *n.* culladh *masc.*

hooded *adj.* bideineach, curraiceach, rocanach

hooded skate *n.* manach *masc.*

hoodie-crow *n.* feannag ghlas *fem.*, feannag *fem.*, starrag *fem.*, feannag chorrach *fem.*

hoof *n.* crodhan *masc.*, crubh *masc.*, bròg *fem.*, crobh *masc.*, eang *fem.*, ionga *fem.*, ladhar *fem.*, speir *fem.*

hoofed *adj.* speireach

hook *n.* dubhan *masc.*, cromag *fem.*, alachag *fem.*, clip *fem.*, corran *masc.*, cròcan *masc.*, crogaig *fem.*, crùbag *fem.*, gearran *masc.*, sèam *fem.*

hook *vb.* clip, ribich

hook-nosed *adj.* crom-shrònach

hooked *adj.* an sàs, dubhanach

hooligan *n.* glagaire *masc.*

hoop *n.* cearcall *masc.*, crios *masc.*, lùban *masc.*, rong *fem.*, rongas *masc.*

hoop-la *vb.* cuir crios air

hooper *n.* cearclaiche *masc.*, cearclaire *masc.*

hoopoe *n.* calman-cathaidh *masc.*

hoover *n.* sguabadair *masc.*

hop *vb.* bocadaich

hop (humulus lupulus) *n.* lus-an-leanna *masc.*

hop trefoil *n.* seamrag bhuidhe *fem.*

hop, skip and jump *phr.* gearradh leum is sìnteag, leideag is ceum is leum

hope *n.* dòchas *masc.*, dùil *fem.*, fiughair *fem.*, muinighin *fem.*, sùil *fem.*

hope *vb.* cuir dòchas ann

hopeful *adj.* dòchasach, gealltanach

hopefulness *n.* dòchasachd *fem.*, mòr-dhòchas *masc.*, fiughaireachd *fem.*

hopeless *adj.* eu-dòchasach

hopelessness *n.* eu-dòchasachd *fem.*

hopper (trough, as of mill) *n.* binn *fem.*, opar *masc.*, treabhailt *fem.*

horizon *n.* fàire *fem.*, bun-a'-speur *masc.*, crìoch-fhradhairc *fem.*

horizontal *adj.* còmhnard, trasda

hormone *n.* hormon *masc.*, brodag *fem.*

horn *n.* adha(i)rc *fem.*, cutag *fem.*

horn (material) *n.* buadan *masc.*

horn (outgrowth on head of animal) *n.* sgrogag *fem.*

horn (wind instrument) *n.* buabhall *masc.*, còrn *masc.*, dùdach *masc.*

horn-pith *n.* slabhag *fem.*

horn-player *n.* buabhallaiche *masc.*

hornbeam *n.* leamhan bog *masc.*

horned *adj.* adhairceach, adharcach, biorach, beannach, sliucanach

hornet *n.* connspeach *fem.*, seillean-nimh *masc.*, cèardaman *masc.*, ceàrnabhan *masc.*, ordlan *masc.*

hornless *adj.* maol

horny *adj.* adharcach, adharcail, cròcach

horrible *adj.* uabhasach, sgreamhail, oillteil, fuathmhor, sgreataidh, uabhannach, uabharr

horrid *adj.* iol-ghràineach

horrify *vb.* sgreamhaich, oilltich, sgreataich

horrifying *adj.* sgreamhail, sgreataidh

horror *n.* oillt *fem.*, uabhas *masc.*, sgreamh *fem.*, gràinealachd *fem.*, sgrath *fem.*, uabhann *masc.*, uabharrachd *fem.*

horse *n.* ainmhidh *masc.*, each *masc.*, steud *fem.*

horse bean(s) *n.* pònair-nan-each *fem.*

horse block *n.* sorchan *masc.*

horse bot *n.* cniomh chuileag nan each *fem.*

horse chestnut *n.* geanmchnò fhiadhaich *fem.*

horse mackerel *n.* cnàimh-rionnach *fem.*, sgadan-creige *masc.*

horse mill *n.* each-mhuileann *fem.*

horse mussel *n.* clab dubh *masc.*

horse-cloth *n.* each-aodach *masc.*

horse-collar *n.* bràghad *masc.*, bràid *fem.*, bràid-phaib *fem.*, bràighde *fem.*, bràighdeach *fem.*, brang *masc.*

horse-dealer *n.* cobair *masc.*

horse-doctor *n.* fear-leigheis *masc.*

horse-litter *n.* crochar *masc.*, each-loinn *masc.*

horse-racing *n.* rèis-each *fem.*

horseback *n.* muin-eich *masc.*

horsefly *n.* creithleag *fem.*, beach-each *masc.*, creabhaire *masc.*, tabhal *masc.*

horsehair *n.* gaoisid *fem.*, gaosaid *fem.*, ròineach *masc.*

horselaugh *n.* gloc-gàire *fem.*, craos-ghàire *fem.*, giag-gàire *masc.*, lach *masc.*

horseman *n.* marcaiche *masc.*

horseman's word *n.* facal-an-eich *masc.*

horsemanship *n.* marcachd *fem.*

horsemen *n.* marcshluagh *fem.*

horsemint *n.* meannt fiadhaich *masc.*, meannt-eich *masc.*

horseplay *n.* streup *fem.*, taosnadh *masc.*

horseradish *n.* càl-nan-each *masc.*, meacan ruadh *masc.*, meacan-each *masc.*

horseshoe *n.* crudha *masc.*

horsetail *n.* earball-eich *masc.*, clois *fem.*

horsewhip *n.* each-lasg *fem.*

hortation *n.* earrail *fem.*

horticulture *n.* gàirnealachd *fem.*, flùranachd *fem.*

horticulturist *n.* gàirnealair *masc.*, flùranaiche *masc.*

hose *n.* stocainn *fem.*, osan *masc.*

hose (pipe) *n.* pìob-uisge *fem.*

hose-fish *n.* mùsgan *masc.*

hose-net *n.* cabhail *fem.*

hosier *n.* osanaiche *masc.*

hosiery *n.* osanachd *fem.*

hospitable *adj.* coibhneil, fialaidh, daonnachdach, daonnairceach, eireachdail, faoilidh, meachranach, meadhrach, òlach, sulchair

hospital *n.* ospadal *masc.*, taigh-eiridinn *masc.*, taigh-leighis *masc.*, oscarra-lann *masc.*, taigh-tinnis *masc.*

hospitalisation *n.* eiridinn *masc.*

hospitality *n.* aoigheachd *fem.*, biadhtachd *fem.*, meachranachd *fem.*, òlachas *masc.*, ròram *masc.*, ùis *fem.*

hospitaller *n.* biatach *masc.*

host *n.* òsdair *masc.*, fear-an-taighe *masc.*, biadhtach *masc.*, biadhtaiche *masc.*, cuirmear *masc.*, feachd *fem.*, mòr-shluagh *masc.*, sgràl *masc.*, sgròd *masc.*, sluagh *masc.*

host (computer) *n.* faoilear *masc.*

hostage *n.* braigh *fem.*, neach-gèill *masc.*

hostel *n.* òsdail *fem.*

hostess *n.* bean-an-taighe *fem.*, bean-òsda *fem.*, tè-frithealaidh *fem.*, biadhtach *masc.*, biadhtaiche *masc.*, òsdag *fem.*

hostile *adj.* nàimhdeach, fuathach, eucairdeach

hostility *n.* nàimhdeas *masc.*, allamharachd *fem.*

hot *adj.* teth

hot dog *n.* ceapaire-isbein *masc.*

hot-tempered *adj.* crosda, lonach

hotchpotch *n.* brochan *masc.*, pracas *masc.*

hotel *n.* taigh-òsda *masc.*

hothouse *n.* taigh-teas *masc.*, taigh-teth *masc.*

hough n. bac-na-h-iosgaid masc., iosgaid fem., speir fem.

hound n. cù-luirge masc., lorgaire masc.

hound's-tongue n. teang-a'-choin fem.

hour n. uair fem.

hour-hand n. spòg bheag fem., spòg-nan-uairean fem.

hourly adj. uarach

house n. taigh masc.

house (kindred) n. teaghlach masc.

house martin n. gobhlan-taighe masc.

House of Commons, the pr.n. Taigh nan Cumantan, Taigh Iochdarach, an

House of Lords, the pr.n. Taigh nam Morairean

house-boat n. eathar-thaigh masc.

house-breaker n. spùillear masc.

house-leek n. lus-nan-cluas masc., norp masc., tingealach masc., tinneas-na-gealaich masc., tirpean fem.

house-sparrow n. gealbhonn masc., glaisean masc.

household n. muinntir fem., teaghlach masc., taigheadas masc.

household god n. làimh-dhia masc.

householder n. àrosach masc.

housekeeper n. neach-taigheadais masc.

housekeeping n. banas-taighe masc., taigheadas masc.

housewife n. bean-taighe fem.

housewifery n. banas-taighe masc.

housework n. obair-thaigheadais fem.

housing n. taigheadas masc.

Housing (Amendment) (Scotland) Act pr.n. Achd an Taigheadais (Leasachadh) (Alba)

Housing (Amendment) Act pr.n. Achd an Taigheadais (Leasachadh)

Housing (Financial Provisions) (Scotland) Act pr.n. Achd an Taigheadais (Ullachadh Ionmhais)(Alba)

Housing (Homeless Persons) Act pr.n. Achd an Taigheadais (Daoine gun Dachaigh)

Housing (Scotland) Act pr.n. Achd an Taigheadais (Alba)

Housing (Town Planning Etc) Act pr.n. Achd an Taigheadais (Dealbhadh Baile Etc)

Housing Act pr.n. Achd an Taigheadais

Housing Committee pr.n. Comataidh an Taigheadais

Housing Financial Provisions Etc (Scotland) Act pr.n. Achd Ullachadh Ionmhas Taigheadais Etc (Alba)

Housing Rents and Subsidies (Scotland) Act pr.n. Achd Màl is Tabhartasan Taigheadais (Alba)

Housing Repairs and Rents (Scotland) Act pr.n. Achd Màl is Caradh Taigheadais (Alba)

Housing Sub-committee pr.n. Fo-chomataidh an Taigheadais

Housing Subsidies Act pr.n. Achd Leasachaidhean Taigheadais, Achd nan Tabhartasan Taigheadais

hover vb. iadh, croch, farsanaich, sniagair

hovercraft n. bàta-builg masc., bàta-foluaimein masc., bàta-iadhaidh masc.

hovering n. bruachaireachd fem.

however adj. ged tha, ge-tà

howitzer n. gunna-longaidh masc.

howl n. donnal masc., rànaich fem., nuall masc., sgalartaich fem., sgal masc., ulfhart masc.

howl vb. donnalaich, ràn, nuallaich, reic, sgal, sgreadaich

howling adj. nuallanach, sgalach, rànach, nuallach, rèiceach, sgàirneach

howling n. donnalaich fem., nuallanaich fem., sgalartaich fem., rànaich fem., buireadh masc., sgàirn masc.

hoyden *n.* sguainseach *fem.*

hubbub *n.* othail *fem.*, ùpraid *fem.*,
dearrais *fem.*, dìorrais *fem.*, faram
masc., gàdraisg *fem.*, ruathar *masc.*

hubbub *adj.* godail

hue *n.* blàth *masc.*, dreach *masc.*, neul
masc., snuadh *masc.*, tuar *masc.*

hue and cry *n.* rabhadh *masc.*, rannsach
masc.

huff *n.* bradhag *fem.*, braodag *fem.*,
miathlachd *fem.*, smuilc *fem.*,
snaoisean *masc.*, sròin *fem.*, stod
masc., stodach *fem.*

huff (take offence) *vb.* gabh anns an t-
srò(i)n, gabh braodag

huffiness *n.* stuirt *fem.*

huffish *adj.* muigheach, sraoineiseach,
sraonaiseach, straiceil

huffy *adj.* stuirteach, smuilceach,
snoigeiseach, sròineiseach, stuirteil

hulk *n.* bodhaig *fem.*, tàrlaid-luinge *fem.*

hull *n.* slige *fem.*, smaogal *masc.*

hulled *adj.* sgilte

hum *n.* srann *fem.*, dùrdan *masc.*, crònag
fem., siansan *masc.*, siùsanadh *masc.*

hum *vb.* dranndanaich, srann,
srannanaich

human relations school *n.* sgoil
chaidreachail *fem.*

humane *adj.* iochdmhor, nàdarra,
cneasda, daonndach, neo-ascaoin,
seiseil

humanism *n.* daonnachas *masc.*,
daonnaireachd *fem.*

humanity *n.* daonnachd *fem.*

humble *adj.* iriseal, mì-uaibhreach, neo-
uallach, ùmhal

humble *vb.* irioslaich, ìslich

humble-bee *n.* seillean dubh *masc.*

humbling *n.* ìsleachadh *masc.*,
ùmhlachadh *masc.*

humdrum *n.* tum-tam *masc.*

humerus *n.* cnàimh-a'-ghàirdein *masc.*

humic *adj.* huimig

humid *adj.* bruthainneach, dongaidh,
tlàth, tùngaidh

humidity *n.* bruthainneachd *fem.*, buige
fem., taiseachd *fem.*, taisealt *masc.*

humiliate *vb.* irioslaich, ùmhlaich

humiliating *adj.* tàmailteach

humiliation *n.* ìsleachadh *masc.*,
ùmhlachadh *masc.*

humility *n.* mì-uaill *fem.*, ùmhailteas
masc., ùmhlachd *fem.*

humite *n.* huimit *fem.*

humming *n.* dranndan *masc.*, crònan
masc., srannan *masc.*, mànran *masc.*,
siùsan *masc.*, siùsanadh *masc.*, srannail
fem.

humming *adj.* dùrdanach, srannach

humming-bird *n.* drannd-eun *masc.*,
eunan *masc.*

humming-board *n.* srannchan *masc.*

humorous *adj.* dìbhearsaineach,
àbhachdail, àbhachdach, sùgach,
cuideachdail

humour *n.* dìbhearsain *fem.*, àbhachd
fem.

humourist *n.* ramalair *masc.*, ramhlair
masc.

hump *n.* mulp *masc.*, pait *fem.*, ploc *masc.*

hump-backed *adj.* crotach, croiteach,
droicheil, druinneineach

humpback *n.* caimeachan *masc.*, croit
fem., croitean *masc.*, croman *masc.*,
crotair *masc.*, crotair(e) *masc.*, druinn
masc.

humpbacked *adj.* croiteach

humped *adj.* plocach

Humpty Dumpy *pr.n.* Crompa Dubha

humus *n.* ùir *fem.*

hunchback *n.* croitean *masc.*, croman *masc.*, crotair(e) *masc.*, cruiteachan *masc.*, troich *masc.*

hunched *adj.* crom, dromanta

hundred *adj.* ceud

hundred (division of county) *n.* ceanntar *masc.*

hundredweight *n.* ceud-cothrom *masc.*, sgèile *masc.*

hunger *n.* acras *masc.*

hungry *adj.* acrach, fann, acrasach, air acras

hunt *n.* ruaig *fem.*, seilg *fem.*, sealg *fem.*, faghaid *fem.*

hunt *vb.* sealg

hunter *n.* sealgair *masc.*, ruagaire *masc.*, stalcair *masc.*

hunting *n.* sealg *fem.*, sealgaireachd *fem.*, seilg *fem.*, fiadhach *masc.*

huntsman *n.* fiùran-na-seilge *masc.*, sealgair *masc.*

hurdle *n.* ataig *fem.*, cliath *fem.*, cliath-shlat *fem.*, creatach *masc.*, fleug *masc.*, lòban *masc.*, sgàth *masc.*, sgathach *masc.*

hurl *vb.* ridhil

hurley *n.* camanachd *fem.*

hurley-stick *n.* caman *masc.*

hurling *n.* cuidhlearachd *fem.*, ridhleadh *masc.*

hurly-burly *n.* thuirle-thairle *fem./masc.*, eadar-luaths *masc.*, ùirle-thruis *fem.*

hurly-burly *adj.* driobhail-drabhail

hurricane *n.* stoirm *fem.*, saighnean *masc.*

hurried *adj.* cabhagach, dripeil

hurry *n.* cabhag *fem.*, drip *fem.*, gailc *fem.*, grìobhag *fem.*, luaithrean *masc.*, oba(i)g *fem.*, othail *fem.*, reillidh *masc.*

hurry *vb.* greas, luathaich, deifrich, sgud

hurry-burry *n.* grìobhag *fem.*, iomairt *fem.*, muirichinn *masc.*

hurt *n.* cràdh *masc.*, ciùrradh *masc.*, creuchd *fem.*, criùdadh *masc.*, donadh *masc.*, olc *masc.*

hurt *vb.* goirtich, ciùrr, beudaich, creuchd

hurtful *adj.* ciùrrach, ciùrraidh, ciùrrail, creadhnach, cronail, dochaireach, dochannach, sgiorradail

hurtfulness *n.* dochannachd *fem.*

hurting *adj.* biorganta(ch)

hurtleberry *n.* dearcag-choille *fem.*

husband *n.* duine *masc.*, fear pòsda *masc.*

husbandman *n.* tuathanach *masc.*, àitear *masc.*, croitear *masc.*, athach *masc.*, sgalag *fem.*

husbandry *n.* àiteachas *masc.*, tuathanas *masc.*, taigheadas *masc.*, treabhadas *masc.*, treabhaireachd *fem.*, treabhas *masc.*, tuaitheallachd *fem.*

hush! *interj.* isd!, tuch!, uist!

hush-money *n.* màl-thosd *masc.*

hushed *adj.* sàmhach, neo-ghleadhrach

husk *n.* càilean *masc.*, cnàmhag *fem.*, cochall *masc.*, crotal *masc.*, màla *fem.*, mogal *masc.*, muillean *masc.*, plaosg *masc.*, rùsg *masc.*, sgrath *fem.*, sgreabhag *masc.*, smaogal *masc.*

husk *vb.* moglaich

husking *n.* moglachadh *masc.*

hussy *n.* bansgal *fem.*, musag *fem.*, reipseach *fem.*, sguainseach *fem.*

hut *n.* bothag *fem.*, bothan *masc.*, clachan *masc.*, coit *fem.*, maindreach *masc.*, mainnreach *masc.*, sgabhal *masc.*, sgalan *masc.*

hutch *n.* giornalair *masc.*

hutherum and tutherum *adj.* turaichean air tharaichean

huzza *n.* iolach *fem.*, sgleò-ghlòir *fem.*

hyacinth *n.* lus nan coinnlean gorma *masc.*

hydra *n.* nathair-uisge *fem.*

hydrant *n.* haidreant *masc.*

hydraulic *adj.* uisgeach

hydraulics *n.* uisgeolas *masc.*

hydrazine *n.* hiodraisin *masc.*

hydride *n.* hidrid *fem.*

hydrocarbon *n.* hiodrocarbon *masc.*

hydrochloric *adj.* hiodrocloirig

hydroelectricity *n.* dealan-uisge *masc.*

hydrogen *n.* haidridean *masc.*, hidrigin *masc.*

hydrogen sulphide *n.* haidridean pronnasgach *masc.*

hydrographer *n.* muir-dhealbhadair *masc.*

hydrography *n.* eòlas-mara *masc.*, muir-eòlas *masc.*, muir-dhealbhadh *masc.*, muir-sgrìobhadh *masc.*, rannsachadh-mara *masc.*

hydromancy *n.* idearmanachd *fem.*

hydromel *n.* uisge-mhil *fem.*

hydrometry *n.* uisge-thomhas *masc.*

hydronium *n.* hiodroinium *masc.*

hydropathic *adj.* uisge-leighiseach

hydropathy *n.* leigheas-uisge *masc.*

hydrophilic *adj.* hiodroifileach

hydrophobia *n.* geilt-uisge *fem.*, conbach *fem.*, uisge-oillt *fem.*

hydrophobic *adj.* hiodrofobach

hydrostatics *n.* sgoil-uisge *fem.*, sgoil-uisgearachd *fem.*, uisg'-thomhais *masc.*

hydroxyl *n.* hiodroicsil *fem.*

hygiene *n.* slàinteachas *masc.*

hygrometer *n.* fliche-inneal *masc.*, tomhas-taise *masc.*

hymn *n.* laoidh *masc.*, naomh-òran *masc.*, or *masc.*

hymnal *adj.* laoidheach

hymnist *n.* neach-laoidh *masc.*

hyperbole *n.* aibheiseachadh *masc.*, oslabhairt *fem.*, spleadh *masc.*

hyperborean *adj.* boirdheach

hyperinflation *n.* os-thòcadh *masc.*

hypermarket *n.* os-bhùth *fem./masc.*

hyphen *n.* sgrìob-cheangail *fem.*, tàthan *masc.*

hypnosis *n.* suainealas *masc.*

hypochondria *n.* tomataisean *masc.*

hypochondriac *n.* gnoigean *masc.*

hypochondriac *adj.* dubhachail

hypocoristic *adj.* meas-ainmeil

hypocrisy *n.* beul-chràbhadh *masc.*, cealg *fem.*, cealgaireachd *fem.*, cluaintearachd *fem.*, fuar-chràbhadh *masc.*, go *masc.*, naomh-thrèigsinn *fem.*, os-chràbhadh *masc.*, saobh *masc.*, saobh-chràbhadh *masc.*

hypocrisy *adj.* sàimh-chealg

hypocrite *n.* cealgaire *masc.*, cluainire *masc.*, fuar-chràbhaiche *masc.*, neach an fhuar-chràbhaidh *masc.*, saobh-chràbhach *masc.*, saobh-chràbhair *masc.*

hypocritical *adj.* dà-aodannach, fuar-chràbhach, beul-chràbhach, os-chràbhach, sàimh-chealgach, saobh-chràbhach

hypodermic *adj.* fo-chraicneach

hypothesis *n.* barail gun dearbhadh *fem.*

hypothetical *adj.* baralach

hyssop *n.* iosop *fem.*

hysterical *adj.* às a rian, an lethtaobh, lethtaobhach, lethtaobhail, ospagach

hysterics *n.* tinneas-builg *masc.*

I

iambic *adj.* cam-dhànach

iambic verse *n.* cam-dhàn *masc.*

ice *n.* deigh *fem.*, eigh *fem.*

ice age *n.* linn-eighe *fem.*

ice-cream *n.* reòiteag *fem.*, reòtagan *masc.*

ice-field *n.* raon-sneachda *masc.*

ice-house *n.* taigh-eighe *masc.*, taigh-reòdhtaidh *masc.*

ice-rink *n.* rinc-eighre *fem.*

ice-skate *n.* bròg-spèilidh *fem.*

ice-skating *n.* spèileadaireachd *fem.*

ice-slide *n.* sleamhnan *masc.*

iceberg *n.* cnap-eighre *masc.*, cnoc-eighre *masc.*, eigh-bheinn *fem.*

Iceland gull *n.* faoileag liath *fem.* faoileann liath *fem.*

ichorous *adj.* silteachail

ichthyophagy *n.* iasg-itheanaich *masc.*

ichthyosaur *n.* iasg-bhèisd *fem.*, iasg-phèisd *fem.*

icicle *n.* bior-deighe *fem.*, càisean-reòta *masc*, bioran-deighe *masc.*, bior-eidhe *fem.*, boidean-reothaidh *masc.*, buitse *fem./masc.*, clòimhein *masc.*, cluigean *masc.*, eidhreannach *fem.*, eigheanach *masc.*, spliug *masc.*, stob reòta *masc.*, uisgean-reòthaidh *masc.*

icing *n.* còmhdach-siùcrach *masc.*

icon *n.* ìomhaigh *fem*, dealbh *masc*, suaicheantas *masc.*

icosahedron *n.* icosahedron *fem.*

icy *adj.* reòta, eighreach, eigheadail, èigheannach

ide *n.* orf *masc.*

idea *n.* beachd(-smuain) *masc.*, smaoin *fem.*, smaoineas *masc.*, smuain *fem.*

ideal *n.* sàr-bheachd *masc*, foirfeachd *fem.*

ideal *adj.* sàr, barrail, oidheamach

identical *adj.* ionnan, co-ionnan, ceudna, cionarra, cionnarra, cruthach, dearbh, ionnanach

identification *n.* aithneachadh *masc.*, dearbhadh-ionnanachd *masc.*

identified *adj.* aithnichte

identifier *n.* aithnichear *masc.*

identity *n.* dearbh-aithne *fem*, ionannachd *fem*, ceudnachd *fem.*, fèineachd *fem.*

identity badge *n.* bràisde-suaicheantais *masc.*

ideological *adj.* beachd-smuainealach, smaoineasach

ideology *n.* beachd-smuainealas *masc.*

idiom *n.* gnàthas-cainnte *masc.*, dòigh-chainnt *fem.*, seòl-labhairt *masc.*, dòigh-bhriathar *masc.*, ìomhaigh *fem.*

idiomatic *adj.* gnàthasach

idiomatical *adj.* gnàth-chainnteach

idiot *n.* amadan *masc*, gloic *fem.*, fudaidh *masc.*, nothaist *masc.*, òinid *fem.*

idiotic *adj.* amaideach, bàraisgeach, gòrach

idle *adj.* dìomhain, dìomhanach, na t(h)àmh, neo-adhartach, neo-ghnàthach, neo-ghnìomhach, neo-sgoinneil, neo-shaothrach, soimeach, steòcach

idle talk *n.* bòilich *fem.*, faoin-chainnt *fem.*, pracais *fem.*, rabhd *masc.*, saobh-sgeul *fem.*, sgaiream *masc.*, sgeilm *fem.*

idleness *n.* dìomhanas *masc.*

idler *n.* leisgire *masc.*, dìomhanaiche *masc.*, dreallaire *masc.*, imideal *masc.*, lunndair *masc.*, sgog *masc.*, soimeachdan *masc.*, steòc *masc.*

idol *n.* iodhal *masc.*, ìomhaigh *fem.*

idolater *n.* iodhal-adhradair *masc.*, neach iodhal-adhraidh *masc.*

idolatrous *adj.* iodhalach, iodhal-adhradh

idolatry *n.* iodhalachd *fem.*, iodhal-adhradh *masc.*, iodhladaireachd *fem.*

igloo *n.* taigh-sneachda *masc.*

igneous *adj.* teinntidh, loisgeach, àingleach

ignis fatuus *n.* teine-sionnachain *masc.*, oll-dreag *fem.*, sionnachan *masc.*, spiorad-lodain *masc.*, srada-bianain *fem.*

ignite *vb.* cuir teine ri, las

ignition *n.* lasadh *masc.*, losgadh *masc.*, àingleachadh *masc.*

ignoble *adj.* an-uasal, suarach, mì-fhlathail, mì-uasal, neo-onorach, neo-uasal

ignominious *adj.* maslach, nàireach, nàr

ignominy *n.* nàire *fem.*, mì-chliù *masc.*

ignorance *n.* aineolas *fem.*, ainfhios *masc.*, ainfhiosrachd *fem.*, neo-eagnaidheachd *fem.*, neo-fhios *masc.*, soideal *masc.*

ignorant *adj.* aineolach, ainfhiosach, ainfhiosrach, neo-eagnaidh, neo-eòlach, neo-fhiosrach, neo-ionnsaichte, neo-theòma, soidealta

ignore *vb.* leig le, leig seachad

ignoscible *adj.* so-mhaithte, so-mhaithteachail

iliac *adj.* caolanach

ill *n.* olc *masc.*

ill *adj.* tinn, bochd, olc, dona

ill-bred *adj.* neo-oileanaichte, saobh-nòsach

ill-disposed *adj.* mi-ghnèitheil

ill-favoured *adj.* droch-ghnùiseach

ill-founded *adj.* neo-bhunaiteach, neo-cheart

ill-health *n.* easlaint *fem.*, euslaint *fem.*

ill-looking *adj.* mi-thuarail, sìogach

ill-luck *n.* mì-shealbh *masc.*, mì-sheun *masc.*

ill-natured *adj.* gàmhlasach, neo-choingheallach

ill-starred *adj.* neo-shealbhach, neo-shealbharra

ill-tempered *adj.* ainsgeanta, durabhaidh, mì-dhòigheil, mì-ghnèitheil

ill-treatment *n.* droch làimhseachadh

ill-usage *n.* droch-dhìol *masc.*

ill-will *n.* mì-rùn *masc.*, droch-rùn *masc.*

illegal *adj.* mì-laghail, ain-dligheach, mì-dhligheach, neo-cheadaichte, neo-laghail

illegality *n.* mì-laghaileachd *fem.*, neo-dhligheachas *masc.*, neo-laghalachd *fem.*

illegibility *n.* do-leughtachd *fem.*

illegible *adj.* do-leughaidh, do-leughte

illegitimacy *n.* dìolanas *masc.*, neo-laghalachd *fem.*, riataiche *fem.*

illegitimate *n.* leanabh-dìolain *masc*, leanabh-rèitich *masc.*

illegitimate *adj.* dìolain, neo-dhlìgheach, neo-laghail, riatach

illiberal *adj.* neo-fhialaidh, mì-fhiùghantach, sgroingeanach

illiberal (of ideas) *adj.* cumhang

illiberality *n.* neo-fhialaidheachd *fem.*, cruas *masc*, mì-shuairceas *masc.*, neo-fhlathaileachd *fem.*, neo-uaisle *fem.*

illicit *adj.* neo-cheadaichte, neo-laghail, mì-laghail

illimitable *adj.* neo-chrìochnachaidh, neo-chrìochnachail

illimitedness *n.* neo-chrìochnachas *masc.*

illiteracy *n.* neo-litireachd *fem.*, neo-fhoghlaimteachd *fem.*

illiterate *adj.* neo-litireach, neo-fhoghlamaichte, neo-ionnsaichte, neo-oileanaichte

illness *n.* tinneas *masc.*, galar *masc.*, euslaint *fem.*

illogical *adj.* mì-sheadhach

illuminate *vb.* soilleirich

illumination *n.* soilleireachadh *masc.*, soillseachadh *masc.*, soilleireachd *masc.*

illumine *vb.* soilleirich, soillsich, suabharaich

illusion *n.* mealladh *masc.*, briollag *fem.*, toibhre *fem.*

illusory *adj.* meallach, briollagach

illustrate *vb.* soillsich, dealbhaich, soilleirich

illustrated *adj.* dealbhaichte, follaiste

illustration *n.* soillseachadh, dealbh *masc.*

illustrative *adj.* mìneachail

illustrator *n.* dealbhadair *masc.*

illustrious *adj.* ainmeil, òirdheirc, allail, àrd-ghlan, glòrmhor, òr-bhuadhach

image *n.* ìomhaigh *fem.*, muadh *masc.*, samhail *masc.*, samhla *masc.*

imagery *n.* ìomhaigheachd *fem.*

imaginable *adj.* cruth-inntinneach, ion-smuaineach

imaginary *adj.* mac-meanmnach, ìomhaigheach

imagination *n.* mac-meanmna *masc.*, mac-meanmainn *masc.*, smaoin *fem.*, smaoineachadh *masc.*

imaginative *adj.* mac-meanmnach, beachdachail, breithneachail

imagine *vb.* smaoinich, saoil, beachdaich

imbecile *n.* lethchiallach *masc.*, glogaidh-homh *masc.*

imbecility *n.* leth-chèil *masc,* dì-neart *masc.*, fannachdas *masc.*

imbed *vb.* leabaich

imbibe *vb.* òl, deothail sùgh, srùb, sùg

imbiber *n.* òlair *masc.*

imbibing *n.* òl *masc,* srùbadh *masc.*, sùgadh *masc.*

imbrown *vb.* donn, donnaich

imbue *vb.* snuadhaich

imitability *n.* so-shamhlachd *fem.*

imitable *adj.* so-atharrais, ion-shamhaileach, ion-shamhlachaidh

imitate *vb.* atharrais (air), lean eisimpleir, aithris, ailis, aithlis, atharrais,

imitation *n.* atharrais, breug-shamhail *masc.*

imitative *adj.* atharraiseach, aithriseach, aithliseach

imitator *n.* neach-aithris *masc,* neach-atharrais *masc.*

immaculate *adj.* gun smal, fìor-ghlan

immalleable *adj.* neo-phronntach

immartial *adj.* neo-chogach, neo-ghaisgeanta

immaterial *adj.* neo-chorporra, neo-chuideamach, neo-thàbhach, neo-thàbhachdach

immateriality *n.* neo-chorporrachd *fem.*

immature *adj.* anabaich

immaturity *n.* anabaichead *masc.*

immeasurable *adj.* do-thomhais, do-thomhaiste

immediacy *n.* neo-mheadhanaireachd *fem.*

immediate *adj.* grad

immediate access *n.* grad-ruigsinn *fem.*

immediate access store *n.* stòr grad-ionnsaigh *masc.*

immediate addressing n. seòladh grad masc.

immediately adv. air ball, anns a' bhad, gun dàil, gun mhoille

immemorial adj. o chian

immense adj. aibhseach, an-mhòr

immensurability n. do-thomhaiseachd fem.

immerse vb. baist, bog, tum

immersed adj. fon uisge

immersion n. bogadh masc, tumadh masc.

immethodical adj. mì-dhòigheil

immigrant n. inimriche masc.

immigrate vb. dèan inimrich, dèan imrich a-steach

immigration n. inimrich fem., imrich-a-steach fem., inimreachas masc.

imminent adv. gus teachd

immiscibility n. do-mheasgaidheachd fem.

immiscible adj. do-choimeasgte, do-mheasgaichte, do-mheasgaidh, neo-choimeasgach

immix vb. co-mhisgich, co-mheasgaich

immobility n. neo-ghluasadachd fem., neo-charaidheachd fem.

immoderate adj. ana-measarra, ana-cuibheasach, ana-cuimseach, mì-mheadhanach, mì-mheasarra, mì-stuama, neo-chuimseach, neo-ghoireasach, neo-mheasarra

immoderateness n. mì-stuamachd fem., neo-ghoireasachd fem.

immoderation n. ana-measarrachd fem., ana-cuibheas masc., ana-cuimse fem., neo-chuimseachd fem., neo-mheasarrachd fem.

immodest adj. mì-nàrach, mì-stuama, mì-bheusach, mì-mhàlda, neo-bheusach

immodesty n. mì-nàrachd masc., mì-bheus masc., mì-bheusachd fem., mì-stuamachd fem., neo-bheus masc.

immolate vb. ìobair

immolation n. buidealaich fem.

immoral adj. neo-mhoralach, mì-bheusach, ainbheusach, ana-bheusach, baoth-bheusach, droch-bheusach, droch-nòsach, fuasgailteach, neo-bheusach, sgiùrsanta

immorality n. neo-mhoralachd masc., mì-bheus masc., ainbheus masc., ana-bheus masc., baoth-bheus masc., mì-bheusachd fem., neo-bheus masc.

immortal adj. neo-bhàsmhor, bith-bhuan, do-mharbhte, neo-mharbhtach, sìor-mhaireannach, sìth-bheò, sìth-bhuan

immortalise vb. siorraich

immortality n. neo-bhàsmhorachd fem., bith-bhuannachd fem., neo-mharbhtachd fem., sìor-mhaireannachd fem., sìth-bheatha fem., sìth-bhuantachd fem.

immovable adj. neo-ghluasadach, bunaiteach, do-charaichte, do-ghluaiste, do-ghluasaid, neo-charaidheach, neo-ghluaisteach

immovableness n. sìor-sheasmhachd fem., neo-ghluasadachd fem.

immune adj. saor (air/bho), dìon

immunisation n. banachdach fem.

immunise vb. cuir a' bhanachdach air, cuir dìon air

immunised adj. banachdaichte, dìonta

immunity n. dìon masc., saorsa fem., socha(i)r fem.

immutability n. neo-chaochlaideachd fem.

immutable adj. neo-chaochlaideach, do-atharrachaidh, do-atharraichte

imp n. deamha(i)n masc., ball-bìsd masc., spruis fem., donas masc., muthan masc., stic fem.

impact vb. stramp, teannaich

impacted fracture n. sparradh masc.

impair vb. mill, lùghdaich

impairment *n.* dìobhalachadh *masc.*

impalpable *adj.* do-fhaireachdainn, neo-bhuintinneach

imparity *n.* do-roinnteachd *fem.*

impart *vb.* roinn, compàirtich, rann-phàirtich, roinn-phàirtich

impartial *adj.* neo-chlaon, cothromach, ceart-bhreitheach

impartiality *n.* neo-chlaonachd *fem.*, ceart-bhreith *fem.*, cothrom *masc.*, neo-chlaon-bhreitheachd *fem.*, neo-leithbhreitheachd *fem.*

impassability *n.* neo-charas *masc.*

impassable *adj.* do-shiubhail

impassableness *n.* do-shiubhalachd *fem.*

impassibility *n.* do-phiantachd *fem.*, neo-fhulangas *masc.*

impassible *adj.* do-phianta

impassioned *adj.* lasanta

impassive *adj.* do-fhaireachadh, socair

impatience *n.* neo-fhoighidinn *fem.*, an-fhoighidinn *fem.*, caise *fem.*, cion-foighidinn *masc.*, mì-fhoighidinn *fem.*, neo-fhuras *masc.*

impatient *adj.* mì-fhoighidneach, an-fhoighidneach, an-fhulangach, caiseach, neo-fhoisneach, neo-fhurasach, neo-oileanaichte, reasgach

impeach *vb.* dìt gu follaiseach

impeachable *adj.* so-choireachaidh

impeacher *n.* eileachair *masc.*

impeacher *n.* dìteadh *masc.*

impeachment *n.* dìteadh *masc.*

impeccable *adj.* neo-pheacach

impede *vb.* cuir maille (air), bac, cumraich

impediment *n.* bacadh *masc.*, bac *masc.*, col *masc.*, cùradh *masc.*, grabadh *masc.*, liotaiche *masc.*, maille *fem.*, maillicheadh *masc.*, mainneas *fem.*, ribe *masc.*, sàradh *masc.*, seot *masc.*, slacan *masc.*, stad *masc.*, stadachd *fem.*, stadadh *masc.*, stadaich *fem.*, stairsneach *fem.*, toirmeasg *masc.*

impedimental *adj.* stadach

impel *vb.* greas, cuir air aghaidh

impenetrability *n.* do-dhruigheachd *fem.*

impenetrable *adj.* do-shaithte, do-inntrig

impenitence *n.* neo-aithreachas *masc.*

impenitent *adj.* neo-aithreachail, neo-aithreach

imperative *adj.* àithneach, reachdach, reachdmhor

imperative mood *n.* modh àithneach *masc.*

imperceptible *adj.* do-mhothaichte, do-mhothachaidh

imperfect *adj.* neo-iomlan, neo-choileanta, neo-fhoirfe,

imperfect cadence *n.* leth-dhùnadh *masc.*

imperfect tense *n.* tràth neo-choileanta *masc.*

imperfection *n.* neo-iomlanachd *fem.*, bacaiche *masc.*, starradh *masc.*

imperforated *adj.* neo-tholltach

imperil *vb.* cunnartaich

imperial *adj.* ìmpireil

imperialism *n.* ìmpireileas

imperious *adj.* ceannsachail, reachdach, spraiceil, spreigeil

impersonal *adj.* neo-phearsanta, neo-phearsontail

impersonate *vb.* taisealbh, pearsonaich

impertinence *n.* mì-mhodh *masc.*, ain-diùid *fem.*, bleid *fem.*, ràic *fem.*

impertinent *adj.* mì-mhodhail, beadaidh, bleideach, bleideil, don-ionnsaichte, mìomhail, ràiceil

imperturbable *adj.* sgleogach

impervious *adj.* do-ruighinn

imperviousness *n.* do-roinnteachd *fem.*, do-sgàinteachd *fem.*

impetuosity *n.* braise *fem.*

impetuous *adj.* bras, braiseil, cas, deannalach, dionganta, toireannach

impetus *n.* dèine *fem.*, ròiseal *masc.*

impiety *n.* ain-diadhachd *fem.*

impinge *vb.* buail, suath

impious *adj.* ain-diadhaidh, neo-chràbhach, neo-dhiadhaidh, saoghalta

implacability *n.* do-rèiteachas *masc.*, do-rèitealachd *fem.*

implacable *adj.* do-rèiteachaidh, gamhlasach, do-rèiteachail, do-rèitichte

implant *vb.* socraich, suidhich

implausible *adj.* neo-dhreachmhor

implement *n.* inneal *masc.*, bearraid *fem.*, cungaidh *fem.*, acainn *fem.*

implement *vb.* thoir gu buil, cuir an sàs, cuir gu buil

implementation *n.* buileachadh *masc.*, gnìomhachadh *masc.*

implication *n.* ribeadh *masc*, seadh *masc*, ciall *fem*, buil *fem.*

implicative *adj.* seaghachail

implicit *adj.* fillte, iom-fhillte

imply *vb.* ciallaich, seaghaich

impolite *adj.* mì-mhodhail, mì-shìobhalta, mì-shuairc, mì-shùghar, rasdach

impolitic *adv.* neo-sheòlta

import *n.* bathar a-steach *masc.*, in-mhalairt *fem.*, seagh *masc.*, brìgh *fem*, seaghaich *masc.*, susbaint *fem.*

import *vb.* thoir a-steach (bathar)

import market *n.* margadh-inmhalairt *masc.*, margadh a-bhos *masc.*

import quota *n.* cuota-bathair-a-steach *masc.*

importance *n.* cudthrom *masc.*, stàth *masc.*, suimealachd *fem.*, toirt *fem.*

important *adj.* cudthromach, brìoghor, seaghach, suimeil, trom-chùiseach

importation *n.* toirt a-steach *fem.*

importer *n.* ceannaiche-inbhathair *masc.*

importunate *adj.* liosda, leamh, giodalach, iarrtach, seilleanach, sìor-iarraidheach, tagrach

importune *vb.* sàraich, bleidir, cuir ri, sìor-iarr

importuner *n.* iarrtaiche *masc.*

importunity *n.* liosdachd *fem.*, leamhachas *masc.*, bleid *fem.*, liosdachd *fem.*, leamhachas *masc.*, ro-earail *fem.*, sìor-iarraidh *fem.*

impose *vb.* càinich, cuir air, leag

imposition *n.* mealltachd *fem.*, càireadh *masc.*, leagail *fem.*, puicneadh *masc.*

impossibility *n.* do-dhèantachd *fem.*, nì do-dhèanta *masc.*, neo-chomasachd *fem.*

impossible *adj.* do-dhèanta, eu-comasach, neo-chomasach

impost *n.* cuspann *masc.*, càin *masc.*, ùbhladh *masc.*

impostor *n.* mealltair *masc.*, siunnal *masc.*

imposture *n.* ceilg *fem.*, mealladh *masc.*, mealltachd *fem.*, seamlachas *masc.*

impotence *n.* neo-chomas *masc.*, eu-comas *masc.*, cullachas *masc.*,

impotent *adj.* neo-chomasach, neo-thàbhach, eu-comasach, sgrogach

impoverish *vb.* dèan bochd, bochdainnich

impracticability *n.* do-dhèantas *masc.*

impracticable *adj.* neo-ghnàthachaidh, do-dhèanta

imprecate *vb.* mallaich, guidh, mionnaich, saobh

imprecation *n.* mallachd *fem.*, camachail *fem.*, mallachadh *masc.*, mionn *fem./masc.*, saobhadh *masc.*

impregnable *adj.* daingeann, do-ghlacaidh, do-ionnsaighe

impregnate *vb.* torraich

impregnation *n.* sìolmharachd *fem.*, torrachadh *masc.*, teann-shàth *masc.*

impress *vb.* comharraich , clò-bhuail

impression *n.* comharradh *masc.*, clò-bhualadh *masc.*, beachd *masc.*, buaidh *fem.*, ciad *masc.*, clò *masc.*, crampadh *masc.*, deargadh *masc.*, feacadh *masc.*, strampail *fem.*, tulgadh *masc.*

impression (mark) *n.* feac *masc.*

impression (mark/printing) *n.* deargadh *masc.*

impression (typography) *n.* clò-bhualadh *masc.*

impressive *adj.* drùiteach, so-dhruighteachail, so-ghabhaltach, tiomail

imprint *vb.* comharraich, cuir seula

imprison *vb.* prìosanaich, cuir am prìosan

imprisoning *n.* prìosanachadh *masc.*

imprisonment *n.* prìosanachadh *masc.*, braighdeanas *masc.*, braigheachd *masc.*, gainntireachd *fem.*,prìosanachd *fem.*

improbability *n.* mì-choltas *masc.*, neo-choslachd *fem.*, neo-dhàichealachd *fem.*

improbable *adj.* mì-choltach, eu-coltach, neo-chosmhail, neo-chreidsinneach, neo-dhàicheil

impromptu *adj.* gun ullachadh

impromptu (improvised composition) *n.* ceapag *fem.*

improper *adj.* mì-iomchaidh, ceàrr, mì-chiatach, mì-choltach, neo-chubhaidh, neo-iomchaidh, neo-oireamhnach, mì-cheart

improper fraction *n.* bloigh anabharr *fem.*

impropriator *n.* sealbh-ghlacadair *masc.*

impropriety *n.* mì-iomchaidheachd *fem.*, mì-cheartas *masc.*, mì-loinn *fem.*, mì-loinnealas *masc.*, neo-iomchaidheachd *fem.*, neo-oireamhnachd *fem.*

improvable *adj.* leasachail

improve *vb.* leasaich, cuir am feabhas, feairrdich, mathaich, rach am feabhas, thig thuige, tog (air)

improvement *n.* leasachadh *masc.*, piseach *masc.*, feabhas *masc.*, adhartas *masc.*, deaghad *masc.*,mathachadh *masc.*,

improvement grant *n.* tabhartas-leasachaidh *masc.*

improver *n.* neach-leasachaidh *masc.*, leasachair *masc.*, leasaiche *masc.*

improvident *adj.* do-sgàthach, mì-fhreasdalach, neo-chothromach, neo-chuideach, neo-fhreasdalach, neo-sholarach

improving (recovering) *n.* tighinn bhuaidhe *fem.*

improvise *vb.* ocaidich

imprudence *n.* gòraich *masc.*, neo-chùram *masc.*, eu-crìonnachd *fem.*, mì-ghliocas *masc.*, neo-chrìonndachd *fem.*, neo-eagnaidheachd *fem.*, somaltachd *fem.*

imprudent *adj.* gòrach, neo-chùramach, eu-crìonna, mi-shùghar, neo-chiallach, neo-eagnaidh, sgaoilteach, somalta

impudence *n.* beadaidheachd *fem.*, dànadas *masc.*, aodann *masc.*, bathais *fem.*, beadachd *fem.*, beag-nàire *fem.*, beag-nàrachd *fem.*, droch-bheul *masc.*, ladarnas *masc.*, mì-nàire(achd) *fem.*, peasanachd *fem.*, ràic *fem.*

impudent *adj.* beadaidh, dàna, ladarna, bathaiseach, beadach, beag-nàrach, lonach, mì-nàireach, peasanach, prais-ghnùiseach, sacanta

impulse *n.* spreagadh *masc.*, togradh *masc.*

impulsive *adj.* spreagarra, sgiabach

impunity *n.* saorsa o pheanas *fem.*, neo-dhìoghaltas *masc.*

impure *adj.* truaillte, neo-ghlan

impurity *n.* neo-ghlainne *fem.*, truailleadh *masc.*, sàl *masc.*, salachar *masc.*

imputation *n.* cur às leth *masc.*, tuaileas *masc.*

in *adv.* a-staigh / a-steach

in(s)ch *n.* innis *fem.*

in-service *n.* in-sheirbheis *fem.*

inability *n.* neo-chomas *masc.*, eu-comas *masc.*,neo-làmhachd *fem.*, neo-thapaidheachd *fem.*

inaccessible *adj.* do-ruigsinn

inaccessibility *n.* do-ruigsinneachd *fem.*

inaccuracy *n.* mearachd *fem.*, neo-chruinne *fem.*, ceàrraiche *masc.*

inaccurate *adj.* mearachdach, neo-chruinn, neo-eagnaidh, neo-phurpail

inaction *n.* tàmh *masc.*, neo-ghnìomhachas *masc.*, *fem.*

inactive *adj.* neo-ghnìomhach, aimlisgeach, mi-dhèanadach, neo-sgairteil, slìom, soimeach

inactive (spiritless) *adj.* marbhanta, siogach

inactivity *n.* neo-ghnìomhachas *masc.*, dìomhanachd *fem.*, mì-shùrd *masc.*, siolgaireachd *fem.*

inadequacy *n.* uireasachd *fem.*

inadequate *adj.* uireasach, gu beag feum, neo-oireamhnach

inadmissable *adj.* do-luasaichte

inadvertence *n.* neo-aire *fem.*

inadvertent *adj.* neo-aireach, neo-chùramach

inalienable *adj.* do-dhealaichte, neo-bhuileachaidh, neo-dhealachaidh

inalimental *adj.* neo-bheathachail

inanimate *adj.* marbh, neo-bheathail, neo-bheothail

inappetence *n.* neo-chàil *masc.*, neo-mhiann *masc.*

inapplicable *adj.* neo-fhreagarrach

inarticulate *adj.* mabach, gagach

inarticulateness *n.* mabaiche *fem.*

inartistic *adj.* neo-ealanta

inasmuch as *adv.* a mheud 's a

inattention *n.* neo-aire *fem.*, cion-aire *masc.*, dìth-mothachaidh *masc.*, mì-dhùrachd *fem.*, mì-fhaiceallachd *fem.*, mì-fhaicill *fem.*, mì-fhurachas *masc.*, mì-shuim *masc.*, monais *fem.*, neo-shuimealachd *fem.*

inattentive *adj.* neo-aireil, cion-aireachail, mì-chùramach, mì-dhùrachdach, mì-fhaiceallach, mì-fhreasdalach, mì-fhurachail, neo-chùramach, neo-dhearcach, neo-fhreasdalach, neo-sgoinnear, neo-shuimeil, neo-spèiseil, neo-thoirteil, neo-umhailleach

inattentiveness *n.* neo-chùram *masc.*, neo-thoirt-fainear *fem.*

inauguration *n.* coisrigeadh *masc.*, fosgladh *masc.*

inaugurate *vb.* coisrig, tòisich

inbye land *n.* talamh-àitich *fem.*

incalculable *adj.* do-àireamh

incandescent *adj.* caoirgheal, dreosach

incantation *n.* ortha *fem.*, beul-dhraoidheachd *fem.*, cronachan *masc.*, easarlaidheachd *fem.*, eòlas *masc.*, manadh *masc.*, ob *masc.*, oibeag *fem.*, or *masc.*, orchan *masc.*, orra *fem.*, ubag *fem.*

incantatory *adj.* buisneachdail

incapability *n.* neo-chomasach, neo-chomasachd *fem.*, neo-urrainneachd *fem.*

incapable *adj.* neo-chomasach, neo-èifeachdach, mì-mhurrach, neo-urrainneach

incapacity *n.* neo-èifeachd *fem.*, neo-chomas *masc.*

incarcerate *vb.* cuir am prìosan, carc, prìosanaich

incarceration *n.* cimeachd *fem.*, dingir *fem.*, gainntireachadh *masc.*

incarnadine *vb.* càrnaid

incarnate *adj.* san fheòil

incarnation *n.* corp-ghabhail *masc.*, feòil-ghabhail *fem.*, ion-cholainneadh *masc.*

incautious *adj.* mì-fhaiceallach

incautiousness *n.* neo-thèarainteachd *fem.*

incendiary *adj.* loisgeach

incendiary *n.* bràthadair *masc.*, loisgeadair *masc.*, spriollag *fem.*

incense *n.* tùis *fem.*

incense *vb.* feargaich, buair

incensed *adj.* feargach, air sèideadh

incentive *n.* brosnachadh *fem.*, cùis-aimhreit *masc.*, culaidh-bhrosnachaidh *fem.*, spreigeadh *masc.*

inceptive verb *n.* tùs-ghnìomhair *masc.*

incertitude *n.* neo-chinnteachd *fem.*

incessant *adj.* sìor, daonnan, leanailteach

incessantly *adj.* gun chlos, gun stad

incest *n.* col *masc.*, peacadh-collaidh *masc.*

incestuous *adj.* collaidh, colach, colnach

inch *n.* òirleach *fem.*

inch (island) *n.* innis *fem.*

incidence *n.* tuiteamas *masc.*

incident *n.* tachartas *masc.*

incidental music *n.* ceòl-teagmhaiseach *masc.*

incineration *n.* dubh-losgadh *masc.*

incinerate *vb.* dubh-loisg

incinerator *n.* loisgear masc.

incision *n.* gearradh *masc.*, peasg *fem.*, sgathadh *masc.*, sgoch *masc.*, strìoc *fem.*

incisor *n.* clàr-fhiacail *masc.*

incisive *adj.* geur, geur chùiseach

incite *vb.* brosnaich, gluais, spreig, piobraich, spor, spreòd, spreòt, stuig

incitement *n.* brosnachadh *masc.*, lasag *fem.*, spor *masc.*

inciter *n.* neach-brosnachaidh *masc.*, spreagair *masc.*

inciting *n.* brosnachadh *masc.*, piobrachadh *masc.*

incivility *n.* mìmhodh *masc.*, mì-shuairceas *masc.*

inclemency *n.* an-iochd *fem.*, neo-bhàighealachd *fem.*, doireann *fem.*, mì-thròcair *fem.*,

inclement *adj.* an-iochdmhor, sgreanach

inclement weather *n.* an-aimsir *fem.*

inclination *n.* aomadh *masc.*, claonadh *masc.*, togradh *masc.*, deonbhaidh *fem.*, leth-bhruthach *masc.*, nàdar *masc.*, nùidheadh *masc.*, riar *masc.*, rùn *masc.*, sannt *masc.*, staonachadh *masc.*, stic *fem.*, tligheachd *fem.*, togar *masc.*, toil *fem.*, tòth *fem./masc.*

incline *vb.* aom, claon, crom, nùidh a dh' ionnsaigh, rùnaich, sanntaich, staonaich

inclined *adj.* staon

inclined (predisposed) *adj.* buailteach

inclining *n.* rùnachadh *masc.*

inclining *adj.* aomach, claon

include *vb.* gabh a-staigh, thoir a-staigh

incoagulable *adj.* neo-shlamanach

incoherent *adj.* neo-cheangailte, neo-leanailteach, sgaoilte

incombustible *adj.* neo-loisgeach, neo-lasanta, neo-loisgeantach

income *n.* teachd-a-steach *masc.* beathain *fem./masc.*, cur-a-staigh *masc.*,

income tax *n.* cìs-teachd-a-steach *fem.*, càin-teachd a-steach *fem.*

incoming mail *n.* post-a-steach *masc.*

incommiscible *adj.* neo-mheasgach

incommodious *adj.* neo-gharail

incommunicability *n.* neo-phàirtidheachd *fem.*

incommunicable *adj.* neo-phàirtidheach, do-phàirteachaidh, neo-chomannach, neo-rann-phàirteach

incommutability *n.* do-chaochlaidheachd *fem.*

incommutable *adj.* do-chaochlaidheach

incompact *adj.* neo-shnasmhor

incomparability *n.* ansamhlachd *fem.*, anshamhlachd *fem.*

incomparable *adj.* neo-choimeasach, anshamhlaichte

incompassionate *adj.* neo-thlusail

incompassionate *n.* neo-fhreagarrachd *fem.*

incompatible *adj.* neo-oireamhnach, neofhreagarrach

incompetency *n.* neo-chomasachd, neomhurrachas *masc.*

incompetent *adj.* neo-chomasach

incomplete *adj.* neo-choileanta, neoiomlan, neo-choimhlionta, neo-chrìochnaichte, neo-fhoirfe

incomposed *adj.* neo-stòlda

incomprehensibility *n.* do-thuigsinneachd *fem.*, neo-thuigsinneachd *fem.*

incomprehensible *adj.* do-thuigsinn, dosmuainteachaidh, do-smuaintichte, do-thuigsinneach

incompressibility *adj.* dotheannachaidheachd *fem.*, do-fhàsgaidheachd *fem.*

incompressible *adj.* do-fhàsgaidh, dotheannachaidh

inconcealable *adj.* do-chleith, dofhalachaidh

inconceivable *adj.* do-smuain(t)eachaidh, do-bharalachaidh, do-chreidsinneach

inconclusive *adj.* neo-chinnteach

inconclusiveness *n.* neo-chinnteachd *fem.*

inconcoction *n.* neo-dheasachd *fem.*

inconcussible *adj.* neo-chrathaidh

inconformity *n.* neo-lùbadh *masc.*

incongealable *adj.* do-reothaidh

incongruity *n.* mì-fhreagarrachd *fem.*, neo-aontachas *masc.*, neo-aontachd *fem.*, neo-riaghailt *fem.*

incongruous *adj.* mì-fhreagarrach

inconnexion *n.* neo-dhàimh *fem.*

inconscionable *adj.* neo-chogaiseach

inconsequence *n.* neo-dhearbhachd *fem.*

inconsequent *adj.* neo-dhearbhadh, neoleantainn

inconsiderable *adj.* suarach, neonitheach, suail

inconsiderableness *n.* diùghachd *fem.*, neo-bheachdmhorachd *fem.*

inconsiderate *adj.* neo-aireach, neothoinisgeil, neo-umhaileach

inconsiderateness *n.* neo-aireileachd *fem.*, neo-chùramachd *fem.*, neosmuaintealachd *fem.*

inconsistency *n.* mì-chòrdadh *masc.*, aimh-rèir *masc.*, mì-dhealbh *masc.*, neo-chunbhalachd *fem.*

inconsistent with *prep.* an aghaidh

inconstancy *n.* neo-sheasmhachd *fem.*, neo-chunbhalas *masc.* iomluas *masc.*, neo-chòrdachd *fem.*,

inconstant *adj.* neo-sheasmhach, neochunbhalach, caochlaideach, ciogailteach, corracheannach, iolchridheach, iol-chruthach, luasganach, neo-sheasach, sgaogach, sìor-atharrach

incontestable *adj.* do-àichidh

incontinence *n.* neo-gheanmnaidheachd *fem.*, neo-dhìonachd *fem.*

incontinent *adj.* neo-gheanmnaidh, neodhìonach, mì-gheanmnaidh, mì-gheimnidh, mì-mheasarra, mùnach

incontrovertible *adj.* dearbhte

inconvenience *n.* neo-ghoireasachd *fem.*, ana-goireas *masc.*, mì-ghoireas *masc.*

inconvenient *adj.* neo-ghoireasach, anagoireasach, mì-choingheallach, mì-ghoireasach, neo-chothromach, neo-gharail, neo-iomchaidh

inconvertible *adj.* do-iompachaidh, doiompaichte, do-mhùthaidh, do-thionndaidh

incorporate *vb.* fill a-staigh, co-cheangail, co-chorpaich, coimeasgaich

incorporated *adj.* fillte a-staigh (ann)

incorrect *adj.* mearachdach, neo-cheart

incorrectness *n.* neo-cheartachd *fem.*

incorrigible *adj.* do-cheannsachadh, do-chomhairleach, do-chomhairlichte

incorrigibleness *n.* do-cheannsachd *fem.*, do-chomhairleachd *fem.*

incorruptibility *n.* neo-sheargaidheachd *fem.*

incorruptible *adj.* neo-thruaillidh

incorruption *n.* neo-thruaillidheachd *fem.*

increase *n.* meudachadh *masc.*, àrdachadh *masc.*, meudachd *fem.*, piseach *masc.*, rath *masc.*, tormach *masc.*

increase *vb.* meudaich, rach am meud, àrdaich, iomadaich, pisich, sàr-lìon

increasing *n.* àrdachadh *masc.*, meudachadh *masc.*, tormachadh *masc.*

incredibility *n.* neo-chreidimh *fem.*

incredible *adj.* do-chreidsinn, aibheiseach, spleadhrach

incredulity *n.* às-creideamh *masc.*, neo-chreidimh *fem.*

incredulous *adj.* às-creideach, mall-chreideach

increment *n.* leasachadh *masc.*, meudachadh *masc.*

incremental plotter *n.* dealbhadair cheumannan *masc.*

incrust *vb.* rùisg-chòmhdaich

incrustation *n.* rùisg-chòmhdach *masc.*

incubate *vb.* guir, suidh

incubation *n.* gur *masc.*, laighe *fem.*, suidhe *masc.*

incubation period *n.* seal-guir *masc.*

incubator *n.* guireadair *masc.*, guireatair *masc.*, tàrmachair *masc.*

inculcate *vb.* dian-chomhairlich, mionaidich, spàrr

inculcating *adj.* dian-chomhairleach, sparrach

inculpable *adj.* neo-choireach

incumbency *n.* seilbh *fem.*

incumbent *n.* sealbhadair *masc.*

incur *vb.* adhbharraich, tarraing (ort fhèin)

incurable *adj.* do-leigheas, neo-leigheasach

incurableness *n.* do-leigheiseachd *fem.*

incursion *n.* ionnsaigh *fem.*, ruathar *masc.*

incurvity *n.* cuagachadh *masc.*

indart *vb.* cuinnsearaich, sleaghaich

indebted *adj.* an comain, am fiachaibh

indecency *n.* neo-bheus *masc.*, mì-chuibheasachd *masc.*, mì-iomchaidheachd *masc.*

indecent *adj.* neo-bheusach, mì-chuibheasach, mì-bheusach, mì-iomchaidh,

indeciduous *adj.* neo-thuiteamach

indecision *n.* neo-chinnteachd *fem.*, ioma-chomhairle *fem.*, iomarbhaidh *fem.*

indecisive *adj.* neo-chinnteach, idrisgeach

indecisiveness *n.* neo-chinnteachd *fem.*

indeclinable *adj.* do-chlaonta, neo-atharrachail, neo-dhioclaideach

indeed! *interj.* gu dearbh!, nàile!

indefatigability *n.* neo-fhàilneachd *fem.*

indefatigable *adj.* do-shàrachaidh

indefectible *adj.* neo-thrèigsinneach

indefensible *adj.* do-dhìdeannachaidh, do-dhìonaidh

indefinable *adj.* do-ainmeachaidh, do-shònrachadh

indefinite *adj.* neo-chinnteach, neo-shònraichte

indefinite pronoun *n.* riochdair neo-chinnteach *masc.*

indefinitude *n.* neo-chrìochnachas *masc.*

indelible *adj.* do-sgriosta

indelicacy *n.* neo-cheanaltas *masc.*, abartachd *fem.*

indelicate *adj.* oscarach, abartach, neo-cheanalta

indent *vb.* eagaich, gròb, cab, cabaich

indentation *n.* eag *fem.*, gròbadh *masc.*, sneagaireachd *fem.*, torc *masc.*

indented *adj.* eagach, gròbach, cabach

indenture *n.* aonta *masc.*, bann-sgrìobhadh *masc.*, cèir-chùmhnant *masc.*

indentureship *n.* muinntireas *fem.*

independence *n.* neo-eisimeileachd *fem.*, saorsa *fem.* neo-uireasbhaidh *masc.*

independent *adj.* neo-eisimeileach, saor, an-eisimeileach, neo-ar-thaing, neo-eisimeil, neo-uireasbhaidheach

independent arbiter *n.* rèiteachair neo-eisimeileach *masc.*

independent contractor *n.* cùnnradair neo-eisimealach *masc.*

independent form *n.* riochd an-eisimeileach *masc.*

independent of *adj.* neo-air-thaing

independent variable *n.* caochlaideach neo-eisimeileach *masc.*

independent verb *n.* gnìomhair neo-eisimeileach *masc.*

indescribable *adj.* do-aithris

indestructible *adj.* do-sgrioste

indeterminable *adj.* do-shònrachaidh, do-shònraichte

indetermination *adj.* neo-stèidheachd

index *n.* clàr-amais *masc.*, clàr-innse *masc.*

index card *n.* cairt-amais *fem.*, cairt-comharraidh *fem.*

index finger *n.* sgealbag *fem.*

index register *n.* clàr-cuimhne-amais *masc.*

indexed addressing *n.* seòladh amaiseach *masc.*, seòladh clàr-innse *masc.*

indexing hole *n.* toll-amais *masc.*

indexterity *n.* don-innleachd *fem.*

India rubber *n.* sgriosan bog *masc.*, sgriosan-luaidhe *masc.*

india-rubber *n.* sgriosan bog *masc.*, sgriosan-luaidhe *masc.*

India-rubber *n.* suathan-innseanaich *masc.*

Indian summer *n.* samhradh beag na Fèill Mìcheil *masc.*

indicate *vb.* comharraich, taisbein

indication *n.* comharra(dh) *masc.*, foillseachadh *masc.*, fios *masc.*

indicative *adj.* innseachail, taisbeanach

indicative mood *n.* modh taisbeanach *masc.*

indicator *n.* taisbeanair *masc.*

indicator (car) *n.* priobaire *masc.*

indict *vb.* cuir às leth, coirich, tog casaid an aghaidh, faclaich

indictable *adj.* ion-dhìtealta, ion-dhìtidh

indictment *n.* dìteadh *masc.*, casaid *fem.*, cùis-dìtidh *fem.*

indifference *n.* neo-shuim(e) *fem.*, neo-aire *fem.*, buair *fem.*, maol-snèimh *masc.*, maol-snèimhealas *masc.*, meath-thogar *masc.*, meath-thogradh *masc.*, mì-shuim *masc.*, neo-air-thoirt *masc.*, neo-chùram *masc.*, neo-eiseamealachd *fem.*, neo-shannt *masc.*, neo-shuimealachd *fem.*, neo-thoirt *fem.*, neo-thoirtealachd *fem.*, somaltachd *fem.*, suarachas *masc.*

indifference (lowness of spirits) *n.* mì-fhonn *masc.*

indifferent *adj.* coma, neo-shuimeil, neo-aireil, coingeasach, coingeis, dòlach, donn, leth-oireach, maol-snèimheil, mì-dhùrachdach, neo-chùramach, neo-shanntach, neo-thoirteil, so-mhùinte, suarach, mu làimh

indigence *n.* ainniseachd *fem.*, uireasbhaidh *fem.*

indigenous *adj.* dùthchasach

indigent *adj.* ainniseach, uireasbhach, ganntarach, neo-chuideach

indigestion *n.* losgadh-bràghad *masc.*, ana-cnàmhadh *masc.*, cion-cnàmhaidh *masc.*, cion-meirbhidh *masc.*, dì-chnàmhadh *masc.*, droch-ghoile *fem.*, greim-maothain *masc.*, meirbhean *masc.*, neo-chnuasachd *fem.*

indignant *adj.* diombach

indignation *n.* diomb *masc.*, diombachd *fem.*, tnùth *masc.*

indignified *adj.* mì-dhàicheil

indignity *n.* tàmailt *fem.*

indigo *n.* guirmean *masc.*

indirect *adj.* neo-dhìreach, fiar

indirect addressing *n.* ionad-luirg neo-dhìreach *masc.*, seòladh neo-dhìreach *masc.*

indirect object *n.* cuspair neo-dhìreach *masc.*

indiscerptibility *n.* do-sgaraidheachd *fem.*

indiscerptible *adj.* do-sgaraidh

indiscreet *adj.* mì-eagnaidh, mì-rianail, mì-shùghar

indiscretion *n.* mì-eagnaidheachd *fem.*, easaontas *masc.*, lag-chiall *fem.*, mì-rianalas *masc.*

indispensable *adj.* riatanach, neo-sheachanta

indisposition *n.* euslaint *fem.*, aicidh *fem.*, mì-mhèinn *fem.*, trealamh *masc.*

indissolubility *n.* sìor-cheangaltachd *fem.*

indissoluble *adj.* do-dhealachaidh, do-dhealaichte, do-sgaoilidh, do-sgaoilte

indistinct *adj.* mùgach, neo-shoilleir

indistinction *n.* neo-eagnaidheachd *fem.*

indistinctness *n.* neo-shoilleireachd *fem.*

indisturbance *n.* neo-thuairpeachd *fem.*

individual *adv.* fa leth, air leth, pearsanta

individual *n.* urra *fem.*, neach (air leth) *masc.*, pearsa *masc.*

individualise *vb.* sònraich

indivisible *adj.* do-roinnte, do-roinn, neo-bhloigheach, neo-roinnteach

indocile *adj.* do-theagaisg, do-theagaisgeach, do-theagaisgte, riasgail

indocility *n.* do-theagaisgeachd *fem.*

indolence *n.* dìomhanas *masc.*, leisg *fem.*, neo-charachadh *masc.*, reangaireachd *fem.*, seotaiche *masc.*, seotaireachd *fem.*

indolent *adj.* dìomhain, leisg, mì-ghnìomhach, neo-ghnìomhach, neo-ghrad-charach, sèideach, seotach, soidealta

inducement *n.* brosnachadh *masc.*, tarraing *fem.*

inductance *n.* in-tharraing *fem.*

induction *n.* inntrigeadh *masc.*

induction (installation in office, benefice, etc.) *n.* pòsadh *masc.*

indulge *vb.* sodanaich, leig le, toilich

indulgence *n.* acarachd *fem.*, loghadh *masc.*, maoth-chaidreamh *masc.*, sèimheanachd *fem.*, sochar *fem.*

indulgent *adj.* bàigheil, bog, atamach, neo-mhùigheach, tlàth

industious *adj.* sùrdail

industrial *adj.* gnìomhachail, tionnsgalach

industrial estate *n.* raon-gnìomhachais *masc.*, fearann-gnìomhachais *masc.*, raon-tionnsgalach *masc.*

industrial relations *n.* caidreamh tionnsgalach *masc.*, dàimh thionnsgalach *fem.*

Industrial Training Act 1982 *pr.n.* Achd Trèanadh Tionnsgalach 1982

Industrial Training Charges *pr.n.* Prisean Trèinidh Tionnsgalach

Industrial Tribunal *n.* Mòd-ceartais Tionnsgalach *masc.*

industrialisation *n.* gnìomhachasadh *masc.*, tionnsgaladh *masc.*

industrious *adj.* dèanadach, gnìomhach, cosanta, iol-ghnìomhach, oibreach, oibreachail, oidhirpeach, stadhar, trilleachail

industriousness *n.* gnìomhachd *fem.*, sùrdalachd *fem.*

industry *n.* gnìomhachas *masc.*, saothair *fem.*, sùrd *masc.*, tionnsgain *fem.*, tionnsgal *masc.*

inebriate *vb.* cuir air mhisg

inebriation *n.* dallanaiche *masc.*, misg *fem.*, òl *masc.*, straoileach *masc.*

inebriety *n.* pòitearachd *fem.*

ineffable *adj.* do-labhairt, do-innse

ineffectual *adj.* neo-èifeachdach, neo-tharbhach, an-èifeachdach, mì-èifeachdach, neo-fhoghainteach, neo-thàbhach, neo-urrainneach

inefficacious *adj.* neo-èifeachdach, neo-fhoghainteach

inefficacy *n.* neo-èifeachd *fem.*, an-èifeachd *fem.*, mì-thairbhe *fem.*, neo-bhrìgh *fem.*

inefficiency *n.* neo-èifeachd *fem.*, mì-èifeachd *fem.*, mì-thàbhachd *fem.*

inefficient *adj.* neo-èifeachdach, mì-thàbhachdach, neo-shusbainteach

inelegance *n.* mì-loinn *fem.*, mì-shnas *masc.*, neo-àlainneachd *fem.*, neo-ghrinneas *masc.*

inelegant *adj.* mì-loinneil, mì-innealta, neo-cheanalta, neo-ealanta, neo-ghrinn, neo-riochdail, neo-shnasmhor

inept *adj.* ciotalach

inerrable *adj.* neo-iomrallach, neo-sheachranach

inert *adj.* marbhanta, slìom

inevitable *adj.* do-sheachanta

inevitably *adj.* gun seachnadh

inexact *adj.* neo-eagnaidh

inexhausted *adj.* neo-fhalamhaichte

inexhaustibility *n.* do-thraoghaidheachd *fem.*

inexhaustible *adj.* do-thraoghadh, do-chaitheamh, do-fhalbhaichte, neo-thràigheach

inexhaustibleness *n.* do-chaitheamhachd *fem.*

inexorability *n.* do-aomaidheachd *fem.*

inexorable *adj.* do-aomaidh, do-aslachaidh, neo-aslaichte

inexpedience *n.* neo-chubhaidheachd *fem.*, neo-iomchaidheachd *fem.*

inexperience *n.* easbhaidh-eòlais *fem.*, ana-cleachdadh *masc.*, ana-cleachd *fem.*, ana-cleachdainn *fem.*

inexpert *adj.* neo-ealanta, an-ealanta, mì-chlis, mi-dheas, neo-eòlach, neo-innleachdach, neo-ionnsaichte, neo-làmhchair, neo-theòma

inexplicable *adj.* do-mhìneachaidh

inexplicableness *n.* do-mhìneachaidheachd *fem.*

inexpressible *adj.* do-innse(adh)

inextinguishable *adj.* do-mhùchaidh

inextricable *adj.* do-fhuasglaidh, do-spìonaidh, do-spìonte

infallibility *n.* do-mhearachdas *masc.*, do-sheachnachd *fem.*, neo-thuisleachd *fem.*, neo-thuiteamachd *fem.*

infallible *adj.* neo-mhearachdach, do-mhearachdach, neo-mhearachdail, neo-sheachranach, neo-thuisleach, neo-thuiteamach, tuisleach

infamous *adj.* spìdeil, maslach, olc

infamy *n.* mì-chliù *masc.*, spìd *masc.*, masladh *masc.*, olc *masc.*

infancy *n.* leanabachd *fem.*, tùs *masc.*, leanabas *masc.*

infant *n.* pàisde(an) *masc.*, naoidhean *masc.*, leanaban *masc.*, achlasan *masc.*, cùrachan *masc.*, dìobartan *masc.*, maothran *masc.*, urrag *fem.*

infant (female) *n.* bìodag *fem.*

infant (male) *n.* bìodan *masc.*

infanticide *n.* naoidh-mhort *masc.*

infantile *adj.* leanabail, leanabach, leanabaidh, leanabanta, maothranach, naoidheachail, naoidheanta

infantry *n.* arm-coise *masc.*, coisridh *fem.*

infantryman *n.* saighdear-coise *masc.*

infatuate *vb.* saobh, cuir fo gheasaibh

infatuation *n.* dalladh *masc.*, flò *fem.*, saobhadh *masc.*

infect *vb.* cuir galar air, truaill

infection *n.* gabhaltachd *fem.*

infectious *adj.* gabhaltach, plàigheil

infectious disease *n.* tinneas gabhaltach *masc.*

infective *adj.* galarach

infeftment *n.* fad-seilbh *masc.*, sop-seilbhe *masc.*

infer *vb.* co-dhùin

inference *n.* co-dhùnadh *masc.*, foidheam *masc.*, oidheam *masc.*

inferior *n.* ìochdaran *masc.*

inferior *adj.* ìochdaranach, suarach, neo-inbheach

inferior (legal) *n.* ìochdaran *masc.*

inferiority *n.* ìochdaranachd *fem.*, lughadachd *fem.*, misdeachd *fem.*

infernal *adj.* ifrinneach

infertile *adj.* neo-thorrach, mì-thorrach

infertility *n.* mì-thorrachas *masc.*, neo-shìolmhorachd *fem.*

infidel *n.* ana-creidmheach *masc.*, ana-crìosdaidh *masc.*, dì-chreidmheach *masc.*, neach-àicheidh *masc.*, neo-chreidmheach *masc.*

infidel *adj.* neo-chreidmheach

infidelity *n.* neo-dhìlseachd *fem.*, mì-chreideamh *masc.*, naomh-thrèigsinn *fem.*, neo-chreidmheachd *fem.*

infield *n.* baile-geamhraidh *masc.*

infill *n.* glutadh *masc.*, uireabac *masc.*

infinite *adj.* neo-chrìochnach, neo-thràigheach, suthainn

infinitesimal *adj.* beag bìodach, neonitheach

infinitive *adj.* neo-fhinideach, stuthail, tarbhach

infinitive mood *n.* modh feartach *masc.*, modh neo-fhinideach *masc.*

infinitude *n.* neo-chrìochnaidheachd *fem.*

infirm *adj.* anfhann, breòite, creubhach, easlainteach, easlan, mì-thaiceil, neo-fhoghainteach, neo-neartmhor, neo-theòma, seaghlanach, tuisleach

infirmary *n.* othrasach *masc.*, taigh-eiridinn *masc.*

infirmative *adj.* lagachail

infirmity *n.* laige *fem.*, anfhannachd *fem.*, breòiteachd *fem.*, easlaint *fem.*, anfhainne *fem.*, anfhainneachd *fem.*, craobhaidheachd *fem.*, easlainteachd *fem.*, mì-thaicealachd *fem.*, spreòchanachd *fem.*

inflame *vb.* boc, borb, deirgnich

inflamed *adj.* ain-teth

inflamer *n.* lasadair *masc.*

inflammability *n.* so-fhadaidheachd *fem.*

inflammable *adj.* do-losgaidh, ionlasda, laisgeanta, lasach, lasail, loisgeach, loisgeanta, so-fhadaidh, so-lasarach

inflammation *n.* lionnachadh *masc.*, at *masc.*, ain-teas *masc.*

inflate *vb.* sèid, gaothaich

inflated *adj.* sèidte, gaothte

inflating *n.* sèideadh *masc.*, gaothadh *masc.*

inflating *adj.* sèideach

inflation *n.* atmhorachd *fem.*, sèideadh *masc.*, tòcadh *masc.*

inflect *vb.* lùb, crom

inflection *n.* fiaradh-cainnte *masc.*

inflexibility *n.* neo-lùbachd *fem.*, do-lùbachd *fem.*

inflexible *adj.* do-aomaidh, do-lùbaidh, rag

inflict *vb.* sàraich, leag peanas air

infliction *n.* sàrachadh *masc.*, peanas *masc.*

influence *n.* buaidh *fem.*, cumhachd *masc.*, innleachdas *masc.*, seasamh *masc.*, tomalt *masc.*

influence *vb.* stiùir, treòirich

influential *adj.* buadhach, cumhachdach, prionnsail

influenza *n.* cnatan mòr, an *masc.*

infoliate *vb.* duilleagaich

inform *vb.* cuir an ìre, cuir fios gu, innis, leig fios (do/gu), thoir brath

informant *n.* neach-bratha *masc.*

inform against *vb.* brath, dèan brath air

informal *adj.* mì-riaghailteach, neo-fhoirmeil

informality *n.* neo-fhoirmealachd *fem.*

information *n.* fiosrachadh *masc.*, sgeul *masc.*, brath *masc.*, forfhais *fem.*, innseadh *masc.*, ionnsachadh *masc.*, tadhasg *masc.*

information bank *n.* stòras-fiosrachaidh *masc.*

information centre *n.* ionad-fiosrachaidh *masc.*, oifis-fiosrachaidh *fem.*

information provider *n.* solaraiche-fiosrachaidh *masc.*

information sheet *n.* pàipear-fiosrachaidh *masc.*

informer *n.* brathadair *masc.*, faireachan *masc.*, neach-sanais *masc.*

informing *n.* innseadh *masc.*

informity *n.* neo-chumachd *fem.*, neo-dhealbh *masc.*

infra-red *n.* fo-dhearg *masc.*

infraction *n.* briseadh *masc.*

infrastructure *n.* buneagar *masc.*, bunstructair *masc.*, freumhachas *masc.*

infrequency *n.* ainmigeas *masc.*, ainneamhachd *fem.*

infringe *vb.* bris a-steach air, amail

infringement *n.* bris(t)eadh *masc.*

infringer *n.* briseadair *masc.*

infuriate *vb.* cuir air bhoile

infuscation *n.* lachdainneachd *fem.*

infuse *vb.* masg

infusible *adj.* neo-bhogaichte, neo-thaisichte

infusing *n.* masgadh *masc.*

infusion *n.* masgadh *masc.*

ingathering *n.* cròthadh *masc.*, deireadh-chrè *masc.*

ingenious *adj.* innleachdach, teòma, eadar-ghnàthach, innealta, innsgineach, iolanach, iol-ghnìomhach, iorailteach, ioraltach, seòlach, seòlta

ingeniousness *n.* eanchainneachd *fem.*, teòmachd *fem.*

ingenius *adj.* ioralta, tùrail

ingenuity *n.* innleachd *fem.*, teòmachd *masc.*, eadar-ghnàth *masc.*, ealdhantachd *fem.*,iorailte(achd) *fem.*, seòltachd *fem.*, tionnsgal *masc.*

ingenuousness *n.* saor-chridheachd *fem.*

ingle *n.* aingeal *masc.*

ingot *n.* uinge *fem.*, unga *masc.*

ingraft *vb.* alp, craobh-ealp, ionnchuir

ingratitude *n.* mì-thaing *fem.*, diobhuidheachas *masc.*, do-bhuidheachas *masc.*, mì-bhuidheachas *masc.*

ingredient *n.* grìtheid *fem.*, tàthchuid *fem.*

ingredients *n.* cungaidh *fem.*

ingrown toenail *n.* iongna san fheòil *fem.*

inhabit *vb.* àitich, còmhnaich

inhabitable *adj.* so-àiteachaidh, so-aitreabhach

inhabitant *n.* neach-àiteachaidh *masc.*, àrosach *masc.*, còmhnaiche *masc.*,neach-àitich *masc.*, tàmhaiche *masc.*

inhabitants *n.* luchd-àiteachaidh *masc.*, muinntir *fem.*

inhalation *n.* analachadh *masc.*

inhale *vb.* srùb, tarraing anail

inhaler *n.* srùbair *masc.*

inhaling *n.* srùbadh *masc.*

inherit *n.* sealbhaich *masc.*

inheritable *adj.* oighreachail, sealbhachail

inheritance *n.* oighreachd *fem.*, dualchas *masc.*, aicre *fem.*, sealbhaireachd *fem.*, sealbhan *masc.*, sealbh(-dhlighe *fem.*)

inheritance tax *n.* cìs-oighreachd *fem.*

inheriting *n.* sealbhachadh *masc.*, sealbhadh *masc.*

inhibit *vb.* bac, cuir stad air, cum air ais

inhibition *n.* bacadh *masc.*, urchall *masc.*, stad-chur *masc.*

inhospitable *adj.* neo-fhialaidh, doicheallach, iargalta, mì-fhialaidh, mì-fhuranach, mosach, neo-dhaonnach

inhospitality *n.* neo-fhialachd *fem.*, doicheall *masc.*

inhuman *adj.* mì-chneasda, mì-nadarra, eu-cneasda, neo-dhaonnach, neo-iochdmhor

inhumane *adj.* mì-shuairc

inhumanity *n.* mì-dhaonnachd *fem.*, eu-cneasdachd *fem.*, mì-nàdar *masc.*, mì-shuairceas *masc.*, neo-dhaonnachd *fem.*

inimical *adj.* nàimhdeil, eucairdeach

inimitability *n.* do-shamhlachas *masc.*

inimitable *adj.* do-leanmhainn, do-leantalach, do-shamhlachail

inimitableness *n.* do-leanmhainneachd *fem.*, do-leantalachd *fem.*

iniquitous *adj.* aincheart, anaceart

iniquity *n.* anaceartas *masc.*, eu-ceartas *masc.*, roimhse *fem.*

initial *n.* ceud litir *fem.*

initial (first letter) *n.* tùs-litir *fem.*

initialise (computing) *vb.* ath-shuidhich

initially *adj.* anns a' chiad dol a-mach, anns an dol a-mach

initiative *n.* tionnsgnachd *fem.*, tionnsgnadh *masc.*

inject *vb.* ann-steallaich

injection *n.* ann-stealladh *masc.*, bruideadh *masc.*

injection (economic) *n.* leasachadh *masc.*

injudicious *adj.* neo-chrìonna, neo-thùrail

injunction *n.* àithne *fem.*, òrdugh *masc.*, sparradh *masc.*

injure *vb.* ciùrr, beudaich, dochainn, mill, sàraich

injurer *n.* dochannaiche *masc.*

injurious *adj.* dochannach

injuriousness *n.* dochannachd *fem.*, dochaireachd *fem.*

injury *n.* dochann *masc.*, ciùrradh *masc.*, dochair *fem.*, millteachd *fem.*, puthar *masc.*, leòn *masc.*

injustice *n.* anaceartas *masc.*, ain-dlighe *masc.*, euceartas *masc.*, eucoir *fem.*, mì-cheartas *masc.*, mì-chothrom *masc.*

ink *n.* dubh *masc.*, inc *fem.*

ink-eraser *n.* sgriosan cruaidh *masc.*

inkholder *n.* dubhadan *masc.*

inkhorn *n.* peannair *masc.*, pinnear *masc.*

inkstand *n.* dubhadan *masc.*, seas dubh *masc.*

inky *adj.* dubhadanach

inlaid *adj.* cùmhdaidh

inlet *n.* caolas *masc.*, sàilean *masc.*

inmate *n.* co-theachaiche *masc.*

inmost *adj.* in-mheadhanach

inn *n.* taigh-òsda *masc.*, taigh-aoigheachd *masc.*

innate *adj.* dualach, nàdarra

innavigable *adj*. oitreach

inner ring-road *n*. cuairt-rathad a-staigh *masc*.

innkeeper *n*. òsdair *masc*.

innocence *n*. ionracas *masc*., neo-chiontachd *fem*., neo-choireachd *fem*.

innocent *adj*. neo-chiontach, ionraic, neo-choireach, socharach

inoculate *vb*. cuir a' bhreac air

inoculated *adj*. banachdaichte

inoculation *n*. banachdach *fem*., cur na brice *masc*.

innominate bone *n*. cruachann *fem*.

innovate *vb*. ùr-ghnàthaich

innovation *n*. ùr-ghnàthachadh *masc*., nua-thionnsgnadh *masc*., ùr-ghnàthachas *masc*.

innovative *adj*. ùr-ghnàthaichte, nua-thionnsgach

innovator *n*. ùr-ghnàthadair *masc*., nua-thionnsgantair *masc*.

innuendo *n*. fiar-shanas *masc*., leth-fhacal *masc*.

innumerability *n*. do-àireamhtachd *fem*.

innumerable *adj*. do-àireamh

inoffensive *n*. neo-bheudar *fem*.

inoffensive *adj*. mìn, neo-bhuaireasach, neo-lochdach, neo-urchaideach

inorganic *adj*. neo-fhàs-bheairteach

inosculation *n*. alt-cheangal *masc*.

input device *n*. inneal cur-a-steach *masc*.

Input/Output control *n*. smachd dàta mach/steach *masc*.

inquire *vb*. faighnich, feòraich, fiosraich

inquirer *n*. neach-feòrachaidh *masc*., sireadair *masc*.

inquiring *n*. tòrachd *fem*., feòrachadh *masc*.

inquiry *n*. rannsachadh *masc*., ceasnachadh *masc*.

inquisition *n*. mion-cheasnachadh *masc*.

inquisitor *n*. neach-ceasnachaidh *masc*.

inquisitive *adj*. ceasnachail, faighneachdail, farraideach, feòrachail, fidreachail, rannsachail, sgrùdach

inquisitiveness *n*. ceasnachd *fem*., iarraidheachd *fem*., sgrùdadh *masc*.

insane *adj*. air chuthach, às a c(h)iall, air mhearaichinn, mì-chèillidh

insanity *n*. carachadh-cèille *masc*., cuthach *masc*.

insatiable *adj*. do-riarachaidh, do-lìonaidh, do-shàsachaidh, do-shàthaichte, sàr-ghoileach

insatiableness *n*. do-shàsaidheachd *fem*.

insatiateness *n*. do-riarachd *fem*.

insaturable *adj*. do-lìonaidh, do-riarachaidh

inscribe *vb*. snaidh, sgrìobh air

inscription *n*. sgrìobhadh *masc*.

inscrutable *adj*. do-thuigsinn, do-rannsachaidh, do-sgrùdaidh

insect *n*. bèisteag *fem*., biastag *fem*., cruitheamh *masc*., meanbh-bhiastag *fem*., tairbheann *fem*./*masc*., meanbh-fhrìde *fem*., teann-shùil *fem*., meanbh-fhrìde *fem*.

insecure *adj*. neo-thèarainte, critheanach, mì-bhunaiteach

insecurity *n*. neo-thèarainteachd *fem*., neo-dhiongmhaltachd *fem*.

insemination *n*. sìolachadh *masc*.

insensibility *n*. cion-mothachaidh *masc*., neo-mhodhalachd *fem*., neo-mhothachadh *masc*.

insensible *adj*. neo-mhothachail, sìor-shìolaidheach

inseparability *n*. neo-thearbaidheachd *fem*.

inseparable *adj*. do-sgaradh, do-dhealachaidh, do-sgairte, neo-sgairte

inseparable prefix *n*. roi-leasachan do-sgaraichte *masc*.

insert *vb.* cuir a-steach

inset *n.* eang *fem.*

inside *n.* leth-a-staigh *masc.*

inside *prep.* a-staigh, am broinn

insight *n.* geur-bheachd *masc.*, lèirsinn *fem.*, tuigse *fem.*

insignia *n.* suaicheantas *masc.*

insignificance *n.* suarachas *masc.*, neo-bhrìgh *fem.*, neonitheachd *fem.*, neo-sheadhaileachd *fem.*

insignificant *adj.* suarach, ain-fhiùghach, leibideach, neonitheach, neo-sheadhail, soplach, suail

insignificative *adj.* neo-sheadhachail

insincere *adj.* mi-dhùrachdach, neo-onarach, an-treibhdhireach, saobh-chràbhach, slìom

insincerity *n.* an-treibhdhireas *masc.*, mì-dhùrachd *fem.*, neo-onarachd *fem.*, neo-dhùrachd *fem.*, neo-fhìreantachd *fem.*

insinuate *vb.* liùgaich, leth-chiallaich

insinuation *n.* liùgachadh *masc.*

insinuative *adj.* seòlt-charach

insipid *adj.* neo-bhlasda, ana-blasda, blian, di-bhlasda, leamh, leamhach, leogach, loireach, marbh, mi-bhlasda, neo-bhrìgheach, neo-inntinneach, sgagaidh

insipidity *n.* neo-bhlasdachd *fem.*

insipience *n.* neo-ghliocas *masc.*

insobriety *n.* ana-measarrachd *fem.*, misge *fem.*

insociable *adj.* neo-chonaltradh

insolence *n.* droch-bheul *masc.*, uabhar *masc.*

insolent *adj.* stràiceil

insoluble *adj.* do-fhuasglaidh, beadaidh

insolvency *n.* bris(t)eadh(-creideis) *masc.*

insolvent *adj.* briste

insomnia *n.* bacadh-cadail *masc.*, dìth-cadail *masc.*, dìth-tàimh *masc.*

inspect *vb.* sgrùd, tearraidich

inspection *n.* sgrùdadh *masc.*

inspector *n.* neach-sgrùdaidh *masc.*, coimheadaiche *masc.*, rannsachair *masc.*

inspectorate *n.* luchd-sgrùdaidh *masc.*

inspiration *n.* àrdachadh-inntinn *masc.*, grad-smuain *fem.*

inspire *vb.* misnich, brosnaich, spreag

inspirit *vb.* meanmnaich

instability *n.* neo-bhunailteachd *fem.*, mì-stèidhealachd *fem.*, cugallachd *fem.*, neo-bhunaiteas *masc.*, neo-sheasmhachd *fem.*

install *vb.* cuir an seilbh

instalment *n.* earrann *fem.*, bloigheach *fem.*, meidhis *fem.*

instant *n.* tiota *masc.*, briosg *masc.*, gradag *fem.*

instantly *adj.* grad, an clisgeadh, anns a' bhad, am badaibh nam bonn

instep *n.* beul-na-troighe *masc.*, seang-na-coise *masc.*, uchdan *masc.*

instigate *vb.* brosnaich, fùdaraich, sèid, spor, spreig, stuig

instigator *n.* neach-brosnachaidh *masc.*

instigating *n.* brosnachadh *masc.*, piobrachadh *masc.*

instil *vb.* drùidh (air), teagaisg, gin

instinct *n.* nàdar *masc.*, dùchas *masc.*

institute *n.* institiùd *fem.*, stèidheachadh *masc.*

institute *vb.* cuir air chois, stèidhich

Institute of Marine Biochemistry *pr.n.* Institiud Bith-cheimigeachd na Mara

Institute of Professional Civil Servants *pr.n.* Institiud Sheirbhiseach Dhreuchdail na Stàite

Institute of Recreation Management *pr.n.* Institiud Stiùireadh Cleasachd

institution *n.* òrdachadh *masc.*, stèidheachd *fem.*

institutional writing *n.* sgrìobhadh bunaiteach *masc.*

instruct *vb.* ionnsaich, teagaisg, muin, ollamhnaich, seòl

instructing *n.* ollamhnachadh *masc.*

instruction *n.* ionnsachadh *masc.*, teagasg *masc.*, munadh *masc.*, oideachasachd *fem.*, oideachd *fem.*, ollamhain *fem.*, ollamhnachadh *masc.*, seòladh *masc.*

instruction (tuition) *n.* ionnsachadh *masc.*, teagasg *masc.*

instruction address register *n.* clàr òrdugh-chruinnicheir *masc.*

instruction set *n.* buidheann àintean *fem./masc.*

instructive *adj.* teagaisgeach

instructor *n.* oide(-foghlaim) / muinte *masc.*, muinear *masc.*

instrument *n.* cungaidh *fem.*, ealaidh *fem.*, inneal *masc.*, ionnsramaid *fem.*, ionnstramaid *fem.*, tailm *fem.*

instrument (legal) *n.* bann-sgrìobhte *masc.*

instrument (means) *n.* meadhan *masc.*

insubordinate *adj.* dìthreachdach, mì-riaghailteach, mì-umhail, neo-ìochdranach

insufficiency *n.* easbhaidheachd *fem.*, neo-dhiongmhaltachd *fem.*, neo-dhiongmhaltas *masc.*, neo-èifeachd *fem.*

insufficient *adj.* easbhaidheach, neo-choilionta, neo-dhiongmhalta, neo-fhoirfe

insular *adj.* eileanach, cumhang, innseach

insularity *n.* eileanachd *fem.*

insulated *adj.* dealaichte

insulator *n.* dealaichear *masc.*

insult *n.* tàmailt *fem.*, tàir *fem.*, ailis *fem.*, athais *fem.*, beum *masc.*, riastar *masc.*, saltrachd *fem.*, sgallais *fem.*

insult *vb.* dèan tàir air, thoir tàmailt, nàirich, sgallaisich

insulting *adj.* sgallaiseach, tàireil, tàmailteach

insuperability *n.* do-chlaoidhteachd *fem.*

insuperable *adj.* do-cheannsachadh, do-chlaoidheadh, do-chlaoidhte

insupportable *adj.* do-ghiùlain

insupportableness *n.* do-ghiùlainteachd *fem.*

insurance *n.* àrachas *masc.*, urras *masc.*

insurance claim *n.* tagairt-àrachais *fem.*

insurance cover *n.* dìon-àrachais *masc.*

insurance policy *n.* polasaidh-àrachais *masc.*, polasaidh-urrais *masc.*

insure *vb.* urrasaich, faigh àrachas air

insured *adj.* fo àrachas

insurer *n.* àrachair *masc.*, cinnteadair *masc.*, urrasair *masc.*

insurers *n.* luchd-àrachais *masc.*

insurrection *n.* ar-a-mach *masc.*, co-èirigh *fem.*, streup *fem.*

integral *adj.* coilionta, slàn

integrate *vb.* aonaich, amalaich, iomlanaich

integrate with *vb.* fill a-steach còmhla ri, thoir fo sgèith

integrated *adj.* aonaichte, co-fhillte

integrated circuit *n.* cuairt aonaichte *fem.*, sgealb *fem.*

Integrated Development Programme *pr.n.* Prògram Leasachaidh Co-fhillte

Integrated Science Course *pr.n.* Cùrsa Aonaichte Saidheans, Cùrsa Co-fhillte Saidheans

integrated services digital network *n.* moglachadh pungach de sheirbhisean aonaichte *masc.*

integration *n.* aonachadh *masc.*, amalachas *masc.*, iomlanachadh *masc.*

integrity *n.* iomlanachd *fem.*, ionracas *masc.*, neo-chiontachd *fem.*, onoir *fem.*, treibhdhireas *masc.*

integument *n.* còmhdach *masc.*, cochall *masc.*, croicneag *fem.*

intellect *n.* inntinn *fem.*, toinisg *fem.*, ciall *fem.*, ciad-fàth *fem.*, seaghachas *masc.*, seunadh *masc.*, tuigse *fem.*

intellectual *adj.* innteachail, ciad-fàthach

intelligence *n.* innleachd *fem.*, tuigse *fem.*, inntinn *fem.*, fios(rachadh) *masc.*, conmhorachd *fem.*, innseadh *masc.*, tùr *masc.*

intelligence (news) *n.* teachdaireachd *fem.*

intelligence (report) *n.* aithisg *fem.*

intelligent *adj.* toinisgeil, fiosrach, tùrail, tuigseach, conmhar, connail, grunndail, sgileil, sùghmhor

intelligent terminal (computing) *n.* ionad-tuigse *masc.*

intelligible *adj.* soilleir, so-thuigsinn

intemperance *n.* ana-measarrachd *fem.*, ana-cuimse *fem.*, mì-mheasarrachd *fem.*, mì-stuamachd *fem.*, neo-gheanmnaidheachd *fem.*, neo-mheasarrachd *fem.*, pòitearachd *fem.*

intemperate *adj.* ana-measarra, ana-cuibheasach, ana-cuimseach, mì-mheasarra, mì-stuama, neo-chuimreach, neo-gheanmnaidh, neo-mheasarra

intend *vb.* rùnaich, cuir roimh, brath, smaoinich, sònraich

intended *adj.* san amharc, anns an rùn

intending *n.* rùnachadh *masc.*, ciallachadh *masc.*, mìnigeadh *masc.*, sònrachadh *masc.*, cuiseachadh *masc.*

intense *adj.* dian, teann, dearmalach

intensity *n.* dèine *fem.*, teinne *fem.*, trèinead *masc.*, truimead *masc.*

intensive *adj.* dearmalach, meudachail

intensive care unit *n.* aonad dlùth-aire *masc.*

intensive prefix *n.* roi-leasachan neartachaidh *masc.*

intention *n.* rùn *masc.*, beachd *masc.*, brath *masc.*, crìoch *fem.*, inntinn *fem.*, miann *fem./masc.*, saod *masc.*, tì *fem./masc.*, tùr *masc.*

intentionally *adv.* a dh'aon(a) ghnotha(i)ch, a dh'aon obair, a dh'aon los

inter *vb.* adhlaic, tiodhlaic

inter *prep.* eadar-

inter-action *n.* eadar-oibre *fem.*, eadraiginn *fem.*

inter-language *adj.* eadar-chànanach

inter-party *adj.* eadar-phàirtidheil

interacting *n.* eadar-oibreachadh *masc.*

interaction *n.* eadar-obair *fem.*

interactive processing *n.* gnìomhadh co-obrachaidh *masc.*, gnìomhadh co-obrachail *masc.*

intercede *vb.* eadar-mheadhain, eadar-ghuidh

intercept *vb.* ceap, còmhlaich

intercept (mathematics) *n.* crasg *fem.*

intercession *n.* eadar-mheadhanaireachd *fem.*, eadar-ghuidhe *fem.*

intercessor *n.* eadar-mheadhanaireachd *fem.*, eadar-ghuidhear *masc.*, eadar-mheadhanair *masc.*, iompaidheach *masc.*

intercessorship *n.* eadar-mheadhanaireachd *fem.*, eadar-ghuidhearachd *fem.*

intercessory *adj.* eadar-mheadhanaireach, eadar-ghuidheach

interchange *vb.* caochlaidich, co-iomlaidich, co-mhalairtich

interchangeable *adj.* co-mhalairteach, co-iomlaideach

intercipient *adj.* eadar-ghlacach

intercommunity *n.* eadar-choimhearsnachd *fem.*, eadar-chomannachadh *masc.*

intercurrence *n.* eadar-shlighe *fem.*

intercurrent *adj.* eadar-shligheach, eadar-ruitheach

intercutaneous *n.* eadar-chraicneach *fem.*

interdependence *n.* eadar-eisimealachd *fem.*

interdict *n.* toirmeasg *masc.*, bacadh *masc.*, bann *masc.*

interest (advantage) *n.* leas *masc.*, sochar *fem.*

interest (concern) *n.* ùidh *fem.*

interest (dealings) *n.* gnothach *masc.*

interest (finance) *n.* riadh *masc.*

interest (share) *n.* co-roinn *fem.*, pàirt *fem.*

interest (good) *n.* math *masc.*

interest rate *n.* luach-rèidh *masc.*

interested *adj.* fidreachail

interesting *adj.* inntinneach, ùidheachail

interface *n.* eadar-aghaidh *fem.*

interface message processor *n.* gnìomh-inneal eadar-aghaidh teachdaireachd *masc.*

interfere with *vb.* buin (do), gabh gnothaich (ri)

interference *n.* buntainn ri *masc.*, gabhail gnothach ri *masc.*, eadraiginn *fem.*, riasladh *masc.*, teagmhail *fem.*

interfluent *adj.* eadar-shruthach

interim *adj.* eadarach, eadarail

interim measure *n.* beairt eadarach *fem.*, beairt-eadraiginn *fem.*, ceum eadarach *masc.*, ceum-eadraiginn *masc.*

interior *n.* leth-a-staigh *masc.*

interjacency *n.* eadar-luighe *fem.*, eadarrachd *fem.*

interjacent *adj.* eadar-luigheach

interject *vb.* cuir a-steach, dèan eadraiginn

interjection *n.* clisgear *masc.*, eadar-chur *fem.*, eadraiginn *fem.*

interjoin *vb.* eadar-cheangail, eadar-dhlùthaich

interleave *vb.* eadar-dhuilleagaich, eadar-dhuillich

interline *vb.* eadar-sgrìobh, eadar-shreathaich

interlinear *n.* eadar-shreathte *fem.*, eadar-sgrìobhta *fem.*

interlinear *adj.* eadar-shreathach, eadar-sgrìobhach

interlineation *n.* eadar-shreathadh *masc.*, eadar-sgrìobhadh *masc.*, eadar-lìneadh *masc.*

interlocation *n.* eadar-shuidheachadh *masc.*

interlocution *n.* eadar-chòmhradh *masc.*

interlocutor *n.* eadar-labhrair *masc.*

interlocutory *n.* eadar-labhrach *fem.*

interlucent *adj.* eadar-dhealrach

interlude *n.* eadar-chluich *masc.*

interlunation *n.* earra-dhubh *fem.*

intermarriage *n.* eadar-phòsadh *masc.*, co-chleamhnas *masc.*

intermarry *vb.* eadar-phòs

intermediary *adj.* eadar-mheadhanach

intermediate *adj.* eadar-mheadhanach, eadarrach, meadhanach

interment *n.* tiodhlacadh *masc.*, adhlacadh *masc.*, tiodhlac *masc.*, tòrradh *masc.*, adhlac *fem.*, rionnachd *fem.*,

intermezzo *n.* eadar-cheòl *masc.*

interminable *adj.* neo-iomallach

intermission *n.* eadar-ùine *fem.*, lasachadh *masc.*, eadar-ama *masc.*

intermit *vb.* lasaich

intermittent *adj.* eadar-ùineach, o àm gu àm

intermutual *adj.* eadar-iomlaideach, eadar-mhalairteach

internal *adj.* meadhanail, san leth a-staigh

internal assessment *n.* in-mheasadh *masc.*

internal audit *n.* in-sgrùdadh *masc.*, sgrùdadh taobh a-staigh *masc.*

internal market *n.* in-mhargaidh *masc.*, margadh a-staigh *masc.*

internal rhyme *n.* comhardadh meadhain *masc.*, uaithne *fem./masc.*

international *adj.* eadar-nàiseanta

International Monetary Fund *pr.n.* Urras Airgid Eadar-nàiseanta, Maoin Airgid Eadar-nàiseanta, Ciste Ionmhais Eadar-nàiseanta

internecine *adj.* co-mhillteach, co-sgriosail

internuncio *n.* eadar-ruith-fhear *masc.*, eadar-theachdair *masc.*

interpellation *n.* suman *masc.*

interphase *n.* eadar-ìre *fem.*

interpoint *vb.* eadar-phongaich

interpolator *n.* eadar-sgaradair *masc.*

interpose *vb.* eadraig(ich), eadar-chuir, eadar-ghrab

interposing *adj.* eadraiginneach

interposition *n.* eadar-sgàin *fem.*, meadhanaireachd *fem.*

interpret *vb.* mìnich, ciallaich, eadar-mhìnich, foillsich

interpretation *n.* mìneachadh *masc.*, ciallachadh *masc.*, eadar-mhìneachadh *masc.*, foillseachadh *masc.*, teangaireachd *fem.*

interpretation (exposition) *n.* riochd *masc.*

interpretation (language) *n.* eadar-theangachadh *masc.*

Interpretation Act *pr.n.* Achd a' Mhìneachaidh

interpreted *adj.* eadar-mhìnichte

interpreter *n.* neach-mìneachaidh *masc.*, gabair *masc.*, eadar-theangaiche *masc.*, eadar-theangaichear *masc.*, mìniche *masc.*, teangair *masc.*

interpreting *n.* mìneachadh *masc.*, teangaireachd *fem.*

interregnum *n.* eadar-riaghladh *masc.*, eadar-rìoghachd *fem.*

interrogate *vb.* ceasnaich, ceistich

interrogation *n.* ceasnachadh *masc.*

interrogative *n.* ceist-fhacal *masc.*

interrogative *adj.* ceisteach

interrogative mood *n.* modh ceisteach *masc.*

interrogative pronoun *n.* riochdair ceisteach *masc.*

interrogatory *adj.* ceasnachail

interrupt *vb.* casg, cuir stad air

interruption *n.* casg *masc.*, stad *masc.*, bac(adh) *masc.*, clisgeadh *masc.*, eadar-chur *fem.*

intersecant *adj.* eadar-gheàrrtach

intersect *vb.* eadar-gheàrr

intersection *n.* eadar-ghearradh *masc.*

intersperse *vb.* eadar-sgaoil

interspersion *n.* eadar-sgap, eadar-sgapadh *masc.*

interstice *n.* eadar-fhosgladh *masc.*

intertexture *n.* eadar-fhìgheadh *masc.*

intertwine *vb.* eadar-thoinn

intertwined *adj.* eadar-thoinnte, fuaighte

intertwining *n.* cràsg *masc.*

interval *n.* eadar-ùine *fem.*, eadar-dhail *fem.*, eadar-thamall *masc.*, tràth saor *masc.*, ùine *fem.*, eadar-ama *masc.*

interval (school) *n.* cluich *masc.*, tràth saor *masc.*, tràth cluich *masc.*, pleidhe *masc.*

intervene *vb.* thig eadar, rach anns an eadraiginn, rach eadar

intervenient *adj.* eadar-theachdail

intervention *n.* eadar-theachd *fem.*, eadraiginn *fem.*

interview *n.* agallamh *masc.*, còmhdhail *fem.*

interview *vb.* agallaich

interviewee *n.* tagraiche *masc.*

interviewer *n.* neach-agallaimh *masc.*, ceasnaiche *masc.*

intervolve *vb.* eadar-fhill

interweave *vb.* eadar-fhigh, stiallaich

interweaving *n.* eadar-fhigheadh *masc.*

intestate *adj.* gun tiomnadh

intestible *adj.* do-thiomnaidheach

intestinal *adj.* caolanach

intestine *n.* caolan *masc.*, greallach *fem.*, innidh *fem.*, mionach *masc.*

intimate *adj.* dlùth-chairdeil, dlùth-chaidreach

intimate *vb.* innis, thoir sgeul

intimacy *n.* dlùth-chairdeas *masc.*

intimate *adj.* dlùth

intimate *vb.* innis, thoir sgeul

intimation *n.* rùine *fem.*, sgeul *masc.*, fios *masc.*

intimidate *vb.* cuir fo eagal, eagalaich, meath(aich), smad, tiomaich

intimidating *adj.* smadach, smadail

into *adv.* a-steach do

intolerable *adj.* do-ghiùlan, do-fhulang(ach), do-fhulang, doirbh, eud-fhulang, searbh

intoleration *n.* neo-sheircealachd *fem.*

intonation *n.* guth-cheòl *masc.*, rèidhsheirm *fem.*, sèis *masc.*

intoxicant *n.* deoch mhisgeil *fem.*

intoxicate *vb.* cuir air an daoraich, cuir air mhisg

intoxicated *n.* stealdrach *fem.*

intoxicated *adv.* misgeach, air mhisg, air an daoraich

intoxicating *adj.* làidir

intoxication *n.* misg *fem.*, daorach *fem.*

intractable *adj.* do-cheannsachadh, mì-riaghailteach

intranquility *n.* don-fhois *fem.*, neo-shìthealachd *fem.*

intransitive *adj.* neo-aisigeach, neo-chuspaireach

intransmutable *adj.* do-mhùthaidh

intrepid *adj.* neo-ghealtach, gaisgeil, dàna, misneachail, oscarach, urranta

intrepidity *n.* neo-ghealtachd *fem.*, gaisge *fem.*, curantachd *fem.*, urrantachd *fem.*

intricacy *n.* eadar-fhigheachd *fem.*, achran *masc.*, rocan *masc.*, sparrag *fem.*

intricate *adj.* eadar-fhighte, achrannach, driamanach, ioma-lùbach, sparragach, triullainn

intrigue *n.* rùn-aimhleis *masc.*, cluaineireachd *fem.*

intrigue *vb.* dèan cluaineireachd

intriguer *n.* seòmradair *masc.*

intrinsic *adj.* gnèitheach

introduce *vb.* cuir an aithne, thoir a-steach, cuir eòlach air a chèile, cuir os àrd

introduction *n.* cuir an aithne *masc.*, thoir a-steach *fem.*, tòiseachadh *masc.*

introduction (preliminary matter to book) *n.* roi(mh)-ràdh *masc.*

introspection *n.* fèin-bhreithneachadh *masc.*, staigh-shealladh *masc.*

introvert *adj.* neo-fhosgarra

introvert *n.* neo-fhosgaire *masc.*, fèin-cheasnachair *masc.*

intrude *vb.* fòirn, brùth a-steach, sàth,

intruder *n.* neach-fòirnidh *masc.*, sgimilear *masc.*, spailpean *masc.*, spailpire *masc.*

intrusion *n.* foirneachd *fem.*

intrusive vowel *n.* fuaimreag-chòmhnaidh *fem.*

intuition *n.* imfhios *masc.*, beachdeòlas *masc.*

intumescence *n.* othar *masc.*

inundate *vb.* bàth, tuilich

inundated *adj.* bàthte, tuilichte, ligheach

inundating *adj.* dìleant

inure *vb.* bàthte, tuilichte, cruadalaich

inutility *n.* neo-fheumalachd *fem.*, mì-stath *fem.*

invade *vb.* thoir ionnsaigh air, bris a-steach

invader *n.* ionnsaigheach *masc.*

invading *n.* lunnadh *masc.*

invagination *n.* ath-fhilleadh *masc.*

invalid *n.* euslainteach *masc.*, neach tinn *masc.*, creuchdaire *masc.*, giuigire *masc.*, turainniche *masc.*

invalid *adj.* easlainteach, faotharsach, neo-threòrach

invalidate *vb.* neo-bhrìghich

invariable *adv.* neo-chaochlaideach

invariableness *n.* neo-chaochlaideachd *masc.*, gnàthachas *masc.*

invariably *adj.* an còmhnaidh, daonnan, mar is trice

invasion *n.* ionnsaigh *masc.*, iom-ruagadh *masc.*, lunnadh *masc.*

invective *n.* achmhasan *masc.*, beumnachd *fem.*

inveigle *vb.* painntrich, meall, thoir a thaobh

invent *n.* innleachd *fem.*

invent *vb.* innlich, tionnsgail, tionnsgain, tùr

inventing *n.* tionnsgnadh *masc.*

invention *n.* innleach *fem.*, ùr-innleachd *fem.*, tionnsgal *masc.*, luim *fem./masc.*, tionnsgnadh *masc.*

inventive *adj.* innleachdach, tionnsgalach, iorailteach, ràideil, sùghmhor

inventor *n.* innleachdair *masc.*, innleachdaiche *masc.*, prìomh-ùghdair *masc.*, tionnsglair *masc.*

inventory *n.* cunntas *masc.*, clàr-uidheim *masc.*, maoin-chunntas *masc.*

inverse *adj.* contrarra, muth-ionadach

inversion *n.* ais-iompachadh *masc.*, rian-atharrachadh *masc.*, tionndadh *masc.*

invert *vb.* cuir bus os cionn

inverted *adj.* ais-iompaichte, ais-thionndaichte, cùl-air-thòin, slaoic

inverted comma *n.* cromag thurrach *fem.*

inverted file *n.* faidhle ainmichte *masc.*

inverted list *adj.* liost ais-iompaichte

inverted nominal *n.* ainmearach fillte *masc.*

inverter (electrical engineering) *n.* inneal-tionndaidh *masc.*

invertibrate *adj.* gun chnàimh-droma

invest *vb.* cuir airgead an sàs, èid, sgeadaich, fill airgead ann, taisg

invest (besiege) *vb.* sèisd

investigate *vb.* rannsaich, co-chnuasaich, fiosraich,

investigating *adj.* rannsachail, sgrùdach

investigation *n.* rannsachadh, sgrùdadh *masc.*

investigator *n.* neach-rannsachaidh *masc.*, sgrùdair *masc.*

investment *n.* airgead-tasgaidh *masc.*, ocas *masc.*, tasgadh *masc.*

investment account *n.* cunntas-tasgaidh *masc.*

investment analysis *n.* tomhas-tasgaidh *masc.*

investment appraisal *n.* measadh-tasgaidh *masc.*

investment share *n.* roinn-tasgaidh *fem.*

investment share rate *n.* luach na roinne-tasgaidh *masc.*

investments *n.* airgead-buannachd *masc.*, airgead-tasgaidh *masc.*

investor *n.* neach-tasgaidh *masc.*

invidious *adj.* farmadach, slasdach

invigilate *vb.* amhairc thairis, cum sùil air

invigorate *vb.* neartaich, beothaich, lùthaich, ùraich

invincibility *n.* do-chlaoidhteachd *fem.* do-chlaoidheachd *fem.*

invincible *adj.* do-chlaoidheadh, do-chaisgte, do-chìosnachaidh, do-chìosnaichte

inviolability *n.* seuntachd *fem.*

invisibility *n.* do-fhaicsinneachd *fem.*, do-lèirsinneachd *fem.*, neo-fhaicsinneachd *fem.*, neo-làthaireachd *fem.*

invisible *adj.* do-fhaicsinneach, do-lèirsinneach, do-sheallte, neo-fhaicsinneach, neo-làthaireach

invisibleness *n.* neo-fhaicsinneachd *fem.*

invitation *n.* cuireadh *masc.*, fiathachadh *masc.*, fios *masc.*, iarraidh *masc.*

invite *vb.* thoir cuireadh, fiathaich, iarr

inviter *n.* neach-cuiridh *masc.*, cuiridhear *masc.*

inviting *n.* bàrnaigeadh *masc.*

inviting *adj.* togarrach

invocation *n.* ùrnaigh *fem.*, achanaich *fem.*, earna *fem.*

invoice *n.* cunntas *masc.*, fàirdeal *masc.*, maoin-chlàr *masc.*

involuntary *adj.* neo-shaor-thoileach, eighneach

involve *vb.* gabh a-staigh, croisrich, rib

involved *adj.* an sàs

invulnerable *adj.* do-leònaidh, do-lotaidh

invulnerableness *n.* do-leòntachd *fem.*, do-chiùrraidheachd *fem.*, do-lotaidheachd *fem.*

inward *adv.* a-staigh / a-steach

iodide *n.* iodid *fem.*

iodine *n.* aidhiodain *masc.*, iod *fem.*

ionisation *n.* ionasachd *fem.*

iota *n.* sibhinn *masc.*

irascible *adj.* feargach, crosda, greannach, reasgach

iridescent *adj.* drìthleannach

iris *n.* cearcall-na-sùla *masc.*

iris *n.* seileasdair *fem.*

Irish heath *n.* fraoch Eireannach *masc.*

Irish spurge *n.* meacan buidhe an t-slèibhe *masc.*

irksome *adj.* buaireasach

irksomeness *n.* sgìthealachd *fem.*

iron *n.* iarann *masc.*, iarannachadh *masc.*

iron *vb.* iarnaig

Iron Age *n.* Iarann-aois *fem.*

iron filings *n.* min-iarainn *fem.*

ironed *adj.* iarnaichte

ironing-board *n.* bòrd-iarnaigidh *masc.*

ironmonger *n.* iarnair *masc.*

ironmongery *n.* iarnaireachd *fem.*

irony *n.* ìoronas *masc.*, sgeigeach *masc.*

irradicate *vb.* deàlraich

irradiation *n.* deàlradh *masc.*, tre-rèididheachadh *masc.*

irrational *adj.* eu-cèilidh, mì-reusanta, mì-rianail, neo-thuigseach

irrationality *n.* eu-cèillidheachd *fem.*, mì-chèillidhachd *fem.*

irreconcilability *n.* do-rèiteachas *masc.*, do-rèitealachd *fem.*

irreconcilable *adj.* do-rèiteachail, do-rèitichte, neo-rèiteach

irrefutable *adj.* do-àicheidh, do-dhiùltach

irregular *adj.* neo-riaghailteach, mì-riaghailteach, mì-loinneil

irregular verb *n.* gnìomhair neo-riaghailteach *masc.*

irregularity *n.* neo-riaghailteachd *fem.*, mì-loinn *fem.*, mì-loinnealas *masc.*, mì-riaghailt *fem.*,

irreligion *n.* ain-diadhachd *fem.*, ana-crìosdachd *fem.*, ana-crìosdaidheachd *fem.*, mì-dhiadhachd *fem.*

irreligious *adj.* ain-diadhaidh, ana-creidmheach, mì-chùramach, mì-naomha, neo-chràbhach, neo-chùramach, neo-dhiadhaidh

irremissible *adj.* do-loghaidh, do-mhaithidh, do-mhaithte

irremissibleness *n.* do-loghaidheachd *fem.*

irreparable *adj.* do-leasaichte, do-leasachaidh

irreproachable *adj.* do-choireachaidh

irreprovable *adj.* do-chronachaidh

irresistible *adj.* do-dhiùltach

irresolubleness *n.* do-fhuasglaidheachd *fem.*

irresolute *adj.* neo-dhaingeann, meath-oidheirpeach, tais-chridheach, teibideach

irresoluteness *n.* neo-dhùrachd *fem.*

irresolution *n.* mi-mhisneach(d) *fem.*, neo-chomhairle *fem.*

irrespective (of) *adv.* a dh'aindeoin, ge b'e, ge bith, neo-air-thaing

irretentive *adj.* neo-chumaltach

irreverent *adj.* neo-dhleasnach

irreverentness *n.* neo-dhleasnas *masc.*

irrevocable *adj.* do-aisigeach

irrigate *vb.* uisgich

irrigation *n.* uisgeachadh *masc.*

irritable *adj.* crosda, dranndanach, frithillidh

irritate *vb.* colgaich, cuir greann air, peabraich

irritating *n.* peabrachadh *masc.*

irritation *n.* fritheireachd *fem.*, frionas *masc.*, crosdachd *fem.*, frithearachd *fem.*

isinglass *n.* glaodh-èisg *masc.*

island *n.* eilean *masc.*, innis *fem.*

islander *n.* eileanach *masc.*

Islay-hilt *n.* ceann Ileach *masc.*

isoamyl *n.* isoaimil *fem.*

isocahedron *n.* meallan-fichead *masc.*

isolated *adj.* air leth, iomallach, leatach, leth-oireach

isorhythmic *adj.* co-rithimeach

isosceles triangle *n.* triantan co-chasach *masc.*, trì-chasach lurg-ionnan *fem.*

isotope *n.* iosotop *fem.*

issue *n.* sileadh *masc.*, ceist *fem.*, sliochd *masc.*, toradh *masc.*, silt *fem.*, silteach *fem.*

issue *vb.* cuir a-mach, bris, thig

issuing (discharge/flux) *adj.* silteach

isthmus *n.* tairbeart *fem.*, aoidh *fem.*, doirlinn *fem.*, ros *masc.*,

italics *n.* clò Eadailteach *masc.*

itch *n.* tachas *masc.*, sgrìobach *fem.*, bris(t)eadh troimhe *masc.*, càrr *fem.*, cloimh *fem.*, feallan *masc.*, grìobach *masc.*, sglamhradh *masc.*, sgreab *fem.*, sgrùtach *masc.*, steinleachadh *masc.*

itch-mite *n.* frìde *fem.*

itchiness *n.* tachas *masc.*

itching *n.* tachas *masc.*

itching *adj.* tachasach, sgrìobach

itchy *adj.* tachasach, sgrìobach, carrach

item *n.* nì *masc.*, cuspair *masc.*, rud *masc.*

iteration *n.* aithris *fem.*

itinerant *n.* taisdealach *masc.*

itinerant *adj.* siùbhlach, taisdealach

itinerant teacher *n.* tìdsear-siubhail *masc.*

ivory *n.* ìbhri *fem.*, iomhag *fem.*, deud-(chnàimh) *masc.*, eabor *masc.*

ivory *adj.* ìbhri, iomhagach, deud elephaint, eaborach

ivy *n.* eidheann *masc.*, dùchas *masc.*, eidheannach *fem.*, faighleadh *masc.*, gort *fem.*

J

jack (apparatus for raising weights) *n.* ceann-carach *masc.*

jack (knave in cards) *n.* balach *masc.*

Jack Frost *pr.n.* Ceige-Reoth

jack-o'-lantern *n.* boitean-mearbhail *masc.*, teine-sionnachain *masc.*

Jack-of-all-trades *n.* co-dheas-làmhaiche *fem.*, iol-cheàrdach *masc.*, iol-dànach *masc.*

jack-plane *n.* locair-sguitsidh *fem.*

jack-snipe *n.* croman beag *masc.*, gobhrag bheag *fem.*, naosg bheag *fem.*

jackanapes *n.* sgiogair *masc.*, sgiogair *masc.*

jackdaw *n.* cathag *fem.*, cadhag *fem.*, cathag fhireann *fem.*, cnàimh-fhitheach *masc.*, coc-bhran *masc.*, corrachan *masc.*, sgraicheag *fem.*, sochag *fem.*, sorachag *fem.*

jacket *n.* seacaid *fem.*

jacksnipe *n.* naosg bheag *fem.*

Jacobite *n.* Seumasach *masc.*

Jacobite soldier *n.* saighdear dubh *masc.*

jactation *n.* saobanachd *fem.*

jactitation *n.* siùdanachd *fem.*

jade *n.* sead *fem.*

jag (injection) *n.* briogadh *masc.*

jag (notch) *n.* eag *fem.*, fiacail *fem.*

jaggedness *n.* bearnachas *masc.*, fiaclachas *masc.*

jailed *adj.* fon choileach

jailer *n.* soighlear *masc.*

jam (food) *n.* silidh *masc.*, mìlsean-measan *masc.*, mìlsean-measa *masc.*

jamb *n.* ursainn *masc.*

jamjar *n.* sileagan *masc.*, cnogan-silidh *masc.*

janitor *n.* dorsair *masc.*, portair *masc.*

January *pr.n.* Faoilleach, am, Faoilteach, am, Deireadh-Geamhraidh, Mìos Marbh, am

jar *n.* cnagan *masc.*, cnogan *masc.*, sileag *fem.*

jar (turn) *n.* gròbadh *masc.*

jargon *n.* godail *fem.*, goileam *masc.*, tual-chainnt *fem.*, blialum *masc.*

jasmine *n.* seasamain *fem.*

jaundice *n.* tinneas buidhe, an *masc.*, a' bhuidheach *fem.*

jaunt *vb.* sràidich

jauntiness *n.* iullagachd *fem.*

jaunty *adj.* cocannta

javelin sleagh *n. fem.*, iodhan *masc.*, mòrghath *masc.*, ruit *fem.*

jaw *n.* giall *fem.*, peirceall *masc.*, carbad *masc.*

jaw(s) *n.* citheal *masc.*

jawbone *n.* carbairt *fem.*, meile *fem.*, peirceall *masc.*

jawed *adj.* carbadach

jay *n.* sgreuchag-choille *fem.*

jealous *adj.* eudmhor, eudach, tnùthail, tnùthmhor

jealousy *n.* eud *masc.*, eudmhorachd *fem.*

jeans *n.* dinichean *fem.*

jeer *n.* beur *masc.*, meathadh *masc.*

jeer *vb.* mag (air)

jeering *n.* magadh *masc.*, sgalais *fem.*

jeering *adj.* magail, sgeigeil

jelly *n.* ladhragan *masc.*, slaman mìlis *masc.*, slaman milis *masc.*, slamanachd milis *masc.*

jellyfish *n.* beòthachan *masc.*, beothachan *masc.*, beòthaichean *masc.*, buinnean beò *masc.*, muir-teachd *masc.*, muir-tiachd *masc.*, sgeith-ròin *masc.*, sgeoldair *masc.*

jellyfish species *n.* sgeith-na-muice-mara *masc.*

jeopardy *n.* udal *masc.*, uideal *masc.*, iom-chomhairle *fem.*, cunnart *masc.*, gàbhadh *masc.*

jerk *n.* grad-bhuille *fem.*, leum *masc.*, purradh *masc.*, snaothadh *masc.*, spadh *masc.*, spradhadh *masc.*, tulgag *fem.*, turcadaich *fem.*

jerk *vb.* leum, grad-charaich, purr, snaoth, spadh

jerkin *n.* seircean *masc.*, seircin *fem.*, seirgean *masc.*

jerking *n.* eacarsaich *fem.*, purradh *masc.*, snaothadh *masc.*

jersey *n.* geansaidh *masc.*, peitean *masc.*

jest *n.* fealla-dhà *fem.*, soil-bheachd *masc.*

jester *n.* mearaiche *masc.*

Jesuit *n.* Iosaid *masc.*

Jesuitical *adj.* Iosaideach

Jesuits, the *pr.n.* Comunn Iosaid

jet *n.* finic *fem.*, finiche *masc.*

jet (spout emitting fluid) *n.* spùtan *masc.*

jet (stream) *n.* obair-uisge *fem.*

jet-black *adj.* finic

jet-plane *n.* itealan-spùta *masc.*, steallart *masc.*

jet-set *n.* luchd strodhail *masc.*

jetsam *n.* caitheachan *masc.*, murrag *fem.*

Jew's-harp *n.* tromb *fem.*

jewel *n.* seud *masc.*, leug *fem.*, àilleag *masc.*, eiteag *fem.*, lur *masc.*, òrachan *masc.*, rìomh *masc.*, usgar *masc.*

jewel-case *n.* seudachan *masc.*

jewel-house *n.* seudachan *masc.*, seud-lann *masc.*

jewelled *adj.* lurach, leugach

jeweller *n.* seudair *masc.*, luradair *masc.*, òr-cheard *masc.*, seudachan *masc.*, usgaraiche *masc.*, usgaraidh *fem.*

jewellery *n.* àilleas *fem.*, arraichdean *masc.*, seudaireachd *fem.*, usgarach *masc.*

jewelry *n.* seudraidh *fem.*

jib *n.* seòl-cinn *masc.*, seòl-spreòid *masc.*

jib (sail) *n.* seòl-tobhadh *masc.*, seòl-cinn *masc.*

jib halyard *n.* tarraing an t-siùil-spreòid *fem.*

jib sheet *n.* sgòd an t-siùil-chinn *masc.*, sgòd an t-siùil-spreòid *masc.*

jibing *adj.* sgeigeil

jig (dance) *n.* dannsa cruinn *masc.*

jig (tune) *n.* port *masc.*, port cruinn *masc.*

jigsaw puzzle *n.* mìrean-measgaichte *pl.*

jilt *vb.* brist gealladh-pòsaidh, thoir car mu thom à

jingling *n.* gliogarsaich *fem.*

jingling *adj.* cluigeineach

job *n.* obair *fem.*, cosnadh *masc.*, turnais *fem.*, burt *masc.*, crabharsaich *fem.*, searbhag *fem.*

job analysis *n.* sgrùdadh-obrach *masc.*

job centre *n.* ionad-obrach *masc.*

job control language *n.* cànan-smachd-obrach *masc.*

job description *n.* dealbh-obrach *masc.*, tuairisgeul-obrach *masc.*

job enrichment *n.* saoireachadh-obrach *masc.*

job evaluation *n.* luachadh-obrach *masc.*

job specification *n.* mion-chomharradh obrach *masc.*

jockey *n.* cobair *masc.*, each-bhalach *masc.*, each-laoch *masc.*

jockteleg *n.* seoc-da-leig *masc.*

jocular *adj.* sulchair, èibhinn

jocularity *n.* sùgachas *masc.*, fealla-dhà *fem.*

jog *vb.* mall-cheumnaich, seòg, stadh

jog (video tape) *vb.* tionndaidh

jogger *n.* sodaran *masc.*

jogging *n.* stadhadh *masc.*, tuinnseadh *masc.*

jogging *adj.* stadhach

John Barleycorn *n.* mac na braiche *masc.*

John Dory *pr.n.* Donnchadh nan sùl mòr

Johne's disease *n.* saobh-chaitheamh *masc.*

join *vb.* ceangail, co-thàthaich, cuplaich

join to *vb.* aoin (ri)

join together *vb.* comhal, tàth

joined *adj.* an caigeann

joined together *adj.* teannta

joiner *n.* saor *masc.*, saor-geal *masc.*

joinery *n.* saorsainneachd *fem.*

joining *n.* tàthadh *masc.*

joining together *n.* comhal *masc.*

joining-spar *n.* rongas *masc.*

joint *n.* alt *masc.*, ceap *masc.*, co-thàth(adh) *masc.*, glùn *fem.*, lùdag *fem.*, spathalt *fem.*, spòld *masc.*, spoll *masc.*, spòlt *masc.*, tàthadh *masc.*

joint *pref.* co-

Joint Account *n.* Cunntas Co-phàirteach *masc.*

Joint Consultative Committee *pr.n.* Co-chomataidh Comhairleachaidh

Joint Liason Committee *pr.n.* Co-chomataidh Ceangail

Joint Working Party on Gaelic *pr.n.* Co-bhuidheann Obrach na Gàidhlig

joint-ill *n.* galar nan alt *masc.*

joint-stock company *n.* companaidh chomhrannach *fem.*

joint-stool *n.* stòl-lùthaidh *masc.*

jointed *adj.* altach, altail, lùdanach, lùthmhor, snaimeach

jointed rush *n.* frafan *masc.*, lachan nan damh *masc.*

joist *n.* cas-ceangail *fem.*, sail *fem.*, sparr *masc.*

joisted *adj.* sailtheach, sparrach

joker (fifty-third card in pack) *n.* pam *masc.*

joking *n.* fealla-dhà *fem.*

jollity *n.* meoghail *fem.*

jolly *adj.* snaomanach, sòlach

jolt *vb.* tulg, luaisg

jolting *n.* tulgadh *masc.*

jordan *n.* poit-mhùin *fem.*

Jordanhill College of Education *pr.n.* Colaisde Foghlaim Chnoc Iordain

jorum *n.* steoram *masc.*

jostle *n.* airleag *fem.*, mulcadh *masc.*, tuisleadh *masc.*

jostle *vb.* pùc, purr, put, tuislich, tulg, uilleagaich, uillnich, ùp, utagaich

jostling *n.* purradh *masc.*, putadh *masc.*, utagachadh *masc.*

jostling *adj.* purrach

jot *n.* lide *masc.*, mionn *fem./masc.*, siotaidh *fem.*

jotter *n.* leabhran *masc.*

journal *n.* leabhar-latha *masc.*

journey *n.* astar *masc.*, turas *masc.*, slighe *fem.*, cuairt *fem.*, sgrìob *fem.*, siubhal *masc.*, taisdeal *masc.*

journeying *n.* taisdeal *masc.*

journeying *adj.* taisdealach

journeyman *n.* fear-ceàird *masc.*

jovial *adj.* luinneach, macnasach

jowl *n.* sgrugall *masc.*

joy *n.* gàirdeachas *masc.*, sòlas *masc.*, subhachas *masc.*, à(i)gh *masc.*, aighear *masc.*, aiteas *masc.*, eadhann *fem.*, greadhnachas *masc.*, meadhail *fem.*, meadhradh *masc.*, meoghail *fem.*, mùirn *fem.*, rosgal *masc.*, sogan *masc.*, sògh *masc.*, suigeart *masc.*, sunnd *masc.*, sunndan *masc.*

joy *adj.* àigheach

joyful *adj.* sòlasach, àghmhor, aighearach, ait, aobhach, èibhneach, greadhnach, meadhrach, mear, mùirneach, neo-airtnealach, rosglach, sodanach, suilbhir

joyfulness *n.* aighearachd *fem.*, suilbhireachd *fem.*

joyless *adj.* neo-aoibhneach, neo-shòlasach, neo-shubhach, neo-shuigeartach

joyous *adj.* àghach, aoibhneach, mearrachasach

joystick *n.* bioran-smachd *masc.*

jubilee *n.* loghan *masc.*

judge *n.* breitheamh *masc.*, britheamh *masc.*

judge *vb.* measraich, thoir breith

judgement *n.* binn *fem.*, binn *fem.*, brath *masc.*, breith *fem.*, breitheanas *masc.*, tabhaill *fem.*, toinisg *fem.*, tuigse *fem.*

judging *n.* mearachadh *masc.*

judicatory *adj.* breith-thabhairteach

judicial *adj.* breitheach, lagh-chleachdach, lagh-ghnàthach

judicial law *n.* lagh a' chòir-cheartais *masc.*

judicial lord *n.* morair dearg *masc.*

judicial review *n.* ath-bhreithneachadh laghail *masc.*

judicious *adj.* breitheantach, ciallach, glic, stèidheach, stèidheil, teimhseil, toinisgeil

judo *n.* diùdo *masc.*

jug *n.* siuga *masc.*

juggle *vb.* cuilbheartaich

juggler *n.* lùth-chleasaiche *masc.*, caisreabhaiche *masc.*, sgotaiche *masc.*, ùrcheannaiche *masc.*

jugglery *n.* lùth-chleas *masc.*

juggling *n.* caisreabhachd *fem.*, ùrcheannachd *fem.*

juice *n.* sùgh *masc.*, brìgh *fem.*, fliuchain *fem.*, lìonradh *masc.*, sògh *masc.*, subhan *masc.*

juice extractor *n.* smùsachan *masc.*

juiceless *adj.* neo-shùghmhor, seasgta

juicy *adj.* sùghmhor, brìgheil, brìghmhor, meath, nòsar, smùiseach, sùgh-bhrìgheach, sùgh-bhrìoghmhor

July *pr.n.* An t-Iuchar, Deireadh-Samhraidh, mìos buidhe, am

jumble *n.* trialabhaid *fem.*

jumbled *adj.* rù-rà

jump *n.* leum *masc.*, sùrdag *fem.*, cliseadh *fem.*

jump *vb.* leum, diosd, sgiolc

jumper *n.* geansaidh *masc.*, leumadair *masc.*

jumping *n.* leumnaich *masc.*

jumping *adj.* leumnach

junction *n.* comar *masc.*, snaim *masc.*

junction (point of union) *n.* gobhal *masc.*

June *n.* Meadhan-Samhraidh *masc.*

June *pr.n.* An t-Og-mhios

junior *adj.* òigridh

Junior Savers Account *pr.n.* Cunntas Sàbhalaidh Oigridh

juniper *n.* aiteann *masc.*, iubhar-beinne *masc.*, iubhar-creige *masc.*, staoin *fem.*

juniper berry *n.* caora-staoin *fem.*, dearc-aitinn *fem.*, staoineag *fem.*

junk *n.* òrd *masc.*, smodal *masc.*

junket (spree) *n.* bleid-chuirm *fem.*

jurisdiction *n.* dligheas *masc.*, ranntachd *fem.*, uachdaranas *masc.*, uachdranachd *fem.*

juror *n.* neach-diùraidh *masc.*, coisdear *masc.*

jury *n.* diùraidh *masc.*, coisde *fem.*, luchd-deuchainn *masc.*, luchd ceart-dheuchainn *masc.*

juryman *n.* coisdear *masc.*, neach-diùraidh *masc.*

just *n.* ionraic *fem.*

just *adj.* ceart, ceart-bhreitheach, cothromach, dìreach, neo-chlaon

just so (exactly) *adj.* ionann

justice *n.* ceartas *masc.*, cothrom *masc.*

Justice of the Peace *n.* sìth-bhreitheamh *masc.*

Justice of the Peace *pr.n.* Britheamh Sgìreil, Gùistinn na Sìthe

Justices of the Peace Advisory Committee *pr.n.* Comataidh Comhairleachaidh Bhritheamhan Sgìre

justiciary circuit *n.* mòr-chuairt *fem.*

justiciary visit *n.* tiom-chuairt *fem.*

justifiable *adj.* so-dhìonaidh, so-fhìreanachaidh

justification *n.* fìreanachadh *masc.*

justify *vb.* fìreanaich, fìrinnich

justness *n.* ionracas *masc.*, ceartas *masc.*

jutting *adj.* stùig

juvenility *n.* òg-ghnàths *fem.*

juxtaposition *n.* comhghar *masc.*, fagasachd *fem.*

juxtapositional *adj.* comhgharach

K

kae *n.* cadhag *fem.*

kail *n.* càl *masc.*, cailise *fem.*

kailyard *n.* gàradh-càil *masc.*

kain *n.* càin *fem.*

kangaroo *n.* cangaru *masc.*

kebbock *n.* cabag *fem.*, ceabag *fem.*, mul(a)chag *fem.*

ked *n.* mial dhearg *fem.*, seilleann *masc.*

kedgeree *n.* rus-èisg *fem.*

keechan *n.* caochan *masc.*

keel (part of ship) *n.* druim *masc.*, crè *fem.*, eàrrach *fem.*

keel-board *n.* fliuch-bhòrd *masc.*, geàrr-bhòrd *masc.*

keelage *n.* càin-acarsaid *fem.*

keelie *n.* gille *masc.*

keen *adj.* geur, faobharach, gleusda, guineach, neo-shàrachaidh, teinndidh, tìtheach, togarrach

keenness *n.* gèire *fem.*, dèine *fem.*, eudmhorachd *fem.*

keen (wail over dead) *vb.* caoin

keep *vb.* cum, glèidh

keep back *vb.* cum air ais

keep up *vb.* cum suas

keep up with (emulate) *vb.* cum coinneal ri

keeper *n.* neach-coimhid *masc.*, neach-glèidhidh *masc.*

keeping *n.* gleidheadh *masc.*, cumail *fem.*, teannal *masc.*

keepsake *n.* cuimhneachan *masc.*, taisealan *masc.*, taisgeachan *masc.*

keg *n.* ceig *masc.*, cingean *masc.*

kelchyn *n.* geall-cinnidh *masc.*

kelp *n.* bragaire *masc.*, ceilp *fem.*, luath-feamnach *fem.*

kelpie *n.* each-uisge *masc.*, caointeach *fem.*, corc *fem./masc.*, each-sìth *masc.*, ùruisg *masc.*

kelson *n.* eàirlinn *fem.*

kelt (salmon etc. that has just spawned) *n.* sidheag *fem.*

kennel *n.* taigh-chon *masc.*, conbhair *fem.*

kenning *n.* aithneachadh *masc.*

kept woman *n.* culaidh *fem.*

keratin *n.* sladhag *fem.*

kerchief *n.* brèid *masc.*, beannag *fem.*, sùbag *fem.*

kern *vb.* meallanaich

kernel *n.* eitean *masc.*, sgeallan *masc.*

kersey *n.* clò Bucach *masc.*

kestrel *n.* speireag ruadh *fem.*, clamhan ruadh *masc.*, bod-gaoithe *masc.*, deargan-allt *masc.*

ketch *n.* long-lòdaidh *fem.*, sgùd *masc.*

ketone *n.* ceaton *masc.*

kettle *n.* coire *masc.*, coire beag *masc.*, sgàbhal *masc.*, tulan *masc.*

kettledrum *n.* gall-druma *fem.*

key *n.* iuchair *fem.*

key (crucial) *adj.* cudromach

key (instrument) *n.* meur *fem.*

key (music) *n.* gleus *masc.*, uchdach *fem.*

key-to-disk unit *n.* aonad meur-gu-clàr *masc.*

keyboard *n.* meur-chlàr *fem.*

keystone *n.* bann *masc.*, clach-cheangail *fem.*, clach-dhùnaidh *fem.*, clach-ghlaisidh *fem.*

keyword *n.* facal-luirg *masc.*

khaki *adj.* lachdainn

kibe *n.* cusb *masc.*, cusp *fem.*

kick *n.* breab *masc.*, buille-coise *fem.*, speach *masc.*

kick *vb.* breab, buail breab air, thoir breab do

kid (child) *n.* pàisde *masc.*

kid (young goat) *n.* meann *masc.*, minnean *masc.*, meigeadan *masc.*

kid *vb.* thoir a chreidse air

kidnap *vb.* goid air falbh

kid-skin *n.* miniceann *masc.*

kidney *n.* dubhag *fem.*, àra *fem.*, reang *masc.*

kidney vetch *n.* cas-an-uain *fem.*, dìthean carrach *masc.*, meòir-Moire *masc.*

kidney-bean(s) *n.* pònair-àirneach *fem.*, pònair gheal *fem.*

kidneys *n.* luain *fem.*

kilderkin *n.* leth-bharaille *masc.*

kill *vb.* marbh, cuir gu bàs, cuir crìoch (air)

killer *n.* marbhaiche *masc.*, marbhadair *masc.*, spadaire *masc.*

killer whale *n.* mada(dh)-cuain *masc.*, leumadair *masc.*, leumaire *masc.*

killing *n.* marbhadh *masc.*, spadadh *masc.*, torchradh *masc.*

kiln *n.* àth *fem.*, cutag *fem.*, slinnteach *fem.*, smùdan *masc.*

kiln-dry *vb.* tì(o)r

kiln-drying *n.* tìoradh *masc.*

kiln-flue *n.* sorrag *fem.*

kiln-pit *n.* surrag *fem.*

kiln-platform *n.* sòrn *masc.*

kiln-pot *n.* comhan *masc.*

kiln-rafter *n.* stic *fem./masc.*

kiln-straw *n.* sreathainn *fem.*

kiln-vent *n.* surrag *fem.*

kilometre *n.* cilemeatair *masc.*

kilt *n.* fèileadh beag *masc.*, èileadh *masc.*, fèileadh *masc.*, fèileadh mòr *masc.*

kin *n.* cinneadh *masc.*, luchd-dàimh *masc.*, dàimh *fem.*, cleamhnas *masc.*, treubh *fem.*

kind *n.* gnè *fem.*, seòrsa *masc.*, ion-fhaileas *masc.*, sòrt *masc.*

kind *adj.* coibhneil, bàigheil, gasda, caoimhneil, dèirceil, ionmhainn, laghach, mothachail, neo-choimheach, pàirteil, sèimh, so-chridheach, soirbh, suairc, tairis, taobhach, tlàth, tlùthail

kindle *n.* sitse *fem./masc.*

kindle *vb.* las, beothaich, brosnaich, birtich, brataich, èibhlich, fadaich, fadaidh

kindled *adj.* laiste

kindling *n.* caisleach-spuing *fem.*, solasachadh *masc.*

kindly *adj.* coibhneil, bàidheil, tairis

kindness *n.* coibnneas *masc.*, aircheas *masc.*, caoimhneas *masc.*, maitheas *masc.*, òlachas *masc.*, sèimhe *fem.*, so-chridheachd *fem.*, suairceas *masc.*, tlàths *masc.*, tlùsalachd *fem.*

kindred *n.* muinntir *fem.*, cinneadh *masc.*, luchd-dàimh *masc.*, cuideachd *fem.*, fineachas *masc.*, meur *fem.*

kindred *adj.* dàimheil, càirdeach

kinetic *adj.* cineatach, gluaiseach, gluasach

king *n.* rìgh *masc.*, flath *masc.*

king's-evil *n.* tinneas-an-rìgh *masc.*

king's-hood (second stomach in ruminants) *n.* broilean *masc.*

king-at-arms *n.* arm-rìgh *masc.*

kingdom *n.* rìoghachd *fem.*

kingfisher *n.* biorra-an-iasgair *masc.*, biorra-crùidein *masc.*, gobhachan-uisge *masc.*, iasgair dìomhain *masc.*, iasgair-an-rìgh *masc.*, murlach *masc.*

kingly *adj.* rìoghail

kink *n.* car *masc.*, lùb *fem.*, goigean *masc.*

kink (convulsive cough/gasp) *n.* striutan *masc.*, treinidh *fem.*, triuthar *fem.*

kinsman *n.* fear-dàimh *masc.*, caraid *masc.*, fear-cinnidh *masc.*

kinswoman *n.* bana-charaid *masc.*, bean-chinnidh *fem.*

kipper *n.* ciopair *masc.*, sgadan rèisgte *masc.*, sgadan Loch Fìne *masc.*, sgadan smocte *masc.*, sgadan sùithte *masc.*, sgadan-sìomain *masc.*

kirk *n.* eaglais *fem.*

Kirk Care *pr.n.* Aire na h-Eaglaise, Cùram na h-Eaglaise

kirk session *n.* seisean *masc.*

kirkton *n.* clachan *masc.*

kirkyard *n.* rèilig *fem.*

kiss *n.* pòg *fem.*, poigean *masc.*

kiss *vb.* pòg, thoir pòg

kiss of life *n.* sèideag sna pòraibh *fem.*, sèideag-èiginn *fem.*

kisser (mouth) *n.* pògaire *masc.*

kit (small wooden tub) *n.* coinndean *masc.*, miosgan *masc.*

kit-bag *n.* màileid *fem.*, poca-treallaich *masc.*

kitchen *n.* cidsin *masc.*, cugann *masc.*

kitchen (relish) *n.* annlan *masc.*, ainnlean *masc.*

kitchen-garden *n.* luibh-ghort *masc.*

kitchener *n.* sguille *masc.*

kite (bird) *n.* clamhan *masc.*, croman-luch *masc.*, gloman *masc.*

kite (frame for flying) *n.* itealag *fem.*, iteileag *fem.*

kitten *n.* piseag *fem.*, isean *masc.*, puiseag *fem.*

kittiwake *n.* ciodabhaig *fem.*, faireag *fem.*, goillean *masc.*, ruideag *fem.*, seagair *masc.*

kleptomania *n.* miann-gadachd *masc.*

knack *n.* liut *fem.*, cneacalachd *fem.*

knapsack *n.* aparsag *fem.*, màileid *fem.*, cnap-saic *masc.*, cuarag *fem.*

knave *n.* slaightear *masc.*, trusdar *masc.*

knave (playing-card) *n.* munsaidh *fem.*

knavery *n.* slaight *fem.*

knead *vb.* fuin, taoisnich, suath

kneaded *adj.* taoisnichte, suaithte

kneader *n.* fuineadair *masc.*, suaiteachan *masc.*

kneading *n.* taoisneachadh *masc.*, suathadh *masc.*

kneading-trough *n.* losaid *fem.*, amar-fuine *masc.*, amar-fuinidh *masc.*, loistich-fuinidh *fem.*, sgàladh *masc.*, traill *fem.*

knee *n.* glù(i)n *fem.*

knee-cap *n.* failmean *masc.*, falman *masc.*, copan na glùine *masc.*

knee-joint *n.* alt na glùine *masc.*

knee-pad *n.* cnap-glùine *masc.*

knee-pan *n.* failmean *masc.*, falman *masc.*, roithlean *masc.*, sgalan *masc.*

kneel *vb.* lùb glùn, sleuchd, dèan cromadh

knell *n.* beum-cluig *masc.*

knickers *n.* drathais *fem.*, drathars *fem.*

knife *n.* sgian *fem.*

knight *n.* ridir(e) *masc.*, marcaiche *masc.*, ruire *masc.*, ruireach *masc.*

knight *vb.* ridirich

Knight Commander of the Bath (K.C.B.) *pr.n.* Ridir Feadhnach

Knight of King William (K.W.) (Flemish Order) *pr.n.* Ridir Uilleim

Knight of St Andrew (K.A.) (Russian Order) *pr.n.* Ridir Ainndreis

Knight of St Ann (K.A.) (Russian Order) *pr.n.* Ridir Anna

Knight of St George (K.G.) (Russian Order) *pr.n.* Ridir Deòrsa

Knight of St Patrick (K.P.) *pr.n.* Ridir Phàdraig

Knight of the Black Eagle (Russian Order) *pr.n.* Ridir na h-Iolaire Duibhe

Knight of the Crescent (K.C.) (Turkish Order) *pr.n.* Ridir na Gealaich Uire

Knight of the Garter (K.G.) *pr.n.* Ridir a' Ghartain

Knight of the Golden Fleece (Spanish Order) *pr.n.* Ridir an Lomairt Oir

Knight of the Grand Cross (K.G.C.) *pr.n.* Ridir a' Chroinn Mhòir

Knight of the Lion and Sun *pr.n.* Ridir an Leòmhainn 's na Grèine

Knight of the Mountain Eagle *pr.n.* Ridir Iolair nam Beann

Knight of the Northern Star (Swedish Order) *pr.n.* Ridir na Rionnaige Tuathaich

Knight of the Red Eagle (Prussian Order) *pr.n.* Ridir na h-Iolaire Ruaidhe

Knight of the Thistle (K.T) *pr.n.* Ridir a' Chluarain

Knight of the Tower and Sword *pr.n.* Ridir an Dùin 's a' Chlaidheimh

Knight of the White Eagle (Polish Order) *pr.n.* Ridir na h-Iolaire Gile

knight-bachelor *n.* ridir-beò-shlàint *masc.*

knight-errant *n.* ridir nan sleagh *masc.*, ridir spleadhach *masc.*, ridir-claidheimh *masc.*

knighthead (boat) *n.* geamann *masc.*

knighthood *n.* ridireachd *fem.*

knightly *adj.* ruireachail

knit *vb.* figh, ceangail, dlùthaich

knitter *n.* figheadair *masc.*

knitting *n.* fighe *fem.*, cneatas *masc.*

knitting needle *n.* bior-fighe *masc.*, dealg-stocainn *fem.*

knob *n.* cnap *masc.*, cnag *fem.*, breall *masc.*, fadhb *fem.*, meall *masc.*, meallan *masc.*, mulan *masc.*, stulp *masc.*, tacaid *fem.*, torran *masc.*

knobby *adj.* cnapach, cnagach, meallach

knock *n.* gnogadh *masc.*, buille *fem.*, cnag *fem.*, darant *masc.*, sgleafart *masc.*, sgleog *fem.*, strailleadh *masc.*, trost *masc.*

knock *vb.* gnog, buail, cnap, cnoc, spuaic, stear

knock down *vb.* leag, smàil, spairt

knock out *vb.* cuir am paiseanadh

knock-kneed *adj.* bleith-ghlùineach, clùth-ghlùineach, lùgach

knocker (hammer suspended to door) *n.* glagan *masc.*, cnacair *masc.*

knocking *adj.* cnag-bhuilleach

knocking down *n.* cnagadh *masc.*

knockout *n.* spadag *fem.*

knoll *n.* tom *masc.*, tulach *masc.*, uchdan *masc.*, cnoc *masc.*, cnocan *masc.*, cùirnean *masc.*, meallan *masc.*, mulag *fem.*, mulan *masc.*, sìthean *masc.*, stacan *masc.*, tolm *masc.*, torran *masc.*, tulmsag *fem.*

knot (base of branch) *n.* cnag *fem.*, cnò *fem.*, pluc *masc.*, uga *masc.*

knot (bird) *n.* luatharan-gainmhich *masc.*

knot (bond of union) *n.* ceangal *masc.*, snaim *masc.*

knot (knob) *n.* meall *masc.*, mulp *masc.*

knot (lump) *n.* carraig(ean) *fem.*

knot (nautical mile per hour) *n.* mìle-mara *masc.*

knotgrass *n.* altanach *masc.*, glùineach *fem.*, glùineach bheag *fem.*

knotted *adj.* alpanach

knotted wrack (egg wrack) *n.* feamainn bhuilgeanach *fem.*

knotting *n.* snaimeadh *masc.*

knotty *adj.* snaimeach, cnagach, bacanach, carraigeineach, plucach, sgarach

know (be acquainted with) *vb.* bi eòlach
air

know (recognise) *vb.* aithnich

know (understand) *vb.* tuig, mothaich

knowing *adj.* aithneil, eòlach,
aithneachdail, aithneadail, seaghach,
sgileil, sùileach

knowledge *n.* aithne *fem.*, tuigse *fem.*,
eòlas *masc.*, fios *masc.*, brath *masc.*,
forais *masc.*, forfhais *fem.*, sgil *masc.*,
sruith *fem.*

known *adj.* àitheanta

knuckle *n.* cnuidhean *masc.*, rùdan *masc.*

knuckle *vb.* strìochd, gèill

knuckled *adj.* rùdanach

krypton *n.* criopton *masc.*

kumiss *n.* bainne chapall *masc.*

kyle *n.* caol *masc.*, caolas *masc.*, linne *fem.*

kyphosis *n.* crotaiche *masc.*

L

label *n.* bileag *fem.*, iùlag *fem.*

label *vb.* cuir ainm air, ainmich, bileagaich

labial *adj.* bil-fhaclach, bileil

laboratory *n.* deuchainnlann *fem.*, obairlann *fem.*, seòmar-obrach *fem.*

laborious *adj.* saothrachail, trom, trachlach, obrachail

labour *n.* obair *fem.*, saothair *fem.*, làb *masc.*, sgìos *fem.*

labour *vb.* obraich, saothraich, streap

labour camp *n.* campa-obrach *masc.*

labour force *n.* luchd-obrach *masc.*

Labour Party *pr.n.* Am Pàrtaidh Làborach, Na Leubaraich

labour relations *n.* daimh-obrach *fem.*

labour turnover *n.* tionndadh luchd-obrach *masc.*

labour-intensive *adj.* mòr-shaothrach

labour-intensive enterprise *n.* iomairt mhòr-shaothrach *fem.*, gnothachas mòr-shaothrach *masc.*, gnothachas ioma-fasdach *masc.*

labourer *n.* leubrar *masc.*, obraiche *masc.*, labair *masc.*, cosnaiche *masc.*, dubh-chosnaiche *masc.*, labanach *masc.*, labanaiche *masc.*, làmh-oibriche *masc.*, paoinear *masc.*, saothraiche *masc.*

labouring *n.* obrachadh *masc.*, saothrachadh *masc.*

laburnum *n.* bealaidh Frangach *masc.*, bealaidh Sasannach *masc.*, craobh abran *fem.*

labyrinth *n.* cuartan *masc.*, ioma-shlighe *fem.*, màrrach *masc.*, cuairtean *masc.*

lace *n.* lios *masc.*, sròl *masc.*, sraing *fem.*, còrdail *fem.*

lacerate *vb.* sràc, reub, stròic, conablaich, pìos, sgolt, streachail

lacerating *adj.* reubach

laceration *n.* sràcadh *masc.*, sgoltadh *masc.*, sgàineadh *masc.*, reubadh *masc.*, sgaoileadh *masc.*, streachladh *masc.*, streathladh *masc.*

lachrymal *adj.* deurach

lachrymation *n.* gul *masc.*, sùil-fhrasachd *fem.*

lacking *adj.* a dhìth (air), easbhaidheach, uireasbhaidheach

lactation *n.* lachdadh *masc.*

lacteal *adj.* bainneach, bliochdach, bliochdmhor

lactescence *n.* bliochdas *masc.*

lacuna *n.* beàrn *fem.*

lad *n.* balach *masc.*, gille *masc.*, diùlanach *masc.*, òglach *masc.*, proitseach *masc.*

ladder *n.* àradh *masc.*, fàradh *masc.*, streapadair *masc.*, dromalais *fem.*

lade *vb.* luchdaich, lòdaich

laden *adj.* luchdmhor, lòdail

Ladies (label) *pr.n.* Boireannaich, Mnathan

lading *n.* làd *masc.*, lòd *masc.*

ladle *n.* liagh *fem.*, ladar *masc.*, lodair *masc.*

ladleful *n.* làn-lèigh *masc.*, ladar *masc.*

lady *n.* boireannach *masc.*

lady (gentlewoman) *n.* bean uasal *fem.*, baintighearna *masc.*, bana-mhorair *masc.*

Lady Day *pr.n.* Latha na Caillich, Latha-Moire

lady's bedstraw *n.* lus an leasaich *masc.*, lus-Chùchulainn *masc.*, ruin *masc.*

lady's-maid *n.* maighdean-coimhead *fem.*

lady's-mantle *n.* copan an driùchd *masc.*, còta preasach nighinn an rìgh *masc.*, crubh-leòmhainn *masc.*, fallaing-Moire *fem.*

lady's-smock *n.* flùr-na-cubhaig *masc.*

lady's-smock (cardamine pratensis) *n.* biolair-ghriagain *fem.*

lady-fern *n.* raineach-Moire *fem.*

ladybird *n.* daol(ag) bhreac *fem.*

ladysmock *n.* plùr na cuthaige *masc.*

lag (flag) *vb.* lapaich, lasaich

lagger *n.* seòltair *masc.*

laical *adj.* poballach

laid *adj.* air a s(h)uidheachadh

laid by *adj.* mu seach

lair *n.* faiche *fem.*, saobhaidh *fem.*, sid *masc.*, somag *fem.*, sonnag *fem.*

laity *n.* tuath *fem.*, poball *masc.*

lake *n.* loch *masc.*

lamb *n.* uan *masc.*, ògan *masc.*, sug *masc.*

lamb (meat) *n.* feòil-uain *fem.*, uainfheòil *fem.*

lambkin *n.* uanachan *masc.*

lambskin *n.* uainiceann *fem.*

lame *adj.* cuagach, bacach, crùbach, lurcach, lisgeadach, stacach

lame *vb.* martraich

lameness *n.* bacaiche *masc.*, lurcaiche *masc.*

lament *n.* cumha *masc.*, tuireadh *masc.*, cnead *masc.*, sprochd *masc.*

lament *vb.* caoidh

lamentable *adj.* cianail, dubh

lamentation *n.* caoidh *fem.*, cumha *masc.*, nuall *masc.*

lamina *n.* leac thana *fem.*

laminar *adj.* sglèatar

laminaria *n.* cas dhubh *fem.*, mircean *masc.*

Lammas *pr.n.* Là Lùnasdail, Liùnasd, Liùnastainn

lamp *n.* lampa *fem.*, lòchran *masc.*, innlis *fem.*, loichead *masc.*, stapal *masc.*

lampoon *n.* aoir *fem.*, àbhadh *masc.*, sorb-chàineadh *masc.*, sorb-aoireadas *masc.*

lampoon *vb.* aoir

lampooner *n.* sgeigeire *masc.*, sgath-bhàrd *masc.*, fanaidiche *masc.*

lampooning *n.* sgeig *fem.*, sgath-bhàrdachd *fem.*

lamppost *n.* lampa-sràid *fem.*

lamprey *n.* buarach na baoibhe *fem.*, creathall *fem.*, easgann bhreac *fem.*, langar Ileach *masc.*, naid *fem.*, rochuaid *fem./masc.*

lampshade *n.* sgàil-lampa *fem.*

lance *n.* lannsa *fem.*, sleagh *fem.*, ruibhne *fem.*, tradh *fem.*, cuisleach *fem.*

lance *vb.* sgor, lighich

lance (open with lancet) *vb.* leig air at

lance (shoot) *vb.* leig

lancer *n.* lannsair *masc.*, lannsaiche *masc.*, sleaghadair *masc.*, sleaghaire *masc.*, ruibhneach *masc.*

lancet *n.* cuisleach *fem.*, lann-chuisle *fem.*, sgian-fola *fem.*

land *n.* tìr *fem.*, fearann *masc.*, talamh *masc.*, fonn *masc.*

Land and Buildings Committee *pr.n.* Comataidh Fearainn is Thogalach

land mass *n.* meall-fearainn *masc.*

Land Valuation Act *pr.n.* Achd Meas na Talmhainn

land-agent *n.* siamarlan *masc.*, seamarlan *masc.*

land-charter *n.* còir-fearainn *fem.*

land-mine *n.* mèinn-tìre *fem.*, mèinn-talmhainn *fem.*

land-surveying n. sgrùdadh-fearainn masc., sgoil-fhearainn fem.

landform n. cumadh-tìre masc., cumadh-talmhainn masc.

landing (staircase) n. bac na staidhre masc., bràigh masc.

landing-craft n. bàta-grunnachaidh masc., gàbhart masc.

landing-field n. raon-laighe masc.

landing-net n. breac-lìon masc.

landing-pad n. làrach-laighe fem.

landing-place n. laimrig fem., laimhrig fem., poll-laimhrig masc.

landing-strip n. raon-laighe masc.

landlady n. bean an taighe fem., bean-loidsidh fem.

landlord n. uachdaran masc., fear an taighe masc., fear-loidsidh masc., morair masc.

landlubber n. tìreanach masc.

landmark n. comharra-stiùiridh masc., iùl masc., bior-fuinn masc., cnàimh-crìche masc., cnocaid fem., tìr fem.

landowner n. uachdaran-fearainn masc., neach-fearainn masc.

landrail n. bramachan-roid masc.

landscape n. sealladh-tìre masc., dealbh-tìre masc., sealladh-dùthcha masc., amharc-tìre masc., lanntair masc.

landslide n. maoim-slèibhe fem., beum-slèibh masc.

lane n. frith-shràid fem., caolshràid fem., lònaid fem., lanaig fem., bealach masc., bàir fem., gabhag fem., lonaig fem., lònainn fem., sràid fem., sràideag fem., sreath fem.

lane (channel) n. seòlaid fem.

language n. cànan masc., cànain fem., cainnt fem., labhairt fem.

langued adj. teangach

languid adj. fann, rongach, murtaidh

languish vb. fannaich, rongaich, siarainnich, siaranaich

languisher n. rongair masc., seargadair masc.

languishing n. fannachadh masc., rongachadh masc., siaranachadh masc.

languishing adj. rongach

languor n. anfhannachd fem., airsneal masc.

laniferous adj. ollanach

lanigerous adj. ollanach

lank adj. neo-làn

lanky adj. fada caol

lantern n. lanntair masc., lainntear masc., lochran masc., buad masc., innlis fem., soillsear masc., soillsire masc., trillsean masc.

lanthanum n. lantanum masc.

lap n. sgùird fem., uchd masc.

lap vb. bileagaich, imlich

lapdog n. crann-chù masc., measan masc.

lapel n. fillteag fem.

lapful n. sgùird fem., bruthan masc., sgioblan masc., sgiùirleach masc.

lapidary n. gearradair masc., leug-reiceadair masc.

lapidific adj. clach-ghineadach

lapidification n. clach-ghineamhainn fem.

lapis lazuli n. clach-chopair fem.

lappet n. sgòd masc., laipeid fem., cearb fem.

lapping n. falpanaich fem.

lapwing n. curracag fem., adharcag fem., adharcan masc., adharcan luachrach masc., cursan masc., dilit masc., doireagan masc., pìbhinn fem.

larach n. làrach fem.

larboard adj. leis

larceny n. mion-mhèirle fem., mion-ghadaidheachd fem.

larch n. learag fem., làireag fem., làrag fem., learach fem., lèireag fem.

lard n. blonag fem., geir-mhuc fem., muclanag fem.

lard *vb.* blonagaich

larder *n.* preas-bidhe *masc.*, seòmar-bìdh *masc.*, seòmar-feòla *masc.*

large *adj.* mòr, somalta, tomadach, toirteil

large scale integration *n.* aonachadh ceum àrd *masc.*, aonachadh mòr *masc.*

large-flowered hemp-nettle *n.* gath buidhe *masc.*, gath mòr, an *masc.*

large-scale work (music) *n.* saothair leudach *fem.*

largeness *n.* meud *masc.*, tomalt *masc.*

larger bindweed *n.* dùil-mhial *fem.*

lark *n.* uiseag *fem.*, topag *fem.*, riabhag *fem.*

larva *n.* larbha *fem.*

larva (spectre) *n.* bòcan *masc.*, tasg *masc.*

larval *adj.* larbhach

larynx *n.* bràigh an sgòrnain *masc.*

lascivious *adj.* drùiseil, drùthail

lasciviousness *n.* drùisealachd *fem.*, diombas *masc.*

laser *n.* leusair *masc.*

laser beam *n.* gath leusair *masc.*

laser printer *n.* clò-bhualadair leusair *masc.*, clò-bhualadair lasraich *masc.*

lash *n.* cuip *masc.*, slat-sgiùrsaidh *fem.*, stiall *fem.*, each-lasg *fem.*, sgiùthadh *masc.*

lash *vb.* cuip, slais, stailc, sguids, slaisnich

lash (cord) *n.* iall-cuipe *fem.*

lashing *n.* cuipeadh *masc.*, slaiseadh *masc.*, slaidsearachd *fem.*, sgiùrsadh *masc.*, tunnachadh *masc.*

lashing *adj.* slaidseach

lass *n.* nighean *fem.*, caileag *fem.*, cailin *masc.*, ainnir *fem.*, cruinneag *fem.*, buinneag *fem.*, gruagach *fem.*

lassitude *n.* craobhaidheachd *fem.*

last *adj.* air dheireadh

last *vb.* mair, seas

last (shoemaker's model) *n.* ceap *masc.*, bonn-chumadair *masc.*

lasting *adj.* maireannach, seasmhach, buan, baranta, buan-mhach, buan-sheasmhach, cian, fantalach, maireann

latch *n.* claimhean *masc.*, sneic *masc.*, sneig *masc.*, dealan-dorais *masc.*, ruagaire *masc.*, snaig *fem.*, stiolan *masc.*

latch *vb.* snaig

latchet *n.* dealg-dorais *fem.*, iallag *fem.*, laisde *fem.*, strapadh *masc.*

late *adj.* anmoch, fadalach, air dheireadh, fad a-mach, fada gun tighinn, mall, neo-thràthail

lateness *n.* anmoiche *fem.*, fadalachd *fem.*, anmoichead *masc.*

latent *adj.* dìomhair, falaichte

lateral *adj.* taobhach, leth-thaobhach, taobhail

lateral *prep.* tarsainn

lath *n.* spealt *fem.*, slis *fem.*

lathe *n.* beairt-thuairnearachd *masc.*, tuairnean *masc.*

lather *n.* cop *masc.*, great *masc.*

lathered *adj.* siabannach

Latin *adj.* Laidinneach

Latin *n.* Laideann *masc.*

latinise *vb.* laideannaich, laidinnich

latter *adj.* mu dheireadh, deireannach

lattice *n.* cliath-uinneig *fem.*, lìon-uinneag *fem.*, far-uinneag *fem.*, gannal *masc.*, laitis *fem.*

lattice *vb.* cliathraich

laud *vb.* àrd-mhol

laudable *adj.* ionmholta

laudatory *adj.* moltachail

laugh *n.* gàire *fem.*, lachan *masc.*, lasgan *masc.*

laugh *vb.* gàir

laughing-stock *n.* cùis-mhagaidh *fem.*, culaidh-mhagaidh *fem.*, cùis-fhanaid *fem.*, cùis-bhùirt *fem.*, ball-àbhacais *masc.*, ball-fanaid *masc.*, ball-fochaid *masc.*, ball-magaidh *masc.*, ball-sgeig *masc.*, ball-spòrs *masc.*, fàth-bhùirt *masc.*

laughter *n.* gàireachdaich *fem.*, gàireachdainn *fem.*, lachanaich *fem.*, lasganach *masc.*, gàire *fem.*

launch *vb.* cuir air bhog, put a-mach

launch pad *n.* ionad-losgaidh *masc.*

launderer *n.* nigheadair *masc.*

laundress *n.* bean-nigheachain *fem.*

laundry *n.* taigh-nigheachain *masc.*

laundry-maid *n.* bean-nigheadaireachd *fem.*

laureate *adj.* laibhrichte

laurel *n.* craobh-chosgair *fem.*, crann-cosgair *masc.*, labhras *masc.*

lavatory *n.* taigh beag *masc.*

laveage *n.* lus an dòmhnaich *masc.*, lus an t-sleugaire *masc.*

lavender *n.* lus na tuise *fem.*

lavish *adj.* cosgail, fialaidh, sgaireapach, struidheil

law *n.* lagh *masc.*, reachd *masc.*, riaghailt *fem.*

law enforcement *n.* sparradh an lagha *masc.*

Law Lord *n.* morair *masc.*, morair dearg *masc.*

law of diminishing returns *n.* lagh lughdachadh-dìola *masc.*

law-agent *n.* procadair *masc.*

law-giver *n.* reachdair *masc.*

law-giving *adj.* reachdach

lawful *adj.* laghail, dligheach, reachdail, dligheil, reachdach

lawgiver *n.* lagh-thabhairtear *masc.*, reachdadair *masc.*, reachd-thabhairtear *masc.*

lawgiving *adj.* reachd-thabhairteach

lawless *adj.* neo-laghail, dìthreachdach, neo-dhligheach

lawn *n.* cluain *fem.*, rèidhlean *masc.*, glasach *fem.*

lawn-mower *n.* lomaire-feòir *masc.*, gearradair-feòir *masc.*

lawsuit *n.* agartas *masc.*, casaid *fem.*

lawyer *n.* neach-lagha *masc.*

lax *adj.* fuasgailte

laxative *n.* fìosaig *fem.*, fisig *fem.*

laxative *adj.* buinnteach, steilleach

laxativeness *n.* purgaideachd *fem.*, steille *fem.*

Laxdale Community Association *pr.n.* Comann Coimhearsnachd Lacasdail

laxness *n.* neo-dhaingneachd *fem.*, neo-theanntachd *fem.*

lay *vb.* leag, sìn, laigh

lay by *vb.* cuir mu seach, cuir seachad, stòr

lay floor *vb.* urlaraich

lay foundation *vb.* stèidhich

lay hold of *vb.* gabh grèim, sàs, sic

lay up *vb.* taisg

lay waste *vb.* fàsaich, cuir fàs, sgrìob

lay-by *n.* camus-rathaid *masc.*

layer *n.* filleadh *masc.*, sreath *fem.*, breath *fem.*, linnich *fem.*, òg-fhaillean *masc.*, tàdh *masc.*

layer *vb.* sreithig

laying floor *n.* ùrlarachadh *masc.*

laying foundation *n.* stèidheachadh *masc.*, suidheachadh *masc.*

laying waste *n.* fàsachadh *masc.*, ionradh *masc.*

layman *n.* neo-eòlaiche *masc.*, neo-chlèireach *masc.*

layout *n.* coltas-duilleig *masc.*

laziness *n.* leisg *fem.*, dìomhanas *masc.*, stèille *fem.*, strangadh *masc.*

lazy *adj.* leisg, mall, aileiseach, aolaisdeach, neo-ghrad-charach, sèideach, seotach, siogach, siolgach, slaodach, soidealta, so-mhuinte, steilleach, strangach

lazy-bed *n.* feannag *fem.*, feannag-taomaidh *fem.*

lazy-bones *n.* leisgeadair *masc.*

lea (land) *n.* glasach *masc.*, talamh glas *masc.*, banbh *masc.*, bàn-talamh *masc.*, fiadhair(e) *fem.*

Leach's petrel *n.* gealbh-roc *masc.*, gobhlan-mara *masc.*

lead *n.* luaidhe *fem.*

lead *vb.* stiùir, treòraich

lead (fishing line) *n.* clach-luaidhe *fem.*, trom *masc.*

lead (leash) *n.* lomhainn *fem.*

lead astray *vb.* saobh

lead-pencil *n.* peansail luaidhe *masc.*, rulaidh

leaden *adj.* luaidhe, luaidheach

leader *n.* ceannard *masc.*, neach-stiùiridh *masc.*, ceannabhair *masc.*, tòisiche *masc.*, treòraiche *masc.*, triath *masc.*

leading note (musical scale) *n.* treòrnota *masc.*

leading speaker *n.* prìomh neach-labhairt *masc.*

leaf *n.* duilleag *fem.*

leaf (of door) *n.* dor-dhuille *masc.*, duille-dorais *fem.*

leaflet *n.* bileag *fem.*

leafy *adj.* duilleagach

league *n.* lìog *masc.*, co-bhann *fem.*, co-cheangal *masc.*, com-pàirt *fem.*

league *vb.* co-cheangail

league (confederacy) *n.* caidreabh *masc.*

league (distance) *n.* lèige *fem.*

leaguer (siege) *n.* lèigeart *masc.*

leak *n.* aodion *masc.*

leak *vb.* snigh

leakiness *n.* aodionachd *fem.*

leaky *adj.* aodionach, snigheach, guiseach, taoimeach

lean *adj.* caol, tana, seang, blian, reangach, reangaichte, rongach, sgagach, siogaideach

lean *vb.* leig cudthrom, leig taic

lean-to *n.* sgailpean *masc.*, taigh-fuaraich *masc.*

leaning *n.* stic *masc.*

leaning *vb.* taobhachadh

leanness *n.* ana-cul *fem.*

leap *n.* leum *masc.*, clisgeadh *masc.*, cliseadh *fem.*, sgineadh *masc.*, sgineal *masc.*, sràideag *fem.*, starradh *masc.*

leap *vb.* leum, thoir leum, boc, clisg, clis, sùrdagaich

leap in the dark *n.* du(i)bh-leum *masc.*

leap year *n.* bliadhna-leum *fem.*

leaping *n.* leumartaich *fem.*, leumnaich *masc.*

learn *vb.* ionnsaich, fòghlaim

learned *adj.* ionnsaichte, fòghlamaichte, sgoilearach, fòghlaimte, iolanach, iùlmhor, leughanta, ollamhanta, saoitheil

learner *n.* ionnsaiche *masc.*, fòghlamaiche *masc.*

learners *n.* luchd-ionnsachaidh *masc.*

learning *n.* ionnsachadh *masc.*, sgoilearachd *fem.*, sgoil *fem.*, iùl *masc.*, oilean *masc.*

lease *n.* còir *fem.*, tac *fem.*, aonta *masc.*

lease *vb.* gabh air mhàl, gabh an aont, suidhich

leash *n.* iall *fem.*, lomhainn *fem.*

leash (for dog) *n.* contaod *masc.*

least *adj.* lugha

least significant character (computing) *n.* samhail mionaideach *masc.*

leather *n.* leathar *masc.*

leathery *adj.* leathrachail

leave *n.* cead *masc.*, fòrladh *masc.*

leave *vb.* fàg, trèig

leave alone *vb.* leig cead do, leig le, leig tàmh do

leave of absence *n.* cead neo-fhrithealaidh *masc.*

leave off *vb.* sguir

leave to own resources *vb.* leig air a c(h)eann fhèin, leig ga luim

leaved stock (flower) *n.* pincin *masc.*

leaven *n.* taois ghoirt *fem.*, brachan *masc.*

leavening *n.* toisneadh *masc.*

leaving *n.* trèigsinn *masc.*

leavings *n.* fuighleach *masc.*, fuigheall *masc.*

lecher *n.* drùisear *masc.*, dèidh-bhodach *masc.*, deòthasaiche *masc.*, drùiseach *masc.*

lecherous *adj.* drùiseach, sgaoilteach

lecherousness *n.* drùisealachd *fem.*, drùisearachd *fem.*

lechery *n.* drùis *fem.*

lectern *n.* oraidean *masc.*

lector *n.* fear-lèighinn *masc.*

lecture *n.* òraid *fem.*

lecture *vb.* thoir òraid, ollamhnaich

lecturer *n.* òraidiche *masc.*, neach-teagaisg *masc.*, ceachdadair *masc.*, colaisdear *masc.*

lecturing *n.* teagasg *masc.*

ledge *n.* leac *fem.*, palla *masc.*, trasnan *masc.*, farragan *masc.*, tàdh *masc.*, tadhach *masc.*

ledger *n.* leabhar-cunntais *masc.*

lee shore *n.* cladach an fhasgaidh *masc.*

lee side *n.* taobh an fhasgaidh *masc.*, taobh leis *masc.*

leech *n.* deala *fem.*, gonaidh *fem.*, seil-uisge *fem.*, sliagh *fem./masc.*, sumaire *masc.*

leech (blood-sucking worm) *n.* criodhar *masc.*

leek *n.* creamh-gàraidh *masc.*, cainneann *masc.*, folt-chìb *fem.*, leigis *fem.*

leekwake *n.* faraire *masc.*

leeky *adj.* deabhach

leer *vb.* miann-amhairc

lees *n.* deasgainn *fem.*, iargain *fem.*, moirt *fem.*, proghan *masc.*

leet *n.* taghadh *masc.*

leeward *adj.* air fasgadh, leis

left *adj.* clì, toisgeal, ceàrr, toisg, toisgealta

left hand *n.* cearrag *fem.*, ciotag *fem.*

left-handed *adj.* ceàrragach, ciotach, toisgealach, cearrach, ceàrr-làmhach, clì, clì-làmhach, tuathlach

left-handedness *n.* toisgealachas *masc.*

left-overs (food) *n.* còrr *masc.*, bealamas *masc.*

leg *n.* cas *fem.*, lurgann *fem.*

leg (meat) *n.* cas *fem.*, ceathramh-deiridh *masc.*, spòg *fem.*

legacy *n.* dìleab *fem.*

legal *adj.* laghail, reachdail, dligheach

legality *n.* laghalachd *fem.*, reachdalachd *fem.*

legate *n.* leagaid *masc.*

legatee *n.* dìleabach *masc.*, dìleabaiche *masc.*

legator *n.* tionnachair *masc.*

legend *n.* uirsgeul *masc.*, fionnsgeul *masc.*, seann-sgeulachd *fem.*, seann-sgeul *masc.*, sgeulachd *fem.*

legendary *adj.* uirsgeulach, seann-sgeulach

legerdemain *n.* cleasachd *fem.*, lùth-chleas *masc.*, caisreabhachd *fem.*, lùb-chleasachd *fem.*,

legible *adj.* so-leughte, so-leughaidh

legion *n.* leigian *masc.*

legionary *adj.* iomadaidheach

legislate *vb.* reachdaich

legislation *n.* reachdachd *fem.*, lagh-thabhartas *masc.*, reachdadh *masc.*, reachdaireachd *fem.*, reachdas *masc.*

legislative *adj.* reachdach, lagh-thabhairteach, reachdail, reachdmhor, reachd-thabhairteach

legislator *n.* reachdadair *masc.*, reachd-thabhairtear *masc.*

legislatorship *n.* lagh-thabhairteachd *fem.*

legitimacy *n.* dligheachas *masc.*, dligheachd-breithe *fem.*

legitimate *adj.* laghail, dligheach

leguminous *adj.* pòr-chochallach

leisure *n.* saor-ùine *fem.*, ùine shaor *fem.*, fois *fem.*, athais *fem.*, socair *fem.*, socradh *masc.*

leisure time activity *n.* cur-seachad *masc.*

leisurely *adj.* mall, athaiseach

leman *n.* leannan *masc.*

lemon *n.* liomaid *fem.*

lemon sole *n.* garbhag *fem.*, leabag cheàrr *fem.*

lemonade *n.* deoch-liomaid *fem.*

lemur *n.* leamur *fem./masc.*

lend *vb.* thoir an iasad, thoir iasad, thoir an coingheall

lend hand *vb.* cuidich, cuir làmh le

length *n.* fad *masc.*, faide *fem.*, sìneadh *masc.*

length (musical note) *n.* buanas *masc.*

length of time *n.* ùine *fem.*, tamall *masc.*

lengthen *vb.* fadaich

leniency *n.* pais *fem.*

lenient *adj.* acarra, meachnasach, paiseil, taiseachail

lenite *vb.* sèimhich

lenited *adj.* sèimhichte

lenition *n.* sèimheachadh *masc.*

lenitive *adj.* maoth-dhèanadach, taiseachail

lenity *n.* meachainn *fem.*, meachannas *masc.*

lens *n.* gloinne/glainne *fem.*, sùileag *fem.*

Lent *pr.n.* An Carghas

Lenten *adj.* Carghasach

lentil *n.* leantail *masc.*, peasair nan luch *masc.*

lentil porridge *n.* brochan ghall-pheasair *masc.*

lentous *adj.* slamanach

leopard *n.* liopard *masc.*, leòghann-craoibhe *masc.*, onnchon *masc.*

leper *n.* lobhar *masc.*

leprosy *n.* luibhre *fem.*, claimh *fem.*, mùire *fem.*, muire *fem.*, tachas *masc.*

leprous *adj.* lobh(a)rach

lesbian *n.* leasbach *fem.*, leisbeach *fem.*

lesbian *adj.* leasbach, leisbeach

less *adj.* nas lugha na

lessee *n.* gabhaltach *masc.*

lessen *vb.* lùghdaich, beagaich, dìbir, sùmhlaich

lesser black-backed gull *n.* farspag bheag *fem.*, farspach bheag *fem.*, sgaireag *fem.*

lesser celandine *n.* gràn-aigein *masc.*, searragaich *fem.*

lesser meadow rue *n.* rù beag *masc.*

lesser paunch *n.* luamaich *fem.*, luamh *fem.*

lesser periwinkle *n.* faochag *fem.*

lesser quaking grass *n.* conan beag *masc.*

lesser ragwort *n.* feannag-thalmhainn *fem.*

lesser reedmace *n.* bodan *masc.*

lesser sand-eel *n.* sìol biorach *masc.*, sìolag *fem.*

lesser shrew *n.* feòirneachan *masc.*, luch-shith *fem.*

lesser spearwort *n.* glas-leun *masc.*, lasair-lèana *fem.*

lesser spotted dogfish *n.* biorach *fem.*, dallag *fem.*, gobag *fem.*, iasg a' choin *masc.*, murlaoch *masc.*

lesser water parsnip *n.* folachdan *masc.*

lesser weever *n.* biast na fadhlach *masc.*, stangaran *masc.*

lesser yellow trefoil *n.* seangan *masc.*

lesson *n.* leasan *masc.*

let *n.* gabhaltas *masc.*

let *vb.* leig (do/le), ceadaich (do)

let (letting for hire) *n.* gabhaltas *masc.*, leigeil togalach *masc.*

let alone *vb.* leig (le), leig cead do, leig tàmh do

let at *vb.* leig chon

let blood *vb.* lannsaich, lighich

let go *vb.* cuir fa sgaoil, leig as

let matter rest *vb.* leig leis

let on *vb.* gabh (air), leig air ri

let pass *vb.* leig seachad

lethal *adj.* bàsmhor

lethal weapon *n.* uidheam bàsmhor *masc.*, sumaire *masc.*

lethargic *adj.* plumaideach, suaineach, pràmhach, suantach

lethargy *n.* clò-chadal *masc.*, marbh-sgìtheachd *fem.*, caileas *masc.*, galar cadalach, an *masc.*, gleò *masc.*, marbh-sgìos *masc.*, pràmhachd *fem.*, spad-thinneas *masc.*, suain-ghalar *masc.*, trom-chadal *masc.*, trom-shuain *fem.*

letter *n.* litir *fem.*, lide *masc.*

letter *vb.* litrich

letter A of Gaelic alphabet *n.* ailm *fem.*

letter B of Gaelic alphabet *n.* beith *fem.*

letter C of Gaelic alphabet *n.* coll *masc.*

letter D of Gaelic alphabet *n.* dair *fem.*

letter E of Gaelic alphabet *n.* eadha *fem.*

letter F of Gaelic alphabet *n.* feàrn *fem.*

letter G of Gaelic alphabet *n.* gort *masc.*

letter H of Gaelic alphabet *n.* uath *masc.*

letter I of Gaelic alphabet *n.* iogh *masc.*

letter L of Gaelic alphabet *n.* luis *masc.*

letter M of Gaelic alphabet *n.* muin *fem.*

letter N of Gaelic alphabet *n.* nuin *fem.*

letter O of Gaelic alphabet *n.* onn *masc.*

letter P of Gaelic alphabet *n.* peith *fem.*

letter R of Gaelic alphabet *n.* ruis *fem.*

letter S of Gaelic alphabet *n.* suil *fem.*

letter T of Gaelic alphabet *n.* teine *masc.*

letter U of Gaelic alphabet *n.* ur *masc.*

letter-bomb *n.* litir-spreadhaidh *fem.*

letter-box *n.* bogsa nan litrichean *masc.*

letter-carrier *n.* teachdaire-postachd *masc.*

lettered *adj.* litreach, ollachail

letting *n.* suidheachadh *masc.*, gabhaltas *masc.*

lettuce *n.* leiteas *fem.*, leiteis *fem.*, luibh *fem.*

leukaemia *n.* bànachadh-fala *masc.*

level *n.* inbhe *fem.*, còmhnard *masc.*, rang *fem./masc.*

level *adj.* còmhnard, rèidh, fa chomhair

level *vb.* socraich

level-crossing *n.* crasg rèidh *masc.*

leveller *n.* còmhnardaiche *masc.*

levelling *n.* lèidigeadh *masc.*

lever *n.* geimhleag *fem.*, crann-togalach *masc.*, maide-lunndaidh *masc.*, luamhan *masc.*, lund *masc.*, lunn *masc.*

levered *n.* gearrag *fem.*

leveret *n.* cuilean *masc.*, cuilean-maighich *masc.*, cuilean-maighiche *masc.*, gearrag *fem.*, pata *masc.*

leviathan *n.* libheadan *masc.*

levity *n.* aotromachd *fem.*, mire *fem.*, luaithsgean *masc.*, neo-sheasmhaidheachd *fem.*, neo-shuidhichteachd *fem.*

levy *n.* leibhidh *fem.*, togail *fem.*

levy *vb.* leag

lewd *adj.* baoiseach, baoiseil, collaidh, mì-gheanmnaidh, mì-gheimnidh

lewdness *n.* baois *fem.*, baoiseachd *fem.*, drùisealachd *fem.*

lexicographer *n.* facladair *masc.*, abardairiche *masc.*

lexicography *n.* faclaireachd *masc.*, briathradaireachd *fem.*, deachdainnearachd *fem.*

lexicon *n.* briathradair *masc.*, deachdainnear *masc.*

ley *n.* sgùrainn *fem.*

ley (land) *n.* riasg *masc.*

liabilities *n.* domhaoin *fem.*

liability *n.* buailteachd *fem.*, fiach *masc.*

liable (to) *adj.* buailteach (do)

liaison *n.* co-obrachadh *masc.*, ceangal *masc.*, nasgadh *masc.*

liaison officer *n.* oifigeach-ceangail *masc.*

liar *n.* breugaire *masc.*, breugaiche *masc.*, neach-brèige *masc.*, sabhdaire *masc.*

libel *n.* tuaileas *masc.*, in(n)isg *fem.*, aoireachd *fem.*, saobh-sgrìobhadh *masc.*, sgleò-èiligheachd *fem.*

libel *vb.* cuir tuaileas air, cuir alladh air

libeller *n.* tuaileasaiche *masc.*

libellous *adj.* tuaileasach, in(n)isgeach, dìteachail, maslachail

liberal *adj.* fialaidh, tabhairteach, duaiseach, fial, lachasach, neo-chrìon, neo-thruaillidh, ròramach, soidhineach, somalta, sonnalta

Liberal *n.* Libearalach *masc.*

Liberal Democratic Party, the *n.* Pàrtaidh Liberalach Democratach, am

liberalisation *n.* faothachadh *masc.*, fuasgladh *masc.*, saoradh *masc.*

liberality *n.* fialaidheachd *fem.*

liberate *vb.* saor, fuasgail, faothaich

liberating *n.* fuasgladh *masc.*, saoradh *masc.*

liberation *n.* saoradh *masc.*

liberator *n.* saoradair *masc.*

libertine *n.* ain-sriantach *masc.*

liberty *n.* saorsa *fem.*, neo-cheangaltas *masc.*

Libra *pr.n.* Meidh

librarian *n.* leabharlannaiche *masc.*

library *n.* leabharlann *fem.*, laibridh *masc.*, seòmar-leabhraichean *masc.*

libratory *adj.* co-mheigheachail

licence *n.* cead *masc.*, aonta *masc.*, barantas *masc.*

licensed *adj.* ceadaichte

licensee *n.* neach-ceada *masc.*

Licensing Board *pr.n.* Bòrd Ceadachaidh, Bòrd Ceadachd, Bòrd na Dibhe

licensing board *n.* bòrd-osdachd *masc.*

Licensing Court *pr.n.* Cùirt Osdachd

licentiate *n.* barantaiche *masc.*

lichen *n.* crotal *masc.*, grìoman *masc.*

lick *vb.* imlich, sliog

lid *n.* mullach *masc.*, cuibhrig *masc.*

lid (brod) *n.* ceann-poite *masc.*, fairceall *masc.*

lie *n.* breug *fem.*, sabhd *masc.*, sgeilm *fem.*

lie *vb.* laigh, sìn

lie in wait *vb.* sealg

lien *n.* còir-fhèich *fem.*, rèisgeadh *masc.*

lientery *n.* sìor-phlucas *masc.*

lieutenancy *n.* fo-fhlaitheachd *fem.*

lieutenant *n.* fo-cheannard *masc.*, tànaiste *masc.*, neach ionadach *masc.*

life *n.* beatha *fem.*, rè *fem.*

life (existence) *n.* bith *fem.*

life-assurance *n.* àrachas-beatha *masc.*, urras-beatha *masc.*

life-blood *n.* bith-bhrìgh *fem.*

life-cycle *n.* saoghal *masc.*

life-insurance *n.* àrachas-beatha *masc.*, urras-beatha *masc.*

life-rent *n.* beò-shlaint *fem.*

life-saving *n.* beatha-shàbhaladh *masc.*

lifebelt *n.* crios-teasairginn *masc.*

lifeboat *n.* bàta-teasairginn *masc.*

lifejacket *n.* seacaid-teasairginn *fem.*, seacaid-àirce *fem.*

lifeless *adj.* marbh, gun bheatha, dì-bith, neo-bheathail, neo-bheòthail, siolpach

lifestyle *n.* seòl-beatha *masc.*, dòigh-beatha *fem.*

lifetime *n.* rè *fem.*, beò *masc.*, saoghal *masc.*

lift *n.* àrdaichear *masc.*, beairt-thogail *fem.*

lift *vb.* tog

lifting *n.* togail *fem.*

ligament *n.* ball-nasg *masc.*, ceangal *masc.*, ceangalachan *masc.*

ligature *n.* bailc *fem.*, ceangladh *masc.*

light *n.* solas *masc.*, biùg *masc.*, loinnear *masc.*

light *adj.* aotrom, mùirneach, guanach,

light *vb.* las

light (active) *adj.* bearraideach

light (not dark) *adj.* soilleir, sorcha

light (settle) *vb.* laigh

light emitting diode *n.* diod-solais *masc.*

light entertainment *n.* feisteas aotrom *masc.*

light pen *n.* peann-solais *masc.*

light upon *vb.* tachair

light-fingered *adj.* mion-bhradach

light-headed *adj.* mear-cheannach

light-year *n.* solas-bhliadhna *fem.*

lighten (weight) *vb.* aotromaich

lighter *n.* lasadair *masc.*, inneal-lasrachaidh *masc.*

lighthouse *n.* taigh-solais *masc.*

lighting *n.* soillseachadh *masc.*

lightly *adj.* iollagach

lightness (weight) *n.* aotromas *masc.*, aotromachd *fem.*, sùmhlachd *fem.*

lightning *n.* dealanach *masc.*, faileas *masc.*, tein'-athair *masc.*, teinntreach *fem.*

like *n.* leithid *fem.*, coltas *masc.*, samhail *masc.*, mac-samhail *masc.*

like *adj.* coltach, samhail, co-choslach, ionamhail

like *vb.* is caomh le, is toil le, is math le

like (counterpart) *n.* cleas *masc.*

likelihood *n.* coltas *masc.*

likely *adj.* coltach, dàicheil

likeness *n.* ìomhaigh *fem.*, suaip *fem.*, riochd *masc.*, co-choslas *masc.*, mac-samhail *masc.*, seula *masc.*, s(i)unnailt *fem.*

likewise *adj.* mar an ceudna, maraon

liking *n.* spèis *fem.*, meas *masc.*, tlachd *fem.*, toghaidh *fem.*

lilac *n.* craobh liathghorm *fem.*

lilac *adj.* liath, liath-ghorm

lilting *adj.* cionthar

lily *n.* leug *fem.*, lili *fem.*

lily of the valley *n.* lili nan gleann *fem.*, lili nan lòn *fem.*

limb *n.* ball *masc.*, spadag *fem.*, spathalt *fem.*

limbed *n.* spathaltach *fem.*

limber *n.* conardan-sileadh *masc.*

limber *adj.* slatach, slatail, slatairta

lime *n.* aol *masc.*, mortal *masc.*, mortar *masc.*

lime *vb.* aolaich

lime (tree) *n.* teile *fem.*

lime-burner *n.* aoladair *masc.*

limekiln *n.* àth-aoil *fem.*, aol-shùirn *masc.*, sòrn-aoil *masc.*

limerick n. luimneach masc.

limestone n. aol-chlach fem.

limewater n. uisge-aoil masc.

limewhite adj. aolmhor

limit n. crìoch fem., iomall masc., rinndeal masc., stannart masc.

limit vb. crioslaich

limit (restriction) n. teòr masc.

limitary adj. crìoch-chaithriseach

limitation n. cuibhreach masc.

limited adj. earranta, cuibhrichte, beag, mion

Limited (Ltd) adj. Earranta

limited company n. companaidh earranta masc.

limous adj. làbarach, làthachail

limp n. ceum masc.

limp adj. bog

limp vb. bi bacach, bi cuagach, bi crùbach, bi cubhagach

limpet n. bàirneach fem., bàirneach bhoireann fem., copan-Moire masc., spàirneag fem.

limpid adj. soilleir

limping n. beiceadaich fem., cuachail fem.

limping adj. bacach, cuagach, crùbach, lùdach, stiocach

limy adj. aolmhor, claparach, làbaranach

line n. loidhne fem., sreath fem., lìn fem., ruaim fem., sgròb fem., sreang fem., strìoch fem.

line (written note) n. loidhne fem., linnich fem.

line vb. lìnig

line (copulate with) vb. cullaich, pìochair

line management n. rianachd shreathach fem.

line of staff (music) n. loidhne na clèithe fem.

line of symmetry n. loidhne-cothromachaidh fem.

line printer n. clò-bhualadair sreathach masc., clò-bhualadair-loidhne masc.

line-feed (computing) n. loidhne-stiùiriche masc.

line-fishing n. iasgach shreangan masc.

line-symmetry n. cothromachadh a reir loidhne masc., loidhne-cothromachaidh fem.

lineage n. sinnsireachd fem., sìol masc., sliochd fem., silidh masc.

lineal adj. comhad, linteach, sreangach, sreathail

linear programming n. programadh sreathach masc.

linen n. anart masc., lìon masc.

ling (fish) n. cìlean masc., donnag fem., langa fem.

ling (heather) n. fraoch masc.

linger vb. croch, rongaich

lingerer n. reangair masc., rongaire masc.

lingering n. mairneal masc., reangaireachd fem.

lingering adj. mairnealach, rongach, liosda

linguist n. cànanaiche masc., teangaiche masc., teangair masc., cainntear masc.

linguistic adj. cànanach

linguistics n. cànanachas masc., teangaireachd fem.

liniment n. cungaidh-leighis fem.

lining n. lìnig fem., lìnigeadh masc.

lining (copulating) n. piochradh masc.

link n. dòrnais fem., failbheag fem., stapall masc.

link (chain) n. tinne fem.

link course n. cùrsa-ceangail masc.

linkage n. co-cheangal masc.

linkage group n. buidheann co-cheangailte fem./masc.

links (land) n. fideach masc., fidean masc., machair fem./masc., oitir fem.

linkspan *n*. alt-aiseig *masc*.

linn *n*. linne *fem*.

linnet *n*. dìdig *fem*., gealbhan *masc*., gealan-lìn *masc*., bricean-beithe *masc*., glaisean *masc*., reabhag *fem*.

linseed *n*. fras-lìn *masc*.

linseed-oil *n*. ola-fhrois-lìn *fem*.

linsey-woolsey *n*. drògaid *fem*., ciolar *masc*.

lint *n*. caiteas *masc*., lìon *masc*.

lintel *n*. àrd-doras *masc*., adras *masc*., iomdhoras *masc*.

lion *n*. leòmhann *masc*.

lion's share *n*. cuid an t-searraich den chliath *fem*.

lion-tamer *n*. smachdair-leòmhainn *masc*.

lip *n*. bile *fem*., beilleag *fem*., liop *masc*., liopag *fem*.

lippie *n*. lìpin *masc*.

lippitude *n*. brach *masc*., prabaiche *fem*.

lipstick *n*. bioran-bile *masc*.

liquation *n*. so-leaghachd *fem*.

liquefaction *n*. leaghadh *masc*.

liquescency *n*. leaghantachd *fem*.

liqueur *n*. dram cùbhraidh *masc*., licear *masc*.

liquid *n*. lionn *masc*., leaghan *masc*., sile *fem*., tligheachd *fem*.

liquid crystal display (electronics) *n*. dealbh lionn-chriostalach *masc*.

liquidation *n*. leaghadh *masc*.

liquidator *n*. neach-leaghaidh *masc*., rèitiche *masc*.

liquify *vb*. leagh

liquor *n*. deoch *fem*.

liquorice *n*. carra-meille *masc*., maide milis *masc*., siùcar dubh *masc*.

lisp *n*. liot *masc*., mabaiche *fem*., liotachas *masc*., mab *masc*., mannd *masc*.

lisping *adj*. liotach, mabach, stadach, manntach

list *n*. liosta *fem*., rola *masc*., sreath *fem*., trusadh *masc*.

list *vb*. dèan liosta, liostaich

list (heel over) *vb*. fiar, sraon

listen *vb*. èisd, thoir èisdeachd, cluinn

listener *n*. neach-èisdeachd *masc*., claisniche *masc*.

listening *n*. èisdeachd *fem*.

listening comprehension piece *n*. earrann-èisdeachd *fem*.

listening test *n*. deuchainn-èisdeachd *fem*.

listing *n*. fiaradh *masc*., claonadh *masc*.

listless *adj*. coma, neo-aireil, neo-umhaileach

listlessness *n*. dìth-lùiths *masc*.

litany *n*. leadan *masc*., liotan *masc*.

literacy *n*. litearrachd *fem*., litearras *masc*.

literal *adj*. litireil

literalness *n*. litireileas *masc*.

literary *adj*. litreachail, ollachail

literary criticism *n*. breithneachadh-litreachais *masc*.

literate *adj*. litearra

literati *n*. luchd-litreachais *masc*.

literature *n*. litreachas *masc*.

litharge *n*. cac-an-airgid *masc*.

lithe *n*. liùgh *fem*.

lithograph *n*. gràbhal-cloiche *masc*.

lithographer *n*. gràbhaltaiche-cloiche *masc*.

lithography *n*. clach-ghràbhadh *masc*., clach-sgrìobhadh *masc*., gràbhalachd-cloiche *fem*.

lithomancy *n*. clach-fhaisneachd *fem*.

litigant *n*. agairteach *masc*., lagh-thagradair *masc*.

litigant *adj*. lagh-thagairteach

litigate *vb*. rach gu lagh, teann ri lagh

litigation *n.* agartachd *fem.*, agartas *masc.*

litigious *adj.* agartach, connspaideach, lagh-agartach, agarach, clambrach, dligheil, laghail, ràbach, tagaireach

litigiousness *n.* agartachd *fem.*

litmus *n.* liotmas *masc.*

litotes *n.* àicheamhas *masc.*

litre *n.* liotair *masc.*

litter *n.* sgudal *masc.*, treamsgal *masc.*, cladrach *masc.*

litter (bedding) *n.* liteir *fem.*

litter (brood of animals) *n.* cuain *fem.*, cuanag *fem.*

litter *vb.* cladraich

little *n.* beagan *masc.*

little *adj.* beag, meanbh, crìon, frith

little and little *adj.* beag is beag, beagan is beagan

little auk *n.* colcach bheag *fem.*, falc *fem.*, falcag *fem.*

little bustard *n.* coileach Frangach *masc.*

little finger *n.* cuisdeag *fem.*, lùdag *fem.*, lùdagan *masc.*, lùdan *masc.*, lùidean *masc.*

little grebe *n.* currghalan *masc.*, fad-monadh *masc.*, gobhachan-allt *masc.*, spàg-ri-tòn *fem.*

little gull *n.* crann-fhaoileag *masc.*, faoileag bheag *fem.*, faoileann bheag *fem.*

little louse *n.* dreòdan *masc.*

little owl *n.* comhachag bheag *fem.*

little shearwater *n.* fachach beag *masc.*

little stint *n.* luatharan beag *masc.*

little tern *n.* falcag *fem.*, steàrnal beag *masc.*, steàrnan beag *masc.*

littleness *n.* lughad *fem.*

live (dwell) *n.* fuirich *fem.*

live (dwell) *vb.* gabh còmhnaidh, gabh tàmh

live (exist) *vb.* mair

livelihood *n.* beò-shlaint *fem.*, bith-beò *fem.*, teachd-an-tìr *masc.*, beatha *fem.*, beòlan *masc.*, treabhadas *masc.*

liveliness *n.* suigeart *masc.*, frogan *masc.*, culm *masc.*

lively *adj.* suigeartach, froganta, sgairteil, baisgeil, beodhanta, bìoganta, bioganta, brisg, greannmhor, innsgineach, innsginneach, lurach, mearganta, sgeanail, sgrìdeil, smeacharra, smiorail, snagarra, spraiceil, spreigeil

liver *n.* àdha *masc.*, grùthan *masc.*, sgochraich *fem.*

liver fluke infestation *n.* plucach *masc.*, clupad *fem.*

liver necrosis *n.* dubh-ghalar, an *masc.*

liver-fluke *n.* pluc *masc.*

liverwort *n.* cuisle aibheach *fem.*, duilleag a' chruithneachd *fem.*

livestock *n.* stoc *masc.*, àirneis *fem.*

livid *adj.* dubh-bhuidhe, dùghorm

living *n.* beòthachd *fem.*, saoghal *masc.*

living *adj.* maireann

living-room *n.* rùm-còmhnaidh *masc.*, seòmar-còmhnaidh *masc.*

lizard *n.* ail-chuach *fem.*, arcan luachrach *masc.*, dearc luachrach *fem.*, laghairt *masc.*, nathair chasach *fem.*

loach *n.* breac beadaidh *masc.*

load *n.* eallach *masc.*, luchd *masc.*, uallach *masc.*, cudthrom *masc.*, làd *masc.*, làdach *masc.*, lòd *masc.*

load *vb.* luchdaich, sacaich, uallaich

load (cargo) *n.* bàidse *fem.*

loaded *adj.* làdach

loadstone *n.* clach-iùil *fem.*, clach-thàirnge *fem.*, leug-thàlaidh *fem.*, sreang-tart *fem.*, tarraing-art *masc.*

loaf *n.* buileann *fem.*, lofa *fem.*

loaf-bread *n.* aran-coinnich *masc.*

loamy *adj.* laomaidh

loan *n.* iasad *masc.*, coingheall *masc.*

loan capital *n.* calpa-iasaid *masc.*

loan-word *n.* facal-iasaid *masc.*

loath *adj.* leisg

loathe *vb.* gràinich, sgreataich, dubh-fhuathaich, sgreamhaich

loathing *n.* gràin *fem.*, sgreamh *masc.*, fuath *masc.*, farfas *masc.*, mì-ghreann *masc.*, sgreamhalachd *fem.*, sgreatachd *fem.*, sgreataidheachd *fem.*

loathsome *adj.* gràineil, sgreamhail, sgreataidh, an-dèistinneach, doinidh

loathsomeness *n.* gràinealachd *fem.*, an-dèistinn *fem.*

lobby *n.* trannsa *fem.*, lobaidh *fem.*, eadar-sheòmar *masc.*

lobby *vb.* coitich

lobbying *n.* coiteachadh *masc.*

lobbyist *n.* neach-coiteachaidh *masc.*

lobe *n.* sgumhan *masc.*

lobe (lower part of ear) *n.* clibean na cluaise *masc.*, failbhean *masc.*

lobe (plant) *n.* maothan *masc.*

lobed (plant) *adj.* maothanach

lobster *n.* giomach *masc.*

lobster-pot *n.* cliabh giomach *masc.*

lobworm *n.* biathainn-tràghad *fem.*, lobach *masc.*, lugas *masc.*

local *adj.* ionadail

local area network *n.* moglachadh ionadail *masc.*

local authority *n.* ùghdarras ionadail *masc.*

Local Authority Ombudsman *pr.n.* Neach-casaid nan Ughdarrasan Ionadail

local government *n.* riaghaltas ionadail *masc.*

Local Government (Scotland) Act 1973 *pr.n.* Achd an Riaghaltais Ionadail (Alba) 1973

Local Support Group *pr.n.* Buidheann Taice Ionadail

Local Vehicle Licensing Office *pr.n.* Oifis Ionadail Ceadachd Charbadan

locality *n.* sgìre *fem.*, ionadas *masc.*, ionadachd *fem.*

located *adj.* suidhichte

location *n.* làthair *fem.*

loch *n.* loch *masc.*

Lochaber-axe *n.* pìc mheallach *fem.*, tuagh-chatha *fem.*

lochan *n.* lochan *masc.*

lock *n.* glas *fem.*

lock *vb.* glais

lock (hair) *n.* dual *masc.*, cuailean *masc.*, cleachd *fem.*, ùrla *masc.*, slam *masc.*

lock (wool) *n.* càrlag *fem.*, ceadan *masc.*, slam *masc.*

lock tongue *n.* bioran na h-iuchrach *masc.*

lock-jaw *n.* glas-charbad *fem.*, glas-dheud *masc.*, glas-fhiacal *masc.*, glas-ghiall *fem.*

locket *n.* glasag-muineil *fem.*, seud-ghlasaidh *fem.*

locomotive *adj.* siùbhlachail

locum tenens *n.* neach-ionaid *masc.*

locus *n.* locas *masc.*

locust *n.* locast *masc.*, loisgionn *masc.*

lodge (e.g. water) *vb.* leabaich

lodge (lay flat, as grain) *vb.* laom

lodge complaint *vb.* casaidich

lodger *n.* loidsear *masc.*, tuiniche *masc.*, àrosach *masc.*, tuineach *masc.*

lodging *n.* loitseadh *masc.*, loistean *masc.*, aoigheachd *fem.*, ceathramh *masc.*, fàrdach *fem.*, tuineach *masc.*

lodging-house *n.* taigh-fuirich *masc.*

lodgings *n.* loidseadh *masc.*

lodgment *n.* leabachas *masc.*

loft *n.* lobht(a) *masc.*

log *n.* loga *masc.*, sail *fem.*, spàirn *fem.*, cnag *fem.*, faidhle aistridh *masc.*, òrd *masc.*, sgonn *masc.*, smatan *masc.*

log in (computing) *vb.* cuir a-steach

log off (computing) *vb.* cuir dheth

log on (computing) *vb.* cuir air

log out (computing) *vb.* cuir a-mach

log-book *n.* leabhar-latha *masc.*

loganberry *n.* smeur Loganach *fem.*

logic circuit *n.* cuairtean loidigeach *fem.*

logistics (calculation) *n.* àireamhachd *fem.*

logistics (operation) *n.* solarachd *fem.*

loin *n.* leasradh *fem.*, blian *masc.*, losaid *fem.*

loin-cloth *n.* iall na leasraidh *masc.*

loiterer *n.* loigear *masc.*, reangair *masc.*, rongaire *masc.*

loitering *n.* cuachail *fem.*, gabhdaireachd *fem.*, reangaireachd *fem.*, loigearachd *fem.*, luaidhrean *masc.*

loitering *adj.* mall-shiùbhlach, mall-thriallach

London pride *n.* càl Phàdraig *masc.*

loneliness *n.* aonranachd *fem.*, aonranachas *masc.*, uamhaltachd *fem.*

lonely *adj.* aonranach

lonesome *adj.* uaigealta, uaigneach

long *adj.* fada, sìor

long *vb.* gabh fadachd, ionndrainn, miannaich, lùig, sanntaich

long jump *n.* leum-ròid *masc.*, leum fada *masc.*

long leet *n.* tùs-thaghadh *masc.*

long shot *n.* urchair an doill ris an abhainn *masc.*

long-ago *adj.* o chionn fhada, an cèin

long-beaked porpoise *n.* muc bhiorach *fem.*

long-distance *adj.* cian

long-division *n.* roinn fhada *fem.*

long-eared bat *n.* dialtag chluasach *fem.*, ialtag chluasach *fem.*

long-eared owl *n.* comhachag adharcach *fem.*, comhachag-adharcaiche *fem.*, mulchan *masc.*

long-haired *adj.* ròinnidh

long-legged *adj.* luirgneach

long-limbed *adj.* siogaisdeach, sìth-fhad

long-lived *adj.* fad-shaoghalach, maireannach, saoghalta

long-player *n.* clàr mall *masc.*

long-sighted *adj.* fad-fhradharcach

long-spined sea-scorpion *n.* ceannan *masc.*, greusaiche *masc.*

long-suffering *n.* fad-fhulangachd *fem.*, foighideachas *masc.*, iom-fhulang *masc.*

long-suffering *adj.* fad-fhulangach

long-tailed *adj.* earballach, peucach

long-tailed duck *n.* caothail *fem.*, easan-mara *masc.*, eun-binn *masc.*, eun-buchainn *masc.*, lach-bhinn *fem.*, lach-bhuchainn *fem.*

long-tailed fieldmouse *n.* feasgar-luch *fem.*, feòrlagan *masc.*, luch-fheòir *fem.*

long-tailed skua *n.* fasgadair stiùireach *masc.*

long-tailed tit *n.* cailleach bheag an earbaill *fem.*, cìochan *masc.*, mionntan *masc.*

long-term *adj.* fad-ùine, cian

long-winded *adj.* fad-anaileach, comhraideach, leacach, ràsanach

longevity *n.* fad-shaoghalachd *fem.*

longing *n.* fadal *masc.*, iarraidh *masc.*

longitude *n.* ear-astar *masc.*, iar-astar *masc.*

look *n.* sealladh *masc.*, sùil *fem.*, aogas *masc.*

look *vb.* seall, dearc, coimhead

look-out boat *n.* bàta-faire *masc.*

look-out man *n.* fear-innse nan uisgeachan *masc.*

look-up table (computing) *n.* clàr-luirg *masc.*

looker on *n.* neach-amharc *masc.*

looking *n.* sealltainn *masc.*

looking *adj.* sealltach

looking-glass *n.* sgàthan *masc.*

loom *n.* beairt-fhighe(adaireachd) *fem.*, seòl-fighe *masc.*

loon (diving bird) *n.* learga *fem.*

loop *n.* lùb *fem.*, eag-sùl *fem.*

loophole *n.* lùbach *fem.*, port-gunna *masc.*, sùil *fem.*, toran *masc.*

loose *adj.* flagach, fuasgailte, lasach, lachasach, stèilleach, tearbaidhte

loose *vb.* fuasgail, tualaig

loosen *vb.* iom-sgaoil, lasaich, iom-fhuasgail

looseness *n.* fosgailleachd *fem.*, sannadh *masc.*, stèille *fem.*

loosening *n.* sannadh *masc.*

loosestrife *n.* conaire *fem.*, lus nan sibhreach *masc.*

lop *vb.* snaidh, sgud, meang, sgath, stoth

lop-sided *adj.* leth-oireach

lopped *adj.* snasail, snasmhor

lopper *n.* sgathaire *masc.*

lopping *n.* snaidheadh *masc.*, snasachd *fem.*, stothadh *masc.*, sgudadh *masc.*, snaidh *fem.*, talladh *masc.*

lopping *adj.* snaidheach, snastach

loquacious *adj.* briathrach, labhairteach, bruidhneach, labhar, ladarna, ràsanach, sgeileasach, sgoileamach, teangach

loquaciousness *n.* teangaireachd *fem.*

loquacity *n.* abartachd *fem.*, fad-labhairt *fem.*, labhrad *masc.*, ràsan *masc.*, sgoileam *masc.*

lord *n.* morair *masc.*, tighearna *masc.*, triath *masc.*

Lord Advocate *pr.n.* Morair Tagraidh

Lord Chief Justice *pr.n.* Prìomh Mhorair a' Cheartais, Prìomh Mhorair an Lagha

lord high admiral *n.* prìomh-àrd-mharaiche *masc.*

Lord High Commissioner *pr.n.* Ard-Choimiseanair a' Chrùin, Ard-Riochdaire a' Chrùin

Lord Lieutenant *pr.n.* Morair-ionaid a' Chrùin, Riochdaire a' Chrùin

Lord Lovat *pr.n.* Mac Shìmidh

lord mayor *n.* àrd-bhàillidh *masc.*, mòr-mhaor *masc.*

Lord of the Isles *pr.n.* Tighearna nan Eileanan, Triath nan Eilean, Buachaille nan Eilean, Rìgh-Fhionngall

Lord President *pr.n.* Ard-Mhorair

Lord President of the Court of Session *pr.n.* Ard-mhorair an t-Seisein

Lord's Prayer *n.* Urnaigh an Tighearna *masc.*, paidir *fem.*

Lord, the *pr.n.* Tighearna, an, Dia, Cruthaidhear, an, Triath, an

lordliness *n.* sgòd *masc.*

lordly *adj.* maighstireil, smachdail

lordship *n.* tighearnachd *fem.*, moraireachd *fem.*, tighearnas *masc.*, tuaith *fem.*

lorimer *n.* srianadair *masc.*

lorry *n.* làraidh *fem.*, carbad-slaodaidh *masc.*

lose *vb.* caill

loser *n.* creanaiche *masc.*

loss *n.* call *masc.*, dolaidh *fem.*, dìobhail *masc.*, deireas *masc.*, domail *fem.*, earchall *masc.*, olc *masc.*, puthar *masc.*, sgad *masc.*, sgathadh *masc.*

lost *adj.* caillte, faondrach, air chall, air faondradh, mu làr

lot *n.* cuid *fem.*

lot (destiny) *n.* crannchar *masc.*, dàil *fem.*

lot (lottery) *n.* crann *masc.*

loud *adj.* àrd, sgairteil, labhairteach, labhar, loinnreach, oscarach

loud (forte) *adj.* labhar

loud-voiced *adj.* guthmhor

loudly *prep.* os àird

loudspeaker *n.* labhradair *masc.*, glaodhaire *masc.*, labhrair *masc.*

lough *n.* loch *masc.*

lounge *n.* sèis *masc.*

lounge *vb.* sìn, rongaich

lounger *n.* rongaire *masc.*, luinnsear *masc.*, santair *masc.*, seotaire *masc.*, sràidear *masc.*, srathair *masc.*, stocach *masc.*

lounging *n.* sràid-imeachd *fem.*

lounging *adj.* rongach

louping-ill *n.* a' chrith *fem.*

louse *n.* mial (ghlas) *fem.*, smarach *masc.*, uadhag *fem.*

louse *vb.* mialaich

lousewort *n.* bainne crodh-laoigh *masc.*, bainne-bo-gamhnach *masc.*, bainne-gamhnaich *masc.*, lus nam mial *masc.*, lusan-grolla *masc.*

lousiness *n.* daolaireachd *fem.*

lousy *adj.* mialach, daolaireach

lovage *n.* luibh an liùgair *masc.*

love *n.* gaol *masc.*, gràdh *masc.*, miadh *masc.*, dìlseachd *fem.*, oidean *masc.*, oideas *masc.*, rùn *masc.*, tlachd *fem.*

love *vb.* gaolaich, gràdhaich

love (object of affection) *n.* leannan *masc.*

love-affair *n.* gnothach-gaoil *masc.*

love-call *n.* gairm-gaoil *fem.*

love-in-a-mist *n.* lus an fhògraidh *masc.*, lus MhicRaonaill *masc.*

love-lies-bleeding *n.* lus a' ghràidh *masc.*, lus maireannach *masc.*

love-making *n.* suirghe *fem.*, sùgradh *masc.*

love-philtre *n.* mòthan *masc.*

love-song *n.* òran-gaoil *masc.*, mànran *masc.*

love-token *n.* seagh-suiridh *fem.*, seud-suiridh *masc.*

loved *adj.* toigh

loveless *adj.* dì-bàigh

loveliness *n.* bòidhchead *fem.*, maise *fem.*, àilleachd *fem.*, gràdhmhorachd *fem.*

lovely *adj.* àlainn, bòidheach, maiseach, àillidh, brèagha, lurach, gràdhmhor, ionmhainn, lurach, sgèimheach, tlachdmhor

lover *n.* leannan *masc.*, gràdh *masc.*, cuaras *masc.*, suiridheach *masc.*, suirthiche *masc.*

loving *n.* gràdhachadh *masc.*, rùnachadh *masc.*

loving *adj.* gràdhach, gaolach, carantach, deala, ionmhainn, spèiseil, tairis

low *adj.* ìseal

low *vb.* geum, langain, bùir, langanaich

low band *n.* bann ìosal *masc.*

low blood pressure *n.* bruthadh-fala ìosal *masc.*

low ebb *n.* ìsle-mhara *fem.*

low tide *n.* cridhe na tràghad *masc.*, ìsle-mara *fem.*

low water *n.* muir-tràigh *fem.*

low-level language (computing) *n.* cànan-cruinneachaidh *masc.*

low-spirited *adj.* muladach, trom-inntinneach, smuaireanach

lower *adj.* ìochdarach

lower abdomen *n.* bòdhan *masc.*

lower lip *n.* beul-ìochdair *masc.*

lowering *adj.* amhaidh, greannach

lowest *adj.* ìochdarach

lowing *n.* bùirich *fem.*, nuallanaich *fem.*, langanaich *fem.*, bàirich *fem.*, rannan *masc.*

lowing *adj.* nuallach, nuallanach

Lowlander *n.* Gall *masc.*, Machaireach *masc.*

loyal *adj.* dìleas

loyalist *n.* dìlseach *masc.*

loyalty *n.* dìlseachd *fem.*

lozenge *n.* loisin *fem./masc.*

lubber *n.* rag-bhalach *masc.*, trosg *masc.*

lubberly *adj.* neo-chruadalach

lubricate *vb.* slìomaich, olaich, lìomh, crèis, dèan sleamhainn, slìob, slìog

lubricated *adj.* slìom, olaichte, slìogach, slìogarra

luck *n.* sealbh *masc.*, fortan *masc.*, rath *masc.*, àgh *masc.*, manadh *masc.*, marachd *fem.*, seannsa *masc.*, sonas *masc.*

luck-penny *n.* meachainn *fem.*, peighinn-phisich *fem.*

luckless *adj.* mì-fhortanach, mì-shealbhach, neo-shona

lucky *adj.* sealbhach, fortanach, sèamhasach, sèamhasar, sèamhsail, seanach, seannsar, seunail, seunta, sona, sonasach

lucrative *adj.* sochaireach, socharach

ludicrous *adj.* amhailteach, briosairneach, duaineil

luff *n.* taom *masc.*

luggage *n.* lòdrach *fem.*, lòdraich *fem.*, pacraidhe *fem.*

luggage *adj.* sacraidh

luggie *n.* biceir *masc.*, lugaidh *fem.*, meadar *masc.*

lugworm *n.* biathainn-tràghad *fem.*, deallag *fem.*, lugaidh *fem.*

lukewarm *adj.* meadh-bhlàth, flodach, tlàth, loireach, plodach, slapach

lukewarmness *n.* meadh-bhlàths *masc.*, meath-thogradh *masc.*

lull *n.* beilghe *fem./masc.*, slamadh *masc.*

lullaby *n.* tàladh *masc.*, ceòl-cadail *masc.*, fonn-cadail *masc.*, blainnteag *fem.*

lumbago *n.* dromairt, an *fem.*, leum-droma, an *masc.*

lumbar *adj.* leasraidheach

lumbar region *n.* caol an droma *masc.*

lumbar vertebrae *n.* cnàmhan caol an droma *pl.*

lumber *n.* trealaich *fem.*, truidhleach *masc.*, acaran *masc.*, droigheann *masc.*, traghais *fem.*

lumber-room *n.* trus-àite *masc.*

lumen (anatomy) *n.* crò *masc.*

luminary *n.* soillse *fem.*

luminescence *n.* boillsgeachd *fem.*, soillseachd *fem.*

luminescent *adj.* boillsgeach, soillseach

luminous *adj.* solasmhor, aitealach, soilleir, ialach, solasach

lump *n.* cnap *masc.*, pluc *masc.*, meall *masc.*, cnuachd *fem.*, croit *fem.*, fadhb *fem.*, faob *masc.*, geòbht *masc.*, modaidh *masc.*, òirde *fem.*, pait *fem.*, pribide *fem./masc.*, reachd *fem.*, robhd *masc.*, tùdan *masc.*

lump (shapeless mass) *n.* suagaraid *fem.*

lump (swelling) *n.* pait *fem.*

lump sum *n.* cnap-shuim *fem.*

lumpfish *n.* carran-creige *masc.*, carrachan *masc.*, greusaiche *masc.*, murcan *masc.*

lumpish *adj.* plocanta, ulpach

lumps *n.* cnaipileis *masc.*, leann dubh *masc.*

lumpsucker *n.* cearc-mhara *fem.*

lumpy *adj.* cnapach, plucach, ceigeach, faogach

lunacy *n.* mearan-cèille *masc.*, tinneas-na-gealaich *masc.*

lunar *adj.* gealachail

lunar caustic *n.* clach ghorm *fem.*

lunatic *n.* neach cuthaich *masc.*

lunch *n.* biadh meadhan-latha *masc.*, lòn *masc.*, greim-neòin *masc.*, ruisean *masc.*

lunch-break *n.* tràth-bìdh *masc.*

lunch-break (school) *n.* pleidhe mòr *masc.*

lunch-time *n.* àm a' bhìdh *masc.*

luncheon *n.* biadh meadhan-latha *masc.*, lòn *masc.*, mìr *masc.*, ruisean *masc.*

lung *n.* sgamhan *masc.*

lung cancer *n.* aillse sgamhanach *fem.*

lung-fish *n.* iasg-sgamhain *masc.*

lunge *n.* stobadh *masc.*, luinns *fem.*

lunged *adj.* àineanach

lupin *n.* gall-pheasair *masc.*

lupus *n.* cnàmhainn *fem.*

lurch *n.* tulgadh *masc.*, stadhadh *masc.*, gorrochdadh *masc.*

lurch *vb.* siar

lurcher (dog) *n.* gadhar *masc.*, leth-chù *masc.*

lurching *n.* tulgadh *masc.*

lurching *adj.* tulgach

lust *n.* feòlmhorachd *fem.*, drùis *fem.*, ana-miann *masc.*, anamaint *fem.*, baois *fem.*, baoiseachd *fem.*, baoisealachd *fem.*, connan *masc.*, lasadh *masc.*, sannt *masc.*

lust *vb.* sanntaich, miannaich

lustful *adj.* feòlmhor, drùiseach, ana-miannach, baoiseach, baoiseil, miannasach

lustfulness *n.* feòlmhorachd *fem.*, sanntachd *fem.*

lustiness *n.* domhaileachd *fem.*, steille *fem.*

lustre *n.* dealrachd *fem.*, gleansachd *fem.*, lusga *masc.*

lustrous *adj.* dealrach, gleansach, sionn

lusty *adj.* stèilleach, tàbhach

lutanist *n.* liutanaiche *masc.*

lute *n.* crèadh-ghlaodh *masc.*, dus *masc.*, liut *fem./masc.*

lute (instrument) *n.* farch-chiùil *fem.*

luxuriant *adj.* fàsmhor, diasadach, cnuasmhor, diasach, planntrach, trom

luxurious *adj.* sòghail, beadaidh, ròiceil, sodalach

luxuriousness *n.* sòghalachd *fem.*, beadaidheachd *fem.*, ròicealachd *fem.*

luxury *n.* sòghalachd *fem.*, sògh *masc.*, saimhe *fem.*, saimheachas *masc.*, suaimhneas *masc.*, toic *fem.*

lye *n.* fàrdath *masc.*, leug *fem.*

lying *adj.* breugach, sabhdach

lykewake *n.* falairidh *fem.*

lyme-grass *n.* taithean *masc.*

lymph *n.* fionn-leann *masc.*, sùgh-cuirp *masc.*

lymphad *n.* long fhada *fem.*

lymphatic gland *n.* fàireag a' mheòig *fem.*

lymphatic system *n.* cuairt a' mheòig *fem.*

lymphatic tubule *n.* pìob-meòig *fem.*

lynchpin *n.* crann-tarrang *fem.*, tarrang-aisle *fem.*, tarrung-aisil *masc.*

lynx *n.* lioncs *masc.*

Lyon King-at-arms *pr.n.* Ceann nan Sìth-Mhaor

lyre *n.* fairchil *fem.*, fuiril *fem.*

lyric *n.* ealaidh *fem.*, liric *fem.*

lyricism *n.* liriceachd *fem.*

lysosome *n.* liososom *masc.*

lythe *n.* liùgh *fem.*, pollag *fem.*, caileag *fem.*, liùbh(a) *fem.*

M

macadamise *vb.* macadhamhaich

macaroni *n.* macaronaidh *masc.*, gasganach *masc.*

MacAulay Institute for Soil Research *pr.n.* Comann Leasachadh na Talmhainn

mace *n.* slat-shuaicheantais *fem.*, màs *masc.*

mace-bearer *n.* màsair *masc.*

macerate *vb.* bogaich, bruth, cnàmh

maceration *n.* masgachadh *masc.*

machair *n.* machair(e) *fem./masc.*

machination *n.* tionnsgal *masc.*

machine *n.* inneal *masc.*, beairt *fem.*, angrais *masc.*, innleachd *fem.*

machine code *n.* cànan-inneil *masc.*, còd-inneil *masc.*

machine instruction *n.* àinte-inneil *fem.*

machinery *n.* innealradh *masc.*, innlealraidh *fem.*, obair-chèardail *fem.*

macho *adj.* fearail

mackerel *n.* rionnach *masc.*, breac-mara *masc.*, breac-mhara *masc.*, reannach *masc.*

mackerel-breeze *n.* sgùird-shoirbheis *fem.*

mackerel-sky *n.* breac a' mhuilinn *masc.*, breacan-rionnaich *masc.*

macromolecule *n.* macro-mhoileciuil *masc.*

macrophyll *n.* mòr-dhuilleag *fem.*

mactation *n.* ìobrachadh *masc.*

maculation *n.* drùthadh *masc.*

mad *adj.* air chuthach, as a c(h)iall, neo-chiallach, tilgte

madder *n.* màdar *masc.*

madder (plant affording red dye) *n.* màdair *masc.*

madhouse *n.* taigh cuthaich *masc.*

madness *n.* cuthach *masc.*, màinidh *fem.*

Madonna-lily *n.* meacan an tathabha *masc.*

maestro di capella *n.* maighstir-foirinn *masc.*

magazine *n.* iris *fem.*, irisleabhar *masc.*, stòr *masc.*

magazine (armoury) *n.* armlann *masc.*, arm-thaisg *fem.*, arm-thaigh *masc.*, arm-thasgaidh *fem.*, domairn *fem.*

magazine (loader) *n.* cèis-bhiadhaidh *fem.*

maggot *n.* cnuimh *fem.*, spiantag *fem.*, baoiteag *fem.*, cnothag *fem.*, cnuimheag *fem.*, gìth *fem.*, spiantagach *fem.*

maggotty *adj.* spiantagach

magic *n.* draoidheachd *fem.*, geasan *masc.*, asarlachd *fem.*, druidheachd *fem.*, sgoil dubh *fem.*, siobhraich *fem.*

magic square *n.* ceàrnag sheunta *fem.*

magic wand *n.* slat-draoidheachd *fem.*, slachdan-draoidheachd *masc.*

magician *n.* draoidh *masc.*

magisterial *adj.* maighstireach, marasglach, stàiteal

magistrate *n.* bàillidh *masc.*, maighistir-lagha *masc.*, britheamh *masc.*, stàit *masc.*

magma *n.* magma *masc.*

magnanimity *n.* mòr-mheanmna *masc.*, mòr-aigeantachd *fem.*, mòr-aigne *masc.*, onoir *fem.*, treuntas *masc.*

magnanimous *adj.* mòr-mheanmnach, mòr-inntinneach, neo-chrìon, òr-bheartach

magnet *n.* clach-iùil *masc.*, magnat *masc.*, tarrang-art *masc.*

magnetic *adj.* iuìl-tharraingeach, sreang-artach, tarraingeach

magnetic core memory *n.* cuimhne bhuillsgean tharraingeach *masc.*

magnetic ink character recognition *n.* aithneachadh inc-tharraingeach *masc.*

magnetism *n.* dlùth-tharraingeachd *fem.*, iùil-tharraing *fem.*

magnetite *n.* magnaitit *fem.*

magnification *n.* meudachadh *masc.*

magnificence *n.* mòralachd *fem.*, greadhnachas *masc.*

magnificent *adj.* mòrail, greadhnach

magnifier *n.* meudaichear *masc.*, gloine-mheudaiche *fem.*

magnify *vb.* meudaich, mòraich

magnifying glass *n.* glainne-mheudachaidh *fem.*, gloine-mheudachaidh *fem.*

magniloquence *n.* mòr-bhruidhneachas *masc.*

magnitude *n.* meudachd *fem.*, meud *masc.*, tomalt *masc.*

magpie *n.* athaid *fem.*, breac-mhac *masc.*, pioghaid *fem.*, pithean *masc.*

mahogany *n.* mahoganaidh *masc.*

maid *n.* maighdeann *fem.*, rìbhinn *fem.*, suire *fem.*

maid-servant *n.* ban-oglach *fem.*, searbhanta *fem.*, banoglach *fem.*, maodalach *fem.*

maiden *n.* òigh *fem.*, maighdeann *fem.*, nighean *fem.*, fiurnag *fem.*, gruagach *fem.*, mùrn *masc.*, stìomag *fem.*

maiden (chaste) *adj.* maighdeannail

maiden-ray (fish) *n.* sgite *fem.*, sgith *fem.*

maidenhair-fern *n.* failtean fionn *masc.*

maidenhair-spleenwort *n.* dubhchasach *fem.*, lus na seilge *masc.*

maidenhead *n.* maighdeannas *masc.*, spiligean-mullaich *masc.*, ùr-ghlaine *fem.*

maidenhood *n.* nàire *fem.*, maighdeannas *fem.*

mail *n.* post *masc.*

mail (armour) *n.* màille *fem.*, màilleach *fem.*

mail order *n.* òrdugh tron phost *masc.*

mailed (armoured) *adj.* màilleach

maim *vb.* leòn, ciùrr, dochainn, eirblich, mabail, martraich

maiming *n.* leòn *masc.*, ciùrradh *masc.*, dochann *masc.*, mabladh *masc.*, martrachadh *masc.*

main clause *n.* prìomh-roinn *fem.*

main road *n.* prìomh-rathad *masc.*, rathad mòr *masc.*

main store *n.* prìomh-stòr *masc.*

main thoracic duct *n.* pìob mhòr a' mheòig *fem.*

main-course *n.* aiseid *fem.*, prìomh chùrsa *masc.*

maindoor *n.* doras mòr *masc.*, doras-aghaidh *masc.*, prìomh-dhoras *masc.*, doras-beòil *masc.*

mainframe *n.* mòr-chompiutair *masc.*, prìomh-chèis *fem.*

mainhalyard *n.* ball mòr *masc.*

mainland *n.* tìr-mòr *masc.*, mòr-thìr *fem.*

mainlander *n.* mòr-thìreach *masc.*

mainmast *n.* crann mòr *masc.*, crann-meadhain *masc.*, prìomh-chrann *masc.*

mains (land) *n.* mànas *masc.*

mainsail *n.* prìomh-sheòl *masc.*, seòl meadhanach *masc.*, seòl mòr *masc.*, seòl-meadhan *masc.*, toiseach-gaoithe *masc.*

mainsheet *n.* sgòd an t-siùil mheadhain *masc.*, sgòd an t-siùil thoisich *masc.*

mainspring *n.* cridhein buidhe *masc.*

maintain (hold forth) *vb.* cum a-mach, tagair

maintain (support) *vb.* cum suas, glèidh

maintainable *adj.* so-sheasamh, so-chòmhdachaidh

maintainableness *n.* so-choisinnteachd *fem.*

maintenance *n.* cumail suas *masc.*, gleidheadh *fem.*, buannachd *fem.*, cothachadh *masc.*

maize *n.* cruithneachd Innseanach *masc.*, maois *fem.*

maize porridge *n.* lit' Innseanach *fem.*

majestic *adj.* mòrail, uaibhreach, flathail

majesty *n.* mòrachd *fem.*, rìoghalachd *fem.*

major *n.* màidsear *masc.*

major *adj.* trom

major *pref.* prìomh

major (music) *adj.* màidsear, mòr-

major key *n.* mòr-ghleus *masc.*

major road *n.* rathad mòr *masc.*

majority *n.* mòrchuid *fem.*, cuid mhòr *fem.*, a' chuid as motha *fem.*, leth as motha *masc.*

make *vb.* dèan, cruthaich

make amends *vb.* pàigh

make friends (with) *vb.* cuir a-staigh (air), fàs càirdeil ri

make fun of *vb.* dèan fealla-dha de, cuir air ioladh, dèan magadh air

make light of *vb.* cuir an suarachas, cuir an neoini

make merry *vb.* sùgair

make nothing of *vb.* thoir pùic dheth

make up (arrange) *vb.* sgeadaich

make-up *n.* rìomhadh *masc.*, snasachadh *masc.*

makeshift *adj.* ann an earraicis, earraiciseach

maladministration *n.* mì-riaghladh *fem.*, mì-riaghladaireachd *fem.*

malady *n.* tinneas *masc.*, eucail *fem.*, galair *masc.*, aicidh *fem.*

malapropism *n.* ain-eirmseachd *fem.*

malaria *n.* maileiria *fem.*

malcontent *adj.* mì-riaraichte *masc.*

malcontent *n.* neach do-riaraichte *masc.*, neach mì-thoilichte *masc.*

male *n.* fireannach *masc.*

male *adj.* fireann

male fern *n.* marc-raineach *fem.*

male nurse *n.* fear-altraim *masc.*

maledicency *n.* searbh-chainnteachd *fem.*

maledicent *adj.* searbh-chainnteach

malefic *adj.* lochdmhor

maleficent *adj.* olc-dhèanadach

malevolence *n.* mì-rùn *masc.*

malic *adj.* mailig

malice *n.* mì-rùn *masc.*, droch-rùn *masc.*, gamhlas *masc.*, miosgainn *fem.*, nàimhdeas *masc.*, nimh *masc.*, spìd *masc.*, tnùth *masc.*

malicious *adj.* droch-rùnach, spìdeach, nimheil, acaiseach, aingeach, aingealta, aingeant, miosgainneach, tnùthail, tnùthmhor

maliciousness *n.* droch-rùnachd *fem.*

malignant *adj.* ailseach, nimheil

malingering *n.* tinneas fallsa, an *masc.*

mall *n.* òrd *masc.*

mallard *n.* lach bhreac *fem.*, lach riabhach *fem.*, lach uaine *fem.*, lacha riabhach *fem.*, lach-Mhoire *fem.*, tunnag fhiadhaich *fem.*

mallard (female) *n.* lacha ruadh *fem.*

malleable *adj.* ion-oibrichte

malleate *vb.* leathnaich

malleolus *n.* òrd *masc.*

mallet *n.* fairche *masc.*, slac *masc.*, plocan *masc.*, blocan *masc.*, faireachair *masc.*, fairgean *masc.*, farachan *masc.*, farchachan *masc.*, simid *masc.*, smiste *fem.*, tuairneal *masc.*

mallow *n.* lus nam meall *masc.*, maloimh *masc.*

mallow species *n.* crubh-chumhadh *masc.*, grobais *masc.*, mil-mheacan *masc.*, socas *masc.*

malmsey *n.* fion-mailmhaiseach *masc.*, mailmheas *masc.*, mailmheasach *masc.*

malnutrition *n.* easbhaidh-beathachaidh *fem.*, cion a' bhìdh *masc.*

malt *vb.* brach

malt (fermented grain) *n.* braich *fem.*

malt whisky *n.* mac na bracha *masc.*

malt-kiln *n.* àth-bhracha *fem.*, àth-bhrachaidh *fem.*

malt-mill *n.* muileann-bracha *fem./masc.*, muileann-brachaidh *fem./masc.*

malting *n.* bogadh-an-t-sìl *masc.*

maltman *n.* brachadair *masc.*

maltreat *vb.* droch-làimhsich, beubanaich

maltreatment *n.* reusbanadh *masc.*

maltster *n.* brachadair *masc.*

mammal *n.* mamal *masc.*, ùthach *masc.*

mammal *adj.* sinneach

man *n.* duine *masc.*, fear *masc.*, fireannach *masc.*

man *vb.* sgiob

man in the moon *pr.n.* Dòmhnall na Gealaich, Calum na Gealaich

man of God *n.* diadhair *masc.*, pears-eaglais *masc.*, diadhach *masc.*

man of letters *n.* saoidh *masc.*, sruthan *masc.*

man-of-war *n.* long-chogaidh *fem.*

man-servant *n.* òglach *masc.*

manacle *n.* glas-làmh *fem.*, làmhghlas *fem.*, dòrn-nasg *masc.*, luaghlas *masc.*

manacle *vb.* làmhghlais

manage *vb.* stiùir, dèan a' chùis, cuir gu taic, mand, uinnsich

manageable *adj.* so-riaghlaidh, so-stiùiridh, so-chasta, stamhnaidh

manageableness *n.* so-cheannsachd *fem.*

management *n.* stiùireadh *masc.*, luchd-stiùiridh *masc.*, riaghladh *masc.*, làmhachas *masc.*, luchd-steòrnaidh *masc.*, luchd-tuarasdail *masc.*, marasglachadh *masc.*, marasgladh *masc.*, riaghladaireachd *fem.*, rian *masc.*, rianachd *fem.*

management development *n.* leasachadh-rianachd *masc.*

management team *n.* sgioba-stiùiridh *fem./masc.*, buidheann-stiùiridh *fem./masc.*

manager *n.* manaidsear *masc.*, neach-stiùiridh *masc.*, grèidhear *masc.*

managing *n.* stiùireadh *masc.*, riaghladh *masc.*, stamhnadh *masc.*, steòrnadh *masc.*, tionsgadail *masc.*

manchet *n.* aran-cruithneachd *masc.*

mandate *n.* àithne *fem.*, òrdugh *masc.*

mandatory *adj.* àithneil, earalach, ainteil

mandibular *adj.* peirceallach

mandrake *n.* mandrag *fem.*

mane *n.* muing *fem.*, ròin *fem.*, logaidh *masc.*

manful *adj.* duineil

manganese *n.* mangan *masc.*

mange *n.* càrr *fem.*, sgreab *fem.*, sgrìobach *fem.*

mange (beasts) *n.* claimh *fem.*

mange (humans) *n.* tachais, an *fem.*

manger *n.* prasach *fem.*, praiseach *fem.*, amar-sìl *masc.*, clioba *masc.*, eachliath *fem.*, mainnsear *fem.*, seic *fem.*

mangle *n.* lios *fem.*, preas-mìneachaidh *masc.*

mangle *vb.* reub, riasail, casgair, liosair, ròcail, spolt, spult

mangler *n.* riaslair *masc.*

mangling *n.* reubadh *masc.*, riasladh *masc.*, rocladh *masc.*

mangling *adj.* riaslach

mangold *n.* biatas *masc.*

mangy *adj.* brothach, carrach, clamhaid, clòigheach

manhood *n.* fearalas *masc.*, fireannachd *fem.*

mania *n.* boile-cuthaich *fem.*

manic *adj.* deamhnaidh

manifest *adj.* follaiseach, soilleir, riochdail, sorcha

manifest *vb.* foillsich, soilleirich, taisbean

manifestation *n.* foillseachadh *masc.*, taisbeanadh *masc.*, teannradh *masc.*

manifesto *n.* gairm-fhollaiseach *fem.*, taisbeanadh *masc.*, nochdadh *masc.*

manifold *adj.* iom-fhillteach, iol-ghleusach, iomadaidh, iol-mhodhach, ioma-ghnèitheach

manikin *n.* duineachan *masc.*, fearan *masc.*, duinean *masc.*, duinein *masc.*, firean *masc.*, meananach *masc.*

maniple *n.* làn-dùirn *masc.*

mankind *n.* cinne-daonna, an *masc.*, clann-daoine *fem.*

manliness *n.* fearalachd *fem.*, duinealas *masc.*, fearachas *masc.*, diùlannas *masc.*, misneachd *fem.*, tapachd *fem.*

manly *adj.* duineil, fearail, neo-leanabaidh, sgafanta, sgafarra, smiorail, stoirmeil

manna *n.* coirce nan speur *masc.*

manner *n.* dòigh *fem.*, nòs *masc.*, modh *masc.*, àbhaist *fem.*, gleus *masc.*, gnàth *masc.*, ludh *masc.*, rian *masc.*, tabhail *fem.*

mannerliness *n.* suaircealachd *fem.*, deagh mhodh *fem.*

mannerly *adj.* modhail, beusach, soitheamh

manners (morals) *n.* beusachd *fem.*

manoeuvre *n.* innleachd *masc.*, cleas *masc.*, sicireachd *fem.*

manor *n.* mainear *masc.*

manpower *n.* luchd-obrach *masc.*, sgiobachd *fem.*

Manpower Committee *pr.n.* Comataidh Sgiobachd

manpower planning *n.* planadh na sgiobachd *masc.*

Manpower Services Commission *pr.n.* Coimisean Sheirbheisean Comas Cosnaidh, Coimisean Sheirbheisean Luchd-obrach

manse *n.* mansa *masc.*, mànas *masc.*

mansion *n.* aitreabh *masc.*

mansion-house *n.* taigh mòr *masc.*, taigh-oighreachd *masc.*

manslaughter *n.* mort *masc.*, duine-mharbhadh *masc.*

mantelpiece *n.* bràigh-an-teintein *masc.*, breus *masc.*

mantle *n.* fallainn *fem.*, brat *masc.*, cleòc *masc.*, cochall *masc.*, mantal *masc.*, seuchd *masc.*, sgioball *masc.*, suanach *fem.*, tiorraid *fem.*, tonnag *fem.*, trusgan *masc.*

mantled *adj.* rocanach, sgioballach

mantelpiece *n.* breus *masc.*, sgeilpidh *fem.*

manual *n.* leabhar-làimhe *masc.*, leabhran *masc.*

manual *adj.* làmhach, làmh-ghleusach, làimh-ghleusach

manual worker *n.* neach-obrach-làimhe *masc.*

manubrium sternum *n.* duilleag *fem.*

manufacture *vb.* saothraich, dèan

manufacturing *n.* saothrachadh *masc.*, cumadaireachd *fem.*

manufacturing industry *n.* gnìomhachas-saothrachaidh *masc.*, gnìomhachas-cumadaireachd *masc.*

manumission *n.* bann-saorsadh *masc.*

manure *n.* todhar *masc.*, inneir *fem.*, mathachadh *masc.*, aolach *masc.*, leasach *masc.*, leasachadh *masc.*

manure *vb.* todhair, mathaich, leasaich

manuscript *n.* làmh-sgrìobhainn *fem.*

manuscript paper (music) *n.* stuadh-clèithe *fem.*

Manx cat *n.* cat stùthach *masc.*

Manx shearwater *n.* fachach *masc.*

many *n.* iomadh *masc.*, mòran *masc.*

many *adj.* iomadach

many-coloured *adj.* ioma-dhathte, iol-dathach, iol-ghnèitheach, iomach

manyplied *adj.* broileineach

manyplies *n.* broilean *masc.*, broilein *masc.*

map *n.* mapa *masc.*, clàr(-dùthcha) *masc.*, map *masc.*, dealbh-dùthcha *masc.*

maple tree *n.* craobh-mhalpais *fem.*

mar *vb.* mill

marasmus *n.* seargadh *masc.*

marble *vb.* srianaich

marble (ball) *n.* marbal *masc.*, mirleag *fem.*, drillean *masc.*, triuirean *masc.*

marble (rock) *n.* marmor *masc.*

marcasite *n.* marcaisit *fem.*

March *pr.n.* Màrt, am,

march (land) *n.* crìoch *fem.*, co-chrìoch *fem.*

march (procession) *n.* màrsail *masc.*, meàrrsadh *masc.*, toirmrich *fem.*

march (tune) *n.* caismeachd *fem.*

march *vb.* mèars, co-imich, ceumnaich, imrich, màrsail

march-dyke *n.* gàrradh-criche *masc.*, gàrradh-droma *masc.*

march-stone *n.* clach-chrìche *fem.*

marchantia polymorpha *n.* lus an àirneig *masc.*

marching *n.* mèarsail *masc.*, spaisdearachd *fem.*, màrsaladh *masc.*

marching *adj.* ruitheach

marchioness *n.* bana-mharcas *fem.*

mare *n.* làir *fem.*

margarine *n.* margarain *masc.*, màgaraid *masc.*, im an dath bhàin *masc.*

margarite *n.* iamhann *masc.*, neamhann *masc.*

margin *n.* oir *fem.*, iomag *fem.*

margin (blank edge on page of book) *n.* oir-duilleig *fem.*, marbhan *masc.*

marginal *adj.* iomallach, oireach, leth-oireach, oireannach

marginal pricing *n.* prìseadh iomallach *masc.*

margrave *n.* crìochair *masc.*

marigold *n.* lus-Moire *masc.*, bileach chòigeach *fem.*, bliochan *masc.*, dìthein *masc.*, luibh-Mhoire *fem.*

marijuana *n.* a' bhang *fem.*

marinade *vb.* cuir am bogadh

marine *n.* maraiche *masc.*, saighdear-mara *masc.*, loingear *masc.*, muireach *masc.*, saighdear-fairge *masc.*

marine *adj.* fairgeach, muireach, tabhach

Marine Nature Reserve *pr.n.* Tèarmann Nàdair Mara

mariner *n.* maraiche *masc.*, neach-fairge *masc.*, loingseach *masc.*, mairnealach *masc.*, muireach *masc.*

maritime *adj.* oirthireach, muireil, fairgeach

marjoram *n.* lus-marsalaidh *masc.*, oragan *masc.*, seath bhog *fem.*

mark *n.* comharradh *masc.*, seula *masc.*, sgrìob *fem.*, ail *masc.*, sanas *masc.*

mark *vb.* comharraich, seulaich, breac, tiùrr

mark (impression) *n.* làrach *fem.*

mark recognition *n.* aithneachadh chomharradh *masc.*

mark sensing *n.* mothachadh chomharradh *masc.*

mark-up *n.* leas-phrìs *fem.*

marked *adj.* sònraichte

marked (significant) *adj.* mòr

market *n.* fèill *fem.*, margadh *masc.*

market economy *n.* eaconomaidh-margaidh *fem.*, treabhadas-margaidh *masc.*

market gap *n.* beàrn sa mhargadh *masc.*

market opportunity *n.* comas-margaidh *masc.*

market positioning *n.* suidheachadh sa mhargadh *masc.*

market prospects *n.* dùil-margaidh *fem.*

market-place *n.* ionad-margaidh *masc.*, blàr-fèille *masc.*

market-town *n.* baile-margaidh *masc.*

marketable *adj.* margail, fèilleach, a ghabhas reic, ciùra, faidhreachail, fèilleil

marketing *n.* margaideachd *fem.*, margadh *masc.*

marketing mix *n.* measgan-margaideachd *masc.*

marking *n.* comharrachadh *masc.*, sònrachadh *masc.*

marking scheme *n.* sgeama-comharrachaidh *fem./masc.*

marksman *n.* cuspairiche *masc.*

marl *n.* lagas *masc.*, màrla *masc.*, criadh reamhar *fem.*, criadh-mhathachaidh *fem.*

marline-spike *n.* bior-iarainn *masc.*, marlspìc *fem.*

maroon (flare) *n.* marùn *masc.*

maroon *adj.* marun *masc.*

maroon *vb.* dèan falach-cuain air

marquee *n.* pùball *masc.*

marquetry *n.* obair in-leagte *fem.*

marquis *n.* marcais *masc.*

marquisate *n.* marcaiseachd *fem.*

marram *n.* muirineach *masc.*

marriage *n.* pòsadh *masc.*, mairiste *masc.*

marriage-contract *n.* rèiteachadh-pòsaidh *masc.*, rèiteach *masc.*, rèite *fem.*, cùmhnant *masc.*

marriage-line *n.* loidhne-pòsaidh *fem.*, linnich-phòsaidh *fem.*

marriageable *adj.* aig aois pòsaidh, ion-phòsda, ion-fhir, pòsachail, so-phòsaidh

married *adj.* pòsda, ceangailte

married couple *n.* càraid phòsda *fem.*, cupall pòsda *masc.*, lànan pòsda *masc.*

marrow *n.* smior *masc.*, smear *masc.*, smior-caillich *masc.*, smuais *fem.*, spèillig *fem.*

marrow (vegetable) *n.* mearag *fem.*

marry *vb.* pòs

marsh *n.* boglach *fem.*, fèith *masc.*, amhan *masc.*, bogalach *masc.*, cràthrach *fem.*, curach *fem.*, murasg *masc.*, preach *fem.*, riasg *masc.*, ruaimeanach *masc.*, rumach *fem.*, seasgann *masc.*

marsh andromeda *n.* ròs-Màiri fiadhaich *masc.*

marsh arrow-grass *n.* bàrr a' mhilltich *masc.*

marsh cinquefoil *n.* còig-bhileach uisge *masc.*

marsh foxtail *n.* fiteag cham *fem.*

marsh harrier *n.* clamhan-lòin *masc.*, puthaig *fem.*

marsh lousewort *n.* lus riabhach *masc.*

marsh mallow *n.* cnap-lus *masc.*, fochas *masc.*, leamhadh *masc.*

marsh marigold *n.* lus buidhe Bealltainn *masc.*, a' chorrach shod *fem.*, beàrnan-Bealltainn *masc.*, bròg an eich-uisge *fem.*, dìthean buidhe Bealltainn *masc.*, lus-Màiri *masc.*, plubairsin *masc.*

marsh ragwort *n.* caoibhreachan *masc.*, caoibhreachan *masc.*

marsh Saint John's wort *n.* meas an tuirc allta *masc.*

marsh thistle *n.* cluaran lèana *masc.*

marsh tit *n.* ceann-dubh *masc.*

marsh valerian *n.* caoirin leana *fem.*

marsh woundwort *n.* cuislean-gun-dòrainn *masc.*

marsh-ragwort *n.* caoibhneachan *masc.*

marsh-thistle *n.* cluaran-lèana *masc.*

marshal *n.* marasgal *masc.*

marshalling *n.* marsaladh *masc.*

marshalling *adj.* marasglach

marshwort *n.* fualachtar *masc.*

marshy *adj.* riasgail, lèanach, rumachail, seasgannach

martial *adj.* saighdeireil, saighdearach

martial law *n.* lagh-airm *masc.*

martin *n.* gobhlan-taighe *masc.*

martingale *n.* iall-chasaidh *fem.*

Martinmas *pr.n.* An Fhèill Màrtainn, Atharrachadh Mhàrtainn, Là Fhèill Màrtainn

Martinmas Fair *pr.n.* Aonach na Samhna

martyr *n.* mairtireach *masc.*

masculine *adj.* fireann, fireannta

mash *n.* measgan *masc.*, treasg *masc.*, brisgean *masc.*, masgadh *masc.*

mash *vb.* prann, pronn, ploc, sgabaistich, suath

mashed *adj.* pronn, sgabaistichte

masher *n.* pronnadair *masc.*, plocan *masc.*

mashing *n.* pronnadh *masc.*, masgadh *masc.*, sgabaisteachadh *masc.*

mashman *n.* grùdaire *masc.*, masgair *masc.*, masgaire *masc.*

mask *n.* aghaidh choimheach *fem.*, sgàil *fem.*, masg *masc.*, aodann *masc.*, cidhis *fem.*, falach-beòil *masc.*, sgàil-brèige *fem.*, aodann-fuadair *masc.*

masked *adj.* sgàileach

masker *n.* sgàileadair *masc.*

maslin *n.* maislinn *fem.*, maslain *fem.*, meislean *masc.*

mason *n.* clachair *masc.*

masquerade *n.* cidhisearachd *fem.*

masquerader *n.* cidhisear *masc.*

mass (celebration of Eucharist) *n.* aifreann *masc.*

mass (lump of matter) *n.* meall *masc.*, tomad *masc.*, màs *masc.*, tòrr *masc.*, sgonn *masc.*

mass (quantity of matter in body) *n.* cuideam *masc.*

mass market *n.* mòr-mhargadh *masc.*

mass media *n.* mòr-mheadhanan *pl.*, meadhanan lèir-chraolaidh *pl.*

mass-produce *vb.* mòr-bhuilich, mòr-chinneasaich

mass-production *n.* mòr-bhuileachadh *masc.*, meall-thoradh *masc.*, mòr-chinneasachadh *masc.*, mòr-chinneasachd *fem.*

massacre *n.* lèir-sgrios *masc.*, sluagh-mhortadh *masc.*, casgradh *masc.*, co-mharbhadh *masc.*, mort *masc.*, ruladh *masc.*

massacre *vb.* mort, casgair, co-mharbh, seàrr

massage *n.* suathadh *masc.*, taosgnadh-cuirp *masc.*

masses *n.* mòr-shluagh *masc.*, cnaipileis *masc.*

masseur *n.* suathair *masc.*

mast *n.* crann-siùil *masc.*, crann *masc.*, seòl-chrann *masc.*

masted *adj.* seòl-chrannach

master *n.* maighstir *masc.*

master *vb.* ceannsaich, faigh eòlas air, cuir ri

master (sailing-master) *n.* sgiobair *masc.*

master file *n.* prìomh-fhaidhle *masc.*

master of ceremonies *n.* fear an taighe *masc.*, cathraiche *masc.*

master-key *n.* prìomh-iuchar *fem.*

master-mason *n.* àrd-chlachair *masc.*

master-wort *n.* mòr-fhliodh *masc.*

masterful *adj.* ceannsgalach

masterly *adj.* maighsteireil

masterpiece *n.* annas-làimhe *masc.*

mastic tree *n.* maisteag *fem.*

masticate *vb.* cagainn

masticating *n.* cagnadh *masc.*, cnàmhadh *masc.*

mastication *n.* cagnadh *masc.*, mìn-chagnadh *masc.*, meilt *fem.*

mastiff *n.* madadh *masc.*, masdaidh *masc.*, maistidh *masc.*, tobhlair *masc.*, tòlair *masc.*

masturbation *n.* brodadh *masc.*, fèin-bhrodadh *masc.*

mat *n.* brat *masc.*, sumag-làir *fem.*, meall *masc.*, sràideag *fem.*, stràille *masc.*

mat *vb.* peall

matador *n.* fear-marbhaidh tharbh *masc.*

match *vb.* maids, seisich

match (equal) *n.* leithid *fem.*, co-sheise *masc.*, seise *masc.*, tionnail *fem.*, samhail *masc.*

match (game) *n.* maidse *masc.*, bàir *fem.*

match (piece of inflamable material) *n.* lasaran *masc.*, maidse *masc.*, lasadan *masc.*, soillsichear *masc.*

match (wood) *n.* spong *masc.*

matching *n.* maidseadh *masc.*

matchless *adj.* gun chomas

mate *n.* mairist *masc.*

mate *vb.* cliathaich

material *n.* stuth *masc.*, adhbhar *masc.*

materialist *adj.* stuthail

materialistic *adj.* saoghalta

materials *n.* stuthan *masc.*, adhbharrach *masc.*, culaidh *fem.*, cungaidh *fem.*

maternal *adj.* màithreil

maternal aunt *n.* piuthar-màthar *fem.*

maternal uncle *n.* bràthair-màthar *masc.*

maternity *n.* màthaireachd *fem.*

maternity hospital *n.* ospadal mhàthraichean *masc.*

matgrass *n.* beitein *masc.*, carran *masc.*

mathematics *n.* matamataigs *fem.*, meudaireamh *fem.*, tomhas-iùil *masc.*

matin *adj.* madainneil

mating *n.* machlag *fem.*

matricide *n.* màthair-mhort *masc.*

matriculate *vb.* màithrich

matriculation *n.* màithreachadh *masc.*

matrix *n.* bàn *masc.*, machlag *fem.*

matron *n.* bean *fem.*, bean-taighe *fem.*, trom-mhàthair *fem.*

matted *adj.* peallach, ceigeanach, cèasach

matter *n.* gnothach *masc.*, cùis *fem.*, rud *masc.*, adhbhar *masc.*

matter (subject of thought, dispute etc.) *n.* cuspair *masc.*, ceist *fem.*

matting *n.* pealladh *masc.*

mattock *n.* bùiriche *masc.*, caibe *masc.*

mattress *n.* bobhstair *masc.*, leabaidh ìochdrach *fem.*

maturate *vb.* abaich

maturative *adj.* abachail

mature *adj.* inbheach, inbhidh, abaich

matured *adj.* air tighinn gu ìre

maturity *n.* ìre *fem.*, inbheachd *fem.*, iomlanachd *fem.*, abachadh *masc.*, abaichead *masc.*, inbhe *fem.*, ìreachd *fem.*

maudlin *adj.* soganach

maul *n.* slacraich *fem.*, spuaic *fem.*

maul *vb.* slac, pronn, lidrich, riasail, slacainn

mauling *n.* slacainn *fem.*, pronnadh *masc.*, lidrigeadh *masc.*, cìopadh *masc.*, ollamhanachadh *masc.*, slacairt *fem.*, slacarsaich *fem.*

mauling *adj.* spuaiceach

maund (basket) *n.* sgùlan-làimhe *masc.*

Maundy Thursday *pr.n.* Diardaoin Inid, Diardaoin a' Bhrochain Mhòir

mausoleum *n.* crùisle *masc.*

mauve *n.* liath-phurpur *masc.*, mòbh *masc.*

maw (stomach) *n.* maodal *fem.*, sgròban *masc.*

maw-worm *n.* martlan *masc.*, mudag *fem.*

maximax rule *n.* riaghailt osbharra *fem.*

maximise *vb.* barraich, tur-àrdaich

maximum *n.* bàrr-suime *masc.*, os-mheud, *masc.*

May *pr.n.* Cèitean, an, A' Mhàigh *fem.*

may *vb.* faod

may-bird *n.* amadan-Bealltainn *masc.*

may-bug *n.* cuileag-Chèitein *fem.*, lon-chraois *masc.*

Mayday *pr.n.* Là (Buidhe) Bealltainn

maze *n.* ioma-shlighe *fem.*, cuairtean *masc.*, cuartan *masc.*

mazurka *n.* masurca *masc.*

mazy *adj.* ioma-shligheach, iom-chùirteach, cuairteach

mead *n.* meadh *masc.*, mil-dheoch *masc.*, bin *masc.*, bior-fhìon *masc.*, milbhir *masc.*

meadow *n.* lòn *masc.*, cluain *fem.*, àilean *masc.*, faiche *fem.*, cluan *fem.*, dail *fem.*, lèanag *fem.*, lian *masc.*, lunndan *masc.*, miadan *masc.*, miodar *masc.*, rèidhlean *masc.*

meadow buttercup *n.* cearban-feòir *masc.*

meadow pipit *n.* dìdig *fem.*, gocan na cuthaige *masc.*, gocan-cubhaige *masc.*, gocan-cuthaig *masc.*, mion-eun *masc.*, riabhag-fhraoich *fem.*, snàthag *fem.*, snàthdag *fem.*, tàcharan-cubhaige *masc.*

meadow-foxtail *n.* fiteag an lòin *fem.*

meadow-grass *n.* miad-fheur *masc.*

meadow-hay *n.* feur-meadain *masc.*, saidhe-lòin *fem.*

meadow-saxifrage *n.* moran *masc.*

meadow-sweet *n.* airgead-luachra *masc.*, lus chneas Chù Chulainn *masc.*, lus nan gillean òga *masc.*

meadow-vetchling *n.* peasair bhuidhe *fem.*

meadowsweet *n.* crios Chù Chulainn *masc.*

meagre *adj.* gann, lom, seannachail, sgruiteach

meal *n.* biadh *masc.*, lòn *masc.*, longaidh *masc.*, suidhe-bìdh *masc.*

meal (dinner) *n.* daithead *fem.*

meal (grain) *n.* min *fem.*

meal-ark *n.* ciste-mine *fem.*

meal-ticket *n.* tigead-bìdh *fem.*

mealman *n.* mineadair *masc.*

mealtime *n.* tràth-bìdh *masc.*

mealy *adj.* mineach, mineil

mealy-mouthed *adj.* mìn-bhriathreach, eisimealach

mean *n.* cuibheaeachd *fem.*, meadhan *masc.*, cuibheas *masc.*

mean *adj.* suarach, spìocach, tàireil, craobhaidh, cùach, miodhair, mì-uasal, mosach, neo-onorach, sgreagach, sgrogach, simplidh, sliomach, spadanta, stìgeach, suail

mean *vb.* ciallaich, rùnaich, mìnig

meander *n.* cuairt-char *masc.*, cuairt-lùb *masc.*, brionglaid *fem.*

meander *vb.* lùb

meandering *adj.* lùbach, cùrsach, carach, lùibeach

meaning *n.* ciall *masc.*, brìgh *fem.*, seagh *masc.*, sùgh *masc.*

meaningful *adj.* ciallach, brìgheil, seaghail, brìoghmhor

meanness *n.* suarachas *masc.*,
spìocaireachd *fem.*, suaraichead *fem.*

means *n.* dòigh *fem.*, comas *masc.*, seòl
masc., luim *masc.*

means test *n.* sgrùdadh-comais *masc.*

meanwhile *adj.* rè na h-ùine seo, aig a'
cheart àm

measles *n.* a' ghriùthlach *fem.*, a'
ghriùrach *fem.*, a' ghriùthach *fem.*

measurable *adj.* a ghabhas tomhas

measurableness *n.* cuimseachd *fem.*

measure *n.* tomhas *masc.*, cuimse *masc.*,
meud *masc.*, leagadh *masc.*, meidh
fem., meidhis *fem.*

measure *vb.* tomhais, cuimsich

measuring cylinder *n.* glainne-tomhais
fem.

measuring-tape *n.* teip-tomhais *fem.*

meat *n.* feòil *fem.*

meat-market *n.* margaidh na feòla *masc.*

mechanic *n.* meacanaig *masc.*, innleadair
masc.

mechanical *adj.* meicnigeil, innealach,
innleachdach, iollain, obrachail

mechanical digger *n.* digear *masc.*,
cladhastair *masc.*

mechanics *n.* meacanaigs *fem.*, meicnic
fem., innleachdas *masc.*, ceàirdeolas
masc., sgoil-chiùird *fem.*

mechanism *n.* uidheam *fem.*, inneal
masc., meadhan *masc.*, modh-
obrachaidh *masc.*,
ealain-ghluasadachd *fem.*

medal *n.* bonn *masc.*

meddle *vb.* buin ri, gabh gnothaich ri,
meachranaich, bean (ri), obhnaig

meddler *n.* meachranaiche *masc.*

meddling *adj.* rudach

media *n.* meadhanan *pl.*

media *pr.n.* na Meadhanan Follaiseachd

media (communications) *n.* meadhanan
(craolaidh) *pl.*

median (intermediate) *adj.* meadhanail

mediant (musical scale) *adj.* meadhanta

mediation *n.* eadar-mheadhan *fem.*,
eadar-mheadhanaireachd *fem.*, rèite
fem., meadhanaireachd *fem.*

mediator *n.* eadar-mheadhanair *masc.*,
rèiteachair *masc.*, eadar-ghuidhear
masc.

mediatorial *adj.* eadar-mheadhanach,
rèiteachail, eadar-mheadhanaireach

medic *n.* ollamhan *masc.*

medical *adj.* lèigheil

medical certificate *n.* teisteanas-dotair
masc.

Medical Officer of Health *pr.n.* Oifigear
Slàinte

medication *n.* purgaideachadh *masc.*

medicinal *adj.* iocshlainteach, leigheasach,
eiridneach, iceach,

medicine *n.* iocshlaint *fem.*, leigheas
masc., cungaidh-leighis *fem.*, culaidh-
leighis *fem.*, cungaidh *fem.*, ioc *masc.*,
lèigh *fem.*

medicine (science) *n.* eòlas-leighis *masc.*

medicine (subject) *n.* leigheasachd *fem.*

medieval *adj.* meadhan aoiseach,
meadhan aoiseil

mediocrity *n.* meadhanachd *fem.*, cuimse
fem., eatarras *masc.*, eatorras *masc.*,
ionannas *masc.*

meditate *vb.* beachd-smuainich,
beachdaich, meòmhraich, smaoinich

meditating *n.* beachd-smuaineachadh
masc., nodachadh *masc.*

meditating *adj.* smuaineachail,
meòmhrach

meditation *n.* beachd-smuaineachadh
masc., beachdachadh *masc.*,
meòmhrachadh *masc.*, dlùth-bheachd
fem., smaoineachadh *masc.*,
stuidearachd *fem.*

meditative *adj.* beachd-smuaineach,
beachd-smaointeach

mediterranean *adj.* meadhan-thìreach

medium *n.* meadhan *masc.*

medium *adj.* meadhanach

medium of instruction *n.* meadhan-teagaisg *masc.*

medium scale integration *n.* aonachadh raon mheadhanach *masc.*, aonachadh meadhanach *masc.*

medium wave *n.* bann meadhanach *masc.*

medium-sized *adj.* meadhanach mòr

medlar *n.* meidil *fem.*

medley *n.* coimeasgadh *fem.*, cumasg *fem.*, meoghail *fem.*

medulla *n.* gas *masc.*

medusa *n.* beòthachan *masc.*, beòthaichean *masc.*

medusae (fish) *n.* sgiodair *masc.*

meek *adj.* macanta, solta, bainndidh, ceansa, cneasda, mìn, ròideil, simplidh, soinneanta, suairc, tlàth

meet *adj.* iomchaidh

meet *vb.* coinnich, tachair, rach ann an coinneamh, cruinnich, còmhdhalaich, gabh an coinneamh

meeting *n.* coinneamh *fem.*, còmhdhail *fem.*, cruinneachadh *masc.*, coinneachadh *fem.*, còmhlachadh *masc.*, tachairt *fem.*

megaphone *n.* fuaimeadair *masc.*

megrim *n.* mìgrim *masc.*, miabhan *masc.*

meiosis *n.* lughdachas *masc.*

melancholia *n.* leann-dubh *masc.*, bròn-cuthaich *masc.*

melancholic *n.* dubh-leannach *masc.*

melancholic *adj.* leann-dubhach, dubhlaitheach

melancholy *n.* leann-dubh *masc.*, mulad *masc.*, dubhachas *masc.*, airsneal *masc.*, dòlasachd *fem.*, dubh-leann *masc.*, èislean *masc.*, pràmhan *masc.*, siarachd *fem.*, smalan *masc.*, smuairean *masc.*, sprochd *masc.*, truime *fem.*, tùirse *fem.*

melancholy *adj.* dubhach, muladach, dubhleannach, dòlasach, dùbhlaith, èisleineach, mì-shùrdail, neo-shunndach, sprochdail, tiamhaidh, trom

melancholy thistle *n.* cluas an fhèidh *fem.*

melee *n.* clambraid *fem.*, cumasg *fem.*, ladar-miot *masc.*

mell (pounding implement) *n.* tuarg *masc.*

mellification *n.* mìlseachd *fem.*, mileachd *fem.*

mellifluous *adj.* mealach, mil-shruthach

mellifluence *n.* mil-shruthachd *fem.*, sruth-mhillseachd *fem.*

mellivorous *adj.* mil-itheach

mellow *adj.* tlàth, làn-abaich, bog

mellow *vb.* tlàthaich, bogaich

mellowness *n.* tlàths *masc.*, làn-abachd *masc.*

melodic *adj.* binn, sèisteach

melodious *adj.* binn, fonnmhor, seirmeach, milis, baisgeanta, basganta, buchallach, ceòl-bhinn, leadanach, leadarra, luinneach, mànranach, oirfeideach, rèidh, siorach

melodoius *adj.* mìn

melodrama *n.* faondrama *masc.*

melody *n.* binneas *masc.*, sèist *masc.*, seirm *fem.*, mànran *masc.*, oirfeid *masc.*, oirfeideachd *fem.*, ribheideach *fem.*

melon *n.* meal-bhucan *masc.*, mealbhac *fem.*, mealbhag *fem.*, meal-bhuc *fem.*, mileag *fem.*

melt *vb.* leagh, sruth, ruith

melter *n.* leaghadair *masc.*

member *n.* ball *masc.*

member of parliament *n.* ball-pàrlamaid *masc.*

member state *n.* ball-stàit *fem.*

membership *n.* ballrachd *fem.*

membrane *n.* meamran *masc.*, sgann *fem.*, sgannan *masc.*, sgeamh *masc.*, sreabhainn *fem.*, strabhainn *fem.*, streafon *masc.*, streathainn *fem.*

membraneous *adj.* meamranach, lionanach, sgannach, sgannanach

membrum mas. *n.* stoilean *masc.*

memorable *adj.* ion-chuimhneachail

memorandum *n.* meò(mh)rachan *masc.*, cuimhneachan *masc.*, meòmhran *masc.*, meòmhranach *masc.*, stoc-cuimhne *masc.*

Memorandum of Association *n.* Meòrachan Caidreibh *masc.*

memorial *n.* cuimhneachan *masc.*

memorial cairn *n.* càrn-cuimhne *masc.*, tàimh-leac *fem.*

memorial concert *n.* ceòlchuirm-chuimhne *fem.*

memory *n.* cuimhne *fem.*

memory address register *n.* clàr-cuimhne-seòlaidh *masc.*

memory data register *n.* clàr-cuimhne-dàta *masc.*

memory location *n.* ionad-cuimhne *masc.*

memory management *n.* rian-cuimhne *masc.*

menace *n.* mùigheadh *masc.*, bàirleigeadh *masc.*

mend *vb.* càraich, slànaich, leasaich, càir, clùd

mendicant *n.* meandanach *masc.*

mending *n.* càradh *masc.*, slànachadh *masc.*, clùdadh *masc.*

meningitis *n.* fiabhras eanchainne, am *masc.*

menstrual *adj.* mìosach, mìos-dhortach

menstrual courses *n.* fuil-mìos *fem.*, mìos-dhortadh *masc.*, ban-fhluasgadh *masc.*, ban-fhuasgladh *masc.*, galar mìosach, an *masc.*

menstrual discharge *n.* fuil-mìos *fem.*

menstruation *n.* fuil-mhìosa *fem.*, mìosachadh *masc.*, an deabhadh mìosail *masc.*, silteach *fem.*

mensural *adj.* tomhasach, tomhasail

mental *adj.* inntinneil

mensuration *n.* tomhas *masc.*, àireamh-tomhais *fem.*

mental deficiency *n.* fàilligeadh-inntinne *masc.*, easbhaidh-inntinne *fem.*

mental endowments *n.* tàin *fem.*

mental health *n.* slàinte-inntinn *fem.*

Mental Health (Scotland) Act 1960 *pr.n.* Achd Slàinte Inntinn (Alba) 1960

Mental Health Act 1959 *pr.n.* Achd Slàinte Inntinn 1959

mental health hostel *n.* osdail slàinte-inntinn *fem.*

mentally defective *adj.* lag inntinneach

Mental Welfare Commission for Scotland *pr.n.* Coimisean Shochair Inntinneil airson Alba, Ughdarras airson Slàinte Inntinn an Alba

mentally handicapped *adj.* ciorramach na (h)inntinn

mentally handicapped person *n.* ciorramach inntinneil *masc.*, bacach inntinneil *masc.*

mention *n.* iomradh *masc.*, luaidh *masc.*

mention *vb.* ainmich, thoir iomradh air, thoir tarraing air, dèan luaidh air

menu (computer) *n.* clàr-iùil *masc.*, clàr-taic *masc.*

menu (food) *n.* clàr-bìdhe *masc.*, cairt-bìdhe *masc.*, seòladh-bìdh *masc.*, solar-itheannaich *masc.*

mercantile *adj.* marsantach, malairteach

mercenary *n.* amhasg *masc.*, buanna *masc.*, saighdear-duais *masc.*

mercenary *adj.* sanntach, miannach air airgead

merchandise *n.* bathar *masc.*, marsantachd *fem.*, ceannachd *fem.*

merchant *n*. marsanta *masc*., ceannaiche *masc*., malairtiche *masc*., màlair *masc*., marglaiche *masc*., marsal *masc*.

merchant navy *n*. cabhlach marsanta *masc*.

merchant ship *n*. long-mharsantachd *fem*.

merchantry *n*. marsantachd *fem*.

merciful *adj*. iochdmhor, tròcaireach, truacanta, acarach, iocail, oineach, oircheasach, tlàth

mercifulness *n*. iochdmhorachd *fem*., tròcair *fem*., acarachd *fem*.

merciless *adj*. an-iochdmhor, an-tròcaireach, an-truacanta, neo-bhàigheil, neo-iochdmhor

mercilessness *n*. an-iochdmhorachd *fem*., an-tròcair *fem*.

mercurial *adj*. beò-airgideach, luaineach

mercury *n*. airgead beò *masc*., beò-airgead *masc*., mearcar *masc*., airgead-luasgaidh *masc*.

mercury (chenopodium bonus-henricus) *n*. praiseach-bràthar *fem*.

mercury delay line *n*. loidhne-dàlach-airgead-beò *fem*.

mercy *n*. iochdmhorachd *fem*., tròcair *fem*., iochd *masc*., aircheas *masc*., maitheas *masc*., meachainn *fem*., oircheas *masc*.

merely *adj*. a-mhàin

meretriciousness *n*. striodag *fem*., fallsachd *fem*.

meretrix *n*. praiseach *fem*.

merge *vb*. coimeasgaich, rach an aon, rach an caigeinn, co-aonaich

merger *n*. coimeasgadh *masc*., aonadh *masc*., caigeann *fem*., co-aonadh *masc*., dol an caigeann *masc*.

meringue *n*. meireang *masc*.

meridian *n*. àird an latha *fem*.

meridian *adj*. meadhan-lathach

merit *n*. luach *masc*., fiùghantas *masc*., cliù *masc*.

merit *vb*. toill

meriting *adj*. toillteanach

meritorious *adj*. toillteach, airidh, cliùiteach

merk *n*. marg *fem*.

merk-land *n*. marg-fearainn *fem*.

merlin *n*. mèirneal *masc*., seabhag ghorm an fhraoich *fem*.

mermaid *n*. maighdean-mhara *fem*., òigh-mhara *fem*., maighdean-chuain *fem*., murdachan *masc*., suire *fem*.

mermaid's purse *n*. sporan-feannaig *masc*.

merriment *n*. aighear *masc*., mire *fem*., àbhachdas *masc*., cridhealas *masc*., foghail *fem*., ioladh *masc*., sogan *masc*.

merriness *n*. cridhealas *masc*., subhachas *masc*.

merry *adj*. aighearach, cridheil, mear, cuirealdach, frogail, macnasach, meadhrach, mearach, rosglach, ruididh, subhach, sùgach, suilbhir

merry (drunk) *adj*. raoiteil

merry-andrew *n*. mearaiche *masc*.

merrymaking *n*. ioladh *masc*.

mesh *n*. mogall(-lìn) *masc*., eangan *masc*.

meshy *adj*. lìontaidh

mesmerise *vb*. cuir fo gheas, dian-ghlac

mesmerised *adj*. fo gheas

mesoderm *n*. measodairm *masc*.

mess *n*. broclais *masc*., rù-rà *masc*., bùrach *masc*., butrais *fem*.

mess (place where group take meals together) *n*. seòmar-comaidh *masc*.

message *n*. fios *masc*., teachdaireachd *fem*.

message switching *n*. suidseadh-theachdaireachd *masc*.

message-boy *n*. peithire *masc*.

message-pad *n*. pad-notaichean *masc*.

messenger *n*. teachdair(e) *masc*., tosgair *masc*., sonn-mharcach *masc*.

messenger-at-arms *n.* maor-rìgh *masc.*

metabolic *adj.* meatabolach

metabolism *n.* fàs-atharrachadh *masc.*

metal *n.* meatail *fem.*, cruaidh *fem.*

metallic *adj.* meatailteach

metalwork *n.* obair-mheatailt *fem.*

metamorphical *adj.* riochd-bhriathrach

metamorphose *vb.* cruth-atharraich, cruth-chaochail

metamorphosis *n.* cruth-atharrachadh *masc.*, cruth-chaochladh *masc.*, ath-dhealbhadh *masc.*

metaphor *n.* metafor *masc.*, riochd-bhriathar *masc.*, cosmhalachd *fem.*, coslachd *fem.*

metaphysician *n.* inntinn-eòlaiche *masc.*

metaphysics *n.* inntinn-eòlas *masc.*, feallsanachd-inntinn *fem.*

metathesis *n.* eadar-chàradh *masc.*

metayage *n.* lethchas *fem.*

meteor *n.* dreag *fem.*, rionnag-earbaill *fem.*, beuradh-theine *fem.*, caoir *fem.*, caoir-theine *fem.*, dreug *fem.*, driug *fem.*, leug-theine *fem.*, ondhreag *fem.*, plathadh *masc.*, sgeith-rionnaig *fem.*

meteorite *n.* aileag *fem.*, salachar-ronnaig *masc.*

meteorological *adj.* dreagail, sìd-eòlach

meteorologist *n.* speuradair *masc.*, neuladair *masc.*, eòlaiche-sìde *masc.*

meteorology *n.* speuradaireachd *fem.*, neuladaireachd *fem.*, eòlas-sìde *fem.*, sgoil nan sian *fem.*, sgoil-dreag *fem.*, sgoil-dreagaireachd *fem.*

meter *n.* inneal-tomhais *masc.*, ciste-tomhais *fem.*

methane *n.* meatan *masc.*

method *n.* dòigh *fem.*, seòl *masc.*, modh *masc.*, alt *masc.*, lathailt *fem.*, rathad *masc.*, rian *masc.*, seòltachd *fem.*, tabhail *fem.*

methodical *adj.* òrdail, rianail, dòigheil, achdarra, àirdealach, eagarach, lathailteach

methodise *vb.* deagh-òrdaich

methodised *adj.* deagh-òrdaichte

Methodist *n.* Saslach *masc.*

methyl *n.* meitil *masc.*

metonymy *n.* meatonomaidh *masc.*

metre *n.* meatair *masc.*

metre (verse) *n.* rannaigheachd *fem.*, meadrachd *fem.*, meadar *masc.*, meadarachd *fem.*, rannachd *fem.*, ranndachd *fem.*

metre squared *n.* meatair ceàrnagaichte *masc.*

metre stick *n.* maide-meatair *masc.*

metric *adj.* meadrach, meudachail

metric system *n.* tomhas meatrach *masc.*, seòl-tomhais meadrail *masc.*, tomhas meadrail *masc.*

metrical *adj.* rannach, meadrach, meadrachail

metritis *n.* galar-machlaig *masc.*

metro *n.* trèan fon talamh *masc.*

metronome *n.* tomhas-ùine *masc.*, meadar-caismeachd *masc.*

metropolitan *adj.* prìomh-bhailteach

metropolis *n.* prìomh-bhaile *masc.*, prìomh-chathair *fem.*, àrd-chathair *fem.*, àrd-bhaile *masc.*, ceannchathair *fem.*, màthair-bhaile *masc.*

metropolitan *n.* prìomh-easbaig *masc.*

mettle *n.* smioralachd *fem.*, stuth *masc.*, meanmna *masc.*, smideam *masc.*

mettled *adj.* sgeunach

mettlesome *adj.* smiorail, meanmnach, bras, brisg, miotalach, mòr-mhùirneach, seusrach, torganach

mettlesomeness *n.* meanmna *masc.*

mew *n.* miaghal *masc.*, miag *masc.*

mew *vb.* miag, mial, miamh, sgiamh

mewing *adj.* sgiamhail

mewing *n.* miagail *masc.*, miaglaich *masc.*, meigeall *masc.*, miamhail *fem.*

mewl *n.* gaoireag *fem.*

miasma *n.* toth-grod *masc.*

mica *n.* mioca *fem.*

Michaelmas *pr.n.* An Fhèill Mìcheil, Là Fhèill Mìcheil

Mickey Finn *n.* cadalan *masc.*

micro-organism *n.* meanbh fhas-bheairt *fem.*

microbe *n.* meanbhag *fem.*

microbiology *n.* meanbh-bhitheolas *masc.*

microcomputer *n.* meanbh-chompiutair *masc.*

microcosm *n.* domhanag *fem.*

microelectronics *n.* meanbh-ealagtronaigeachd *fem.*, mion-dhealanachd *fem.*

microphone *n.* microfòn *masc.*, togair(-fuaime) *masc.*

microphyll *n.* beag-dhuilleag *fem.*

microprocessor *n.* meanbh ghnìomh-inneal *masc.*

microscope *n.* miocroscop *masc.*, glainne-meudachaidh *fem.*, gloine-iomadachd *masc.*, gloine-sùil *masc.*

microscopic *adj.* miocroscopach

microwave *n.* meanbh-thonn *fem.*

micturition *n.* mùn *masc.*, tarraing-uisge *fem.*

midday *n.* meadhan-là *masc.*

midden *n.* òcrach *fem.*, sitig *fem.*, dùnan *masc.*, fòcrach *masc.*

middle *n.* meadhan *masc.*, eadar-mheadhan *fem.*

Middle Ages, the *pr.n.* Na Linntean Meadhanach

middle register *n.* rèim mheadhanach *fem.*

middle rib (meat) *n.* aisean mheadhanach *fem.*

middle-aged *adj.* meadhan-aosda, leth-sheann

middling *adj.* meadhanach, eadar-mheadhanach, cuibheasach

midge *n.* meanbh-chuileag *fem.*, cuileag dhubh *fem.*

midnight *n.* meadhan-oidhche *masc.*

midriff *n.* sgairt *fem.*

midsummer *n.* leth an t-samhraidh *masc.*

Midsummer Day *pr.n.* Là Leth an t-Samhraidh

midway *adj.* leth-slighe, letheach-slighe

midwife *n.* bean-ghlùine *fem.*, bean-fhrithealaidh *fem.*, bean chunganta *fem.*, bean-chòmhnaidh *fem.*, bean-leòna *fem.*, bramach-inilt *fem.*, geanag *fem.*, maigeag *fem.*, maighdeannag *fem.*, mailgeag *fem.*, muime *fem.*, paisgearra *fem.*

midwifery *n.* banas-glùine *masc.*

midwinter *n.* leth a' Gheamhraidh *masc.*

mien *n.* inneal *masc.*

might *n.* spionnadh *masc.*, neart *masc.*, cumhachd *masc.*, trèine *fem.*, treòir *fem.*, treunachas *masc.*

mighty *adj.* cumhachdach, treun

migraine *n.* tinneas lethcheannach, an *masc.*

migrating *adj.* siùbhlach

migration *n.* imrich *fem.*, iom-thùs *masc.*

milch-cattle *n.* crodh-bainne *masc.*

milch-cow *n.* bò-bhainne *fem.*, bò-laoigh *fem.*, mart-bainne *masc.*

mild *adj.* socair, sèimh, màlda, macanta, sàmhach, sèamh, sèimheach, seisdeil, socail, socalach, soitheamh, somalta, tlàth, tlusail

mild celery *n.* lus na smàileag *masc.*

mildew *n.* clòimh liath *fem.*, bainne dubh *masc.*, liatas *masc.*, mill-cheò *masc.*

mildness *n.* sèimhe *fem.*, tlàths *masc.*, sobhraide *fem.*, socair *fem.*, tlus *masc.*

mile *n.* mìle *fem.*

milestone *n.* clach-mhìle *fem.*

milfoil *n.* athair-thalmhainn *masc.*

miliary *adj.* meanbh-ghuireanach

militancy *n.* mìleantachd *fem.*

militant *adj.* cathachail, catharra

Militant Tendancy *pr.n.* Na Mìleantaich

military *adj.* armailteach, saighdearach

military academy *n.* sgoil-chogaidh *fem.*, sgoil-shaighdearachd *fèm.*

militia *n.* mailisidh *fem.*, feachd-dùthcha *masc.*, laochraidh *fem.*

milk *n.* bainne *masc.*, bliochd *masc.*

milk *vb.* bleoghainn, srad

milk-fever *n.* fiabhras-bhainne, am *masc.*

milk-thistle *n.* bainne-muic *masc.*, bog-ghìogan *masc.*, fothannan beannaichte *masc.*, gìogan tolltach *masc.*

milk-tooth *n.* ciad-fhiacail *fem.*

milk-white *adj.* bàn-gheal

milking *n.* bleoghann *masc.*, sradadh *masc.*

milking machine *n.* inneal-bleoghainn *masc.*

milkmaid *n.* banarach *fem.*, nighean-bhleoghain *fem.*

milkshake *n.* omhan *masc.*, sgathach *masc.*

milkwort *n.* claidheamh a' choilich dhuibh *masc.*, lus a' bhainne *masc.*, siabann nam ban-sìth *masc.*

milky *adj.* bainneach, bainnear

Milky Way *pr.n.* Slighe Chlann Uisnich, Sgrìob Chlann Uis, Bogha Chlann Uis

mill *n.* muileann *fem./masc.*

mill *vb.* muilc

mill-clapper *n.* claban *masc.*, clabar *masc.*, clag *masc.*, clagan *masc.*, crannag *fem.*, glagan *masc.*, mèill *fem.*

mill-hopper *n.* drabhailt *fem.*, opar *masc.*, treabhailt *fem.*

mill-wheel *n.* roth mòr a' mhuilinn *masc.*

milldam *n.* linne *fem.*, amar *masc.*

milldam sluice *n.* truinnse *fem.*

miller *n.* muillear *masc.*

millet *n.* meanbh-pheasar *masc.*, mileid *fem.*

millilitre *n.* milleliotair *masc.*

milliner *n.* grèis-bhean *fem.*

million *n.* millean *masc.*

millipede *n.* cailleach-chòsach *fem.*, sglèatair *masc.*

millpond *n.* loch a' mhuilinn *masc.*

millrace *n.* eas a' mhuilinn *masc.*

millstone *n.* clach-mhuilinn *fem.*

millwright *n.* saor-mhuilnean *masc.*

milt *n.* iuchair *fem.*, mealag *fem.*, meilg *fem.*, millsean *masc.*, sealg *fem.*, sìola *masc.*

mime *n.* balbh-chluich *masc.*, atharrais bhalbh *fem.*

mime *vb.* dèan atharrais bhalbh

mimic *n.* luailleach *masc.*

mimic *vb.* dèan atharrais, atharrais (air), aithlis

mimicry *n.* atharrais *fem.*, aithlis *fem.*

mince *n.* mions *masc.*

mince *vb.* mion-gheàrr, mìn-bhrùth, pronn

mincing (walking with affected nicety) *adj.* miotagach

mind *n.* inntinn *fem.*, aigne *fem.*, spiorad *masc.*, nàdar *masc.*

mindful *adj.* cuimhneachail

mine *n.* mèinn *fem.*, rumhar *masc.*, tochailt *fem.*, tochladh *masc.*

mine *vb.* mèinn, tochail

mine-layer *n.* mèinneadair-cuir *masc.*

mine-sieve *n.* mèinnire *masc.*

mine-sweeper *n.* mèinneadair-sguabaidh *masc.*

miner *n.* mèinnear *masc.*, mèinneadair *masc.*, tochailliche *masc.*

mineral *n.* mèinnearach *masc.*, mèinnear *masc.*

mineral *adj.* mèinnearach, mèinneil, talmhanta

mineral water *n.* burn-iarainn *masc.*

mineralogical *adj.* mèinnearach, mèinn-eòlach

mineralogist *n.* mèinn-eòlaiche *masc.*

mineralogy *n.* *masc.*, mèinneolas *masc.*, talmhanachd *fem.*

minerals *n.* talmhainneach *masc.*, mèinnearaichean *masc.*

mingle *vb.* measgaich

mingled *adj.* measgte

mingler *n.* measgair *masc.*, cumasgair *masc.*

mingling *n.* measgadh *masc.*

mini-roundabout *n.* cearcallan-rathaid *masc.*

miniature *n.* meanbh-dhealbh *masc.*, dealbhag *fem.*, mion-dhealbh *masc.*

minibus *n.* bus beag *masc.*, meanbh-bhus *masc.*

minicomputer *n.* mion-choimpiutair *masc.*

minim (music) *n.* geal *masc.*, luaithead-phonc *masc.*

minimax regret *n.* aithreachas bunbharra *masc.*

minimise *vb.* tur-ìslich

minimum *n.* a' chuid as lugha *fem.*

mining *n.* tochladh *masc.*

minister *n.* ministear *masc.*

minister *vb.* toirbheairtich

ministerial *adj.* ministreil

ministry (government) *n.* ministreachd *fem.*

ministry (religious) *n.* ministrealachd *fem.*

Ministry of Aviation *pr.n.* Ministreachd an Adhair

Ministry of Defence *pr.n.* Ministreachd an Dìon, Ministreachd Dìon na Rìoghachd, Ministrealachd na Dìonachd

Ministry of Employment *pr.n.* Ministreachd a' Chosnaidh

Ministry of Labour *pr.n.* Ministreachd a' Chosnaidh

Ministry of Social Security *pr.n.* Ministreachd na Slàinte Sòisealta

Ministry of Transport *pr.n.* Ministreachd na Comhdhala

Ministry of Works *pr.n.* Ministreachd nan Obraichean

minke whale *n.* muc-mhara-mhionc *fem.*

minnow *n.* doirbeag *fem.*, bioran-deamhnaidh *masc.*, bioran-donais *masc.*, burdag *fem.*, dairbeag *fem.*, doirbeadan *masc.*, doirbeardan *masc.*, maghar *masc.*, mion-iasg *masc.*, reaban *masc.*, sgioldaimhne *fem.*, sgiollag *fem.*, sìol-aibhne *masc.*

minor *n.* òganach *masc.*, mion-aoisear *masc.*, iar-ghille *masc.*

minor *adj.* mion-aoiseach

minor (music) *adj.* meanar

minor (music) *pref.* mion-

minor improvements programme *n.* prògram leasachaidhean beaga *masc.*

minor road *n.* frith-rathad *masc.*, rathad beag *masc.*

minor work *n.* beag-obair *fem.*

minority *n.* a' chuid as lugha *fem.*, beagchuid *fem.*, mionchuid *fem.*, lughdachd *fem.*, neo-inbheachd *fem.*

minority *adj.* neo-fhoirbhidh

minority (age) *n.* mion-aois *fem.*, an-aois *fem.*

minority basis *n.* mion-bhunas *masc.*

minority language *n.* mion-chànan *masc.*, cànan beag *masc.*

minority time *n.* mion-thìde *masc.*

minstrel *n.* oirfideach *masc.*, cliaranach *masc.*, filidh *masc.*

mint *n.* meannt *masc.*, piunn *masc.*, taigh-cùinnidh *masc.*

mint (coin) *vb.* cùinn, cùinnich

mint (plant) *n.* meannt *masc.*, piunnt *masc.*, , beanntainn *masc.*, cartal *masc.*

minter *n.* cùinneadair *masc.*

minute *n.* mionaid *fem.*

minute *adj.* mionaideach

minute (make brief note) *vb.* mionaidich

minute-book *n.* leabhar-nan-tuairisgeul *masc.*

minute-hand *n.* spòg bheag *fem.*, spòg mhòr *fem.*, spòg nam mionaidean *fem.*

minuteness *n.* meanad *fem.*, meanbhachd *fem.*, mionachd *fem.*

minutes *n.* geàrr-chunntas *masc.*, geàrr-sheanchas *masc.*

minx *n.* mionc *masc.*

miracle *n.* mìorbhail *fem.*, iongantas *masc.*

mirage *n.* crith-theas *masc.*, coileach-teth *masc.*

mire *n.* poll *masc.*, clàbar *masc.*, eabar *masc.*, clàtar *masc.*, damaisear *masc.*, làb *masc.*, làib *fem.*, làthach *fem.*, slàib *fem.*

miriness *n.* clàbaireachd *fem.*

mirror *n.* sgàthan *masc.*

mirth *n.* mire *masc.*, sùgradh *masc.*, subhachas *masc.*, macnas *masc.*, meadhail *fem.*, meoghail *fem.*, sogan *masc.*, soltanas *masc.*, sùgachas *masc.*

mirthful *adj.* aighearach, mireagach, luinneach, macnasach

miry *adj.* clàbarach, slàibeach

misadventure *n.* mì-shealbh *masc.*, clibist *fem.*

misadvise *vb.* mì-chomhairlich, mì-stiùir, cuir am mearachd

misallegation *n.* mì-fhianais *fem.*, mì-theisteas *fem.*

misapplication *n.* mì-bhuil *masc.*, mì-fheum *masc.*, ana-bhuil *fem.*, mì-ghnàthachd *fem.*

misapply *vb.* mì-bhuilich, mì-ghnàthaich

misapprehend *vb.* mì-bhreithnich

misappropriate cuir air seachran

misapprehension *n.* mì-bhreithneachadh *masc.*, mì-thuigsinn *fem.*

misappropriate *vb.* cuir air seachran

misbehaviour *n.* mì-mhodh *masc.*, droch-ghiùlan *masc.*, droch-oilean *masc.*

miscalculate *vb.* dèan mì-chunnt, dèan mì-àireamh

miscalculation *n.* mì-chunntadh *masc.*, dèan mì-àireamh, mì-chunntas *masc.*

miscalling *n.* fanaid *fem.*, innisgeadh *masc.*

miscarriage *n.* asaid anabaich *fem.*, asaid asbhuaineach *fem.*, tuisleadh asannach *masc.*

miscarry *vb.* tilg

miscellanea *n.* trealaich *fem.*

miscellaneous *adj.* measgaichte, eugsamhail

miscellaneousness *n.* measgachd *fem.*

miscellany *n.* measgachadh *masc.*, iomasgladh *masc.*, iol-chumasg *fem.*

mischance *n.* tubaist *fem.*, sgiorradh *masc.*, leibid *masc.*, rosad *masc.*, sgad *masc.*, tearmasg *masc.*

mischief *n.* mìostadh *masc.*, aimhleas *masc.*, trioblaid *fem.*, contrachd *fem.*, mì-ghnìomh *masc.*, olc *masc.*, olcas *masc.*, stileachd *fem.*

mischievous *adj.* aimhleasach, mì-ghnàthach, cronail, mì-ghnìomhach, pratach, sgiorradail

miscite *vb.* mì-aithris

miscomputation *n.* mì-chunntas *masc.*

misconceive *vb.* mì-bhreithnich

misconception *n.* mì-bhreithneachadh *masc.*, mì-thuigsinn *fem.*

misconduct *n.* mì-ghiùlan *masc.*, droch-ghiùlan *masc.*, mì-ghnàthachadh *masc.*

misconstrue *vb.* mì-mhìnich

misdeed *n.* do-bheart *fem.*, ainbheart *fem.*, droch-ghnìomh *masc.*

misdirect *vb.* cuir am mearachd, mì-sheòl

misdoer *n.* mì-dhèanadair *masc.*

miser *n.* spìocaire *masc.*, fìneag *fem.*, crìnean *masc.*, fionag *fem.*, fionag *fem.*, loman *masc.*, luimean *masc.*, sgrubair *masc.*

miserable *adj.* truagh, brònach, eisleineach, dòlumach, gnoigeach

miserablism *n.* brònachas *masc.*

miserly *adj.* spìocach

misfire *vb.* snap

misery *n.* eislein *masc.*, truaighe *fem.*, amhradh *masc.*, sgèile *fem.*

misfortune *n.* mì-shealbh *masc.*, mì-fhortan *masc.*, dunaidh *fem.*, aimhleas *masc.*, ànradh *masc.*, cruaidh-fhortan *masc.*, dòlas *masc.*, dosgainn *fem.*, driod-fhortan *masc.*, earchall *masc.*, mì-àdh *masc.*, mì-fhreasdal *masc.*, rosad *masc.*, sgad *masc.*, teirmeasg *masc.*, tubaist *fem.*

misguide *vb.* mì-stiùir, mì-sheòl

mishap *n.* tubaist *fem.*, sgiorradh *masc.*, driodairt *masc.*, contrachd *fem.*, deiseag-thubaist *fem.*, droch-fhortan *masc.*, mì-fhortan *masc.*, mì-sheun *masc.*, pudhar *masc.*, teirmeasg *masc.*, turrag *fem.*

mishmash *n.* subas *masc.*

misimprove *vb.* mì-bhuilich

misimprovement *n.* mì-bhuil *masc.*

misinform *vb.* thoir fios meallta

misinformation *n.* droch-thuairisgeul *masc.*, mì-fhios *masc.*, droch-fhàistinn *fem.*

misinterpret *vb.* mì-mhìnich, mì-bhreithnich

misinterpretation *n.* mì-mhìneachadh *masc.*, mì-bhreithneachadh *masc.*

misjoin *vb.* mì-dhlùthaich

mislead *vb.* mì-sheòl, mì-stiùir, mì-threòirich, saobh

misleading *adj.* mearachdach, seachranach

mismanage *vb.* mì-stiùir, mì-chàirich

mismanagement *n.* mì-riaghladh *fem.*, mì-stiùireadh *masc.*, an-riaghailt *fem.*, mì-dhealbh *masc.*

misprint *n.* clò-mhearachd *fem.*

misproportion *n.* mì-chuimhse *fem.*

misreckon *vb.* mì-chunnt

misreport *vb.* dèan mì-aithris

misrepresentation *n.* claon-iomradh *masc.*, claon-chunntas *masc.*, claon-sgeul *fem.*

misrule *n.* mì-riaghailt *fem.*, an-riaghailt *fem.*, buaireas *masc.*

misrule *vb.* mì-rìoghail

miss *vb.* ionndrainn

Miss *abbrev.* Mh.

miss (avoid specified danger) *vb.* theab

missaying *n.* mì-abairt *fem.*

missel-thrush *n.* smeòrach ghlas *fem.*, smeòrach mhòr *fem.*

misshape *vb.* mì-dhealbh

missile *n.* astas *masc.*, làmhaidh *masc.*

missile tracking station *n.* stèisean lorg urchraichean *masc.*

mission *n.* teachdaireachd *fem.*, misean *masc.*, gairm *fem.*, ladh *masc.*

misspend *vb.* ana-caith, mì-chaomhainn

misstate *vb.* claon-abair, còmhdach

mist *n.* ceò *fem./masc.*, ceathach *masc.*, smàl *masc.*, cruinneach *fem.*, sgleò *masc.*

mistake *n.* mearachd *fem.*, miasdadh *masc.*

mistaken *adj.* meallta

mistime *vb.* mì-thràthaich

mistiness *n.* ceothachd *fem.*, neulachd *fem.*, mùig *masc.*

mistletoe *n.* uil-ioc *masc.*, draoidh-lus *masc.*, sùgh an daraich *masc.*

mistress *n.* bana-mhaighstir *masc.*, coileapach *masc.*, rùnach *masc.*, cridheag *fem.*

misty *adj.* ceothach, ceathachail, ceomhor

misunderstanding *n.* mì-thuigsinn *fem.*

mite *n.* fineag *fem.*, meanbh-chnuimh *fem.*, di-bhruaineach *masc.*

mitigant *adj.* faothachail

mitigate *vb.* lùghdaich, lasaich, clòth, maothaich

mitigation *n.* lùghdachadh *masc.*, lasachadh *masc.*, meachannas *masc.*

mitochondrial *adj.* miotocondrach

mitochondrion *n.* miotocondrian *masc.*

mitosis *n.* miotosas *masc.*

mitotic *adj.* miotosach

mitral valve *n.* còmhla bheannach *fem.*, doras dà-adharcach *masc.*

mitre *n.* crùn-easbaig *masc.*, barraighinn *masc.*

mitten *n.* dornag *fem.*, miotag *fem.*, dornan *masc.*, magan *masc.*, manag *fem.*, mùtan *masc.*, smiotag *fem.*

mix *vb.* measgaich, cuir feadh a chèile, breacnaich, eabraich, maistrich, cothlaim, cughainnich, sluais(d)ir

mix-up *n.* brolabhais *masc.*, drabhlaig *fem.*, roilean *masc.*

mixed *adj.* measgte, troimh-a-chèile, cumasgach, suaithte

mixed economy *n.* eaconomaidh mheasgte *fem.*

mixed up *adj.* rù-rà

mixer *n.* suaiteachan *masc.*

mixing *n.* measgachadh *masc.*, measgadh *masc.*, maistreadh *masc.*, masgadh *masc.*, miogstradh *masc.*

mixture *n.* measgachadh *masc.*, cumasg *fem.*, brolamas *masc.*, meoghail *fem.*, meuchd *fem.*

mizen-mast *n.* crann-deiridh *masc.*

moan *n.* gearain *masc.*, acain *fem.*, osann *masc.*

moan *vb.* gearain, acain, osnaich

moaning *n.* acainich *fem.*, caoineadh *masc.*, monmhar *masc.*, caoidh-ràn *masc.*

moat *n.* staing *fem.*

mob *n.* gràisg *fem.*, caparaid *fem./masc.*, paca *masc.*, prabar *masc.*

mobile *adj.* gluasadach, air ghluasad, luaineach

mobile (decoration) *n.* gluaiseachan *masc.*, luaineag *fem.*

mobile home *n.* taigh-gluasaid *masc.*

mobility *n.* gluasad *fem.*, comas-gluasaid *masc.*, luaineachd *fem.*

mobility exercises *n.* eacarsaich siubhail *fem.*

moccasin *n.* mocais *fem.*

mock *vb.* mag (air), dèan fanaid, sgeig, fochaidich

mockable *adj.* so-mhagaidh, ion-fhochaideach

mocker *n.* magaire *masc.*, fanaidiche *masc.*, sgeigire *masc.*, sgeigeach *masc.*

mockery *n.* fanaid *fem.*, magadh *masc.*, sgeig *fem.*, ballachd *fem.*, brios *masc.*, masanaich *fem.*, sgallais *fem.*, sgeigealachd *fem.*, sgeigearachd *fem.*

mocking *n.* fanaid *fem.*, magadh *masc.*, fochaid *fem.*

mocking *adj.* fanaideach, sgeigeach, sgallaiseach, sgeigeil

modal *adj.* mòdail

mode *n.* modh *masc.*, dòigh *fem.*, seòl *masc.*, rian *masc.*

model *n.* modail *masc.*, samhail *masc.*, molltair *masc.*, suidheachadh *masc.*

modelling clay *n.* criadh-deilbh *fem.*

moderate *adj.* stuama, measarra, cneasda, acarra, cuibheasach, cuimseach, ion-mheadhonach, socrach, suail

moderate *vb.* ciùinich, riaghail, measraich

moderation *n.* stuaim *fem.*, riaghailteachd *fem.*, measarrachd *fem.*, acarachd *fem.*, cneasdachd *fem.*, cuibheas *masc.*, cuimse *fem.*, rianadh *masc.*, tomhas *masc.*

moderator (computer) *n.* modaireatair *masc.*

modern *adj.* nodha, anns an nos ùr, nua-aimsireil, nuadh

modern *pref.* nua-

modernisation *n.* ùrachadh *masc.*, nuachumadh *masc.*

modernise *vb.* ùraich, nodhaich

modernity *n.* na h-amannan nodha *pl.*

modest *adj.* nàireach, màlda, athaiseach, cneasda, macanta, mì-chùiseach, nàistinneach, neo-stràiceil, sèamh, soitheamh, stuama

modesty *n.* nàire *fem.*, màldachd *fem.*, athais *fem.*, aillealachd *fem.*, cneasdachd *fem.*, nàistinn *fem.*, stuaim *fem.*, tuirmheachd *fem.*

modification *n.* leasachadh *masc.*, atharrachadh *masc.*

modify *vb.* leasaich, atharraich, co-chuimsich

modish *adj.* modhail

modulate *vb.* atharraich, ceòl-reim

modulation *n.* atharrachadh *masc.*, ceòl-reimeadh *masc.*

modulation (accent) *n.* snas-labhairt *fem.*

modulation (music) *n.* meis-cheòl *masc.*

module *n.* modal *masc.*

moggan *n.* mogan *masc.*

moiety *n.* leth-earrann *fem.*

moist *adj.* tais, bog, tungaidh, aitidh, bogalta, dongaidh, fliuch, silteach, sùghmhor, tlàth

moisten *vb.* taisich, bogaich, maothaich, fliuch, sreathnaich

moistened *adj.* maoth

moistening *n.* taiseachadh *masc.*, tlàthachadh *masc.*

moistness *n.* taisealachd *fem.*, aitidheachd *masc.*

moisture *n.* taiseachd *fem.*, taise *masc.*, fliche *fem.*, flichead *fem.*, fliuchain *fem.*, fliuchras *masc.*, sùgh *masc.*, tairleach *masc.*

molar *n.* fiacail-chùil *fem.*

mole *n.* famh *fem.*, dallag *fem.*, dubh-reabhgan *masc.*, dubh-threabhaiche *masc.*, mallan *masc.*, torranach-ùire *masc.*, ùir-threabhaiche *masc.*, caochan *masc.*

mole (facial) *n.* ball-dòrain *masc.*, broicean *fem.*, màm *masc.*, maol-dòbhrain *masc.*, miann *fem./masc.*

mole (spy) *n.* ùireach *masc.*

molecatcher *n.* famhair *masc.*

molecular *adj.* moileciuileach

molecular aggregate *n.* meall moileciuileach *masc.*

molecule *n.* moileciuil *masc.*

molehill *n.* dùn-faimh *masc.*, famh-thòrr *masc.*, càrnan-caochaig *masc.*, dùcan-faimh *masc.*, dùnan-fhamh *masc.*, torran famhach *masc.*

molest *vb.* cuir dragh air, buair, leamhaich, deuchainnich, trioblaidich

molester *n.* leamhadair *masc.*, moileadair *masc.*

mollient *adj.* solta

mollifiable *adj.* so-mhothachaidh, so-thaiseachaidh

mollycoddling *n.* anacladh *masc.*

molten *adj.* leaghte

Molucca bean *n.* àirne-Mhoire *fem.*, cnò-bhàchair *fem.*, cnò-spuinge *fem.*

mome *n.* duntar *masc.*

moment *n.* tiotan *masc.*, mòmaid *masc.*, priobadh *masc.*, mionaid *fem.*, plathadh *masc.*

momentariness *n.* neo-bhuanachd *fem.*

momentary *adj.* grad-ùineach, sealach, plathach

momentous *adj.* cudthromach, suimeil

monarch *n.* àrd-rìgh *masc.*, monarc *masc.*, aon-fhlath *masc.*, àrd-fhlath *masc.*

monarchial *adj.* àrd-rìgheil, monarcach, aon-fhlathach

monarchy *n.* monarcachd *fem.*, aon-fhlathachd *fem.*

monastery *n.* manachainn *fem.*, mainistir *masc.*, manachd *fem.*, manaistear *masc.*

Monday *n.* Diluain *masc.*

monetarism *n.* airgeadachd *fem.*

moneyed *adj.* airgeadach

money *n.* airgead *masc.*, stòras *masc.*

money-box *n.* bocsa-airgid *masc.*, bucas-airgid *masc.*

money-changer *n.* malairtiche-airgid *masc.*, neach-malairt *masc.*

money-lender *n.* ocairiche *masc.*

mongcorn *n.* maslain *fem.*

mongolism *n.* mongolachd *fem.*

mongoloid idiocy *n.* cuthach mongolach *masc.*

mongoose *n.* mongus *masc.*

mongrel *n.* eadar-gnè *fem.*, cù-òtraich *masc.*, cù-buachaille *masc.*

monitor *n.* faireadair *masc.*, stiùireadair *masc.*, stiùiriche *masc.*

monitor (screen) *n.* foillsear *masc.*

monk *n.* manach *masc.*

monk's rhubarb *n.* gallan *masc.*, lus na purgaid *masc.*

monkey *n.* muncaidh *masc.*

monkfish *n.* mac-làmhaich *masc.*, sgait-mhanaich *fem.*, iasg-manaich *masc.*, manach *masc.*

monkhood *n.* manachd *fem.*

monkshood *n.* currac-manaich *fem.*, currac-sagairt *fem.*, fuath-mhadaidh *masc.*

Monmouth cap *n.* cuth-bharran *masc.*

monocular *adj.* leth-shùileach

monogram *n.* measgadh-litreach *masc.*

monologue *n.* monolog *fem.*

monophthong *n.* aon-fhoghair *masc.*

Monopolies Commission *pr.n.* Coimisean na Lèir-shealbhachd

monopolise *vb.* lèir-shealbhaich, sglamhaich, sglaim

monopolist *n.* lèir-shealbhair *masc.*, aon-mharsanta *masc.*, aon-reiceadair *masc.*

monopoly *n.* lèir-shealbhachd *fem.*, aon-mharsantachd *fem.*, monopolaidh *masc.*, aon-mhargadh *masc.*, lèir-sheilbh *fem.*, sglamhachd *fem.*

monosyllabic *adj.* aona-lideach

monotonous *adj.* aon-ghuthach, ràsanach

monotony *n.* aon-ghuthachd *fem.*, ràsanachd *fem.*

monsoon *n.* gaoth-an-tràtha *fem.*

monstrous *adj* mì-nàdarra, oillteil

monster *n.* samhanach *masc.*, sianach *masc.*, uabhas *masc.*, uile-bhèist *masc.*

monstrous *adj.* mì-nàdarra, oillteil

Montagu's harrier *n.* clamhan-luch *masc.*

month *n.* mìos *fem./masc.*

monthly *n.* mìosachan *masc.*

monthly *adj.* mìosail

monument *n.* carragh(-cuimhne) *fem.*, càrn-cuimhne *masc.*, càrnan *masc.*, clach(-chuimhneachan) *fem.*, làrach *fem.*

mood *n.* modh *masc.*, sìd *fem.*

moody *adj.* dubhach, gruamach, trosdail

moon *n.* gealach *fem.*, luan *fem.*

moonbeam *n.* gath-gealaich *fem.*

moonbuggy *n.* carbad-gealaich *masc.*

mooncalf *n.* torchos-brèige *masc.*

mooneye *n.* stard *fem.*

mooneyed *adj.* starr-shuileach

moonstone *n.* clach-ghealaich *fem.*

moonwort *n.* deur-lus *masc.*, luan-lus *masc.*

moor *n.* monadh *masc.*, mòinteach *fem.*, aonach *masc.*, garbhlach *masc.*, riasg *masc.*

moor *vb.* acraich, calaich

moor-burning *n.* falaisg *fem.*

moor-grass *n.* brisgean *masc.*, fianach *masc.*, ultanaich *fem.*

moorhen *n.* cearc-uisge *fem.*

moorhen (young) *n.* pùt *masc.*

moorings *n.* caladh *masc.*, monaids *masc.*, moraids *masc.*

moorish *adj.* riasgail

moorland *n.* mòinteach *fem.*, monadh *masc.*, sliabh *masc.*, featha *masc.*

moose *n.* baodhannach *masc.*, lon *masc.*, mìol *fem.*

moot-hill *n.* laghard *masc.*

mop *n.* sguap fhliuch *fem.*, mob *fem.*, crimeas *masc.*, moibeal *masc.*, ròibean *masc.*, strillean *masc.*

mop *vb.* sgùib *fem.*, moibeanaich

mope *vb.* tromsanaich

moppet *n.* liubhag *fem.*

moral *adj.* moralta, beusach, subhailceach, modhanail

morale *n.* misneach(d) *fem.*

moralist *n.* beus-oide *masc.*

morality *n.* moraltachd *fem.*

morals *n.* beusachd *fem.*

morass *n.* boglach *fem.*, càthar *masc.*, lobraich *fem.*, bathstair *masc.*, mòine *fem.*, preach *fem.*

morbus genuum *n.* a' ghlùineach *fem.*

more *n.* tuilleadh *masc.*, barrachd *fem.*

moreover *adj.* a bhàrr, os bàrr

morling *n.* marbhchann *masc.*

morning *n.* madainn *fem.*

morning-star *n.* reul na maidne *fem.*, laoi-reult *fem.*, madainneag *fem.*

moron *n.* neach lag-inntinneach *masc.*

morose *adj.* gruamach, mùgach, neo-shunndach, durabhaidh, neo-gheanail, neo-ionmhainn, neo-shuilbhir, stùiceach, ùdlaidh

moroseness *n.* gruaim *masc.*, greathachd *fem.*

morphew *n.* leus-mùire *masc.*, mairbh-ghreim *fem.*, sgrothaiche *masc.*

morphia *n.* cungaidh-cadail *fem.*

morphological investigation *n.* cruth-rannsachadh *masc.*

morphologically *adj.* an cruth

morphology *n.* crutheolas *masc.*

morrow *n.* màireach *masc.*

morsel *n.* criomag *fem.*, bìdeag *fem.*, mìr *masc.*, crioman *masc.*, gràilleag *fem.*, pìos *masc.*, sgràideag *fem.*, snap *masc.*

mortal *adj.* bàsmhor, bàsail, bàsmhorach, marbhtach, saoghalta, so-mharbhte

mortal sin *n.* peacadh-bàis *masc.*

mortality *n.* bàsmhorachd *fem.*, bàsalachd *fem.*

mortar *n.* moirtear *masc.*, pronnadair *masc.*, clach-chnotain *fem.*, cnotag *fem.*, mortal *masc.*, mortar *masc.*

mortar (cement) *n.* aol-tàthaidh *masc.*, criadh-aol *masc.*, creuch *fem.*

mortar (cement) *vb.* aol-tàth, criadh-cheangail

mortar (mixture) *n.* làthach *fem.*

mortar (vessel) *n.* poit-phronnaidh *fem.*

mortar-board *n.* uas *masc.*

mortcloth *n.* brat-bròin *masc.*, brònbhrat *masc.*

mortgage *n.* morgaidse *masc.*, geall-barantais *masc.*, barantas *masc.*

mortgage *vb.* gabh morgaidse (air), cuir an geall, thoir an geall

mortice *n.* moirteis *fem.*, clais-alpaidh *fem.*, muirtis *fem.*, tarr-pheang *masc.*, toll-alpaidh *masc.*

mortification *n.* doilgheas *masc.*, claonmharbhadh *masc.*, aimheal *masc.*

mortify *vb.* cuir doilgheas air, claonmharbh

mortuary *n.* marbh-lann *fem.*, taigh nam marbh *masc.*

mosaic *adj.* iom-dhealbhach, breac-dhualach, maoiseach, riochd-dhealbhach

mosquito *n.* creathlag Innseanach *fem.*

moss *n.* còinneach *fem.*, liath-sgrath *masc.*, blàr *masc.*, mòinteach *fem.*

moss campion *n.* pocan bàn *masc.*

mossbluiter *n.* preachan *masc.*

Most Reverend *n.* An Sàr-urramach *masc.*

most significant character (computing) *n.* samhail-clì *masc.*

mote *n.* smùirnean *masc.*, caimean *masc.*, dùradan *masc.*, seam *masc.*, cainnteag *fem.*

moth *n.* leòmann *masc.*, mial-chrìon *fem.*

moth-eaten *adj.* leòmannach, reudanach, mosgain, reudanaichte

mother *n.* màthair *fem.*

Mother Carey's chicken *n.* aileag *fem.*

mother-in-law *n.* màthair-chèile *fem.*

mother-of-pearl *n.* slige-neamhnaid *fem.*

motherboard (computing) *n.* priomh-bhòrd *masc.*

motherhood *n.* màthaireachd *fem.*, màthaireas *masc.*

motherly *adj.* màthaireil

motif *n.* ùrlar *masc.*

motif (tales) *n.* moitif *masc.*

motile *adj.* so-ghluasaid

motion *n.* gluasad *masc.*, siubhal *masc.*, clì *masc.*, eirbheirt *fem.*, luadar *masc.*, lùths *masc.*, manras *masc.*, nùidheadh *masc.*, siubhladh *masc.*, spìonadh *masc.*, starradh *masc.*, tairsginnt *fem.*

motion (proposal put before meeting) *n.* iarrtas *masc.*, adhbhar-rùin *masc.*, rùn *masc.*

motionless *adj.* neo-ghluasadach, gun astar

motivate *vb.* spreag, spreig

motivated *adj.* air a g(h)luasad

motivating *n.* brosnachadh *masc.*

motivation *n.* togradh *masc.*

motive *n.* adhbhar *masc.*, ceann-fàth *masc.*, siocair *masc.*

motor *n.* motar *masc.*, carachair *masc.*

motor-bicycle *n.* motar-baidhsagal *masc.*

motor-car *n.* càr *masc.*, carbad-gluasadach *masc.*

motorist *n.* motaraiche *masc.*

motor-cycle *n.* motar-baidhg *masc.*, baidhsagal-motair *masc.*

motor-rally *n.* iomairt-chàraichean *fem.*

motorway *n.* mòr-rathad *masc.*, rathad ioma-shruith *masc.*

motory *adj.* carachail

motto *n.* facal-suaicheantais *masc.*

motto (prefix) *n.* ceann-sgrìobhadh *masc.*

moucher *n.* sgimilear *masc.*

mould (bacterial) *n.* clòimh liath *fem.*, clòimhteach liath *fem.*, caothruadh *masc.*, earc-dhrùchd *fem.*, fuardhealt *fem.*, liathtas *masc.*

mould (template) *n.* dealbhadan *masc.*, cruth *masc.*, dreachadan *masc.*, forman *masc.*, lathailt *fem.*, molltair *masc.*

mould *vb.* cum, riochdaich, dealbh

mould (casting) *n.* molltair *masc.*, mulladh *masc.*

mould-board *n.* bòrd-ùrach *masc.*, bòrd-urchair *masc.*, bòrd-ùrchrainn *masc.*, ùrchair *fem.*

mouldable *adj.* cumadail, cruthachail, so-chuimte

moulder *vb.* cnàmh

moulding *n.* stìom-oire *fem.*

moulding-board *n.* bord-ùrach *masc.*

mouldy *adj.* tungaidh, ungaidh, mùtach, liath

moult *n.* teasach *masc.*

moult *vb.* tilg itean, tilg fionnadh

moulting *n.* tilgeil nan itean *masc.*, faileadh *masc.*, tilgeil an fhionnaidh *masc.*

mound *n.* tom *masc.*, tòrr *masc.*, cnocan *masc.*, dìon *masc.*, meall *masc.*, mul *masc.*, tolm *masc.*, tonnach *masc.*, torran *masc.*, tuama *fem.*, tulach *masc.*

mount *vb.* streap, dìrich

mountable *adj.* so-streapaidh

mountain *n.* beinn *fem.*, sliabh *masc.*, alp *fem.*, monadh *masc.*

mountain avens *n.* luibh bheann *fem.*, machall-monaidh *masc.*

mountain bladder-fern *n.* raineach Bheinn Ghobhrdaidh *fem.*

mountain grass *n.* cìob *masc.*

mountain hare *n.* geàrr *masc.*, maigheach bhàn *fem.*, bocaire-fàsaich *masc.*

mountain linnet *n.* riabhag-fhraoich *fem.*

mountain sage *n.* athair liath *masc.*, sàisde fhiadhain *fem.*, sàisde-chnuic *fem.*

mountain sedge *n.* iubhar-slèibhe *masc.*

mountain sorrel *n.* sealbhag nam fiadh *fem.*

mountain willow *n.* seileachan *masc.*

mountain-ash *n.* buidean *masc.*

mountain-bent *n.* morran *masc.*

mountain-blackbird *n.* bricean-caorainn *masc.*, druid-monaidh *fem.*

mountain-down *n.* canach *masc.*

mountain-everlasting *n.* cnàmh-lus *masc.*

mountaineer *n.* streapadair *masc.*, beanntair *masc.*, sighear *masc.*, slèibhteach *masc.*, sliabhaire *masc.*

mountaineering *n.* streapadaireachd *fem.*

mountainous *adj.* beanntach, aonachail, sliabhach

mountebank *n.* reabhach *masc.*, sgoitiche *masc.*, sùgair *masc.*

mourner *n.* neach-caoidh *masc.*, acainiche *masc.*, neach-cumhaidh *masc.*, acainear *masc.*

mournful *adj.* tiamhaidh, brònach, caointeach, neo-shòlasach, sprochdail

mourning *n.* bròn *masc.*, caoidh *fem.*, tuireadh *masc.*, tùirse *fem.*

mournings *n.* èideadh-bròin *masc.*

mouse *n.* luch(ag) *fem.*, fiolagan *masc.*

mouse-hole *n.* toll-luchaig *masc.*, pruchag *fem.*

mouse-trap *n.* cat-cnaige *masc.*, luch-trap *masc.*, peintear *masc.*

mouser *n.* luchaire *masc.*

mousse *n.* cobhar uachdrach *masc.*

moustache *n.* stais *fem.*, feusag-bheòil *fem.*, balt *masc.*, rèibean *masc.*, ròibeag *fem.*, ròibean *masc.*

mouth *n.* beul *masc.*, bus *masc.*, craos *masc.*

mouth (opening/entrance) *n.* beul *masc.*, doras *masc.*, òs *masc.*

mouth music *n.* port-a-beul *masc.*, crann-dòrdain *masc.*, port luath *masc.*

mouth-organ *n.* organ-beòil *masc.*

mouthful *n.* bruanag *fem.*, criomag *fem.*, làn-beòil *masc.*, sgrog *masc.*, smot *masc.*, smotan *masc.*

mouthpiece *n.* beulan *masc.*, gaothaiche *masc.*, gaothaire *masc.*

movable *adj.* luaisgeanta, so-ghluasad

move *vb.* gluais, caraich, siubhail, nùidh, sguch, teann

move amendment *vb.* cuir leasachadh fa chomhair

move house *vb.* dèan imrich

move motion *vb.* cuir rùn air adhart

move off *vb.* falbh, tàir

moveable *adj.* so-ghluasad, so-bhogachaidh

movement *n.* gluasad *masc.*, nùidheadh *masc.*

movement (musical composition) *n.* gluaiseachd *fem.*

movement (tempo) *n.* gluasad *masc.*, imeachd *fem.*

moving *n.* imrich *fem.*, teannadh *masc.*

moving *adj.* siùbhlach

moving to and fro *n.* udal *masc.*, uideal *masc.*

moving to and fro *adj.* iomluasgach

mow *vb.* speal, buain, mìr

mower *n.* spealair *masc.*, fàladair *masc.*, saidheadair *masc.*, spealadair *masc.*

mowing *n.* spealadh *masc.*

Mr *abbrev.* Mgr

much *n.* mòran *masc.*

much *adj.* ioma

mucilage *n.* slamhan *masc.*

mucilaginous *adj.* sgimeach, slamhanach

muck *n.* giodair *masc.*, eabar *masc.*, poll *masc.*, salachar *masc.*

muck *vb.* cairt, cart

mucking *n.* cartadh *masc.*

mucky *adj.* salach, trusdarach

mucous *adj.* smugach, ronnach, seilteach, slamanach

mucus *n.* smug *fem.*, ronn *masc.*, splangaid *masc.*, sgliogaid *fem.*, riam *masc.*, sglongaid *fem.*, sleamhnan *masc.*, spleangaid *fem.*

mud *n.* poll *masc.*, eabar *masc.*, làthach *fem.*, dàm *masc.*, damaisear *masc.*, làb *masc.*

mud *vb.* ruaimlich

mud-house *n.* taigh-ùrach *masc.*

muddiness *n.* ruaimleachd *fem.*, druaipealachd *fem.*

muddy *adj.* ruaimleach

mudguard *n.* dìon-làthaich *masc.*

muff (article of dress) *n.* mùtan *masc.*

mufflers *n.* cluaiseanan *pl.*

mug *n.* mug *masc.*, mugan *masc.*

mugginess *n.* ròmhanaich *fem.*

muggy *adj.* mùganach, smugach

mugwort *n.* gròban *masc.*, liath-lus *masc.*, mughard *masc.*

muir-burning *n.* falaisg *fem.*

mulberry *n.* craobh nan smeur *fem.*, sgeachagan *masc.*, siciamin *masc.*

mulch *n.* todhar-ùrlar *masc.*

mulct *n.* èirig *fem.*

mule *n.* leth-asal *fem.*, muileid *fem./masc.*

mull (promontory) *n.* maol *masc.*

mulled wine *n.* fìon mìlsichte *masc.*

mullet *n.* drioman *masc.*, iasg drioman *masc.*, muileid *fem./masc.*

mulloch *n.* maolag *fem.*

multangular *n.* iom-oisinneach *fem.*

multangular *adj.* iol-cheàrnach

multi- *pref.* ioma-

multi-access *n.* ioma-ruigsinn *fem.*

multi-drop *n.* ioma-dhriog *fem.*

multi-lane *adj.* iol-shreathach, ioma-shreathach, ioma-shruthach

multi-line *n.* ioma-loidhne *fem.*

multicavous *adj.* ioma-tholltach

multicellular *adj.* iomacheallach

multicolumn *adj.* ioma-cholbhach

multidisciplinary *adj.* ioma-chuspaireach

multifarious *adj.* iol-bheusach

multiform *adj.* iol-chruthach, iol-dealbhach, ioma-chruthach

multiformed *adj.* ioma-chruth

multilateral *n.* slisneach *fem.*

multilateral *adj.* ioma-shliosach, ioma-thaobhach

multilingual *adj.* ioma-chànanach

multiloquous *adj.* ioma-bhriathrach, ioma-labhrach, ioma-bhruidhneach

multimedia *adj.* ioma-mheadhan

multinational *n.* companaidh ioma-thìreach *fem.*, gnothachas ioma-thìreach *masc.*

multinational *adj.* ioma-thìreach

multinominal *adj.* iom-ainmeach

multinucleate *adj.* ioma-niuclaideach

multiparous *adj.* ioma-bhreitheach, iom-àlach

multiple *n.* iomad *masc.*

multiple sclerosis *n.* cruas-maothraidh sgaoilte *masc.*

multiplexor *n.* ioma-shnìomhair *masc.*, ioma-theachdaire *masc.*

multiplicable *adj.* iomadail

multiplication *n.* iomadachadh *masc.*, meudachadh *masc.*, lìonmhorachadh *masc.*, leudachadh *masc.*

multiplicity *n.* iomadaidheachd *fem.*, iomadalachd *fem.*

multiplied (by) *adj.* air iomadachadh (le)

multiplier *n.* filltiche *masc.*

multiply *vb.* iomadaich, meudaich, lìonmhoraich, filltich

multiplying *n.* iomadachadh *masc.*, meudachadh *masc.*, lìonmhorachadh *masc.*

multiprocessing *n.* ioma-ghnìomhadh *masc.*

multiproduct *adj.* ioma-bhathair

multiprogramming *n.* ioma-phrògramadh *masc.*

multitracking *n.* ioma-sgrìobadh *masc.*

multitude *n.* mòr-shluagh *masc.*, sgaoth *masc.*, lìonmhorachd *fem.*, iomadaidh *fem.*, saith *masc.*, sealbhan *masc.*, sgann *fem.*, sgròl *masc.*, sluagh *masc.*

multiuser *n.* ioma-chleachdair *masc.*

multivibrator *n.* ioma-chritheadair *masc.*

multocular *adj.* iom-shùileach

multure *n.* meildreach *masc.*, meileachd *fem.*, meiltir *fem.*, molltair *masc.*, toinneamh *masc.*, ullag *fem.*

mumble *n.* brunndal *fem.*

mumble *vb.* dèan brunndal, moiblich, moibill

mumbling *n.* brunndal *masc.*, brunsgal *masc.*

mummy (embalmed dead body) *n.* spaoileadan *masc.*

mumps *n.* tinneas busach, an *masc.*, an t-at busach *masc.*, tinneas plocach, an *masc.*, a' phloic *fem.*, a' phluc *fem.*, an t-at cibhleach *masc.*, galar glòigeach, an *masc.*, galar-sgòrnain, an *masc.*, glòigeach *fem.*, poc, am *masc.*

munch *vb.* cagainn, cnuap

munching *n.* cagnadh *masc.*, cnuachdadh *masc.*, cruasbail *fem.*

municipal *adj.* bailteach

murder *n.* mort *masc.*, ùthachd *fem.*

murder *vb.* mort, marbh

murderer *n.* fear na làimhe deirge *masc.*, marbhaiche *masc.*, mortair *masc.*

murderess *n.* bana-mhortair *fem.*

murex *n.* murag *fem.*

murky *adj.* dorcha, modarra

murlin n. mùrlag fem.

murmur n. monmhar masc., torman masc., dùrdan masc., torm masc., torraghan masc., torrann masc., turram masc.

murmur vb. dèan monmhar, plamraich

murmuring n. monmhar masc., crònan masc., brundail fem., dùrdail fem., cànran masc., durrghail fem., gurmal masc., pronndail fem., toirm fem., toirmrich fem.

murmuring adj. monmharach, dùrdanach, cànranach

murrain n. àirneach masc., bòdhair masc., èarnach fem.

muscle n. fèith fem.

muscle fibre n. teudagan masc.

muscular adj. lùthmhor, ruganta

muscular dystrophy n. fèith-chnàmhainn, am masc., spursaigeadh masc.

Muscular Dystrophy Association pr.n. Buidheann an Fhèith-chnàmhainn

Muses pr.n. Ceòlraidh, na

museum n. taigh-tasgaidh masc., taigh-gleidhidh masc., musium masc., seudachan masc., seudlann masc.

mushroom n. balg-buachair masc., balg-buachrach masc., balgan-buarach masc., balgan-buachaill masc., balg-bhuachaill masc., bocan masc., bonaid-smachain fem., caileag an achaidh fem., fàs-air-an-oidhche masc., fàs-na-h-aon-oidhche masc., leirin sugach masc., peallag-bhuarach fem., sgeallag-bhuachrach fem.

music n. ceòl masc., oirfeid masc., oirfeideachd fem., ribheid fem.

music-master n. oide-ciùil masc.

music-stand n. seasdan-ciùil masc.

musical adj. ceòlmhor, binn, ceòlach, leadanach, leadarra, oirfeideach

musical instrument n. inneal-ciùil masc.

musicality n. binneas masc., ceòlmhorachd fem.

musician n. cliar-ciùil masc., neach-ciùil masc., oirfeideach masc.

musicianship n. ceòladaireachd fem., oirfeideachd fem.

musk ox n. damh-chaora fem.

musket n. cuilbhear masc., mosg masc., musg fem.

musketeer n. musgadair masc.

muskrat n. radan molach masc.

musrol n. iall-sròine fem., sròineall fem.

mussel n. feusgan masc., maighdeag fem.

must vb. feum

mustachios n. ciabhagan masc.

mustard (condiment) n. mustard masc.

mustard-seed n. sìol-mustard masc., sgeallag meilte fem.

muster n. mustar masc.

muster vb. lèir-thionail

muster-master n. mustar-mhaighstir masc.

mustering n. lèir-thional masc., riaghladh masc.

mustiness n. liathradh masc.

musty adj. fuaraidh, tungaidh, coinnteachail, lunndach, mùtach, ungaidh

mutability n. so-chaochlaideachd fem.

mutable adj. caochlaideach

mutant adj. mùthaidh

mutation n. mùthadh masc., atharrachadh masc.

mutch n. muidse fem., muitse fem.

mutchkin n. bodach masc., muisginn masc.

mute adj. balbh, tosdach

mute (music) n. maothadair masc.

mute swan n. eala fem., eala bhàn fem.

muted adj. maothaichte

muteness *n.* balbhachd *fem.*

mutilation *n.* gearradh *masc.*, ciorramachadh *masc.*

mutinous *adj.* ceannairceach

mutiny *n.* ar-a-mach *masc.*, ceannairc *fem.*

mutiny *vb.* ceannairc, ceannaircich

mutter *vb.* moibill

mutton *n.* feòil-mhuilt *fem.*, muilt-fheòil *fem.*

mutual *n.* malairteach *fem.*

mutual acquaintance *n.* co-eòlas *masc.*

mutual assistance *n.* co-chuideachadh *masc.*

mutual understanding *n.* co-chòrdachd *fem.*

muzzle *n.* glas-ghuib *fem.*, busachan *masc.*, muiseal *masc.*, bus *masc.*, bearrach *fem.*, beileach *fem.*, beileag *fem.*, biorrach *fem.*, craos *masc.*, dos *masc.*, iall-sròine *fem.*, mantag *fem.*

muzzle *vb.* cuir glas-ghuib air, beilich, busiallaich

muzzled *adj.* beilichte

myopia *n.* giorra-fhradharc *fem.*

myopic *adj.* geàrr-sheallach

myriad *n.* maras *masc.*

myrtle *n.* miortal *fem.*

mysterious *adj.* dìomhair, dorch(a), rùnach, sionn

mystery *n.* rùn(-dìomhair) *masc.*, rùine *fem.*

mystical *adj.* fàidheanta, rùnach

mysticism *n.* fàidheantas *masc.*, dìomhaireachas *masc.*

myth *n.* miotas *masc.*, fionn-sgeul *masc.*, uirsgeul *masc.*

mythical *adj.* miotasach

N

nae! *interj.* na biodh!

nag *n.* gearran *masc.*

nag *vb.* gearain, sìodail

nagging *n.* gearan *masc.*, cnàmhan *masc.*

nagging *adj.* gearaineach, nacaideach

naiad *n.* bainisg *fem.*

nail *n.* tarrag *fem.*, ionga *fem.*, ìne *fem.*, sèaman *masc.*, spàrradh *masc.*, sparrag *fem.*

nail *vb.* tàirng, spàrr

nailboard *n.* bòrd thàirgnean *masc.*

nailed *adj.* tàirngte, sparragach

nailing *n.* tàirngeadh *masc.*

nailing *adj.* tàirngeach, sparrach

naive *adj.* soineannta

naivety *n.* soineanntachd *fem.*

naked *adj.* lomnochd, rùisgte, foidhearach, lomarra, nochd, nochdaidh, tur-lom

nakedness *n.* lomnochd *fem.*, luime *fem.*, nochd *fem.*

name *n.* ainm *masc.*

name (reputation) *n.* cliù *masc.*

name *vb.* ainmich, goir air ainm

namely *adv.* 's e sin

namesake *n.* neach-cinnidh *masc.*, neach co-ainm *masc.*

nap (short sleep) *n.* norrag *fem.*, dùsal *masc.*, cadal ceàrnach *masc.*, cadalan *masc.*, lochdan *masc.*, neul *masc.*, pràmh *masc.*, suainean *masc.*

nap (wooly surface on cloth) *n.* caitein *masc.*, lòineag *fem.*

naphthylamine *n.* naiftilaimin *masc.*

napkin *n.* nèapaicin *fem.*, brèid *masc.*, nèapaigear *masc.*

narcotic *n.* cungaidh-suain *fem.*, suaineach *masc.*

narcotic *adj.* suainealach, cadalach, pràmhach, suaineach, suaineartach, suantach

narrate *vb.* aithris, sgeulaich

narration *n.* aithris *fem.*, seanachas *masc.*, sgeul *masc.*, tràchd *fem./masc.*

narrative *n.* aithris *fem.*, sgeul *masc.*

narrative *adj.* aithriseach, eachdrachail, seanachasach

narrator *n.* neach-aithris *masc.*, aithrisear *masc.*, aithriseach *masc.*, aithrisiche *masc.*, sgeulaiche *masc.*, sgeultair *masc.*

narrow *adj.* cumhang, caol, aimhleathan, crò, slabhar, stainnte

narrow (channel) *n.* caol(as) *masc.*, dòrnaidh *fem.*

narrow (passage) *n.* glac *fem.*

narrow-minded *adj.* cumhang

narrowness *n.* cuingead *fem.*

nasal *adj.* srònach, mugach, smotach, smùcail, srannach, sròineach, sròineil, tro shròin, tron t-sròin

nasal canal *n.* cogais *fem.*

nasal cavity *n.* cogais *fem.*

nasalisation *n.* srònachadh *masc.*

nastiness *n.* trusdaireachd *fem.*, rapais *fem.*

nasturtium *n.* gleòrann *masc.*

nasty *adj.* mosach, truaillidh, mì-chàilear, glamhasach, rapach, salach, sgreamhail, sgreataidh

nation *n.* nàisean *masc.*, cinneadh *masc.*, rìoghachd *fem.*, nàistinn *fem.*

National and Local Government Officers Association *pr.n.* Comann Oifigearan Riaghaltais Nàiseanta is Ionadail

National Assistance Act 1948 *pr.n.* Achd a' Chuideachaidh Nàiseanta 1948

National Association of Scottish Woollen Manufacturers *pr.n.* Comann Nàiseanta Luchd-fighe Clòimhe Alba

National Child Bureau *pr.n.* Biùro Nàiseanta na Cloinne

National Code of Local Government Conduct *pr.n.* Modh Giùlain Nàiseanta do Riaghaltas Ionadail

National Commercial Bank *pr.n.* Banca Nàiseanta na Malairt

National Farmers Union of Scotland *pr.n.* Aonadh Nàiseanta nan Tuathanach Alba

National Health Service *pr.n.* Seirbheis Nàiseanta na Slàinte

national insurance *n.* àrachas nàiseanta *masc.*

National Joint Industrial Council *pr.n.* Co-chomhairle Nàiseanta a' Ghnìomhachais

National Society for the Deaf *pr.n.* Comann Nàiseanta airson nam Bodhar

National Union of Public Employees *pr.n.* Aonadh Nàiseanta Luchd-obrach na Stàite

National Union of Seamen *pr.n.* Aonadh Nàiseanta nam Maraichean

National Union of Small Shopkeepers *pr.n.* Aonadh Nàiseanta nan Ceannaichean Beaga

nationalise *vb.* stàit-shealbhaich

nationalisation *n.* stàit-shealbhachadh *masc.*

native *adj.* dùthchasach, nàistinneach

native *n.* dùthchasach *masc.*, gnàth-neach *masc.*

native speaker *n.* fileantach *masc.*

nativity *n.* breith *fem.*, lamhnadh *masc.*

natural *adj.* nàdarra, gnèitheil

natural child *n.* leanabh-dìolain *masc.*

naturalness *n.* nàdarrachd *fem.*, nàdar *masc.*

nature *n.* nàdar *masc.*, gnè *fem.*, seòrsa *masc.*

nature conservancy *n.* glèidhteachas-nàdair *masc.*

nature reserve *n.* tèarmann-nàdair *masc.*

naughtiness *n.* crosdachd *fem.*, olcas *masc.*

naughty *adj.* crosda, sotlaidh

nausea *n.* sgreamh *masc.*, dèistinn *fem.*, farfas *masc.*, gòmadh *masc.*, orrais *fem.*, sgogadh *masc.*, tathaich *fem.*

nauseate *vb.* sgreamhaich, ùrlaich

nauseating *adj.* sgreamhach, seachd-searbh

nauseous *adj.* sgreamhail, sgeitheach

nauseousness *n.* sgreamhalachd *fem.*, domblasachd *fem.*, ornais *fem.*

nautical *adj.* seòlaidh, loingeach, longach, seòladaireach

nautilus *n.* faochag sgiobach *fem.*

naval *adj.* cabhlachail, luingeasach, muireil

nave (middle) *n.* luighean *masc.*

nave (part of church) *n.* corp-eaglais *masc.*

nave (part of wheel) *n.* cairt-cheap *masc.*, ceap-cartach *masc.*, cìoch *fem.*, crùbh *masc.*

navel *n.* imleag *fem.*

navigable *adj.* so-sheòlta

navigate *vb.* seòl

navigation *n.* maraireachd *fem.*, seòladaireachd *fem.*, sgiobaireachd *fem.*, luingearachd *fem.*, sgoil-fhairge *fem.*, sgoil-mhara *fem.*

navigation beacon *n.* beur-iùil *masc.*, beur-stiùiridh *masc.*

navigator *n.* maraiche *masc.*, seòladair *masc.*, luamair *masc.*

navy *n.* cabhlach *masc.*, nèibhi *masc.*, luingeas *masc.*

navy-blue *n.* dubh-ghorm *masc.*

neaptide *n.* conntraigh *fem.*, mall-mhuir *fem.*

near *adj.* faisg, dlùth, fagus

near *prep.* an còir

near-sighted *adj.* geàrr-fhradharcach

nearness *n.* dlùitheachd *fem.*, dlùthas *masc.*, dlùths *masc.*, faisge *fem.*, faisgeachd *fem.*, seilbh *fem.*

neat *adj.* grinn, snasail, cuimir, sgiobalta, beitir, cruinn, eachdail, gibeach, greannmhor, guanach, innealta, lurach, neo-chearbach, oirnealta, seabhach, sgeanail, sgeilmeil, sgeunail, sgibeach, sgibidh, sgiobaidh, sgiolta, sgipidh, snasmhor, snasta, spèisealta, spruiseil

neat-handed *adj.* creanas

neatness *n.* grinneas *masc.*, sgiobaltachd *fem.*, snasachd *fem.*, innealtachd *fem.*, neo-chearbaiche *fem.*, sgoinn *fem.*

nebula *n.* deargan-doireann *masc.*

necessary *adj.* riatanach, deatamach, do-sheachanta

necessary (privy) *n.* taigh beag *masc.*

necessitous *adj.* feumach

necessity *n.* èigeantas *masc.*, èiginn *fem.*, riatanas *masc.*

neck *n.* amha(i)ch *fem.*, muineal *masc.*, sgòrnan *masc.*

neck (upper part of bottle) *n.* sgeòc *masc.*, sgeòcan *masc.*, sgrugaill *fem.*, sgruigean *masc.*, slugan *masc.*

neck-band *n.* crios-muineil *masc.*, bann-amhcha *fem.*, stìom-bhràghaid *fem.*

neck-cloth *n.* giall-bhrat *masc.*

neck-piece *n.* dòrnan *masc.*

necked *adj.* amhachail, muinealach

necking *n.* cnuasachd *fem.*

necklace *n.* seud-muineil *masc.*, crios-muineil *masc.*, fleasg *fem.*, muinead *masc.*, oir-chrios *masc.*, truis-bhràghad *fem.*, usgar-bhràghad *masc.*

necktie *n.* bann-bhràghad *masc.*, taidh *fem.*

necromancer *n.* fiosaiche *masc.*, marbh-dhraoidh *masc.*, eòlasair *masc.*, taracadair *masc.*

necromancy *n.* fiosachd *fem.*, marbh-dhraoidheachd *fem.*, taracantachd *fem.*, tarcadaireachd *fem.*

necromantic *adj.* fiosachdail, marbh-dhraoidheach, dubh-chleasachd

nectar *n.* neachtar *masc.*, ìocshlaint *fem.*, sile *fem.*

nectarine *n.* neacadair *masc.*

need *n.* feum *masc.*, dìth *masc.*, easbhaidh *masc.*, airc *fem.*

need *vb.* feum

needful *adj.* feumach, ainniseach

needle *n.* snàthad *fem.*, dealg *fem.*, dealgan *masc.*

needle-case *n.* snàthadan *masc.*

needle-fish *n.* brod-iasg *masc.*, lomarag *fem.*

needless *adj.* neo-fheumail, neo-riatanach, uaireach

needlework *n.* obair-ghrèis *fem.*, fuaigheal *masc.*, grèis *fem.*, obair-shnàthaid *fem.*, oir-ghreus *masc.*

needy *adj.* feumach, ainniseach, ainnis, easbhaidheach, uireasbhaidheach

needy-box *n.* seotal *masc.*

negate *vb.* cuir an neo-fheum

negation *n.* àicheadh *masc.*, diùltadh *masc.*

negative *n.* àicheadh *masc.*

negative *adj.* àicheil, diùltach, obach

neglect *n.* dearmad *masc.*, mì-shuim *masc.*, neo-chùram *masc.*, stràille *masc.*, suarachas *masc.*

neglect *vb.* dèan dearmad, dearmaid

neglected *adj.* mu làr

neglectful *adj.* dearmadach

negligence *n.* dearmadachd *fem.*, ana-cùram *masc.*, dearmad *masc.*, ion-duthras *masc.*, mì-chùram *masc.*, mì-dhùrachd *fem.*, monais *fem.*, neo-chuimhne *fem.*, neo-chùram *masc.*, neo-dhùrachd *fem.*, neo-shuimealachd *fem.*, neo-thoirt *fem.*, neo-thoirtealachd *fem.*, somaltachd *fem.*

negligent *adj.* dearmadach, ana-cùramach, mì-chùramach, mì-dhùrachdach, neo-chùramach, neo-ghnìomhach, neo-shuimeil, neo-thoirteil, somalta

negotiate *vb.* dèan gnothach (ri), dèan tagradh, co-rèitich, dèan còmhradh, tràchd, trochd

negotiating *n.* tràchdadh *masc.*

negotiation *n.* rèiteachadh *masc.*, còmhradh *masc.*, tràchdalachd *fem.*

negro *n.* neach dubh *masc.*

neigh *n.* sitir *fem.*

neigh *vb.* dèan sitir, sitrich

neighbour *n.* nàbaidh *masc.*, coimhearsnach *masc.*, co-àitiche *masc.*

neighbourhood *n.* nàbachd *fem.*, nàbaidheachd *fem.*, coimhearsnachd *fem.*, nàbachas *masc.*

neighbourliness *n.* nàbachas *masc.*

neighing *n.* sitrich *fem.*, sitir *fem.*, srannail *fem.*

neighing *adj.* sitreach

neodymium *n.* neoidimium *masc.*

neologism *n.* nua-fhacal *masc.*

nephew (brother's son) *n.* mac-bràthar *masc.*

nephew (sister's son) *adj.* mac-peathar

nepotism *n.* àrdachadh-chàirdean *masc.*

nephritic *adj.* fualach

neptunium *n.* neaptuinium *masc.*

nereids *n.* suire *fem.*

nerve *n.* nearbh *fem.*

nerveless *adj.* neo-lùthach

nervous *adj.* iomagaineach, nearbhach, craobhaidh, mion-mhothachail, sgeunach

nervousness *n.* craobhaidheachd *fem.*

nest *n.* nead *fem.*, cuachan *masc.*, cuaichean *masc.*

nest *vb.* neadaich

nesting *n.* neadachadh *masc.*

nesting-place *n.* stoirr *fem./masc.*

nestle *vb.* neadaich, crùb sìos

net *n.* lìon *masc.*

net (clear of all charges/deductions) *adj.* cruinn

netball *n.* ball-lìn *masc.*

nether *adj.* ìochdarach

nethermost *adj.* ìochdarach

netmaker *n.* cliùcair *masc.*

nett *adj.* glan, lom

nettle *n.* deanntag *fem.*, feanntag *fem.*, loiteag *fem.*

nettle-leaved goosefoot *n.* praiseach-a'-bhalla *fem.*

nettle-rash *n.* breac-shìth *fem.*, ruaidhe *fem.*

network *n.* lìonra(dh) *masc.*, lìon-obair *fem.*, nasgadh *masc.*, obair-lìn *fem.*, obair-lìonain *fem.*, obair-tharsainn *fem.*

networker *n.* lìon-oibriche *masc.*

neuk *n.* cùil *fem.*, niùc *fem.*

neuralgia *n.* nearbh-phian *masc.*, fiabhras beag, am *masc.*

neurosis *n.* nearòis *fem.*, leith-bhuaireas *masc.*

neuter *n.* neodar *masc.*

neuter *adj.* neodrach, neachdach

neutral *adj.* neodrach, neo-phàirteil

neutralise *vb.* neonich

neutrality *n.* neodrachd, co-dheasachd *fem.*, neo-phàirteachd *fem.*

neutron *n.* niutron *masc.*, neodron *masc.*

never *adv.* a chaoidh, gu bràth, (a-)riamh

never mind *interj.* coma leat, na gabh ort

Nevermas *pr.n.* Là Luain

new *adj.* nuadh, suaicheanta, ùr

new moon *n.* gealach ùr *fem.*, gealach òg *fem.*, solas ùr *masc.*

New Year's Day *n.* Callainn *fem.*

New Year's Day *pr.n.* Là na Bliadhn' Uire, Là Nollaig Beag, Nollaig Bheag

New-Year's gift *n.* bannag *fem.*

Newfoundland dog *n.* cù-uisge *masc.*

news *n.* naidheachd *fem.*, fios *masc.*, sgeul *masc.*, tadhasg *masc.*, taisgealadh *masc.*

news-sheet *n.* duilleag-naidheachd *fem.*

newsflash *n.* grad-naidheachd *fem.*

newsletter *n.* litir-naidheachd *fem.*

newspaper *n.* pàipear-naidheachd *masc.*

newspaper-man *n.* naidheachdair *masc.*

newt *n.* dearc-luachrach *fem.*

next to *adj.* leth ri

nib *n.* beic *fem.*

nib (pen-point) *n.* gob-pinn *masc.*, rinn *fem.*

nibble *vb.* creim, pioc, cliob, criom, criomagaich, piol, sgob, spiolg

nibbler *n.* criomaire *masc.*

nibbling *n.* creimeadh *masc.*, piocadh *masc.*, cliobadh *masc.*, griobadh *masc.*, sgobadh *masc.*, smeangladh *masc.*

nibbling *adj.* spiolach

nice *adj.* snog, laghach, basdalach, càilear, tlachdmhor

nicety *n.* pongalachd *fem.*, grinneas *masc.*, brionnas *masc.*

niche *n.* cùil *fem.*, oisean *masc.*

nick *n.* eag *fem.*

nick *vb.* eagaich, sneag

nick- *pref.* leas-

nickel *n.* niceil *masc.*

nickname *n.* far-ainm *masc.*, frith-ainm *masc.*, leas-ainm *masc.*, ainnisd *fem.*, anaisg *fem.*, leth-ainm *masc.*

nicotine *n.* nicoitin *masc.*

niece *n.* nighean bràthair/peathar *fem.*, banta *fem.*

niggard *n.* spong *masc.*, sgrubair *masc.*, sgruit *masc.*, spìocaire *masc.*, spongaire *masc.*, spuing *fem.*

niggardliness *n.* spìocaireachd *fem.*, cruas *masc.*

niggardly *adj.* spìocach, mosach, mì-fhialaidh, neo-thabhairteach, biasgach, craobhaidh, craobhaidh, crìonna, cruaidh, mì-fhiùghantach, miodhair, sgrubail, sgruiteach, spadanta, spongach, spongalach, spuingeil

night *n.* oidhche *fem.*

night life *n.* beòthalachd-oidhche *fem.*

night sitting service scheme *n.* seirbheis taice na h-oidhche *fem.*

night-sitting *n.* seirbheis-oidhche *fem.*

night-watch *n.* caithris *fem.*, luchd na h-ionnairidh *masc.*

night-watching *n.* ionnairidh *fem.*

nightcap *n.* currac-oidhche *fem.*

nightdress *n.* aodach-oidhche *masc.*

nightfall *n.* beul na h-oidhche *masc.*, tuiteam-oidhche *masc.*

nightgown *n.* gùn-oidhche *masc.*

nightingale *n.* beul-binn *masc.*, seiniolach *masc.*, smiolach *masc.*, spideag *fem.*

nightjar *n.* sgraicheag-oidhche *fem.*

nightly *adj.* gach oidhche, oidhcheil, oidhcheach

nightmare *n.* trom-laighe *fem.*

nill *n.* splangach *masc.*

nimble *adj.* èasgaidh, bearraideach, clis, cliste, deiscir, ealamh, fiuchar, luath, luath-cheumnach, lurach, lùth-chleasach, lùthmhor, obann, sgiolta, speachanta, sùbailte

nimble-fingered *adj.* luath-chorragach

nimble-footed *adj.* eangach

nimbleness *n.* èasgaidheachd *fem.*, obainne *fem.*

nimbus *n.* sgòth uisgeach *masc.*

nincompoop *n.* clogadan *masc.*

nine *n.* naoi(dh) *masc.*

nine-spined stickleback *n.* iasg deilgneach *masc.*

ninepins *n.* cailise *fem.*

nineteen *n.* naoi(dh) deug *masc.*

ninety *n..* naochad, ceithir fichead 's a deich

ninny *n.* cuifean *masc.*, neo-dhuine *masc.*, neoni *fem.*, sgaipean *masc.*

ninth *adj.* naoidheamh

niobium *n.* nioibium *masc.*

nip *n.* teumadh *masc.*, bìdeadh *masc.*, caob *masc.*, gomag *fem.*, pioc *masc.*, spitheag *fem.*, teum *masc.*

nip (small quantity of spirits) *n.* tè bheag *fem.*, snàthdag *fem.*

nip *vb.* teum, bìd, caob, pioc

nippers *n.* greimiche *masc.*, piocairean *pl.*, spioladair *masc.*, spiolgan, spìonadair *masc.*

nipping *n.* teumadh *masc.*, bìdeadh *masc.*, piocadh *masc.*

nipple *n.* sine *fem.*, ceann-na-cìche *masc.*

nipplewort *n.* duilleag mhath *fem.*, duilleag-Bhrìghde *fem.*

nit *n.* mial *fem.*, sneadh *fem.*, gadmann *masc.*, snioghag *fem.*, ubh-mhial *masc.*

nitrate *n.* niotrat *masc.*

nitrate *vb.* niotraich

nitrated *adj.* niotraichte

nitration *n.* niotrachas *masc.*

nitre *n.* mear-shalainn *masc.*, creag-shalann *fem.*, natar *masc.*

nitric *adj.* nitrig

nitric acid *n.* uisge mear-shalainneach *masc.*

nitride *n.* nitrid *fem.*

nitrile *n.* nitril *masc.*

nitrite *n.* nitrit *fem.*

nitrogen *n.* naitrigean *masc.*, naitrodean *masc.*, mear-shalann-gintinn *masc.*, nitrigin *masc.*

nitrosonium *n.* niotrosoinium *masc.*

nitrous *adj.* mear-shaillt, mear-shalainneach, niotrach

nobelium *n.* nobailium *masc.*

nobilitate *vb.* àrd-uaislich

nobility *n.* uaisleachd *fem.*, so-chinealtachd *fem.*, so-chinealtas *fem.*, uaisle *fem.*

noble *n.* uasal *masc.*, flath *masc.*

noble *adj.* uasal, flathail, allail, miadhail, mòrdha, òirdheirc

nobleman *n.* duine uasal *masc.*

nobody (person of no account) *n.* neo-neach *masc.*

nod *n.* cromadh-cinn *masc.*, gnogadh-cinn *masc.*, cnotach *masc.*

nod *vb.* gnog, crom, gog, aom

nodding (letting head drop in weariness) *n.* turraban *masc.*

nodding bur-marigold *n.* sgeachag-Moire *fem.*

node *n.* cnap *masc.*, meall *masc.*, alt *masc.*, meann *masc.*

noggie *n.* noigean *masc.*

noggin *n.* noigean *masc.*, cnagair *masc.*, meadaran *masc.*, miodaran *masc.*

noise n. fuaim fem./masc., faram masc., toirm fem., ràpal masc., stailmrich fem., starbhan masc., starram masc., tailmrich fem.

noisy adj. fuaimneach, faramach, gleadhrach, labhar, staplainneach, starbhanach

nolens volens adj. àill air n-àill, ioc-ar-nac

nomad n. iniltear masc., inilteir masc.

nomenclature n. ainmeachadh masc.

nominal adj. ainmeach, fo ainm

nominal (grammar) adj. ainmearach

nominalism n. ainmeachas masc.

nominate vb. ainmich

nominated adj. ainmichte

nomination n. ainmeachadh masc.

nomination papers n. pàipearan ainmeachaidh pl.

nominative (grammar) n. ainmeanach masc.

nominative case n. tuiseal ainmeach masc.

nominator n. ainmeanach masc.

nominee n. neach ainmichte masc.

non-commissioned officer (NCO) n. leas-oifigeach masc.

non-existence n. neo-bhitheachd fem.

non-existent adj. neo-bhitheach

non-resident n. neo-àitiche masc., neo-thàmhaiche masc.

non-resident adj. neo-chòmhnaidheach

non-resistant adj. neo-chogail, làn-ghèilleach

non-returnable adj. do-thilleadh

non-stop adv. gun stad

nonage n. neo-inbheachd fem.

nonagon n. naodhan masc.

nonconformity n. neo-aontachd fem., mì-aontachd fem.

nonentity n. neo-bhith fem., neoni fem.

nonsense n. amaideas masc., mì-sheadh masc., ruais fem., saobh-chiall fem., treamsgal masc.

nonsensical adj. amaideach, mì-dhàicheil, mì-sheadhach, neo-phurpail

nook n. cùil fem., oisinn fem., ùig fem.

noon n. meadhan-là masc., meadhan-latha masc., nòin masc., tràth-nòin masc.

noontide n. tràth-nòin masc.

noose n. lùb fem., crampag fem., goisnein masc., snaim-ruith masc./fem.

normal adj. riaghailteach, àbhaisteach, cothromach, gnàthach, nàdarra

normalisation n. cumantachadh masc.

normalise vb. dèan gnàthach

normally adj. mar as trice

normative adj. àbhaisteach

north adj. tuath

north n. tuath masc.

North Lochs Community Association pr.n. Comann Coimhearsnachd Ceann a Tuath nan Loch

North of Scotland College of Agriculture pr.n. Colaisde Aiteachais Ceann a Tuath na h-Alba

North of Scotland Hydro-Electric Board pr.n. Bòrd an Dealain Ceann a Tuath na h-Alba

North Uist Agricultural Society pr.n. Comann Aiteachais Uibhist a Tuath

North Uist Crofters Union pr.n. Aonadh Chroitearan Uibhist a Tuath

North Uist Games Committee pr.n. Comataidh Gheama Uibhist a Tuath

North Uist Gun Club pr.n. Club Gunna Uibhist a Tuath

North Uist Sea Angling Club pr.n. Buidheann Shlat Uibhist a Tuath

north-east n. ear-thuath fem.

north-west n. iarsceart masc., iar-thuath fem.

northern *adj.* tuath

Northern Counties Institute for the Blind *pr.n.* Institiud Shiorrachdan a Tuath airson nan Dall

northern hedgehog *n.* gràineag *fem.*

Northern Joint Police Committee *pr.n.* Co-chomataidh nam Poilis a Tuath

northern lights (aurora borealis) *pr.n.* Fir Chlis, na, Dannsairean, na

northward *adv.* mu thuath

Norway pine *n.* giuthas Lochlannach *masc.*

Norway spruce *n.* giuthas Lochlannach *masc.*

nose *n.* srò(i)n *fem.*

nose *vb.* srònaisich

nosebleed *n.* leum-sròine *masc.*

nosed *adj.* srònach

nosegay *n.* boltrachan *masc.*, boltrachas *masc.*

nostalgia *n.* cianalas *masc.*

nostril *n.* cuinnean *masc.*, poll-sròine *masc.*, cuinlean *masc.*, pollair *fem.*, pollan-na-sròine *masc.*, polt *masc.*, toll-na-gaoithe *masc.*

notable *adj.* comharraichte, ainmeil, sònraichte, ion-fhaicsinneach, spailpeil, suaicheanta, suathaid

notary *n.* nòtair *masc.*

notation *n.* comharrachadh *masc.*, pongas *masc.*

notation card *n.* càirt-chomharrachaidh *fem.*

notch *n.* eag *fem.*, sneag *masc.*, peasg *fem.*, sgoch *masc.*, sgor *masc.*, torc *masc.*

notch *vb.* eagaich, sneag, beàrn, peasg, sgoch, sgrìoch

notched *adj.* eagaichte, sneagaichte, beàrnach, cabach, eagach

notching *n.* sneagaireachd *fem.*

note *n.* nòta *masc.*, fios *masc.*, meòrachan *masc.*, suaim *fem.*

note *vb.* meomhraich, sònraich

note (music) *n.* pong *masc.*, punc *masc.*, soin *fem.*

notebook *n.* leabhar-sgrìobhaidh *masc.*, aithris-leabhar *masc.*, leabhar-cuimhne *masc.*, leabhran *masc.*, meòmhrachan *masc.*, meòmhranach *masc.*

noted *adj.* comharraichte, sònraichte, ainmeil

notes (music-written) *n.* leadan *masc.*

nothing *n.* neoni *fem.*, neonitheachd *fem.*

nothingness *n.* neonitheachd *fem.*

notice *n.* sanas *masc.*, fios *masc.*, clàr *masc.*, rabhadh *masc.*, toighe *fem.*

notice *vb.* mothaich, cuir umhail air, thoir fa-near, thoir an aire

notice (information) *n.* brath *masc.*

noticing *n.* farbhaireachd *fem.*

notification *n.* fios *masc.*, cur an cèill *masc.*, comharrachadh *masc.*

notify *vb.* comharraich (do), leig fios (gu)

noting *n.* fiosrachadh *masc.*, sònrachadh *masc.*

notion *n.* beachd *masc.*, smaoin *fem.*

notion (concept) *n.* bunbheachd *masc.*

notional *adj.* baralach, beachdach

notwithstanding *prep.* a dh'aindeoin

noun *n.* ainmear *masc.*

nourish *vb.* àraich, beathaich, tog, tacsaich

nourishment *n.* beathachadh *masc.*

novel *adj.* nuadh, annasach, neònach, sònraichte

novel *n.* nobhail *fem.*, ùirsgeul *masc.*

novelette *n.* nobhail bheag *fem.*

novelist *n.* nobhailiche *masc.*, ùirsgeulaiche *masc.*

novelty *n.* annas *masc.*, mùth *masc.*, mùthadh *masc.*, neo-chumantachd *fem.*, suaicheantas *masc.*, ùrachd *fem.*

November *pr.n.* An t-Samhain

novercal *adj.* muimeach

novice *n.* neach-ionnsachaidh *masc.*, fòghlamaiche *masc.*, foghlainne *masc.*, leth-eòlach *masc.*, noibhiseach *masc.*, ùranach *masc.*

now *adj.* a-nis(e), an dràsta, an ceartair, san àm seo

noxious *adj.* cronail, dolaidheach

noxiousness *n.* urchaideachd *fem.*

nozzle *n.* soc *masc.*, smeachan *masc.*

nuance *n.* mion-diofar *masc.*, fiamh *masc.*, nuans *fem.*

nuclear *adj.* niuclasach, eiteanach

nuclear policy *n.* poileasaidh niuclasach *masc.*

nuclear waste *n.* sgudal niuclasach *masc.*

nuclear weapons *n.* armachd niuclasach *fem.*

nucleic acid *n.* searbhag niuclasach *fem.*

nucleolus *n.* niuclasag *fem.*

nucleotide *n.* niuclataid *fem.*

nucleus *n.* niuclas *masc.*, cridhe *masc.*

nude *adj.* lomnochd, rùisgte

nudge *n.* putadh *masc.*

nudge *vb.* put, bruid, rib

nudity *n.* luime *fem.*

nugacity *n.* faogharsanachd *fem.*

null *adj.* neo-stàthach

numb *adj.* meilichte, fuar-rag, lap, lapach

numb *vb.* meilich, ragaich

numbedness *n.* stocachadh *masc.*

number *n.* àireamh *fem.*, iomadh *masc.*, uibhir *fem.*, mòran *masc.*, meud *masc.*

number *vb.* cunnt, àireamh, àireamhaich, àirmhich

number code *n.* còd àireamh *masc.*

number cruncher *n.* coimpiutair àireamhail *masc.*

number sequence *n.* ruith nan àireamhan *fem.*

number strip *n.* srianag àireamhan *fem.*

numbering *n.* àireamhachd *fem.*, cunntadh *masc.*

numbering system *n.* àireamhachd *fem.*

numbness *n.* meileachadh *masc.*, aingealachd *fem.*, cathalaich *fem.*, mairealadh *masc.*

numerable *adj.* so-àireimh, ion-àirmhichte

numeral *n.* àireamhach *masc.*, cunntair *masc.*, cunntach *masc.*, figear *masc.*

numeration *n.* àireamhachd *fem.*

numerator *n.* àireamhach *masc.*, neach-àireimh *masc.*, àireamhaiche *masc.*

numeric *adj.* àireamhail, uimhreachail

numerical *adj.* àireamhach

numerical adjective *n.* buadhair àireamhach *masc.*

numerical noun *n.* ainmear àireamhach *masc.*, ainmear-àireimh *masc.*

numerical system *n.* àireamhachd *fem.*

numerous *adj.* lìonmhor, ioma, iomadach, iomarcach, pailt

nun *n.* cailleach dhubh *fem.*, bean-chràbhaidh *fem.*, naomh-òigh *fem.*

nunnery *n.* taigh chailleacha-dubha *masc.*, taigh-cràbhaidh *masc.*

nurse *n.* banaltram *fem.*, nurs *masc.*, bean-eiridnidh *fem.*, màthair-altraim *fem.*, muime *fem.*, neach-eiridinn *masc.*

nurse *vb.* altraim, eiridnich, altramaich, banaltraich, banaltraim

nursery (apartment for children) *n.* seòmar-altraim *masc.*, seòmar-àraich *masc.*, seòmar-cloinne *masc.*

nursery (piece of ground where plants are reared) *n.* lios-àraich *masc.*, lios luibhean *fem.*, plannt-lann *fem.*

nursery education *n.* foghlam fo-sgoile *masc.*, foghlam sgoil-àraich *masc.*

nursery school *n.* fo-sgoil *fem.*, sgoil-àraich *fem.*

nursing *n.* banaltramachd *fem.*, nursadh *masc.*, altram *masc.*, altramas *masc.*, àrach *masc.*, banaltrachd *fem.*, banaltramas *masc.*, eiridinn *masc.*

nursing *adj.* altramach

nursing home *n.* taigh-altraim *masc.*

Nursing Homes Registration (Scotland) Act 1938 *pr.n.* Achd Clàradh nan Taighean Altraim (Alba) 1938

nursling *n.* leanabh-altraim *masc.*, dalta *masc.*

nurture *n.* àrach *masc.*, oilean *masc.*, connsachadh *masc.*

nurture *vb.* àraich, oileanaich

nut *n.* cnò *fem.*

nut-gall *n.* buiceanach-darach *masc.*

nutcracker *n.* cnòthair *masc.*

nuthatch *n.* sgoltan *masc.*

nutmeg *n.* cnò-mhionnt *fem.*, cnò-mheannt *fem.*, muscata *masc.*

nutrients *n.* beathachadh *masc.*

nutrimental *adj.* beathachail, àrachail

nutrition *n.* beathachadh *masc.*, mathas *masc.*

nutritious *adj.* beathachail, biadhchar

nutty *adj.* cnòthach

nymph *n.* ainnir *fem.*, ban-dia coille *masc.*, maighdean *fem.*, rìbhinn *fem.*, suire *fem.*

nystagmus *n.* luasgan-sùla *masc.*

O

O-grade *n.* Ire Chumanta *fem.*

oaf *n.* luidealach *masc.*

oak *n.* darach *masc.*, darag *fem.*, rìgh-na-coille *masc.*

oak-apple *n.* cnò-dharaich *fem.*, dairghe *fem.*, dar-ubhall *masc.*, dearc-ubhal *masc.*

oak-fern *n.* sgeamh-dharaich *fem.*

oakum *n.* calcas *masc.*, còrcach-chalcaidh *fem.*

oar *n.* ràmh *masc.*, cabar *masc.*, suaibe *fem.*

oar-lock *n.* tailb *fem.*

oared *adj.* ràmhach

oarsman *n.* ràmhaiche *masc.*

oasis *n.* àilean *masc.*, innis-fàsaich *fem.*

oatcake *n.* aran-coirce *masc.*, bonnach-coirce *masc.*

oaten *adj.* corcach

oath *n.* bòid *fem.*, lughadh *masc.*, mallachadh *masc.*, mallachd *fem.*, mionn *fem./masc.*, spadag *fem.*

oatmeal *n.* min-choirce *fem.*

oats *n.* coirce *masc.*, searbhan *masc.*

Oban Times, The *pr.n.* An t-Obanach, Pàipear an Obain, Tìm an Obain

obduracy *n.* neo-aithreachas *masc.*

obdurate *adj.* neo-aithreach, neo-aithreachail

obedience *n.* oigheam *masc.*, ùmhailteas *masc.*, ùmhlachd *fem.*

obedient *adj.* umhail

obeisance *n.* strìochd *masc.*, ùmhlachd *fem.*

obelisk *n.* liagan *masc.*

obelus *n.* crois *fem.*

obesity *n.* baltag *fem.*

obey *vb.* thoir gèill

obeying *n.* ùmhlachadh *masc.*

obituary *n.* bàs-chlàr *masc.*

object *n.* cuspair *masc.*, ball *masc.*, fàth *masc.*

object *vb.* gearain, stoc

objecting *adj.* coicheideach

objection *n.* gearan *masc.*, cur an aghaidh *masc.*, coicheid *fem.*, crambaid *fem.*, mairc *fem.*

objective *n.* amas *masc.*, amas mionaideach *masc.*, ceann-uidhe *masc.*

objective *adj.* beachdail, cuspaireach

oblation *n.* tairgheal *masc.*

obligation *n.* comain *fem.*, dleasdanas *masc.*, banntach *fem.*, ceangal *masc.*, cuing *fem.*, nasgadh *masc.*, riatanas *masc.*

obligatory *adj.* ceangaltach, nasgach

obliging *adj.* còmhstach, meachranach, sochaireach, socharach

oblique *adj.* claon, siar, staoin, staon, staonach, straonach

oblique *prep.* tarsainn

oblique-angled triangle *n.* trì-cheàrnach fhiar-oisinneach *fem.*

obliquity *n.* siaradh *masc.*, staonachadh *masc.*

obliterate *vb.* cuir as da, sgrios (as)

oblivion *n.* seach-mhallachd *fem.*, tiorrainteachd *fem.*

oblivious *adj.* seachmhallach

oblong (eliptical) *adj.* cruinn-fhada

oblongness *n.* leth-fhaide *fem.*

obloquy *n.* mì-iomradh *masc.*

obnoxious *adj.* lochdach

obnoxiousness *n.* rùisgteachd *fem.*

oboe *n.* obo *masc.*

obscene *adj.* amasgaidh, drabasda, drùthail

obscenity *n.* drabasdachd *fem.*, drùthaich *fem.*, graosdachd *fem.*, truthdaireachd *fem.*

obscure *adj.* doi-chiallach, doilleir, dorch(a), neulach

obscure *vb.* doilleirich, dorchaich, neulaich

obscuring *n.* duatharachadh *masc.*

obscurity *n.* rùdhrachas *masc.*, smal *masc.*, teimhealachd *fem.*

obsequies *n.* deas-ghnàth-torraidh *masc.*

obsequious *adj.* sùmhail, ùmhal

obsequiousness *n.* ùmaillt *fem.*, ùmhlachd *fem.*

observable *adj.* so-chomharraichte

observance *n.* òrdugh *masc.*

observant *adj.* mothachail, radharcach, beachdail, spèis-thabhairteach

observation *n.* sealltainn *masc.*

observatory *n.* lann-amhairc *fem.*, aire-ionad *masc.*, àit-aire *masc.*, beachdaid *fem.*, beachd-àite *masc.*, beachd-ionad *masc.*

observe *vb.* thoir fa-near, mothaich, coimhead, beachdaich, cuir faire

observe (act according to/keep) *vb.* glèidh

observe (celebrate) *vb.* cum

observed *adj.* air fhaicinn

observer *n.* beachdair *masc.*, beachdadair *masc.*, neach-coimhid *masc.*

obsession *n.* beachd-cheannsal *masc.*, beò-ghlacadh *masc.*

obstacle *n.* bacal *masc.*, cùradh *masc.*, eas-bhacaig *fem.*, grabadh *masc.*, maillicheadh *masc.*, màirneal *masc.*, sàradh *masc.*, stadaich *fem.*, stairsneach *fem.*

obstetrics *n.* eòlas breith-cloinne *masc.*

obstinacy *n.* duairceas *masc.*, ragbheart *masc.*, raige *fem.*, raigeann *masc.*

obstinancy *n.* toilealachd *fem.*

obstinate *adj.* fada na c(h)eann (fhèin), fada na b(h)arail (fhèin), doirbh a chur às, ainneanta, crosda, daobhaidh, dèarrasach, dìorrasach, durranta, mearganta, rag, rag-bheartach, rag-mhuinealach, sparragach, stailceach, toileil

obstreperous *adj.* stàirneil

obstruct *vb.* bac, ceap, cuir bacadh air, tachd, thig as a rathad (air), toirmisg

obstructed *adj.* toirmisgte

obstructing *n.* tachdadh *masc.*

obstruction *n.* cnap-starradh *masc.*, bacadh *masc.*, ceap-tuislidh *masc.*, stadachd *fem.*, stadadh *masc.*

obstructive *adj.* bacail, stadach

obtain *vb.* faigh, tàir

obtuse *adj.* maol, marbhanta

obtuse angle *n.* ceàrn fharsaing *masc.*, maol-oisinn *fem.*

obtuse triangle *n.* triantan ceàrn-fharsaing *masc.*

obtuse-angled triangle *n.* trì-chasach mhaol-oisinneach *fem.*

obvious *adj.* soilleir, lèir

occasion *n.* tòisg *masc.*, tròth *masc.*, turas *masc.*, uair *fem.*

occasionally *adj.* corra-uair, bho àm gu àm, car àm, còrr-ainneamh

occipital artery *n.* cuisle cùl a' chinn *fem.*

occupancy *n.* sealbh-ghlacadh *masc.*

occupant *n.* sealbhadair *masc.*

occupation *n.* cèaird *fem.*, dreuchd *fem.*, obair *fem.*

occupier *n.* còmhnaiche *masc.*, neach-còmhnaidh *masc.*

occupy *vb.* cuir gu buil

occurence *n.* tachartas *masc.*, tuiteamas *masc.*

ocean *n.* cuan *masc.*, aigeal *masc.*, tabh *masc.*, aigeann *masc.*, mòr-fhairge *masc.*

oceanic *adj.* mòr-chuanach

ochre *n.* dearg-chrèadh *fem.*, rua-chailc *fem.*

ochre *adj.* odhar

ochreous *adj.* rua-chailceach

octagon *n.* ochdamhach *masc.*, ochdan *masc.*, ochd-cheàrnach *masc.*, ochd-oisneag *fem.*, ochd-shlisneag *fem.*

octagonal *adj.* ochd-shlisneach

octahedron *n.* meallan-ochd *masc.*

octal notation *n.* puingeachadh ochdail *masc.*

octangular *adj.* ochdamhach, ochd-oisneach

octave *n.* ochdach *masc.*

octave scale *n.* gàmag *fem.*

octennial *adj.* ochd-bhliadhnach

October *pr.n.* Damhair, an

octonocular *adj.* ochd-shùileach

octopetalous *adj.* ochd-bhileach

octopus *n.* ochd-bhallach *masc.*, gubarnach meurach *masc.*, làimh-inneach *masc.*, straoidhleachan *masc.*

octuplet *n.* ochdrinn *fem.*

ocular *adj.* sùileach

oculist *n.* lèigh shùilean *masc.*, sùil-lèigh *masc.*

odd *adj.* rudanach

odd (not even) *adj.* còrr

odd (surplus) *n.* còrr *masc.*

odd one out *n.* conadal *masc.*

oddness *n.* neo-fhasantachd *fem.*

odds and sods *n.* tridealaich *fem.*

ode *n.* duanag *fem.*, ealaidh *fem.*, luinneag *fem.*

odorate *adj.* bolaidheach

odoriferousness *n.* deagh-bholtrachas *masc.*

odorous *adj.* cùbhraidh

odour *n.* boladh *masc.*

oesophagus *n.* slugan *masc.*

of old *adj.* o chian, o shean

of one mind *adj.* a dh' aon rùn

off *adj.* o bharr

off *prep.* de, dheth, o

offal *n.* anablach *masc.*, aolach *masc.*, drab *fem.*, ollag *fem.*, sgudal *masc.*, smealach *fem.*, spruilleag *fem.*

offence *n.* oilbheum *masc.*, ciont *masc.*, coire *fem.*, corraich *fem.*, mìothlachd *fem.*, mì-thaitneas *masc.*, olcas *masc.*, saonas *masc.*, tàmailt *fem.*

offend *vb.* oilbheumaich, dèan coire, mì-thaitinn, mì-thaitnich, peacaich

offender *n.* ciontach *masc.*

offensive *adj.* cronail, toibheumach

offensive (attacking) *adj.* ionnsaidheach

offensive (scandalous) *adj.* oilbheumach

offer *n.* tairgse *fem.*, tairgseadh *masc.*

offer *vb.* tairg, cuir an tairgse, thoir tairgse, ofrail, tomh

offerer *n.* ofraideach *masc.*, neach-tairgse *masc.*

offering *n.* ìobairt *fem.*, tiodhlac *masc.*, ofrail *fem.*, tabhann *masc.*, tabhartas *masc.*, tairgheal *masc.*

offertory *n.* uilm *fem./masc.*

office *n.* oifis *fem.*, oifig *fem.*, ionad *masc.*, seòmar-gnothaich *masc.*

officer *n.* oifigear *masc.*, ofhaichear *masc.*

official *adj.* oifigeil, oifigeach

official discharge *n.* litir-shaoraidh *fem.*

official meeting *n.* coinneamh oifigeil *fem.*

official opening *n.* fosgladh oifigeil *masc.*

official order *n.* òrdugh oifigeil *masc.*

Official Secrets Act *pr.n.* Achd Chùisean Dìomhair na Stàite

official terminology *n.* briathrachas oifigeil *masc.*

officiate *vb.* gnìomhairich

officious *adj.* buaireanta, meachranach, rudach, soileasach

officiousness *n.* cuspaireachd *fem.*

offset litho *n.* leac-sgrìobhadh *masc.*

offshoot *n.* frith-sheòrsa *masc.*

offspring *n.* gasan *masc.*, iarmad *masc.*, sìolach *masc.*, sìoladh *masc.*, sìolaidh *fem.*, sìolradh *masc.*, sliochd *masc.*

often *adj.* tric, minig

ogam *n.* ogham *masc.*

oil *n.* ola *fem.*, ùillidh *masc.*

oil (mineral) *n.* ola-thalmhainn *fem.*

oil (vegetable) *n.* ola-luis *fem.*

oil production platform *n.* clàr-ola *masc.*

oil slick *n.* uilleag ola *fem.*

oil-field *n.* raon-ola *masc.*

oil-rig *n.* beairt-ola *fem.*

oil-tanker *n.* tancair-ola *masc.*

oilcan *n.* soitheach-ola *fem.*

oiling *n.* ùilleadh *masc.*

oilskin *n.* oillsgin *fem.*, deise-gleusta *fem.*

oily *n.* olach *fem.*

oily *adj.* mèath, mèith, miath

ointment *n.* acfhainn *fem.*, aolmann *masc.*, cungaidh-leighis *fem.*, ola *fem.*, olfhainn *fem.*, ol-ungaidh *fem.*, sàbh *masc.*, unamaid *fem.*, ungadh *masc.*

old *adj.* aosd(a), sean, seann, seanntaidh, sgruiteach

old age *n.* seann aois *fem.*

Old Bailey, the *pr.n.* Ard Chùirt Shasainn

Old Testament *pr.n.* Seann Tiomnadh

old-fashioned *adj.* seann-fhasanta, neo-fhasanta, seanagar, seanagarra, seann-aimsireach, seann-aimsireil, seann-nòsach, seanntaidh

oldish *adj.* seanntaidh

oldness *n.* seanntachd *fem.*

olecranon *n.* bàrr na h-uilne *masc.*

olfactory *adj.* boltanach

oligarchal *adj.* iar-fhlaitheach

oligopoly *n.* gràinn-shealbhachd *fem.*

olive *n.* ola *fem.*, sgolag *fem.*

olive *adj.* olbh

olive (colour) *n.* uaine-dorcha *masc.*

olive (fruit) *n.* dearc-ola *fem.*

olive-oil *n.* ola chroinn-ola *fem.*

olive-tree *n.* crann-ola *masc.*, sgolag *fem.*

ombudsman *n.* neach-casaid *masc.*

omelette *n.* bonnach-uighe *masc.*, omaileid *fem.*, sgreabhag *masc.*

omen *n.* manadh *masc.*, aoibhle *fem.*

ominous *adj.* droch-tharagrach, mì-chneasda, neo-sheannsail, neo-sheannsar, seachanta, tuathal, tuathlach

omission *n.* dearmad *masc.*

omit *vb.* fàg as

omnipotent *adj.* uile-chumhachdach

omniprescence *n.* uile-làthaireachd *fem.*

omniscience *n.* uile-fhiosrachd *fem.*

omniscient *adj.* uile-lèirsinneach

on *prep.* air, fa

on account of *prep.* air tàilleabh

on all fours *adj.* air a mhàgan, air mhàgaran, air smàgan

on behalf of *prep.* às leth

on board *prep.* air bòrd

on call *adj.* air ghairm

on edge *adj.* air oir

on good behaviour *adj.* fo bheus

on good terms *adj.* saodmhor

on hands and knees *adj.* air mhàgan

on one foot *adj.* air leth-chois

on request *adj.* air iarraidh

on tenter-hooks *adj.* air bhioradh

on the basis of *adj.* air bhonn

on the contrary *adj.* na aghaidh sin

on the point of *prep.* an impis

on the spot *adj.* às do sheasamh, anns an làraich

on the spur of the moment *adj.* às a sheasamh

on the way (pregnant) *adj.* air an rathad

on the whole *adj.* anns an fharsaingeachd

on tiptoe *adj.* air a b(h)arra-buthaig, air chorra-biod

on top of the world (in fine fettle) *adj.* air a t(h)obhtacha mòra

on tour *adj.* air chuairt

on-line *adj.* air-loidhne

once *adj.* trup

once upon a time *n.* uair *fem.*

one *n.* aon *masc.*, neach *masc.*

one-eyed *adj.* air leth-shùil, cam, caoch

one-off *adj.* an aon uair a-mhàin

one-way *adj.* aon-rathad, aon-rathadach, aon-sligheach

onion *n.* uinnean *masc.*, cutharlan *masc.*, siobaid *fem.*

only *adj.* a-mhàin

onomatopoeia *n.* fuaimealas *masc.*

onset *n.* ionnsaidh *masc.*, asgall *masc.*, ruathar *masc.*, siorradh *masc.*, sitheadh *masc.*, tàmadh *masc.*, tòsan *masc.*

onus *n.* uallach *masc.*

onwards *adj.* air adhart, siar

ooze *n.* druis *fem.*

ooze *vb.* sil, snigh

ooziness *n.* seilteachd *fem.*

oozing *adj.* drùidhteach, silteach

oozy *adj.* druiseach

opaque *adj.* doilleir

open *adj.* fosgailte, dreòsgach

open *vb.* fosgail

open sandwich *n.* breachdag *fem.*

open shore *n.* faontraigh *fem.*

open systems interconnection *n.* eadar-cheangal de shiostam fosgailte *masc.*

Open University *pr.n.* Oilthigh Fosgailte

open-water swimming *n.* snàmh-mara *masc.*

opener *n.* fosglair *masc.*

opening *n.* fosgladh *masc.*, beul *masc.*, doras *masc.*, sùil *fem.*

opening movement (music) *n.* ciad ghluaiseachd *fem.*

opening night *n.* ciad oidhche *fem.*

openly *adj.* os àird

openness *n.* follais *fem.*

opera *n.* opra *masc.*, drama liriceach *masc.*

operate *vb.* obraich

operatic society *n.* comann-opra *masc.*

operating *n.* ruith *fem.*

operating costs *n.* cosgais-rian *fem.*

operating system *n.* rian-oibreachaidh *masc.*, seòladh-oibre *masc.*

operation *n.* gnìomhachd *fem.*, iomairt *fem.*, obrachadh *masc.*

operation (method of working) *n.* dòigh-obrachaidh *fem.*

operation (surgical performance) *n.* obair-lannsa *fem.*, obair-lèighe *fem.*, opairèisean *masc.*

operation code *n.* còd-oibreachaidh *masc.*

operation theatre *n.* àit-obrach lèighe *masc.*

operative *adj.* an gnìomh, gnìomhachail, obrachail

operator *n.* gnìomhaiche *masc.*, gnìomharraiche *masc.*

ophthalmia *n.* brachag *fem.*, fliuch-shùileachd *fem.*

ophthalmic *adj.* brachagach, fliuch-shùileach

ophthalmic complaint *n.* galar sùileach *masc.*

ophthalmoscope *n.* sùildearcan *masc.*

opiate *n.* cungaidh-chadail *fem.*

opine *vb.* gabh ciad de

opinion *n.* barail *fem.*, beachd *masc.*, anail *fem.*, ciad *masc.*, saoilneas *masc.*, saoiltinneas *masc.*

opinion poll *n.* cunntas bheachdan *masc.*

opinionated *adj.* rag-bharalach

opinionative *adj.* baralach

opium *n.* cadalan *masc.*, lus-cadail *masc.*, sùgh-cadail *masc.*

opium poppy *n.* codalan *masc.*, collaidin *fem.*

opossum *n.* oposam *masc.*

opponent *n.* coimhliche *masc.*, cuspairiche *masc.*

opportune *adj.* mithich

opportunity *n.* cothrom *masc.*, almsadh *masc.*, almsadh *masc.*, toisg *masc.*

oppose *vb.* còmhdhalaich, conas (ri), cuir an aghaidh, cuir troid

opposite *n.* comhair *fem.*

opposite *adj.* calg-dhìreach an aghaidh

opposite *prep.* fa chomhair, mu choinneamh

opposition *n.* caimdeal *masc.*, co-chogadh *masc.*, còdhalach *masc.*, comhaireachd *fem.*, còmhdhail *fem.*, contraill *fem.*, co-spàirn *fem.*, dùbhlan *masc.*, fricheileachas *masc.*, neo-aonachd *fem.*, sàradh *masc.*, tachairt *fem.*

opposition party *n.* luchd-comhspàirn *masc.*, partaidh dùbhlanach *masc.*

oppress *vb.* èignich, sàraich, ainneartaich, an-tromaich, fòirneartaich, sonn, teannaich, tromaich

oppressing *n.* teannachadh *masc.*, trasgradh *masc.*, tromachadh *masc.*

oppression *n.* ainneart *masc.*, làmhachas làidir *masc.*, an-truime *fem.*, an-uallach *masc.*, fòirneart *masc.*, làmh làidir *masc.*, sàr *masc.*, teanntachd *fem.*, trasgaid *fem.*, trasgairt *fem.*, trasgar *masc.*, trasgradh *masc.*

oppressive *adj.* ainneartach, an-trom, an-tromach, sgìth, sràcanta, teanndach, trom

oppressor *n.* èigneachair *masc.*, milltear *masc.*, neach-ainneirt *masc.*, neach-eucoir *masc.*, neach-fòirneirt *masc.*, neach-sàrachaidh *masc.*, sàrachair *masc.*, sàraiche *masc.*

opprobrious *adj.* sgallaiseach

opprobriousness *n.* maslachd *fem.*

opt for *vb.* tagh

opt-out *n.* tarraing às *fem.*

optative *adj.* iarrtanach

opthalmologist *n.* sùil-lèigh *masc.*

optic *adj.* fradharcach

optical character recognition *n.* aithneachadh fradharcach *masc.*, aithneachadh shamhailean oipticeach *masc.*

optical illusion *n.* beum-sùl *masc.*, iomrall-fradhairc *masc.*

optician *n.* neach-fradhairc *masc.*, neach-nan-sùl *masc.*, speuclair *masc.*, speuclaireach *masc.*, speuclairiche *masc.*, sùil-lighiche *masc.*

optics *n.* fradharceolas *masc.*

option *n.* roghainn *masc.*

optionable *adj.* roghnach

opulence *n.* iol-mhaoin *fem.*, saoibhreas *masc.*

opulent *adj.* iunntasach

opus *n.* obair *fem.*, opas *masc.*

OR gate *n.* geata-OR *masc.*

orache (hastate/common) *n.* ceathramhan caorach *masc.*, ceathramhan luain griollag *masc.*, labaid *fem./masc.*, praiseach mhìn *fem.*

oracular *adj.* taghairmeach

oraculum *n.* guthaid *fem.*, guth-àite *masc.*

oral *adj.* labhairteach

oral tradition *n.* beòlaideas *masc.*, beul-aithris *fem.*, beul-oideas *masc.*, seanachas *masc.*

orange *n.* oraindsear *masc.*, orains *fem.*, oraisd *fem.*, òr-mheas *masc.*, òr-ubhal *masc.*

orange *adj.* orainds, buidhe

orange juice *n.* sùgh-orains *masc.*

Orangeman *pr.n.* Fear Buidhe

oration *n.* labhairt *fem.*, òraid *fem.*, rann *fem.*

orator *n.* òraidiche *masc.*, cainntear *masc.*, deagh-labhraiche *masc.*, labhairtiche *masc.*, labhraiche *masc.*, òraideach *masc.*, teangair *masc.*

oratorical *adj.* snas-bhriathrach

oratory *n.* cainntearachd *fem.*, guthaid *fem.*, teanga *fem.*, teangaireachd *fem.*, ùr-labhairt *fem.*

orbit *n.* reul-chuairt *fem.*

orchard *n.* lios mheas *fem.*, meas-ghort *masc.*, ubhal-ghortan *masc.*

orchestra *n.* foireann-ciùil *masc.*, orcastra *fem.*

orchestra (place) *n.* ceòlann *fem.*

orchestration (music) *n.* sgor-ciùil *masc.*

orchid *n.* cailleach fhuar *fem.*

orchid species *n.* bog-a'-mhonaidh *masc.*, cuigeal-an-losgainn *fem.*, flùr-nam-bochd *masc.*, maragalain *masc.*

ordain *vb.* òrdaich, reachdaich, sònraich

ordained *adj.* reachdaichte, sònraichte

ordaining *n.* òrdachadh *masc.*, sònrachadh *masc.*

order *n.* òrdugh *masc.*, òrdan *masc.*, rian *masc.*, rianalachd *fem.*, gleus *masc.*, loinn *fem.*, rogh *masc.*, snas *masc.*, suidheachadh *masc.*, tagar *masc.*, urrachd *fem.*

order *vb.* cuir an òrdugh, òrdaich, suidhich

order (arrangement) *n.* eagar *masc.*

order (command) *n.* àithne *fem.*

order (command) *vb.* àithn

order (system) *n.* co-eagar *masc.*

order of business *n.* òrdan-gnothaich *masc.*

order of debate *n.* òrdugh-deasbaid *masc.*

ordering *n.* innealadh *masc.*, òrdachadh *masc.*, socrachadh *masc.*, sònrachadh *masc.*

orderly *adj.* òrdail, riaghailteach, airdeal, cruinneil, gleusmhor, snasta

ordinal number *n.* cunntair òrdail *masc.*

ordinance *n.* dlighe *fem.*, òrdugh *masc.*, reachd *masc.*

ordinary *n.* gnàthach *masc.*

ordinary *adj.* àbhaisteach, cumanta, gnàthsach, neo-àlainn

ordination *n.* clèir-shònrachadh *masc.*, naomh-shònrachadh *masc.*, oirdneadh *masc.*, òrdachadh *masc.*

Ordnance Survey *pr.n.* Clàrachas na Dùthcha

ore *n.* mèinn *fem.*

orf *n.* iongar-craicinn *masc.*

orfe *n.* òrd *masc.*

organ *n.* òrgan *masc.*, oragan *masc.*, orgaid *fem.*, orgain *fem.*

organ (body) *n.* ball-bodhaig *masc.*

organelle *n.* fàs-bheairteag *fem.*

organic *adj.* fàs-bheairteach

organisation *n.* buidheann *fem./masc.*, eagrachadh *masc.*, eagrachas *masc.*

organise *vb.* co-shuidhich, cruth-shuidhich, cuir air dòigh, cuir an rian, cuir rian air, eagaraich

organiser *n.* eagraiche *masc.*, neach-eagrachaidh *masc.*, neach-eagraidh *masc.*

organism *n.* fàs-bheairt *fem.*

organist *n.* organaiche *masc.*, orgaidiche *masc.*

oriental *adj.* oirthireach

orifice *n.* beul *masc.*, beulan *masc.*, doras *masc.*, sùil *fem.*

origen *n.* lus a' choire *masc.*

origin *n.* tùs *masc.*, bunadh *masc.*, prìomh-thùs *masc.*, tàrmachadh *masc.*, tobar *fem.*, toiseach *masc.*

original *adj.* tùsail, àrsaideach, nua-chruthach, primideach, tionnsgalach

original equipment manufacturer (OEM) *n.* gnìomhaiche-acainn-bho-thùs *masc.*

original sin *n.* peacadh-gine *masc.*

originary *adj.* tùsail

originate *vb.* inntrinn, tàrmaich

Orion *pr.n.* Sealgair Mòr, an

Orion's belt *pr.n.* An t-Slat-thomhais, An Crios, Meadhan, am

ornament *n.* ball-maise *masc.*, formaise *fem.*, loinn *fem.*, maise *fem.*, òrachan *masc.*, ornaid *fem.*, sgead *masc.*, sgeadach *fem.*, sgeadachadh *masc.*, sgeadas *masc.*, snas *masc.*, usgar *masc.*

ornament *vb.* bàrr-mhaisich, breàghaich, sgèimhich, snasaich

ornament (music) *n.* ornaid *fem.*

ornament (music) *vb.* ornaich

ornamental *adj.* oirnealta, ornaideach, sgeadachail, sgeadasach, sgèimheach

ornamented *adj.* sgèimhealach, snasail, snasmhor

ornamenting *n.* snasachadh *masc.*

ornithology *n.* euneolas *masc.*, sgoil-eun *fem.*

orphan *n.* dìlleachdan *masc.*, dìlleachd *masc.*, tàcharan *masc.*

orphanage *n.* dìlleachdanachd *fem.*, dìlleachdas *masc.*

orpine *n.* lus-nan-laogh *masc.*, orp *masc.*

orthodox *adj.* ceart-chreidmheach

orthodox (theology) *adj.* fallain

orthodoxy *n.* ceart-chreideamh *masc.*, ceart-chreidmheachd *fem.*, fìor-chreideamh *masc.*

orthographer *n.* ceart-sgrìobhaiche *masc.*, ceart-sgrìobhair *masc.*

orthographic convention *n.* gnàths-sgrìobhaidh *masc.*

orthography *n.* litreachadh *masc.*, ceart-sgrìobhadh *masc.*

oscillate *vb.* tulg

oscillating *n.* turabal *masc.*

oscillating *adj.* siùdanach

oscillation *n.* luasgadh *masc.*, siùdan *masc.*

oscitant *adj.* neo-urrarach

osier *n.* caol dubh *masc.*, maothan *masc.*, seileach-uisge *masc.*, suileasg *fem.*

osiers *n.* caol *masc.*

osmium *n.* oismium *masc.*

osprey *n.* iolair(e)-uisge *fem.*, càirneach *fem.*, iolair(e)-iasgaich *fem.*, iolair-iasgaich *fem.*, preachan ceannann *masc.*

ossicle *n.* cnàimhean *masc.*

ossification *n.* cnàimheachadh *masc.*

ossifrage *n.* cnàimh-bhristeach *masc.*

ossify *vb.* dèan na c(h)nàimh

ostentation *n.* blòmas *masc.*, foirm *masc.*, ràiteachas *masc.*, raspars *masc.*, ròisealachd *fem.*, sglèap *fem.*, sgoideas *fem.*, spagada-gliog *fem./masc.*, spaglainn *fem.*, spaide *fem.*, spailleichd *fem.*, spaillichdealachd *fem.*, spailpeachd *fem.*, spleadh *masc.*, spleadhan *masc.*, uallachd *fem.*

ostentatious *adj.* blòmasach, ròisealach, spaglainneach, spailleichdeil, stàirneil

osteopath *n.* lìghiche chnàmh *masc.*

ostitation *n.* mèananaich *fem.*

ostrich *n.* struth *masc.*, struth-chàmhal *masc.*

otherwise *adj.* a chaochladh

otoscope *n.* cluaisdearcan *masc.*

otter *n.* biast dhubh *fem.*, dòbhran *masc.*, dobhar-chù *masc.*, bèist dhubh *fem.*, bèist donn *fem.*, bèist dubh *fem.*, càrnag *fem.*, ceann fionn *masc.*, cù odhar *masc.*, dòran donn an t-srutha *masc.*, madadh donn *masc.*

ouch (brooch) *n.* fàil *fem.*

ouch! *interj.* oich!

ounce *n.* unnsa *masc.*

ounce-land *n.* tìr-unga *fem.*, unga *masc.*

out *adj.* a-mach, a-muigh

out (movement outwards) *adj.* a-mach

out of joint *adj.* às an alt

out of order *adj.* ceàrr air an riaghailt, thar rian

out of sorts *adj.* moidireadh

out of the way *adj.* às an rathad

out-house *n.* udabac *masc.*

out-patient *n.* euslainteach-tadhail *masc.*

Out-patients Department *pr.n.* Roinn nan Euslainteach Frithealaidh

out-toed *adj.* spàgach

out-turn budget *n.* buidsead chosgaisean *fem./masc.*

out-turn cost *n.* dearbh-chosgais *fem.*

outboard engine *n.* inneal crochte *masc.*

outbye *n.* cùl a' bhaile *masc.*

outcast *n.* dìobarachan *masc.*

outcome *n.* buil *fem.*, co-dhùnadh *masc.*, toradh *masc.*

outcry *n.* foirm *masc.*

outdate *vb.* àrsaidhich

outer ring-road *n.* cuairtrathad a-muigh *masc.*

outfrown *vb.* bocanaich

outgoing mail *n.* post a-mach *masc.*

outholding *n.* àit' a-muigh *masc.*

outhouse *n.* taigh-muigh *masc.*

outing *n.* splaoid *fem.*

outlaw *n.* neach-cùirn *masc.*, ceathairneach-coille *masc.*, ceatharnach-coille *masc.*, neach air chàrn *masc.*, ruagaire *masc.*

outlawed *adj.* fon choill, air càrn, air chàrn, fo chàrn

outline *vb.* thoir cunntas air

outprize *vb.* daoirsnich

output *n.* cur-a-mach *masc.*, toradh *masc.*

outrage *n.* riastran *masc.*

outrageous *adj.* riastranach

outrun *n.* cùl-cinn *masc.*

outrush *n.* luis *fem./masc.*

outside *n.* leth-a-mach *masc.*, leth-a-muigh *masc.*, sitig *fem.*

outside *adj.* a-muigh

outside body *n.* buidheann eile *fem./masc.*

outside licence *n.* ceadas taobh-a-muigh *masc.*

outskirts *n.* iomall *masc.*, iomall na dùthcha *masc.*

outspoken *adj.* neo-eisimealach

outspokenness *n.* neo-eiseamealachd *fem.*

outstanding *prep.* air leth

outturn *n.* uidhir-toraidh *fem.*

outwith permit *n.* às-chead *masc.*

ouzle *n.* lon *masc.*

oval *n.* ughchruth *masc.*

oval *adj.* air chumadh uighe, leth-chruinn, ughach

ovary *n.* ughlann *fem.*, uigheagan *masc.*

oven *n.* àmhainn *fem.*, àmhann *fem.*, bacaladh *masc.*

over *prep.* os, os ceann, os cionn, thairis, thar

over (past) *adj.* ullamh, seachad

over and above *prep.* os bàrr, san iomlanachd

over and over *adj.* car mu char

overall *adj.* iomlan

overarch *vb.* drochaidich

overbalance *vb.* caill cothrom, taobh-thromaich

overbearing *adj.* ainneartach, smachdail

overboard *adj.* far bòrd, far na cliathaich

overcloud *vb.* sgòthaich

overcoat *n.* còta mòr *masc.*, còt-uachdair *masc.*, luimean *masc.*

overcome *vb.* cothaich, fairtlich

overcoming *n.* cothachadh *masc.*

overcooked *adj.* na ruadhan

overdraft *n.* ro-tharraing *fem.*

overeating *n.* tuilis *masc.*

overfeed *vb.* storr

overfished *adj.* air argnachadh

overflow *n.* cur thairis *masc.*, dràbhadh *masc.*, taom *masc.*

overflow *vb.* cuir thairis, sgeith, tuilich

overflowing *n.* taosgadh *masc.*, tuil *fem.*

overflowing *adj.* taomach, taosgach

overhead costs *n.* cosgaisean cunbhalach *pl.*

overjoyed *adj.* sulchair

overlapped processing *n.* gnìomhadh tar-lùbte *masc.*

overlay *n.* còmhdach *masc.*

overlay *vb.* trom-laigh

overlaying *n.* trom-laighe *fem.*

overleaf *adj.* air taobh eile na duilleig

overload *vb.* an-luchdaich, an-sacaich, an-tromaich

overplus *n.* barr-suime *masc.*, còrr *masc.*, còrralach *masc.*

overrun *vb.* buannaich, ruith thairis air

oversaving *n.* ro-chrìontachd *fem.*

overseas *adj.* allmharach

overseas market *n.* margadh tar chuain *masc.*

overseas marketing *n.* margaideachd a-null thairis *fem.*

oversee *vb.* marasglaich

overseer *n.* manaistear *masc.*, marasgal *masc.*, neach amharc-thairis *masc.*, stiùbhard *masc.*

overshade *vb.* sgàil

oversman *n.* saoitear *masc.*

overstock *vb.* domhlaich

overt *adj.* follaiseach, fosgailte, soilleir

overtake *vb.* beir air, cuir a-staigh air

overthrow *vb.* trasgair

overture *n.* roi-cheòl *masc.*

overturn *vb.* cuir car dheth

overweight *adj.* ro-throm

overwhelm *vb.* sluig, trasgair

overwork *vb.* treachail

oviform *adj.* ughach

oviparous *adj.* ubh-bhreitheach

ovule *n.* ughag *fem.*

owl *n.* cailleach-oidhche *fem.*, olcadan *masc.*

own *vb.* sealbhaich, obhnaig

owner *n.* neach-seilbh(e) *masc.*, sealbhadair *masc.*, urradh *masc.*

owner record *n.* raon-seilbh *masc.*

ownership *n.* sealbhadaireachd *fem.*

ox *n.* àgadh *masc.*, eis-dhamh *masc.*

ox-bow lake *n.* loch crudha-eich *fem.*

ox-eye daisy *n.* dìthean mòr *masc.*,
     easbaig bàn *masc.*, neòinean mòr *masc.*

ox-tongue *n.* teanga-daimh *fem.*

oxidation *n.* ocsideachas *masc.*

oxide *n.* ocsid *fem.*

oxidise *vb.* ocsaidich

oxtail *n.* earball-daimh *masc.*

oxter *n.* achlais *fem.*

oxygen *n.* àile bheathail *masc.*, beathaile
     fem., beòthaile *fem.*, ocsaidean *masc.*

oyster *n.* eisir *fem.*

oyster-catcher *n.* gille-Brìghde *masc.*,
     brìdein *masc.*, brìd-eun *masc.*, gille-
     brìde *masc.*, trìlleachan *masc.*,
     uiseag-na-tràighe *fem.*

ozone *n.* òson *masc.*

P

p.m. *adj.* san fheasgar

p.m. *abbrev.* f.

pace *n.* ceum *masc.*, cascheum *masc.*, luaths *masc.*, stap *masc.*, trostan *masc.*

pace *vb.* ceumnaich, ceum, sìnteagaich, sràid

pacer *n.* ceumnaiche *masc.*

pacific *adj.* ciùin, sèimh, sìtheil, sìth-dhèanadach, soithsheamhach

pacification *n.* sìtheachadh *masc.*

pacificator *n.* sìochantair *masc.*, sìtheadair *masc.*, sìothachair *masc.*

pacifier *n.* sìtheadair *masc.*, sìothchantair *masc.*

pacify *vb.* sìthich, ciùinich, cuir seachad a c(h)eann, cuir cluain air, mùch

pacing *n.* sràideamachd *fem.*, ceumnachadh *fem.*

pack *n.* paca *masc.*, eallach *masc.*, pasgan *masc.*, osar *masc.*, trusachan *masc.*

pack *vb.* pac, paisg, lìon, ginnich

pack (set of playing cards) *n.* paca *masc.*, stoc *masc.*

pack-cloth *n.* truis-bhrat *masc.*

pack-saddle *n.* cuireall *masc.*, pillean *masc.*, srathair *fem.*, sumag *fem.*

pack-thread *n.* sgeineadh *masc.*, sgeinne *fem.*

package deal *n.* cnap-thairgse *fem.*, cnap-thairgsean *masc.*

packaging *n.* pacadh *masc.*

packer *n.* pacaire *masc.*

packet *n.* pacaid *fem.*

packet assembler/disassembler *n.* tionalair/eas-thionalair phasgan *masc.*

packet switching *n.* suidseadh phasgan *masc.*

packet-boat *n.* toiteach *masc.*

packhorse *n.* each srathach *masc.*, aireach-fada *masc.*

packing density (computing) *n.* dlùthas-pasgaidh *masc.*

packman *n.* ceannaiche-siubhail *masc.*, pacaire *masc.*

packsman *n.* ceannaiche-siubhail *masc.*

pad *n.* pada *masc.*, ceap *masc.*, sumag *fem.*

pad-horse *n.* seineach *masc.*

paddle *n.* pleadhag *fem.*, pleadhan *masc.*, claban *masc.*, spadal *masc.*

paddle *vb.* pleadhagaich, lobair

paddle-boat *n.* soitheach-pleadhaig *fem.*

paddling *n.* grunnachadh *masc.*, plubraich *fem.*, luinneanachd *fem.*, plodanachd *fem.*, plubais *fem.*, sruabadh *masc.*, sruabaireachd *fem.*

padlock *n.* glas-chrochaidh *fem.*, brangas *masc.*, crò *masc.*, glas-dùirn *fem.*

paediatrician *n.* dotair-chloinne *masc.*, lighiche-cloinne *masc.*

paedobaptist *n.* naoi-bhaisteach *masc.*

pagan *n.* paganach *masc.*, ana-crìosdaidh *masc.*

pagan *adj.* pàganch

paganism *n.* ana-crìosdachd *fem.*, pàganachd *fem.*, ana-crìosdaidheachd *fem.*

page *n.* duilleag *fem.*, taobh-duilleig *masc.*

page (boy attendant) *n.* pèidse *masc.*, gille-freasdail *masc.*, gille-frithealaidh *masc.*

pageant *n.* taisbeanadh *masc.*

pageantry *n.* taisbeanachd *fem.*, greadhnachd *fem.*, sgoideas *fem.*

pail *n.* peile *masc.*, cuinneag *fem.*, cruinneag *fem.*, currasan *masc.*, gogan *masc.*, stò *masc.*

pain *n.* pian *fem.*, cràdh *masc.*, acaid *fem.*, dòrainn *fem.*, gradan *masc.*, sgiùrsadh *masc.*, spàirn *fem.*, stic *fem.*, tacaid *fem.*, treaghaid *fem.*

pain *vb.* pian, cràidh, lèir

pained *adj.* dòrainneach

painful *adj.* piantach, cràiteach, acaideach, creadhnach, iol-ghonach, pianail

painless *adj.* neo-phiantach, neo-chràiteach

painstaking *adj.* saothrachail, saothail

paint *n.* peant *masc.*

paint *vb.* peant, cuir dath air, lì-dhealbh, pinteal

paint pot *n.* poit-pheant *fem.*, cnogan-peant *masc.*, tiona-peanta *masc.*, cnagan-peant *masc.*

painted *adj.* pintealta

painter *n.* peantair *masc.*, dealbhadair *masc.*, dealbhair *masc.*, dealbh-lìobhair *masc.*, lì-dhealbhadair *masc.*

painting *n.* peantadh *masc.*, dealbhadaireachd *fem.*, dealbhaireachd *fem.*, dealbh le peant *masc.*

pair *n.* paidhir *fem.*, càraid *fem.*

pair *vb.* paidhrich, càraidich

paired *adj.* càraideach

palace *n.* lùchairt *fem.*, pàlas *masc.*, cùirt *fem.*, lios *fem.*, piolaid *fem.*

palatable *adj.* blasda, so-ithe, ùigheil

palate *n.* càirean *masc.*, bannas *masc.*, bràighe-beòil *masc.*, mullach-beòil *masc.*

palate (inclination for) *n.* càil *fem.*

palatial *adj.* teamhrachail, luchairteil

palatisation *n.* caolachadh *masc.*

pale *adj.* bàn, liath-bhàn, geal, bànaidh, glaisneulach, glas, glas-bhàn, liath, liathach, neulach, odhar, siolpach, smeileach, suaile

pale *vb.* bànaich, odhraich

paleness *n.* bàine *fem.*

palette-knife *n.* greidlean *masc.*

palfrey *n.* aillire *masc.*, fàlaire *masc.*

palisade *n.* ataig *fem.*, sonnach *masc.*

pall *n.* pealltag *fem.*, pòl *masc.*, suanach *fem.*

pall-bearer *n.* conradair *masc.*

palladium *n.* pallaidium *masc.*

pallet *n.* seid *fem.*, peall *masc.*, seasdar *masc.*, uirigh *fem.*

palliate *vb.* lùghdaich, lasaich

pallor *n.* gealachd *fem.*

palm *n.* bas *fem.*, deàrn *masc.*

Palm Sunday *pr.n.* Di-Dòmhnaich Tùrnais

palm-tree *n.* pailm *fem.*

palmella montana *n.* duileasg nam beann *masc.*

palmer-worm *n.* pailm-chnuimh *fem.*

palmful *n.* làn boise *fem.*

palmist *n.* làmh-dhraoidh *masc.*, deàrnadair *masc.*, boiseadair *masc.*

palmistry *n.* làmh-dhraoidheachd *fem.*, deàrnadaireachd *fem.*, boiseachd *fem.*, baiseachd *fem.*

palmy *adj.* pailmeach

palpability *n.* so-bheanailteachd *fem.*

palpable *adj.* so-bheanailteach

palpitate *vb.* plosg

palpitating *n.* plosgartaich *fem.*

palpitation *n.* buille air a' bhroilleach *fem.*, plosgartaich *fem.*, luathas-analach *masc.*, eun-bhualadh *masc.*, frith-bhualadh *masc.*, plosgadh *masc.*, smeacadh *masc.*

palsy n. paralais fem., crith-ghalar masc.

palter vb. strothaich

paltry adj. suarach, leibideach, peallach, miodhair

pam (cards) n. munsaidh fem.

pamper vb. sodanaich

pampered adj. beadarra, laoisteach, siotach

pamphlet n. pamflaid fem., duilleachan masc., paimhleid fem., leabhrachan masc., leabhran masc.

pamphleteer n. paimhleidiche masc.

pampootie n. cuaran-leathrach masc.

pan n. pana masc., soitheach-teine fem.

pan vb. lèir-amhairc

pan (move about) vb. gluais bho thaobh gu taobh

pan (part of firelock that holds priming) n. fadadh masc.

pan (part of skull) n. copan masc.

pancake n. breacag fem., foileag fem., carracaig fem., crampag fem., loireag fem., pannagan masc., sgleabhdan masc., ughagan masc.

pancreas n. brisgean milis, am masc.

panda n. panda masc.

pane (slab of window glass) n. leòs masc., lòsan masc., ceàrnach masc.

panegyric n. duan-molaidh masc., feart-mholadh fem., brasailt fem.

panegyrical adj. moltainneach

panel n. pannal masc., sumag fem.

pang n. guin masc., goimh fem., iodh fem., ospag fem.

panic n. clisgeadh masc., treathal masc., baobach fem., giamhag fem., giorag fem., maoim fem., sgeirmse fem.

panic-struck adj. air (a) c(h)lisgeadh, baobach

pannel n. loist fem., sodag fem.

pannier n. cèiseag fem., cùb fem., pardag fem., pasgart masc.

pansy n. goirmean-searradh masc.

pant vb. plosg, sròinich, àinich, sèid

pantaloons n. triubhas masc.

panther n. paindeal masc.

panting n. plosgartaich fem., anail an uchd fem., àinich fem., seathan masc., sèideadh masc., sèidean masc., sèidich fem., sèidrich fem., uchdag fem.

panting adj. plosgartach, plosgach, plosgarnach

pantomime n. pantomaim masc., baoth-chleasachd fem.

pantry n. pantraidh masc., seilear-bìdh masc., biadhlann masc., aranach masc., biadhaid masc., ioslann masc., lònach masc., lònailt fem., pullag fem.

pants n. drathais fem., drathars fem.

pap n. cìoch fem.

papacy n. pàpachd fem.

papal bull n. bulla masc.

paper n. pàipear masc.

paper adj. pàipearach

paper vb. pàipearaich

paper-chain n. slabhraidh-phàipeir fem.

paper-clip n. greimear-pàipeir masc., cliopa-pàipeir masc., ceanglaiche-pàipeir masc.

papered adj. pàipearach

papilionaceae n. luis meiligeagach pl., pòr cochallach masc.

papillary adj. cìochach

Papist n. Pàpanach masc.

papous adj. ciobach

par n. ionannachd fem.

parable n. cosmhalachd fem., parabal masc., tòimhseachan masc.

paracentesis n. tolladh masc.

parachute n. paraisiut masc., sgàilean-teàrnaidh masc.

parade vb. spaisdir

parade-ground *n.* faiche *fem.*

parading *n.* spaidsearachd *fem.*, pairèid *masc.*, faicheachd *fem.*, spaisdireachd *fem.*

parading *adj.* spaisdearachd

paradise *n.* Pàrras *masc.*, flathas *masc.*

paradox *n.* paradocs *masc.*, frith-chosamhlachd *fem.*, dubh-fhacal *masc.*, frith-bharail *fem.*

paradoxical *adj.* frith-bharaileach, baoth-bharaileach, baoth-cheannach

paraesthesia *n.* cadal deilgneach, an *masc.*

paraffin *n.* paireafain *masc.*, ola mhòr *fem.*, ola-ghuail *fem.*

paragraph *n.* paragraf *masc.*, earrann *fem.*, ceann-ùr *masc.*

parallel *adj.* co-shìnte, caspanach, co-leagte

parallel (symbol) *n.* comharra(dh) casanach *masc.*

parallel (with) *adj.* co-shìnte ri, air ruith

parallel lines *n.* loidhnichean co-shìnte *pl.*

parallel motion *n.* co-ghluasad *masc.*

parallelism *n.* co-leagadh *masc.*

parallelogram *n.* ceithir-cheàrnach co-shìnte *masc.*, co-shìnteachan *masc.*, ceathran breathach *masc.*

paralysis *n.* pairilis *masc.*, critheanaich *fem.*, crith-ghalar *masc.*, galar-critheanach, an *masc.*

paralytic *adj.* pairiliseach, crith-cheannach

paramedicine *n.* leas-leigheas *masc.*

paramour *n.* leannan *masc.*, co-chèilidh

parapet *n.* barrabhalla *masc.*, obair-uchd *fem.*

paraphernalia *n.* treallaich *masc.*, geaghlaichean, taighlich *fem.*

paraquet *n.* paracait *fem.*, paracait *fem.*

parasite *n.* dìosganach *masc.*, faoighiche *masc.*, sodalach *masc.*, fiolan fionn *masc.*, liùgair *masc.*, sgimileir *masc.*, sglimsear *masc.*, sliomachdair *masc.*, suibheallan *masc.*, sùibhealtan *masc.*, tairbheann *fem./masc.*

parasitic *adj.* faoighteach, sodaltach, sodalanach

parasitic worm *n.* baoiteag *fem.*, dathag *fem.*, martlan *masc.*

parasol *n.* grian-sgàil *fem.*, sgàile-grèine *fem.*, sgàilean-greine *masc.*, sgàileag *fem.*, sgàilean *masc.*, sgàithean *masc.*

paratuberculosis *n.* saobh-chaitheamh *masc.*

parboil *vb.* leth-bhruich, earabhruich, slaop, foil, plod

parboiled *adj.* slaopach, leth-bhruich, plodach

parboiling *n.* slaopadh *masc.*, lamrachadh *masc.*, plotaigeadh *masc.*

parcel *n.* parsail *masc.*, pasgan *masc.*, achlasan *masc.*, sgann *fem.*, trusachan *masc.*

parch *vb.* tiormaich, tiachd, dìosg, iom-loisg, loisg, ròist, seac, sgreag, sgreubh, trasg

parched *adj.* pàiteach, tioram, gus tiachdadh, seac

parched (of soil) *adj.* sgreagach

parchedness *n.* tiachdadh *masc.*, deasgachd *fem.*, sgreadhadh *masc.*

parching *adj.* crainntidh

parching (roasting slightly) *n.* fuirireadh *masc.*

parchment *n.* craiceann-sgrìobhaidh *masc.*, pàipear-craicinn *masc.*, meamran *masc.*, meambran *masc.*

pardon *n.* mathanas *masc.*, loghadh *masc.*

pardon *vb.* thoir mathanas, maith, logh

pardonable *adj.* ion-mhaithte, so-laghach, so-leisgeulach

pardoner *n.* loghadair *masc.*

pare *vb.* snaigh, rùisg, cuimrich, sgrath, sgròill

parent *n.* gintear *masc.*, pàrant *masc.*, tuisdeach *masc.*

Parent and Teacher Organisation *pr.n.* Buidheann Phàrant is Luchd-teagaisg

Parent and Toddler Group *pr.n.* Buidheann Phàrant is Phàisde

parent company *n.* ceann-bhuidheann *fem./masc.*

Parent/Teacher Association *pr.n.* Comann Thidsear is Phàrant

parenthesis *n.* eadar-ràdh *masc.*, eadar-aisneis *fem.*, iadhan *masc.*

parer *n.* rùsgadair *masc.*, lomadair *masc.*

parietal *adj.* ballail

parietal bone *n.* cnàimh ballach *masc.*

paring *n.* rùsg *masc.*, sliseag *fem.*, sgròill *fem.*, sgròille *fem.*

parish *n.* sgìre *fem.*, sgìreachd *fem.*, parraist *masc.*

parishioner *n.* parraisteach *masc.*, sgìreachdair *masc.*

parity *n.* co-ionnanachd *fem.*

parity bit (computing) *n.* bìdeag cho-ionnanachd *fem.*

park *n.* pàirc *fem.*, seachlag *fem.*

parking-place *n.* àite-pàircidh *masc.*, ionad-pàircidh *masc.*

parking-space *n.* làrach-pàircidh *masc.*, làrach-seasaimh *fem.*, pàirc chàraichean *fem.*

Parkinsonism *n.* crith-thinneas, an *masc.*

parley *n.* parladh *masc.*

parliament *n.* pàrlamaid *fem.*, mòr-dhàil *masc.*

parliamentary *adj.* pàrlamaideach

parlour *n.* seòmar-suidhe *masc.*, seòmar *masc.*, speansa *masc.*

parochial *adj.* sgìreil, sgìreachdail, parraisteach

paronychia *n.* an t-ana-bhiorach *masc.*

parr salmon *n.* gille ruadh *masc.*

parricide *n.* taolamach *masc.*

parrot *n.* pioghaid *fem.*, pearraid *fem.*, piorraid *fem.*

parry *vb.* till, cuir seachad, basbairich

parse *vb.* pàirtich

parsimonious *adj.* spìocach, cruaidh, mosach, crìonna, crìontach, miochadaidh, sgrubail, spongach, spongalach, spuingeil

parsimony *n.* spìocaiche *fem.*, mosaiche *masc.*, cruas *masc.*, crìontachd *fem.*, meanbh-chùis *fem.*, priobartaich *fem.*

parsley *n.* peirsill *fem.*, pairseil *fem.*, pearsal *masc.*, fionnas-gàrraidh *masc.*, muinean-Muire *masc.*

parsnip *n.* curran geal *masc.*, cuirdin *masc.*, currac geal *masc.*, curran-Pheatrais *masc.*, meacan-rìgh *masc.*, miùran *masc.*

part *n.* pàirt *masc.*, roinn *fem.*, cuid *fem.*, codach *fem.*, meidhis *fem.*

part *vb.* sgar, dealaich, eadar-dhealaich, tearb

part of speech *n.* mìr-cainnte *masc.*

part song *n.* pàirt-òran *masc.*

part-time *adj.* air pàirt-ùine, pàirt-thìde, pàirt-thìmeil, leth-obair

part-time work *n.* obair pàirt ùine *fem.*, leth-obair *fem.*

partake *vb.* compàirtich, roinn-phàirtich, rann-phàirtich, pàirtich

partaker *n.* compàirtiche *masc.*, pàirtiche *masc.*, rann-phàirtiche *masc.*

partaking *adj.* compàirteach, rann-phàirteach

partan *n.* partan *masc.*, rudhag *fem.*

parterre *n.* gasgan *masc.*

partial *adj.* bàigheil (ri), leth-phàirteach, leth-oireach, taobhach, anaceart, claonbhàigheil, claonbhreitheach, leithridheach, rùnach, soileasach

partiality *n.* leth-phàirt *masc.*, bàigh *masc.*, taobh *masc.*, anaceartas *masc.*, claonbhàigh *fem.*, claonbhreith *fem.*, claonbhreitheachd *fem.*, leathachas *masc.*, leiteachas *masc.*, leithridheachd *fem.*, leth-bhreith *fem.*, leth-bhreith *fem.*, leth-bhreitheachd *fem.*, letheachas *masc.*, letheachas *masc.*, soileas *masc.*, taobh-bhreith *masc.*, ùidh *fem.*

partibility *n.* roinntealachd *fem.*

participant *n.* com-pàirtiche *masc.*

participate *vb.* compàirtich, gabh compàirt ann

participating *adj.* compàirteach, pàirteil

participation *n.* compàirteachadh *masc.*, pàirteachas *masc.*, rann-phàirt *fem.*

participle *n.* pàirtear *masc.*, rang-gabhail *masc.*, rann-phàirt *fem.*

particle *n.* gràinean *masc.*, lide *masc.*, bloigheag *fem.*, cailein *masc.*, cùirnean *masc.*, gaineamhan *masc.*, mionn *fem./masc.*, mìrean *masc.*, monasg *fem.*, monusc *masc.*, sicean *masc.*, smad *masc.*, smadan *masc.*, spiligean *masc.*, stairn *fem.*, stoim *masc.*, stuth *masc.*, trian *masc.*

particoloured *adj.* iomadhathach, dà-dhathach, dath-chlòdhach, iomach, ioma-ghnèitheach

particoloured bat *n.* ialtag-dhathte *fem.*

particular *adj.* àraidh, sònraichte, mionaideach, mion, rudainnte, rudanach, sunrach

particular (fastidious) *adj.* taithireach

particularise *vb.* sònraich

particularize *vb.* àraidich

particulars *n.* mion-fhiosrachadh *masc.*

parting *n.* sgaradh *masc.*, dealachadh *masc.*, tearbadh *masc.*

parting (line of skin between sections of hair) *n.* sgoiltean *masc.*, ròinne *fem.*

parting drink *n.* deoch-an-dorais *fem.*, deoch Chloinn Donnachaidh *masc.*

partisan *adj.* aon taobhach

partisan *n.* taobhaiche *masc.*, randach *masc.*, rannt *masc.*

partition *n.* tallan *masc.*, roinneadh *masc.*, pàirteachadh *masc.*, cailbhe *masc.*, balla-tarsainn *masc.*, cailbh *fem.*, clàraidh *fem.*, sgiathan *masc.*, speinnse *masc.*, tallaid *fem.*

partition *vb.* roinn, pàirtich

partition wall *n.* balla-dealachaidh *masc.*, caileadh *masc.*

partner *n.* companach *masc.*, com-pàirtiche *masc.*, com-pàirtear *masc.*, leth-bhreac *masc.*, pàirtear *masc.*, pàirtiche *masc.*

partner *vb.* companaich

partner (spouse) *n.* cèile *masc.*, companach *masc.*, caidreach *masc.*, leth-sheise *masc.*

partnership *n.* companas *masc.*, co-chuideachd *fem.*, co-roinn *fem.*, co-chomann *masc.*, comaidh *fem.*, com-pàirt *fem.*, co-shealbh *masc.*, pàirteachadh *masc.*, pàirteachas *masc.*

partridge *n.* cearc-thomain *fem.*, cearc thrudhach *fem.*, paitrisg *fem.*, peartag *fem.*, peurlag *fem.*, peurtag *fem.*

partridge (male) *n.* coileach-tomain *masc.*

parturition *n.* laighe-siùbhladh *masc.*, tinneas-cloinne *masc.*

party *n.* pàrtaidh *masc.*, buidheann *fem./masc.*

party (entertainment of guests) *n.* pàirtidh *masc.*, cuirm *masc.*, cùileagan *masc.*

party (group) *n.* buidheann *fem. / masc.*, sgioba

paschal *adj.* càisgeach, càisgeil

Paschal lamb *n.* uan-Càisge *masc.*

Paschal Sunday *pr.n.* Dòmhnach-Càisg

pass *n.* bealach *masc.*, tàirbhealach *masc.*

pass *vb.* cuir thairis, rach seachad air, leig le

pass (narrow passage) *n.* cunglach *masc.*

pass (narrow) *n.* cadha *masc.*

pass away *vb.* siubhail

passable *adj.* ion-fhulang, ion-shiubhal, math gu leòr

passage *n.* trannsa *fem.*, slighe *fem.*, aisir *fem.*, bealach *masc.*

passage (music) *n.* mìr *masc.*

passage (portion) *n.* earrann *fem.*

passage work (music) *n.* mìr-chleasachd *fem.*

passageway *n.* trannsa *fem.*, cadha *masc.*

passbook *n.* leabhar-tasgaidh *masc.*, pas-leabhar *masc.*

passenger *n.* neach-siubhail *masc.*, neach-aiseig *masc.*, taisdealach *masc.*

passenger ferry *n.* aiseag dhaoine *fem.*

passengers *n.* luchd-siubhail *masc.*, luchd-aiseig *masc.*

passing place *n.* àite-seachnaidh *masc.*, taobh rathaid *masc.*, seachlàrach *fem.*

passion *n.* boile *masc.*, dìoghras *masc.*, starradh *masc.*, aineas *fem.*, lasan *masc.*, pais *fem.*, sonas *masc.*, togradh *masc.*

passion-nail *n.* tàirn-na-ceusda *fem.*

Passion-play *n.* pais-dhrama *masc.*

passionate *adj.* dìoghrasach, togarrach, aineasach, corrach, laisgeanta, lasagach, lasanta, lasrach, sgailceanta, sonasach, spraiceil

passionless *adj.* neo-thogarrach

passive *adj.* fulangach

passive verb *n.* gnìomhair fulangach *masc.*

passive voice *n.* guth fulangach *masc.*

Passover *pr.n.* A' Chàisg

passport *n.* càirt-siubhail *fem.*, cead-siubhail *masc.*

password *n.* facal-faire *masc.*, ciall-chagair *fem.*

past *n.* an t-àm a dh'fhalbh *masc.*, an t-am a dh'aom *masc.*, na seann làithean *masc.*, àm seachadail *masc.*, na làithean a dh' fhalbh

past *adj.* seachad, seachadail

past *prep.* seach

past participle *n.* pàirtear caithte *masc.*, rang-gabhail caithte *masc.*

past tense *n.* tràth caithte *masc.*, tràth seachadail *masc.*

paste *n.* taois *fem.*, taois-ghlaodh *fem.*

paste-board *n.* glaodh-chlàr *masc.*

pasteboard *n.* leabhar-chlàr *masc.*

pastern *n.* fiarag *fem.*, rùdan *masc.*, ruitean *masc.*, seirean *masc.*

pastime *n.* cur-seachad *masc.*, cleasachd *fem.*, cluich *masc.*, fòidearachd *fem.*, mire *fem.*, mireadh *masc.*

pastor *n.* aoghair *masc.*

pastoral *adj.* aoghaireil, buachailleach

pastorship *n.* aogharachd *fem.*

pastry *n.* pastraidh *masc.*, pastra *fem.*

pasture *n.* ionaltradh *masc.*, feurach *masc.*, innis *fem.*, cluain *fem.*, ingheilt *fem.*, inilt *fem.*, inilt *fem.*, miodar *masc.*

pasture *vb.* ionaltair, feuraich

pasturing *n.* ionaltradh *masc.*

pat *vb.* clap

patch *n.* brèid *masc.*, tuthag *fem.*, clùd *masc.*, cnòd *masc.*, paidreag *fem.*, pìos *masc.*, pìseag *fem.*, sgòdan *masc.*, taobhag *fem.*

patch *vb.* brèid, brèidich, clùd, cnòd

patch (piece of ground) *n.* mìr-fearainn *masc.*, blianag *fem.*

patchery *n.* tubhagachas *masc.*

patching *n.* clùdadh *masc.*

patching (computing) *n.* càradh *masc.*

patchwork *n.* fuaigheal-brèide *masc.*

pate *n.* cuac *masc.*, spuaic *fem.*

patella *n.* copan a' ghlùine *masc.*, failcean *masc.*

paten *n.* mullag *fem.*

patent *n.* peutant *masc.*

patentee *n.* coraighear *masc.*

paternal *adj.* athaireil

paternal aunt *n.* piuthar-athar *fem.*, athaireag *fem.*

paternal uncle *n.* bràthair-athar *masc.*, or-leathair *masc.*

path *n.* staran *masc.*, ceum *masc.*, frith-rathad *masc.*, casan *masc.*, ròd *masc.*, slighe *fem.*

pathetic *adj.* truasail, cianail

pathogenic *adj.* galar-dhùsgach

pathology *n.* galar-eòlas *masc.*

pathos *n.* drùidhteachd *fem.*

patibulary *adj.* croicheil

patience *n.* foighidinn *fem.*, iom-fhulang *masc.*

patient *n.* euslainteach *masc.*, eiridneach *masc.*, altraman *masc.*

patient *adj.* foighidneach, foisneach

patient's chart *n.* clàr-slàinte *masc.*

patriarch *n.* prìomh-athair *masc.*, àrd-athair *masc.*

patriarchal *adj.* prìomh-athaireil

patriarchate *n.* prìomh-athaireachas *masc.*

patricidal *adj.* athair-mhortach

patricide *n.* athair-mhort *masc.*

patrimonial *adj.* sinnsireach

patrimony *n.* athair-mhaoin *masc.*, aicre *fem.*, orban *masc.*

patriot *n.* tìr-ghràdhaiche *masc.*

patriotism *n.* gràdh-dùthcha *masc.*, tìr-ghràdh *masc.*, tìreachas *masc.*

patrol *n.* cuairteachan *masc.*

patroller *n.* cuairtiche *masc.*

patron *n.* neach-taic *masc.*, cùl-taic *masc.*, pàtran *masc.*, tèarmannair *masc.*

patronage *n.* cùl-taic *masc.*

patronise *vb.* thoir taic, snaidh

patronizing *n.* taiceadh *masc.*

patronymic *n.* sloinneadh *masc.*, stoidhle *fem.*, tùs-ainm *masc.*

patronymic *adj.* athairainmeach

patten *n.* painntin *fem.*

patten (shoe) *n.* clabagan *masc.*, clabaran *masc.*

paucity *n.* gainne *fem.*

pattern *n.* pàtran *masc.*, cumadh *masc.*, samplair *masc.*, suidheachadh *masc.*

paunch *n.* maodal *fem.*, mionach *masc.*, luaghainn *fem.*, luan *fem.*, meallag *fem.*, painnse *fem.*

pause *n.* stad *masc.*, anail *fem.*, iaradh *masc.*, stadadh *masc.*

pause *vb.* stad, fuirich, sòr

pausing *n.* stad *masc.*, sòradh *masc.*, stadachd *fem.*

pave *vb.* leacaich, cabhsairich, ùrlaraich

paved *adj.* leacte, leacanta

pavement *n.* cabhsair *masc.*, ceum còmhnard *masc.*

pavilion *n.* pàillean *masc.*, pùball *masc.*, tarraire *masc.*

paving-stone *n.* leac *masc.*, clach-ùrlair *fem.*

pavior *n.* cabhsairiche *masc.*

paw *n.* spòg *fem.*, màg *fem.*, cròg *fem.*, crobh *masc.*, smàg *fem.*, spàg *fem.*, spruidhean *masc.*

pawed *adj.* spògach, smàgach

pawing *n.* smàgaireachd *fem.*, làmhachdradh *masc.*, meuradh *masc.*, smàgarsaich *fem.*

pawing *adj.* spògach, smàgach

pawl *n.* pòl *masc.*

pay *n.* pàigheadh *masc.*, tuarasdal *masc.*

pay *vb.* pàigh, ìoc

pay attention *vb.* thoir aire, gabh eala ri, gabh omhaill, thoir toghaidh

pay out (cause to run out, as rope) *vb.* ruith a-mach gu ceann

pay respect *vb.* thoir urram

pay-freeze *n.* casg-tuarasdail *masc.*, fosadh-pàighidh *masc.*

pay-pause *n.* dàil-tuarasdail *fem.*

payback *n.* ùine ais-phàigheadh *masc.*, ais-phàigheadh *masc.*

· **payback period** *n.* ùine ath-dhìolaidh *fem.*

payee *n.* ìocaidh *masc.*

payer *n.* pàighiche *masc.*, pàighear *masc.*

paymaster *n.* pàigh-mhaighistir *masc.*

payment *n.* pàigheadh *masc.*, dioladh *masc.*, iocadh *masc.*, airgead *masc.*, ioc *masc.*, iocas *masc.*

pea *n.* peasair *fem.*

pea-hen *n.* peucag *fem.*, euchdag *fem.*

pea-pod *n.* meiligeag *fem.*

peace *n.* sìth *fem.*, fois *fem.*, tàmh *fem.*, sàmhchair *masc.*, suaimhneas *masc.*, guaimeas *masc.*, rèidheas *fem.*, rèiteachd *fem.*, sàimhe *fem.*, seasdar *masc.*, seasgaireachd *fem.*, sìoch *fem.*, sìochaint· *fem.*, sìothamh *fem.*, socair *fem.*, sochd *masc.*

peace of mind *n.* sìth-inntinn *fem.*, sàsdachd *fem.*

peaceable *adj.* sìothail, socair, soitheamh, neo-thuairpeach, sàmhach, sìth-aigeantach, sìth-aigneach, soimeach, soimhe, soimhneach, suainte

peaceful *adj.* sìtheil, sìochail, sèamh, ciùin, neo-charraideach, seasgach, sìobhalta, sìochainteach, sìth-shàimheach

peacefulness *n.* sìothchaint *fem.*, sìothalachd *fem.*, sèimhe *fem.*, sàimh *fem.*

peacemaker *n.* rèitear *masc.*, siochaintiche *masc.*, ceann-sìthe *masc.*, siochaiche *masc.*

peach *n.* peitseag *fem.*

peacock *n.* coileach-peucaig *masc.*, geasadach *masc.*

peacock/hen *n.* peucag *fem.*

peak *n.* stùc *fem.*, sgòrr *fem.*, binnean *masc.*

peak (upper end of gaff) *n.* bàrr-bìdein *masc.*

peak-chinned *adj.* smeachach, smeachanach

peaked *adj.* stùcach, sgòrach, binneach

peakline halyard *n.* tarraing bhratach *fem.*

peal *n.* seirm *fem.*, bualadh *masc.*, lasgan *masc.*, torran *masc.*

peanut *n.* cnò-thalmhainn *fem.*

pear *n.* peur *fem.*

pearl *n.* neamhnaid *fem.*, usgar. *masc.*

pearl-eye *n.* clach-shùil *masc.*, leus-sùil *fem.*

pearlin *n.* pèarlainn *fem.*

pearlwort *n.* mungan *masc.*

peas *n.* peasair *fem.*

peasant *n.* cosannach-dùthcha *masc.*, tuathanach *masc.*

peasantry *n.* tuath *fem.*, tuath-cheatharn fein *fem.*

pease-meal *n.* min-pheasrach *fem.*

peat *n.* mòine *fem.*, fàd *masc.*, cràidhneag *fem.*, fòid *fem.*

peat-bank *n.* poll-mònach *masc.*, poll-mòine *masc.*, bac-mòine *masc.*, port *masc.*, sgeir *fem.*, stall *masc.*

peat-bog *n.* poll-mònach *masc.*

peat-hag *n.* poll-mòna *masc.*

peat-moss *n.* blàr-mòine *masc.*, lathaich-mhòine *fem.*, mòinteach *fem.*, riasg *masc.*, smùrach *masc.*

peat-smoke *n.* ceò na mòna(ch) *fem./masc.*

peat-spade *n.* tairsgeir *masc.*, toirsgian *fem.*, troighsgeir *masc.*, fàl *masc.*, fàl-mòine *masc.*, torr-sgian *fem.*

peat-stack *n.* cruach-mòna *fem.*, rùdhan *masc.*, dais *fem.*

pebble n. clach-mhuile fem., dèideag fem., spitheag fem., balbhag fem., clach bheag fem., clachag fem., dòirneag fem., leogan masc., meurag fem., molag fem., mulla-chlach fem., paind fem., paindeag fem., peilear nam baigearan masc., rèile fem., sgilleag fem., sprineag fem.

pebbly adj. dèideagach, clachach, balbhagach, sprineagach

peccadillo n. peacadh beag masc.

pech n. sèit fem.

peck vb. pioc, sgob

peck (measure) n. peic masc.

peck (volume) n. peice masc.

pecking n. piocadh masc.

pecking vb. dobaig

pectoral adj. uchdail, uchdach

pectoral sandpiper n. luatharan-broillich masc.

peculiar adj. àraid, neònach, aighearach

peculiarity n. buaidh àraid fem., stic fem.

pedal n. casachan masc., troighean masc., seòl-coise masc., troigh fem.

pedantic adj. sgòdach

peddling n. pacaireachd fem., reic fem., cramharsaich fem., fàrsan masc.

pedestal n. bonn masc., bun-carraigh masc., pulag fem., sorch masc.

pedestrian n. coisiche masc., siùbhlaiche masc., taisdealaiche masc., triallaiche masc., troigheach masc.

pedestrian adj. coiseachdail

pedestrian crossing n. crasgan masc., crasg-coise masc., crosg-coise masc.

pedestrian precinct n. àrainn choisichean fem., àrainn-coise fem.

pedestrian way n. rathad-coise masc.

pedicular adj. mialach

pedigree n. sinnsearrachd fem., sloinntearachd fem., rann masc., silidh masc.

pedlar n. ceannaiche-siubhail masc., pacaire masc., ceannaiche masc.

pee n. dileag fem., mùn masc., lochan masc.

peel n. rùsg masc., plaosg masc., sgrath fem., sgrathag fem.

peel vb. rùisg, plaoisg, sgrath, pilig, sgròill, spiol

peeled adj. rùisgte

peeler n. rùsgadair masc.

peeling n. rùsgadh masc., sgrathadh masc., athrùsg masc., cur a' chraicinn masc., sgròill fem., sgròille fem., sgròilleag fem., slisneadh masc.

peeling adj. sgrathail, sgròilleach

peep n. boillsgeadh masc., seallagan masc., dìdeag fem.

peep vb. caog, gìog

peeping n. caogadh masc., gìogaireachd fem., gorradaireachd fem., dìdearachd fem., goradh masc.

peer (equal) n. seise masc.

peer (lord) n. morair masc.

peerage n. moraireachd fem., tighearnas masc.

peerie n. piridh fem.

peerless adj. gun sheise, gun choimeas

peerlessness n. neo-choimeasachd fem.

peerman n. sorchan masc.

peevish adj. dranndanach, crosda, snoigeasach, aingealta, doirbh, frithearna, groigeasach, groinib(each), neo-gheanail, neo-shuilbhir, saonasach, speachanta

peevishness n. dranndanachd fem., crosdachd fem., caisineachd fem., doirbheachd fem., stod masc.

peewit n. curracag fem., cugag fem., dilit masc., doireagan masc., saorgan masc.

peg *n.* cnag *fem.*, ealachainn *fem.*, bacan *masc.*, cipean *masc.*, pinne *masc.*, alachag *fem.*, cnagan *masc.*, cromag *fem.*, ealach *masc.*, ealachag *fem.*, sèam *fem.*, seamhrag *fem.*, sonnach *masc.*, spiodag *fem.*, staing *fem.*, stang *masc.*, tacaid *fem.*

pegboard *n.* bòrd-bhiorain *masc.*

pelagic *adj.* fairgeach

pelican *n.* peileagan *masc.*, eun mòr an fhàsaich *masc.*, pealag *fem.*

pell-mell *adj.* trom-tric

pellet *n.* peilear *masc.*, peallaid *fem.*

pellicle *n.* seicean *masc.*, sgannan *masc.*, streafon *masc.*

pellitory *n.* lus a' bhalla *masc.*

pellock *n.* peileag *fem.*

pellucid *adj.* glaineach, soillseach

pelt *n.* bian *masc.*

pelt *vb.* buail, caith air, spairt, plùc, rusg

peltmonger *n.* boiceannaiche *masc.*

pelvis *n.* ìochdar na bronn(a) *masc.*

pen (enclose) *vb.* fangaich

pen (enclosure) *n.* crò *masc.*, faing *fem.*, iodhlann *fem.*, eachdaran *masc.*, mainnir *fem.*

pen (writing implement) *n.* peann *fem.*

pen-case *n.* peannagan *masc.*, peannair *masc.*, pinnear *masc.*

pen-wiper *n.* glantan-pinn *masc.*

penal *adj.* peanasach, dioghaltach

penal law *n.* pèin-dlighe *masc.*, smachd-bhann *masc.*

penalty *n.* peanas *masc.*, ubhladh *masc.*

penance *n.* peanas *masc.*

pencil *n.* peansail *masc.*, bioran *masc.*, puinseal *masc.*

pencil-sharpener *n.* geuraiche-rinn *masc.*, bioraiche-sgrìobhain *masc.*

pendant *n.* crochadan *masc.*, cluigean *masc.*

pendant (earring) *n.* cluas-chrochag *fem.*, cluigean *masc.*, crochag *fem.*

pendulous *adj.* udalanach, seògach

pendulum *n.* cudthrom-siùdain *masc.*, slat-shiùdain *fem.*, crochadan *masc.*

penetrability *n.* deargachadh *masc.*

penetrable *adj.* ion-thollta, so-dhruidhteach

penetrate *vb.* drùidh, lunn, faigh troimh

penetrating *adj.* drùidheil, drùidhteach, sgaiteach

penetration *n.* deargadh *masc.*, drùidheadh *masc.*, sàthadh *masc.*, seaghachas *masc.*

penetration pricing *n.* prìseadh drùidhteach *masc.*

penguin *n.* ceann-fionn *masc.*

penholder *n.* graman-pinn *masc.*

peninsula *n.* leth-eilean *masc.*, leth-innis *fem.*, ceann-tìre *masc.*, ros *masc.*, tairbeart *fem.*

peninsular *adj.* innseach

penis *n.* bod *masc.*, ball *masc.*, ball-fearais *masc.*, cliospairneach *masc.*, crann *masc.*, crom-odhar *masc.*, slat *fem.*

penitence *n.* aithreachas *masc.*

penitent *adj.* aithreachail, aithreach

penitentiary *n.* iompachan *masc.*

penknife *n.* sgian-pòcaid *fem.*, sgian-pheann *fem.*

penman *n.* peannair *masc.*, sgrìobhair *masc.*

pennant *n.* bratachag *fem.*

penner *n.* peannagan *masc.*

pennon *n.* sròl-bhratach *fem.*

penny Scots *n.* peighinn *fem.*

penny wedding *n.* banais-pheighinn *fem.*

penny-royal *n.* peighinn rìoghail *fem.*

pennywort *n.* còrnan-caisil *masc.*, làmhainn cat leacainn *masc.*, lus na peighinn *masc.*

pensile *adj.* crochadach

pension *n.* peinnsean *masc.*, airgead-beatha *masc.*, peineas *masc.*

pensioners *n.* luchd-peinnsein *masc.*

pensive *adj.* smaoineach, meòmhrach

pentagon *n.* còig-cheàrnach *masc.*, còigean *masc.*

pentagon-based prism *n.* priosam bonn còig-cheàrnach *masc.*

pentagonal prism *n.* priosam còig-cheàrnach *masc.*

Pentecost *pr.n.* Caingis

pentecostal *adj.* caingiseach

penthouse *n.* sgàthlann *fem.*, sgimheal *masc.*

pentose *n.* peantos *masc.*

penurious *adj.* dèirceach, bochd, crìonna, sgreagach

penury *n.* dèirce *fem.*, bochdainn *fem.*, compas *masc.*, lompais *masc.*

peony *n.* lus a' phionaidh *masc.*, meacan-easa *masc.*

people *n.* sluagh *masc.*, muinntir *fem.*, aiteam *fem.*

people (tribe) *n.* poball *masc.*

pep *n.* smearsadh *masc.*

pepper *n.* piobar *masc.*, peabar *masc.*

pepper *vb.* piobraich, peabraich

pepper-dulse *n.* duileasg *masc.*

peppercorn *n.* eitean-piobair *masc.*, smùirnean *masc.*

peppered *adj.* piobraichte, peabraichte, peabarach

pepperwort *n.* lus a' pheubair *masc.*

peppery *adj.* peabrach

peptic *adj.* cnàmhach

per capita *adj.* an urra

per cent *adj.* sa cheud

perambulate *vb.* cuairt-imich, iom-cheumnaich

perambulation *n.* cuairtimeachd *fem.*, iom-cheumnachadh *masc.*

perambulator *n.* pram *masc.*, siubhaltair *masc.*

perceive *vb.* tuig, mothaich, fairich, beachdaich

perceiving *n.* mothachadh *masc.*

percentage *n.* ceudad *masc.*, àireamh sa cheud *fem.*, ceudachd *fem.*, tomhas sa cheud *masc.*

percentage *adj.* ceudadach

perceptible *adj.* ionmhothaichte

perception *n.* tuigse *fem.*, breithneachadh *masc.*, lèirsinn *fem.*, aithneanas *masc.*

perceptive *adj.* tuigseach, lèirsinneach, mothachail

perch (fish) *n.* creagag *fem.*, creagag-uisge *fem.*, muc ruadh *fem.*, muc-locha *masc.*, sgorrach *masc.*

perch (measure) *n.* pèirse *fem.*

perch (rod) *n.* spiris *fem.*, sparr *masc.*

perch *vb.* laigh, rach air spiris

perching *n.* laighe *fem.*

percolate *vb.* sìolaidh

percolator *n.* sìolachan *masc.*

percussion *pref.* beum-

perdition *n.* dubh-chall *masc.*, sgrios *masc.*

peregrine *n.* seabhag *fem.*, seabhag ghorm *fem.*, seabhag-sealgair *fem.*

peremptoriness *n.* smachd *fem.*, dian-bharalachd *fem.*

peremptory *adj.* smachdail, sparrail

perennial *adj.* maireannach, buan, sìth-bheò, sìth-bhuan

perfect *adj.* foirfe, coileanta, iomlan, co-iomlan, crìochnaichte, diongmhailteach, slàn

perfect tense *n.* tràth coileanta *masc.*

perfection *n.* foirfeachd *fem.*, coileantachd *fem.*, iomlanachd *fem.*, diongmhaltas *masc.*, sàradh *masc.*, seusar *masc.*

perfectness *n.* snas *masc.*

perfidious *adj.* foilleil

perfidy *n.* foill *fem.*, traidhtearchd *fem.*

perforable *adj.* so-thollaidh

perforate *vb.* toll

perforating *n.* tolladh *masc.*

perforation *n.* toll *masc.*

perform *vb.* coimhlion, gnìomhaich, foirlion

performance (achievement) *n.* gnìomh *masc.*, dèanadas *masc.*

performance (execution) *n.* coilionadh *masc.*

performance of contract *n.* coilionadh-cunnraidh *masc.*

perfume *n.* cùbhrachd *fem.*, boltrachan *masc.*

perfume *vb.* dèan cùbhraidh, boltraich, spìosraich, deagh-bholtraich, toit

perfumed *adj.* cùbhraidh, deagh-bholtraichte

perfumer *n.* lusragan *masc.*, spìosraiche *masc.*

perfumery *n.* cùbhrachd *fem.*, boltrachas *masc.*, spìosrachd *fem.*

perhaps *adj.* ma dh'fhaodte, theagamh, is dòcha

pericardium *n.* cochall a' chridhe *masc.*

pericranium *n.* barra-chust *masc.*

peril *n.* cunnart *masc.*, gàbhadh *masc.*, cruaidh-chàs *masc.*, baoghal *masc.*, peirigill *fem.*

perilous *adj.* cunnartach, gàbhaidh, baoghalach, baoghlach, peirigleach

perimeter *n.* cuairt-thomhas *masc.*, timcheallan *masc.*

perinaeum *n.* ceòsach *masc.*, ceus *masc.*

period (time) *n.* ùine *masc.*, tràth *masc.*, cuairt *fem.*, poile *masc.*

period (division of school day) *n.* tràth-sgoile *masc.*

period (full stop) *n.* stad *masc.*

period (menstrual discharge) *n.* fuil-mìos *fem.*

period (teaching) *n.* tràth(-teagaisg) *masc.*

period (writing) *n.* cuairtean *masc.*

period bell *n.* clag nan tràth *masc.*

periodic *adj.* bho am gu am

periodical *n.* ràitheachan *masc.*, iris *fem.*

periosteum *n.* cochall *masc.*

peripheral *adj.* iomallach, oireach

peripheral device *n.* cuairt-inneal *masc.*

periphery *n.* iomall *masc.*, oir *masc.*

periphrastic *adj.* iom-labhrach, cuairt-labhrach, foir-leathannach

perish *vb.* lathaich, mearaich, meilich, rach às an rathad, rath a dhìth

perishable *adj.* neo-sheasmhach, so-mhillidh, meathach

peritoneum *n.* seic *fem.*, sic *fem.*

peritonitis *n.* sèid *fem.*

periwig *n.* bioraraig *fem.*, piorrabhuig *fem.*

periwinkle *n.* faochag *fem.*, gille-fionndrainn *masc.*, cogarn *masc.*, gairidean *masc.*, gnàmhan *masc.*, paiteag *fem.*, turcar-mara *masc.*

perjure *vb.* thoir mionnan-eithich, thoir fianais bhrèige, breuglaich

perjurer *n.* neach-eithich *masc.*

perjury *n.* mionnan-eithich *masc.*

perky *adj.* abaidh, cocannta

perlustration *n.* làn-amharc *masc.*, làn-dhearcadh *masc.*, làn-shealladh *masc.*

permanence *n.* maireannachd *fem.*, fantalachd *fem.*

permanent *adj.* buan, maireannach, còmhnaidheach

permanent labour force *n.* feachd-oibre seasmhach *masc.*

permanent representation *n.* buan-riochdaireachd *fem.*

permanently resident *adj.* buan-chòmhnaidheach, fuireach ann fad an t-siubhail

permeable *adj.* so-dhrùighidh, so-thollaidh

permeate *vb.* rach air feadh, sìolaidh troimh

permeation *n.* trìd-shiubhal *masc.*

permission *n.* cead *masc.*

permissive *adj.* ceadachail

permit *n.* bileag-cead *fem.*

permit *vb.* ceadaich, leig (do), leig (le)

permitted *adj.* ceadaichte, saor, comasach, lùdhaigte

permitting *n.* ceadachadh *masc.*, lùdhaigeadh *masc.*

pernicious *adj.* sgriosail, millteach, sgrathail, sgriosach

pernicious anaemia *n.* cion-fala millteach *masc.*

perpendicular *adj.* dìreach

perpendicular *n.* dìreachan *masc.*

perpetual *adj.* buan-mhaireannach, sìor-mhaireannach, bith-bhuan, maireann, maireannach, marsainneach, mionaideach, sìor, sìth-bhuan

perpetuate *vb.* sìorraich

perpetuity *n.* buan-mhaireannachd *fem.*, sìor-mhaireannachd *fem.*, bith-bhuantachd *fem.*, buanas *masc.*, sìor-ghnàthachd *fem.*, sìorraidheachd *fem.*

perplex *vb.* cuir dragh air, cuir imcheist air, prab

perplexed *adj.* draghail, an imcheist, dòrainneach

perplexity *n.* dragh *masc.*, imcheist *fem.*, searbhag *fem.*, iom(a)-chomhairle *fem.*, teagamh *masc.*

perquisite *n.* duileann *masc.*

perquisite *adj.* ro-fheumail

perry *n.* sùgh pheuran *masc.*, uisge-piar *masc.*

persecute *vb.* geur-lean, dèan geur-leanmhainn air, sgiùrs, ainlean, dian-lorgaich, ruaig, sgainnir, sgànraich, tòirich

persecuting *adj.* geur-leanmhainneach, sgainneartach, sganrach

persecution *n.* geur-leanmhainn *masc.*, ainleanmhainn *fem.*, sgiùrsadh *masc.*, geur-leanachd *fem.*, ruagaireachd *fem.*, sgainnearadh *masc.*, sgainneart *fem.*, sgainnir *fem.*, sgànradh *masc.*, sgiùrs *masc.*, tòrachd *fem.*

persecutor *n.* dian-lorgair *masc.*, ruagaire *masc.*

perseverance *n.* làn-daingneachd *masc.*, sìor-bhuanas *masc.*, leanailteachd *fem.*, buanachas *masc.*, buanas *masc.*, cur leis *masc.*, tabhuanachd *fem.*, treunachd *fem.*

perseverant *adj.* buanachail

persevere *vb.* buanaich

persevering *adj.* leantalach (air), sìor, oidhirpeach, seasmhach, spraiceil, treun

persicaria *n.* glùineach mhòr *fem.*, lus chrann-ceusaidh *masc.*

persist *vb.* lean (air/ri)

persistent *adj.* leantalach, leantach

person *n.* neach *masc.*, pearsa *masc.*, urra *fem.*, creubh *masc.*, creutair *masc.*, duine *masc.*

personable *adj.* pearsanta, ceutach, tlachdmhor, somalta

personal *adj.* pearsanta

personal effects *n.* cuid duine fhèin *fem.*

personal pronoun *n.* riochdair pearsantach *masc.*

personality *n.* pearsantachd *fem.*

personality (distinctive/well-marked character) *n.* neach ainmeil *masc.*, pearsa (iomraiteach) *masc.*

personate *vb.* riochdaich, taisealbh

personating *n.* riochdachadh *masc.*, taisealbhadh *masc.*

personification *n.* pearsanachadh *masc.*, riochd-shamhlachadh *masc.*, pearsachadh *masc.*

personify *vb.* pearsanaich, riochd-samhlaich *masc.*

personnel *n.* sgiobachd *fem.*

Personnel and Management Services Officer *pr.n.* Oifigear Sgiobachd is Steòrnachd

personnel management *n.* rianachd luchd-obrach *fem.*, rianachd sgiobachd *fem.*

perspective *n.* fradharc *masc.*

perspicacity *n.* geurchùis *fem.*

perspicuity *n.* soilleireachd *fem.*, geur-shùileachd *fem.*

perspicuous *adj.* soilleir

perspiration *n.* fallas *masc.*, drùis *fem.*

perspire *vb.* cuir fallas de, fallasaich

persuade *vb.* thoir air, cuir ìmpidh air, iompaich

persuade (make believe) *vb.* thoir a chreidsinn, clàr

persuasion *n.* impidheachd *fem.*

persuasion (creed) *n.* aidmheil *fem.*, creideamh *masc.*

persuasive *adj.* impidheach

persuasiveness *n.* impidheachd *fem.*, so-chomhairleachd *fem.*

pert *adj.* beadaidh, leòmach, measanach, obann, rucasach, sraoineiseach, taithireach

pertinacious *adj.* rag, dreigeasach

pertinacity *n.* dìorrasachd *fem.*

pertinent *adj.* iomchaidh, ruigheachdail

perturbed *adj.* draghail, buairte

peruke *n.* piorrabhuig *fem.*

perverse *adj.* claon, tuaitheal, do-iompachaidh, an-toileach, an-toileil, daobhaidh, doitheadach, do-mhuinte, dreaganta, lùbach, neo-thoileil, strangalach

perverseness *n.* claonachd *fem.*, neo-thoileachd *fem.*

perversion *n.* claonadh *masc.*, fiaradh *masc.*, an-toil *fem.*

perversity *n.* anamaint *fem.*, an-toileachd *fem.*

pervert *n.* claonair *masc.*

pervert *vb.* claon, cuir fiaradh

perverter *n.* fiaradair *masc.*

pervertible *adj.* truailleanta

pervicacity *n.* durradhantachd *fem.*

pessary *n.* brù-thaic *fem.*, taic-broinn *fem.*

pessimism *n.* eu-dòchas *masc.*, eu-dòchasachd *fem.*

pessimistic *adj.* eu-dòchasach

pest *n.* plàigh *fem.*, peasan *masc.*, gairbhsean *masc.*

pestiferous *adj.* plàigheil, plàigheach,

pestilence *n.* plàigh *fem.*, sgrios-ghalar *masc.*

pestilential *adj.* plàigheil, plàigheach

pestle *n.* plocan *masc.*, brùthadair *masc.*, meile *fem.*, peisteal *masc.*, ploc *masc.*, ploc-lomaidh *masc.*, smiste *fem.*, smistean *masc.*

pet (animal) *n.* peata *masc.*, piatan *masc.*, donnag *fem.*

pet (huff) *n.* stùirc *fem.*, stod *masc.*, stodach *fem.*

pet day *n.* eadar-shìon *masc.*

petal *n.* flùr-bhileag *fem.*, bileag *fem.*

petit mal *n.* tuiteamas beag, an *masc.*

petition *n.* athchuinge *masc.*, tagradh *masc.*, impidh *fem.*, aslachadh *masc.*, comaraich *fem.*, iarraidh *masc.*, iarrtas *masc.*, or *masc.*, pleadairt *fem.*

petitioner *n.* ath chuingear *masc.*, tagradair *masc.*, impidheach *masc.*, iarradaiche *masc.*, iarradair *masc.*, iarrtaiche *masc.*, iompaidheach *masc.*, seamadair *masc.*, seumadair *masc.*

petrify *vb.* tionndaidh gu cloich

petrol *n.* peatrol *masc.*

petrol pump *n.* pump-peatroil *masc.*

petrol-pump attendant *n.* obraiche pump-peatroil *masc.*, taosgaiche *masc.*

petroleum *n.* creag-ùillidh *masc.*

petted *adj.* peatach

petticoat *n.* còta-bàn *masc.*, còta-ìochdair *masc.*

petticoat government *n.* baintighearnas *masc.*

pettifogger *n.* ball-donais *masc.*, truthaire *masc.*

pettiness *n.* bige *fem.*

petting *n.* cnuasachd *fem.*

petting (indulging tame animal) *n.* bòidheanachd *fem.*

pettish *adj.* sònasach, spruacach, spruacanach, spuacach, spuaicheach, stangach, stràiceil

petty cash *n.* airgead-iomlaid *masc.*

petty crime *n.* beag-chiont(a) *fem.*

petty king *n.* meanbh-rìgh *masc.*

petty larceny *n.* mion-bhraide *fem.*

petty spurge *n.* lus-leighis *masc.*

petty theft *n.* mion-ghadaidheachd *fem.*, beag-ghadaidheachd *fem.*, siolcaireachd *fem.*, spiuthaireachd *fem.*

petulance *n.* bleid *fem.*, sparrag *fem.*, iasan *masc.*

petulancy *n.* beadaganachd *fem.*

petulant *adj.* bleideil, beadaganach, sparragach, sraoineiseach, sraonaiseach

pew *n.* suidheachan *masc.*

pewter *n.* feòdar *masc.*, staoin *fem.*, fleòdar *masc.*

phalanx *n.* dlùth-fheachd *fem.*

phantom *n.* taibhse *masc.*, tannasg *masc.*

Pharisaical *adj.* Phairisneach

Pharisee *n.* Phairiseach *masc.*

pharmaceutical *adj.* leigheasail

Pharmaceutical Society *pr.n.* Comann nam Poitigear, Comann nan Cungaidhean Leighis

pharmacist *n.* lèigheadair *masc.*, neach chungaidhean *masc.*

pharmacy *n.* eòlas leigheasan *masc.*, eòlas chungaidhean *masc.*, lèigheadaireachd *fem.*

phase *n.* ìre *fem.*, ceum *masc.*

phase (appearance of surface exhibited by moon) *n.* solas *masc.*

pheasant *n.* easag *fem.*, coileach-fiodha *masc.*

phenomenon *n.* iongantas *masc.*, mìorbhail *fem.*, sìon *masc.*

phenotypic trait *n.* comharradh-coltais *masc.*

phial *n.* meanbh-bhotal *masc.*, cuib *fem.*, cuirteag *fem.*, searr *masc.*, searrag *fem.*

philanthropy *n.* gràdh daonna *masc.*

philological *adj.* cànaineach

philologist *n.* cànainiche *masc.*, cànaineach *masc.*

philology *n.* eòlas-chànan *masc.*, teangaireachd *fem.*, snas-chainnt *fem.*

philosopher *n.* feallsanach *masc.*, gliocair *masc.*

philosopher's stone *n.* clach nam buadh *fem.*

philosophy *n.* feallsanachd *fem.*, eigiseachd *fem.*

phlebitis *n.* an t-at cuisle *masc.*

phlegm *n.* ronn *masc.*, lionn-cuirp *masc.*, smug *masc.*, splangaid *masc.*, raomadh *masc.*, reum *fem.*, riam *fem.*, sgamal *fem.*, sgleog *fem.*, spleangaid *fem.*

phlegmatic *adj.* ronnach, fliuch-shrònach, rèimeil, smugach, smugaideach

phlegmy *adj.* reumach

phoenix *n.* tearc-eun *masc.*, ainneamhag *fem.*

phonograph *n.* fuaim-sgrìobhair *masc.*

phonography *n.* fuaim-sgrìobhadh *masc.*

phosphorescence *n.* coinnle-brianain *masc.*, gaile-bianan *masc.*, caoir-bianag *fem.*, coille-biorain *fem.*, coinnlean-bianain *masc.*, lannair *fem.*, mearadh-sionachain *masc.*, teine biorach *masc.*, teine-sionnachain *masc.*

phosphorescent *adj.* lannaireach, drìlseach, lannrach, sionn

phosphorous *adj.* fosforail *masc.*

phosphorus *n.* caille pianain *fem.*, soillseachan *masc.*, mearadh-loisgeach *masc.*, mearadh-sionachain *masc.*, mearadh-sionnachain *masc.*, sionn · *masc.*, sionnachan *masc.*, teine-sionnachain *masc.*, fosfor *masc.*

photo-engraving *n.* dealbh-gràbhaladh *masc.*

photocopier *n.* copaidhear *masc.*, lethbhreacadair *masc.*

photograph *n.* dealbh *masc.*, dealbh-camara *masc.*, solas-tharraing *fem.*

photograph *vb.* tog dealbh, solas-tharraing

photographer *n.* neach-togail-dhealbh *masc.*, dealbhair *masc.*, dealbhadair *masc.*, dealbhaiche *masc.*

photographic *adj.* solas-gràbhaltach, dealbhach

photosensitive cell *n.* cealla fhoto-mhothachail *fem.*

photosynthesis *n.* foto-cho-chur *masc.*

photosynthetic *adj.* foto-cho-chuirte

phrase (grammar) *n.* abairt *fem.*, seòllairt *masc.*, gnàth-fhacal *masc.*, beulradh *masc.*

phrase (music) *n.* mìr *masc.*

phraseology *n.* gnàth-chainnt *fem.*

phrasing (music) *n.* mìreadh *masc.*

phrenology *n.* paitireachd *fem.*

phthyriasis *n.* galar mialach, an *masc.*

phymosis *n.* breall *masc.*

physical *adj.* fisiceach, corporra

physical (not abstract) *adj.* cruthach

physical geography *n.* cruinn-eòlas *masc.*, tìreolas *masc.*, eòlas-dùthcha *masc.*

physician *n.* lèigh *masc.*, lighiche *masc.*, leigheasaiche *masc.*, ollamh *masc.*

physics *n.* nàdar-fheallsanachd *masc.*

physiognomist *n.* dreach-eòlaiche *masc.*, gnùis-fhiosaiche *masc.*, gnùis-bhreitheamh *masc.*

physiognomy *n.* dreach-eòlas *masc.*, gnùis-fhiosachd *fem.*, dreach *masc.*

physiology *n.* beò-eòlas *masc.*, càileolas *masc.*, sgoil-nàdair *fem.*

physiotherapist *n.* gluasadair-cuirp *masc.*

phytoplankton *n.* luibhean-luaisgein *pl.*

piacular *adj.* èirigeach

piano *n.* piana *masc.*

piano score *n.* sgòr-piana *masc.*

pibroch *n.* pìobaireachd *fem.*, ceòl-mòr *masc.*, ceòl-pìoba *masc.*

picador *n.* fear-sleagha *masc.*

piccolo *n.* fliùiteag *fem.*

pick *n.* pic *masc.*, piocaid *fem.*

pick *vb.* tagh, tog, roghnaich, tionail, spiol, pioc

pick-shaft *n.* crann-pìce *masc.*

pickaxe *n.* pìc *masc.*, pioc *masc.*, piocaid *fem.*

picket *n.* picead *masc.*, piogaid *masc.*

picking *n.* taghadh *masc.*, tionail *masc.*, togail *masc.*, buain *fem.*, piocadh *masc.*

pickle *n.* picil *fem.*, searbhag *fem.*, brim *fem./masc.*, sgait *fem.*, uisge goirt *masc.*

pickle *vb.* saill, cuir am picil

pickled *adj.* picilte, picleach, searbhta

pickpocket *n.* peas-ghadaiche *masc.*, siolpadair *masc.*

picky *adj.* uaibhreach, tàireil

picnic *n.* picnic *masc.*, cuirm-chnuic *fem.*

picnic area *n.* ionad-picnic *masc.*

Pict *pr.n.* Cruithneach

pictograph *n.* clàr-deilbh *masc.*

pictorial *adj.* dealbhach

picture *n.* dealbh *masc.*, pioctair *masc.*, clàr *masc.*

picture registration *n.* clàradh dhealbh *masc.*, co-chòrdadh nan dealbh *masc.*

picture-frame *n.* cèis *fem.*

pie *n.* paidh *masc.*, pigheann *masc.*, pighinn *masc.*

pie graph *n.* graf-paidh *masc.*, graf-cearcaill *masc.*

piebald *adj.* breac, bailgeann, cileach, drimneach

piece *n.* pìos *masc.*, mìr *masc.*, earrann *fem.*, crioman *masc.*, brabhd *fem.*, cut *masc.*, òrd *masc.*, samhdadh *masc.*

piece (food) *n.* mìrean *masc.*

piece (sandwich) *n.* ceapaire *masc.*, fàidse *masc.*

piece of eight (peso duro) *n.* bonn-a-h-ochd *masc.*

piecemeal *adj.* na phìosan, criomanach, mean air mhean

pied *adj.* stiallagach

pied flycatcher *n.* breacan glas *masc.*

pied wagtail *n.* breac-an-t-sìl *masc.*, glaisean-seilich *masc.*, tachailleag *fem.*

pier *n.* lamraig *masc.*, cidhe *masc.*, ceadha *masc.*

pierce *vb.* sàth, toll, troimh-lot, gaorr, piorr, sonn, tachail, torchuir

piercer *n.* tolladair *masc.*, tollair *masc.*, tollachan *masc.*, tollainn *fem.*

piercing *n.* sathadh *masc.*, tolladh *masc.*, pinneadh *masc.*, poilleadh *masc.*

piercing *adj.* sàthach, biorach, sgaiteach

piety *n.* diadhaidheachd *fem.*, cràbhadh *masc.*

pig *n.* muc *fem.*, durabhag *fem.*

pigeon *n.* calman *masc.*, smùdan *masc.*, dùradan *masc.*

piggery *n.* muclach *masc.*

piglet *n.* uircean *masc.*

pigment *n.* stuth-dhath *masc.*

pigmy *n.* luchraban *masc.*, troichilean *masc.*, luspardan *masc.*, lucharan *masc.*, luch-armann *masc.*, sìogaidh *masc.*, tacharra *masc.*

pigmy *adj.* meanbh

pignut *n.* braonan-bhuachaille *masc.*, cnò-thalmhainn *fem.*, coirean-muice *masc.*, cutharlan *masc.*

pigs and whistles *n.* dràbh *masc.*

pigsty *n.* fail-mhuc *fem.*, crò *masc.*

pike (fish) *n.* ceann barr *masc.*, ceann-barrach *masc.*, dorman *masc.*, geadas *masc.*

pike (weapon) *n.* pìc *masc.*, iodhan *masc.*, geadas *masc.*

pikeman *n.* pìcear *masc.*, pìocair *masc.*

pikestaff *n.* astal *masc.*

pilchard *n.* pillsear *masc.*, geilmhin *masc.*, seirdean *masc.*, sgadan geàrr *masc.*, sgadan mòrlannach *masc.*, sgadan sligeach *masc.*

pile *n.* meall *masc.*, cruach *fem.*, dùn *masc.*, brìg *fem.*, dais *fem.*, pribide

pile *vb.* càrn, cruach, tòrr, brìg

pile-nail *n.* tàirn-na-ceusda *fem.*

pile-up *n.* càrnadh *masc.*

piles *n.* breaman fuilteach *masc.*, niosgaidean fala dubh-thoill *pl.*, ruith-fola *masc.*

pilfer *vb.* goid, dèan braide, siolp, siolc, tiolp

pilferer *n.* braidean *masc.*, siolpadair *masc.*, meirleach *masc.*, siolpair *masc.*

pilfering *n.* siolpadh *masc.*, mion-ghadaidheachd *fem.*

pilfering *adj.* luath-làmhach, luath-choragach, fad làmhach, siolcach

pilgrim *n.* eilthireach *masc.*, turasaiche *masc.*, cuairtear *masc.*, deoiridh *masc.*, taisdealach *masc.*, taisdealaiche *masc.*

pilgrimage *n.* eilthireachd *fem.*, turasachd *fem.*, cuairt *fem.*, taisdeal *masc.*, taisgealachd *fem.*, torramh *masc.*

piling *vb.* càrnadh, tiùrradh

pill *n.* pile *fem.*, gràinnean *masc.*

pillage *n.* creach *fem.*, sgriosadh *masc.*, ruathar *masc.*, plundrainn *fem.*

pillage *vb.* creach, spùill, lom, plundrainn

pillager *n.* creachadair *masc.*, sgriosadair *masc.*

pillaging *n.* sladadh *masc.*

pillar *n.* carragh *fem.*, colbh *masc.*, post *masc.*, stac *masc.*, baideal *masc.*, bìgh *fem.*, calpa *masc.*, socair *fem.*, spisniche *masc.*, stacadh *masc.*, stacan *masc.*, stoc *masc.*, stuadh *fem.*, trostan *masc.*, ursainn *masc.*

pillared *adj.* colbhach, stacach

pillion *n.* pillean *masc.*, loist *fem.*, sodag *fem.*, sodsag *fem.*, sotsag *fem.*

pillory *n.* brangas *masc.*, piolaid *fem.*

pillow *n.* cluasag *fem.*, adhart *masc.*, adhartan *masc.*, bolstair *masc.*, seasdar *masc.*

pillowcase *n.* cuibhrig-cluasaig *fem.*

pillwort *n.* comann-searraich *masc.*

pilot *n.* poidhleat *masc.*, neach-iùil *masc.*, stiùiradair *masc.*, loingear *masc.*, luamair *masc.*, sgiobair *masc.*

pilot (trial) *adj.* dearbhaidh, seòlaide

pilot (try) *vb.* dearbh, ullaich

pilot product *n.* stuth-dearbhaidh *masc.*, iùil-chinneas *masc.*

pilot scheme *n.* sgeama-dearbhaidh *masc.*, sgeama-seòlaide *masc.*

pilot whale *n.* muc-mhara chinnmhoir *fem.*

pilot-boat *n.* seòl-bhàta *masc.*

pilot-light *n.* solas-iùil *masc.*

piloting *n.* stiùireadh *masc.*

pimp *n.* maor-strìopaich *masc.*, bobhdach *masc.*, drùth-bhosgair *masc.*

pimple *n.* guirean *masc.*, pluc *masc.*, plucan *masc.*, bòc *masc.*, bòcan *masc.*, bucaid *fem.*, buicean *masc.*, cnàimhseag *fem.*, drùis-ghuirean *masc.*, fàisne *fem.*, pucaid *fem.*

pimple (red) *n.* ruicean *masc.*

pimpled *adj.* guireanach *fem.*, pucaideach

pimples *n.* guireanan *masc.*, plucan *masc.*, pumpais *fem.*

pimply *adj.* guireanach, plucach, brachagach, buiceanach

pin *n.* prìne *masc.*, dealg *fem.*, cnag *fem.*, bior *masc.*, cnagan *masc.*, pinne *masc.*, sèam *fem.*, sèaman *masc.*, stang *masc.*

pin *vb.* dealgaich, prìnich, pinnich

pin-cushion *n.* prìneachan *masc.*, bioranach *masc.*, cluasag *fem.*

pinafore *n.* pionar *masc.*

pincers *n.* teanchair *masc.*, greimir *masc.*, teannachan *masc.*, piocag *fem.*, spioladair *masc.*, teangas *masc.*, teannachair *masc.*, turcais *fem.*

pinch *n.* gòmag *fem.*, spitheag *fem.*, ullag *fem.*

pinch *vb.* bìd, pioc, dorainnich

pinch of snuff *n.* snaoisean *masc.*, snòitean *masc.*, deannag *fem.*

pinching *n.* piocadh *masc.*

pinching *adj.* piocach

pine *n.* giuthas *masc.*

pine (enzootic marasmus/vinquish) *n.* searg *masc.*

pine away *vb.* searg, caith às, siaranaich, snaidh

pine grosbeak *n.* lair-fligh *fem.*

pine marten *n.* taghan *masc.*

pine-forest *n.* giùthsach *masc.*

pine-tree (fir) *n.* craobh-ghiuthais *fem.*, gall-ghiuthas *masc.*, pion *masc.*

pine-wood *n.* giùthsach *masc.*

pineal *adj.* pionach, pionail

pineal gland *n.* fàireag phionail *fem.*

pineapple *n.* anann *masc.*, ubhal-giuthais *masc.*, ubhal-ghiuthais *masc.*

pinecone *n.* duirc *fem.*, duircean *masc.*

pinguid *adj.* sliomchaireach, sliomchrathach

pinhead *n.* ceann-prìne *masc.*, ploc-prìne *masc.*, cùirnean *masc.*, ploc *masc.*, pluc *masc.*

pining *n.* àsraidh *fem.*, seargadh *masc.*

pining *adj.* cianail

pining away *n.* snaidheadh *masc.*

pinion *vb.* cuibhrich, ceangail, rìoghaich

pinite *n.* pinid *fem.*

pink *n.* pinc *masc.*, bàn-dhearg *masc.*

pink (minnow) *n.* maghar *masc.*

pink-eye *n.* tòc *masc.*

pink-footed goose *n.* geadh dearg-chasach *masc.*

pinkie *n.* cuisdeag *fem.*

pinkie (little finger) *n.* lùdag *fem.*

pinmaker *n.* bioranachan *masc.*

pinnace *n.* bàidean *masc.*, baidean *masc.*, long ràmhach *fem.*

pinnacle *n.* binnean *masc.*, sgòrr *fem.*, bidean *masc.*, beur *masc.*, cruach *fem.*, foir-bhruach *fem.*, spiric *fem.*, spuaic *fem.*, stuadh *fem.*, stuirichd *fem.*, sturrag *fem.*

pinnacled *adj.* binneanach, spuaiceach

pinning-stone *n.* leogan *masc.*, peanaig *fem.*

pins and needles *n.* cadal deilgneach, an *masc.*, crith-snàgadan, an *masc.*, cadal-ìneach, an *masc.*, cardail-iongach(an), an *masc.*

pint *n.* pinnt *masc.*

pintail *n.* lach-stiùireach *fem.*

pintle *n.* iarann na stiùireach *masc.*

pioneer *n.* pìocair *masc.*, tùsair *masc.*

pioneer (in army) *n.* saighdear-tochlaidh *masc.*, tochailliche *masc.*

pioneer pricing *n.* prìseadh tùsaireach *masc.*

pious *adj.* diadhaidh, cràbhach, cràbhaidh, naomh, cneasda

pip (ailment) *n.* bìoban *masc.*, diuc *fem.*, pìoban *masc.*

pipe *n.* pìob *fem.*, feadan *masc.*, seannsair *masc.*, cuisle *fem.*, ribheid *fem.*

pipe *vb.* pìob

pipe major *n.* ceann-phìobaire *masc.*

pipefish *n.* brod-iasg *masc.*, lomarag *fem.*, sìol-ghobach *fem.*

piper *n.* pìobair *masc.*

pipette *n.* pìobaid *fem.*

piping *n.* pìobaireachd *fem.*, pìobadh *masc.*

pipistrelle *n.* ialtag-oidhche *fem.*

pipit *n.* gabhagan *masc.*

pipkin *n.* cnagan *masc.*

piquant *adj.* sgeilmearra, sgeilmeil, teadh

pique *n.* aimheal *masc.*

pique *vb.* gabh lair as

piracy *n.* muir-spùinnearachd *fem.*, long-spùinneadh *masc.*, muir-reubann *masc.*, long-spùilleadh *masc.*, muir-spùinneadh *masc.*

pirate *n.* spùinneadair *masc.*, muir-spùinnear *masc.*, long-spùinneadair *masc.*

pirate-ship *n.* long-spùinnidh *fem.*

piratical *adj.* spùinnearach, reubainneach

pirn *n.* piorna *masc.*, iteachan *masc.*, baban *masc.*, boban *masc.*, piùirne *masc.*, piùrn *masc.*

Pisces *pr.n.* Na h-Iasgan

piscivorous *adj.* iasg-itheach

pismire *n.* seangan *masc.*

piss *n.* mùn *masc.*

piss *vb.* mùin, fual

pistol *n.* dag(a) *masc.*, piostal *masc.*

piston *n.* steallair *masc.*

pit *n.* sloc *masc.*, toll *masc.*, cuithe *fem.*, lag *masc.*, poll *masc.*, tochladh *masc.*

pit (hollow/depression, as of stomach) *n.* uchd *masc.*

pitch (tar) *n.* teàrr *fem.*, bìth *fem.*

pitch *vb.* suidhich

pitch (cover with pitch) *vb.* teàrraich, pìc, pìcich

pitch (degree of acuteness of sound) *n.* àirde-fuaim *fem.*

pitch (playing) *n.* raon-cluiche *masc.*

pitch (residue of distillation of tar etc.) *n.* bìth *fem.*, teàrr bhuidhe *fem.*, pìc *masc.*

pitch-and-toss *n.* cur-is-caitheamh *masc.*, spidean *masc.*

pitched battle *n.* àrd-chath *masc.*

pitcher *n.* soitheach *fem.*, pigidh *masc.*, dabhan *masc.*, biota *fem.*, crogan *masc.*, cuinneag *fem.*, pigeadh *masc.*

pitchiness *n.* dubh-dhorchadas *masc.*

pitching *n.* teàrradh *masc.*

pitchpipe *n.* feadan-àirde *masc.*

pith *n.* spionnadh *masc.*, glaodhan *masc.*, brìgh *fem.*, smior *masc.*, bladh *masc.*, luths *masc.*, smideam *masc.*, somailtean *masc.*, spadhadh *masc.*, spong *masc.*, spreigeadh *masc.*, susbaint *fem.*

pithiness *n.* reachdmhoireachd *fem.*

pithless *adj.* fann, lag, mì-shùghar, siachaireach

pithy *adj.* reachdmhor, brìgheil, smiorach, spionnar, stuthail, sùghmhor

pitiable *adj.* mairg

pitiful *adj.* truagh, truaghanta, teò-chritheach, siolgach

pitiless *adj.* neo-thruacanta, an-iochdmhor, neo-thròcaireach, antruacanta

pity *n.* truas *masc.*, truacantas *masc.*, iochd *masc.*, aircis *fem.*, mairg *fem.*, oircheas *masc.*, tlus *masc.*, tròcair *fem.*

pity *vb.* gabh truas (ri), dèan ioc

pitying *adj.* truasail, tlusail

pivot *n.* maideag *fem.*, lùdallan *masc.*, lùdagan *masc.*

pixel *n.* piogsail *fem.*

pizzeria *n.* piodsaraidhe *masc.*

placability *n.* sìth-aigeantachd *fem.*

placable *adj.* so-chiùineachaidh

placard *n.* sanas *masc.*

placate *vb.* sàsaich, suaimhnich, soitheamhaich

place *n.* àite *masc.*, ionad *masc.*, rùm *masc.*, taobh *masc.*

place *vb.* suidhich, càirich, cuir, socraich

place of origin *n.* tùs-àite *masc.*

place of refuge *n.* comraich *fem.*, dìon-àite *masc.*

place of worship *n.* ionad-aoraidh *masc.*

place value *n.* luach a-rèir àite *masc.*

place-name *n.* ainm-àite *masc.*

placenta *n.* plaiseanta *masc.*, seile *fem.*, slànadh *masc.*

placid *adj.* sèimh, sìobhalta, geanail, mall, neo-thuairpeach, somalta

placidity *n.* seimheachd *fem.*, sìobhaltachd *fem.*, mì-bhuaireas *masc.*

placing *n.* suidheachadh *masc.*

plack *n.* blànc *masc.*, plang *masc.*

placket *n.* spaidhir *fem.*

placoderm *n.* placodairm *masc.*

placoid *adj.* leacaideach

plagal cadence *n.* fiar-dhùnadh *masc.*

plague *n.* plàigh *fem.*

plaguey *adj.* plàigheach

plaice *n.* lèabag bhreac *fem.*, lèabag mhòr *fem.*

plaid *n.* breacan *masc.*, plaide *fem.*, luman *masc.*, suanach *fem.*, sumach *masc.*

plaiding *n.* cùirtear *masc.*, cùrainn *fem.*

plain *n.* còmhnard *masc.*, faiche *fem.*, magh *masc.*, raon *masc.*, àilean *masc.*, blàr *masc.*, lian *masc.*, rèidh *masc.*, rèidhlean *masc.*, rèiteach *masc.*

plain *adj.* rèidh, còmhnard, soilleir, sìmplidh, lomarra, neo-bhallsgail, neo-eisimileach, socrach

plainness *n.* soilleireachd *fem.*, sìmplidheachd *fem.*, neo-fhoillealachd *fem.*

plainsong *n.* canntaireachd-eaglaise *fem.*

plaintiff *n.* agairtiche *masc.*, casaidiche *masc.*

plaintive *adj.* tiamhaidh, acaineach, caoidhearnach, sìorach

plait *n.* filleadh *fem.*, dual *masc.*, figheachan *masc.*, pleat *fem.*, preas *masc.*, preasag *fem.*, roc *fem.*, rocan *masc.*, rug *masc.*

plait *vb.* fill, dualaich, toinn, pèarlaich, pleat, preas

plaited *adj.* cuaicheineach, pleatach, fillte, pèarlach, preasach, rocach, rocanach, rugach

plan *n.* plana *masc.*, innleachd *fem.*, sgeama *masc.*, rùn *masc.*, sibht *fem./masc.*, suidheachadh *masc.*

plan *vb.* deilbh, innlich, suidhich

planarian *adj.* planarach

plane (joinery) *n.* locair *masc.*

plane *vb.* locair, sliseagaich

plane (aircraft) *n.* plèana *masc.*, itealan *masc.*

plane (surface) *n.* clàr *masc.*, raon *masc.*

plane (tree) *n.* pleandrainn *fem./masc.*

planet *n.* planaid *fem.*, rè *fem.*, reul shiùbhlach *fem.*, rinn *fem.*

planing (joinery) *n.* locradh *masc.*

plank *n.* clàr *masc.*, dèile *fem.*, bòrd *masc.*, plang *masc.*, planga *masc.*, tabhal *masc.*

plank *vb.* bòrdaich

plankton *n.* planctan *masc.*, buinnean beò *masc.*, gròtham *masc.*, meanbh-bheò *masc.*

planned economy *n.* eaconomaidh dhealbhaichte *fem.*, eaconomaidh phlanaichte *fem.*, treabhadas dealbhaichte *masc.*

planning *n.* dealbhadh *masc.*, dealbhachadh *masc.*, planadh *masc.*, suidheachadh *masc.*

planning committee *n.* comataidh-dealbhaidh *fem.*

planning council *n.* comhairle-dealbhachaidh *fem.*, comhairle-dealbhaidh *fem.*

planning permission *n.* cead-dealbhaidh *masc.*

plant *n.* luibh *fem.*, lus *masc.*, planntrais *fem.*, luisreag *fem.*, plannt *masc.*

plant *vb.* cuir, suidhich, planntaich

plant (vegetation) *n.* planntas *masc.*

plant and equipment *phr.* uidheam is acainn

plantation *n.* àiteachadh *masc.*, planntachadh *masc.*, gàradh-bhile *masc.*

planter *n.* neach-àiteachaidh *masc.*, planntachair *masc.*, planntair *masc.*

planting *n.* cur *masc.*, suidheachadh *masc.*

plash *n.* steall *fem.*, taom *masc.*, pollan *masc.*, sgideil *masc.*

plash *vb.* steall, plub

plashing *n.* stealladh *masc.*

plasm *n.* molldair *masc.*, molltair *masc.*

plasma *n.* ladhadair *masc.*, meug-fola *masc.*

plaster *n.* sglàib *fem./masc.*, plàsd *masc.*, plèastar *masc.*, ceirein *masc.*, spairt *fem.*

plaster *vb.* sglàibrich, plàsd, sliachdair, aol, col, ionaol, spairt

plasterer *n.* plàsdair *masc.*, sglàibeadair *masc.*, aoladair *masc.*

plastering *n.* plàsdradh *masc.*, aoladaireachd *fem.*, colachd *fem.*

plastic *adj.* plastaig, cùimteach, coineallach, so-dheilbhte

plastic craft *n.* obair-phlastaig *fem.*

plastic surgery *n.* athdhealbhadh corporra *masc.*

plate *n.* truinnsear *masc.*

plate (sheet) *n.* pleit *masc.*, clàr *masc.*, lann *fem.*

plate *vb.* lannaich, airgeadaich

platform *n.* àrd-ùrlar *masc.*, àrd-chabhsair *masc.*, muabhraighe *fem.*

platter *n.* clàr *masc.*, mias *fem.*, plàdar *masc.*

plausible (ingratiating and fair-spoken) *adj.* beulchar, beulach

play (drama) *n.* dràma *masc.*, cluich *masc.*, mire *fem.*, dealbh-chluiche *fem.*, cleas *masc.*, rais *fem.*, sùgradh *masc.*

play *vb.* cluich, cleasaich, mir

play (music) *vb.* seinn, cluich, seirm

play-actor *n.* gille-cleas *masc.*

player *n.* cluicheadair *masc.*

playful *adj.* mear, beadarrach, spòrsach, ruideasach

playground *n.* raon-chluich *masc.*, gàradh-sgoile *masc.*

playgroup *n.* cròileagan *masc.*

playhouse *n.* taigh-cluiche *masc.*, taigh-aistigheachd *masc.*

playing *n.* cluich(e) *masc.*, mireadh *masc.*, beadradh *masc.*, cluicheadh *masc.*

playing field *n.* raon-cluiche *masc.*, pàirc-cluiche *fem.*

playing for time *n.* seamsan *masc.*

playing-card *n.* cairt-chluiche *fem.*

playleader *n.* stiùiriche-cluiche *masc.*, ceann-cròileig *masc.*

playmate *n.* caraid cluiche *masc.*, co-shùgraiche *masc.*

playscheme *n.* sgeama-cluiche *masc.*

plaything *n.* àilleagan *masc.*

playwright *n.* sgrìobhaiche dràma *masc.*, dràmadaiche *masc.*

plc *abbrev.* cpe

plea *n.* tagradh *masc.*, tagairt *fem.*

plead *vb.* tagair, agair, pleideir

pleader *n.* neach-tagraidh *masc.*, tagaireach *masc.*, tagarair *masc.*, tagartair *masc.*

pleading *n.* tagairt *fem.*, procadaireachd *fem.*, tagartas *masc.*

pleading *adj.* tagrach

pleasant *adj.* taitneach, geanail, tlachdmhor, càilear, greanmhor, mìn, saimh, sàmhach, seiseil, sìgeanta, socair, soinneannach, soinneanta, sùgach, suilbhir, toigh

please *vb.* taitinn, toilich, riaraich, togair

pleased *adj.* toilichte, riaraichte, sithichte, sìthte

pleasing *n.* taitneadh *masc.*

pleasurable *adj.* tlachdmhor, seiseach

pleasure *n.* tlachd *fem.*, toil-inntinn *fem.*, taitneas *masc.*, toileachas *masc.*, riar *masc.*, rosgal *masc.*, ruithean *masc.*, sàimh *fem.*, seiseachd *fem.*, sògh *masc.*, soighneas *masc.*, subhachas *masc.*, togar *masc.*, toil *fem.*, toileachadh *masc.*

pleasure-boat *n.* bàta-tlachd *masc.*

pleasure-ground *n.* cluainean *masc.*

pleat *n.* pleat *fem.*

pleat *vb.* figh, cuaichnich, pleat, cuach

pleated *adj.* pleatach, cuaicheanach, caiste, cuachach

plebeian *n.* làbanach *masc.*, poibleach *masc.*, tuathlan *masc.*

plebeian *adj.* den t-sluagh, cumanta, làbanta, poibleach

pledge *n.* geall *masc.*, barantas *masc.*, geall-barantais *masc.*, airleis *fem.*, geall-daighnich *masc.*, gealltanas *masc.*, nasg *masc.*

pledge *vb.* geall, thoir barantas, eàrrlaisich, naisg, tiomain

pledged *adj.* an geall

pledging *n.* gealladh *masc.*, nasgadh *masc.*, tiomnadh *masc.*

pleiades *n.* grioglachan, an *masc.*, an t-seachd-reultach *fem.*, grigirean, an *masc.*, na seachd reultan *pl.*, seachdarran *masc.*, seachdran *masc.*

plenary indulgence *n.* làn-laghadh *masc.*

plenipotence *n.* làn-chumhachd *masc.*

plenipotent *adj.* làn-chumhachdach

plenipotentiary *n.* làn-ùghdarach *masc.*, rìgh-theachdaire *masc.*, riochdair(e) *masc.*

plenteous *adj.* pailteasach

plentiful *adj.* pailt, saoibhir, tàcarach

plenty *n.* pailteas *masc.*, saoibhreas *masc.*, stòras *masc.*, iolar *masc.*, tacar *masc.*

plenty *adj.* gu leò(i)r

plesiosaur *n.* plesiosor *masc.*

pleura *n.* sgannan-sgamhain *masc.*

pleurisy *n.* greim mòr, an *masc.*, greim, an *masc.*, greim-fala *masc.*, greim-flùrais *masc.*, greim-fola *masc.*, treaghaid, an *fem.*

pleurodynia *n.* cuingeach-clèibh *masc.*, glacaichean-clèibh *masc.*

pliable *adj.* sùbailte, soirbh, leam-leat, stamhnaidh

pliancy *n.* sùbailteachd *fem.*, furasdachd *fem.*

pliant *adj.* sùbailte, lùbach, slatach, slatail, slatairta, slatanta, so-bhogachaidh, soirbh

pliers *n.* greimire *masc.*

plod *vb.* saothraich, coisich gu trom

plodding *n.* saothrachadh *masc.*, driangan *masc.*

plot *vb.* dèan foill, meòmhraich

plot (piece of ground) *n.* goirtean *masc.*, gàradh lusan *masc.*, spot *masc.*, ceapach *masc.*, plaide *fem.*, pliad *masc.*

plot (scheme) *n.* innleachd *fem.*, cuilbheart *fem.*, guim *masc.*

plot (story/scheme) *n.* dreachd *fem.*, gnìomhadh *masc.*

plough *n.* crann *masc.*, crann-treabhaidh *masc.*, crann-àraidh *masc.*, crann-arain *masc.*, crann-arair *masc.*, crann-nan-gad *masc.*, crann-ruslaidh *masc.*

plough *vb.* treabh, àr, foidich

Plough, the *pr.n.* An Crann, Ceata-cam, an, Crann Arain, Crann Arbhair

plough-irons *n.* iarannach seisearaich *masc.*

plough-staff *n.* spadal *masc.*, spaideal *masc.*

plough-stilt *n.* spàg *fem.*

plough-team *n.* seisreach *fem.*

ploughboy *n.* foidear *masc.*

ploughed *adj.* dearg, air a threabhadh

ploughing *n.* treabhadh *masc.*, crannaireachd *fem.*, crannarachd *fem.*

ploughland *n.* talamh-treabhaidh *masc.*, seisreach-fearainn *fem.*

ploughman *n.* treabhaiche *masc.*, airean *masc.*, aoireannach-cruinn *masc.*, àradair *masc.*, sgalag *fem.*

ploughshare *n.* soc *masc.*

ploughwright *n.* crann-shaor *masc.*

plover *n.* feadag *fem.*, eanag *fem.*, gille-feadaig *masc.*, peatag *fem.*, pilibean *masc.*

ploy *n.* plòigh *fem.*

pluck *n.* smioralas *masc.*, sgobadh *masc.*, smot *masc.*, smotan *masc.*, spioladh *masc.*, strangadh *masc.*

pluck *vb.* spìon, spiol, buain, peall, roghainn, sgob

plucker *n.* spiolachan *masc.*, spioladair *masc.*

plucking *n.* spìonadh *masc.*, strangadh *masc.*

plucking *adj.* spiolach

plucky *adj.* smiorail, misneachail, stàirneil, strangach

plug *n.* cnag *fem.*, plucan *masc.*, tùc *masc.*, àsag *fem.*, stoipeal *masc.*

plug *vb.* dùin, plucaich

plug-hole *n.* toll-cnaig *masc.*, tollan-tùc *masc.*, toll-plucan *masc.*, abhsag *fem.*, fàsag *fem.*, pùc-tholl *masc.*, tolladh-fàsair *masc.*, toll-prìne *masc.*, toll-sìolaidh *masc.*, tùc *masc.*

plum *n.* plumas *masc.*, plumbais *fem.*

plumage *n.* iteach *masc.*, clòimh *fem.*, eiteag *fem.*

plumb *vb.* feuch doimhneachd

plumb-line *n.* aiteag *fem.*, inghar *masc.*, sreang-riaghailt *fem.*

plumber *n.* plumair *masc.*, ceard-luaidh *masc.*

plume *n.* ite *fem.*, iteag *fem.*, dos *masc.*

plumed *adj.* iteach, seocach

pluming *n.* clùmhadh *masc.*

plummet *n.* luaidhe *fem.*, luaidh-shreang *fem.*, pluma *masc.*, plumaid *fem.*, plumba *masc.*, sreang-riaghailt *fem.*

plummet *vb.* tuit gu grad

plump *adj.* reamhar, sultmhor, tiugh, lìonta, moigeanach, sotsach

plump (fall of rain) *n.* bailc *fem.*, baltag *fem.*, plobht *masc.*

plumper *n.* ploiceag *fem.*

plumpness *n.* reamhrachd *masc.*, sult *masc.*

plumy *adj.* dosach, dosrach

plunder *n.* creach *fem.*, cobhartach *masc.*, reubaireachd *fem.*, iomairg *fem.*, sguich *fem.*, slad *masc.*, sladachd *fem.*, spùill *fem.*, spùinn *fem.*, tàin *fem.*

plunder *vb.* creach, spùinn, lom, plundrainn, srac

plundered *adj.* creachte, slaidte

plunderer *n.* creachadair *masc.*, spùinneadair *masc.*, piochdach *masc.*, sladaiche *masc.*, slaidear *masc.*, spùilleadair *masc.*

plunderers *n.* luchd nan creach *masc.*

plundering *n.* spùinneadaireachd *fem.*, reubainn *fem.*, spùilleadaireachd *fem.*, dilgheann *masc.*, iomairg *fem.*, ionradh *masc.*, lomadh *masc.*, raoimeadh *masc.*, sladaireachd *fem.*

plundering *adj.* spùinneach, reubainneach, spùilleach, raoimeach

plunge *n.* tumadh *masc.*, plumadh *masc.*, plumb *masc.*

plunge *vb.* tum, sàth, plum, plumb

plunging *n.* tumadh *masc.*, plubraich *fem.*

pluperfect *adj.* ro-làn

plural *n.* iolra *masc.*

plural *adj.* iomarra, iolair, iomadh

plurality *n.* iomadaidheachd *fem.*, iomadalachd *fem.*

plus-account *n.* cunntas-corra *masc.*

plus-fours *n.* briogais-pòca *fem.*

ply *vb.* saothraich, sgiathalaich, cum ri

ply (fold) *n.* filleadh *masc.*, calpa *masc.*, cas *fem.*, dual *masc.*, stamhnadh *masc.*

pneumatic *adj.* àileadhach, gaothach *masc.*

pneumatic tyre *n*. balg-bhonn *masc*.

pneumatic tyre tube *n*. balg *masc*.

pneumatics *n*. àileolas *masc*.

pneumonia *n*. greim, an *masc*., fiabhras-clèibhe, am *masc*., galar-clèibh *masc*., greim mòr, an *masc*.

poach (food) *vb*. slaop

poacher *n*. poitsear *masc*., frìth-ghadaiche *masc*., frìth-mhèirleach *masc*.

poachiness *n*. dùngachd *fem*.

pochard *n*. lach *fem*., lach dhearg-cheannach *fem*., lach mhàsach *fem*., lach-bhlàr *fem*., tunnag dhearg-cheannach *fem*.

pock *n*. blàth na brice *masc*.

pock-pudding *n*. putagan *masc*.

pocket *n*. pòcaid *fem*., pòca *masc*., pùidse *fem*., spuis *fem*., tagan *masc*.

pocket *vb*. pòcaidich, pòcaich

pocket-book *n*. leabhar-pòca *masc*.

pocket-handkerchief *n*. nèapraig *fem*., seileadach *masc*.

pocket-hole *n*. spaidhir *fem*.

pocket-knife *n*. sgian-phòca *fem*., sgian bheag *fem*., sgian-achlais *fem*., sgian-lùdhainn *fem*.

pockmarked *adj*. brocach, frògach, peighinneach

pod (legume) *n*. plaosg *masc*., crotal *masc*., maingeag *fem*., mealgag *fem*., meiligeag *fem*., spàlag *fem*., spàlan *masc*.

podded *adj*. plaosgach, spàlagach

podex *n*. ceòs *masc*., noig *fem*.

poem *n*. dàn *masc*., duan *masc*., òran *masc*.

poet *n*. bàrd *masc*., filidh *masc*., ranntair *masc*.

poet laureate *n*. bàrd-cùirte *masc*., barrabhàrd *masc*., prìomh-bhàrd *masc*.

poetaster *n*. bàrdan *masc*., sgonna-bhàrd *masc*.

poetess *n*. bana-bhàrd *fem*.

poetic *adj*. bàrdail

poetical *adj*. dànach

poetry *n*. bàrdachd *fem*., filidheachd *fem*.

poignancy *n*. tiamhaidheachd *fem*.

poignant *adj*. tiamhaidh, geur

poiner *n*. paoinear *masc*.

point *n*. puing *fem*., bàrr *masc*., ceann *masc*., beur *masc*., brìgh *fem*., punc *masc*., soc *masc*., rinn *fem*.

point *vb*. puncaich, soc

point (at) *vb*. tomh (ri)

point (headland) *n*. rubha *masc*.

point (mark) *n*. punc *masc*.

point of hip *n*. oir a' chruachainn *masc*.

point of intersection *n*. ionad-trasnaidh *masc*.

point of sale *n*. ionad-reic *masc*.

point of sales terminal *n*. ceann-obrach aig am-reic *masc*.

point out *vb*. comharraich, seòl

point-lace *n*. painte *fem*.

pointed *adj*. biorach, beannach, rinneach, roibneach, socach

pointer (dog) *n*. cù-eunaidh *masc*., tomhaire *masc*.

pointing out *n*. sònrachadh *masc*.

poise *n* cothrom *masc*.

poise *vb*. cothromaich, cudthromaich

poison *n*. puinnsean *masc*., nimh *masc*.

poison *vb*. puinseanaich, nimhich

poisonous *adj*. puinnseanta, nimheil, pòr-neimhneach

poisonousness *n*. puinnseantas *masc*.

poitrel *n*. beairt-uchd *fem*.

poke *vb*. brodaich, rùraich, biortaich, birtich, bruid, pirteanaich, purr

poker *n*. pòcair *masc*., brod-griasaich *masc*., brod-teine *masc*., greidlean *masc*.

poking n. brodadh *masc.*, fùcaireachd *fem.*, splaoirsinneachd *fem.*

polar bear n. mathan bàn *masc.*

pole n. cabar *masc.*, pòla *masc.*, cuaille *masc.*, lorg *fem.*, pòil *masc.*, stic *fem./masc.*

pole (end of axis) n. mul *masc.*, mul-cheann *masc.*, mulghart *masc.*

pole (measure of length/area) n. poll *masc.*

Pole Star n. reul-iùil *fem.*

polecat n. taghan *masc.*, cullach *masc.*, feòcallan *masc.*

police n. poileas *masc.*

police-car n. car-poilis *masc.*

police-station n. stèisean-poilis *masc.*

policeman n. poileas(man) *masc.*, maor-sìth *masc.*, bioran-sìth *masc.*, fear phutanan geala *masc.*, sìth-mhaor *masc.*

policy n. poileasaidh *masc.*, steòrnadh *masc.*, rùn *masc.*, rùnachd *fem.*, sluagh-rùn *masc.*

policy and resources n. poileasaidh stòras *masc.*

Policy and Resources Committee *pr.n.* Comataidh Poileasaidh is Stòrais

policy document n. pàipear-poileasaidh *masc.*

policy formation n. dealbhachadh-poileasaidh *masc.*

policy in practice n. poileasaidh gnìomh *masc.*

policy planning n. dealbhadh-poileasaidh *masc.*

polish n. lìomh *fem.*, lìomhadh *masc.*, snas *masc.*, caoin *fem.*, lìomhachd *fem.*, sgean *masc.*

polish *vb.* lìomh, lìomhaich

polish (gloss) n. gleansa *masc.*, caoin *fem.*

polished *adj.* gleusda, lìomharra, lìomhaidh

polisher n. lìomhadair *masc.*, lìomhaichear *masc.*

polishing n. lìomhadh *masc.*, snasachadh *masc.*, ribigeadh *masc.*

polite *adj.* modhail, oileanta, ceanalta, cùirteasach, cùirteil, iùlmhor, oileanach, poiblidh, suairc, sùthar

politic *adj.* glic, sìth-ghlic

political *adj.* poileataiceach, sluagh-iùlach

political asylum n. tearmann poileataiceach *masc.*

politician n. neach-poileataics *fem.*

politics n. poileataics *fem.*

poll n. bhòtadh *masc.*, ainm-chlàr *masc.*, co-àireamh *masc.*, ceann *masc.*

poll-card n. cairt-taghaidh *fem.*, cairt na co-àireamhachd *fem.*

poll-tax n. cìs-choimhearsnachd *fem.*, airgead-cinn *masc.*, cìs-chàin *fem.*, cìs-chinn *fem.*

pollack n. liùbh(a) *fem.*, liùgh *fem.*, pollag *fem.*, pullag *fem.*, pulbhag *fem.*, tulag *fem.*

pollan n. pollag *fem.*

polled *adj.* maol

pollen n. poilean *masc.*

pollinate *vb.* poileanaich

polling n. co-àireamhachd *fem.*, taghadh *masc.*

polling (data communications) n. ceasnachd *fem.*

polling-booth n. bùth-bhòtaidh *fem./masc.*, ionad-taghaidh *masc.*

polling-station n. ionad-bhòtaidh *masc.*

pollute *vb.* truaill, salaich, sorbaich, truaillich

polluted *adj.* truaillte, salach, neo-ghlan, sorbach

polluting n. truailleadh *masc.*

pollution n. truailleadh *masc.*, neo-ghlaine *fem.*, truailleachadh *masc.*, truailleachd *fem.*

poltergeist *n.* bòcan ùpraideach *masc.*

poltroon *n.* ùmaidh *masc.*, sgagair(e) *masc.*, cladhaire *masc.*, coilleanach *masc.*, sèapair *masc.*

polyanthus *n.* sòbhrag-gheamhraidh *fem.*

polygamy *n.* ioma-phòsadh *masc.*, iol-phòsadh *masc.*, iomnuachadh *masc.*

polygenetic *adj.* iomabhunach

polyglot *adj.* ioma-chainnteach, ioma-theangach, iol-chainnteach, iol-ghuthach

polyglottal *adj.* teangach

polygon *n.* ioma-cheàrnag *fem.*, iol-cheàrnach *masc.*, iol-shlisneach *masc.*

polygonous *n.* iom-oisinneach *fem.*

polymathy *n.* iom-oilean *masc.*

polynucleotide *n.* ioma-niùclataid *fem.*

polyonymous *adj.* iom-ainmeach

polyphony *n.* iolsheirm *fem.*

polypody *n.* ceis-chrainn *fem.*, clach-raineach *masc.*, meurlag *fem.*, rèidh-raineach *fem.*, sgeamh nan clach *fem.*

polyporus *n.* spong *masc.*, spuing *fem.*

polypous *adj.* ioma-chasach

polyribosome *n.* iomariobosom *masc.*

polysiphonia lanosa *n.* fraoch-mara *masc.*

polysterene *n.* polaidhstaidhrin *masc.*

polystyrene work *n.* obair-pholastaidhrein *fem.*

polysyllabic *adj.* ioma-lideach, ioma-shiollach

polysyllable *n.* ioma-lideadh *masc.*, iom-shiolladh *masc.*, iol-shioladh *masc.*

pomarine *n.* fasgadair donn *masc.*

pomegranate *n.* gràn-ubhal *masc.*

pommel *n.* cuairt *fem.*

pommel *vb.* làd

pomp *n.* greadhnachas *masc.*, mòrchuis *fem.*, blòmas *masc.*, foirm *masc.*, lòiseam *masc.*, mùirn *fem.*, ròiseal *masc.*, uchdardachd *fem.*

pompion *n.* peapag *fem.*

pomposity *n.* mòrchuis *fem.*, ròisealachd *fem.*

pompous *adj.* mòrchùiseach, mòrail, ròisealach, mìleanta, mòrach, mùirneach, tairpeach

pompousness *n.* stàidealachd *fem.*, mòrchùis *fem.*

pond *n.* lochan *masc.*, lòn *masc.*, poll *masc.*, slob *masc.*

pond-lily *n.* baban *masc.*

ponder *vb.* cnuasaich, meòmhraich, smaoinich

ponderous *adj.* trom, luchdach

pondweed *n.* duilleag-bhàite *fem.*, ratagach *fem./masc.*

pondweed species *n.* duileasg na h-aibhne *masc.*, linne-lus *masc.*

poniard *vb.* biodagaich

pontiff *n.* àrd-shagart *masc.*, am Pàpa *masc.*

pontific *adj.* àrd-shagartach

pontifical *adj.* pàpach

pony *n.* pònaidh *masc.*, siristeach *masc.*

pony club *n.* buidheann phònaidh *fem./masc.*

Pony Trekking Centre *pr.n.* Ionad Ceumadh Phònaidh

poodle *n.* molach *masc.*

pool *n.* linne *fem.*, glumag *fem.*, dubaidh *masc.*, glùta *masc.*, lìth *fem.*, lochan *masc.*, lodan *masc.*, lodan *masc.*, ludan *masc.*, plod *masc.*, poll *masc.*, pollag *fem.*, stang *masc.*

pool (resources) *n.* co-acfhainn *fem.*, co-mhaoin *masc.*

pool resources *vb.* cuir acfhainn còmhla, cuir maoin an comaidh

poop (after part of ship) *n.* tileadh *masc.*

poor *adj.* bochd, truagh, ainnis, aimbeartach, airceach, daib, neo-chuideach, uireasbhuidheach

poor, the *n.* bochd, am *masc.*, na bochdaibh *masc.*

poorhouse *n.* taigh nam bochd *masc.*

pop-group *n.* còmhlan pop *masc.*, sgioba-seinn

pop-gun *n.* gunna-sgailc *masc.*

popcorn *n.* gràn ròsta *masc.*

pope *n.* pàpa *masc.*

Pope, the *pr.n.* am Pàpa, Easbaig na Ròimhe

popedom *n.* pàpachd *fem.*, pàpanachas *masc.*, pàpanachd *masc.*

popish *adj.* pàpanach

poplar *n.* pobhlar *masc.*, pobhuill *masc.*

poppy *n.* ceann choilich dheirg *masc.*, mealbhag *fem.*, paipin *masc.*, pollan buidhe *masc.*

poppy species *n.* crom-lus *masc.*

populace *n.* sluagh *masc.*, poibleach *masc.*

popular *adj.* mòr-thaitneach, mòr-chòrdte, poibleach

popularity *n.* sluagh-thaitneachd *fem.*, poibleachas *masc.*, sluagh-ghabhaltachd *fem.*, sluagh-ioghnadh *masc.*

population *n.* sluagh *fem.*, muinntir *fem.*

population pattern *n.* pàtran-sluaigh *masc.*

populous *adj.* sluaghmhor, sluaghach, sliochdmhor, poballach, sliochdach

porcelain *n.* pòrsalain *masc.*, obair-chrèadha *fem.*

porch *n.* poirds *fem./masc.*, sgàil-thaigh *masc.*, àilear *masc.*, fosglan *masc.*, iomdhoras *masc.*, orair *masc.*, sgàth-thaigh *masc.*, udabac *masc.*

porcupine *n.* gràineas *masc.*

pore *n.* pòr *masc.*, pòir *masc.*, sùileag *fem.*, tiuchag *fem.*, tiuchan *masc.*, tucha *fem./masc.*

pork *n.* muic-fheòil *fem.*, feòil-muice *fem.*, pòrc *masc.*

porker *n.* torcan *masc.*

porky *adj.* pòrcanta

porn shop *n.* bùth-dhrabasdachd *fem./masc.*

pornography *n.* drabasdachd *fem.*, drùiseantachd *fem.*

porous *adj.* pòrach, còsach, faslaichte, cìob, pollach, pòrasach, tolltach

porousness *n.* pòrachd *fem.*, faslachd *fem.*

porphyry *n.* porfaor *masc.*

porpoise *n.* pèileag *fem.*, cana *masc.*, canach *masc.*, iasg-mara *masc.*, muc-bhiorach *fem.*, muc-steallain *fem.*, peallach *masc.*, poircean *masc.*, puthag *fem.*

porraceous *adj.* uaineachail

porridge *n.* lite *fem.*, brochan *masc.*

porringer *n.* cluaisean *masc.*, copan *masc.*

port (fortified wine) *n.* fìon-poirt *masc.*, fìon Phort nan Gall *masc.*

port (harbour) *n.* port *masc.*, cala(dh) *masc.*, acarsaid *fem.*

port (larboard) *n.* bòrd-cùlaibh *masc.*, taobh clì *masc.*, taobh leis *masc.*

port (town with harbour) *n.* baile-puirt *masc.*

portability *n.* so-ghiùlainteachd *fem.*, sgiobaltachd *fem.*

portable *adj.* so-ghiùlain, sgiobalta, so-iomchair, sguabanta

portableness *n.* so-ghiùlainteachd *fem.*

portal circulation *n.* cuairt-innidh *fem.*

portcullis *n.* drochaid-thogalaich *fem.*, eirc-chòmhla *masc.*

portent *n.* comharradh *masc.*, suaicheantas *masc.*, tuar *masc.*

portentation *n.* taragradh *masc.*

portentous *adj.* tuarach, taragrach

porter *n.* dorsair *masc.*, portair *masc.*, osanaiche *masc.*

porter (one who carries burdens for hire) *n.* portair *masc.*, gille-giùlain *masc.*, malcair *masc.*

porterage *n.* portaireachd *fem.*

portfolio *n.* màileid *fem.*, glèidhtean-dhuillean *masc.*

portion *n.* earrann *fem.*, roinn *fem.*, pàirt *masc.*, bloigheach *fem.*, codach *fem.*, cuibhreann *masc.*, cuid-roinne *fem.*, pìos *masc.*, rann-phàirt *fem.*, samhdadh *masc.*, sgiathan *masc.*

portionable *adj.* pàirteachail, rann-phàirteachail

portioner *n.* riarachair *masc.*

portliness *n.* stàidealachd *fem.*, tiughad *masc.*

portly *adj.* tiugh, stàideil, foghainteach, seocail, stàiteal

portmanteau *n.* màileid-turais *fem.*, mailios *fem.*

portrait *n.* dealbh *masc.*

portray *vb.* riochdaich

posh *adj.* spaideil

position *n.* suidheachadh *masc.*, ionad *masc.*, inbhe *fem.*, ìre *fem.*

position-fixing *n.* comharrachadh-àite *masc.*, lorg-àite *masc.*, togail *fem.*

positive *adj.* deimhinn(e), cinnteach, dìreach, dearbh, dearbhach, deimhinneach, deimhneach

positive *n.* dearbhachd *fem.*

posnet *n.* tulan *masc.*

possess *vb.* sealbhaich

possessing *n.* sealbhachadh *masc.*, sealbhadh *masc.*, mealtainn *masc.*

possession *n.* seilbh *fem.*, sealbhachadh *masc.*, sealbh *masc.*, sealbhadaireachd *fem.*

possessions *n.* seilbh *fem.*

possessive *adj.* seilbheach, seilbheachail, sealbhach

possessive adjective *n.* buadhair seilbheach *masc.*

possessive pronoun *n.* riochdair seilbheach *masc.*

possessor *n.* sealbhadair *masc.*

posset *n.* barrag *fem.*, posaid *fem.*

posset *vb.* posaidich

possibility *n.* dualachd *fem.*, comasachd *masc.*, so-dhèantachd *fem.*

possible *adj.* comasach, so-dhèanta

post *n.* post *masc.*, stoc *masc.*, bìgh *fem.*, cleith *fem./masc.*, saidh *fem.*, seaghlan *masc.*

post (employment) *n.* dreuchd *fem.*, àite *masc.*, oifig *fem.*

post (public letter-carrier) *n.* posta *masc.*, sonn-mharcach *masc.*

Post Office *pr.n.* Oifis a' Phuist

Post Office Engineering Union *pr.n.* Aonadh Innleadaireachd Oifis a' Phuist

Post Office Users Council *pr.n.* Comhairle Luchd-cleachdaidh Oifis a' Phuist

post-aspiration *n.* iar-analachadh *masc.*

post-dipping lameness *n.* crùbaiche-tumaidh *masc.*

post-graduate *adj.* for-cheum

post-graduate *n.* for-cheumnaiche *masc.*

post-office *n.* oifis-puist *fem.*

postage *n.* postachd *fem.*, postadh *masc.*

postcard *n.* cairt-phostachd *fem.*, cairt-phuist *fem.*

poster *n.* postair *masc.*, clàr *masc.*

poster (person) *n.* ruithiche *masc.*

posterior *adj.* deireannach

posteriors *n.* nad *masc.*

posterity *n.* na linntean ri teachd

postilion *n.* gille-greasaidh *masc.*

postman *n.* posta *masc.*, post *masc.*

postmaster *n.* ceann-postachd *masc.*

Postmaster General *pr.n.* Ceannard na Postachd

postpone *vb.* cuir dàil ann, cuir dhe, leig seachad

postscript *n.* fo-sgrìobhadh *masc.*, eàrr-sgrìobhadh *masc.*

posture *n.* suidheachadh *masc.*, staid *fem.*

posy *n.* paidrean *masc.*

pot *n.* poit *fem.*, prais *fem.*, soitheach-teine *fem.*

pot-bellied *adj.* bronnach, maodlach

pot-belly *n.* bronnach *fem.*

pot-companion *n.* co-phòitear *masc.*, co-òlair *masc.*

pot-hanger *n.* slabhraidh *fem.*, cròcag *fem.*

pot-herb *n.* poit-luibh *fem.*

pot-hook *n.* bùghall *masc.*, bùlas *masc.*, bùthal *masc.*, drola-bùlais *masc.*, drol(l)a *masc.*, poit-chamag *fem.*, crochan *masc.*

pot-lid *n.* brod *masc.*, failcean *masc.*, failceann *masc.*, tùchan *masc.*

pot-metal *n.* prais *fem.*

pot-stick *n.* maide-poite *masc.*, maide-stiùiridh *masc.*, sleaghag *fem.*

potato *n.* buntàta *masc.*

potato crisp *n.* brisgean *masc.*, criosp *masc.*

potato-blight *n.* gaiseadh *masc.*, galar a' bhuntàta *masc.*, cnàmh *masc.*

potato-cellar *n.* catag *fem.*

potato-field *n.* clàr-buntata *masc.*, dail-bhuntàta *fem.*

potato-masher *n.* slacan *masc.*, plocan *masc.*, ploc *masc.*, simid *masc.*

potato-pit *n.* sloc-buntàta *masc.*, bùthag *fem.*, dais *fem.*, pollag *fem.*

potato-set *n.* sgoiltean *masc.*

potato-skin *n.* rùsg *masc.*, plaosg-buntàta *masc.*

potato-sprout *n.* ùr-fhàs *masc.*

potch *vb.* fuinnsich

poteen *n.* poitean *masc.*

potent *adj.* cumhachdach, làidir, comasach

potential *n.* cumhachd *fem.*, comas *masc.*, comasachd *fem.*

potential *adj.* comasach

potential demand *n.* cumadh-iarrtais *masc.*

potential market *n.* margadh so-bhuannaichte *masc.*

potential mood *n.* modh comasach *masc.*

potentil *n.* leamhnach *fem.*

pother *n.* grìobhag *fem.*

potion *n.* deoch-leighis *masc.*, deoch-eiridinn *fem.*

potlid *n.* failcean *masc.*, failcin *masc.*

potsherd *n.* slige-chrèadha *fem.*, spreadhan *masc.*

pottage *n.* praiseach *fem.*, cràibeachan *masc.*, praisg *fem.*

potter *n.* crèadhadair *masc.*, poitear *masc.*, crè-chumadair *masc.*, criadhadair *masc.*, pigeadair *masc.*

pottering *n.* driongan *masc.*, pollaireachd *fem.*

pottery *n.* crèadhadaireachd *fem.*, obair-chreadha *fem.*, criadhadaireachd *fem.*

pottle *n.* boiteal *masc.*, boitean *masc.*, poiteal *masc.*

pouch *n.* pòcaid *fem.*, puidse *masc.*

pouch-mouthed *adj.* meilleach, meille-chraosach

poultice *n.* fuarlite *fem.*, plàsd *masc.*, ceirean *masc.*, trait *fem.*, troidht *fem.*

pounce *v.* leum

pounced (furnished with claws) *adj.* iongnach

pound *vb.* pronn, brùth, mìn-phronn, mìn-bhrùth, bruan, criomagaich, leadraig, ludraig, mìn-bhris, ploc, prann, sgabaistich

pound (enclose/confine) *vb.* punnd

pound sterling *n.* punnd Sasannach *masc.*, nota *masc.*

pounded *adj.* pronn, prann, bruanach, sgabaisteach, sgabaistichte

pounder *n.* punndair *masc.*, brùthadair *masc.*

pounding *n.* sgabaisteachadh *masc.*

pounding *adj.* dongail

pour *vb.* dòirt, taom, sgàrd, spùt, sruth, steall, taosg, tonn, traogh

poured *adj.* dòirte, air a dhòirteadh

pourer *n.* dòirteach *masc.*

pouring *n.* dòirteadh *masc.*, taomadh *masc.*, taosgadh *masc.*

pouting *adj.* busach

poverty *n.* bochdainn *fem.*, ainniseachd *fem.*, aimbeartas *masc.*, aimbeart *fem.*, airc *fem.*, airceas *masc.*, amairt *fem.*, amairt *fem.*, daibhreas *masc.*, eirbhe *fem.*, luime *fem.*, neo-chuid *fem.*

powan *n.* pollag *fem.*, sgadan Loch Laomainn *masc.*

powder *n.* fùdar *masc.*

powdered *adj.* fùdarach

power *n.* cumhachd *masc.*, comas *masc.*, neart *masc.*, ùghdarras *masc.*, lùths *masc.*, reachd *masc.*, sgoinn *fem.*, smior *masc.*, spionnadh *masc.*, trèine *fem.*, treòir *fem.*, treuntas *masc.*

power of appointment *n.* comas-suidheachaidh *masc.*

power of attorney *n.* comas-fear-ionaid *masc.*

power-point *n.* bun-dealain *masc.*

powerful *adj.* cumhachdach, comasach, treun, cuidreach, neartmhor, reachdach, spionnar, spracach, spracail, spraiceil

practicability *n.* so-dhèantachd *fem.*

practicable *adj.* so-dhèanta, ion-dhèanta, dèantach, iasalach

practical *adj.* dèantach, a ghabhas dèanamh, dèantanach, seaghach

practical joker *n.* gineil *masc.*, poitear *masc.*, ràbhag *fem.*, spriolag *fem.*

practice *n.* cleachdadh *masc.*, àbhaist *fem.*, dòigh *fem.*, gnàths *masc.*, cleachd *fem.*, cleachdainn *fem.*

practise *vb.* cleachd, cuir an cleachdadh, gnàthaich

practitioner *n.* gnàthaichear *masc.*, cleachdaiche *masc.*, leighiche *masc.*

pragmaticalness *n.* rudanachd *fem.*

praise *n.* moladh *masc.*, cliù *masc.*, luaidh *masc.*

praise *vb.* mol, cliùthaich, cuir suas air, àrd-mhol, dèan luaidh air, luaidh

praiseworthy *adj.* ionmholta, ion-mholaidh

praising *n.* moladh *masc.*

pram *n.* pram *masc.*, carbad-cloinne *masc.*

prance *n.* buiceil *fem.*, sìth-fhad *masc.*

prance *vb.* leum, àrd-cheumnaich, ceumnaich

prancing *n.* sùrdagadh *masc.*

prancing *adj.* sùrdagach, beic-leumnach, sìth-fhad

prank *n.* cleas *masc.*, amhailt *fem.*, clìc *fem.*, cleid *fem.*, cuireid *fem.*, prat *masc.*

prate *vb.* sgoilmrich, sgonn-labhair

prater *n.* sgonn-labhraiche *masc.*, cainnt mhòr *fem.*

prating *n.* goileam *masc.*, sgonn-labhairt *fem.*, sgistearachd *fem.*, sgoilmrich *fem.*

prating *adj.* sgeilmearra, sgeilmeil, sgonnasach

prattle *n.* goileam *masc.*, cabadaich *fem.*, gobaireachd *fem.*, geobadaich *fem.*, saobh-chainnt *fem.*, sgoileam *masc.*

prattler *n.* cabadair *fem.*, gobaire *fem.*, sgeilmire *masc.*

prattling *adj.* cabach *fem.*, sgoileamach, brìodail, reasach

prawn *n.* mùsgan caol *masc.*, boc-ròin *masc.*, carran *masc.*, carran beag *masc.*, carran-creige *masc.*, cloitheag *fem.*, giomach beag *masc.*, giomach-cuain *masc.*, muasgan caol *masc.*, pràn *masc.*

pray *vb.* dèan ùrnaigh, guidh, cuir suas athchuinge, ùrnuigh

prayer *n.* ùrnaigh *fem.*, guidhe *masc.*, impidh *fem.*, or *masc.*, òraid *fem.*

prayer-book *n.* leabhar-ùrnaigh *masc.*

prayer-meeting *n.* coinneamh-ùrnaigh *fem.*

prayer-time *n.* tràth *masc.*

pre-elect *vb.* ro-thagh

pre-election *n.* ro-thaghadh *masc.*

pre-eminence *n.* àrd-cheannas *masc.*, os-cheumachadh *masc.*, oireachas *masc.*

pre-eminent *adj.* sònraichte

pre-engage *vb.* ro-gheall

pre-engagement *n.* ro-ghealladh *masc.*, ro-ghealltainn *masc.*

pre-establishment *vb.* ro-shocrachadh

pre-existence *n.* ro-bhith *fem.*, ro-bheatha *masc.*

pre-instruct *vb.* ro-ionnsaich

Pre-service Council *pr.n.* Comhairle Ro-sheirbheis

preach *vb.* searmanaich

preacher *n.* searmanaiche *masc.*

preaching *n.* searmanachadh *masc.*, prèisgeadh *masc.*

preadvise *vb.* ro-chomhairlich

preamble *n.* ro-bhriathar *masc.*, ro-ràdh *masc.*

preaspiration *n.* ro-analachadh *masc.*

prebendary *n.* prìomhlaid *masc.*

precarious *adj.* cugallach, corrach, neo-chinnteach, neo-dhearbha, neo-dhiongmhalta

precaution *n.* ro-chùram *masc.*, earalas *masc.*, ro-shealltainn *masc.*

precaution *vb.* ro-fheuch

precede *vb.* rach ro, ro-imich, ro-chur

precedence *n.* ro-imeachd *fem.*, inbhe *fem.*, ro-cheum *masc.*, toiseach *masc.*, toiseachd *fem.*

precedent *n.* eisimpleir *masc.*, ro-imeachd *fem.*, tùsach *masc.*, tùs-imeachd *fem.*

precedent *adj.* tùs

preceding *n.* càramh *masc.*

precentor *n.* neach togail-fuinn *masc.*, neach togail-an-fhuinn *masc.*, seirmeadair *masc.*, clèireach *masc.*, salmair *masc.*

preceptor *n.* oide-foghlaim *masc.*, taoitear *masc.*, oide-muinte *masc.*, saoidh *masc.*

precincts *n.* àrainn *fem.*

precious *adj.* luachmhor, prìseil, uasal, luachach, miadhail, òrdha, rìomhach

precious stone *n.* seud *masc.*, clach uasal *fem.*, clach-lèig *fem.*, soigheam *masc.*

preciousness *n.* luachmhorachd *masc.*, prìsealachd *fem.*

precipice *n.* stac *masc.*, adhaill *fem.*, stùc *fem.*, bearradh *masc.*, foir-bhruach *fem.*

precipitancy *n.* caonntag *fem.*

precipitate *n.* ruaig *fem.*

precipitate *adj.* cabhagach, ruiseil

precipitate *vb.* ruaig, cabhagaich, cuir sìos, tilg sìos

precipitous *adj.* cas, corrach, mion-chorrach

precis *n.* geàrr-chunntas *masc.*

precise *adj.* pongail, mionaideach, cunntasach, cruinn, leacanta, puintealta

preclude *vb.* bac, dùin a-mach

preclusive *adj.* ro-bhacail

precocious *adj.* ro-abaich, luathaireach, dian-abaich, seanaachrionta, seanacheannach, seocail

precociousness *n.* ro-abaichead *masc.*, luathaireachd *fem.*

precocity *n.* dian-abachd *fem.*

precognition *n.* ro-fhiosrachadh *masc.*, ro-aithne *fem.*, ro-fhidreachadh *masc.*, ro-bheachdachadh *masc.*, ro-eòlas *masc.*

preconceive *vb.* ro-bheachdaich, ro-mheasraich

preconceiving *adj.* ro-bheachdach

preconception *n.* ro-bheachd *masc.*, ro-bharail *fem.*, ro-mheasrachadh *masc.*, ro-eòlas *masc.*

preconsider *vb.* ro-smaoinich

precontract *n.* ro-chùmhnant *masc.*

precontracted *adj.* ro-chùmhnantach

precursory *adj.* ro-ruitheach

predecease *n.* ro-bhàsaich *masc.*

predecease *vb.* ro-chaochail

predecessor *n.* ro-theachdaiche *masc.*, ro-theachdaire *masc.*

predestinate *vb.* ro-òrdaich

predestinated *adj.* ro-thaghta

predestination *n.* ro-òrdachadh *masc.*, ro-thaghadh *masc.*, crannchar *masc.*, for-chinnteachd *fem.*, for-òrdachadh *masc.*

predetermine *vb.* ro-rùnaich

predicament *n.* càs *masc.*, teinn *fem.*

predicate *n.* aisneis *fem.*, feart *masc.*

predicative *adj.* aisneiseach

predict *vb.* ro-innis, dèan fàidheadaireachd

predicter *n.* ro-innsear *masc.*

predicting *n.* manadaireachd *fem.*, fàidhearachd *fem.*

prediction *n.* ro-innse *masc.*, manadh *masc.*, targradh *masc.*

predictive *adj.* ro-aithriseach, ro-innseach

predigestion *n.* ro-mheirbheadh *masc.*

predispose *vb.* ro-uidheamaich, ro-aom

predisposition *n.* ro-uidheamachadh *masc.*, ro-ullachadh *masc.*, ro-aomadh *masc.*, ro-chàradh *masc.*

prefabricated *adj.* ro-chumte

preface *n.* ro-ràdh *masc.*, ro-bhriathar *masc.*

preface *vb.* ro-mhìnich

prefatory *adj.* ro-ràdhach, ro-bhriathrach

prefer *vb.* roghnaich

preferable *adj.* nas fheàrr, ion-roghnaichte, roghnach, so-roghnaidh

preference *n.* roghainn *masc.*

prefigurative *adj.* ro-shamhlachail

prefix *n.* ro-leasachan *masc.*

preform *n.* ro-dhealbh *masc.*

pregnancy *n.* leatrom *masc.*, leatromachd *fem.*, meud-bhroinn *fem.*, torraichead *masc.*, torraicheas *masc.*

pregnancy toxaemia *n.* torrachas iongarach, an *masc.*

pregnant *adj.* trom, leatromach, torrach, air turas, air an rathad

prehistoric *adj.* ro-eachdraidheil

preinstruct *vb.* ro-theagaisg

prejudgment *n.* ro-bhreith *fem.*

prejudice *n.* claon-bhàigh *fem.*, claon-bhreith *fem.*

prejudice *vb.* mioscuisich, claon-bharadich, mill

prejudicial *adj.* laobh, claon-bharaileach, millteach

prelacy *n.* prìomhlaideachd *fem.*

prelate *n.* prìomhlaid *masc.*

prelatical *adj.* prìomhlaideach

preliminary *adj.* tòiseachail

prelude *n.* ro-chùis *fem.*, ro-chluich *masc.*, inntreadh *masc.*, ceòl-inntridh *masc.*, tòsan *masc.*

prelude *vb.* ro-thaisbean

prelusive *adj.* ro-làimheach

premature *adj.* anabaich, ro-abaich, ro-thràthail, ron mhithich, asannach, forabaidh, moch-abaich, neo-abaich, neo-inbheach, neo-thìdeil, roimh-mhithich

prematurely *adv.* ro-thìdeil, roimh-a-chèile

prematurity *n.* neo-inbheachd *fem.*

premeditate *vb.* ro-thionnsgainn

premeditation *n.* ro-chnuasachadh *masc.*, ro-thionnsgnadh *masc.*

premier *n.* prìomhair *masc.*

premiere *n.* prìomh-thaisbeanadh *masc.*, tùs-thaisbeanadh *masc.*, tùs-fhoirlionadh *masc.*

premise *n.* togalach *masc.*

premise *vb.* ro-mhìnich, ro-stèidhich

premise (proposition) *n.* cinnseal *masc.*, tùs-abairt *fem.*

premises *n.* toglaichean *pl.*, aitreabh *masc.*

premium *n.* saor-dhuais *fem.*, tàille *fem.*, tàilleabh *masc.*, tuarasdal *masc.*

premonition *n.* ro-shealladh *masc.*, ro-fhiosrachadh *masc.*, ro-chunnail *fem.*, ro-chomhairleachadh *masc.*

premonitory *adj.* ro-chomhairleachail, ro-fhiosrachail

prenatal *adj.* ro-bhreith

prenominate *vb.* ro-ainmich

preoccupy *vb.* ro-oidhirpich

preparation *n.* ullachadh *masc.*, uidheamachadh *masc.*, innleadh *masc.*, spìd *masc.*

preparation (of food) *n.* deasachadh *masc.*, eàrlachadh *masc.*

prepare *vb.* ullaich, uidheamaich, deasaich, cuir air ghleus, cuir air lagh, cuir àird (air), cuir spìd air, cuir sùrd air, rèitich, trusalaich

prepared *adj.* ullaichte, uidheamaichte, deasaichte, rèidh, ullamh

preparing *n.* ullachadh *masc.*, uidheamachadh *masc.*, trusalachadh *masc.*, innealadh *masc.*, innleadh *masc.*

prepayment *n.* ro-phàigheadh *masc.*

preponderance *n.* mòrchuid *fem.*

preposition *n.* roimhear *masc.*, ro-bhriathar *masc.*

prepositional case *n.* tuiseal tabhartach *masc.*

prepositional pronoun *n.* ro-riochdair *masc.*

prepositional relative *n.* dàimh roimhearach *fem.*

prepossessor *n.* ro-shealbhadair *masc.*

preposterous *adj.* mì-reusanta, tuaisdeach

preposterousness *n.* mì-reusantachd *fem.*, blaomastaireachd *fem.*

prerequisite *n.* riatanas *masc.*, ro-ghoireas

presage *n.* manadh *masc.*

presage *vb.* ro thaisbein, taragaich

presbyter *n.* seanair *masc.*

presbyterian *n.* clèireach *masc.*, seanaireach *masc.*

presbyterian *adj.* clèireach, clèireil, seanaireach

presbyterianism *n.* clèireachd *fem.*, seanaireachd *fem.*

presbytery *n.* clèir *fem.*

preschool *adj.* ro-sgoile

prescient *adj.* ro-bheachdail

prescribe *vb.* òrdaich, cuir a-mach

prescribed *adj.* òrdaichte, comharraichte, reachdaichte

prescription *n.* òrdugh *masc.*, riaghailt *fem.*, òrdugh-cungaidh *masc.*, seòlan-leighis *masc.*

preselected *adj.* ro-thaghta

preselection *n.* ro-thaghadh *masc.*

presence *n.* làthaireachd *fem.*, làthair *fem.*

presence of mind *n.* smaoin *fem.*

presension *n.* ro-fhiosrachd *fem.*

present (gift) *n.* tiodhlac *masc.*, preasant *masc.*, tabhartas *masc.*, preusant *masc.*, sochar *fem.*

present *adj.* an làthair, làthaireach, làthaireil

present *vb.* nochd, taisbean, thoir seachad, bàirig, cuir air adhart airson, tiodhlaic, tog fonn

present (information) *vb.* cuir fa chomhair, foillsich

present (time) *n.* an t-am làthaireil *masc.*, an t-am seo *masc.*

present day *n.* là an-diugh, an *masc.*

present tense *n.* tràth làthaireach *masc.*, tràth làthaireil *masc.*

present time *adj.* an-dràsda

presentable *adj.* dreachmhor

presentation *n.* cumadh *masc.*, òrdachadh *masc.*

presentation (gift) *n.* tabhartas *masc.*

presentation (information) *n.* foillseachadh *masc.*

presentiment *n.* ro-bharail *fem.*, ro-bheachd *masc.*

presentment *n.* tabhairt *fem.*

preservable *adj.* so-ghleidhidh, so-choimheid

preservation *n.* sàbhaladh *masc.*, reasart *masc.*

preservative *n.* cungaidh-gleidhidh *fem.*

preserve *vb.* glèidh, sàbhail, cum, anacail

preserver *n.* sàbhailiche *masc.*

preserving *n.* teàrnadh *masc.*

preside *vb.* riaghail

presidency *n.* ceannas *masc.*, uachdaranachd *fem.*

president *n.* ceannard *masc.*, ceann-suidhe *masc.*, àrd-shuidhear *masc.*

presignification *n.* ro-chiallachadh *masc.*

presignify *vb.* ro-chiallaich, ro-shamhlaich

press *n.* inneal-fàsgaidh *masc.*, luchd-naidheachd *masc.*, teannachan *masc.*, cuilidh *fem.*, teanntan *masc.*

press *vb.* brùth, fàisg, dinn, cneasaich, cramb, cuir na c(h)abhaig, maidsich, sàth, sginichd, sonn

press conference *n.* coinneamh-naidheachd *fem.*

press down *vb.* stamh

press forward *vb.* stailc

press statement *n.* aithris-naidheachd *fem.*

press upon *vb.* laigh

press, as cloth *vb.* liosair

press-gang *n.* còmhlan-glacaireachd *masc.*, prasgan *masc.*

pressed *adj.* bruthte, dinnte

pressed for time *adj.* pradhainneach

pressed together *adj.* teannta

presser *n.* fàisgeadair *masc.*

pressing *n.* brùthadh *masc.*, dinneadh *masc.*, sginichd *fem.*, tabhach *masc.*, teannadh *masc.*

pressing *adj.* teanndach

pressing on *n.* lunnadh *masc.*

pressman *n.* liosadair *masc.*

pressure *n.* brùthadh *masc.*, cuideam *masc.*, teannachadh *masc.*, èiginn *fem.*

pressure of business *n.* trainge *fem.*

presume *vb.* gabh ort fhèin, roi-chreid, meas

presumption *n.* tòstal *masc.*, us *masc.*

presumption (conduct going beyond proper bounds) *n.* ladarnas *masc.*, dalmachd *masc.*, cridhe *masc.*

presumptuous *adj.* ladarna, dalma, neo-oileanach, tòstalach, uchdardach

pretence *n.* leisgeul *masc.*, leigeil air *masc.*, baoth-choltas *masc.*, mura-bhith *fem.*, sgàil *fem.*

pretend *vb.* leig air, thoir air chreid, gabh air

pretender *n.* breug-riochdaire *masc.*, clòcaire *masc.*, tagarach *masc.*

pretender (claimant) *n.* tagraiche *masc.*, agarach *masc.*

preterite *adj.* caithte

pretty *adj.* brèagha, bòidheach, rìomhach, beitir, lurach, meachair

prevail *vb.* buadhaich

prevail upon *vb.* thoir air

prevaricate *vb.* saobh

prevarication *n.* saobhadh *masc.*, breugnachadh *masc.*

prevaricating *adj.* leam leat

prevaricator *n.* siollaimeach *masc.*

prevent *vb.* caisg, bac, cuir as do, cuir èis air, sobhaidh, tachd

prevention *n.* bacadh *masc.*, casg *masc.*, stad-chur *masc.*

Prevention of Corruption Acts 1889-1916 *pr.n.* Achdan Bacadh Coirpteachd 1889-1916

Prevention of Terrorism Act *pr.n.* Achd Bacadh Ceannairceas, Achd Bacadh Fearas-fuathais

preventive *adj.* dìonadach

preventive medicine *n.* anacladh-slàinte *masc.*

previously *adj.* mar-tha, roimh làimh, cheana

prey *n.* creach *fem.*, cobhartach *masc.*

price *n.* prìs *fem.*

price of labour *n.* luach-saothrach *masc.*

price-list *n.* liosta phrìsean *fem.*

Prices and Incomes Board *pr.n.* Bòrd nam Prìsean is a' Chosnaidh

prices and incomes freeze *n.* casg air prìsean is tuarasdal *masc.*

prick *n.* bior *masc.*, dealg *fem.*, brod *masc.*

prick *vb.* bior, brod, gon, briog, stailc

pricker *n.* biordainge *fem.*

pricking *n.* stobadh *masc.*, briogadh *masc.*, gonadh *masc.*

prickle *n.* bior *masc.*, dealg *fem.*, calg *masc.*, cuilgean *masc.*, dealgan *masc.*, sgeachradh *masc.*, sgolb *masc.*, staing *fem.*, stob *masc.*

prickliness *n.* dealgachd *fem.*, gioganachd *fem.*

prickling *n.* bioradh *masc.*, priceadh *masc.*

prickling *adj.* biorach, brodach

prickly *adj.* biorach, dealgach, calgach, cuilgearra, sgeachrach, sgolbach, sgolbanta, stailceach, stobach

pride *n.* àrdan *masc.*, uabhar *masc.*, pròis *fem.*, moit *fem.*, uaill *fem.*, àrd-inntinn *fem.*, àrd-inntinneachd *fem.*, leom *fem.*, meanmna *masc.*, mòrchuis *fem.*, sgòd *masc.*, sodal *masc.*, spailp *masc.*, speilp *fem.*, stàirn *fem.*, stàt *masc.*, stràic *fem.*, stuirt *fem.*

priest *n.* sagart *masc.*

priesthood *n.* sagartachd *fem.*, clèireachas *masc.*

priestly *adj.* sagartail

priggishness *n.* raspars *masc.*

primal *adj.* tùsail

primaries (in birds) *n.* itean gàirdeanach *pl.*, itean mòra na sgèith *pl.*, prìomh itean sgèith *pl.*

primarily *adj.* sa chiad àite, gu h-àraid, gu sònraichte

primary *adj.* ciad, prìomhail

primary *pref.* prìomh-

primary action *n.* prìomh-ghnìomh *masc.*

primary cause *n.* màthair-adhbhair *fem.*, bun-fhàth *masc.*

primary chord *n.* prìomh-chòrda *fem.*

primary education *n.* foghlam-bunsgoile *masc.*

primary instruction *n.* bun-theagasg *masc.*

primary school *n.* bunsgoil *fem.*

primary sense *n.* prìomh-chiall *fem.*

primary triad (music) *n.* bun-treidhe *masc.*

primary/cardinal number *n.* freumh-uibhir *fem.*

primate *n.* prìomhadh *masc.*, tòisiche *masc.*

primate (biology) *n.* prìomhaid *masc.*

prime *n.* neart *masc.*, àrd-bhlàth *masc.*, lànachd *fem.*, corra-ghleus *masc.*

prime *pref.* prìomh-

prime minister *n.* prìomhair *masc.*

prime notary *n.* prìomh-chlèireach *masc.*

prime number *n.* prìomh-àireamh *fem.*

primed *adj.* corra-ghleusach, gleusda

primeval *adj.* seantaidh

primitive *adj.* prìomhadail, neo-adhartach, primideach, tòiseachail, tùsach

primitiveness *n.* tùsachd *fem.*, neo-adhartachd *fem.*, seantaidheachd *fem.*

primogenial *adj.* luath-ghinteach

primogeniture *n.* prìomh-ghineadas *masc.*, tus-ghinteachd *masc.*, seanaireachd *fem.*

primogenitureship *n.* aois-dhlighe *fem.*

primrose *n.* seòbhrach *fem.*, seòbhrag *fem.*, loisdean *masc.*, mùisean *masc.*, samhaircean *masc.*

prince *n.* prionnsa *masc.*, flath *masc.*, tòisiche *masc.*, triath *masc.*

Prince Charles' flower *n.* flùr a' Phrionnsa *masc.*

prince-royal *n.* prìomh-phrionnsa *masc.*

princeliness *n.* prionnsalachd *fem.*, flathalachd *fem.*

princely *adj.* prionnsail, flathail

princess *n.* bana-phrionnsa *fem.*

principal *n.* prionnsabal *masc.*

principal *adj.* prìomh, prìomhach, urramach

principal *pref.* prìomh-

principal accent (music) *n.* trom-aiceann *masc.*

Principal Administrative Assistant *pr.n.* Ard-chuidiche Clèireachd

Principal Assistant *pr.n.* Ard-chuidiche

principal clause *n.* prìomh-chlàs *masc.*

Principal Educational Psychologist *pr.n.* Prìomh Shaidhgeolaiche Foghlaim

principal officer *n.* prìomh-oifigear *masc.*

Principal Quantity Surveyor *pr.n.* Prìomh Neach-tomhais

principality *n.* prìomhachd *fem.*, prionnsalachd *fem.*, uachdaranchd *fem.*

principle *n.* prionnsabal *masc.*, bunachas *masc.*, prìomh-thùs *masc.*

print *n.* clò *masc.*, clò-bhualadh *masc.*

print *vb.* clò-bhuail, cuir an clò, liosair, litrich

print (cloth stamped with figures) *n.* lèileag *fem.*

print (e.g. finger) *n.* sliochd *masc.*

print (e.g. footprint) *n.* lorg *fem.*, làrach *fem.*

print (moulded pat of butter) *n.* roilean *masc.*

print material *n.* leileag *fem.*

printed *adj.* liosairte

printed circuit board *n.* clàr cuairt-chlo-bhuailte *masc.*

printer *n.* clò-bhualadair *masc.*, liosadair *masc.*, clòdhadair *masc.*, clòdhaire *fem.*

printhead *n.* innleachd-chlò *fem.*

printing *n.* clò-bhualadaireachd *fem.*, liosadaireachd *fem.*, clòdhaireachd *fem.*

printing-house *n.* clòlann *fem.*

printing-press *n.* clò *masc.*, clàr-bualaidh *masc.*, clò-chlàr *masc.*

prior *prep.* roimh

priority *n.* tùs-chothrom *masc.*, ceud chothrom *masc.*, tòiseachd *fem.*

priorship *n.* abachd *fem.*

prison *n.* prìosan *masc.*, gainntir *fem.*, mainnir *fem.*, mainnreach *masc.*, toll dubh *masc.*

prisoner *n.* prìosanach *masc.*, ciomach *masc.*

privacy *n.* dìomhaireachd *fem.*, uaigneachd *fem.*, prìobhaid *fem.*

private *adj.* prìbheideach, dìomhair, cleitheach, dùinte, prìobhaideach

private company *n.* companaidh phrìbheideach *fem.*

private detective *n.* lorgaire prìbheideach *masc.*

private enterprise *n.* gnothachas prìbheideach *masc.*

private eye *n.* lorgaire *masc.*

private member's bill *n.* bile pearsanta *masc.*, bile prìobhaideach *masc.*

private sector *n.* roinn phrìbheideach *fem.*

private treaty *n.* cùmhnant prìbheideach *masc.*

privateer *n.* long-chreachadair *fem.*, long-spùinneadair *fem.*

privately *adv.* os ìosal, gu dìomhair

privet *n.* priobaid *fem.*, ras-chrann sìor-uaine *masc.*

privilege *n.* sochair *fem.*, cùirt *fem.*, soishion *masc.*

privileged *adj.* sochairichte

privy *n.* taigh beag *masc.*, taigh-èiginn *masc.*

privy council *n.* comhairle dhìomhair *fem.*

privy councillor *n.* comhairleach dìomhair *masc.*

privy parts *n.* cuid *fem.*

prize *n.* duais *fem.*

prized *adj.* measdail, prìseil

probability *n.* coltachd *fem.*, coltas *masc.*, leth-dhearbhachd *fem.*

probable *adj.* coltach, dàicheil, so-dhearbhaidh

probate *adj.* tiomnach

probation *n.* deuchainn *fem.*, dearbhadh *masc.*

probation officer *n.* maor-tasdail *masc.*

probationer *n.* deuchainniche *masc.*

probe *n.* bior-tomhais *masc.*, sireadh *masc.*

probe *vb.* sir, rannsaich, bior, bruid, iarr

probing *n.* sireadh *masc.*, rannsachadh *masc.*, bùrach *masc.*

problem *n.* duilgheadas *masc.*, ceist *fem.*

problem (mathematics) *n.* cuistean *masc.*

problem (proposition) *n.* cùis-amais *fem.*

problematical *adj.* neo-chinnteach, ceisteach

procedure *n.* modh *masc.*, dòigh *fem.*, rian *masc.*, iomchar *masc.*

procedure for appeal *n.* modh-tagraidh *masc.*

proceed *vb.* imich, rach, gluais, teann

proceeding *n.* dol *masc.*, imeachd *fem.*, teannadh *masc.*, tiomain *masc.*

proceedings *n.* dol a-mach *masc.*

proceedings (operations) *n.* dol a-mach companaidh *masc.*

proceeds *n.* toradh *masc.*

process *n.* cùrsa *masc.*, iomairt *fem.*, seòl *masc.*

processing *n.* giollachd *fem.*

processing plant *n.* taigh-giollachd *masc.*

procession *n.* caismeachd *fem.*, dubh-mhearsadh *masc.*, dubh-thriall *masc.*, imreachadh *masc.*

processor *n.* gnìomh-inneal *masc.*

proclaim *vb.* gairm, glaodh, èigh, ballartaich, maoidh, seinn

proclaimer *n.* èigheadair *masc.*, gairmeadair *masc.*

proclamation *n.* èigheachd *fem.*, glaodhadh *masc.*, ballartachadh *masc.*, ballartachd *fem.*, ballartadh *masc.*, bann *masc.*, rabhadh *masc.*

proclamation of banns n. gairm-phòsaidh *fem.*

proclamation of peace n. gairm-sìthe *fem.*, sìth-bhollsaireachd *fem.*

proclivity n. claonad *masc.*

procrastinate vb. cuir dàil, màirnealaich, maillich, ath-lathaich, rìghnich

procrastinating n. mailleachadh *masc.*

procrastination n. màirnealachd *fem.*, dàil *fem.*, maille *fem.*, fad-tharraing *fem.*, mainneas *fem.*, màirneal *masc.*

procrastinator n. màidheanaiche *masc.*

procreate vb. gin, sìolaich

procreativeness n. gineadalachd *fem.*

proctor n. prochdair *masc.*

proctorship n. prochdaireachd *masc.*

procurator n. procadair *masc.*

procurator-fiscal n. fiosgal *masc.*, neach-casaid a' chrùin *masc.*

procure vb. solaraich, faigh

prodigal n. struidhear *masc.*, ana-caitheach *masc.*, ana-caithtiche *masc.*

prodigal adj. mì-chaomhnach, ana-caithteach, stròdhail, neo-chùramach, dìobhlach, mì-ghrunndail, sgaireach

prodigality n. mì-chaomhnadh *masc.*, strodh *masc.*, struidhealachd *fem.*

prodigious adj. anabarrach, laomsgair

prodigiousness n. anabarrachd *fem.*, gairisteanachd *fem.*

prodigy n. iongantas *masc.*, mìorbhail *fem.*

produce n. toradh *masc.*, cinneas *masc.*, tacar *masc.*

produce vb. thoir gu cinneas, builich, dèan, tàrmaich

produce (display) vb. thoir an làthair

producer n. neach-dèanaidh *masc.*

producer (play/exhibition/motion picture) n. riochdaire *masc.*

producers' co-operative n. co-chomann toraidh *masc.*

product n. gnìomh *masc.*, bathar *masc.*, teachd-a-mach *masc.*, tail *fem.*, taisealadh *masc.*

product differentiation n. eadar-dhealachadh bathair *masc.*

product life-cycle n. cuairt-beatha-bathair *fem.*

production n. cinneasachadh *masc.*, obair-dealbhachaidh *fem.*

production costs n. cosgais-cinneasachaidh *fem.*

production output n. toradh-obrach *masc.*

production possibility n. comasachd-toraidh *fem.*

productive adj. cinneasach, tarbhach, torach, ionalach, reachdmhor, samh, torrail

productiveness n. tarbhachd *masc.*, torachd *fem.*, torraileachd *fem.*

productivity n. cinneasachd *fem.*

profanation n. mì-naomhachadh *masc.*, truailleadh *masc.*

profane adj. mì-naomha, ain-diadhaidh, toibheumach, amasgaidh, baoth-ràdhach, neo-chràbhach, neo-dhiadhaidh

profane vb. mì-naomhaich, truaill, truaillich

profaned adj. truaillte

profanity n. mì-naomhachd *fem.*, mì-dhiadhachd *fem.*, toibheum *fem.*, truailleadh *masc.*

professional n. neach-dreuchd *masc.*

professional adj. dreuchdail, proifeiseanta

professional level n. ìre phroifeasanta *fem.*, ìre neach-dreuchd *fem.*

professional staff n. luchd-obrach proifeiseanta *fem.*, luchd-obrach dreuchdail *masc.*

professional terminology n. briathrachas dreuchdail *masc.*

professor n. àrd-ollamh *masc.*, proifeasair *masc.*, oileadair *masc.*, oilire *masc.*

professor (one who declares belief in doctrine) *n.* neach-aideachaidh *masc.*

professorship *n.* ollamhantas *masc.*, ollamhrachd *fem.*

proffer *vb.* tairg

proficiency *n.* comas *masc.*, teòmachd *fem.*, èifeachd *fem.*, abaltachd *fem.*

proficient *n.* abaltaiche *masc.*

proficient *adj.* comasach, teòmach, èifeachdach, abalta, lèigheanta

profile (description) *n.* cunntas *masc.*

profit *n.* buannachd *fem.*, prothaid *fem.*, tairbhe *fem.*, buidhinn *fem.*, rath *masc.*, sochair *fem.*, soladh *masc.*, solaidh *masc.*, stà *masc.*, tairbheartas *masc.*, tarbhachd *fem.*, toradh *masc.*

profit *vb.* buannaich, tarbhaich, tabhaich

profitable *adj.* buannachdail, prothaideach, tarbhach, buannachdach, stàthail, tàbhachdach

profiteer *n.* fàsgadair *masc.*

profiterole *n.* prothaideag *masc.*

profound *adj.* domhainn, trom, dìleant

profuse *adj.* pailt, struidheil, neo-choigilteach, sgaireapach

profusion *n.* pailteas *masc.*, struidhealachd *fem.*, mì-chruinnealas *masc.*, sgaireap *fem.*, struidhe *fem.*

progenitor *n.* gineadair *masc.*, prìomh-athair *masc.*

progeny *n.* sìol *masc.*, gineal *masc.*, sliochd *masc.*, pòr *masc.*, sìolmhainn *fem.*

prognosis *n.* ro-innse *masc.*

prognosticate *vb.* fàisnich, ro-innis

prognostication *n.* fiosachd *fem.*, ro-innse *masc.*, taisgealadh *masc.*, targanach *masc.*

program counter *n.* cunntair-phrògram *masc.*

programme *n.* prògram *masc.*

programme (booklet) *n.* clàr-foirlionaidh *masc.*

programmed learning *n.* ionnsachadh prògramaichte *masc.*

programming language *n.* cànan-prògramaidh *masc.*

progress *n.* adhartas *masc.*

progress report *n.* aithisg-adhartais *fem.*

progression *n.* gluasad *masc.*, foircheumnachadh *masc.*, adhartas *masc.*, sreath *fem.*, uidhearachd *fem.*

progressive *adj.* adhartach

progressively *adj.* mean air mhean, gu h-adhartach

prohibit *vb.* toirmisg, casg, neo-cheadaich, sèam

prohibited *adj.* toirmisgte, neo-cheadaichte

prohibition *n.* toirmeasg *masc.*, bacadh *masc.*

prohibition notice *n.* fios-toirmeisg *masc.*

project *n.* pròiseict *fem.*, tionnsgnadh *masc.*

project *vb.* seas a-mach, innlich, tionnsgail

project (intend) *vb.* amais

project worker *n.* neach-obrach pròiseict *masc.*

projecting *n.* innleadh *masc.*, tionnsgaladh *masc.*

projecting *adj.* sròineach, stòite, stùig

projection *n.* prugan *masc.*, cnap *masc.*, tionnsgadh *masc.*

prokaryotic *adj.* ro-chnòthach

prolation *n.* leachdanntachd *fem.*

proleptic *adj.* ro-thagrach

prolific *adj.* torrach, lìonmhor, àlach, piseachail, sìolach, sliochdach, sliochdmhor, torrail

prolification *n.* lìonmhorachd *fem.*, sliochdachadh *masc.*

prolixity *n.* fadalachd *fem.*, sgìthealachd *fem.*

prologue *n.* ro-ràdh *masc.*

prolong *vb.* sìn

prolongation *n.* sìneadh *masc.*

prolongation of note (music) *n.* sìneadh na soine *masc.*

promenade *n.* sràid *fem.*, sràidearachd *fem.*, àite-spaisdireachd *masc.*, spaisdearan *masc.*

promenading *n.* sràid-imeachd *fem.*, sràidearachd *fem.*, spaidsireachd *fem.*, spaisdireachd *fem.*, sràideachd *fem.*

promenading *vb.* spaisdir

prominence *n.* follaiseachd *fem.*, faicsinneachd *fem.*, barras *masc.*, carraicheas *masc.*

prominent *adj.* follaiseach, faicsinneach, stòite, uchdach

promise *n.* gealltanas *masc.*

promise *vb.* geall, thoir gealladh

promised land *n.* tìr a' gheallaidh *fem.*

promising *adj.* gealltanach

promissory *adj.* gealltanach

promissory bill *n.* bann gealltanach *masc.*

promontory *n.* rubha *masc.*, sròn *fem.*, maol *masc.*, àird *fem.*, ceann *masc.*, ceann-tìre *masc.*, rann *fem.*, rinn *fem.*, ros *masc.*, stuaic *fem.*

promote *vb.* cuir air adhart, cuir air aghaidh, àrdaich, cuir ann

promotion *n.* àrdachadh *masc.*, adhartachadh *masc.*, ceum-inbhe *masc.*

prompt *adj.* deas, sùrdail, èasgaidh

prompt *vb.* spreig

promulgate *vb.* seinn, craobh-sgaoil

pronack *n.* pronnag *fem.*

prone *adj.* dual, claon, air a b(h)lian

prong *n.* bior *masc.*, forc *fem.*, ladhar *fem.*, beann *fem.*, meur *fem.*

pronged *adj.* gobhlach, ladhrach, sgorach

pronominal *adj.* riochdaireil

pronoun *n.* riochdair *masc.*

pronounce *vb.* fuaimnich

pronunciation *n.* fuaimneachadh *masc.*

proof *n.* dearbhadh *masc.*, fianais *fem.*, teist *fem.*, co-dhearbhadh *masc.*, còmhdach *masc.*, còmhdachadh *masc.*, dearbhachd *fem.*, iom-dhearbhadh *masc.*, sanas *masc.*

proof-reader *n.* ceartachair *masc.*

prop *n.* taic *fem.*, cùl-taic *masc.*, ursainn *masc.*, conbhallas *masc.*, cùrainn *fem.*, prop *masc.*, propadh *masc.*, seorast *masc.*, socair *fem.*, socan *masc.*, spèic *fem.*, spisniche *masc.*, tac *fem.*, toic *fem.*, trosdan *masc.*, trostan *masc.*

prop *vb.* thoir taic, cuir taic, prop, spèic

propagate *vb.* craobh-sgaoil, sìolaich, craobh, sìolraich

propagation *n.* sìolachadh *masc.*, sìoladh *masc.*, sìoltachd *fem.*

propagator *n.* sìolaich *masc.*, sìoltaiche *masc.*, tàrmachair *masc.*

propanal *n.* propanal *masc.*

propanamide *n.* propanaimid *fem.*

propel *vb.* spàrr, cuir air adhart

propellent (driving agent) *n.* stuth-iomain *masc.*

propeller *n.* propeilear *masc.*, sparrair *masc.*

propelling *adj.* spàrrach

propellor (shaft for driving aeroplane) *n.* propeilear *masc.*, roth-adhair *masc.*

propensity *n.* togradh *masc.*, aomadh *masc.*, dualchas *masc.*, dèidhealachd *fem.*, togarrachd *fem.*

proper *adj.* ceart, iomchaidh, seaghach, loinnear

proper *pref.* ion-

proper name *n.* ainm dìleas *masc.*

proper noun *n.* ainmear àraidh *masc.*, ainmear-sònrachaidh *masc.*

property *n.* cuid *fem.*, maoin *fem.*, seilbh *fem.*, cuid-seilbhe *fem.*, earras *masc.*, stòras *masc.*

prophecy *n.* fàisneachd *fem.*, aircheadal *masc.*, fàistinn *fem.*, tairgneadh *masc.*

prophesy *vb.* fàisnich, targair

prophesying *n.* fàidheadaireachd *fem.*

prophet *n.* fàidh *masc.*

prophetess *n.* ban-fhàidh *fem.*

prophetic *adj.* fàisneachail, fàidheil

propinquity *n.* seilbh *fem.*

propitiation *n.* so-rèite *fem.*

propogator *n.* tàrmachair *masc.*

proportion *n.* co-roinn *fem.*, cuid *fem.*, pàirt *masc.*, riochd *masc.*, roinn *fem.*, snas *masc.*

proportion *vb.* co-chum

proportioned *adj.* a rèir, cumte, riochdmhor, co-cheart

proposal *n.* moladh *masc.*, tagradh *masc.*, tairgse *fem.*, tairgseadh *masc.*, tràchdadh *masc.*

propose *vb.* mol, tairg

propose (determine) *vb.* criach, crìochnaich

propose (request) *vb.* tagair

proposed *adj.* air a mholadh, fo thairgse, molta

proposer *n.* neach-tairgse *masc.*

proposing *n.* cuiseachadh *masc.*

proposition *n.* tairgse *fem.*, smuanairt *masc.*

propping *adj.* taiceil, propach

proprietor *n.* sealbhadair *masc.*, uachdaran *masc.*, urradh *masc.*

proprietorship *n.* tighearnas *masc.*, stàid *fem.*

propriety *n.* freagarrachd *fem.*, loinn *fem.*, sgoinn *fem.*

props *n.* àirneis *fem.*

prose *n.* rosg *masc.*

prosecute *vb.* tog casaid an aghaidh, cuir casaid às leth, tagair, cuir chuige, sumain

prosecution (legal action) *n.* casaid *fem.*, tagartas *masc.*, agairt *fem.*

prosecution (prosecuting party) *n.* luchd-casaid *masc.*

proselyte *n.* iompachan *masc.*, nua-chreidmheach *masc.*

prosodian *n.* toinneolaiche *masc.*

prosody *n.* ranntachd *fem.*, rannaidheachd *fem.*, rannachadh *masc.*, toinneolas *masc.*

prospect (view) *n.* sealladh *masc.*, fradharc *masc.*, radharc *masc.*

prospector *n.* lorgaire *masc.*

prospectus *n.* ro-shealladh *masc.*

prosper *vb.* soirbhich, comairich

prosperity *n.* soirbheachadh *masc.*, rathachadh *masc.*, sògh *masc.*, àgh *masc.*, àghmhorachd *fem.*, àigh *masc.*, munachas *masc.*, piseach *masc.*, rath *masc.*, saodmhoireachd *fem.*, saoibhreachadh *masc.*, saoibhreas *masc.*, sèamhas *masc.*, seun *masc.*, soirbheachas *masc.*, soirbheachd *fem.*, soirbheas *masc.*, sonas *masc.*, tacadh *masc.*

prosperous *adj.* soirbheasach, àghach, àghmhor, àigh, conach, nèarach, piseachail, rathail, rathmhor, saodmhor, sealbhach, sealbhmhor, seamhasach, seannsar, seunail, soirbh, sonasach, suaigh

prospicience *n.* ro-shealladh *masc.*

prospicient *adj.* ro-sheallach

prosthesis *n.* ro-shuidheachadh *masc.*

prosthetic *adj.* ro-shuidhichte

prostitute *n.* siùrsach *fem.*, strìopach *fem.*, beacharn *fem.*, comhstach *fem.*, strabaid *fem.*

prostitute *vb.* truaill, drùis

prostitution *n.* siùrsachd *fem.*, strìopachas *masc.*, siùrsachadh *masc.*

prostrate *adj.* sleuchdte, sìnte, sìnteach

prostrate *vb.* sìn, sleuchd

prostrating *adj.* sleuchdach

prostration *n.* sleuchdadh *masc.*

protect *vb.* dìon, tèarainn, teasraig, tèarmainn, anacail, comairich, tèarmannaich

protecting *n.* dìon *masc.*, iom-choimhead *masc.*

protection *n.* dìon *masc.*, teàrnadh *masc.*, tèarmann *masc.*, sgiath *fem.*, anagaladh *masc.*, comraich *fem.*, còraicheas *masc.*, seun *masc.*, sgàth *masc.*, slan *masc.*, teannal *masc.*

protection zone *n.* crìoch-dìonaidh *fem.*

protectionism *n.* dìonas *masc.*

protectionist policy *n.* polasaidh dìonasach *masc.*

protective *adj.* dìonach, tèarmannach, cobhrach

protective casing *n.* cèis-dhìonaidh *fem.*

protector *n.* cùra *masc.*, dìonadair *masc.*, tèarmannair *masc.*

protein *n.* protain *masc.*

protest *n.* gearan *masc.*, casaid *fem.*

protest *vb.* gearain, tog casaid

prothonotary *n.* prìomh-chlèireach *masc.*

protocol *n.* protocal *masc.*

proton *n.* proton *masc.*

protoplasm *n.* protoplasma *masc.*

prototype *n.* tùs-samhail *masc.*

protractor *n.* protractair *masc.*

protrude *vb.* sginn, sàth a-mach

protruding *n.* sginneadh *masc.*

protruding *adj.* ballachail

protuberance *n.* meall *masc.*, at *masc.*, crotachd *fem.*, mealag *fem.*, pait *fem.*

protusion *n.* sginneadh *masc.*, tuinnseadh *masc.*

proud *adj.* pròiseil, uaibhreach, àrdanach, moiteil, àrd-inntinneach, mòrail, sgòdach, spèiseil, stàtail, stràiceil, toileil, uallach, uasal

proudflesh *n.* feòlan *masc.*

prove *vb.* dearbh, còmhdaich, dearbhaich, faithrich, iom-dhearbh

proved *adj.* dearbhte

provender *n.* innlinn *fem.*

proverb *n.* seanfhacal *masc.*, gnàth-fhacal *masc.*, dòigh-bhriathar *masc.*, leth-fhacal *masc.*, ràdh *masc.*, ràite *fem.*, seanarasg *masc.*, seann-ràdh *masc.*

proverbial *adj.* seanfhaclach, dòigh-bhriathrach, seann-ràiteach

provide *vb.* solaraich, thoir seachad, ullaich, tabhann

provided *adj.* ullaichte, cho fad 's a tha

providence *pr.n.* Sealbh, freasdal *masc.*, dàn *masc.*, solarachd *fem.*

provident *adj.* freasdalach, solarach, ro-bheachdail, ro-smaoineachail

providentness *n.* freasdalachd *fem.*, solarachd *fem.*, sibhtealachd *fem.*

provider *n.* solaraiche *masc.*

province *n.* mòr-roinn *fem.*, còigeamh *masc.*

provision *n.* solar *masc.*, ullachadh *masc.*, beairt *fem.*, nasg *masc.*, tacar *masc.*

provisions *n.* lòn *masc.*, biadh-siubhail *masc.*

provocation *n.* brosnachadh *masc.*, buaireadh *masc.*, cùis feirge *fem.*, cùis-bhrosnachaidh *fem.*, culaidh-bhrosnachaidh *fem.*, farragradh *masc.*, farragradh *masc.*, spreadh *masc.*, spreigealachd *fem.*

provocative *adj.* brosnachail, buaireasach, buaireanta

provoke *vb.* brosnaich, buair, piobraich, cuir cathachadh, feargaich, spoch, spreigich, spreòd

provoker *n.* spreagair *masc.*

provost *n.* probhaist *masc.*, prothaiste *masc.*

prow *n.* sròn *fem.*, toiseach *fem.*, ceann caol *masc.*, braineach *masc.*, saidh *fem.*, sìola *masc.*, snaois *fem.*

prowess *n.* treuntas *masc.*, mòr-ghaisge *fem.*

prowler *n.* èaladair *masc.*

proximity *n.* dlùthachd *fem.*, àrainn *fem.*

proxy *n.* neach-ionaid *masc.*

prude *n.* leòmag *fem.*, maighdean mhoiteil *fem.*, pròiseag *fem.*

prudence *n.* gliocas *masc.*, eagnaidheachd *fem.*, crìonnachd *fem.*, eagnachd *fem.*, seòltachd *fem.*, sicireachd *fem.*

prudent *adj.* glic, eagnaidh, ciallach, breitheantach, cèillidh, crìonna, leòmach, neo-ghloiceil, seaghach, sèamhaidh, seòlta, sicir, smaoineach, suadh, tiarmail

prudery *n.* leòmachd *fem.*, moitealachd *fem.*, stuirt *fem.*

prudish *adj.* stuirteil

prune *n.* plumas seargte *masc.*, prùn *masc.*

prune *vb.* beàrr, snasaich, teasg, meang, meidh, sgath, sgud

pruned *adj.* bearrte, sgeunail

pruner *n.* beàrradair *masc.*, snasadair *masc.*

pruning *adj.* snastach

pruning-hook *n.* corran-sgathaidh *masc.*, sgian-bharrain *fem.*

pruning-knife *n.* beàrr-sgian *fem.*

prurigo *n.* broth *masc.*

pry *vb.* sgrùd

prying *n.* sgrùdadh *masc.*, snòtaireachd *fem.*

prying *adj.* sgrùdach, farraideach, snòtaireach

psalm *n.* naomh-òran *masc.*, salm *fem.*

psalm-book *n.* salmadair *masc.*

psalm-singing *n.* salmadaireachd *fem.*

psalmist *n.* salmair *masc.*

psalmody *n.* sailmeachd *fem.*

psaltery *n.* saltair *masc.*

pseudo *adj.* feallsa

pseudo-random sequence *n.* sreath meallt-thuairmeach *masc.*

psoriasis *n.* sglamhradh, an *masc.*

psyche *n.* aigne *fem.*, anam *masc.*

Psychiatric Rehabilitation Association *pr.n.* Comann na h-Ath-chothrom Leigheas-inntinn

psychiatrist *n.* lìghiche-inntinn *masc.*

psychiatry *n.* leigheas-inntinn *masc.*

psychologist *n.* inntinn-eòlaiche *masc.*, saidhgeolaiche *masc.*, saidhcoloidist *masc.*

psychology *n.* eòlas-inntinn *masc.*, saidhgeolas *masc.*

psychosis *n.* troimh-chèile-inntinn *fem.*

ptarmigan *n.* tàrmachan *masc.*, breac-beinne *masc.*, gealag-bheinne *fem.*, sneachdaire *masc.*, tàrmachan an t-slèibhe *masc.*

pterodactyle *n.* sgiath-mheurach *masc.*

ptisan *n.* tiosan *masc.*

puberty *n.* inbhidheachd *fem.*

pubes *n.* ròm *fem.*

pubic hair *n.* gaoisid *fem.*, gaosaid *fem.*

public *n.* sluagh *masc.*, poball *masc.*, poibleach *masc.*, poiblidh *fem.*

public *adj.* follaiseach, poballach, poblach

public (communal) *adj.* coitcheann

public address system *n.* glaodhaire *masc.*

public assembly *n.* cruinneachadh sluaigh *masc.*, eireachd *fem.*

public body *n.* buidheann p(h)oballach *fem./masc.*

public company *n.* companaidh phoballach *fem.*, companaidh fhollaiseach *fem.*, companaidh fhosgailte *fem.*

public convenience *n.* taigh beag *masc.*

public forum *n.* co-labhairt fhosgailte *fem.*

public holiday *n.* là-fèill *masc.*

public house *n.* taigh-seinnse *masc.*, seilear-dibhe *masc.*

public inquiry *n.* rannsachadh follaiseach *masc.*, sgrùdadh poballach *masc.*

Public Libraries (Scotland) Act 1887 *pr.n.* Achd nan Leabharlann Poballach (Alba) 1887

public meeting *n.* coinneamh fhosgailte *fem.*, coinneamh fhollaiseach *fem.*, coinneamh phoballach *fem.*

public notice *n.* fios poballach *masc.*

public relations *n.* dàimh phoblach *fem.*

public road *n.* rathad mòr an rìgh *masc.*

public sector *n.* roinn phoballach *fem.*

public security *n.* tèarainteachd an t-sluaigh *fem.*

publican *n.* grùdaire *masc.*, òsdair *masc.*, tàrnadaiche *masc.*

publication *n.* foillseachadh *masc.*, clò-bhualadh *masc.*

publicity *n.* follaiseadh *masc.*, follaiseachd *fem.*, follais *fem.*, sanasachd *fem.*

publicly *adv.* gu follaiseach, os àrd

publish *vb.* foillsich, craobh-sgaoil, cuir a-mach, sgaoil

publisher *n.* foillsichear *masc.*

publishing *n.* foillseachadh *masc.*

pucker *vb.* liorc

pudding *n.* marag *fem.*, putag *fem.*, putagan *masc.*

pudding (sweet) *n.* mìlsean *masc.*, mìlseag *fem.*

puddle *n.* lòn *masc.*, glumag *fem.*, làb *masc.*, lad *masc.*, lod *masc.*, ramallag *fem.*, rumach *fem.*, slob *masc.*, sloban *masc.*

puddly *adj.* slobach

pudenda *n.* ròm(ag) *fem.*

pudenda juvenis *n.* rudan *masc.*

pudendum *n.* rud *masc.*

puerile *adj.* leanabail, leanabaidh, pàisdeanach, leanabach, leanabanta, maothranach

puerility *n.* leanabachd *fem.*, pàisdealachd *fem.*

puff (wind) *n.* osag *fem.*, oiteag *fem.*, soighnean *masc.*, puth *masc.*, clannadh *masc.*, plathadh *masc.*, sèid *masc.*, sèidean *masc.*, siobag *fem.*, sunn *masc.*, totadh *masc.*, toth *masc.*

puff *vb.* sèid, bòc, tòc, plath, pluc

puffball (langermannia gigantea) *n.* balg dubh *masc.*, beach *masc.*, dallan nan caorach *masc.*, trioman *masc.*

puffball (lycoperdom perlatum) *n.* balg pèiteach *masc.*, balg-beice *masc.*, balg-sèididh *masc.*, balg-smùid *masc.*, bochdan bearrach *masc.*, caochag *fem.*

puffed up *adj.* sèidte, bòcte

puffin *n.* buthaid *fem.*, buthaigir *fem.*, budhaig *fem.*, bughaid *fem.*, bughaide *fem.*, buthaigre *fem.*, buthgair *masc.*, càlag *fem.*, calag *fem.*, coltrachan *masc.*, eun dearg *masc.*, fachach *masc.*, pealag *fem.*, peata ruadh *masc.*, Seumas ruadh *masc.*

puffing *n.* sèideadh *masc.*, tòcadh *masc.*, bòcadh *masc.*, sròineis *fem.*

puffing *adj.* sèideach

puffing up *n.* sèid *masc.*, siat *masc.*

pug-nose *n.* smut *masc.*, sròn smutach *fem.*

pug-nosed *adj.* smiotach, smutach

pugilism *n.* dòrnaireachd *fem.*, bocsadh *masc.*

pugilist *n.* dòrnaiche *masc.*, bocsair *masc.*, dòrnair *masc.*, puinneanach *masc.*, spadaiche *masc.*

puissant *adj.* reachdmhor

puke *vb.* dìobhair, sgeith, cuir a-mach

puking *adj.* tàirneach

pull *n.* tarraing *fem.*, slaodadh *masc.*, spìonadh *masc.*, sgobadh *masc.*, sgothadh *masc.*, tabhach *masc.*

pull *vb.* tarraing, slaod, spìon, draoth, cnab, sgob, sgoth, spiol

pull asunder *vb.* reub, sgar, peall

pull-down menu (computer) *n.* iar-chlàr-iùil *masc.*

pullet *n.* eireag *fem.*

pulley *n.* ulag *fem.*, fulag *fem.*

pulling *n.* slaodadh *masc.*, tarraing *fem.*, spìonadh *masc.*, cnabadh *masc.*, pealladh *masc.*, rubhag *fem.*

pulling *adj.* tàirngeach

pulling trigger *n.* snapadh *masc.*

pulmonary *adj.* sgamhanach, sgamhach

pulmonary artery *n.* cuisle mhòr nan sgamhan *fem.*

pulmonary circulation *n.* cuairt sgamhanach *fem.*

pulp *n.* prannadh *masc.*, glaodhan *masc.*, caglachan *masc.*, cothan *masc.*

pulpit *n.* cùbaid *fem.*, crannag *fem.*

pulpmill *n.* muileann-pronnaidh *fem./masc.*

pulpy *adj.* prannach, cothaidh

pulpy kidney disease *n.* glaodhan *masc.*

pulse *n.* cuisle *fem.*, buille cuisle *fem.*, bualadh-cuisle *masc.*, buille-cridhe *fem.*, comas *masc.*, cuislean *masc.*, cusail *fem.*, pòr cochallach *masc.*, pòr-cochaill *masc.*

pulse (pease) *n.* peasair *fem.*

pulse generator *n.* gineadair-bhuille *masc.*, cruthadair-bhuille *masc.*

pulse train *n.* sreath-bhuillean *fem.*

pulse-rate *n.* luaths buille na cuisle *masc.*, luaths bualaidh na cuisle *masc.*

pulverisation *n.* mìn-phronnadh *masc.*, luaithreadh *masc.*

pulverise *vb.* mìn-phronn, bleith, mìn-bhrùth, bruan, brùth, meil, mìn-bhris, mìnich, pronn, snaoisein

pulverised *adj.* bleithe, meanbh, luaithreanta, snaoiseanach

pumice *n.* cotharnach *masc.*

pumice-stone *n.* sligeart *masc.*, mìn-chlach *fem.*, fuil-sìofraith *fem.*

pummel *vb.* buail, slad

pump *n.* pumpa *masc.*, taomair *masc.*, pìob-thaosgaidh *fem.*, feadan-taomaidh *masc.*, pumpais *fem.*, spùtachan *masc.*, taosgan *masc.*

pumping *n.* pumpadh *masc.*, taomadh *masc.*, taosgadh *masc.*

pumpkin *n.* peapag *fem.*, puimcean *masc.*

pun *n.* cainnt-chluich *fem.*, geàrr-fhacal *masc.*, carfhacal *masc.*, cluich-cainnt *masc.*

punch (thrust) *n.* buille *fem.*, dòrn *fem.*

punch (drink) *n.* puinse *masc.*

punched card *n.* cairt tholltach *fem.*

punched tape *n.* teip tholltach *fem.*

punctilious *adj.* mion-chùiseach, modhail, leacanta

punctual *adj.* pongail, tràthail, mionaideach, peinntealta, puintealta, purpail, stèidheil

punctuality *n.* pongalachd *fem.*, tràthalachd *fem.*, stèidhealachd *fem.*

punctuate *vb.* puingich

punctuation *n.* puingeachadh *masc.*, pungadh *masc.*, puncaireachd *fem.*, pungachadh *masc.*

puncture *n.* tolladh *masc.*, toll *masc.*, sgathadh *masc.*, stob *masc.*,

puncture *vb.* toll

pungent *adj.* searbh, guineach, garg, piocach

punish *vb.* peanasaich, leig càin air

punishable *adj.* ion-smachdachaidh, ion-pheanasda, peanasail

punisher *n.* peanasaiche *masc.*

punishing *n.* peanasachadh *masc.*

punishing *adj.* peanasach

punishment *n.* peanas *masc.*, samh-an-aithreach *masc.*

punt *n.* coit *fem.*, tuairneag *fem.*

punt-pole *n.* forc *fem.*

puny *adj.* beag, crìon, sgràideagach, smeileach

pupil *n.* sgoilear *masc.*

pupil (apple of eye) *n.* clach na sùla *fem.*, aireasg *fem.*, amharcan *masc.*, dubh *masc.*, fradharc *masc.*, radharc *masc.*, rinn an ruisg *fem.*, rosbhan *masc.*

puppet *n.* neach-brèige *masc.*, gille-mirein *masc.*, pupaid *fem.*, duineachan *masc.*, mearagan *masc.*

puppy *n.* cuilean *masc.*, measan *masc.*

purblind *adj.* dallaranach, leth-rosgach, spid-shuileach

purchasable *adj.* ion-cheannachach

purchase *n.* ceannach *masc.*, slaibhre *fem.*

purchase *vb.* ceannaich

purchaser *n.* ceannachdair *masc.*, ceannaiche *masc.*

pure *adj.* fìor-ghlan, neo-thruaillichte, glan, fìor

purgation *n.* glanadh *masc.*

purgative *n.* purgaid *fem.*, sgeithreadh *masc.*, sgiordan *masc.*

purgative *adj.* purgaideach, tualagach

purgatorial *adj.* purgadaireach

purgatory *n.* purgadair *masc.*, purgadaireadh *masc.*

purge *n.* ionnlaid *masc.*, sgiord *masc.*

purge *vb.* purgaidich, ionnlaid, sgiùr, iarr, saor, sgiord, sgùr

purging *adj.* ionnlaideach, sgùrach

purging flax *n.* lìon nam ban-sìth *masc.*, lus caolach *masc.*, mìosach *fem.*

purification *n.* glanadh *masc.*, ionnlaideachd *fem.*, purgadaireachd *fem.*

purifier *n.* glanadair *masc.*, purgadair *masc.*

purify *vb.* glan, ùraich, ionnlaid, iomghlan, nigh, sgùr

purifying *adj.* ùrachail, sgùrach

purine *n.* piurain *fem.*

puritan *n.* cràbhadair *masc.*

purity *n.* glaine *fem.*, glaineachd *fem.*

purl (trickling rill) *n.* caochan *masc.*, fiaradh *masc.*

purlin *n.* spàrr *fem.*, taobhan *masc.*, taoman *masc.*

purling *adj.* sruthanach

purple *n.* flann-dhearg *masc.*

purple *adj.* purpaidh, flannach

purple colour *n.* purpur *masc.*

purple laver *n.* lochdan *masc.*, slochdan *masc.*

purple loosestrife *n.* creachdach *masc.*, lus na sìochainn *masc.*

purple moor-grass *n.* braban *masc.*, bunglas *masc.*, fianach *masc.*

purple sandpiper *n.* cam-glas *fem.*, luatharan gorm *masc.*

purple saxifrage *n.* eigrim *masc.*

purple-fish *n.* murag *fem.*

purport *n.* ciall *fem.*, brìgh *fem.*, seagh *masc.*

purpose *n.* rùn *masc.*, adhbhar *masc.*, crìoch *fem.*, inntinn *fem.*, seagh *masc.*

purpose *vb.* rùnaich, smaoinich

purposely *adj.* a dh'aona ghnothaich

purposing *n.* rùnachadh *masc.*, innleadh *masc.*

purposing *adj.* rùnach

purpura *n.* purpurachd *fem.*

purr *vb.* dèan crònan, smùch, piorr

purring *n.* crònan *masc.*

purse *n.* sporan *masc.*, tàclach *masc.*

purse-pride *n.* toicealachd *fem.*

purse-proud *adj.* stràiceil, toiceil

purser *n.* borsair *masc.*, gille-sporain *masc.*

purslane-like orache *n.* purpaidh *fem.*

pursue *vb.* lean, tòirich, ruaig, cruaidh-ruith, sgiùrs

pursuer *n.* neach-tòire *masc.*, dian-lorgair *masc.*, ruagaire *masc.*, neach-tì *masc.*, tagraiche *masc.*

pursuers *n.* tòir *fem.*

pursuit *n.* tòrachd *fem.*, ruith *fem.*, ruaig *fem.*, sìneadh *masc.*

pursuivant *n.* àrd-mhaor-rìgh *masc.*

purulence *n.* braghadh *masc.*

purulent *adj.* braghachail

purvey *vb.* solaraich

purveying *n.* solar *masc.*, solarachd *fem.*

purveying *adj.* solarach

purveyor *n.* solaraiche *masc.*, biatach *masc.*

pus *n.* iongar *masc.*, brachadh *masc.*

push *n.* putadh *masc.*, sàthadh *masc.*, uilneag *fem.*, srobadh *masc.*, sunn *masc.*

push *vb.* put, sàth, mulc, purr, sgiolc, stob

pushchair *n.* carbad-leanaibh *masc.*

pushful *adj.* rathadail

pushing *n.* putadh *masc.*, sàthadh *masc.*, paradh *masc.*, purradh *masc.*, stobadh *masc.*

pushing *adj.* adhartach, oidhirpeach, starrach, sùrdail

pushing forward *n.* stailceadh *masc.*

pusillanimity *n.* ain-mhisneachd *fem.*, geilt *fem.*, miapadh *masc.*, mìne *fem.*

pusillanimous *adj.* gealtach

puss *n.* piseag *fem.*

puss (call to cat) *interj.* siataidh!

pustular *adj.* faogach

pustule *n.* guirean *masc.*, bòc *masc.*, bòcan *masc.*, brachag *fem.*, bucaid *fem.*, spuaic *fem.*, spucaid *fem.*, sruaic *fem.*

put *vb.* cuir, suidhich

put a stop to *vb.* cuir stad air

put before *vb.* cuir air beulaibh, cuir fa chomhair

put behind *vb.* cuir air chùl

put by *vb.* cuir mu seach, cuir gu taobh

put in order *vb.* rèitich, riaghailtich

put into action *vb.* cuir an gnìomh

put into disorder *vb.* cuir troimhe chèile, cuir tuathal, riastair

put off *vb.* cuir (dhe)

put out *adj.* diombach

put out of sight *vb.* cuir as an t-sealladh

put out to dry *vb.* cuir air thioramachadh

put stop to *vb.* cuir stad air

put to flight *vb.* cuir air teicheadh, cuir teicheadh air, ruaig

put to right *vb.* cuir ceart

put to trial *vb.* cuir deuchainn air

put wrong *vb.* cuir air aimhreit

putrefaction *n.* breuntas *masc.*, gaorrachadh *masc.*

putrefied *adj.* lobhte

putrefy *vb.* breoth, cnàmh, fail, grod, lobh, malc

putrefying *adj.* lobhta

putrid *adj.* breun, grod, lobhte, malcaidh

putridness *n.* breuntas *masc.*

putrification *n.* brèine *fem.*

putrify *vb.* lobh

putt *n.* amas *masc.*

putter *n.* purradair *masc.*

putting (golf) *n.* cuimseachadh *masc.*

putting (of shot) *n.* cur na cloiche *masc.*, feuchainn *fem.*

putting on make-up *n.* ponaigeadh *masc.*, snuadhachadh *masc.*

putting-stone *n.* clach a' bhoisgein *fem.*, clach-neart *fem.*, clach-neirt *fem.*, dorlag *fem.*

putty *n.* taois-cailc *fem.*, tàth-thaois *fem.*

puzzle *n.* snaim *masc.*, tòimhseachan *masc.*

pygmy *n.* lucharan *masc.*, luchraban *masc.*

pygmy shrew *n.* fiolan-feòir *masc.*, fionnag-feòir *fem.*

pyjamas *n.* deis-oidhche *fem.*

pyramid *n.* barr-chaol *masc.*, biorramaid *fem.*, biorramaid *fem.*, bior-stùc *masc.*, clogaid *masc.*, pioramaid *masc.*

pyramidical *adj.* biorramaideach

pyrethrum *n.* lus na Spàinnt *masc.*

pyrimidine *n.* pirimidin *masc.*

pyrography *n.* teas-ghràbhaladh *masc.*

pyromancy *n.* breò-dhraoidheachd *fem.*

pyrosis *n.* a' ghlas-shile *fem.*, meall-reum *masc.*, sàileagan *masc.*, sàlagan *masc.*

Q

quack *vb.* ràc, dèan gàgail

quack (charlatan) *n.* feall-lèigh *masc.*, fealltair *masc.*, saobh-leigh *masc.*, siunnal *masc.*, sgoitiche *masc.*

quack (cry of duck) gàgail *fem.*

quacking *n.* ràcadh *masc.*

quadrangle *n.* ceithir-cheàrnag *fem.*, ceàrnan *masc.*, ceithir-oisinneag *fem.*, fioghait *fem.*

quadrangular *adj.* ceithir-oisinneach, fioghal

quadrant *n.* ceathramh *masc.*

quadrated *adj.* ceathramhanach

quadreme *n.* ceithir-ràmhach *fem.*

quadrilateral *adj.* ceithir-cheàrnach

quadrille *n.* cuadrail *masc.*

quadruped *adj.* ceithir-chasach

quadruple *adj.* ceithir-fillte

quadruplet (group of four notes performed in time of three) *n.* ceithrinn *fem.*

quaff *vb.* òl, sguab às

quagmire *n.* athain *fem.*, bogach *masc.*, bogadan *masc.*, bogan *masc.*, boglach *fem.*, buigileag *fem.*, cur aisde *masc.*, fèith *fem.*, preach *fem.*, rumach *fem.*, sùil-chritheach *fem.*, tabhoinn *fem.*

quaich *n.* cuach *fem.*

quail *n.* gearradh-gort *masc.*, gearra-gart *masc.*, gearra-gort *masc.*

quaint *adj.* neònach, seann fhasanta

Quaker *pr.n.* Caocaire, Crith-chreidmheach, Fear-Crathaidh, Cuaigear

Quakerism *n.* Caocaireachd *fem.*, Cuagaireachd

quaking-grass *n.* ceann-air-chrith *masc.*, coirce-circe *masc.*, conan *masc.*, crith-fheur *masc.*, feur gortach *masc.*, feur-sìthein-sìthe *masc.*

qualification *n.* feart *masc.*, uidheamachd *masc.*, barantas *masc.*, càilidheachd *fem.*, ceadas *masc.*

qualifications *n.* uidheamachadh *masc.*

qualified *adj.* ionnsaichte, ionnsaichte, uidheamaichte

qualify *vb.* càilidhich, thoir a-mach teisteanas, dèan freagarrach, ullaich, lùghdaich, maolaich

qualitative *adj.* càileachdail, gnèidheach

quality (excellence) *n.* deasachd *fem.*, iùthaidh *fem.*

quality (grade of goodness) *n.* inbhe(achd) *fem.*

quality (property) *n.* feart *masc.*, gnè *fem.*

quality (timbre) *n.* càileachd *fem.*

quality (virtue) *n.* buadh *fem.*

quality of life *n.* gnè-beatha *fem.*

qualm *n.* amharas *masc.*, ornais *fem.*, sleogadh *masc.*

qualmish *adj.* orraiseach, sleogach, sleopach

quandary *n.* sgailc *fem.*

quango *n.* cuango *masc.*

quantify *vb.* tomhais meud, àirmhich

quantitative *adj.* àireamhachail, meudach

quantitative techniques *n.* dòighean baraileach *pl.*, dòighean meud-thomhais *pl.*

quantity *n.* meud *masc.*, tomad *masc.*, uiread *masc.*, cus *masc.*, àireamh *fem.*, stràc *masc.*, tacar *masc.*, taisealadh *masc.*, toirt *fem.*, tuaiream *fem.*, tuar *masc.*, tuaradh *masc.*, uibhir *fem.*

quantity surveyor *n.* tomhaisiche-meud *masc.*

quarantine *n.* dàil-amharais *fem.*

quarrel *n.* còmhstrì *fem.*, aimhreit *fem.*, tuasaid *fem.*, agart *masc.*, caiseannachd *fem.*, sràbhard *masc.*, strangadh *masc.*, streup *fem.*, tagairteachd *fem.*, trod *masc.*

quarrel *vb.* connsaich, dèan trod, troid, connspaid, soideanaich

quarrelling *n.* connsachadh *masc.*, strangadh *masc.*

quarrelsome *adj.* connspaideach, tuasaideach, anagrach, buaireanta, conasach, connsachail, neo-riaghailteach, ràbach, ruisgeanta, rutharach, strangach, strangalach, streapaideach, streupach, strìtheil

quarrelsomeness *n.* tuasaideachd *fem.*, strangaireachd *fem.*, strangalachd *fem.*

quarry (dig/cut) *vb.* tochail

quarry (excavation) *n.* cuaraidh *masc.*, tochailt *fem.*, tochladh *masc.*

quarry (prey) *n.* buidhinneach *fem.*, creach *fem.*, fiadhach *masc.*

quarrying *n.* buinnig chlach *fem.*, dùsgadh chlach *masc.*, tochladh *masc.*

quart (liquid measure) *n.* cnagair *masc.*, seipeinn *masc.*

quarter *n.* cairteal *masc.*, ceathramh *masc.*

quarter (fourth part of year) *n.* ràidh *fem.*

quarter (haunch) *n.* spadag *fem.*

quarter-deck *n.* caisteal-deiridh *masc.*

quarter-note *n.* cairteal *masc.*

quartered *adj.* air a chairtealadh

quartering *n.* ceathramhachadh *masc.*

quarterly *adj.* ràidheil

quarterly (divided into/marshalled in quarters) *adj.* ceathramhnach

quarterly (periodical) *n.* ràidhean *masc.*, ràitheachan *masc.*

quartermaster *n.* stiùradair *masc.*

quartz *n.* clach-eite *fem.*, clach-èiteig *fem.*, cuarts *masc.*, èiteag *fem.*

quatrain *n.* ceathramh *masc.*, rann *masc.*

quatrefoil *n.* duillean-ceithir *masc.*

quaver *n.* crith *fem.*, caman *masc.*, critheadh *masc.*, frith-phuing *masc.*

quaver *vb.* crith

quavering *n.* crith-cheòl *masc.*, trilean *masc.*

quavering *adj.* trileanta

quay *n.* cèidhe *masc.*, cidhe *masc.*, laimhrig *fem.*, laimrig *fem.*, lamraig *fem.*

quean *n.* rìbhinn *fem.*

queasiness *n.* sgreatas *masc.*

queasy *adj.* sleogach

queen *n.* ban-rìgh(inn) *fem.*

Queen's Own Highlanders *pr.n.* Feachd Gaidhealach na Banrìgh

queen-bee *n.* beach-eòlais *masc.*, crainn *fem.*, màthair-ghuire *fem.*

queen-of-the-meadow *n.* crios-Chù-Chulainn *masc.*

queer *adj.* rudanach

quell *vb.* ceannsaich, mùch, stòl

quelled *adj.* stòlda

quench *vb.* bàth, cuir às, casg, mùch, tùch

quenching *n.* smàladh *masc.*

querimonious *adj.* criochdanach

querimoniousness *n.* criochdanas *masc.*

quern *n.* brà *fem.*, meile *fem.*, muileann-brà(dha) *fem./masc.*, muileann-làimhe *fem./masc.*

querulous *adj.* gearanach, sraoineiseach, sraonaiseach

query *n.* ceist *fem.*

query language *n.* cànan-ceasnachaidh *masc.*

questant *n.* sireadair *masc.*

question (inquiry) *n.* ceist *fem.*, cuist *fem.*, cuistean *masc.*, fiafrachadh *masc.*

question (doubt) amharas *masc.*

question *vb.* ceasnaich, ceistich, sgrùd, cuir ceist (ri-lair), faighnich, feòraich

question-book *n.* ceist-leabhar *masc.*, leabhar cheist *masc.*

question-mark *n.* comharradh-ceiste *masc.*, ceisteach *masc.*, ceist-phuing *fem.*, stad-ceiste *masc.*

questionable *adj.* ceisteil

questioning *n.* sgrùdadh *masc.*

questioning *adj.* sgrùdach

queue *n.* ciudha *masc.*

quibble *n.* car-fhacal *masc.*, biogarrachd *fem.*, punc *masc.*, seama-guad *masc.*, seam(a)san *masc.*

quibbler *n.* car-fhaclaiche *masc.*, deismear *masc.*

quick *adj.* luath, grad, ealamh, deas, clis, allamh, bras, clis, mear, obann, sgiobalta, sgiolcanta, sgiolta, siùbhlach, speachanta, tapaidh

quick (pregnant) *adj.* beò-leatromach, beò-thorrach

quick (sensitive parts under nails) *n.* blonag nan ingnean *fem.*

quick-sighted *adj.* beò-fhradharcach, rosglach, sùileach, sùlmhor

quick-sightedness *n.* beò-fhradharc *masc.*

quick-tempered *adj.* sradanta

quick-witted *adj.* luathaireach

quicken *vb.* beothaich, briosg, greas

quicklime *n.* aol beò *masc.*, aol gun bhàthadh *masc.*

quickness *n.* luaths *masc.*, graide *fem.*, gradanachd *fem.*, luathragan *masc.*, obainne *fem.*, sgiobaltachd *fem.*, tapachd *fem.*

quicksand *n.* beò-ghainmheach *fem.*, gainmheach bheò *fem.*, gainmheach-shùigh *fem.*, muc-ghaineamh *fem.*, murasg *masc.*, slugaid *fem.*, slug-ghaineamh *masc.*, sùdan *masc.*, sùghanach *masc.*, sùthanach *masc.*

quicksilver *n.* airgead beò *masc.*

quid (piece of tobacco) *n.* seabh *masc.*, spiolag *fem.*, teabh *masc.*

quid (pound) *n.* nota *fem.*

quiet *n.* sàmhchair *fem.*, ciùineas *masc.*, tosd *masc.*, sàmhaicheadas *masc.*, sìoch *fem.*, sìochaint *fem.*, sìth-shàimh *fem.*, tàmh *masc.*

quiet *adj.* sàmhach, tosdach, beag-ràiteach, neo-charraideach, neo-urchaideach, sàimh, seadarrach, seamh, seasgair, sèimh, sèimheach, sìochail, socair, socrach, sòlta, suaibhreach, suaimhneach, suainte

quiet *vb.* socraich, tosdaich

quieten *vb.* sàmhaich, ciùinich

quieting *n.* sèimheachadh *masc.*

quietly *adj.* os ìosal

quietness *n.* sàmhchair *fem.*, ciùineas *masc.*, sàimhe *fem.*, sèimhe *fem.*, sìth *fem.*, sochd *masc.*, stòldachd *fem.*, suaimhneas *masc.*, tosd *masc.*

quietude *n.* sìochainteachd *fem.*

quill *n.* cleite *fem.*, cleiteag *fem.*, cuille *fem.*, ite *fem.*, iteag *fem.*, spàlag *fem.*

quill-pen *n.* peann-ite *masc.*

quillet *n.* deileachd *fem.*

quilt *n.* cuibhrig *masc.*, cuillsean *masc.*, curainn *fem.*

quince *n.* cnò-chanaich *fem.*, cuinnse *fem.*

quinine *n.* cairt-gheal *fem.*, cinin *masc.*

quinone *n.* cinon *masc.*

quinquennial *adj.* còig-bhliadhnail

quinsy *n.* at-bràghad *masc.*, brachad *masc.*, galar plucach, an *masc.*

quintessence *n.* ceart-bhrìgh *fem.*, spart *masc.*

quintuplet (group of five notes played in time of four) *n.* coigrinn *fem.*

quire *n.* cuair *fem.*, deighlean *masc.*

quirk *n.* car *masc.*, cuilbheart *fem.*, punc *masc.*, puncaid *fem.*, seamasan *masc.*

quit *vb.* fàg, dealaich (ri), trèig, cuidhtich, guaid,

quit (of) *adj.* saor (is)

quite *adj.* gu tur, gu lèir, gu h-iomlan

quittance *n.* cuidhteas *masc.*

quitting *n.* trèigsinn *masc.*

quiver *n.* crith *fem.*

quiver *vb.* crith, dean ball-chrith

quiver (case for arrows) *n.* balg-shaighead *masc.*, gath-bhalg *masc.*, glac *fem.*

quiver (flesh of animal on being slaughtered) *n.* briosgartaich *fem.*

quivering *n.* co-bhogartaich *fem.*

quoit *n.* coit *fem.*, peileastair *masc.*

quoits *n.* propataireachd *fem.*

quorum *n.* lìon-comhairle *masc.*, lìon-gnòthaich *masc.*, àireamh-riaghailteach *masc.*

quota *n.* barr-lìon *masc.*, cuota *masc.*, cuid *fem.*

quotation (current price of shares on Stock Exchange list) *n.* luach-sèire *masc.*

quotation (estimated price) *n.* suim *fem.*

quotation (short passage quoted) *n.* còmhdachadh *masc.*, iasad-bhriathar *masc.*, pìos air a thogail à *masc.*

quotation-mark *n.* comharradh-labhairt *masc.*, cromag thurrach *fem.*, punc-dearbhaidh *fem.*

quote *vb.* luaidh, aithris, thoir mar ùghdarras, còmhdaich, tog às

quotient *n.* roinn-àireamh *fem.*

R

rabbet *n.* sgar an droma *masc.*, sgar an leigeil *masc.*, tàth *masc.*

rabbeting-plane *n.* locar-grobaidh *fem.*

rabbi *n.* ollamh Iùdhach *masc.*

rabbinical *adj.* ollachail

rabbit *n.* coinean *masc.*, coineanach *masc.*, rabaid *fem.*

rabble *n.* graisg *fem.*, prabar *masc.*, corra-margaidh *masc.*, drealainn *fem.*, grolamas *masc.*, pràib *fem.*

rabid *adj.* cuthachail, dearg

rabies *n.* fibin *fem.*

race *n.* oda *masc.*, rèis *fem.*, sìlidh *masc.*, steud *fem.*, steudadh *masc.*, stoc *masc.*

race *vb.* ruith

race (genetic) *n.* cineal *masc.*, aicme *fem.*

race (group) *n.* freumh-cinnich *masc.*

race (running) *n.* comhruith *fem.*

race relations *n.* dàimh-chinealan *fem.*

Race Relations Act 1976 *pr.n.* Achd Dàimh nan Cineal 1976

Race Relations Board *pr.n.* Bòrd Dàimh nan Cineal

racecourse *n.* cùrsa-rèis *masc.*, oda *masc.*

racehorse *n.* each-steud *masc.*, falaire *masc.*, soinneach *masc.*, steud-each *masc.*

racialism *n.* cinealtas *masc.*

racialist *adj.* cinealtach

racing-car *n.* càr-rèisidh *masc.*

racism *n.* ainchinealtas *masc.*, anaiteamas *masc.*, cinnidheachd *fem.*

racist *n.* ainchinealtach *masc.*, anaiteamach *masc.*

racist *adj.* anaiteamach

rack *n.* racais *fem.*

rack *vb.* streangaich

racket (din) *n.* racaid *fem.*, storban *masc.*

radar *n.* reudar *masc.*, gath-iùil *masc.*

radiance *n.* deàlradh *masc.*, lannair *fem.*, lannaireachd *fem.*

radiant *adj.* deàlrach, crith-dheàlrach, lannaireach, lannrach, leugach

radiant heat *n.* teas deàlrach *masc.*

radiate *vb.* deàlraich

radiation *n.* gathachd *fem.*, rèididheachd *fem.*

radiation belt *n.* crios-rèididheachd *masc.*

radical *adj.* bunach, bunachasach, bunail, bunail, bunasach, freumhail, primideach, stocail, tùsail

radio *n.* radio *masc.*, rèidio *masc.*

radioactive *adj.* rèidio-beò

radioactivity *n.* beò-rèididheachd *fem.*, gath-bheòthalachd *fem.*, gath-dhrùidhteachd *fem.*

radiologist *n.* gathaiche *masc.*

radiology *n.* rèidieolas *masc.*

radiotherapy *n.* gath-leigheas *masc.*

radish *n.* curran dearg *masc.*, meacan dearg *masc.*, meacan ruadh *masc.*, ràcadal *masc.*, raibhe *fem.*

radium *n.* raidium *masc.*

radius *n.* gathan *masc.*, lànag *fem.*, leòsach *masc.*, leòsmhang *fem.*, raidh *fem.*

radius (geometry) *n.* radius *masc.*

radix *n.* bunachar *masc.*

raffle *n.* crannchar-gìll *masc.*

raffle *vb.* dìsnich

raft *n.* ràth *masc.*, slaodadh *masc.*, slaod(-uisge) *masc.*, snàmhachan *masc.*, snàmhan *masc.*

rafter *n.* cabar *masc.*, cliath *fem.*, cuaille *masc.*, laom-chrann *masc.*, post *masc.*, taobhan *masc.*

rag *n.* luideag *fem.*, clùd *masc.*, bàrlag *fem.*, barran *masc.*, broineag *fem.*, cearb *fem.*, pìseag *fem.*, poireag *fem.*, ribe *masc.*, ruileag *fem.*, sgrait *fem.*, striochlan *masc.*

rage *n.* cuthach *masc.*, corraich *fem.*, boile *fem.*, fearg *fem.*, bàinidh *fem.*, fraoch *masc.*, siobhas *masc.*

ragfoot *n.* caoibhreachan *masc.*

ragged *adj.* luideach, clobhdach, bàrlagach, cearbach, loithreach, peallagach, ribleach, sgòdach, sgraiteach

ragged robin *n.* flùr-na-cubhaig *masc.*

ragged-Robin *n.* bròg na feannaig *fem.*, caorag-lèana *fem.*, currac-cubhaige *masc.*, sìoda-lus *masc.*

raging *n.* onfhadh *masc.*

ragman *n.* ragadair *masc.*

ragweed *n.* buaghallan (buidhe) *masc.*, iubhar-slèibhe *masc.*

ragwort *n.* boltan buidhe *masc.*, bualtag *fem.*, geostan *masc.*, geothasdan *masc.*, guiseag bhuidhe *fem.*

raid *n.* farbhas *masc.*, ruathar *masc.*

raid *vb.* creach

rail *n.* rèile *fem.*

rail *vb.* sgràill

rail (barrier) *n.* croiseid *fem.*

railing *n.* càineadh *masc.*, sgràilleadh *masc.*

railings *n.* rèileachan *pl.*

raillery *n.* ioladh *masc.*, searbh-ghlòir *fem.*, sgaiteachd *fem.*, sglàmhrainn *fem.*

railroad *n.* rathad nan gàd *masc.*

railway *n.* rathad-iarainn *masc.*

rain *n.* uisge *masc.*

rain *vb.* sil

rain guage *n.* tomhas-uisge *masc.*

rain-hat *n.* ad-uisge *fem.*

rainbow *n.* bogha-froise *masc.*, bogha-uisge *masc.*, bogh-braoin *masc.*, braon-bhogh *masc.*, braon-bogha *masc.*

rainbow-trout *n.* breac ruadh *masc.*, breac dathte *masc.*

raincoat *n.* còta-froise *masc.*

raindrop *n.* boinne-uisge *masc.*, boinne-tàig *masc.*

rainfall *n.* uisge *masc.*, plutadh *masc.*

rainforest *n.* coille-uisge *fem.*

raining *n.* sileadh *masc.*

rainy *adj.* sileach

raise *vb.* àrdaich, tog

raised beach *n.* fadhlainn *fem.*

raisin *n.* fìon-dhearc chaoinichte *fem.*

raising (building) *n.* toirneadh *masc.*

raison d'etre *n.* adhbhar-bith *masc.*

rake *n.* ràcan *masc.*, ràc *masc.*, rallsa *masc.*, ràsdal *masc.*, sgrìoban *masc.*

rake *vb.* ràc, ràsdail

rake (person) *n.* ruitear *masc.*

raker *n.* ràcaire *masc.*

raking *n.* ràcadh *masc.*, rallsadh *masc.*, ràsdaladh *masc.*

rally *n.* tional *masc.*

rally (intransitive) *vb.* ath-chruinnich

rally (transitive) *vb.* ath-bhrosnaich

ram *n.* reithe *masc.*, rùda *masc.*, rùta *masc.*

ram *vb.* ploc

ramble *n.* farsannachd *fem.*

ramble *vb.* gabh sràid, iom-shiubhail, spaisdirich

rambler *n.* ramailear *masc.*, ramalair *masc.*, ramhlair *masc.*, rasair *masc.*, spaisdear *masc.*

rambling *n.* ramalaireachd *fem.*, rasaireachd *fem.*

rambling *adj.* spaisdearachd

ramekin *n.* ramaigean *masc.*

rammer *n.* calcaire *masc.*, simid *masc.*

ramming *n.* reitheachas *masc.*

rampant *adj.* rèimeil, ruith-leumnach

rampart *n.* mùr *masc.*, dìdean *fem.*, baideal *masc.*, bàbhan *masc.*, obair-dhìon *fem.*, rampair *masc.*, tonnach *masc.*

ramrod *n.* dinnire *masc.*, slat-gunna *fem.*

ramsons *n.* creamh *masc.*, garlag *fem.*, lurachan *masc.*, meannt fiadhaich *masc.*

rancid *adj.* coinnteachail

rancidness *n.* pileistreadh *masc.*

rancour *n.* naimhdeas *masc.*

random *adj.* air thuaiream, tuairmeach, tuairmeasach

random access memory *n.* cuimhne thuairmeach *fem.*

random number *n.* àireamh tuairmseach *masc.*

range *n.* raon *masc.*, farsan *masc.*, monadh *masc.*, rang *fem./masc.*, ranntair *masc.*

range (enclosed kitchen fireplace) *n.* sornag *fem.*

range (of mountains) *n.* sreath *fem.*

range (scope) *n.* ruigse *fem.*

rangefinder *n.* inneal-rannsachaidh *masc.*

rank *n.* ceum-inbhe *masc.*, inbhe *fem.*, inbheachd *fem.*, rang *fem./masc.*, reang *masc.*, sràid *fem.*, sreath *fem.*, stàid *fem.*

rank (e.g. soldiers) *n.* ràgh *masc.*, ràighe *fem.*

rank (luxuriant, full of substance) *adj.* reachdmhor

rank grass *n.* fòghlach *masc.*, fòlach *masc.*

ranked *adj.* reangach, sreathail

ranking *n.* rangachadh *masc.*

ransack *vb.* ainneartaich, ruamhlaich

ransom *n.* èirig *fem.*, ìoc-èiric *masc.*, luach-saoraidh *masc.*

ransom *vb.* saoraich

ransomed *adj.* saor

ransoming *n.* dìoladh *masc.*, saorachadh *masc.*, saoradh *masc.*

rant *n.* rabhd *masc.*, rannadhail *fem.*

ranter *n.* rabhdaire *masc.*

ranunculus *n.* cearban *masc.*, lasair-liana *masc.*, lus an ime *masc.*, lus an ròcais *masc.*

rap *vb.* cnap

rap (counterfeit halfpenny) *n.* rap *masc.*

rapacious *adj.* greamail

rape *n.* èigneachadh *masc.*, èiginneas *masc.*

rape *vb.* èignich

rape (brassica napus) *n.* raib *fem.*

raped *adj.* èignichte

rapid *adj.* bras

rapidity *n.* braise *fem.*, ròiseal *masc.*

rapier *n.* claidheamh caol *masc.*, roipear *masc.*, tuca *masc.*

rapine *n.* reubainn *fem.*, sgabaiste *masc.*

rapscallion *n.* sgonnabhalach *masc.*

rapture *n.* mire *fem.*, mòr-ghàirdeachas *masc.*

rare *adj.* annasach, tearc, ainneamh, neònach, sgrabach

rare (food) *adj.* gann-bhruichte, leitheach-amh

rareness *n.* ainmiceachd *fem.*, neo-chumantachd *fem.*, tearcachd *fem.*

rarity (thing valued for its scarcity) *n.* annas *masc.*, suaicheantas *masc.*

rascal *n.* blaigeard *masc.*, logaid *masc.*, pìceir *masc.*, raigealtach *masc.*, rascail *masc.*, slaightear *masc.*, spailpean *masc.*, spailpire *masc.*, triùbhair *masc.*, triùcair *masc.*, triùcair *masc.*

rash *n.* broth *masc.*, sgreamhladh *masc.*

rash *adj.* bras, ceann-làidir, dalma, dàna, dosgaidh, ladarna, mearcach, mearcasach, obann, ruiseanta, ruiseil

rasher *n.* sliseag *fem.*

rashness *n.* braise *fem.*, deithneas *fem.*, obaigeachd *fem.*, obainne *fem.*

raspberry *n.* sùbh(ag)-craoibh *fem.*, sùbhag *fem.*, sùibheag *fem.*

rasure *n.* lomadh *masc.*, tomadh *masc.*

rat-tail *n.* duilleag Phàdraig *fem.*

ratchet *n.* bac-fiacail *masc.*

rate *n.* ìre *fem.*, luach *masc.*, prìs *fem.*, ràta *masc.*, reit *masc.*, ruith *fem.*

rate of exchange *n.* luach na h-iomlaide *masc.*

rate of interest *n.* luach-rèidh *masc.*

rate of production *n.* luach-toraidh *masc.*

rate of return *n.* luach-dìola *masc.*

rate support grant *n.* tabhartas leasachadh reitichean *masc.*

rateable *adj.* luachail

rather than *prep.* seach

ratification *n.* daingneachadh *masc.*

ratify *vb.* neartaich, rèitich

ratio *n.* co-mheas *masc.*, coimheas *masc.*, ruith *fem.*

ratiocinate *vb.* reusanaich

ratiocination *n.* reusanachadh *masc.*, reusantas *masc.*

ration *n.* cuibhreann *masc.*

ration *vb.* cuibhreannaich

rational *adj.* ciallach, reusanta, connail, connmhor, iùlach

rationale *n.* adhbhar *masc.*, feallsanachd *fem.*

rationalism *n.* reusanachas *masc.*

rationality *n.* reusanachd *fem.*

rationing *n.* cuibhreannachadh *masc.*, treamhnadh *masc.*

rattle *n.* clach-bhalg *masc.*, fideag *fem.*, glaothram *masc.*, gleadhran *masc.*, rotach *masc.*, rotach *masc.*, struladh *masc.*, torghan *masc.*

rattle *vb.* siurdan, turaraich

rattle (plaything) *n.* gliogan *masc.*, srannan *masc.*

rattle-headed *adj.* bideanach

rattlesnake *n.* nathair ghleadhrach *fem.*, nathair-ghlagain *fem.*

rattling *n.* dìosgan *masc.*, gleadhraich *masc.*, siordan *masc.*, siurdanadh *masc.*, straighlich *fem.*, torghanaich *fem.*

rattling *adj.* torghanach

ravages *n.* sgannairt *fem.*

ravel *vb.* prab

ravelled *adj.* prabach

raven *n.* fitheach *masc.*, biadhtach *masc.*, neabhan *masc.*, Dòmhnall Dubh

ravenous *adj.* arpagach

ravenousness *n.* cìocras *masc.*, mion-acras *masc.*

raving *n.* ròmhan *masc.*, ròmhanaich *fem.*

ravish *vb.* èignich, truaill

ravished *adj.* èignichte

ravisher *n.* èigneachair *masc.*

ravisher *adj.* foreignear

raw *adj.* amh

raw material *n.* bun-stuth *masc.*, gritheid *fem.*

rawness *n.* amhalachd *fem.*

rax *vb.* stadh

raxing *n.* stadhadh *masc.*

raxing *adj.* stadhach

ray *n.* gath *masc.*, leòsach *masc.*

ray-finned *adj.* gath-iteach

razor *n.* ealtainn *fem.*, bearrag *fem.*,
bearr-sgian *fem.*, lann-smig *fem.*,
locair-chraois *masc.*, ràsar *masc.*, sgian-
bhearraidh *fem.*, speal-bheòil *fem.*,
speal-chraois *fem.*, speal-craois *fem.*

razor-bill *n.* coltraiche *masc.*, eun dubh
masc., falc *fem.*, làmhaidh *masc.*, sgrab
masc.

razor-fish *n.* muirsgian *masc.*, mursaig
fem., mùsgan *masc.*, stealladair *masc.*,
sùil-an-tòin *fem.*

re-claim *vb.* ath-agair

re-count *n.* ath-chunntadh *masc.*

re-elect *vb.* ath-thagh

re-engage *vb.* ath-fhasdaich

re-enter (computer) *vb.* ath-chuir

re-examination *n.* ath-dheuchainn *fem.*,
ath-cheasnachadh *masc.*

re-examine *vb.* ath-cheasnaich

re-inherit *vb.* ath-shealbhaich

re-roof *vb.* cuir mullach ùr air

re-run (computing) *vb.* ath-ruith

reach *vb.* ruig

reaction *n.* ath-bhualadh *masc.*,
frithilleadh *masc.*

reaction (chemical) *n.* iom-oibreachadh
masc.

reactionary *adj.* daobhaidh, frithilleach

read-only memory *n.* cuimhne bhuan
fem.

read-only memory chip *n.* sgealb
chuimhne bhuan *fem.*

readaptation *n.* ath-fhreagrachadh *masc.*

reader *n.* leughadair *masc.*

readiness *n.* deisealachd *fem.*, ullamhachd
fem., adhairt *fem.*, trusachadh *masc.*

reading passage *n.* earrann-leughaidh
fem.

reading test *n.* deuchainn-leughaidh *fem.*

readmission *n.* ath-leigeil a-steach *masc.*

readmit *vb.* ath-ghabh a-steach

ready *adj.* deiseil, deas, ullamh, air ghleus,
air inneal

ready money *n.* airgead ullamh *masc.*

real *adj.* fìor, riochdail

real time *n.* fìor-am *masc.*

real time (computing) *n.* ùine-ghabhail
fem.

realgar *n.* realgar *masc.*

realisable value *n.* luach a gheibhte *masc.*

realism *n.* fìorachas *masc.*

realistic figure *n.* suim chothromach *fem.*

reality *n.* riochdalachd *fem.*

realm *n.* rìoghachd *fem.*

ream (measure) *n.* buinnseal *masc.*

reanimate *vb.* ath-bheothaich

reap *vb.* buain, seàrr

reaper *n.* buanaiche *masc.*, neach-bhuain
masc.

reaping-hook *n.* corran *masc.*, maide-
slathaig *masc.*

rear *n.* deireadh *masc.*

rear *vb.* àraich, tog, muim, oidich

rearguard *n.* cùl-choimhead *masc.*, cùl-
chuideachd *fem.*

rearing *n.* togail *fem.*

reason *n.* adhbhar *masc.*, fàth *masc.*, ciall
fem., cion-fàth *masc.*, conn *masc.*,
tuigse *fem.*

reason *vb.* reusanaich, tagair

reasonable *adj.* reusanta, riantanach

reasoner *n.* reusanaiche *masc.*

reasoning *n.* reusanachadh *masc.*,
reusanachd *fem.*, tagairt *fem.*

rebate *vb.* snaith

rebate (discount) *n.* lughdachadh *masc.*

rebel *n.* neach ceannairceach *masc.*,
neach-ceannairc *masc.*, reubal *masc.*,
reubalach *masc.*, sìth-bhristeach *masc.*

rebel vb. ceannairc, ceannaircich

rebellion n. ar-a-mach masc., reubaltachd fem., ceannairc fem., reubalachd fem., sìth-bhristeadh masc.

rebellious n. reubaltach masc.

rebellious adj. ceannairceach, mì-umhail, reubalach, reubaltach, sìth-bhristeach

rebinding n. ath-cheangal masc.

rebound vb. ath-leum, stot

rebuff n. athais fem.

rebuild vb. ath-thog

rebuke n. achmhasan masc., achasan masc., cronachadh masc., radailidh masc., ruice fem., sionnadh masc.

rebuke vb. cronaich, iomchoirich, troid

recall n. ath-ghairm fem.

recall vb. cuimhnich, cùl-ghairm

recant vb. seun

recapitulation n. ath-cheumnachadh masc.

recapture vb. ath-ghlac

recede vb. sùblaich

receipt n. bann cuidhteach masc., cuidhteas masc.

receipt (acknowledgement) n. bann-cuidhteachta masc.

receive vb. faigh

received adj. air fhaighinn, air fhaotainn

receiver n. glacadair masc.

receiver (court appointee) n. trusaiche-fhiachan masc.

recent adj. nodha, nuadh, ùr

receptacle n. gabhadan masc., tàclach masc.

reception n. deasachadh masc.

reception (act of welcoming) n. gabhail ri fem., fàilteachadh masc., gabhail a-steach fem.

reception (area) n. ionad-fàilte masc.

reception (party) n. cuirm fem., fleadh masc.

receptionist n. fàiltiche masc.

recess n. còs masc., cùlaist fem.

recession n. crìonadh masc., seacadh masc., sìoladh masc., traoghadh masc.

recipient n. neach-gabhail masc.

reciprocal n. malairteach fem.

reciprocal adj. eadarrach

reciprocal pronoun n. riochdair co-chèileach masc.

recital n. aithris fem., ceadal masc.

recitation n. aithris fem.

recitativo n. ceòl-òraid fem.

reciter n. neach-aithris masc., aithriseach masc., aithrisear masc., aithrisiche masc., rannach masc.

recklessness n. cion-umhail masc., cion-omhaill masc.

reckon vb. meas, ionnrain

reckoner n. cunntair masc.

reckoning n. ionnran masc., measadh masc.

reclaim vb. saoraich, feairrdich, feobhasaich

recline vb. laigh, sìn

recluse n. aonaran masc., crùisleach masc., dorraman masc., ònrachdan masc.

recognise vb. aithnich, faithnich

recognition n. aithne fem., aithneachd fem.

recollect vb. cuimhnich, meòmhraich

recollection n. beachd masc., cuimhne fem.

recommence vb. ath-thòisich

recommend vb. mol

recommendation n. moladh masc.

recommendatory adj. moltainneach

recommended adj. molta

recommended price n. prìs mholta fem.

recompense n. cuidhteachadh masc., dìolachd fem., luigheachd fem.

recompense *vb.* ath-dhìol, cuidhtich, dìobhailich, dìol

reconcilable *adj.* so-rèitichte

reconcile *vb.* ath-rèitich, rèitich, sìthich

reconciled *adj.* a-staigh air a chèile, rèidh

reconciler *n.* neach-rèite *masc.*, rèiteachair *masc.*, rèitear *masc.*

reconciliation *n.* ath-rèiteachadh *masc.*, co-rèite *fem.*, rèite *fem.*, rèiteachd *fem.*, sìth *fem.*, soimhneas *masc.*

reconciliatory *adj.* ath-rèiteachail

reconciling *adj.* rèiteachail

reconnaisance plane *n.* plèan-taisgealaidh *masc.*

reconquer *vb.* ath-cheannsaich

reconsider *vb.* ath-bheachdaich, ath-sheall, ath-smaoinich

reconsideration *n.* ath-bheachd *masc.*

reconstruct *vb.* ath-chruthaich, ath-thog

reconstruction *n.* ath-thogail *fem.*

record *n.* clàr *masc.*, cunntas *masc.*, meòmhrachan *masc.*, meòmhran *masc.*, meòmhranach *masc.*, raon *masc.*

record *vb.* clàraich, cum cunntas, reacòrd

record-player *n.* inneal-chlàr *masc.*

record-sleeve *n.* cèis-clàir *fem.*

recorded delivery *n.* liubhragadh clàraichte *masc.*

recorder *n.* clàradair *masc.*, meòmhraiche *masc.*, reacòrdair *masc.*, tràchdair *masc.*

recorder (fippleflute) *n.* cusail-bhinn *fem.*, ploc-chusail *fem.*

recording *n.* clàr *masc.*, reacòrdadh *masc.*

recover (get back) *vb.* faigh air ais

recover (improve) *vb.* rach am feabhas

recovering (improving) *n.* dèanamh-adhartais *masc.*, dol nas fheàrr *masc.*, tighinn air adhart *fem.*, tighinn bhuaithe *masc.*

recovery *n.* ath-bheothachadh *masc.*, dol am feabhas *masc.*

recreate *vb.* ath-chruthaich

recreation *n.* cur seachad *masc.*, cleasachd *fem.*, culaidh-shùgraidh *fem.*

recreational *adj.* cleasachail

recruit *n.* glaslach *masc.*, saighdear ùr *masc.*

recruit *vb.* fasd, tog

recruiter *n.* fasdaidhear *masc.*, neach-togail shaighdear *masc.*

recruiting *n.* fasdadh *masc.*, togail *fem.*

recruiting officer *n.* othaichear *masc.*

rectangle *n.* ceart-cheàrnach *masc.*, dronn-uileannag *fem.*

rectangle face *n.* aodann ceart-cheàrnach *masc.*

rectangular *adj.* ceithir-cheàrnach, dronn-uileannach, riaghailt-cheàrnach

recticular *adj.* lìonanach

rectifier *n.* ceartair *masc.*

rectify *vb.* ceartaich, cuir ceart, leasaich

rectilinear *adj.* lìnear

rector *n.* ceann-sgoile *masc.*, maighstear-sgoile *masc.*, reachdadair *masc.*

rectorship *n.* reachdaireachd *fem.*

rectum *n.* fosglan a' chaolain *masc.*, tòn *fem.*

recuperate *vb.* rach am feabhas, slànaich

recur *vb.* tachair a-rithist

recurrent *adj.* pillteach

recycle *vb.* ath-chuairtich

recycling *n.* ath-chuairteachadh *masc.*

red *adj.* dearg, cròch, flannach, mongach, ruanaidh

red admiral *n.* àrd-sheòladair dearg *masc.*

red campion *n.* còrcach-coille *masc.*

red clay *n.* ruadh-chrèadh *fem.*

red clover *n.* bileag-chapaill *fem.*, deocan dearg *masc.*, seamrag dhearg *fem.*, seamrag-chapaill *fem.*

red colour *n.* dearg *masc.*

red corpuscle *n.* frìde dhearg *fem.*

Red Cross Society, the *pr.n.* Comunn na Croise Deirge

red currant *n.* dearc dhearg *fem.*, raosar dearg *masc.*

red dead-netle *n.* deanntag dhearg *fem.*

red deer *n.* earb *fem.*, fiadh *masc.*

red deer (female) *n.* agh *fem.*, èildeag *fem.*, maoiseach *fem.*

red deer (male) *n.* damh *masc.*, rua-bhoc *masc.*

red deer (young) *n.* laogh *masc.*, mang *fem.*

red disease (in cattle) *n.* galar dearg, an *masc.*, galar na beinne *masc.*

red fox *n.* madadh ruadh *masc.*, sionnach *masc.*, balgair *masc.*

red grouse *n.* cearc ruadh *fem.*, eun-fraoich *masc.*

red grouse (female) *n.* cearc-fhraoich *fem.*

red grouse (male) *n.* coileach-fraoich *masc.*

red gurnet *n.* cnòdan ruadh *masc.*, gabharag *fem.*

red kite *n.* clamhan gobhlach *masc.*, croman *masc.*, croman-lochaidh *masc.*, croman-luchaidh *masc.*, preachan nan cearc *masc.*

red lily *n.* arbhar an fhoghair *masc.*

red mullet *n.* iasg driomanach *masc.*

red murrain *n.* eàrnach dhearg *fem.*

red orpiment *n.* sanarc *masc.*

red pine *n.* giuthas dearg *masc.*

red rattle *n.* bainne-gobhair *masc.*, lus riabhach *masc.*, modhalan dearg *masc.*

red seaweed *n.* feamainn dhearg *fem.*

red shank *n.* glùineach mhòr *fem.*

red squirrel *n.* feòrag *fem.*

red swelling (disease in cattle) *n.* bun dearg, am *masc.*

red wine *n.* fìon dearg *masc.*

red-breasted merganser *n.* sìolta dhearg *fem.*, sìoltaich *masc.*

red-faced *adj.* bruich

red-footed falcon *n.* seabhag dhearg-chasach *fem.*

red-haired *adj.* ruadh

red-hot *adj.* ruithean

red-lipped *adj.* beul-dearg

red-necked grebe *n.* gobhachan-ruadh *masc.*

red-necked phalarope *n.* deargan *masc.*, deargan allt *masc.*, isean dearg *masc.*

red-throated diver *n.* learga chaol *fem.*, learga ruadh *fem.*, learga-bhùrn *fem.*, learga-uisge *fem.*

red-veined dock *n.* copagach dhearg *fem.*

red-water *n.* èarnach *fem.*

redcoat *n.* saighdear dearg *masc.*, dearganach *masc.*

redden *vb.* deargaich, ruadhaich

reddish *adj.* leth-ruadh, ruainidh, ruanaidh

redeem *vb.* ath-cheannaich, saor

redeemable *adj.* so-fhuasglaidh

redeemer *n.* fuasgaldair *masc.*, neach-saoraidh *masc.*

redeeming *n.* saoradh *masc.*

redemption *n.* saorsa *fem.*

redemptory *adj.* èirigeil

redivide *vb.* ath-roinn

redness *n.* deirgead *masc.*, deirge *fem.*, deargachd *fem.*, ruiteag *fem.*

redouble *vb.* ath-dhùblaich

redpoll *n.* deargan-seilich *masc.*

redshank *n.* boda *masc.*, bodatha *masc.*, cam chas *fem.*, cam glas *fem.*, clabhais-feach *masc.*, finnineach *masc.*, gob labharta *masc.*, gobharrta *masc.*, gobhlan-mara *masc.*, maor-cladaich *masc.*, rìgh-ghuileanach *masc.*

redstart *n.* ceann dearg *masc.*, ceann-deargan *masc.*, deargan-allt *masc.*, èarr dearg *masc.*

reduce *vb.* lughdaich, thoir a-nuas

reduced *adj.* lughdaichte

reduction *n.* lughdachadh *masc.*

reduction division *n.* roinn-lughdachaidh *fem.*

redundance *n.* iomadaidheachd *fem.*

redundancy *n.* anabharr *masc.*, osbarras *masc.*

redundancy pay *n.* pàigheadh-anabharra *masc.*

redundant *adj.* anabarrach, anabharra, osbarrach

reduplication *n.* ath-dhùblachadh *masc.*

redwing *n.* deargan-sneachda *masc.*, sgiath-dheargan *masc.*, smeòrach an t-sneachda *fem.*

reed *n.* colbh *masc.*, cuilc *fem.*, fìdeag *fem.*, lachan *masc.*, niatal *masc.*, readan *masc.*, ribheag *fem.*, seasgan *masc.*

reed (bagpipe) *n.* gleus *masc.*, gothaiche *masc.*, ribheid *fem.*

reed (sley) *n.* slinn *masc.*

reed-bunting *n.* gealag dhubhcheannach *fem.*, gealag-lòin *fem.*

reed-mace *n.* cuigeal nam ban sìth *fem.*

reed-warbler *n.* ceòlan-cuilc *masc.*, loiliseag *fem.*

reef *n.* sgeir *fem.*

reef (portion of sail) *n.* sreath *fem.*

reef (portion of sail) *adj.* riof

reef (rock) *n.* bodha *masc.*

reef-knot *n.* snaim an t-seòladair *masc.*, snaim a' bhanna *masc.*

reel *n.* righle *masc.*, cuibhle *fem.*, iteachan *masc.*, ridhil *masc.*

reel *vb.* ridhil

Reel of Tulloch *pr.n.* Righle Thulaichean

reeve (female sandpiper) *n.* gibeagan *masc.*

refectory *n.* proinnlann *masc.*

refer to *vb.* cuir ri, thoir iomradh air, thoir tarraing air

refer to ballot *vb.* cuir crannchur, cuir cruinn

referee *n.* rèitear *masc.*, neach-rèiteachaidh *masc.*

reference *n.* teisteanas *masc.*

reference (mention) *n.* tarraing *fem.*

reference book *n.* leabhar-fiosrachaidh *masc.*, leabhar-lorg *masc.*

reference file *n.* faidhle-bratha *masc.*

reference record *n.* leabhar-cuimhne *masc.*

refill *vb.* ath-lìon, leasaich

refinement *n.* mion-ghrinneas *masc.*

refinery (place for refining) *n.* fìneadair *masc.*

refining *n.* fìneadh *masc.*, leasachadh *masc.*

reflation *n.* ath-shèideadh *masc.*, beòthachadh *masc.*, meudachadh-luach *masc.*, neartachadh-luach *masc.*

reflationary *adj.* ath-shèideach

reflect *vb.* cnuasaich, smaoinich

reflect (contemplate) *vb.* meoraich

reflect (to mirror) *vb.* nochd

reflection *n.* faileas *masc.*, lèir-smaoin *masc.*, smaoin *fem.*

reflective *adj.* smaoineach

reflector *n.* dealradair *masc.*

reflex angle *n.* ceàrn fhosgailte *masc.*

reflexive *adj.* ath-fhillteach

reflexive pronoun *n.* riochdair fèineach *masc.*

refloat *vb.* cuir air bhog a-rithist

reflux *n.* ath làn-mara *masc.*, tràigh *fem.*

reform *vb.* ath-leasaich, ath-chruthaich

reformation *n.* ath-leasachadh *masc.*, ath-chruthachadh *masc.*

reformer *n.* ath-leasachair *masc.*, leasachair *masc.*, leasaiche *masc.*

refraction *n.* ath-raonadh *masc.*, bristeadh-solais *masc.*

refrain *n.* sèist *masc.*

refrain *vb.* seun

refrain (from) *vb.* cum (bho)

refrangible *adj.* so-sgaraidh

refresh *vb.* ath-bheòthaich, ùraich

refreshment *n.* ùrachadh *masc.*

refreshing *n.* ùrachadh *masc.*

refrigerate *vb.* fionnaraich, fuaraich, reòth

refrigerated *adj.* fuaraichte

refrigerator *n.* fionnaradair *masc.*, frids *fem.*, inneal-fionnarachaidh *masc.*, reothadair *masc.*, soitheach-fuarachaidh *fem.*

refuge *n.* tèarmann *masc.*, còmhdachadh *masc.*

refugee *n.* teicheach *masc.*

refulgent *adj.* làn-shoilleir

refund *n.* ais-ìoc *masc.*, ath-dhìoladh *masc.*

refund *vb.* ath-dhìol, pàigh air ais

refusal *n.* diùltadh *masc.*, obadh *masc.*, seunachd *fem.*, seunadh *masc.*

refuse *n.* spruille *fem.*, tramasgal *masc.*, sgudal *masc.*, moll *masc.*, fuigheall *masc.*, cnàmhag *fem.*, fuighleach *masc.*, gusgal *masc.*, luideagan *masc.*, meanbhlach *fem.*, monasg *fem.*, ollag *fem.*, proghan *masc.*, sgrathal *masc.*, sgruibleach *fem.*, sguab *fem.*, sguabadh *masc.*, smolasg *masc.*, spruileach *masc.*, treib *fem.*

refuse *vb.* diùlt, ob, seun, sòr

refuser *n.* cùlachair *masc.*

regain *vb.* ath-bhuannaich, ath-bhuidhinn

regale *vb.* meanmnaich

regard *n.* spèis *fem.*, meas *masc.*, mùirn *fem.*, diù *masc.*, rùn *masc.*, sùil *fem.*, suim *fem.*, suimealachd *fem.*

regard *vb.* meas

regardful *adj.* suimeil

regenerate *vb.* ath-chruthaich, ath-ghin, ath-nuadhaich, ath-ùraich

regeneration *n.* ath-bhreith *fem.*, ath-chruthachadh *masc.*, ath-ghineamhainn *masc.*, ath-ghintinn *fem.*, dùsgadh *masc.*, nua-bhreith *masc.*, ùr-bhreith *fem.*

regent *n.* eadar-thriath *masc.*, leas-rìgh *masc.*, mòr-uachdaran *masc.*

regicide (killer of king) *n.* rìgh-mhortair *masc.*

regicide (killing of king) *n.* rìgh-mhort *masc.*

regiment *n.* rèisimeid *fem.*

regimental *adj.* rèisimeideach

region *n.* ceàrn *masc.*, roinn *fem.*, tìr *fem.*

regional *adj.* roinneil

regional authority *n.* comhairle-roinne *fem.*, ùghdarras-roinne *masc.*

regional authority election *n.* taghadh comhairle-roinne *masc.*

regional council *n.* comhairle-roinne *fem.*

register *n.* clàr *masc.*, gearradan *masc.*, meòmhran *masc.*, rèim *fem.*

register *vb.* clàraich

register (store location) *n.* clàr-cuimhne *masc.*, cruinnichear *masc.*

Register of Electors *pr.n.* Clàr an Luchd-taghaidh

registrar *n.* neach-clàraidh *masc.*

Registrar-General for Scotland *pr.n.* Clàradair na h-Alba

registration *n.* clàradh *masc.*

regression *n.* ais-cheumadh *masc.*

regret *n.* aithreachas *masc.*, beagachas *masc.*, doitheadas *masc.*, duilichinn *fem.*, mairg *fem.*, oil *fem.*

regret *vb.* gabh aithreachas

regular *adj.* riaghailteach, cothromach, cunbhalach, òrdail, reachdail, riaghlach, snasta, speisealta

regular (military) *adj.* ceangailte

regular army *n.* arm ceangailte *masc.*

regular verb *n.* gnìomhair riaghailteach *masc.*

regularity *n.* riaghailteachd *fem.*, rian *masc.*, rianalachd *fem.*, snas *masc.*

regulate *vb.* rèitich, riaghailtich, marasglaich, riaghail, steòrn

regulation *n.* riaghailt *fem.*

regulator *n.* riaghailtear *masc.*, ceartair *masc.*, marasgal *masc.*, riaghladair *masc.*, riaghlaiche *masc.*

rehabilitation *n.* ath-ghnàthachadh *masc.*, ath-chomas *masc.*

rehearsal *n.* aithris *fem.*

rehearse *vb.* aithris, ràc, steinn

rehearser *n.* reisiche *masc.*

reign *n.* rìoghachadh *masc.*

reign *vb.* riaghail, rìoghaich

reimburse *vb.* pàigh air ais

rein *n.* srian *fem.*, arannach-srèine *masc.*, reang *masc.*

reindeer *n.* fiadh Lochlannach *masc.*, bràc *masc.*, fast *masc.*

reinforce *vb.* ath-neartaich, co-neartaich, daingnich

reinforcement *n.* daingneachadh *masc.*

reinstate *vb.* ath-shuidhich

reinstatement *n.* ath-shuidheachadh *masc.*

reiterate *vb.* ath-aithris

reiver *n.* creachadair *masc.*, spùilleadair *masc.*

reject *n.* seot *masc.*

reject *vb.* diùlt, ob

rejection *n.* obadh *masc.*

rejection mechanism *n.* uidheam-diùltaidh *fem.*

rejoice *vb.* cridhealaich, dèan gàirdeachas, gàirdich, geiltich, subhaich

rejoicing *n.* gàirdeachas *masc.*

rejoicing *adj.* sòlasach

rekindle *vb.* ath-bheothaich

rekindling *adj.* ath-bheothachail

relapse *n.* tuiteam air ais *masc.*, athphilleadh-tinneis *masc.*, ath-thuisleachadh *masc.*, ath-thuiteam *masc.*, tilleadh *masc.*, tilleadh-tinneis *masc.*

relapse *vb.* ath-thuit, ath-chlaon, ath-thuislich, pill (ri), till (ri)

relate *vb.* innis

related (associated) *adj.* co-cheangailte (ri)

related (family) *adj.* càirdeach

related matter *n.* cuspair buntainneach *masc.*

relater *n.* aithriseach *masc.*, aithrisear *masc.*, aithrisiche *masc.*, sgeulaiche *masc.*

relating *n.* innseadh *masc.*

relation (database) *n.* cleamhnas *masc.*

relations *n.* cuideachd *fem.*

relationship *n.* càirdeas *masc.*, dàimh *fem.*, ath-chleamhnas *masc.*, buntainneas *masc.*, dàimhealachd *fem.*

relative *n.* neach-dàimh *masc.*, neach-cinnidh *masc.*

relative *adj.* dàimheach

relative construction *n.* gleus dàimheach *masc.*

relative particle *n.* mìrean dàimheil *masc.*

relative pronoun *n.* riochdair dàimheach *masc.*

relative verb *n.* gnìomhair dàimheach *masc.*

relatives *n.* càirdean *masc.*, luchd-dàimh *masc.*

relativity *n.* dàimhealachd *fem.*

relax *vb.* fuasgail, lasaich, leig anail, mainnich, socraich

relaxation *n.* fois *fem.*, lasachadh *masc.*, socair *fem.*

relaxed *adj.* tais

release *n.* iom-fhuasgladh *masc.*

release *vb.* leig as, leig mu sgaoil, cuir fa sgaoil, fuasgail, cuir mu sgaoil, leig ma rèir

release on bail *vb.* leig mu sgaoil air urras

relenting *adj.* maitheach

relentless *adj.* neo-thròcaireach

relevance *n.* buinteanas *masc.*

relevancy *n.* buntainneas *masc.*, freagarrachd *fem.*, iomchaidheachd *fem.*

relevant *adj.* buntainneach, bointealach, freagarrach, iomchaidh

reliability *n.* earbsachd *fem.*

reliable *adj.* earbsach, seasmhach

reliance *n.* earbsa *fem.*, muinighin *fem.*, taiceachd *fem.*, urrachd *fem.*

relic *n.* cuimhneachan *masc.*, iarmad *masc.*, iarsmadh *masc.*

relief *n.* faochadh *masc.*, cobhair *fem.*, còmhnadh *masc.*, cuideachadh *masc.*, faothachadh *masc.*, fuarachadh *masc.*, furtachd *fem.*, iom-fhuasgladh *masc.*, lasachadh *masc.*

relieve *vb.* faothaich, cobhair, comhfhurtaich, cuidich, furtaich, iom-fhuasgail, lasaich

reliever *n.* furtachair *masc.*

relieving *adj.* cobharach

religion *n.* creideamh *masc.*

religious *adj.* cràbhach

relinquish *vb.* thoir seachad, trèig

relinquishing *n.* trèigsinn *masc.*

reliquary *n.* cothan *masc.*, taisealan *masc.*

relish *n.* deagh-bhlas *masc.*, dèidh *fem.*, miann *fem./masc.*, tlachd *fem.*, toil *fem.*

reluctance *n.* aindeòin *fem.*, mì-dheòin *fem.*, neo-thoileachd *fem.*

reluctant *adj.* aindeònach, leisg, neo-thogarrach, neo-thoileach, neo-thoileil

remain *vb.* fan, fuirich

remainder *n.* còrr *masc.*, còrralach *masc.*, fuigheall *masc.*, fuighleach *masc.*, iarsmadh *masc.*

remaining *adj.* an làthair, maireann

remains *n.* fuigheall *masc.*, fuighleach *masc.*

remains (of construction) *n.* mainearach *masc.*

remand in custody *vb.* cuir an sàs, cuir fo chùram nam polas

remanuring *n.* ath-thodhar *masc.*

remark *n.* beachd *masc.*, ràdh *masc.*

remark *vb.* comharraich a-mach, sònraich

remarkable *adj.* ion-chomharraichte, suaicheanta

remarkableness *n.* comharraichteachd *fem.*

remarking *n.* sònrachadh *masc.*

remarry *vb.* pòs a-rithist, pòs air ais

remedial *adj.* iceach, leasachail, leigheasach, leigheasail

remedial class *n.* clas-leasachaidh *masc.*

remedial education *n.* foghlam-leasachaidh *masc.*

remedial teacher *n.* tidsear-leasachaidh *masc.*

remedial work *n.* obair-leasachaidh *fem.*

remedy *n.* ìocshlaint *fem.*, leigheas *masc.*, iceadh *masc.*, ioc *masc.*, luim *fem./masc.*

remedy *vb.* leighis, slànaich

remedy (law) *n.* dìolachd *fem.*

remember *vb.* cuimhnich, meòmhraich

remembrance *n.* cuimhne *fem.*

remind *vb.* cuir air chuimhne, cuir an cuimhne

remiss *adj.* roileiseach, tais

remission *n.* mathadh *masc.*, lasachadh *masc.*, laigsinn *fem.*, maitheanas *masc.*

remissness *n.* dearmad *masc.*, mì-chùram *masc.*, neo-aire *fem.*, neo-shuim(e) *fem.*

remit *n.* comas *masc.*

remit *vb.* lasaich

remittance *n.* pàigheadh *masc.*, tabhartas *masc.*

remnant *n.* còrr *masc.*, fuigheall *masc.*, iarmad *masc.*, iarsmadh *masc.*

remorse *n.* aithreachas *masc.*, agartas-cogais *masc.*, aithinn *fem.*, truacantachd *fem.*

remote *adj.* fad às, cèin, cian, fadamach, iomallach, iomartach, leatach, leth-oireach, seach-rathadach, uaigneach

remote control *n.* smachd-iomaill *masc.*

remote key (music) *n.* gleus cian *masc.*, gleus iomallach *masc.*

removable *adj.* so-ghiùlain

removal (flitting) *n.* imrich *fem.*

remove (computer) *vb.* dubh às, thoir às

remunerate *vb.* co-dhìol, pàidh

remuneration *n.* ath-dhìoladh *masc.*, co-dhìoladh *masc.*, ìocadh *masc.*, ìocas *masc.*

remunerative *adj.* fiùghanta

Renaissance *pr.n.* Linn an Ath-bheòthachaidh

renaissance *n.* ath-bheòthachadh *masc.*

renal *adj.* àirneach

rend *vb.* reub, sgàin, srac, stiallaich

render *n.* reubainnear *masc.*, reubaire *masc.*

rendezvous *n.* ionad-coinneachaidh *masc.*, randabù *masc.*

rending *n.* dràghadh *masc.*

rending *adj.* reubach

renegade *n.* naomh-thrèigiche *masc.*, trèigear *masc.*

renew *vb.* ath-nuadhaich, nuadhaich, ùraich

renew acquaintance with *vb.* cuir aithne as ùr air

renewable *adj.* so-ùrachaidh

renewal *n.* ùrachadh *masc.*

rennet *n.* binid *fem.*, cungaidh *fem.*, deasgainn *fem.*, leasach *masc.*

rennet-bag *n.* baigean-leasaich *masc.*

renounce *vb.* cùlaich, diùlt, trèig

renovate *vb.* ath-nuadhaich, nuadhaich, ath-ghin

renovation *n.* nuadhachadh *masc.*

renown *n.* cliù *masc.*, ainmealachd *fem.*, bladh *masc.*, buadhmhoireachd *fem.*, òirdheirceas *masc.*, onoir *fem.*, ruireachas *masc.*

renowned *adj.* ainmeil, cliùiteach, iomraiteach, allail, luadhmhor, oscarach

rent (fissure) *n.* reubadh *masc.*, sgàineadh *masc.*, speucadh *masc.*, sracadh *masc.*

rent (payment) *n.* càin *fem.*, màl *masc.*

rented *adj.* air mhàl, màlanach

renter *n.* màladair *masc.*, màlair *masc.*

reorganise *vb.* ath-eagaraich

repair *vb.* càirich, slànaich, càir, cnòd, leasaich

repair (resort) *vb.* teirig, trus

repairer *n.* neach-càraidh *masc.*, leasachair *masc.*, leasaiche *masc.*

repairs *n.* càradh *masc.*

reparation *n.* dìoladh *masc.*, èirig *fem.*, leasachadh *masc.*

repartee *n.* deas-bhriathrachas *masc.*, deas-chainnt *fem.*, mì-reusan *masc.*, taitheasg *masc.*, teabad *masc.*

repay *vb.* ath-dhìol, cuidhtich

repayment *n.* ath-dhìoladh *masc.*, ath-phàidheadh *masc.*

repeal *n.* mì-laghachadh *masc.*

repeal *vb.* ais-ghairm, cuir an neo-bhrìgh, mì-laghaich

repealer *n.* mì-laghachair *masc.*

repeat *vb.* can a-rithist, ràc

repeat (say) *vb.* ais-innis

repeater (communications) *n.* ath-mheudaichear *masc.*

repent *vb.* dèan aithreachas, gabh aithreachas

repentance *n.* aithreachas *masc.*

repentant *adj.* aithreachail

repercussion *n.* ath-bhualadh *masc.*

repertoire *n.* stòr *masc.*, tasgadh *masc.*, uipinn *fem.*

repertory company *n.* companaidh-dràma *fem.*

replace *vb.* cuir nì an àite

replant *vb.* ath-shuidhich

replay *n.* ath-chluich *fem.*

replenish *vb.* leasaich, stòr

replenishing *adj.* lìontach

repletion *n.* lìontachd *fem.*, sàitheachd *fem.*, sàsachd *fem.*

replica *n.* mac-samhail(t) *masc.*, lethbhreac *masc.*

replication *n.* frith-fhilleadh *masc.*, mac-samhlachadh *masc.*

reply *n.* freagairt *fem.*

reply *vb.* freagair

reply (message) *n.* fios-freagairt *masc.*

report *n.* aithisg *fem.*, aithris *fem.*, cunntas *masc.*, cunntas air coinneimh *masc.*, innseadh *masc.*, iomradh *masc.*, taisgealadh *masc.*, tràchd *fem./masc.*, tuairisgeul *masc.*

report *vb.* innis, seinn

report (explosive noise) *n.* brag *masc.*, spreaghadh *masc.*, sgailc *fem.*, sgealp *fem.*, urchair *fem.*

report card *n.* cairt-aithris *fem.*

report file *n.* faidhle-aithisg *masc.*

report generator *n.* cruthadair aithisgean *masc.*

reporter *n.* neach-naidheachd *masc.*, neach-aithisg *masc.*, taisgealach *masc.*

repose *n.* clos *masc.*, seasdar *masc.*, sìoch *fem.*, suaimhneas *masc.*

repose *vb.* suidhich, tàmh

repository *n.* lann *fem.*, cillein *masc.*, criolach *fem.*

reposses *vb.* ath-shealbhaich

reprehensible *adj.* achmhasanach, lochdach

reprehension *n.* ruamnadh *masc.*

represent *vb.* riochdaich, seas airson, taisealbh

represent (stand in) *vb.* riochdaich

represent (symbolise) *vb.* comharraich

representation *n.* riochd *masc.*, riochdachadh *masc.*, samhail *masc.*, taisealbhadh *masc.*

representation (supplication) *n.* impidh *fem.*

Representation of the People Act *pr.n.* Achd Còir-Taghaidh an t-Sluaigh, Achd Riochdachadh an t-Sluaigh

representative *n.* riochdaire *masc.*, neach-làthair *masc.*, rianadair *masc.*

representative *adj.* ionadach, riochdachail

representing *n.* riochdachadh *masc.*, seasamh airson *masc.*

repress *vb.* caisg, ceannsaich

repression *n.* caisgireachd *fem.*, ceannsachadh *masc.*, cìosnachadh *masc.*, cumail fodha *fem.*, mùchadh *masc.*, srianadh *masc.*

reprieve *n.* allsachd *fem.*

reprimand *n.* achmhasan *masc.*, sglàmhrainn *fem.*, spraic *fem.*

reprimand *vb.* cronaich, coirich, maoidh (air), troid

reprimanding *n.* sglamh *masc.*

reprisal *n.* aiceamhail *fem.*, aicheamhail *fem.*

reproach *n.* masladh *masc.*, achmhasan *masc.*, ailis *fem.*, athais *fem.*, mì-chliù *masc.*, mì-theist *fem.*, ruice *fem.*, spìd *masc.*, spìdealachd *fem.*, tailceas *masc.*, tàir *fem.*, toibheum *masc.*

reproach *vb.* bab, cuir an allais air, cuir an ìre, cuir inisg air, maslaich, sgeamh, thoir aghaidh air

reproachful *adj.* maslach, sgeigeil, spìdeach, spìdeil

reproaching *n.* màbadh *masc.*

reprobate *n.* daoidhear *masc.*, droch-dhuine *masc.*

reprobate *adj.* aingidh, baoth, mì-ghràsail, olc

reprobate *vb.* dìt

reproduce (copy) *vb.* ath-nochd, dèan as ùr

reproof *n.* achmhasan *masc.*, cronachadh *masc.*, ruamnadh *masc.*, sionnadh *masc.*, smachd *masc.*, spreige *fem.*, spreigeadh *masc.*, trod *masc.*

reprove *vb.* cronaich, coirich, sgoinn, smachdaich, spreig, spreigich

reprover *n.* cronadair *masc.*, spreagair *masc.*

reproving *adj.* spreigeil

reptile *n.* biast snàgach *fem.*, pèist *fem.*, snàgair *masc.*, snàigeach *masc.*, snàigean *masc.*, sumaire *masc.*

republic *n.* poblachd *fem.*

republicanism *n.* poblachdas *masc.*, mì-rìoghachd *fem.*, mì-rìoghalachd *fem.*

repulse *n.* ruaig *fem.*, sothadh *masc.*

repurchase *vb.* ath-cheannaich

reputable *adj.* teisteil

reputation *n.* cliù *masc.*, ainm *masc.*, alladh *masc.*, biùthas *masc.*, teist *fem.*

request *n.* iarraidh *masc.*, iarrtas *masc.*, sèam *fem.*

request *vb.* iarr, iarr (air), sir

request note *n.* bileag-iarrtais *fem.*

request stop *n.* stad-sanais *masc.*

requesting *n.* sireadh *masc.*

requirement *n.* riatanas *masc.*

requirement (necessity) *n.* nì a tha dhìth *masc.*

requisiteness *n.* eisealachd *fem.*

requisition *n.* òrdugh-solair *masc.*

requital *n.* dìol *masc.*, èirig *fem.*, ath-dhìoladh *masc.*, ath-leithid *fem.*, co-leasachadh *masc.*, dìoladh *masc.*, dìolaireachd *fem.*, ìoc *masc.*, ìocadh *masc.*, ìocas *masc.*, luigheachd *fem.*

requite *vb.* ath-dhìol, co-leasaich, cuidhtich, duaisich

resale *vb.* ath-reic

rescind *vb.* cuir air c(h)ùl, cuir as lagh

rescue *n.* saoradh *masc.*

rescue *vb.* sàbhail, saor, saoraich, teasraig

rescuing *n.* saoradh *masc.*, teàrnadh *masc.*, teasairginn *fem.*

rescuing *adj.* sàbhailteach

research *n.* rannsachadh *masc.*

research *vb.* rannsaich

research-team *n.* buidheann-rannsachaidh *fem./masc.*

researcher *n.* neach-rannsachaidh *masc.*, rannsachair *masc.*

reseeding park *n.* achadh-feòir *masc.*

reselect *vb.* ath-thagh

resemblance *n.* coltas *masc.*, fiamh *masc.*, samhail *masc.*, co-choslas *masc.*, co-chruth *masc.*, seula *masc.*, siunnailt *fem.*, sunnailt *fem.*

resemble *vb.* rach ri

resentment *n.* tamailt *fem.*, mialachd *fem.*, miothlachd *fem.*, naimhdeas *masc.*, puinseantas *masc.*

reservation *n.* cùl-earbsa *masc.*

reservation (tract of public land) *n.* àite-caomhnaidh *masc.*

reserve *n.* cleitheachd *fem.*, cùl-earalas *masc.*, cùl-stòr *masc.*, taisg *fem.*, tasgadh *masc.*

reserve *vb.* glèidh

reserved *adj.* glèidhte, fad às, dùinte, leth-oireach, mì-chompanta, mùigeach

reserved (disposition) *adj.* sàmhach

reserved word (computing) *n.* facal glèidhte *masc.*

reservedness *n.* taisg-inntinn *fem.*

reserves *n.* cùl-earalais *masc.*

reserves (group) *n.* cùl-chuideachd *fem.*

reservoir *n.* ionad-tasgaidh *masc.*, dam *masc.*, loch-tasgaidh *masc.*, stòr-amar *masc.*

resettle *vb.* ath-shuidhich

reside *vb.* còmhnaich, tàrmaich

residence *n.* àite-còmhnaidh *masc.*, taigh-còmhnaidh *masc.*, àros *masc.*, tàimheach *masc.*, tuineadh *masc.*

resident *n.* còmhnaiche *masc.*, tàmhaiche *masc.*, àrosach *masc.*, tuineach *masc.*

residential facility *n.* àite-còmhnaidh *masc.*

residential home *n.* taigh-còmhnaidh *masc.*, togalach-soisealachd *masc.*

residential special school *n.* sgoil-chòmhnaidh shònraichte *fem.*

resign *vb.* leig dheth, leig dheth dreuchd, liubhair

resignation *n.* liubhairt *masc.*

resin *n.* bìth *fem.*, cabaraidh *fem./masc.*, ròiseid *fem.*

resinous *adj.* ròiseideach

resistance *n.* aghaidheachd *fem.*, comhaireachd *fem.*

resolute *adj.* calma, dàna, stuirteil

resolution *n.* rùn *masc.*, stuirt *fem.*

resolve *vb.* cuir romhad, maidich, rùnaich

resolve (settle) *vb.* rèitich

resonance *n.* ath-fhuaim *masc.*, ath-shoineas *masc.*, pong *masc.*

resonant *adj.* ath-fhuaimneach, glòrach

resort *n.* ròd *masc.*, tadhal *masc.*, triceachd *fem.*, tuineach *masc.*

resort (place much frequented) *n.* baile-turasachd *masc.*

resort (to) *vb.* tathaich

resorting *n.* tuineadh *masc.*

resound *n.* co-fhoghar *masc.*, foghar *masc.*

resound *vb.* co-fhreagair, fuaimnich

resounding *adj.* fuaimearra, reaghlorach

resource *n.* goireas *masc.*, luim *fem./masc.*, seilbh *fem.*, sguaban-stòthaidh *masc.*, stòras *masc.*

resource accommodation *n.* rùm-taisg *masc.*

resource centre *n.* ionad-ghoireasan *masc.*, ionad-staois *masc.*, ionad-stòrais *masc.*, ionad-stuth *masc.*

Resource Committee *pr.n.* Comataidh Stòrais

resource materials *n.* stòr-taice *masc.*

resource(s) (financial) *n.* maoin *fem.*

resourceful *adj.* tàblach

resourcelessness *n.* don-innleachd *fem.*

resourcelessness *adj.* gun staois

resources *n.* acfhainn *fem.*, seilbhean *pl.*

Resources Centre *pr.n.* Ionad Stuth

respect *n.* meas *masc.*, miadh *masc.*, onoir *fem.*, athadh *masc.*, buinntineachd *fem.*, modh *masc.*, prìs *fem.*, seagh *masc.*, sùil *fem.*, suim *fem.*, suimealachd *fem.*, toghaidh *fem.*, toirt *fem.*, urram *masc.*

respect *vb.* onoraich, urramaich

respectability *n.* tomalt *masc.*

respectable *adj.* measail, odh-mheasail, teisteil

respectable (of good repute) *adj.* creideasach

respected *adj.* measail, miadhail

respectful *adj.* acarach, odh-mheasach, seaghach, suimeil, toirteil

respectfulness *n.* acarachd *fem.*

respersion *n.* spultadh *masc.*

respiration *n.* analachadh *masc.*

respite *n.* allsachd *fem.*, àmas *masc.*, aotromachadh *masc.*, fosadh *masc.*

resplendent *adj.* glan, riochdail

response *n.* freagairt *fem.*

response time (computing) *n.* ùine-fhreagairt *fem.*

responsibility *n.* cùram *masc.*, dleasdanas *masc.*, uallach *masc.*

responsible *adj.* cunntasach

responsible (for) *adj.* an urra (ri), mar mheadhan air

responsive *adj.* co-fhreagarrach

responsiveness *n.* tighinn a-mach *fem.*

rest *n.* fois *fem.*, tàmh *masc.*, suaimhneas *masc.*, clos *masc.*, neo-bhruailleanachd *fem.*, neo-ghluaisneachd *fem.*, seasdar *masc.*, sìothamh *fem.*, socair *fem.*, sorchan *masc.*

rest *vb.* leig anail, tàmh, stad, suaimhnich, tàmhaich

rest (pause - music) *n.* tosd *masc.*

rest-harrow *n.* sreang-bogha *fem.*, sreang-thrian *fem.*, trian-tarraing *fem.*

restatement *n.* ath-thaisbean *masc.*

restaurant *n.* taigh-bìdh *masc.*, reasdrainn *fem./masc.*

resting-place *n.* àite-tàimh *masc.*

restitution *n.* taiseag *fem.*

restive *adj.* an-fhoiseil, reasgach

restless *adj.* luasganach, mì-stòlda, neo-stòlda, luaisgeach, iomluasgach, fiamhlanach, iomlaideach, luaimneach, luaineach, luanach, mì-fhoighidneach, mì-shuaimhneach, neo-fhoisneach, neo-shocair, neo-shuaimhneach, siùbhlach

restlessness *n.* iomluasgadh *masc.*, neo-stòldachd *fem.*

restlessness *adj.* fothalanach

Restoration Day *pr.n.* Là Aisig Rìgh Thearlaich a Dhà

restore *vb.* cuidhtich

restore (give back) *vb.* aisig

restrain *vb.* caisg, ceannsaich, caimir, fancaich, srian, staonaich, stopainn

restraining *n.* clòthadh *masc.*

restraining *adj.* cuingealach

restraint *n.* bac *masc.*, bacadh *masc.*, ceangal *masc.*, cuing *fem.*, srian *fem.*

restrict *vb.* cuingich

restricted *adj.* cuingichte

restricting *adj.* cuingealach

restriction *n.* bacadh *masc.*

restrictive practice *n.* gnàths cuibhreachail *masc.*

Restrictive Practices Act *pr.n.* Achd nan Cleachdaidhean Cuibhrichte

restringe *vb.* cuingnich

result *n.* buil *fem.*, co-lorg *fem.*, iarmart *masc.*, tàilleabh *masc.*, toradh *masc.*

result (outcome) *n.* buil *fem.*

results register *n.* clàr-cuimhne toraidh *masc.*

resume *vb.* ath-thòisich

resurrection *n.* aiseirigh *fem.*

resuscitate *vb.* ath-bhrod, ath-dhùisg, thoir timcheall

retail *n.* meanbh-reic *fem.*

retail *vb.* meanbh-reic

retail chain *n.* sreath mion-reic *fem.*

retail price *n.* prìs nam bùth *fem.*, prìs-bùtha *fem.*

retailer *n.* ceannaiche *masc.*, meanbh-reiceadair *masc.*

retain *vb.* cum, glèidh

retained profit *n.* prothaid ghlèidhte *fem.*

retake *vb.* ath-ghabh

retaliate *vb.* co-dhìol, dìoghail

retaliation *n.* co-dhìoladh *masc.*, tòrachd *fem.*

retard *vb.* maillich

retarded *adj.* fad' air ais

retarding *n.* mailleachadh *masc.*

retch *vb.* gòmadaich, rùchd, sgeith

retching *n.* gòmadaich *fem.*, gomadh *masc.*, obairt *fem.*, rocadaich *fem.*, rochd *masc.*, rùchdail *fem.*

retention *n.* cumail *fem.*, glèidheadh *masc.*

reticence *n.* uaigneas *masc.*

reticent *adj.* fad às, cùlachrach, diùid

reticle *n.* lìonan *masc.*, sgannan *masc.*

reticular *adj.* sgannanach

retinue *n.* luchd-àirde *masc.*, luchd-coimheadachd *masc.*, luchd-coimhideachd *masc.*

retire *vb.* ais-cheumnaich

retired *adj.* air cluainidh

retirement *n.* cluain *fem.*, leigeil seachad dreuchd *fem.*

Retirement of Teachers Act (Scotland) 1976 *pr.n.* Achd Leigeil Seachad Dreuchd Thidseir (Alba) 1976

retirement pension *n.* peinsein-cluaineis *masc.*

retrace *vb.* ath-lorgaich

retrace steps *vb.* ath-choisich

retract *vb.* cùl-tharraing, thoir air ais

retreat *n.* ratreut *masc.*, teicheadh *masc.*, cuilidh *fem.*

retreat *vb.* ruith, teich

retrenchment *n.* sàbhaladh *masc.*

retribution *n.* ath-dhìoladh *masc.*, dìoladh fiach *masc.*

retrieval *n.* ath-ghairm *fem.*

retriever *n.* cù-eunaidh *masc.*

retrogade *n.* ceum air ais *masc.*

retrograde *vb.* cùl-cheumnaich

retrogression *n.* pilltinn *fem.*

retrospect *n.* ath-bheachd *masc.*, ath-shealladh *masc.*

retrospection *n.* coimhead air ais *masc.*, cùl-choimhead *masc.*, cùl-radharc *masc.*

retrospective *adj.* cùl-radharcach

return *n.* pilltinn *fem.*

return *vb.* pill

return (send back) *vb.* cuir air ais

return (travel) *adj.* gach rathad

return journey *n.* turas-tillidh *masc.*

returning *n.* tilleadh *masc.*, pilltinn *fem.*

returning *adj.* pillteach

returning officer *n.* oifigear an taghaidh *masc.*

returns *n.* àireamhachd *fem.*, cunntas *masc.*

revaluation *n.* àrdachadh-luach *masc.*, meudachadh-luach *masc.*

reveal *vb.* foillsich, leig ris, nochd, rùisg, seall, taisbean

revealed *adj.* rùisgte, nochdte

revealing *n.* rùsgadh *masc.*, taisbeanadh *masc.*

revealing *adj.* nochdaidh

revelation *n.* foillseachadh *masc.*, taisbean *masc.*, taisbeanadh *masc.*

reveller *n.* bachair *masc.*, ruitear *masc.*

revelry *n.* ruite *fem.*

revenge *n.* dìoghaltas *masc.*

revenge *vb.* dìoghail, dìol

revenged *adj.* dìoghailte

revengeful *adj.* dìoghaltach

revengefulness *n.* dìolaireachd *fem.*

revenue *n.* teachd-a-steach *masc.*

Revenues Estimates Committee *pr.n.* Comataidh na Tuairmse Bliadhnail

revere *vb.* onoraich, urramaich

reverence *n.* athadh *masc.*, onoir *fem.*,
urram *fem./masc.*

reverence *vb.* thoir urram

reverend *adj.* ion-mheasta

Reverend *n.* An t-Urramach *masc.*

reverend *n.* urramach *masc.*

reversed *adj.* an aghaidh a' ghearraidh, an
comhair a c(h)ùil, cas mu sheach,
druim air ais

review *n.* lèirmheas *masc.*, rannsachadh
masc.

review *vb.* dèan lèirmheas air, rannsaich

review (art) *vb.* beachdaich

review (reconsider) *vb.* ath-bhreithnich

review (survey) *n.* ath-bhreithneachadh
masc.

reviewer *n.* lèirmheasaiche *masc.*,
beachdadair *masc.*, beachdair *masc.*,
neach-sgrùdaidh *masc.*, rannsachair
masc.

reviewing (art) *n.* beachdaireachd *fem.*

revile *vb.* plèisg, sgràill

reviling *n.* sgràilleadh *masc.*

revise *vb.* ath-sgrùd

revised *adj.* ath-sgrùdaichte

revision *n.* ath-sgrùdadh *fem.*, ath-obair
fem., sùil air ais *fem.*

revive *vb.* ath-bheothaich, beothaich,
biodaich

reviving *adj.* ath-bheothachail

revoke *vb.* as-ghairm, cùl-ghairm, tarraing
air ais

revolution *n.* bun-os-cionn *masc.*, car
masc.

revolution (upheaval) *n.* bun-os-cionn
masc.

revolver *n.* rothaldag *fem.*

revolver (pistol) *n.* dag(a) *masc.*

revolving stand *n.* cuairteachan *masc.*

reward *n.* ceannach *masc.*, duais *fem.*,
fochlas *masc.*, luach-saoithreach *masc.*,
luigheachd *fem.*, seud *masc.*, taisgeal
masc., toisgeal *masc.*, tuarasdal *masc.*

reward *vb.* duaisich, ìoc

rewarder *n.* duaisire *masc.*

rewrite *vb.* ath-sgrìobh

rhapsodist *n.* rabhanaiche *masc.*,
rabhanair *masc.*, rabhdaire *masc.*,
rapaire *masc.*, ruais *fem.*

rhapsody *n.* paracas *masc.*, rabhan *masc.*,
ràpal *masc.*, rapsodaidh *fem./masc.*,
ròpal *masc.*, ruais *fem.*

rhenium *n.* reinium *masc.*

rheology *n.* ruith-eolas *masc.*

rhesus-negative *adj.* neo-rèasach

rhesus-positive *adj.* rèasach

rhetoric *n.* òr-chainnt *fem.*, reatoraic *fem.*,
snas-chainnt *fem.*, ùr-labhairt *fem.*

rhetorical *adj.* snas-bhriathrach

rhetorical question *n.* ceist reatoraiceach
fem., glòir-cheist *fem.*

rheum *n.* prab *masc.*, raidhm *fem.*, reim
fem., reum *fem.*, ronn *masc.*, sreamadh
masc.

rheum-eye *n.* prab-shùil *fem.*

rheum-eyed *adj.* fliuch-shùileach,
prabach, smug-shùileach

rheumatic *adj.* rèimeil, sgàinnteachail

rheumatism *n.* lòinidh, an *fem.*, siataig
fem., greim an lòin *masc.*,
neimhneachan *masc.*, nimhreachan
masc., ronn-ghalar *masc.*, sgàinnteach
fem., sgàinteach *fem.*

rhinoceros *n.* sròn-adhairceach *masc.*,
sròn-adharcach *masc.*, treun-
adhairceach *masc.*

rhodium *n.* roidium *masc.*

rhododendron *n.* ròs-chraobh *fem.*

rhodomontade *n.* spad-fhacal *masc.*

rhomboid *n.* turbaid *fem.*

rhombus *n.* rombas *fem./masc.*

rhubarb *n.* biabhag *fem.*, rua-bhàrr *masc.*, rurgaid *fem.*

rhyme *n.* comhardadh *masc.*, ramas *masc.*, rannachd *fem.*, rèimeas *masc.*

rhyme *vb.* rannaich

rhymer *n.* duanaire *masc.*, sriutaiche *masc.*

rhyming *n.* duanaireachd *fem.*, filidheachd *fem.*

rhyming *adj.* tairgreach

rhythm *n.* crampadh *masc.*, rithim *fem.*, ruith *fem.*, ruitheam *fem.*

rhythm effect *n.* rithim-èifeachd *fem.*

rhythmic *adj.* rithimeach

rib *n.* aisean *fem.*

rib (boat) *n.* aiseann *fem.*, reang *masc.*, reangan *masc.*, rongas *masc.*, rungas *masc.*

ribaldry *n.* sgath-bhàrdachd *fem.*, sglàmhrainn *fem.*

ribbed *adj.* aisneach, stìomach

ribbed (e.g. boat) *adj.* reangach, rongach

ribbon *n.* ribean *masc.*, stìom *fem.*, rùban *masc.*, faltan *masc.*, ribinn *masc.*

ribbon-fish *n.* stìom-èisg *masc.*

ribgrass *n.* dèideag *fem.*

ribonucleic acid *n.* searbhag rioboniùclasach *fem.*

ribosome *n.* riobosom *masc.*

ribwort *n.* bodach dubh *masc.*, dèideag *fem.*, lus nan saighdearan *masc.*, slàn-lus *masc.*

rice *n.* gràn Innseanach *masc.*, reas *masc.*, rìs *masc.*, rus *masc.*

rich *adj.* beairteach, conach, iùnntasach, saoibhir, sealbhmhor, somaineach

rich (abounding in fat) *adj.* brac, mèath, miath

riches *n.* beairteas *masc.*, ionmhas *masc.*, stòras *masc.*, iol-mhaoin *fem.*, toic *fem.*

rick *n.* coc *masc.*, cruidhleag *fem.*, curracag *fem.*, goc *masc.*, rùcan *masc.*, sìoga *masc.*, tòrr *masc.*

rick *vb.* ruc

rickets *n.* baclag *fem.*, glacaiche-clèibh *masc.*

ricketty *adj.* teannadach

ricking *n.* curracadh *masc.*

ricochet *n.* leabaidh-loisgte *fem.*, leabaidh-rìghe *fem.*

riddle (puzzle) *n.* toimhseachan *masc.*, ràdh dorcha *masc.*

riddle (sieve) *n.* criathar *masc.*, rideal *masc.*, rideil *masc.*, rillean *masc.*

riddle (sift) *vb.* criathair, ruideil, rideilich, rill

riddling *n.* ridealadh *masc.*

ride *vb.* marcaich

ride at anchor *vb.* maraich

rider *n.* marcaiche *masc.*, marcach *masc.*

ridge *n.* druim *masc.*, bac *masc.*, dronn *fem.*, druim-an-taighe *masc.*, sreang *fem.*

ridge of back *n.* dronnag *fem.*

ridge-board *n.* cabar-droma *masc.*, gath-droma *masc.*

ridge-pole *n.* maide-mullaich *masc.*, maide-droma *masc.*, gad-droma *masc.*

ridged *adj.* dromanach, dromanta, druimneach

ridgel *n.* feirmige *masc.*

ridgling *n.* reige *masc.*, rigleachan *masc.*, ruige *masc.*, ruigleachan *masc.*, ruiglean *masc.*, rùta *masc.*

ridicule *n.* magadh *masc.*, bùrt *masc.*, ballachd *fem.*, meanbh-ghàir *masc.*, sgallais *fem.*, sgeig *fem.*

ridicule *vb.* fanaidich, sgallaisich, sgeig

ridiculing *adj.* fanaideach, sgallaiseach, sgeigeach

ridiculous *adj.* duaineil, duaineil, ion-mhagaidh, ro-amaideach

riding n. marcachd fem.

riding-coat n. casag-mharcachd fem.

riding-habit n. deise-mharcachd fem.

riding-horse n. each-dìollaid masc., each-shasaid masc.

riding-school n. sgoil-mharcachd fem.

riding-skirt n. sgort masc.

riding-whip n. slat-mharcachd fem.

rifle n. gunna-peilear masc., isneach fem., oisneach fem.

rifle-range n. cuimse-gunna fem., faiche-targaid fem., rang-loisgidh masc.

rifling (plundering) n. airgeadh masc.

rifting adj. roiceach

rig (fit with equipment) vb. beartaich

rig (ridge) n. clàr masc., feannag fem., iomaire fem.

rig (set up) vb. imirich

rigged adj. sgòdach

rigging n. acfhainn fem., culaidh-luinge fem., uidheam fem.

right n. ceart masc., còir fem., sochair fem.

right adj. reachdach

right (due) n. reachd masc.

right angle n. ceart-cheàrn fem., dronn-uileann fem.

right away adj. an làthair nam bonn

right hand n. deasag fem.

right of retention n. còir-ghlèidhidh fem.

right of succession n. sinnsireachd fem., tighinn a-steach air fem.

right of way (route) n. còir-imeachd fem., còir-slighe fem., lanaig fem.

Right Reverend n. Am Fior Urramach masc.

right side n. taobh ceart masc., taobh deas masc.

right-angled triangle n. triantan ceart-cheàrnach masc.

right-hand n. deas-làmh fem.

right-hand adj. deas

right-handed adj. deas-làmhach

righteous n. ionraic fem.

righteous adj. cothromach, treibhdhireach

righteousness n. fìreantachd fem., ionracas masc.

rightful adj. dligheach

rigid n. cruaidh masc.

rigid adj. do-lùbaidh, rag, sealanta, stalcanta, teann

rigidness n. sealantas masc.

Rigil pr.n. Spor Liath

rigmarole n. ròlaist masc., brothlaich fem., ruapais fem.

rigorous adj. pèingilteach

rigour n. cruas masc., cruadhachas masc., peingilteachd fem.

rill n. sruthan masc., sruthlag fem.

rim n. bile fem., iomall masc.

rimple vb. crunsgaoil

rind n. rùsg masc., beilleag fem., cùl masc., cùl masc.

rindle n. claiseag fem., guitear masc.

ring n. cearcall masc., fàinne fem., màille fem., nasg masc.

ring vb. fàinnich

ring (sound) vb. seirm, buail, gliogadaich, seinn

ring-binder n. ceangladair fàinneach masc.

ring-bolt n. ailbheag fem.

ring-dove n. smùdan masc.

ring-finger n. mac-an-aba masc., màthair-na-lùdaig fem.

ring-ouzel n. bricean-caorainn masc., druid-mhonaidh fem., dubh-chreige fem., gobha dubh a' mhonaidh masc., lon-monaidh masc.

ring-road n. cuairtrathad masc., iadh-rathad masc.

ringed plover *n.* trilleachan-tràghad *masc.*, amadan-mòintich *masc.*, bothag *fem.*, gulmag *fem.*, tàrmachan-tuinne *masc.*

ringlet *n.* amlag *fem.*, caisreag *fem.*, camag *fem.*, camalag *fem.*, ciabh *fem.*, cleachd *fem.*, cleachdag *fem.*, cuachag *fem.*, cuach-chiabh *fem.*, cùirnean *masc.*, snìomh *masc.*, stìom *fem.*

ringleted *adj.* bachlach, cleachdach

ringletted *adj.* amlach, amlagach

ringmaster *n.* maighstir an t-siorcais *masc.*

ringworm *n.* teine-dè *masc.*, bualagan-timcheall *masc.*, cuairt-dhurrag *fem.*, frìdeag *fem.*, mial-chrìon *fem.*

rinse *n.* roinnse *fem.*, sruthal *masc.*

rinse *vb.* sgol, roinnsich, ruinnsich, sruthail

rinser *n.* roinnsear *masc.*, ruinnsear *masc.*

rinsing *n.* sgoladh *masc.*, roinnseachadh *masc.*, sruthladh *masc.*

rinsing *adj.* sruthlach

riot *n.* an-riaghailt *fem.*, mì-riaghailt *fem.*, sràbhard *masc.*, tuairgne *fem.*

rioting *n.* ruite *fem.*

riotous *adj.* an-riaghailteach

riotous living *n.* sògh *masc.*

ripe *adj.* abaich, faoisgneach

ripen *vb.* abaich

ripeness *n.* abaichead *masc.*

ripening *n.* abachadh *masc.*

ripper *n.* beumadair *masc.*

ripple *n.* cuartag *fem.*

ripples (disease affecting back and lower body) *n.* riplis *masc.*

rise *vb.* èirich

rise to fly *vb.* builg

rising *n.* èirigh *fem.*

rising (of wind) *n.* gobachadh *masc.*

rising damp *n.* tighinn fodha *masc.*

rising ground *n.* tom *masc.*, boiriche *masc.*, torran *masc.*

risk *n.* cunnart *masc.*

risk (abstract) *n.* mathroinn *fem.*

risking *adj.* sgiorradail

risky (open to influence of enchantment) *adj.* seunsail

rite *n.* òrdugh *masc.*

ritual *n.* deas-ghnàth *masc.*, gnàthachadh *masc.*

rival *n.* còmhstritheach *masc.*, gleacanach *masc.*, tnùthach *masc.*

rival *vb.* thig suas ri

rivalry *n.* còmhstri *fem.*, còmhstritheachd *fem.*, co-dheuchainn *fem.*, co-eud *masc.*, farpais *fem.*, spàirn *fem.*, spàirnealachd *fem.*

rivalry *vb.* strì

riven *adj.* air spèiceadh

river *n.* abhainn *fem.*, allt *masc.*, sruth *masc.*

river channel *n.* amar *masc.*, cladhan *masc.*

river-lamprey *n.* creathall-aibhne *fem.*

river-trout *n.* samhan *masc.*

rivet *n.* drithlean *masc.*, spàrradh *masc.*, sparrag *fem.*

rivet *vb.* spàrr, ròp

rivetted *adj.* sparragach, sèamanach

rivetting *n.* barradh *masc.*, tàirneachadh *masc.*

rivetting *adj.* sparrach

riving *adj.* sgoltach

rivulet *n.* abhainn bheag *fem.*, feadan *masc.*, rasan *masc.*, siùbhlachan *masc.*, sruthan *masc.*

roach *n.* roisteach *fem.*, talag *fem.*

road *n.* bealach *masc.*, innteach *masc.*, rathad *masc.*, ròd *masc.*, slighe *fem.*

Road Industry Training Board *pr.n.* Bòrd Trèinidh Ghnìomhachas nan Rathad

Road Maintenance Budget *pr.n.* Buidsead Cumail Suas nan Rathad

road sign *n.* soighne-rathaid *fem.*,
comharra(dh)-rathaid *masc.*, sanas-
rathaid *masc.*, soighne *fem.*

road-end *n.* ceann-rathaid *masc.*

road-roller *n.* roilear *masc.*

roadman *n.* fear-rathad *masc.*

roaming *n.* starrachd *fem.*

roan *adj.* ciar, sgamhanach

roar *n.* beuc *masc.*, ràn *masc.*, bùirean
masc., raoic *fem.*, sgairt *fem.*

roar *vb.* beuc, ràn, bùir, raoic, rèic

roar (of stag) *n.* bùirean *masc.*, rànan
masc.

roar (shout) *n.* iolach *fem.*

roarer *n.* rànaiche *masc.*

roaring *n.* ròcail *fem.*

roaring *adj.* bùireanach, raoiceach,
rèiceach, roiceach, sgairteach

roast *n.* ròst *masc.*

roast *vb.* ròist

roasted *adj.* ròiste

rob *vb.* creach, spùill, spùinn, slad, spoch,
srac

robbed *adj.* slaidte

robber *n.* creachadair *masc.*, meàirleach
masc., mèirleach *masc.*, neach-reubainn
masc., reubainnear *masc.*, reubaire
masc., robair *masc.*, sladaiche *masc.*,
slaidear *masc.*, spiuthair *masc.*,
spùilleadair *masc.*, spùinneadair *masc.*

robber *adj.* gadaiche

robbery *n.* gadaigheachd *fem.*, reubainn
fem., reubainneachd *fem.*,
reubaireachd *fem.*, robaireachd *fem.*,
sgabaiste *masc.*, slad *masc.*, sladachd
fem., sladadh *masc.*, sladaireachd *fem.*,
slaid *fem.*, sprochaireachd *fem.*,
spùill(e) *fem.*, spùilleadaireachd *fem.*,
spùilleadh *masc.*, spùinneadaireachd
fem., spùinneadh *masc.*, sracadh *masc.*

robbing *n.* spùilleadaireachd *fem.*,
spùinneadaireachd *fem.*

robbing *adj.* spùilleach, spùinneach,
reubainneach

robe *n.* ròb *masc.*, tiorraid *fem.*

robed *adj.* sgioballach

robin *n.* brù-dhearg *masc.*, braidrigean
masc., broidileag *fem.*, eun beag an t-
sneachda *masc.*, pigidh *masc.*,
robaidh-raoighde *masc.*, ròcaideach
masc., ruadhag *fem.*, rob-ruadh *masc.*

robing-room *n.* seòmar-aodachaidh *masc.*

robot *n.* duine-fuadain *masc.*

robust *adj.* calma, comasach, cuanta,
làidir, moighre, neartmhor,
reachdmhor, ruaimneach, rùdanach,
seirsealach, slaidseanta, snaomanach,
sodarnach, spionnadail, starbhanach,
stèilleach, tapaidh

robustness *n.* cailm *fem.*, stalcantachd
fem.

rock *n.* clach *fem.*, creag *fem.*, talla *masc.*

rock *vb.* luaisg, tulg

rock music *n.* ceòl luasgach *masc.*

rock samphire *n.* gairgean creagach
masc., lionaraich *fem.*, lus nan cnàmh
masc., saimbhir *masc.*

rock to sleep *vb.* luaisg, siùd

rock-cake *n.* carraigeag *fem.*

rock-dove *n.* calman *masc.*, calman
fiadhaich *masc.*, calman-creige *masc.*,
calman-mara *masc.*

rock-fish *n.* carragan *masc.*

rock-fishing *n.* creagach *masc.*, creagachd
fem.

rock-pipit *n.* gabhagan *masc.*, glas-eun
masc., tormachan na tuinne *masc.*

rock-pool *n.* lòn *masc.*

rock-tripe *n.* crotal cloich-aoil *masc.*

rocker *n.* luasgadair *masc.*

rocket *n.* rocaid *fem.*

rockfish *n.* ballan *masc.*

rocking *n.* tulgadh *masc.*, turrabanaich *fem.*, luasgadh *masc.*, siùdadh *masc.*, siùdanachadh *masc.*, siùdanachd *fem.*, turrachdail *masc.*, udal *masc.*

rocking *adj.* iomluasgach, luasganach

rocking-chair *n.* seidhir-tulgaidh *masc.*, cathair shiùdanach *fem.*

rocking-horse *n.* each tulgach *masc.*, làir-bhreabach *fem.*

rocking-stone *n.* clach-bràth *fem.*

rockrose *n.* grian-ròs *masc.*

rocky *adj.* cleiteach, sgorach, sgreagach, stacach

rod *n.* slat *fem.*

rodent *n.* creimeach *masc.*

roe *n.* triubhas *masc.*

roe (deer) *n.* earb *fem.*, ruadhag *fem.*

roe (female) *n.* maoilseach *fem.*

roe (of fish) *n.* glasag *fem.*, bròg *fem.*, lub *fem.*, sìol *masc.*

roe-deer *n.* binneach-nan-allt *masc.*, earba *fem.*

roe-deer (female) *n.* eilid *fem.*

roe-deer (male) *n.* boc-earba *masc.*

roebuck *n.* boc caol *masc.*, seang-bhoc *masc.*, seang-fhiadh *masc.*

roebuck berry *n.* ruiteag *fem.*

rogation *n.* liodan *masc.*, seadhan *masc.*

rogue *n.* slaightear *masc.*, ragair *masc.*, rogaire *masc.*, triùbhair *masc.*

roguery *n.* slaight *fem.*

roguish *adj.* rògach

rolag *n.* rolag *fem.*

role *n.* dleasdanas *masc.*, dreuchd *fem.*

role delineation *n.* lìneachadh dreuchd *masc.*

role reversal *n.* iomlaid-dreuchd *fem.*

role-play *vb.* cluich mas-fìor, riochdaich

roll *n.* roile *masc.*, rola *masc.*, roladh *masc.*, rolag *fem.*, rol(l)a *fem.*, ruileag *fem.*

roll *vb.* roilig, cuidhil, paisg, ridhil, rol, rothaich, rothaig

roll (register) *n.* àireamh *fem.*

roll (sheet of wool) *n.* peard *masc.*, peurda *masc.*, rolag *fem.*

roll up *vb.* truisich, cuairsg

roll-call *n.* àireamhachd *fem.*

rolled up *adj.* cuairsgeach

roller *n.* rolair *masc.*, lonn *masc.*, roilean *masc.*, rolan *masc.*

roller (bird) *n.* cuairsgean *masc.*

roller (leveller) *n.* còmhnardaiche *masc.*

roller-coaster *n.* rolair-còrsair *masc.*

roller-skate *n.* bròg-roth *fem.*

rolling *n.* roladh *masc.*, rolaireachd *fem.*, bothaigeadh *masc.*, cuarsgadh *masc.*, cuidhlearachd *fem.*, iomlaideachadh *masc.*, liathradh *masc.*, luasgadh *masc.*, ridhleadh *masc.*, ruladh *masc.*, tasgalachd *fem.*

rolling *adj.* roithleach

rolling stone *n.* roilleachan *masc.*

rolling whetstone *n.* clach-lianraidh *fem.*

rolling-pin *n.* crann-fuine *masc.*, simid *masc.*

Roman Catholic *n.* Caitligeach *masc.*, Pàpanach *masc.*

romance *n.* romansa *masc.*, ramas *masc.*, spleadh *masc.*

romance (music) *n.* romanns *masc.*

romancing *n.* bòilich *fem.*

romantic *n.* ròisgeul *masc.*

romantic *adj.* fionnsgeulach, romansach, romantach, spleadhrach

romanticism *n.* romannsaidheachd *fem.*

romp (one who romps) *n.* ramair *masc.*

romping *n.* ramachdaireachd *fem.*

romping *adj.* ramachdail, starachd

rondeau *n.* ranndadh *masc.*, rondo *masc.*

rondel *n.* cruinneag *fem.*

rondo *n.* rondo *masc.*

rone *n.* guitear *masc.*, ròn *fem.*

rontgen rays *n.* gathan òmair *masc.*

rood (pole/perch) *n.* ròd *masc.*

Rood Day *pr.n.* Fèill an Ròid

roof *n.* ceann *masc.*, mullach *masc.*, mullach-taighe *masc.*, cleith *fem./masc.*, cromadh-taighe *masc.*, suaineadh *masc.*

roof of mouth *n.* bràighe a' bheòil *masc.*, uachdar a' chàirein *masc.*

roof-tree *n.* maide-droma *masc.*, sgaith *fem.*

rook *n.* ròca(i)s *fem.*, cnàimheach *masc.*, creumhach *masc.*, garrag *fem.*, garrag ghlas *fem.*, priachan dubh *masc.*

rooker (fish) *n.* sòrnan sgreabach *masc.*

room *n.* rùm *fem.*, seòmar *masc.*, ionad *masc.*

room-mate *n.* co-sheòmraiche *masc.*

roomy *adj.* luchdail, rùmail

roost *n.* spiris *fem.*, spàrdan *masc.*, spàrr *fem.*

rooster *n.* fear dhùsgadh nan creideach *masc.*, fear dhùsgadh nan naomh *masc.*, fear seannsaidh na maidne *masc.*, fear-coimhead na h-ùirnigh *masc.*, fear-faire *masc.*, fear-faire na h-oidhche *masc.*, fear-faire nan tràth *masc.*

root *n.* freumh *masc.*, bun *masc.*, bun dubh *masc.*, bunachas *masc.*, friamh *masc.*, meacan *masc.*, stoc *masc.*

root *vb.* freumhaich

root (grammar) *n.* freumh *masc.*

root position (music) *n.* bun-chor *masc.*

rope *n.* ròp(a) *masc.*, sìoman *masc.*, ball *masc.*, sìomanaiche *masc.*, sreang *fem.*, suag *fem.*, teud *masc.*

rope *vb.* sìomanaich

rope-dancer *n.* teud-chleasaiche *masc.*

rope-ladder *n.* fàradh-ròp(a) *masc.*, àradh-ròp(a) *masc.*

rope-maker *n.* ròpadair *masc.*, còirdealaiche *masc.*, suagair *masc.*

rope-swing *n.* riaba-steallag *fem.*

ropy *adj.* snàthainneanach

rorqual *n.* rorcual *masc.*

rosary *n.* conail *fem.*, conaire *fem.*, coron-Mhoire *masc.*, leadan *masc.*, paidirean *masc.*

rose *n.* ròs *masc.*

rose-beetle *n.* fiolan ròs *masc.*

rose-bush *n.* ròs-chrann *masc.*, dris *fem.*, ròsag *fem.*

rose-garden *n.* ròsarnach *masc.*

rose-hip *n.* mucag *fem.*

rose-noble *n.* bata milis *masc.*

roseate tern *n.* steàrnal Dhùghaill *masc.*

rosebay *n.* seileachan Frangach *masc.*

rosemary *n.* liath-ròs *masc.*, ròs sìor-gheal *masc.*, ròs-Màiri *masc.*, ròs-Moire *masc.*, ròs-Muire *masc.*

roseroot *n.* lus nan laoch *masc.*

rosette *n.* cnot *masc.*

rosin *n.* ròiseid *fem.*, rosaid *fem.*

rosine *n.* roisin *masc.*

rostrum *n.* sgalan *masc.*

rosy *adj.* rudhach

rosy-cheeked *adj.* ruiteach

rot *vb.* lobh, grod, brach, malc, morcaich, morgaich

rot (disease of sheep) *n.* pluc *masc.*, plucach *masc.*, tòdhadh *masc.*

rotate *vb.* cuir mun cuairt

rotation *n.* dol mun cuairt *masc.*

rote *n.* sriut *masc.*

rotten *adj.* lobhte, grod, air malcadh, blanndaidh, blanndair, lobhach, malcaidh, mosach, mosgain, truaillidh

rottenness *n.* morcas *masc.*

rotund *adj.* uibeach

rotundity *n.* cearclachas *masc.*, cruinne *fem./masc.*

rouge *n.* deargan *masc.*

rough *adj.* garbh, cùrs, giobach, greòsgach, molach, neo-chothromach, ribeach, sgrabach, stùrrach

rough (turbulent) *adj.* lioreasgach

rough-grained *adj.* garbh, neo-mhìn

rough-legged buzzard *n.* bleidir tònach *masc.*

roughneck (member of oil-rig crew) *n.* sgalag-ola *fem.*

roughness *n.* gairbhead *masc.*, neo-chòmhnardachd *fem.*, sgrabachan *masc.*

round *n.* cuairt *fem.*

round *adj.* cruinn, cuairteach, cuairteagach, cuarsgach

round *vb.* cruinnich

round *pref.* iom-

round (competition) *n.* cuairt *fem.*

round (set of drinks) *n.* tràth *masc.*

round and round *adj.* car mu char

round-leaved bell-flower *n.* flùran cluigeanach *masc.*

round-shouldered *adj.* crom-shlinneineach, soc-shlinneineach

roundabout *n.* timcheallan *masc.*, cearcall an rathaid *masc.*

roundel *n.* sàgan *masc.*

roundhead *n.* bearra-phlub *masc.*

rounding (computing) *n.* luachadh *masc.*

roundness *n.* cruinnead *masc.*, cruinne *fem./masc.*, cuartachd *fem.*

roup (disease of poultry) *n.* bìoban *masc.*

rouse *vb.* dùisg, brod, caislich, tog

roused *adj.* dùisgte

rousing *n.* priobairneach *masc.*, togail *fem.*

rousing *adj.* dùsgach

rout *n.* iom-ruagadh *masc.*, sgànradh *masc.*, sgiùrsadh *masc.*

rout *vb.* iom-ruaig, iomsgair, iom-sgaoil, sgànraich

route *n.* slighe *fem.*, turas *masc.*

routine *n.* gnàth-chùrsa *masc.*

routine *adj.* gnàthach

routine (computing) *n.* saothair *fem.*

routing *n.* ruaigeadh *masc.*

routing *adj.* sgànrach

rovation *n.* driuchdachadh *masc.*

rove (metal plate) *n.* lann *fem.*

rover *n.* cuantaiche *masc.*

roving *n.* clòthadh *masc.*

roving (process of giving first twist to yarn) *n.* clach *fem.*, ribhean *masc.*

row (line) *n.* sreath *fem.*, breath *fem.*, cùrsa *masc.*, rang *fem./masc.*, reang *masc.*, sràid *fem.*

row (squabble) *n.* sabaid *fem.*, sailbheas *masc.*, streupaid *fem.*, trod *masc.*, tuasaid *fem.*

row (propel with oar) *vb.* iomair

rowan *n.* caorann *masc.*, luis *fem./masc.*

rowanberry *n.* caor *fem.*, caorann *masc.*

rowans (long roll of wool as it leaves cards) *n.* rolag *fem.*

rowel *n.* camhtair *masc.*, spiocaid *fem.*

rowen *n.* iarspealadh *masc.*

rower *n.* iomairiche *masc.*, iomramhaiche *masc.*, ràmhadair *masc.*, ràmhaiche *masc.*, ràmhaire *masc.*

rowing *n.* iomradh *masc.*, iomramh *masc.*

rowing-boat *n.* bàta-ràmh *masc.*, geòla *fem.*, ràmhach *masc.*

rowing-competition *n.* co-iomradh *masc.*

rowing-match *n.* ràmhach *masc.*

rowing-song *n.* iorram *masc.*

rowlock *n.* buthal-ràimh *masc.*, cnag *fem.*, putag *fem.*

royal *adj.* rìoghail

royal (stag) *n.* làn-damh *masc.*

Royal Artillery Range *n.* Ranntair Gunnaireachd Rìoghail *masc.*

royal assent *n.* aonta rìoghail *masc.*

royal fern *n.* raineach reangach *fem.*, raineach rìoghail *fem.*

Royal Highland Agricultural Society *pr.n.* Comann Aiteachais Rìoghail na Gàidhealtachd, Comann Gàidhealach Rìoghail an Aiteachais

Royal National Institute for the Blind *pr.n.* Institiùd Rìoghail Nàiseanta airson nan Dall

Royal National Lifeboat Association *pr.n.* Buidheann Rìoghail Nàiseanta nam Bàta Teasairginn

Royal Society for the Protection of Birds, the *pr.n.* Comann Rìoghail Dìon nan Eun

royalist *n.* rìoghaire *masc.*

royalties *n.* dleas-ùghdair *masc.*

royalty *n.* rìoghalachd *fem.*

royston crow *n.* neabhan *masc.*

rub *n.* siab *masc.*

rub *vb.* moibeanaich, rub, siab, suath, thoir siab do

rubbed *adj.* suaithte

rubber *n.* rubair *masc.*, suathadair *masc.*

rubber (eraser) *n.* rubair *masc.*, suathair *masc.*

rubber (plimsoll) *n.* cuaran-uachdair *masc.*

rubber band *n.* bann sùbailte *masc.*

rubber ring *n.* crios-rubair *masc.*

rubbing *n.* rubadh *masc.*, suadhadh *masc.*, suathadh *masc.*

rubbing *adj.* siabach

rubbish *n.* sgudal *masc.*, trealaich *fem.*, dreamsgal *masc.*, gorraileis *fem.*, raip *fem.*, sgrathal *masc.*, sgruibleach *fem.*, traicleis *masc.*, troc *masc.*

rubbish (nonsense) *n.* ruais *fem.*

rubbish-heap *n.* flagais *fem.*

rubican *adj.* iarr-fhionn

ruby *n.* lasairchlach *fem.*, rubaidh *fem.*, ruban *masc.*, ruiteachan *masc.*

rucksack *n.* poca-droma *masc.*

ruction *n.* ramaidh *masc.*

rudd *n.* bronn dhearg *fem.*

rudder *n.* falmadair *masc.*, falm *fem.*, palmair *masc.*, stiùir *fem.*

ruddiness *n.* ruiteachd *fem.*, stèille *fem.*

ruddle *n.* baischailc *fem.*, baischriadh *fem.*, cìl *fem.*, clach-dhearg *fem.*, dearg-chreadh *fem.*, rua-chailc *fem.*, rua-chreadh *fem.*

ruddy *adj.* rodaidh, ruadh, ruiteach, ruiteagach, stèilleach

rude *adj.* aingealta, borb, dalm, mì-bheusach, mì-shìobhalta, neo-ionnsaichte, neo-mhodhail, soidealta

rude (roughly fashioned) *adj.* sgonnach

rudeness *n.* mì-bheusachd *fem.*, mì-eireachdas *masc.*, mì-mhodh *masc.*, soideal *masc.*

rue *n.* rù-ghàraidh *masc.*

ruff (sandpiper) *n.* gibeagan *masc.*

ruffian *n.* bugair *masc.*, ruspal *masc.*

ruffle *vb.* cuir campar (air neach)

rug *n.* ruga *masc.*, stràille *masc.*

rugby *n.* rugbaidh *masc.*

rugged *adj.* bacach, corrach, sgorach, sgrabach, sgùrrach, stacach, stùrrach

ruin *n.* làrach *masc.*, aibhist *fem.*, creach *fem.*, sgad *masc.*, sgrios *masc.*

ruin *vb.* creach, mill, sgrios

ruination *n.* aimhleas *masc.*, lomadh *masc.*

ruinous *adj.* aimhleasach, millteach, sgèileach, sgriosach, sgriosail

rule *n.* riaghailt *fem.*, ceannsal *masc.*, sgòd *masc.*, smachd *masc.*, stiùir *fem.*

rule *vb.* riaghail, marasglaich, smachdaich, stiùir

ruler *n.* neach-riaghlaidh *masc.*, riaghladair *masc.*, àrd-cheann *masc.*, maighstir *masc.*, reachdadair *masc.*, slat-thomhais *fem.*, tighearna *masc.*, uachdaran *masc.*

ruler (tool) *n.* rùilear *masc.*

ruling *n.* rolaireachd *fem.*

ruling *adj.* marasglach

ruling-line *n.* sreang-riaghailt *fem.*

rum baba *n.* bonnach-ruma *masc.*

rumble *n.* rùchdail *fem.*

rumble *vb.* ruaimill

rumbling *n.* brùnsgal *fem.*, gèisgeil *fem.*, rùbail *fem.*, rùchail *fem.*, rùchd *masc.*, rupail *fem.*, stàirn *fem.*, starraraich *fem.*, toirbhleasgadh *masc.*, torman *masc.*

rumbling *adj.* sgàirneach

ruminant *n.* ainmhidh ath-chagnach *masc.*

ruminant *adj.* ath-chagnach

ruminate *vb.* ath-chagainn, cnàmh

rumination *n.* ath-chagnadh *masc.*

rummage *n.* tumarraid *fem./masc.*

rummage *vb.* sporghail, ramasdair, rannsaich, ruathair, rùchail, rùdhraich

rummaging *n.* fùchadaich *fem.*, rùdhrachadh *masc.*, rùileach *masc.*

rumour *n.* fathann *masc.*, aidheam *fem.*, babhd *masc.*, boiream *masc.*, fuaim *fem./masc.*, iomradh *masc.*, rabhd *masc.*

rump *n.* màs *masc.*, bun an earbaill *masc.*, ruinnse *fem.*, rùmball *masc.*, rùnsan *masc.*

rumple *n.* creamasg *masc.*, cuaran *masc.*

rumple *vb.* ruinnlich

run *vb.* ruith, steud, struthaich

run aground *vb.* grunnaich, thoir ruith-cladaich do

run away *vb.* teich

run before wind *vb.* ruith leis

run hither and thither *vb.* seabhaid

run into *vb.* amas (ri)

run like wild fire *vb.* sriod

run over *vb.* ruith

run race *vb.* cuir rèis, steud

run risk *vb.* sgiorr

run through *vb.* fuaigh

rundlet (liquid measure) *n.* firgein *masc.*

rune *n.* rann *masc.*

rung *n.* rong *fem.*, rongas *masc.*, tarsannan *masc.*

runic *adj.* rùnach

runner *n.* ruitheadair *masc.*

runner *vb.* gille-ruith

runner (footwear) *n.* bròg-ruith *fem.*

runner (part on which sledge draws) *n.* dubhan-deiridh *masc.*, udalan *masc.*

runner (part on which sledge etc. slides) *n.* speilear *masc.*

runner-beans *n.* pònair-ruith *fem.*

running *n.* ruitheach *fem.*, steudadh *masc.*

running about *n.* roideas *fem.*

running ashore of vessel *n.* grunnachadh *masc.*, ruith-chladaich *fem.*

running away *n.* tàirsinn as *fem.*, teicheadh *masc.*

running before wind *n.* ruith leis *fem.*

running commentary *n.* co-iomradh *masc.*

running risk *adj.* sgiorrach

running the gauntlet *n.* ruith-sgiùrsadh *masc.*

running-knot *n.* lùb-ruith *fem.*, snaim-ruith *masc.*

runrig *n.* fearann-tuatha *masc.*, roinn-ruithe *fem.*

runt *n.* arrach *masc.*

runway *n.* raon-laighe *masc.*, rathad-laighe *masc.*

rupture *n.* màm-sic *masc.*, maothain *masc.*, sgairt bhriste *fem.*

rural *adj.* air an tuath, tìreil

rush *n.* ionnsaidh *masc.*, roid *fem.*, sitheadh *masc.*, sraonadh *masc.*

rush *vb.* ruith

rush (single) *n.* luaichirean *fem.*

rush out *vb.* brùchd

rush species *n.* luachair *fem.*

rushes *n.* luachair *fem.*

rushing *n.* ruith *fem.*

rushing *adj.* tartarach

rushlight *n.* trillsean *masc.*

Russian *adj.* Ruiseanach

Russian (language) *n.* Ruiseanais *fem.*

rust *n.* meirg *fem.*, sgrath *fem.*

rust *vb.* meirg

rust (fungus) *n.* fìdeag *fem.*

rustic *n.* tuathanach *masc.*, sgalag *fem.*

rustic *adj.* dùthchail, samhach

rusticity *n.* mì-shnasalachd *fem.*

rustle *vb.* siùrdan, sporthail

rustling *n.* siordan *masc.*, siosarnach *masc.*, siùrdanadh *masc.*, sporghail *fem.*, sporthalaich *fem.*, starbhanaich *fem.*, toirm *fem.*

rustling *adj.* starbhanach

rusty *adj.* meirgeach

rut *n.* sgrìob *fem.*

rut *vb.* dàir, reithich

rutting *n.* bùire *masc.*, bùireadh *masc.*, rùtachd *fem.*

rutting *adj.* dàireach

rutting-time *n.* dàmhair *fem.*

rye *n.* seagal *masc.*

rye-bread *n.* aran-seagail *masc.*

rye-grass *n.* breoillean *masc.*, feur-cuir *masc.*, roille *fem.*, ruintealas *masc.*, siobhach *masc.*, sturdan *masc.*

S

Sabbath *n.* (Là na) Sàbaid *fem.*, (Là na) Sàboinn(d) *fem.*

sabbatical *adj.* dòmhnach, sàbaideach

sabbatism *n.* sàbaideachd *fem.*

sable (arctic marten) *n.* dubhradan *masc.*

sable (colour) *adj.* ciar, donn

sabotage *n.* sabotàis *fem.*

sabre (sword) *n.* claidheamh crom *masc.*

sac *n.* poca *masc.*

saccharine *adj.* siùcarach

sack *n.* poca *masc.*, sac *masc.*, màla *fem.*, siothlan *masc.*

sackbut *n.* sacbut *fem.*

sackcloth *n.* sac-aodach *masc.*, cainb-aodach *fem.*, canabhas *masc.*, luman *masc.*

sacrament *n.* comanachadh *masc.*, sàcramaid *fem.*

sacramental *adj.* sàcramaideach

sacred *adj.* coisrigte, naomh, seunta

sacred beetle (scarab) *n.* ceàrdabhan *masc.*, ceàrdalan *masc.*, gobhachan *masc.*

sacrifice *n.* ìobairt *fem.*, ofrail *fem.*, sacrail *fem.*

sacrifice *vb.* ìobair, ofrail

sacrilege *n.* ceal-shlad *fem.*, airchealladh *masc.*, naomh-ghoid *fem.*

sacristy *n.* naomh-chiste *fem.*, naomh-thaisg *fem.*

sacrum *n.* cnàimh-tiompain *masc.*, earball *masc.*, laigh an droma *masc.*

sad *adj.* brònach, dubhach, muladach, truagh, cuideamach, doineach, dòlasach, fo ghruaim, fo mhulad, neo-aoibhneach, neo-shòlasach, sprochdail, trom

sadden *vb.* dèan brònach/dubhach

saddle *n.* diollaid *fem.*, pillean *masc.*, srathair *fem.*

saddle *vb.* diollaidich

saddle-cloth *n.* sumag *fem.*

saddle-girth *n.* bronnach-diolta *fem.*

saddle-horse *n.* each-marcachd *masc.*

saddle-nosed *adj.* smutach

saddle-pillar *n.* cas-diollaide *fem.*

saddleback *n.* fàire-druim *masc.*

saddlebacked *adj.* mall-dromach

sclerosis *n.* sglearòis *fem.*

saddler *n.* diollaidear *masc.*

saddlery *n.* diollaideachd *fem.*

sadness *n.* bròn *masc.*, mulad *masc.*, airsneal *masc.*, cuideam *masc.*, dòlasachd *fem.*, dubhachas *masc.*, lionn-dubh *masc.*, mulad *masc.*, neo-aoibhneas *masc.*, sprochd *masc.*, tùirse *fem.*

safe *n.* ciste-tasgaidh *fem.*

safe *adj.* sàbhailte, tèarainte, rèidh, socair, suaimhneach

safe and sound *adj.* slàn sàbhailte

safeguard *n.* dìdean *masc.*, tèarmann *masc.*, barant *masc.*, dìon *masc.*

safeguard *vb.* dìon

safety *n.* tèarainteachd *fem.*, sàbhailteachd *fem.*, tèarmann *masc.*, tèarnadh *masc.*

safety-belt *n.* crios-sàbhalaidh *masc.*, crios-dìon *masc.*, crios-gleidhidh *masc.*, crios-sàbhailteachd *masc.*

safety-net *n.* lìon-glacaidh *masc.*

safety-pin *n.* prìne-banaltraim *masc.*

saffron *n.* cròch *masc.*

saga *n.* sàga *fem.*, sgeulachd *fem.*

sagacious *adj.* geur-chùiseach, glic, tuigseach, toinisgeil, sicir, crìonna, fad-cheannach, fad-sheallach, iùlmhor, seaghach, seanacach, seanacheannach, seana-chrìonta, seanagar, seangarra, starach

sagaciousness *n.* gliocas *masc.*

sage *adj.* glic

sagacity *n.* gliocas *masc.*, seaghachas *masc.*, seanacaidheachd *fem.*, tùr *masc.*

sage *n.* athair liath *masc.*, sàisde *masc.*, slàn-lus *masc.*

sagittarius *n.* saighdear *masc.*

sail *n.* seòl *masc.*

sail *vb.* seòl

sail-fish *n.* cairbhean *masc.*, ceàrban *masc.*

sail-yard *n.* slat-shiùil *fem.*

sailing *n.* luingearachd *fem.*, seòladh *masc.*

sailing-boat *n.* bàta-siùil *masc.*, soitheach-seòlaidh *fem.*

sailor *n.* seòladair *masc.*, maraiche *masc.*, loingear *masc.*, muireach *masc.*

sainfoin *n.* saoidh dhearg *fem.*

saining *n.* rosd *masc.*, seunadh *masc.*

saint *n.* naomh *masc.*

saithe *n.* cudaig *fem.*, cudainn *fem.*, saoidhean *masc.*

sake *n.* sgàth *masc.*, los(t) *masc.*, sùchd *masc.*, taileadh *masc.*

sal ammoniac *n.* salann-fuail *masc.*

salad *n.* sailead *masc.*, biadh-luibh *masc.*, biadh-lus *masc.*, glasag *fem.*, glasair *masc.*, glasan *masc.*

salad burnet *n.* a' bhileach losgainn *fem.*

salamander *n.* corra-chagailte *fem.*, loisgean *masc.*, teine-dealan *masc.*, teine-dhealan *masc.*

salary *n.* tuarasdal *masc.*

sale *n.* reic *masc.*

sale (market) *n.* fèill *fem.*

sale (public offer of goods for sale at reduced prices) *n.* saor-reic *fem.*

sale of work *n.* fèill-reic *fem.*

saleable *adj.* ion-dhìoladh, margail, reiceach

saleableness *n.* margalachd *fem.*

salesman *n.* fear-reic *masc.*, reiceadair *masc.*

salesperson *n.* neach-reic *masc.*, reiceadair *masc.*

salinisation *n.* sallaineachadh *masc.*

salinity *n.* saillteachd *fem.*

saliva *n.* seile *masc.*, smugaid *fem.*, sgleog *fem.*, sglongaid *fem.*, sleamhnan *masc.*, smugraich *fem.*, staonag *fem.*

salival *adj.* smugaideach, sglongaideach

salivate *vb.* seilich

salivation *n.* ronnachadh *masc.*, smugaideachd *fem.*, ronn-ghalar *masc.*, sile-ronn *masc.*, smug *masc.*

sallow *n.* seileach-geal *masc.*

sallow *adj.* lachdann, bànaidh, doimhthearra, glas, odhar, odhar-bhàn

sally *n.* ionnsaigh *fem.*, brùchd *masc.*, maoim *fem.*, sgàineadh *masc.*, sgàinne *fem.*, sgeinneadh *masc.*

sally *vb.* brùchd

salmon *n.* bradan *masc.*, breac *masc.*, breac geal *masc.*, ceann-snaoth-nan-iasg *masc.*, colgan *masc.*, maighre *masc.*, rìgh nan iasg *masc.*

salmon (grisle) *n.* geàrr a' chuain *masc.*

salmon (kelt) *n.* cealt *fem./masc.*, farabhradan *masc.*

salmon (parr) *n.* gille ruadh *masc.*

salmon (young) *n.* liathag *fem.*

salmon-trout *n.* gealag *fem.*, maighre *masc.*, maighrealan *masc.*

salon *n.* seòmar *masc.*

saloon *n.* sailiùn *masc.*

salt *n.* salann *masc.*

salt *adj.* saillte

salt *vb.* saill, salainnich

salt-cellar *n.* saillear *masc.*

salt-pit *n.* poll-salainn *masc.*, salannan *masc.*

salt-water *n.* bùrn saillte *masc.*, sàl *masc.*

salt-water loch *n.* frith-mhuir *fem.*, loch-mara *fem.*

salter *n.* sailleadair *masc.*, saillear *masc.*

saltire *n.* bratach-croise *fem.*

saltpetre *n.* creag-shalann *fem.*, mear-shalann *masc.*

salty *adj.* saillte, salainneach

salubrious *adj.* slànach

salutary *adj.* slàinteil, iocshlàinteach, slànach

salutation *n.* fàilte *fem.*, altachadh-beatha *masc.*, fàilteachadh *masc.*, furan *masc.*, sanas *masc.*, soraidh *fem.*, soraidheachd *masc.*

salute *n.* altachadh *masc.*, sanas *masc.*

salute *vb.* fàiltich, cuir fàilt (air), altaich

salvage *n.* saoradh *masc.*, tàrrsainn *masc.*

salvation *n.* sàbhaladh *masc.*, slàinte *fem.*, slànadh *masc.*, teàrnadh *masc.*

Salvation Army *pr.n.* Feachd na Slàinte

salve *n.* sàbh-leighis *masc.*, ungadh *masc.*, acainn *fem.*, cungaidh-leighis *fem.*, iocshlàint *fem.*, sile *masc.*

salver *n.* aisead *fem.*, aiseid *fem.*, truinnsear *masc.*

salving *adj.* sàbhlach

salvo *n.* ciolchaireachd *fem.*

same *adj.* ceart, ceudna, ionnan

sameness *n.* co-ionannachd *fem.*, mac-samhail *masc.*

samp(h)ire *n.* siùnas *masc.*

samphire *n.* lus nan cnàmh *masc.*, saimbhir *masc.*

sample *n.* eisimpleir *masc.*, samhla *masc.*, ball-sampaill *masc.*, taghadh *masc.*

sample *vb.* samplaich

sanctification *n.* naomhachadh *masc.*, naomhadh *masc.*

sanctify *vb.* naomhaich

sanction *n.* òrdugh-èigneachaidh *masc.*

sanctuary *n.* comraich *fem.*, tèarmann *masc.*, ionad coisrigte *masc.*, ionad-naomh *masc.*

sand *n.* gaineamh *fem.*, gainmheach *fem.*

sand couch-grass *n.* glas-fheur *masc.*

sand-castle *n.* caisteal-gainmhich *masc.*, taigh-gainmhich *masc.*

sand-dune *n.* dùn-gainmhich *masc.*

sand-eel *n.* easgann-gainmhich *fem.*, nathair-thràghad *fem.*, sachasan *masc.*, sanndag *fem.*, sgiollag *fem.*, sìolag *fem.*

sand-glass *n.* uaireadair-gaineimh *masc.*, uaireadair-gloine *masc.*

sand-hill *n.* mùrach *masc.*

sand-hopper *n.* deargann-tràghad *fem.*

sand-lark *n.* farmachan *masc.*

sand-martin *n.* fallag *fem.*, gobhlan-gainmhich *masc.*

sand-pit *n.* sloc-gainmhich *masc.*, toll-gaineimh *masc.*

sand-shoe *n.* bròg bhog *fem.*

sand-snake *n.* nathair-ghainmheach *fem.*

sand-storm *n.* stoirm-gainmhich *fem.*

sand-worm *n.* lugaidh *fem.*, lugas *masc.*, lungach *masc.*

sandal *n.* cuaran *masc.*, maolan *masc.*, maolas *masc.*

sandbank *n.* oirthir-ghaineimh *fem.*, bac *masc.*, barra *masc.*, muc-ghaineamh *fem.*

sanderling *n.* luatharan glas *masc.*, trilleachan glas *masc.*

sandpaper *n.* pàipear-gainmhich *masc.*

sandpiper *n.* fidhleir *masc.*, trìlleachan *masc.*

sandwich *n.* ceapaire *masc.*, brabhd *fem.*, gàdair *masc.*, pìos *masc.*

sandwich tern *n.* steàrnag mhòr *fem.*, steàrnal mòr *masc.*, steàrnan mòr *masc.*

sandwort species *n.* lus nan naoi alt *masc.*

sandy *adj.* gainmheil

sane *adj.* ciallach, ann gu lèir, cruinn, glic, susbainteach

sanguinary *adj.* fuil(t)each

sanguineness *n.* mòr-dhòchas *masc.*

sanicle *n.* bodan-coille *masc.*, buinne *fem.*

sanitary *adj.* slàinteil

sanitary inspector *n.* maor-sitig *masc.*

sanitary towel *n.* searbhadair-slàinteachais *masc.*

sanitation *n.* slàintealachd *fem.*

sanity *n.* ciall *fem.*

Santa Claus *pr.n.* Bodach na Nollaig

sap *n.* snodhach *masc.*, sùgh *masc.*, brìgh *fem.*

sapless *adj.* mì-shùghar, neo-shùghmhor

sapling *n.* faillean *masc.*, ògan *masc.*, fiùran *masc.*

saponify *vb.* dèan na shiabann

sapphire *n.* gorm-leug *masc.*, saifear *masc.*

sapple *n.* sgùrainn *fem.*

sappy *adj.* sùgh(mh)or, brìgheil, brìghmhor, mèath, mèith, nòsar

sapwood *n.* fiodh-snodhaich *masc.*

sarcasm *n.* gearradh *masc.*, searbhas *masc.*, imisg *fem.*, searbh-bhriathar *masc.*, searbh-ràdh *masc.*, sgeig *fem.*, tearrachd *fem.*

sarcastic *adj.* searbh, geàrrta, beum(n)ach, beàrrte, imisgeach, leamh, sgaiteach, siabach, taspallach, tearrachdail

sardine *n.* sàrdain *masc.*, geilmhin *masc.*, pillsear *masc.*, sàrdail *fem.*, seirdean *masc.*, sgadan sligeach *masc.*

sarking *n.* sarcan *masc.*

sash *n.* crios *masc.*, bann *masc.*, sròl *masc.*

sash-window *n.* uinneag-chrochte *fem.*

Satan *pr.n.* An t-Abharsair; Diabhal, an; Dòmhnall Dubh; Donas, an; Droch-fhear, an; Sàtan

satanic *adj.* diabhlaidh, deamhnaidh

satchel *n.* màileid *fem.*, màla *fem.*

sate *vb.* sàthaich

satelite *n.* saideal *masc.*

satelite *n.* reul-chomhaideachd *fem.*

satiate *vb.* sàsaich

satiated *adj.* dìolta, sàthach

satiating *n.* sàsachadh *masc.*

satiating *adj.* lìontach

satiety *n.* sàth *masc.*, leòr *fem.*, lìontachd *fem.*, sàitheachd *fem.*, sàsachd *fem.*, sògh *masc.*

satin *n.* sròl *masc.*

satire *n.* aoir *fem.*, beitheadaireachd *fem.*, eisg *fem.*, fochaideas *masc.*, gearrabhaireachd *fem.*, sgeamhaireachd *fem.*, sgeigealachd *fem.*, sorb-aoireadas *masc.*, sorb-chàineadh *masc.*

satirical *adj.* aoireil, eisgeil, lom, sgeamhail, tearrachdail

satirise *vb.* aoir, dèan aoireadh

satirist *n.* aoireadair *masc.*, èisg *fem.*, bearradair *masc.*, rionnaidh *masc.*, sgeamhaire *masc.*, spealair *masc.*, taspaire *masc.*

satisfaction *n.* toileachadh *masc.*, sàsachadh *masc.*, riarachadh *masc.*, riarachas *masc.*, riarachd *fem.*, saimhrigheachd *fem.*, sàsadh *masc.*, tlachd *fem.*, toileachas-inntinn *masc.*, toil-inntinn *fem.*

satisficing *adj.* sàsach

satisfied *adj.* sàsaichte, toilichte, riaraichte, buidheach, lonrach

satisfy *vb.* sàsaich, toilich, riaraich, taitinn

satisfying *adj.* sàsachail, toileachail, riarachail, seiseach

saturate *vb.* tuilich, bàth, sàsaich

saturated *adj.* tuilichte, bàthte, sàthaichte, sùchta

saturation *n.* sàsachd *fem.*

saturation point *n.* ìre làn-shùighteachd *fem.*

Saturday *n.* Disathairne *masc.*, Disatharna *masc.*

saturnian *adj.* òrdha

satyrion *n.* magairle nam monadh *masc.*

sauce *n.* sabhs *masc.*, lionra(dh) *masc.*, leannra *masc.*, prioghainn *fem.*, sùgh *masc.*, tuaradh *masc.*

sauce *vb.* sabhsaich

saucepan *n.* sgeileid *fem.*, tullan *masc.*

saucer *n.* sàsar *masc.*, flat *masc.*, flatag *fem.*

saucy (pert) *adj.* beadaidh, rucasach, taithireach, barracaideach

sauna *n.* taigh-fallais *masc.*, teas-bhuala *fem.*, teas-fhailce *fem.*

saunter *n.* sràid *fem.*

saunter *vb.* spaisdirich

saunterer *n.* spaidsear *masc.*, spaisdear *masc.*, sràideachan *masc.*

sauntering *n.* spaisdireachd *fem.*

sausage *n.* isbean *masc.*

savage *n.* domhach *masc.*, samhanach *masc.*

savage *adj.* allaidh, borb, allta, fiadhaich

save *vb.* sàbhail, glèidh, caomhain, anacail, saor, slànaich, tèarainn, teàrn, teasraig

Save the Children Fund *pr.n.* Maoin Sàbhaladh na Cloinne

saved *adj.* sàbhailte, air a s(h)àbhaladh, saorte, tèarainnte

saver *n.* sàbhailiche *masc.*

savin *n.* samhan *masc.*

saving *n.* sàbhaladh *masc.*, caomhnadh *masc.*, saoradh *masc.*, taisgeach *masc.*, teàrnadh *masc.*, gleidheadh *masc.*

saving *adj.* sàbhailteach, stòrach

savings *n.* sàbhaladh *masc.*, tasgadh *masc.*

savings bond *n.* bann-tasgaidh *masc.*

saviour *n.* slànaighear *masc.*, fuasgaldair *masc.*, neach-sàbhalaidh *masc.*, neach-saoraidh *masc.*, sàbhailiche *masc.*

savory *n.* garbhag-ghàraidh *fem.*

savour *n.* blas *masc.*

savour *vb.* feuch blas

savoury *adj.* blasda

saw *n.* sàbh *masc.*, tuireasg *masc.*

saw *vb.* sàbh

saw-horse *n.* làir-mhaide *fem.*

sawdust *n.* min-sàibh *fem.*, caiteas *masc.*, cogall *masc.*, meanan *masc.*, meanan-sàibh *masc.*, sadach-shàbhaidh *fem.*, sgabh *masc.*, sgamhar *masc.*, tair-luaithre *masc.*

sawmill *n.* muileann-s(h)àbhaidh *fem./masc.*

sawpit *n.* sloc-sàbhaidh *masc.*

sawyer *n.* sàbhadair *masc.*

saxboard *n.* beul beag *masc.*, cuairt-beòil *masc.*, srac-beòil *masc.*

saxhorn *n.* sacschorn *masc.*

saxifrage species *n.* clach bhriseach *masc.*

saxophone *n.* sacsafòn *masc.*

say *vb.* abair, bheir, can, labhair

saying *n.* facal *masc.*, ràdh *masc.*, ràite *fem.*

scab *n.* sgreab *fem.*, càrr *fem.*, cloimh *fem.*, sgreabhag *masc.*, spuaic *fem.*

scabbard *n.* truaill *fem.*, duille *fem.*, fraighe *fem.*, sgabard *masc.*

scabbed *adj.* sgabach, spuaiceach

scabby *adj.* carrach, clòigheach

scabies *n.* piocas, am *masc.*

scabrousness *n.* carraiche *masc.*

scad *n.* sgadan-creige *masc.*

scaffold *n.* sgafall *masc.*, sgalan *masc.*, leibheann *fem.*

scaffolding *n.* sgafall *masc.*, sgafallachd *fem.*

scal *n.* sgàl *masc.*

scald *n.* losgadh *masc.*

scald *vb.* sgàld, plod, loisg

scaldie *n.* sgallachan *masc.*

scalding *n.* sgàldadh *masc.*

scalding *adj.* sgàldach, teth

scale (balance) *n.* cothrom *masc.*, clàr-tomhais *masc.*, meidh *fem.*, samhlan-tomhais *masc.*, sceile *fem.*, sgrath *fem.*, sgroilleag *fem.*

scale *vb.* streap

scale (music) *n.* sointread *masc.*

scale (plate on fish) *n.* lann *fem.*, lannrag *fem.*, sgrathan *masc.*

scale (squama) *n.* sgamal *fem.*

scalene *n.* stabhach *fem.*

scaliness *n.* sgrothachd *masc.*

scallag *n.* sgalag *fem.*

scallop *n.* slige-chreachainn *fem.*, creachan(n) *masc.*, eisirean *masc.*, sgolap *masc.*, tanrag *fem.*

scallop-shell *n.* maighdeag *fem.*

scalloped *adj.* sgoragach

scallywag *n.* sgalag *fem.*

scalp *n.* craiceann a' chinn *masc.*, còmhdach a' chlaiginn *masc.*

scalpel *n.* sgian-lèigh *fem.*

scaly *adj.* lannach, sgamalach, sgrathach, sligeanach

scamp *n.* cillean *masc.*, ruspal *masc.*

scamper *vb.* ruith, thoir ruaig, teich

scampi *n.* muasgan caol *masc.*

scan (examine) *vb.* sgrùd

scan (agree with rules of metre) *vb.* meadaraich

scandal *n.* sgainneal *masc.*, tuaileas *masc.*, imisg *fem.*, masladh *masc.*, oilbheum *masc.*, sgannal *masc.*, tàmailt *fem.*, toibheum *masc.*

scandalise *vb.* sgainnealaich

scandalising *n.* ruparachadh *masc.*

scandalous *adj.* maslach, tàmailteach, imisgeach, oilbheumach, sgannalach, toibheumach

scanner *n.* clàr-amharc *masc.*, leirsinnear *fem.*

scanning (analysing metrically) *n.* ceapadh-rann *masc.*, coisriomhadh *masc.*, rann-mheas *masc.*

scant *adj.* gann, tearc

scantiness *n.* gainnead *masc.*, teannachd *fem.*

scanty *adj.* gann, geàrr, tearc

scapegoat *n.* eirig-mheachainn *fem.*, Geigean *masc.*

scapula *n.* slinnean *masc.*

scapular *n.* sgaball *masc.*

scapulimancy *n.* slinneanachd *fem.*

scar *n.* leòn *masc.*, làrach *fem.*, ailt *fem.*, athailt *masc.*, creuchd *fem.*, earra *fem.*, puthar *masc.*

scarab beetle *n.* ceard-dubhan *masc.*

scarce *adj.* gann, tearc, ainneamh

scarceness *n.* gainnead *masc.*, teirce *fem.*

scarcity *n.* gainnead *masc.*, teirce *masc.*, caoile *fem.*, gainne *fem.*, ganntar *masc.*, tearcachd *fem.*, tearcadh *masc.*

scare *vb.* cuir eagal air, cuir fo eagal, sganraich, sgeunaich, smad

scarecrow *n.* bodach-ròcais *masc.*, bodach-chearc *masc.*, bodach-feannaig *masc.*, bodach-starraig *masc.*

scarf *n.* stoc *masc.*, guailleachan *masc.*, cleòcan *masc.*, sgarfa *fem.*, stìom-amhaich *fem.*

scarification *n.* sgroilleachadh *masc.*

scarifier *n.* sgochadair *masc.*

scarify *vb.* rod, sgoch, sgor

scarifying *adj.* sgorach

scaring *n.* sgiùrs *masc.*

scaring *adj.* sganrach, smadach, smadail

scarlet *n.* sgàrlaid *fem.*

scarlet *adj.* corcra, sgàrlaid, sgàrlaideach

scarlet fever *n.* a' chuairteach sgàrlaid *fem.*, cuairtiche sgàrlaid, an *masc.*, fiabhras dearg, am *masc.*, teasach dhearg, an *fem.*, teasach sgàrlaid, an *fem.*

scarlet pimpernel *n.* falcair *masc.*, ruinn-ruise *masc.*

scatter *vb.* sgap, sgaoil, sgainnir, sgearaich, sgiot, sgiut, spreadh, sraon

scattered *adj.* neo-chruinnichte, sgapte, sgaraichte

scatterer *n.* sgapadair *masc.*

scattering *n.* sgiotadh *masc.*, sgiùrs *masc.*

scattering *adj.* sgainnearach, sgainneartach, sganrach

scaup *n.* lach-mhara *fem.*

scavenger *n.* clabaraiche *masc.*

scenario *n.* cnàmh-sgeul *fem.*

scene *n.* sealladh *masc.*, ionad *masc.*

scent *n.* fàileadh *masc.*, boladh *masc.*, cùbhras *masc.*, àile *masc.*, boltrach *masc.*, toth *masc.*

scent *vb.* boltraich, deagh-bholtraich, sròinich, srònaisich

scent-bottle *n.* boltrachan *masc.*, boltrachas *masc.*

scented *adj.* boltrach, cùbhraidh

scentless mayweed *n.* buidheag an arbhair *fem.*, camamhail fiadhain *masc.*

sceptic *n.* às-creideach *masc.*, mì-chreidmheach *masc.*, neo-chreidmheach *masc.*

sceptical *adj.* às-creideach, beag-chreidmheach, dì-chreidmheach

scepticism *n.* às-creideamh *masc.*, dì-chreideamh *masc.*, mì-chreideamh *masc.*, neo-chreidmheachd *fem.*, teagmhachd *fem.*

sceptre *n.* slat rìoghail *fem.*, slat-shuaicheantais *fem.*, slat-tighearnais *fem.*

sceptred *adj.* colbhach

schedule *n.* clàr *masc.*

scheduled *adj.* clàraichte

scheduling (computing) *n.* òrdachadh *masc.*

scheme *n.* sgeama *masc.*, innleachd *fem.*, dòigh *fem.*, foirdhealbh *fem.*, guim *masc.*, sgèimh *fem.*, tionnsgnadh *masc.*

scheme *vb.* meomhraich, sgèimh

schemer *n.* triollachan *masc.*

schism *n.* roinn *fem.*, sgaradaireachd *fem.*, siosma *masc.*

schismatic *n.* siosmair *masc.*

schismatic *adj.* sgarach, siosmach

schizophrenia *n.* sgoltadh-inntinn *masc.*, dà-urrachas *masc.*

scholar *n.* sgoilear *masc.*, saoi(dh) *masc.*

scholarly *adj.* sgoilearach

scholarship *n.* ionnsachadh *masc.*, sgoilearachd *fem.*

scholastic *adj.* sgoilearach, sgoilearra, sgoileil

scholasticism *n.* sgoilearachas *masc.*

school (place for instruction) *n.* sgoil *fem.*

school (shoal of fish) *n.* caoran *masc.*

school *vb.* sgoil

School Hostels Sub-committee *pr.n.* Fochomataidh nan Osdailean Sgoile

School Medical Service *pr.n.* Seirbheis Leighe na Sgoile

School Transport Sub-committee *pr.n.* Fochomataidh Còmhdhail Sgoile

schooled *adj.* sgoilearra

schoolfellow *n.* co-fhoghlamaiche *masc.*

schoolhouse *n.* taigh-sgoile *masc.*

schooling *n.* sgoilearachd *fem.*

schoolmaster *n.* màighstir-sgoile *masc.*, oide-foghlaim *masc.*, oide-sgoile *masc.*

schoolmistress *n.* bana-mhàighstir-sgoile *fem.*

sciatica *n.* an t-siataig *fem.*, lòinidh *masc.*

science *n.* saidheans *masc.*, eòlaidheachd *fem.*, eòlas *masc.*

science fiction *n.* ficsean saidheansail *masc.*

scientific *adj.* saidheansail

scientist *n.* eòlaiche *masc.*

scimitar *n.* claidheamh crom *masc.*, claidheamhan *masc.*, graillean *masc.*, greidlean *masc.*, slaighre *fem.*, sloighre *fem.*

scion (piece of plant) *n.* faillean *masc.*, fiùran *masc.*, maothan *masc.*, slat bheag *fem.*, gasan *masc.*, lùb *fem.*

scissors *n.* siosar *masc.*, bearradan *masc.*, deimheis *fem./masc.*

scissure *n.* sgadadh *masc.*, sgreadhadh *masc.*

sclerosis *n.* sglearòis *fem.*

scoff *n.* sionnachd *masc.*

scoff *vb.* mag (air), dèan fanaid, fochaidich, spig, dèan magadh (air)

scoffing *n.* fochaid *fem.*, sgonnadh *masc.*

scoffing *adj.* cnaideal, spigeil

scold *n.* bàirseag *fem.*, sglamhrainn *fem.*

scold *vb.* troid, cronaich, bùitich, raith, sglamh, sgoinn, spreig

scolder *n.* sglamhair *masc.*

scolding *n.* trod *masc.*, braidseal *masc.*, buiteach *fem.*, clamhadh *masc.*, sailbheas *masc.*, sglamh *masc.*, sglamhrainn *fem.*, sgrioslachadh *masc.*, sgroiseadh *masc.*, spreigearrachd *fem.*

scolding *adj.* sglàmhrach, eallsgail, sglamhach, sgoileamach, spraiceil, spreigeach, spreigearra, spreigeil

scolene *adj.* neo-chothromach

scollop *n.* sgolap *masc.*, sgorag *fem.*, torc *masc.*

scollop *vb.* sgoragaich

sconce (candlestick) *n.* coinnleir *masc.*

sconce (fort) *n.* sgonnsa *masc.*

scone *n.* sgona *fem.*, bonnach *masc.*

scoop *n.* liagh *masc.*, ladar *masc.*, sgiob *fem.*

scoop *vb.* cladhaich, tog, sgob

scooped *adj.* biorraideach

scope *n.* rùm *masc.*, àite *masc.*, comas *masc.*, leudachd *fem.*

scorbutic *adj.* carrach, claimhseach, clòigheach

scorch *vb.* dadh, gread, crìon(aich), doth, loisg, roist, seac, searg

scorched *adj.* crionaidh, dothte, iomloisgte, ruadh

scorching *n.* seargadh *masc.*

scorching *adj.* ain-teth, dothach

score *n.* lin *fem.*, sgor *masc.*, sgrioch *masc.*

score *vb.* sgoir, sgrìoch

scorn *n.* tàir *masc.*, sgeig *fem.*, tailceas *masc.*

scorn *vb.* dèan tàir, burdaich, fochaidich, sgeig

scorner *n.* magaire *masc.*, sgeigeach *masc.*

scornful *adj.* tàireil, dìmeasach, sgeigeil

scorning *adj.* sgeigeach

scorpio *n.* sgairp *fem.*

scorpion *n.* sgairp *fem.*, bèisd-nimh *fem.*

scorpion-grass *n.* lus nam mial *masc.*

Scots fir *n.* cona *fem.*

Scots lovage *n.* sunais *fem.*

Scots pence *n.* sgillinn *fem.*

Scots pine *n.* giuthas *masc.*

Scottish Adoption Association *pr.n.* Comann Uchd-mhacachd na h-Alba

Scottish Adult Basic Education Unit *pr.n.* Aonad Bun-oideachas Inbheach na h-Alba

Scottish Ambulance Service *pr.n.* Seirbheis Charbad-eiridinn na h-Alba

Scottish Art Schools *pr.n.* Colaisdean Ealain na h-Alba

Scottish Arts Council *pr.n.* Comhairle Ealain na h-Alba

Scottish Association for Dyslexia *pr.n.* Comann na h-Alba airson Doille-leughaidh

Scottish Association for Mental Health *pr.n.* Comann na h-Alba airson Slàinte-inntinn

Scottish Association for the Deaf *pr.n.* Comann na h-Alba airson nam Bodhar

Scottish Central Committee on Modern Languages *pr.n.* Comataidh Mheadhanail na h-Alba airson Nua-chànanan

Scottish Centre for Research and Education *pr.n.* Ionad Rannsachaidh is Foghlaim na h-Alba

Scottish Certificate of Education *pr.n.* Teisteanas Foghlaim Alba

Scottish Community Drama Association *pr.n.* Comann Dràma Coimhearsnachail na h-Alba

Scottish Community Education Council *pr.n.* Comhairle Foghlam-coimhearsnachd na h-Alba

Scottish Constitutional Convention *pr.n.* Eireachd Bunreachd na h-Alba

Scottish Consumer Council *pr.n.* Comhairle Luchd-caitheimh na h-Alba

Scottish Council for Civil Liberties *pr.n.* Comhairle airson Saorsa Siobhalta na h-Alba

Scottish Council for Development and industry *pr.n.* Comhairle Leasachaidh is Gnìomhachais na h-Alba

Scottish Council for Development and Industry *pr.n.* Comhairle na h-Alba airson Leasachadh is Gnìomhachas

Scottish Council for the Care of Spastics *pr.n.* Comhairle na h-Alba airson Cùram nan Spastach

Scottish Council on Alcoholism *pr.n.* Comhairle na h-Alba air Tinneas na Dibhe

Scottish Council on Disability *pr.n.* Comhairle Ciorramachd na h-Alba

Scottish Country Industries Development Trust *pr.n.* Urras Leasachaidh Gnìomhachas Dùthchail na h-Alba

Scottish Crofters Union *pr.n.* Aonadh nan Croitearan

Scottish Development Agency *pr.n.* Buidheann Leasachaidh na h-Alba

Scottish Economic Planning Department *pr.n.* Roinn Leasachaidh Eaconomach na h-Alba

Scottish Education Data Archives *pr.n.* Tasglann na h-Alba airson Dàta Foghlaim

Scottish Education Department *pr.n.* Roinn Foghlaim na h-Alba

Scottish English *pr.n.* Beurla Albannach

Scottish Epilepsy Association *pr.n.* Comann Tinneas Thuiteamach na h-Alba

Scottish Examinations Board *pr.n.* Bòrd Deuchainnean na h-Alba

Scottish Further Education Association *pr.n.* Comann Foghlam Adhartach na h-Alba

Scottish Health Education Group *pr.n.* Buidheann Foghlam-slàinte na h-Alba

Scottish Home and Health Department *pr.n.* Roinn Slàinte is Dachaigh na h-Alba

Scottish Homes *pr.n.* Aitreabhan Alba

Scottish Information Service for the Disabled *pr.n.* Seirbheis-fiosrachaidh airson Ciorramaich na h-Alba

Scottish Institute of Adult Education *pr.n.* Institiud-foghlaim Inbhich na h-Alba

Scottish Land Court *pr.n.* Cùirt-fhearainn na h-Alba

Scottish Landowners Federation *pr.n.* Caidreachas Uachdaran-fearainn na h-Alba

Scottish Liberal Party *pr.n.* Pàrtaidh Libearalach na h-Alba

Scottish Marriage Guidance Council *pr.n.* Comhairle Treòrachadh-posaidh na h-Alba

Scottish Museum Council *pr.n.* Comhairle Thaighean-tasgaidh na h-Alba

Scottish National Federation for the Blind *pr.n.* Co-nasgadh Nàiseanta nan Dall an Alba

Scottish National Higher Diploma *pr.n.* Ard Dioploma Nàiseanta na h-Alba

Scottish National Party, the *pr.n.* Buidheann nan Albannach Dùthchasach

Scottish Office *pr.n.* Oifis na h-Alba

Scottish Paraplegic Association *pr.n.* Comann Leth-phairillis na h-Alba

Scottish Society for Autistic Children *pr.n.* Comann Chlann Neo-fhosgarra na h-Alba

Scottish Society for the Mentally Handicapped *pr.n.* Comann Bhacach Inntinneil na h-Alba

Scottish Special Housing Association *pr.n.* Comann Taigheadas Sònraichte na h-Alba

Scottish Sports Council *pr.n.* Comhairle-spòrs na h-Alba

Scottish Standing Conference on Sport *pr.n.* Co-labhairt Ghnàthach Spòrs na h-Alba

Scottish Studies *pr.n.* Eòlas na h-Alba

Scottish Teachers Salaries Committee *pr.n.* Comataidh Tuarasdal-luchd-teagaisg na h-Alba

Scottish Technical Education Modules *pr.n.* Modalan-Foghlaim Teicneolach na h-Alba

Scottish Telephone Referral Advice & Information Network *pr.n.* Rian Comhairleachadh is Fiosrachadh Fòn na h-Alba

Scottish Tourist Board *pr.n.* Bòrd Turasachd na h-Alba

Scottish Transport Group *pr.n.* Buidheann Còmhdhail na h-Alba

Scottish Vocational Education Council *pr.n.* Comhairle Foghlaim Dreuchdail na h-Alba

Scottish Womens Aid *pr.n.* Comhnadh Mhnathan na h-Alba

Scottish Womens Rural Institute *pr.n.* Institiùd Dhùthchail Mhnàthan na h-Alba

Scottish Woodland Owners Association *pr.n.* Comann Uachdaran Choilltean na h-Alba, Comann Uachdaran Choilltean na h-Alba

Scottish Youth Theatre *pr.n.* Buidheann-cluiche Oigridh na h-Alba

scoundrel *n.* slaoightire *masc.*

scour (clean) *vb.* nigh, sgànraich, sgùr

scour (range about) *vb.* cuir cuairt air

scourge *n.* sgiùrs(adh) *masc.*, cuip *fem.*, malaid *fem.*, ruinnse *fem.*, sgiùrsag *fem.*, sgiùrsair *masc.*, slat-sgiùrsaidh *fem.*

scourge *vb.* sgiùrs, cuip, ruinnsich, stiall

scourger *n.* sgiùrsair *masc.*

scourging *n.* sgiùrsadh *masc.*

scouring *n.* sgùradh *masc.*, roinnseachadh *masc.*, sgrathadh *masc.*, sruthladh *masc.*

scouring *adj.* sgùrach, sruthlach

scout *n.* neach-coimhid *masc.*, beachdair *masc.*, beachdadair *masc.*, gocam-gò *masc.*, rabhadair *masc.*, sgud *masc.*, spiothair *masc.*, spithear *masc.*

scowl *n.* gruaim *fem.*, mùig *fem.*, roig *fem.*, sgraing *fem.*, sgreann *masc.*, sgreann *masc.*, stuic *fem.*

scowl *vb.* cuir mùig

scowling *n.* stucaireachd *fem.*

scowling *adj.* sgraingeil

scraggy *adj.* bliain, cramhlach

scramble *n.* inneachdas *masc.*

scramble *vb.* streap, dèan sporghail, crom, innich, sgramalaich

scrambled eggs *n.* uighean air am bualadh *pl.*

scrambling *adj.* rudhrach

scrap (fragment) *n.* criomag *fem.*, mìr *fem.*, buineag *fem.*

scrap (fight) *n.* sabaid *fem.*, tuasaid *fem.*

scrapbook *n.* leabhar-mhìr *masc.*

scrape *n.* sgrìob *fem.*, dragh *fem.*, sgrob *fem.*

scrape *vb.* sgrìob, trus, eadhaich, piorr, rusal, sgrios

scrape bottom of barrel *vb.* sgrùd

scraper *n.* sgrìoban *masc.*, sgrìobachan *masc.*, sgrìobadair *masc.*, sgrìobaire *masc.*, sgrobadair *masc.*

scrapie *n.* tachas, an *masc.*

scraping *n.* sgrìoban *masc.*, tachas *masc.*

scraping *adj.* sgrìobach

scrappy *adj.* luideach

scratch *n.* sgròbadh *masc.*, sgrìob *fem.*, sgrìoch *masc.*, sgram *masc.*

scratch *vb.* sgròb, sgrìob, tachais, clamhair, rusal, sgrab, sgrìoch

scratch pad (computer) *n.* stòr-obrach *masc.*

scratch pad memory (computing) *n.* cuimhne ghlèidhte *fem.*

scratcher *n.* sgrìobaire *masc.*, sgrobadair *masc.*

scratching *n.* sgrìoban *masc.*, sgròbadaireachd *fem.*, sgròbadh *masc.*, tachas *masc.*

scratching *adj.* sgrìobach, sgrobagach

scrawl *n.* sgròbaireachd *fem.*, sgròb *fem.*, sgròbadh *masc.*, sgrochladh *masc.*

scrawl *vb.* sgròb, peanntair, sgrochail

scrawling *n.* sgròbaireachd *fem.*, sgròbadh *masc.*, sgrochladh *masc.*

scream *n.* sgreuch *masc.*

scream *vb.* sgreuch, sgread

screaming *n.* rànail *masc.*, sianail *fem.*

screaming *adj.* sgreuchach, sianach, sianail

scree *n.* sgaird *fem.*, sgairneach *fem.*, sgardan *masc.*, sgarmach *fem.*, sgarnach *fem.*

screech *n.* sgread *masc.*, sgreuch *masc.*, nuall *masc.*, sreatan *masc.*

screech *vb.* sgread, sgreuch

screecher *n.* sgreuchaire *masc.*

screeching *n.* sgreuchail *fem.*

screeching *adj.* sgreuchach

screed *n.* sriutan *masc.*, driochan *masc.*

screel (kind of shelf in rocks) *n.* creisean *masc.*

screen *n.* sgàilean *masc.*, clàr-amhairc *masc.*, cochall *masc.*, crochbhrat *masc.*

screen *vb.* còmhdaich, ceil, falaich

screen painting *n.* dealbhachadh-follaiseir *masc.*

screening *n.* feuchainn *fem.*, sgrìonadh *masc.*, criathradh *masc.*, còmhdachadh *masc.*

screw *n.* sgriubha *masc.*, bithis *fem.*, cuar *masc.*, rotha *masc.*, sgròbha *masc.*, truain *masc.*

screwdriver *n.* sgriubhaire *masc.*

screwing *n.* teannachadh *masc.*

scribble *n.* sgròbal *masc.*, sgrochladh *masc.*

scribble *vb.* peanntair, sgrìob, sgrochail

scribbler *n.* sgruibleachan *masc.*

scribbling *n.* sgrochladh *masc.*

scribe *n.* sgrìobhaiche *masc.*, sgrìobhach *masc.*, sgrìobhadair *masc.*, sgrìobhainnear *masc.*, sgrìobhair *masc.*

scrimmage *n.* caigeann *fem.*, ladar-miot *masc.*

scrimpy *adj.* gropach

scrip *n.* màileid *fem.*, màla *fem.*

script *n.* clò *masc.*, litreadh *masc.*, sgriobt *fem.*

scriptural *adj.* sgriobtaireil

scripture *n.* sgriobtair *masc.*

scrivener *n.* sgrìobhainnear *masc.*

scrofula *n.* tinneas an rìgh *masc.*, caith-bhràghad *masc.*, cuit-bhràghad *fem.*, silteach *fem.*

scrofulous *adj.* silteach

scroll *n.* stuadh *fem.*

scroll *vb.* tionndaidh

scrotum *n.* clach-bhalg *masc.*, magairle *fem.*

scrub *n.* ras *masc.*, sgrubair *masc.*, sgruimbean *masc.*

scrub *vb.* nigh, sgrubaig, roinnsich

scrubbing *n.* sruthlach *masc.*, sruthladh *masc.*

scrubbing-brush *n.* brùis-sgùraidh *fem.*

scruffy *adj.* loireach, lubhrach, romach

scruple *n.* teagamh *masc.*, imcheist *fem.*, diuthadh *masc.*, sgreapal *masc.*, sgrub *masc.*, sgrubal *masc.*

scruple *vb.* sor

scrupulous *adj.* teagmhach, cùramach, nàistinneach

scrupulousness *n.* soradh *masc.*

scrutinise *vb.* rannsaich, sgrùd

scrutiniser *n.* neach-sgrùdaidh *masc.*, sgrùdair *masc.*

scrutinising *n.* sgrùdadh *masc.*

scrutiny *n.* rannsachadh *masc.*, sgrùdadh *masc.*

scud *vb.* ruith ron ghaoith, siorr

scuffle *n.* tuasaid *fem.*

scull *n.* pleadhan *masc.*

scull *vb.* sgol

scullery *n.* cùlaist *fem.*

sculling *n.* iomarchur *masc.*

scullion *n.* dubh-chaile *fem.*, raipleachan *masc.*, sgùidilear *masc.*, sraoilleanach *masc.*

sculptor *n.* deilbhear *masc.*, clach-shnaidheadair *masc.*, dreachadair *masc.*, grabhaltaiche *masc.*, snaidheadair *masc.*

sculpture *n.* co-dhualadh *masc.*, gràbhaladh *masc.*, rionnachas *masc.*, rionnal *masc.*, snaidheadh *masc.*

scum *n.* cobhar *masc.*, sgùm *masc.*, barrag *fem.*, lith *fem.*, sàl *masc.*, sgamal *fem.*, sgiom *masc.*, sgoll *masc.*, troc *masc.*

scum *vb.* sgèimh

scummer *n.* sgumadair *masc.*

scummy *adj.* sgumach

scurf *n.* eanach *fem.*, eanach *fem.*, mairbh-ghreim *fem.*, sgreab *fem.*

scurr (small insect living in bottom of wells) *n.* comarasan *masc.*

scurrilous *adj.* sgainnealach, ana-ghlòireach

scurvied *adj.* sgar-bhocach

scurvy *n.* tachas tioram, an *masc.*, muire *fem.*, sgar-bhoc *masc.*

scurvy-grass *n.* carran *masc.*, gille-gig *masc.*, maraiche, am *masc.*

scut *n.* feaman *masc.*, seot *masc.*

scuttle *n.* sguiteal *masc.*, sgùil *fem.*

scymitar *n.* claidhean *masc.*

scythe *n.* fàladair *masc.*, fàladair *masc.*, iarann-fàil *masc.*, speal *fem.*, speal *fem.*, spealadair *masc.*

scythe *vb.* speal

sea *n.* muir *fem.*, cuan *masc.*, fairge *fem.*, loch *masc.*, sàl *masc.*, sàmh *masc.*, tàbh *masc.*

sea animalculae *n.* coille-beanain *masc.*, coille-bhannain *masc.*

sea club-rush *n.* brobh *masc.*

Sea Fish Industry Authority *pr.n.* Ughdarras Iasgaich Mhara

sea fishing-line *n.* driamlach *fem./masc.*, eangach *fem.*

sea hard-grass *n.* dur-fheur fairge *fem.*

sea ranching *n.* rainsearachd-mara *masc.*

sea sand-worm *n.* luga *fem.*

sea-anemone *n.* cìoch na muice-mara *fem.*

sea-bent *n.* muran *masc.*

sea-bent root cluster *n.* meallag *fem.*

sea-bindweed *n.* flùr a' Phrionnsa *masc.*

sea-biscuit *n.* briosgaid-mhara *fem.*

sea-blubber *n.* muir-titheachd *fem.*, sgeith-ròin *masc.*

sea-bream *n.* briantadh *masc.*, carbhanach *masc.*, deargan *masc.*, garbhanach *masc.*

sea-chart *n.* càirt-iùil *fem.*

sea-coal *n.* clach-ghuail *fem.*

sea-cows *n.* crodh-mara *masc.*

sea-devil *n.* cat-mara *masc.*, mac-làmhaich *masc.*

sea-dog *n.* suidheag *fem.*

sea-furbelow *n.* sgrothach *masc.*

sea-grapes *n.* turasgar *masc.*

sea-grass *n.* bileanach *fem.*, bilearach *fem.*, milearach *masc.*

sea-holly *n.* cuilean-tràghad *masc.*

sea-ivory *n.* feusag nan creag *fem.*

sea-kale *n.* cal na mara *masc.*, praiseach-tràgha *fem.*

sea-laces *n.* driamlach *fem./masc.*, gille-mu-lunn *masc.*, langadar *masc.*

sea-lamprey *n.* creathall na mara *fem.*

sea-lark *n.* bodhag *fem.*, gulmag *fem.*, luatharan *masc.*

sea-lettuce *n.* glasag *fem.*

sea-martin *n.* ainleag-mhara *fem.*

sea-oak *n.* raineach-mhara *fem.*

sea-parrot *n.* bùthgair *masc.*

sea-passage *n.* caolas *masc.*

sea-piet *n.* bridean *masc.*

sea-pike *n.* corra-maothar *masc.*

sea-pink *n.* bàrr dearg *masc.*, fiantanan *masc.*, neòinean-cladaich *masc.*, nòinein-cladaich *masc.*, tonn a' chladaich *masc.*

sea-plantain *n.* liath-lus na tràghad *masc.*

sea-porcupine *n.* carran-creige *masc.*

sea-potato *n.* cadalan-tràghad *masc.*

sea-purslane *n.* lus a' ghoill *masc.*, purpaidh *fem.*

sea-pyet *n.* trilleachan *masc.*

sea-radish *n.* meacan-ragaim-uisge *masc.*

sea-robber *n.* muir-spùinnear *masc.*

sea-robbery *n.* muir-spùinnearachd *fem.*

sea-rock *n.* stalla *masc.*

sea-rocket *n.* fearsaideag *fem.*, geàrr-bhochdan *masc.*

sea-rush *n.* meithean *masc.*

sea-sandwort *n.* sgeirean *masc.*

sea-serpent *n.* nathair-mhara *fem.*, uile-bhèist a' chuain *masc.*

sea-snail *n.* gnamhan *masc.*, turcar-mara *masc.*

sea-spleenwort *n.* raineach na mara *fem.*

sea-spoil *n.* tacair-mara *masc.*

sea-spurge *n.* buidhean nan ingean *masc.*

sea-squirt *n.* steallaire-mara *masc.*, steallair-mara *masc.*

sea-stickleback *n.* srònachaidh *masc.*

sea-swallow *n.* ruideag *fem.*, steàirdean *masc.*, steàrnag *fem.*

sea-tang(le) *n.* ramasg *masc.*

sea-thong *n.* iomlach *masc.*

sea-trout *n.* bànag *fem.*, breac-mara *masc.*, gealag *fem.*

sea-urchin *n.* ceann-an-duine-mhairbh *masc.*, cnagan-faoileig *masc.*, conan-mara *masc.*, corran-mara *masc.*, cragan-tràghad *masc.*, cranna-phocan *masc.*, crogan-feannaig *masc.*, crogan-feannaig *masc.*, geàrra-bhoc *masc.*, pocan garbh *masc.*

sea-wall *n.* briost *masc.*

sea-ware *n.* lianaich *fem.*, muir-bhrùchd *masc.*, stràilleach *masc.*

seabelt (sugar-kelp) *n.* smeartan *masc.*

seacoastt *n.* muinchinn *masc.*

seadrift *n.* siaban *masc.*

seafarer *n.* cuantach *masc.*

seafaring *n.* seòladaireachd *fem.*

seafaring *adj.* ris a' mhuir

seagull *n.* faolieag *fem.*, stiùrtag *fem.*

seahorse *n.* each-mara *masc.*

seal (mark) *n.* seula *masc.*, nasg *masc.*

seal (member of Pinnipedia) *n.* ròn *masc.*, bèist mhaol *fem.*, pliutach *masc.*

seal *vb.* naisg, seulaich

sealed *adj.* seulach, seulaichte

sealing *n.* nasgadh *masc.*

seam *n.* fuaigheal *masc.*, uaim *fem.*, co-thàth *masc.*, cuaichean *masc.*, sgair *fem.*, sgar *masc.*, sùdh *masc.*, tathadh *masc.*

seam *vb.* fuaigh

seaman *n.* maraiche *masc.*

seamanship *n.* luingearachd *fem.*, maraidheachd *fem.*

search *n.* lorg *masc.*, sireadh *masc.*, rannsachadh *masc.*, sgrùdadh *masc.*, sporadh *masc.*, tòrachd *fem.*

search *vb.* lorg, rannsaich, sir, iarr, rudhraich, ruraich, rusal, sgroid, sgrùd

searched *adj.* sgrùdaichte

searcher *n.* lorgair *masc.*, rannsachair *masc.*, cnuasaiche *masc.*, rannsaiche *masc.*, sgrùdair *masc.*

searching *n.* lorg *masc.*, iarraidh *masc.*, sgrùdadh *masc.*, sireadh *masc.*

searching *adj.* rudhrach, sgrùdach

searchlight *n.* solas-lorgaidh *masc.*

sear *vb.* crannaich, loisg

seared *adj.* dothte

searing *n.* cruaidh-losgadh *masc.*, dothadh *masc.*

seashore *n.* cladach *masc.*, cois na mara *fem.*, murasg *masc.*, tràigh *fem.*

seasickness *n.* cur-na-mara *masc.*, tinneas-mara *masc.*

seaside centaury *n.* dreimire-mara *masc.*

season *n.* aimsir *fem.*, tràth *masc.*, ràith(e) *fem.*, seasan *masc.*, àm *masc.*, re *fem./masc.*, seal *masc.*, tac *fem.*, tim *fem.*, ùine *fem.*

season *vb.* grèidh, dèan blasda, prioghainnich, saill, stocainnich, sùgh, sùigh, sùith, toirnich

seasonable *adj.* aimsireil, àmail, tràthail

seasonably *adj.* tràth

seasoned *adj.* grèidhte, sùghta, tioram

seasoning *n.* brìghinn *fem.*, sabhsachadh *masc.*, sùghadh *masc.*, tiormachadh *masc.*

seat *n.* cathair *fem.*, stòl *masc.*, suidhe *masc.*, suidheachan *masc.*

seat *vb.* cuir na s(h)uidhe

seaware *n.* trailleach *masc.*

seaweed *n.* feamainn *fem.*, bàrr-roc *fem.*, fraileach *fem.*, rodach *masc.*, strailleach *masc.*, tachair *masc.*

secant *n.* sgrìob-ghearraidh *fem.*

secede *vb.* easaontaich

seceder *n.* siosmair *masc.*

secern *vb.* sgar

secession *n.* naomh-thrèiginn *fem.*

secluded *adj.* leth-oireach

second *n.* dìog *masc.*, tiota *masc.*

second *adj.* dara

second (nomination) *vb.* cuir taic ri

second bass (music) *n.* beus ìosal *masc.*, pro-bheus *masc.*

second cousin *n.* mac-bràthair-seanamhar *masc.*, mac-bràthair-seanar *masc.*, mac-piuthar-seanamhathar *masc.*, mac-piuthar-seanar *masc.*, mac-piuthar-seanmhathar *masc.*

second half (sport) *n.* leth-bhàir shuas *fem.*

Second World War *pr.n.* Dara Cogadh Mòr

second-class fare *n.* faradh dara h-ìre *masc.*

second-generation computer *n.* coimpiutair an darna ginealaich *masc.*

second-hand *adj.* ath-ghnàthach, cleachdte

second-sight *n.* dà-shealladh *masc.*, dà-fhradharc *masc.*, taibhsearachd *fem.*

secondaries *n.* dara itean sgèith *fem.*

secondary *adj.* darnach, den darna ìre

secondary education *n.* foghlam àrd-sgoile *masc.*

secondary industry *n.* fo-ghnìomhachas *masc.*, gnìomhachas dara-ìre *masc.*

seconder *n.* neach-taice *masc.*

secrecy *n.* dìomhaireachd *fem.*, cleith *fem.*, prìobhaid *fem.*, rùine *fem.*, rùn *masc.*, uaigneas *masc.*

secret *n.* rùn *masc.*, rùn-dìomhair *masc.*, sgeul-rùin *masc.*

secret *adj.* dìomhair, falachaidh, rùnach, uaigneach

secretariat *n.* rùnaireachd *fem.*, rùnachas *masc.*

secretary *n.* rùnaire *masc.*, rùn-chlèireach *masc.*

Secretary of State *pr.n.* Rùnaire na Stàite

Secretary of State for Defence *pr.n.* Rùnaire na Stàite airson Dìon

Secretary of State for Scotland *pr.n.* Rùnaire na Stàite airson Alba

secretaryship *n.* clèireachas *masc.*, rùnaireachd *fem.*, rùn-chlèirsneachd *fem.*

secrete *vb.* falaich, àraich, dealaich

secretion *n.* falachadh *masc.*, dealachadh *masc.*, lionradh *masc.*, sìoladh *masc.*, smugachd *fem.*

secretness *n.* dìomhaireachd *fem.*

secretly *adj.* gun fhiosda, os ìosal

secretory *adj.* dealachaidh

sect *n.* roinn *fem.*

sect *n.* dream *masc.*

sectarian *adj.* buidheannach

section *n.* roinn *fem.*, earrann *fem.*

sector *n.* cuibhreann *masc.*, roinn *fem.*

secular *adj.* saoghalta

secundine *n.* iarnallach *fem.*

secure *adj.* tèarainte, seasgair, gun chùram, neo-umhailleach, suaimhneach, sunnara, urrasach

security *n.* dìon *masc.*, tèarainteachd *fem.*, muinighin *fem.*, neo-chùram *masc.*, sàbhailteachd *fem.*, suaimhneas *masc.*

security (pledge) *n.* barantas *masc.*, paighneachas *masc.*, urrantas *masc.*

security lock *n.* glas-dhaingneachaidh *fem.*

security van *n.* bhan-thèarainteachd *fem.*

sedan-chair *n.* cathair-iomchair *fem.*

sedate *adj.* ciùin, stòlda, foighidneach, foistinneach, moineiseach, monaiseach, neo-luaineach, rionail, smaoineachail, socrach, stàideil, stùirteil

sedateness *n.* stàidealachd *fem.*, stòldachd *fem.*, stùirt *fem.*, tosdalachd *fem.*

sedative *n.* cungaidh-stòlaidh *fem.*

sederunt *n.* suidhe *masc.*

sederunt *adj.* an làthair

sedge *n.* seileasdair *masc.*, seisg *fem.*, gainnisg *fem.*, riasg *masc.*, seasg *masc.*, seasgann *masc.*

sedge-warbler *n.* glaisean *masc.*, loiliseag *fem.*, uiseag-oidhche *fem.*

sediment *n.* grùid *fem.*, iargain *fem.*, proghan *masc.*, tiughalach *fem.*

sedition *n.* buaireas *masc.*, saineas *masc.*, tuairgneadh *masc.*

seditious *adj.* buaireanta

sedoment *n.* grùd *masc.*

seduce *vb.* meall, thoir a thaobh, truaill

seduction *n.* mealladh *masc.*, toirt a thaobh *fem.*, truailleadh *masc.*

sedulous *adj.* dùrachdach

see *n.* roinn-easbaig *fem.*

see *vb.* faic, feuch, seall

seed *n.* àlachadh *masc.*, pòr *masc.*, ros *masc.*, silean *masc.*, sìol *masc.*

seed *vb.* sìolaich, cuir fras dhe

seedling *n.* faillean *masc.*, ògan *masc.*, cailean *masc.*, sìolag *fem.*, spilgean *masc.*

seeing *n.* sealltainn *masc.*, lèirsinn *fem.*, fradharc *masc.*

seeing *adj.* radharcach

seek *vb.* sir, rannsaich, iarr, lorg

seeker *n.* iarradair *masc.*, iarrtaiche *masc.*

seeking *n.* iarraidh *masc.*, sireadh *masc.*

seeming *adj.* ionamhail

seemliness *n.* coidhichead *masc.*, cumhaideachd *fem.*

seemly *adj.* coltach, cubhaidh, sgiamhail

seep *vb.* sùigh, sìolaidh, drùidh

seeping *n.* sìoladh *masc.*, drùdhadh *masc.*, sùghadh *masc.*

seesaw *n.* deile-bhogadain *fem.*, iobalag-obalag *fem.*, làir-mhaide *fem.*, udalanachd *fem.*

segment *n.* màman *masc.*, sgathadh *masc.*

segmented programme (computing) *n.* prògram roinnte *masc.*

segmenting *n.* roinneadh *masc.*

segregation *n.* dealachadh *masc.*, sgaradh *masc.*, roinneadh *masc.*, tearbadh *masc.*

seize *vb.* glac, greimich (air), cuir làmh an, sgob

seizing *n.* glacadh *masc.*, glamhadh *masc.*

sejant *n.* suidhe *masc.*

seldom *adj.* ainneamh, tearc, ainmig

select *vb.* roghnaich, tagh

selecting *n.* taghadh *masc.*

selection *n.* roghainn *masc.*, taghadh *masc.*

selective *adj.* roghnach

self-actualisation *n.* fèin-dhearbhadh *masc.*

self-assessment *n.* fèin-mheasadh *masc.*

self-conceit *n.* fèin-spèis *fem.*, fèin-bheachd *fem.*, fèin-mheas *masc.*, mòrchuis *fem.*, spailp *masc.*, spailpeis *fem.*, straic *fem.*

self-confidence *n.* fèin-mhisneachd *fem.*, làn-bheachd *fem.*

self-confident *adj.* mòr-urranta, urrasach

self-control *n.* rèim *fem.*

self-denial *n.* fèin-àicheadh *masc.*

self-discipline *n.* fèin-smachd *masc.*

self-employed person *n.* oibriche air a c(h)eann fhèin *masc.*

self-employed, the *n.* luchd-obrach air an ceann fhein *masc.*

self-explanatory *adj.* fèin-mhìneachail

self-governing *adj.* fèin-riaghlach

self-government *n.* fèin-riaghladh *masc.*

self-heal prunella *n.* dubhan ceann-cosach *masc.*, lus a' chridhe *masc.*, tom-muighe *masc.*

self-importance *n.* fèin-spèis *fem.*, spailpireachd *fem.*, staidealachd *fem.*

self-important *adj.* staideil

self-opinionated *adj.* abairteach

self-possessed *adj.* steòirneal, steòirneal

self-regarding *adj.* mòr as fhèin, mòr as fhein

self-reproach *n.* fèin-agartas *masc.*

self-respect *n.* fèin-mheas *masc.*

self-satisfied *adj.* achdaidh, leagarra

self-service *n.* fèin-fhrithealadh *masc.*

self-sufficiency *n.* mustar *masc.*

self-sufficient *adj.* fèin-fhoghainteach, statail

self-willed *adj.* diongmhalt

selfing *n.* fèineadh *masc.*

selfish *adj.* fèineil, fèin-chùiseach, feineach, fèin-spèiseil, siachaireil, spìocach

selfishness *n.* fèinealachd *fem.*

sell *vb.* reic

sell-by date *n.* ceann-creic *masc.*

seller *n.* reiceadair *masc.*, neach-reic *masc.*, creiceadair *masc.*, reicear *masc.*

selvage *n.* balt *masc.*, cumhais *fem.*

selvidge *n.* balt *masc.*, farbhradh *masc.*

semantic *adj.* ciallachail

semantics *n.* eòlas-ciallachais *masc.*

semblance *n.* samhla *masc.*, coltas *masc.*

semen *n.* sìol(-ghinidh) *masc.*, sreothan *masc.*

semi- *pref.* leth-

semi-detached *adj.* leth-sgarte, leth-dhealaichte

semibreve *n.* cruinn *masc.*, mall-phunc *masc.*

semicircle *n.* leth-chearcall *masc.*, leth-chruinne *fem.*, leth-chuairt *fem.*

semicircular *adj.* leth-chearclach

semicolon *n.* leth-choilean *masc.*, leth-sgoiltean *masc.*, stad dhà *masc.*

semiconductor *n.* fo-ghiùlanair *masc.*

seminal *adj.* pòrach

seminar *n.* co-labhairt *fem.*

semiology *n.* eòlas shanasan *masc.*

semiquaver *n.* leth-chaman *masc.*

semisubmersible *n.* clàr eadarra-lionn *masc.*

semitone *n.* lethtona *masc.*

semivowel *n.* leth-fhoghair *masc.*

semmet *n.* seamad *masc.*

sempstress *n.* banalaiche *masc.*

senate *n.* seanadh *masc.*, seanaid *fem.*

senator *n.* àrd-sheanair *masc.*, seanaiche *masc.*, seanair *masc.*

senatorial *adj.* seanaireach

send *vb.* cuir

send word *vb.* cuir fios a dh'ionnsaigh, cuir fios thuig, leig fios gu/do

seneschal *n.* seanaghal *masc.*

senile *adj.* seantaidh

Senior Administrative Assistant *pr.n.* Prìomh Chuidiche Clèireachd

senior citizen *n.* seann duine *masc.*

seniority *n.* sinead *masc.*, seanntachd *fem.*, sineachd *fem.*

sense *n.* ciall *fem.*, toinisg *fem.*, brìgh *fem.*, mothachadh *masc.*, faireachdainn *masc.*, conn *masc.*, seagh *masc.*, seaghachas *masc.*, seunadh *masc.*, sùgh *masc.*, tàbhaill *fem.*, tuigse *fem.*, tur *masc.*

sense (endowment) n. càil fem.

sense (faculty of receiving sensation) n. ciad-fàth fem., mothachadh masc.

sense (reasonableness) n. blian masc., toisinn fem.

sense of duty n. nàistinn fem.

sense of humour n. càil-àbhachdais masc.

senseless adj. neo-mhothachail, gun chiall, neo-thoinisgeil, neo-thuigseach, neo-thurail, saoibh, sgopraich

senselessness n. neo-thuigse fem.

sensibility n. mothachadh masc., mothachas masc., mothalachd fem.

sensible adj. ciallach, tùrail, mothachail, cèillidh, iùlmhor, seaghach, sochladh, stèidheach, stèidheil, sùghmhor, teimhseil, toimhseil, toinisgeil, tuigseach

sensitive adj. mothachail

sensitivity n. mothachadh masc.

sensitivity analysis n. sgrùdadh-mothachaidh masc.

sensual adj. feòlmhor, collaidh

sensuality n. feòlmhorachd fem., collaidheachd fem., sàimhe fem., seiseachd fem.

sentence (judicial) n. binn fem., breith fem.

sentence (word) n. ciallairt fem., ciallradh masc., roisgeul masc., rosgrann fem., seantans masc.

sentence vb. dìt

sententious adj. geacach, geàrr-bhriathrach, ràiteach

sentimentality n. faoin-mhothalachd fem., maoithneas masc.

sentinel n. freiceadan masc., faireadair masc., neach-faire masc.

sentry-box n. bothan-faire masc.

sepal n. siopal fem.

separability n. ion-dhealaiche masc., ion-sgaraidh fem.

separable adj. so-dhealachadh, sgarail

separate adj. dealaichte, roinnte, sgaraichte, air leth, fa leth, tearbaidhte

separate vb. dealaich, sgar, tearb, roinn, cuir air leth, cuir eadar, eadar-dhealaich, iomsgair

separating n. dealachadh masc., sgaradh masc., sannadh masc., tearbadh masc.

separation n. dealachadh masc., sgaradh masc., beàrn fem., roinnteachadh masc.

separator n. sgaradair masc.

seperable adj. tearbach

September pr.n. An t-Sultain

septic tank n. amar-sitig masc., sloc-salachair masc.

septuplet/septolet (rhythmic grouping) n. seachdrinn fem.

sepulchral adj. tungach

sepulchre n. tuaim masc., uaigh fem.

sequel n. iarsmadh masc.

sequence n. leanmhainn masc., ruith fem., sreath fem.

sequester vb. cuir air leth, cuir gu taobh

serenade n. ceòl-leannanachd masc., ceòl-suirghe masc.

serene adj. soinneanta, ciùin, sàmhach, suaimhneach

serenity n. soinneantachd fem., ciùineas masc., suaimhneas masc.

serge n. cùrainn fem., cùirteir masc., stuth masc.

serial (computing) adj. lean-phungach

serial (story) n. leansgeul masc.

serial printer n. clò-bhualadair lean-phungach masc.

serial processing n. gnìomhadh lean-phungach masc.

series n. lìn fem., reang masc., riamh masc., sreath fem.

serious adj. cudthcomach, trom-chùiseach

serious accident *n.* droch thubaist *fem.*

serious misconduct *n.* fìor dhroch ghiùlan *masc.*

seriously *adj.* da-rìribh, da-rìreadh

seriousness *n.* cudthromachd *fem.*, cùramaichead *masc.*

sermon *n.* searmon *fem.*

sermonise *vb.* searmanaich

serosity *n.* meogachd *fem.*

serous *adj.* meogach

serpent *n.* nathair *fem.*, beithir *fem.*, sumaire *masc.*

serpentarium *n.* ionad-nathraichean *masc.*

serpentine *adj.* dreach-lùbach, luibeach

serrate *vb.* grob

serrated *adj.* beàrnach, eagarra

serrated wrack *n.* slaodach *fem.*

serum *n.* meug-fala *masc.*, meog-fala *masc.*, meugar *masc.*

servant *n.* searbhanta *fem.*, seirbheiseach *masc.*, sgulan *masc.*

servant-in-waiting *n.* neach-coimhideachd *masc.*

serve *vb.* dèan seirbheis, riaraich, bàirlinnich, fritheil, riaraich, thoir seachad, libhrig

server/requester (computing) *n.* seirbheiseach *masc.*

service *n.* seirbheis *fem.*, muinntireas *fem.*, obair *fem.*, dleasnas *masc.*, frithealadh *masc.*, saothair *fem.*, searbhantachd *fem.*, sta(dh) *masc.*

service road *n.* ubhtraid *fem.*

service station *n.* stèisean-frithealaidh *masc.*

service-area *n.* àrainn-frithealaidh *fem.*, ionad-frithealaidh *masc.*

serviceable *adj.* feumail, iomchaidh, stadhar, stathail

serviceableness *n.* sta *masc.*

serviette *n.* bratag-làimhe *fem.*

servile *adj.* tràilleil, labanta, mursanta

servility *n.* tràilleachd *fem.*

serving-dish *n.* aiseid *fem.*, soitheach-riarachaidh *fem.*

servitor *n.* neach-frithealaidh *masc.*, riarach *masc.*

servitude *n.* daorsa(inn) *fem.*, tràillealachd *fem.*, cuing-cheangal *masc.*, muinntireas *fem.*, sglàbhaidheachd *fem.*, slaibhreas *masc.*

sesoning *n.* brighinneachadh *masc.*

session *n.* seasan *masc.*, co-shuidhe *fem.*, siasar *masc.*, suidhe *masc.*

sestet *n.* sèisear *masc.*

set *n.* buidheann *fem./masc.*, pannal *masc.*, alach *masc.*, planntan *masc.*, seat(a) *masc.*

set *adj.* suidhichte, stèidhte, cumte

set *vb.* leag, stèidhich, suidhich

set apart *vb.* cuir air leth

set example *vb.* nochd eisimpleir

set off *vb.* siubhail, tog air

set on fire *vb.* leig 'na theine

set sail *vb.* cuir mu sgaoil

set to *vb.* crom air

set up *vb.* cuir suas, cuir air bhonn, cuir air chois

set, as sun *vb.* laigh, rach fodha, tuit

set-screw *n.* sgrobha-sìnidh *masc.*

settee *n.* deidhs *fem./masc.*, langasaid *fem.*, seidhreach *masc.*

setter *n.* cù-eunaidh *masc.*

setting (cloth) *n.* suidheachadh *masc.*

setting (music) *n.* buine *fem.*, ceòlchur *masc.*

settle *n.* stòl *masc.*, suidheachan *masc.*

settle *vb.* socraich, sìolaidh, suidhich, stèidhich, àitich, co-dhèan, còrd, laigh, tarmaich, tìrich

settle (calm) *vb.* sìochaich

settle (resolve) *vb.* rèitich

settle down *vb.* sìolaidh

settled *adj.* seasmhach, stòlda, suidhichte

settlement *n.* rèite *fem.*, rèiteach *masc.*

settlement (habitation) *n.* tuineachadh *masc.*

settler *n.* tìriche *masc.*

settling *n.* suidheachadh *masc.*

settling (growing calm) *n.* traoghadh *masc.*

seven *num.* seachd

seven sisters, the *n.* grugadan *masc.*

seven-fold *adj.* seachd-fillte

seventeen *num.* seachd deug

sever *vb.* dealaich, sgar, spann, tearb

several *adj.* iomadaidh

severe *adj.* cruaidh, teann, gàbhaidh, gairgeach, searbh, searbhach, spraiceil, teannasach

severity *n.* cruas *masc.*, teinne *fem.*, searbhachd *fem.*, searbhadas *masc.*, searbhasachd *fem.*, smachdachd *fem.*, cruadal *masc.*

sew *vb.* fuaigh(eil)

sewage *n.* otrachas *masc.*, giodar *masc.*, tileadh *masc.*

sewage-works *n.* ionad-otrachais *masc.*

sewer *n.* sàibhear *masc.*, doirteal *masc.*, guitear *masc.*, siuch *masc.*

sewing *n.* fuaigheal *masc.*, tàillearachd *fem.*

sewing-machine *n.* fuaigheart *masc.*, uidheam-fuaigheil *fem.*

sex *n.* gnè *fem.*, insgne *fem.*, moth *masc.*

sex discrimination *n.* lethspreidh nan gnè *masc.*

Sex Discrimination Act 1975 *pr.n.* Achd Lethspreidh nan Gnè 1975

sex education *n.* foghlam air gineadh is breith *masc.*, foghlam-gineamhainn *masc.*

sex shop *n.* bùth asaingean feise *fem./masc.*

sex-appeal *n.* an t-inneal tarraing *masc.*

sex-cell *n.* gamait *fem.*

sexism *n.* gnèithealachd *fem.*

sexist *adj.* gnèithealach

sextolet *n.* seisrinn *fem.*

sextonship *n.* maoirneachd-eaglais *fem.*

sextuple *adj.* seachd-fillte

sextuplet *n.* seisrinn *fem.*

sexual *adj.* gnèitheach

sexual harassment *n.* sàrachadh drùiseach *masc.*

sexual intercourse *n.* cleamhnas *masc.*, daireachd *fem.*, feis *fem.*, fideadh *masc.*

sgraggy *adj.* riasgail

shabby *adj.* sgraideagach, sgraiteach

shack *n.* bothag *fem.*, bothan *masc.*

shackle *n.* corrach *fem.*, geimhle *fem.*

shackle *vb.* slabhraich

shackles *n.* deigheann *masc.*, urchall *masc.*

shad *n.* gabhlan *masc.*

shade *n.* sgàil *fem.*, dubhar *masc.*, dubharachd *fem.*, dubhradh *masc.*, duibh-leus *masc.*, duibhre *fem.*, fionnaireachd *fem.*, sgàileagan *masc.*, sgàth *masc.*, sgleò *masc.*, sgòth *fem.*

shade *vb.* sgàil, cuir sgàil air, duibhrich, dubhair

shade (ghost) *n.* tannasg *masc.*, tamhasg *masc.*

shade (headgear) *n.* sgàil-grèine *fem.*

shader *n.* sgàileadair *masc.*

shadiness *n.* fionnaireachd *fem.*

shading *n.* duibhreachadh *masc.*

shading *adj.* sgàileach

shadow *n.* sgàil *fem.*, faileas *masc.*, dubhar *masc.*, dubhradh *masc.*, sgàth *masc.*

shadow price *n.* prìs fhaileasach *fem.*

shadowy *adj.* duibh-leusach, sgàileach, sgàthach, sgleodhach

shady *adj.* dubharach, sgàileanach, sgàthach

shaft *n.* cas *fem.*, samhach *fem.*, crann (-tarrang) *masc.*, làmhrachan *masc.*, lorg *fem.*, lurga(nn) *fem.*,

shag (green cormorant) *n.* sgarbh (an sgumain) *masc.*, orag *fem.*

shag (hair) *n.* pab *masc.*, ròm *fem.*, rob *masc.*

shagginess *n.* pabadh *masc.*

shaggy *adj.* molach, ròmach, robach, brusgach, caiteineach, ceigeach, cleiteach, fionntach, goinneach, leideach, luideach, pabach, peallach, peallagach, pilleagach, piollach, piollagach, prabach, romagach, sgrabach

shagreen ray *n.* sornag *fem.*

shake *n.* crathadh *masc.*, crith *fem.*

shake *vb.* crath, luaisg, crith, cneasaich, luasgain, seog

shake hands with *vb.* beir air làimh air, fàiltich

shake-down *n.* leid *masc.*, sèid *fem.*

shaking *adj.* seogach

shaking palsy *n.* an crith-thinneas *masc.*

shaking quagmire *n.* brullachan *masc.*

shaky *adj.* critheanach

shale *n.* clach-ghuail *fem.*

shallot *n.* sgalaid *fem.*

shallow *n.* oitir *fem.*

shallow *adj.* eu-domhain, staoin, tana

sham *adj.* mealltach, fallsail

sham *n.* mealladh *masc.*, seamsan *masc.*

sham *vb.* seamsanaich

shambling *adj.* logaiseach

shame *n.* nàire *fem.*, masladh *masc.*, tàmailt *fem.*, spìd *masc.*

shame *vb.* nàraich, maslaich, nàirich

shamefaced *adj.* nàireach, nàistinneach

shameful *adj.* nàr, maslach, nàireach, peacail, spìdeach, spìdeil

shameless *adj.* beag-nàrach, ladarna, air bheag nàire, dì-nàireach, gun umhlachd, mì-nàireach

shamelessness *n.* beag-nàrachd *fem.*, dì-nàire *fem.*

shamloch *n.* seamlach *fem.*

shampoo *n.* siampù *fem.*

shamrock *n.* seamrag *fem.*

shank *n.* lurga *fem.*, cas *fem.*, calpa *masc.*, suimear *masc.*

shanty town *n.* baile seantaidh *masc.*

shape *n.* cumadh *masc.*, cruth *masc.*, cumachd *fem.*, muadh *masc.*, seap *masc.*, sgeith *masc.*, sgeugh *masc.*

shape *vb.* cum, dealbh, cneasaich, sgeugh

shape picture *n.* dealbh-cumaidh *masc.*

shapeless *adj.* sgonnach

shapelessness *n.* mì-chumadh *masc.*

shapely *adj.* cuimir, cumadail, cruthail, cumachdail, deagh-chruthach, foinnidh, riochdmhor

shaper *n.* cumadair *masc.*

shard *n.* bothaich *fem.*, pigeachan *masc.*, pristeal *masc.*, puistealan *masc.*

share *n.* roinn *fem.*, cuid *fem.*, cuibhreann *masc.*, cuid-roinne *fem.*, earrann *fem.*, pàirt *masc.*

share *vb.* roinn, pàirtich, riaraich, gabh pàirt, codaich, co-roinn, earrannaich, rann-phàirtich, roinn-phàirtich

share (section of capital) *n.* còir *fem.*

share and share alike *phr.* roinn mhic is athar

share bone *n.* cnàimh-ghobhail *masc.*

share capital *n.* calpa-earrann *masc.*, calpa-roinn *masc.*

share-account *n.* cunntas-roinne *masc.*

share-premium-account *n.* cunntas-roinne bàrr-dhuais *masc.*

shared *adj.* ann am pàirt, roinnte

shareholder *n.* roinn-sheilbhiche *masc.*, ball *masc.*, neach-earrann *masc.*

sharer *n.* earrannaiche *masc.*, pàirtear *masc.*, rann-phàirtiche *masc.*

sharing *n.* codachadh *masc.*

sharing *adj.* pàirteach, rann-phàirteach, roinn-phàirteach

sharing *vb.* compàirteachadh ann an

shark *n.* siorc *masc.*, cearban *masc.*, gobag mhòr *fem.*, tarbh-dallag *masc.*

sharking *n.* suibhealas *masc.*

sharp *adj.* geur, faobharach, biorach, deas, guineach, gleusda, roibneach, searbh, searbhach, searrach, sgaiteach, sgolbanta, sùileach

sharp dock *n.* copag bhagaideach *fem.*

sharp rush *n.* meithean *masc.*

sharp sight *n.* rosg-fhradharc *masc.*

sharp tooth *n.* searr-fhiacail *fem.*

sharp-eyed *adj.* beachd-shùileach

sharp-nosed *adj.* sròineach

sharp-pointed *adj.* binniceach, biorach, cuilgearra, guineach, rinn-bhiorach, rinneach, rinn-gheur

sharp-scented *adj.* sròineach, srònach

sharp-sighted *adj.* biorach, biorshuileach, geur-oisinneach, rosg-fhradharcach, rosglach, rosg-shùileach

sharp-witted *adj.* geur

sharpen *vb.* geuraich, faobharaich, bioraich, rinnich, snaidh

sharpening *n.* geurachadh *masc.*, faobharachadh *masc.*, gobachadh *masc.*

sharpening *adj.* snaidheach

sharper *n.* mealltair *masc.*

sharpness *n.* gèire *fem.*, gèiread *masc.*, guineachas *masc.*, geurad *masc.*, searbhadas *masc.*

shatter *vb.* bris na mhìrean, bloighdich, cnàmh, mìreanaich

shattering *n.* spealgadh *masc.*

shave *vb.* beàrr, lom, rùisg

shave (slice) *n.* slis *fem.*

shaver *n.* lomadair *masc.*, bearradair *masc.*, mongair *masc.*

shaving *n.* bearradh *masc.*, lomadh *masc.*, lomadh *masc.*, slis *fem.*, sliseag *fem.*, slisneag *fem.*

shaving-mirror *n.* sgàthan-bearraidh *masc.*

shavings *n.* lòcar-sgàthaich *fem.*, slisneach *fem.*, spealan *pl.*

shawl *n.* seàla *fem.*, filleag *fem.*, ciotag *fem.*, guailleachan *masc.*, ploideag · *fem.*, tonnag *fem.*

she-ass *n.* làir-asal *fem.*

she-devil *n.* àbhar *masc.*, ban-àibhistear *fem.*, glaistig *fem.*

she-dog *n.* galla *fem.*

she-goat *n.* minns *fem.*

sheaf *n.* sguab *fem.*, bad *masc.*, beum *masc.*, orag *fem.*, punnan *masc.*, raoid *fem.*, sladhag *fem.*

shear *vb.* ruisg, lom, lomair, beàrr

shearer *n.* lomadair *masc.*

shearing *n.* rùsgadh *masc.*, lomadh *masc.*, bearradh *masc.*

shears *n.* deamhais *masc.*

shearwater *n.* sgrabair *masc.*, sgrail *fem.*

sheath *n.* truaill *fem.*, duille-sgeine *fem.*, beart *masc.*, cochall *masc.*, faighean *masc.*, fraighe *fem.*, sparrach *fem.*, truailleach *masc.*

sheath-knife *n.* corc *fem./masc.*

sheathe *vb.* truaill, linig

sheathing *n.* linig *fem.*

sheave (wheel) *n.* reidhlean *masc.*, ridhlean *masc.*, roithlein *masc.*, ruidhlean *masc.*, rathan *masc.*

shebeen *n.* bothan *masc.*, praban *masc.*, pige *masc.*

shechem-wood *n.* seichim *masc.*

shed *n.* bothan *masc.*, sead(a) *masc.*, sgàthlann *fem.*

shed *vb.* dòirt, sil, leig dhe, sruth, tilg, snìgh

shedding *n.* sileadh *masc.*, sruthadh *masc.*, tilgeil *fem.*

sheeling *n.* sgileadh *masc.*

sheen *n.* loinne *fem.*, blian *masc.*

sheep *n.* caora *fem.*

sheep's fescue *n.* feisd *fem.*, feur-chaorach *masc.*, milearach *masc.*

sheep's sorrel *n.* flùran-seangan *masc.*, ruanaidh *masc.*, sealbhag nan caorach *fem.*

sheep's-bit *n.* dubhan nan caorach *masc.*, putan gorm *masc.*

sheep-dip *n.* tumadh-chaorach *masc.*

sheep-ked *n.* mial-chaorach *fem.*, uamhag *fem.*, uamhal *masc.*

sheep-louse *n.* sar *fem.*, sealan *masc.*, seileann *masc.*, seilleann *masc.*, uadhag *fem.*, uamhag *fem.*, uthag *fem.*

sheep-shanked *adj.* luirgneach

sheep-shearer *n.* lomadair *masc.*, lomartair *masc.*

sheep-tick *n.* mial-chaorach *fem.*

sheepdog *n.* cù-chaorach *masc.*

sheepfold *n.* crò-chaorach *masc.*, fang *masc.*, taigh-chaorach *masc.*

sheepish *adj.* gliugach, nàireach, siomlaidh, soidealta

sheepshank (knot) *n.* snaim casa caorach *masc.*

sheepshank (leg) *n.* speilg *fem.*

sheepskin *n.* craiceann-caorach *masc.*

sheer (swerve) *vb.* siad

sheering *n.* siaradh *masc.*

sheet *n.* duilleag *fem.*, brat *masc.*, lìon-anart *masc.*, aoir *masc.*, braith-lìn *fem.*, còrd *masc.*, lìon-aodach *masc.*, lìon-bhrat *masc.*, siota *masc.*, siota-leapa *masc.*, site *fem.*

sheet-lightning *n.* dealanach sgaoilte *masc.*, tein-adhair *masc.*

sheiling *n.* airidh *fem.*, ruighe *fem./masc.*, sgithiol *masc.*

shelduck *n.* cràdh-ghèadh *masc.*

shelf *n.* sgeilp *fem.*, steill *fem.*

shelf (ledge) *n.* sgeir *fem.*, uirigh-creige *fem.*

shelf (terrace) *n.* spardan *masc.*

shell *n.* slige *fem.*, màla *fem.*, sgrum *masc.*, speirneag *fem.*

shell *vb.* sgil

shelldrake *n.* cràdh-ghèadh *masc.*

shelled *adj.* rùisgte

shellfish *n.* maorach *masc.*, iasg sligeach *masc.*, tuarasgar *masc.*

shelling *n.* rùsgadh *masc.*, sgeil *fem.*, sgil *fem.*, sgileadh *masc.*, spiolagan *masc.*

shelling *adj.* spiolgach

shelly *adj.* sligeach

shelter *n.* dìon *masc.*, tèarmann *masc.*, còmhdach(adh) *masc.*, dìonachd *fem.*, fasgadh *masc.*, seasgair *masc.*, sgaoim *fem.*, sgàth *masc.*, sgiath *fem.*, sgòth *fem.*

shelter *vb.* ceil, còmhdaich, cuir fasgadh air, fasgaich

shelter belt *n.* crios-fasgaidh *masc.*

sheltered *adj.* seasgair

sheltie *n.* sealtaidh *masc.*

shelty *n.* siristeach *masc.*

shenachie *n.* seanchaidh *masc.*

shepherd *n.* cìobair *masc.*, buachaille-(chaorach) *masc.*, punndair *masc.*

shepherd's purse *n.* lus na fala *masc.*, sporan *masc.*, sràidean *masc.*

shepherdess *n.* bana-bhuachaille *fem.*

shepherding *n.* cìobaireachd *fem.*, punndaireachd *fem.*

sheriff *n.* siorraidh *masc.*, siorram *masc.*

sheriff-clerk *n.* clèireach-cùirte *masc.*

Sheriff-Clerk's Office *pr.n.* Oifis Clèireach na Cùirte

sheriff-court *n.* cùirt-siorraim *fem.*

sheriff-officer *n.* earraid *masc.*, maor-siorraim *masc.*, searsanach *masc.*, tarraid *masc.*

sheriffdom *n.* siorramachd *fem.*

sherry *n.* seiridh *masc.*

shewbread *n.* aran taisbeanta *masc.*

shield *n.* sgiath *fem.*, dìdean *masc.*, babag *fem.*, loman *masc.*, luimean *masc.*, sgeot *masc.*, sgoit *fem.*

shield-bearer *n.* sgiathadair *masc.*

shift *n.* seòl *masc.*, modh *masc.*, cleas *masc.*, luim *fem./masc.*, orradh *masc.*, rudhagail *fem.*, sibht *fem./masc.*

shift (smock) *n.* lèine *fem.*

shift register *n.* clàr-gluasachd *masc.*, cruinnichear-carachaidh *masc.*

shifting *n.* carachadh *masc.*, mùthadh *masc.*

shifting *adj.* gluasadach

shiftless *adj.* neo-sholarach

shifty *adj.* seòlach

shilling *n.* tasdan *masc.*

shilling-land *n.* sgillinn *fem.*

shin *n.* faobhar na lurgainn *masc.*, lurgainn *fem.*, lurgann *fem.*, suimear *masc.*

shin-bone *n.* cnàimh na lurga *masc.*

shinbone *n.* muircean *masc.*

shine *vb.* deàlraich, soillsich, boillsg, deàrrs, deàrrsaich, loinnrich

shingle *n.* mol *fem.*, morghan *masc.*, garbhlach *masc.*, sgriodadh *masc.*

shingles *n.* deir *fem.*, breac bhoiceannach *fem.*, breac otrach *fem.*, deilginneach *fem.*, peigidh *fem.*, piocas *masc.*, ruaidhe, an *fem.*, teine-dè, an *masc.*

shining *n.* deàrrsachd *fem.*

shining *adj.* boillsgeach, deàlrach, deàrrsach, boillsgeil, loinnreach, lomhair, ordha, soilleir, soillseach, solasach, solasmhor, spangach

shinty *n.* iomain *fem.*, camanachd *fem.*

shinty-stick *n.* caman *masc.*, camag *fem.*

shiny *adj.* deàlrach, deàrrsach, gleansach

ship *n.* bàta mòr *masc.*, libhearn *masc.*, long *fem.*, sgùd *masc.*, soitheach *fem.*

ship's-carpenter *n.* long-shaor *masc.*, saor-bhàtaichean *masc.*, saor-luinge *masc.*

ship-worm *n.* moirneag *fem.*

shipbuilder *n.* long-shaor *masc.*, saor-luinge *masc.*

shipbuilding *n.* togail shoithichean *fem.*, long-thogail *fem.*

shipping *n.* loingeas *masc.*, luingearachd *fem.*

shipwreck *n.* long-bhriseadh *masc.*, briseadh *masc.*, long-bhàthadh *masc.*, long-cheannaiche *masc.*

shipyard *n.* gàradh-bhàtaichean *masc.*, gàradh-iarainn *masc.*, gàradh-luing *masc.*

shirt *n.* lèine *fem.*, cneasag *fem.*

shirt-sleeved *adj.* na(n) lèine

shirted *adj.* lèinteach

shirting *n.* lèinteach *fem.*

shiver *n.* gaoir *fem.*

shiver *vb.* bi air chrith, crith, lath, leith

shiver (splinter) *n.* spealtan *masc.*

shiver (splinter) *vb.* goirich

shivering *n.* crith *fem.*, ball-chrith *fem.*, spealgadh *masc.*, gris *fem.*

shivering *adj.* craobhaidh, sgreunach

shoal *n.* bogha *masc.*, cliath *fem.*, oitir *fem.*, spreidh *fem.*

shoal (multitude of fish) *n.* sgaoth *masc.*, rath *masc.*

shoal (shallow) *n.* tanalach *masc.*

shock *n.* sgannradh *masc.*, ionnsaigh *fem.*, oillt *fem.*, dèisinn *fem.*, babhscadh *masc.*, babhsgaire *masc.*, neul *masc.*

shock (group of sheaves) *n.* adag *fem.*, gurracag *fem.*, seasgan *masc.*, sgruthan *masc.*

shock-absorber *n.* maolan-crathaidh *masc.*

shocking *adj.* oillteil

shod *adj.* crudhach

shoddy *adj.* bochd, suarach

shoe *n.* bròg *fem.*

shoe *vb.* crudhaich

shoe-lace *n.* barrall *masc.*

shoe-latchet *n.* cluaisean *masc.*

shoeblack *n.* gille-bh*r*òg *masc.*

shoehorn *n.* spàin-bh*r*òg *fem.*

shoemaker *n.* greusaiche *masc.*

shoemaking *n.* greusachd *fem.*

shoo! *interj.* bis!

shoot *n.* faillean *masc.*, ògan *masc.*, gas *masc.*, sracadh *masc.*, bachlag *fem.*, buinnean *masc.*

shoot *vb.* tilg, fàs, craobh, leag, cuir, cuspairich

shooting *n.* losgadh *masc.*, tilgeil *fem.*, urchaireachd *fem.*

shooting-lodge *n.* taigh-seilg *masc.*

shooting-star *n.* beur-theine *fem.*, rionnag an earbaill *fem.*

shop *n.* bùth *fem./masc.*, seòmar-marsantachd *masc.*, sgabhal *masc.*

shop-sign *n.* sop-reic *masc.*

shop-steward *n.* riochdaire-aonaidh *masc.*, riochdaire-luchd-obrach *masc.*

shopkeeper *n.* neach-bùtha *masc.*, ceannaiche *masc.*, marsal *masc.*

shopkeeping *n.* marsalachd *fem.*

shoran *n.* seoran *masc.*

shore *n.* tràigh *fem.*, cladach *masc.*, oirthir *fem.*

shore-due *n.* airgead-teòir *masc.*

shore-flea *n.* deargann-tràghad *fem.*

shore-lark *n.* uiseag dhubh *fem.*

shore-orache *n.* eireleag *fem.*

shore-pipit *n.* boghag *fem.*

shorn *adj.* lomarra, lomte, rùisgte

short *adj.* goirid, geàrr, cutach

short leet *n.* taghadh deireannach *masc.*

short-cut *n.* aithghearradh *masc.*, athghoirid *fem.*, bealach goirid *masc.*, frith-rathad *masc.*, rathad goirid *masc.*

short-eared owl *n.* comhachag chluasach *fem.*

short-scored *adj.* geàrr-sgoirte

short-sighted *adj.* geàrr-sheallach, geàrr-shùileach

short-sightedness *n.* seanas *masc.*

short-tempered *adj.* aithghearr, conasach, stobach

short-term *adj.* geàrr-ùine, grad-seala

shortage *n.* dìth *masc.*, gainne *fem.*, gainnead *masc.*

shortbread *n.* aran-cridhe *masc.*, bruan *masc.*, spruan *masc.*, sruan *masc.*

shortcoming *n.* easaontas *masc.*

shorten *vb.* giorraich, cuir an giorrad, cut

shortened *adj.* cutach

Shorter Catechism *pr.n.* Leabhar Aithghearr nan Ceist

shortfall *n.* geàrr-shuim *fem.*

shorthand *n.* geàrr-sgrìobhadh *masc.*

shortlived *adj.* geàrr-shaoghlach, diombuan

shortness *n.* giorrad *masc.*

shorts (trousers) *n.* briogais ghoirid *fem.*, tothag *fem.*

shot *n.* rod *masc.*, tacaid *fem.*, urchair *fem.*

shot *adj.* tilgte

shot-put *n.* cur na cloiche *masc.*

shotgun *n.* gunna-froise *masc.*

shough *n.* molach *masc.*

shoulder *n.* guala(i)nn *fem.*

shoulder-bag *n.* baga-guailne *masc.*

shoulder-belt *n.* crios-guailne *masc.*, crios-tarsainn *masc.*

shoulder-blade *n.* cnàimh-slinnein *masc.*, slinnean *masc.*

shoulder-girdle *n.* crios-guailne *masc.*, crios-guailne *masc.*

shoulder-strap *n.* guailleach *fem.*, guailleachan *masc.*

shout *n.* glaodh *masc.*, iolach *fem.*, sgairt *fem.*

shout *vb.* glaodh(aich), tog/dèan iolach, èibh, sgairtich

shouting *adj.* sgairteach

shove *n.* putadh *masc.*, put *masc.*, sraon *masc.*, uilneag *fem.*, upag *fem.*

shove *vb.* put, puc, sraon

shove off *vb.* cuir sraon fo, sraon

shovel *n.* sluasaid *fem.*, laighe *fem.*

shovel *vb.* sluaisdir, sluaisir

shoveller (bird) *n.* gob leathann *masc.*

shovelling *adj.* sluaisdeach

shoving *n.* putadh *masc.*, purradh *masc.*

shoving *adj.* sparrach

show *n.* taisbeanadh *masc.*, sealladh *masc.*

show *vb.* seall, nochd, foillsich, taisbean

show (ostentation) *n.* spaglainn *fem.*, spàide *fem.*

show off *vb.* dèan le ro-spòrs

show-off *n.* sgeup *masc.*

shower *vb.* fras, sil

shower (apparatus) *n.* frasair *masc.*, frasair *masc.*, fras-ionnlaid *masc.*

shower (short fall of rain) *n.* fras *masc.*, sil *masc.*, meall-uisge *masc.*, dòrtadh *masc.*, ruaig *fem.*, sgaoch *masc.*, sgaoman-uisge *masc.*, spat *masc.*

shower-cap *n.* ad-uisge *fem.*

showery *adj.* frasach, goillseach, sileach

showing *n.* sealltainn *fem.*, nochdadh *masc.*, foillseachadh *masc.*

showing off *n.* raspars *masc.*

showjumping *n.* leum-each *masc.*

showy *adj.* faiceannta, sgoideasach, sgoideil, spaglainneach, spaideil, spairisteach

shred *n.* bròineag *fem.*, clomhan *masc.*, criomag *fem.*, leob *masc.*, sgathadh *masc.*, sgrait *fem.*, striall *masc.*, striam *masc.*

shred *vb.* leob

shredded *adj.* sgraiteach

shrew *n.* bàirseag *fem.*, dallag *fem.*, dallag *fem.*, dallag-an-fhraoich *fem.*, fealagan *masc.*, fearlagan *masc.*, feòrnagan *masc.*

shrewd *adj.* glic, seòlta, cnuacach, cnuacarra, faiceanta, geur, sicir

shriek *n.* ràn *masc.*, sgairn *masc.*, sgairt *fem.*, sgal *masc.*, sgiamh *fem.*, sgread *masc.*

shriek *vb.* ràn, sgairtich, sgal, sgiamh, sgiamhail, sgread

shrieking *n.* nuallanaich *fem.*, sgreuchail *fem.*

shrieking *adj.* sgairneach, sgairteach, sgalach, sgreadach

shrike *n.* pioghaid ghlas *fem.*

shrill *adj.* sgairteil, sgalach, sgalanta

shrimp *n.* boc-ròin *masc.*, carran *masc.*, carran-creige *masc.*, cloitheag *fem.*, musgan-caol *masc.*

shrine *n.* cochall *masc.*, comhan *masc.*, creacar *masc.*, naomh-chobhan *masc.*, sgrìn *fem.*

shrink *vb.* crùb, cùb, triasg

shrinking *n.* crùbadh *masc.*

shrinking *adj.* deitheasach

shrivel *vb.* liorc, searg, sgreag, sgrog

shrivelled *adj.* crùibte, seac, searg, sgreagach, sgrogach

shrivelling *n.* sgrogadh *masc.*

shroud (garment) *n.* marbhfhaisg *fem.*, anart-bàis *masc.*, corp-leine *fem.*, crò-lèine *masc.*, cuplaich *fem.*, fuar-lèine *fem.*, lèine *fem.*, lèineag *fem.*, lèine-bhàis *fem.*, lèine-mhairbh *fem.*, lìon-anart *masc.*, lionnsag *fem.*, taiseadach *masc.*

shroud (set of ropes) *n.* beart *masc.*, cupall *masc.*

shroud *vb.* paisg, rothaich, rothaig

shroud (enclose in winding-sheet) *vb.* marbh-phàisg

Shrove Tuesday *pr.n.* Dimàirt Inid

Shrovetide *pr.n.* Inid, an

shrub *n.* preas *masc.*, craobh bheag *fem.*, ras-chrann *masc.*, rosan *masc.*

shrubbery *n.* craobharnach *masc.*, preasarnach *fem.*, rasachd *fem.*, rasan *masc.*, ras-chrannach *masc.*

shrug (draw up shoulders) *vb.* cloimhdich, crùbain

shrugging *n.* suaiteachan *masc.*

shrunk *adj.* crìon, crùibte

shudder *n.* crith-oillt *fem.*, gairbhseachadh *masc.*

shudder *vb.* oilltich (ri)

shuddering *n.* co-bhogartaich *fem.*

shuffle *n.* siomaguad *masc.*

shuffle *vb.* measgaich

shuffling *n.* mungach *fem.*

shuffling *adj.* siomaguadach

shun *vb.* ob, seachainn, seun, sor

shunning *n.* soradh *masc.*

shunning *adj.* seachnach

shut *adj.* dùinte

shut *vb.* dùin, druid, splad

shutter (close cover for window) *n.* còmhla-uinneig *fem.*

shuttle *n.* spàl *masc.*, spàlag *fem.*

shuttle (receptacle) *n.* seotal *masc.*

shuttle (videotape) *vb.* leig

shuttlecock *n.* caile-circein *fem.*, call-chircein *masc.*, circe-ball *masc.*, gleicean *masc.*

shuttlemaker *n.* spàladair *masc.*

shuttling *n.* spàladh *masc.*

shy *adj.* diùid, socharach, ailleal, ailleanach, ciogailteach, coimheach, diùid, dobhranach, doicheallach, leth-oireach, liùgach, mùigeach, sàmhach, saodailt, sgeunach, sgugach, sianta

shy *n.* uspag *fem.*

shy *vb.* tilg, feuch

shyness *n.* diùideachd *fem.*, sgeun *masc.*, sochar *fem.*, stannart *masc.*, sùsdal *masc.*

sick *adj.* tinn

sick, the *n.* luchd-easlainte *masc.*

sickle *n.* corran *masc.*, seàrr *masc.*

sickly *adj.* seirgne

sickness *n.* tinneas *masc.*, easlàint *fem.*

sickness benefit *n.* sochair-easlàinte *fem.*, sochair-tinneis *fem.*

side *n.* leth *masc.*, slios *masc.*, taobh *masc.*

side (of human body) *n.* cratach *masc.*

side with *vb.* rach às leth, taobh

side-road *n.* frith-rathad *masc.*, taobh-rathad *masc.*

side-step *n.* taobh-cheum *masc.*

sideboard *n.* bòrd-slios *masc.*

sideboard (board at side, as of cart) *n.* taobh *masc.*

sidestreet *n.* sràid-leth-taoibh *fem.*

sideways *adj.* air fiaradh, air lethoir, leth-oir, siar

siding *vb.* taobhadh

siege *n.* cuairteachadh *masc.*, iomdhruideadh *masc.*, leugart *masc.*, seisd *fem.*, teannachadh *masc.*

siesta *n.* cadal-ceàrnach *masc.*, dùsal-feasgair *masc.*, tianail *masc.*

sieve *n.* criathar *masc.*, criathrachan *masc.*, piobhar *masc.*, rideil *masc.*, robhar *masc.*, sairse *fem.*, sgaile-ruidil *fem.*, sìolachan *masc.*

sift *vb.* criathraich, co-chnuasaich, crathair, criathair, rideil, rideilich

sifter *n.* ridealair *masc.*

sifting *n.* criathradh *masc.*, ridealadh *masc.*

sifting *vb.* criathradh

sigh *n.* osna *fem.*, ospag *fem.*, plosgaid *masc.*

sigh *vb.* osnaich

sighing *n.* neagaid *fem.*, ochanaich *fem.*, uchdanachadh *masc.*

sighing *adj.* ospagach

sight *n.* fradharc *masc.*, lèirsinn *fem.*, radharc *masc.*, sealladh *masc.*, sùil *fem.*, sùil-radharc *masc.*

sightless *adj.* dall

sightseeing *n.* siubhal sheallaidhean *masc.*

sign *n.* comharra(dh) *masc.*, sanas *masc.*, soidhne *masc.*, athailt *masc.*, innseadh *masc.*, manadh *masc.*, polar *masc.*

sign *vb.* cuir làmh ri, soidhnig

sign (device marking inn etc.) *n.* sop-reic *masc.*

sign bit (computing) *n.* bìdeag-chomharraidh *fem.*

sign of the cross *n.* seun *masc.*, comharra(dh) na croise *mas.*

sign-language *n.* balbhanachd *fem.*

signal *n.* comharradh *masc.*

signal *adj.* suaicheanta

signal (computing) *n.* teachdaire *masc.*

signal (transmission) *n.* teachdaireachd *fem.*

signal-box *n.* bothan-rabhaidh *masc.*, bothan-sanais *masc.*

signaller *n.* tràthadair *masc.*

signalling *n.* smèideadh *masc.*

signalman *n.* neach-rabhaidh *masc.*, neach-sanais *masc.*

signature *n.* ainm (sgrìobhte) *masc.*

signed *adj.* air a sheulachadh

significance *n.* brìgh *fem.*

signify *vb.* seaghaich

signpost *n.* clàr-seòlaidh *masc.*, post-seòlaidh *masc.*

sika deer *n.* fiadh-Seapanach *masc.*

silence *n.* clos *masc.*, soc *masc.*, sochd *masc.*, tosd *masc.*

silence *vb.* tosdaich

silencing *adj.* siochainteach

silent *adj.* balbh, na t(h)osd, sàmhach, sìochainteach, sìtheil

silicon *n.* sileacon *masc.*, sileagan *masc.*

silicon oxide insulation *n.* dealachadh ocsaid shileacon *masc.*

silk *n.* seiric *fem.*, sìoda *masc.*, sròl *masc.*

silk-hat *n.* ad mholach *fem.*

silk-thread *n.* snàth-sìoda *masc.*

silken *adj.* sìoda, sìodach, sìodachail

silkworm *n.* cnuimh-shìoda *fem.*, seiricean *masc.*, sigirean *fem.*, siodchruimh *fem.*

silky *adj.* sìodach, sìodail, slìogach, slìogarra

silliness *n.* gòraiche *masc.*, faoineachd *fem.*, sochar *fem.*

silly *adj.* gòrach, mairg, sigeanta, simplidh, suarach

silly-billy *pr.n.* Somhairle gun chomhairle

silt *n.* papar *masc.*

silver *n.* airgead *masc.*

silver birch *n.* beithe chluasach *fem.*, beithe dhubhach *fem.*

silver pine *n.* giuthas bàn *masc.*

silversmith *n.* ceard-airgid *masc.*

silverweed *n.* bàrr-brisgein *masc.*, brisgean *masc.*, brisgean *masc.*, brisgean *masc.*, brisgean-nan-caorach *masc.*, curran-earraich *masc.*

similar *adj.* coltach, ionann, co-chosmhail

similar motion *n.* gluasad coltach *masc.*

similarity *n.* ionannachd *fem.*

simile *n.* samhla(dh) *masc.*, coltachadh *masc.*

similitude *n.* comhad *masc.*, ìomhaigh *fem.*, ionnsamhail *masc.*, mac-samhail *masc.*

simmer *vb.* earr-bhruich, slaop

simmering *n.* gaoirich *fem.*

simony *n.* naomh-cheannachd *fem.*, simonachd *fem.*

simper *n.* smeat *masc.*, smeatadh *masc.*

simpering *n.* smeatach *masc.*

simple *adj.* simplidh

simple preposition *n.* roimhear simplidh *masc.*

simpleton *n.* baothair *masc.*

simplex *adj.* aon-fhillte

simplicity *n.* sochar *fem.*

simplify *vb.* simplich

simulate *vb.* coltaich (ri), leig air

simulation *n.* samhlachadh *masc.*

simultaneous *adj.* a dh'aon am, aig an aon am, co-amail, còmhla, maraon

simultaneous equation *n.* cothromachadh co-amail *masc.*

simultaneous interpretation *n.* eadar-theangachadh co-amail *masc.*

simultaneous translation *n.* eadar-theangachadh maraon *masc.*

sin *n.* peacadh *masc.*, roimhse *fem.*

sin *vb.* peacaich

since *adj.* leth ri

since *prep.* o cheann

sincere *adj.* onorach, treibhdhireach, dùrachdach, neo-chealgach, neo-fhallsa, neo-mhealltach, tairis

sincerity *n.* treibhdhireas *fem.*, dùrachd *fem.*, onorachd *fem.*, neo-chealgachd *fem.*

sindon *n.* paisgean *masc.*

sine *n.* uchdach *fem.*

sinecure *n.* faoin-dreuchd *fem.*

sinew *n.* crisle *masc.*, feith *fem.*, lùth *masc.*, ruigheach *fem.*

sinew(s) *n.* lùitheach *fem.*

sinewy *adj.* lùthmhor, rudanach

sinful *adj.* peacach, peacail

sinfulness *n.* neo-fhìreantachd *fem.*

sing *vb.* seinn

singe *vb.* dath, doth, loisg

singed *adj.* dothte

singeing *n.* dathadh *masc.*

singer *n.* neach-seinn *masc.*, òranaiche *masc.*, seinneadair *masc.*

single *adj.* singilte, sionradhach

single (unmarried) *adj.* gun phòsadh

single combat *n.* còmhrag-aonair *fem.*

single cream *n.* uachdar tana *masc.*

single-minded *adj.* neo-gheamanta

single-track road *n.* rathad singilte *masc.*

singlestick *n.* maide-singlidh *masc.*

singlings *n.* ciad-tarraing *fem.*

singsong *n.* burdan *masc.*, rosan *masc.*, seis *fem.*

singular *n.* comharraichte *fem.*

singular *adj.* corr, leth-oireach, singilte, uatha

singular (grammar) *adj.* aonar

singularity *n.* aonarachd *fem.*

sinister *adj.* bàth, toisgealta

sinister (heraldry) *adj.* toisgeal

sink *n.* doirteal *masc.*, sinc(e) *fem.*

sink *vb.* cuir fodha, plum, traogh

sinker *n.* clach-bhàith(t)e *fem.*, fanga *masc.*, grunnaiche *masc.*, trom *masc.*

sinking *n.* teàrnadh *masc.*, tolg *masc.*

sinless *adj.* neo-lochdach

sinner *n.* peacach *masc.*

sinning *n.* peacachadh *masc.*

sinning *adj.* seachranach

sinuous *adj.* feitheach

sip *n.* drudhag *fem.*

sip *vb.* blais

siphon *n.* pìob-ealaidh *fem.*

siren *n.* conacag *fem.*, dùdach *fem.*, muradhach *masc.*

siring *n.* laoigheadh (tairbh) *masc.*

sirloin *n.* leasradh uachdar *fem.*, losaid *fem.*

sirocco *n.* teasgal *masc.*

siskin *n.* gealag bhuidhe *fem.*

sister *n.* piuthar *fem.*

sister chromatid *n.* cromataid cairdeach *masc.*

sister-in-law *n.* bean-bhràthar *fem.*, piuthar-chèile *fem.*

sisterhood *n.* peathrachas *masc.*

sisterly *adj.* piutharail

sit *vb.* suidh, dèan suidhe

site *n.* curr *fem.*, làrach *fem.*, staing *fem.*, stall *masc.*

Site of Special Scientific Interest *pr.n.* Làrach Annasach a-thaobh Eòlaidheachd

sitting *n.* suidhe *masc.*

sitting-hen *n.* cearc-ghuir *fem.*

sitting-room *n.* seòmar-fois *masc.*, seòmar-suidhe *masc.*

situation *n.* curr *fem.*, staid *fem.*, staing *fem.*, suidheachadh *masc.*

situation (employment) *n.* oifig *fem.*

six *num.* sia

sixpence *n.* crotag *fem.*

sixteen *num.* sia deug

sixteenth *adj.* sia-deugamh

sixteenth note *n.* siathamh cuid deug *fem.*

sixth *adj.* siathamh

sixty *n.* siagad *masc.*

size *n.* meud *masc.*, meudachd *fem.*, tomalt *masc.*

skate *n.* roc *fem.*, sgait *fem.*, sguit *fem.*, speileachan *masc.*

skate *vb.* speil, speileirich

skateboard *n.* speile-bhòrd *masc.*

skating *n.* speileadh *masc.*, speileireachd *fem.*

skean *n.* sgian *fem.*

skean-dhu *n.* sgian dhubh *fem.*

skein *n.* iorna *masc.*, sgeinnidh *masc.*, snaithnean *masc.*, snathainn *fem./masc.*

skeleton *n.* cnàimheach *masc.*, creatlach *fem.*, cnàimhneach *masc.*, cnàmharlach *masc.*, craidhneach *fem.*, seirgneach *masc.*, sgrathair *masc.*, sgrathaire *masc.*

skeleton pyramid *n.* pioramaid chnàmhach *fem.*

skelp *n.* sgailc *fem.*, sgealp *masc.*

skelp *vb.* sgealp

skene *n.* sgian *fem.*

skene-dhu *n.* sgian dhubh *fem.*

skene-occle *n.* sgian-achlais *fem.*

skep *n.* sgeap *fem.*

sketch *n.* sgeidse *fem.*

sketch *vb.* deilbh, tarraing dealbh

skewer *n.* dealg *fem.*

skewer *vb.* dealgaich

skewness *n.* fiaradh *masc.*

ski *n.* cas-sneachda *fem.*, sgi *fem.*

ski *vb.* sgithich

ski-boot *n.* bròg-sgithidh *fem.*

ski-stick *n.* bata-sgithidh *masc.*, maide-cothroim *masc.*

ski-tow *n.* beairt-draghaidh *fem.*

skies *n.* neamh *masc.*

skiff *n.* barc *fem.*, biorrach *fem.*, coit *fem.*, curach *fem.*, curachan *masc.*, iùbhrach *fem.*, sgoth *fem.*, sgothag *fem.*

skiing *n.* sgitheadh *masc.*

skilful *adj.* sgileil, iolanach, iùlmhor, saoitheil, seòlta, sgilear, teòma

skilfulness *n.* sgil *masc.*

skill *n.* ealan *masc.*, loinneas *fem.*, seòltachd *fem.*, sgil *masc.*, soicheard *masc.*, teòmachd *fem.*, tuigse *fem.*

skilled *adj.* ealanta, mùinte

skillet *n.* sgeileid *fem.*, tulan *masc.*

skim *vb.* sgèimh, siab

skim-the-cream pricing *n.* prìseadh bàrr-thogail *masc.*

skimmed milk *n.* bainne lom *masc.*, bainne togalach *masc.*

skimmer *n.* sgiomalair *masc.*

skimming *n.* siabhaireachd *fem.*

skimming stones *n.* ceum-neog *masc.*, losg-bhra-teine *masc.*, spor-an-teintein *masc.*

skin *n.* craiceann *masc.*, peall *masc.*, rùsg *masc.*, seiche *fem.*, suanach *fem.*

skin *vb.* feann, thoir an craiceann dhe, boicnich, fionn, plaoisg, sgrath

skinner *n.* seicheadair *masc.*

skinning *n.* craiceannachadh *masc.*, seicheadaireachd *fem.*

skinrash *n.* bristeadh troimhe *masc.*

skip *n.* leum *masc.*, sùrdag *fem.*, cliseadh *fem.*, sgineadh *masc.*, sgineal *masc.*, sìnteag *fem.*, sràideag *fem.*

skip *vb.* leum, sùrdagaich, clis, sgiob, sigh

skip-jack (click-beetle) *n.* buail-a'-chnag *masc.*

skipjack *n.* gobhachan *masc.*

skipper (captain) *n.* sgiobair *masc.*

skipper (butterfly) *n.* deargann-tràghad *fem.*

skipping *n.* bochdadaich *fem.*, mireag *fem.*, roideis *fem.*, ruideis *fem.*

skipping *adj.* sìnteagach

skipping-rope *n.* ròp(a)-sgiobaigidh *masc.*, ròp-sùrdaig *masc.*

skirl *n.* nuallan *masc.*, sgairean *fem.*, sgal *masc.*

skirmish *n.* arrabhaig *fem.*, bruitheann *fem.*, deannal *masc.*, iargail *fem.*, iomairg *fem.*, ion-fhorran *masc.*, sgeamhladh *masc.*, sgeimhleadh *masc.*, sgeirmse *fem.*, strangalachd *fem.*, streup *fem.*, streupaid *fem.*

skirmish *vb.* sgeimhlich

skirret *n.* crumag *fem.*

skirt *n.* sgiort *fem.*, sgiortadh *masc.*, sgort *masc.*

skirt *vb.* sgiortaich

skirted *adj.* sgioballach, sgortach

skirting *n.* sgiortachadh *masc.*

skittineshness *n.* giarag *fem.*

skittish *adj.* clisgeach, gioragach, guanach, reasgach, sgaoimeach, sgaoimear, sgaoimeil, sgathach, sgeunach, sgiansgarach, sgineideach, srannartach

skittishness *n.* sgaoim *fem.*

skittles *n.* leagail-shaighdear *masc.*

skivvy *n.* sgrubaire *masc.*

skua *n.* creachadair *masc.*, feasgadair *masc.*

skulk *vb.* seap, siad, siolp, stiog

skulking *adj.* stigeach

skull *n.* claban-cinn *masc.*, claigeann *masc.*, copan-cinn *masc.*, mionn *fem./masc.*

skullcap *n.* sgrog(an) *masc.*

skunk *n.* sgunc *masc.*, tutair *masc.*

skutch *vb.* sguids

sky *n.* adhar *masc.*, ealltainn *fem.*, iarmailt *fem.*, speur *masc.*

skylark *n.* uiseag *fem.*, fosgag-Moire *fem.*, reubhag *fem.*, riabhag *fem.*, topag *fem.*

skylight *n.* farlas *masc.*

skyline *n.* fàire *fem.*

slab *n.* leac *fem.*

slack *adj.* lasach, tualaigte

slack *vb.* iom-sgaoil

slack sheet! *interj.* leig leis!

slack-rope *n.* ròpa lasach *masc.*

slack-water *n.* ligeann *masc.*, liogann *masc.*, marbhshruth *masc.*

slacken *vb.* iom-fhuasgail, lagair, lasaich

slackening *n.* abhsadh *masc.*

slam *vb.* splad

slander *n.* sgainneal *masc.*, cùl-chàineadh *masc.*, cùl-chainnt *fem.*, ain-leas *masc.*, cùl-ithe *fem.*, eascain *fem.*, mì-iomradh *masc.*, sguan *masc.*, toibheum *masc.*, tuaileas *masc.*

slander *vb.* cùl-chàin, beubanaich, maslaich, sgainnealaich, tog alladh air

slanderer *n.* neach cùl-chàinidh *masc.*, dì-moltair *masc.*, neach-càinidh *masc.*

slandering *adj.* maslach

slanderous *adj.* sgainnealach, cùl-chainnteach, duaireachail, giubhannach, toibheumach

slang *n.* truaill-chainnte *fem.*

slant (line) *n.* fiarag *fem.*

slanted *adj.* air a chlaonadh

slanting *adj.* teàrnach

slap *n.* sgailc *fem.*, pailleart *masc.*, boiseag *fem.*, gleadhar *masc.*, laigeard *masc.*, leacaid *fem.*, pais *fem.*, peileid *fem.*, pleadhart *masc.*, sgàilleag *fem.*, sgealp *masc.*, sgleog *fem.*, slios *masc.*

slap *vb.* pailleartaich, sgealp, sgleop, slabhartaich

slapping *n.* boiseagachadh *masc.*

slash *n.* geàrr *masc.*, sgath *fem.*, sgothadh *masc.*, slaidse *fem.*

slash *vb.* peasg, snaidh

slashing *adj.* slaidseach

slate *n.* sgleat *masc.*, leac *fem.*, leacag *fem.*

slate *vb.* sgleat

slate-pencil *n.* peann-leac *masc.*, sgrìobhan-sgleata *masc.*

slate-quarry *n.* creag-sgleata *fem.*, sgleatach *fem.*

slater *n.* corra-chosag *fem.*, crìon-mhial *fem.*, leomann-fiodha *masc.*, mial-choille *fem.*, reud *masc.*, sgleatair *masc.*

slattern *n.* sgliùrach *fem.*, doimeag *fem.*, drabag *fem.*, goinneag *fem.*, sgumrag *fem.*, slapag *fem.*

slatternly *adj.* sgliùrachail, sgumragach

slaty *adj.* sgleatar

slaughter *n.* casgairt *fem.*, àr *masc.*, cosrach *masc.*, marbhadh *masc.*

slaughter *vb.* casgair, marbh, searr, spolt

slaughterer *n.* arair *masc.*, casgraiche *masc.*

slaughterhouse *n.* taigh-spadaidh *masc.*, taigh-casgairt *masc.*, taigh-casgraidh *masc.*

slaughtering *adj.* àrach

slave *n.* tràill *masc.*, sglabh *masc.*, sglabhadh *masc.*, sglabhaiche *masc.*

slaver *n.* roill *fem.*, ronn *masc.*, ronnachadh *masc.*, ronngan *masc.*, sreamaid *fem.*, staonag *fem.*

slaver *vb.* sil ronnan, silich

slavering *n.* seilt *fem.*

slavering *adj.* roilleach, ronnach, seilteach

slavers *n.* bladach nan ronn *masc.*

slavery *n.* tràillealachd *fem.*, braighdeanas *masc.*, cuibhreach *masc.*, laimhdeachas *masc.*, magh-suinne *fem.*, sglàbhachd *fem.*, sglàbhaidheachd *fem.*, tràilleas *masc.*

slay *vb.* marbh, casgair, mort

slayer *n.* marbhadair *masc.*, marbhaiche *masc.*

sledge *n.* càrn-slaoid *masc.*, càrn-slaodaidh *masc.*, cub *fem.*, loban *masc.*, losgann *masc.*, slaod *masc.*, slaodadh *masc.*, slaodan *masc.*

sledge-hammer *n.* òrd mòr *masc.*

sleek *adj.* slìom, mìn, clùmhor, coisgeil, slìogach, sliogarra, sliomach

sleep *n.* cadal *masc.*, suain *fem.*, tàmh *masc.*

sleep *vb.* caidil, dèan cadal

sleeper *adj.* suanach

sleeper (railway car) *n.* carbad-suain *masc.*

sleeper (railway track) *n.* trasnan *masc.*

sleepiness *n.* suaineachd *fem.*, tromsanaich *fem.*

sleeping *adj.* na c(h)adal

sleeping-bag *n.* balgan-suain *masc.*, poca-cadail *masc.*

sleeping-pill *n.* cadalan *masc.*, gràin-cadail *fem.*

sleepless *adj.* gun chadal, neo-chadalach

sleepy *adj.* cadalach, norranta, pramhach, suaineach

sleet *n.* flin ne *masc.*, glib *fem.*, clamhainn *masc.*, clifeid *fem.*, cliobhaid *fem.*, flichne *masc.*, flichneachd *fem.*, glid *fem.*, gliob *masc.*

sleety *adj.* flinneach, clamhainneach, glibheideach

sleeve *n.* muinchill *fem.*, muilcheann *masc.*

sleeve-board *n.* laibeart *masc.*

sleeve-button *n.* putan-dùirn *masc.*

sleigh *n.* slaodan *masc.*, slaod-sleannain *masc.*

sleight *n.* cleas *masc.*

sleight-of-hand *n.* làimh-chleas *fem.*, lùth-chleas *masc.*

slender *adj.* tana, seang, caol, seamh, seamhaidh, sgiolta, sgolbanta, sliom, spriosanach, stiorlanach

slenderisation *n.* caolachadh *masc.*

slenderness *n.* seangalachd *fem.*

sley *n.* slinn *masc.*

slice *n.* slisinn *fem.*, sliseag *fem.*, sgeilbheag *fem.*, sgoiltean *masc.*, sgonn *masc.*, sgor *masc.*, sleantach *masc.*, slis *fem.*, slis *fem.*, snaidh *fem.*, snaois *fem.*, spaideal *masc.*, stiall *fem.*, stic *fem.*, sticean *masc.*

slice *vb.* slisnich, slis, snaidh, snaoisich

sliced *adj.* sliseagach

slicing *n.* snaidheadh *masc.*, snaoiseachadh *masc.*

slick *adj.* sgiobalta

slide *n.* sleamhnag *fem.*, sleamhnag *fem.*, spaidhe *fem./masc.*

slide *vb.* sgiorr, sleamhnaich, speil, speileirich, s(t)raon, toinleaganaich

sliding *n.* liathradh *masc.*, sgeinneadh *masc.*, speileadaireachd *fem.*, speileadh *masc.*, speileanachd *fem.*, speileireachd *fem.*

slight *adj.* neo-tharbhachdach

slight *vb.* cuir an suarachas

slim *adj.* tana, seang, caol, seamh, seangach, sigeach, slìogach, sliom, sliomach

slim *vb.* seangaich

slime *n.* làthach *masc.*, clàbar *masc.*, rannan *masc.*, sal *masc.*, slam *masc.*

slimy *adj.* litheach, plamach, sigeach, siogach, sleogach

sling (ballista) *n.* bail *fem.*

sling (strap) *n.* crann-tabhaill *masc.*, bann *masc.*, longag *fem.*, tailm *fem.*

slinger *n.* bailire *masc.*

slingstone *n.* clach-tabhaill *fem.*

slink *vb.* seap

slinking *adj.* seapach

slinking *n.* seapadh *masc.*

slip *n.* tuisleadh *masc.*, mearachd *fem.*, sgiorran *masc.*, sraonadh *masc.*

slip *vb.* tuislich, sleamhnaich, cliob, sgiolc, sgiorr, sgrios, speil, straon

slip (slight fall) *n.* tuisleag *fem.*

slip (tumble) *n.* sgriosadh *masc.*

slip by *vb.* sgiut

slip in/out *vb.* siolp, siorr

slip of tongue *n.* tapag *fem.*

slip-knot *n.* snaim-ruith *masc.*

slippage *n.* dì-adhartas *masc.*

slipped disc *n.* clàr sgiorrte *masc.*, glaicean-cleìbh *masc.*, leum-droma *masc.*

slipper *n.* bròg-sheòmar *fem.*, slapag *fem.*, bonnag *fem.*, cuaran (socair) *masc.*, logais *masc.*, mogan *masc.*, panndan *masc.*

slipper (Paramecium) *n.* sliopair *masc.*

slippery *adj.* sleamhainn, sgriosach, sgriosail, sliom, tuisleach

slipping *n.* speileadh *masc.*, speileanachd *fem.*

sliproad *n.* claon-rathad *masc.*, leas-rathad *masc.*

slipshod *adj.* lapach, rolaiseach

slipstream *n.* cùlshruth *masc.*

slipway *n.* cidhe *masc.*

slit *n.* sgoltadh *masc.*, iuc *fem.*, sgoch *masc.*, gearradh *masc.*

slit *vb.* sgoilt, geàrr

slitting *adj.* sgoltach

sliver *n.* criomag *fem.*, sliobhag *fem.*, spaltag *fem.*

sloe *n.* àirne *fem*

slogan *n.* sluagh-ghairm *fem.*

sloke *n.* slabhacan *masc.*

sloop *n.* slup *fem.*

slop *vb.* dòirt, spliut

slope *n.* leathad *masc.*, bruthach *fem./masc.*, claonadh *masc.*, gaig *fem.*, leacainn *fem.*, learg *fem.*, ruighe *fem./masc.*

sloping *adj.* crom, leargach

sloppy *adj.* bog-fliuch, logaiseach

slops *n.* truileis *fem.*

slot *n.* sliotan *masc.*

sloth *n.* leisge *fem.*, reangaireachd *fem.*

sloth (laziness) *n.* a' chorra-leisg *fem.*, seotaiche *masc.*, siad *masc.*

slothful *adj.* leisg

sloucher *n.* slaodanach *masc.*

slouching *n.* dabhdail *masc.*

slough *n.* sloc *masc.*, clàbar *masc.*, molachan *masc.*, rumach *fem.*, slugaid *fem.*

sloughing *n.* sgath *masc.*

sloven *n.* luid *fem.*, rapaire *masc.*, sgraist *masc.*, slaban *masc.*

slovenliness *n.* drabaireachd *fem.*, mì-chruinnealas *masc.*, rapaireachd *fem.*, rapais *fem.*, truthdaireachd *fem.*

slovenly *adj.* luideach, rapach, drabach, leogach, leoganach, liobarnach, liobasda, liobasda, riapach, robach, ropach, seapach, seotach, sgumragach, slapach, slibhisteach

slow *adj.* slaodach, màirnealach, mall, athaiseach, athaiseach, liosda, mall-cheumach, mall-thriallach, neo-ghrad, riaspanach, seapach, siorsanach, socair, socrach, spadanach, spadanta

slow down *vb.* dìobair astar

slow worm *n.* nathair-challtainn *fem.*, sleathag *fem.*

slow-motion *n.* snagail *fem.*

slow-moving *adj.* mall-ghluasadach

slowcoach *n.* seap *masc.*, slaodanach *masc.*

slowness *n.* maille *fem.*, maillead *masc.*, mainneas *fem.*, mì-thapachd *fem.*, riaspan *masc.*, stòldachd *fem.*

sludge *n.* eabar *masc.*, làthach *fem.*

slug *n.* ruagair(e) *masc.*, seilcheag *fem.*, seilcheag *fem.*, seimhidh *fem.*

sluggard *n.* leisgire *masc.*, dràic *fem.*, droll *masc.*, leisgean *masc.*, leisgear *masc.*, luinnsear *masc.*, sgraist *masc.*, sgraisteach *masc.*, siolaire *masc.*, slaodaire *masc.*, slaopair *masc.*, slapaire *masc.*, spadanach *masc.*

sluggish *adj.* leisg, slaodach, trom, aolaisdeach, righinn, spadanach, spadanta, spollachdach

sluggishness *n.* mainneas *fem.*, mì-thapachd *fem.*, tàmhachd *fem.*

sluice *n.* tuil-dhoras *masc.*, bior-chòmhla(dh) *fem.*, bior-dhoras *fem.*, còmhla *masc.*, doras-uisge *masc.*

slum *n.* slum *masc.*, aibheis *fem.*

slumber *n.* suain *fem.*, cadal *masc.*, dùsal *masc.*, clò-suaine *fem.*, leth-chadal *masc.*, pràmh *masc.*, pramhan *masc.*, smeadairneach *fem.*

slumbering *adj.* fo phràmh

slump *n.* seacadh *masc.*, slump *masc.*

slump *vb.* tuit (na chlod)

slur (disparagement) *n.* sguan *masc.*

slur (music) *n.* ceangal *masc.*

slurry *n.* mùnlach-mhuc *fem.*

slush *n.* sneachda bog *masc.*, sliob *masc.*, snighe *masc.*

slut *n.* luid *fem.*, breunag *fem.*, doimeag *fem.*, gloirean *masc.*, leodag *fem.*, praiseach *fem.*, reipseach *fem.*, ropag *fem.*, sglaoib *fem.*, sgliùrach *fem.*, slaodag *fem.*, slapag *fem.*

sluttish *adj.* slapach, slapagach

sly *adj.* carach, slìogach, lùrdan, raideil, seapach, sigeach, sligheach, slighearra

smack (slap) *n.* sgleog *fem.*, dsglais *fem.*, fleasgairt *masc.*

smack (boat) *n.* smag *fem.*

smack (hearty kiss) *n.* busag *fem.*, smalag *fem.*

smack (kiss) *vb.* blaiseamaich

smacking (kissing) *n.* blaiseamachd *fem.*, blasardaich *fem.*, smeacadh *masc.*

small *adj.* beag, meanbh, frith, seamh, suail

small *pref.* mion

small beer *n.* beoir chaol *fem.*, leth-leann *masc.*, lionn caol *masc.*

small garden sage *n.* saisde bheag *fem.*

small intestine *n.* caolan *masc.*

small letter *n.* litir bheag *fem.*

small of back *n.* caol an droma *masc.*, caoldruim *masc.*, dromag *fem.*, dronnag *fem.*, iris *fem.*

small of leg *n.* caol a' chalpa *masc.*

small scale integration *n.* aonachadh ceum ìosal *masc.*

small scale integration *n.* aonachadh beag *masc.*

Small Schools Sub-committee *pr.n.* Fo-chomataidh nan Sgoiltean Beaga

small-hours *n.* uaireannan beaga na maidne *pl.*

smaller russet bumble-bee *n.* bodach-ruadh *masc.*, feileagan *masc.*

smallness *n.* meanachair *masc.*, meanad *fem.*, meanbhachd *fem.*, meanbhad *fem.*

smallpox *n.* a' bhalgach *fem.*, a' bhanachrach *fem.*, a' bhreac *fem.*, a' bhuaicneach *fem.*, ban-ghucach *fem.*

smaltite *n.* smailtit *masc.*

smart *adj.* tapaidh, smiorail, innidh, sgairteil, snagarra, spreagail

smash *n.* briseadh *masc.*, bloigheadh *masc.*, spairt *fem.*, spleadradh *masc.*

smash *vb.* smuais, smùid, smùidrich, spairt, spealt, smàl

smash-and-grab *n.* creach ruitheach *fem.*

smashed *adj.* briste, sgealbach

smashing *n.* spairteachd *fem.*, spealgadh *masc.*

smashing *adj.* spairteach

smattering *n.* bloigh-eòlais *masc.*, prabardaich *fem.*, smodal *masc.*

smear *vb.* sleasd, smiùr, labanaich, sleasdaich, smeur, tearr

smear campaign *n.* iomairt-liacraidh *fem.*

smearer *n.* smearadair *masc.*

smearpot *n.* poit-smiùraidh *fem.*

smeary *adj.* sleasdach

smeddum *n.* smiodam *masc.*

smell *n.* fàileadh *masc.*, boladh *masc.*, boltrach *masc.*, smùchan *masc.*

smell *vb.* boltraich, snot, sròinich, srònaisich

smell (intransitive) *vb.* bol, fàileadh a bhith dheth

smell (transitive) *vb.* feuch fàileadh

smelling *n.* sròineis *fem.*

smelling *adj.* sròineiseach

smelt *n.* bealag *fem.*, dubh-bhreac *masc.*, morghadair *masc.*, smalag *fem.*

smelt *vb.* leagh

smelter *n.* leaghadair *masc.*

smew *n.* sìolta bhreac *fem.*, sìoltaich breac *masc.*, sìoltan breac *masc.*

smiddy *n.* ceardach *fem.*

smile *n.* snodha-gàire *masc.*, fàite-gàire *fem.*, feath-ghàire *masc.*, fiamh-ghàire *masc.*, meath-ghàire *fem.*, smigeadh *masc.*, smigean *masc.*

smile *vb.* dèan snodha/fàite gàire, dèan gàire

smiling *adj.* smigeil

smirch *vb.* dubhairich

smirk *n.* plìon(as) *masc.*, miog *fem.*

smirking *adj.* miogach, smigeil

smite *n.* smist *fem.*

smite *vb.* buail, beum, stalc

smith *n.* gobha *masc.*

smithereens *n.* bloigheach *fem.*, cual-chnàmh *fem.*, sgionabhagan *pl.*

smithy *n.* ceàrdach *fem.*

smock *n.* lèine *fem.*

smoke *n.* ceò *fem./masc.*, toit *fem.*, deatach *fem.*, mug *fem./masc.*, smùc(h)an *masc.*, smùdan *masc.*, smùid *fem.*

smoke *vb.* cuir smùid, smùid, smùideil, smùidrich, toit

smoke signal *n.* smùdan *masc.*

smoke-hole *n.* arlas *masc.*, fairleus *masc.*, falas *masc.*, farlas *masc.*

smokey *adj.* ceothach, toiteach, smùdanach

smoking *adj.* smùcanach, smùideach, smùidreach

smoky *adj.* ceothach, ceathachail, smùcanach, toiteach

smooring *n.* smùradh *masc.*, smàladh *masc.*, tasgadh *masc.*

smooth *n.* caoin *fem.*

smooth *adj.* mìn, còmhnard, rèidh, caoin, sèimh, sìblidh, sleamhainn, slìogach, sliogarra, sliom, sliomach, socrach, tlàth

smooth *vb.* liosraig

smoothe *vb.* sèimhich

smoothed *adj.* liosairte

smoothing *n.* liosraigeadh *masc.*

smoothing iron *n.* iarann-anairt *masc.*

smoothness *n.* mìnead *masc.*, luime *fem.*, sèimhe *fem.*, socradh *masc.*

smother *vb.* mùch, tachdaich, tùch

smotherer *n.* tùchair *masc.*

smothering *n.* mùchadh *masc.*

smoulder *vb.* cnàmh-loisg

smudge *n.* smàl *masc.*, smuaic *fem.*, spliachd *fem.*, spuaic *fem.*

smug *adj.* toilichte, leagarra, sgiùlt

smuggle *vb.* dèan cùlmhùtaireachd

smuggler *n.* cuiltear *masc.*, cùl-mhùtaire *masc.*, mùtaire *masc.*

smuggling *n.* cùl-mhùtaireachd *fem.*

smurr *n.* ceoban *masc.*

smut *n.* salachar *masc.*, drabasdachd *fem.*, draosdachd *fem.*, miamh *masc.*, smad *masc.*, smadan *masc.*, smod *masc.*, smoigleadh *masc.*

smutted *adj.* smadanach, smoigleach

smuttiness *n.* mosraiche *masc.*

smutty *adj.* drabasda, smadach, smodach

snack *n.* blasad-bìdh *masc.*, greimeag *fem.*, snaoic *fem.*, sneidseag *fem.*

snag *n.* duilgheadas *masc.*

snail *n.* seilcheag *fem.*, cnò-bhreac *fem.*, cramag *fem.*, seamann *masc.*, seilide *fem.*, seillean-seimhid *masc.*, seimhide *fem.*, seimhidh *fem.*

snake *n.* nathair *fem.*, rìbhinn *fem.*

snake-charmer *n.* cleasaich'-nathrach *masc.*

snake-pit *n.* nathrachan *masc.*

snaky *adj.* snàgach

snap *n.* glamhach *masc.*, sgram *masc.*

snap *vb.* bris, dèan glamhadh

snap fingers at *vb.* dean cnuag ri, cnac

snap of fingers *n.* cnumhag *fem.*, spliongag *fem.*

snapdragon *n.* sròn a' laoigh *fem.*

snapper *n.* sglamhair *masc.*

snapper (animal) *n.* airsear *masc.*

snapping *n.* sglamadh *masc.*, snapaireachd *fem.*

snappy *adj.* dranndanach

snare *n.* ribe *masc.*, anganach *masc.*, ceap *masc.*, geirnean *masc.*, inneal *masc.*, laigheachan *masc.*, lìon *masc.*, lùb-cheangail *masc.*, painntear *masc.*, peinnteal *masc.*, riadh *masc.*, tailm *fem.*, trap *masc.*

snare *vb.* rib

snarl *n.* dranndan *masc.*, sgaite *fem.*

snarl (at) *vb.* dèan dranndan, thoir sgaite air

snarler *n.* snagair *masc.*

snarling *n.* casadh-fhiacal *masc.*, dreunasail *masc.*

snatch *n.* gnothan *masc.*, sgiab *fem.*, sgobadh *masc.*, sic *fem.*, spìoladh *masc.*, sruabadh *masc.*, teum *masc.*

snatch *vb.* glac, beir (air), sglamh, sgioblaich, sglaim, sgob, sgrìob, sgùd, siab, siolc, spìol, spìon, teum, truis

snatcher *n.* siabaire *masc.*, spìoladair *masc.*

snatching *n.* teumadh *masc.*, tiolpadh *masc.*

snatching *adj.* scobanta, siabach, sìolcach, spìolach, teumach

sneak *vb.* ealaidh, liùg, seap, siolp, slaight, sleug, snaig

sneak (person) *n.* cùbaire *masc.*, lìogaire *masc.*, seapair *masc.*, sleamhnan *masc.*, sleugaire *masc.*, snagair *masc.*

sneaker (one who sneaks) *n.* sealgair *masc.*

sneaker (soft-soled shoe) *n.* bròg bhog *fem.*

sneaking *n.* seapadh *masc.*

sneaking *adj.* giodalach, liùgach, seapach, slìogach, snaigeach

sneaky *adj.* cùirdearach

sneck *n.* deasp *masc.*, sneic *masc.*

sneer *n.* fanaid *fem.*

sneer *vb.* dèan fanaid

sneeze *n.* sreothart *masc.*

sneeze *vb.* dèan sreothart, sitrich, smùch, sreoth

sneezewort *n.* cruaidh-lus *masc.*, meacan-ragaim *masc.*, roibhe *masc.*

sneezing *adj.* sreothartach

sniff *n.* boladh *masc.*

sniff *vb.* gabh boladh, bol, smut

sniffing *n.* smiotraich *fem.*

sniffing *adj.* siot-gàire *fem.*, snotach

snigger *n.* smiotadh *masc.*

sniggering *n.* praoisgeil *fem.*

snip *n.* gearradh *masc.*

snip *vb.* geàrr le siosar

snipe (bird) *n.* naosg *masc.*, bod-saic *masc.*, budagoc *masc.*, croman-loin *masc.*, croman-loin *masc.*, croma-ruitheachain *masc.*, cubhag-ghliogarach *fem.*, eunarag *fem.*, eun-ghobhrag *masc.*, gobhar-adhair *masc.*, gobhar-oidhche *fem.*, gob-saic *masc.*, gudaboc *masc.*, meannan-adhair *masc.*

snivel *n.* smùc *fem.*

snivel *vb.* smùch

sniveller *n.* smùcair *masc.*, smùchail *masc.*

snivelling *n.* smùcanaich *fem.*

snivelling *adj.* smùcach, smùcail, spliùgach

snob *n.* sodalan *masc.*

snobbery *n.* sodalachd *fem.*

snobbish *adj.* sodalach

snobby *adj.* fad às

snood *n.* crannag *fem.*, faltan *masc.*, snod *masc.*, stìom *fem.*

snooded *adj.* snodach

snooze *n.* dùsal *masc.*

snooze *vb.* dèan dùsal

snore *n.* romhan *masc.*, srann *fem.*

snore *vb.* dèan srann, srann, tarraing srann

snoring *n.* srannail *fem.*, struacan *masc.*, surram *masc.*

snoring *adj.* srannach, sìolarnach

snort *vb.* srannartaich *fem.*, sèidrich, srann, sròinich

snorting *n.* sèideach *masc.*, sèidrich *fem.*, smotail *masc.*, srann *fem.*, sroineis *fem.*, strannraich *fem.*

snorting *adj.* snotach, srannach, srannartach, sròineiseach

snot *n.* sglongaid *fem.*, splangaid *masc.*, cloimhein *masc.*, glong *masc.*, muig *masc.*, sgleog *fem.*, sgloing *fem.*, smug *masc.*, spleangaid *fem.*, spliùg *masc.*, staonag *fem.*, suigleadh *masc.*

snot *vb.* smug

snotty *adj.* fliuch-shrònach, smugach, spliùgach

snout *n.* soc *masc.*, sròn *fem.*, gnoig *fem.*, smeatadh *masc.*, smuig *fem.*, smulan *masc.*, smut *masc.*, sorn *masc.*, srubh *masc.*, broilean *masc.*

snouted *adj.* socach

snow *n.* sneachda *masc.*

snow *vb.* cuir sneachd

snow-bunting *n.* eun (buidhe) an t-sneachda *masc.*, gealag (an t-sneachda) *fem.*

snow-goose *n.* gèadh bàn *masc.*

snow-plough *n.* crann-sneachda *masc.*

snow-white *adj.* sneachd-gheal

snow-wreath *n.* cathadh *masc.*, cuithe *fem.*

snowball *n.* ball-sneachda *masc.*, bàla-sneachd *masc.*, caob-sneachda *masc.*, fideag *fem.*, muc *fem.*, ploc-sneachda *masc.*, ullag-shneachda *fem.*

snowball-fight *n.* blàr-chaob *masc.*

snowdrift *n.* cith *masc.*, siabadh-sneachd *masc.*

snowdrop *n.* gealag-làir *fem.*, blàth-sneachda *masc.*, boinneag-sneachda *fem.*

snowflake *n.* bleideag *fem.*, pleòdag *fem.*, lòineag *fem.*, bleoiteag *fem.*, cladan *masc.*, cladan *masc.*, claiteag *fem.*, clòimheag *fem.*, cuileag-sneachda *fem.*, fleodag *fem.*, fleoiteag *fem.*, leomag *fem.*, loine *fem.*, pleoiteag *fem.*, slathag *fem.*, cleiteag *fem.*

snowman *n.* bodach-sneachda *masc.*

snowy *adj.* sneachdmhor, sneachdaidh, sneachdail

snowy owl *n.* comhachag bhàn *fem.*,
comhachag gheal *fem.*, comhachag
mhòr *fem.*, comhachag shneachdaidh
fem.

snubbing *n.* sgiugan *masc.*

snuff *n.* adharc-snothain *fem.*, smal *masc.*,
snaoisean *masc.*, snoidean *masc.*,
snoitean *masc.*

snuff *vb.* smal

snuff-mill *n.* muileann-snaoisein
fem./masc.

snuffbox *n.* bogsa-snaoisein *masc.*,
muileann-snaoisein *fem./masc.*

snuffer *n.* sguab *fem.*

snuffers *n.* bearradan *masc.*, smàladair
masc.

snuffing *n.* snaoiseanachd *fem.*

snuffing *adj.* snaoiseanach

snuffle *n.* mug *fem./masc.*

snuffle *vb.* smot, snot, sròinich

snuffling *n.* smotail *masc.*, sròineis *fem.*

snuffling *adj.* mugach, smotach, snotach,
sròineiseach

snuffy *adj.* noigeanach

snug *adj.* còsach, seasgair, cluthmhor,
cuannar, snog, sois, soisinneach, tiorail

snuggle *vb.* laigh dlùth ri

snugness *n.* sgiobaltachd *fem.*, soisinn
fem.

soak *vb.* drùidh, cuir am bogadh, sùigh
(às), luisgich, snàmh, sug

soaking *n.* baltag *fem.*, snàmh *masc.*,
stinleagadh *masc.*

soaking *adj.* ibhteach

soap *n.* siabann *masc.*

soapstone *n.* clach-shiabhainn *fem.*

soapwort *n.* gairbhean creagach *masc.*, lus
an t-siabainn *masc.*

soapy *adj.* siabannach

Soay sheep *n.* caora-Shòdhaigh *fem.*

sob *n.* glug-caoinidh *masc.*, acain *fem.*,
osna *fem.*, ospag *fem.*

sob *vb.* ainnich, plosg

sobbing *n.* acainich *fem.*, gliucail *fem.*,
uchdanachadh *masc.*

sobbing *adj.* acaineach, ospagach

sober *adj.* stuama, measarra, sòbair,
nàistinneach, neo-mhisgeach, neo-
mhisgeil, neo-phòiteil

sober *vb.* fuaraich, measraich

sobriety *n.* stuaim *fem.*, stuamachd *fem.*,
measarrachd *fem.*, neo-mhisgealachd
fem., neo-phòitearachd *fem.*, sobhraide
fem.

soccage *n.* socach *masc.*

soccer *n.* ball-coise *masc.*

sociable *adj.* cuideachdail, càirdeil,
companta

social *adj.* caidreamhach, comannach,
conaltrach, sòisealta

Social Democrat *pr.n.* Deamocratach
Sòisealta

Social Democratic Party *pr.n.* Pàrtaidh na
Deamocrasaidh Sòisealta, Pàrtaidh
Sòisealta Deamocratach

social security *n.* tearainteachd shòisealta
fem.

social service *n.* seirbheis shòisealta *fem.*

social work *n.* sòisealachd *fem.*

Social Work Committee *pr.n.* Comataidh
na Sòisealachd

Social Work Services Group *pr.n.*
Buidheann nan Seirbheisean
Sòisealachd

socialism *n.* sòisealachd *fem.*, sòisealas
masc.

socialist *n.* sòisealach *masc.*

socialist *adj.* sòisealach

societal marketing *n.* margaideachd
chomannach *fem.*

society *n.* comann *masc.*, cuideachd *masc.*,
coluadair *masc.*, co-chomann *masc.*,
cuallach *masc.*, saindrean *masc.*

Society of Post Office Executives *pr.n.* Comann Luchd-gnìomha Oifis a' Phuist

socio-economic *adj.* eaco-shòisealta, sòisio-eaconomach

sociology *n.* eòlas-comainn *masc.*

sock *n.* socais *fem.*, ciutaic *fem.*, mogan *masc.*

socket *n.* socaid *fem.*, toll *masc.*, iag *masc.*, bun *masc.*, slocan *masc.*, soc *masc.*, soicead *masc.*

sod *n.* fòid *fem.*, sgrath *fem.*, ceapag *fem.*, clod *masc.*, fàl *masc.*, toirp *fem.*, turtan *masc.*

soda *n.* sòda *fem.*

sodium *n.* soidium *masc.*

sofa *n.* langasaid *fem.*, sòfa *fem.*, àiseag *fem.*, langar *masc.*, seiseach *masc.*, suaineachan *masc.*

soft *adj.* bog, maoth, meata, neo-chruadalach, sèimh, tais

soft crab *n.* buigileag *fem.*, sìne bhog *fem.*

soft drink *n.* deoch-lag *fem.*

soft pedal *n.* troighean maoth *masc.*

soft shield-fern *n.* ibhig *fem.*

soft-hearted *adj.* meathach, tais-chridheach

soft-sectored (computing) *adj.* bog-roinnte

soften *vb.* bogaich, maothaich, taisich

softening *n.* taiseachadh *masc.*, taisleachadh *masc.*

softish *adj.* bogalta

softly *adj.* fiaite, os ìosal

softness *n.* buige *fem.*, taise *fem.*, maothachd *fem.*, maothalachd *fem.*, ciùineas *masc.*, neo-dhuinealas *masc.*, seimhe *fem.*

software *n.* bathar bog *masc.*

software development tools *n.* buill-acainn leasachaidh bathair buig *pl.*

software engineering *n.* innleadaireachd bathair buig *fem.*

soggy *adj.* bog-flioch

soil *n.* ùir *fem.*, talamh *masc.*

soil *vb.* salaich, truaill

soiled *n.* loireach *masc.*

soiled *adj.* smodanach, smoigleach

soiling *n.* gàrachadh *masc.*

soiree *n.* fleadh-oidhche *masc.*

sojourn *n.* cuairt *fem.*, tuineadh *masc.*

sojourner *n.* cuairtear *masc.*, neach-cuairt *masc.*

sojourning *n.* tuineachas *masc.*

solace *n.* sòlas *masc.*

solan goose *n.* sùlaire *masc.*

solar panel *n.* clàr lùth-greine *masc.*

solar plexus *n.* ite a' mhaothain *fem.*

solar system *n.* crios-grèine *masc.*, rian-grèine *masc.*

solder *n.* borras *masc.*, lionn-tàth *masc.*, sodar *masc.*

solder *vb.* lionn-tàth, tàth

soldering-iron *n.* iarann-borrais *masc.*, iarann-tàthaidh *masc.*

soldier *n.* saighdear *masc.*

soldiering *n.* saighdearachd *fem.*

sole (bottom of shoe) *n.* breaban *masc.*

sole (fish) *n.* fleog *fem.*, leabag *fem.*, leabag-thuathal *fem.*

sole (foot) *n.* bonn (na coise) *masc.*, troigh *fem.*, sail-bhuinn *fem.*

solecism *n.* droch-mhearachd *fem.*, trasd-fhacal *masc.*

solemn *adj.* sòlaimte

solemn vow *n.* rùn-ràite *fem.*

solemnise *vb.* sòlaimich, ollanaich

solemnity *n.* sòlaimteachd *fem.*, òrdan *masc.*

solicit *vb.* aslaich

solicitation *n.* aslachadh *masc.*

soliciting *adj.* iarrtach, tagrach

solicitor *n.* neach-lagha *masc.*, neach-tagraidh *masc.*

Solicitor-General *pr.n.* Ard Neach-lagha a' Chrùin

solicitous *adj.* iomagaineach, cùramach

solicitude *n.* imnidh *fem.*, iomachain *fem.*

solid *n.* stuth tàghte *masc.*

solid *adj.* teann, tàthte, daingeann, cruaidh, cnuacach, sùghmhor, tàbhachdach, tacail, taiceil, tail, taileil

solid food *n.* biadh taiceil *masc.*

solid-state device *n.* inneal cruaidh-bhunaiteach *masc.*, innleachd theann-staide *fem.*

solidarity *n.* dlùthachd *fem.*, dlùth-chomann *masc.*

solidity *vb.* cruadhaich

solidity *n.* slàntachd *fem.*, stèidhealachd *fem.*, tàbhachd *fem.*, tacsa *masc.*, taicealachd *fem.*

soliloquy *n.* òraid-aonair *fem.*

solitariness *n.* uaigneas *masc.*, uamhaltachd *fem.*

solitary *adj.* aonarach, aonaranach, dithreabhach, froigeach, uaigneach

solo *n.* òran aon-neach *masc.*

soloist *n.* aonreadaiche *masc.*, òranaiche *masc.*

solstice *n.* grian-stad *masc.*, seas-ghrian *masc.*

solubility *n.* comas sgaoilidh-a-steach *masc.*, eadar-sgaoileachd *fem.*

soluble *adj.* so-sgaoilte, leaghach, so-leaghte

solute *n.* stuth sgaoilte-a-staigh *masc.*

solution (solving) *n.* fuasgladh *masc.*

solution (substance) *n.* lionn leaghte *masc.*

solvation *n.* ion-iodrachd *fem.*

solve *vb.* fuasgail

solvency *n.* murrachd *fem.*

solvent *n.* lionn-sgaoilidh *masc.*

solvent *adj.* murrach

solving *n.* tomhas *masc.*

somatic *adj.* bodhaigeil

some *n.* cuid *fem.*

someone *n.* cuideigin *fem.*, neach *masc.*

somersault *n.* car a' mhuiltein *masc.*, car a' sgairbh *masc.*, toirleum *masc.*

something rudeigin *masc.*

sometimes *adj.* uaireannan

somewhat *n.* beagan *masc.*, caran *masc.*, rud beag *masc.*

somewhat *adj.* leth-char

somewhere *n.* àiteigin *masc.*

somnolency *n.* pràmhachd *fem.*

somnolent *adj.* pràmhach

son *n.* mac *masc.*, gille *masc.*

son-in-law *n.* ban-sgoth *masc.*, cliamhainn *masc.*

sonata *n.* sonàta *masc.*

song *n.* òran *masc.*, luinneag *fem.*

song-thrush *n.* smeòrach *fem.*

songster *n.* òranaiche *masc.*, cliaranach *masc.*, duanaire *masc.*

sonnet *n.* ceilear *masc.*, duanag *fem.*, luinneag *fem.*, puirtean *masc.*, sonaid *fem.*

sonorous *adj.* àrd-ghlòrach, fuaimneach, loinnreach, sgalach, sgalanta

sonorousness *n.* seirmeachd *fem.*

sonsy *adj.* grìdeil

soon *adj.* a dh'aithghearr, an ceartair, an ùine ghoirid, grad, luath, tràth

soot *n.* sùithe *masc.*, smad *masc.*, smadan *masc.*

soot *vb.* sùith

sooted *adj.* smadanach

soothe *vb.* ciùinich, tàlaidh, sèimhich, sodalaich

soothing *n.* sèimheachadh *masc.*, tàladh *masc.*

soothsayer *n.* fiosaiche *masc.*, neach-faisneachd *masc.*, neach-fiosachd *masc.*

sootiness *n.* sùitheachd *fem.*

sooty *adj.* sùithteach, dubhadanach, smadach

sooty shearwater *n.* fachach dubh *masc.*

sop *n.* saplaisg *fem.*

sophist *n.* bras-asgnaidhe *masc.*, briosargnaiche *masc.*, fallsaire *masc.*

sophisticated *adj.* ionnsaichte, soifiostaiceach

sophistry *n.* briosagnaidheachd *fem.*, briosargain *fem.*

soporific *n.* cungaidh-chadail *fem.*

sorcerer *n.* draoidh *masc.*, geasadair *masc.*

sorceress *n.* bana-bhuidseach *fem.*, bandraoidh *fem.*, briosag *fem.*

sorcery *n.* draoidheachd *fem.*, buistireachd *fem.*, geas *fem.*,

sordid *adj.* suarach, salach, ceacharra

sore *n.* creuchd *fem.*, lot *masc.*, puthar *masc.*

sore *adj.* goirt, cràiteach, aingidh

sorner *n.* aoigheachdach *masc.*

sorrel *n.* sealbhag *fem.*, biadh-eunain *masc.*, copag-shràide *fem.*, samh *masc.*, searbhag *fem.*

sorrow *n.* bròn *masc.*, tùirse *fem.*, mulad *masc.*, airsneal *masc.*, doilgheas *masc.*, dubhailteach *masc.*, duileachd *fem.*, eislean *masc.*, smàl *masc.*, smàlan *masc.*, smuairean *masc.*, smuaireanachd *fem.*

sorrowful *adj.* brònach, tùrsach, muladach, dubhailteach, diacharach, eisleineach, mairg, pràmhach, smàlanach, trom, truagh

sorry *adj.* duilich, brònach, muladach

sort *n.* gnè *fem.*, ion-fhaileas *masc.*, seòrsa *masc.*, sòrt *masc.*

sort *vb.* cuir air dòigh, cuir an òrdugh, rèitich, seòrsaich

sottish *adj.* òlar

soughing *n.* siànail *fem.*

soul *n.* anam *masc.*

soul mate *n.* anam-charaid *masc.*

sound (tone) *n.* bìog *fem.*, fuaim *fem./masc.*, sireadan *masc.*, suaim *fem.*, toirm *fem.*, torman *masc.*

sound *adj.* conbhallach, fallain, iomlan, neo-eisleanach, neo-mhealltach, neo-mheangail, slàn

sound *vb.* dèan fuaim (air), sèid, tomhais doimhneachd, fuaimnich, grunndaich, seirm, soinich, tomhais

sound (strait) *n.* caol *masc.*, caolas *masc.*

sound (sounded note) *n.* soin *fem.*

sound absorption *n.* sùghadh-fuaim *masc.*

sound reflection *n.* tilleadh-fuaim *masc.*

sound-asleep *adj.* suaineartach

sounding *n.* grunnach *masc.*

sounding *adj.* cluigeineach, loinnreach

sounding-line *n.* meas-chaor *masc.*

soundness *n.* neo-eisleanachd *fem.*

soundproof *adj.* dìonach air fuaim

soup *n.* brot *masc.*, eanraich *fem.*, sùp *masc.*, sùgh-feòla *masc.*

sour *adj.* goirt, geur, searbh, amhaidh

sour *vb.* dèan goirt, dèan searbh, searbh

sour-tempered *adj.* crainntidh

source *n.* tùs *masc.*, màthair-adhbhar *masc.*, bun *masc.*, freumh *masc.*, màthair *fem.*, prìomhachd *fem.*, tarmachadh *masc.*, tobar *fem.*, toiseach *masc.*, tùs *masc.*

source (of river) *n.* màthair-uisge *fem.*

source language (computing) *n.* canan bunaiteach *masc.*

soured *adj.* searbhta

sourness *n.* searbhachd *fem.*, searbhadas *masc.*, searbhasachd *fem.*

south *n.* deas *fem.*

south *adj.* deas

southerly *adj.* deasarach

southern *adj.* deasach

southerner *n.* deasach *masc.*

southernwood *n.* lus an t-seann duine *masc.*, meath-challtainn *masc.*, surabhan *masc.*

souvenir *n.* cuimhneachan *masc.*

sovereign (pound) *n.* sòbhran *masc.*

sovereign (ruler) *n.* rìgh *masc.*, àrd-uachdaran *masc.*

sovereignty *n.* flaitheanas *masc.*, uachdaranachd *fem.*

sow *n.* muc *fem.*, cràin *fem.*, triath *masc.*

sow *vb.* cuir, sìol

sow-bread *n.* cularan *masc.*

sow-thistle *n.* bainne na muice *masc.*, bliochd-fochain *masc.*, bog-ghiogan *masc.*

sowens *n.* làgan *masc.*, làghan *masc.*, brochan-cruithneachd *masc.*, cabhraich *fem.*, deoch-reith *fem.*, easraich *fem.*, subhan *masc.*

sower *n.* neach-cuir *masc.*, sìoladair *masc.*

Sowerby's beaked whale *n.* muc-mhara-ghobach *fem.*

sowing *n.* cur *masc.*, curachd *fem.*

spa *n.* spatha *fem.*

space *n.* rùm *masc.*, farsaingeachd *fem.*, fànas *masc.*, failbhe *fem.*, saith *masc.*, tac *fem.*

space (gap) *n.* beàrn *fem.*

space age *n.* linn-fànais *fem.*

space-capsule *n.* fànas-chapsal *masc.*

spaceman *n.* speurair *masc.*

spacer *n.* àite bàn *masc.*

spaceship *n.* soitheach-fànais *masc.*

spacious *adj.* farsaing, mòr, rùmail

spaddle *n.* spaideal *masc.*, spiolachan *masc.*

spade *n.* spaid *fem.*, caib(e) *masc.*, laighe *fem.*

spades (cards) *n.* speur *masc.*

spaghetti junction *n.* crois-staimh *fem.*

spaiver *n.* spaidhir *fem.*

span *n.* rèis *fem.*, rean *fem.*, reon *masc.*, spang *fem.*

span *vb.* spangaich

spancel *n.* buarach *fem.*, lioncaise *masc.*

spangle *n.* cuirnean *masc.*, puicne-sgreabhal *masc.*, sgragall *masc.*, spang *fem.*

spangled *adj.* reannagach

spaniel *n.* cù-eunaich *masc.*

spanner *n.* spanair *masc.*, nupair *masc.*, tnachair *masc.*, toinnear *masc.*

spar *n.* tarsannan *masc.*, sparr *fem.*, speic *fem.*

spar *vb.* spàraig *fem.*, speic

spare *adj.* a bharrachd, a chòrr

spare *vb.* caomhain, sàbhail, seachainn, sor

spare part *n.* pàirt-chàraidh *fem.*

spare rib *n.* slinnean *masc.*

spared *adj.* sàbhailte

sparing *n.* soradh *masc.*

spark (beau) *n.* lasdaire *masc.*, vaillire *masc.*

spark (particle) *n.* sradag *fem.*, rong *masc.*, crithear *masc.*, cuibean *masc.*, srad *fem.*, sraoileag *fem.*, sriodag *fem.*

spark *vb.* leig sradag(an)

sparking-plug *n.* ròng-phlug *masc.*

spark(s) *n.* teinntreach *fem.*

sparkle *n.* lainnir *fem.*, deàlradh *masc.*, priob-losgadh *masc.*, sradrach *fem.*

sparkle *vb.* srad, lainnrich, deàlraich

sparkler *n.* lainnireag *fem.*

sparkles *n.* staighlich *fem.*

sparkling *adj.* deàlrach, drìlseach, balganta, boillsgeach, caoireach, coinnleagach, drithleannach, spangach, sraoileagach, trillseineach

sparling *n.* dubh-bhreac *masc.*, smalag *fem.*

sparrow *n.* gealbhonn *masc.*, buidheag-thaigh *fem.*, dugadùin *masc.*, sporag *fem.*

sparrowhawk *n.* speireag *fem.*, speir-sheabhag *fem.*

spasm *n.* fèith-chrùbadh *masc.*, crùbadh-fèithe *masc.*, iodh *fem.*, spang *fem.*, sparran *masc.*

spasmodic *adj.* an dràsta 's a-rithist, iodha(nna)ch

spasms *n.* cordaidh, an *masc.*

spastic *n.* spastach *masc.*

spat (spawn of shellfish) *n.* spat *fem.*, maoirneag *fem.*

spate *n.* lighe *fem.*, bailc *fem.*, beum-slèibhe *masc.*, speid *fem.*

spats *n.* casa-gearra *pl.*, casa-goirid *pl.*

spatter *vb.* spriotraich, spairt, spult

spatula *n.* spaideag *fem.*, spaideal *masc.*

spawl *vb.* smugaidich, smugarsaich

spawn *n.* sìol *masc.*, cladh *masc.*, iuchair *fem.*, iuchaireag *fem.*, sgeith *masc.*, ubh-chruth *masc.*

spawn *vb.* sìolaich, claidh, cladh, sgeith

spawner *n.* bean-iasg *fem.*, iuchaireag *fem.*

spawning *n.* mealgachadh *masc.*

spay *vb.* spoth

speak *vb.* abair, bruidhinn, labhair

speaker *n.* neach-labhairt *masc.*, labhradair *masc.*, labhraiche *masc.*, òraideach *masc.*, bruidhneadair *masc.*

speaking *n.* bruidhinn *fem.*, labhairt *fem.*, labhradh *masc.*

spear *n.* sleagh *fem.*, gath *masc.*, brod *masc.*, iodhan *masc.*, laighean *masc.*

spear-thistle *n.* cluaran deilgneach *masc.*

spearman *n.* sleaghadair *masc.*, sleaghaire *masc.*

spearmint *n.* meannt-ghàraidh *masc.*

spearwort *n.* glaisleun *fem.*

special *adj.* àraidh, sònraichte, speisealta, sunrach

Special Cases Sub-committee *pr.n.* Fo-chomataidh Chùisean Sònraichte

Special Protection Area *pr.n.* Arainn Glèidhteachais Shònraichte

specialisation *n.* speisealachadh *masc.*, speisealachas *masc.*

specialise *vb.* speisealaich

specialised *adj.* àraidhichte, speisealaichte, speisealta

specialist *n.* fìor-eolaiche *masc.*, sàr-eòlaiche *masc.*, speisealach *masc.*, speisealaiche *masc.*

species *n.* gnè *fem.*, ion-fhaileas *masc.*, seòrsa *masc.*, sòrt *masc.*

specific *adj.* sònraichte, àraid

specific grant *n.* tabhartas sònraichte *masc.*

specification *n.* mion-chomharrachadh *masc.*, gnè *fem.*

specified *adj.* comharraichte, sònraichte

specify *vb.* comharraich, sònraich

specimen *n.* sampall *masc.*, ball-sampaill *masc.*, suidheachadh *masc.*

specious *adj.* mealltach

speck *n.* spuaic *fem.*, sàl *masc.*, smal *masc.*, sgead *masc.*, smùirnean *masc.*

speckle *n.* striodag *fem.*

speckle *vb.* breac, spotaich, stradagaich, striodaich

speckled *adj.* breac, ballach, brucach, litheach, sgeadach, sgligeanach, spotach

spectacle *n.* sealladh *masc.*

spectacled *adj.* speuclaireach

spectacles *n.* speuclairean *masc.*, glainneachan *masc.*, speuclan *masc.*

spectator *n.* neach-amhairc *masc.*, amharcaiche *masc.*, neach-coimhid *masc.*

spectral *adj.* sgàileach, taibhseach

spectre *n.* tannasg *masc.*, tamhasg *masc.*, bocan *masc.*, samhla *masc.*, sgàil *fem.*, sìbhreach *masc.*, sighideach *fem.*, taillse *masc.*, uamhas *masc.*

speculate *vb.* beachdaich, dèan tuaireamas, tuairmsich

speculation *n.* beachdachadh *masc.*, tuairmeas *masc.*, meantairigeadh *masc.*, speuclaireachd *fem.*

speculative *adj.* beachdachail, tuairmeasach

speculative development *n.* leasachadh tuairmeasach *masc.*

speculator *n.* beachdair *masc.*, tionnsgnaiche *masc.*

speculum *n.* sgàthan *masc.*

speech *n.* òraid *fem.*, bruidheann *fem.*, cainnt *fem.*, labhairt *fem.*, labhradh *masc.*, seanachas *masc.*, teanga *fem.*

speech recognition *n.* aithneachadh-cainnt *masc.*

speech synthesiser *n.* gineadair-cainnt *masc.*

speech therapist *n.* leasaiche-cainnt *masc.*

speech-impediment *n.* liotachd *fem.*, mabadh *masc.*

speechify *n.* òraidich *masc.*

speechifying *n.* labhradh *masc.*

speechless *adj.* bog balbh, gun chainnt

speed *n.* luaths *masc.*, astar *masc.*, deifir *fem.*, fruis *fem.*, speirid *fem.*, spìd *masc.*, surd *masc.*

speed *vb.* luathaich, spìdich

speed up *vb.* luathaich

speed-limit *n.* crìoch-astair *fem.*

speedometer *n.* snàthaid an astair *fem.*

speedway racing *n.* rèis mhòtar-baidhsagalan *fem.*

speedwell *n.* lus-crè *masc.*

speedy *adj.* luath, astarach, clis, deifreach, siubhlach

spelding *n.* spealltag *fem.*

spell *n.* geasag *fem.*, ob *masc.*, oradh *masc.*, seun *masc.*, sgal *masc.*, speal *fem.*, treis *fem.*

spell *vb.* litrich, speilig

spellbound *prep.* fo bhuaidh

spelling *n.* litreachadh *masc.*, speiligeadh *masc.*

spend *vb.* caith, cosg, cuir a shean

spendthrift *n.* ana-caitheach *masc.*, ana-caithtiche *masc.*, caitheach *masc.*, caithiche *masc.*, geocair *masc.*, mac-strodha *masc.*, mac-struidhe *masc.*, milltear *masc.*, riobaid *masc.*, struidhear *masc.*

sperm *n.* sìol(-ginidh) *masc.*

sperm-cell *n.* cealla-sìl *fem.*

sperm-whale *n.* muc-mhara sputach *fem.*

spermaceti *n.* sìol-ola *masc.*

spew *vb.* sgeith, tilg

sphagnum *n.* coinneach dhearg *fem.*, fionnlach *masc.*, mointeach liath *fem.*

sphere *n.* cruinne *fem./masc.*, baiscmheall *masc.*, ranntachd *fem.*, ringeal *masc.*, rinndeal *masc.*

spherical *adj.* cruinn

Spica *pr.n.* Falachag

spice *n.* spìosradh *masc.*

spice *vb.* spìosaich, spìosraich

spice-box *n.* spiosachan *masc.*

spiced *adj.* peabraichte, spiosadach

spicery *n.* spiosrach *masc.*, spiosrachd *fem.*, spiosradh *masc.*

spices *n.* spiosraidh *fem.*

spiciness *n.* deasaireachd *fem.*

spicy *adj.* spìosrach, balganta, deasaireach, spiosadach

spider *n.* damhan-allaidh *masc.*,
figheadair *masc.*, poca-salainn *masc.*,
breabadair-ladhrach *masc.*, breabair-
smogach *masc.*, breabardan smàgach
masc., carran-mig *masc.*, cuideag *fem.*,
dallan-allaidh *masc.*, droman-dallaidh
masc., figheadair-fodair *masc.*, poca-
puinsein *masc.*, puicean *masc.*,
toman-eallaidh *masc.*

spider-web *n.* brandubhan *masc.*, lìon
damhain-allaidh *masc.*

spiel *n.* rabhd *masc.*

spigot *n.* gaoir *fem.*, leigeadair *masc.*,
pinne *masc.*, spiocaid *fem.*

spike *n.* bior *masc.*, speic *fem.*, spìc *fem.*

spike *vb.* sàth spìc ann, speic

spike graph *n.* graf spìceach *masc.*

spiked water-milfoil *n.* snàithe bàite *masc.*

spill *n.* sliobhag *fem.*, slis *fem.*, sliseag
fem.

spill *vb.* dòirt

spiller *n.* dòirteach *masc.*, dòirtear *masc.*

spills *n.* slisneach *fem.*

spin *vb.* snìomh, toinn

spin (musical note) *vb.* snìomh soin, toinn
soin

spin sign (music) *n.* airdhe-toinneimh
fem.

spin-drier *n.* tioramadair-aodaich *masc.*,
toinneamhaiche-aodaich *masc.*

spinach *n.* bloinigean-gàraidh *masc.*, càl-
bloinigein *masc.*

spinal marrow *n.* smear-chailleach *masc.*,
smior-caillich *masc.*, smior-chailleach
masc.

spindle *n.* dealgan *masc.*, fearsaid *fem.*,
aiseal *fem.*, cinneag *fem.*, craorag *fem.*,
toinnte-lìn *fem./masc.*

spindle-legged *adj.* corra-chasach

spindle-shank *n.* speirean *masc.*

spindle-tree *n.* feoras *masc.*

spindrift *n.* cathadh-mara *masc.*, marcach-
sìne *masc.*, marcan-sìne *masc.*, siaban
masc.

spine *n.* cnàimh-droma *masc.*

spinet *n.* spinead *fem.*

spinner *n.* inneal-tionndaidh *masc.*,
snìomhachan *masc.*, snìomhadair
masc., snìomhaiche *masc.*, snìomhair
masc.

spinning *n.* abhras *masc.*, calanas *masc.*,
cuidhlearachd *fem.*, toinneamh *masc.*

spinning *adj.* snìomhach

spinning (rotating rapidly) *n.* rothachadh
masc.

spinning top *n.* mirean *masc.*, piridh *fem.*

spinning-wheel *n.* cuidhle-shnìomha *fem.*

spinster *n.* seana mhaighdeann *fem.*

spiny dogfish *n.* biorach *fem.*

spiny lobster *n.* giomach molach *masc.*

spiral *n.* snìomhan *masc.*, cuairteag *fem.*

spiral *adj.* snìomhanach, bithiseach,
giornanach, sgrobhach, snìomhach,
snìomhain

spire *n.* stìoball *masc.*, binnean *masc.*,
sagan *masc.*, spidein *masc.*, spiric *fem.*,
troraid *fem.*

spirit *n.* spiorad *masc.*, misneachd *fem.*,
aigne *fem.*, meanmna *masc.*, smior
masc., spailp *masc.*, taibhse *fem.*,
tathasg *fem.*

spirit-level *n.* leannan-lòcraidh *masc.*

spirited *adj.* misneachail, sgairteil,
aigeanntach, aighearach, reachdmhor,
sgafanta, sgafarra, torganach

spiritedness *n.* neo-eisleanachd *fem.*,
reachdmhoireachd *fem.*

spiritless *adj.* bog, meirbh, mì-
fhiùghaireach, mì-fhiùghar,
neo-bheathail, neo-bheothail, neo-
sgairteil, neo-shunndach, neo-smiorail,
siolgach, siomlaidh, tais

spiritlessness *n.* mì-shunnd *masc.*, neo-shunnd *masc.*, neo-smioralachd *fem.*

spirits (spirituous liquor) *n.* spiorad *masc.*

spiritual *adj.* spioradail, neo-chorporra

spirituality *n.* spioradalachd *fem.*

spirituos *adj.* làidir

spirling *n.* dubh-bhreac *masc.*, duibreac *masc.*, smalag *fem.*

spirting *adj.* srideagach

spirtle *n.* maide-coire *masc.*, maide-nigheadaireachd *masc.*, maide-poite *masc.*, pleadhan *masc.*

spit (broach for roasting meat) *n.* bior-ròstaidh *masc.*, rois-iarann *masc.*

spit (saliva) *n.* sglongaid *fem.*, smeirne *fem.*, smugaid *fem.*

spit *vb.* tilg smugaid, ronnaich, sad smugaid, sgiord, silich, smug

spit-box *n.* seileadan *masc.*

spital *n.* spideal *masc.*

spite *n.* gamhlas *masc.*, miosgainn *fem.*, droch-mheinneachd *fem.*, mì-rùn *masc.*, tarcais *fem.*

spiteful *adj.* gamhlasach, aingeach, aingeach, aingeach, spìdeach, spìdeil

spittal *n.* spiteal *fem.*

spitting *n.* sileachadh *masc.*

spittle (saliva) *n.* ronn *masc.*, seile *fem.*, sile *masc.*, silt *fem.*, smug *masc.*, smugaid *fem.*, staonag *fem.*

spittle (hospital) *n.* spìdealachd *fem.*

spittoon *n.* sileadan *masc.*

splash *n.* stealladh *masc.*, plub *masc.*, slob *masc.*, spairt *fem.*, spult *masc.*, still *fem.*, tonn *masc.*

splash *vb.* steall, plubadaich, plais, spairt, spolt, spult, tonn

splash out *vb.* tilg a-mach

splashing *n.* plubadaich *fem.*, stealladh *masc.*, plumadaich *fem.*, plubarsaich *fem.*, spairteachd *fem.*, spliteadh *masc.*, spriotag(r)aich *fem.*, spultadh *masc.*

splashing *adj.* falpannach

splashy *adj.* slobach

splay *vb.* cuir às an alt, leathnaich

splay foot *n.* balcaiche *masc.*, biod-chas *fem.*, cas spàgach *fem.*, clàrchas *fem.*, lorc *masc.*, pliadh *masc.*, spad-chas *fem.*, spleadh *masc.*, spliut *masc.*

splay-footed *adj.* pliutach, spleadhach, balcach, clàrchasach, cuagach, guag, pliadhach, pliathach, prabhtach, sgabhrach, spad-chasach, spàgach, spliugach

splay-footedness *n.* craigeanachd *fem.*

spleen *n.* dubh-chlèin, an *fem.*, gamhlas *masc.*, dreasan *masc.*, sealg *fem.*, splang *fem.*, sùil-liath *fem.*, tamhan *masc.*, trealais *masc.*

splendid *adj.* greadhnach, loinnreach, gasda, glòrmhor, loinnear, oiseal

splendour *n.* greadhnachas *masc.*, mòrchuis *fem.*, oirdheirceas *masc.*, ruitheanas *masc.*

splenetic *adj.* frionasach, crosda, tamhanach

spleuchan *n.* spliùchan *masc.*

splice *n.* sgair *fem.*

splice *vb.* tàth, splaidhs, slais

splicing *n.* slaiseadh *masc.*, tathadh *masc.*

splint *n.* cleithean *masc.*, slis *fem.*

splinter *n.* sgealb *fem.*, spealg *fem.*, bloigh *fem.*, bloighd *fem.*, cuibh *fem.*, sgoiltean *masc.*, sgolb *masc.*, spealgach *fem.*, spealt *fem.*, spealtan *masc.*, spìonag *fem.*

splinter *vb.* cnac, sgealb, smuais, spann, spealg, spuaic

splinter(s) *n.* plaosg *masc.*

splintered *adj.* sgolbach, smuaiste

splintering *n.* spealgadh *masc.*

splintering *adj.* smuaiseach

splinters *n.* smuais *fem.*, smuaisrich *fem.*

split *n.* sgoltadh *masc.*, riad *masc.*, sgagadh *masc.*, sgagaid *fem.*, sgàineadh *masc.*, sgolb *masc.*

split *vb.* sgoilt, sgealb, cnac, sgar, sgoilt, sgolbaich, sleasg, spealg, spealt

splitter *n.* sgealbair *masc.*

splitting *n.* spealgadh *masc.*

splitting *adj.* sgoltach, sleasgach

splutter *vb.* dèan plubraich

spoil *n.* creach *fem.*, cobhartach *fem.*, spùinneadh *masc.*, faobh *masc.*, plundrainn *fem.*, sguich *fem.*, spùilleadh *masc.*, spùinn *fem.*, sracadh *masc.*, tàin *fem.*

spoil *vb.* mill, cuir a dholaidh, creach, plundrainn, prab, salaich, spearl, spoch, sràc, spùinn

spoiler *n.* milltear *masc.*

spoilt (treated over-indulgently) *adj.* mùirneach

spoilt brat *n.* uilleagan *masc.*

spoke *n.* spòg *fem.*, tarsannan *masc.*, bas *fem.*, gath *masc.*, lunn *masc.*, speac *masc.*, speic *fem.*, speic-làimhe *fem.*, spoc *masc.*

spokesperson *n.* neach-labhairt *masc.*

sponge *n.* spong *masc.*, cìob *fem.*, cluaran *masc.*, cos *masc.*, sguabag *fem.*, spuing *fem.*

spongy *adj.* cosach, coslach, coslach, coslanach, cothach, spongach, spuingeil

sponsor *n.* neach-urrais *masc.*, goistidh *masc.*

sponsorship *n.* urrasachd *fem.*, goistidheachd *fem.*

spontaneity *n.* deòntas *masc.*

spontaneous generation *n.* gintinn saor-thoileach *masc.*

spool *n.* iteachan *masc.*, spal *fem.*

spoon *n.* ladar *masc.*, spà(i)n *fem.*

spoon-net *n.* tàbh *masc.*

spoonbill *n.* gob leathann *masc.*, gob-cathainn *masc.*

spoonerism *n.* ròlais *fem.*

spoonful *n.* làn-spàine *masc.*, spàineag *fem.*, spàinteach *fem./masc.*

spoor *n.* lorg *masc.*, sliochd-choise *masc.*

sporadic *adj.* tearc

spore *n.* ceall-sìl *fem.*, pòr *masc.*, spòr *masc.*

sporophyte *n.* luibh-sìolachaidh *fem.*

sporran *n.* sporan *masc.*

sport *n.* spòrs *fem.*, fealla-dhà *fem.*, cleasachd *fem.*, cluich *masc.*, fearas-cuideachd *masc.*, mithlean *masc.*, sùgradh *masc.*

sport *vb.* cleasaich, mir, sùgair

sporting *n.* mireadh *masc.*

sporting *adj.* spòrsach

sporting estate *n.* fearann-sealgaireachd *masc.*

sportive *adj.* mear, aighearach, macnasach, mireagach, ruideasach, spòrsail

sportiveness *n.* mire *fem.*

sports centre *n.* ionad-spòrs *masc.*

sports club *n.* buidheann-spòrsa *fem./masc.*

sports complex *n.* ionad-spòrsa *masc.*

Sports Festival Committee *pr.n.* Comataidh na Feis Spòrsa

sports field *n.* pàirc-spòrsa *fem.*

sportsman *n.* fear-spòrs *masc.*, sealgair *masc.*

spot *n.* spot *masc.*, ball *masc.*, guirean *masc.*, seal *masc.*, smad *masc.*, smàl *masc.*

spot *vb.* ballaich, salaich, spot, spotaich

spot (place) *n.* àite *masc.*, ionad *masc.*, bad *masc.*

spotless *adj.* neo-chiontach, neo-lochdach

spotlessness *n.* neo-chiontachd *fem.*, neo-chiontas *masc.*

spotted *adj.* ballach, guireanach, breac, ball-bhreac, brucach, lapan, peighinneach, reannach, sgligeanach, smàlach, smodanach, spotach

spotted crake *n.* traon bhreac *fem.*, traona-breac *masc.*

spotted dogfish *n.* bearach *fem.*, dallag *fem.*

spotted flycatcher *n.* breacan sgiobalt *masc.*, glac nan cuileag *masc.*

spotted sandpiper *n.* luatharan breac *masc.*

spouse *n.* caidreach *masc.*, cèile *masc.*, cèile-phòsda *masc.*, ceile-phosda *masc.*, leth-sheise *masc.*

spout *n.* stealladh *masc.*, srùb *masc.*, feadan *masc.*, sput *masc.*, sruthlag *fem.*, steall *fem.*, strùmp *masc.*

spout *vb.* spùt, sèid, steall

sprain *n.* snìomh *masc.*, sgochadh *masc.*, leòn *masc.*, sgocha-feithe *fem.*, sgùchadh *masc.*, sguth *masc.*, siachadh *masc.*

sprain *vb.* sgoch, leòn, sgiuch, sgùch, siach, siar

sprat *n.* garbhag *fem.*, sardail *fem.*, sgadan geàrr *masc.*, sìol *masc.*, sprodh *masc.*

sprawl *vb.* sìn, samgaich

sprawler *n.* sgramalair *masc.*

sprawling *n.* sprùillich *fem.*, sgramalanaich *fem.*

sprawling *adj.* sgramalanach, sgramanalach

spray *n.* cathadh-mara *masc.*, cothannach *fem.*, smùidreach *fem.*, teine-fionn *masc.*

spraying *n.* stealladh *masc.*

spread *vb.* sìn a-mach, sgaoil, sgap, spreid

spreading *adj.* spreideach

spreadsheet *n.* duilleag-cleithe *fem.*

sprig *n.* faillean *masc.*, bideag *fem.*, slat bheag *fem.*

sprightliness *n.* iallagachd *fem.*

sprightly *adj.* mear, suilbhir, greanmhor, innsgineach, innsginneach, innsginneach, iollagach, sgrideil, spraiceil

spring (leap) *n.* leum *masc.*

spring (water) *n.* tobar *masc.*, fuaran *masc.*

Spring *n.* Earrach *masc.*

spring *vb.* grad-leum, sginn, surdagaich

spring tide *n.* reòthart *masc.*, aislear *masc.*

spring-balance *n.* stailleart *masc.*

spring-cleaning *n.* càrtadh-Cèitein *masc.*

spring-water *n.* uisge-fuarain *masc.*, burn-èirigh *masc.*

springbok *n.* boc-sùrdaig *masc.*

springy *adj.* flosgaidh

sprinkle *vb.* crath, sgaoil, uisgich, sgard, spolt, spult

sprinkler *n.* crathadair-uisge *masc.*, spultachan *masc.*

sprinkling *n.* craiteachan *masc.*, liathradh *masc.*, spult *masc.*, spultadh *masc.*

sprinkling *adj.* spoltach

sprint *n.* luath-ruith *masc.*, deann-ruith *masc.*, ruid *fem.*

sprite *n.* luspardan *masc.*, mailleachan *masc.*, tacharan *masc.*

sprocket hole *n.* toll-sproiceid *masc.*

sprout *n.* bachlag *fem.*, buinneag *fem.*, foichlean *masc.*, guc *masc.*, sracadh *masc.*

sprout *vb.* borc, craobh, duillich, seot

sprout(s) *n.* càl beag *masc.*

sprouting *n.* meangalachd *fem.*

sprouting *adj.* boinneach, borcach

spruce *adj.* deas, speiseanta, eachda, gibeach, sgibeach, sgiobach, sgiobaidh, spailpeil, spruiseil

spruce *n.* giuthas Lochlannach *masc.*

spruce-beer *n.* beòir *fem.*

spruceness *n.* sgiobaltachd *fem.*, snasachd *fem.*

spume *n.* cathadh-mara *masc.*, cop *masc.*, tligheachd *fem.*

spun *adj.* snìomhach, snìomhain, snìomhte, toinnte

spunk (mettle) *n.* spionnadh *masc.*

spunk (semen) *n.* sìol(-ginidh) *masc.*

spunk (spark) *n.* brosdan *masc.*

spur *n.* spor(adh) *masc.*

spur *vb.* bior, brosnaich, spor, stuig

spurdog *n.* gobag *fem.*, spurdag *fem.*

spurge *n.* spuirse *fem.*

spurge laurel *n.* buaidh-chraobh *fem.*

spurling *n.* speirleag *fem.*

spurrier *n.* sporadair *masc.*

spurt *n.* briosgadh *masc.*, cabhag *fem.*, stealladh *masc.*, rotach *masc.*, sgiord *masc.*

sputter *vb.* tolg

sputtering *n.* tolgadh *masc.*

spy *n.* beachda(da)ir *masc.*, neach-brath(aidh) *masc.*, brathadair *masc.*, fear-foille *masc.*, gocam-gò *masc.*, lorgaire *masc.*, sgud *masc.*, spiothair *masc.*, taisgealach *masc.*

spy *vb.* brath

Spy Wednesday *pr.n.* Diciadaoin a' Bhrath

spyglass *n.* gloin'-amhairc *fem.*, prosbaig *masc.*, speuclair *masc.*

spying *n.* beachdaireachd *fem.*, goradh *masc.*

squabble *n.* connsachadh *masc.*, tuasaid *fem.*, sglamhraig *fem.*, streupaid *fem.*, tuaireap *masc.*

squad *n.* sguad *masc.*, sgaoth *masc.*

squadron *n.* sguadron *masc.*, cabhlach *masc.*, feachd *fem.*

squalid *adj.* sgreamhail, salach, ropach, drùidhteach

squall *n.* sgal *masc.*, cnap-gaoithe *fem.*, piorradh *masc.*, sgread *masc.*, uspag *fem.*

squall *vb.* sgal, sgread

squalling *adj.* sgalach, sgreadach

squally *adj.* ioma-ghaothach, sgiamhail

squama *n.* sgamal *fem.*

squander *vb.* caith, sgap, dèan ana-caitheamh (air), ana-caith, mì-bhuilich, mì-chaomhainn, struidh

squanderer *n.* ana-caitheach *masc.*, ana-caithtiche *masc.*

squandering *n.* mì-chaomhnadh *masc.*, struidheadh *masc.*, struidhealachd *fem.*

squandering *adj.* struidheil

square *n.* ceàrnag *fem.*, ceàrnan *masc.*, sgearach *masc.*, sguabhair *fem.*, sguair *masc.*

square *adj.* ceàrnagach

square (carpenter's measure) *n.* cromadh-dìreach *masc.*

square (tool) *n.* ceàrn-riaghailt *fem.*

square bracket *n.* camag cheàrnach *fem.*

square centimetre *n.* ciadameatair ceàrnagach *masc.*

square face *n.* aodann ceàrnagach *masc.*

square kilometre *n.* cilemeatair ceàrnagach *masc.*

square knot *n.* snaim a' bhanna *masc.*

square metre *n.* meatair ceàrnagach *masc.*

square number *n.* àireamh cheàrnagach *fem.*

square root *n.* fèin-roinnteach *masc.*, freumh ceàrnagaidh *masc.*

square unit *n.* aonad ceàrnagach *masc.*

square-stemmed Saint John's wort *n.* beachnuadh fireann *masc.*

squared *adj.* ceàrnagaichte, ceàrnagach

squared (statistics) *adj.* fèin-fhillte

squared paper *n.* pàipear ceàrnagach *masc.*

squash *n.* brùth *masc.*, peapag *fem.*, splad *masc.*, splaidse(adh) *masc.*

squash (drink) *n.* deoch mhilis *fem.*

squash (drink) *vb.* sgiorlaich

squat *adj.* crùbte, cutach, moigeanach, pocanach, pocanta, sacanta, toirpeanta

squat *vb.* crùb, dèan curraidh

squatting *n.* crùban *masc.*

squeak *n.* sgiamh *masc.*, biachd *fem.*

squeaking *n.* dìosgan *masc.*, piobadh *masc.*

squeaking *adj.* sgiamhail

squeal *n.* sgiamh *fem.*, sgiamhadh *masc.*

squeal *vb.* sgal, sgiamh, sgiamhail

squeamish *adj.* òrraiseach, an-dèistinneach, oglaidh, sgaigeach

squeamishness *n.* òrrais *fem.*, an-dèistinn *fem.*, gomadaich *fem.*, sannt-dìobhairt *masc.*

squeeze *n.* teannachadh *masc.*, brùthadh *masc.*, fàisgeadh *masc.*, cuibhreachadh *masc.*

squeeze *vb.* teannaich, fàisg, brùth, cneasaich, cramb, preas, sginichd, sginn

squeeze out *vb.* faoisgnich

squeezer *n.* teanntan *masc.*

squeezing *n.* cneasachadh *masc.*, sginichd *fem.*, teannachadh *masc.*

squelch *n.* sant *masc.*, splaidse *fem.*

squid *n.* gibearnach *masc.*, straoidhleachan *masc.*

squinancy *n.* sine sidhein *fem.*

squint *n.* claonadh *masc.*, fiaradh *masc.*, sealladh gobhlach *masc.*, seim *fem.*, spleuchd *masc.*

squint *adj.* claon, fiar

squint *vb.* claon, seall claon, sgeun, spleuchd

squint-eye *n.* camshuil *fem.*, caogshuil *fem.*, claonshuil *fem.*, fiar-shuil *fem.*, niag *fem.*, searr-shuil *fem.*, sgionn-shuil *fem.*, siar-shuil *fem.*

squint-eyed *adj.* cam-shùileach, caogach, caogshùileach, claon, claonshuileach, cros-shùileach, fiar-shùileach, giorcach, gloin, niagach, searr-shùileach, seim-shùileach, siar-shùileach, starr-shùileach

squinting *n.* seim *fem.*

squinting *adj.* spleachdach

squintness *n.* spleuchd *masc.*

squire *n.* fleasgach *masc.*, sguibhir *masc.*

squirming *n.* cinniceadh *masc.*

squirrel *n.* feòrag *fem.*, easag *fem.*

squirt *n.* sgardach *masc.*, sgiord *masc.*, sputachan *masc.*, steall *fem.*, stealladair *masc.*, steallair *masc.*

squirt *vb.* steall, sput, sgard, sgiord

squirting *n.* sputadh *masc.*, stealladaireachd *fem.*, stealladh *masc.*

St Anthony's fire *n.* fiabhras-ruadh, am *masc.*, teine-dè *masc.*

St Dabeoc's heath *n.* fraoch Dhaboch *masc.*

St David's Day *pr.n.* Là Dhàibhidh

St George's cross *pr.n.* Crois Sheòrais

St John's Day *pr.n.* An Fhèill Eoin, Là Fhèill Eoin (Baiste)

St John's wort *n.* achlasan Chaluim Chille *masc.*

St Kilda sheep *n.* caora bheannach *fem.*

St Kilda skate *n.* saoibhir *masc.*

St Kilda wren *n.* bicein-càil *masc.*

St Patrick's Day *pr.n.* Là Fhèill Pàdraig

St Swithens Day *pr.n.* Latha Màrtainn Builg

stab *n.* sàthadh *masc.*, biorgadh *masc.*, biorgainn *fem.*, gathan *masc.*, stob *masc.*, stobadh *masc.*

stab *vb.* sàth, stob, thoir tatag do

stabbing *n.* briogadh *masc.*, stobadh *masc.*, stobhadh *masc.*

stabbing *adj.* sàthach

stabilise *vb.* bunailtich

stabiliser *n.* sgiath *fem.*

stability *n.* bunailteachd *fem.*, bunailteas *masc.*, fantalachd *fem.*, neo-thuisleachd *fem.*, seasamh *masc.*, stèidhealachd *fem.*

stable *n.* stàball *masc.*, marclann *fem.*, marclann *fem.*

stable *adj.* bunailteach, seasmhach, bunaiteach, neo-thuisleach

stable-boy *n.* each-bhalach *masc.*, gilles-sabhail *masc.*

stabler *n.* stabhlair *masc.*

staccato *n.* stadachadh *masc.*

staccato *adj.* stadach

stack *n.* cruach *fem.*, tudan *masc.*, brig *fem.*, stac *masc.*, stacadh *masc.*

stack *vb.* cruach, coc, cruinnich

stackyard *n.* iodhlann *fem.*, loin *fem.*

staff (stick) *n.* bata *masc.*, bachall *masc.*, lorg *fem.*, brodann *masc.*, cliath *fem.*, lunn *masc.*, maide *masc.*, rong *masc.*, rongas *masc.*, sonn *masc.*, steabhag *fem.*, steafag *fem.*, stic *fem./masc.*, taraid *fem.*

staff (club) *n.* foireann *masc.*, còmhlan *masc.*, buidheann *fem./masc.*, luchd-dreuchd *masc.*, luchd-obrach *masc.*

staff-notation *n.* comharrachadh-clàir *masc.*, comharrachadh-cleithe *masc.*, fàradh-ciùil *masc.*

staffroom *n.* seòmar luchd-teagaisg *masc.*

stag *n.* cabrach-crocach *masc.*, damh *masc.*

stag's-horn moss *n.* crotal nam madadh ruadh *masc.*, garbhag nan gleann *fem.*

stag-beetle *n.* daol chaoch *fem.*

stage (platform) *n.* àrd-urlar *masc.*

stage (point of progress) *n.* ceum *masc.*, ìre *fem.*

stage-fright *n.* ireapais *fem.*

stage-play *n.* sgearadh *masc.*

stage-player *n.* cleasaiche *masc.*, dealbh-chluicheadair *masc.*

stagger *n.* stadag *fem.*

stagger *vb.* falbh cas mu sheach, rach mu seach, thoir leis an t-sràid, tuimhsich

staggered *n.* fiarach *masc.*

staggered junction *n.* snaidhm an dà rathaid *masc.*

staggering *n.* dol mu seach *masc.*, bacagan *masc.*, breathalachadh *masc.*, dupadaich *fem.*, glogadaich *fem.*, seochlanachd *fem.*, starr-chosail *masc.*

staggering *adj.* bagach, seochlanach

stagnant *adj.* na t(h)àmh, marbh

stagnant water *n.* lad *masc.*, lith *fem.*

stagnate *vb.* lodaich, plumaich

stagnating *n.* stocadh *masc.*

stagnation *n.* plodraich *fem.*

stagnation *adj.* neo-ghluasadachd

staid *adj.* cùiseach, stòlda

staidness *n.* stòldachd *fem.*

stain *n.* sal *masc.*, grùid *fem.*, smad *masc.*, smàl *masc.*, spot *masc.*, steinneadh *masc.*, toibheum *masc.*

stain *vb.* salaich, cuir / fàg spot air

stained *adj.* smàlach, spotach

stained glass *n.* glainne dhathte *fem.*

staining *n.* salachadh *masc.*, steinneadh *masc.*

stainless steel *n.* cruaidh fhaileasach *fem.*

stair *n.* staidhir *fem.*, staidhre *fem.*

stake (pole) *n.* post *masc.*, bacan *masc.*, cipean *masc.*, cleith *fem./masc.*, cuaille *masc.*, maolanach *masc.*, ruinnse *fem.*, saithean *masc.*, sonn *masc.*, stac *masc.*, stacan *masc.*, stob *masc.*

stake (wager) *n.* geall *masc.*

stalagmite *n.* aol-charraigh *fem.*

stalagtite *n.* caisean-snìghe *masc.*, aol-chluigean *masc.*

stale *adj.* sean, goirt, blanndaidh, blanndair, monognach, stalda

stalemate *n.* clos-cluiche *masc.*

staleness *n.* liathad *fem.*, mudhachd *fem.*

stalk *n.* gas *masc.*, cas *fem.*, coinnleag *fem.*, coisean *masc.*, cuiseag *fem.*, gallan *masc.*, loirgneadh *masc.*, lorg *fem.*, luirg *fem.*, lurgann *fem.*

stalk *vb.* dèan stalcaireachd, stalc

stalking *n.* stalcaireachd *fem.*, stalcadh *masc.*, falach-fuinn *masc.*, fathan *masc.*

stalking *adj.* stalcach

stall *n.* stàile *fem.*, prasach *fem./masc.*, stàball *masc.*, stann *masc.*

stallion *n.* àigeach *masc.*, greighire *masc.*, meidh-each *masc.*, òigeach *masc.*, sìolaidh *fem.*, sìoltaiche *masc.*, stal *masc.*, stalan *masc.*

stalwart *adj.* sgairteil, calma, làidir

stamen *n.* staimean *masc.*

stamina *n.* smiodam *masc.*, cùl *masc.*, smior *masc.*

stammer *n.* gagachd *fem.*, liot *masc.*, mab *masc.*, stad na c(h)òmhradh *masc.*, teabad *masc.*

stammer *vb.* bruidhinn gagach, snag-labhair, stad ann an cainnt

stammerer *n.* gagaire *masc.*, blabaran *masc.*, gagaiche *masc.*, glugair(e) *masc.*, liotaiche *masc.*, mabair *masc.*, manntach *masc.*, snag-labhairteach *masc.*, trudair *masc.*

stammering *n.* gagachd *fem.*, clibich *fem.*, snag-labhairt *fem.*, suineann *masc.*

stammering *adj.* baibeil, blubach, gagach, glugach, liotach, stadach, teabadach

stamp *n.* clò *masc.*, dealbhan-postachd *masc.*, seala *masc.*, seula *masc.*, stampa *fem.*

stamp *vb.* breab, clò-bhuail, spailp, stailc, stramp

stamped *adj.* stampta

stamping *n.* stailceadh *masc.*, stampadh *masc.*, strampail *fem.*

stamping *adj.* stailceach

stance *n.* stans *masc.*, staing *fem.*, stann *masc.*

stanch *vb.* caisg

stand (act of standing) *n.* seasamh *masc.*, stad *masc.*

stand (erection for spectators) *n.* ionad-foillseachaidh *masc.*

stand *vb.* seas, stad

stand alone *adj.* aon-seasmhach

stand at ease *vb.* socraich

stand on *vb.* stramp

stand-by *n.* cùl-taic *masc.*

stand-in *n.* fear-ionaid *masc.*

standard (example) *n.* slat-tomhais *fem.*, bun-thomhais *masc.*, inbhe *fem.*

standard (ensign) *n.* meirghe *fem.*, baideal *masc.*, inbhe *masc.*, loman *masc.*, onnchon *masc.*, suaicheantas *masc.*

standard *adj.* cumanta, suidhichte

standard deviation *n.* tomhas-sgapaidh *masc.*

standard error *n.* mearachd shuidhichte *fem.*

standard-bearer *n.* luimneach *masc.*, neach-brataich *masc.*, suaicheantaiche *masc.*

standardise *vb.* thoir gu bun-thomhas

standing *adj.* na s(h)easamh

standing (grade) *n.* inbhe *fem.*

standing committee *n.* comataidh shuidhichte *fem.*, gnàth-chomataidh *fem.*

standing order *n.* gnàth-òrdugh *masc.*, gnàth-riaghailt *fem.*

standing-room *n.* seasachas *masc.*

standing-stone *n.* carragh *fem.*, fear-brèige *masc.*, gallan *masc.*

stanza *n.* rann *masc.*, ceathramh *masc.*

staple *n.* stàpall *masc.*, stìnleag *fem.*, lubag *fem.*

stapler *n.* stàplair *masc.*, steiplear *masc.*

stappack *n.* stapag *fem.*

star *n.* rionnag *fem.*, reul(t) *fem.*, neul *masc.*, reannag *fem.*, sealtag *fem.*

star-gazer *n.* reuladair *masc.*, reultair *masc.*, reult-chosgair *masc.*, speuradair *masc.*

star-gazing *n.* reuladaireachd *fem.*, reultaireachd *fem.*, speuradaireachd *fem.*

starboard *n.* bòrd-beulaibh *masc.*

starch *n.* stalc *masc.*, stuthaigeadh *masc.*, rag *masc.*, stalcadair *masc.*, stalcair *masc.*, staofainn *fem.*, starrs *masc.*, stuthaig *fem.*

starch *vb.* stalc, starrsaich, stughaig, stuthaig

starched *adj.* stalcanta

starching *n.* stalcadh *masc.*

starching *adj.* stalcach

stare *n.* geur-amhairc *masc.*, sgeann *masc.*, spleuchd *masc.*, stalc *masc.*

stare *vb.* beachdnaich, bioraich, sgeann, spleuchd, stalc, starr-shùilich

starer *n.* sgeannair *masc.*, stalcair *masc.*

starfish *n.* crosgan *masc.*, crisgein-craisgein *masc.*, croise na tràghad *fem.*, crosgag *fem.*, cruisgein-craisgein *masc.*, reannag na mara *fem.*, solastar *masc.*

stargazer *n.* mairnealaiche *masc.*

staring *n.* stalcadh *masc.*, stalcaireachd *fem.*

staring *adj.* sealltach, stalcach

stark-naked *adj.* dearg rùisgte

starlet *n.* reultag *fem.*

starlight *n.* solas nan rionnag *masc.*, reul-sholas *masc.*, solas nan reultan *fem.*

starling *n.* druid *fem.*, dìdeag *fem.*, druideag *fem.*, truid(eag) *fem.*

starred *adj.* reulach, reultach, reultanach

starry *adj.* rionnagach, reulagach, reultagach, làn rionnagan

starry saxifrage *n.* eigrim breac *masc.*

start *n.* toiseach *masc.*, clisgeadh *fem.*, baogadh *masc.*, biorgadh *masc.*, sgeing *fem.*, sgiab *fem.*, sgineal *masc.*, starradh *masc.*, uspag *fem.*

start *vb.* clisg, sgiab, tòisich

start (startled feeling) *n.* babhsgaire *masc.*

start (sudden involuntary movement) *n.* blaomadh *masc.*

start (sudden involuntary movement) *vb.* leum

starter pack *n.* pasgan-tòiseachaidh *masc.*

starting *n.* tòiseachadh *masc.*, clisgeadh *masc.*, sgionnadh *masc.*

starting *adj.* sgeingeach

startle *vb.* clisg

startling *n.* straonadh *masc.*

starvation *n.* a' chaoile *fem.*, a' ghoirt *fem.*

starve *vb.* leig goirt air, meataich, reang, reangaich

starve (deprive of food) *vb.* cuir trasg air

starve to death *vb.* cuir gu bàs leis a' ghoirt

starved *adj.* reangach

starvelling *n.* siogaid *masc.*, siogaideach *masc.*

starving *n.* sibhleachadh *masc.*

state *n.* staid *fem.*, cor *masc.*

state *vb.* cuir an cèill

State Retirement Pension *pr.n.* Peinsein Cluaineis na Staite

stateliness *n.* staidealachd *fem.*, uallachas *masc.*

stately *adj.* stàiteil, faicheil, mileanta, riochdail

statement *n.* aithris *fem.*, aithisg *fem.*, cunntas *masc.*, taisbean *masc.*

statesman *n.* stàitire *masc.*

station *n.* staid *fem.*, inbhe *fem.*, ìre *fem.*, seasamh *masc.*, stèisean *masc.*

stationer *n.* pàipearaiche *masc.*

stationery *n.* pàipearachd *fem.*, stuth-sgrìobhaidh *masc.*, uidheam-sgrìobhaidh *fem.*

statistical *adj.* àireamhail, staitisteil

statistics *n.* dòighean tomhais *pl.*, staitistearachd *fem.*

statuary *n.* corpshnasair *masc.*

statue *n.* buinne *fem.*, ìomhaigh *fem.*

stature *n.* meud *masc.*, meudachd *fem.*

status *n.* inbhe *fem.*

status symbol *n.* comharradh-inbhe *masc.*

statute *n.* achd *fem.*, reachd *masc.*, statainn *fem.*

statute-book *n.* leabhar nan reachdan *masc.*

statute-labour *n.* carathaisd *fem.*

statutory *adj.* a rèir an lagha, reachdail, staideil

staunch *adj.* daingeann, dileas

staunch *vb.* caisg

stave (staff/rod) *n.* clàr *masc.*, lunn *masc.*

stave *vb.* stabh

stay *n.* stad *masc.*, fantainn *fem.*, cùl-taic *masc.*, cumalas *masc.*, stèidheadh *masc.*

stay *vb.* fan, fuirich, stad

staying *n.* fuireach(d) *masc.*, fantainn *fem.*

stay-at-home *n.* pòtair *masc.*

staying-power *n.* mearsainn *fem.*

stead *n.* àite *masc.*, ionad *masc.*

steadfast *adj.* daingeann, dìleas, bunailteach, bunaiteach, dìleanta, ruanach, seasmhach, stòlda

steadiness *n.* seasmhachd *fem.*, neo-charaidheachd *fem.*, neo-luaineachas *masc.*, socrachd *fem.*, stèidhealachd *fem.*, stòldachd *fem.*

steading *n.* àitreabh *masc.*

steadings *n.* treabhair *masc.*

steady *adj.* seasmhach, daingeann, bunailteach, bunaiteach, bunanta, bunasach, cunbhalach, mì-chorrach, neo-charaidheach, neo-luaineach, neo-thuiteamach, rèimeil, sicir, socrach, starbhanach, stèidheil, stòlda, stuidearra, stùirteil

steady *vb.* socraich, daingnich

steadying *n.* socrachadh *masc.*

steak *n.* staoig *fem.*, steig *fem.*, toitean *masc.*

steakhouse *n.* taigh-staoige *masc.*

steal *vb.* goid, dèan meirle

steal away *vb.* liug

stealing *n.* goid *fem.*, meirle *fem.*, sladadh *masc.*

stealthy *adj.* fàilidh

steam *n.* toit *fem.*, smùid *fem.*, ceò-t(h)eas *masc.*, stoth *masc.*, tollainn *fem.*

steam *vb.* toit

steam-engine *n.* carbad-smùide *masc.*, inneal-deathaich *masc.*, inneal-toit *masc.*, obair-theine *fem.*

steamboat *n.* bàta-smùide *masc.*, stoth-bhàta *fem.*, toiteach *masc.*

steamer *n.* bàta-luatha *masc.*, toiteach *masc.*

steed *n.* marc *masc.*, steud *fem.*

steek (stitch) *n.* stic *fem.*

steel *n.* cruaidh *fem.*, stàilinn *fem.*

steel *adj.* cruadhach

steeled (hardened/nerved) *adj.* na ruighich

steely *adj.* stàilinneach

steelyard *n.* biorsamaid *fem.*, steilleard *masc.*, meidheadair *masc.*

steep *adj.* cas, stalla

steep *vb.* bog, bogaich, tum

steep (soak) *vb.* cuir am bogadh, bog

steeping *n.* masgadh *masc.*, stinleagadh *masc.*

steeping (undergoing thorough wetting) *adj.* am bogadh

steeple *n.* stìoball *masc.*, claigeach *masc.*, spiric *fem.*, troraid *fem.*

steer *n.* mar *masc.*

steer *vb.* stiùir, treòraich

steer (young ox) *n.* dogan *masc.*

steering *n.* stiùireadh *masc.*

steersman *n.* stiùiriche *masc.*, stiùireadair *masc.*, seòladair *masc.*

stem (axis of plant) *n.* cas *fem.*, coisean *masc.*, cuiseag *fem.*, meidh *fem.*

stem (forepart of ship) *n.* claigeann *masc.*, saidh *fem.*, toiseach *masc.*

stench *n.* boladh *masc.*, breuntas *masc.*, breunachd *fem.*, breuntas *masc.*, seun-bholadh *masc.*, stoth *masc.*, toth *masc.*, tufag *fem.*, tut *masc.*

stencil *n.* steansail *masc.*

stenlock *n.* adag *fem.*, ucas *masc.*, ugsa *masc.*

step *n.* ceum *masc.*, stairsneach *fem.*, stap *masc.*, uidh *fem.*

step *vb.* ceum, ceumnaich, thoir ceum

step (musical scale) *n.* ceum *masc.*

step by step *adj.* ceum air cheum

step- *pref.* leas-

step-brother *n.* leas-bhràthair *masc.*

step-child *n.* dalta *masc.*

step-daughter *n.* leas-nighean *fem.*

step-father *n.* leas-athair *masc.*

step-mother *n.* leas-mhàthair *fem.*, muime *fem.*

step-sister *n.* leas-phiuthar *fem.*

step-son *n.* leas-mhac *masc.*, mac-cèile *masc.*

stepfather *n.* bobadh *masc.*, oide *masc.*

stepmother *n.* muime *fem.*

stepped *n.* ceumnach *masc.*

stepping-stone *n.* sìnteag *fem.*, clacharan *masc.*, starran *masc.*

steps (set of steps) *n.* staidhre (bheag) *fem.*, steapaichean *fem.*

stereotype *n.* dlùth-chlòdh *masc.*

stereotype *vb.* dlùth-chlòdh

stereotyping *n.* lèir-sheiseachadh *masc.*

sterile *adj.* seasg, aimrid

sterilisation (bacteria) *n.* fàsachadh *masc.*

sterilised (bacteria) *adj.* fàsaichte

sterilise *vb.* fàsaich, seasgaich

sterilising *n.* fàsachadh *masc.*, seasgachadh *masc.*, sgaldadh *fem.*

sterility *n.* riasgachd *fem.*, seasgachd *fem.*, seasgaichte *fem.*

stern *adj.* cruaidh, gruamach

stern (hind-part of vessel) *n.* deireadh leathann *masc.*, stiùir *fem.*

stern-post *n.* bior-dubh *masc.*, claigeann-deiridh *masc.*, saidh-dheiridh *fem.*

sternum *n.* cnàimh a' chlèibh *masc.*

stew *n.* stiùbh *masc.*, stobhadh *masc.*

stew *vb.* eàrr-bhruich, stiudhaig, amhainnich, stobh

steward *n.* stiùbhard *masc.*, rianadair *masc.*, riaraiche *masc.*

stewardess *n.* bana-stiùbhard *fem.*

stewardship *n.* maoireachd *fem.*, maorsainneachd *fem.*, stiùbhardachd *fem.*

stewed *adj.* stobhte

stick *n.* bata *masc.*, maide *masc.*, bioran *masc.*, biorag *fem.*, ruinnse *fem.*, siulpan *masc.*, steabhag *fem.*, stic *fem./masc.*

stick (to) *vb.* cuir an sàs, lean (ri), sàth

sticker *n.* sticeadair *masc.*

stickiness *n.* teanntalachd *fem.*

sticking *adj.* leantail

sticking-piece (meat) *n.* slugan *masc.*, sprogan *masc.*

stickleback *n.* biorag-lodain *fem.*, bioran deamhnaidh *masc.*, bioran deileach *masc.*, iasg deilgneach *masc.*, stangar *masc.*, tarbh-shìolag *masc.*

stickler *n.* neach daingeann *masc.*

sticky tape *n.* teip sticeach *fem.*

stiff *adj.* rag, dùr, ainneanta, cruaidh, curraidh, riasgail, seaghlanach, stadhrcach, stalcach, stalcanta, stocainnte, teann

stiff sedge *n.* riasg righinn *masc.*

stiff upper lip *n.* bile-uachdarach rag *masc.*

stiff-necked *adj.* stuagh-bhraghaideach

stiffen *vb.* ragaich, raignich, stailc, stalc, starrsaich, stocaich

stiffening *n.* stalcadh *masc.*, stocadh *masc.*, storbadh *masc.*

stiffening *adj.* stalcach

stiffness *n.* raige *fem.*, teannadh *masc.*

stifle *vb.* mùch

stigma *n.* stiogma *masc.*, comharradh-maslaidh *masc.*, neul *masc.*

stigmatise *vb.* cuir fo thàmailt, creachair

still *adj.* ciùin, sàmhach, balbh, seasgach, seasgair, feathail

still (apparatus for distillation) *n.* breiseachan *masc.*, briuthas *masc.*, innleachd-togalach *fem.*, poit-dhubh *fem.*, poit-ruadh *fem.*, poit-thogalach *fem.*, prais *fem.*, silteachan *masc.*, stail *fem.*

still (appease) *vb.* caisg, ciuinich

still (up to the present time/time in question) *adj.* f(h)athast, fòs

still-birth *n.* marbh-bhreith *fem.*

still-head *n.* ceann-staile *masc.*

still-born *adj.* marbh-bhreith

stillness *n.* ciùineachd *fem.*, fèath *masc.*, sàimhe *fem.*, tosd *masc.*

stilt *n.* trosdan *masc.*, cas-chorrach *fem.*, clabhdan *masc.*, corrachan *masc.*, crasg *fem.*, trasdan *masc.*

stilt (plough-handle) *n.* uaidne *fem.*

stimulant *n.* deoch-bheòthachaidh *fem.*

stimulate *vb.* brod

stimulating *adj.* brodach

stimulus *n.* brosnachadh *masc.*, spreagadh *masc.*, meadhan-brosnachaidh *masc.*

sting *n.* gath *masc.*, guin *masc.*, brod *masc.*, deireach *fem.*, speach *fem.*, spriuchar *masc.*

sting *vb.* guin, cuir gath ann, bior, brod, sgob, stang

stinginess *n.* spìocaireachd *fem.*

stinging *n.* lotadh *masc.*, priceadh *masc.*

stinging *adj.* lotach, reotanach, reotanda, speachach

stinging cell *n.* cealla-teumaidh *fem.*

stingo *n.* smeirsneach *fem.*

stingray *n.* sornan-gatha *masc.*

stingy *adj.* spìocach, cumhnantach, fuar, neo-thabhairteach, saoghalta, sgreagach

stink *n.* tòchd *masc.*, boladh *masc.*, breine *fem.*, breunaid *fem.*, breuntas *masc.*, samh *masc.*, siad *masc.*, tut *masc.*

stink *vb.* bol, breun, siadair

stinkard *n.* siadaire *masc.*

stinking *adj.* breun, breunach, malcaidh

stinking goosefoot *n.* eala-fleadh *fem.*

stinking mayweed *n.* sineal *masc.*

stint *n.* bacadh *masc.*, stanard *masc.*

stint *vb.* dìobair

stipend *n.* tuarasdal *masc.*, stipean *masc.*

stipendiary *n.* stipeanair *masc.*

stipple *vb.* dadaich

stipulate *vb.* sònraich, cùmhnantaich

stipulating *n.* reachd-cheangal *masc.*

stir *n.* ùinich *fem.*, othail *fem.*

stipulation *n.* cumha *fem.*, cùmhnant *masc.*, cùnnradh *masc.*

stir *vb.* gluais, glidich, brosnaich, beothaich, caraich, cuir mun cuairt, sguch, suath, teann

stir (out of sleep) *vb.* moislich, smuaislich

stir about *vb.* leasaich, measg

stir up *vb.* spreig

stirring *n.* teannadh *masc.*

stirring (in sleep) *n.* smaoisleachadh *masc.*

stirring up *n.* ruamhar *masc.*, spreadh *masc.*

stirrup *n.* ceum *masc.*, stiorap *masc.*

stirrup-cup *n.* deoch-an-dorais *fem.*, deoch-Chloinn-Donnachaidh *fem.*

stitch *n.* acaid *fem.*, arraing *masc.*, saighead *fem.*, sgair *fem.*, stic *fem.*, sticean *masc.*, tacaid *fem.*, trid *fem.*

stitch (scrap of clothing) *n.* stiallaig *fem.*, snichdean *masc.*

stitch (suture) *n.* grèim *masc.*, speach *masc.*, treaghaid *fem.*

stitch *vb.* fuaigh, fuaigheil, grob

stitchwort (greater/lesser) *n.* fliodh na nathrach *masc.*, tuirseach *masc.*

stiver *n.* peighinn *fem.*

stoat *n.* neas (mhòr / gheal) *fem.*

stock *n.* stoc *masc.*, post *masc.*, pòr *masc.*, bun *masc.*, earras *masc.*, imeadal *masc.*, meidh *fem.*, sealbh *masc.*, sùgh *masc.*

stock (matthiola incana) *n.* pincin *masc.*

stock *vb.* stocaich

stock character *n.* gnàth-charachtair *masc.*

stock exchange *n.* margadh nan seirichean *masc.*, margadh-earrann *masc.*, margadh-roinn *masc.*, oifig-malairt-sheirichean *fem.*, oifis-malairt-sheirichean *fem.*

stock-dove *n.* calman dubh *masc.*, calman gorm *masc.*

stock-jobber *n.* stocadair *masc.*

stock-still *adj.* leacanta

stockade *n.* cliath *fem.*

stockbroker *n.* stocadair *masc.*

stockbroking *n.* stocadaireachd *masc.*

stocking *n.* stocainn *fem.*, osan *masc.*, bonnag *fem.*, stocachadh *masc.*, stocadh *masc.*

stocks *n.* ceap *masc.*

stodgy *adj.* trom

stoic *adj.* stoigeach

stoke *vb.* cum connadh ri

stolen *adj.* bradach, slaidte

stolid *adj.* dùr

stomach *n.* stamag *fem.*, maodal *fem.*, goile *fem.*, baghan *masc.*, muine *masc.*

stomach-ulcer *n.* neasgaid-goile *fem.*

stomacher *n.* sgoid-bhràghad *fem.*, uchd-chrios *masc.*

stomachful *n.* seicneach *masc.*

stomping *n.* bomstair *masc.*

stone *n.* clach *fem.*

stone *vb.* tilg clachan (air)

stone (diseased state) *n.* galar-fuail, an *masc.*

stone circle *n.* tursachan *pl.*

stone loach *n.* breac beadaidh *masc.*, breac feadaidh *masc.*

Stone of Destiny *n.* Lia-Fàil, an *fem.*

stone-borer *n.* tolladair *masc.*

stone-bramble *n.* caora-bada-miann *fem.*, ruideaga *fem.*, sùbh nam ban-sith(e) *masc.*, subh-nam-ban-min *masc.*

stone-cutter *n.* clach-dhualadair *masc.*

stone-hewer *n.* saor-chlach *masc.*

stone-polisher *n.* clach-mhineachair *masc.*

stonechat *n.* clachan nan clach *masc.*, clacharan *masc.*, cloichearan *masc.*, fear na fèill Pàdraig *masc.*

stonecrop *n.* biadh-seangan *masc.*, garbhan creagach *masc.*

stonemason *n.* clachair *masc.*

stony *adj.* clachach

stook *n.* adag *fem.*, suidheachan *masc.*

stool *n.* stòl *masc.*, furm *masc.*, cneapan *masc.*, creapan *masc.*, sorchan *masc.*, suidheachan *masc.*

stool-bent *n.* bruth-chorcan *masc.*

stoop *vb.* crom, lùb, crùb, cùb

stoorack *n.* stiùireag *fem.*

stop *n.* stad *masc.*, toirmeasg *masc.*, stadadh *masc.*

stop *vb.* cuir stad (air), sguir, socraich, stad, stop, stopainn

stop (cease) *vb.* sguir, stad, caisg

stop (impediment) *n.* bac(adh) *masc.*

stop up *vb.* tachd

stop-cock *n.* goc *masc.*, pinne *masc.*

stop-press *n.* grad-naidheachd *fem.*

stopped *adj.* stopte

stopper *n.* ploc *masc.*

stopping *n.* stad *masc.*, stadadh *masc.*, stadaich *fem.*, stopadh *masc.*

stopping *adj.* stadach

stopple *n.* stoipeal *masc.*

storage *n.* stòr *masc.*

store *n.* stòr *masc.*, stòras *masc.*, cuilbh *fem.*, cùlaisd *masc.*, nasg *masc.*, stoc *masc.*, taigh-stòr *masc.*, taisgeach *masc.*, taisgeadan *masc.*, taisgeadh *masc.*

store *vb.* stòir, taisg

storehouse *n.* taigh-stòir *masc.*, batharnach *masc.*, ionad-tasgaidh *masc.*, taigh-tasgaidh *masc.*, taisgeach *masc.*

storekeeper *n.* taisgeachan *masc.*

storeperson *n.* neach-stòir *masc.*

storeroom *n.* culaisd *masc.*

storey *n.* lobhta *masc.*, stòraidh *masc.*

storied *adj.* staidhreach

stork *n.* corra-bhàn *fem.*, corra-ghrian *fem.*

storm *n.* doineann *fem.*, gailleann *fem.*, stoirm *fem.*, iunnrais *fem.*, onfhadh *masc.*, rotach *masc.*, sèideadh *masc.*, sian *masc.*, stoirm *fem.*

storm *vb.* thoir ionnsaigh, cuir sèisd

storm-petrel *n.* aileag *fem.*, annlag *fem.*, annlag-fairge *fem.*, asaileag *fem.*, ceann biorach na stoirm *masc.*, dreallan-doininn *masc.*, luaireag *fem.*, luch-fhairge *fem.*, Pàraidh *masc.*, Pàraig *masc.*, Peadaireach *masc.*, pealarach *masc.*, Peidir *masc.*

storm-stayed *adj.* ann am port, ri beul puirt, ri port

stormbound *adj.* ri beul puirt, ri port

storminess *n.* doineannachd *fem.*, fairge *fem.*

stormy *adj.* doineannach, stoirmeil, dobhaidh, doineanta, doirbh, duathail, dudlach, gailbheach, gailleanach, onfhadhach, rapach, sèideach, sgreanach, sgreunach, sianach, sianail, sianmhor, siantach

story *n.* sgeul *masc.*, sgeulachd *fem.*, stòiridh *masc.*

story-teller *n.* sgeulaiche *masc.*, seanchaidh *masc.*

stot *n.* damh *masc.*, dogan *masc.*

stoup *n.* searrag *fem.*, stòp(a) *masc.*

stout *adj.* garbh, tiugh, calma, moighre, plocach, plocanta, reachdmhor, slaidseanta, snaomanach, stalcanta, steilleach, taiceil, toirteil

stoutness *n.* gairbhe *fem.*, tighead *masc.*, steille *fem.*, tàbhachd *fem.*

stove *n.* stòbh *masc.*

stove *vb.* stòbh

stow *vb.* stèidhich, taisg

straddle *n.* srathair *fem.*

straddle *adj.* stabhach

straddle *vb.* rach gobhlachan air, stabhaich

straddling *n.* sgiabadh *masc.*, stabhachadh *masc.*

straggler *n.* neach-fuadain *masc.*

straight *adj.* dìreach, neo-chlaon, sìnteach

straight line *n.* sìnteag *fem.*

straight line graph *n.* graf loidhne dhìreach *masc.*

straighten *vb.* dìrich

straightness *n.* dìreachas *masc.*, dìreachd *fem.*

strain *n.* teannachadh *masc.*, dochann *masc.*, snìomh *masc.*, sguchadh *masc.*, eiribleach *masc.*, stil *fem./masc.*

strain *vb.* sgag, sìolaidh, teannaich, leòn, dochann, snìomh

strainer *n.* sìolachan *masc.*, teannaire *masc.*, sgagaire *masc.*, sìolag *fem.*, sìolan *masc.*, sìothlan *masc.*

straining *adj.* sgagach

strait *adj.* teann

strait *n.* caol *masc.*, caolas *masc.*, cneas-mara *masc.*, cumhang *masc.*, cunglach *masc.*, teannachadh *masc.*, teanntachd *fem.*

strait-jacket *n.* cliabh *masc.*, cliabh-cuirp *masc.*

straiten *vb.* cuingich, peinntealaich, teann, teannaich

straitened *adj.* an sàs, peinntealta

straitening *n.* teannachadh *masc.*

straits (distress) *n.* cruaidh-theinn *fem.*

strake *n.* stràc *masc.*, bòrd *masc.*, cuairt *fem.*

stramash *n.* sràbhard *masc.*

strand *n.* tràigh *fem.*

strange *adj.* neònach, iongantach, aicheanta, aighearach, annasach, gallda, neo-ghnàthach, coimheach, coigreach

strangeness *n.* coigridheachd *fem.*

stranger *n.* coigreach *masc.*, farbhalach *masc.*, coimheach *masc.*, aineol *masc.*, dàimheach *masc.*, neach coimheach *masc.*, fear-fuadain *masc.*, Gall *masc.*, strainnsear *masc.*

strangle *vb.* tachd, mùchd

strangling *n.* tachdadh *masc.*, mùchadh *masc.*

stranguary *n.* cuing-fhuail *fem.*, fual-uisge *masc.*, tinneas-fuail, an *masc.*

strap *n.* iall *fem.*, giort *fem.*, stràic *masc.*, iris *fem.*, crios *masc.*, stail *fem.*, strapadh *masc.*

strap *vb.* strapainn

strapping *adj.* tapaidh, mòr, calma

stratagem *n.* cuilbheart *fem.*, amhailt *fem.*, cleamhnas *masc.*, cleas *masc.*, cliuchd *fem.*, cuip *fem.*, cuireid *fem.*, puncaid *fem.*, tungaid *fem.*

strategic *adj.* roi-innleachdail

strategy *n.* roi-innleachd *fem.*, cuilbheart *fem.*, rian-iomairt *masc.*

strath *n.* srath *masc.*

stratification *n.* filleadaireachd *fem.*, sreathachadh *masc.*

stratum *n.* breath *fem.*, sreath *fem.*

stratus *n.* slaman-ceathaich *masc.*

straw *n.* connlach *fem.*, fodar *masc.*, siobhag *fem.*, sop *masc.*, sputhainn *fem.*, srabh *masc.*, srabhan *masc.*, sraibhlean *masc.*, sràillean *masc.*

straw poll *n.* beachd air thuairmse *masc.*, tomhas-bheachdan *masc.*

straw-bed *n.* leabaidh-chonnlaich *fem.*, leabaidh-fhodair *fem.*

straw-chair *n.* sasag *fem.*

strawberry *n.* sùbh-làir *fem.*, caorann-thalmhainn *masc.*, sùbhag *fem.*, sùbhag-làir *fem.*, sùbh-lair *masc.*, sùbh-thalmhainn *fem.*, sùthag *fem.*

strawberry footrot *n.* guireanach, an *masc.*

stray *adj.* conadail

stray *n.* ainmhidh-seacharain *masc.*

stray *vb.* rach air seacharan, sraon

stray (dog) *n.* cù-fuadain *masc.*

straying *n.* dol air seacharan *masc.*, iomrall *masc.*, sabhd *masc.*

straying *adj.* seacharanach, badhalach, seabhaideach, seabhasach

streak *n.* stiall *fem.*, riadhan *masc.*, sioga *masc.*, srian *fem.*, stiallach *masc.*, stìom *fem.*, strìoch *fem.*, striomaich *fem.*, striomlaich *fem.*

streak *vb.* sgriodanaich, stiall, stiallaich

streaked *n.* basach *fem.*

streaked *adj.* riasach, siogach, srianach, stiallach, stiogach

streaky *adj.* stiallach, stiomach, strìocach

stream *n.* sruth *masc.*, abhainn *fem.*, allt *masc.*, cuisle *fem.*, siubhlachan *masc.*, sruthan *masc.*

stream *vb.* sruth, dòirt

streamer *n.* ruithlear *masc.*, sioblach *masc.*, sròl *masc.*, suaicheantas *masc.*

streaming *n.* sruthadh *masc.*

streaming *adj.* sruthlach

streamlet *n.* sruthan *masc.*, alltan *masc.*, caochan *masc.*

streamy *adj.* sruthach, sruamach

street *n.* sràid *fem.*

street-walker *n.* sràideag *fem.*

streetlight *n.* solas-sràide *masc.*

strength *n.* neart *masc.*, spionnadh *masc.*, trèine *fem.*, clì *masc.*, cumhachd *masc.*, lùths *masc.*, marsainn *fem./masc.*, reachd *fem.*, sic *fem.*, smior *masc.*, smioralas *masc.*, sonairte *fem.*, speiread *masc.*, spracadh *masc.*, spracalachd *fem.*, stuth *masc.*, susbaint *fem.*, taicealachd *fem.*, tàth *masc.*, treòir *fem.*, treunachas *masc.*, treuntas *masc.*

strengthen *vb.* neartaich, treòraich, co-dhaingnich, co-neartaich, daingnich, diongmhaltaich, làidrich

strengthening *adj.* ath-neartachail

strenuous *adj.* dian, saothrachail

stress *n.* bruthadh *masc.*, spàirn *fem.*, strì *fem.*

stress (grammar) *n.* cudthrom *masc.*

stretch *n.* sìneadh *masc.*

stretch *vb.* leudaich, sgaoil, sìn, stadh

stretch limbs *vb.* searr

stretchable *adj.* so-shìneadh

stretched *adj.* air lagh

stretcher *n.* crò-leaba *fem.*, greallag *fem.*, ragadair *masc.*, sìneadair *masc.*, slat-leoid *fem.*

strew *vb.* sgaoil, sgap

stricken *adj.* buailte

stretching *n.* eiteadh *masc.*, righeadh *masc.*

strickle *n.* s(t)ràc *masc.*, stràcadair *masc.*

strict *adj.* teann, cruaidh

strictness *n.* dliùtheachd *fem.*

stride *n.* sìnteag *fem.*, ceum *masc.*, gamag *fem.*, gasgag *fem.*, sìtheadh *masc.*, steud *fem.*

stride *vb.* thoir sìnteag, sùrdagaich

striding *adj.* sith-fhad, stasbhach

strife *n.* strì *fem.*, comhstrì *fem.*, connspaid *fem.*, iomarbhaidh *fem.*, sràbhard *masc.*, strangalachd *fem.*, streup *fem.*, teugmhail *fem.*, trod *masc.*, uspairn *fem.*

strike *n.* stailc *fem.*, stràc *masc.*

strike *vb.* buail, rach air stailc, beum, ploc, rusg, sgraig, slac, speach, spealt, stailc, stràc

striking *n.* stailceadh *masc.*, stràcadh *masc.*, bualadh *masc.*

striking *adj.* neònach, neo-àbhaisteach, stailceach, annasach

string *n.* sreang *fem.*, teud *fem.*,
snaithnean *masc.*, stiol *masc.*, stiolan
masc., stiollan *masc.*, suainean *masc.*

string *vb.* sreangaich

string-player *n.* teud-sheirmiche *masc.*

stringed *adj.* sreangach

stringed instrument *n.* torman-ciùil *masc.*

stringer *n.* maide-reang *masc.*, maide-
rongais *masc.*, reangas *masc.*, taobhan
masc., taobh-shlat *fem.*

stringy *adj.* sreangach, stiolanach

strip *n.* stiall *masc.*

strip *vb.* rùisg, lom, nochd

stripe *n.* stiall *fem.*, srianag *fem.*, riagh
masc., srian *fem.*, stiallach *masc.*, stiog
fem./masc., stìom *fem.*

stripe *vb.* stiall, stiallaich

striped *adj.* reannach, stiallach, stiogach,
strìocte

stripling *n.* òganach *masc.*, sgolbanach
masc., sgoranach *masc.*, sguidseach
masc.

stripped *adj.* lomarra, rùisgte, stìomach

stripper (farrow cow) *n.* gamhnach *fem.*

stripping *n.* lomadh *masc.*, rùsgadh *masc.*,
nochdadh *masc.*

strippings *n.* bliochd *masc.*, striobhaid
fem.

strive *vb.* dèan strì/spàirn, sreap, strì, troid

striver *n.* spàirniche *masc.*

striving *n.* strì *fem.*

striving *adj.* spàirneach, spàirneil, strìtheil

stroke *n.* buille *masc.*, sràc *masc.*, sìnteag
fem.

stroke *vb.* slìog, sliob, cniadaich, sràc

stroke (attack of apoplexy/paralysis) *n.*
stròc *masc.*

stroke-oar *n.* ràmh-deiridh *masc.*, ràmh-
gualainn *masc.*

stroker *n.* sliogaire *masc.*

stroking *adj.* slìogach

stroking *n.* slìobadh *masc.*

stroll *n.* ceum-spaisdireachd *masc.*

stroll *vb.* gabh ceum, siubhail, spaisdir,
sràideisich

stroller *n.* santair *masc.*, siubhlaiche *masc.*,
snaisdear *masc.*, srathair *masc.*

strolling *n.* rodaireil *masc.*, spaidsearachd
fem., spaisdireachd *fem.*

strolling *adj.* spaisdearachd

strong *adj.* làidir, treun, calma,
cumhachdach, foghaineach,
neartmhor, dailceanta, daingeann,
dairleanta, fulaineach, lùthmhor,
marsainneach, prosdaidh,
reachdmhor, ruaimneach, ruaineach,
ruainidh, ruanaidh, rudanach,
smiorail, sodarnach, spionnar,
spracach, spracail, spraiceil, stalcanta,
sùghmhor, tàbailt, tàbhach, tacail,
taiceil, tailceanta, tailceanta, toirteil,
tortail

stronghold *n.* cuithir *fem.*, staing *fem.*

strop *n.* iall *fem.*

strophe *n.* rann *masc.*

structure *n.* structar *masc.*, cruth *masc.*,
togail *fem.*, dèanamh *masc.*, co-chur
masc., cruth-thogail *fem.*, togail *fem.*

structure *vb.* co-chuir

structure (organisation) *n.* eagrachadh
masc., rian-obrach *masc.*

structure plan *n.* plana-co-eagrachaidh
masc.

structured programming (computing) *n.*
prògramadh-structair *masc.*

struggle *n.* gleac *masc.*, spàirn *fem.*, strì
fem., collaid *fem.*, iomarbhaidh *fem.*,
ospairn *fem.*, searbhag *fem.*, uspairn
fem.

struggle *vb.* gleac, dèan spàirn, innich,
streap, strì

struggling *n.* strì *fem.*, gleac *masc.*,
spàirnealachd *fem.*

struggling *adj.* co-spàirneach, spàirneach,
spàirneil

strum *vb.* diasganaich

strumpet *n.* siùrsach *fem.*, strìopach *fem.*, strabaid *fem.*, strumpaid *fem.*

strung *adj.* air lagh, sreangach

strut *n.* àrd-cheum *masc.*

strut *vb.* imich gu stràiceil, spaisdirich, àrd-cheumnaich, spailp, steoc, steorn

strutting *adj.* spailpeil, spairisteach, spaisdireach

stub *n.* bun *masc.*, òrd *masc.*

stubbed *adj.* stulcach

stubble *n.* asbhuain *fem.*, sgaldach *masc.*, stailcneach *fem.*

stubble (straw) *n.* bun-feòir *masc.*

stubbly *adj.* feusagach

stubborn *adj.* rag, rag-mhuinealach, bragart, diongmhalt, diorrasach, duathail, neo-thoileil, reasgach, stailceach

stubborness *n.* ragaireachd *fem.*, rag-mhuinealas *masc.*, stailc *fem.*

stubbornness *n.* neo-thoileachd *fem.*

stuck *adj.* an sàs

stud (boss) *n.* ball *masc.*, stud *masc.*, cnap *masc.*

stud (horses) *n.* greigh *fem.*, forthan *masc.*, sgor *masc.*

stud (projection) *n.* tarag *fem.*, tacaid *fem.*, reultag *fem.*, cnap *masc.*

stud *vb.* reultaich

studded *adj.* bacaideach, bailleanach, reulagach, reultagach, reultaichte

student *n.* oileanach *masc.*

studio *n.* tèarmann-craolaidh *masc.*, seòmar-craolaidh *masc.*, stiùideò *masc.*

studious *adj.* dèidheil air ionnsachadh, leughach, smaoineachail, stuidearra

studiousness *n.* stuidearachd *fem.*

study (examination) *n.* rannsachadh *masc.*, meòmhrachadh *masc.*, sgrùdadh *masc.*, stuidear *masc.*, stuidearachd *fem.*

study (room) *n.* seòmar-rannsachaidh *masc.*, seòmar-leughaidh *masc.*, closaid *fem.*, seòmar-stuidearachd *masc.*

study *vb.* beachdaich, rannsaich, cnuasaich, cuir ri

stuff *n.* stuth *masc.*, cungaidh *fem.*, mulcadh *masc.*

stuff *vb.* lìon, spàrr, dinn, sticil

stuffing *n.* lìonadh *masc.*, dinneadh *masc.*

stuffy *adj.* teithidh

stumble *n.* tuisleadh *masc.*

stumble *vb.* tuislich, cliob, sgiorr, sgrios, sraon, straon, tuit

stumbling *adj.* bagach

stumbling-block *n.* ceap-tuislidh *masc.*, cnap-starra *masc.*, rocan *masc.*, rochall *masc.*

stump *n.* bun *masc.*, stoc *masc.*, meangan *masc.*, ploc *masc.*, smut *masc.*, stocan *masc.*

stumpy *adj.* bunach, cutach, gnogach, pocanta, stumpach, stùthach

stun *vb.* cuir na t(h)uaineal, cuir tuainealaich (air)

stunt *vb.* cum bho fhàs

stunted *adj.* groganach

stupefaction *n.* flo *fem.*, tromsanaich *fem.*

stupendous *adj.* anabarrach

stupid *adj.* baoghalta, gòrach, bùrach, claon, maol-aigneach, neo-gheur, neo-thoinisgeil, neo-thuigseach, sgonnach, spollachdach, stiùpach, stuacach

stupidity *n.* baoghaltachd *fem.*, maol-aigeann *fem.*, neo-thuigse *fem.*, pràmh-cheò *fem.*, saobh-chiall *fem.*, stalcaireacdh *fem.*

stupor *n.* tuaineal *masc.*, ceall *fem.*, neo-mhothachadh *masc.*

sturdy *adj.* bunanta, gramail, cosanta, foghainteach, plocach, plocanta, stairneil, tapaidh, tapaidh, tomadach

sturdy (disease of sheep) *n.* stuird *masc.*, tuaitheal *masc.*

sturgeon *n.* stirean *masc.*, bradan bacach *masc.*, bradan bearr *masc.*, bradan cearr *masc.*, bradan-geàrr *masc.*, canach *masc.*, prioga-breac *masc.*, sirean *masc.*

sturnid moth *n.* leomann tropaigeach *masc.*

stutter *n.* bi manntach/liobach *masc.*, mab *masc.*

stutterer *n.* neach manntach *masc.*, gagaire *masc.*, neach liotach *masc.*, glugaire *masc.*, gagaiche *masc.*, màbair *masc.*

stuttering *adj.* gagach, màbach

sty *n.* fail(-mhuc) *fem.*

stye *n.* leamhnagan *masc.*, sleamhnagan *masc.*, leamhragan *masc.*, leannagan *masc.*, neamhnagan *fem.*, sleamhnan *masc.*

stygian *adj.* ifrinneach

style *n.* modh *masc.*, stoidhle *fem.*, tiotal *masc.*, nòs *masc.*, staoileadh *masc.*, stoidhil *fem.*, stoighle *fem.*

stylus *n.* snàthad *fem.*

styptic *adj.* fuil-chasgach

Sub-committee on Alcohol *pr.n.* Fo-chomataidh air Alcol

Sub-committee on British Airways Fares *pr.n.* Fo-chomataidh air Faraidhean Bhuidheann Adhair Bhreatainn

Sub-committee on Broadcasting of Council Meetings *pr.n.* Fo-chomataidh air Craoladh Coinneamhan na Comhairle

Sub-committee on Capital Expenditure *pr.n.* Fo-chomataidh air Caiteachas Calpa

Sub-committee on Direct Labour Organisations *pr.n.* Fo-chomataidh air Buidhnean Luchd-fasdaidh

Sub-committee on Revenue Estimates *pr.n.* Fo-chomataidh air Tuairmsean Bliadhnail

sub-department *n.* fo-roinn *fem.*

sub-post *n.* neach-postachd *masc.*

sub-tenant *n.* ath-ghabhalach *masc.*

subclause *n.* fo-chumha *fem.*

subcommittee *n.* fo-chomataidh *fem.*

subconscious *adj.* fo-mhothachail

subcontractor *n.* fo-chunnradair *masc.*

subdivide *vb.* fo-roinn, ath-roinn

subdivision *n.* ath-roinn *fem.*, fo-roinn *fem.*

subdominant (musical scale) *adj.* fo-cheannslach

subdue *vb.* ceannsaich, cìosnaich, stamh, thoir fo ghèill, umhlaich

subduer *n.* ceannsalaiche *masc.*

subduing *n.* ceannsachadh *masc.*

subduple *adj.* letheach

subject *n.* ceann-eagair *masc.*, cùis *fem.*, cuspair *masc.*, suibseig *fem.*

subject *vb.* ceannsaich, cuir fo smachd, stamh

subject (discourse) *n.* ceann-còmhraidh *masc.*, ceann-connspaid *masc.*, ceann-labhairt *masc.*

subject (grammar) *n.* cùisear *masc.*, suibseig *fem.*

subject (underling) *n.* ìochdaran *masc.*

subject (writing) *n.* ceann-sgrìobhadh *masc.*

subject to *adj.* an urra ri, buailteach do, fo smachd, umhail

subject-matter *n.* cuspair *masc.*

subjection *n.* ceannsachadh *masc.*, cìosnachadh *masc.*, mursantachd *fem.*, smachd *masc.*, stamhadh *masc.*, stamhnadh *masc.*

subjective *adj.* subsaigeach, pearsanta, beachdach, beachdail, cùisearach, suibseigeach

subjugate *vb.* ceannsaich, cuingich

subjugated *prep.* fo cheannsal

subjugation *n.* ceannsal *masc.*

subjunctive *adj.* claon, eisimeileach, leantach

subjunctive mood *n.* modh eisimeileach *masc.*, modh leantach *masc.*

sublet *adj.* air leth-coise

sublimate *vb.* rach os cionn

sublimation *n.* sublamachd *fem.*

sublime *adj.* òirdheirc

sublime *vb.* sublamaich

sublimity *n.* òirdheirceas *masc.*

sublunar *adj.* tìmeil

submarine *n.* bàt-aigeil *masc.*, bàt-aigeinn *masc.*, bata-tumaidh *masc.*

submediant (musical scale) *adj.* os-ceannslach

submerge *vb.* tum, bàth

submission *n.* strìochd *masc.*, ùmhlachadh *masc.*, gèilleadh *masc.*

submission (opinion) *n.* beachd *masc.*

submissive *adj.* umha(i)l, macanta, sleuchdach, strìochdach, strìochdail, strìochdar

submit *vb.* gèill, striochd, sleuchd, thoir gèill

submit (lodge) *vb.* cuir (gu)

submitting *adj.* sleuchdach

subordinate *n.* ìochdaran *masc.*, iochdaran *masc.*

subordinate *adj.* ceannsach

subordinate *pref.* fo-

subordinate clause *n.* fo-chlàs *masc.*

subordination *n.* ceannsachd *fem.*

subpostmaster *n.* neach-postachd *masc.*

subroutine *n.* fo-shaothair *fem.*

subscribe *vb.* fo-sgrìobh

subscribed *adj.* fo-ainmichte

subscriber *n.* aontachair *masc.*, neach-gabhail *masc.*

subscript *n.* bun-sgrìobhadh *masc.*

subscription (signature) *n.* ainm sgrìobhte *masc.*

subside *vb.* caisg, laigh, sìolaidh, traogh

subsided *adj.* traoighte

subsiding *n.* ìsleachadh *masc.*, tràghadh *masc.*, traoghadh *masc.*

subsidy *n.* tabhartas *masc.*, còmhnadh *masc.*, subsadaidh *masc.*, sìneadas *masc.*, tarrail *masc.*

subsistence *n.* teachd-an-tìr *masc.*

subsoil *n.* fo-ùir *fem.*, criadh bhuidhe *fem.*

substance *n.* brìgh *fem.*, tairbhe *masc.*, bladh *masc.*, cnàmhag *fem.*, sùgh *masc.*, susbaint *fem.*, tàbhachd *fem.*, tacsa *masc.*, tail *fem.*, toic *fem.*, tothachd *fem.*

substantial *adj.* làidir, tàbhachdach, reachdmhor, sùghmhor, susbainteach, tàbhachdach, taiceil, tail, taileil, toiceil

substantial (wealthy) *adj.* maoineach

substantiality *n.* tàbhachd *fem.*, neart *masc.*, stubhachd *fem.*, tarbhachd *fem.*

substantialness *n.* reachdmhoireachd *fem.*

substantive *n.* ainmear *masc.*

substantive agreement *n.* aonta brìghmhor *masc.*

substantive verb *n.* bith-ghnìomhair *masc.*

substitute *n.* riochdair(e) *masc.*

substitute *adj.* cuir an àite, ionaid

substitute (one put in place of another) *n.* neach-ionaid *masc.*

substitute (thing used instead of another) *n.* stuth-ionaid *masc.*

substitute good *n.* bathar-ionaid *masc.*

substitution *n.* riochdachadh *masc.*

substrate *adj.* fo-thalamh

subtenant *n.* màladair *masc.*

subterfuge *n.* sibht *fem./masc.*, siomaguad *masc.*, sìomh mar ghad *masc.*, siomh mar ghad *masc.*

subterranean *adj.* fon talamh

subterraneousness *n.* cuasachd *fem.*

subtitle *n.* fo-thiotal *masc.*, fo-thiteal *masc.*

subtle *adj.* seòlta, sligheach, innleachdach, seamhaidh, seimhidh, sgaileachail, slìogach

subtract *vb.* thoir air falbh (bho), lùghdaich

subtraction *n.* lùghdachadh *masc.*

subunit *n.* fo-phairt *fem.*

suburb *n.* dlùth-bhaile *masc.*, fo-bhaile *masc.*, frith-bhaile *masc.*, iomall-baile *masc.*, oir-baile *fem.*

subversive *adj.* millteach

subway *n.* fo-shlighe *fem.*

succeed *vb.* soirbhich

success *n.* soirbheachadh *masc.*, buaidh *fem.*, àgh *masc.*, piseach *masc.*, rath *masc.*, rathachadh *masc.*, rathachas *masc.*, soirbheachd *fem.*, soirbheas *masc.*, sonas *masc.*, soraidh *fem.*, tapadh *masc.*

success prediction *n.* roi-innse buaidhe *masc.*

successful *adj.* soirbheachail, àghach, buadhach, buidhneach, piseachail, rathmhor, soirbheasach

successive *adj.* leantainneach, as dèidh a chèile

successor *n.* neach-ionaid *masc.*

succinct *adj.* cuimir, geàrr, criosach, cruinn, truiste

succory *n.* lus an t-siùcair *masc.*

succour *vb.* cuidich, fòir

succouring *adj.* cobharach

succulent *adj.* brìoghmhor, blasda, sùghmhor

suck *vb.* deoghail, sùigh, smùisich, deoc, deocail, smugair, srùb, sug

sucker (that which sucks) *n.* bailleag *fem.*, deoghaladair *masc.*, deoghladair *masc.*, srùbair *masc.*, suchan *masc.*, sugair *masc.*, suighear *masc.*, sumair *masc.*

sucker (shoot of plant) *n.* faillean *masc.*

sucking *n.* smugradh *masc.*, sùgadh *masc.*, sùghadh *masc.*

sucking *adj.* smusach, sùgach

sucking-ewe *n.* seathaid *fem.*

sucking-pig *n.* còmhlach *fem.*, còmhlachdaidh *fem.*, uircean muc *masc.*

suckling *adj.* deoghalach

suckling (child) *n.* naoidhean *masc.*, cìocharan *masc.*

sucrose *n.* sucros *masc.*

suction *n.* sùghadh *masc.*, deoghal *masc.*, sruthladh *masc.*, sùchadh *masc.*, sùgadh *masc.*

sud *n.* tutag *fem.*

sudden *adj.* grad, obann

suddenly *adj.* gu grad, a chlisge, gu h-obann

suddenness *n.* obaigeachd *fem.*, obainne *fem.*

sudorific *adj.* fallasach

suds *n.* cobhar-siabainn *masc.*, saipleis *fem./masc.*

sue *vb.* thoir gu lagh, lean, tagair

suet *n.* blonag *fem.*, geir *fem.*, reamhrachd *fem.*, saill *fem.*

suffer *vb.* fulaing, pàigh

sufferer *n.* cneadhalach *masc.*, fulangaiche *masc.*, pàighear *masc.*

suffering *n.* fulangas *masc.*, allaban *masc.*

suffice *vb.* fòghainn

sufficiency *n.* fòghnadh *masc.*, pailteas *masc.*, gu leò(i)r *masc.*, cuibheas *masc.*, cuimse *fem.*, cus *masc.*, riarachadh *masc.*, riarachas *masc.*, riarachd *fem.*, sàsachd *fem.*, teanna(dh) *masc.*, teann-shàth *masc.*

sufficient *adj.* fòghainteach

sufficiently *adj.* gu leò(i)r

suffix *n.* leasachan *masc.*

suffocate *vb.* mùch

suffocating *n.* mùchadh *masc.*, smùrachadh *masc.*, tachdadh *masc.*

suffocating *adj.* dùmhail, murtaidh

suffrage *n.* guth-taghaidh *masc.*

suffuse *vb.* sgaoil (air)

sugar *n.* siùcar *masc.*

sugar-beet *n.* meacan-siùcair *masc.*

sugary *adj.* siùcarach

suggest *vb.* mol, comhairlich, cuir an aire

suggest to *vb.* cuir an sùil

suggestion *n.* sanas *masc.*

suicidal *adj.* uthachdail

suicide *n.* fèin-mharbhadh *masc.*, fèin-mhort *masc.*, fèin-mhurt *masc.*, uthachd *fem.*

suit *vb.* còird, freagair, freagraich, sgeith, thig

suit of clothes *n.* deise *fem.*, culaidh-aodaich *fem.*, trusgan *masc.*

suitable *adj.* freagarrach, iomchaidh, ion

suitcase *n.* maileid *fem.*

suited *adj.* cumte

suitor *n.* neach-suirghe *masc.*, suirthiche *masc.*

sulcus *n.* clais *fem.*

sulkiness *n.* gruaim *masc.*, mùig *masc.*, stuirt *fem.*

sulky *adj.* gruamach, mùgach, amhaidh, durabhaidh, gnugach, nuadarra, smuilceach, stùiceach, stùirteil

sullen *adj.* dùr, gnù, busach, doireanta, durabhaidh, gruamach, mugach, sgraingeil, stùirteil

sully *vb.* truaill, salaich

sulphur *n.* pronnasg *masc.*, pronnasdail *masc.*, pronnastan *masc.*

sulphuric *adj.* pronnasgach

sulphuric acid *n.* uisge-nimhe *masc.*

sulphurous *adj.* pronnasgail

Sultan, the *pr.n.* An Turcach Mòr

sultriness *n.* bruichealachd *fem.*, murtachd *fem.*, teasbhach *masc.*

sultry *adj.* bruthainneach, bruicheil, murtaidh, teasbhach, teth

sum *n.* àireamh *fem.*, suim *fem.*, sum *masc.*, uibhir *fem.*

sum *vb.* suim

summarise *vb.* giorraich, thoir geàrr-chunntas air

summary *adj.* aithghearr, geàrr

summary *n.* geàrr-chunntas *masc.*, giorrachadh *masc.*

summary conviction *n.* geàrr-dhìteadh *masc.*

summative *adj.* deireannach

summer *n.* samhradh *masc.*

summer school *n.* sgoil-shamhraidh *fem.*

summer-house *n.* taigh-samhraidh *masc.*

summit *n.* mullach *masc.*, bàrr *masc.*, bràigh *masc.*, stuadh *fem.*, uachdar *masc.*

summit meeting *n.* àrd-choinneamh *fem.*, bàrr-choinneamh *fem.*

summon *vb.* gairm, sumain

summons *n.* gairm *fem.*, bàirlinn *fem.*, bairleigeadh *masc.*, sumanadh *masc.*

sumphish *adj.* baosgaideach

sumpter *n.* each-saic *masc.*

sumptuous *adj.* sòghail, rapail

sumptuousness *n.* sògh *masc.*, sòghalachd *fem.*

sums *n.* cunntadh *masc.*, cunntaisean *pl.*

sun *n.* grian *fem.*

sun-oil *n.* ola-grèine *fem.*

sun-shade *n.* fasgadan *masc.*, sgàilean-greine *masc.*, sgaile-grèine *fem.*

sun-spurge n. cranntachan-an-deamhain *masc.*, foinne-lus *masc.*, neoinean-puinnsein *masc.*

sunbathe *vb.* gabh a' ghrian, dèan balg ri grèin

sunbeam n. gath-grèine *fem.*, deò-ghrèine *fem.*

sunburn n. losgadh na grèine *masc.*

sunburnt *adj.* grian-loisgte

Sunday n. Là na Sàbaid *masc.*, Didòmhnaich

sunder *vb.* dealaich, sgar, sgàin

sunderer n. sgàinear *masc.*

sundering n. tearbadh *masc.*

sundew species n. lus na fearnaich *masc.*

sundial n. clach-ghrèine *fem.*, caideal *masc.*, uaireadair-greine *masc.*

sundry *adj.* iomadaidh

sunflower n. neòinean-grèine *masc.*, plùr na grèine *masc.*

sunhat n. ad-grèine *fem.*

sunk *adj.* bàthte

sunlight n. soillse *fem.*

sunny *adj.* grianach

sunrise n. èirigh na grèine *fem.*

sunset n. laighe na grèine *fem.*, dol fodha na grèine *masc.*

sunstone n. clach-ghrèine *fem.*

sunstroke n. beum-grèine *masc.*, grian-bheum *masc.*

sunwise *adj.* deiseal

sup n. drùthag *fem.*

super *adj.* anabarrach, barraichte

super-profit n. sàr-phrothaid *fem.*

superabundance n. luisreadh *masc.*, tairbheartas *masc.*

superabundant *adj.* anabarrach pailt

superannuation n. peinnseanachadh *masc.*

superb *adj.* barraichte

supercargo n. rianadair *masc.*, rionadair *masc.*

supercilious *adj.* àrdanach, abairteach, barraisgeal, barrasgal, sronaiseach, stuirteil

superficial *adj.* leth-oireach

superfluity n. anabharra *masc.*, anabarr *masc.*, cus *masc.*, iomadaidh *fem.*, iomadaidheachd *fem.*, iomarachd *fem.*

superfluous *adj.* iomarcach, ain-iomadaidh, anabarrach, iomadaidh, neo-fheumail, thar a' chòir, thar-a'-chòrr

superintend *vb.* stiùir, marasglaich

superintendance n. sùil *fem.*

superintendence n. màighstireachd *fem.*, marasglachadh *masc.*, marasgladh *masc.*

superintendent n. neach amharc-thairis *masc.*, stiùireadair *masc.*

superintending n. stiùireadh *masc.*

superior n. uachdaran *masc.*, àrd-cheann *masc.*, àrd-cheannard *masc.*

superior *adj.* uachdarach, àrd, barraichte, ceannasach

superiority n. ceum-toisich *masc.*, uachdarachd *fem.*, àrd-cheannas *masc.*, bàrr *masc.*, ceannas *masc.*, oireachas *masc.*, ois-cheum *masc.*, os-cheumachadh *masc.*

superlative *adj.* barraichte

supermarket n. mòr-bhùth *fem./masc.*

supernatural *adj.* os-nàdarra(ch)

superplus account n. cunntas ro-chorra *masc.*

superscript n. bàrr-sgrìobhadh *masc.*

superscription n. ceannghràbhadh *masc.*, ois-sgrìobhadh *masc.*, os-sgrìobhadh *masc.*

superstition n. saobh-chràbhadh *masc.*, geasag *fem.*, saobh-chreidimh *masc.*, baoth-chreideamh *masc.*, geasachd *fem.*, geasalanachd *fem.*, geaslanachd *fem.*, ois-chreideamh *fem.*, os-chràbhadh *masc.*, saobh-aoradh *masc.*, saobh-chreidmheachd *fem.*

superstitious *adj.* saobh-chràbhach, geasagach, saobh-chreidmheach, baoth-chreidmheach, os-chràbhach

superstructure *n.* os-thogail *fem.*, os-structair *masc.*

supertonic *adj.* ostonach

supervening illegality *n.* neo-reachdalachd ath-thachartach *fem.*

supervening impossibility *n.* eu-comas ath-thachartach *masc.*

supervise *vb.* cum sùil air, stiùir

supervision *n.* stiùireadh *masc.*, marasglachadh *masc.*, marasgladh *masc.*

supervisor *n.* stiùiriche *masc.*, neach-aire *masc.*, riaghladair *masc.*

supine *adj.* air a d(h)ruim-dìreach

suppawn *n.* suban *masc.*

supper *n.* biadh-feasgair *masc.*, suipeir *fem.*

supple *adj.* sùbailte, cliste, lùthmhor

supple *vb.* sùblaich

supplement (publication) *n.* leasachadh *masc.*, leasachan *masc.*, foirlionadh *masc.*

supplement *vb.* leasaich

supplementary *adj.* a bharrachd, a thuilleadh, foirlionach, leasachail

supplementary benefit *n.* airgead-leasachaidh *masc.*, sochair-leasachaidh *fem.*

suppleness *n.* sùbailteachd *fem.*

suppliant *n.* neach-aslachaidh *masc.*

supplicant *n.* athchuingiche *masc.*

supplicate *vb.* athchuingich, cuir suas athchuinge

supplication *n.* athchuinge *fem.*, impidh *fem.*, maoidhean *masc.*, uisdeachd *fem.*

supplicatory *adj.* athchuingeach

supplier *n.* sòlaraiche *masc.*

supplies *n.* sòlarachd *fem.*

supply *n.* ic *fem.*, sòlar *masc.*, toradh *masc.*

supply *vb.* sòlaraich, thoir (do)

supplying *n.* riarachadh *masc.*

support *n.* taic *fem.*, cùl-taic *masc.*, conbhallas *masc.*, cumalas *masc.*, curainn *fem.*, prop *masc.*, propadh *masc.*, sorchan *masc.*, spisniche *masc.*, stèidheadh *masc.*, tac *fem.*, tacsa *masc.*, taobh *masc.*, toic *fem.*, trostan *masc.*, ursainn *masc.*

support *vb.* cuidich, dèan tacsa, cuir (le), cuir taic ri, prop, seas, speic, taic

support (continuous) *vb.* cum taic ri

support (maintain) *vb.* cum suas

supported by *adj.* an co-bhoinn ri

supporter *n.* neach-taic *masc.*, cùl-taic *masc.*, neach-leanmhainn *masc.*

supporting *n.* taiceadh *masc.*

supporting *adj.* cobharach, stath

supportive *adj.* taiceil

suppose *vb.* saoil, dèan dheth, measraich, miosraich, smaoinich

supposing *n.* measrachadh *masc.*

supposition *n.* barail *fem.*, saoilneas *masc.*, saoiltinneas *masc.*

suppress *vb.* cum fodha, mùch

suppression *n.* dilghean *masc.*

suppurate *vb.* iongraich, lionnaich, pudharaich

suppurating *n.* cangrachadh *masc.*

suppurating *adj.* iongrach, lionnachail

suppuration *n.* iongarachadh *masc.*, lionnachadh *masc.*, pudharachadh *masc.*, sràbh *masc.*, tighinn tilgte *fem.*

supra- *prep.* os cionn

supremacy *n.* uachdranachd *fem.*, ceannasachd *fem.*, àrd-cheannas *masc.*, flaitheachd *fem.*, prìomhachd *fem.*, prìomh-uachdaranachd *fem.*

supreme *adj.* àrd, barraichte, prìomhach

supreme authority *n.* àrd-mhàighstireachd *fem.*, àrd-uachdarachd *fem.*, prìomh-uachdaranachd *fem.*

Supreme Being *pr.n.* An Tì as Airde

supreme commander *n.* àrd-sheanalair *masc.*

supreme council *n.* àrd-chomhairle *fem.*, àrd-sheanadh *masc.*

supreme power *n.* àrd-chumhachd *fem.*, àrd-thighearnas *masc.*, urlamhas *masc.*

supreme rule *n.* àrd-riaghailt *fem.*, àrd-riaghladh *masc.*

sure *adj.* cinnteach, deimhinne

surety *n.* geall *masc.*, barant *masc.*, òorr-urraidh *masc.*, nasgair *masc.*, neach-urrais *masc.*, rathan *masc.*, urra *fem.*, urrantas *masc.*

surf *n.* rod *masc.*

surface *n.* aghaidh *fem.*, aodann *masc.*, uachdar *masc.*

surface tension *n.* teanntachd-uachdair *fem.*

surfeit *n.* sàth *masc.*, cus *masc.*, sèid *fem.*, seileid *fem.*, sgàin *masc.*, sòghalachd *fem.*, tairbhein *masc.*, teanna *masc.*

surfeit *vb.* storr

surge *n.* bòc(h)-thonn *fem.*, onfhaidh *masc.*, samh *masc.*, steud *fem.*, steudadh *masc.*, sumaid *fem.*, sumainn *fem.*

surge *vb.* at, bòc

surgeon *n.* làmh-leigh *masc.*, lèigh *masc.*, dearg-lèigh *masc.*, lighiche *masc.*

surgery *n.* làmh-lèigheachd *fem.*, dearg-lèigheachd *fem.*, làmh-leigheas *masc.*

surgery (operation) *n.* obair-lannsa *fem.*, obair-lèighe *fem.*

surgery (place) *n.* ionad an dotair *masc.*, leighlann *fem.*, seòmar-freasdail *masc.*

surliness *n.* do-riarachd *fem.*, stuic *fem.*

surly *adj.* iargalta, gnù, caiseanach, coimheach, crosgach, dolum, durghaidh, greannach, grìomach, groigeasach, groinib(each), gruamach, mugach, neo-aoibhneach, niagach, nuadarra, nuagach, nuarranta, rutaidh, smulcach, stuiceach, sturdail, sturralach

surmise *n.* barail *fem.*

surmullet *n.* iasg driomanach *masc.*

surname *n.* cinneadh *masc.*, co-ainm *masc.*, sloinneadh *masc.*, cinnich

surname *vb.* sloinn, sloinnich

surplice *n.* lèine-aifrinn *fem.*

surplus *n.* còrr *masc.*, ain-iomad *fem.*, barrachas *masc.*, barrachd *fem.*, barras *masc.*, corralach *masc.*

surplus *adj.* ain-iomadaidh

surprise *n.* iongnadh *masc.*, clisgeadh *masc.*, iongantas *masc.*, sganradh *masc.*, speuclaireachd *fem.*, spleamas *masc.*

surprise *vb.* cuir iongnadh/clisgeadh air, thig gun fhios air, sgeimhlich

surprising *adj.* iongantach, neònach

surrealism *n.* os-fhìreachas *masc.*

surrender *n.* strìochdadh *masc.*, gèilleadh *masc.*, liubhairt *masc.*, toirt-thairis *fem.*

surrender *vb.* gèill, thoir gèill, strìochd, liubhair, sleuchd, thoir suas

surround *vb.* cuartaich, iadh, iomdhruid, timcheall

surtax *n.* for-chàin *fem.*

survey *n.* sealladh *masc.*, beachd *masc.*, tomhas *masc.*, sgrùdadh *masc.*, clàrachas *masc.*, rannsachadh *masc.*, tomhas *masc.*

survey *vb.* tomhais, gabh beachd, meas

surveying *n.* tomhas *masc.*

surveyor *n.* neach-meas *masc.*, beachdadair *masc.*, neach-tomhais *masc.*

survive *vb.* mair beo

survive (on) *vb.* thig suas (air)

surviving *adj.* maireann

survivor *n.* neach-tàrrsainn *masc.*

susceptible *adj.* mothachail, claonte, frithillidh

suspect *vb.* cuir an amharas, cuir an umhail, snot

suspecting *adj.* amhasarach, snotach

suspend *vb.* croch, cuir dàil ann, cuir à dreuchd, cuir air thaobh

suspend (respite) *vb.* allsaich

suspend standing orders *vb.* cuir na gnàth-riaghailtean an dàil

suspenders (braces) *n.* galas *masc.*, irisean *masc.*

suspense *n.* teagamh *masc.*, feitheamh *masc.*

suspension *n.* bacadh *masc.*, cur o dhreuchd *masc.*, crochadh *masc.*, allsachadh *masc.*, allsachd *fem.*

suspension bridge *n.* drochaid-crochaidh *fem.*

suspicion *n.* amharas *masc.*, snotadh *masc.*

suspicion (distrust) *n.* mì-earbsa *masc.*

suspicious *adj.* amharasach, snotach

suspicious (distrustful) *adj.* mì-earbsach

sustain *vb.* cum suas, fuiling, beathaich, taic

sustainable *adj.* buan

sustainer *n.* neach cumail-suas *masc.*

sustaining pedal *n.* troighean-tuasglaidh *masc.*

sustenance *n.* lòn *masc.*, beathachadh *masc.*, annlan *masc.*, soplachan *masc.*, tacar *masc.*

sustenation *n.* tacachadh *masc.*

suture *n.* grèim *masc.*, sùdh *masc.*

swaddle *vb.* suain, paisg, spaoil, suainig

swaddler *n.* spaoileadair *masc.*

swaddling *adj.* pasgach, spaoileach

swaddling-band *n.* brat-spaoilidh *masc.*, crios-ceangail *masc.*, crios-pasgaidh *masc.*, crios-speillidh *masc.*

swaddling-cloth *n.* brat-speillidh *masc.*, pasg *fem.*

swagger *vb.* dèan spàglainn, pliadh, steòrn

swain *n.* buchdach *masc.*

swallow (bird) *n.* gobhlan-gaoithe *masc.*, aileag *fem.*, ainleag *fem.*, amhlag *fem.*

swallow *vb.* sluig, sùgh

swallower *n.* sumair *masc.*

swallowing *n.* sluigeadh *masc.*, sùghadh *masc.*

swallowing *adj.* sluganach

swamp *n.* fèith *fem.*, boglach *fem.*, bogach *masc.*, criathrach *masc.*, lab *masc.*

swampy *adj.* leanach

swan *n.* eala *fem.*, airmid *fem.*, gall *masc.*

swan-shot *n.* ruagaire *masc.*

sward *n.* ailean *masc.*, caoin *fem.*

swarm *n.* lùis *fem.*, saith *masc.*, sgann *fem.*, sgann *fem.*, sgaorr *masc.*, sgaoth *masc.*, sguain *fem.*

swarm *vb.* sgothaich

swarming *adj.* sgannach

swarthiness *n.* lachdainneachd *fem.*

swarthy *adj.* ciar, doimhearra, lachdainn, odharaidh

swashbuckler *n.* seabhaltach *masc.*

swathe *n.* ràth *masc.*, bobht *masc.*, riadhan *masc.*, rola *masc.*, roladh *masc.*, rolag *fem.*, sgor *masc.*, spadh *masc.*, stadh *masc.*

swathe *vb.* paisg, rothaich, rothaig, spaoil

swather *n.* spaoileadair *masc.*

swathing *adj.* pasgach, spaoileach

sway (incline) rach bho thaobh gu taobh

sway (power) *n.* riaghladh *masc.*, seòladh *masc.*, rèim *fem.*, rèimealachd *fem.*

sway (power) *vb.* òrdaich, uinnsich

swayback *n.* aomadh-droma *masc.*

swaying *n.* clabadaich *fem.*

swear *vb.* mionnaich, thoir mionnan, bòidich, codaich, lugh, mallaich

swearing *n.* mionnachadh *masc.*, droch-chainnt *fem.*, codachadh *masc.*, droch-sheanachas *masc.*, lughadh *masc.*, mionnadh *masc.*

sweat *n.* fallas *masc.*

sweat *vb.* cuir fallas

sweat gland *n.* faireag-fhallais *fem.*

sweat-shirt *n.* lèine-spòrs *fem.*

sweaty *adj.* fallasach

swede (brassica napus) *n.* sneap Shuaineach *fem.*

sweep *vb.* sguab, siab, sruab

sweep-net *n.* lìon-iadhaidh *masc.*

sweeper *n.* sguabair *masc.*

sweeping *n.* sguabadh *masc.*, sguabaireachd *fem.*, siabadh *masc.*

sweepings *n.* sguab *fem.*, sguabadh *masc.*, smodal *masc.*, smolasg *masc.*

sweepstake *n.* lom-sgrìob *fem.*, ursgartadh *masc.*

sweepy *adj.* suaipeachail

sweet *adj.* mealach, milis, siucarach

sweet *n.* mìlse *fem.*, mìlsean *masc.*

sweet bun *n.* bonnach milis *masc.*, bonnach-milse *masc.*

sweet chestnut *n.* geanmchnò *fem.*

sweet meadow-grass *n.* dialtag *fem.*, mislean *masc.*

sweet mountain fern *n.* crim-raineach *fem.*, raineach an fhaile *fem.*

sweet tangle *n.* smeartan *masc.*

sweet vernal-grass *n.* mislean *masc.*

sweet violet *n.* fail-chuach *fem.*

sweet woodruff *n.* lus a' chaitheimh *masc.*, lus molach *masc.*

sweet-briar *n.* dris chubhraidh *fem.*, sgeach chubhraidh *fem.*

sweet-Cicely *n.* còs-uisge *fem.*

sweet-flag *n.* cuilc chrann *fem.*, cuilc mhilis *fem.*

sweet-gale *n.* roid *fem.*, roideagach *fem.*

sweet-grass *n.* bileanach *fem.*, bilearach *fem.*, milearach *masc.*

sweet-oil *n.* ola-mhilis *fem.*

sweet-scented *adj.* so-bholtrach

sweet-willow *n.* cannach *masc.*

sweetbread *n.* aran milis *masc.*

sweeten *vb.* milsich, neo-ghoirtich

sweetened *adj.* milseanta, milsichte, neo-ghoirtichte

sweetening *n.* neo-ghoirteacadh *masc.*

sweetheart *n.* leannan *masc.*, gràidheag *fem.*, gràidhean *masc.*, neach-suiridh *masc.*, rùnag *fem.*, stiall *fem.*

sweetie (sweetmeat) *n.* grìogag *fem.*, peabaran *masc.*

sweetish *adj.* milseanta

sweetmeat *n.* mealann *masc.*, mìlse *fem.*

sweets *n.* smealach *fem.*, suiteas *masc.*

swell *vb.* at, bòc, sèid, balgaich, deirgnich, ion-bholg, siat, tòc

swell (movement of surface of sea) *n.* sumainn *fem.*, forunn *masc.*

swelling *n.* at *masc.*, cnap *masc.*, bòcadh *masc.*, ataireachd *fem.*, atmhoireachd *fem.*, boradh *masc.*, cnocaid *fem.*, màm-sìc *masc.*, moil *fem.*, pub *masc.*, sèid *fem.*, siat *masc.*, tòcadh *masc.*, toic *fem.*, toicean *masc.*

swelling *adj.* atmhor

swelter *vb.* cruadhaich, bi am brothall

sweltry *adj.* bruthainneach

swerve *vb.* claon, lùb, rach a thaobh

swift *n.* ainleag-dhubh *fem.*, gòbhlan-dubh *masc.*, gòbhlan-gainmhich *masc.*, gòbhlan-mòr *masc.*

swift *adj.* grad, siubhlach, ealamh, apar, luath, luath-cheumnach

swiftness *n.* luaithead *masc.*, luaths *masc.*

swill *vb.* bogaich, fliuch

swim *n.* snàmh *masc.*

swim *vb.* snàmh

swimmer *n.* snàmhaiche *masc.*, snàmhair *masc.*

swimming *n.* snàmh *masc.*

swimming *adj.* air snàmh, snàmhach

swimming costume *n.* deise-snàimh *fem.*

swimming-pool *n.* amar-snàmh *masc.*

swimming-trunks *n.* briogais-shnàmh *fem.*

swindle *n.* feall-ghnìomh *masc.*

swindle *vb.* meall, thoir an car à

swindler *n.* mealltair *masc.*

swindling *n.* mealltaireachd *fem.*, mealltachd *fem.*

swine *n.* muc *masc.*

swineherd *n.* mucair *masc.*, muc-bhuachaill *masc.*

swing *n.* dreallag *fem.*, siùdan *masc.*, luasgadh *masc.*, gluasad *masc.*, drolag *fem.*, greallag *fem.*, riaghan *masc.*, saoban *masc.*, saobanaich *fem.*

swing *vb.* luaisg, tulg, dèan siùdan, gabh dreallag, siud

swing (seat) *n.* riaghan *masc.*

swing-swang *n.* longadan *masc.*

swing-wing *adj.* sgiath-lùbaidh

swinge *vb.* singil

swinger *n.* luasgadair *masc.*

swinging *n.* saoban *masc.*, saobanach *masc.*, saobanachadh *masc.*, siudanachadh *masc.*, siudanachd *fem.*, siudanadh *masc.*

swinging *adj.* luasganach, saobanach, siudanach

swingle-stick *n.* maide-slachdaidh *masc.*

swingle-tree *n.* amall *masc.*, dreallag *fem.*, greallag *fem.*

swipe *n.* buille *fem.*, suabag *fem.*

swipes *n.* spliudrach *masc.*

swiple *n.* buailtean *masc.*

swirl *n.* goileach *masc.*

swirling *n.* rusladh *masc.*

switch *n.* suidse *fem.*, gàd *masc.*, gàdaig *fem.*, slat *fem.*, steabhag *fem.*

switch (lash) *vb.* slat, sguids

switch (riding-whip) *n.* bioran *masc.*

switch-grass *n.* bruimfheur *masc.*

switchboard *n.* suids-chlàr *masc.*, bòrd-seinnse *masc.*

swivel *n.* udalan *masc.*, cailbean *masc.*, carrachan *masc.*

swollen *adj.* bronnach

swollen-cheeked *adj.* meilleach

swoon *n.* paiseanadh *masc.*, neul *masc.*, paisean *masc.*, plathadh *masc.*, preathal *masc.*, tàimh-neul *masc.*

swoon *vb.* rach an neul, rach am paiseanadh

swooning *adj.* paiseanach

swoop *n.* sic *fem.*

swoop *vb.* thig le ruathar

swooping *n.* cromadh *masc.*

sword *n.* claidheamh *masc.*, cruaidh *fem.*, slaighre *fem.*

sword-belt *n.* crios-claidheimh *masc.*

swordfish *n.* iasg a' chlaidheimh *masc.*, luinn-iasg *masc.*, lunasg *masc.*

swordplay *n.* basbaireachd *fem.*, speilearachd *fem.*

swordsman *n.* basbair *masc.*, claidheamhair *masc.*, fear-claidheimh *masc.*, lannair *masc.*

swordsmanship *n.* basbaireachd *fem.*, claidheamhaireachd *fem.*

swot *vb.* ionnsaich gu dian

sycamore *n.* craobh-pleantrainn *fem.*, craobh-shice *fem.*, fìor-chrann *fem.*

sycophancy *n.* sodalachd *fem.*, beul-bòidheach *masc.*, beul-brèagha *masc.*, masgal *masc.*, miodalachd *fem.*, rothall *masc.*

sycophant *n.* sodalaiche *masc.*, basaire-bùird *masc.*, bladaire *masc.*, masgalaiche *masc.*

sycophantic *adj.* sodalach, sgleogach

syllabic *adj.* lideachail, dialtach, sìoladhach, smideachail

syllable *n.* lide(adh) *masc.*, dìog *masc.*, drannadh *masc.*, drannd *masc.*, gabadh *masc.*, sìola *masc.*

syllabub *n.* carran *masc.*, cobhar *masc.*, cobhragach *masc.*

syllabus *n.* clàr-eagair *masc.*, clàr-obrach *masc.*, clàr-oideachaidh *masc.*, sùmhlachadh *masc.*

syllogism *n.* siollag *fem.*, tanargain *masc.*

sylvan *adj.* coillteach

sylvine *n.* silbhin *masc.*

symbol *n.* samhl(adh) *masc.*

symbolical *adj.* samhlachail

symbolise *vb.* samhlaich, riochdaich

symbolism *n.* samhlachas *masc.*, samhlaireachd *fem.*

symmetrical *adj.* ceart-chumadail, riaghailteach, cothromaichte

symmetry *n.* cumadalachd *fem.*, co-fhreagairt *fem.*, co-fhreagartas *masc.*, cuimireachd *fem.*

sympathetic *adj.* co-fhulangach, co-mhothachail, faireachdail, truasail

sympathise *vb.* co-fhuiling, co-mhothaich

sympathy *n.* co-fhulangas *masc.*, co-mhothachadh *masc.*, co-thruas *masc.*

symphony *n.* siansadh *masc.*, simphnidh *masc.*

symphysis pubis *n.* ceangal cnàimh a' ghobhail *masc.*

symposium *n.* co-chomhairle *fem.*

symptom *n.* comharra(dh) *masc.*

symptom(s) *n.* comharradh *masc.*

synaloepha *n.* soinchearb *fem.*

synchronise *vb.* sioncronaich, co-thìmich

synchronous *adj.* co-thìmeach, maraon

syncopation *n.* ana-bhuille *fem.*, buille-chontrarra *fem.*

syncope *n.* giorrachadh *masc.*

syndicate *n.* co-bhann *fem.*, buidheann-gnothaich *fem.*

synecdoche *n.* mìr-riochdachadh *masc.*

synod *n.* seanadh *masc.*, àrd-reachdas *masc.*, seanaid(h) *fem.*

synonym *n.* co-fhacal *masc.*, co-chiallairt *fem.*

synonymous *adj.* co-chiallach, co-fhaclach

synopsis *n.* giorrachadh *masc.*, brìgh *fem.*, sùmhlachadh *masc.*

synovial fluid *n.* lionn nan alt *fem.*

synovial membrane *n.* lionan *masc.*

syntax *n.* co-chàradh *masc.*, co-rèir *fem.*, co-thaghadh *masc.*, co-thàthadh *masc.*

synthesis *n.* co-chur *masc.*, co-thàthadh *masc.*, co-thràchdas *masc.*

synthesiser *n.* siontasaiseir *masc.*

synthetic *adj.* co-thàthte, eagarra, eagarra

syphillis *n.* sifilis *fem.*

syphon *n.* lìonadair *masc.*, sùghachan *masc.*

syren *n.* suire *fem.*

syringe *n.* steallair(e) *masc.*, gunna-sput *masc.*, bruideag *fem.*, bruideag *fem.*, gunna-sputachain *masc.*, gunn'-uisge *masc.*, pìob-steallaidh *fem.*, sgairdear *masc.*, sgiordan *masc.*, sgiùirdire *masc.*, snàthad-sputaidh *masc.*, sputachan *masc.*, sputair *masc.*, sputan *masc.*, stealladair *masc.*

syringing *n.* stealladaireachd *fem.*

system *n.* riaghailt *fem.*, seòl *masc.*, siostam *masc.*, co-rian *masc.*, dòighealachd *fem.*, rian *masc.*, rianalachd *fem.*

systematic *n.* co-eagarach *masc.*

systematic *adj.* dòigheil, eagarach

systematic circulation *n.* cuairt a' chuim *fem.*

systematical *adj.* riaghailteach

systemic poison *n.* puinnsean an aoraibh *masc.*

systems analyst *n.* sgrùdaire riaghailtean *masc.*

systole *n.* crithe-chrìonachd *fem.*

T

T-junction *n.* snaidhm an rathaid *masc.*

tabard *n.* oisionair *masc.*

tabby *n.* taibean *masc.*

tabby *adj.* slatach, stiallach, sriodagach

tabernacle *n.* bùth *masc./fem.*, pàilliun *masc.*

table *vb.* taisbean, clàr *masc.*

table (article of furniture) *n.* bòrd *masc.*, clàr *masc.*

table (index) *n.* clàr (-innse) *masc.*

table-cloth *n.* anart-bùird *masc.*, cuibhrig(e)-bùird *fem.*, tubhailt-bhùird *fem.*

table-knife *n.* sgian-bhùird *fem.*

table-linen *n.* anart-bùird *masc.*

table-maid *n.* searbhanta-bùird *masc.*

table-tennis *n.* cneutag-bùird *fem.*, teanas-bùird *masc.*

tablet *n.* clàr *fem.*

tablet (cake) *n.* pile *fem.*

tablet *n.* clàr *masc.*

tablet (slab) *n.* clàr *masc.*, bòrdan *masc.*, pìos *masc.*

tabor *n.* tiompan *masc.*

tabular *adj.* clàrach

tabulated *adj.* clàraichte

tabulator *n.* clàrachair *masc.*

tache *n.* cromag *fem.*, lùb *fem.*, dul *masc.*, ealachag *fem.*, taist *fem.*

taciturn *adj.* dùinte, tosdach, sàmhach, beag-ràiteach, mì-labhrach

tack *vb.* faitheamaich, tacaidich

tack (fastening of sail) *n.* taca *fem.*, ball-toisich *masc.*, cluas *fem.*, cluas an t-siùil *fem.*, gualainn *fem.*, laighe *fem.*

tack (change course) *vb.* beat, bòrd, cuir gualainn oirre

tack (course) *n.* gabhail *fem.*

tack (lease) *n.* gabhail-fearainn *fem.*, tac *fem.*, tacaid *fem.*

tackle (gear) *n.* acfhainn *fem.*, uidheam *fem.*, gleus *masc.*, trealaich *fem.*

tackle (nautical) *n.* droinip *masc.*

tacksman *n.* fear-baile *masc.*, fear-taic *masc.*

tactical *adj.* rangachail

tactics *n.* luim *masc.*, seòl (-obrachaidh) *masc.*, eòlas-cogaidh *masc.*, rangachadh *masc.*, rangeolas *masc.*, rang-oilean *masc.*

tactile *adj.* beantainneach

tactility *n.* so-bheantainneachd *fem.*

tadpole *n.* ceann-phollan *masc.*, ceann-simid *masc.*, dairbeag *fem.*, òg-losgann *masc.*

taffeta *n.* taifeid *fem.*

tag (point of lace) *n.* eaglain *masc.*

taghairm *n.* taghairm *fem.*

tail *n.* earball *masc.*, eàrr *masc.*, feaman *masc.*, rumball *masc.*, runnsan *masc.*, rùsan *masc.*, siùp *masc.*, tàrr *masc.*

tail (skirt of garment) *n.* cirb *fem.*, roisean *masc.*

tail-feather *n.* èarr-ite *fem.*

tailback *n.* earball *masc.*, ciutha charbadan *masc.*, earball charbadan *masc.*, srò(i)n ri tò(i)n *fem.*

tailed *adj.* gasganach

tailor *n.* tàillear *masc.*

tainted *adj.* tròthach

take *vb.* gabh, glac, tog

take care *vb.* thoir an aire, thoir toghaidh

take in hand *vb.* rach na s(h)eilbh

take note *vb.* gabh beachd (air)

take offence *vb.* gabh anns an t-sròin, gabh saonas

take over *vb.* gabh thairis

takeover *n.* gabhail thairis *fem.*, gabhail-seilbh *fem.*

taking *n.* toirt leis *fem.*, togail *fem.*

tale *n.* eachdraidh *fem.*, seanachas *masc.*, sgeul *masc.*, sgeulachd *fem.*, spleadh *masc.*

talebearer *n.* neach-aithris *masc.*, preigeadair *masc.*, sgeul-theachdair *masc.*

talent *n.* tàlant *masc.*

talent scout *n.* lorgaire-laoch *masc.*

talented *adj.* tàlantach, ealanta, comasach

talisman *n.* dealbh-draoidheachd *masc./fem.*

talk (conversation) *n.* bruidheann *fem.*, òraid *fem.*

talk (address) *n.* òraid *fem.*

talk *vb.* bruidhinn, labhair

talkative *adj.* bruidhneach, còmhraideach, briathrach, abartach, beulach, brosgalach, bruidhneach, cabach, gobach, goileamach, leacach, lonach, luath-bheulach, luath-bhileach, luath-chainnteach, reasach

tall tale *n.* seanchas tarmadach *masc.*

tallness *n.* àirde *fem.*, faide *fem.*

tallow *n.* buaicean *masc.*, crèis *fem.*, geir *fem.*, streafon *masc.*

tally *n.* cunntas-eag *masc.*

tally-mark *n.* comharradh-cunntaidh *masc.*

tally-score *n.* gad *masc.*

talon *n.* spuir *masc.*, ionga *fem.*, speir *fem.*, spòg *fem.*, spor *masc.*

taloned *adj.* ìneach

tambouring *n.* oir-ghreus *masc.*

tame *adj.* call(d)a, ciùin, ceannsaichte, callaidh, socrach, soimhe, soitheamh, solta, stamhnaidh, stòlda, sùmhail

tame *vb.* callaich, ceannsaich, cataich, modh, stamh, stamhnaich, sùmhlaich

tameness *n.* stòldachd *fem.*

taming *n.* calladh *masc.*, ceannsachadh stamhadh *masc.*, sùmhlachadh *masc.*, tàladh *masc.*

tammy *n.* stuth-cùrainn *masc.*

tamper *n.* milleadh *masc.*, beantainn *fem.*

tamper *vb.* bean ri, mill

tampering *n.* smeachranachd *fem.*, beantainn (ri) *fem.*

tampon *n.* stupaid *fem.*

tan *n.* dubhadh-grèine *masc.*

tan *vb.* cairt, cart

tangent *n.* beantan *masc.*

tangible *adj.* so-bheanailteach, so-bheantainn

tangle *vb.* amhlaich, cuir/rach an sàs

tangle (mass) *n.* troimhe chèile *fem.*

tangle (oarweed) *n.* stamh *masc.*, slat-mhara *fem.*, goigean *fem.*, bragaire *masc.*, doire *fem.*, duidhean *masc.*, leitheagan dubh *masc.*, liaghag *fem.*, roc *fem.*

tanist *n.* tànaiste *masc.*

tanistry *n.* tànaisteachd *fem.*

tank (pool) *n.* stang *masc.*, amar (-uisge) *masc.*

tank (vehicle) *n.* tanca *fem.*

tankard *n.* tancard *masc.*

tanned (converted into leather) *adj.* cairte, cairtidh

tanner (one who tans) *n.* cairtear *masc.*, sutair *masc.*, neach-cairtidh *masc.*

tanner (one who tans) *n.* sutair *masc.*

tanner (sixpence) *n.* crotag *fem.*

tansy *n.* lus na Fraing *masc.*

tantalism *n.* peanaisteachadh *masc.*

tantalize *v.* tog dòchas, sàraich miann, claoidh, leamhaich

tantalizing *adj.* peanaisteach

tantamount *adj.* co-ionnan, ionnan

tantrum *n.* bradhag *fem.*, dod *masc.*, prat *masc.*

tap *n.* goc *masc.*, tap *fem.*, spiocaid *fem.*, steallair *masc.*

tap (draw upon) tarraing à

tap (knock) *vb.* cnog, stalc

tape *n.* stiall-cotain *fem.*, stìom *fem.*, teip *fem.*

tape-measure *n.* ribinn-tomhais *fem.*

tape-recording *n.* reacordadh-teipe *masc.*

taper *n.* goillean *masc.*, topar *masc.*

taper *vb.* caolaich

tapering *adj.* barrchaol

tapestry *n.* oir-ghreus *masc.*

tapeworm *n.* bèist-dà-lionn *fem.*, biast-dà-liunn *masc.*, cnuimh-goile *fem.*, durragan stiallach *masc.*

tar *n.* bìth *fem.*, teàrr *fem.*

tar *vb.* teàrr

tardiness *n.* athaiseachd *fem.*, maille *fem.*, mairnealachd *fem.*

tardy *adj.* athaiseach, mall, mairnealach, slaodach, ionsanach, moilleach

target *n.* targaid *fem.*, sgiath *fem.*

target (shield) *n.* targaid *fem.*, sgiath *fem.*, sgoit *fem.*

target audience *n.* luchd-amais sònraichte *masc.*

target date *n.* ceann-latha *fem.*

target marketing *n.* margaideachd air targaid *fem.*

tariff *n.* càin *fem.*, clàr-phrìsean *masc.*, cìs *fem.*, taraif *fem.*

tarn *n.* lochan-monaidh *masc.*

tarpaulin *n.* cainb-chairtidh *fem.*, cainb-theàrra *fem.*, meall *masc.*, pilleag *fem.*

tarpot *n.* prais-theàrra *fem.*

tart *adj.* searbh, geur, garg, goirt, spairtidh

tart (dish) *n.* pithean *masc.*

tart (prostitute) *n.* strìopach *fem.*, siùrsach *fem.*

tartan *n.* tartan *masc.*

tartar *n.* sgrisleach *masc.*

tartrazine *n.* sgrisleachan *masc.*

task *n.* gnìomh *masc.*, dleasdanas *masc.*, pìos-obrach *masc.*

tassel *n.* cluigean *masc.*, babaid *fem.*, babag *fem.*, aigeallan *masc.*, aigilean *masc.*, crochadan *masc.*, giobag *fem.*, mab *masc.*, ribeag *fem.*

tasselled *adj.* cluigeanach, babaideach, babagach, mabach

taste *vb.* blais, feuch

taste (faculty of perceiving beautiful) *n.* sgoinn *fem.*, soisinn *fem.*

taste (sensation) *n.* blas *masc.*, boit *fem.*

tasteful *adj.* blasda

tasteless *adj.* mì-bhlasda, neo-bhlasda

tasty *adj.* blasda

tatter *n.* luideag *fem.*, stròic *fem.*, cearb *fem.*, bàrlag *fem.*, bròineag *fem.*, clomhan *masc.*, pùrlag *fem.*, ribe *masc.*

tatter *vb.* reub, stroic

tattered *adj.* luideach, cearbach, stròicte, lorach, reubte

tattle *n.* goileam *masc.*, briot *masc.*, cabaich *fem.*, siurdan *masc.*

tattle *vb.* dèan goileam/briot

tattoo *n.* tatù *masc.*, sgead-craicinn *masc.*

taunt *n.* beumadh *masc.*, magadh *masc.*, meathadh *masc.*, sgeig *fem.*, spìdeag *fem.*, teabad *masc.*, teibeid *fem.*

taunt *vb.* beum, mag, sgeig, maslaich, cuir an ìre, dèan fochaid air, thoir meath (do)

taunter *n.* sgeigeach *masc.*

taunting *n.* sgeideireachd *fem.*, rasaireachd *fem.*

taunting *adj.* beumnach, maslach, piocach, sgeigeach, sgeigeil, spìdeach

Taurus *pr.n.* Tarbh, an

taut *adj.* ruigheach, teann

tautological *adj.* ath-bhriathrach

tautologist *n.* ath-bhriathraiche *masc.*

tautology *n.* aithriseachd *fem.*, ath-bhriathrachas *masc.*, ionlairt *fem.*

tavern *n.* taigh-thàbhairn *masc.*, taigh-òsda *masc.*, tarnaid *fem.*

tawdry *adj.* faoin-bhrèagh, sèapach

tawny *adj.* lachdainn, ciar, odhar, liath-bhuidhe

tawny owl *n.* bodach-oidhche *masc.*, cailleach-oidhche *fem.*, comhachag dhonn *fem.*, comhachag ruadh *fem.*

tawny pipit *n.* snathag dhonn *fem.*

tawse *n.* tàs *masc.*, strap *fem.*, stràic *masc.*

tax *n.* cìs *fem.*, càin *fem.*, màl *masc.*

tax return *n.* aisthilleadh-cìse *masc.*

tax-gatherer *n.* maor-cìse *masc.*

taxable *adj.* cìs-bhuailteach

taxation *n.* cìs *fem.*

taxi *n.* tagsaidh *masc.*

taxman *n.* cìsear *masc.*, cìsire *masc.*, cìs-mhaor *masc.*

tea *n.* te(atha) *fem.*, tì *fem.*

teach *vb.* teagaisg, ionnsaich, foghlaim, muin, ollamhaich

teacher *n.* tidsear *masc.*, neach-teagaisg *masc.*, maighstir *masc.*, muinear *masc.*

teaching *n.* teagasg *masc.*, ionnsachadh *masc.*

teaching staff *n.* luchd-teagaisg *masc.*

teal *n.* crann-lach *fem.*, darcan *masc.*, lach(a) bheag *fem.*, lach shìth *fem.*, sìolta *fem.*

team *n.* buidheann *fem./masc.*, buidheann-cluich *fem./masc.*, sgioba *fem./masc.*

tear (drop of liquid) *n.* deur *masc.*, sil nan sùl *masc.*

tear (rent) *n.* spìonadh *masc.*, sracadh *masc.*

tear *vb.* srac, reub, spìon, peall, ròcail, spòlt, spult, stròic

tear-duct *n.* pìob-nan-deur *fem.*

tear-gland *n.* fàireag-nan-deur *fem.*

tearer *n.* reubainnear *masc.*, reubaire *masc.*, riaslair *masc.*

tearful *adj.* deurach, silteach, snigheach

tearing *n.* riaslach *masc.*, riasladh *masc.*, sràcadh *masc.*

tearing *adj.* reubach, sgrathail, speucach, sràcanta

tease (vex) *vb.* caig (air), conas (air), dèan dona air, farranaich, mollaich, rogainn, searbhaich, siabhair, spiol, tarraing à

tease (comb) *vb.* cìr, spiol, tlàm

teasel *n.* leadan-an-fhùcadair *masc.*, searcan *masc.*

teaser *n.* spioladair *masc.*

teasing *adj.* seilleanach

teasing *n.* feachaireachd *fem.*, conagladh *masc.*

teaspoon *n.* spàin tì/tè/teatha *fem.*, spàineag *fem.*

teat *n.* sine *fem.*, deala *fem.*, ballan *masc.*

technical *adj.* teicneolach, teignigeach

technician *n.* teigneolaiche *masc.*

technique *n.* alt *masc.*, dòigh *fem.*

technologist *n.* teicneolach *masc.*, teicneolaiche *masc.*

technology *n.* teicneolachd *fem.*, teicneolas *masc.*

teddy-bear *n.* teadaidh *masc.*

tedious *adj.* liosda, màirnealach, màidheanach, mall, ràbhanach, ràsanach, reuchdalach, seamsanach, sgìtheil, siorsanach, uaineach

tediousness *n.* fadalachd *fem.*, liosdachd *fem.*

teem *vb.* cuir thairis, taom, thoir a-mach, tòrr, torraich

teeming *adj.* làn

teeming *n.* lùsadh *masc.*

teenager *n.* deugair *masc.*

teetotaller *n.* freitiche *masc.*

teetotum *n.* dodum *masc.*, gille-mirein *masc.*

teind *n.* deachamh *masc.*

telecommunications *n.* cian-chonaltradh *masc.*

teleconferencing *n.* cian-cho-labhairt *fem.*

telecottage *n.* cian-bhothan *masc.*

telegram *n.* teileagram *masc.*, cian-sgeul *masc.*, cian-sgrìobhadh *masc.*, fios-dealain *masc.*

telegraph *n.* teileagraf *masc.*, cian-sgrìobhair *masc.*, cian-shanasair *masc.*, dealan-spèid *fem.*

telegraphic *adj.* cian-sgrìobhach, cian-shanasach

telegraphist *n.* cian-sgrìobhadair *masc.*

telephone *n.* cèin-chagair *masc.*, cian-fhuaim *masc.*, cian-shanasair *masc.*

telephone *vb.* cuir fòn gu, fòn, fònaig

telephone directory *n.* seòlachan na fòna *masc.*

telephonic *adj.* cian-shanasach

telephonist *n.* fònaiche *masc.*

teleprinter *n.* cian-chlòdair *masc.*

telescope *n.* gloin-amhairc *fem.*, prosbaig *masc.*, gloine-fhad-sheallaidh *fem.*, gloinne-seallaidh *masc.*

telesoftware *n.* cian-bhathar bog *masc.*

teletex *n.* post-dealain *masc.*

teletext *n.* cian-teacs *masc.*, teleteacs *masc.*

television *n.* telebhisean *masc.*

telex *n.* cian-chagair *masc.*

tell *vb.* innis, abair, cunnt, aithris

tell-tale *n.* gobaire *masc.*, neach-innse *masc.*, neach-aithris *masc.*, cabag *fem.*, cabaire *masc.*, cuthag-chluaise *fem.*, luaimear *masc.*, sgeilm *fem.*

telling *n.* innse(adh) *masc.*

temper *n.* nàdar *masc.*, gnè *fem.*

temper *vb.* ciùinich, measarraich, foinnich, suath

temper (state of metal) *n.* fadhairt *fem.*

temper (state of metal) *vb.* fadhairtich

temperament *n.* nàdar *masc.*, càileachd *fem.*

temperance *n.* measarrachd *fem.*, stuamachd *fem.*

temperate *adj.* measarra, stuama, cneasda, nàistinneach

temperature *n.* teodhachd *fem.*, cuimheasachd *fem.*, teasach *masc.*, tomhas-teas *masc.*

tempest *n.* doineann *fem.*, gailleann *fem.*, anradh *masc.*, stoirm *fem.*

tempestuous *adj.* gailbheach, ànrach, stoirmeil, doineannach

templar *n.* teampallach *masc.*

template *n.* cumadair *masc.*, samhail *masc.*, teamplaid *fem.*

temple (building) *n.* teampall *masc.*

temple (portion of side of head) *n.* bathais a' chinn *fem.*, cnuachd *fem.*, leth-cheann *masc.*, sliseag *fem.*

tempo *n.* luathas *masc.*

temporal *adj.* aimsireil, talmhaidh, amail

temporal artery *n.* cuisle na h-oisne *fem.*

temporary *adj.* sealach, neo-bhuan

temporize *vb.* cuir dàil

temporary care unit *n.* taigh-tamaill *masc.*

tempt *vb.* buair, tàlaidh, spreòdaich

temptation *n.* buaireadh *masc.*, mealladh *masc.*

ten *num.* deich

tenacious *adj.* leanailteach, righinn, sporach

tenacity *n.* leanailteachd *fem.*, diorrasachd *fem.*, righneas *masc.*

tenancy *n.* gabhaltas *masc.*

tenant *n.* neach-aonta *masc.*, tuathanach *masc.*, neach-baile *masc.*, aitreabhach *masc.*, màladair *masc.*, neach-còrach *masc.*, rùdhrach *masc.*

tenantry *n.* tuath *fem.*

Tenants Rights etc (Scotland) Act 1980 *pr.n.* Achd Còirichean Luchd-aonta etc. (Alba) 1980

tench *n.* teins *masc.*

tendency *n.* aomadh *masc.*, comhair *fem.*

tender *n.* tairgse *fem.*

tender *adj.* maoth, caoin, tais, caomh, brisg, cneasnaidh, craobhaidh, sèamh, solta, tairis, tlàth, tlusail

tender *vb.* tairg

tender-hearted *adj.* teo-chridheach, tais-chridheach, tlusail, tiom-chridheach, iocail, tairis, truacanta

tenderling (one of first horns of deer) *n.* slabhag *fem.*

tenderness *n.* maothalachd *fem.*, caomhalachd *fem.*, breochlaid *fem.*, caoimhneas *masc.*, gnèithealachd *fem.*, oidean *masc.*, tlàths *masc.*, tlusalachd *fem.*

tendon *n.* fèith-lùthaidh *fem.*, rùdan *masc.*, faltan *masc.*, luighean *masc.*

tendril *n.* faillean *masc.*, maotharan *masc.*, ògan *masc.*

tenebrious *adj.* dorcha, gruamach

tenement (building) *n.* teanamant *fem.*

tenement (holding) *n.* gabhail *fem.*

tenesmus *n.* teagnadh *masc.*

tennis *n.* cluich-cneutaig *masc.*, leadaig *fem.*, teanas *masc.*

tennis-racket *n.* bachall *masc.*

tenon *n.* peang *fem.*

tense *n.* tràth *masc.*, aimsir *fem.*, tìm *fem.*

tense *adj.* teann, rag, tarraingte, teannaichte

tension *n.* teannachadh *masc.*, ragachadh *masc.*, teinne *fem.*

tent *n.* teant(a) *fem.*, pàilliun *masc.*, puball *masc.*, sgàthlann *fem.*, taigh is aodach *masc.*

tent-pin *n.* lùbag *fem.*

tentacle *n.* greimiche *masc.*

tenter *n.* cromag *fem.*, dubhan *masc.*, eàrr-fighe *fem.*

tenter-hook *n.* lùbag *fem.*

tenth *adj.* deicheamh

tenuity *n.* meanbhachd *fem.*

tenure *n.* còir-fearainn *fem.*, gabhaltas *masc.*, dàimheachd *fem.*, gabhail *fem.*

tepid *adj.* flodach, meagh-bhlàth

teredo *n.* boireal *masc.*

tergiversation *n.* caraidheachd *fem.*, cùl-cheumnachadh *masc.*

term (condition) *n.* cumha *fem.*, cùmhnant *masc.*

term (fixed period) *n.* teirm *fem.*, ceann-aimsir *masc.*

term (language) *n.* briathar *masc.*

term-day *n.* ceann-aimsreach *masc.*, ceann-latha *masc.*

termagant *n.* eallsg *fem.*, ban-sglàmhrainn *fem.*

terminal *adj.* oirthireach

terminal (computer) *n.* ceann-obrach *masc.*

termination *n.* crìochnachadh *masc.*, sgur *masc.*

terminator *n.* crìochnachair *masc.*

terminology *n.* briathrachas *masc.*

terminus *n.* ceann-uidhe *masc.*, stad-crìche *masc.*

tern *n.* steairdean *masc.*, steàrnag *fem.*

terrace *n.* barraid *fem.*, uchdan *masc.*

terrestrial *adj.* saoghalta, talmhaidh

terrible *adj.* eagalach, uamhasach, deachanach, dìoghalt, dìolaidh, fuathasach, gàbhaidh, gaidhleach, oillteil, sailbheach, sgramhail, sgrathail, tomhail, uamhannach, uamharr

terribleness *n.* eagalachd *fem.*

terrier *n.* abhag *fem.*

terrify *vb.* oilltich, cuir eagal/oillt air, geiltich, maoim, meataich, sgeunaich, uaimhnich

terrifying *adj.* sganrach

territory *n.* tìr *fem.*, fonn, *masc.*, fearann *masc.*, dùthaich *fem.*, talamh *fem.*

terror *n.* eagal *masc.*, oillt *fem.*, cùis-eagail *fem.*, uamhas *masc.*, maoim *fem.*, mùiseag *fem.*, oglaidheachd *fem.*, uamhann *masc.*, uamhas *masc.*

terrorism *n.* sgeimhleadh *masc.*

terse *adj.* cuimir, grinn

terrorist *n.* neach-fuathais *masc.*

tertion *n.* fiabhras *masc.*, critheanach *masc.*

tertiaries (feathers) *n.* treas itean sgèith *fem.*

tessellated *adj.* dìsneach

test *n.* ceasnachadh *masc.*, deuchainn *fem.*

test-tube *n.* pìob-dheuchainn *fem.*

testaceous *adj.* slìogach

testament *n.* tiomnadh *masc.*

testator *n.* neach-tiomhnaidh *masc.*, dìleabaiche *masc.*, tiomnadair *masc.*

testatory *adj.* tiomnach

testicle *n.* clach *fem.*, magairle *fem.*, pleiste *fem./masc.*, siadha *masc.*, tiadhan *masc.*

testimony *n.* teisteanas *masc.*, dearbhadh *masc.*, fianais *fem.*

testosterone *n.* brodag-nan-clach *fem.*

testy *adj.* snoigeasach

tetanus *n.* glas-dheud *masc.*, glas-fhiacal *masc.*

tete-à-tete *n.* cuichean *masc.*, siosma *masc.*

tether *n.* teadhair *fem.*, aghastar *masc.*, faod *masc.*, bràighdean *masc.*, fèist *fem.*, ràic *fem.*, smeag *fem.*, stiall *fem.*

tether *vb.* cuir air cipean, teadhraich

tether-stake *n.* bacan *masc.*, cipean *masc.*

tethering *n.* teadhrachadh *masc.*

tetter *n.* frìdeag *fem.*

Teuton *pr.n.* Dubhghall

text (words) *n.* teacsa *fem.*

text (passage from Bible) *n.* ceann-teagaisg *masc.*, stèidh-teagaisg *fem.*, bonn-teagaisg *masc.*

text editor *n.* deasaiche-teacs *masc.*

textual *adj.* teacsail

textual criticism *n.* breithneachadh teacsail *masc.*

texture *n.* dèanamh *masc.*, inneach *masc.*, cungaidh *fem.*

thallium *n.* taillium *masc.*

thank *vb.* thoir taing, thoir buidheachas

thankful *adj.* taingeil, buidheach

thanklessness *n.* mì-thaing *fem.*, ealachd *fem.*

thankfulness *n.* taingealachd *fem.*

thankful *adj.* taingeil, buidteach

thanks *n.* buidheachas *masc.*, taing *fem.*

thanksgiving *n.* altachadh *masc.*, breith-buidheachais *fem.*, buidheachas *masc.*

Thanksgiving Day *pr.n.* Là na Taingealachd, Latha Taingealachd an Fhoghair

thatch *n.* tughadh *masc.*

thatch *vb.* tugh

thatcher *n.* tughadair *masc.*

thatching *n.* tughadh *masc.*, sgrathadh *masc.*

thaw *n.* aiteamh *masc.*, leagh *masc.*, taineamh *masc.*, toineadh *masc.*

thaw *vb.* dèan aiteamh, leagh

thawing *n.* aiteamh *masc.*, leaghadh *masc.*

thee *pr. n.* thu(sa)

theatre (structure) *n.* taigh-cluiche *masc.*, amharclann *fem.*, talla-cluich *fem.*

theft *n.* meirle *fem.*, goid *fem.*, braide *fem.*, bradalachd *fem.*, gadaigheachd *fem.*, slad *masc.*, sladachd *fem.*, sladadh *masc.*, slaid *fem.*

thematic *adj.* cuspaireil

them *pr.n* iad(san)

theme *n.* cùis *fem.*, tèama *fem.*, cuspair *masc.*, purpais *masc.*

theme (music) *n.* stèidh *fem.*, ùrlar *masc.*

theocracy *n.* dia-riaghladh *masc.*

theological *adj.* diadhaireach *fem.*

theologian *n.* diadhaire *masc.*

theologist *n.* diadhaire *masc.*

theology *n.* sgoil-diadhaireachd *fem.*, diadhachd *fem.*

theorem *n.* cùis-dhearbhte *fem.*

theory *n.* beachd(-smuain) *masc.*, teoiric *fem.*, saoilneas *masc.*

therapist *n.* leasaiche *masc.*

therapy *n.* leasachadh *masc.*, leigheas *masc.*, slànachadh *masc.*

thereabouts *adj.* mu thuairmeas, mu thimcheall

therefore *adj.* air an adhbhar sin, leis an sin, mar sin, rèisd, uime sin

thermal *adj.* teasaigheach, tearmach

thermal printer *n.* clò-bhualadair teasaidh *masc.*

thermometer *n.* gloine-theas *fem.*, teas-mheidh *fem.*, tomhas-teas *masc.*

thesis *n.* tràchdas *masc.*, argamaid *fem.*, iom-chòmhradh *masc.*, teusas *fem.*

thick *adj.* tiugh, garbh, reamhar, spairteach, stalcanta, sturrail, sturranta

thickening *n.* tiughachadh *masc.*, dòmhlachadh *masc.*, reamhrach

thicket *n.* doire *fem./masc.*, badan *masc.*, cabrach *masc.*, garan *masc.*, preas *masc.*, tolm *masc.*, tom *masc.*

thickness *n.* tiughad *masc.*, dòmhlachd *fem.*

thickset *adj.* dèanta, dlùth air a chèile, doganta, domhail, plocagach, sacanta, tapaidh

thief *n.* meirleach *masc.*, gadaiche *masc.*, bradaiche *masc.*, biothantach *masc.*, siutair *masc.*, sladaiche *masc.*, slaidear *masc.*

thievish *adj.* bradach, bradalach, siutach

thievishness *n.* sladachd *fem.*, sladaireachd *fem.*

thigging *n.* faoileas *masc.*

thigh *n.* sliasaid *fem.*, leis *fem.*, iosgaid *fem.*, lethmhàs *masc.*

thimble *n.* meuran *masc.*

thimble (nautical) *n.* sùil *fem.*

thin *adj.* caol, tana, gann, seang, tearc

thin *vb.* caolaich, tanaich

thin-film memory *n.* cuimhne film-tana *fem.*

thing *n.* nì *masc.*, rud *masc.*, cùis *fem.*, gnothach *masc.*

think *vb.* smaoinich, saoil, measraich, thoir fa-near, meòraich

thinking *n.* smaoineachadh *masc.*, saoilsinn *fem.*

thinness *n.* tainead *masc.*, caoilead *masc.*, teircead *masc.*

thinning *n.* tanachadh *masc.*

third *n.* trian *masc.*

third *adj.* treas, tritheamh

third generation computer *n.* coimpiutair an treas ginealaich *masc.*

third person plural *n.* treas pearsa iomarra *masc.*

Third World *pr.n.* Treas Roinn Domhain

third-party *n.* duine eile a bharrachd *masc.*, treas com-pàirteach *masc.*

thirst *n.* pathadh *masc.*, tart *masc.*, ìotadh *masc.*, tiormachd *fem.*

thirsty *adj.* pàiteach, tartmhor, ìotmhor, ìotail

thirteen *num.* trì deug

thirty-second note *n.* tricheadamh-dhà *masc.*

thistle *n.* cluaran *masc.*, fòghnan *masc.*, dìogan *masc.*, feumalan *masc.*, gìogan *masc.*

thistle flask *n.* searrag-dhìogain *fem.*

thole *n.* bac *masc.*, putag *fem.*

thole-pin *n.* cnag *fem.*, bac(a) *masc.*, cnagan *masc.*, putag *fem.*, urracag *fem.*

Thomas's splint *n.* slis-Thòmais *fem.*

thong *n.* iall *fem.*, stiall *fem.*, balt *masc.*, malaid *fem.*, suainean *masc.*

thoracic *adj.* uchdach

thoracic duct *n.* pìob mhòr a' mheòig *fem.*

thorax *n.* cliabh *masc.*

thorite *n.* toirit *fem.*

thorium *n.* toirium *masc.*

thorn *n.* dris *fem.*, droigheann *masc.*, bior *masc.*, dealg *fem.*, dealgan *masc.*, milneach *masc.*, sgolb *masc.*, stac *masc.*, stailc *fem.*, stob *masc.*

thorn-bush *n.* crogan *masc.*

thornback *n.* roc *fem.*, sgait *fem.*, sòrnan *masc.*

thorny *adj.* driseach, droighneach, sgolbach, stacach, staicleach, stobach

thorough *adj.* glan, domhainn, foirfe, iomlan

thoroughfare *n.* troimh-rathad *masc.*

thou *n.* thu(sa)

thought *n.* smaoin *fem.*, smuain *fem.*

thoughtful *adj.* smaointeachail, cùramach

thousand *adj.* mìle

thrall (slave) *n.* tràill *masc.*, tàrlaid *masc.*

thrash *vb.* slaic, buail

thrasher *n.* slacair *masc.*

thrave *n.* treabh(a) *fem.*

thread *n.* snàthainn *masc.*, snàithlean *masc.*, lìn *fem.*, sgeinnidh *masc.*, stiol *masc.*, tainntean *masc.*

thread (pass thread through) *vb.* snàth, cuir snathlainn troimh

threadbare *adj.* lom, caithte

threaded *adj.* sreangach

threadwinder *n.* liaghra *fem.*

threat *n.* mùiseag *fem.*, bagairt *fem.*, maoidteadh *masc.*

threaten *vb.* bagair (air), maoidh (air)

threatening *n.* bagradh *masc.*, mùiseag *fem.*

threatening *adj.* bagarrach

three *num.* trì,

three (card with three pips) *n.* triamh *masc.*

three-cornered file *n.* eighe *fem.*

three-spined stickleback *n.* biorag-lodain *fem.*, bioran-deileach *masc.*, geàrrlaban *masc.*, tarbh-sìolaig *masc.*

threesome *n.* triùir *fem./masc.*

threnody *n.* cumha *masc.*, dàn-bròin *masc.*

thresh *vb.* buail, sùist

thresher *n.* buailtear *masc.*, sguidsear *masc.*, sùistear *masc.*

threshing *n.* bualadh *masc.*, sùisteachadh *masc.*, sùisteachd *fem.*, sùisteadh *fem.*, sùistearachd *fem.*

threshing-mill *n.* muileann-bualaidh *fem./masc.*

threshold *n.* stars(n)aich *fem.*, àrd-bhuinn *masc.*, maide-buinn *masc.*, stairsneach *fem.*

threshold price *n.* prìs-starsaich *fem.*

thrift (frugality) *n.* cùmhnantachd *fem.*, bail *fem.*, crìontachd *fem.*, cruinnealas *masc.*, rudhagail *fem.*

thrift (sea-pink) *n.* brisgean-tràghad *masc.*, neòinean-cladaich *masc.*, tonn-a'-chladaich *fem.*

thrill *n.* gaoir *fem.*

thrifty *adj.* gleidhteach *fem.*, cùramach, ruadhaglach, grunndail

thrill *n.* gaoir *fem.*

thrill *vb.* cuir gaoir air

thrilling *adj.* gaoireil, trileanta

thrive *vb.* soirbhich, cinn, fàs, brotaich

throat *n.* amhach *fem.*, sgòrnan *masc.*, sgòrnach *fem.*, ceannachdrach *masc.*, pìoban *masc.*, rùchdan *masc.*, sealbhan *masc.*, sgoige *fem.*, sgoirm *fem.*, slugaid *fem.*, ugan *masc.*

throb *n.* plosgadh *masc.*

throb *vb.* plosg, dèan plosgartaich

throbbing *n.* plosgartaich *fem.*

throbbing *adj.* craonach, plosgach, plosgartach

throe *n.* èiginn *fem.*, saothair *fem.*, ospag *fem.*

thrombosis *n.* cleiteachd-fala *fem.*

throne *n.* cathair-rìgh *fem.*, rìgh-chathair *fem.*

throng *n.* mòr-shluagh *masc.*, dòmhladas *masc.*, cuideachd *fem.*

throttle *n.* sealbhan *masc.*, sgòrnan *masc.*

throttle *vb.* sealbhanaich

throughout *adj.* o cheann gu ceann, feadh gach àite

through-other *adj.* troimh-a-chèile

throw *vb.* caith, sad, tilg

throw up *vb.* dìobhair, cuir suas

throwing *n.* caitheamh *masc.*, sadail *masc.*, tilgeil *fem.*

thrown *adj.* tilgte

thrum *n.* fuidheag *fem.*, caoibean *masc.*, crùbag *fem.*

thrum *vb.* diasganaich, dèan dreangail-chluiche

thrush (disease) *n.* craos-ghalar *masc.*

thrush (songbird) *n.* smeòrach *fem.*, cèiseach *fem.*, truideag *fem.*

thrust *n.* sàthadh *masc.*, sparradh *masc.*, putadh *masc.*, purradh *masc.*, sitheadh *masc.*, speach *masc.*, srobadh *masc.*, stob *masc.*, stràc *masc.*

thrust *vb.* sàth, sparr, put, pùc, purr, sonn, stob, stràc

thrusting *adj.* sàthach

thud *n.* samht *masc.*, splaid *masc.*

thug *n.* ruspal *masc.*

thulite *n.* tuilit *fem.*

thulium *n.* tuilium *masc.*

thumb *n.* òrdag(-làimhe) *fem.*

thump *n.* buille *fem.*, bocsaid *fem.*, glag *masc.*, pait *fem.*, slaic *fem.*, stailc *fem.*, strailleadh *masc.*, straoile *fem.*

thump *vb.* buail, thoir slaic do, cnap, plùc, puinneanaich, sad, spuaic, stalc

thumping *n.* buaileadh *masc.*, slaireadh *masc.*, lunndraigeadh *masc.*, puinneanachadh *masc.*, stalcadh *masc.*

thunder *n.* tàirneanach *fem.*

thunder *vb.* tàirnich

thunder-shower *n.* bàrc-uisge *masc.*, tuil-bheum *masc.*

thunderbolt *n.* beithir *fem.*, peilear-beithreach *masc.*, peilear-tàirneanaich *masc.*, peileir-tàirnich *masc.*, soighme *fem.*, soighnean *masc.*, soil-bheum *masc.*

thunderous *adj.* torranach

thunderclap *n.* tàrnach *fem.*

thunderer *n.* tàirneanaiche *masc.*

Thursday *n.* Diardaoin *masc.*

thus *adj.* mar seo, air an dòigh seo

thwart *n.* soile *masc.*, tobhta *fem.*, trasd *masc.*

thwart *vb.* cuir an aghaidh, cuir tarsainn

thyme *n.* lus-an-rìgh *masc.*, lus-mhic-Rìgh-Bhreatainn *masc.*, tiom *fem.*

thyroid gland *n.* fàireag sgiathach *fem.*

tial *adj.* suanach

tibia *n.* cnàimh-mòr-na-lurgainn *masc.*

tick (insect) *n.* gartan *masc.*, mial-caorach *masc.*, sar *fem.*, sèalan *masc.*, seileann *masc.*, sèilleann *masc.*, uamhag *fem.*, uamhal *masc.*

tick (mark) *n.* sràc *masc.*

tick pyaemia *n.* a' mharcachd-shìth *fem.*, iongar ghartan *masc.*

tick-borne fever *n.* teasach nan gartan *masc.*

ticket *n.* bileag *fem.*, cairteag *fem.*, ticead *fem.*, tiocaid *fem.*

ticket-collector *n.* clèireach-tiocaide *masc.*, neach nan tiocaidean *masc.*

ticking (sound of watch, clock, etc.) *n.* diogadaich *fem.*

tickle *vb.* diogail

tidal wave *n.* tonn-taoma *masc.*, muir-bhàite *fem.*

tide *n.* tràghadh-mara *masc.*, lìonadh *masc.*, seal-mara *masc.*, seòl-mara *masc.*, tìde-mhara *fem./masc.*, tuil *fem.*

tidiness *n.* sgiobaltachd *fem.*

tidings *n.* naidheachd *fem.*, sgeul *masc.*

tidy *adj.* sgiobalta, cuimir, sgiolta

tidy *vb.* sgioblaich

tie (mode of tying) *n.* bann *masc.*, ceangal *masc.*, nasgadh *masc.*, snaim *masc.*, tairisean *masc.*

tie (necktie) taidh *fem.*

tie *vb.* ceangail, snaim

tied note *n.* nasg-nòt *masc.*

tier *n.* cuairt *fem.*, sreath *masc.*

tierce *n.* teirt *fem.*

tig (game) *n.* sgibid *masc.*, sgiobag *fem.*

tiger *n.* tìgeir *masc.*

tight *adj.* teann, gramail, cuimir

tight-rope *n.* ròp(a)-teann *masc.*

tight-rope walker *n.* coisiche-teud *masc.*

tighten *vb.* teannaich, daingnich, dìonaich, dlùthaich, cneasaich, cughainnaich, ragaich, sùmhlaich

tightener *n.* teannair *masc.*

tightening *n.* teannachadh *masc.*, teannadh *masc.*

tightness *n.* teinnead *masc.*, daingneachd *fem.*, sgiobaltachd *fem.*, snas *masc.*, sùmhaileachd *fem.*, sùmhlachd *fem.*

tights *n.* stocainnean-bodhaig *fem.*

tile *n.* crèadh-leac *fem.*

tile *vb.* leacaich

tiler *n.* leacadair *masc.*

tiling (geometry) *adj.* co-thaobhach

till (cultivate) *vb.* àitich, treabh, àr, saothraich

till (receptacle) *n.* cobhan-airgid *masc.*

tillage *n.* saothrachadh *masc.*

tiller (lever for turning rudder) *n.* ailm *fem.*, failm *fem.*, falmadair *masc.*, maide-stiùiridh *masc.*, talman *masc.*

tilt *vb.* aom, claon, cathraich

timber *n.* fiodh *masc.*

timber-moth *n.* bògus *fem.*, mial-fhiodha *fem.*, reudan *masc.*

timber-wolf *n.* madadh-allaidh mòr *masc.*

timbre *n.* soindath *masc.*

timbrel *n.* tàbar *masc.*, tiompan *masc.*

time *n.* àm *masc.*, aimsir *fem.*, rè *fem.*, tìde *masc.*, tìm *fem.*, tràth *masc.*, uair *fem.*, ùine *fem.*

time (music) *n.* buille *fem.*

time slice *n.* sliseag-ùine *fem.*

time-based corrector *n.* ceartaiche-tìmeach *masc.*

time-display n. sealladh-uaire masc.

time-keeper n. tràthadair masc.

time-share n. roinn-ùine fem.

time-sharing monitor n. stiùireadair roinn-ùine masc., stiùiriche roinn-ùine masc.

time-signature n. tìd-àirdhe fem.

time-value n. luach-tìde masc.

timely adj. amail, an deagh àm

timeous adj. tìmeil, mithich, tràth

timetable n. clàr-ama masc., clàr-tìde masc.

timid adj. gealtach, clisgeach, athach, diùid, meata, sgaoimeach, sgaoimear, sgaoimeil, sgàthach, sgeunach, soidealta, srannartach, tìom

timidity n. gealtachd fem., athadh masc., faiteas masc., giamhachd fem., meath-chridhe masc., sgathachd fem., taisead masc., tìoma fem.

timothy grass n. bodan masc., feur-altanach masc.

tin (metal) n. stàin fem., staoin fem.

tin (container) n. canastair masc., tiona masc.

tincture n. dath masc., lìth masc., boisteadh masc., gnè fem.

tinder n. spong masc., fadadh-spuinge masc., brosdan masc., caisleach-spuing fem., spor masc., spuing fem.

tinder-box n. teann-làmh masc.

tineae acari n. miala-crìona pl.

tinfoil n. sgragall masc.

tinge n. dath masc., gnè fem., lì fem.

tinge vb. dath

tinged adj. lì

tingling n. stoirm fem.

tinker n. ceàrd masc., stànadair masc.

tinker's tartan n. breac-an-teine masc.

tinkle vb. gliogadaich, dèan gliongarsaich, dèan gliong/tiong, thoir gliong

tinkling n. gliongartaich fem., snagan masc.

tinsel adj. basdalach, soillseach

tinsel n. tinsil fem., soillsean masc.

tinkling adj. snaganach

tinsmith n. ceàrd-staoin masc., stànadair masc.

tiny adj. beag bìodach, meanbh, crìon

tip (earmark) n. bàrr masc., binnein masc.

tip (gratuity) n. bonn-boise masc., cochair masc.

tippet n. snòd masc., tiopaig fem., tubait fem.

tippler n. pòitear masc., rugaire masc.

tippling n. pòiteadh masc.

tippling adj. siolagach

tipsiness n. fo-mhisg fem., sogan masc.

tipstaff n. earraid masc.

tipsy adj. fo-mhisgeach

tiptoe n. corpag fem.

tiptoe adj. air corra-biod

tirade n. sreadan masc., sriut masc.

tire vb. sgìthich, fàs sgìth, sàraich

tired adj. sgìth

tiredness n. sgìthealachd fem.

tiresome adj. sgìtheil

tissue n. eadar-fhighe masc., maothradh masc., maothran masc., stuth masc.

tissue (rich fabric) n. òrnaileis fem.

tit (bird) n. gocan masc., smutag fem.

tit (teat) n. sine fem.

tissue-paper n. pàipear eadar-fhighe masc.

tit for tat phr. comain do làimhe fhèin

titanyl n. tiotainil masc.

titbit n. criomag fem., godsag fem., greim blasda masc.

titbits n. gèirs fem./masc.

tithe *n.* deachamh *masc.*, deicheamh *masc.*

titillation *n.* diogladh *masc.*, meanmna *masc.*, giogal *masc.*

titlark *n.* gabhagan *masc.*

title *n.* tiotal *masc.*

title-deed *n.* rannt *masc.*

title-page *n.* clàr-ainme *masc.*, clàr-ainmeachaidh *masc.*

titling *n.* reabhag *fem.*

tittle *n.* punc *masc.*

tittle-tattle *n.* giolam-goileam *masc.*

to *prep.* a dh'ionnsaigh, do, gu ruig

to a great extent *adj.* gu ìre mhòr

to and fro *adj.* mu seach

to hand *adj.* air aghaidh boise, ri làimh

toad *n.* mial-mhàgach *fem.*, bofalan *masc.*, losgann dubh *masc.*, màgag *fem.*, poll-mhògag *fem.*

toadstool *n.* balgan-buachair *masc.*, balg-buachair *masc.*, balg-losgainn *masc.*, sgeallag-bhuachair *fem.*

toast (bread) *n.* tost *masc.*

toast (brown, as bread) *vb.* grèidh, ròist

toast (proposal of health) *n.* deoch-shlàinte *masc.*, slàinte *fem.*

toast-rack *n.* racais *fem.*

toaster *n.* tostair *masc.*

toastie *n.* tostaidh *masc.*

toasting-rack *n.* inneal-ròistidh *masc.*

tobacco *n.* tombaca *masc.*

tobacco-pipe *n.* pìob-thombac *fem.*

tobacco-pouch *n.* spleuchdan *masc.*, spliùchan *masc.*

tobermorite *n.* tobarmhoirit *fem.*

toboggan *n.* slaodag-sneachda *fem.*

toccata *n.* tocàta *masc.*

tocher *n.* sealbhan *masc.*, tochradh *masc.*

today *adj.* an-diugh

toddler *n.* caodachan *masc.*, cnapach *masc.*

toddy *n.* puinse *masc.*, todaidh *masc.*

toe *n.* meur *fem.*, òrdag-coise *fem.*

toe (front of shoe) *n.* sròn-na-bròige *fem.*

toe (front of sock) *n.* sròinean *masc.*, sròn *fem.*

toecap *n.* fraoch(r)an *masc.*

toffee *n.* tofaidh *masc.*

together *adj.* air aon, còmhla, le chèile, maille ri chèile, mar aon, mar ri

toggle (cross piece on rope) *n.* cnag-grabaidh *fem.*, dealg-bhacaidh *fem.*, putan *masc.*

toil *n.* saothair *fem.*, saothrachadh *masc.*, searbhag *fem.*, sgìos *fem.*

toil *vb.* saothraich

toilet (apparatus) *n.* clòsaid *fem.*, taigh beag *masc.*, toileat *fem.*

toilet-roll *n.* rola-toileat *masc.*

toilsome *adj.* saothail

token (sign) *n.* comharra(dh) *masc.*

token (keepsake) *n.* cuimhneachan *masc.*

toledo *n.* lann Spàinnteach *fem.*

tolerance *n.* fulangas *masc.*, ceadachas *masc.*

tolerable *adj.* so-fhulang, meadhanach math, an eatorras, cuibheasach, iarraidh, so-iomchair

tolerate *vb.* ceadaich, cuir suas le, fuiling

toll *n.* reachd *masc.*, càin *fem.*, cìs *fem.*

toll *vb.* beum, buail clag

Tom Thumb *pr.n.* Iainidh Ceann-òrdaig

tom-cat *n.* moth-chat *masc.*

tom-kitten *n.* pisean *masc.*

tomato *n.* tomato *masc.*

tomb *n.* tuama *fem.*, uaigh *fem.*, tòrr *masc.*

tomboy *n.* caile-bhalach *fem.*

tombstone *n.* leac-uaghach *fem.*, leac-lighe *fem.*, tàimh-leac *fem.*

tomcat *n.* cullach-cait *masc.*

ton *n.* tunna *masc.*

tonal *adj.* tonail

tonality *n.* tonalachd *fem.*

tone *n.* tòna *masc.*, fonn *masc.*, fuaim *fem./masc.*, gleus *masc.*, seirm *fem.*, suaim *fem.*

tone (quality of sound) *n.* gnè-fuaim *masc.*

tone (vocal expression) *n.* dòigh-labhairt *fem.*

tone (vocal inflexion) *n.* fonn-gutha *masc.*

Tong Recreation Association *pr.n.* Comann Cleasachd Aird Thunga

tongs *n.* clobha *masc.*, maide briste *masc.*, teannachair *masc.*

tongue *n.* teanga *fem.*

tongue and groove (wood lining) *n.* amaladh *masc.*

tongue-twister *n.* rann-teangaidh *masc.*

tonguing and grooving *n.* amladh *masc.*

tonic (musical scale) *adj.* tonach

tonnage *n.* tunna-chìs *fem.*

tonne *n.* tunna *masc.*

tonsil *n.* tonsail *masc.*

tonsure *n.* bearradh *masc.*

tonsured *adj.* bearrta

too much *n.* cus *masc.*, tuilleadh 's a chòir *masc.*

too much *adj.* thar na còrach, thar-a-chòir

tool *n.* inneal *masc.*, ball-acfhainn *masc.*, bearraid *fem.*, culaidh *fem.*, cungaidh *fem.*, cungair *masc.*, goireas *masc.*, tailm *fem.*

toolbox *n.* bogsa-innealan *masc.*

tooth *n.* fiacail *fem.*

tooth-powder *n.* fùdar-fhiacal *masc.*

tooth-socket *n.* lag-fhiacail *masc.*

toothache *n.* dèideadh, an, *masc.*, a' phluiceach *fem.*, cnòidh *masc.*, cnuimh *fem.*, cnuimh-fhiacal *fem.*

toothbrush *n.* bruis fhiaclan *fem.*, dèudach *fem.*

toothpaste *n.* stuth fhiaclan *masc.*, uachdar fhiaclan *masc.*

toothpick *n.* bior-fhiacail *masc.*, dealg-fhiacal *fem.*

top *n.* mullach *masc.*, bàrr *masc.*, uachdar *masc.*, ceann *masc.*, top *masc.*

top *vb.* thoir bàrr air

top (crest) *n.* sop *masc.*

top (toy) *n.* dotaman *masc.*, gille-mirein *fem.*

top dog *n.* sàr-chù *masc.*

top note (music) *n.* bàrr-nòta *masc.*

top-gallant *n.* ro-sheòl *masc.*, seòl-mullaich *masc.*

topaz *n.* tofas *masc.*, topas *masc.*

tope *n.* bearach *fem.*, bèist gorm *masc.*

topic *n.* ceann *masc.*, cuspair *masc.*, ceann-còmhraidh *masc.*, adhbhar *masc.*, ceann-connspaid *masc.*, ceann-labhairt *masc.*, ceann-teagaisg *masc.*

topknot *n.* topan *masc.*

toplash *n.* sgùrainn *fem.*, spùt *masc.*

topmast *n.* àrd-chrann *masc.*, bràigh-chrann *masc.*, crann àrd *masc.*

topography *n.* cumadh-tìre *masc.*, sgoil àitean *fem.*

topping *n.* barradh *masc.*

topsail *n.* àrd-sheòl *masc.*, bràigh-sheòl *masc.*, seòl uachdrach *masc.*, seòl-cinn *masc.*

topsail halyard *n.* tarraing an àrd-shiùil *fem.*

topsail sheet *n.* ball an t-siùil àird *masc.*, ball sgòid an t-siùil mhullaich *masc.*, sgòd an t-siùil àird *masc.*, sgòd an t-siùil mhullaich *masc.*

topsail tack *n.* cluas an t-siùil aird *fem.*, cluas an t-siùil mhullaich *fem.*

topsail-yard *n.* bràigh-shlat *fem.*

topsoil *n.* criadh-bheatha *fem.*

topsyturvy *adj.* bun-os-cionn, dromach-air-shearrach, rù-rà, siadhan, trulainn, turach-air-tharach

torch n. leus masc., biùgan masc., blincean masc., dòrn-leus masc., lòchran masc., loichead masc., mòr-choinneal fem., stapall masc., tòrr-leus masc.

toredo n. moireag fem.

torment n. cràdh masc., pian fem., claoidh fem., àmhgha(i)r masc., dòrainn fem., cràlad masc., dòrainn(eachd) fem., greadadh masc., lèireadh masc.

torment vb. cràidh, pian, dèan dona air, caig, lèir, peiriglich, sgald

tormented adj. dòrainneach

tormentil n. cara-mhil-a'-choin masc., ca(i)rt-làir fem., bàrr-braonain masc., braonan-a'-mhadaidh-ruaidh masc., neamhargan-an-fhraoich masc.

torpedo n. spaileart masc.

torpedo (fish) n. craimpiasg masc., orc-iasg masc.

torpid adj. neo-mhothachail, gun chlì

torpor n. taimhne fem.

torque (force) n. toinneamh masc.

torrent n. bras-shruth masc., beum-slèibhe masc., dian-shruth masc., spùtadh masc., sruth masc., stealdrach fem., steall fem., taom masc., tuil fem., tuilteach fem.

tortoise n. crùban-coille masc., seilche fem., sligeanach masc., turtais fem./masc.

torture n. cràdh masc., pianadh masc., conchas masc., creòtachd fem., pian fem.

torture vb. cràidh, cuir an cràdh, claoidh, ciùrr, cùr, peiriglich, pian

toss n. tulgadh masc.

toss vb. luaisg, tilg

tossing n. udal masc.

tossing adj. luasganach, udail

tossing the caber n. tilgeil a' chabair fem.

total n. suim fem., iomlan masc., suim uile masc.

total cost n. cosgais iomlan fem.

totem pole n. pola-samhla masc.

tottering n. uideal masc.

tottering adj. udail

touch n. beantainn masc., suathadh masc.

touch vb. bean (ri), buin (do), suath (ann), obhnaig

touch (game) n. cròilean masc.

touch (slight degree) n. aithneachadh beagan masc.

touch-hole n. toll-cluaise masc.

touching n. drùidhteach masc., beanailt masc., tadhal masc.

touching adj. an caraibh a chèile

touchstone n. clach-bhuaidh fem., dearbh-chlach fem.

touchwood n. spong masc., spuing fem.

touchy adj. frionasach

tough adj. righinn, teann, buan

toughen vb. righnich

toughness n. reachd fem.

tour n. turas masc., cuairt fem., astar masc., cuairteachadh masc., stràcan masc.

tourie n. ad-chlòimhe fem.

touring adj. air chuairt

tourism n. turasachd fem.

tourist n. neach-turais masc., turasaiche masc., cuairtear masc.

tourist information n. fiosrachadh luchd-turais masc.

Tourist Information Centre pr.n. Ionad Fiosrachaidh Luchd-turais

tourist office n. oifis-turasachd fem.

tourist organisation n. buidheann-turasachd fem./masc.

tournament (military sport) n. traochlaiche masc., sleaghadaireachd fem.

tournedos *n.* feòil-mairt *fem.*

tourniquet *n.* casg-fala *masc.*, srian-fala *fem.*

tousle *n.* creamasg *masc.*

tousle *vb.* riasail

tow (fibres) *n.* ascart *masc.*, barrach *masc.*

tow-rope *n.* langais *fem.*, ròp-draghaidh *masc.*

toward(s) *prep.* a dh'ionnsaigh, a chum

towel *n.* searbhadair *masc.*, tubhailt(e) *fem.*, anart-làimhe *masc.*

tower *n.* tùr *masc.*, turaid *fem.*, baideal *masc.*, tòrr *masc.*

town *n.* baile (mòr) *masc.*

Town and Country Planning Act *pr.n.* Achd Dealbhachd Baile is Dùthcha

town hall *n.* talla-baile *masc.*

township *n.* baile *masc.*

township road *n.* rathad-baile *masc.*

township-bailiff *n.* constabal *masc.*

toy *n.* dèideag *fem.*, àilleagan *masc.*, cluicheag *fem.*

toyshop *n.* bùth nan dèideagan *fem./masc.*

trace *n.* lorg *fem.*

trace *vb.* lorg, comharraich

trace (computing) *n.* comharradh-mearachd *masc.*

traces (harness) *n.* sìntean *pl.*, treamhair *masc.*

trachea *n.* sgòrnan *masc.*, steic-bhràghad *fem.*

track *n.* lorg *fem.*, frith-rathad *masc.*, ceum *masc.*, sgrìob *fem.*, slighe *fem.*, sliochd *masc.*

track *vb.* lorgaich

track (mark) *n.* lorg *fem.*

tracker *n.* lorgaire *masc.*

tracker dog *n.* cù-lorgaidh *masc.*

tracking station *n.* stèisean-lorg *masc.*

tract *n.* tràchd *fem./masc.*

tractable *adj.* soitheamh, aontachail, sìntealach, soirbh, so-mhuinte

tractor *n.* tractar *masc.*

trade *n.* co-cheannachd *fem.*, malairt *fem.*

trade *vb.* malairt

trade *n.* ceannachd *fem.*

trade boom *n.* tòcadh-malairt *masc.*

trade description *n.* tuairisgeul-malairt *masc.*

trade fair *n.* faidhir *fem.*, fèill-malairt *fem.*

trade route *n.* slighe-malairt *fem.*

trade union *n.* aonadh luchd-obrach *masc.*, aonadh-ciùird *masc.*, ciùird-chomann *masc.*

Trade Union Congress *pr.n.* Co-chomhairle nan Aonaidhean Ciùird

trade-balance *n.* malairt-cothrom *fem.*

tradename *n.* ainm-ciùird *masc.*

trader *n.* ceannaiche *masc.*, neach-malairt *masc.*

tradesperson *n.* neach-ceairde *masc.*, neach-ciùird *masc.*

trading account *n.* cunntas-malairt *masc.*

trading block *n.* bloca-malairt *masc.*

trading profit *n.* mòr-bhuannachd *fem.*

tradition *n.* beul-aithris *fem.*, traidisean *masc.*, beul-oideas *masc.*, dualchas *masc.*, seachadas *masc.*

tradition-bearer *n.* seanachaidh *masc.*

traditional *adj.* traidiseanta, dualchasach, beul-aithriseach, seachadach, seanachuimhneach, seann-nòsach,

traduce *vb.* càin

traducing *n.* clamhadh *masc.*

traffic *n.* trafaig *fem.*, tràchdadh *masc.*

traffic *vb.* malairt, tràchd

Traffic Commissioner *pr.n.* Coimiseanair na Còmhdhala

traffic jam *n.* dùmhlachd-trafaig *fem.*, tacadh-charbadan *masc.*

Traffic Management Sub-committee *pr.n.* Fo-chomataidh Riaghladh Trafaig

traffic-light *n.* solas-iùil *masc.*

traffic-signal *n.* solas-stad *masc.*

tragedian *n.* slaonasair *masc.*

tragedy *n.* slaonasadh *masc.*, traidseadaidh *fem.*

tragedy (drama) *n.* bròn-chluich *fem.*

tragic *adj.* traighideach

trail *n.* lorg *fem.*, riadhan *masc.*, slighe *fem.*

trail *vb.* slaod, rach air lorg

trailer *n.* slaodair *masc.*, leantair *masc.*, slaopaire *masc.*, trèalair *masc.*

trailing azalea *n.* aiteann Chlann Neacail *masc.*, lusan Albannach *masc.*

train (part of dress) *n.* sguain *fem.*, slapar *masc.*, stiup *masc.*

train (vehicle) *n.* trèan(a) *fem.*

train *vb.* trèan, ullaich, ionnsaich, modh, stàmh

train (retinue) *n.* coigleachd *fem.*, co-imeachd *fem.*

train driver *n.* draibhear-trèin *masc.*

train-bearer *n.* gille-sguain *masc.*

train-set *n.* trèan-ùrlair *fem.*

trained *adj.* feàrr-ghleusach

trainee *n.* folainteach *masc.*

trainer (footwear) *n.* bròg-chleasachd *fem.*

trainer pool *n.* amar-snàmh trèinidh *masc.*

training *n.* trèanadh *masc.*, trèineadh *masc.*, ionnsachadh *masc.*, oideachas *masc.*, oileanachadh *masc.*

training flight *n.* turas-oileanachaidh *masc.*

training pool *n.* amar-snàmh trèinidh *masc.*

training voyage *n.* turas-oileanachaidh *masc.*

trait *n.* stil *fem./masc.*

traitor *n.* neach-brathaidh *masc.*, brathadair *masc.*, traoidhtear *masc.*, breug-riochdaire *masc.*, truilleach *fem.*

tram (barrow/car shaft) *n.* lorg *fem.*, spèicean *masc.*, spòg *fem.*

trammel *vb.* glac

tramp *n.* neach-siubhail *masc.*, ràideach *masc.*

tramp *vb.* post, stramp

tramper *n.* strampair *masc.*

tramping *n.* stampadh *masc.*

trample *vb.* saltair, breab, stamp, stramp

trampled *adj.* stampta

trampling *n.* saltraich *fem.*, stampadh *masc.*, slapraich *fem.*, spleadradh *masc.*, starram *masc.*, strampail *fem.*

trance *n.* neul *masc.*, plathadh *masc.*, tàimh-neul *masc.*, toineal *masc.*

tranquil *adj.* ciùin, sìochail, sèimh, socair, tlàth

tranquillity *n.* mì-bhuaireas *masc.*, seasgaireachd *fem.*, sìth *fem.*, sìth-shàimh *fem.*, sìth-thàmh *fem.*, socair *fem.*, socrachadh *masc.*, socradh *masc.*, socras *masc.*, tàmhachd *fem.*, tlàths *masc.*

tranquillize *vb.* cìosnaich, sèamhaich, tàmhaich

tranquillizer *n.* cìosnaiche *masc.*, ciùineachag *fem.*, ciùineadair *masc.*, ciùineadair *masc.*, tàmhadair *masc.*

tranquillizing *adj.* cìosnachail

transact business with *vb.* dèan gnothach ri

transaction *n.* gnothach *masc.*, malairt *fem.*

transaction (business) *n.* gnìomh *masc.*

transaction file *n.* faidhle-malairt *masc.*

transaction processing *n.* gnìomhadh-malairt *masc.*

transcribe *vb.* ath-sgrìobh

transcriber *n.* ath-sgrìobhair *masc.*

transcript *n.* amhladh *masc.*, ath-sgrìobhadh *masc.*

transcription *n.* tar-sgrìobhadh *masc.*

transfer *n.* atharrachadh *masc.*, cur a-null *masc.*, cur thairis *masc.*, toirt thairis *fem.*

transfer *vb.* thoir thairis, cuir thairis, atharraich, cuir a-null

transfiguration *n.* caochladh-cumaidh *masc.*, cruth-atharrachadh *masc.*, cruth-chaochladh *masc.*, dealbh-chaochladh *masc.*

transfigurative *adj.* cruth-atharrachail, cruth-chaochlaideach

transfigure *vb.* cruth-atharraich, cruth-chaochail

transfix *vb.* torchuir

transfixing *n.* torchradh *masc.*

transform *vb.* ath-dhealbh, cruth-atharraich

transformation *n.* ath-dhealbhadh *masc.*, cruth-atharrachadh *masc.*, cruth-chaochladh *masc.*

transformative *adj.* cruth-atharrachail, cruth-chaochlaideach

transformer *n.* caochlaidear *masc.*, tionndaire *masc.*

transgress *vb.* ciontaich, peacaich, rach thairis

transgression *n.* cionta *masc.*, easaontas *masc.*, peacachadh *masc.*, seachran *masc.*

transience *n.* diombuanachd *fem.*

transient *adj.* diombuan, plathach, siùbhlach

transit *n.* trasnadh *masc.*, eadar-dhol *masc.*

transition *n.* imeachd *fem.*, mùthadh *masc.*, atharrachadh *masc.*, caochladh *masc.*

transitional *adj.* trasdach

transitive *adj.* aisigeach, asdolach

transitory *adj.* diombuan, caochlaideach, neo-bhuan, sealach

translate *vb.* eadar-theangaich, tionndaidh

translation *n.* eadar-theangachadh *masc.*, tionndadh *masc.*

translator *n.* eadar-theangair *masc.*

translucent *adj.* trìd-shoillseach, criostalach

transmigration *n.* cian-imrich *fem.*

transmission *n.* sgaoileadh *masc.*, tar-chur *masc.*

transmission (broadcast) *n.* craoladh *masc.*

transmitter *n.* craoladair *masc.*

transmitter (apparatus) *n.* crann-sgaoilidh *masc.*

transmontane *adj.* tair-shliabhach

transmutable *adj.* so-chaochlaideach

transom *n.* tarsannan *masc.*

transparency *n.* tar-shoillsean *masc.*, trìd-shoillsean *masc.*

transparent *adj.* brisg-gheal, criostalach, lomhair, soilleir, soillseach, trìdeach, trìd-shoilleir, troi-lèirseach

transplant *n.* ath-chur *fem.*

transport *n.* athais *fem.*, còmhdhail *fem.*, giùlan *masc.*, siubhal *masc.*

transport (throw into ecstasy) *vb.* cuir air mhire

Transport and General Workers Union *pr.n.* Aonadh Luchd-obrach Còmhdhala is Eile, Aonadh Luchd-obrach nan Còmhdhailean is Eile

Transport House *pr.n.* Taigh Mòr nan Comhdhailean

transport-ship *n.* long-aiseig *fem.*

transportation *n.* cur a-null thairis *masc.*

Transportation Revenue Programme *pr.n.* Prògram Ionmhais Còmhdhala

transporter *n.* soitheach-giùlain *fem.*

transporter bridge *n.* drochaid-ghiùlain *masc.*

transpose *vb.* aisdrich, eadar-ghleusaich, iomlaid suidheachadh

transposition *n.* allchur *masc.*

transubstantiate *vb.* nua-bhrìghich

transubstantiation *n.* nua-bhrìgh *masc.*

transverse *adj.* claon, tarsainn, crasgach, trasda

trap-door *n.* doras dìomhair *masc.*

trap *n.* ribe *fem.*, ceap *masc.*, drip *fem.*, inneal-glacaidh *masc.*, innleag *fem.*

trap *vb.* painntrich, glac, rib

trap-door *n.* doras dìomhair *masc.*

trap-dyke (geology) *n.* saothair *fem.*

trapeze artist *n.* leumadair-dreallaig *masc.*

trash *n.* nì gun fheum *masc.*, truileis *fem.*, sgudal *masc.*, smolamas *masc.*, tramasgal *masc.*, trealaich *fem.*, trog *fem./masc.*

trashy *adj.* suarach, gun fhiù, smodalach

travail *n.* saothair *fem.*, claoidheadh *masc.*, èiginn *fem.*, sgìtheachadh *masc.*

travail *vb.* sàraich

travel *n.* taisdeal *masc.*, turas *masc.*

travel agency *n.* buidheann-siubhail *fem./masc.*, bùth-turais *fem./masc.*

travel *vb.* triall, siubhal

travel allowance *n.* cuibhreann-siubhail *masc.*

travel card *n.* cairt-turais *fem.*

travel concession *n.* sochair-siubhail *fem.*

traveller (one who travels) *n.* neach-turais *masc.*, neach-siubhail *masc.*, astaraiche *masc.*, neach-triall *masc.*, siubhalaiche *masc.*, taisdealaiche *masc.*, taisdealair *masc.*, triallaire *masc.*, turasaiche *masc.*

traveller (mechanism) *n.* ràc *masc.*

travelling *n.* siubhal *masc.*, imeachd *fem.*

travelling *adj.* siùbhlach, taisdealach, triallach

travelling people *n.* luchd-falbhain *masc.*, luchd-siubhail *masc.*, luchd-triall *masc.*

travelogue *n.* cunntas-turais *masc.*

traverse *adj.* trasd, tarsainn, triall

traverse *vb.* cùrsaich, imich, siubhail

traversing *n.* cùrsadh *masc.*, imeachd *fem.*, siubhal *masc.*, triall *masc.*

travise *n.* bòrd tarsainn *masc.*, traul-sgrìob *masc.*

trawl *n.* sguab-lìon *fem.*, tràl *masc.*

trawl *vb.* sgrìob

trawler *n.* bàta-sgrìobaidh *masc.*, tràlair *masc.*

trawling *n.* tràladh *masc.*

tray *n.* sgàl *masc.*, traill *fem.*, treidhe *fem.*

treacherous *adj.* mealltach, foilleil

treachery *n.* ceilg *fem.*, brathadh *masc.*, cealgaireachd *fem.*, feall *masc.*, foill *fem.*

treacle *n.* trèicil *masc.*

tread (step) *vb.* post, saltair

tread (copulate) *vb.* cliath

treading (stepping) *n.* saltraich *fem.*, strampail *fem.*

treading (copulating) *n.* cliathadh *masc.*

treadle (foot-lever) *n.* cas *fem.*, casan *masc.*, cliath *fem.*, seòl-chois *masc.*

treadmill *n.* cràdhshlat *fem.*

treason *n.* brathadh *masc.*, fealltachd *fem.*

treasure *n.* ionmhas *masc.*, ulaidh *fem.*, cugainn *masc.*, cuilidh *fem.*, lur *masc.*, stòr *masc.*, stòras *masc.*, taisgeadan *masc.*, tasgaidh *fem.*

treasure *vb.* taisg, stòr

treasure-trove *n.* faodail *fem.*, ulaidh *fem.*

treasurer *n.* ionmhasair *masc.*

treasury *n.* ciste-ionmhais *fem.*

treat (deal) *vb.* dèilig (ri)

treat (stand gratification) *vb.* riaraich, thoir aoighneachd do

treatise *n.* tràchd *fem./masc.*

treatment *n.* làimhseachadh *masc.*, giullachd *fem.*, gnàthachadh *masc.*, leigheas *masc.*, leighteas *masc.*, ruith *fem.*

treaty *n.* co-cheangal *masc.*, cùmhnant *masc.*, nasgadh *masc.*

treble *adj.* triobailte

treble (music) *pref.* binn-

tree *n.* crann *masc.*, craobh *fem.*

tree lungwort *n.* crotal-coille *masc.*, grioman *masc.*

tree pipit *n.* riabhag-choille *fem.*, snathag-chraoibh *fem.*

tree-creeper *n.* meanglan *masc.*, snàigear *masc.*, streapach *masc.*

tree-shrew *n.* fionnag-craoibhe *fem.*

tree-sparrow *n.* gealbhonn nan craobh *masc.*

trefoil *n.* duillean-trì *masc.*, feada-coille *masc.*, luibh-nan-trì-beann *fem.*, sgathag *fem.*

trellis *n.* cliathrach *masc.*

tremble *vb.* bi air chrith, crith, critheanaich, oilltich

trembling *n.* criothnachadh *masc.*, crith *fem.*, critheanaich *fem.*, luasgadh *masc.*

tremelo *n.* crith *fem.*

tremendous *adj.* oillteil, uamhasach, eagalach, fuathasach, smaointeanach, uamharraidh

tremor *n.* crith *fem.*, ball-chrith *fem.*

trench *n.* clais *fem.*, sloc *masc.*, dìg *fem.*, cladh *masc.*, staing *fem.*, stang *masc.*, trainnse *fem.*, treinnse *fem.*, truinnse *fem.*

trench *vb.* cladhaich, claisich, truinnsich

trenchant *adj.* geur, cumhachdach, sgathach

trencher *n.* truinnsear *masc.*

trend *n.* claonadh *masc.*, aonadh *masc.*, gluasad *masc.*

trespass *vb.* peacaich, rach thar chrìochan, ciontaich

trespass *n.* cionta *masc.*, peacadh *masc.*, briseadh-chrìochan *masc.*, ain-dlighe *masc.*, fòghladh *masc.*, taisill *fem.*

tress *n.* ciabh *fem.*, bachlag *fem.*, cleachdag *fem.*, cuairsgeag *fem.*

trestle *n.* sorchan(-leigidh) *masc.*, steillean *masc.*

trews *n.* triubhas *masc.*

trial *n.* deuchainn *fem.*, dearbhadh *masc.*

trial of strength *n.* ràiteachas *masc.*, sgainneart *fem.*

triangle (figure) *n.* trì-cheàrnag *fem.*, triantan *masc.*, trì-oisinneach *masc.*, trì-oisinneag *fem.*

triangular *adj.* trì-cheàrnach

tribe *n.* treubh *fem.*, sliochd *masc.*, seòrsa *masc.*, cinneadh *masc.*, dream *masc.*, fine *fem.*, nàistinn *fem.*

tribulation *n.* trioblaid *fem.*, àmhghar *fem.*

tribunal *n.* mòd-ceartais *masc.*

tribune *n.* treubhan *masc.*

tributary *n.* leas-abhainn *fem.*, fo-abhainn *fem.*

tributary *adj.* ìochdaranta, fo cheannsal

tribute (payment) *n.* càin *fem.*, cìs *fem.*

tribute (approbation) *n.* ùmhlachd *fem.*

trice *n.* tiotan *masc.*, sealan *masc.*, gradag *fem.*, tiota *masc.*

trick *n.* car *masc.*, cleas *masc.*, cuilbheart *fem.*

trick *vb.* thoir an car à, meall

trickery *n.* cleasachd *fem.*, peileasdaireachd *fem.*

trickle *n.* dròbhcan *masc.*

trickle *vb.* sil, sruth, ruith

tricuspid *n.* trì-bheannach *fem.*, trì-adharcach *masc.*

tricycle *n.* rothar trì-rothan *masc.*, traidhsagal *masc.*

trident *n.* muirghe(adh) *fem.*

triduanum *n.* treadhan *masc.*

tried *adj.* sgrùdaichte

trifle (anything of little importance/value) *n.* faoineas *masc.*, rud beag *masc.*, àilneagan *masc.*, neoni *fem.*, priobaid *fem.*, rudan *masc.*, siotaidh *fem.*

trifle (anything of little importance/value) *n.* munar *masc.*

trifle (confection) *n.* bioran buidhe *masc.*, traidhfeal *masc.*

trifler *n.* bàbhdaire *masc.*, faoinear *masc.*, sgonnabhalach *masc.*, sgonnaire *masc.*

trifling *adj.* beag, suarach, bàbhdach, crìon, neo-fhiachail, neonitheach, peallach, pleadhanach, rudanach, saganta, sgonnasach

trigger *n.* iarann-leigidh *masc.*, snap *masc.*, òrd-gunna *masc.*

trigonometrical *adj.* triantanach

trigonometry *n.* triantanachd *fem.*

trilateral *adj.* trì-shliosnach

trills (music) *n.* crith-cheòl *masc.*

trim *n.* uidheam *masc.*, gleus *masc.*, saod *masc.*, sguabanta *fem.*, stàll *masc.*

trim *adj.* sgiobalta, cuimir, eachda, gleusda, neo-chearbach, seabhach, sgeilmearra, sgeilmeil, sgibeach, sgiobach, sgiobaidh, sgiolta

trim *vb.* uidheamaich, snasaich, gleus, bachaill, cuir gu taic, geàrr, sgeadaich, sgeadaich

trimmer *n.* gleusadair *masc.*, mongair *masc.*, snasadair *masc.*

trimming *n.* sgiamhas *masc.*, snadachd *fem.*

trimming *adj.* snasdach

trined *adj.* trianaichte

Trinitarian *adj.* Trìonaideach

Trinity, the *n.* Trianaid *fem.*, Triùir-an-aon, an, trio-triùir *masc.*

trip (journey) *n.* turas *masc.*, cuairt *fem.*, sgrìob *fem.*

trip *vb.* cuir bacag (air), cuir camacag

trip (stimulating experience) *n.* iollag *fem.*

trip (stumble) *n.* tuisleadh *masc.*, camacag *fem.*

trip (wrestling) *n.* bacag *fem.*

trip (wrestling) *vb.* cuir cas-bhacaig air

tripartite *adj.* trì-pàirteach

tripe *n.* maodal *fem.*, greallach *fem.*, abhsporag *fem.*, caolan *masc.*, colan *masc.*, maodalach *fem.*, painnse *fem.*

triphthong *n.* trì-fhoghair *fem.*, trì-ghuth *masc.*

triple *adj.* trì-fillte, tripilte

triple *vb.* trioblaich

triplet *adj.* trì-bhunach

triplet (rhythm) *n.* trìrinn *fem.*

tripod *n.* spàgan *masc.*, trì-chasach *masc.*

tripod stand *n.* taic trì-chasach *fem.*

trireme *n.* trì-ràmhach *fem.*

trisyllable *n.* trì-shiolach *masc.*

triumph *n.* gàirdeachas *masc.*, buaidh *fem.*, buadhachas *masc.*, iol-bhuadh *masc.*, mòrail *fem.*, raoineadh *masc.*

triumphant *adj.* caithreamach, buadhachail, buadhail, buadhmhor, triathach

trivial *adj.* suarach, gun fhiù

trivet *n.* trìchasach *masc.*, brannradh *masc.*

trochanter *n.* cnap *masc.*

troglodyte *n.* lusgair *masc.*

troll (fish) *vb.* fannaidh

trolley *n.* troilidh *fem.*

trollop *n.* sgliùrach *fem.*, draip *fem.*, botramaid *fem.*, dubh-chaile *fem.*, luid *fem.*, peallag *fem.*, reipseach *fem.*

troop *n.* buidheann *fem./masc.*, cuideachd *fem.*, trùp *masc.*, ceatharn *fem.*, meirghe *fem.*

trooper *n.* trùpair *masc.*

trophy *n.* duais *masc.*

Tropic of Cancer *pr.n.* Crios a' Phartain

Tropic of Capricorn *pr.n.* Crìoch Deas na Grèine

tropics *n.* tropaigean *pl.*

tropical *adj.* tropaigeach

trot *n.* trotan *masc.*

trot *vb.* dèan trotan, sodair, trot

trotter (foot) *n.* cas *fem.*, soda(i)r *masc.*, spàg *fem.*, trotair *masc.*

trotter (horse) *n.* each-trotaidh *masc.*,

trotting *adj.* trotanach

trouble *n.* dragh *masc.*, saothair *fem.*, trioblaid *fem.*, buaireas *masc.*, coirmeagadh *masc.*, docair *fem.*, teanntachd *fem.*

trouble *vb.* cuir dragh (air), buair, cuir thar a chèile, farranaich, sàraich, trioblaidich

troublemaker *n.* buaireadair *masc.*

troublesome *adj.* draghail, buaireasach, àimhreiteach, trioblaideach, do-shàrte, mialainteach, spàirneil

trough (vessel) *n.* amar *masc.*

trough (hollow between wave-crests) *n.* tulg-tuinn *fem.*, udlanachd *fem.*

trounce *vb.* lunndrainn, peanasaich *masc.*

trousers *n.* briogais *fem.*, triubhas *masc.*

trousseau *n.* sgriosan *masc.*

trout *n.* breac *masc.*, ala *masc.*, bricean *masc.*, gealag *fem.*, samhnan *masc.*

trowel *n.* sgreadhail *fem.*, leoghan *masc.*, lioghan *masc.*, sitheal *masc.*, spaid bheag *fem.*, spàin-aoil *fem.*, spàinn *fem.*, trùbhan *masc.*, trùghan *masc.*, truthail *fem.*

truancy *n.* lùrdan *masc.*, seachnadh-sgoile *masc.*

truant *n.* *l* lùrdan *masc.*

truce *n.* fosadh *masc.*, sgur-cogaidh *masc.*

truck *vb.* dèan malairt, iomlaidich

truck (wheel) *n.* roithlean *masc.*

truculent *adj.* fuaimheireach, borb, cogail, fiadhaich, garg

true (actual) *adj.* fìor, fìrinneach, ceart

true (faithful) *adj.* dìleas *masc.*

truffle *n.* ballan-losgainn *masc.*

truly! *interj.* nàile!

trump(-card) *n.* buaidh-chàirt *fem.*

trumpet *n.* trombaid *fem.*, dùdach *fem.*, stoc *masc.*

trumpeter *n.* stocair *masc.*, trombaidear *masc.*

truncated *adj.* buntach

truncation *n.* sgathadh *masc.*

truncheon *n.* siolpan *masc.*, bata *masc.*, plocan *masc.*, stiolpan *masc.*, stràicean *masc.*

trundle *n.* roithlean *masc.*, roth-tomhais *masc.*, ruithlean *masc.*, tuairneal *masc.*

trundle *vb.* cuir car, ma char, roill

trunk (body) *n.* com *masc.*

trunk (proboscis) *n.* srò(i)n *fem.*

trunk (stem of tree) *n.* corp na craoibhe *masc.*

trunk-road *n.* prìomh-rathad *masc.*

trunnion *n.* truinean *masc.*

truss *n.* crios-trusaidh *masc.*, braghairt *fem.*, buinnseal *masc.*, ceanglachan *masc.*, crios-taice *masc.*, muillean *masc.*

truss *vb.* trus, ceangail

trust *n.* earbsa *fem.*, creideas *masc.*, cùram *masc.*, earbsachd *fem.*, earbsalachd *fem.*, muinighin *fem.*, urras *masc.*

trust *vb.* earb (à), cuir dòchas ann, cuir muinghinn ann

trust (company) *n.* urras *masc.*

trust fund *n.* ciste-urrais *fem.*, maoin-urrais *fem.*

trustee *n.* urrasair *masc.*, cileadair *masc.*

trusting *adj.* earbsach

trustworthy *adj.* creideasach, earbsach, rùnach, urrasach

truth *n.* fìrinn *fem.*

try (attempt) *vb.* feuch (ri), cuir gu deuchainn, thoir ionnsaigh

trying *adj.* deuchainneach

tryst *n.* dàil *fem.*

tsar *n.* sàr-rìgh *masc.*

tub *n.* balan *masc.*, cùdainn *fem.*, tuba *fem.*

tuba *n.* tiùba *masc.*

tube *n.* pìob *fem.*, pìoban *masc.*, feadan *masc.*

tube-train *n.* trèan fon talamh *masc.*

tubercle *n.* balgan *masc.*, plucan *masc.*

tubercular *adj.* èitigeach

tuberculosis *n.* caitheamh *fem.*, èitig, an *fem.*

tubular *adj.* feadanach, pìobach, pìobanach

tubule *n.* pìobag *fem.*

tuck *vb.* trùs, sgioblaich, prìnich

tuck (rapier) *n.* roipear *masc.*, tuca *masc.*

Tuesday *n.* Dimàirt *masc.*

tuft (cluster) *n.* dos *masc.*, babag *fem.*, badan *masc.*, toipean *masc.*, toman *masc.*, gasan *masc.*

tuft (loop of wool) *n.* cèasg-clòimhe *fem.*, lòine *fem.*, peurda *masc.*, toinntean-clòimhe *masc.*, tùdan *masc.*

tufted *adj.* dosach, badanach, dosrach

tufted duck *n.* ceann molach *masc.*, curracag *fem.*, lach sgumanach *fem.*

tufted vetch *n.* caornan *masc.*, peasair-nan-luch *fem.*, peasair-radan *fem.*

tufty *adj.* dosach, badanach, dosrach

tug (tug-boat) *n.* toga *fem.*

tug (pull) *n.* tarraing *fem.*, draghadh *masc.*, sgobadh *masc.*, spioladh *masc.*

tug *vb.* tarraing, dragh, spìon

tug-of-war *n.* drolabha *fem.*

tuition *n.* teagasg *masc.*, tuitearachd *fem.*, oideachadh *masc.*, ionnsachadh *masc.*

tulchan *n.* crann-laoicinn *masc.*, tulachan *masc.*

tulchan bishop *n.* tulachan *masc.*

tulchan calf *n.* crannlach *masc.*, crann-laoicinn *masc.*, laogh-balgain *masc.*, laoighceann *masc.*

tulip *n.* tuiliop *fem.*

tumble *n.* tuiteam *masc.*, leagadh *masc.*, splad *masc.*

tumble *vb.* tilg sìos, leag, tuit

tumble-drier *n.* urlatach-tiormachaidh *masc.*

tumbrel *n.* cairt-innearach *fem.*, cairteag *fem.*, cùb *fem.*

tummy *n.* brù *fem.*

tumorous *adj.* fluthach

tumour *n.* at *masc.*, màm *masc.*, meall *masc.*, fluth *masc.*, iongrachadh *masc.*, pluc *masc.*

tumult *n.* iorghail *fem.*, buaireas *masc.*, othail *fem.*, tuaireap *masc.*, tuasaid *fem.*

tumultuous *adj.* iorghaileach, buaireasach, bruailleanach

tumulus *n.* brùgh *masc.*

tun *n.* stanna *fem.*, tunna *masc.*, tunna mòr *masc.*

tune *n.* fonn *masc.*, port *masc.*

tune *vb.* gleus, cuir air seirm, cur am fonn, cuir air ghleus

tuned *adj.* gleusda, seirmeil

tuneful *adj.* fonnmhor

tuner *n.* gleusadair *masc.*, seirmeadair *masc.*

tungsten *n.* tungstan *masc.*

tunic *n.* casag *fem.*

tuning-fork *n.* gobhal-gleusaidh *fem.*

tuning-slide *n.* alt-gleusaidh *masc.*

tunner *n.* tunnadair *masc.*

tunny *n.* crà-rionnach *masc.*

tup *n.* reithe *masc.*, rùta *masc.*

turbid *adj.* ruaimleach

turbot *n.* bradan leathann *masc.*, turbaid *fem.*, bacan ceàrr *masc.*, bradan-brathainne *masc.*, lèabag-bhrathainne *fem.*, pacach ceàrr *masc.*

turbulence *n.* buaireas *masc.*, luaisgeachd *fem.*, aimhreit *fem.*, troimh-cheile *fem.*, mì-rian *masc.*, neo-riaghailteach *fem.*, riastradh *masc.*, rosgal *masc.*, tuaireap *masc.*, tuasaid *fem.*, utag *fem.*

turbulent *adj.* buaireasach, luaisgeach

turd *n.* ceigean *masc.*, tùdan *masc.*

turf *n.* sgrath *fem.*, fàl *masc.*, fòd *fem.*, clod *masc.*, mòine *fem.*, ploc *masc.*, sodag *fem.*, spairt *fem.*, turtan *masc.*

turgid *adj.* atmhor, air at, bòcail, bochanta, plocach, trom

turkey *n.* eun-Frangach *masc.*, pulaidh *fem.*, turcach *masc.*, turcaire *masc.*

turkey (cock) *n.* coileach Frangach *masc.*, coileach-pulaidh *masc.*, coileach-turcach *masc.*

turkey (hen) *n.* cearc Fhrangach *fem.*, cearc-phulaidh *fem.*, cearc-thurcach *fem.*

Turkish *adj.* Turcach

Turkish bath *n.* falcadh-fallais *masc.*

turlough *n.* turloch *masc.*

turmoil *n.* troimhe-chèile *fem.*, buaireadh *masc.*

turn *n.* tionndadh *masc.*, car *masc.*, lùb *fem.*, cuireid *fem.*, seal *masc.*, tròth *masc.*

turn (revolve) *vb.* tionndaidh, cuir mun cuairt

turn (gruppetto) *n.* casadh *masc.*

turn (make sour) *vb.* siarainnich

turn (next in sequence) *n.* tarraing *fem.*

turn (shape on lathe) *vb.* tuarnairich

turncoat *n.* tòin-chlòdhach *masc.*

turner *n.* tuairnear *masc.*, cruinnire *masc.*, crumanaiche *masc.*, tornair *masc.*

turning (revolution) *n.* tionndadh *masc.*, car *masc.*, lùb *fem.*

turning (working at lathe) *n.* tuairnearachd *fem.*, deil *fem.*

turnip *n.* snèap *fem.*, nèip *fem.*, tuirneap *fem.*

turnip-fly *n.* biastan-nan-sneap *masc.*, cnuimh-neipe *fem.*

turnkey *n.* acainn ullaichte *fem.*

turnover *n.* tionndadh *masc.*

turnsick *n.* tuaitheal *masc.*

turnstone *n.* drìlleachan beag *masc.*, gobhlachan *masc.*, trìlleachan beag *masc.*

turntable *n.* clàr-tionndaidh *masc.*

turpentine *n.* tairbheirt *fem.*

turquoise *n.* tuirc-ghorm *fem.*

turret *n.* turaid *fem.*, binnein *masc.*, sturrag *fem.*, tùr *masc.*

turtle *n.* turtur *fem.*, crùban coilleadh *masc.*, muir-seilche *fem.*, seilche *fem.*, sligeanach *masc.*

turtle dove *n.* calman-tùchan *masc.*, colgan *masc.*, faran *masc.*, smùdan *masc.*

tusk *n.* sgor-fhiacail *fem.*, starr-fhiacail *masc.*, tosg *masc.*

tusk *n.* biorag *fem.*

tusk (torsk) *n.* traille *fem.*, troille *fem.*

tut! *interj.* thud!, tuch!

tut-tut! *interj.* hud ud!

tutor *n.* neach-teagaisg *masc.*, taoitear *masc.*, oid'-ionnsachaidh *masc.*, saoidh *masc.*, tuitear *masc.*

tutorial *adj.* teagasgach

tutorial *n.* buidheann-teagaisg *fem./masc.*, clas-cuideachaidh *masc.*

tutsan *n.* meas an tuirc coille *masc.*

tutu *n.* tutu *masc.*

twain *n.* dithis *masc.*, càraid *fem.*

twang *vb.* srann

tway-blade *n.* dà-dhuilleach *masc.*

Tweedledum and Tweedledee *pr.n.* Tuaileam is Tàileam

tweezers *n.* greimiche *masc.*, spreangan *masc.*, glamras *masc.*, turcais *fem.*

twelfth *adj.* dà-dheugamh

Twelfth-day *n.* Taisbeanadh *masc.*

twelve *num.* dà dheug

twentieth *adj.* ficheadamh

twenty *n.* fichead *masc.*

twice *adj.* dà uair

twig *n.* faillen *masc.*, slat *fem.*, maothan *masc.*, gineag *fem.*, barrag *fem.*, bioran *masc.*, meanglan *masc.*, ògan *masc.*, òganach *masc.*, sprios *masc.*, sracadh *masc.*

twilight *n.* eadar-sholas *masc.*, camhanaich *fem.*, breac-sholas *masc.*, breacarsaich *fem.*, càil-an-latha *masc.*, co-fhair *fem.*, deaguil *fem.*, dealachadh nan tràithean *masc.*, glòmainnich *fem.*, gorm-an-latha *masc.*, sgarthanaich *fem.*

twill *n.* dà-fhillt *masc.*

twin *n.* leth-aon *masc.*, leth-dhuine *masc.*, càraid *masc.*

twin *vb.* caignich

twine *n.* toinneamh *masc.*, snìomh *masc.*

twine *vb.* ridhil, rothaich, rothaig, snìomh, toinn

twined *adj.* toinnte, snìomhach, snìomhain, snìomhte

twinge *n.* biorgadh *masc.*

twinkle (twinkling) *n.* priobadh *masc.*

twirl *n.* ruidhle *masc.*, cuartalan *masc.*, roithleagan *masc.*

twirl *vb.* ruidhil mun cuairt, cuidhil

twist *n.* toinneamh *masc.*, car *masc.*, snìomh *masc.*, geabhag *fem.*, starrag *fem.*, suaineas *masc.*, taoibhleadh *masc.*

twist *vb.* toinn, toinneamh, snìomh, dualaich, fiar, fiaraich, snìomh

twisted *adj.* cuarsgach, sgrobhach, snìomhach, snìomhain, snìomhte, toinnte

twister *n.* snìomhaire *masc.*, snìomhadair *masc.*, toinneamhaiche *masc.*

twisting *n.* iom-shnìomh *masc.*, suaineadh *masc.*, toinneamh *masc.*

twisting *adj.* snìomhach, snìomhain

twit *vb.* mag, dèan fochaid

twitch *n.* breab *masc.*, gurt *masc.*, sgobadh *masc.*, spadhadh *masc.*, strangadh *masc.*, priobadh *masc.*, biorgadh *masc.*

twitch *vb.* snaoth, spadh

twitching *n.* strangadh *masc.*

twitching *adj.* strangach

twite *n.* bigein-baintighearna *masc.*, gealan-beinne *masc.*, riabhag-fhraoich *fem.*, riabhag-mhonaidh *fem.*

twitter *n.* ceilear *masc.*

twitter *vb.* ceilearaich, truitrich, dèan diorrasan, sitrich

twitter *vb.* ceilearaich, dèan diorrasan, sitrich, truitrich

twittering *n.* tomhartaich *fem.*, triutraich *fem.*

two *num.* dà

two (of persons) *n.* dìthis *fem.*, càraid *fem.*

two *adj.* dhà

two-dimensional *adj.* dà-mheudach

two-edged *adj.* dà-fhaobhrach

two-faced (double-dealing) *adj.* leam-leat

two-faced (having two faces) *adj.* deil-aodannach

two-footed *adj.* dà-chasach

two-tier *adj.* dà-shreathach

two-way road *n.* rathad dùbailte *masc.*

twofold *adj.* dùbailte

tycoon *n.* tòicear *masc.*

tympany (swelling) *n.* seid *fem.*

type (print) *n.* clò *masc.*

type (kind) *n.* gnè *fem.*, seòrsa *fem.*

type *vb.* clò-sgrìobh, taidhp

typed *adj.* clò-sgrìobhte

typescript *n.* clò-sgrìobhainn *fem.*

typesetter *n.* clò-shuidhiche *masc.*

typewriter *n.* clò-sgrìobhadair *masc.*

typhoid *n.* fiabhras breac, am *masc.*, fiabhras mòr, am *masc.*

typical *adj.* coltach, samhlachail, dualach

typify *vb.* dralaich

typhus *n.* fiabhras ballach, am *masc.*, fiabhras dubh, am *masc.*

typist *n.* clò-sgrìobhaiche *masc.*

typographer *n.* clò-bhuailtear *masc.*

typography *n.* clò-bhualadh *masc.*, clòdhaireachd *fem.*

tyrannical *adj.* aintighearnail, smachdail, ceannasach, cuingeil, pèinealtach

tyrannise *vb.* an-bhruidich, cuingich

tyranny *n.* aintighearnas *masc.*, an-bhruid *fem.*, pèinealtachd *fem.*, smàig *fem.*, spìd *masc.*

tyrant *n.* aintighearna *masc.*, an-bhruideach *masc.*, an-iochdair *masc.*, fear-sàrachaidh *masc.*, riaslaiche *masc.*, smàigire *masc.*

tyro *n.* foghlamaiche *masc.*

tyre *n.* taidhr *fem.*, bachall *masc.*

U

ubiquitous *adj.* uile-làthaireach

udder *n.* ùth *masc.*

ugliness *n.* grànndachd *fem.*, duainidheachd *fem.*, gràinead *masc.*

ugly *adj.* grànnda, deatharra, mì-dhreachmhor, sgraideagach

uileann pipes *n.* pìob-uilne *fem.*

Uist Association of Youth Clubs *pr.n.* Comann Chòmhlain Oigridh Uibhist

Uist Fisherman's Co-operative *pr.n.* Co-chomann Iasgairean Uibhist

Uist Lobster Fishermen's Association *pr.n.* Comann Iasgairean Ghiomach Uibhist

ulcer *n.* neasgaid *masc.*, lot iongarach *masc.*, bucaid *fem.*, lionn *masc.*, lionnachadh *masc.*, othar *masc.*, puthar *masc.*

ulcerate *vb.* iongraich, lionnaich, steinlich

ulceration *n.* iongrachadh *masc.*, lionnachadh *masc.*

ulcerous *adj.* iongarach, neasgaideach, lionnachail, pudharach

ulna *n.* cnàimh na h-uilne *masc.*

Ulsterman *pr.n.* Ultach

ulterior *adj.* ìochdarach

ultimate *adj.* deireannach

ultimatum *n.* fògradh-deiridh *masc.*

ultra-high frequency *n.* tricead air leth àrd *fem.*

ultramarine *adj.* allmharach

ultraviolet *n.* os-bhiolait *fem.*, os-chorcair *fem.*

umber *adj.* òmair

umbilical *adj.* imleagach

umbilical cord *n.* caolan imleagach *masc.*, iomlag *fem.*

umbilicus *n.* imleag *fem.*

umbrage *n.* corrach *fem.*, fearg *fem.*

umbrella *n.* fasgadan *masc.*, peallag *fem.*, sgàileag *fem.*, sgàileagan *masc.*, sgàilean-uisge *masc.*, sgàil-uisge *fem.*

umpirage *n.* ràidhe *fem.*

umpire *n.* breitheamh *masc.*, ràidh *fem.*, umpair *masc.*

un- *pref.* mì-

unable *adj.* neo-chomasach

unacceptable *adj.* neo-thaitneach

unaccepted *adj.* obta

unaccommodating *adj.* cùmhnantach, neo-choingheallach

unaccompanied *adj.* gun chompàirt, neo-chompàirteach

unaccustomed *adj.* neo-chleachdta, neo-ghnàithte, neo-ghnàthaichte

unacidulate *vb.* neo-ghoirtich

unacidulated *adj.* neo-ghoirtichte

unacquaintance *n.* aineol *masc.*

unacquainted *adj.* mi-theòma, neo-eòlach, neo-fhiosrach

unadjustable *adj.* do-sgioblaichte

unadjusted *adj.* neo-cheartaichte

unadorn *vb.* neo-sgeadaich

unadorned *adj.* lomarra

unadulterated *adj.* neo-thruaillichte, neo-thruaillidh

unadvised *adj.* neo-chomhairlichte

unaffectedness *n.* neo-chealgach *fem.*

unagitated *adj.* neo-ghluaiste

unalert *adj.* simplidh

unalertness *n.* mì-thapachd *fem.*

unambitious *adj.* neo-shanntach, neo-uallach

unamended *adj.* neo-leasaichte

unamiable *adj.* mì-cheanalta, neo-ionmhainn

unamiableness *n.* neo-chompantas *masc.*

unanimity *n.* aon-inntinn *fem.*, airsid *fem.*, aonachd *fem.*, aon-bharail *fem.*, aon-bheachd *fem.*, aon-chridhe *masc.*, aon-toil *fem.*, aontoileas *masc.*, co-chòrdadh *masc.*

unanimous *adj.* aon-inntinneach, a dh' aon rùn, a dh'aon toil, airisdeach, aona-ghuthach, aon-chridheach, aontoileach

unanswerable *adj.* mì-fhreagarrach, neo-fhreagarrach

unappalled *adj.* neo-eagalach, neo-sgàthach

unappeased *adj.* neo-cheannsaichte, neo-chìosnaichte

unapprehensive *adj.* àmharanach

unapt *adj.* neo-ghrad

unascertained *adj.* neo-dhearbhte

unassembled *adj.* neo-chruinnichte

unassuming *adj.* iriseal, mì-chùiseach, neo-stràiceil

unattainable *adj.* do-fhaighinn, do-ruigheachd, do-ruigsinn

unattempted *adj.* neo-ghnàthaichte

unavailable *adj.* neo-tharbhach

unavailing *adj.* neo-fheumail

unavoidable *adj.* do-sheachanta, neo-sheachnach

unbecoming *adj.* mì-cheanalta, mì-chiatach, neo-aogasach, neo-cheanalta, neo-chubhaidh, neo-iochdranach, neo-iomchaidh, neo-oireamhnach

unbelief *n.* mì-chreideamh *masc.*

unbeliever *n.* dì-chreidmheach *masc.*, mì-chreidmheach *masc.*, neach-àicheidh *masc.*, neo-chreidmheach *masc.*

unbelieving *adj.* dì-chreidmheach, neo-chreidmheach

unbendingness *n.* neo-lùbadh *masc.*

unblameable *adj.* neo-chiontach

unblemished *adj.* neo-lochdach, neo-mhealltach, neo-mheangail

unbound *adj.* neo-cheangailte, neo-dhaingnichte

unbranched bur-reed *n.* seisg-madaidh *fem.*

unbridled *adj.* ain-srianta, neo-shrianach

unbroken *adj.* slàn

unburnable *adj.* do-losgaidh

uncaustical *adj.* neo-loisgeach

unceasingly *adj.* gun sgur

uncertain *adj.* eu-cinnteach, neo-chinnteach, neo-dhiongmhalta, cugallach

uncertainty *n.* eu-cinnt *fem.*, eu-cinntealas *masc.*, mì-chinnt *fem.*, mì-chinnte *fem.*, neo-chinnteachd *fem.*, neo-dhiongmhaltachd *fem.*, teagamh *masc.*, tomhartaich *fem.*

unchangeable *adj.* neo-chaochlaideach, neo-mhùthach

unchangeableness *n.* neo-chaochlaideachd *fem.*

unchanged *adj.* neo-iompaichte

uncharitable *adj.* mì-dhèirceil, neo-charthannach

uncharitableness *n.* mì-sheirc *fem.*, neo-charthannachd *fem.*

unchaste *adj.* mì-gheanmnaidh, mì-gheimnidh, neo-gheanmnaidh

unchasteness *n.* neo-gheanmnaidheachd *fem.*

unchristian *adj.* ana-crìosdail

uncircumcise *vb.* neo-thimcheall-gheàrr

uncircumcised *adj.* neo-thimcheall-gheàrrta

uncircumcision *n.* neo-thimcheall-ghearradh *masc.*

uncivil *adj.* mì-shìobhalta, mì-shuairc

uncivil *vb.* mì-chneasda

uncivilised *adj.* boisceall, borbarra

unclad *adj.* lomarra

unclaimed *adj.* neo-thagairte

unclassified *adj.* neo-sheòrsaichte

unclean *adj.* neo-ghlan, salach

uncleanness *n.* dìolanas *masc.*, neo-ghlaine *fem.*

unclothe *vb.* neo-èid

uncollected *adj.* neo-chruinnichte

uncollected (mentally) *adj.* gun phurp

uncombed *adj.* neo-chirte

uncomely *adj.* mì-mhaiseach, mì-mhaiseil

uncomfortable *adj.* mì-shuaimhneach, neo-fhoisneach, neo-shocrach

uncomfortableness *n.* mì-shocair *fem.*

uncommitted logic array *n.* rian loidig gun chrìoch *masc.*

uncommon *adj.* do-ghnàthach, neo-chumanta, neo-ghnàthaichte

uncommonness *n.* neo-chumantachd *fem.*

uncommunicating *adj.* neo-chomannach

uncompanionable *adj.* neo-chompanta

uncompassionate *adj.* neo-thruacanta

uncompounded *adj.* neo-mheasgte

unconcerned *adj.* luaineach

unconditional *adj.* neo-chùmhnantach

unconfirmed *adj.* neo-dhaingnichte

unconjugal *adj.* mì-chèillidh

unconquerable *adj.* do-chìosnachaidh, do-chìosnaichte, neo-cheannsaichte, neo-shàrachaidh

unconquered *adj.* neo-chìosnaichte, neo-shàraichte

unconscious *adj.* neo-fhiosrach

unconstraint *n.* neo-cheangaltas *masc.*

uncontaminated *adj.* neo-lochdach

uncontested *adj.* gun chomhstrì

uncontrolled *adj.* neo-shrianach

uncontroverted *adj.* neo-thagairte

unconverted *adj.* do-iompaichte, neo-iompaichte

uncorrected *adj.* neo-cheartaichte, neo-leasaichte

uncorrupted *adj.* neo-thruaillichte, neo-thruaillidh

uncourteous *adj.* neo-chùirteil

uncourtly *adj.* neo-chùirteil

uncouth *adj.* dìsleach, tuathaisteach

uncreated *adj.* neo-chruthaichte

uncreditable *adj.* ain-teisteil

unction *n.* ungadh *masc.*

unctuous *adj.* sabhlach, sailleil

uncultivated *adj.* bàn, fàs, riasgail

uncultured *adj.* neo-mhodhail

uncurbed *adj.* neo-shrianach

uncustomary *adj.* neo-ghnàthach

undaunted *adj.* misneachail, neo-sgàthach, spreigeil

undecayed *adj.* neo-sheargte

undecided *adj.* ioma-chomhairleach

undefiled *adj.* neo-shalach, neo-thruaillichte, neo-thruaillidh

undefiledness *n.* neo-thruaillidheachd *fem.*

under *prep.* fo

under arms *adj.* fo armaibh

under consideration *adj.* fainear

under siege *adj.* fo shèisd

under stock *adj.* fo uachdair

under way *adj.* fo astar

under-age *adj.* neo-inbheach

under-bailiff *n.* maor-baile *masc.*

under-clerk *n.* iar-chlèireach *masc.*

under-master *n.* frith-mhaighstir *masc.*

under-secretary *n.* iar-chlèireach *masc.*

underblanket *n.* feuradh *masc.*

undercellar *n.* seilear ìochdrach *masc.*

undercoat *n.* còt-ìochdair *masc.*

underdeveloped *adj.* dì-leasaichte

underdevelopment *n.* dì-leasachadh *masc.*

underemployment *n.* dì-fhasdachd *fem.*

underflow *n.* fo-shruth *masc.*

undergo operation *vb.* rach fo sgian, rach fo lanns, rach fo lannsaireachd, rach fo obair-lèighe

undergraduate *n.* fo-cheumnaiche *masc.*

underground stream *n.* feadan *masc.*

underground train *n.* trèan fon talamh *masc.*

undergrowth *n.* preaslach *masc.*

underhand *adj.* os ìosal, sligheach

underlined *adj.* fo-stràcte

underling *n.* ìochdaran *masc.*

underpass *n.* fo-rathad *masc.*

underrate *vb.* dì-mol

underservant *n.* iar-ghille *masc.*

undershirt *n.* lèine-ìochdair *fem.*

understand *vb.* tuig, mothaich, thoir fainear

understanding *n.* tuigse *fem.*, ciall *fem.*, cluain *fem.*, seagh *masc.*, seaghachas *masc.*, tabhaill *fem.*, toinisg *fem.*, tuigsinn *fem.*

understanding *adj.* toinisgeil

undertake *vb.* gabh os làimh

undertaker *n.* adhlacair *masc.*, neach-adhlacaidh *masc.*

undertaking *n.* gnothachas *masc.*, oidheirp *fem.*

undervalue *vb.* dìmeas, lughdaich, mì-mheas

undervaluing *adj.* neo-spèiseil

underwood *n.* garan *masc.*, preasnach *masc.*, ras *masc.*, rasan *masc.*

undeservedness *n.* neo-thoillteannas *masc.*

undeserving *adj.* mì-thoillteannach, neo-airidh, neo-thoilltinneach

undesigning *adj.* neo-chealgach

undetermined *adj.* neo-shònraichte

undirected *adj.* neo-threòraichte

undiscovered *adj.* neo-aithnichte, neo-fhoillsichte

undisguised *adj.* neo-mhealltach

undistinguished *adj.* neo-chomharraichte

undisturbed *adj.* neo-bhuairte, neo-ghluasadach, sàmhach, sìochainteach

undisturbedness *n.* socrachd *fem.*

undo *vb.* neo-dhèan

undone *adj.* neo-chrìochnaichte

undoubted *adj.* neo-theagamhach

undoubtedly *adj.* gun teagamh, gun cheisd

undrainable *adj.* do-thràighte, do-thraoghadh

undrained *adj.* neo-thràighte

undress *n.* neo-uidheam *fem.*

undress *vb.* cuir dheth, neo-sgeadaich, rùisg

undressed *adj.* rùisgte, neo-uidheamaichte

undue *adj.* neo-dhligheach

undulate *vb.* tonn

undulated *adj.* tonnach

undulating *adj.* udalach

undulation *n.* stuadh *fem.*, tonn-ghluasad *masc.*, tulgadh *masc.*

undunged *adj.* neo-leasaichte

undutiful *n.* neo-dhleasnas *masc.*

undutiful *adj.* mì-dhleasnach, mì-dhligheach, neo-dhìleas, neo-dhleasnach, neo-dhligheach

uneasiness *n.* mì-shocair *fem.*, ùtraiseachd *fem.*

uneasy *adj.* docair, neo-fhoisneach, neo-fhurasach, neo-shocair, neo-shocrach

uneconomic *adj.* do-mhaoineach

unembellished *adj.* lomarra, tioram

unemployment *n.* cion-obrach *masc.*, cion-cosnaidh *masc.*, dìth-cosnaidh *masc.*, dìth-obrach *masc.*

unemployment benefit *n.* sochair cion-cosnaidh *fem.*, airgead-dìomhanachd *masc.*

unenfeebled *adj.* neo-lapach

unenforcable *adj.* do-sparraidh

unengaged *adj.* neo-dhaingnichte

unenterprising *adj.* lag-chùiseach, meath-oidheirpeach, mì-chùiseach, neo-adhartach

unequal *adj.* neo-ionann

unequalled *adj.* gun choimeas, gun samhail

unerring *adj.* neo-mhearachdach, cinnteach, amaiseach, neo-mhearachdail, neo-thuiteamach, uile-chinnteach

unessential *adj.* neo-shudhar

uneven *adj.* neo-chòmhnard, neo-rèidh, mì-chòmhnard, neo-chothromach, stacach, sturrach

unexhausted *adj.* neo-thràighte

unexpected *adj.* obann

unfair *adj.* anaceart, eu-ceart, neo-chothromach, neo-fhàbharach

unfair dismissal *n.* cur-à-dreuchd mì-chothromach *masc.*

unfairness *n.* anaceartas *masc.*, mì-chothrom *masc.*, neo-chothrom *masc.*

unfaithful *adj.* ain-dìleas, mì-dhleasnach, neo-dhìleas

unfaltering *adj.* neo-lapach

unfashionable *adj.* neo-fhasanta

unfatigued *adj.* neo-sgìth, neo-sgìthichte, neo-shàraichte

unfavourable *adj.* mì-fhreasdalach, neo-fhàbharach, neo-fhreasdalach, neo-ghoireasach

unfeeling *adj.* do-mhothachaidh, mì-thruacanta, neo-aireachail, neo-bhàigheil, neo-iochdmhor, neo-mhothachail, neo-thruacanta

unfeigned *adj.* neo-chealgach, neo-fhallsa

unfeignedness *n.* neo-chealgachd *fem.*

unfermented *adj.* neo-gheuraichte, neo-ghoirtichte

unfinished *adj.* neo-chrìochnaichte

unfit *adj.* lapanach, neo-chubhaidh, neo-fhreagarrach, neo-ghoireasach, neo-iomchaidh

unfit (unsuitable) *adj.* mì-fhreagarrach, mì-iomchaidh

unfitness *n.* neo-iomchaidheachd *fem.*

unfixed *adj.* neo-bhunaiteach, neo-dhaingnichte, tulgach

unfledged *adj.* roisg

unfold *vb.* sgaoil

unforgiving *adj.* neo-mhaithteach

unformed *adj.* neo-chruthaichte

unfortunate *adj.* mì-shealbhach, mì-fhortanach, leibideach, leamh, searbh, bramach, driod-fhortanach, lapanach, mì-àdhmhor, neo-shoirbheachail, olc, rosadach

unforward *adj.* mì-thapaidh

unfriendliness *n.* coimheachas *masc.*, eucairdeas *fem.*, mì-chaoimhne *fem.*, neo-charthannachd *fem.*

unfriendly *adj.* neo-chàirdeil, coimheach, eu-càirdeil, feicheanta, mì-chaidreach, mì-chàirdeil, mì-chaoimhneil, mì-dhleasnach, neo-charthannach

unfrugal *adj.* mì-ghrunndail

unfruitful *adj.* eu-torrach, mì-tharbhach, neo-tharbhach, neo-thorach

unfruitfulness *n.* neo-thairbhe *fem.*, neo-thoraiche *masc.*

unfruitfulness *adj.* neo-thairbhe

unfurl *vb.* leig às

ungainly *adj.* mì-chiatach

ungathered *adj.* neo-chruinnichte

ungenerousness *n.* mì-shuairceas *masc.*

ungenteel *adj.* mì-cheanalta, mì-eireachdail, mì-innealta, neo-dhàicheil

ungodliness *n.* mì-dhiadhachd *fem.*

ungodly *adj.* neo-dhiadhaidh, saoghalta

ungovernable *adj.* do-riaghlaidh, do-smachdaidh

ungraceful *adj.* mì-innealta

ungracious *adj.* neo-ghràsmhor

ungrateful *adj.* mì-thaingeil, diobhuidheach, mì-bhuidheach

ungratefulness *n.* mì-thaing *fem.*

unguarded *adj.* sgaoilteach

unguardedness *n.* neo-aire *fem.*

unguided *adj.* neo-threòraichte

unhabituated *adj.* neo-chleachdta

unhallowed *adj.* neo-choisrigte

unhandsome *adj.* neo-cheanalta, neo-dhàicheil

unhandy *adj.* clip-làmhach, clùdach

unhappiness *n.* eislein *masc.*

unhappy *adj.* mì-thoilichte, mì-shona, eisleineach, neo-shona, truagh

unharassed *adj.* neo-shàraichte

unharmonious *adj.* neo-fhonnmhor

unharnessed *adj.* neo-bheartaichte

unhealthiness *n.* neo-fhallaineachd *fem.*

unhealthy *adj.* mì-fhallain, euslainteach, neo-fhallain, neo-shlàinteil

unholiness *n.* mì-dhiadhachd *fem.*

unholy *adj.* mì-naomha, neo-chreidmheach, neo-dhiadhaidh

unhurt *adj.* slàn, sòmhlan

unhusk *vb.* cnot, faoisg, faoisgnich, moglaich, sgil, spiolg

unhusked *adj.* sgilte

unicellular *adj.* aoncheallach

unicorn *n.* aon-adharcach *masc.*, biast-na-sgrogaig *fem.*, sròin-adharcach *masc.*

unicorned *adj.* aon-adharcach

unicycle *n.* cuairteag *fem.*

Unidentified Flying Object *n.* tàiseal *masc.*

unified atomic mass unit *n.* aonad-mas atomach co-aonaichte *masc.*

uniform *n.* èideadh *masc.*, trusgan *masc.*

uniform *adj.* cunbhalach

uniformity *n.* co-fhreagairt *fem.*

unimaginable *adj.* do-bheachdachaidh

unimportance *n.* neo-bhrìgh *fem.*

unimportant *adj.* neo-thàbhach, uaireach

unimproved *adj.* neo-leasaichte

uninflamed *adj.* neo-lasta

uninflammable *adj.* neo-loisgeantach, stacach

uninjured *adj.* slàn

unintelligent *adj.* neo-thoinisgeil, neo-thuigseach, neo-thùrail

unintelligible *adj.* do-thuigsinn, neo-shoilleir

unintelligibleness *n.* neo-shoilleireachd *fem.*

uninteresting *adj.* tioram

uninterrupted *adj.* rèidh

uninventive *adj.* neo-innleachdach, neo-thùrail

uninventiveness *n.* neo-innleachd *fem.*

uninviting *adj.* neo-thogarrach

union *n.* aonadh *masc.*, co-cheumnachd *fem.*, co-shnaim *fem.*, rèiteachadh *masc.*

Union Jack *pr.n.* Bratach an Aonaidh

Union of Communication Workers *pr.n.* Aonadh Luchd-obrach Eadar-theachdaireachd

union pipe *n.* pìob-uilne *fem.*

Unionist *adj.* sluagh-aonachdach

unique *adj.* àraid, gun samhail

unit *n.* aonad *masc.*

unit of work *n.* aonad-obrach *masc.*

unite *vb.* aoin, aonaich, co-cheangail

united *adj.* an caigeann

United Dominions Trust *pr.n.* Urras nan Tighearnas Aonaichte

United Nations *pr.n.* Na Nàiseanan Aonaichte, Na Dùthchannan Aonaichte, Na Rìoghachdan Aonaichte

United Presbyterian Church, the *pr.n.* Eaglais Chlèireach Aonaichte, an

unity *n.* aonachd *fem.*

universal *adj.* co-choitcheann, coitcheann, uileach, uile-choitcheann

universality *n.* coitcheannachd *fem.*, coitcheannas *masc.*, uileachd *fem.*

universe *n.* domhan *masc.*, cruinne-cè *fem.*, dùl *masc.*

university *n.* oilthigh *masc.*

unjust *n.* eucorach *masc.*, mì-cheart *fem.*

unjust *adj.* mì-cheart, eu-còir, aincheart, anaceart, eu-ceart, eucorach, mì-ionraic, neo-cheart, neo-chothromach, neo-fhìreantach

unkempt *adj.* goinneach, muideach

unkind *adj.* neo-choibhneil, mì-bhàigheach, mì-bhàigheil, mì-chaoimhneil, neo-bhàigheil, neo-dhaonnach

unkindliness *n.* feicheantas *masc.*

unkindness *n.* mì-bhàigh *fem.*, neo-bhàighealachd *fem.*, neo-dhaonnachd *fem.*

unknowable *adj.* do-aithnichte

unknown *n.* neo-aithne *fem.*

unknown *adj.* neo-aithnichte

unlatch *vb.* neo-chlaimheinich

unlawful *n.* neo-laghalachd *fem.*

unlawful *adj.* mì-dhligheach, mì-laghail, neo-cheadaichte, neo-dhligheach, neo-laghail

unlawfulness *n.* ain-dligheachd *fem.*, eucairteachd *fem.*, neo-laghalachd *fem.*

unlearned *adj.* neo-fhoghlamaichte, neo-ionnsaichte, deargnaidh, neo-eagnaidh, neo-ealanta, neo-theagaisgte

unleavened *adj.* neo-gheuraichte, neo-ghoirtichte

unlighted *adj.* neo-lasta

unlike *adj.* ao-coltach, eu-coltach, eu-cosmhalach, mì-choslach, neo-amhlaidh, neo-chosmhail, neo-ionann

unlikelihood *n.* neo-choslachd *fem.*, neo-dhàichealachd *fem.*

unlikeliness *n.* ao-coltas *masc.*, eu-coltas *masc.*

unlikely *adj.* ao-coltach, eu-coltach, eu-coltach, mì-choslach, neo-chosmhail, neo-dhàicheil

unlikeness *n.* eu-coltas *masc.*, neo-amhlaidheachd *fem.*

unlimited *adj.* neo-chrìochnach, neo-chrìochnaichte

unload *vb.* falamhaich, neo-luchdaich

unlock *vb.* fosgail

unlucky *adj.* mì-fhortanach, mì-shealbhach, mì-àdhmhor, mì-bhuaidheach, neo-shealbhach, neo-sheannsail, neo-sheannsar, neo-shona, toisgeal, tuathlach

unmanageable *adj.* do-chasgaidh, do-cheannsachaidh, do-cheannsaichte, do-riaghlaidh, do-stiùiridh

unmanliness *n.* neo-dhuinealas *masc.*

unmanly *adj.* neo-fhearail, mì-dhuineil, mì-fhearail, neo-dhuineil

unmannerly *adj.* mì-mhodhail, neo-oileanaichte, dalm, neo-ghrinn, saobh-nòsach

unmanured *adj.* neo-leasaichte

unmarred *adj.* neo-thruaillichte

unmeaning *adj.* neo-chiallach

unmeet *adj.* neo-chubhaidh

unmentionable *adj.* do-luaidh

unmerciful *adj.* mì-thròcaireach, eu-tròcaireach, neo-ghràsmhor, neo-thròcaireach, neo-thruacanta

unmercifulness *n.* an-tròcaireachd *fem.*, eu-tròcaireachd *fem.*

unmerited *adj.* neo-chubhaidh

unmeriting *adj.* neo-thoilltinneach

unmethodical *adj.* ròpach

unmingled *adj.* neo-mheasgte

unmixed *adj.* neo-choimeasgta, neo-mheasgte

unmolested *adj.* sìochainteach

unmoved *adj.* neo-ghluaiste, neo-charaichte

unmusical *adj.* neo-fhonnmhor

unnatural *n.* mì-nàdarra *masc.*

unnatural *adj.* neo-dhligheach

unnavigable *adj.* do-sheòladh

unnecessary *adj.* neo-fheumail, neo-riatanach, neo-ghoireasach, uaireach

unnutritious *adj.* neo-bhrìghmhor

unobliging *adj.* neo-shuilbhir

unobsequiousness *n.* diùltachas *masc.*

unobservant *adj.* neo-bheachdmhor

unobtrusive *adj.* mì-liosda

unoccupied *adj.* fàs

unofficial *adj.* gun ùghdarras, neo-oifigeil

unoppressed *adj.* neo-shàraichte

unpaid *adj.* neo-dhìolta, neo-phàighte

unpardoning *adj.* neo-mhaitheanasach

unperformed *adj.* neo-ghnàthaichte

unperjured *n.* neo-eithichte *fem.*

unperplexed *adj.* neo-theagamhach

unpierceable *adj.* do-thollaidh

unpitied *adj.* neo-thruasaichte

unplanted *adj.* neo-shuidhichte

unpleaded *adj.* neo-thagairte

unpleasant *adj.* mì-chàilear, mì-thaitneach, an-tlachdmhor, mosach, neo-aoidheil, neo-thaitneach

unpleasantness *n.* an-tlachdmhoireachd *fem.*

unploughed *adj.* glas

unpolished *adj.* neo-lìomhta, neo-mhìnichte, neo-shnasmhor

unpolluted *adj.* neo-thruaillidh, neo-shalach

unpractised *adj.* neo-chleachdta, neo-ghnàithte, neo-ghnàthaichte

unpredictable *adj.* taomboileach

unprepared *adj.* neo-ullamh, aindeiseil, neo-uidheamaichte

unpreparedness *n.* neo-uidheam *fem.*

unpreparedness *adj.* neo-ullamhachd

unproductive *adj.* mì-tharbhach, neo-tharbhach, neo-thorach

unproductiveness *n.* neo-thairbhe *fem.*, neo-thoraiche *masc.*

unprofitable *adj.* mì-tharbhach, neo-bhuanach, neo-thàbhach, neo-thàbhachdach, neo-tharbhach

unprofitableness *n.* neo-thairbhe *fem.*

unprogressive *adj.* mì-adhartach

unprolific *n.* seasg *masc.*

unprolific *adj.* seasg-chorpach

unpromising *adj.* neo-eugasach

unpropitious *adj.* toisgeal, tubaisteach

unprosperous *adj.* neo-shoirbheachail

unprotected *adj.* neo-thèarainte

unprotectedness *n.* neo-thèarainteachd *fem.*

unprovoked *adj.* neo-bhuairte

unqualified *adj.* neo-iomchaidh

unquelled *adj.* neo-cheannsaichte, neo-chìosnaichte

unquenchable *adj.* neo-mhùchalach

unquestionable *adj.* neo-amharasach

unquiet *adj.* neo-shocrach

unratified *adj.* neo-dhaingnichte

unravelled *adj.* rèidh

unreadiness *adj.* neo-ullamhachd

unreasonable *adj.* mì-reusanta, neo-reusanta

unrecognised *adj.* neo-aithnichte

unregarded *adj.* neo-spèisichte

unrelated *adj.* neo-dhìleas

unrelenting *adj.* neo-mhaithteach

unreliable *adj.* neo-earbsach, neo-mhuinghinneach, cearbadach, iomlaideach, neo-dhearbha

unremarkable *adj.* neo-shònraichte

unrequited *adj.* neo-dhìolta

unresolved *adj.* neo-chomhairlichte, neo-shònraichte

unrest *n.* ain-fhois *fem.*, luasgan *masc.*, mì-shocair *fem.*, mì-shuaimhneas *masc.*

unrestrained *adj.* neo-cheannsaichte, neo-shrianach, saor, saorsail

unrevealed *adj.* neo-fhoillsichte

unrevenged *adj.* neo-dhìolta

unrewarded *adj.* neo-dhìolta

unrighteous *adj.* mì-ionraic, neo-fhìreantach

unrighteousness *n.* neo-fhìreantachd *fem.*

unripe *adj.* anabaich, neo-abaich, neo-inbheach

unruffled *adj.* neo-ghluaiste, neo-ghluasadach

unruliness *n.* buabstaireachd *fem.*, mì-riaghailt *fem.*

unruly *adj.* do-chasgaidh, neo-rianail

unsafe *adj.* neo-thèarainte

unsaleable *adj.* do-reicte

unsalted *adj.* neo-shaillte

unsatisfactory *adj.* neo-thaitneach

unsatisfiable *adj.* do-shàsachaidh

unsatisfied *adj.* neo-dhaingnichte

unsaved *adj.* neo-thèarainte

unsavouriness *n.* neo-chùbhraidheachd *fem.*

unsavoury *adj.* mi-bhlasda, neo-bhlasda

unscorched *adj.* neo-sheargte

unscorching *adj.* neo-sheargach

unscrupulous *adj.* neo-sgrùbach

unsearchable *adj.* do-rannsachaidh, do-rannsaichte

unseasonable *adj.* an-aimsir, an-amach, an-tràthach, eas-amail, neo-aimsireil, neo-thràthail

unseasonableness *n.* an-àm *masc.*, neo-thràthalachd *fem.*

unseasoned *adj.* neo-shaillte

unseemliness *n.* mì-aogas *masc.*, mì-dhealbh *masc.*

unseemly *adj.* mì-aogasach, mì-bhòidheach, mì-cheanalta, mì-chiatach, mì-eireachdail, mì-mhaiseach, mì-mhaiseil, neo-aogasach, neo-bhòidheach, neo-chubhaidh

unselfish *adj.* neo-fhèineil, neo-shanntach

unservicableness *n.* neo-thairbhe *fem.*

unserviceable *adj.* neo-tharbhach

unsettled *adj.* neo-shuidhichte, guanach, bristeach, mì-bhunailteach, mì-bhunaiteach, neo-shocair

unsew *vb.* sgaoil

unshapeliness *n.* mì-dhealbh *masc.*

unshapely *adj.* mì-chumachdail, neo-chumadail

unsharpened *adj.* neo-gheuraichte

unsheathe *vb.* rùisg

unsheathed *adj.* rùisgte

unsheathing *n.* rùsgadh *masc.*

unshell *vb.* spiol, spiolg

unship *vb.* neo-luchdaich

unshod *adj.* dì-bhrògach

unsifted *adj.* neo-chriathairte

unskilful *adj.* mì-theòma, an-ealanta, clùdach, mì-dheas, neo-ealanta, neo-ionnsaichte, neo-làmhchair, neo-theòma

unskilled *adj.* neo-innleachdach

unskimmed *adj.* reamhar

unsmoked *adj.* neo-dheithichte

unsmooth *adj.* neo-mhìn

unsociable *adj.* mi-chaidreach, mi-chompanta, neo-chompanta

unsociableness *n.* neo-chompantas *masc.*

unsoiled *adj.* neo-thruaillichte

unsound *adj.* mi-fhallain, neo-fhallain

unsoundness *n.* neo-fhallaineachd *fem.*

unspeakable *adj.* do-labhairt, do-innseadh, do-luaidh

unspeculative *adj.* neo-fhaoinsmuaineach

unspiritual *adj.* neo-spioradail

unstable *adj.* cugallach, air ghlugaman, caithriseach, corrach, neo-sheasach, neo-sheasmhach

unstately *adj.* mì-dheas

unsteadiness *n.* mì-stèidhealachd *fem.*, neo-bhunaiteachd *fem.*, uideal *masc.*

unsteady *adj.* corrach, luasganach, mì-bhunai(l)teach, neo-bhunaiteach, neo-sheas(mh)ach, neo-shocrach, neo-shuidhichte, roithleach, tuisleach, tulgach

unstirred *adj.* neo-charaichte

unstitch *vb.* neo-fhuaighealaich

unstressed *adj.* gun chudthrom

unstumbling *adj.* neo-thuiteamach

unsubdued *adj.* neo-cheannsaichte

unsubstantial *adj.* neo-shusbainteach, mì-shùghor, mì-thàbhachdach, mì-thaiceil, neo-bhrìghmhor, neo-tharbhach

unsubstantialness *adj.* neo-thairbhe

unsuccessful *adj.* diom-buaidheach, neo-shoirbheachail

unsuccessfulness *n.* diom-buaidh *fem.*

unsuitable *adj.* mì-fhreagarrach, neo-fhreagarrach

unsurfaced road *n.* garbh-rathad *masc.*

unsuspicious *adj.* neo-amharasach

unsympathetic *adj.* neo-aireachail

untameable *adj.* do-cheannsachaidh, neo-chaldachail

untamed *adj.* alltha, neo-cheannsaichte, neo-chìosnaichte

untaught *adj.* neo-ionnsaichte, neo-oileanaichte, neo-theagaisgte

unteachable *adj.* do-theagaisg

untempted *adj.* neo-bhuairte

unthankful *adj.* mi-bhuidheach, neo-ar-thaingeil

unthrifty *adj.* neo-chaomhantach

untidiness *n.* mi-chruinnealas *masc.*, neo-ghrinneas *masc.*

untidy *adj.* mì-sgiobalta, luideach, liobasda, neo-chumadail, neo-ghrinn, neo-shnasmhor, reapach, riapach, robach, seotach

untie *vb.* fuasgail, neo-cheangail, sgaoil

untighten *vb.* iom-sgaoil

until *prep.* gu, gu ruig(e), gus

untilled *adj.* bàn

untimely *adj.* an-aimsireil, an-tràthach, neo-thìmeil, neo-thràthail

untired *adj.* neo-sgìthichte

untoward *adj.* mi-àdhmhor, olc, rosadach, tubaisteach

untractable *adj.* riasgail

untrained *adj.* neo-ionnsaichte

untrampled *adj.* neo-shaltraichte

untroubled *adj.* neo-bhuairte

untrue *adj.* ain-fhìor, neo-fhìor

untruth *n.* ain-fhìrinn *fem.*

untruthful *adj.* breugach

untuneable *adj.* do-ghleusaidh

unusual *adj.* neo-àbhaisteach, annasach, mì-ghnàthach, mì-ghnàthaichte, neo-chleachdach, neo-chumanta, neo-ghnàithte, neo-ghnàthach, neònach, tearc

unveil *vb.* neo-sgàilich

unviolated *adj.* neo-thruaillichte

unvirtuous *adj.* mi-shubhailceach

unwarlike *adj.* neo-churanta

unwaulkable *adj.* do-luaidhte

unwearied *adj.* neo-sgìth, neo-sgìtheil, neo-sgìthichte

unwelcome *adj.* neo-thaitneach

unwell *adj.* bochd, tinn

unwholesome *adj.* mì-fhallan, neo-fhallan

unwholesomeness *n.* neo-fhallaineachd *fem.*

unwieldy *adj.* logaideach

unwilling *adj.* aindeònach, leisg, mì-thogarrach, mì-thoileach, neo-thoileach

unwillingness *adj.* neo-thogarrach

unwise *adj.* mì-chèillidh, mì-ghlic, neo-ghlic

unwithered *adj.* neo-sheargte

unwithering *adj.* neo-sheargach

unwomanly *adj.* mì-bhanail

unwonted *adj.* neo-chleachdach

unworthiness *n.* neo-thoillteannas *masc.*

unworthy *adj.* neo-airidh, neo-fhiùghail, neo-thoilltinneach

unwrap *vb.* tuainig

unyielding *adj.* neo-ghèillear

unyieldingness *n.* neo-lùbadh *masc.*

unyoke *vb.* tualaig, tuanlaig

unyoked *adj.* neo-bheartaichte

up *adj.* suas, a-nìos

up and about *adj.* air falbhan

up-to-date *adj.* fasanta, nua-aimsireil

upbraid *vb.* thoir spochadh air

update *vb.* ùraich

updated *adj.* ùraichte

upgrading *n.* leasachadh *masc.*

uphill *adj.* ri bruthach

upkeep *n.* cumail suas *masc.*

upland *n.* bràigh(e) *masc.*

upland *adj.* bràigheach

upon *prep.* fa

upper *adj.* uarach

upper jaw *n.* cairbeairt àrd *masc.*, carbad àrd *masc.*, carbad-uachdair *masc.*

upper lip *n.* beul-uachdair *masc.*

uppish *adj.* taithireach

upright *adj.* neo-chealgach, neo-chlaon, treibhdhireach

upright (honest) *adj.* ionnraic

uprightness *n.* dìreachas *masc.*, neo-chealgachd *fem.*, neo-chiontachd *fem.*, treibhdhireas *masc.*

uproar *n.* gleadhar *masc.*, othail *fem.*, bòilich *fem.*, ùpraid *fem.*, blàr *masc.*, cafubhail *masc.*, iorghail *fem.*, mì-riaghailt *fem.*, monmhor *masc.*, onfhaidh *masc.*, sràbhard *masc.*

upshot *n.* bun *masc.*, ciallsgur *masc.*

upside down *adj.* car-mu-shlios

upside-down *adj.* air a bheul fodha, bun-os-cionn

upstairs *adj.* an àird an staidhir, shuas an staidhre

upstart *n.* beadagan *masc.*, starn *masc.*

uranyl *n.* urainil *masc.*

urbane *adj.* gnèitheil, sìobhalta, suairc

urbanisation *n.* cathaireachadh *masc.*

urbanity *n.* suairceas *masc.*

ureter *n.* fualadair *masc.*

urethra *n.* fualaire *masc.*, fual-fheadan *masc.*

urge *vb.* spàrr, brosnaich, stuig, cuir chuige, cuir impidh air, dean rò-earail, iomain, pròis, purr

urgency *n.* cùis-èiginn *fem.*

urgent *adj.* cabhagach, faochnach

urinal *n.* amar-fuail *masc.*, amar-mùin *masc.*, briollan *masc.*, fualan *masc.*, fuireanal *masc.*

urinary *adj.* fualar

urine *n.* mùn *masc.*, fual *masc.*

urine retention *n.* glasadh-uisge *masc.*

urn *n.* bior-phoit *fem.*, cilleorn *masc.*

usage *n.* àbhaist *fem.*, nòs *masc.*, gnàth *masc.*

use *n.* cleachdadh *masc.*, feum *masc.*, àbhaist *fem.*, nòs *masc.*, ofhaich *fem.*, stadh *masc.*, stà(th) *masc.*

use *vb.* cuir gu feum, cleachd, cuir feum air, dèan feum dhe, gnàthaich, ùisnich

useful *adj.* feumail, comhstach, goireasach, stadhar, stàmhor, stàthail, ùiseil

usefulness *n.* feum *masc.*, tairbhe *fem.*, tairbheartas *masc.*

useless *adj.* gun fheum, gun chomas, gun stà, neo-fheumail, soplach, uaireach

user *n.* neach-cleachdaidh *masc.*

user group *n.* buidheann-chleachdaidh *fem./masc.*

user port *n.* ceann-ceangail *masc.*

user-friendly *adj.* furasda cleachdadh, iùlach

usher *n.* gocaman *masc.*

usher *vb.* thoir a-staigh/a-steach

usquebaugh *n.* uisge-beatha *masc.*

usual *adj.* àbhaisteach, gnàthach, gnàth, nòsach, nòsail

usually *adj.* mar as trice

usurer *n.* riadhadair *masc.*

usurious *adj.* riadhach

usurp *vb.* gabh/glèidh gun chòir, sglamh

usurpation *n.* sglamhadh *masc.*

usurper *n.* sglaimir *masc.*, sglamhair *masc.*

usury *n.* riadhadaireachd *fem.*, riadh *masc.*, ocar *masc.*, ocas *masc.*, ùsaireachd *fem.*

utensil *n.* ball-acainn *masc.*, tailm *fem.*

utensils *n.* acfhainn *fem.*

uterine *adj.* machlagach

uterus *n.* machlag *fem.*

utilitarian *adj.* feumachail

utility *n.* feum *masc.*, ùisealachd *fem.*, stà *masc.*, stadh *masc.*

utter *vb.* abair, labhair

utterable *adj.* labhairteach

utterance *n.* abairt *fem.*, labhairt *fem.*

utterly *adj.* gu tur, gu lèir

uxorious *adj.* mùirneach mu mhnaoi

uvula *n.* cìoch-a'-mhuineil *fem.*, cìoch-an-t-sluigein *fem.*, cìoch-chinn *fem.*, cìoch-chraghad *fem.*, cìoch-mhuineil *fem.*, cìoch-shlugain *fem.*

V

vacancy *n.* beàrn *fem.*, dearmad *masc.*

vacancy (empty space) *n.* àite falamh *masc.*

vacancy (situation unoccupied) *n.* dreuchd fhalamh *fem.*, suidheachadh falamh *masc.*, àite ri lionadh *masc.*

Vacancy Review Sub-Committee *pr.n.* Fochomataidh Sgrùdadh Bheàrn

vacant *adj.* falamh, bàn, fàs, dearmadach

vacation *n.* saor làithean *masc.*, cead *masc.*, ùine shaor *fem.*

vaccination *n.* bànachdach *fem.*, bànachrach *fem.*

vaccine *n.* cruidh *fem.*

vaccinium vitis idoea *n.* lus nam braoileag *masc.*

vacillating *adj.* luasganach

vacuole *n.* falmhag *fem.*

vacuum *n.* fàslach *masc.*

vacuum cleaner *n.* sguabadair *masc.*

vacuum tube *n.* pìob-falmhachd *fem.*

vagabond *n.* luaidrean *masc.*, reamhair *masc.*, sràideachan *masc.*, stràcair *masc.*, taisdealach *masc.*, turasaiche *masc.*

vagina *n.* faighean *masc.*, duille *fem.*, geobag *fem.*, truiteag *fem.*

vagrant *n.* luaidrean *masc.*, luaineach *masc.*, sgimilear *masc.*, siùbhlach *masc.*

vain *adj.* faoin, sgòideil, cuideil, sgàileanta, sgòideagach, sgòideasach, toileil

vainglorious *adj.* mòrail, saobh-ghlòrach, uaibhreach, alla-ghlòrach, sgeilmearra, sgeilmeil, spailleichdeil, spailpeil

vainglory *n.* uaill *fem.*, saobh-ghlòr *masc.*, uabhar *masc.*, alla-ghlòir *fem.*, glòir dhìomhain *fem.*, raspars *masc.*, searbh-ghlòir *fem.*, sgeilm *fem.*, sodal *masc.*, spailleichd *fem.*, spleadh *masc.*

valence *n.* cumhachd-ceangail *masc.*

valerian *n.* carthan-curaidh *masc.*, lus na snàthaid *masc.*, lus nan trì bilean *masc.*

valet-de-chambre *n.* buachaille-seòmair *masc.*

valetudinarian *n.* spreòcainn *masc.*

valiant *adj.* treubhach, aigeanntach, treun, comhanta, cròdha, dil

valid *adj.* dligheach, iomchaidh, reachdmhor, tàbhachdach

validation *n.* dearbhadh *fem.*

validity *n.* dligheachas *masc.*, iomchaidheachd *masc.*, reachdmhoireachd *fem.*, tothachd *fem.*

validity check *n.* smachd-tàbhachd *masc.*

valley *n.* gleann *masc.*

valorous *adj.* gaisgeil, curanta, euchdail, euchdach, gaisgeanta

valour *n.* gaisge *fem.*, treunachas *masc.*, niatachd *fem.*, tàbhachd *fem.*

valuable *adj.* luachmhor, prìseil, miadhail, rìomhach

valuation *n.* luachachadh *masc.*, prìseachadh *masc.*, prìseadh *masc.*

valuator *n.* measadair *masc.*, luachaiche *masc.*

value *n.* luach *masc.*, fiach *masc.*, prìs *fem.*, prìsealachd *fem.*, seagh *masc.*, toirt *fem.*

value *vb.* luach, meas

value-added network *n.* moglachadh os-luach *masc.*

value-added tax *n.* cìs luach-leasaichte *fem.*

valued *adj.* measail

valueless *adj.* suarach, neonitheach, neo-fhiachail

valuer *n.* measadair *masc.*, measaire *masc.*

valuing *n.* luachachadh *masc.*, prìseadh *masc.*

valve *n.* cìochag *fem.*, deocan *masc.*, duille-dorais *fem.*, pìob-chòmhla *masc.*, sionnach *masc.*

vamp *vb.* cnoidich, tuthagaich

vamper *n.* cnoidear *masc.*

van (vanguard) *n.* tùs *masc.*, toiseach *masc.*

van (vehicle) *n.* bhan *fem.*

vandal *n.* milltear *masc.*

vane *n.* coileach-gaoithe *masc.*

vanguard *n.* sreath-bheòil *fem.*

vanilla *n.* faoineag *fem.*

vanity *n.* faoineas *fem.*, dìomhanas *masc.*, sgòd *masc.*, moinig *fem.*, uaill *fem.*

vapid *adj.* baoth

vaporisation *n.* deatachadh *masc.*

vapour *n.* deat(h)ach *fem.*, smùid *fem.*, ceathach *masc.*, ceò *fem./masc.*, sg(l)eò *masc.*, smàl *masc.*, stoth *masc.*, toit *fem.*, tollainn *fem.*

vapour *vb.* smùidir

vapoury *adj.* smùideach, ceathachail, toiteach, tothach

variable *n.* atharrachd *fem.*, caochladair *masc.*

variable *adj.* atharrachail, caochlaideach, neo-chunbhalach, atharrach, loinnreach, mùiteach, sìor-atharrach

variable cost *n.* cosgais atharrachail *fem.*

variable gear *n.* acainn-mheadhain chaochlaideach *fem.*

variable length record *n.* raon faid-caochlaideach *masc.*

variable-geometry aeroplane *n.* itealan cruinneadaireachd caochlaideach *masc.*

variableness *n.* sìor-atharrachadh *masc.*

variance *n.* seachranachd *fem.*

variation *n.* atharrachadh *masc.*, eugsamhail *masc.*

varicose vein *n.* cuisle bhorrte *fem.*, fèith bhùirte *fem.*, sgeith-fèith *masc.*

varied *adj.* iolarach, eadar-dhealaichte

variegate *vb.* breacnaich

variegated *adj.* ball-bhreac, iolarach, ileach

variety *n.* caochladh *masc.*, iolar *masc.*, saineas *masc.*

various *n.* caochladh *masc.*

various *adj.* iomadh, eadar-dhealaichte, ioma-ghnèitheach, eugsamhail, iolarach, iol-chruthach, iol-ghnèitheach, iol-mhodhach, saineil

varnish *n.* falaid *masc.*, bhàirnis *fem.*, slìob-ola *masc.*

varnish *vb.* falaidich, slìob, dealtraich

varnisher *n.* falaidiche *masc.*

vary *vb.* atharraich, caochail

vascular *adj.* seòmrach

vase *n.* soir *masc.*, stamha *masc.*

vassal *n.* basaille *masc.*

vast *adj.* ro-mhòr, aibhseach, laomsgair, tomhail, tomhaileach

vastness *n.* mòr-mheud *masc.*, eu-crìonachd *fem.*, meud *masc.*

vat *n.* dabhach *fem.*, tuba *fem.*, amar *masc.*, ballan *masc.*, bat *masc.*, stann *masc.*, stanna *fem.*, stonta *fem./masc.*, tubag *fem.*

vault *n.* seilear-làir *masc.*, airse *fem.*, bogha *masc.*, crùisle *masc.*, druim-bogha *fem.*, strach *masc.*, stragh *masc.*, tung *masc.*

vaulted *adj.* boghlanach

vaunter *n.* spailleichdear *masc.*

vaunting *n.* ceannas *masc.*

vaunting *adj.* spad-fhaclach

veal *n.* feòil-laoigh *fem.*, lao(i)ghfheòil *fem.*

veering *n.* fiaradh *masc.*

vegetable *n.* glasraich *masc.*, luibh-gàraidh *fem.*, luiseanachd *fem.*

vegetable *adj.* luibheanach

vegetarian *n.* glasraichear *masc.*, feòil-sheachnair *masc.*, lusair *masc.*

vegetation *n* fàsmhorachd *fem.*

vegetarianism *n.* glasraicheachd *fem.*, ainteach *masc.*

vegetative *adj.* cinntinneach, fàsmhor, cinneachdach

vegetativeness *n.* cintinneas *masc.*, fàsmhorachd *masc.*

vehemence *n.* neart *fem.*, mire *fem.*

vehement *adj.* dian, sgafanta, sparragach, ruchd, sgafarra, spreigeil

vehicle *n.* carbad *masc.*, inneal-iomchair *masc.*

veil *n.* brat *masc.*, sgàile *fem.*, brat-gnùise *masc.*, brat-sgàile *masc.*, luman *masc.*, peall *masc.*, puic *fem.*, puicean *masc.*, puicean *masc.*, seòc(an) *masc.*, sgàileach *masc.*, sgàth *masc.*

veil *vb.* còmhdach, ceil

veiled *adj.* sgàileach

veiling *n.* duatharachadh *masc.*

veiling *adj.* sgàileanach

vein *n.* cuisle *fem.*, fèith *fem.*, cusail *fem.*, fèith-fala *fem.*

vein (intrusion/seam of mineral) *n.* mèinn *fem.*

veins *n.* cuislean *fem.*, fèithean *fem.*, lùitheach *fem.*

vellum *n.* meamran *masc.*, sreathan *masc.*

velocity *n.* iomluathas *masc.*, luas *masc.*, luath(a)s *masc.*, sprèigh *masc.*

velvet *n.* mealbhaid *fem.*, bealbhaid *fem.*

velvet crab *n.* deiseag *fem.*, deisneag *fem.*

velvet scoter *n.* lacha dhubh *fem.*, tunnag ghleust *fem.*

vena cava *n.* cuisle mhòr a' chuim *fem.*, fèith mhòr a' chuim *fem.*

vend *vb.* reic

vendace *n.* pollag *fem.*

vendetta *n.* aimhreit *fem.*

vendible *adj.* ion-dhìoladh

vendibleness *n.* fèillealachd *fem.*

venerable *n.* urramach *masc.*

venereal *adj.* drùiseil

venereal disease *n.* a' bhreac Fhrangach *fem.*, galar Frangach, an *masc.*, galar uasal, an *masc.*

venery *n.* conanachd *fem.*

venesection *n.* cuislearachd *fem.*

Venetian blind *n.* dallan-slat *masc.*

vengeance *n.* dìoghaltas *masc.*

venial *adj.* sola, so-laghach, so-laghadh, solaitheach

venison *n.* sitheann *fem.*, sitheann-fèidh *fem.*

venom *n.* puinnsean *masc.*, nimh *fem.*

venomous *adj.* puinnseanta, nimheil, speachach

venomousness *n.* puinnseantas *masc.*

vent *n.* fosgladh *masc.*, deatachan *masc.*, toiteachan *masc.*, mùchan *masc.*, similear *masc.*, surrag *fem.*

ventilate *vb.* fionnaraich

ventilated *adj.* àileach

ventilation *n.* fionnarachadh *masc.*, gaothrachadh *masc.*

ventilator *n.* gaothaire *masc.*, puthaid *fem.*

ventricle *n.* balgan *masc.*, bolgan *masc.*

ventriloquy *n.* brù-bhruidhinn *fem.*, brù-chainnt *fem.*

venture *n.* guais *fem.*, tuairmeas *masc.*

venture *vb.* feuch, dùraig, misnich, dùirig

venue *n.* àite *masc.*

veranda *n.* àilear *masc.*

verb *n.* gnìomhair *masc.*

verbal *adj.* briathrach, briathrail

verbal noun *n.* ainmear gnìomhaireach *masc.*

verberate *vb.* diost

verberation *n.* diostadh *masc.*, straoilearachd *fem.*

verbiage *n.* ràite *fem.*

verbose *adj.* ro-bhriathrach, ràiteach, briathrach

verbosity *n.* ro-bhriathrachas *masc.*, cus ri ràdh *masc.*, gobaireachd *fem.*

verdant *adj.* gorm, feurach, uainealach, ùrar

verdict *n.* roisgeul *masc.*

verge *n.* iomall *masc.*, fàil *fem.*

verification *n.* fìreanachadh *masc.*, dearbhadh *masc.*, fìrinneachadh *masc.*

verifier *n.* dearbhadair *masc.*

verjuice *n.* laigheur *masc.*, uisge searbh *masc.*, uisge ubhall searbh *masc.*

vermicelli *n.* piastaga *masc.*

vermicular *adj.* tuaichealach

vermilion *n.* basgair *fem.*, basg-luaidh *fem.*, flann-dearg *masc.*

vermin *n.* miolan *masc.*, meanbh-bhiastag *fem.*

vermin-killer *n.* brocair *masc.*

vernacular *n.* cainnt dhùthchasach *fem.*, gnàth-chainnt *fem.*

vernal equinox *n.* co-fhad-thràth an earraich *masc.*

versatile *adj.* iol-chomasach, iol-bheusach, so-chomhairleach

verse *n.* rann *masc.*

verse (metrical composition) *n.* bàrdachd *fem.*

verse (short division of chapter, esp. of the Bible) *n.* rann *fem.*

verse (stanza) *n.* rann *masc.*

versification *n.* ranntachd *fem.*, rannaigheachd *fem.*, filidheachd *fem.*, crampadh *masc.*, duanaireachd *fem.*, rannachd *fem.*

versifier *n.* bàrd *masc.*, rannaire *masc.*, rannaiche *masc.*

versify *vb.* cuir an dàn, rannaich, meadaraich

version *n.* dreach *masc.*, seòrsa *masc.*, rian *masc.*

vertebral *adj.* druim-altach *masc.*

vertebra *n.* cnàimh an droma *masc.*, dromaltach *masc.*

vertebrate *n.* druim-altach *masc.*

vertex *n.* binnein *masc.*

vertical *adj.* dìreach, air muin a chèile, ingharach

vertigo *n.* luairean *masc.*, tuaineal *masc.*, tuathallan *masc.*, tuainealaich *fem.*, clò-ghalar *masc.*, guairdean *masc.*, stùird *masc.*, suathran *masc.*, tuaicheal *masc.*

vervain *n.* bearbhain *fem.*, crubh-leòmhainn *masc.*, trombhad *masc.*

very *adj.* glè, dearbh, ceudna, baileach

very large scale integration *n.* aonachadh ceum ro-àrd *masc.*, aonachadh glè mhòr *masc.*

Very Reverend *n.* Ro-urramach, an *masc.*

vesicle *n.* pocag *fem.*

vesiculated *adj.* coslanach

vesper *n.* feasgaran *masc.*

vespers *n.* feasgaran *masc.*

vessel *n.* soitheach *fem.*, soir *masc.*

vest *n.* fo-lèine *fem.*, peitean *masc.*, siosacot *masc.*, lèine-ìochdair *fem.*

vestibule *n.* for-dhoras *masc.*

vestry *n.* bheastraidh *masc.*, creacar *masc.*, seòmar-aodachaidh *masc.*, seòmar-culaidh *masc.*

vesture *n.* trusgan *masc.*

vetch *n.* fiatghal *masc.*

vetch species *n.* cogal *masc.*, gall-pheasair *masc.*

veterinary surgeon *n.* lighiche bheathaichean *masc.*, lèigh bheathach *masc.*, bheat *masc.*

veto *n.* starradh *masc.*, bacadh *masc.*

vetted *adj.* air a sgrùdadh

vex *vb.* sàraich, cràidh, dorranaich, cuir sònas air, farranaich, muladaich, trioblaidich

vexation *n.* sàrachadh *masc.*, dòrainn *fem.*, dorran *masc.*, sònas *masc.*, aineadas *masc.*, aithinn *fem.*, athainn *fem./masc.*, cachdan *masc.*, campar *masc.*, cràdhadh *masc.*, doimheadas *masc.*, doitheadas *masc.*, farran *masc.*, mi-shuaimhneas *masc.*, reachd *fem.*, smuairean *masc.*, smuaireanachd *fem.*, trioblaid *fem.*

vexatious *adj.* sàraichte, dorranach, sònasach, aimhealtach, farranach, reachdach, reachdmhor, ùtraiseach

vexatiousness *n.* dorranachd *fem.*, doitheadachd *fem.*

vexed *adj.* dorranach

vexing *adj.* dorranach, leamh, aranach, doimheadach, mì-thlachdmhor

via *prep.* taobh

vial *n.* searrag-ghloinne *fem.*, meanbh-bhotal *masc.*

viaticum *n.* biatsadh *masc.*

vibrate *vb.* luasgain, cuir air chrith, crith, triob(h)uail

vibrating *adj.* luasganach, seògach

vibrato *n.* soinchrith *fem.*

vicar *n.* bhiocar *masc.*, co-arba *masc.*

vicarage (office) *n.* co-arbachd *fem.*

vice (fault) *n.* droch-bheart *fem.*, dubhailc *fem.*, mi-bheus *masc.*, arraid *fem.*, dò-bheart *fem.*

vice (tool) *n.* bithis *fem.*, glamradh *masc.*, gramaiche *masc.*, rotha *masc.*, sgrobha *masc.*, teanchair *masc.*, teannachair *masc.*, teannachan *masc.*

vice-chairperson *n.* iar-neach-cathrach *masc.*

vice-convenor *n.* iar-neach-gairme *masc.*

vice-president *n.* iar-cheann-suidhe *masc.*

vice-royalty *n.* iar-fhlaitheachd *fem.*

vicegerent *n.* ionaid *masc.*

viceroy *n.* iar-fhlath *masc.*, mòr-uachdaran *masc.*, neach-ionaid-rìgh *masc.*

vicinity *n.* àrainn *fem.*, nàbachas *masc.*

vicious *adj.* dubhailceach, speachanta

viciousness *n.* nàimhdeas *masc.*

vicissitude *n.* mùth(adh) *masc.*, sealaidheachd *fem.*

victor *n.* buadhaiche *masc.*, buadhaire *masc.*

victorious *adj.* buadhach, buadhmhor, buadhail, buadhachail

victory *n.* buadhachas *masc.*, buaidh *fem.*, iol-bhuadh *masc.*, raoineadh *masc.*

victuals *n.* beathannan *pl.*

video *n.* bhidio *fem.*

video signal *n.* teachdaire-bhid– *masc.*

video typewriter *n.* clò-sgrìobhadair bhidio *masc.*

video-conference *n.* co-labhairt-bhide *fem.*

videotape *n.* dealbh-theip *fem.*

videotext *n.* teacs-bhideo *masc.*

view *vb.* sgrùd

view (opinion) *n.* beachd *masc.*

view (prospect) *n.* sealladh *masc.*, fradharc *masc.*, radharc *masc.*

viewdata *n.* data telefònach *masc.*, lèir-dàta *masc.*

viewer (television watcher) *n.* neach-coimhid *masc.*

viewing *n.* sealltainn *masc.*

viewpoint *n.* àite-seallaidh *masc.*, àite-faire *masc.*

vigilance *n.* furachas *masc.*, rò-chùram *masc.*, mosgalachd *fem.*, deàrrsaidheachd *fem.*, nàistinn *fem.*

vigilant *adj.* furachail, mosgalach, nàistinneach

vigorous *adj.* sgairteil, smiorail, neartmhor, calma, innsgineach, innsginneach, sgrìdeil, spracach, spraiceil, sracanta, tàbailt, tàthail, treun

vigour *n.* sgairt *fem.*, smior *masc.*, neart *masc.*, cailm *fem.*, clì *masc.*, lùths *masc.*, mearsainn *fem.*, sgairtealachd *fem.*, sgrìdealachd *fem.*, smioralas *masc.*, spèiread *masc.*, spiorad *masc.*, spracadh *masc.*, spraic *fem.*, trèine *fem.*, treòir *fem.*

vile *adj.* gràineil, grannda, dìblidh, salach

vilification *n.* duabharachadh *masc.*

vilify *vb.* màb, sgainnirich

vilifying *n.* màbadh *masc.*

village *n.* baile beag *masc.*, clachan *masc.*, baile beag tìre *masc.*, frith-bhaile *masc.*, sgot *masc.*, sgot-bhaile *masc.*, sràidean *masc.*

villain *n.* slaoightear *masc.*, crochair *masc.*, mèirleach *masc.*

villainy *n.* slaight *fem.*, slaoightearachd *masc.*, sloightire *masc.*

vim *n.* smearsadh *masc.*

vindictive *adj.* dìoghaltach

vindictiveness *n.* nàimhdeas *masc.*, puinseantas *masc.*

vine *n.* fìonan *masc.*, crann-fìona *masc.*

vine-leaf *n.* fìon-duilleag *fem.*

vinegar *n.* fìon geur *masc.*, binigear *fem.*, mionaigir *fem.*, uisge searbh *masc.*

vineyard *n.* fìon-lios *masc.*, garradh-fìona *masc.*

vintage *n.* fìon-fhogharadh *masc.*

viola *n.* ailt *fem.*, ailt-fhidheall *fem.*

violated *adj.* truaillte

violator *n.* truailleadair *masc.*

violence *n.* fòirneart *masc.*, ainneart *masc.*, brùidealachd *fem.*, làmhachas làidir *masc.*, èiginneas *masc.*, farrach *masc.*, ruathar *masc.*, sàr *masc.*, spàirn *fem.*

violent *adj.* ainneartach, brùideil

violet *n.* bròg na cuthaige *fem.*

violin *n.* fidheall *fem.*

viper *n.* nathair-nimhe *fem.*

viper's bugloss *n.* boglas *masc.*

viperous *adj.* nimheil

virago *n.* cealair *masc.*, connsach *fem.*

virgin *n.* òighe *fem.*, maighdeann *fem.*, ainnir *fem.*, marraisgeach *fem./masc.*

virginal (musical instrument) *n.* òigh-cheòl *masc.*

virginity *n.* òigheachd *fem.*, maighdeannas *masc.*

Virgo (Zodiac) *n.* maighdeann *fem.*

virtual machine *n.* inneal brìgheil *masc.*

virtual memory *n.* cuimhne bhrìgheil *fem.*

virtue *n.* buadh *fem.*, deagh-bheus *masc.*, subhailc *fem.*, feart *masc.*, maitheas *masc.*

virtuosity *n.* sàr-bhuadh *fem.*, buadh-lainnireachd *fem.*, càrlas *masc.*

virtuoso *adj.* sàr-bhuadhach, sàr-oirfeideach

virtuous *adj.* beusach, buadhach, deagh-bheusach, subhailceach

virulence *n.* neimhneachd *fem.*

virulent *adj.* nàimhdeach

virus *n.* bhìoras *masc.*, puinnsean *masc.*, nimh *masc.*, bioras *masc.*

visa *n.* bhìosa *fem.*, urras *masc.*

visage *n.* clàr an aodainn *masc.*

viscid *adj.* righinn

viscosity *n.* righinneachd *fem.*, tigheadachd *masc.*

viscount *n.* biocas *masc.*

viscountess *n.* bana-bhiocais *fem.*

viscous *adj.* glaodhach, righinn, bìtheanach, bìtheanta, glaodhanta, ronnach, ropach, tainnteanach, tiachdaidh, lèirsinneachd

visible *adj.* faicsinneach, lèirsinneach, soilleir, so-lèirsinn, reulaidh, so-fhaicsinneach

vision *n.* fradharc *masc.*, sealladh *masc.*, taisbean *masc.*, aisling *fem.*, taibhse *fem.*, faireamhanadh *masc.*, lèirsinn *fem.*, leth-bhruadar *masc.*, radharc *masc.*, sùil-radharc *masc.*

visionary *n.* aislingiche *masc.*, taibhsear *masc.*, aislingeach *masc.*

visionary *adj.* aislingeach, bruadarach, taibhseach

visit *n.* turas *masc.*, tadhal *masc.*, cèilidh *masc.*

visit *vb.* tadhail (air), tathaich

visitant *n.* cuairtear *masc.*

visitor *n.* neach-tadhail *masc.*, neach-tathaich *masc.*, neach-cèilidh *masc.*, cèiliche *masc.*, tathach *masc.*

visor *n.* cidhis *fem.*, sgàil-brèige *fem.*, adagan *masc.*

visual *adj.* lèirsinneach, fradharcach

visual arts *n.* ealdhainean lèirsinneach *pl.*

visual awareness *n.* mothachadh lèirsinneach *masc.*

visual display unit *n.* follaisear *masc.*, aonad-seallaidh *masc.*

visual media *n.* meadhanan-fradhairc *pl.*

vital spark *n.* ràbhadh *masc.*, rong *fem.*

vitamin *n.* bhiotamain *masc.*, beòthag *fem.*

vitrified *adj.* gloinnichte

vitrify *vb.* gloinich, gloin

vituperation *n.* tàir-chainnt *fem.*, sgriosan *masc.*

vivaciousness *adj.* beothalachd *fem.*, aigeanntachd *fem.*, anamantachd *fem.*

vivacious *adj.* beothail, aigeannach, anamadach, sgairteil

viviparous *adj.* beò-thuisleach

viz. *phr.* se sin ri ràdh

vocabulary *n.* briathrachan *masc.*, briathrachas *masc.*, faclair *masc.*, stòr-fhacal *masc.*, briathradan *masc.*, faclan *masc.*

vocational *adj.* dreuchdail, ciùirdeach, obrach

vocative *adj.* gairmeach

vociferous *adj.* sgairteach

vociferation *n.* glagadaich *fem.*

voice *n.* guth *masc.*, fonn *masc.*, labhairt *fem.*

voice (grammar) *n.* guth *masc.*

voice-box *n.* meall-an-sgòrnain *masc.*

voiceless (medical condition) *adj.* gun smiach

void *n.* fàsalachd *fem.*, fàslach *masc.*, fànas *masc.*

void *adj.* falamh, fàs, neo-stàthach,

voidable *adj.* so-fhalamhachaidh

volatile *adj.* caochlaideach, luaineach, siubhlach, luaimneach, mùiteach, sgaogach

volatile memory *n.* cuimhne chugallach *fem.*

volcanic *adj.* bholcànach

volcano *n.* bholcàno *masc.*, beinn-theine *fem.*, mòirneas *masc.*

volley *n.* dallanach *fem.*, làdach *masc.*, braidseal *masc.*, làd *masc.*, làmhach *masc.*, lòd *masc.*, totail *masc.*

volley-ball *n.* ball-bholaidh *masc.*, ball-dùirn *masc.*, ball-làmhaich *masc.*

voluble *adj.* lùthmhor, deas-bhriathrach

volume *n.* rola *masc.*

volume (book) *n.* leabhar *masc.*, iol-leabhar *masc.*, iom-leabhar *masc.*, mac-leabhar *masc.*, pasgan *masc.*, tom *masc.*, rola *masc.*

volume (measurement) *n.* tomhas-lìonaidh *masc.*

volume (quantity) *n.* tomad *masc.*

volume (roll/scroll) *n.* cuairsgeadh *masc.*

volume rate of flow *n.* tomad-luathas-ruith *masc.*

voluntary *adj.* saor-thoileach, toileach, toileil, toillteach

volunteer *n.* saor thagraiche *masc.*

volunteer (army) *n.* saor-dhìonadair *masc.*

vomit *n.* dìobhairt *fem.*, sgeith *masc.*, sgeithrich *fem.*

vomit *vb.* dìobhair, cuir a-mach, sgeith, òraisg, sgeithrich, tilg

vomiting *n.* dìobhairt *fem.*, sgàrdach *masc.*, sgeithrich *fem.*, tonnadh *masc.*

vomitory *adj.* purgaideach

vomitting *n.* tolgadh *masc.*

voracious *adj.* cìocrach, sluganach, craosach, lonach, sgobanta, slugaideach

voraciousness *n.* mion-acras *masc.*

voracity *n.* cìocras *masc.*, lon *masc.*, lonachd *fem.*

vortex *n.* cuairt-shlugan *masc.*, cuairteag *fem.*, cuinneag-thuaitheal *fem.*, buillsgean *masc.*, slugan *masc.*

vote *n.* bhòt *fem.*, guth-taghaidh *masc.*, tagh-ghuth *masc.*

vote *vb.* bhòt, tagh, crannchair

voter *n.* bhòtair *masc.*, taghadair *masc.*, neach guth-taghaidh *masc.*

vow *n.* bòid *fem.*, mionn *fem./masc.*

vowel *n.* fuaimreag *fem.*, foghar *masc.*

voyage *n.* turas-cuain *masc.*, astar-cuain *masc.*, bhòidse *fem.*, astar-fairge *masc.*, taisdeal *masc.*

vulgar *adj.* gràisgeil, làbanta, luarach

vulgar fraction *n.* bloigh chumanta *fem.*

vulgarity *n.* gràisgealachd *fem.*, soideal *masc.*

vulnerable *adj.* so-ghointe, so-leònte

vulnific *adj.* iol-ghonach

vulture *n.* fang *masc.*, feitheid *masc.*, fitheach *masc.*, lachar *masc.*

vulva *n.* pit *fem.*

vulva vaccinea *n.* àrc *fem.*

W

wad (disc to keep charge in gun) *n.* cuifean *masc.*

wad (roll/bundle) *n.* trusag *fem.*

waddle *n.* robhladh *masc.*, spàgail *fem.*

waddling *n.* tunnaicleadh *masc.*

waddling *adj.* tunachdail

wade *vb.* luidir, sgarbh

wader (bird) *n.* eun-grunnachaidh *masc.*

wading *n.* dùcadh *masc.*, grunnachadh *masc.*

wadset *n.* còir *fem.*

wafer *n.* sliseag *fem.*, sliosnag *fem.*, abhlan *masc.*, geàrrag *fem.*

waft *n.* snàth-cuir *masc.*

wag *vb.* bog, sgleap

wag (droll person) *n.* fàgaire *masc.*, sgeigeach *masc.*, sgeigire *masc.*, spriollag *fem.*

wage *n.* tuarasdal *masc.*, pàigheadh *masc.*, duais *fem.*

wage restraint *n.* cuingealachadh-duaise *masc.*, cuibhreachadh air tuarasdal *masc.*, cuibhreachadh-pàigheidh *masc.*, cuingeachadh thuarasdalan *masc.*

wage stoppage *n.* casg-tuarasdail *masc.*

wager *n.* geall *masc.*

wager *vb.* cuir geall, rach an urras

wages *n.* tuarasdal *masc.*, foisteadh *masc.*, taileas *masc.*

wages-slip *n.* bileag-pàighidh *fem.*, duilleag-pàighidh *fem.*

wagging *n.* bogadanaich *fem.*

waggish *adj.* sgeigeach, spriollagach

waggoner *n.* cairtear *masc.*

wagtail *n.* cubhag-bhogaidh *fem.*, glaiseag-bhuaile *fem.*, glaiseag-ghuail *fem.*, tachlag *fem.*

waif *n.* fritheag *fem.*

wail *n.* tuireadh *masc.*, burral *masc.*

wail *vb.* caoin

wailing *n.* burralaich *fem.*, donnalaich *fem.*

wailing *adj.* nuallach, nuallanach, sgreuchail

waist *n.* meadhan *masc.*, balgan *masc.*, balg-meadhain *masc.*, crios *masc.*

waistcoat *n.* peitean *masc.*, peiteag *fem.*, siosacot *masc.*

wait *vb.* fuirich, feith, fan, freasdail, stad

wait (be in attendance to carry out orders) *vb.* dèan stad

waiter *n.* gille-frithealaidh *masc.*

waiting *n.* feitheamh *masc.*, fuireach *fem.*, stadadh *masc.*

waiting-list *n.* liosta-feitheimh *fem.*

waiting-maid *n.* bean-choimheadachd *fem.*

waiting-room *n.* seòmar-feitheimh *masc.*

waiting-woman *n.* maighdean-coimhead *fem.*

waitress *n.* tè-fhrithealaidh *fem.*

waive *vb.* cuir gu taobh

wake (streak left in track of ship) *n.* rotal *masc.*, uisge-stiùrach *masc.*

wake (vigil) *n.* faire *fem.*

wakeful *adj.* air chaithris

wakening *adj.* dùsgach

walk *n.* cuairt *fem.*, sràid *fem.*, sràideag *fem.*

walk *vb.* coisich, siubhail, sràideisich, steòc

walk the streets *vb.* gabh sràid

walker *n.* coisiche *masc.*

walking *n.* coiseachd *fem.*, sràid *fem.*

wall *n.* balla *masc.*, gàrradh *masc.*, mùr *masc.*, sunn *masc.*

wall *vb.* mùr

wall-eyed *adj.* sgiath-shùileach

wall-insect/louse *n.* mial-bhalla *fem.*

wall-lettuce *n.* bliotsan *masc.*

wall-pepper *n.* glas-lann *masc.*, gràbhan nan clach *masc.*

wall-rue *n.* rù-bhallaidh *masc.*

walled *adj.* ballach, mùrach

wallet *n.* inntil *fem.*, leatraigeis *fem./masc.*, màileid *fem.*, saidseach *fem.*, taplach *masc.*

wallflower *n.* lus leth an t-samhraidh *masc.*, pincin *masc.*

wallow *vb.* aonagaich, aoineagaich, luidir, robhainn, unfairt

wallowing *n.* lùdairt *fem.*

wallpaper *n.* bolt *masc.*, bolt(a) *masc.*, pàipear-balla *masc.*, pàipear-taighe *masc.*

wallpaper *vb.* pàipearaich

wallpapering *n.* boltadh *masc.*

wallwort *n.* druman *masc.*, drumanach *fem.*

walnut *n.* cnò Fhrangach *fem.*, gall-chnò *fem.*

walnut tree *n.* crann ghall-chnò *masc.*

walrus *n.* each-mara *masc.*

wan *adj.* bàn-ghlas, glas, glas-bhàn

wand *n.* slat *fem.*, slatag *fem.*

wander *vb.* rach thar an t-siubhail, riastair, seabhaid, seachrain

wanderer *n.* seachranach *masc.*, seachranaiche *masc.*, dìobarachan *masc.*, eilthireach *masc.*, seabhaidiche *masc.*, taisdealach *masc.*

wandering *n.* seachran *masc.*, iomrall *masc.*, allaban *masc.*, faondradh *masc.*, ròdaireil *masc.*, seabhaid *fem.*, seabhasachd *fem.*

wandering *adj.* air seacharan, seachranach, allabanach, iom-shiubhlach, seabhaideach, seabhasach, siubhlach

wane *vb.* cnàmh

wane (moon) *n.* earra-dhubh *fem.*

want *n.* dìth *masc.*, easbhaidh *fem.*, èis *fem.*, gainne *fem.*, inneadh *masc.*, iùnais *fem.*, mainneas *fem.*, meang *fem.*, uireas *fem.*, uireasbhaidh *fem.*

want *vb.* sir, iarr

want (mole) *n.* torranach-ùire *masc.*

wanton *adj.* mear, mearcasach, mearganta, mear-ghràdhach, riatach

wantonness *n.* riastaidheachd *fem.*, stoileanachd *fem.*

war *n.* cogadh *masc.*

war *vb.* cog

war memorial *n.* cuimhneachan-cogaidh *masc.*

war-cry *n.* gairm-cogaidh *fem.*, sluagh-ghairm *fem.*, èigh-còmhraig *fem.*

war-horse *n.* mìleach *masc.*, steud *fem.*, steud-each *masc.*, troid-each *masc.*

warble *vb.* ceileir, ceileirich

warble fly *n.* feursann *fem.*

warbler *n.* ceileiriche *masc.*

warbling *n.* ceilear *masc.*, crith-cheòl *masc.*, trilean *masc.*, truidreach *masc.*, truitreach *fem.*

warbling *adj.* basganta, ceilearach

warbling *vb.* turraraich

ward (division) *n.* roinnean *masc.*

warden *n.* neach-gleidhidh *masc.*

wardrobe *n.* preas-aodaich *masc.*, taisg-aodaich *masc.*, taisgeadach *fem.*, trus-àite *masc.*

wardship *n.* tuidhtearachd *fem.*, tuitearachd *fem.*

warehouse *n.* batharnach *masc.*, bathar-thaigh *masc.*, taigh-tasgaidh *masc.*, tasg-thaigh *masc.*

wareroom *n.* seòmar-marsantachd *masc.*

wares *n.* bathar *masc.*

warfare *n.* cogadh *masc.*

wariness *n.* nàistinn *fem.*

warlike *adj.* cathach, cogach, cogail, còmhragach, luinneach

warm *adj.* blàth, murtaidh, tlusail

warm *vb.* blàitich, blàthaich, gar, teasaich

warming *n.* teòdhadh *masc.*

warming-dish *n.* soitheach-blàthachaidh *fem.*

warming-pan *n.* breò-choire *masc.*, frith-aghann *fem.*, teòiteachan *masc.*

warmth *n.* blàths *masc.*, aindeal *masc.*, tlàths *masc.*

warn *vb.* sèam, thoir sùileachan (do)

warning *n.* rabhadh *masc.*, bàirleigeadh *masc.*, earalas *masc.*, faireachadh *masc.*, sanas *masc.*, sèamadh *masc.*, sion *masc.*, sùileachan *masc.*

warning *adj.* rabhachail, sanasach, sèamach

warning bell *n.* clag-rabhaidh *masc.*

warp *n.* dlùth *masc.*, deabhaidh *fem./masc.*, deilbh *fem.*, fasdadh *masc.*

warp *vb.* sgag

warp-beam *n.* crann-dlù *masc.*

warping-frame *n.* crann-deilbhe *masc.*

warping-mill *n.* muileann-deilbh *fem./masc.*

warrant *n.* barantadh *masc.*, barantas *masc.*

warrant *vb.* barantaich

warren *n.* broclach *fem.*, coinigin *fem.*, seachlan *masc.*

warrior *n.* àrmann *masc.*, cathach *masc.*, curaidh *masc.*, diù(mh)lach *masc.*, feachdaire *masc.*, gaisgeach *masc.*, neach-cogaidh *masc.*, saoidh *masc.*

warship *n.* long-chogaidh *fem.*

wart *n.* foinne *masc.*, fuinne *masc.*

wary *adj.* nàistinneach

wash *vb.* nigh, ionnlaid, sgol

wash (liquor of fermented malt) *n.* caochan *masc.*

wash (refuse of food) *n.* sluisich *fem.*

wash-basin *n.* mias-ionnlaid *fem.*

wash-day *n.* latha-nighe(achain) *masc.*

wash-staff *n.* tuirginn *fem.*

wash-tub *n.* togsaid-chaochain *fem.*

washer (one who washes) *n.* nigheadair *masc.*

washer (ring to keep joint/nut secure) *n.* cearclan *masc.*, lann *fem.*, sealan *masc.*

washerwoman *n.* bean-nigheadaireachd *fem.*

washhand basin *n.* boisean-ionnlaid *masc.*

washing *adj.* sruthlach

washing (linen) *n.* nigheachan *masc.*

washing-machine *n.* inneal-nigheadaireachd *masc.*, uidheam-nigheadaireachd *fem.*, inneal-glanaidh *masc.*

washing-powder *n.* fùdar-nigheadaireachd *masc.*, pùdar-nighe *masc.*, pùdar-nigheadaireachd *masc.*

washing-staff *n.* tuairgin *fem.*

washing-stick *n.* maide-nigheadaireachd *masc.*, maide-simid *masc.*, maide-slachdaidh *masc.*

washing-stone *n.* baisleach *masc.*

washing-tub *n.* ballan-nigheadaireachd *masc.*

washing-up liquid *n.* stuth-nighe shoithichean *masc.*

washing-water *n.* sgùrainn *fem.*

wasp *n.* beach *masc.*, connspeach *fem.*, creithleag *fem.*, gasbaid *masc.*, seamanach *masc.*, speach *fem.*

waste *n.* struidhe *fem.*

waste *adj.* fàs

waste *vb.* caith, fàsaich, mì-bhuilich, snaidh, struidh

waste paper bin *n.* basgaid-sgudail *fem.*

wasteful *adj.* ana-caithteach, caithteach, sgriosach, sgriosail

wastefulness *n.* struidhealachd *fem.*

wasteland *n.* fearann fàs *masc.*, talamh bàn *masc.*

waster *n.* milltear *masc.*, struthaire *masc.*

wasting *n.* siasnadh *masc.*, siasnadh *masc.*, struidheadh *masc.*

wasting *adj.* snaidheadh

wasting disease *n.* meath-thinneas *masc.*

watch *n.* freiceadan *masc.*

watch *vb.* gabh ealla (ri)

watch (person) *n.* neach-coimhid *masc.*, neach-faire *masc.*, aireach *masc.*, coimheadaiche *masc.*, forair *masc.*, neach-dìon *masc.*, sìth-mhaor *masc.*

watch (timepiece) *n.* uaireadair *masc.*, àmadair *masc.*, gliogan *masc.*

watch by night *vb.* caithris

watch-chain *n.* teindreach *fem.*

watch-coat *n.* luinnseach *masc.*

watch-hill *n.* cnoc-faire *masc.*, cnoc-seallta *masc.*

watch-house *n.* taigh-faire *masc.*

watch-tower *n.* turaid-faire *fem.*, beachdaid *fem.*, beachd-àite *masc.*, beachd-ionad *masc.*

watchful *adj.* mosgalach

watching *n.* coimhead *masc.*, faire *fem.*, faireadh *masc.*

watchmaker *n.* uaireadairiche *masc.*

watchman *n.* fear-coimhid *masc.*

water *n.* bùrn *masc.*, uisge *masc.*

water *vb.* deuraich

water avens *n.* machall-uisge *masc.*

water forget-me-not *n.* cotharach *fem.*

water gruel *n.* plodag *fem.*, tiosan *masc.*

water horehound *n.* feòran *masc.*

water lobelia *n.* flùr an lochain *masc.*

water mint *n.* meannt an uisge *masc.*, cairteal *masc.*, misimean dearg *masc.*

water shrew *n.* dallag-uisge *fem.*, famh-uisge *fem.*

water spaniel *n.* madadh-uisge *masc.*

water speedwell *n.* fualachdar *masc.*

water vapour *n.* deatach-uisge *fem.*

water-bailiff *n.* cainear *masc.*

water-beetle *n.* dairbeart *masc.*, dealb *fem./masc.*

water-blister *n.* balgan-uisge *masc.*

water-brash *n.* a' ghlas-sheile *fem.*, brùchd gheur *fem.*, brùchd ruadh *masc.*, brùchd-rùdhain *masc.*, brùchd-seile *masc.*, glaise-sheile *fem.*, meall-reum *masc.*, òraisg *masc.*, òrrais *fem.*, sàileagan *masc.*, sàlagan *masc.*

water-channel *n.* sruth-chlais *fem.*

water-crow *n.* gobha-uisge *masc.*

water-crowfoot *n.* fleann-uisge *fem.*, lìon na h-aibhne *masc.*, tuir-chìs *fem./masc.*

water-divination *n.* idearmanachd *fem.*

water-divining *n.* bior-dhraoidheachd *fem.*

water-dog *n.* cù-uisge *masc.*

water-dropwort *n.* dàtha bàn *masc.*

water-god *n.* ùruisg *masc.*

water-gun *n.* sgàirdear *masc.*, sgiordan *masc.*

water-horse *n.* each-uisge *masc.*

water-lily *n.* bileag bhàite *fem.*, duilleag bhàite *fem.*, bioras *masc.*, bior-ròs *masc.*, logais *masc.*, sìthean cairteach *masc.*

water-lobelia *n.* plùr an lochain *masc.*

water-mill *n.* muileann-uisge *fem./masc.*

water-nymph *n.* loireag *fem.*

water-ouzel *n.* gobha dubh *masc.*, gobha-dubh-nan-allt *masc.*, gobha-uisge *masc.*, gobh'-uisge *masc.*

water-parsnip *n.* folachdain *masc.*

water-pepper *n.* glùineach theth *fem.*, lus an fhògair *masc.*, peabar-uisge *masc.*

water-pipe *n.* bior-fheadan *masc.*, pìob-uisge *fem.*

water-pistol *n.* gunna-steallain *masc.*

water-pitcher *n.* biota-bhùirn *fem.*

water-plantain *n.* corr-chopag *fem.*

water-rail *n.* gearradh dubh nan allt *masc.*, snagan allt *masc.*, snagan dubh *masc.*

water-skier *n.* sgitheadair-uisge *masc.*

water-spider *n.* dannsair dubh an uisge *masc.*, lon-chraois *masc.*, tiopal *masc.*

water-spout *n.* colbh-uisge *masc.*, tuirleig *masc.*

water-sprinkler *n.* crathadair-uisge *masc.*

water-sprite *n.* loireag *fem.*

water-tub *n.* ballan-bùirn *masc.*

water-vole *n.* bad-alan *masc.*, lamhallan *fem.*, radan-uisge *masc.*

water-wagtail *n.* glaisean-seilich *masc.*, glasag *fem.*

watercourse *n.* lad *masc.*

watercress *n.* biolair *fem.*, biolair uaine *fem.*, biolaire-Moire *masc.*, dubhrach *masc.*, dùr-lus *masc.*, treabhach *masc.*

waterfall *n.* eas *masc.*, leum-uisge *masc.*, casan-uisge *masc.*

waterfowl *n.* eun-uisge *masc.*

watergaw *n.* fadag ruadh *fem.*

watering *n.* uisgeachadh *masc.*

watering-can *n.* peile-frasaidh *masc.*, spùidsear *masc.*, steallair *masc.*, steallaire *masc.*

waterlily *n.* ruaimleadh *masc.*

waterproof *adj.* dìonach

waterproof (outer garment impervious to water) *n.* còta-uisge *masc.*

watersedge *n.* seasg *masc.*

waterspout *n.* steall *fem.*

watertight *adj.* dìonach

watertightness *n.* dìonachas *masc.*

waterway *n.* slighe-uisge *fem.*

waterwheel *n.* roth-uisge *masc.*

waterwork *n.* obair-uisge *fem.*

watery *adj.* uisgeach, bùrnach

watery mist *n.* siurran *masc.*

watery-eyed *adj.* sil-shùileach, sùil-lionnach

wattle (fleshy excrescence under throat of birds) *n.* cluigean *masc.*

wattle (material) *n.* caolach *masc.*, cleith *fem.*

waulk *vb.* luaidh, fùc

waulking *n.* luadh *masc.*, luadhadh *masc.*

waulking-board *n.* cleith *fem.*, cleith-luaidhe *fem.*, cliath-luathaidh *fem.*

waulking-song *n.* òran-luadhaidh *masc.*

waulking-table *n.* bòrd-luadhaidh *masc.*

wave *n.* tonn *masc.*, stuagh *masc.*, suail(e) *fem.*, lunn *masc.*, steud *fem.*, steudadh *masc.*, stuadh *fem.*, sùgh *masc.*, sùmaid *fem.*, sùmainn *fem.*, tonnag *fem.*

wave *vb.* smèid (air), bog, crath, luaisg

wave power *n.* cumhachd-tuinne *masc.*

wave-offering *n.* tabhartas luaisgte *masc.*

waveband *n.* bann *masc.*

waved *adj.* tonnach

waver *vb.* sgog

wavering *n.* loinneas *fem.*, udal *masc.*, uideal *masc.*

wavering *adj.* corrach, so-ghluasad

wavy *adj.* cleachdach, tonnach

wavy hair-grass *n.* mòin-fheur *masc.*

wax *n.* cèir *fem.*, buaicean *masc.*

wax-end *n.* ruadhag *fem.*

waxen *adj.* cèireach

waxwing *n.* canranach dearg *masc.*, gocan cìreanach *masc.*

waxy *adj.* cèireach

way *n.* innteach *masc.*, iùl *masc.*, slighe *fem.*

way (manner) *n.* dòigh *fem.*, ludh *masc.*

way (means) *n.* seòl *masc.*

wayfarer *n.* ròdair *masc.*, siubhalaiche *masc.*, siùbhlaiche *masc.*

wayfaring-tree *n.* craobh fhiadhain *fem.*

weak *adj.* lag, anfhann, dìblidh, neo-thàbhach, neo-threòrach, suaile

weak-minded *adj.* faoin

weaken *vb.* lagaich, meataich, anfhannaich, dì-neartaich

weakling *n.* tacharan *masc.*, luigean *masc.*, lùireach *fem.*, meathach *fem./masc.*, sioga *masc.*

weakly *adj.* neo-theòma

weakness *n.* laige *fem.*, anfhainne *fem.*, eu-daingneachd *fem.*, anfhainneachd *fem.*, anfhannachd *fem.*, anmhainneachd *fem.*, breòiteachd *fem.*, fainne *fem.*, so-bhristeachd *fem.*, sochar *fem.*, spreòchanachd *fem.*, taisead *masc.*

weal *n.* spucaid *fem.*

weal (streak) *n.* fàisne *fem.*, stuadh *fem.*

wealth *n.* beairteas *masc.*, saoibhreas *masc.*, earras *masc.*, earras *masc.*, ionmhas *masc.*, murachan *masc.*, somain *fem.*, stoc *masc.*, stòras *masc.*, taisgeadh *masc.*, toic *fem.*

wealthy *adj.* beairteach, saoibhir, earrasach, somaineach, tòiceil

wean *vb.* cuir bhon deoghal, cuir dhen chìch, cuir far na cìche, spann, tearb

weaned *adj.* dhen chìch, far na cìche, tearba

weaning *n.* tearbadh *masc.*

weanling *n.* aisearan *masc.*

weapon *n.* ball-airm *masc.*, arm *masc.*, inneal-cogaidh *masc.*, làmhaidh *masc.*

wear *vb.* caith

wear off *vb.* crann

wear out *vb.* teirg

weariness *n.* sgìos *fem.*, airsneul *masc.*, airsneal *masc.*, fadal *masc.*

wearisome *adj.* sgìtheil, reuchdail, reuchdalach

weary *adj.* sgìth, curaidh, seabhasach, suaile

weary *vb.* sàraich, sgìthich, siabhair

wearying *n.* sgìtheachadh *masc.*, fadachd *fem.*

wearying *adj.* caithteach air duine, sgìth

weasand *n.* langan-bràghad *masc.*, steic-bhràghad *fem.*

weasel *n.* easag *fem.*, (n)eas bheag *fem.*, nios *fem.*

weasel (male) *n.* coinneas *fem.*

weather *n.* aimsir *fem.*, sìde *fem.*, tìde *fem.*, uair *fem.*

weather (sail to windward) *vb.* cuir fodhad, cuir fothad, fuar

weather forecast *n.* tuairmse air an t-sìde *fem.*, màirnealachd *fem.*, roi-aithris na h-aimsire *fem.*

weather forecaster *n.* fiosaiche-aimsire *masc.*, màirnealaiche *masc.*

weather-beaten *adj.* sian-bhuailte, air dath nan sìon

weather-board *n.* fuar-bhòrd *masc.*

weather-ga(u)ge *n.* fuaradh *masc.*

weather-gall *n.* fadag ruadh *fem.*

weather-gaw *n.* fadag ruadh *fem.*

weather-proof *adj.* cosanta

weather-side *n.* bord-fuaraidh *masc.*, fuaradh *masc.*

weather-vane *n.* coileach-gaoithe *masc.*

weathercock *n.* coileach-gaoithe *masc.*

weave *vb.* figh

weaver *n.* breabadair *masc.*, figheadair *masc.*

weaveress *n.* baineach *fem.*

weaving *n.* breabadaireachd *masc.*, figheadaireachd *fem.*

web *n.* cathan-aodaich *masc.*, clò *masc.*, lìonradh *masc.*

web (cloth) *n.* brèidean *masc.*, cathan-aodaich *masc.*, cealtar *masc.*, clòilein *masc.*, dealbhaidh *fem.*

web (large sheet/roll of paper) *n.* paisg *fem.*

web-foot *n.* spliadh *masc.*, spòg-shnàmha *fem.*

web-footed *adj.* cas leathann

wedded *adj.* pòsda

wedder *n.* molt *masc.*, mult *masc.*

wedder goat *n.* cull-bhoc *masc.*, laosboc *masc.*

wedder hogg *n.* othaisg-mhuilt *fem.*

wedding *n.* banais *fem.*, bainis *fem.*, nuathar *masc.*

wedding-boon *n.* preasan *masc.*

wedding-cake *n.* bonnach-bainnse *masc.*

wedding-day *n.* là a' phòsaidh *masc.*, là na bainnse *masc.*

wedding-dress *n.* culaidh-bainnse *fem.*

wedding-feast *n.* banais-taighe *fem.*, biadh-bainnse *fem.*

wedding-suit *n.* culaidh-bainnse *fem.*, deise-bainnse *fem.*

wedge *n.* geinn *masc.*, dinneir *masc.*, dinnsear *masc.*, ruagaire *masc.*

wedge (fragment of stone used in building) *n.* spalla *masc.*

wedlock *adj.* pòsadh

Wednesday *n.* Diciadain *masc.*

weed *n.* luibh *fem.*, lus *masc.*, fearban *masc.*, raoineag *fem.*, ruain *fem.*

weed *vb.* gairtleam

weed-hook *n.* clobh-arbhair *masc.*

weeder *n.* dìoghlamair *masc.*

weeding-hook *n.* corran gartghlanaidh *masc.*

weedkiller *n.* puinnsean lusan *masc.*

weeds *n.* luibheanach *masc.*

week *n.* seachdain(n) *fem.*

weekend *n.* deireadh-seachdain *masc.*, ceann-seachdain *masc.*

weekly *adj.* seachdaineach

weekly concession *n.* sochair sheachdaineil *fem.*

weep *vb.* caoin, guil

weeper *n.* ribeag-bhròin *fem.*

weeping *n.* gul *masc.*, caoineadh *masc.*, gal *masc.*

weeping *adj.* deurach, snigheach

weeping-willow *n.* seileach an t-sruth *masc.*

weever *n.* tarbh-shìolag *masc.*

weevil *n.* leòmann *masc.*, reudan *masc.*

weft *n.* dlùth *masc.*

weigh *vb.* cothromaich, cuideamaich, meidhich, tog

weigh (anchor) *vb.* cuir mu sgaoil

weigh (compare with by balance) *vb.* meidhich

weighing *n.* meidheachadh *masc.*, laithilt *masc.*, togail *fem.*, tomhas *masc.*

weighing-machine *n.* meidheadair *masc.*

weight *n.* cudthrom *masc.*, truime *fem.*, tromlach *masc.*, cothrom *masc.*, meidh *fem.*, tomhas *masc.*

weight (weighing stone) *n.* clach-thomhais *fem.*

weight-lifting *n.* togail chuideaman *fem.*

weightiness *n.* truime *fem.*

weighty *adj.* trom, lòdmhor, seaghach

weir *n.* cairidh *fem.*, caraidh *fem.*, cliath *fem.*, coradh-uisge *masc.*, eileach *masc.*

weird *adj.* uaigealta

welcome *n.* fàilte *fem.*, furan *masc.*

welcome *adj.* di-beathte

welcome *vb.* cuir fàilte (air), dèan fiughair, fàiltich, furanaich

weld *vb.* tàth

welding *n.* tàthadh *masc.*

welfare *n.* math *masc.*, sochair *fem.*, leas *masc.*

welfare state *n.* stàit-shochaire *fem.*

welkin *n.* spire *fem.*

well *n.* tobar *fem.*

well *adj.* saodmhor

well-acquainted *adj.* mion-fhiosrach, seann-turach

well-arranged *adj.* dòigheil, speisealta

well-behaved *adj.* solt, beusach

well-born *adj.* uasal

well-bred *adj.* beusach, deagh-mhùinte, modhail, oileanach, oileanaichte, oileanta, saoi-oileanta, so-bheusach

well-developed *adj.* treamant

well-dressed *adj.* spaideil, sgèimhealach, spruiseil

well-educated *adj.* deagh-oideasach, deagh-mhùinte

well-endowed *adj.* acfhainneach

well-equipped *adj.* air a dheagh uidheamachadh

well-favoured *adj.* iol-dealbhach

well-fed *adj.* braighdeach

well-formed *adj.* so-dhealbhaidh

well-founded *adj.* bunasach, stèidheil

well-grounded *adj.* stèidheil

well-informed *adj.* fiosrach

well-known *adj.* ainmeil, iomraiteach

well-made *adj.* baisgeanta, innealta

well-matched *adj.* ionamhail

well-off *adj.* comasach, cuiseal, dòigheil, gu math dheth, saibhreachail

well-ordered *adj.* innealta

well-prepared *adj.* cor-ghleusach

well-preserved *adj.* deagh-ghlèidhte

well-proportioned *adj.* cuimir, cumachdail, cumadail, iol-chruthach

well-to-do *adj.* ionmhainneach

wellbeing *n.* math *masc.*

wellington boot *n.* bòta(i)nn *masc.*, bòtaire *masc.*

welly *n.* bòta(i)nn *masc.*

welt *n.* balt *masc.*, cuibhrinneachadh *masc.*, faltan *masc.*, riastadh *masc.*

welt *vb.* baltaich

welted *adj.* baltach, bileach

welter *vb.* aoineagnaich, aonagaich

wen *n.* cropan *masc.*, fluth *masc.*

wen (cyst) *n.* sinneach *fem.*

west *n.* iarsceart *masc.*

west *adj.* siar

West Highland Free Press *pr.n.* Am Pàipear Beag

West Side Agricultural Society *pr.n.* Comann Aiteachais an Taoibh Siair

west, the *n.* àird-an-iar *fem.*

Western Isles Arts Guild *pr.n.* Comann Ealdhain nan Eilean Siar

Western Isles Drama Association *pr.n.* Comann Dràma nan Eilean Siar

Western Isles Health Board *pr.n.* Bòrd-Slàinte nan Eilean

Western Isles Islands Council *pr.n.* Comhairle nan Eilean

Western Isles Licensing Board *pr.n.* Bòrd-Ceadachd nan Eilean

Western Isles Swimming Club *pr.n.*
Buidheann-Snàmh nan Eilean Siar

Western Isles Tourist Organisation *pr.n.*
Buidheann-Turasachd nan Eilean Siar

westward *adj.* siar

wet *adj.* fliuch, bogalta, robach

wet *vb.* fliuch

wet dream *n.* aisling-chonnain *fem.*

wet-nurse *n.* muime-chìche *fem.*,
banaltram-cuim *fem.*, bean-chìche *fem.*

wether *n.* molt *masc.*, eibhrionnach *masc.*,
muiltean *masc.*, mult *masc.*

wetland(s) *n.* talamh fliuch *masc.*

wetness *n.* fliche *fem.*, fliuchain *fem.*,
fliuchalachd *fem.*

wetting *n.* strubladh *masc.*

Weymouth pine *n.* giuthas Sasannach
masc.

whale *n.* muc-mhara *fem.*

whale species *n.* muc-mhara *fem.*, blaoch
fem., mial mhòr *fem.*, mial-mhara *fem.*

whaleboat *n.* bàta caol *masc.*

wheal *n.* fàisne *fem.*

wheat *n.* cruithneachd *masc.*

wheat-ear *n.* brù-gheal *masc.*, clacharan
masc., cloichearan *masc.*, critheachan
masc.

wheat-meal *n.* min-chruithneachd *fem.*

wheaten *adj.* cruithnichd

wheedle *n.* brìodal *masc.*

wheedler *n.* bleidean *masc.*

wheedling *n.* sgleogaireach *masc.*

wheel *n.* cuibheall *fem.*, roth *masc.*,
cuairteag *fem.*, cuidhle *fem.*, reidhlean
masc., ridhlean *masc.*, riomb *masc.*,
roithleachan *masc.*, roithlein *masc.*,
ruidhlean *masc.*

wheel *vb.* cuidhil, cuir cuidheall dhìot,
roth

wheelbarrow *n.* barra-cuidhle *masc.*,
barra-rotha *masc.*, bleodhan *masc.*,
breamhainn *masc.*, breodhainn *fem.*,
breodhuinn-cheapaig *fem.*

wheelchair *n.* cathair-cuibhle *fem.*,
seithear-cuibhle *masc.*

wheeling *n.* cuidhleadh *masc.*,
cuidhlearachd *fem.*

wheelwright *n.* rothadair *masc.*, roithlear
masc., saor chuidhlean *masc.*

wheeze *n.* creiceal *masc.*, pìochan *masc.*

wheeze *vb.* dean pìochan, pìoch

wheezing *n.* pìochanaich *fem.*, pìochan
masc., rùchan *masc.*, cròich *fem.*,
crònan *masc.*, seirean *masc.*, sèitein
masc., spìochan *masc.*, spìochanaich
fem., tùchadh *masc.*

wheezing *adj.* pìochanach, rùchanach

whelk *n.* cnomhgan *masc.*, faochag *fem.*,
gille-fionntrainn *masc.*, maighdealag
fem., tuairneag *fem.*

whelp *n.* cuilean *masc.*

wherry *n.* bàta-da-chroinn *masc.*, curaidh
fem., iùbhrach *fem.*

whet *n.* lìomhaich *fem.*

whet *vb.* faobhraich, lìomh, snaidh

whetstone *n.* clach-bhleith *fem.*, clach-
fhaobhair *fem.*, clach-fhaobhrach *fem.*,
clach-gheurachaidh *fem.*, clach-
ghleusaidh *fem.*

whetted *adj.* lìomhaidh

whetter *n.* lìomhadair *masc.*, snaidheadair
masc.

whetting *n.* snaidheadh *masc.*

whetting *adj.* snaidheach

whey *n.* meug *masc.*, drùchdan *masc.*,
meang *fem.*, meòg *masc.*, miong *masc.*,
miùg *masc.*

whig *n.* cuigse *fem.*

while *n.* greis *fem.*, treis *fem.*, tacan *masc.*,
seal *masc.*, tamall *masc.*

whim *n.* baogaid *fem.*, eucail *fem.*,
meanmna *masc.*, saobh-smaoin *masc.*,
starradh *masc.*, teum *masc.*

whimbrel *n.* amadan-Bealltainn *masc.*,
eun-Bealltainn *masc.*, far-ghuilbneach
fem., guilbneach bheag *fem.*, leth-
ghuilbneach *fem.*

whimper *n.* sgiùgan *masc.*

whimpering *n.* sgiùgan *masc.*, sgiùganaich
fem.

whimsical *adj.* neònach, teumnach,
tramailteach

whimsicality *n.* neo-chinnteachd *fem.*

whin *n.* conasg *masc.*, oir *fem.*, teine *masc.*

whinchat *n.* clacharan an fhraoich *masc.*,
fraoichean *masc.*, gocan *masc.*

whinger *n.* cuinnsear *masc.*

whip *n.* cuip *fem.*, duiseal *masc.*, sgiùrs
masc., sgiùrsadh *masc.*, sgiùrsag *fem.*,
sgiùrsair *masc.*

whip *vb.* cuip, sgiùrs

whip (politics) *n.* gille-cuip *masc.*

whip-saw *n.* sàbh mòr *masc.*, sàbh-dùirn
masc.

whipped cream *n.* bainne-maistridh *masc.*

whipping *n.* sgiùrsadh *masc.*,
slaidsearachd *fem.*, slaiseadh *masc.*

whipping *adj.* slaidseach

whipping-stock *n.* beum-cheap *fem.*

whipstaff *n.* falmadair *masc.*

whirl *n.* cuairt *fem.*

whirl *vb.* cuidhil

whirl-bone (kneecap) *n.* falman *masc.*

whirligig *n.* gille-mirein *masc.*

whirlpool *n.* coire *masc.*, cuairtlinn *fem.*,
cuairt-shlugan *masc.*, cuan-choire
masc., cuinneag-thuaitheal *fem.*, saobh-
choire *masc.*, slugan *masc.*, slugpholl
masc., sumair *masc.*

whirlwind *n.* ioma-ghaoth *fem.*, cuairt-
ghaoth *fem.*, cuairtean *masc.*,
cuairtghaoth *fem.*, gaoithreag *fem.*,
sìth-ghaoth *fem.*, sreann-chor *fem.*

whirr *n.* plabartaich *fem.*

whisk *n.* loinid *fem.*, sguabag *fem.*, sguan-
deannaich *masc.*

whisker *n.* ciabhag *masc.*, ribeag *fem.*,
ròibean *masc.*

whiskered bat *n.* ialtag fheusagach *fem.*

whisky *n.* uisge-beatha *masc.*, mac-na-
bracha *masc.*, mac-na-praisich *masc.*,
bathar *masc.*, gadaruluisg *masc.*, mac-
an-Tòisich *masc.*, sùgh-an-eòrna *masc.*

whisper *n.* cagar *masc.*, sanas *masc.*, brìd
fem., sìon *masc.*, siosma *masc.*, siùsan
masc., siùsanadh *masc.*

whisper *vb.* cagair, cagarsaich

whisperer *n.* neach-cagarsaich *masc.*,
siosmair *masc.*

whispering *n.* cagarsaich *fem.*,
diurrasanaich *fem.*, sainnsearachd
fem., seanais *masc.*, siùsanadh *masc.*,
siùsarnaich *fem.*

whispering *adj.* siosmach

whistle *n.* feadag *fem.*, fead *fem.*, fìdeag
fem.

whistle *vb.* dèan fead, fead, leig fead

whistling *n.* feadaireachd *fem.*, srann *fem.*

whistling *adj.* srannach

whit *n.* sianadh *masc.*, stoim *masc.*

white *adj.* geal, fionn

white (albuminous part of egg) *n.*
gealagan *masc.*, uisge na h-ùgh *masc.*

white admiral *n.* àrd-sheòladair bàn *masc.*

white balance (accoustics) *n.* geal-rèitear
masc.

white butterfly *n.* tarman-dè *masc.*

white climbing fumitory *n.* fliodh mòr
masc., fliodh-an-tugha *masc.*

white clover *n.* seamrag bhàn *fem.*,
seamrag gheal *fem.*

white currant *n.* raosar geal *masc.*

white dead-nettle *n.* deanntag bhàn *fem.*,
· deanntag mharbh *fem.*, teanga mhìn
fem.

White Fish Authority *pr.n.* Ughdarras an Eisg Ghil

white helleborine *n.* eleabor geal *masc.*

white hemp nettle *n.* feanntag-lìn *fem.*

white horehound *n.* gràbhan bàn *masc.*, orafoirt *fem.*

white lead *n.* luaidhe gheal *fem.*

white noise *n.* fuaim geal *masc.*

white of eye *n.* geal na sùla *masc.*

white poplar *n.* pobhall *masc.*, pobhlar *masc.*

white stork *n.* corra bhàn *fem.*

white waterlily *n.* cuirinnein *masc.*, duilleag bhàite bhàn *fem.*

white willow *n.* geal-sheileach *masc.*

white wine *n.* fion geal *masc.*

white-backed *adj.* druimfhionn

white-beaked dolphin *n.* deilf gheal-ghobach *fem.*

white-bellied *n.* bailgfhionn *masc.*

white-bellied *adj.* tàrr-gheal

white-crested *adj.* druimfhionn

white-faced *adj.* gnùis-fhionn, blàr, ceannan

white-fronted goose *n.* gèadh bhlàr *masc.*

white-headed coot *n.* lach-bhlàir *fem.*

white-nosed *adj.* sròineann

white-nosed, as quadruped *adj.* sròin-fhionn

white-pudding *n.* marag gheal *fem.*

white-sided dolphin *n.* deilf chliathaich-ghil *fem.*

white-tailed eagle *n.* iolair(e) bhàn *fem.*, earn *fem.*, iolair(e) bhreac *fem.*, iolaire-cladaich *fem.*, iolair(e)-mhara *fem.*

white/blue/alpine/mountain hare *n.* maigheach gheal *fem.*

whitebeam *n.* gall-uinnseann *masc.*

whitehead *n.* guirean bàn *masc.*, plucan bàn *masc.*

whiten *vb.* gealaich

whiteness *n.* gile *fem.*, bàine *fem.*, gealachd *fem.*

whitethroat *n.* gealan-coille *masc.*

whitewash *n.* aol-uisge *masc.*, uisge-aoil *masc.*

whitewash *vb.* ionaol

whiting *n.* cuiteag *fem.*, blaghan *masc.*, fionnag *fem.*, iasg geal *masc.*, tulag *fem.*

whitlow *n.* ana-bhiorach *masc.*, anabhiorach, an *fem.*, cneidh-chuthach *fem.*, dèibhreagach, an *masc.*, foghlan *masc.*, gath-tearradh *masc.*

whitstone *n.* clach gheal *fem.*

Whitsuntide *n.* Caingis *fem.*

whittle *vb.* snaidh

whittling *n.* snaidheadh *masc.*, slisneadh *masc.*, corcaireachd *fem.*, snagaireachd *fem.*

whizz *vb.* ruidheal

whizzing *n.* sian *masc.*, srann *fem.*, srannan *masc.*, strannraich *fem.*

whole *n.* iomlan *masc.*, iomlanachd *fem.*

whole *adj.* neo-mheangail, slàn, tur

whole (entire thing) *adj.* uile, gu lèir

whole note *n.* làn-nòta *masc.*

whole number *n.* àireamh shlàn *fem.*

wholeness *n.* slàine *fem.*

wholesale *n.* slàn-reic *fem.*

wholesale price *n.* prìs mòr-reic *fem.*, prìs nam marsantan *fem.*

wholesaler *n.* mòr-reiceadair *masc.*

wholesome *n.* slàine *fem.*

wholesomeness *n.* fallaineachd *fem.*

wholly *adj.* glan

whoop *vb.* sgreuch

whooper swan *n.* eala fhiadhaich *fem.*

whooping *n.* sgreuchail *fem.*

whooping-cough *n.* triuthach *fem.*, triuthach chasad *fem.*

whore *n.* siùrsach *fem.*, strìopach *fem.*, bean-strìopa *fem.*

whore's-egg *n.* cragan-tràghad *masc.*

whoredom *n.* siùrsachd *fem.*, strìopachas *fem.*, gràdh neo-mheasarra *masc.*

whoremaster *n.* draosdair *masc.*

whoremonger *n.* drùisear *masc.*, siùrsair *masc.*

whoremongering *n.* drùisearachd *fem.*

whoring *n.* drùisealachd *fem.*

whorl *n.* lùbag *fem.*

whorled caraway *n.* carbhaidh *fem.*

whortleberry *n.* braoileag *fem.*, cnaimhseag *fem.*, dearcan-fithich *masc.*, dearc-fhraoich *fem.*, fraochag *fem.*, lus-nan-dearcag *masc.*, lus-nan-gnàithseag *masc.*, mòineag *fem.*

wi(d)geon *n.* glas-lach(a) *fem.*

wick *n.* siobhag *fem.*, sifeag *fem.*, sibheag *fem.*, buaic *fem.*, ròibean *masc.*, sineag *fem.*

wicked *adj.* olc, aingidh, dò-bheartach, droch-bheartach, neo-fhìreantach

wickedness *n.* aingidheachd *fem.*, olc *masc.*, neo-fhìreantachd *fem.*, olcas *masc.*

wicker *n.* sprios *masc.*

wicker boat *n.* curach *masc.*

wicket *n.* clisneach *masc.*, fath-dhoras *masc.*, toll *masc.*, toll-torain *masc.*

wide *adj.* farsaing, leathann

wide area network *n.* moglachadh farsaing *masc.*

wide-forked *adj.* stàbhach

wide-mouthed *adj.* beul-fharsaing, bladach

wide-open *adj.* air clab a' chraois, sraointe fosgailte

wide-throated *adj.* sgòrnanach

wideband *n.* bann farsaing *masc.*

widen *vb.* leudaich

widespread *adj.* bitheanta, fad is farsaing

widgeon *n.* amadan-mòintich *masc.*

widow *n.* banntrach *fem.*

widower *n.* banntrach *fem.*, bantrach-duine *masc.*

widowhood *n.* banntrachas *masc.*

Widows Advisory Service *pr.n.* Seirbheis Comhairleachaidh nam Banntrach

width *n.* leud *masc.*

wield *vb.* iomair, làimhsich

wife *n.* bean *fem.*, bean-chèile *fem.*, bean-phòsda *fem.*

wig *n.* gruag *fem.*, brèigchiabh *fem.*, fara-ghruag *fem.*, gruaig-bhrèige *fem.*, liobhghruag *fem.*, pioraraig *fem.*

wig-maker *n.* gruagaire *masc.*, brèig-chiabhadair *masc.*, pioraraigear *masc.*

wigwam *n.* peillig *fem.*

wild *adj.* fiadhaich, allaidh, allta, alltha, riasgail, sgeunach

wild angelica *n.* contran *masc.*, geobhastan *masc.*

wild arum *n.* cluas chaoin *fem.*, gachar *masc.*

wild basil *n.* lus-an-rìgh *masc.*

wild boar *n.* torc-nimhe *masc.*, fiadh-chullach *masc.*, torc fiadhaich *masc.*

wild cabbage *n.* càl-colbhairt *masc.*, morran *masc.*, praiseach bhuidhe *fem.*

wild carrot *n.* curran *masc.*, meacan buidhe *masc.*

wild cat *n.* cat draothaich *masc.*, cat fiadhaich *masc.*

wild celery *n.* lus-na-smalaig *masc.*, pearsal mòr *masc.*

wild chervil *n.* costag *fem.*

wild clary *n.* torman *masc.*

wild clover *n.* bainne-nan-each *masc.*

wild daffodil *n.* lus-a'-chrom-chinn *masc.*

wild duck *n.* lach *fem.*

wild duckling *n.* isean-lacha *masc.*

wild goat *n.* gobhar fhiadhaich *fem.*

wild goosefoot *n.* càl-slapach *masc.*

wild hyacinth *n.* fuath-mhuc *fem.*, lili ghucagach *fem.*, lus-na-ginein-gòraich *masc.*

wild liquorice *n.* carra-m(e)ille *masc.*, cairmeal *masc.*, carrachan *masc.*

wild mustard *n.* cusag *fem.*, praiseach bhuidhe *fem.*, sgailgeag *fem.*, sgeallag *fem.*, sgeallan *masc.*

wild pansy *n.* spòg-na-cubhaig *fem.*, goirmean-searradh *masc.*, luibh-chridhe *fem.*

wild parsnip *n.* meacan bàn *masc.*

wild radish *n.* meacan ruadh *masc.*, raibhe *fem.*

wild rhubarb *n.* gallan *masc.*

wild service tree *n.* craobh-cheòrais *fem.*

wild strawberry *n.* sùbh-làir *fem.*, sùbh-thalmhainn *fem.*, tlachd-shùbh *fem.*

wild tansy *n.* brislean *masc.*

wild thyme *n.* luibh-na-macraidh *fem.*

wild-goose *n.* gèadh glas *masc.*, cathan *masc.*

wild-oats *n.* coirce dubh *masc.*

wildcat *n.* cat fiadhaich *masc.*, ainle *fem.*, cugar *masc.*, fiadh-chat *masc.*

wilderness *n.* fàsach *masc.*, dìthreabh *fem.*

wildfire *n.* teine-sionnachain *masc.*, roidean *masc.*

wildness *n.* sgeun *masc.*

wile *n.* clibeag *fem.*, cuilbheart *fem.*, cuireid *fem.*, giùd *masc.*, reabh *masc.*, stàid *fem.*

wilful *adj.* àilgheasach, toileil

wilfulness *n.* toilealachd *fem.*

will *n.* toil *fem.*, inntinn *fem.*, togar *masc.*, riar *masc.*, toileas *masc.*

will (desire) *n.* àilgheas *masc.*

will (document) *n.* tiomnadh *masc.*

will-o'-the-whisp *n.* teine-sionnachain *masc.*

will-o'-the-wisp *n.* teine-sionnachain *masc.*, boitean-mearbhail *masc.*, sionnachair *masc.*, solas-seannsan *masc.*, teine fionn *masc.*, tein'-thara *masc.*

willing *adj.* deònach, toileach, iarrtach, neo-sgìth, togarrach, toileil, toillteach

willingly *adj.* a dheòin

willingness *n.* deòntachd *fem.*, toileachas *masc.*, deòntas *masc.*, togarrachd *fem.*, toileas *masc.*

willow *n.* seileach *masc.*, sochag *fem.*

willow-herb *n.* eilig *fem.*

willow-tit *n.* cailleachag-sheilich *fem.*

willow-warbler *n.* crìonag-ghiuthais *fem.*

willy-nilly *adj.* ioc-ar-nac

Wilson's petrel *n.* luaireag mhòr *fem.*

wily *adj.* carach, seòlta, ceabhachdach, ceabhcach, cuireideach, painntireach, seangant, sligheach, slighearra, starach

wimble *n.* snìomhair *masc.*, moireal *masc.*, tolladair *masc.*, tora *masc.*

win *vb.* buannaich, coisinn, buinig, dèan an gnothach air, glèidh, sealbhaich

wince *n.* breabag *fem.*

winch *n.* unndais *fem.*

wind *n.* osag *fem.*, sèideadh *masc.*, gaoth *fem.*

wind *vb.* snìomh, tachrais, crois

wind up *vb.* ceirslich

wind-bound *adj.* ri beul puirt, ri port

wind-break *n.* sguil *fem.*

wind-flower *n.* flùr-na-gaoithe *masc.*

wind-instrument *n.* cuisle-chiùil *fem.*, cusail-chiùil *fem.*

windfall *n.* clabag *fem.*

winding *n.* suaineadh *masc.*, iomlaideachadh *masc.*, ridhleadh *masc.*, tachras *masc.*, tuacaird *fem.*

winding *adj.* càm, cama-lùbach, crom, cùrsach, snìomhach, snìomhain

winding-reel *n.* crois-thachrais *fem.*

winding-sheet *n.* marbh-fhaisg *fem.*, lìon-bhrat *masc.*, corp-lèine *fem.*, lèine *fem.*, lèine-bhàis *fem.*, sgaoilteag *fem.*, taiseadach *masc.*, taisg-aodach *masc.*

winding-stair *n.* staidhir shnìomhach *fem.*

winding-up (liquidation) *n.* crìochnachadh *masc.*

winding-wheel *n.* crann-tachrais *masc.*, troth-ulaig *masc.*

windlass *n.* duin'-iarainn *masc.*, inneal-buill *masc.*, tachrasan *masc.*, unndais *fem.*

windless *adj.* neo-ghaothar

windmill *n.* muileann-gaoithe *fem./masc.*

window *n.* uinneag *fem.*

window-bar *n.* boghta *fem./masc.*, reang-uinneig *fem.*

window-glass *n.* gloine *fem.*

window-pane *n.* leosan na h-uinneig *masc.*, lòsan *masc.*, lòsaidh *fem./masc.*

window-sill *n.* oir na h-uinneag *fem.*, sol na h-uinneige *masc.*

windpipe *n.* pìob-sgòrnain *masc.*, rùchan *masc.*, de-tigheach *fem.*, langan-bràghad *masc.*, sgonnan *masc.*, sgòrn *masc.*, sgòrnan *masc.*, slighe na h-analach *fem.*, steic-bhràghad *fem.*, steic-bhràghaid *fem.*

windscreen *n.* sgùl *masc.*

windsock *n.* muilichinn-gaoithe *masc.*

windsurfer *n.* marcach-tuinne *masc.*

windward *n.* taobh an fhuaraidh *masc.*

windward *adj.* air fuaradh

windy *adj.* gaothach, gaothar, gaothmhor, sèideach, sgreunach

wine *n.* fìon *masc.*, mac-na-dearcaig *masc.*

wine-list *n.* clàr-fìona *masc.*

wine-press *n.* amar-brùthaidh *masc.*, fìon-amar *masc.*, fìon-fhàisgean *masc.*, fìon-fhàsgaire *masc.*, teanntan *masc.*

wing *n.* sgiath *fem.*, sgiathan *masc.*

winged *adj.* sgiathach, iteach, iteagach, sgiathanach

wink *n.* priob *masc.*, priobadh *masc.*, caogadh *masc.*

wink *vb.* priob, caog, dèan an t-sùil bheag

wink (short spell of sleep) *n.* dùnadh-cadail *masc.*, lochdan *masc.*, neul *masc.*, nodan *masc.*, norrag *fem.*, priobadh-cadail *masc.*

winking *n.* priobadh *masc.*, caogadh *masc.*, sèamadh *masc.*

winking *adj.* sèamach

winner *n.* buannaiche *masc.*, buadhaiche *masc.*, buadhaire *masc.*

winnow *n.* sgagadh *masc.*

winnow *vb.* càth, fasgain, grèidh, rideil, rideilich, ridil, rill, sgag

winnower *n.* fasgnadair *masc.*, asgach *masc.*, ridealair *masc.*

winnowing *adj.* sgagach

winnowing-cover *n.* pill-fasgnaidh *masc.*

winnowing-fan *n.* caigean *masc.*, dallan *masc.*, fasgnag *fem.*, sgaighnean *masc.*

winnowing-sheet *n.* càiteach *fem.*

winter *n.* geamhradh *masc.*

winter *vb.* geamhraich

wintry *adj.* geamhrachail, dùbhlachdail, dùbhlaidh, dùdlach, geamhrail

wipe *n.* siab *masc.*

wipe *vb.* siab, suath

wiper *n.* siabaire *masc.*

wiping *adj.* siabach

wire *n.* ueir *fem.*, cruaidh-theud *fem.*

wire-cutter *n.* gearradair-ueir *masc.*

wire-fence *n.* teud-ghàrraidh *masc.*

wisdom *n.* eagnachd *fem.*, gliocas *masc.*

wisdom-tooth *n.* fiacail-forais *fem.*

wise *n.* neo-ghloiceil *fem.*

wise *adj.* cèillidh, glic, iùlmhor, seanacheannach, seana-chrìonta, sicir

wiseacre *n.* sean-ghall *masc.*

wish *n.* miann *fem./masc.*, toil *fem.*, rùn *masc.*, dèidh *fem.*, togar *masc.*, togradh *masc.*

wish *vb.* miannaich, rùnaich, togair, lùig, dùraig, lùghaig (air)

wishful *adj.* miannach, miannmhor

wishfulness *n.* togarrachd *fem.*

wishing *n.* miannachadh *masc.*, rùnachadh *masc.*

wishing-well *n.* tobar mhiann *masc.*

wisp *n.* dlòth *masc.*, sop *masc.*, sopachan *masc.*, sopan-saidhe *masc.*, soplachan *masc.*

wit (humour) *n.* fearas-chuideachd *masc.*, suarcas *masc.*, eirmse *fem.*

wit (person) *n.* ball èibhinn *masc.*

witch *n.* bana-bhuidseach *fem.*, buidseach *fem.*, obag *fem.*

witch (craig-fluke) *n.* lèabag-uisge *fem.*

witchcraft *n.* buidseachas *masc.*, buidseachd *fem.*, pìosaga *fem.*, piosagraich *fem.*, ròsachd *fem.*, rosad *masc.*

witchery *n.* raidseachas *masc.*

witches'-broom *n.* curracag *fem.*

with *prep.* mar ri, còmhla ri, maille ri, cuide ri

withdraw *vb.* ais-cheumnaich, thoir air ais

withdrawal *n.* ais-tharraing *fem.*

withe *n.* gad *masc.*

wither *vb.* searg, crìon, meathaich, bàsaich, crìonaich, crìon-shearg, meath, seac

withered *adj.* seargte, air searg, crìon, crìonach, crìonaidh, seac, seacaidh, seangarra, searg, seargach, searganach, seirglidh, sgruiteach

withering *n.* seargadh *masc.*

withering *adj.* seargaidh, seacach, crainntidh

withers *n.* slinneanan *masc.*

withershins *adj.* tuathal

withhold *vb.* cum, cum air ais

withholding *n.* cumail air ais *fem.*

witless *adj.* neo-ghlic

witness *n.* fianais *fem.*

witness *vb.* còmhdaich, fianaisich

witness (person) *n.* neach-fianais *masc.*

witness-box *n.* bocsa-na-mionna *masc.*

witness-room *n.* seòmar-fianais *masc.*

wits (mental faculties) *n.* tadhall *masc.*

witticism *n.* geur-fhacal *masc.*

witty *adj.* eirmseach, èibhinn, ait

wizard *n.* buidseach *fem.*, buidsear *masc.*, fiosaiche *masc.*, neach-buidseachd *masc.*, oban *masc.*

wizened *adj.* crìon

woad *n.* guirmean *masc.*, glas-lus *masc.*, glasrach *masc.*

woe *n.* dòlas *masc.*, dubh-leannachd *fem.*, dunaidh *fem.*, mairg *fem.*, sgad *masc.*, sgiùrs *masc.*, truaighe *fem.*

woe's me! *interj.* mo thruaighe!, mo leon!

woeful *adj.* truagh, mairg, nuarranta

wold *n.* fruan *masc.*

wolf *n.* madadh allaidh *masc.*, cù allaidh *masc.*, cù-coille *masc.*, faol(-allaidh) *masc.*, fiadh-chù *masc.*, mac-tìre *masc.*, sìdheach *masc.*

woman *n.* boireannach *masc.*

womanly *adj.* banail, banndaidh

womb *n.* machlag *fem.*, balg *masc.*, broinn *fem.*, brù *fem.*, soir na cloinne *masc.*

Women's Guild *pr.n.* Comann nam Ban

wonder *n.* iongnadh *masc.*, iongantas *masc.*, mìorbhail *fem.*, spleadhaireachd *fem.*, sual *masc.*

wonderful *adj.* iongantach, mìorbhaileach, fuathasach

wont *n.* nòs *masc.*

wood *n.* fiodh *masc.*, ràmh *masc.*

wood angelica *n.* galluran *masc.*

wood avens *n.* machall-coille *masc.*, traithnin *masc.*

wood cudweed *n.* cnàmh-lus *masc.*, luibh-a'-chait *fem.*

wood millet *n.* mileid *fem.*

wood-anemone *n.* bige-neòinean *masc.*, lus-na-gaoithe *masc.*, plùr-na-gaoithe *masc.*

wood-cutter *n.* coillear *masc.*

wood-grouse *n.* capall-coille *masc.*

wood-hyacinth *n.* bogha-muc *masc.*

wood-lark *n.* ciabhag-choille *fem.*

wood-louse *n.* mial-choille *fem.*

wood-pease *n.* carra-meille *masc.*

wood-pigeon *n.* smùdan *masc.*

wood-pile *n.* sitein *fem.*

wood-pulp *n.* laoidhean-fiodha *masc.*

wood-ranger *n.* maor-coille *masc.*

wood-sage *n.* sàisde-coille *fem.*

wood-sandpiper *n.* luatharan ruadh *masc.*, luatharan-coille *masc.*

wood-shaving *n.* sliseag *fem.*, speil *fem.*, speileag *fem.*

wood-sorrel *n.* biadh-nan-eòinean *masc.*, biadh-ùr-eunachan *masc.*, clobha-na-maighiche *masc.*, feada-coille *masc.*, seamsag *fem.*, sùrag *fem.*

wood-splinter *n.* speil *fem.*

wood-strawberry *n.* sùbh-làir *fem.*, sùbh-thalmhainn *fem.*

wood-warbler *n.* ceileiriche-coille *masc.*, conan-coille *masc.*

wood-worm *n.* radhdan *masc.*

woodbine *n.* deòthlag *fem.*, lus-na-meala *masc.*

woodcock *n.* coileach-coille *masc.*, cearc-choille *fem.*, creabhar *masc.*, crom-nan-duilleag *masc.*, udacag *fem.*

wooden leg *n.* cas-mhaide *fem.*

woodland *n.* coillteach *fem.*

woodlark *n.* riabhag-choille *fem.*, uiseag-choille *fem.*

woodlouse *n.* corra-chosag *fem.*, crìon-mhial *fem.*, leòmann-fiodha *masc.*, mial chrìon *fem.*, mial-choille *fem.*, reud(an) *masc.*

woodpark *n.* riabhag-choille *fem.*

woodpecker *n.* cnag *fem.*, snag *masc.*, snagan-daraich *masc.*

woodpigeon *n.* calman-coille *masc.*, guragag *fem.*, smùdan *masc.*

woodranger *n.* maor-coille *masc.*

woodruff *n.* lus-a'-chaitheimh *masc.*

woodrush *n.* aithneach *masc.*

woodturning *n.* tuairnearachd *fem.*

woodworm *n.* raodan *masc.*, mial-fhiodha *fem.*, reudan *masc.*, spiantag *fem.*

woody *adj.* doireach

woody nightshade *n.* dreimire gorm *masc.*, fuath-gorm *masc.*, miotag bhuidhe *fem.*, searbhag mhilis *fem.*, slat-ghorm *fem.*

wooer *n.* suir(gh)iche *masc.*

woof *n.* cuirreadh *masc.*, cur *masc.*, curra *masc.*, inneach *masc.*

wooing *n.* suiridhe *fem.*

wool *n.* clòimh *fem.*, ola(i)nn *fem.*, snàth *masc.*

wool-bag *n.* balg-abhrais *masc.*

wool-ball *n.* cnocan *masc.*

wool-basket *n.* ciosan-clòimhe *masc.*, ciarachan *masc.*, mùdag *fem.*

wool-card n. càrd *fem.*, sgrìoban *masc.*

wool-comber n. sistealach *masc.*, sistealair *masc.*

wool-combing n. sistealachd *fem.*

wool-winder n. ciud-siorraig *fem.*, crois-iarna *fem.*

wool-working n. calanas *masc.*

woollen *adj.* olla

word n. facal *masc.*, briathar *masc.*, lide *masc.*, bìog *fem.*, brath *masc.*, ràite *fem.*

word vb. faclaich

word for word *adj.* facal air an fhacal

word processing n. dealbh-sgrìobhadh *masc.*, facladaireachd *fem.*

word processor n. facal-dheasaiche *masc.*, facladair *masc.*

wordly *adj.* saoghalta

work n. obair *fem.*, saothair *fem.*, stadh *masc.*

work vb. obraich, oibrich, saothraich

work bench n. bòrd-obrach *masc.*

work file n. faidhle-obrach *masc.*

work station n. ionad-obrach *masc.*

work tape n. teip-obrach *masc.*

worker n. obraiche *masc.*, neach-cosnaidh *masc.*

workers' co-operative n. co-chomann luchd-obrach *masc.*

workforce n. luchd-obrach *masc.*, feachd-oibre *masc.*

working n. stadh *masc.*

working budget n. buidsead-obrach *fem./masc.*, frith-bhuidsead *masc.*

working capital n. calpa-obrach *masc.*

working conditions (situation) n. cor-obrach *masc.*

working party n. buidheann-obrach *fem./masc.*, sgioba *fem./masc.*, buidheann-meòmhrachaidh *fem./masc.*, buidheann-rannsachaidh *fem./masc.*

workman n. obraiche *masc.*, làmh-oibriche *masc.*, saothraiche *masc.*

workmanship n. obair *fem.*

workplace n. àit-obrach *masc.*, raon-obrach *masc.*

worksheet n. duilleag-obrach *fem.*

workshop n. bothan-obrach *masc.*, buidheann-obrach *fem./masc.*, bùth-obrach *fem./masc.*, bùth-oibre *fem./masc.*, ionad-obrach *masc.*, taigh-oibre *masc.*, tional-obrach *masc.*

world n. saoghal *masc.*, cruinne *fem./masc.*

World War 1 *pr.n.* Cogadh Mòr, an, Cogadh a' Cheusair

worldliness n. talmhaidheachd *fem.*

worldly *adj.* talmhaidh, deithneamhach

worm n. boiteag *fem.*, baoiteag *fem.*, biastag *fem.*, brùiteag *fem.*, brutag *fem.*, cnuimh *fem.*

worm (spiral pipe for condensation in distilling) n. cliath (poite duibhe) *fem.*, caora chrom *fem.*, feadan *masc.*

worm-eaten *adj.* mosgain

wormwood n. burban *masc.*, burmaid *masc.*, mormanta *masc.*, roithlean *masc.*, searbh-luibh *fem.*

worn-out *adj.* airsnealach

worried *adj.* fo chùram, fo iomagain

worry n. iomnadh *masc.*, dragh *masc.*

worry vb. cuir bruaillean air, cuir ri

worship n. adhradh *masc.*

worship vb. dèan adhradh, thoir adhradh

worshipper n. adhradair *masc.*, cràbhaiche *masc.*

worsted n. abhras *masc.*, bursaid *fem.*, snàth-clòimhe *masc.*, snàth-olla *masc.*

wort n. brailis *fem.*, dile *masc.*, mir *masc.*

worth n. luach *masc.*, prìs *fem.*, fiach *masc.*, diù *masc.*, ofhaich *fem.*

worthiness n. airidheachd *fem.*, fiachalachd *fem.*, fiùghalachd *fem.*

worthless *n.* neo-luachmhor *fem.*

worthless *adj.* diuchaidh, mì-fhiù, neo-airidh

worthy *n.* saoidh *masc.*

worthy *adj.* fiachail, fiùghail, ùiseil

wound *n.* lot *masc.*, creuchd *fem.*, leòn *masc.*, sgobadh *masc.*

wound *adj.* snìomhte

wound *vb.* lot, gon, cìob, cneidh, creuchd, leòn, torchuir

wounded *adj.* leònte

wounding *n.* torchradh *masc.*

wounding *adj.* guineach, lotach

wrack *n.* tiùrr *masc.*

wraith *n.* tannasg *masc.*

wrangle *n.* conas *masc.*, iom-reusan *masc.*, sglamhrainn *fem.*, tuasaid *fem.*

wrangle *vb.* conas, connsaich, connspaid, sglamh, troid

wrangler *n.* connspaidiche *masc.*, neach-connspaid *masc.*, ràbair *masc.*, rangair *masc.*

wrangling *n.* camastrang *masc.*

wrangling *adj.* connspaideach, sglamhrach, strangalach

wrap *vb.* suain, cuairsg, paisg

wrap (up) *vb.* paisg, rothaich, rothaig, spaoil

wrapped *adj.* cuarsgach

wrapped up *adj.* cuairsgeach

wrapper *n.* cornair(e) *masc.*, cuairsgeach *masc.*, cuairsgean *masc.*, cuairsgein *masc.*, faichein *masc.*, filleag *fem.*, paisgean *masc.*, pasg *fem.*, pasgach *fem.*

wrapping *n.* olanachd *fem.*, pasgadh *masc.*

wrapping *adj.* pasgach

wrapping up *adj.* spaoileach

wrasse *n.* muc-c(h)reige *fem.*, blalaoghan *masc.*, muc ruadh *fem.*

wrath *n.* colg *masc.*, corraich *fem.*

wrathful *adj.* dian-fheargach

wreath *n.* blàth-fhleasg *fem.*, cliabhan *masc.*, cuailean *masc.*, rogh *masc.*, stiom *fem.*

wreathe *vb.* toinn

wreathing *n.* suaineadh *masc.*

wreck *n.* crannalach *masc.*, sgannairt *fem.*, sligeach *fem.*

wreckage *n.* sgòid *fem.*

wrecker *n.* sgriosadair *masc.*

wreckmaster *n.* maor-cladaich *masc.*

wren *n.* dreathan donn *masc.*, dreòlan *masc.*

wrench *n.* snìomh *masc.*, toinnear *masc.*

wrench *vb.* snìomh, toinn

wrestle *vb.* gleac

wrestler *n.* gleacadair *masc.*, caraiche *masc.*, cliaranach *masc.*, cliaranach *masc.*

wrestling *n.* gleac *masc.*, carachd *fem.*, caireachd *fem.*, spacadh *masc.*, spàirnealachd *fem.*

wrestling *adj.* spàirneach

wrestling-match *n.* spac-cleachdaidh *masc.*

wretch *n.* cùis-thruais *fem.*

wretched *adj.* dòlamach, truagh

wretchedness *n.* dòlam *masc.*, truaighe *fem.*

wring *vb.* fàisg, snìomh, teann-fhàisg

wrinkle *n.* preas *masc.*, caise *fem.*, criopag *fem.*, crùb *fem.*, preasach *masc.*, preasag *fem.*, rag *masc.*, rang *fem./masc.*, reang *masc.*, roc *fem.*, rocan *masc.*, rug *masc.*, sgreang *fem.*, spriong *masc.*, sreamadh *masc.*

wrinkle *vb.* liorc, criopagaich, roc, spriong, sream

wrinkled *adj.* preasach, liorcach, caiseach, caisreagach, gnùgach, ragach, rangach, reangach, rocach, rocanach, · rugach, sgreangail, sgruiteach, sreamach, stropach

wrinkling *n.* spriongadh *masc.*

wrinkling *adj.* spriongach

wrist *n.* caol-an-dùirn *masc.*, bun-dùirn *masc.*

wrist-watch *n.* uaireadair-làimhe *masc.*

wristband *n.* bann-dùirn *masc.*

writ *n.* sgrìobhadh laghail *masc.*, sgrìobhainn *fem.*

write *vb.* sgrab, sgrìobh

write off (debt) *vb.* dì-sgrìobh, sgrìobh dheth

write-enable notch *n.* eag-sgrìobhaidh *fem.*

writer *n.* sgrìobhadair *masc.*, sgrìobhaiche *masc.*, neach-sgrìobhaidh *masc.*, sgrìobhach *masc.*, sgrìobhair *masc.*

writing *n.* sgrìobhadh *masc.*

writing-desk *n.* daisgean *masc.*

writing-paper *n.* pàipear-sgrìobhaidh *masc.*

writing-school *n.* sgoil-sgrìobhaidh *fem.*

wrong *n.* coire *fem.*, eucoir *fem.*, mì-cheart *fem.*

wrong *adj.* ceàrr, iomrallach, mì-choltach, saobh, seachranach, tuathal

wrong *vb.* beudaich, lochdaich, sàraich

wrong (astray) *adj.* air seachran, iollaisg

wrought *adj.* obraichte

wry *adj.* cam, claon, fiar

wry mouth *n.* geòb *masc.*, sgamh *masc.*, sgamhag *fem.*, spaig *fem.*

wry-neck *n.* camart *masc.*, stabhaic *fem.*

wry-necked *adj.* goiceach

wryneck *n.* geoc *masc.*, geocair *masc.*, gille-na-cubhaige *masc.*, goic *fem.*, starrag *fem.*

wurzel *n.* biatas *masc.*

wynd *n.* liub *fem./masc.*

witholding *n.* cumail air ais *masc.*

X

x-ray *n.* gath-dealain *masc.*, x-ghath *masc.*

x-ray *vb.* x-ghathaich

xebec *n.* bìrlinn *fem.*

xenodochy *n.* aoigheachd *fem.*

xenophobia *n.* gall-ghamhlas *masc.*

xerographic printer *n.* leth-bhreacadair *masc.*

xerophagy *n.* biadh-tioram *masc.*

xiphoides *n.* maothan *masc.*

xylography *n.* gràbhaladh air fiodh *masc.*

xylophone *n.* saidhleafon *masc.*, seileafon *masc.*

xystus *n.* rathad *masc.*, spaidearachd *fem.*

Y

ya(u)ff *n.* sgoth-long *fem.*, abh *fem.*

yacht *n.* bìrlinn-sheòl *fem.*, gheat *fem.*, sgoth *fem.*, sgothag *fem.*, sgoth-seòlaidh *fem.*

yachting *n.* luingearachd *fem.*

yank *vb.* slaod, srac

yap *vb.* dèan còmhradh, bleadraig

yard (beam on mast for spreading sails) *n.* re *fem.*/*masc.*

yard (enclosed place) *n.* cùirt *fem.*, gàradh *masc.*

yard (measure) *n.* slat *fem.*, stanard *masc.*, stannart *masc.*

yard-arm *n.* slat-siùil *fem.*

yardstick (standard of measurement) *n.* slat-thomhais *fem.*

yardwand *n.* stanard *masc.*

yarn (thread of rope) *n.* abhras *masc.*, cathan *masc.*

yarning (telling stories) *n.* ròpaireachd *fem.*

yarrow *n.* eàrr-thalmhainn *fem.*, athair-thalmhainn *masc.*, cathair-làir *fem.*, cathair-thalmhainn *fem.*, lus an t-sleisnich *masc.*, lus chosgadh na fala *masc.*, lus na fala *masc.*, sleisneach *masc.*

yawl *n.* geòla *fem.*, bàidean *masc.*, baidean *masc.*, biorrach *fem.*

yawn *n.* mèaran *masc.*, mèanan *masc.*

yawning *n.* mèaranaich *fem.*, mèananaich *fem.*

ye *n.* sibh (se)

yeanling *n.* uan(an) *masc.*

year *n.* bliadhna *fem.*

yearling *n.* bliadhnach *masc.*

yearling ewe *n.* othaisg *fem.*

yearling sheep *n.* moiltean *masc.*

yearling wedder *n.* bliadhnach-muilt *masc.*, òsgan *masc.*

yearn *vb.* iarr gu làidir

yearning *n.* iarraidh *masc.*

yeast *n.* beirm *fem.*, deasgainn *fem.*, deasgainnean *masc.*

yeasty *adj.* beirmeach, deasgainneach

yeld *adj.* air an t-seasgach

yeld ewe *n.* caora sheasg *fem.*

yell *n.* sgal *masc.*, glaodh *masc.*, sgairt *fem.*, sgalartaich *fem.*, sgiamh *fem.*

yell *vb.* glaodh, dèan sgairt, donnalaich, nuallaich, sgiamh, sgiamhail

yelling *n.* rànail *masc.*

yelling *adj.* sgalach

yellow *adj.* buidhe, òr-bhuidhe

yellow fever *n.* a' phlàigh uaine *fem.*, fiabhras buidhe, am *masc.*, teasach bhuidhe, an *fem.*

yellow horned-poppy *n.* barrag ruadh *fem.*

yellow iris *n.* bogha-froise *masc.*, bogh-uisge *masc.*, seileastar *masc.*

yellow loosestrife *n.* conaire *fem.*, lus na sìothaimh *masc.*, seileachan buidhe *masc.*

yellow mountain-saxifrage *n.* glòiris *fem.*

Yellow Pages *pr.n.* Duilleagan Buidhe, na

yellow pimpernel *n.* ròs-òir *masc.*, saman *masc.*, seamrag-Moire *fem.*

yellow rocket (barbarea vulgaris) *n.* treabhach *masc.*

yellow wagtail *n.* breacan buidhe *masc.*

yellow water-flag *n.* seileastar *masc.*

yellow waterlily *n.* duilleag bhàite bhuidhe *fem.*

yellow-hammer *n.* buidheag *fem.*, buidheag-bhealaidh *fem.*, buidheag-luachrach *fem.*, buidhean na coille *masc.*

yellow-rattle *n.* bainne nan luch *masc.*, bodach nan claigeann *masc.*, modhalan buidhe *masc.*

yellow-wort *n.* deagha buidhe *masc.*, dreimire buidhe *masc.*

yellowish *adj.* fo-bhuidhe, odhar

yellows (jaundice) *n.* galar buidhe, an *masc.*

yelp *n.* sgiamh *fem.*, tathann *masc.*

yelp *vb.* dèan tathann

yelping *n.* sgalail *fem.*

yeoman *n.* tuathanach *masc.*, athach *masc.*, ceatharnach *masc.*

yeomanry *n.* ceathairne *fem.*, tuath-cheatharna *fem.*

yesterday *n.* an-dè

yet *adj.* f(h)athast, fòs

yet *con.* ge-tà, an dèidh sin

yew *n.* iubhar *masc.*

yield *vb.* gèill, strìochd, cùb, dèan strìochd, sleuchd, thoir gèill, thoir suas, lùb (le)

yielding *n.* strìochd *masc.*

yielding *adj.* sleuchdach

yielding (compliant) *n.* sochar *fem.*

yoghurt *n.* iogart *masc.*

yoke *n.* cuing *fem.*, cuingealach *fem.*

yoke *vb.* beairtich, cuing-cheangail, cuingich, saimhnich

yoking *n.* beirteachadh *masc.*

yolk *n.* buidheagan *masc.*

yon(der) *adv.* thall, ud, an siud

Yorkshire pudding *n.* bonnach Albannach *masc.*

young *adj.* òg, ògail

young (offspring of animals) *n.* mac *masc.*

younger *adj.* sosar

youngest *adj.* sosar

youngster *n.* òganach *masc.*, cnapach *masc.*, ponach *masc.*

youth (collective) *n.* òigridh *fem.*

youth (young man) *n.* ògan *masc.*, gallan *masc.*, fiùran *masc.*, lasgaire *masc.*, lunnach *masc.*, òigear *masc.*

youth club *n.* buidheann-òigridh *fem./masc.*, còmhlan-òigridh *masc.*

youth hostel *n.* osdail-òigridh *fem.*

youthful *adj.* òg, ògail

youthfulness *n.* ògalachd *fem.*

yowe *n.* caora-uain *fem.*

yowe-hogg *n.* othaisg bhoireann *fem.*

ytterbium *n.* iteirbium *masc.*

yttrium *n.* itrium *masc.*

Yule *n.* nollaig *fem.*

Z

zaffer *n.* saf *masc.*

zany *adj.* cleasach

zeal *n.* dealas *masc.*, eud *masc.*, dealachan *masc.*

zealous *adj.* dealasach, eudmhor, dealaidh, eudach,

zealousness *n.* dealasachd *fem.*, eudmhorachd *fem.*

zebra *n.* asal stiallach *fem.*, siobra *masc.*

zebra crossing *n.* fiaragan *masc.*

zenith *n.* bàrr *masc.*

Zenith, the *n.* druim an t-saoghail *masc.*

zephyr *n.* fannan *masc.*, feathachan *masc.*, oiteag *fem.*

zero *n.* neoni *fem.*

zest *n.* blas *masc.*

zigzag *adj.* lùbach

zigzagging *n.* sìomanaich *fem.*, tulchlaonachd *fem.*

zinc *n.* sinc *masc.*, iarann lurcach *masc.*, speilteir *masc.*

zip *n.* siop *fem.*, tairneag *fem.*

zircon *n.* siorcon *masc.*

zirconia *n.* siorcoinia *masc.*

zirconyl *n.* siorcoinil *masc.*

zodiac *n.* crios na grèine *masc.*, crios-nèimhe *masc.*, grian-chrios *masc.*

Zodiac, the *n.* casan na grèine *pl.*

zone *n.* crios *masc.*, cearcall *masc.*, bann *masc.*, àrainn *fem.*, cuairt *fem.*, ranntachd *fem.*, ranntair *masc.*

zoo *n.* gàradh bheathaichean *masc.*, su(tha) *masc.*

zoo-keeper *n.* neach-su(tha) *masc.*, ainmh-eòlaiche *masc.*

zoological *adj.* ainmh-eòlach

zoologist *n.* ainmh-eòlaiche *masc.*

zoom *n.* claon-ruathar *masc.*

zoomorphic *adj.* ainmh-chruthach